曾子問 至 雜記

重歸文獻——影印經學要籍善本叢刊

影印南宋越刊八行本

禮記正義

中冊

（唐）孔穎達 撰

北京大學出版社
PEKING UNIVERSITY PRESS

目次

中册

足利本第二十六卷第一葉

禮記注疏卷第二十六

國子祭酒上護軍曲阜縣開國子臣孔穎達等奉

勑撰

曾子問第七

正義曰案鄭目録云名爲曾子問者以其記所問多明於禮故著姓名以顯之曾子孔子弟子曾參此於別録屬喪服

曾子問曰君薨而世子生如之何孔子曰卿大夫士從攝主北面於西階南 變於朝夕哭位也攝主上卿代君聽國政 大祝裨冕執束帛升自西階盡等不升堂命毋哭 將有事宜清靜也裨冕者接神則祭服也諸侯之卿大夫所服裨冕絺冕也玄冕也士服爵弁服大祝裨冕則大夫 祝聲三告曰某之子生敢告 聲噫歆警神也某夫人之氏也 升奠幣于殯東几上哭降 几筵於殯東明繼體也 衆主人卿大夫士房中皆哭不踊 衆主人君之親也房中婦人 盡一哀反位遂朝奠 反朝夕哭位 小宰升舉幣 所主也舉而下埋之階間

疏 曾子至舉幣　正義曰此一節論君薨而世子生告殯之事各隨文解之　君薨而世子生者案聘禮云子卽位一

潘本第二十六卷第一葉

禮記注疏卷第二十六

國子祭酒上護軍曲阜縣開國子臣孔穎達等奉

勑撰

曾子問第七

正義曰案鄭目録云名爲曾子問者以其記所問多明於禮故著姓名以顯之曾子孔子弟子曾參此於別録屬喪服

曾子問曰君薨而世子生如之何孔子曰卿大夫士從攝主北面於西階南 變於朝夕哭位也攝主上卿代君聽國政 大祝裨冕執束帛升自西階盡等不升堂命毋哭 將有事宜清靜也裨冕者接神則祭服也諸侯之卿大夫所服裨冕絺冕也玄冕也士服爵弁服大祝裨冕則大夫 祝聲三告曰某之子生敢告 聲噫歆警神也某夫人之氏也 升奠幣于殯東几上哭降 几筵於殯東明繼體也 衆主人卿大夫士房中皆哭不踊 衆主人君之親也房中婦人 盡一哀反位遂朝奠 反朝夕哭位 小宰升舉幣 所主也舉而下埋之階間

疏 曾子至舉幣　正義曰此一節論君薨而世子生告殯之事各隨文解之　君薨而世子生者案聘禮云子卽位不

足利本第二十六卷第二葉

哭公羊云君存稱世子君薨稱子某此既君薨仍稱世子者以其别於庶子又用世子之禮告殯故雖君薨猶稱世子異於春秋之例案左傳桓六年子同生賈杜注云不稱大子者書始生此亦始生而稱世子者彼爲父在始生未命故直云子此是君薨初生則舉以世子之禮故云世子也熊氏云下稱奠幣于殯東則此告世子生謂既殯以後若未殯之前則世子生亦不告凡天子諸侯稱世子春秋經稱王世子曹世子是也卿大夫以下謂之適子喪服云大夫之適子是也若在喪諸侯之子亦稱適子檀弓云君之適長殤是也天子諸侯亦謂之大子則王制云王大子及檀弓云大子申生是也冢子則上下通名故内則云其非冢子則皆降一等注則言天子以下至庶人是其通名也其春秋三傳世子之例煩而不要今所不用也　孔子至北面　此論卿大夫士等皆衣裳服也攝主上卿代國政者卿大夫士等皆衣裳服北面文不言者以下文云大祝裨冕明卿大夫士等不裨冕也　於西階南　注　變於朝夕哭位也　正義曰案喪大記云君之喪既正尸卿大夫父兄子姓立于東方又士喪禮朝夕哭丈夫即位于門外西面北上外兄弟在其南南上賓繼之北上若其門内位主人堂下直東序西面兄弟皆即位如外位卿大夫在主人之南是朝夕内外哭位皆在東方也今乃從攝主北面於西階南故云變於朝夕哭位也必於西階南者以將告殯近殯位故也若君喪大斂喪大記云卿大夫即位于堂廉楹西北面者彼斂故升堂非朝夕哭位此爲告世子生故在堂下　大祝至毋哭　大祝以大夫爲之祝主接神故服裨冕裨冕祭服也以其將告神故執束帛執持也束帛十端也端則二丈鬼神質故用偶數也鬼神以丈八尺爲端鬼神之道陰陽不測故用陰陽之數求之一丈象陽八尺法陰十端六玄四纁五兩三玄二纁纁是地色玄是天色也欲往告殯故升自西階若於堂下告則大遠堂上告則大近殯故升階盡等級即不升堂將有告事宜靜故命毋哭　注　裨冕至大夫　正義曰卿大夫所服裨冕絺冕

禮疏二十六　二　陸訓

潘本第二十六卷第二葉

哭公羊云君存稱世子君薨稱子某此既君薨仍稱世子者以其别於庶子又用世子之禮告殯故雖君薨猶稱世子異於春秋之例案左傳桓六年子同生賈杜注云不稱大子者書始生此亦始生而稱世子者彼爲父在始生未命故直云子此是君薨初生則舉以世子之禮故云世子也熊氏云下稱奠幣于殯東則此告世子生謂既殯以後若未殯之前則世子生亦不告凡天子諸侯稱世子春秋經稱王世子曹世子是也卿大夫以下謂之適子喪服云大夫之適子是也若在喪諸侯之子亦稱適子檀弓云君之適長殤是也天子諸侯亦謂之大子則王制云王大子及檀弓云大子申生是也冢子則上下通名故内則云其非冢子則皆降一等注則言天子以下至庶人是其通名也其春秋三傳世子之例煩而不要今所不用也　孔子至北面　此論卿大夫士等皆衣裳服也攝主上卿代國政者卿大夫士等皆衣裳服北面文不言者以下文云大祝裨冕明卿大夫士等不裨冕也　於西階南　注　變於朝夕哭位也　正義曰案喪大記云君之喪既正尸卿大夫父兄子姓立于東方又士喪禮朝夕哭丈夫即位于門外西面北上外兄弟在其南南上賓繼之北上若其門内位主人堂下直東序西面兄弟皆即位如外位卿大夫在主人之南是朝夕内外哭位皆在東方也今乃從攝主北面於西階南故云變於朝夕哭位也必於西階南者以將告殯近殯位故也若君喪大斂喪大記云卿大夫即位于堂廉楹西北面者彼斂故升堂非朝夕哭位此爲告世子生故在堂下　大祝至毋哭　大祝以大夫爲之祝主接神故服裨冕裨冕祭服也以其將告神故執束帛執持也束帛十端也端則二丈鬼神質故用偶數也鬼神以丈八尺爲端鬼神之道陰陽不測故用陰陽之數求之一丈象陽八尺法陰十端六玄四纁五兩三玄二纁纁是地色玄是天色也欲往告殯故升自西階若於堂下告則大遠堂上告則大近殯故升階盡等級即不升堂將有告事宜靜故命毋哭　注　裨冕至大夫　正義曰卿大夫所服裨冕絺冕

禮疏二十六　二　陸訓

足利本第二十六卷第三葉

也案覲禮侯氏裨冕鄭注云裨冕者衣裨衣而冠冕也裨之爲言埤也天子六服大裘爲上其餘爲裨以事尊卑服之而諸侯亦服焉又注云衮衣者裨之上也則裨唯據衣也言服裨衣而著冕故云裨冕言裨者取其續纁云諸侯之卿大夫所服裨冕絺冕也玄冕也者此言五等諸侯孤卿大夫唯絺冕而下以上諸侯蕤兼五等故捴解其臣服此卿兼公孤卿也若孤卿則絺冕若三命再命卿大夫服玄冕故周禮司服云孤自絺冕而下卿大夫自玄冕而下又大宗伯云再命受服鄭注云受玄冕之服列國之大夫於子男爲卿卿大夫自玄冕而下如孤之服也是孤則絺冕卿與大夫皆玄冕周禮謂三孤六卿爲九卿捴云謂卿四命是卿名通於孤也云士服爵弁服者以天子大祝是大夫諸侯則無文若是士則爵弁今經云大祝裨冕故云則大夫　祝聲至敵告　聲謂噫歆之聲三所出警神也言若夫人某氏之子生以告殯之辭也　注聲噫歆警神也　正義曰直云祝聲不知作何聲案論語云顏淵死子曰

禮疏二十六　三　金彦

噫天喪予檀弓云公肩假曰噫是古人發聲多云噫故知此聲亦謂噫也凡祭祀神之所享謂之歆今作聲欲令神歆享故云歆警神也　升奠幣于殯東几上哭降者謂告殯竟執束帛者升堂奠置所執之幣于殯東几筵上畢遂哭哭竟而降階也　注几筵至體也　正義曰案阮諶禮圖云几長五尺高尺二寸廣二尺皇氏云周禮天子下室喪奠有素几不云殯宮有几而諸侯雖無文當與天子同而大夫士葬前下室並無几降於人君也並葬後殯宮皆有几人君未葬前而於下室有素几其殯宮無几今世子生既告權移下室之几於殯東告於繼體異常日庾氏云未虞施几筵常於下室然殯宮几筵爲朝夕之奠常在不去今更特設几筵於殯宮東者特異其事以爲世子之生故鄭云几筵於殯東明繼體也今案既夕禮燕養饋羞如他日則下室所供之物如平常皆用吉物即今之告靈不得有素几又司几筵云凡喪事右素几注云喪事謂凡奠也又云凶事仍几注云凶事謂凡奠凡朝夕相因喪禮略以

潘本第二十六卷第三葉

也案覲禮侯氏裨冕鄭注云裨冕者衣裨衣而冠冕也裨之爲言埤也天子六服大裘爲上其餘爲裨以事尊卑服之而諸侯亦服焉又注云衮衣者裨之上也則裨唯據衣也言服裨衣而著冕故云裨冕言裨者取其續纁云諸侯之卿大夫所服裨冕絺冕也玄冕也者此言五等諸侯孤卿大夫唯絺冕而下以上諸侯蕤兼五等故捴解其臣服此卿兼公孤卿也若孤卿則絺冕若三命再命卿大夫服玄冕故周禮司服云孤自絺冕而下卿大夫自玄冕而下又大宗伯云再命受服鄭注云受玄冕之服列國之大夫於子男爲卿卿大夫自玄冕而下如孤之服也是孤則絺冕卿與大夫皆玄冕周禮謂三孤六卿爲九卿捴云謂卿四命是卿名通於孤也云士服爵弁服者以天子大祝是大夫諸侯則無文若是士則爵弁今經云大祝裨冕故云則大夫　祝聲至敵告　聲謂噫歆之聲三所出警神也言若夫人某氏之子生以告殯之辭也　注聲噫歆警神也　正義曰直云祝聲不知作何聲案論語云顏淵死子曰

小字六百九十五　禮疏二十六　三　吳祚

噫天喪予檀弓云公肩假曰噫是古人發聲多云噫故知此聲亦謂噫也凡祭祀神之所享謂之歆今作聲欲令神歆享故云歆警神也　升奠幣于殯東几上哭降者謂告殯竟執束帛者升堂奠置所執之幣于殯東几筵上畢遂哭哭竟而降階也　注几筵至體也　正義曰案阮諶禮圖云几長五尺高尺二寸廣二尺皇氏云周禮天子下室喪奠有素几不云殯宮有几而諸侯雖無文當與天子同而大夫士葬前下室並無几降於人君也並葬後殯宮皆有几人君未葬前而於下室有素几其殯宮無几今世子生既告權移下室之几於殯東告於繼體異常日庾氏云未虞施几筵常於下室然殯宮几筵爲朝夕之奠常在不去今更特設几筵於殯宮東者特異其事以爲世子之生故鄭云几筵於殯東明繼體也今案既夕禮燕養饋羞如他日則下室所供之物如平常皆用吉物即今之告靈不得有素几又司几筵云凡喪事右素几注云喪事謂凡奠也又云凶事仍几注云凶事謂凡奠凡朝夕相因喪禮略

足利本第二十六卷第四葉

此推之即素几是殯宮朝夕設奠之几不在下室而庾皇等以爲素几設於下室未審何以知之其義非也熊氏以爲天子諸侯在殯宮則有几筵大夫士大斂有席虞始有几然殯宮几筵爲朝夕之奠常在不去今更特設几於殯東當明世子是繼體之貴故於常几筵之外別特設之考三家之說熊以爲是皇庾以爲非 注衆主至婦人 正義曰知者案喪大記云君將大斂父兄堂下北面父兄即君之親又云外宗房中南面故云房中婦人 注反朝夕哭位 正義曰案士喪禮每日之旦於朝夕哭位先哭而後行朝奠朝奠了又哭今因西階前哭畢反此朝夕哭位於位不更哭即行朝奠禮謂一時兼哭兩事故云遂朝奠案士喪禮尋常朝奠皆先哭後奠皇氏云尋常先奠後哭此謂告世子生故先哭後奠其義非也 注所主至階間 正義曰所以小宰舉幣是小宰所主故云所主也故周禮小宰職云凡祭祀贊王幣爵之事喪荒受其含襚幣玉之事是也必知埋之階間者下文云師行主命反必告設奠卒斂幣玉藏諸兩階之間故知此幣亦埋之階間也

三日衆主人卿大夫士如初位北面三日負子日也初告生時大宰大宗大祝皆裨冕少師奉子以衰祝先子從宰宗人從入門哭者止宰宗人詔贊君事者子升自西階殯前北面祝立于殯東南隅祝聲三曰某之子某從執事敢見子拜稽顙哭奉子者拜哭祝宰宗人衆主人卿大夫士哭踊三者三降東反位皆袒子踊房中亦踊三

禮疏二十六　四　王仲

潘本第二十六卷第四葉

此推之即素几是殯宮朝夕設奠之几不在下室而庾皇等以爲素几設於下室未審何以知之其義非也熊氏以爲天子諸侯在殯宮則有几筵大夫士大斂有席虞始有几然殯宮几筵爲朝夕之奠常在不去今更特設几於殯東當明世子是繼體之貴故於常几筵之外別特設之考三家之說熊以爲是皇庾以爲非 注衆主至婦人 正義曰知者案喪大記云君將大斂父兄堂下北面父兄即君之親又云外宗房中南面故云房中婦人 注反朝夕哭位 正義曰案士喪禮每日之旦於朝夕哭位先哭而後行朝奠朝奠了又哭今因西階前哭畢反此朝夕哭位於位不更哭即行朝奠禮謂一時兼哭兩事故云遂朝奠案士喪禮尋常朝奠皆先哭後奠皇氏云尋常先奠後哭此謂告世子生故先哭後奠其義非也 注所主至階間 正義曰所以小宰舉幣是小宰所主故云所主也故周禮小宰職云凡祭祀贊王幣爵之事喪荒受其含襚幣玉之事是也必知埋之階間者下文云師行主命反必告設奠卒斂幣玉藏諸兩階之間故知此幣亦埋之階間也

三日衆主人卿大夫士如初位北面三日負子日也初告生時大宰大宗大祝皆裨冕少師奉子以衰祝先子從宰宗人從入門哭者止宰宗人詔贊君事者子升自西階殯前北面祝立于殯東南隅祝聲三曰某之子某從執事敢見子拜稽顙哭奉子者拜哭祝宰宗人衆主人卿大夫士哭踊三者三降東反位皆袒子踊房中亦踊三

禮疏二十六　四　王仲

足利本第二十六卷第五葉

者三襲衰杖踊襲衰杖成子禮也奠出亦謂朝奠大宰命
祝史以名徧告于五祀山川因負子名之喪於禮略也
疏三日至山川　正義曰此一節論世子生巳三日名
之以名見於殯之禮各依文解之　三日之朝自衆
主人以下悉到西階下列位如初日子生之儀也以子自
爲主故不云從攝主也　注三日至生時　正義曰案內則
云國君世子生告于君三日卜士負之此亦生則告君三
日負之但告時直負之而巳子未見君至三月爲名之時
則始見之也今既在喪禮略於負子之時則見也此不用
束帛者初告生巳用今既禮殺故不用也云初告生時者
以經云如初恐初是朝夕哭位故以初爲告生時也必知
告生時者以告生時北面於西階南此亦云北面故知是
告生時也　大宰大宗大祝皆裨冕　大宰是敎令之官
大宗是主宗廟之官初不裨冕今得裨冕者以爲奉子接

禮記義三十六　五　蕭信

神故服祭服此大宰大宗等亦從子升堂故下文云祝宰
宗人降東反位既言降明其時當在堂此經不云升堂者
文不具耳　少師奉子以衰者少師主養子之官又奉子
故與子皆著衰也皇氏及王肅云謂以衰衣而奉之崔氏
云諸侯五日而殯殯而成服此三日而衰者喪巳在殯異於未
殯也　祝先子從者祝主接神故先進也少師奉子次從
祝也　宰宗人從者大宰大宗爲詔告賛君事故次從在
後也　入門哭者止者入門是入殯宮門也衆主人及諸
臣並巳先列位而哭令祝宰宗三人將子入門見故命門
內在位者止哭也前告是初生日哀甚故祝升階乃命止
哭今三日哀巳微殺故子入門而哭則止也　注宰宗至事
者　正義曰上云大宰大宗此直云宰宗人者皇氏云宰
則大宰宗人則大宗也此祝先子從者同吉祭之禮故特
牲少牢皆祝前主人後若凶祭則主人前祝在主人後士
虞禮是也今此亦凶祭而祝在先者以其告神故也　子
升至顙哭　子升自西階者謂世子不忍從先君之階升

潘本第二十六卷第五葉

者三襲衰杖踊襲衰杖成子禮也奠出亦謂朝奠大宰命
祝史以名徧告于五祀山川因負子名之喪於禮略也
疏三日至山川　正義曰此一節論世子生巳三日名
之以名見於殯之禮各依文解之　三日之朝自衆
主人以下悉到西階下列位如初日子生之儀也以子自
爲主故不云從攝主也　注三日至生時　正義曰案內則
云國君世子生告于君三日卜士負之此亦生則告君三
日負之但告時直負之而巳子未見君至三月爲名之時
則始見之也今既在喪禮略於負子之時則見也此不用
束帛者初告生巳用今既禮殺故不用也云初告生時者
以經云如初恐初是朝夕哭位故以初爲告生時也必知
告生時者以告生時北面於西階南此亦云北面故知是
告生時也　大宰大宗大祝皆裨冕　大宰是敎令之官
大宗是主宗廟之官初不裨冕今得裨冕者以爲奉子接

禮記義三十六　五　蕭信

神故服祭服此大宰大宗等亦從子升堂故下文云祝宰
宗人降東反位既言降明其時當在堂此經不云升堂者
文不具耳　少師奉子以衰者少師主養子之官又奉子
故與子皆著衰也皇氏及王肅云謂以衰衣而奉之崔氏
云諸侯五日而殯殯而成服此三日而衰者喪巳在殯異於未
殯也　祝先子從者祝主接神故先進也少師奉子次從
祝也　宰宗人從者大宰大宗爲詔告賛君事故次從在
後也　入門哭者止者入門是入殯宮門也衆主人及諸
臣並巳先列位而哭令祝宰宗三人將子入門見故命門
內在位者止哭也前告是初生日哀甚故祝升階乃命止
哭今三日哀巳微殺故子入門而哭則止也　注宰宗至事
者　正義曰上云大宰大宗此直云宰宗人者皇氏云宰
則大宰宗人則大宗也此祝先子從者同吉祭之禮故特
牲少牢皆祝前主人後若凶祭則主人前祝在主人後士
虞禮是也今此亦凶祭而祝在先者以其告神故也　子
升至顙哭　子升自西階者謂世子不忍從先君之階升

足利本第二十六卷第六葉

故由西階升於時大宰大宗及祝亦升不言從者以子爲主故略而不言也殯前北面者殯以東爲前謂當殯之東稍南北面也　祝立于殯東南隅者祝在子之西而北面當殯之東南故云殯東南隅也其宰及宗人皇氏云以次立於子之東皆北面若其須詔相之時或就子前而西面也　祝聲三者亦謂聲神也前告生哀甚故盡階不升堂此見子須近殯故進立於殯東南隅既聲神之後祝乃告曰夫人某氏之子某從執事宰宗人等敢見告訖奉子之人拜而稽顙乃哭不踊者未即位故也皇氏云於時未立子名不得云某氏之子某從執事下有某字者誤也今案定本及諸本皆有某字子升堂之時大宰即位立名告殯云某之子某　祝宰至衰杖　祝宰宗人卿大夫士哭踊三者三此等以子稽顙哭故亦祝宰宗人在堂上北面哭衆主人卿大夫士俱在西階下北面哭爲踊毎踊三度爲一節如此者三故云三者三　階東反位者堂上皆降反東在下者皆東反朝夕哭位降者謂降自西階也皆袒者以初

禮疏二十六　六　金彥

堂上堂下之哭非正位故不袒今反朝夕哭位故皆袒　子踊房中亦踊者以上文子不踊房中亦不踊至此乃踊故云子踊房中亦踊明祝宰宗人衆主人及卿大夫士反位亦皆踊也當子踊之時亦袒也故下注云踊襲衰杖成子禮也既云襲明初時袒也皇氏云子踊不袒若然子初不袒何得後有襲乎皇氏説非也　注亦謂朝奠　正義曰恐是見子故爲奠祭故云亦謂朝奠以告生之時遂朝奠故云亦謂朝奠知非特奠者在殯無特告奠之法故也　注因負至略也　正義曰案内則及左傳桓六年皆三月乃名之今此因負子三日即名之以喪事促遽於禮簡略不暇待三月也上見殯之時既以名告故云某之子某鄭於此乃解名者以經有名文而遂解之非謂告山川之時始作名也若依皇氏以見殯後乃作名故鄭於此解之

曾子問曰如已葬而世子生則如之何孔子曰大宰大宗

潘本第二十六卷第六葉

故由西階升於時大宰大宗及祝亦升不言從者以子爲主故略而不言也殯前北面者殯以東爲前謂當殯之東稍南北面也　祝立于殯東南隅者祝在子之西而北面當殯之東南故云殯東南隅也其宰及宗人皇氏云以次立於子之東皆北面若其須詔相之時或就子前而西面也　祝聲三者亦謂聲神也前告生哀甚故盡階不升堂此見子須近殯故進立於殯東南隅既聲神之後祝乃告曰夫人某氏之子某從執事宰宗人等敢見告訖奉子之人拜而稽顙乃哭不踊者未即位故也皇氏云於時未立子名不得云某氏之子某從執事下有某字者誤也今案定本及諸本皆有某字子升堂之時大宰即位立名告殯云某之子某　祝宰至衰杖　祝宰宗人卿大夫士哭踊三者三此等以子稽顙哭故亦祝宰宗人在堂上北面哭衆主人卿大夫士俱在西階下北面哭爲踊毎踊三度爲一節如此者三故云三者三　階東反位者堂上皆降反東在下者皆東反朝夕哭位降者謂降自西階也皆袒者以初

禮疏二十六　六　金彥

堂上堂下之哭非正位故不袒今反朝夕哭位故皆袒　子踊房中亦踊者以上文子不踊房中亦不踊至此乃踊故云子踊房中亦踊明祝宰宗人衆主人及卿大夫士反位亦皆踊也當子踊之時亦袒也故下注云踊襲衰杖成子禮也既云襲明初時袒也皇氏云子踊不袒若然子初不袒何得後有襲乎皇氏説非也　注亦謂朝奠　正義曰恐是見子故爲奠祭故云亦謂朝奠以告生之時遂朝奠故云亦謂朝奠知非特奠者在殯無特告奠之法故也　注因負至略也　正義曰案内則及左傳桓六年皆三月乃名之今此因負子三日即名之以喪事促遽於禮簡略不暇待三月也上見殯之時既以名告故云某之子某鄭於此乃解名者以經有名文而遂解之非謂告山川之時始作名也若依皇氏以見殯後乃作名故鄭於此解之

曾子問曰如已葬而世子生則如之何孔子曰大宰大宗

從大祝而告于禰告生也三月乃名于禰以名徧告及社稷宗廟山川

疏曾子至山川　正義曰此一節因前論問君未葬而世子生今更問巳葬後世子生之禮大宰大宗從大祝而告于禰者禰父殯宮之主也既葬詑殯無尸柩唯有主在故告於主漸神事之故也同廟主之名故曰禰也然直云三人告禰不云攝主者葬時攝主巳弁絰葛以交神明葬竟又服受服喪之大事便畢攝主亦無復有此事故子生則攝主不復與羣臣列位西階下故自還依大宰之禮與大宰大宗從大祝裨冕而告殯宮中主也不云裨冕者未葬尚裨冕葬後不言自顯也不云束帛者凡告必制幣從之可知也不言盡階不升者三人例是升者非不升也不言某之子生敢告者亦自可知也三月乃名于禰者葬後神事之故依平常之禮三日不見也三月乃見因見乃名故云乃名于禰也從見之人與告

禮記義二十六　七

生不異故不重言也雖三日不見其成服衰絰自依常禮也以名徧告及社稷宗廟山川者名於禰既畢宰亦命祝史徧告也不言宰命祝史從可知也又前不云社稷宗廟此不云五祀相互明也王肅云前三日名之云未葬當稱子某故三日因名之也此經既葬稱子不稱名故三月乃名也鄭云稱世子生喪在殯告五祀山川耳五祀殯宮之五祀山川國鎮之重不可不告故越社稷告之既葬而世子生三月而名葬後三月於禮巳祔廟故告可及廟廟與社稷相連不得不告社稷

孔子曰諸侯適天子必告于祖奠于禰皆奠幣以告之互文也冕而出視朝聽國事也諸侯朝天子必裨冕爲將廟受也裨冕者公袞侯伯鷩子男毳命祝史告于社稷宗廟山川臨行又徧告宗廟孝敬之心也乃命國家五官

從大祝而告于禰告生也三月乃名于禰以名徧告及社稷宗廟山川

疏曾子至山川　正義曰此一節因前論問君未葬而世子生今更問巳葬後世子生之禮大宰大宗從大祝而告于禰者禰父殯宮之主也既葬詑殯無尸柩唯有主在故告於主漸神事之故也同廟主之名故曰禰也然直云三人告禰不云攝主者葬時攝主巳弁絰葛以交神明葬竟又服受服喪之大事便畢攝主亦無復有此事故子生則攝主不復與羣臣列位西階下故自還依大宰之禮與大宰大宗從大祝裨冕而告殯宮中主也不云裨冕者未葬尚裨冕葬後不言自顯也不云束帛者凡告必制幣從之可知也不言盡階不升者三人例是升者非不升也不言某之子生敢告者亦自可知也三月乃名于禰者葬後神事之故依平常之禮三日不見也三月乃見因見乃名故云乃名于禰也從見之人與告

禮記義二十六　十一

生不異故不重言也雖三日不見其成服衰絰自依常禮也以名徧告及社稷宗廟山川者名於禰既畢宰亦命祝史徧告也不言宰命祝史從可知也又前不云社稷宗廟此不云五祀相互明也王肅云前三日名之云未葬當稱子某故三日因名之也此經既葬稱子不稱名故三月乃名也鄭云稱世子生喪在殯告五祀山川耳五祀殯宮之五祀山川國鎮之重不可不告故越社稷告之既葬而世子生三月而名葬後三月於禮巳祔廟故告可及廟廟與社稷相連不得不告社稷

孔子曰諸侯適天子必告于祖奠于禰皆奠幣以告之互文也冕而出視朝聽國事也諸侯朝天子必裨冕爲將廟受也裨冕者公袞侯伯鷩子男毳命祝史告于社稷宗廟山川臨行又徧告宗廟孝敬之心也乃命國家五官

足利本第二十六卷第八葉

而后行五官五大夫典事者命者勑之以其職道而出祖道也聘禮曰出祖釋軷祭酒脯也告者五日而徧過是非禮也既告不敢久留凡告用牲幣反亦如之牲當爲制字之誤也制幣一丈八尺諸侯相見必告于禰道近或可以不親告祖朝服而出視朝朝服爲事故也命祝史告于五廟所過山川山川所不過則不告貶於適天子也亦命國家五官道而出反必親告于祖禰乃命祝史告至于前所告者而后聽朝而入反必親告祖禰同出入禮【疏】孔子至如之

禮記義二十六　八

正義曰此一節論諸侯朝覲天子將出之禮不云曾子問直云孔子曰者以此與上事連文上既云以名徧告社稷宗廟因論出朝告祖禰之事此乃因上起文也此篇之内時有如此故下曾子問云除喪則不復昏禮乎孔子曰祭過時不祭禮也又何反於初又云孔子曰嫁女之家三夜不息燭與此相類云告于祖亦告于禰也言奠于禰亦奠于祖也　冕而出視朝　裨冕謂裨衣而冕裨衣者公袞侯伯鷩子男毳視朝詔聽事也【注】聽國至受也　正義曰聽國事解經視朝之事云諸侯朝天子必裨冕爲將廟受也諸侯視朝當用玄冠緇衣素裳今視朝而服裨冕之服者案覲禮侯氏裨冕天子受之於廟故鄭云諸侯朝天子必裨冕爲將廟受也言天子於廟受己之禮今諸侯往朝天子爲天子將欲於廟中受己之禮故諸侯豫敬之以冕服視朝也　命祝史告于社稷宗廟山川【注】臨行又徧告宗廟孝敬之心也　正義曰案上文云諸侯適天子必告于祖奠于禰此又命祝史告于宗廟山川是臨行一

潘本第二十六卷第八葉

而后行五官五大夫典事者命者勑之以其職道而出祖道也聘禮曰出祖釋軷祭酒脯也告者五日而徧過是非禮也既告不敢久留凡告用牲幣反亦如之牲當爲制字之誤也制幣一丈八尺諸侯相見必告于禰道近或可以不親告祖朝服而出視朝朝服爲事故也命祝史告于五廟所過山川山川所不過則不告貶於適天子也亦命國家五官道而出反必親告于祖禰乃命祝史告至于前所告者而后聽朝而入反必親告祖禰同出入禮【疏】孔子至如之

禮記義二十六　八

正義曰此一節論諸侯朝覲天子將出之禮不云曾子問直云孔子曰者以此與上事連文上既云以名徧告社稷宗廟因論出朝告祖禰之事此乃因上起文也此篇之内時有如此故下曾子問云除喪則不復昏禮乎孔子曰祭過時不祭禮也又何反於初又云孔子曰嫁女之家三夜不息燭與此相類云告于祖亦告于禰也言奠于禰亦奠于祖也　冕而出視朝　裨冕謂裨衣而冕裨衣者公袞侯伯鷩子男毳視朝詔聽事也【注】聽國至受也　正義曰聽國事解經視朝之事云諸侯朝天子必裨冕爲將廟受也諸侯視朝當用玄冠緇衣素裳今視朝而服裨冕之服者案覲禮侯氏裨冕天子受之於廟故鄭云諸侯朝天子必裨冕爲將廟受也言天子於廟受己之禮今諸侯往朝天子爲天子將欲於廟中受己之禮故諸侯豫敬之以冕服視朝也　命祝史告于社稷宗廟山川【注】臨行又徧告宗廟孝敬之心也　正義曰案上文云諸侯適天子必告于祖奠于禰此又命祝史告于宗廟山川是臨行一

足利本第二十六卷第九葉

告宗廟則知後再告故云臨行又徧告宗廟孝敬之心也
言徧告宗廟則五廟皆告也前云告于祖者亦祖禰皆告
也　乃命國家五官而后行　注五官至其職　正義曰
案大宰云建其牧立其監設其參傅其伍是諸侯有三卿
五大夫經云五官故云五大夫以屬官大夫其數衆多直
云五者據典國事者言之不云命卿者或從君出行或雖
在國留守摠主羣吏如三公然不專主一事且尊之既命
五大夫則卿亦命之可知故不顯言命卿也命者謂戒勑
以所掌之事也　注祖道至脯也　正義曰經言道而出
明諸侯將行爲祖祭道神而後出行引聘禮者證祖道之
義案聘禮記云出祖釋軷祭酒脯彼注云祖始也行出國
門止陳車騎釋酒脯之奠於軷爲行始也春秋傳曰軷涉
山川然則軷山行之名也道路以險阻爲難是以委土爲
山或伏牲其上使者爲軷祭酒脯祈告也禮畢然後乘車
轢之而遂行其有牲犬羊可也此城外之軷祭也其五祀
行神則在宮内故鄭注聘禮云行謂行者之先其古人之

禮記義二十六　九　馬祐

名未聞天子諸侯有常祀在冬也喪禮有毀宗躐行出于
大門則行神之位在廟門外西方又鄭注月令軷壇厚二
寸廣五尺輪四尺周禮注云以菩芻棘柏爲神主此鄭釋
爲軷祭之義此軷亦有尸故詩生民云取羝以軷注燔烈
其肉爲尸羞是也其牲天子軷用犬故犬人云伏瘞亦如
之注云伏謂伏犬於軷上諸侯用羊詩云取羝以軷謂諸
侯也卿大夫以酒脯既行祭軷音御者以酒祭車軾前及
車左右轂末故周禮大馭云及犯軷王自左馭馭下祝登
受轡犯軷遂驅之又云及登酌僕僕左執轡右祭兩軹祭
軌乃飲軹即轂末軌謂車軾前是也其祭宮内行神之軷
及城外祖祭之軷其制不殊崔氏云宮内之軷祭古之行
神城外之軷祭山川與道路之神義或然也壇名山其神
曰纍　告者五日而徧過是非禮也　前命祝史告山川
而諸侯猶待告徧乃行也以五日爲期若近者乃可就彼
告若遠者則當望告故以五日爲限也所以顯者爲先以
告廟載遷主若久留不去則爲非禮故云過是非禮也曲

潘本第二十六卷第九葉

告宗廟則知後再告故云臨行又徧告宗廟孝敬之心也
言徧告宗廟則五廟皆告也前云告于祖者亦祖禰皆告
也　乃命國家五宜而后行　注五官至其職　正義曰
案大宰云建其牧立其監設其參傅其伍是諸侯有三卿
五大夫經云五官故云五大夫以屬官大夫其數衆多直
云五者據典國事者言之不云命卿者或從君出行或雖
在國留守摠主羣吏如三公然不專主一事且尊之既命
五大夫則卿亦命之可知故不顯言命卿也命者謂戒勑
以所掌之事也　注祖道至脯也　正義曰經言道而出
明諸侯將行爲祖祭道神而後出行引聘禮者證祖道之
義案聘禮記云出祖釋軷祭酒脯彼注云祖始也行出國
門止陳車騎釋酒脯之奠於軷爲行始也春秋傳曰軷涉
山川然則軷山行之名也道路以險阻爲難是以委土爲
山或伏牲其上使者爲軷祭酒脯祈告也禮畢然後乘車
轢之而遂行其有牲犬羊可也此城外之軷祭也其五祀
行神則在宮内故鄭注聘禮云行謂行者之先其古人之

禮記義二十六　九　馬祐

名未聞天子諸侯有常祀在冬也喪禮有毀宗躐行出于
大門則行神之位在廟門外西方又鄭注月令軷壇厚二
寸廣五尺輪四尺周禮注云以菩芻棘柏爲神主此鄭釋
爲軷祭之義此軷亦有尸故詩生民云取羝以軷注燔烈
其肉爲尸羞是也其牲天子軷用犬故犬人云伏瘞亦如
之注云伏謂伏犬於軷上諸侯用羊詩云取羝以軷謂諸
侯也卿大夫以酒脯既行祭軷音御者以酒祭車軾前及
車左右轂末故周禮大馭云及犯軷王自左馭馭下祝登
受轡犯軷遂驅之又云及登酌僕僕左執轡右祭兩軹祭
軌乃飲軹即轂末軌謂車軾前是也其祭宮内行神之軷
及城外祖祭之軷其制不殊崔氏云宮内之軷祭古之行
神城外之軷祭山川與道路之神義或然也壇名山其神
曰纍　告者五日而徧過是非禮也　前命祝史告山川
而諸侯猶待告徧乃行也以五日爲期若近者乃可就彼
告若遠者則當望告故以五日爲限也所以顯者爲先以
告廟載遷主若久留不去則爲非禮故云過是非禮也曲

足利本第二十六卷第十葉

禮云凡爲君使者已受命君言不宿於家是也 注牲當爲制字之誤也 正義曰皇氏熊氏以此爲諸侯禮不應用牲故牲當爲制其天子則當用牲故熊氏云鄭注周禮大祝職引此文云告用牲幣不破牲字是天子用牲幣也必知天子用牲者校人云王所過山川則飾黃駒是用牲也必知諸侯不用牲者約下文云幣帛皮圭以告故知不用牲也或天子諸侯出入有告有祭故告用制幣一丈八尺其卿大夫唯入祭而已故聘禮既使而反祭用牲也 注道近至告祖 正義曰以直云告于禰是據其道近故云或可以不親告祖知諸侯不直告禰者下文云反必親告于祖禰明出時亦告祖禰爲道近唯告禰耳 注朝服爲事故也 正義曰朝服爲事故者或會或弔之事諸侯朝服玄冠緇衣素裳以上文諸侯朝天子冕而出視朝爲將廟受尊敬天子習其禮故著冕服諸侯相朝亦雖在廟受降下天子不敢冕服唯著臨朝聽事之服故云朝服爲事故也熊氏又云此朝服謂皮弁服以天子用以視朝故

禮記義二十六 十 陸訓

謂之朝服論語云吉月必朝服而朝注云朝服皮弁服是也必知朝服皮弁服者聘禮諸侯相聘皮弁服明相朝亦皮弁服此義爲勝也 注反必親告祖禰同出入禮 正義曰庾蔚云鄭當謂出入所告理不容殊而諸侯相見出不云告祖者或道近變其常禮耳故反必親告祖禰以明出入之告其禮不殊也

曾子問曰並有喪如之何何先何後 並謂父母若親同者同月死 孔子曰葬先輕而後重其奠也先重而後輕禮也自啓及葬不奠 不奠務於當葬者 行葬不哀次 不哀次輕於在殯者 反葬奠而后辭於殯遂脩葬事 殯當爲賓聲之誤也辭於賓謂告將葬啓期也 其虞也先重而後

潘本第二十六卷第十葉

禮云凡爲君使者已受命君言不宿於家是也 注牲當爲制字之誤也 正義曰皇氏熊氏以此爲諸侯禮不應用牲故牲當爲制其天子則當用牲故熊氏云鄭注周禮大祝職引此文云告用牲幣不破牲字是天子用牲幣也必知天子用牲者校人云王所過山川則飾黃駒是用牲也必知諸侯不用牲者約下文云幣帛皮圭以告故知不用牲也或天子諸侯出入有告有祭故告用制幣一丈八尺其卿大夫唯入祭而已故聘禮既使而反祭用牲也 注道近至告祖 正義曰以直云告于禰是據其道近故云或可以不親告祖知諸侯不直告禰者下文云反必親告于祖禰明出時亦告祖禰爲道近唯告禰耳 注朝服爲事故也 正義曰朝服爲事故者或會或弔之事諸侯朝服玄冠緇衣素裳以上文諸侯朝天子冕而出視朝爲將廟受尊敬天子習其禮故著冕服諸侯相朝亦雖在廟受降下天子不敢冕服唯著臨朝聽事之服故云朝服爲事故也熊氏又云此朝服謂皮弁服以天子用以視朝故

禮記義二十六 十 陸訓

謂之朝服論語云吉月必朝服而朝注云朝服皮弁服是也必知朝服皮弁服者聘禮諸侯相聘皮弁服明相朝亦皮弁服此義爲勝也 注反必親告祖禰同出入禮 正義曰庾蔚云鄭當謂出入所告理不容殊而諸侯相見出不云告祖者或道近變其常禮耳故反必親告祖禰以明出入之告其禮不殊也

曾子問曰並有喪如之何何先何後 並謂父母若親同者同月死 孔子曰葬先輕而後重其奠也先重而後輕禮也自啓及葬不奠 不奠務於當葬者 行葬不哀次 不哀次輕於在殯者 反葬奠而后辭於殯遂脩葬事 殯當爲賓聲之誤也辭於賓謂告將葬啓期也 其虞也先重而後

輕禮也【疏】曾子至禮也　正義曰此一節論並有喪
葬之事各隨文解之【注】並謂至月死
正義曰並謂父母也親同者祖父母及世叔兄弟云同月
死不云同日者略可知也　自啓至葬事　旣父喪在殯
先葬母之時自從也從啓母殯之後及至葬柩欲出之前
唯設母之啓殯之奠朝廟之奠及祖奠遣奠而已不於殯
宮爲父設奠故云自啓及葬不奠謂不奠父也不奠者不
朝夕更改新奠仍有舊奠存也　行葬不哀次者次謂大
門外之右平生待賓之處葬柩車出門至此孝子悲哀柩
車暫停今爲父喪在殯故行葬母之時出門外孝子不得
爲母伸哀於所次之處遂行而去所以然者若此悲哀恐
輕於在殯也反葬奠者謂葬母還反于父殯宮而設奠也
而后辭於殯遂脩葬事者辭猶告也謂奠父之後孝子
告語於賓以明日啓父殯期節旣告賓賓出之後遂脩營
葬父之事所以葬則先輕奠則先重者皇氏云葬是奪情
故從輕者爲首奠是奉養故令重者居先也【注】不奠務

禮記義二十六　十一　嚴信

於當葬者　正義曰不奠謂不奠父及餘喪也重喪所以
不奠者若營奠父事恐葬事遲晚務欲輕喪在先當葬者
使其速畢故也知此不奠不據先葬者葬是喪之大事永
離宮室不可以不奠也【注】不哀次輕於在殯者　正義
曰解經不哀次之義以父喪在殯爲重今爲母至次處而
哀爲輕於在殯者今爲在殯者所壓不敢爲母伸哀故云
不哀次輕於在殯者上注云若親同者則除父母之外餘
喪其重喪在殯皆爲輕喪不哀次【注】殯當至期也　正
義曰此經辭於殯知非告殯以將葬而云殯當爲賓爲告
賓者案旣夕禮云主人請啓期告于賓之後即陳葬事設
盥陳鼎饌夷牀之屬下乃云祝聲三是告殯之事今先云
辭於殯乃云遂脩葬事故云殯當爲賓謂詔告賓也與旣
夕禮同　其虞也先重而後輕禮也　以虞是奠之類故
亦先重後輕以禮結之故云禮也案崇精問曰葬母亦朝
廟否其虞父與母同日異日乎焦氏答曰婦未廟見不朝
廟耳内豎職云王后之喪朝廟則爲之蹕也是母喪亦朝

輕禮也【疏】曾子至禮也　正義曰此一節論並有喪
葬之事各隨文解之【注】並謂至月死
正義曰並謂父母也親同者祖父母及世叔兄弟云同月
死不云同日者略可知也　自啓至葬事　旣父喪在殯
先葬母之時自從也從啓母殯之後及至葬柩欲出之前
唯設母之啓殯之奠朝廟之奠及祖奠遣奠而已不於殯
宮爲父設奠故云自啓及葬不奠謂不奠父也不奠者不
朝夕更改新奠仍有舊奠存也　行葬不哀次者次謂大
門外之右平生待賓之處葬柩車出門至此孝子悲哀柩
車暫停今爲父喪在殯故行葬母之時出門外孝子不得
爲母伸哀於所次之處遂行而去所以然者若此悲哀恐
輕於在殯也反葬奠者謂葬母還反于父殯宮而設奠也
而后辭於殯遂脩葬事者辭猶告也謂奠父之後孝子
告語於賓以明日啓父殯期節旣告賓賓出之後遂脩營
葬父之事所以葬則先輕奠則先重者皇氏云葬是奪情
故從輕者爲首奠是奉養故令重者居先也【注】不奠務

禮記義二十六　十一　嚴信

於當葬者　正義曰不奠謂不奠父及餘喪也重喪所以
不奠者若營奠父事恐葬事遲晚務欲輕喪在先當葬者
使其速畢故也知此不奠不據先葬者葬是喪之大事永
離宮室不可以不奠也【注】不哀次輕於在殯者　正義
曰解經不哀次之義以父喪在殯爲重今爲母至次處而
哀爲輕於在殯者今爲在殯者所壓不敢爲母伸哀故云
不哀次輕於在殯者上注云若親同者則除父母之外餘
喪其重喪在殯皆爲輕喪不哀次【注】殯當至期也　正
義曰此經辭於殯知非告殯以將葬而云殯當爲賓爲告
賓者案旣夕禮云主人請啓期告于賓之後即陳葬事設
盥陳鼎饌夷牀之屬下乃云祝聲三是告殯之事今先云
辭於殯乃云遂脩葬事故云殯當爲賓謂詔告賓也與旣
夕禮同　其虞也先重而後輕禮也　以虞是奠之類故
亦先重後輕以禮結之故云禮也案崇精問曰葬母亦朝
廟否其虞父與母同日異日乎焦氏答曰婦未廟見不朝
廟耳内豎職云王后之喪朝廟則爲之蹕也是母喪亦朝

足利本第二十六卷第十二葉

廟明也虞當異日也孔子曰宗子雖七十無無主婦族人之婦不可無統非宗子雖無主婦可也疏正義曰此一節論宗子立後之事凡無問而稱孔子曰者皆記者失問也亦此卷之通例矣宗子大宗子也凡人年六十無妻者不復娶以陽道絶故也而宗子領宗男於外宗婦領宗女於内昭穆事重不可廢闕故雖年七十亦猶娶也故云無無主婦言必須有也然此謂無子孫及有子而年幼小者若有子孫則傳家事於子孫故曲禮七十老而傳是也曾子問曰將冠子冠者至揖讓而入聞齊衰大功之喪如之何冠者賓及贊者孔子曰内喪則廢外喪則冠而不醴徹饌而埽

禮記義二十六　十二

即位而哭如冠者未至則廢内喪同門也不醴不醴子也其廢者喪成服因喪而冠如將冠子而未及期日而有齊衰大功小功之喪則因喪服而冠廢吉禮而因喪冠俱成人之服及至也除喪不改冠乎孔子曰天子賜諸侯大夫冕弁服於大廟歸設奠服賜服於斯乎有冠醮無冠醴酒爲醮冠禮醴重而醮輕此服賜服酌用酒尊賜也不醴明不爲改冠改冠當醴之父没而冠則已冠埽地而祭於禰已祭而見伯父叔父而

潘本第二十六卷第十二葉

廟明也虞當異日也孔子曰宗子雖七十無無主婦族人之婦不可無統非宗子雖無主婦可也疏正義曰此一節論宗子立後之事凡無問而稱孔子曰者皆記者失問也亦此卷之通例矣宗子大宗子也凡人年六十無妻者不復娶以陽道絶故也而宗子領宗男於外宗婦領宗女於内昭穆事重不可廢闕故雖年七十亦猶娶也故云無無主婦言必須有也然此謂無子孫及有子而年幼小者若有子孫則傳家事於子孫故曲禮七十老而傳是也曾子問曰將冠子冠者至揖讓而入聞齊衰大功之喪如之何冠者賓及贊者孔子曰内喪則廢外喪則冠而不醴徹饌而埽

禮記義二十六　十二

即位而哭如冠者未至則廢内喪同門也不醴不醴子也其廢者喪成服因喪而冠如將冠子而未及期日而有齊衰大功小功之喪則因喪服而冠廢吉禮而因喪冠俱成人之服及至也除喪不改冠乎孔子曰天子賜諸侯大夫冕弁服於大廟歸設奠服賜服於斯乎有冠醮無冠醴酒爲醮冠禮醴重而醮輕此服賜服酌用酒尊賜也不醴明不爲改冠改冠當醴之父没而冠則已冠埽地而祭於禰已祭而見伯父叔父而

后饗冠者 饗謂禮之 疏 曾子至冠者 正義曰此一節論冠子逢喪之事將冠子冠者至揖讓而入者曾子問將欲冠子冠者謂賓及贊者至主人之門而與主人揖讓而入主人忽聞齊衰大功之喪如之何孔子荅之云若是大門內之喪則廢以加冠在廟廟則在大門之內吉凶不可同處故云內喪則廢 外喪則冠而不醴者外喪謂大門外之喪喪在他處猶可以加冠也但平常吉時三加之後設醴以禮冠者之身今既有喪故直三加而已不醴之 徹饌而埽者以初欲迎賓之時未知有喪醴及饌具既已陳設今忽聞喪故徹去醴與饌具又埽除冠之舊位今使清絜更新乃即位而哭如賓及贊者未至則廢而不冠也 如將至而冠既荅曾子之問遂言未及期日有喪之禮故云未及期日而有齊衰大功小功之喪 則因喪服而冠者孔子言冠日尚遠不可以吉加冠故廢其吉禮則因著喪之成服而加喪冠也 除喪不改冠乎者曾子既得夫子引類以荅之仍疑而發問

禮記義二十六 十三 施俊

云此人因喪服而冠除喪之後不更改易而行吉冠之禮乎 孔子至賜服 此一經孔子引類荅曾子除喪不合改冠之事所以然者謂諸侯幼弱未冠總角從事至當冠之年因朝天子天子而賜諸侯大夫或弁或冕之服於天子大廟之中榮君之賜歸設奠祭於己宗廟此時身服所賜之服更不改冠也 於斯乎有冠醮無冠醴 斯此也於此之時唯有冠之醮法行醮以相燕飲無有冠之醴法謂不用醴以禮受服者之身所以然者凡改冠則當用醴今既受服於天子不可歸還更改爲初冠禮法然則既因喪而冠不可除喪更改爲吉冠也 父沒至冠者 孔子既荅其問又釋父沒加冠之禮故云父沒而冠則加冠已冠之後埽地而祭於禰廟已祭之而見伯父叔父見伯叔之後乃饗冠者 注 內喪至而冠 正義曰內喪同門者皇氏云謂同大門之內云不醴不醴子也者案士冠禮醴子之後始醴賓恐此經云不醴是不醴賓故云不醴子也必知不醴子者以經云冠者未至則廢廢謂子身冠廢

后饗冠者 饗謂禮之 疏 曾子至冠者 正義曰此一節論冠子逢喪之事將冠子冠者至揖讓而入者曾子問將欲冠子冠者謂賓及贊者至主人之門而與主人揖讓而入主人忽聞齊衰大功之喪如之何孔子荅之云若是大門內之喪則廢以加冠在廟廟則在大門之內吉凶不可同處故云內喪則廢 外喪則冠而不醴者外喪謂大門外之喪喪在他處猶可以加冠也但平常吉時三加之後設醴以禮冠者之身今既有喪故直三加而已不醴之 徹饌而埽者以初欲迎賓之時未知有喪醴及饌具既已陳設今忽聞喪故徹去醴與饌具又埽除冠之舊位今使清絜更新乃即位而哭如賓及贊者未至則廢而不冠也 如將至而冠既荅曾子之問遂言未及期日有喪之禮故云未及期日而有齊衰大功小功之喪 則因喪服而冠者孔子言冠日尚遠不可以吉加冠故廢其吉禮則因著喪之成服而加喪冠也 除喪不改冠乎者曾子既得夫子引類以荅之仍疑而發問

禮記義二十六 十三 施俊

云此人因喪服而冠除喪之後不更改易而行吉冠之禮乎 孔子至賜服 此一經孔子引類荅曾子除喪不合改冠之事所以然者謂諸侯幼弱未冠總角從事至當冠之年因朝天子天子而賜諸侯大夫或弁或冕之服於天子大廟之中榮君之賜歸設奠祭於己宗廟此時身服所賜之服更不改冠也 於斯乎有冠醮無冠醴 斯此也於此之時唯有冠之醮法行醮以相燕飲無有冠之醴法謂不用醴以禮受服者之身所以然者凡改冠則當用醴今既受服於天子不可歸還更改爲初冠禮法然則既因喪而冠不可除喪更改爲吉冠也 父沒至冠者 孔子既荅其問又釋父沒加冠之禮故云父沒而冠則加冠已冠之後埽地而祭於禰廟已祭之而見伯父叔父見伯叔之後乃饗冠者 注 內喪至而冠 正義曰內喪同門者皇氏云謂同大門之內云不醴不醴子也者案士冠禮醴子之後始醴賓恐此經云不醴是不醴賓故云不醴子也必知不醴子者以經云冠者未至則廢廢謂子身冠廢

明不醴是不醴子也云其廢者喪成服因喪而冠者以下文云未及期日因喪服而冠是也熊氏以即位而哭謂在冠家即位以文承徹饌而埽之下皇氏以爲即喪家之位非也 注發吉至之服 正義曰吉冠是吉時成人之服喪冠是喪時成人之服今既有凶廢吉禮而因喪冠故云俱成人之服也 注酒爲至醴之 正義曰案士冠禮云若不醴則醮用酒是酌酒爲醮謂之醮者鄭注云酌而無酬酢曰醮皇氏云醴亦無酬酢而云酒無酬酢者以酒有酬酢爲常禮故無酬酢乃謂之爲醮云冠禮醴重而醮輕者案士冠禮適子三加於阼乃醴於客位醴是古之酒故爲重士冠禮又云若庶子則冠于房外南面遂醮焉醮既用酒酒是後代之法故爲輕也案士冠禮若不醴則醮用酒注云若不醴謂國有舊俗可行聖人用焉不改者也如鄭此言則行周禮者適子用醴庶子用醮若用先王舊俗者雖適子與庶子同用醮先王是夏殷也雖在周前因而用也醮之所以異於醴者醴則三加之後摠一醴之醮則每

禮記義二十六　十四　翁袖

一加而行一醮凡三醮也云酌用酒尊賜也者謂諸侯大夫既受賜服而歸祭告之後使人酌酒以飲已榮上之賜不酬酢也云不醴明不爲改冠者受賜服而來若其改而更冠應從適子之尊冠必酌醴以醴之今既不醴明不改冠也皇氏云謂諸侯及大夫幼弱未冠總角從事當冠之年因朝天子而賜之服故歸還不改冠也義或然也 注饗謂禮之 正義曰案士冠禮醴賓以壹獻之禮此云饗冠者前注云冠者賓及贊者此即是饗賓及贊者此父沒而冠案士冠禮云若孤子則父兄戒宿冠之日主人紒而迎賓拜揖讓立于序端則冠身自迎賓皇氏云冠者諸父迎賓非禮也

曾子問曰祭如之何則不行旅酬之事矣孔子曰聞之小祥者主人練祭而不旅奠酬於賓賓弗舉禮也 奠無尸虞不致爵小

潘本第二十六卷第十四葉

明不醴是不醴子也云其廢者喪成服因喪而冠者以下文云未及期日因喪服而冠是也熊氏以即位而哭謂在冠家即位以文承徹饌而埽之下皇氏以爲即喪家之位非也 注發吉至之服 正義曰吉冠是吉時成人之服喪冠是喪時成人之服今既有凶廢吉禮而因喪冠故云俱成人之服也 注酒爲至醴之 正義曰案士冠禮云若不醴則醮用酒是酌酒爲醮謂之醮者鄭注云酌而無酬酢曰醮皇氏云醴亦無酬酢而云酒無酬酢者以酒有酬酢爲常禮故無酬酢乃謂之爲醮云冠禮醴重而醮輕者案士冠禮適子三加於阼乃醴於客位醴是古之酒故爲重士冠禮又云若庶子則冠于房外南面遂醮焉醮既用酒酒是後代之法故爲輕也案士冠禮若不醴則醮用酒注云若不醴謂國有舊俗可行聖人用焉不改者也如鄭此言則行周禮者適子用醴庶子用醮若用先王舊俗者雖適子與庶子同用醮先王是夏殷也雖在周前因而用也醮之所以異於醴者醴則三加之後摠一醴之醮則每

禮記義二十六　十四　翁袖

一加而行一醮凡三醮也云酌用酒尊賜也者謂諸侯大夫既受賜服而歸祭告之後使人酌酒以飲已榮上之賜不酬酢也云不醴明不爲改冠者受賜服而來若其改而更冠應從適子之尊冠必酌醴以醴之今既不醴明不改冠也皇氏云謂諸侯及大夫幼弱未冠總角從事當冠之年因朝天子而賜之服故歸還不改冠也義或然也 注饗謂禮之 正義曰案士冠禮醴賓以壹獻之禮此云饗冠者前注云冠者賓及贊者此即是饗賓及贊者此父沒而冠案士冠禮云若孤子則父兄戒宿冠之日主人紒而迎賓拜揖讓立于序端則冠身自迎賓皇氏云冠者諸父迎賓非禮也

曾子問曰祭如之何則不行旅酬之事矣孔子曰聞之小祥者主人練祭而不旅奠酬於賓賓弗舉禮也 奠無尸虞不致爵小

昔者魯昭公練而舉酬行旅祥不旅酬大祥無無筭爵彌吉非禮也孝公大祥奠酬弗舉亦非禮也孝公隱公之祖父

疏曾子至禮也　正義曰此一節論喪祭簡略之事　孔子至舉禮也　練小祥祭也旅謂旅酬故奠無尸虞不致爵至小祥彌吉但得致爵於賓而不得行旅酬之事大祥乃得行旅酬而不得行無筭爵之事也此皆謂喪事簡略於禮未備故也

注奠無至彌吉　正義曰案士虞禮云男男尸女女尸檀弓云虞而立尸是虞時始立尸故云奠無尸奠所以無尸者奠是未葬之前形體尚在未忍立尸異於生故未立尸虞是旣葬之後形體已去鬼神事之故立尸以象神也又案特牲云祝延尸於奥尸即席坐主人拜妥尸尸荅拜尸左執觶右取菹梗于醢祭于豆間佐食取黍稷肺祭授尸尸祭之祭酒啐酒祭鉶乃食九飯主人洗角升酌酳尸尸卒爵祝酌授尸

尸以酢主人主人卒爵筵祝南面主人酌獻祝祝受卒爵主人酌獻佐食佐食受卒爵此是主人之獻也特牲又云主婦洗爵獻尸尸卒爵尸酢主婦主婦卒爵主婦酌獻祝祝卒爵酌獻佐食佐食卒爵此是主婦之獻也賓三獻獻于尸尸三爵止注云尸止爵者三獻禮成欲神惠之均於室中云虞不致爵者案士虞禮賓三獻尸尸卒爵禮畢無致爵以下之事所謂虞不致爵也案特牲又云尸止爵之後席于戶内主婦洗爵酌致爵于主人主人拜受爵主婦拜送爵主人卒爵拜主婦荅拜受爵酌酢左執爵拜主人荅拜主人降洗酌致爵于主婦席于房中南面主婦拜受爵主人西面荅拜主婦卒爵拜主人荅拜主人更爵酢卒爵拜主婦荅拜所謂致爵也三獻之賓作尸所止爵尸飲卒爵酢賓賓飲卒爵獻祝及佐食致爵于主人主婦畢主人降阼階升酌西階上獻賓及衆賓訖主人洗觶于西階前北面酬賓訖主人洗爵于阼階上獻長兄弟及衆兄弟及内兄弟于房中獻畢賓乃坐取主人所酬之觶於阼階前

昔者魯昭公練而舉酬行旅祥不旅酬大祥無無筭爵彌吉非禮也孝公大祥奠酬弗舉亦非禮也孝公隱公之祖父

疏曾子至禮也　正義曰此一節論喪祭簡略之事　孔子至舉禮也　練小祥祭也旅謂旅酬故奠無尸虞不致爵至小祥彌吉但得致爵於賓而不得行旅酬之事大祥乃得行旅酬而不得行無筭爵之事也此皆謂喪事簡略於禮未備故也

注奠無至彌吉　正義曰案士虞禮云男男尸女女尸檀弓云虞而立尸是虞時始立尸故云奠無尸奠所以無尸者奠是未葬之前形體尚在未忍立尸異於生故未立尸虞是旣葬之後形體已去鬼神事之故立尸以象神也又案特牲云祝延尸於奥尸即席坐主人拜妥尸尸荅拜尸左執觶右取菹梗于醢祭于豆間佐食取黍稷肺祭授尸尸祭之祭酒啐酒祭鉶乃食九飯主人洗角升酌酳尸尸卒爵祝酌授尸

禮記義二十六　十五

尸以酢主人主人卒爵筵祝南面主人酌獻祝祝受卒爵主人酌獻佐食佐食受卒爵此是主人之獻也特牲又云主婦洗爵獻尸尸卒爵尸酢主婦主婦卒爵主婦酌獻祝祝卒爵酌獻佐食佐食卒爵此是主婦之獻也賓三獻獻于尸尸三爵止注云尸止爵者三獻禮成欲神惠之均於室中云虞不致爵者案士虞禮賓三獻尸尸卒爵禮畢無致爵以下之事所謂虞不致爵也案特牲又云尸止爵之後席于戶内主婦洗爵酌致爵于主人主人拜受爵主婦拜送爵主人卒爵拜主婦荅拜受爵酌酢左執爵拜主人荅拜主人降洗酌致爵于主婦席于房中南面主婦拜受爵主人西面荅拜主婦卒爵拜主人荅拜主人更爵酢卒爵拜主婦荅拜所謂致爵也三獻之賓作尸所止爵尸飲卒爵酢賓賓飲卒爵獻祝及佐食致爵于主人主婦畢主人降阼階升酌西階上獻賓及衆賓訖主人洗觶于西階前北面酬賓訖主人洗爵于阼階上獻長兄弟及衆兄弟及内兄弟于房中獻畢賓乃坐取主人所酬之觶於阼階前

酬長兄弟長兄弟受觶於西階前酬衆賓衆賓酬衆兄弟所謂旅酬也云小祥不旅酬者賓不舉主人所酬之觶不行旅酬之事所謂小祥不旅酬謂奠酬於主人主人酬於賓賓不舉也旅酬之後賓弟子兄弟弟子各酌于其尊舉觶各於其長賓取觶酬兄弟之黨長兄弟取觶酬賓之黨所謂無筭爵也云大祥無無筭爵彌吉者大祥乃得行旅酬而不得行此無筭爵之事故云大祥無無筭爵以其漸漸備禮故云彌吉仍未純吉也　昔者魯昭公練而舉酬行旅非禮也者練祭但得致爵於賓賓不合舉此爵而行旅酬今昭公行之故曰非禮也大祥彌吉得行旅酬今孝公不然亦曰非禮　注孝公隱公之祖父　正義曰案世本孝公生惠公弗皇弗皇生隱公是隱公之祖父也

曾子問曰大功之喪可以與於饋奠之事乎饋奠在殯時也孔子曰豈大功耳自斬衰以下皆可禮也曾子曰不以輕服而重相爲乎怪以重服而爲人執事孔子曰非此之謂也非謂爲人謂於其所爲服也天子諸侯之喪斬衰者奠爲君服者皆斬衰唯主人不奠大夫齊衰者奠服斬衰者不奠辟正君也齊衰者其兄弟士則朋友奠不足則取於大功以下者不足則反之服齊衰者不奠辟大夫也言不足者謂殷奠時曾子問曰小功可以與於祭乎祭謂虞卒哭時孔子曰何必小功耳自斬衰以下與祭禮也曾子曰不以

禮記義二十六　十六　應俊

酬長兄弟長兄弟受觶於西階前酬衆賓衆賓酬衆兄弟所謂旅酬也云小祥不旅酬者賓不舉主人所酬之觶不行旅酬之事所謂小祥不旅酬謂奠酬於主人主人酬於賓賓不舉也旅酬之後賓弟子兄弟弟子各酌于其尊舉觶各於其長賓取觶酬兄弟之黨長兄弟取觶酬賓之黨所謂無筭爵也云大祥無無筭爵彌吉者大祥乃得行旅酬而不得行此無筭爵之事故云大祥無無筭爵以其漸漸備禮故云彌吉仍未純吉也　昔者魯昭公練而舉酬行旅非禮也者練祭但得致爵於賓賓不合舉此爵而行旅酬今昭公行之故曰非禮也大祥彌吉得行旅酬今孝公不然亦曰非禮　注孝公隱公之祖父　正義曰案世本孝公生惠公弗皇弗皇生隱公是隱公之祖父也

曾子問曰大功之喪可以與於饋奠之事乎饋奠在殯時也孔子曰豈大功耳自斬衰以下皆可禮也曾子曰不以輕服而重相爲乎怪以重服而爲人執事孔子曰非此之謂也非謂爲人謂於其所爲服也天子諸侯之喪斬衰者奠爲君服者皆斬衰唯主人不奠大夫齊衰者奠服斬衰者不奠辟正君也齊衰者其兄弟士則朋友奠不足則取於大功以下者不足則反之服齊衰者不奠辟大夫也言不足者謂殷奠時曾子問曰小功可以與於祭乎祭謂虞卒哭時孔子曰何必小功耳自斬衰以下與祭禮也曾子曰不以

禮記義二十六　十六　應俊

足利本第二十六卷第十七葉

輕喪而重祭乎怪使重者執事孔子曰天子諸侯之喪祭也不斬衰者不與祭大夫齊衰者與祭士祭不足則取於兄弟大功以下者

疏 曾子至反之　正義曰此一節論為死者服還得為死者饋奠之事曾子之意云已有大功之喪可以與於他人饋奠之事乎孔子不解曾子問旨謂言曾子所問已有大功之喪得為大功者饋奠以否故荅云豈大功乎言已有大功豈但為大功者饋奠自斬衰以下皆可禮也言身有斬衰所為者斬衰身有齊衰所為者齊衰皆可與於饋奠故云禮也　曾子曰不以輕服而重相為乎孔子所論據所服者言之曾子又不解孔子之旨謂言為他人故更問云若為他人不以輕已喪服而重他人相為饋奠乎　孔子曰非此之謂也孔子乃荅云我

禮記義二十六　十七　馬祐

之所言據所為服者饋奠非此為他人之謂也故注云非謂為人謂於其所為服也以下乃論所為饋奠之事也天子諸侯之喪斬衰者奠大夫之喪齊衰者奠士則朋友奠若朋友不足則取於大功以下小功緦麻者奠若其不足則反之謂奠大執事其人不足則反取前人執事者充之

注 饋奠在殯時也　正義曰以其稱奠又下云天子諸侯之喪祭也喪祭謂虞卒哭故知此饋奠謂在殯時也

注 為君至不奠　正義曰知主人不奠者案士喪禮主人不親奠又此文云士則朋友奠故知主人不親奠也主人必不親奠者以主人悲號思慕不暇執事故也

注 服斬至兄弟　正義曰大夫之喪子服斬衰者不親奠此服斬衰謂大夫家臣雖服斬衰不得饋奠辟天子諸侯之正君云齊衰者其兄弟者以大夫之喪子及屬臣皆服斬衰今服齊衰唯兄弟耳故云其兄弟也

注 言不至奠時　正義曰殷奠謂月朔之奠以其有牲牢黍稷用人多也殷盛也以月朔之奠盛於常奠非月半之殷奠也以士月半不暇

潘本第二十六卷第十七葉

輕喪而重祭乎怪使重者執事孔子曰天子諸侯之喪祭也不斬衰者不與祭大夫齊衰者與祭士祭不足則取於兄弟大功以下者

疏 曾子至反之　正義曰此一節論為死者服還得為死者饋奠之事曾子之意云已有大功之喪可以與於他人饋奠之事乎孔子不解曾子問旨謂言曾子所問已有大功之喪得為大功者饋奠以否故荅云豈大功乎言已有大功豈但為大功者饋奠自斬衰以下皆可禮也言身有斬衰所為者斬衰身有齊衰所為者齊衰皆可與於饋奠故云禮也　曾子曰不以輕服而重相為乎孔子所論據所服者言之曾子又不解孔子之旨謂言為他人故更問云若為他人不以輕已喪服而重他人相為饋奠乎　孔子曰非此之謂也孔子乃荅云我

禮記疏義二十六　十七

之所言據所為服者饋奠非此為他人之謂也故注云非謂為人謂於其所為服也以下乃論所為饋奠之事也天子諸侯之喪斬衰者奠大夫之喪齊衰者奠士則朋友奠若朋友不足則取於大功以下小功緦麻者奠若其不足則反之謂奠大執事其人不足則反取前人執事者充之

注 饋奠在殯時也　正義曰以其稱奠又下云天子諸侯之喪祭也喪祭謂虞卒哭故知此饋奠謂在殯時也

注 為君至不奠　正義曰知主人不奠者案士喪禮主人不親奠又此文云士則朋友奠故知主人不親奠也主人必不親奠者以主人悲號思慕不暇執事故也

注 服斬至兄弟　正義曰大夫之喪子服斬衰者不親奠此服斬衰謂大夫家臣雖服斬衰不得饋奠辟天子諸侯之正君云齊衰者其兄弟者以大夫之喪子及屬臣皆服斬衰今服齊衰唯兄弟耳故云其兄弟也

注 言不至奠時　正義曰殷奠謂月朔之奠以其有牲牢黍稷用人多也殷盛也以月朔之奠盛於常奠非月半之殷奠也以士月半不暇

足利本第二十六卷第十八葉

殺奠故也以次差之天子斬衰者奠大夫用齊衰士則應先取大功今先取朋友者以太子諸侯皆使臣爲奠大夫辟正君故遣兄弟奠士則位卑不嫌敵君故遣僚屬奠僚屬則朋友也案士虞禮祝免澡葛絰帶鄭云治葛以爲首絰及帶接神宜變也然則士之屬官爲其長弔服加麻矣祝則僚屬也加麻則朋友也 注 祭謂虞卒哭時 正義曰知者以下文孔子荅云諸侯之喪祭也故知此祭謂虞卒哭時也知非練祥者以士練祥之祭大功之服已除不得云取於兄弟大功以下者其天子諸侯則得兼練祥也以其練祥時猶斬衰與祭也

曾子問曰相識有喪服可以與於祭乎 問已有喪服可以助所識者祭否 孔子曰緦不祭又何助於人 疏 曾子至於人 正義曰此一節論身有喪服不得助他人祭事緦不祭又何助於人者言身有緦服尚不得自祭己家

禮記義二十六　十八　王椿

宗廟何得助於他人祭乎而熊氏云謂身有緦服則不得自爲父母虞祔卒哭祭此謂同宮緦則士爲妾有子及大夫爲貴妾是同宮緦者若大夫士有齊衰大功小功緦麻同宮則亦不祭若異宮則殯後得祭故雜記云父母之喪將祭而昆弟死既殯而祭若同宮則雖臣妾葬而后祭虞祔亦然天子諸侯臣妾死於宮中雖無服亦不得爲父母虞祔卒哭祭也天子諸侯適子死斬衰既練乃祭天子諸侯爲適孫適婦則既殯乃祭以異宮故也

曾子問曰廢喪服可以與於饋奠之事乎 謂新除喪服也 孔子曰說衰與奠非禮也 執事於人之神爲其忘哀疾也 以擯相可也 疏 正義曰此一節論大祥除服不得即與他人饋奠之事廢猶除也言己新說喪服可以與他人在殯饋奠之事乎不問可以與於吉祭而問可與饋奠者以己新說喪服吉祭禮輕吉凶

潘本第二十六卷第十八葉

殺奠故也以次差之天子斬衰者奠大夫用齊衰士則應先取大功今先取朋友者以太子諸侯皆使臣爲奠大夫辟正君故遣兄弟奠士則位卑不嫌敵君故遣僚屬奠僚屬則朋友也案士虞禮祝免澡葛絰帶鄭云治葛以爲首絰及帶接神宜變也然則士之屬官爲其長弔服加麻矣祝則僚屬也加麻則朋友也 注 祭謂虞卒哭時 正義曰知者以下文孔子荅云諸侯之喪祭也故知此祭謂虞卒哭時也知非練祥者以士練祥之祭大功之服已除不得云取於兄弟大功以下者其天子諸侯則得兼練祥也以其練祥時猶斬衰與祭也

曾子問曰相識有喪服可以與於祭乎 問已有喪服可以助所識者祭否 孔子曰緦不祭又何助於人 疏 曾子至於人 正義曰此一節論身有喪服不得助他人祭事緦不祭又何助於人者言身有緦服尚不得自祭己家

禮記義二十六　十八　王椿

宗廟何得助於他人祭乎而熊氏云謂身有緦服則不得自爲父母虞祔卒哭祭此謂同宮緦則士爲妾有子及大夫爲貴妾是同宮緦者若大夫士有齊衰大功小功緦麻同宮則亦不祭若異宮則殯後得祭故雜記云父母之喪將祭而昆弟死既殯而祭若同宮則雖臣妾葬而后祭虞祔亦然天子諸侯臣妾死於宮中雖無服亦不得爲父母虞祔卒哭祭也天子諸侯適子死斬衰既練乃祭天子諸侯爲適孫適婦則既殯乃祭以異宮故也

曾子問曰廢喪服可以與於饋奠之事乎 謂新除喪服也 孔子曰說衰與奠非禮也 執事於人之神爲其忘哀疾也 以擯相可也 疏 正義曰此一節論大祥除服不得即與他人饋奠之事廢猶除也言己新說喪服可以與他人在殯饋奠之事乎不問可以與於吉祭而問可與饋奠者以己新說喪服吉祭禮輕吉凶

足利本第二十六卷第十九葉

不相干決其不可饋奠是他人之重者己又
新始說衰凶事相因疑得助奠故問之也　曾子問
曰昏禮既納幣有吉日女之父母死則
如之何　吉日取女之吉日　孔子曰壻使人弔如壻
之父母死則女之家亦使人弔　必使人弔者未成兄
弟　父喪稱父母喪稱母　禮宜各以其敵者也父使人弔之辭云某子聞
某之喪某子使某如何不淑母則若云宋蕩伯姬聞姜氏之喪伯姬使某如何不淑凡弔辭一耳　父母
不在則稱伯父世母　弔禮不可廢也伯父母又不在則稱叔父母　壻
已葬壻之伯父致命女氏曰某之子有

禮記義二十六　十九　金彦

父母之喪不得嗣爲兄弟使其致命女
氏許諾而弗敢嫁禮也　必致命者不敢以累年之喪使人失嘉會之時
壻免喪女之父母使人請壻弗取而后
嫁之禮也　請請成昏　女之父母死壻亦如之
女免喪壻之父母亦使人請其已葬時亦致命　疏　曾子至如之　正義曰此一節論昏娶遭喪之事各隨文
解之　注　必使人弔者未成兄弟　正義曰以夫婦有兄
弟之義故下云不得嗣爲兄弟或據壻於妻之父母有緦
服故得謂之爲兄弟也　父喪稱父母喪稱母　禮各宜
以敵若彼家父死則此家遣使弔當稱此家父遣使弔也
若彼家母死則此家亦稱母遣使弔也　注　某子至一耳
正義曰某子謂此父姓任某之喪者謂若彼家死者之

潘本第二十六卷第十九葉

不相干決其不可饋奠是他人之重者己又
新始說衰凶事相因疑得助奠故問之也　曾子問
曰昏禮既納幣有吉日女之父母死則
如之何　吉日取女之吉日　孔子曰壻使人弔如壻
之父母死則女之家亦使人弔　必使人弔者未成兄
弟　父喪稱父母喪稱母　禮宜各以其敵者也父使人弔之辭云某子聞
某之喪某子使某如何不淑母則若云宋蕩伯姬聞姜氏之喪伯姬使某如何不淑凡弔辭一耳　父母
不在則稱伯父世母　弔禮不可廢也伯父母又不在則稱叔父母　壻
已葬壻之伯父致命女氏曰某之子有

禮記義二十六　十九　金彦

父母之喪不得嗣爲兄弟使其致命女
氏許諾而弗敢嫁禮也　必致命者不敢以累年之喪使人失嘉會之時
壻免喪女之父母使人請壻弗取而后
嫁之禮也　請請成昏　女之父母死壻亦如之
女免喪壻之父母亦使人請其已葬時亦致命　疏　曾子至如之　正義曰此一節論昏娶遭喪之事各隨文
解之　注　必使人弔者未成兄弟　正義曰以夫婦有兄
弟之義故下云不得嗣爲兄弟或據壻於妻之父母有緦
服故得謂之爲兄弟也　父喪稱父母喪稱母　禮各宜
以敵若彼家父死則此家遣使弔當稱此家父遣使弔也
若彼家母死則此家亦稱母遣使弔也　注　某子至一耳
正義曰某子謂此父姓任某之喪者謂若彼家死者之

身某子使某如何不淑者某子還指此父姓位使某某是使者之名淑善也致辭云如何不善云毋則若云宋蕩伯姬聞姜氏之喪者鄭假說爲文故云若宋蕩伯姬據此壻家之母姜氏之喪據彼女家之母伯姬使某如何不淑者某謂使者之名案僖二十五年經云宋蕩伯姬來逆婦是宋國公子蕩之妻元是魯女既嫁與蕩氏爲妻故云宋蕩伯姬也今爲其子來迎魯公之女而爲婦魯之夫人多是齊女故稱姜氏姜氏若薨伯姬遣使來弔則云聞姜氏之喪云凡弔辭一耳者謂男弔女家女弔男家皆云使某如何不淑是弔辭一也　父母不在則稱伯父世母　此家父不在彼家父亡則稱伯父某子使某伯父某亦不在則稱叔父某子使某若此家母不在彼家母亡則稱伯母某氏叔母某氏使某直云父母不在不云没亡則兼没亡及餘不在也　壻已葬壻之伯父致命女氏必待已葬者葬後哀情稍殺始兼他事不待踰年者不可曠年廢人昏嫁也　不得嗣爲兄弟者夫婦有兄弟之義或據壻爲妻父

禮記義二十六　二十　丁拱

母有緦麻之服故謂之兄弟　壻免喪女之父母使人請　壻免喪之後則應迎婦必湏女之父母請者以壻家既葬致命於己壻既免喪所以湏請也　女之父母死壻亦如之　女之父母死已葬之後女之伯父致命於男氏曰某之子有父母之喪不得嗣爲兄弟使某致命男氏許諾而不敢娶女免喪壻之父母使人請女家不許壻而後別娶禮也陽唱陰和壻之父母使人請昏而女家得有不許者亦以彼初葬訖致命於己故也　曾子問曰親迎女在塗而壻之父母死如之何孔子曰女改服布深衣縞總以趨喪　布深衣縞總婦人始喪未成服之服　女在塗而女之父母死則女反　奔喪服期　如壻親迎女未至而有齊衰大功

身某子使某如何不淑者某子還指此父姓位使某某是使者之名淑善也致辭云如何不善云毋則若云宋蕩伯姬聞姜氏之喪者鄭假說爲文故云若宋蕩伯姬據此壻家之母姜氏之喪據彼女家之母伯姬使某如何不淑者某謂使者之名案僖二十五年經云宋蕩伯姬來逆婦是宋國公子蕩之妻元是魯女既嫁與蕩氏爲妻故云宋蕩伯姬也今爲其子來迎魯公之女而爲婦魯之夫人多是齊女故稱姜氏姜氏若薨伯姬遣使來弔則云聞姜氏之喪云凡弔辭一耳者謂男弔女家女弔男家皆云使某如何不淑是弔辭一也　父母不在則稱伯父世母　此家父不在彼家父亡則稱伯父某子使某伯父某亦不在則稱叔父某子使某若此家母不在彼家母亡則稱伯母某氏叔母某氏使某直云父母不在不云没亡則兼没亡及餘不在也　壻已葬壻之伯父致命女氏必待已葬者葬後哀情稍殺始兼他事不待踰年者不可曠年廢人昏嫁也　不得嗣爲兄弟者夫婦有兄弟之義或據壻爲妻父

禮記義二十六　二十　丁拱

母有緦麻之服故謂之兄弟　壻免喪女之父母使人請　壻免喪之後則應迎婦必湏女之父母請者以壻家既葬致命於己壻既免喪所以湏請也　女之父母死壻亦如之　女之父母死已葬之後女之伯父致命於男氏曰某之子有父母之喪不得嗣爲兄弟使某致命男氏許諾而不敢娶女免喪壻之父母使人請女家不許壻而後別娶禮也陽唱陰和壻之父母使人請昏而女家得有不許者亦以彼初葬訖致命於己故也　曾子問曰親迎女在塗而壻之父母死如之何孔子曰女改服布深衣縞總以趨喪　布深衣縞總婦人始喪未成服之服　女在塗而女之父母死則女反　奔喪服期　如壻親迎女未至而有齊衰大功

足利本第二十六卷第二十一葉

之喪則如之何孔子曰男不入改服於外次女入改服於内次然後即位而哭不聞喪即改服者昏禮重於齊衰以下曾子問曰除喪則不復昏禮乎復猶償也孔子曰祭過時不祭禮也又何反於初重喻輕也同牢及饋饗相飲食之道孔子曰嫁女之家三夜不息燭思相離也親骨肉也取婦之家三日不舉樂思嗣親也重世變也三月而廟見稱來婦也擇日而祭於禰成婦之義

禮記義二十六　二十一　王宗

也謂舅姑沒者也必祭成婦義者婦有共養之禮猶舅姑存時盥饋特豚於室曾子問曰女未廟見而死則如之何孔子曰不遷於祖不祔於皇姑壻不杖不菲不次歸葬于女氏之黨示未成婦也遷朝廟也壻雖不備喪禮猶為之服齊衰也曾子問曰取女有吉日而女死如之何孔子曰壻齊衰而弔既葬而除之夫死亦如之未有期三年之恩也女服斬衰【疏】曾子至趨喪　正義曰女改服者謂女在塗聞舅姑喪即改嫁時之衣服嫁服者士妻褖衣大夫妻展衣卿妻則鞠衣故士昏禮云女次純衣純衣即褖衣也

潘本第二十六卷第二十一葉

之喪則如之何孔子曰男不入改服於外次女入改服於内次然後即位而哭不聞喪即改服者昏禮重於齊衰以下曾子問曰除喪則不復昏禮乎復猶償也孔子曰祭過時不祭禮也又何反於初重喻輕也同牢及饋饗相飲食之道孔子曰嫁女之家三夜不息燭思相離也親骨肉也取婦之家三日不舉樂思嗣親也重世變也三月而廟見稱來婦也擇日而祭於禰成婦之義

禮記義二十六　二十一　王宗

也謂舅姑沒者也必祭成婦義者婦有共養之禮猶舅姑存時盥饋特豚於室曾子問曰女未廟見而死則如之何孔子曰不遷於祖不祔於皇姑壻不杖不菲不次歸葬于女氏之黨示未成婦也遷朝廟也壻雖不備喪禮猶為之服齊衰也曾子問曰取女有吉日而女死如之何孔子曰壻齊衰而弔既葬而除之夫死亦如之未有期三年之恩也女服斬衰【疏】曾子至趨喪　正義曰女改服者謂女在塗聞舅姑喪即改嫁時之衣服嫁服者士妻褖衣大夫妻展衣卿妻則鞠衣故士昏禮云女次純衣純衣即褖衣也

足利本第二十六卷第二十二葉

注布深至之服　正義曰深衣謂衣裳相連前後深邃故曰深衣縞白絹也總束髮也長八寸女在塗以其聞喪即改嫁服故云未成服之服也士喪禮注始死婦人將斬衰者去笄而纚將齊衰者骨笄而纚至將斂齊衰婦人亦去笄纚而髽皆不云縞總文不備也　注奔喪服期　正義曰經云女反故知奔喪喪服期云女子子在室爲父箭笄髽衰三年之女父卒爲母亦三年今既在塗非復在室故知服期但在室時女亦改服布深衣縞總反而奔喪　孔子至而哭　女既未至聞壻家有齊衰大功之喪則廢其昏禮男女變服就位哭男謂壻也不入大門改其親迎之服服深衣於門外之次女謂婦也入大門改其嫁服亦深衣於門內之次男女俱改服畢然後就喪位而哭謂於壻家爲位也皇氏以爲就喪家爲位哭也然曾子唯問齊衰大功不問小功者以小功輕不廢昏禮待昏禮畢乃哭耳故雜記云小功可以冠子取婦明與大功及期異也此文據壻家齊衰大

禮記義二十六　二十二　馬祐

功之喪若女家齊衰大功之喪皇氏云女不反歸其改服即位與男家親同也此不見喪而改服奔喪禮注云不見喪不改服者崔氏云奔喪不見喪不改服謂不改素冠而著免其改吉服著布深衣素冠聞喪即改之　注不聞至以下　正義曰上文云女聞婿之父母喪在塗即改服今女聞婿齊衰大功之喪入門始改服故云不聞喪即改服者昏禮重於齊衰以下者案禮運云三年之喪與新有昏者期不使又王制云齊衰大功三月不從政是昏禮重於齊衰以下也此謂在塗聞齊衰大功廢昏禮若婦已揖讓入門內喪則廢外喪則行昏禮約上冠禮之文此熊氏之說然昏禮重於冠故雜記云大功之末可以冠子小功之末可以取妻也　注復猶償也　正義曰復是反覆之義故爲償也曾子以初昏遭喪不得成禮除喪之後豈不酬償更爲昏禮乎　孔子曰祭過時不祭禮也又何反於初過時不祭謂四時常祭也謂祭重而昏輕重者過時尚廢輕者不復可知熊氏云若喪祭及禘祫祭雖過時猶追而

潘本第二十六卷第二十二葉

注布深至之服　正義曰深衣謂衣裳相連前後深邃故曰深衣縞白絹也總束髮也長八寸女在塗以其聞喪即改嫁服故云未成服之服也士喪禮注始死婦人將斬衰者去笄而纚將齊衰者骨笄而纚至將斂齊衰婦人亦去笄纚而髽皆不云縞總文不備也　注奔喪服期　正義曰經云女反故知奔喪喪服期云女子子在室爲父箭笄髽衰三年之女父卒爲母亦三年今既在塗非復在室故知服期但在室時女亦改服布深衣縞總反而奔喪　孔子至而哭　女既未至聞壻家有齊衰大功之喪則廢其昏禮男女變服就位哭男謂壻也不入大門改其親迎之服服深衣於門外之次女謂婦也入大門改其嫁服亦深衣於門內之次男女俱改服畢然後就喪位而哭謂於壻家爲位也皇氏以爲就喪家爲位哭也然曾子唯問齊衰大功不問小功者以小功輕不廢昏禮待昏禮畢乃哭耳故雜記云小功可以冠子取婦明與大功及期異也此文據壻家齊衰大

禮記義二十六　二十二　馬祐

功之喪若女家齊衰大功之喪皇氏云女不反歸其改服即位與男家親同也此不見喪而改服奔喪禮注云不見喪不改服者崔氏云奔喪不見喪不改服謂不改素冠而著免其改吉服著布深衣素冠聞喪即改之　注不聞至以下　正義曰上文云女聞婿之父母喪在塗即改服今女聞婿齊衰大功之喪入門始改服故云不聞喪即改服者昏禮重於齊衰以下者案禮運云三年之喪與新有昏者期不使又王制云齊衰大功三月不從政是昏禮重於齊衰以下也此謂在塗聞齊衰大功廢昏禮若婦已揖讓入門內喪則廢外喪則行昏禮約上冠禮之文此熊氏之說然昏禮重於冠故雜記云大功之末可以冠子小功之末可以取妻也　注復猶償也　正義曰復是反覆之義故爲償也曾子以初昏遭喪不得成禮除喪之後豈不酬償更爲昏禮乎　孔子曰祭過時不祭禮也又何反於初過時不祭謂四時常祭也謂祭重而昏輕重者過時尚廢輕者不復可知熊氏云若喪祭及禘祫祭雖過時猶追而

足利本第二十六卷第二十三葉

祭之故禘祫志云昭十一年齊歸薨十三年會于平丘冬公如晉不得祫至十四年乃追而祫之十五年乃禘也又傳公八年春當禘以正月會王人于洮故七月而禘故雜記云三年之喪既顯其練祥皆行是追行前練祥祭也

注重喻至之道　正義曰祭祀是奉事鬼神故為重昏禮是生人燕飲故為輕喻明也據重者尚廢以明輕者廢可知也故云重喻輕也　注重世變也　正義曰所以不舉樂者思念己之取妻嗣續其親則是親之代謝所以悲哀感傷重世之改變也　三月至義也　此謂舅姑亡者婦入三月之後而於廟中以禮見於舅姑其祝辭告神稱來婦也謂選擇吉日婦親自執饌以祭於禰廟以成就婦人盥饋之義　注謂舅至於室　正義曰若舅姑存者於當夕同牢之後明日婦執棗栗服脩見於舅姑見訖舅姑醴婦醴婦訖婦以特豚盥饋舅姑盥饋訖舅姑饗婦更無三月廟見之事此是士昏禮之文若舅姑既沒雖昏夕同牢禮畢明日無見舅姑盥饋之事至三月乃奠菜於舅姑之

禮記義二十六　二十三　金升

廟故昏禮云舅姑既沒則婦入三月乃奠菜是也昏禮奠菜之後更無祭舅姑之事此云祭於禰者正謂奠菜也則廟見奠菜祭禰是一事也熊氏云如鄭義則從天子以下至於士皆當夕成昏舅姑沒者三月廟見故成九年季文子如宋致女鄭云致之使孝非是始致於夫婦也又隱八年鄭公子忽先配而後祖鄭以祖為祖道之祭應先為祖道然後配合今乃先為配合而後乃為祖道之祭如鄭此言是皆當夕成昏也若賈服之義大夫以上無問舅姑在否皆三月見祖廟之後乃始成昏故譏鄭公子忽先為配匹乃見祖廟故服虔注云季文子如宋致女謂成昏是三月始成昏與鄭義異也若舅姑偏有沒者庾氏云昏夕厥明即見其存者以行盥饋之禮至三月不須廟見亡者崔氏云厥明婦盥饋於其存者三月廟見於其亡者未知孰是此盥饋廟見皆謂適婦其庶婦案士昏禮庶婦則使人醮之婦不饋注云使人醮之不饗也不饋者共養統於適也以此言之則庶婦不饋舅姑舅姑不饗也使人醮之以酒

潘本第二十六卷第二十三葉

祭之故禘祫志云昭十一年齊歸薨十三年會于平丘冬公如晉不得祫至十四年乃追而祫之十五年乃禘也又傳公八年春當禘以正月會王人于洮故七月而禘故雜記云三年之喪既顯其練祥皆行是追行前練祥祭也

注重喻至之道　正義曰祭祀是奉事鬼神故為重昏禮是生人燕飲故為輕喻明也據重者尚廢以明輕者廢可知也故云重喻輕也　注重世變也　正義曰所以不舉樂者思念己之取妻嗣續其親則是親之代謝所以悲哀感傷重世之改變也　三月至義也　此謂舅姑亡者婦入三月之後而於廟中以禮見於舅姑其祝辭告神稱來婦也謂選擇吉日婦親自執饌以祭於禰廟以成就婦人盥饋之義　注謂舅至於室　正義曰若舅姑存者於當夕同牢之後明日婦執棗栗服脩見於舅姑見訖舅姑醴婦醴婦訖婦以特豚盥饋舅姑盥饋訖舅姑饗婦更無三月廟見之事此是士昏禮之文若舅姑既沒雖昏夕同牢禮畢明日無見舅姑盥饋之事至三月乃奠菜於舅姑之

禮記義二十六　二十三　金升

廟故昏禮云舅姑既沒則婦入三月乃奠菜是也昏禮奠菜之後更無祭舅姑之事此云祭於禰者正謂奠菜也則廟見奠菜祭禰是一事也熊氏云如鄭義則從天子以下至於士皆當夕成昏舅姑沒者三月廟見故成九年季文子如宋致女鄭云致之使孝非是始致於夫婦也又隱八年鄭公子忽先配而後祖鄭以祖為祖道之祭應先為祖道然後配合今乃先為配合而後乃為祖道之祭如鄭此言是皆當夕成昏也若賈服之義大夫以上無問舅姑在否皆三月見祖廟之後乃始成昏故譏鄭公子忽先為配匹乃見祖廟故服虔注云季文子如宋致女謂成昏是三月始成昏與鄭義異也若舅姑偏有沒者庾氏云昏夕厥明即見其存者以行盥饋之禮至三月不須廟見亡者崔氏云厥明婦盥饋於其存者三月廟見於其亡者未知孰是此盥饋廟見皆謂適婦其庶婦案士昏禮庶婦則使人醮之婦不饋注云使人醮之不饗也不饋者共養統於適也以此言之則庶婦不饋舅姑舅姑不饗也使人醮之以酒

足利本第二十六卷第二十四葉

而已既不饋亦不廟見也昏禮唯云不饋不云不見則厎婦亦以棗栗腶脩見舅姑也三月廟見之禮必待三月一時天氣改變乃可以事神也　不遷至婦也　婦既死於己寢將反葬於女氏之黨故其柩不遷移朝於壻之祖廟言祔祭之時又不得祔於皇姑廟也皇大也君也稱皇者尊之也凡人爲妻齊衰杖而菲屨今壻爲之不杖不菲不次菲草屨也不次謂不別處止哀次也壻爲妻合服齊衰杖而菲屨及止哀次今未廟見而死其壻唯服齊衰而已其柩還歸葬於女氏之黨以其未廟見不得舅姑之命示若未成婦然其實已成婦但示之未成婦禮欲見其不敢自專也　注猶爲之服齊衰也　正義曰此經但云不杖不菲不云不服故知服齊衰其女之父母則爲之降服大功以其非在家壻爲之服齊衰期非無主也　注未有至斬衰　正義曰所以既葬除者壻於女未有期之恩女於壻未有三年之恩以婿服齊衰故知女服斬衰

曾子問曰喪有二孤廟有二主禮與怪時有之孔子曰天無二日土無二王嘗禘郊社尊無二上未知其爲禮也尊喻卑也神雖多猶一一祭之昔者齊桓公亟舉兵作僞主以行及反藏諸祖廟廟有二主自桓公始也僞猶假也舉兵以遷廟主行無則主命爲假主非也喪之二孤則昔者衛靈公適魯遭季桓子之喪衛君請弔哀公辭不得命公爲主客入弔康子立於門右北面公揖讓升自東階西

禮記義二十六　二十四　楊昌

潘本第二十六卷第二十四葉

而已既不饋亦不廟見也昏禮唯云不饋不云不見則厎婦亦以棗栗腶脩見舅姑也三月廟見之禮必待三月一時天氣改變乃可以事神也　不遷至婦也　婦既死於己寢將反葬於女氏之黨故其柩不遷移朝於壻之祖廟言祔祭之時又不得祔於皇姑廟也皇大也君也稱皇者尊之也凡人爲妻齊衰杖而菲屨今壻爲之不杖不菲不次菲草屨也不次謂不別處止哀次也壻爲妻合服齊衰杖而菲屨及止哀次今未廟見而死其壻唯服齊衰而已其柩還歸葬於女氏之黨以其未廟見不得舅姑之命示若未成婦然其實已成婦但示之未成婦禮欲見其不敢自專也　注猶爲之服齊衰也　正義曰此經但云不杖不菲不云不服故知服齊衰其女之父母則爲之降服大功以其非在家壻爲之服齊衰期非無主也　注未有至斬衰　正義曰所以既葬除者壻於女未有期之恩女於壻未有三年之恩以婿服齊衰故知女服斬衰

曾子問曰喪有二孤廟有二主禮與怪時有之孔子曰天無二日土無二王嘗禘郊社尊無二上未知其爲禮也尊喻卑也神雖多猶一一祭之昔者齊桓公亟舉兵作僞主以行及反藏諸祖廟廟有二主自桓公始也僞猶假也舉兵以遷廟主行無則主命爲假主非也喪之二孤則昔者衛靈公適魯遭季桓子之喪衛君請弔哀公辭不得命公爲主客入弔康子立於門右北面公揖讓升自東階西

禮記義二十六　二十四　楊昌

足利本第二十六卷第二十五葉

鄉客升自西階弔公拜與哭康子拜稽顙於位有司弗辯也今之二孤自季康子之過也辯猶正也若康子者君弔其臣之禮也鄰國之君弔君爲之主主人拜稽顙非也當哭踊而已靈公先桓子以魯哀公二年夏卒桓子以三年秋卒是出公也疏曾子至過也 正義曰此一節論喪不得有二孤廟不得有二主之事各隨文解之孔子曰天無二日土無二王者天有二日則草木枯萎土有二王則征伐不息老子云天得一以清地得一以寧是也注尊喻卑也者尊謂天無二日土無二王嘗禘郊社尊無二上卑謂喪有二孤廟有二主喻明也尊者尚不可二明卑者不二可知也舉尊以明卑故云尊喻卑也云神雖多猶一一祭之者解嘗禘郊社尊無二上之意以嘗禘之時雖衆神並在猶先尊後卑一一祭之不一時揔祭

禮記義二十六　二十五　馬祐

故云尊無二上也 昔者齊桓公亟舉兵作僞主以行者此說二主之由桓公名小白作霸主亟數也僞假也言作假主以行而反藏於祖廟故有二主也舉兵爲南伐楚北伐山戎西伐白狄故云數舉兵也 今之二孤自季康子之過也 上云自桓公始此不云自季康子始而云康子之過者以孔子荅曾子之時上去桓公巳遠二主行來又久故云自桓公始也康子之過者正當孔子之時未知後代行之以否不得云自季康子始但見當時失禮故云今之二孤自季康子之過也注辯猶至公也 正義曰若康子者經云有司謂當時執事之有司畏康子之威不敢辯正故云若康子者若順也云君弔其臣之禮也者案士喪禮君使人弔主人進中庭哭拜稽顙成踊喪大記云大夫旣殯君弔主人門右北面哭拜稽顙今季康子與之同故云君弔其臣之禮也云鄰國之君弔君爲之主者以賓主尊卑宜敵故君爲主主則拜賓康子又拜故云非也當哭踊而已但唯君荅拜耳出公來弔春秋不見經者蓋爲弔

潘本第二十六卷第二十五葉

鄉客升自西階弔公拜與哭康子拜稽顙於位有司弗辯也今之二孤自季康子之過也辯猶正也若康子者君弔其臣之禮也鄰國之君弔君爲之主主人拜稽顙非也當哭踊而已靈公先桓子以魯哀公二年夏卒桓子以三年秋卒是出公也疏曾子至過也 正義曰此一節論喪不得有二孤廟不得有二主之事各隨文解之孔子曰天無二日土無二王者天有二日則草木枯萎土有二王則征伐不息老子云天得一以清地得一以寧是也注尊喻卑也者尊謂天無二日土無二王嘗禘郊社尊無二上卑謂喪有二孤廟有二主喻明也尊者尚不可二明卑者不二可知也舉尊以明卑故云尊喻卑也云神雖多猶一一祭之者解嘗禘郊社尊無二上之意以嘗禘之時雖衆神並在猶先尊後卑一一祭之不一時揔祭

禮記義二十六　二十五　馬祐

故云尊無二上也 昔者齊桓公亟舉兵作僞主以行者此說二主之由桓公名小白作霸主亟數也僞假也言作假主以行而反藏於祖廟故有二主也舉兵爲南伐楚北伐山戎西伐白狄故云數舉兵也 今之二孤自季康子之過也 上云自桓公始此不云自季康子始而云康子之過者以孔子荅曾子之時上去桓公巳遠二主行來又久故云自桓公始也康子之過者正當孔子之時未知後代行之以否不得云自季康子始但見當時失禮故云今之二孤自季康子之過也注辯猶至公也 正義曰若康子者經云有司謂當時執事之有司畏康子之威不敢辯正故云若康子者若順也云君弔其臣之禮也者案士喪禮君使人弔主人進中庭哭拜稽顙成踊喪大記云大夫旣殯君弔主人門右北面哭拜稽顙今季康子與之同故云君弔其臣之禮也云鄰國之君弔君爲之主者以賓主尊卑宜敵故君爲主主則拜賓康子又拜故云非也當哭踊而已但唯君荅拜耳出公來弔春秋不見經者蓋爲弔

足利本第二十六卷第二十六葉

而來非有國之大事故略而不書於經也出公輒是靈公孫也曾子所問皆前孤後主今荅前主後孤者謂齊桓公之時事在前衛君之事在後曾子問曰古者師行必以遷廟主行乎孔子曰天子巡守以遷廟主行載于齊車言必有尊也今也取七廟之主以行則失之矣齊車金路當七廟五廟無虛主虛主者唯天子崩諸侯薨與去其國與祫祭於祖爲無主耳吾聞諸老聃曰天子崩國君薨則祝取羣廟之主而藏諸祖廟禮也

禮記義二十六　二十六　蕭信

卒哭成事而后主各反其廟老聃古壽考者之號也與孔子同時藏諸主於祖廟象有凶事者聚也卒哭成事先祔之祭名也君去其國大宰取羣廟之主以從禮也鬼神依人者也祫祭於祖則祝迎四廟之主祝接神者也主出廟入廟必蹕蹕止行者老聃云曾子問曰古者師行無遷主則何主孔子曰主命問曰何謂也孔子曰天子諸侯將出必以幣帛皮圭告于祖禰遂奉以出載于齊車以行每舍奠焉而后就舍

潘本第二十六卷第二十六葉

而來非有國之大事故略而不書於經也出公輒是靈公孫也曾子所問皆前孤後主今荅前主後孤者謂齊相公之時事在前衛君之事在後曾子問曰古者師行必以遷廟主行乎孔子曰天子巡守以遷廟主行載于齊車言必有尊也今也取七廟之主以行則失之矣齊車金路當七廟五廟無虛主虛主者唯天子崩諸侯薨與去其國與祫祭於祖爲無主耳吾聞諸老聃曰天子崩國君薨則祝取羣廟之主而藏諸祖廟禮也

禮記義二十六　二十六

卒哭成事而后主各反其廟老聃古壽考者之號也與孔子同時藏諸主於祖廟象有凶事者聚也卒哭成事先祔之祭名也君去其國大宰取羣廟之主以從禮也鬼神依人者也祫祭於祖則祝迎四廟之主祝接神者也主出廟入廟必蹕蹕止行者老聃云曾子問曰古者師行無遷主則何主孔子曰主命問曰何謂也孔子曰天子諸侯將出必以幣帛皮圭告于祖禰遂奉以出載于齊車以行每舍奠焉而后就舍

以醯醢禮神乃敢即安也
所告而不以出即埋之 反必告設奠卒斂幣
玉藏諸兩階之間乃出蓋貴命也 疏
正義曰此一節論師出當取遷廟主及幣帛皮圭以行廟
無虛主之事各隨文解之 注齊車金路 正義曰案齊
僕云掌馭金路大馭掌馭玉路凡祭祀皆乘玉路齊車則
降一等乘金路也遷廟主行者皇氏云謂載新遷廟之主
義或然也 注老聃至名也 正義曰案下文助葬於巷
黨老聃曰丘止柩又莊子稱孔子與老聃對言是與孔子
同時也案史記云老聃陳國苦縣賴鄉曲仁里也為周柱
下史或為守藏史鄭注論語云老聃周之大史未知所出
云象有凶事者聚也者此實凶事而云象者以凶事生人
自聚今主亦集聚似生人之聚故云象也云卒哭成事先
祔之祭名也者檀弓云卒哭曰成事謂漸成吉事檀弓又
曰明日祔于祖是卒哭之事在祔祭之前鄭必云先祔之

禮記義二十六 二十七 金昇

祭名者以卒哭主各反其廟者為明日祔時須以新死者
祔祭於祖故祖主先反廟也 注祝接神者也 正義曰
以其祫祭於祖是祝之所掌之事故祝迎四廟之主若去
其國非祭祀之事故大宰取羣廟之主以從鬼神依人故
也祫祭於祖則迎四廟之主祝主接神故迎之也祫合祭
祖大祖三年一祫謂當祫之年則祝迎高曾祖禰四廟而
於大祖廟祭之天子祫祭則迎六廟之主今言迎四廟者
舉諸侯言也 主出廟入廟必蹕 主謂木主羣廟之主
也主天子一尺二寸諸侯一尺出廟者謂出已廟而往大
祖廟入廟謂從大祖廟而反還入已廟若在廟院之外當
主出入之時必須蹕止行人若主入大祖廟中則不可須
蹕也似壓於尊者也若有喪及去國無蹕禮也 老聃云
從上天子崩以下至出廟入廟必蹕以上皆是老聃所云
結上義也 孔子曰主命者孔子言天子諸侯將出既無
遷主乃以幣帛及皮圭告于祖禰之廟遂奉以出行載于
齊車以象受命故云主命 將出至命也 以曾子不解

足利本第二十六卷第二十七葉

以醯醢禮神乃敢即安也
所告而不以出即埋之 反必告設奠卒斂幣
玉藏諸兩階之間乃出蓋貴命也 疏
正義曰此一節論師出當取遷廟主及幣帛皮圭以行廟
無虛主之事各隨文解之 注齊車金路 正義曰案齊
僕云掌馭金路大馭掌馭玉路凡祭祀皆乘玉路齊車則
降一等乘金路也遷廟主行者皇氏云謂載新遷廟之主
義或然也 注老聃至名也 正義曰案下文助葬於巷
黨老聃曰丘止柩又莊子稱孔子與老聃對言是與孔子
同時也案史記云老聃陳國苦縣賴鄉曲仁里也為周柱
下史或為守藏史鄭注論語云老聃周之大史未知所出
云象有凶事者聚也者此實凶事而云象者以凶事生人
自聚今主亦集聚似生人之聚故云象也云卒哭成事先
祔之祭名也者檀弓云卒哭曰成事謂漸成吉事檀弓又
曰明日祔于祖是卒哭之事在祔祭之前鄭必云先祔之

禮記義二十六 二十七 金昇

祭名者以卒哭主各反其廟者為明日祔時須以新死者
祔祭於祖故祖主先反廟也 注祝接神者也 正義曰
以其祫祭於祖是祝之所掌之事故祝迎四廟之主若去
其國非祭祀之事故大宰取羣廟之主以從鬼神依人故
也祫祭於祖則迎四廟之主祝主接神故迎之也祫合祭
祖大祖三年一祫謂當祫之年則祝迎高曾祖禰四廟而
於大祖廟祭之天子祫祭則迎六廟之主今言迎四廟者
舉諸侯言也 主出廟入廟必蹕 主謂木主羣廟之主
也主天子一尺二寸諸侯一尺出廟者謂出已廟而往大
祖廟入廟謂從大祖廟而反還入已廟若在廟院之外當
主出入之時必須蹕止行人若主入大祖廟中則不可須
蹕也似壓於尊者也若有喪及去國無蹕禮也 老聃云
從上天子崩以下至出廟入廟必蹕以上皆是老聃所云
結上義也 孔子曰主命者孔子言天子諸侯將出既無
遷主乃以幣帛及皮圭告于祖禰之廟遂奉以出行載于
齊車以象受命故云主命 將出至命也 以曾子不解

潘本第二十六卷第二十七葉

主命之意故孔子荅以主命之義云天子諸侯將出必以幣帛皮圭告于祖禰之廟告訖遂奉此幣帛皮圭以出於廟載于齊車金路以行每至停舍之處先以脯醢奠此幣帛皮圭而後始就停舍之處行還反後必陳此幣帛皮圭於祖禰主前以告神又設奠祭既卒斂此幣帛皮圭埋諸兩階之間乃後而出蓋貴此主命故也 注以脯至埋之

正義曰經云每舍奠焉以其在路不可恒設牲牢故知以脯醢也與殯奠同謂之奠以其無尸故也云所告而不以出即埋之者皇氏云謂有遷主者直以幣帛告神而不將幣帛以出行即埋之兩階間無遷主者加之以皮圭告於祖禰遂奉以出熊氏以爲每告一廟以一幣玉告畢若將所告遠祖幣玉行者即載之而去若近祖幣玉不以出者即埋之以其反還之時以此載行幣玉告於遠祖事畢則埋於遠祖兩階間其近祖以下直告祭而已不陳幣玉也

子游問曰喪慈母如母禮與 如母謂父卒三年也子游意以爲國君亦當然禮所云者乃大夫以下父所使妾養妾子

孔子曰非禮也古者男子外有傅內有慈母君命所使教子也何服之有 言無服也此指謂國君之子也大夫士之子爲庶母慈巳者服小功父卒乃不服

昔者魯昭公少喪其母有慈母良及其死也公弗忍也欲喪之有司以聞曰古之禮慈母無服 據國君也良善也謂之慈母固爲其善國君之妾子於禮不服也昭公年三十乃喪齊歸猶無慼容是不少又安能不忍於慈母此非昭公明矣未知何公也 今也君爲之服是逆古之禮而亂國法也若終行之則

主命之意故孔子荅以主命之義云天子諸侯將出必以幣帛皮圭告于祖禰之廟告訖遂奉此幣帛皮圭以出於廟載于齊車金路以行每至停舍之處先以脯醢奠此幣帛皮圭而後始就停舍之處行還反後必陳此幣帛皮圭於祖禰主前以告神又設奠祭既卒斂此幣帛皮圭埋諸兩階之間乃後而出蓋貴此主命故也 注以脯至埋之

正義曰經云每舍奠焉以其在路不可恒設牲牢故知以脯醢也與殯奠同謂之奠以其無尸故也云所告而不以出即埋之者皇氏云謂有遷主者直以幣帛告神而不將幣帛以出行即埋之兩階間無遷主者加之以皮圭告於祖禰遂奉以出熊氏以爲每告一廟以一幣玉告畢若將所告遠祖幣玉行者即載之而去若近祖幣玉不以出者即埋之以其反還之時以此載行幣玉告於遠祖事畢則埋於遠祖兩階間其近祖以下直告祭而已不陳幣玉也

子游問曰喪慈母如母禮與 如母謂父卒三年也子游意以爲國君亦當然禮所云者乃大夫以下父所使妾養妾子

禮記義二十六 二十八 姜仲

孔子曰非禮也古者男子外有傅內有慈母君命所使教子也何服之有 言無服也此指謂國君之子也大夫士之子爲庶母慈巳者服小功父卒乃不服

昔者魯昭公少喪其母有慈母良及其死也公弗忍也欲喪之有司以聞曰古之禮慈母無服 據國君也良善也謂之慈母固爲其善國君之妾子於禮不服也昭公年三十乃喪齊歸猶無慼容是不少又安能不忍於慈母此非昭公明矣未知何公也 今也君爲之服是逆古之禮而亂國法也若終行之則

足利本第二十六卷第二十九葉

有司將書之以遺後世無乃不可乎公曰
古者天子練冠以燕居公弗忍也遂練冠
以喪慈母喪慈母自魯昭公始也公之言又非也天子練冠以燕
居蓋謂庶子王爲其母 疏 子游至始也 正義曰此一節論諸侯之子喪慈母無服之事喪慈母者子游
之意以喪服大夫以下所使妾無子者養妾子之無母者
謂之慈母喪此慈母如己之母今國君喪其慈母還如己
母是禮與 注 如母至妾子 正義曰如母謂父卒三年
也知者以喪服慈母如母在父卒三年章中故云謂父卒
三年若父在之時則期也鄭注喪服大夫妾子父在爲母
大功士之妾子父在爲母期則父在爲慈母亦當與己母
同也云子游意以爲國君亦當然者鄭知國君者以下孔
子荅云君命所使教子也又引魯昭公之事皆以國君荅

禮記義二十六　二十九　王榛

子游明子游本問國君也云禮所云者乃大夫以下父所使
妾養妾子者禮所云謂喪服所云慈母如母也案喪服傳
云慈母者何也妾之無子者妾子之無母者父命妾曰女
以爲子命子曰女以爲母若是則生養之終其身如母死
則喪之三年必知大夫以下者以天子諸侯不服庶母故
此云君命所使何服之有故知此慈母如母謂大夫以下
也天子諸侯則絕之也 注此指至不服 正義曰鄭知
經指國君之子者以經云君命所使教子故知謂國君之
子也國君之子尚不服庶母則國君身不服庶母可知也
云大夫士之子爲庶母慈己者服小功者案喪服小功章
云君子子爲庶母慈己者傳云君子子者貴人之子也爲
庶母何以小功也以慈己加也云父卒乃不服者案喪服
云士爲庶母緦則大夫之子父沒爲庶母慈己亦緦此云
父卒乃不服者謂不服小功仍服緦耳若大夫之子庶母
不慈己者雖父在亦服緦故鄭注喪服云其不慈己則緦
可也喪服注又云士之妻自養其子則不得有庶母慈己

潘本第二十六卷第二十九葉

有司將書之以遺後世無乃不可乎公曰
古者天子練冠以燕居公弗忍也遂練冠
以喪慈母喪慈母自魯昭公始也公之言又非也天子練冠以燕
居蓋謂庶子王爲其母 疏 子游至始也 正義曰此一節論諸侯之子喪慈母無服之事喪慈母者子游
之意以喪服大夫以下所使妾無子者養妾子之無母者
謂之慈母喪此慈母如己之母今國君喪其慈母還如己
母是禮與 注 如母至妾子 正義曰如母謂父卒三年
也知者以喪服慈母如母在父卒三年章中故云謂父卒
三年若父在之時則期也鄭注喪服大夫妾子父在爲母
大功士之妾子父在爲母期則父在爲慈母亦當與己母
同也云子游意以爲國君亦當然者鄭知國君者以下孔
子荅云君命所使教子也又引魯昭公之事皆以國君荅

禮記義二十六　二十九　王榛

子游明子游本問國君也云禮所云者乃大夫以下父所使
妾養妾子者禮所云謂喪服所云慈母如母也案喪服傳
云慈母者何也妾之無子者妾子之無母者父命妾曰女
以爲子命子曰女以爲母若是則生養之終其身如母死
則喪之三年必知大夫以下者以天子諸侯不服庶母故
此云君命所使何服之有故知此慈母如母謂大夫以下
也天子諸侯則絕之也 注此指至不服 正義曰鄭知
經指國君之子者以經云君命所使教子故知謂國君之
子也國君之子尚不服庶母則國君身不服庶母可知也
云大夫士之子爲庶母慈己者服小功者案喪服小功章
云君子子爲庶母慈己者傳云君子子者貴人之子也爲
庶母何以小功也以慈己加也云父卒乃不服者案喪服
云士爲庶母緦則大夫之子父沒爲庶母慈己亦緦此云
父卒乃不服者謂不服小功仍服緦耳若大夫之子庶母
不慈己者雖父在亦服緦故鄭注喪服云其不慈己則緦
可也喪服注又云士之妻自養其子則不得有庶母慈己

此云大夫士者因大夫連言士耳其實士無庶母慈己者皇氏云有士誤也熊氏云士之適子無母乃命妾慈己亦爲之小功知者以士爲庶母緦明士子亦緦以慈己加小功故此連言大夫士也凡諸侯之子適庶皆三母故內則云必求其寛裕慈惠溫良恭敬慎而寡言者爲子師其次爲慈母其次爲保母內則據諸侯也其大夫及公子適妻子亦三母故喪服云君子子爲庶母慈己小功注云君子子者大夫及公子之適妻子又注引內則三母是大夫及公子適妻之子爲三母故彼注不云師保慈母居中服之可知也言君之庶子內有慈母又大夫公子適妻子爲慈母小功則大夫公子之庶子無三母也但有慈母如母也注據國至公也　正義曰前經指國君之子此經引魯昭公故云據國君也是國君與其子同也云謂之慈母固爲其善者內則既云擇於諸母寛裕慈惠溫良者以爲子師其次爲慈母此云慈母良固當是性行善者云國君之妾子於禮不服也者以喪服公子爲其母練冠麻衣故云

禮記義二十六　三十

於禮不服親母尚不服庶母不服可知若父卒得爲己母大功也云昭公年三十乃喪齊歸者案襄三十一年襄公薨左傳云昭公十九猶有童心是卽位時年十九也昭公十一年其母齊歸薨而無慼容是年三十非少孤也案家語云孝公有慈母良今鄭云未知何公者鄭不見家語故也或家語王肅所足故鄭不見也　注公之至其母　正義曰公之言又非者以上云公弗忍欲喪慈母旣爲非今公言古者天子練冠以燕居是公言又非也云天子練冠以燕居蓋謂庶子王爲其母者案鄭注服問云庶子爲後爲其母緦春秋有以小君服之者故春秋母以子貴其服皆伸而天子服練冠者皇氏云若適小君沒則得伸若小君猶在則其母壓屈故練冠也所以不同大夫士爲後著緦服必練冠者以大夫士爲母本應三年以爲後壓屈故降服緦麻王侯庶子爲母本練冠故今還練冠此乃異代之法案喪服緦麻章云庶子爲後爲其母緦鄭注服問云庶子爲後爲其母緦則是周法天子諸侯大夫士一也凡

此云大夫士者因大夫連言士耳其實士無庶母慈己者皇氏云有士誤也熊氏云士之適子無母乃命妾慈己亦爲之小功知者以士爲庶母緦明士子亦緦以慈己加小功故此連言大夫士也凡諸侯之子適庶皆三母故內則云必求其寛裕慈惠溫良恭敬慎而寡言者爲子師其次爲慈母其次爲保母內則據諸侯也其大夫及公子適妻子亦三母故喪服云君子子爲庶母慈己小功注云君子子者大夫及公子之適妻子又注引內則三母是大夫及公子適妻之子爲三母故彼注不云師保慈母居中服之可知也言君之庶子內有慈母又大夫公子適妻子爲慈母小功則大夫公子之庶子無三母也但有慈母如母也注據國至公也　正義曰前經指國君之子此經引魯昭公故云據國君也是國君與其子同也云謂之慈母固爲其善者內則既云擇於諸母寛裕慈惠溫良者以爲子師其次爲慈母此云慈母良固當是性行善者云國君之妾子於禮不服也者以喪服公子爲其母練冠麻衣故云

禮記義二十六　三十　李間

於禮不服親母尚不服庶母不服可知若父卒得爲己母大功也云昭公年三十乃喪齊歸者案襄三十一年襄公薨左傳云昭公十九猶有童心是卽位時年十九也昭公十一年其母齊歸薨而無慼容是年三十非少孤也案家語云孝公有慈母良今鄭云未知何公者鄭不見家語故也或家語王肅所足故鄭不見也　注公之至其母　正義曰公之言又非者以上云公弗忍欲喪慈母旣爲非今公言古者天子練冠以燕居是公言又非也云天子練冠以燕居蓋謂庶子王爲其母者案鄭注服問云庶子爲後爲其母緦春秋有以小君服之者故春秋母以子貴其服皆伸而天子服練冠者皇氏云若適小君沒則得伸若小君猶在則其母壓屈故練冠也所以不同大夫士爲後著緦服必練冠者以大夫士爲母本應三年以爲後壓屈故降服緦麻王侯庶子爲母本練冠故今還練冠此乃異代之法案喪服緦麻章云庶子爲後爲其母緦鄭注服問云庶子爲後爲其母緦則是周法天子諸侯大夫士一也凡

足利本第二十六卷第三十一葉

言古者皆據今而道前代此經既云古者天子爲其母則是前代可知也以經無明文故鄭注云蓋謂庶子王爲其
母蓋是疑辭也曾子問曰諸侯旅見天子入門不得
終禮廢者幾旅衆孔子曰四請問之曰大廟
火日食后之喪雨霑服失容則廢大廟始祖廟宗廟皆
然主於始祖耳如諸侯皆在而日食則從天子救日
各以其方色與其兵示奉時事有所討也方色者東方衣青南方衣赤西方衣
白北方衣黑兵未聞也大廟火則從天子救火不以方
色與兵曾子問曰諸侯相見揖讓入門不

禮記義二十六　三十一　吳志

得終禮廢者幾孔子曰六請問之曰天子
崩大廟火日食后夫人之喪雨霑服失容
則廢夫人君之夫人曾子問曰天子嘗禘郊社五祀
之祭簠簋既陳天子崩后之喪如之何孔
子曰廢既陳謂夙興陳饌牲器時也天子七祀言五者關中言之曾子問曰當
祭而日食大廟火其祭也如之何孔子曰
接祭而已矣如牲至未殺則廢接祭而已不迎尸也跡
正義曰此一節論行禮有故不得終之事各依文解之　注大廟至祖耳　正義曰公羊傳云周公

潘本第二十六卷第三十一葉

言古者皆據今而道前代此經既云古者天子爲其母則是前代可知也以經無明文故鄭注云蓋謂庶子王爲其
母蓋是疑辭也曾子問曰諸侯旅見天子入門不得
終禮廢者幾旅衆孔子曰四請問之曰大廟
火日食后之喪雨霑服失容則廢大廟始祖廟宗廟皆
然主於始祖耳如諸侯皆在而日食則從天子救日
各以其方色與其兵示奉時事有所討也方色者東方衣青南方衣赤西方衣
白北方衣黑兵未聞也大廟火則從天子救火不以方
色與兵曾子問曰諸侯相見揖讓入門不

禮記義二十六　三十一　吳志

得終禮廢者幾孔子曰六請問之曰天子
崩大廟火日食后夫人之喪雨霑服失容
則廢夫人君之夫人曾子問曰天子嘗禘郊社五祀
之祭簠簋既陳天子崩后之喪如之何孔
子曰廢既陳謂夙興陳饌牲器時也天子七祀言五者關中言之曾子問曰當
祭而日食大廟火其祭也如之何孔子曰
接祭而已矣如牲至未殺則廢接祭而已不迎尸也跡
正義曰此一節論行禮有故不得終之事各依文解之　注大廟至祖耳　正義曰公羊傳云周公

足利本第二十六卷第三十二葉

稱大廟魯之始祖也明諸國皆然餘廟有火亦廢朝故云宗廟皆然特云大廟火是主於始祖而言耳　注示奉至聞也　正義曰示奉時事解各以其方色有所討解與其兵也故諸侯皆在京師者則從天子救日爲陰侵陽是君弱臣強之象方色者東方衣青南方衣赤西方衣白北方衣黑兵未聞者隱義云東方用戟南方用矛西方用弩北方用楯中央用鼓所以有所討者以日食陰侵陽示欲助天子討陰也亦備非常以彼非正經故不取也穀梁云天子救日置五麾陳五兵五鼓諸侯置三麾陳三鼓三兵大夫擊門士擊柝言充其陽也范甯云凡聲陽也擊鼓爲聲所以助陽壓陰也春秋傳曰日有食之天子伐鼓於社責上公也諸侯伐鼓於朝退自責也夏書曰辰不集于房瞽奏鼓嗇夫馳庶人走孔傳曰辰日月所會集合也房日月所舍而不合其所舍食可知也馳走者救日之備也奏猶擊也周禮有救日之弓但不知兵之細別故云未聞　大廟火則從天子救火不以方色與兵　以日食是陰之災

禮正義二十六　三十二　金昇

故象五方之色以兵討陰救火無此義故不用五方色及兵也　注夫人君之夫人　正義曰此經云后夫人之喪恐是天子之三夫人故云君之夫人此大廟火者亦謂君之大廟非天子大廟也知非者既云揖讓入門無容天子大廟之火赴告即至故知非王之大廟假令在後當朝方聞火時過已久又不可廢朝故知非王之大廟也　注既陳至言之　正義曰知既陳謂夙興陳饌牲器時也者以下文云當祭而日食則此簠簋既陳不當祭也既不當祭時明是祭前陳饌牲器也前文云天子崩后之喪與日食大廟火其禮皆同則此簠簋既陳日食大廟火亦同也故下云如牲至未殺則廢是也牲至已殺則行接祭其天子崩后之喪牲入雖殺不可行接祭以其喪事重故也云天子七祀言五者關中言之者鄭此注以周禮言之祭法周天子七祀諸侯五祀大夫三祀五居其中言是諸侯之法舉五而言則上兼七下通三欲見天子及大夫其祭皆然故云關中言之關通也謂通取中央而言之經云嘗禘者

潘本第二十六卷第三十二葉

稱大廟魯之始祖也明諸國皆然餘廟有火亦廢朝故云宗廟皆然特云大廟火是主於始祖而言耳　注示奉至聞也　正義曰示奉時事解各以其方色有所討解與其兵也故諸侯皆在京師者則從天子救日爲陰侵陽是君弱臣強之象方色者東方衣青南方衣赤西方衣白北方衣黑兵未聞者隱義云東方用戟南方用矛西方用弩北方用楯中央用鼓所以有所討者以日食陰侵陽示欲助天子討陰也亦備非常以彼非正經故不取也穀梁云天子救日置五麾陳五兵五鼓諸侯置三麾陳三鼓三兵大夫擊門士擊柝言充其陽也范甯云凡聲陽也擊鼓爲聲所以助陽壓陰也春秋傳曰日有食之天子伐鼓於社責上公也諸侯伐鼓於朝退自責也夏書曰辰不集于房瞽奏鼓嗇夫馳庶人走孔傳曰辰日月所會集合也房日月所舍而不合其所舍食可知也馳走者救日之備也奏猶擊也周禮有救日之弓但不知兵之細別故云未聞　大廟火則從天子救火不以方色與兵　以日食是陰之災

九十　禮記義二十六　三十二　何全

故象五方之色以兵討陰救火無此義故不用五方色及兵也　注夫人君之夫人　正義曰此經云后夫人之喪恐是天子之三夫人故云君之夫人此大廟火者亦謂君之大廟非天子大廟也知非者既云揖讓入門無容天子大廟之火赴告即至故知非王之大廟假令在後當朝方聞火時過已久又不可廢朝故知非王之大廟也　注既陳至言之　正義曰知既陳謂夙興陳饌牲器時也者以下文云當祭而日食則此簠簋既陳不當祭也既不當祭時明是祭前陳饌牲器也前文云天子崩后之喪與日食大廟火其禮皆同則此簠簋既陳日食大廟火亦同也故下云如牲至未殺則廢是也牲至已殺則行接祭其天子崩后之喪牲入雖殺不可行接祭以其喪事重故也云天子七祀言五者關中言之者鄭此注以周禮言之祭法周天子七祀諸侯五祀大夫三祀五居其中言是諸侯之法舉五而言則上兼七下通三欲見天子及大夫其祭皆然故云關中言之關通也謂通取中央而言之經云嘗禘者

足利本第二十六卷第三十三葉左半葉無圖像

謂宗廟之祭也郊社謂天地之祭舉天地宗廟則五祀以
上之祭皆在其中孔子曰接祭而已矣者　謂牲至之後
則接祭之也接捷也捷速也速而祭之　注　接祭而已不迎
尸也　正義曰經云如牲至未殺則廢此云接祭則牲至
已殺之後也案郊特牲云既灌然後迎牲則迎尸於奥在
未殺牲之前此經殺牲後云不迎尸者凡迎尸之禮其節
有二一是祭初迎尸於奥而行灌禮灌畢而後出迎牲於
時延尸於户外殺牲薦血毛行朝踐之禮設腥爓之俎於
尸前是一也然後退而合亨更迎尸入坐於奥行饋孰之
禮是二也此云不迎尸者直於堂上行朝踐禮畢則止不
更迎尸而入此謂宗廟之祭郊社之祭無文不迎尸亦謂
此時也熊氏云郊社五祀祭初未迎尸之前已殺牲也以其
無灌故也故大宰云祀五帝納亨注云納亨謂祭之時又
中霤禮皆爲俎奠於主乃始迎尸是郊及五祀殺牲在迎
尸之前也則此不迎尸
亦得爲祭初不迎尸也

禮記義二十六　三十三

潘本第二十六卷第三十三葉

謂宗廟之祭也郊社謂天地之祭舉天地宗廟則五祀以
上之祭皆在其中孔子曰接祭而已矣者　謂牲至之後
則接祭之也接捷也捷速也速而祭之　注　接祭而已不迎
尸也　正義曰經云如牲至未殺則廢此云接祭則牲至
已殺之後也案郊特牲云既灌然後迎牲則迎尸於奥在
未殺牲之前此經殺牲後云不迎尸者凡迎尸之禮其節
有二一是祭初迎尸於奥而行灌禮灌畢而後出迎牲於
時延尸於户外殺牲薦血毛行朝踐之禮設腥爓之俎於
尸前是一也然後退而合亨更迎尸入坐於奥行饋孰之
禮是二也此云不迎尸者直於堂上行朝踐禮畢則止不
更迎尸而入此謂宗廟之祭郊社之祭無文不迎尸亦謂
此時也熊氏云郊社五祀祭初未迎尸之前已殺牲也以其
無灌故也故大宰云祀五帝納亨注云納亨謂祭之時又
中霤禮皆爲俎奠於主乃始迎尸是郊及五祀殺牲在迎
尸之前也則此不迎尸
亦得爲祭初不迎尸也

禮記義二十六　三十三

禮記正義卷第二十六

足利本第二十七卷第一葉

禮記正義卷第二十七

國子祭酒上護軍曲阜縣開國子臣孔穎達等奉

勑撰

天子崩未殯五祀之祭不行既殯而祭其祭也尸入三飯不侑酳不酢而已矣自啓至于反哭五祀之祭不行已葬而祭祝畢獻而已既葬彌吉畢獻祝而後止郊社亦然唯嘗禘宗廟俟吉也曾子問曰諸侯之祭社稷俎豆既陳聞天子崩后之喪君薨夫人之喪如之何孔子曰廢亦謂夙興陳饌牲器時也自薨比至于殯自啓至于反哭奉帥天子帥循也所奉循如天子者謂五祀之祭也社稷亦然

【疏】天子至而已　正義曰天子諸侯祭禮既云今儀禮唯有大夫士祭禮以言之案特牲饋食禮祝延尸于奧迎尸而入即延坐三飯告飽祝侑尸尸又飯至於九飯畢若大夫依少牢饋食尸食十一飯而畢鄭注少牢云士九飯大夫十一飯也則其餘有十三飯十五飯也案此說則諸侯十三飯天子十五飯又案特牲禮尸九飯畢主人酳酒酳尸尸飲卒爵酢主人主人受酢飲畢酳獻祝祝飲畢主人又酳獻佐食此是士之祭禮也今約此而說天子五祀之祭也　天子崩未殯五祀之祭不行者　以初崩哀慼未遑祭祀雖當五祀祭時不得行　既殯而祭者但五祀外神不可以已私喪久廢其祭故既殯哀情稍殺而

禮記義二十七

潘本第二十七卷第一葉

禮記正義卷第二十七

國子祭酒上護軍曲阜縣開國子臣孔穎達等奉

勑撰

天子崩未殯五祀之祭不行既殯而祭其祭也尸入三飯不侑酳不酢而已矣自啓至于反哭五祀之祭不行已葬而祭祝畢獻而已既葬彌吉畢獻祝而後止郊社亦然唯嘗禘宗廟俟吉也曾子問曰諸侯之祭社稷俎豆既陳聞天子崩后之喪君薨夫人之喪如之何孔子曰廢亦謂夙興陳饌牲器時也自薨比至于殯自啓至于反哭奉帥天子帥循也所奉循如天子者謂五祀之祭也社稷亦然

【疏】天子至而已　正義曰天子諸侯祭禮既云今儀禮唯有大夫士祭禮以言之案特牲饋食禮祝延尸于奧迎尸而入即延坐三飯告飽祝侑尸尸又飯至於九飯畢若大夫依少牢饋食尸食十一飯而畢鄭注少牢云士九飯大夫十一飯也則其餘有十三飯十五飯也案此說則諸侯十三飯天子十五飯又案特牲禮尸九飯畢主人酳酒酳尸尸飲卒爵酢主人主人受酢飲畢酳獻祝祝飲畢主人又酳獻佐食此是士之祭禮也今約此而說天子五祀之祭也　天子崩未殯五祀之祭不行者　以初崩哀慼未遑祭祀雖當五祀祭時不得行　既殯而祭者但五祀外神不可以已私喪久廢其祭故既殯哀情稍殺而

禮記義二十七

足利本第二十七卷第二葉

後祭也　其祭也尸入三飯不侑酳不酢而已矣者今喪既殯不得純如吉禮理須宜降殺侑勸也故迎尸入奥之後尸三飯告飽則止祝更不勸侑其食使滿常數也又熊氏云三飯不侑酳不酢而已矣謂迎尸入奥之後尸三飯即止祝不勸侑至十五飯於時冢宰攝主酌酒酳尸尸受卒爵不酢攝主故云三飯不侑酳不酢而已者謂唯行此而已不爲在後餘事也　自啓至于反哭五祀之祭不行者謂欲葬之時從啓殯以後葬畢反哭以前靈柩既見哀摧更甚故云五祀之祭不行已葬而祭祝畢獻而已葬而祭者謂已葬反哭殯宮畢而行其祭但既葬彌吉尸入三飯之後祝乃侑尸尸食十五飯攝主酳尸尸飲卒爵而酢攝主攝主飲畢酌而獻祝祝受飲畢則止無獻佐食以下之事所以然者以葬後未甚吉唯行此禮而已而已是語辭也皇氏云已止也　注既葬至吉也　正義曰經云祝畢獻止謂祝受獻祭禮遂畢止不獻佐食以下云郊社然者王制云天地社稷爲越紼而行事是與五祀同也

禮記義二十七　二

趙商問云自啓至反哭五祀之祭不行注云郊社亦然者案王制云唯祭天地社稷爲越紼而行事既云葬時郊社之祭不行何得有越紼而行事鄭荅越紼行事喪無事時天地郊社有常日自啓及至反哭自當辟之鄭言無事者謂未殯以前是有事既殯以後未啓以前是無事得行祭禮故有越紼行事鄭云郊社有常日自啓至反哭自當辟之者郊社既有常日自啓反哭當辟此郊社之日郊社尊故辟其日不使相妨五祀既卑若與啓反哭日相逢則五祀辟其日也鄭言天地社稷去殯處遠祭時踰越此紼而往赴之五祀去殯處近暫往則還故不爲越紼也云唯嘗禘宗廟俟吉也者謂爲嘗禘之禮以祭宗廟俟待於吉故王制云喪三年不祭是也其在喪祭郊社之時其喪所朝夕仍奠知者雜記云國禁哭則止朝夕之奠即位自因也人臣尚爾明天子得也　注帥循至亦然　正義曰帥循也此釋詁文以經云奉循天子案上天子有祭五祀之文今云奉循如天子謂諸侯五祀亦如天子

潘本第二十七卷第二葉

後祭也　其祭也尸入三飯不侑酳不酢而已矣者今喪既殯不得純如吉禮理須宜降殺侑勸也故迎尸入奥之後尸三飯告飽則止祝更不勸侑其食使滿常數也又熊氏云三飯不侑酳不酢而已矣謂迎尸入奥之後尸三飯即止祝不勸侑至十五飯於時冢宰攝主酌酒酳尸尸受卒爵不酢攝主故云三飯不侑酳不酢而已者謂唯行此而已不爲在後餘事也○自啓至于反哭五祀之祭不行者謂欲葬之時從啓殯以後葬畢反哭以前靈柩既見哀摧更甚故云五祀之祭不行已葬而祭祝畢獻而已葬而祭者謂已葬反哭殯宮畢而行其祭但既葬彌吉尸入三飯之後祝乃侑尸尸食十五飯攝主酳尸尸飲卒爵而酢攝主攝主飲畢酌而獻祝祝受飲畢則止無獻佐食以下之事所以然者以葬後未甚吉唯行此禮而已而已是語辭也皇氏云已止也○注既葬至吉也　正義曰經云祝畢獻止謂祝受獻祭禮遂畢止不獻佐食以下云郊社亦然者王制云天地社稷爲越紼而行事是與五祀同也

禮記義二十七　二

趙商問云自啓至反哭五祀之祭不行注云郊社亦然者案王制云唯祭天地社稷爲越紼而行事既云葬時郊社之祭不行何得有越紼而行事鄭荅越紼行事喪無事時天地郊社有常日自啓及至反哭自當辟之鄭言無事者謂未殯以前是有事既殯以後未啓以前是無事得行祭禮故有越紼行事鄭云郊社有常日自啓至反哭自當辟之者郊社既有常日自啓反哭當辟此郊社之日郊社尊故辟其日不使相妨五祀既卑若與啓反哭日相逢則五祀辟其日也鄭言天地社稷去殯處遠祭時踰越此紼而往赴之五祀去殯處近暫往則還故不爲越紼也云唯嘗禘宗廟俟吉也者謂爲嘗禘之禮以祭宗廟俟待於吉故王制云喪三年不祭是也其在喪祭郊社之時其喪所朝夕仍奠知者雜記云國禁哭則止朝夕之奠即位自因也人臣尚爾明天子得也　注帥循至亦然　王義曰帥循也此釋詁文以經云奉循天子案上天子有祭五祀之文今云奉循如天子謂諸侯五祀亦如天子

足利本第二十七卷第三葉

云謂五祀之祭是諸侯五祀如天子五祀也今此諸侯祭社稷其遭喪節制與五祀同故云社稷亦然案天子崩后喪諸侯當奔赴得奉循天子之禮者諸侯或不自親奔而身在國者或唯據君薨及夫人之喪其嗣子所祭得奉循天子也

曾子問曰大夫之祭鼎俎既陳籩豆既設不得成禮廢者幾孔子曰九請問之曰天子崩后之喪君薨夫人之喪君之大廟火日食三年之喪齊衰大功皆廢外喪自齊以下行也齊衰異門則祭其齊衰之祭也尸入三飯不侑酳不酢而已矣大功酢而已矣

禮記義二十七　三

小功緦室中之事而已矣室中之事謂賔長獻士之所以異者緦不祭然則士不得成禮者十一所祭於死者無服則祭謂若舅舅之子從母昆弟

疏曾子至行也　正義曰不直云大功以上皆廢而歷序三年之喪齊衰大功者以曾子問廢者有幾孔子對云廢者有九遂歷序九種之事一一備言此大夫祭者謂祭宗廟故下文云所祭於死者無服則祭是據宗廟也　注齊衰異門則祭　正義曰今遭異門其齊衰之喪祭也　尸入三飯不侑酳不酢而已矣　若遭異門齊衰之喪其祭迎尸入室但三飯則止祝更不勸侑使至十一但三飯耳則主人酌酒酳尸尸不酢主人唯此而已　大功酢而已矣　大功服輕祭禮稍備尸三飯祝侑至十一飯而止主人酌酒酳尸尸酢主人主人乃停故云大功酢而已矣　小功緦室中之事而已矣　小功與緦麻其服轉輕祭禮轉

潘本第二十七卷第三葉

故云謂五祀之祭是諸侯五祀如天子五祀也今此諸侯祭社稷其遭喪節制與五祀同故云社稷亦然案天子崩后喪諸侯當奔赴得奉循天子之禮者諸侯或不自親奔而身在國者或唯據君薨及夫人之喪其嗣子所祭得奉循天子也

曾子問曰大夫之祭鼎俎既陳籩豆既設不得成禮廢者幾孔子曰九請問之曰天子崩后之喪君薨夫人之喪君之大廟火日食三年之喪齊衰大功皆廢外喪自衰以下行也齊衰異門則祭其齊衰之祭也尸入三飯不侑酳不酢而已矣大功酢而已矣

禮記義二十七　三

小功緦室中之事而已矣室中之事謂賔長獻士之所以異者緦不祭然則士不得成禮者十一所祭於死者無服則祭謂若舅舅之子從母昆弟

疏曾子至行也　正義曰不直云大功以上皆廢而歷序三年之喪齊衰大功者以曾子問廢者有幾孔子對云廢者有九遂歷序九種之事一一備言此大夫祭者謂祭宗廟故下文云所祭於死者無服則祭是據宗廟也　注齊衰異門則祭　正義曰今遭異門其齊衰之喪祭也　尸入三飯不侑酳不酢而已矣　若遭異門齊衰之喪其祭迎尸入室但三飯則止祝更不勸侑使至十一但三飯耳則主人酌酒酳尸尸不酢主人唯此而已　大功酢而已矣　大功服輕祭禮稍備尸三飯祝侑至十一飯而止主人酌酒酳尸尸酢主人主人乃停故云大功酢而已矣　小功緦室中之事而已矣　小功與緦麻其服轉輕祭禮轉

足利本第二十七卷第四葉

其祭尸　十一飯訖主人酳尸尸卒爵酢主人主人獻
祝及佐食畢次主婦獻尸尸酢主婦主婦又獻祝及佐食
次賓長獻尸　若平常之祭尸得賓長獻爵則止不舉待
致爵之後尸乃舉爵今旣喪殺賓長獻尸尸飲以酢賓賓
又獻祝及佐食而祭畢止凡尸在室之奧祝在室中北廂
南面佐食在室中户西北面但主人主婦及賓獻尸及祝
佐食等三人畢則止故云室中之事而已矣若致爵之時
主婦在房中南面主人獻賓堂上北面皆不在室中其室
中者獻尸祝佐食耳故此注云室中之事謂賓長獻此小
功緦麻兼内外知者以前文云内喪大功以上廢則知内
喪小功以下不廢也案雜記云臣妾死於宮中三月而後
祭之此内喪緦麻不廢祭者此謂鼎俎旣陳臨祭之時故
不廢也若不當祭時有臣妾死於宮中及大夫爲貴妾緦
庶子爲父後者爲其母緦之屬皆不祭　士之所以異者
緦不祭　孔子見曾參歷問至大夫必應及士故因廣舉
以語之大夫唯至大功爲九而士又加緦小功二等合

禮記義二十七　四　李仁

十一此亦謂祭宗廟鼎俎旣陳而值喪也大夫祭値緦
小功不辨内外皆不廢祭而禮則小異耳士値緦小功不
辨外内一切皆廢祭士輕故爲輕親伸情也　所祭於死
者無服則祭　所祭謂士祭祖禰而死者已雖爲緦祖禰
於死者無服鼎俎旣陳則亦祭也　注謂若至昆弟　正
義曰此等於己雖服緦而於祖禰則無服然此皆母親而
得云無服者祭祀以祖禰爲主母親於己服緦於祖禰無
服然此皆母親以父爲主也其從母父則無服已爲小功熊
氏云亦廢祭也皇氏云以從母於父無服不廢祭也案經
云緦不祭所祭於死者無服則祭據緦爲文似不關小功
故鄭以緦服解之皇氏
横加小功其義非也

曾子問曰三年之喪弔
乎孔子曰三年之喪練不羣立不旅行　爲其苟語忘哀也
君子禮以飾情三年之喪而弔哭

潘本第二十七卷第四葉

備其祭尸　十一飯訖主人酳尸尸卒爵酢主人主人獻
祝及佐食畢次主婦獻尸尸酢主婦主婦又獻祝及佐食
次賓長獻尸　若平常之祭尸得賓長獻爵則止不舉待
致爵之後尸乃舉爵今旣喪殺賓長獻尸尸飲以酢賓賓
又獻祝及佐食而祭畢止凡尸在室之奧祝在室中北廂
南面佐食在室中户西北面但主人主婦及賓獻尸及祝
佐食等三人畢則止故云室中之事而已矣若致爵之時
主婦在房中南面主人獻賓堂上北面皆不在室中其室
中者獻尸祝佐食耳故此注云室中之事謂賓長獻此小
功緦麻兼内外知者以前文云内喪大功以上廢則知内
喪小功以下不廢也案雜記云臣妾死於宮中三月而後
祭之此内喪緦麻不廢祭者此謂鼎俎旣陳臨祭之時故
不廢也若不當祭時有臣妾死於宮中及大夫爲貴妾緦
庶子爲父後者爲其母緦之屬皆不祭　士之所以異者
緦不祭　孔子見曾參歷問至大夫必應及士故因廣舉
士以語之大夫唯至大功爲九而士又加緦小功二等合

禮記義二十七　四　鄭鑒

爲十一此亦謂祭宗廟鼎俎旣陳而值喪也大夫祭値緦
小功不辨内外皆不廢祭而禮則小異耳士値緦小功不
辨外内一切皆廢祭士輕故爲輕親伸情也　所祭於死
者無服則祭　所祭謂士祭祖禰而死者已雖爲緦祖禰
於死者無服鼎俎旣陳則亦祭也　注謂若至昆弟　正
義曰此等於己雖服緦而於祖禰則無服然此皆母親而
得云無服者祭祀以祖禰爲主母親於己服緦於祖禰無
服然此皆母親以父爲主也其從母父雖無服已爲小功熊
氏云亦廢祭也皇氏云以從母於父無服不廢祭也案經
云緦不祭所祭於死者無服則祭據緦爲文似不關小功
故鄭以緦服解之皇氏
横加小功其義非也

曾子問曰三年之喪弔
乎孔子曰三年之喪練不羣立不旅行　爲其苟語忘哀也
君子禮以飾情三年之喪而弔哭

不亦虚乎爲彼哀則不專於親也爲親哀則是妄弔

疏 正義曰此一節論身有重服不得弔人之事 君子禮以飾情凡行吉凶之禮必使外内相副用外之物以飾内情故云表以飾在内之情故冠冕文彩以飾至敬之情麤衰以飾哀痛之情所以三年問云衰服爲至痛飾也故云君子禮以飾情也 三年之喪而弔哭不亦虚乎者若身有重服而弔他人則非飾情所以爲虚也言虚者弔與服並虚也何者若已有喪弔彼而哭哀彼則忘已本哀是已服爲虚也若心存於已哀忘彼而哭彼則是於弔爲虚也故注云爲彼哀則不專於親也爲親哀則是妄弔

曾子問曰大夫士有私喪可以除之矣而有君服焉其除之也如之何孔子曰有君喪服於身不敢私服又何除焉喻輕也私喪家之喪也喪服四制曰門外之治義斷恩於是乎有過時而弗除也君之喪服除而后殷祭禮也謂主人也支子則否

禮記義二十七　五　鄭復

疏 正義曰此一節論臣有君親之喪當隆於君之事各依文解之 孔子曰有君喪服於身不敢私服又何除焉者荅以重喻輕也門外之治義斷恩若身有君服後遭親喪則不敢爲親制服也又何除焉者謂成喪服爲重始除服爲輕未在親始重之日尚不獲伸況輕末之時而可行乎故云又何除焉君之喪服除而后殷祭禮也 殷祭謂小大二祥祭也以其禮大故曰殷也言初乃爲身有君服不敢爲親私除若君服除後乃可爲親行私喪二祥之祭以伸孝心也故盧氏云殷祭盛也君服除乃行釋私服之禮庾蔚云今月除君服明月可小祥又明月可大祥猶若久喪不葬者也若未有君服之前私服已小祥者除君服後但大祥而可已有君服之時已私服或未小

不亦虚乎爲彼哀則不專於親也爲親哀則是妄弔

疏 正義曰此一節論身有重服不得弔人之事 君子禮以飾情凡行吉凶之禮必使外内相副用外之物以飾内情故云表以飾在内之情故冠冕文彩以飾至敬之情麤衰以飾哀痛之情所以三年問云衰服爲至痛飾也故云君子禮以飾情也 三年之喪而弔哭不亦虚乎者若身有重服而弔他人則非飾情所以爲虚也言虚者弔與服並虚也何者若已有喪弔彼而哭哀彼則忘已本哀是已服爲虚也若心存於已哀忘彼而哭彼則是於弔爲虚也故注云爲彼哀則不專於親也爲親哀則是妄弔

曾子問曰大夫士有私喪可以除之矣而有君服焉其除之也如之何孔子曰有君喪服於身不敢私服又何除焉重喻輕也私喪家之喪也喪服四制曰門外之治義斷恩於是乎有過時而弗除也君之喪服除而后殷祭禮也謂主人也父子則否

禮記義二十七　五

疏 正義曰此一節論臣有君親之喪當隆於君之事各依文解之 孔子曰有君喪服於身不敢私服又何除焉者荅以重喻輕也門外之治義斷恩若身有君服後遭親喪則不敢爲親制服也又何除焉者謂成喪服爲重始除服爲輕未在親始重之日尚不獲伸況輕末之時而可行乎故云又何除焉君之喪服除而后殷祭禮也 殷祭謂小大二祥祭也以其禮大故曰殷也言初乃爲身有君服不敢爲親私除若君服除後乃可爲親行私喪二祥之祭以伸孝心也故盧氏云殷祭盛也君服除乃行釋私服之禮庾蔚云今月除君服明月可小祥又明月可大祥猶若久喪不葬者也若未有君服之前私服已小祥者除君服後但大祥而可已有君服之時已私服或未小

祥是以揔謂之殷祭而不得云再祭殷大也小大二祥變
除之大祭故謂之殷祭也禘祫者祭之大故亦謂之殷祭
但此論大夫士則不應有禘祫此殷是釋除之祭也有殷事
則之君所鄭以爲朔月月半薦新之奠此又比朝夕爲大
也各有所指不嫌殷名同也 注 謂主人也支子則否
正義曰主人謂適子仕官者適子七祭祀故二祥待除君
服而後行也若支子仕官雖不得除私服而其家
適子已行祥祭庶子於後無所復追祭故云否也 曾子
問曰父母之喪弗除可乎 以其有終身之憂 孔子曰
先王制禮過時弗舉禮也非弗能勿除也
患其過於制也故君子過時不祭禮也 言制
禮以爲民中過其時則不成禮 疏 正義曰曾子又疑云聖人制
變受之期情禮之殺使送死
禮記義二十七 六 王祐
復生有節是不許人子有不除之喪若適子除君服
後乃有殷祭之事如喪久不葬者此則可解若庶子除君
服後無復殷祭之事便是其爲父母之服一生不有除説
之事此於禮許得可乎 孔子至禮也 據制以荅此所
以不除意也孔子言先王制禮各有時節若過則不追舉
是禮之意也 非弗至制也 勿猶不也言今日不追除
服者非是不能除敗也爲此不除正是患其過於聖人之
禮制也 故君子過時不祭禮也 又引君子過時不舉
之事以證之過時不祭謂春雨露既濡君子履之怵惕思
親思親故設祭若春時或有事故不得行祭至夏乃行夏
祭不復追補春祭是過時不祭以爲禮也若過時不祭如
適子仕者除君服後猶得行殷祭其四時之祭過時所以
不追者假令春夏祭本爲感春夏而祭至秋非時故不追
也且今年春夏雖過時至明年會應復有春夏故當時則
祭過時不補前祭祥非爲感時正是孝子爲存
親存親則前後無異故除君服已伸孝心也
曾子問

揔謂之殷祭而不得云再祭殷大也小大二祥變
祭故謂之殷祭也禘祫者祭之大故亦謂之殷祭
夫士則不應有禘祫此殷是釋除之祭也有殷事
所鄭以爲朔月月半薦新之奠此又比朝夕爲大
所指不嫌殷名同也 注 謂主〻也支子則否
主人謂適子仕官者適子七祭祀故二祥待除君
服而後行也若支子仕官雖不得除私服而其家
適子已行祥祭庶子於後無所復追祭故云否也 曾子
問曰父母之喪弗除可乎 以其有終身之憂 孔子曰
先王制禮過時弗舉禮也非弗能勿除也
患其過於制也故君子過時不祭禮也 言制
禮以爲民中過其時則不成禮 疏 正義曰曾子又疑云聖人制
變受之期情禮之殺使送死
禮記義二十七 六 王祐
有已復生有節是不許人子有不除之喪若適子除君服
後乃有殷祭之事如喪久不葬者此則可解若庶子除君
服後無復殷祭之事便是其爲父母之服一生不有除説
之事此於禮許得可乎 孔子至禮也 據制以荅此所
以不除意也孔子言先王制禮各有時節若過則不追舉
是禮之意也 非弗至制也 勿猶不也言今日不追除
服者非是不能除敗也爲此不除正是患其過於聖人之
禮制也 故君子過時不祭禮也 又引君子過時不舉
之事以證之過時不祭謂春雨露既濡君子履之怵惕思
親思親故設祭若春時或有事故不得行祭至夏乃行夏
祭不復追補春祭是過時不祭以爲禮也若過時不祭如
適子仕者除君服後猶得行殷祭其四時之祭過時所以
不追者假令春夏祭本爲感春夏而祭至秋非時故不追
也且今年春夏雖過時至明年會應復有春夏故當時則
過時不補前祭祥非爲感時正是孝子爲存
親則前後無異故除君服已伸孝心也
曾子問

足利本第二十七卷第七葉

曰君薨既殯而臣有父母之喪則如之何孔子曰歸居于家有殷事則之君所朝夕否居家者因其哀後隆於父母殷事朔月月半薦新之奠也疏殷大也孔子荅云君殯既記君所無事父母新喪故歸於家以治父母之喪若君喪有朔月月半薦新大事則臣之適君所以哭君若凡常朝夕則不往哭君唯在家爲父母治喪故云朝夕否若臣有父母之喪既殯而後有君喪則歸君所若父母之喪有殷事之時則來歸家平常朝夕則不來恒在君處注居家至父母　正義曰君薨既殯是君喪在前殯後親死是父母喪在後親喪痛甚恒居於家是隆於父母也曰君既啓而臣有父母之喪則如之何孔子曰歸哭而反送君言送

禮記義二十七　七　章志

既葬而歸也歸哭者服君服而歸不敢私服也疏正義曰曾子上問既殯今問既啓故云君既啓而臣有父母之喪則如之何孔子荅曰歸哭父母而反往送君既葬畢還來歸家而治父母之喪以此言之父母之喪既啓而有君之喪則亦往哭於君所而反送父母父母葬畢而居君所注言送至服也　正義曰知既葬而歸者以言送君則葬罷而歸則不待君之虞祭也其君喪祔與卒哭未知臣往君所與否云歸哭者服君服而歸不敢私服也者謂歸哭父母猶服君服不私服也知不私服者上文云有君喪服於身不敢私服故知不私服也曰君未殯而臣有父母之喪則如之何孔子曰歸殯反于君所有殷事則歸朝夕否其哀雜主於君疏正義曰前問君既殯及既啓而有父母之喪今問君未殯而臣有父

潘本第二十七卷第七葉

曰君薨既殯而臣有父母之喪則如之何孔子曰歸居于家有殷事則之君所朝夕否居家者因其哀後隆於父母殷事朔月月半薦新之奠也疏殷大也孔子荅云君殯既記君所無事父母新喪故歸於家以治父母之喪若君喪有朔月月半薦新大事則臣之適君所以哭君若凡常朝夕則不往哭君唯在家爲父母治喪故云朝夕否若臣有父母之喪既殯而後有君喪則歸君所若父母之喪有殷事之時則來歸家平常朝夕則不來恒在君處注居家至父母　正義曰君薨既殯是君喪在前殯後親死是父母喪在後親喪痛甚恒居於家是隆於父母也曰君既啓而臣有父母之喪則如之何孔子曰歸哭而反送君言送

大字小四十九　禮記義二十七　七　陳允升

君則既葬而歸也歸哭者服君服而歸不敢私服也疏正義曰曾子上問既殯今問既啓故云君既啓而臣有父母之喪則如之何孔子荅曰歸哭父母而反往送君既葬畢還來歸家而治父母之喪以此言之父母之喪既啓而有君之喪則亦往哭於君所而反送父母父母葬畢而居君所注言送至服也　正義曰知既葬而歸者以言送君則葬罷而歸則不待君之虞祭也其君喪祔與卒哭未知臣往君所與否云歸哭者服君服而歸不敢私服也者謂歸哭父母猶服君服不私服也知不私服者上文云有君喪服於身不敢私服故知不私服也曰君未殯而臣有父母之喪則如之何孔子曰歸殯反于君所有殷事則歸朝夕否其哀雜主於君疏正義曰前問君既殯及既啓而有父母之喪今問君未殯而臣有父

足利本第二十七卷第八葉

母之喪如之何孔子荅曰歸殯父母訖反于君所以殯君恒在君所家有殷事之時則暫歸於家若尋常朝夕則不得歸也故云朝夕否盧氏云歸殯反于君所者人君五日而殯故可以歸殯父母而往殯君也若其臨君之殯曰盡云歸哭父母而來殯君則殯君訖乃還殯父母也以此言之臣有父母之喪未殯而有君喪去君殯日雖遠秖得待殯君訖而還殯父母以其君尊故也 注 其哀雜主於君 正義曰以君未殯則君哀重而父母又喪是親哀亦重君與親哀既半相雜君爲尊故主意於君故尋常恒在君所

大夫室老行事士則子孫行事 大夫士其在君所之時則攝其事 **大夫內子有殷事亦之君所朝夕否** 謂夫之君既殯而有舅姑之喪者內子大夫適妻也妻爲夫之君如婦爲服齊衰

疏 大夫至行事 以大夫士有殷事在君所之時則在家之朝夕之奠有闕夕恒在君所之時則在家朝夕之奠亦闕奠不可廢其大夫尊故遣室老攝行其事士卑則子孫攝行其事

大夫至朝夕否 正義曰大夫內子有殷事亦之君所朝夕否上文明大夫禮節此明婦人之進止君既殯而婦有舅姑之喪大夫者卿之摠號內子者卿之適妻以前問君薨既殯有父母之喪此明君既殯後而婦有舅姑之喪歸居於家君有殷事之時亦之君所云亦者謂亦同其夫也非但夫往君所妻亦往君所也若尋常朝夕則不往君所舉此一條婦同於夫則君既啓及君未殯而有舅姑之喪其禮悉同夫也 注 內子至齊衰 正義曰案僖二十四年左傳云晉趙姬請以叔隗爲內子而已下之叔隗爲趙衰妻是大夫適妻也若對而言之則卿妻曰內子大夫妻曰命婦若散而言之則大夫是卿之摠號其妻亦摠名爲內子云妻爲夫之君如婦爲舅姑服齊衰者此喪服文也

賤不誄貴幼不誄長禮也 誄累也累列生時行迹讀之以作謚謚當

禮記義二十七 八 姜仲

潘本第二十七卷第八葉

母之喪如之何孔子荅曰歸殯父母訖反于君所以殯君恒在君所家有殷事之時則暫歸於家若尋常朝夕則不得歸也故云朝夕否盧氏云歸殯反于君所者人君五日而殯故可以歸殯父母而往殯君也若其臨君之殯曰盡云歸哭父母而來殯君則殯君訖乃還殯父母也以此言之臣有父母之喪未殯而有君喪去君殯日雖遠秖得待殯君訖而還殯父母以其君尊故也 注 其哀雜主於君 正義曰以君未殯則君哀重而父母又喪是親哀亦重君與親哀既半相雜君爲尊故主意於君故尋常恒在君所

大夫室老行事士則子孫行事 大夫士其在君所之時則攝其事 **大夫內子有殷事亦之君所朝夕否** 謂夫之君既殯而有舅姑之喪者內子大夫適妻也妻爲夫之君如婦爲舅姑服齊衰

疏 大夫至行事 以大夫士有殷事在君所之時則在家之朝夕之奠有闕若朝夕恒在君所之時則在家朝夕之奠亦闕奠不可廢其大夫尊故遣室老攝行其事士卑則子孫攝行其事

大夫至朝夕否 正義曰大夫內子有殷事亦之君所朝夕否上文明大夫禮節此明婦人之進止君既殯而婦有舅姑之喪大夫者卿之摠號內子者卿之適妻以前問君薨既殯有父母之喪此明君既殯後而婦有舅姑之喪歸居於家君有殷事之時亦之君所云亦者謂亦同其夫也非但夫往君所妻亦往君所也若尋常朝夕則不往君所舉此一條婦同於夫則君既啓及君未殯而有舅姑之喪其禮悉同夫也 注 內子至齊衰 正義曰案僖二十四年左傳云晉趙姬請以叔隗爲內子而已下之叔隗爲趙衰妻是大夫適妻也若對而言之則卿妻曰內子大夫妻曰命婦若散而言之則大夫是卿之摠號其妻亦摠名爲內子云妻爲夫之君如婦爲舅姑服齊衰者此喪服文也

賤不誄貴幼不誄長禮也 誄累也累列生時行迹讀之以作[illegible]當

禮記義二十七 八 姜仲

足利本第二十七卷第九葉

由尊者成。**唯天子稱天以誄之**。以其無尊焉。春秋公羊說以爲讀誄制謚於南郊，若云受之於天然。**諸侯相誄，非禮也**。禮當言誄於天子也。天子乃使大史賜之謚。

疏「賤不至禮也」。正義曰：此一節論謚由尊者出之事。賤不誄貴。誄，累也，謂賤不得累列貴者之行而爲謚，幼不得累列長者之行而作謚，如此是其禮也。所以然者，凡謚表其實行，當由尊者所爲，若使幼賤者爲之，則各欲光揚在上之美，有乖實事，故不爲也。「唯天子稱天以誄之」者，諸侯及大夫其上猶有尊者爲之作謚，其天子則更無尊於天子者，故唯爲天子作謚之時，於南郊告天，示若有天命然，不敢自專也。「諸侯相誄非禮也」者，非但賤不誄貴，平敵相誄亦爲不可，故云諸侯相誄非禮也。既賤不誄貴，案襄十三年左傳，楚子囊爲共王作謚者，春秋亂世，不能如禮。此不言君臣兄弟而言貴賤長幼者，廣包餘人，非唯君臣兄弟而已。注「以其至南郊」。正義曰：案鄭之時，說公羊者而爲此言，故白虎通云：天子崩，大臣之於南郊，稱天以謚之者，爲人臣子莫不欲褒大其君，掩惡揚善，故至南郊，明不得欺天也。注「禮當至之謚」。正義曰：案白虎通云：君薨，請謚，世子赴告於天子，天子唯遣大夫會葬而謚之。又檀弓云：公叔文子卒，其子戍請謚於君，曰：日月有時，將葬矣，請所以易其名者。大夫當請誄於君，則諸侯理當言誄於天子。云「天子乃使大史賜之謚」者，案大史職云：小喪賜謚。鄭云：小喪，卿大夫也。卿大夫言賜之謚，明諸侯之喪亦然。

曾子問曰：君出疆，以三年之戒，以椑從。君薨，其入如之何？其出有喪備，疑喪入必異也。戒猶備也，謂衣衾也。親身棺曰椑。其餘可死乃具也。**孔子曰：共殯服**，此謂君已大斂。殯服謂布深衣、苴絰、散帶垂，殯時主人所服。共之以待其來也。其餘殯事亦皆具焉。**則子麻弁絰**

潘本第二十七卷第九葉

由尊者成。**唯天子稱天以誄之**。以其無尊焉。春秋公羊說以爲讀誄制謚於南郊，若云受之於天然。**諸侯相誄，非禮也**。禮當言誄於天子也。天子乃使大史賜之謚。

疏「賤不至禮也」。正義曰：此一節論謚由尊者出之事。賤不誄貴。誄，累也，謂賤不得累列貴者之行而爲謚，幼不得累列長者之行而作謚，如此是其禮也。所以然者，凡謚表其實行，當由尊者所爲，若使幼賤者爲之，則各欲光揚在上之美，有乖實事，故不爲也。「唯天子稱天以誄之」者，諸侯及大夫其上猶有尊者爲之作謚，其天子則更無尊於天子者，故唯爲天子作謚之時，於南郊告天，示若有天命然，不敢自專也。「諸侯相誄非禮也」者，非但賤不誄貴，平敵相誄亦爲不可，故云諸侯相誄非禮也。既賤不誄貴，案襄十三年左傳，楚子囊爲共王作謚者，春秋亂世，不能如禮。此不言君臣兄弟而言貴賤長幼者，廣包餘人，非唯君臣兄弟而已。注「以其至南郊」。正義曰：案鄭之時，說公羊者而爲此言，故白虎通云：天子崩，大臣之於南郊，稱天以謚之者，爲人臣子莫不欲褒大其君，掩惡揚善，故至南郊，明不得欺天也。注「禮當至之謚」。正義曰：案白虎通云：君薨，請謚，世子赴告於天子，天子唯遣大夫會葬而謚之。又檀弓云：公叔文子卒，其子戍請謚於君，曰：日月有時，將葬矣，請所以易其名者。大夫當請誄於君，則諸侯理當言誄於天子。云「天子乃使大史賜之謚」者，案大史職云：小喪賜謚。鄭云：小喪，卿大夫也。卿大夫言賜之謚，明諸侯之喪亦然。

曾子問曰：君出疆，以三年之戒，以椑從。君薨，其入如之何？其出有喪備，疑喪入必異也。戒猶備也，謂衣衾也。親身棺曰椑。其餘可死乃具也。**孔子曰：共殯服**，此謂君已大斂。殯服謂布深衣、苴絰、散帶垂，殯時主人所服。共之以待其來也。其餘殯事亦皆具焉。**則子麻弁絰**

禮記義二十七　九

足利本第二十七卷第十葉

疏衰菲杖棺柩未安不忍成服於外也麻弁經者布弁而加環經也布弁如爵弁而用布杖者為已病入自闕升自西階闕謂毀宗也柩毀宗而入異於生也升自西階亦異生也所毀宗殯宮門西也於此正棺而服殯服既塗而成服殷柩出毀宗周柩入毀宗禮相變也如小斂則子免而從柩謂君已小斂也主人布深衣不括髮者行遠不可無飾入自門升自阼階親未在棺不忍異入使如生來反君大夫士一節也疏正義曰此論諸侯在外死以喪歸之事曾子問夫子云諸侯之君或出疆朝會其出之時以三年之戒以椑從戒備也謂以三年喪備衣衾之屬并以椑棺而從出既有備今其入也如之何注其出至具也　正義曰案王制云絞紟衾冒死而后制此云謂衣衾者熊氏云此言三年之戒謂衣衾之裁若其

禮記義二十七　十

死後乃爲之　云親身棺曰椑案喪大記云大棺八寸屬六十椑四寸從外嚮內親身也檀弓注云椑堅著之言也謂椑雖親身天子椑內猶有水兕諸公椑內猶有兕諸侯以椑爲親身也　云其餘可死乃具也謂除椑之外大棺與屬若在家年老亦死前爲之今出疆椑從年未老故大棺等死後乃具也　孔子曰共殯服者於時大斂之後主人從柩而歸則其家豫共主人殯時所著之服謂布深衣苴經散帶垂也於時主人從柩在路以棺柩未安未忍成服於外唯著麻弁麻布也謂布弁布弁之上而加環經注此謂至具焉　正義曰知此謂大斂者以下文云如小斂故知此謂已大斂也云殯服謂布深衣苴經散帶垂案士喪禮云小斂苴經大鬲散帶垂又禮親始死布深衣至成服以來其服不改故知殯服布深衣苴經散帶垂其首服崔氏云小斂之前大夫士皆素冠小斂括髮之後士則加素冠大夫加素弁云其餘殯事亦皆具焉以殯不可闕故知具焉經特云共殯服者舉主人服爲重　則子

潘本第二十七卷第十葉

疏衰菲杖棺柩未安不忍成服於外也麻弁經者布弁而加環經也布弁如爵弁而用布杖者為已病入自闕升自西階闕謂毀宗也柩毀宗而入異於生也升自西階亦異生也所毀宗殯宮門西也於此正棺而服殯服既塗而成服殷柩出毀宗周柩入毀宗禮相變也如小斂則子免而從柩謂君已小斂也主人布深衣不括髮者行遠不可無飾入自門升自阼階親未在棺不忍異入使如生來反君大夫士一節也疏正義曰此論諸侯在外死以喪歸之事曾子問夫子云諸侯之君或出疆朝會其出之時以三年之戒以椑從戒備也謂以三年喪備衣衾之屬并以椑棺而從出既有備今其入也如之何注其出至具也　正義曰案王制云絞紟衾冒死而后制此云戒備謂衣衾者熊氏云此言三年之戒謂衣衾之裁若其

禮記義　二十七　十

造作死後乃爲之　云親身棺曰椑案喪大記云大棺八寸屬六寸椑四寸從外嚮內親身也檀弓注云椑堅著之言也謂椑雖親身天子椑內猶有水兕諸公椑內猶有兕諸侯以椑爲親身也　云其餘可死乃具也謂除椑之外大棺與屬若在家年老亦死前爲之今出疆椑從年未老故大棺等死後乃具也　孔子曰共殯服者於時大斂之後主人從柩而歸則其家豫共主人殯時所著之服謂布深衣苴經散帶垂也於時主人從柩在路以棺柩未安未忍成服於外唯著麻弁麻布也謂布弁布弁之上而加環經注此謂至具焉　正義曰知此謂大斂者以下文云如小斂故知此謂已大斂也云殯服謂布深衣苴經散帶垂案士喪禮云小斂苴經大鬲散帶垂又禮親始死布深衣至成服以來其服不改故知殯服布深衣苴經散帶垂其首服崔氏云小斂之前大夫士皆素冠小斂括髮之後士則加素冠大夫加素弁云其餘殯事亦皆具焉以殯不可闕故知具焉經特云共殯服者舉主人服爲重　則子

麻弁絰疏衰菲杖　身著疏衰疏衰是齊衰也足著菲屨
菲謂藨屨也其身已病者柱杖故云疏衰菲杖也　注　棺
柩至已病　正義曰案士喪禮云三日成服今君喪在外
仍著麻弁疏衰故知不忍成服於外也云麻弁絰者布弁
而加環絰也者布弁謂吉布十五升與子游麻衰及詩云
麻衣如雪同知加環絰者雜記云小斂環絰是也云布弁
如爵弁而用布者案檀弓云周人弁而葬殷人冔而葬冔
是殷之祭冠明弁絰似周之祭冠故知爵弁也云杖者爲
已病者　以士喪禮服杖同時今服未成而已杖故云爲
已病也　入自闕升自西階　謂柩入宫之時毁殯宫門
西邊牆從柩而入其升堂之時自西階而升必西階者以
柩從外來如似賓客故就西而升階就客位也　注　闕謂
至變也　正義曰鄭恐是門闕故云毁宗也謂毁此宗廟
之牆其處空闕故謂之闕云柩毁宗而入異於生也公羊
定元年癸亥公之喪至自乾侯戊辰公即位正棺於兩楹
然後即位注云正棺者象既小斂夷於堂也於此之

禮記義二十七　十一

殯服也云既塗而成服者謂蕆塗既畢而成服也
云殷柩出毁宗周柩入毁宗禮相變也檀弓云毁宗躐行
殷道也既云毁宗始云躐行是先毁宗後躐行也是從内
而出故云殷柩出毁宗如小斂則子免而從柩上之所言
謂大斂之後此所謂未大斂當小斂以後之節則子首不
著麻弁身不服疏衰唯首著免身著布深衣而從柩也
注　謂君至無飾　正義曰案士喪禮從死至成服主人皆
著深衣故知小斂主人布深衣也士喪禮云小斂主人髻
髮今著免者以在外遠行不可無飾故著免也　入自門
升自阼階　其柩入之時入自門不自闕也升自阼階不
由西階也故注云親未在棺猶如生也　君大夫士一節
也　言上來從柩之儀更無尊卑之異非但君死於道路
亦然諸侯與大夫士一等也　曾子問曰君之喪既引聞父
母之喪如之何孔子曰遂既封而歸不俟

麻弁絰疏衰菲杖　身著疏衰疏衰是齊衰也足著菲屨
菲謂藨屨也其身已病者柱杖故云疏衰菲杖也　注　棺
柩至已病　正義曰案士喪禮云三日成服今君喪在外
仍著麻弁疏衰故知不忍成服於外也云麻弁絰者布弁
而加環絰也者布弁謂吉布十五升與子游麻衰及詩云
麻衣如雪同知加環絰者雜記云小斂環絰是也云布弁
如爵弁而用布者案檀弓云周人弁而葬殷人冔而葬冔
是殷之祭冠明弁絰似周之祭冠故知爵弁也云杖者爲
已病者　以士喪禮服杖同時今服未成而已杖故云爲
已病也　入自闕升自西階　謂柩入宫之時毁殯宫門
西邊牆從柩而入其升堂之時自西階而升必西階者以
柩從外來如似賓客故就西而升階就客位也　注　闕謂
至變也　正義曰鄭恐是門闕故云毁宗也謂毁此宗廟
之牆其處空闕故謂之闕云柩毁宗而入異於生也公羊
定元年癸亥公之喪至自乾侯戊辰公即位正棺於兩楹
之間然後即位注云正棺者象既小斂夷於堂也於此之

禮記義二十七　十一

時服殯服也云既塗而成服者謂蕆塗既畢而成服也
云殷柩出毁宗周柩入毁宗禮相變也檀弓云毁宗躐行
殷道也既云毁宗始云躐行是先毁宗後躐行也是從内
而出故云殷柩出毁宗如小斂則子免而從柩上之所言
謂大斂之後此所謂未大斂當小斂以後之節則子首不
著麻弁身不服疏衰唯首著免身著布深衣而從柩也
注　謂君至無飾　正義曰案士喪禮從死至成服主人皆
著深衣故知小斂主人布深衣也士喪禮云小斂主人髻
髮今著免者以在外遠行不可無飾故著免也　入自門
升自阼階　其柩入之時入自門不自闕也升自阼階不
由西階也故注云親未在棺猶如生也　君大夫士一節
也　言上來從柩之儀更無尊卑之異非但君死於道路
亦然諸侯與大夫士一等也　曾子問曰君之喪既引聞父
母之喪如之何孔子曰遂既封而歸不俟

足利本第二十七卷第十二葉

子遂遂送君也封當爲窆子嗣君也曾子問曰父母之喪既引及塗聞君薨如之何孔子曰遂既封改服而往封亦當爲窆改服括髮徒跣布深衣扱上衽不以私喪包至尊疏正義曰此一節論君葬在路遭父母喪或父母葬聞君喪之事注遂遂至君也　正義曰以經云遂既封而歸今君喪既引在塗而言遂故知遂送君也又云不俟子是不待子而先還若待封壙既畢必在子還之後今經云既封而歸非封壙也故知封當爲窆窆下棺也注封亦至至尊　正義曰禮親始死笄纚小斂始括髮今臣聞君喪即括髮不笄纚者若尋常是吉今忽聞君喪故去冠而笄纚今臣有父母之喪葬在於塗首先服免忽聞君喪若著其笄纚則與尋常吉同以首不可無飾故括髮也知葬時著免者以雜記云非從柩與反哭無免於堩故知葬時著免也曾

記義二十七　十二

子問曰宗子爲士庶子爲大夫其祭也如之何孔子曰以上牲祭於宗子之家貴祿重宗也上牲大夫少牢祝曰孝子某爲介子某薦其常事介副也不言庶使若可以祭然疏正義曰此一節論宗子祭用大夫牲之事　以上至之家　上牲謂大夫少牢也宗子是士合用特牲今庶子身爲大夫若祭祖禰當用少牢之牲就宗子之家而祭也以廟在宗子家故也注貴祿至少牢　正義曰用大夫之牲是貴祿也宗廟在宗子之家是重宗也此宗子謂小宗也若大宗子爲士得有祖禰二廟也若庶子是宗子親弟則與宗子同祖禰得以上牲於宗子之家而祭祖禰也但庶子爲大夫得祭曾祖廟已是庶子不合自立曾祖之廟崔氏云當寄曾祖廟於宗子之家亦得以上牲宗子爲

潘本第二十七卷第十二葉

子遂遂送君也封當爲窆子嗣君也曾子問曰父母之喪既引及塗聞君薨如之何孔子曰遂既封改服而往封亦當爲窆改服括髮徒跣布深衣扱上衽不以私喪包至尊疏正義曰此一節論君葬在路遭父母喪或父母葬聞君喪之事注遂遂至君也　正義曰以經云遂既封而歸今君喪既引在塗而言遂故知遂送君也又云不俟子是不待子而先還若待封壙既畢必在子還之後今經云既封而歸非封壙也故知封當爲窆窆下棺也注封亦至至尊　正義曰禮親始死笄纚小斂始括髮今臣聞君喪即括髮不笄纚者若尋常是吉今忽聞君喪故去冠而笄纚今臣有父母之喪葬在於塗首先服免忽聞君喪若著其笄纚則與尋常吉同以首不可無飾故括髮也知葬時著免者以雜記云非從柩與反哭無免於堩故知葬時著免也曾

禮記義二十七　十二

子問曰宗子爲士庶子爲大夫其祭也如之何孔子曰以上牲祭於宗子之家貴祿重宗也上牲大夫少牢祝曰孝子某爲介子某薦其常事介副也不言庶使若可以祭然疏正義曰此一節論宗子祭用大夫牲之事　以上至之家　上牲謂大夫少牢也宗子是士合用特牲今庶子身爲大夫若祭祖禰當用少牢之牲就宗子之家而祭也以廟在宗子家故也注貴祿至少牢　正義曰用大夫之牲是貴祿也宗廟在宗子之家是重宗也此宗子謂小宗也若大宗子爲士得有祖禰二廟也若庶子是宗子親弟則與宗子同祖禰得以上牲於宗子之家而祭祖禰也但庶子爲大夫得祭曾祖廟已是庶子不合自立曾祖之廟崔氏云當寄曾祖廟於宗子之家亦得以上牲宗子爲

足利本第二十七卷第十三葉

祭也若巳是宗子從父庶子兄弟父之適子則於其家自立禰廟其祖及曾祖亦於宗子之家寄立之亦以上牲宗子爲祭若巳是宗子從祖庶兄弟父祖之適則立祖禰廟於己家則亦寄立曾祖之廟於宗子之家巳亦供上牲宗子爲祭此大夫者謂諸侯大夫故少牢知此是諸侯大夫者以下文云宗子有罪居于他國言他國則是據諸侯也以文相連接故知此大夫是諸侯大夫也　祝曰至常事　宗子祭時祝告神辭云孝子某孝子謂宗子也某是宗子之名介子某介子謂庶子爲大夫者介副也某是庶子名也薦其歲之常事告神止稱宗子其時庶子身在祭位必知庶子在者以經云祭於宗子之家是大夫就宗子家而祭

注介副至祭然　正義曰上云庶子爲大夫此亦當云爲庶子某今云介子某者庶子卑賤之稱介是副貳之義介副則可祭故云使若可以祭然故稱介子　**若宗子有罪居于他國庶子爲大夫其祭也祝曰孝子某使介子某執其常事**　此之謂宗子攝大夫

疏正義曰此一節以曾子前問宗子爲士庶子爲大夫孔子荅畢更爲曾子廣陳宗子有罪出居他國庶子爲大夫在家法其祭之禮案少牢饋食司宮筵于奥設饌畢祝酌奠于鉶南主人西面再拜稽首祝曰孝孫某敢用柔毛剛鬣嘉薦普淖用薦歲事于皇祖伯某以某妃配某氏尚饗此所謂配也今攝主則不配少牢又云祝出迎尸尸入即席坐而執祝前之觶而祝命尸挼尸取菹揳于醢祭于豆間及祭黍稷肺等是謂尸綏祭也尸飯十一飯訖主人洗爵酳尸尸酢主人主人拜受爵上佐食取黍稷肺授主人所謂綏祭也今攝主不綏祭少牢又云主人左執爵祝與二佐食取黍以授尸尸執以命祝祝受以東北面嘏于主人曰皇尸命工祝承致多福無疆于女孝孫所謂嘏也今攝主則不嘏也案特牲主人受嘏之後獻及佐食訖主婦獻尸及祝佐食訖乃賓長獻尸尸爵止未

潘本第二十七卷第十三葉

祭也若巳是宗子從父庶子兄弟父之適子則於其家自立禰廟其祖及曾祖亦於宗子之家寄立之亦以上牲宗子爲祭若巳是宗子從祖庶兄弟父祖之適則立祖禰廟於己家則亦寄立曾祖之廟於宗子之家巳亦供上牲宗子爲祭此大夫者謂諸侯大夫故少牢知此是諸侯大夫者以下文云宗子有罪居于他國言他國則是據諸侯也以文相連接故知此大夫是諸侯大夫也　祝曰至常事　宗子祭時祝告神辭云孝子某孝子謂宗子也某是宗子之名介子某介子謂庶子爲大夫者介副也某是庶子名也薦其歲之常事告神止稱宗子其時庶子身在祭位必知庶子在者以經云祭於宗子之家是大夫就宗子家而祭

注介副至祭然　正義曰上云庶子爲大夫此亦當云爲庶子某今云介子某者庶子卑賤之稱介是副貳之義介副則可祭故云使若可以祭然故稱介子　若宗子有罪居于他國庶子爲大夫其祭也祝曰孝子某使介子某執其常事　此之謂宗子攝大夫

禮記義二十七　十三

疏正義曰此一節以曾子前問宗子爲士庶子爲大夫孔子荅畢更爲曾子廣陳宗子有罪出居他國庶子爲大夫在家法其祭之禮案少牢饋食司宮筵于奥設饌畢祝酌奠于鉶南主人西面再拜稽首祝曰孝孫某敢用柔毛剛鬣嘉薦普淖用薦歲事于皇祖伯某以某妃配某氏尚饗此所謂配也今攝主則不配少牢又云祝出迎尸尸入即席坐而執祝前之觶而祝命尸挼尸取菹揳于醢祭于豆間及祭黍稷肺等是謂尸綏祭也尸飯十一飯訖主人洗爵酳尸尸酢主人主人拜受爵上佐食取黍稷肺授主人所謂綏祭也今攝主不綏祭少牢又云主人左執爵祝與二佐食取黍以授尸尸執以命祝祝受以東北面嘏于主人曰皇尸命工祝承致多福無疆于女孝孫所謂嘏也今攝主則不嘏也案特牲主人受嘏之後獻及佐食訖主婦獻尸及祝佐食訖乃賓長獻尸尸爵止未

飲主人主婦交相致爵訖尸乃飲止爵以酢賓賓飲訖賓獻祝及佐食洗酌致于主人主婦訖主人獻賓賓酢主人主人又獻衆賓訖尊兩壺于阼階東西方亦如之主人酌西方之尊以酬賓主人奠爵于賓之薦北賓取爵東面奠于薦南所謂布奠於賓也今攝主主人奠於薦北賓取奠於薦南而不舉也主人獻長兄弟又獻衆兄弟訖長兄弟加爵於尸衆賓長又加爵於尸訖嗣子舉奠舉奠訖賓坐取薦南之爵酬長兄弟長兄弟酬衆賓酬衆兄弟所謂旅酬今攝主不旅酬也特牲云旅酬之後無筭爵無筭爵之後祝告利成尸起主人降佐食徹尸薦俎設於西北隅所謂陽厭今攝主不爲此陽厭也 注 此之至大夫 正義曰喪服小記士不攝大夫士攝大夫唯宗子也

攝主不厭祭不旅不假不綏祭不配 皆辟正主厭厭飫神也厭有陰有陽迎尸之前祝酌奠奠之且饗是陰厭也尸謖之後徹薦俎敦設於西北隅是陽厭也此不厭者不陽厭也不旅不旅酬也假讀爲嘏不嘏主人也不綏祭謂今主人也綏周禮作墮不配者祝辭不言以某妃配某氏

疏 攝主不厭祭 正義曰此宗子有罪出在他國庶子既爲攝主不敢備禮故於祭末不爲陽厭之祭也所以不爲陽厭者陽是神之厭飫今攝主謙退似若神未厭飫然也 不旅 謂所將祭旅酬之時賓奠不舉不爲旅酬也旅酬是賓主交歡之始今攝主不敢當正主故不旅也 不嘏不綏祭 嘏是主人受福綏是將欲受福先受綏祭今辟正主故不敢受嘏以其不嘏故不綏祭也 不配以祭初尸未入之時祝告神辭曰以某妃配某氏備告考妣今攝主不敢備禮略言皇祖而已此經所陳從祭末然後以次至祭初逆陳之必逆陳之者皇氏云以其攝主非正故逆陳以見義 注 皆辟至某氏 正義曰以其無尸設饌欲神之歆饗而厭飫是也 云厭有陰有陽謂一祭之中有此兩厭下文有陰厭有陽厭是也 云迎尸至陰厭也約少牢特牲禮文祝酌奠者謂祝酌奠於鉶南且饗者

禮記義二十一 一四

足利本第二十七卷第十四葉

飲主人主婦交相致爵訖尸乃飲止爵以酢賓賓飲訖賓獻祝及佐食洗酌致于主人主婦訖主人獻賓賓酢主人主人又獻衆賓訖尊兩壺于阼階東西方亦如之主人酌西方之尊以酬賓主人奠爵于賓之薦北賓取爵東面奠于薦南所謂布奠於賓也今攝主主人奠於薦北賓取奠於薦南而不舉也主人獻長兄弟又獻衆兄弟訖長兄弟加爵於尸衆賓長又加爵於尸訖嗣子舉奠舉奠訖賓坐取薦南之爵酬長兄弟長兄弟酬衆賓酬衆兄弟所謂旅酬今攝主不旅酬也特牲云旅酬之後無筭爵無筭爵之後祝告利成尸起主人降佐食徹尸薦俎設於西北隅所謂陽厭今攝主不爲此陽厭也 注 此之至大夫 正義曰喪服小記士不攝大夫士攝大夫唯宗子也

攝主不厭祭不旅不假不綏祭不配 皆辟正主厭厭飫神也厭有陰有陽迎尸之前祝酌奠奠之且饗是陰厭也尸謖之後徹薦俎敦設於西北隅是陽厭也此不厭者不陽厭也不旅不旅酬也假讀爲嘏不嘏主人也不綏祭謂今主人也綏周禮作墮不配者祝辭不言以某妃配某氏

疏 攝主不厭祭 正義曰此宗子有罪出在他國庶子既爲攝主不敢備禮故於祭末不爲陽厭之祭也所以不爲陽厭者陽是神之厭飫今攝主謙退似若神未厭飫然也 不旅 謂所將祭旅酬之時賓奠不舉不爲旅酬也旅酬是賓主交歡之始今攝主不敢當正主故不旅也 不嘏不綏祭 嘏是主人受福綏是將欲受福先受綏祭今辟正主故不敢受嘏以其不嘏故不綏祭也 不配以祭初尸未入之時祝告神辭曰以某妃配某氏備告考妣今攝主不敢備禮略言皇祖而已此經所陳從祭末然後以次至祭初逆陳之必逆陳之者皇氏云以其攝主非正故逆陳以見義 注 皆辟至某氏 正義曰以其無尸設饌欲神之歆饗而厭飫是也 云厭有陰有陽謂一祭之中有此兩厭下文有陰厭有陽厭是也 云迎尸至陰厭也約少牢特牲禮文祝酌奠者謂祝酌奠於鉶南且饗者

禮記義二十一 一四

潘本第二十七卷第十四葉

足利本第二十七卷第十五葉

祝奠訖且復以辭饗告神也是室奧陰靜之處故云陰厭尸謖之後佐食徹尸之薦俎設於西北隅得戶明白之處故曰陽厭今攝主不厭謂不陽厭也所以然者厭是厭飫凡厭是神之歆饗　云尸謖至陽厭也其上大夫當自賓尸故少牢禮無陽厭也下大夫不賓尸有陽厭也其天子諸侯明日乃爲繹祭亦有陽厭也故詩云相在爾室尚不媿于屋漏謂天子之禮天子既爾諸侯亦然此謂下大夫攝也禮有陽厭以其攝主故闕陽厭若上大夫本無陽厭可闕知此不厭者不陽厭此皆逆陳於祭末者先言故知不陽厭也　云假讀爲嘏至主人也以古旁之嘏是福慶之辭少牢云嘏于主人嘏字古旁爲之祭禮唯主人受嘏故知不嘏不嘏主人也　云不綏祭謂今主人者謂欲食之時先減黍稷牢肉而祭之於豆間故曰綏祭尸與主人俱有綏祭今攝主則不綏也所以然者凡將受福先爲綏祭今辟正主不敢受福故不綏也若綏少牢禮云祝出迎尸尸席坐而祝命尸綏祭尸取菹及黍稷肺祭于豆間是

禮記正義二十七　十五

綏祭綏是減毀之名尸與主人俱有綏祭也云今主人者謂今攝主人也云綏周禮作墮者以綏是綏安之義墮是減毀之名故從於周禮墮爲正守祧云既祭則藏其隋是也　云不配者至某氏　謂祝辭直言薦歲事於皇祖伯某不云以某妃配某氏某氏者其妃之姓也若云某妃姜氏子氏之類也

布奠於賓賓奠而不舉布奠謂主人酬賓奠觶於薦北賓奠謂取觶奠於薦南也此酬之始也奠之不舉止旅

疏　謂主人酬賓之時賓在西廂東面主人布此奠爵於賓也之北　賓奠而不舉者賓坐取薦北之爵奠於薦南而不舉用以酬兄弟此則不旅酬之事而更別言者以上文摠云祭祀是主人之事自此以下更別論賓禮有關故重言之　注布奠至止旅　正義曰此皆牲禮文云此酬之始也者案特牲禮云賓奠之後主人衆兄弟內兄弟訖乃行旅酬故云此酬之始也　**不歸**奠之不舉止旅者謂止旅酬之事而不爲也

潘本第二十七卷第十五葉

祝奠訖且復以辭饗告神也是室奧陰靜之處故云陰厭尸謖之後佐食徹尸之薦俎設於西北隅得戶明白之處故曰陽厭今攝主不厭謂不陽厭也所以然者厭是厭飫凡厭是神之歆饗　云尸謖至陽厭也其上大夫當自賓尸故少牢禮無陽厭也下大夫不賓尸有陽厭也其天子諸侯明日乃爲繹祭亦有陽厭也故詩云相在爾室尚不媿于屋漏謂天子之禮天子既爾諸侯亦然此謂下大夫攝也禮有陽厭以其攝主故闕陽厭若上大夫本無陽厭可闕知此不厭者不陽厭此皆逆陳於祭末者先言故知不陽厭也　云假讀爲嘏至主人也以古旁之嘏是福慶之辭少牢云嘏于主人嘏字古旁爲之祭禮唯主人受嘏故知不嘏不嘏主人也　云不綏祭謂今主人者謂欲食之時先減黍稷牢肉而祭之於豆間故曰綏祭尸與主人俱有綏祭今攝主則不綏也所以然者凡將受福先爲綏祭今辟正主不敢受福故不綏也若綏少牢禮云祝出迎尸尸入即席坐而祝命尸綏祭尸取菹及黍稷肺祭于豆間是

禮記正義二十七　十五

謂之綏祭綏是減毀之名尸與主人俱有綏祭也云今主人者謂今攝主人也云綏周禮作墮者以綏是綏安之義墮是減毀之名故從於周禮墮爲正守祧云既祭則藏其墮是也　云不配者至某氏　謂祝辭直言薦歲事於皇祖伯某不云以某妃配某氏某氏者其妃之姓也若云某妃姜氏子氏之類也

布奠於賓賓奠而不舉布奠謂主人酬賓奠觶於薦北賓奠謂取觶奠於薦南也此酬之始也奠之不舉止旅

疏　謂主人酬賓之時賓在西廂東面主人布此奠爵於賓之北　賓奠而不舉者賓坐取薦北之爵奠於薦南而不舉用以酬兄弟此則不旅酬之事而更別言者以上文摠云祭祀是主人之事自此以下更別論賓禮有關故重言之　注布奠至止旅　正義曰此皆特牲禮文云此酬之始也者案特牲禮云賓奠之後主人獻衆兄弟內兄弟訖乃行旅酬故云此酬之始也　**不歸**云奠之不舉止旅者謂止旅酬之事而不爲也

足利本第二十七卷第十六葉

肉肉俎也諸與祭者留之共燕其辭于賓曰宗兄宗弟宗子在他國使其辭辭猶告也宿賓之辭與宗子爲列則曰宗兄若宗弟昭穆異者曰宗子而已其辭若云宗兄某在他國使某執其常事使某告疏不歸肉　歸饋也謂不歸俎肉於賓也注肉俎至共燕　王義曰賓客正祭諸助祭之賓客各使歸俎今攝主不敢饋俎肉於賓故注云諸與祭者留之共燕　其辭至其辭　正義曰非但祭不備禮其將祭之初辭告於賓與常禮亦別云宗兄宗弟宗子在他國不得親祭故使某執其常事使某告也故云使某辭注辭猶至之辭　正義曰云宿賓之辭案特牲云乃宿尸注云宿讀爲肅肅進也進者使知祭日當來下云宿賓故云宿賓之辭　云與宗子爲列至而已　若同列者云宗兄若宗弟其昭穆異者宗子雖祖父及子孫之謂之宗子故云而已曾子問曰宗子去在他

記義二十七　十六

國庶子無爵而居者可以祭乎孔子曰祭哉有子孫存不可以乏先祖之祀請問其祭如之何孔子曰望墓而爲壇以時祭不祭于廟無爵者賤遠辟正主若宗子死告於墓而后祭於家言祭於家容無廟也宗子死稱名不言孝孝宗子之稱不敢與之同其辭但言子某薦其常事身没而已至子可以稱孝子游之徒有庶子祭者以此以用也用此禮祭也若義也若順今之祭者不首其義故誣於祭也首本也誣猶妄也疏正義曰此一節論庶子代宗子祭之事各依文解之　曾子問至以祭乎

潘本第二十七卷第十六葉

肉肉俎也謂與祭者留之共燕其辭于賓曰宗兄宗弟宗子在他國使其辭辭猶告也宿賓之辭與宗子爲列則曰宗兄若宗弟昭穆異者曰宗子而已其辭若云宗兄某在他國使某執其常事使某告疏不歸肉　歸饋也謂不歸俎肉於賓也注肉俎至共燕　正義曰賓客正祭諸助祭之賓客各使歸俎今攝主不敢饋俎肉於賓故注云諸與祭者留之共燕　其辭至其辭　正義曰非但祭不備禮其將祭之初辭告於賓與常禮亦別云宗兄宗弟宗子在他國不得親祭故使某執其常事使某告也故云使某辭注辭猶至之辭　正義曰云宿賓之辭案特牲云乃宿尸注云宿讀爲肅肅進也進者使知祭日當來下云宿賓故云宿賓之辭　云與宗子爲列至而已　若同列者云宗兄若宗弟其昭穆異者宗子雖祖父及子孫之行但謂之宗子故云而已曾子問曰宗子去在他

禮記義二十七　十六

國庶子無爵而居者可以祭乎孔子曰祭哉有子孫存不可以乏先祖之祀請問其祭如之何孔子曰望墓而爲壇以時祭不祭于廟無爵者賤遠辟正主若宗子死告於墓而后祭於家言祭於家容無廟也宗子死稱名不言孝孝宗子之稱不敢與之同其辭但言子某薦其常事身没而已至子可以稱孝子游之徒有庶子祭者以此以用也用此禮祭也若義也若順今之祭者不首其義故誣於祭也首本也誣猶妄也疏正義曰此一節論庶子代宗子祭之事各依文解之　曾子問至以祭乎

足利本第二十七卷第十七葉

論曾子以孔子上文云宗子有罪居在他國庶子爲大夫得在本國攝祭未知庶子無爵在國居者可祭以否故問之孔子曰祭哉者孔子既許其祭以無正文得祭故云祭哉哉者疑而量度之辭故注云有子孫存不可以乏先祖之祀　請問其祭如之何孔子曰望墓而爲壇以時祭者宗子雖有廟在宗子之家庶子無爵不得就宗子之廟而祭唯可望近所祭者之墓而爲壇以四時致祭也　注不祭至正主　正義曰所以不祭于宗子廟者以庶子無爵卑賤遠辟正主正主謂宗子也據鄭此言宗子去在他國謂有爵者若其無爵在家本自無廟何須云不祭廟辟正主也鄭必知是有爵者以經云宗子去在他國庶子無爵而居庶子云無爵明宗子是有爵此宗子去他國謂有罪者若其無罪則以廟從本國不得有廟故喪服小記注云宗子去國乃以廟從謂無罪也　若宗至於家　孔子上爲曾子説宗子身在外此又説宗子身沒謂告於所祭之后祭於庶子無爵者之家也　注言祭於家容無廟

記義二十七　一七　張明

正義曰從上以來雖據宗子有爵而言其廟在家今宗子既死庶子無所可辟當云告於墓而后祭於宗子之家今直云祭於家是祭於庶子之家是容宗子之家無廟故也宗子所以無廟者宗子無爵不合立廟或云祭於家者是祭於宗子之家容庶子之家無廟也庶子所以無廟者一是庶子無爵不合立廟二是宗子無罪居他國以廟從本家不復有廟故也　宗子死稱名不言孝　宗子既死庶子其祭之時告神但稱其名不得稱孝辟宗子也　注孝宗至常事　正義曰上文孝子某使介子某孝子是宗子之稱今直言名不言介若宗子在得言介子某今宗子既死身又無爵復稱名不得稱介故但言子某薦其常事身沒而已者其不稱孝者唯已身終沒而已至其子則稱孝也　注至子可以稱孝　正義曰以庶子合稱孝者庶子身死其子則是庶子適子祭庶子之時可以稱孝子游之徒有庶子祭者以此　以其禮無正文故孔子引子游之徒黨有庶子祭者而用此禮而祭　若義也者若

潘本第二十七卷第十七葉

論曾子以孔子上文云宗子有罪居在他國庶子爲大夫得在本國攝祭未知庶子無爵在國居者可祭以否故問之孔子曰祭哉者孔子既許其祭以無正文得祭故云祭哉哉者疑而量度之辭故注云有子孫存不可以乏先祖之祀　請問其祭如之何孔子曰望墓而爲壇以時祭者宗子雖有廟在宗子之家庶子無爵不得就宗子之廟而祭唯可望近所祭者之墓而爲壇以四時致祭也　注不祭至正主　正義曰所以不祭于宗子廟者以庶子無爵卑賤遠辟正主正主謂宗子也據鄭此言宗子去在他國謂有爵者若其無爵在家本自無廟何須云不祭廟辟正主也鄭必知是有爵者以經云宗子去在他國庶子無爵而居庶子云無爵明宗子是有爵此宗子去他國謂有罪者若其無罪則以廟從本國不得有廟故喪服小記注云宗子去國乃以廟從謂無罪也　若宗至於家　孔子上爲曾子説宗子身在外此又説宗子身沒謂告於所祭之墓而后祭於庶子無爵者之家也　注言祭於家容無廟

禮記義二十七　十七　張明

也　正義曰從上以來雖據宗子有爵而言其廟在家今宗子既死庶子無所可辟當云告於墓而后祭於宗子之家今直云祭於家是祭於庶子之家是容宗子之家無廟故也宗子所以無廟者宗子無爵不合立廟或云祭於家者是祭於宗子之家容庶子之家無廟也庶子所以無廟者一是庶子無爵不合立廟二是宗子無罪居他國以廟從本家不復有廟故也　宗子死稱名不言孝　宗子既死庶子其祭之時告神但稱其名不得稱孝辟宗子也　注孝宗至常事　正義曰上文孝子某使介子某孝子是宗子之稱今直言名不言介若宗子在得言介子某今宗子既死身又無爵復稱名不得稱介故但言子某薦其常事身沒而已者其不稱孝者唯已身終沒而已至其子則稱孝也　注至子可以稱孝　正義曰以庶子合稱孝者庶子身死其子則是庶子適子祭庶子之時可以稱孝子游之徒有庶子祭者以此　以其禮無正文故孔子引子游之徒黨有庶子祭者而用此禮而祭　若義也者若

順也謂順於古義故云若義也　今之祭者不首其義故誣於祭也（注）首本也誣猶妄也　正義曰謂今日世俗庶子祭者不尋本義之道理爲此祭故云誣於祭謂妄爲祭之法不依典禮　曾子問曰祭必有尸乎　言無益無用爲　若厭祭亦可乎　厭時無尸　孔子曰祭成喪者必有尸尸必以孫孫幼則使人抱之無孫則取於同姓可也　人以有子孫爲成人子不殤父義由此也　祭殤必厭蓋弗成也　厭飫而已不成其爲人　祭成喪而無尸是殤之也　與不成人同　孔子曰有陰厭有陽厭　言祭殤之禮有於陰厭之者有於陽厭之者　（疏）正義曰此一節論祭

有陽厭陰厭之事各依文解之　祭必有尸乎　曾子之意以祭神神本虛无無形無象何須以生人象之故云祭必有尸乎　（注）言無益無用爲　正義曰祭是祭神不祭生人今祭生人無益死者故云無益云無用爲者無用爲此尸一解云無用爲者無用此之爲爲是助語　若厭祭亦可乎　若如厭祭之時亦應可乎謂祭初尸未入之前祭末尸既起之後並皆無尸直設饌食以厭飫鬼神如此之時其理亦可注云厭時無尸　孔子曰祭成喪者必有尸　孔子荅祭以成人之喪者必須有尸以成人之喪威儀具備必須有尸以象神之威儀也尸必以孫若其孫幼則使人抱之若無孫則取同姓昭穆孫行適者可也以其成人威儀既備有爲人父之道不可無尸　祭殤必厭蓋弗成也　年若幼在殤人道未備威儀簡略不足可象不須立尸故祭殤必厭蓋弗成也者蓋以不成人故不立尸也今祭成人喪但厭飫而已是將成人與殤同也　孔子曰有陰厭有陽厭　孔子荅問已了更起別端辯祭

足利本第二十七卷第十八葉

順也謂順於古義故云若義也　今之祭者不首其義故誣於祭也（注）首本也誣猶妄也　正義曰謂今日世俗庶子祭者不尋本義之道理爲此祭故云誣於祭謂妄爲祭之法不依典禮　曾子問曰祭必有尸乎　言無益無用爲　若厭祭亦可乎　厭時無尸　孔子曰祭成喪者必有尸尸必以孫孫幼則使人抱之無孫則取於同姓可也　人以有子孫爲成人子不殤父義由此也　祭殤必厭蓋弗成也　厭飫而已不成其爲人　祭成喪而無尸是殤之也　與不成人同　孔子曰有陰厭有陽厭　言祭殤之禮有於陰厭之者有於陽厭之者　（疏）正義曰此一節論祭

有尸有陽厭陰厭之事各依文解之　祭必有尸乎　曾子之意以祭神神本虛无無形無象何須以生人象之故云祭必有尸乎　（注）言無益無用爲　正義曰祭是祭神不祭生人今祭生人無益死者故云無益云無用爲者無用爲此尸一解云無用爲者無用此之爲爲是助語　若厭祭亦可乎　若如厭祭之時亦應可乎謂祭初尸未入之前祭末尸既起之後並皆無尸直設饌食以厭飫鬼神如此之時其理亦可注云厭時無尸　孔子曰祭成喪者必有尸　孔子荅祭以成人之喪者必須有尸以成人之喪威儀具備必須有尸以象神之威儀也尸必以孫若其孫幼則使人抱之若無孫則取同姓昭穆孫行適者可也以其成人威儀既備有爲人父之道不可無尸　祭殤必厭蓋弗成也　年若幼在殤人道未備威儀簡略不足可象不須立尸故祭殤必厭蓋弗成也者蓋以不成人故不立尸也今祭成人喪但厭飫而已是將成人與殤同也　孔子曰有陰厭有陽厭　孔子荅問已了更起別端辯祭

潘本第二十七卷第十八葉

殤之禮其處有異故記者又言孔子曰其祭殤有於陰厭者謂適殤也有於陽厭者謂庶殤也

曾子問曰殤不祔祭何謂陰厭陽厭 祔當爲備聲之誤也言殤乃不成人祭之不備禮而云陰厭陽厭乎此失孔子指也祭成人始設奠於奥迎尸之前謂之陰厭尸餕之後改饌於西北隅謂之陽厭殤則不備

疏 正義曰曾子既聞孔子云有陰厭有陽厭不解孔子之旨謂言祭殤始末一祭之中有此兩厭故問云祭成人之時有此二厭殤不祔祭祔備也謂祭殤簡略何謂備有陰厭有陽厭也

注 祔當至不備 正義曰知祔當爲備者案喪服小記云殤與無後者從祖祔食今云殤不祔祭與小記文乖故知祔當爲備備祔聲相近故云聲之誤也 云言殤至陰厭約特牲少牢禮文當設饌於西南奥尸未入之前也云尸謖之後改饌於西北隅謂之陽厭 祭末謖起也謂尸起之後也

記義二十七 十九 禮宣

孔子曰宗子爲殤而死庶子弗爲後也 族人以其倫代之明不序昭穆立之廟其祭之就其祖而已代之者主其禮

疏 孔子更爲辯云若宗子爲殤而死以其未成人庶子不得代爲之後

注 族人至其禮 正義曰以經云庶子既不爲後宗子理不可闕明族人以其倫代之倫謂輩也謂與宗子昭穆同者則代之凡宗子爲殤而死庶子既不得爲後不以父服服之鄭注喪服云若與宗子期親者其長殤之親者成人服之齊衰三月卒哭受以大功衰九月其長大功衰九月中殤大功衰七月下殤小功衰五月有大功殤中殤大功衰五月下殤小功衰三月有小功之親者成人服之齊衰三月卒哭受以小功衰五月其殤與絶屬者同有緦麻之親者成人及殤皆與絶屬者同故喪服記云宗子孤爲殤而死者大功衰小功衰皆三月據與宗子小功以下及無服者長中殤則大功下殤則小功又云親則月筭如邦人則鄭注是也此是族人以其倫代之者各以

殤之禮其處有異故記者又言孔子曰其祭殤有於陰厭者謂適殤也有於陽厭者謂庶殤也

曾子問曰殤不祔祭何謂陰厭陽厭 祔當爲備聲之誤也言殤乃不成人祭之不備禮而云陰厭陽厭乎此失孔子指也祭成人始設奠於奥迎尸之前謂之陰厭尸餕之後改饌於西北隅謂之陽厭殤則不備

疏 正義曰曾子既聞孔子云有陰厭有陽厭不解孔子之旨謂言祭殤始末一祭之中有此兩厭故問云祭成人之時有此二厭殤不祔祭祔備也謂祭殤簡略何謂備有陰厭有陽厭也

注 祔當至不備 正義曰知祔當爲備者案喪服小記云殤與無後者從祖祔食今云殤不祔祭與小記文乖故知祔當爲備備祔聲相近故云聲之誤也 云言殤至陰厭約特牲少牢禮文當設饌於西南奥尸未入之前也云尸謖之後改饌於西北隅謂之陽厭者當祭末謖起也謂尸起之後也

禮記義二十七 十九 禮宣

孔子曰宗子爲殤而死庶子弗爲後也 族人以其倫代之明不序昭穆立之廟其祭之就其祖而已代之者主其禮

疏 孔子更爲辯云若宗子爲殤而死以其未成人庶子不得代爲之後

注 族人至其禮 正義曰以經云庶子既不爲後宗子理不可闕明族人以其倫代之倫謂輩也謂與宗子昭穆同者則代之凡宗子爲殤而死庶子既不得爲後不以父服服之鄭注喪服云若與宗子期親者其長殤之親者成人服之齊衰三月卒哭受以大功衰九月其長大功衰九月中殤大功衰七月下殤小功衰五月有大功殤中殤大功衰五月下殤小功衰三月有小功之親者成人服之齊衰三月卒哭受以小功衰五月其殤與絶屬者同有緦麻之親者成人及殤皆與絶屬者同故喪服記云宗子孤爲殤而死者大功衰小功衰皆三月據與宗子小功以下及無服者長中殤則大功下殤則小功又云親則月筭如邦人則鄭注是也此是族人以其倫代之者各以

足利本第二十七卷第二十葉

本服服之　云明不序昭穆立之廟以宗子殤死無爲人父之道故不序昭穆不得與代之者爲父也云代之者主其禮者以宗子存時族人凡殤死者宗子主其祭祀今宗子殤死明代爲宗子者主其禮也此宗子是大宗族人但是宗子兄弟行無限親疏皆得代之　**其吉祭特牲**　尊宗子從成人也凡殤則特豚自卒哭成事之後爲吉祭　**祭殤不舉無肵俎無玄酒不告利成**　此其無尸及所降也其他如成人舉肺脊肵俎利成禮之施於尸者　**是謂陰厭**　是宗子而殤祭之於奧之禮小宗爲殤其祭禮亦如之　疏　其卒哭成事之後祭之以特牲　注　尊宗至之祭　正義曰士祭成人特牲今宗子祭亦特牲故云尊宗子從成人之禮也云凡殤則特豚者以凡殤降宗子之殤故用特豚云自卒哭成事之後爲吉祭者檀弓云卒哭曰是日也以吉祭易喪祭熊氏云殤與無後者唯祔與

禮義二十七　二十　槃宣

二祭則止此言吉祭者唯據祔與除服也庾云吉祭通四時常祭若如庾言殤與無後者之祭不知何時休止未有聞焉經云吉祭特牲則喪祭之時以其未成人降用特豚也　祭殤至利成　謂祭此殤時不舉肺以其無尸故不舉肺脊　無肵俎者肵是尸之所食歸餘之俎以其無尸故無肵俎　無玄酒者若祭成人則有玄酒重古之義今祭殤既略故無玄酒也　不告利成者謂祭畢今既無所可告故不告利成利猶養也不告供養之禮成也　注　此其至尸者　正義曰以經云不舉肺無肵俎不告利成此三事本主於尸今以無尸故不爲故云此其無尸也玄酒之設本不爲尸所有祭殤略無玄酒是降也故云及所降也云舉肺脊肵俎利成禮之施於尸者案特牲少牢尸將食舉肺脊又云上佐食設肵俎初載心舌肵者敬也主人敬尸之俎又云無筭爵祝東面告利成舉肺脊肵俎利成之禮並施於尸也　是謂陰厭　此宗子殤死祭於祖廟之奧陰闇之處是謂陰厭也　注　是宗至如之　正

潘本第二十七卷第二十葉

本服服之　云明不序昭穆立之廟以宗子殤死無爲人父之道故不序昭穆不得與代之者爲父也云代之者主其禮者以宗子存時族人凡殤死者宗子主其祭祀今宗子殤死明代爲宗子者主其禮也此宗子是大宗族人但是宗子兄弟行無限親疏皆得代之　**其吉祭特牲**　尊宗子從成人也凡殤則特豚自卒哭成事之後爲吉祭　**祭殤不舉無肵俎無玄酒不告利成**　此其無尸及所降也其他如成人舉肺脊肵俎利成禮之施於尸者　**是謂陰厭**　是宗子而殤祭之於奧之禮小宗爲殤其祭禮亦如之　疏　其卒哭成事之後祭之以特牲　注　尊宗至吉祭　正義曰士祭成人特牲今宗子祭亦特牲故云尊宗子從成人之禮也云凡殤則特豚者以凡殤降宗子之殤故用特豚云自卒哭成事之後爲吉祭者檀弓云卒哭曰成事是日也以吉祭易喪祭熊氏云殤與無後者唯祔與

禮記義二十七　二十　主

除服二祭則止此言吉祭者唯據祔與除服也庾云吉祭通四時常祭若如庾言殤與無後者之祭不知何時休止未有聞焉經云吉祭特牲則喪祭之時以其未成人降用特豚也　祭殤至利成　謂祭此殤時不舉肺以其無尸故不舉肺脊　無肵俎者肵是尸之所食歸餘之俎以其無尸故無肵俎　無玄酒者若祭成人則有玄酒重古之義今祭殤既略故無玄酒也　不告利成者謂祭畢今既無所可告故不告利成利猶養也不告供養之禮成也　注　此其至尸者　正義曰以經云不舉肺無肵俎不告利成此三事本主於尸今以無尸故不爲故云此其無尸也玄酒之設本不爲尸所有祭殤略無玄酒是降也故云及所降也云舉肺脊肵俎利成禮之施於尸者案特牲少牢尸將食舉肺脊又云上佐食設肵俎初載心舌肵者敬也主人敬尸之俎又云無筭爵祝東面告利成舉肺脊肵俎利成之禮並施於尸也　是謂陰厭　此宗子殤死祭於祖廟之奧陰闇之處是謂陰厭也　注　是宗至如之　正

足利本第二十七卷第二十一葉

義曰鄭旣云小宗爲殤祭禮如大宗者以前經云宗子爲殤而死不顯大小故知凡宗子殤祭之禮皆然是以小宗爲殤祭禮亦如之必知此經指大宗者以何休公羊注云小宗無子則絶大宗無子則不絶重適之本上文庶子不爲後謂大宗子在殤而死不得爲後若非殤則得爲後故知是大宗也凡宗子成人而死則得立子孫爲後若立兄弟爲後則不可故成十五年公羊傳譏仲嬰齊是公孫歸父之弟當云公孫嬰齊而云仲嬰齊者爲歸父之後譏其亂昭穆故云仲是也

凡殤與無後者祭於宗子之家當室之白尊于東房是謂陽厭

凡殤謂庶子之適也或昆弟之子或從父昆弟無後者如有昆弟及諸父此則今死者皆宗子大功之內親共祖禰者言祭於宗子之家者爲有異居之道無廟者爲墠祭之親者共其牲物宗子皆主其禮白尊於東房異於宗子之爲殤當室之白謂西北隅明者也明者曰陽凡祖廟在小宗之家小宗祭之亦然宗子之適亦爲凡殤過此以往則不祭也祭適者天子下祭五諸侯下祭三大夫下祭二士以下祭子而止

禮記義二十七　二十一　李仁

疏凡殤謂非宗子之殤故云凡殤無後者謂庶子之身無子孫爲後此二者皆宗子大功內親祭於宗子之家祖廟之內不敢在成人之處故於當室之明白顯露之處爲之設尊於東房以其明是陽故爲陽厭也

注凡殤至而止　正義曰謂庶子之適子爲殤而死此庶子之適一句與下文爲揔即是昆弟之子從父昆弟是也云或昆弟之子者謂宗子親昆弟所生之子是適其昆弟是庶子昆弟所生者是適故云庶子之適云或從父昆弟者亦謂宗子之從父兄弟宗子之父身是適諸父是庶諸父所生之適子亦是庶子之適故云或從父昆弟云無後者如有昆弟及諸父者如而也而有昆弟謂宗子之親庶兄弟與宗子同祖今旣無後祭之當於宗子祖廟及諸父謂宗子諸父身並是庶子與宗子同　曾祖祭之當於

潘本第二十七卷第二十一葉

義曰鄭旣云小宗爲殤祭禮如大宗者以前經云宗子爲殤而死不顯大小故知凡宗子殤祭之禮皆然是以小宗爲殤祭禮亦如之必知此經指大宗者以何休公羊注云小宗無子則絶大宗無子則不絶重適之本上文庶子不爲後謂大宗子在殤而死不得爲後若非殤則得爲後故知是大宗也凡宗子成人而死則得立子孫爲後若立兄弟爲後則不可故成十五年公羊傳譏仲嬰齊是公孫歸父之弟當云公孫嬰齊而云仲嬰齊者爲歸父之後譏其亂昭穆故云仲是也

凡殤與無後者祭於宗子之家當室之白尊于東房是謂陽厭

凡殤謂庶子之適也或昆弟之子或從父昆弟無後者如有昆弟及諸父此則今死者皆宗子大功之內親共祖禰者言祭於宗子之家者爲有異居之道無廟者爲墠祭之親者共其牲物宗子皆主其禮當室之白尊於東房異於宗子之爲殤當室之白謂西北隅得戶明者也明者曰陽凡祖廟在小宗之家小宗祭之亦然宗子之適亦爲凡殤過此以往則不祭也祭適者天子下祭五諸侯下祭三大夫下祭二士以下祭子而止

禮記義二十七　二十一　李仁

疏凡殤謂非宗子之殤故云凡殤無後者謂庶子之身無子孫爲後此二者皆宗子大功內親祭於宗子之家祖廟之內不敢在成人之處故於當室之明白顯露之處爲之設尊於東房以其明是陽故爲陽厭也

注凡殤至而止　正義曰謂庶子之適子爲殤而死此庶子之適一句與下文爲揔即是昆弟之子從父昆弟是也云或昆弟之子者謂宗子親昆弟所生之子是適其昆弟是庶子昆弟所生者是適故云庶子之適云或從父昆弟者亦謂宗子之從父兄弟宗子之父身是適諸父是庶諸父所生之適子亦是庶子之適故云或從父昆弟云無後者如有昆弟及諸父者如而也而有昆弟謂宗子之親庶兄弟與宗子同祖今旣無後祭之當於宗子祖廟及諸父謂宗子諸父身並是庶子與宗子同　曾祖祭之當於

足利本第二十七卷第二十二葉

宗子曾祖之廟凡殤有二一昆弟之子祭之當於宗子父
廟二是從父昆弟祭之當於宗子祖廟其無後者亦有二
一是昆弟無後祭之當於宗子祖廟二是諸父無後祭之
當於宗子曾祖之廟凡殤得祭者以其身是適故也無後
者成人無後則祭若在殤而死則不祭以其身是庶故也
案小記云庶子不祭殤與無後者殤與無後者從祖祔食
注云不祭殤者父之庶不祭無後者祖之庶但此經據死
者之身小記注據生者設祭之人宗子昆弟是庶不得自
祭適子故云父之庶宗子之諸父自是庶不得祭所生適
子適子即是宗子從父兄弟故云父之庶不祭無後祖之
庶者宗子昆弟無後而死其餘兄弟應祭之以兄弟並是
祖庶不合立廟故云祖之庶宗子諸父無後其餘諸父親
者亦應合祭之以諸父並是庶子不合立祖廟故云祖之
庶義與此不異也云此則今死至共祖禰者從父兄弟是
宗子大功親昆弟諸父是宗子期親諸父及從兄弟共祖
弟及昆弟之子共禰者鄭必限以大功內親共祖禰

記義二十七　二十二　李仁

上文云吉祭特牲唯據士禮適士二廟有祖有禰下
士祖禰共廟故鄭限以祖禰同者唯大功之內親也云言
祭於宗子之家者為有異居之道也禮大功以上同居命
士以上則父子異宮故云有異居之道云無廟者為墠祭
之者士立二廟若祭諸父當宗子曾祖之廟宗子是士但
有二廟無曾祖廟故云無廟者為墠祭之推此而言大夫
立三廟無大祖者其祭諸父得於曾祖廟也其立大祖廟
者其祭諸父當於曾祖廟曾祖無廟亦為墠祭之云親者
共其牲物宗子皆主其禮大功雖有同財之義其經營祭
事牲牢之屬親者主為之又牲牢視親者之品命故云親
者共其牲物就宗子之家祭其祖禰故云宗子皆主其禮
云當室之白尊於東房以宗子之殤祭於室奧今祭凡殤
乃於西北隅又特牲云尊於戶東注云室戶東案上文宗
子之殤但不舉肺無肵俎無玄酒不告利成其餘皆與祭
成人同則其尊亦設於室戶東今祭凡殤乃尊於東房故
云當室之白尊於東房異於宗子之殤也云宗子之適

潘本第二十七卷第二十二葉

宗子曾祖之廟凡殤有二一昆弟之子祭之當於宗子父
廟二是從父昆弟祭之當於宗子祖廟其無後者亦有二
一是昆弟無後祭之當於宗子祖廟二是諸父無後祭之
當於宗子曾祖之廟凡殤得祭者以其身是適故也無後
者成人無後則祭若在殤而死則不祭以其身是庶故也
案小記云庶子不祭殤與無後者殤與無後者從祖祔食
注云不祭殤者父之庶不祭無後者祖之庶但此經據死
者之身小記注據生者設祭之人宗子昆弟是庶不得自
祭適子故云父之庶宗子之諸父自是庶不得祭所生適
子適子即是宗子從父兄弟故云父之庶不祭無後祖之
庶者宗子昆弟無後而死其餘兄弟應祭之以兄弟並是
祖庶不合立廟故云祖之庶宗子諸父無後其餘諸父親
者亦應合祭之以諸父並是庶子不合立祖廟故云祖之
庶義與此不異也云此則今死至共祖禰者從父兄弟是
宗子大功親昆弟諸父是宗子期親諸父及從兄弟共祖
者昆弟及昆弟之子共禰者鄭必限以大功內親共祖禰

禮記義二十七　二十二　李仁

者以上文云吉祭特牲唯據士禮適士二廟有祖有禰下
士祖禰共廟故鄭限以祖禰同者唯大功之內親也云言
祭於宗子之家者為有異居之道也禮大功以上同居命
士以上則父子異宮故云有異居之道云無廟者為墠祭
之者士立二廟若祭諸父當宗子曾祖之廟宗子是士但
有二廟無曾祖廟故云無廟者為墠祭之推此而言大夫
立三廟無大祖者其祭諸父得於曾祖廟也其立大祖廟
者其祭諸父當於曾祖廟曾祖無廟亦為墠祭之云親者
共其牲物宗子皆主其禮大功雖有同財之義其經營祭
事牲牢之屬親者主為之又牲牢視親者之品命故云親
者共其牲物就宗子之家祭其祖禰故云宗子皆主其禮
云當室之白尊於東房以宗子之殤祭於室奧今祭凡殤
乃於西北隅又特牲云尊於戶東注云室戶東案上文宗
子之殤但不舉肺無肵俎無玄酒不告利成其餘皆與祭
成人同則其尊亦設於室戶東今祭凡殤乃尊於東房故
云當室之白尊於東房異於宗子之殤也云宗子之適

足利本第二十七卷第二十三葉

爲凡殤者以上經云宗子爲殤而死據宗子身殤不論宗子適子也此明宗子適子父雖是適其子殤死亦爲凡殤以其更無別文故知與凡殤同云過此以往則不祭也者此謂宗子身殤及宗子昆弟之子及從父昆弟并宗子適子等唯此等殤死祭之過此以外皆不祭也云祭適者天子下祭五以下並祭法文彼注云祭適殤於廟之奧謂之陰厭是天子諸侯祭適殤於其廟奧彼注又云王子公子祭其適殤於其黨之廟大夫以下庶子祭其適殤於宗子之家皆當室之白謂之陽厭是王子以下及大夫等祭其適殤皆爲凡殤也彼注又云凡庶殤不祭以其身是庶若其成人無後則祭之則上文無後昆弟及諸父是也

曾子問曰葬引至于堩日有食之則有變乎且不乎堩道也變謂異禮孔子曰昔者吾從老耼助葬於巷黨及堩日有食之老耼曰丘止柩就道右止哭以聽變既明反而后行曰禮也巷黨黨名也就道右者行相左也變日食也反復也反葬而丘問之曰夫柩不可以反者也日有食之不知其已之遲數則豈如行哉已止也數讀爲速老耼曰諸侯朝天子見日而行逮日而舍奠大夫使見日而行逮日而舍舍奠每將舍奠行主夫柩不蚤出不莫宿侵晨夜則近姦寇見星而行者唯罪人與奔父母之喪者乎日有食之

記義二十七　二十三　王虎

潘本第二十七卷第二十三葉

爲凡殤者以上經云宗子爲殤而死據宗子身殤不論宗子適子也此明宗子適子父雖是適其子殤死亦爲凡殤以其更無別文故知與凡殤同云過此以往則不祭也者此謂宗子身殤及宗子昆弟之子及從父昆弟并宗子適子等唯此等殤死祭之過此以外皆不祭也云祭適者天子下祭五以下並祭法文彼注云祭適殤於廟之奧謂之陰厭是天子諸侯祭適殤於其廟奧彼注又云王子公子祭其適殤於其黨之廟大夫以下庶子祭其適殤於宗子之家皆當室之白謂之陽厭是王子以下及大夫等祭其適殤皆爲凡殤也彼注又云凡庶殤不祭以其身是庶若其成人無後則祭之則上文無後昆弟及諸父是也

曾子問曰葬引至于堩日有食之則有變乎且不乎堩道也變謂異禮孔子曰昔者吾從老聃助葬於巷黨及堩日有食之老聃曰丘止柩就道右止哭以聽變既明反而后行曰禮也巷黨黨名也就道右者行相左也變日食也反復也反葬而丘問之曰夫柩不可以反者也日有食之不知其已之遲數則豈如行哉已止也數讀爲速老聃曰諸侯朝天子見日而行逮日而舍奠大夫使見日而行逮日而舍舍奠每將舍奠行王夫柩不蚤出不莫宿侵晨夜則近姦寇見星而行者唯罪人與奔父母之喪者乎日有食之

大五百五十小三百七　禮記義二十七　二十三　任章

足利本第二十七卷第二十四葉

安知其不見星也爲無日而慝作謂止也且君子行禮不以人之親痁患痁病也以人之父母行禮而恐懼其有患害不爲也吾聞諸老聃云

疏正義曰此一節論葬在道逢日食之事各依文解之注曾子至不乎 曾子以葬引至塗值日有食之則有變常禮而停住乎且不變常禮而遂行乎不審其事而問孔子也 孔子至禮也 孔子荅以己從老聃助葬於巷黨遭日食之事老聃令止柩就道右止哭以聽日食變動既待日食光明反迴而後引柩行老聃稱曰禮也注巷黨至復也正義曰就道右者行相左也者就道右者以道東爲右也案儀禮云吉事交相左凶事交相右此既柩行而交相左者以其遭日食之變止哭停柩而不行凶禮故從吉禮行相左或可行相左者云此據比出停柩在道東比鄉對南人爲交相左 反葬至行哉 丘反問老聃云夫柩

記義二十七　二十四　吳志

迷葬不可以迴反今日有食之令止柩就道右不行不知其日食休已之遲速既不知其遲速設若遲晚遂至於夜莫則豈如行哉言豈如早行爲勝哉言當疾行以至於墓赴其吉辰也 夫柩至痁患 唯罪人及奔父母之喪見星而行今若令柩見星而行便是輕薄人親與罪人同非但輕薄人親且君子行禮之時當尊人後己不可以人之親痁患痁病也病於危也言不可使人之親病於危亡之患也故注云以人之父母行禮而恐懼其有患害不爲也意者言若日食而務速葬以赴吉辰即慮有患害而遂停柩待明反而行禮也

曾子問曰爲君使而卒於舍禮曰公館復私館不復凡所使之國有司所授舍則公館已何謂私館不復也復始死招魂孔子曰善乎問之也善其

潘本第二十七卷第二十四葉

安知其不見星也爲無日而慝作謂止也且君子行禮不以人之親痁患痁病也以人之父母行禮而恐懼其有患害不爲也吾聞諸老聃云

疏正義曰此一節論葬在道逢日食之事各依文解之注曾子至不乎 曾子以葬引至塗值日有食之則有變常禮而停住乎且不變常禮而遂行乎不審其事而問孔子也 孔子至禮也 孔子荅以己從老聃助葬於巷黨遭日食之事老聃令止柩就道右止哭以聽日食變動既待日食光明反迴而後引柩行老聃稱曰禮也注巷黨至復也正義曰就道右者行相左也者就道右者以道東爲右也案儀禮云吉事交相左凶事交相右此既柩行而交相左者以其遭日食之變止哭停柩而不行凶禮故從吉禮行相左或可行相左者云此據比出停柩在道東比鄉對南鄉行人爲交相左 反葬至行哉 丘反問老聃云夫柩

禮記義二十七　二十四　吳志

務於速葬不可以迴反今日有食之令止柩就道右不行不知其日食休已之遲速既不知其遲速設若遲晚遂至於夜莫則豈如行哉言豈如早行爲勝哉言當疾行以至於墓赴其吉辰也 夫柩至痁患 唯罪人及奔父母之喪見星而行今若令柩見星而行便是輕薄人親與罪人同非但輕薄人親且君子行禮之時當尊人後己不可以人之親痁患痁病也病於危也言不可使人之親病於危亡之患也故注云以人之父母行禮而恐懼其有患害不爲也意者言若日食而務速葬以赴吉辰即慮有患害而遂停柩待明反而行禮也

曾子問曰爲君使而卒於舍禮曰公館復私館不復凡所使之國有司所授舍則公館已何謂私館不復也復始死招魂孔子曰善乎問之也善其

足利本第二十七卷第二十五葉

問難明也自卿大夫士之家曰私館公館與公所爲曰公館公館復此之謂也公館若今縣官宮也公所爲君所命使舍已者疏正義曰此一節論人臣死招魂復魄之事自卿大夫士之家曰私館孔子又爲曾子釋私館公館之義私館者謂非君命所使私相停舍謂之私館公館謂公家所造之館與公所爲者與及也謂公之所使爲命停舍之處亦謂之公館君所命停客之處即是卿大夫之館也但有公命故謂之公館也注公館若今縣官宮也鮑遺問曰注此云公所爲君所命使舍已者注雜記云公所爲若今離宮別館也是二說異何張逸荅曰公館若今停待者也離宮是也聘禮曰卿館於大夫大夫館於士公命人使館客亦公所爲也曾子問曰下殤土周葬于園遂輿機而往塗邇故也土周聖周也周人以夏后氏之聖周葬下殤於園中以其去成人遠不就墓也機輿尸之牀也以繩絙其中央又以繩從兩旁鉤之禮以機舉尸輿之以就園而斂葬焉塗近故耳輿機或爲餘機今墓遠則其葬也如之何今人斂下殤於宮中而葬於墓與成人同墓塗乃遠其葬當輿其棺乎載之也問禮之變也孔子曰吾聞諸老聃曰昔者史佚有子而死下殤也墓遠蓋欲葬墓如長殤從成人也長殤有送葬車者則棺載之矣史佚成王時賢史也賢猶有所不知召公謂之曰何以不棺斂於宮中欲其斂於宮中如成人也斂於宮中則葬當載之史佚曰吾敢乎哉畏知禮也召公言於周公爲史佚問周公

記義二十七　二十五

潘本第二十七卷第二十五葉

問難明也自卿大夫士之家曰私館公館與公所爲曰公館公館復此之謂也公館若今縣官宮也公所爲君所命使舍已者疏正義曰此一節論人臣死招魂復魄之事自卿大夫士之家曰私館孔子又爲曾子釋私館公館之義私館者謂非君命所使私相停舍謂之私館公館謂公家所造之館與公所爲者與及也謂公之所使爲命停舍之處亦謂之公館君所命停客之處即是卿大夫之館也但有公命故謂之公館也注公館若今縣官宮也鮑遺問曰注此云公所爲君所命使舍已者注雜記云公所爲若今離宮別館也是二說異何張逸荅曰公館若今停待者也離宮是也聘禮曰卿館於大夫大夫館於士公命人使館客亦公所爲也曾子問曰下殤土周葬于園遂輿機而往塗邇故也土周聖周也周人以夏后氏之聖周葬下殤於園中以其去成人遠不就墓也機輿尸之牀也以繩絙其中央又以繩從兩旁鉤之禮以機舉尸輿之以就園而斂葬焉塗近故耳輿機或爲餘機今墓遠則其葬也如之何今人斂下殤於宮中而葬於墓與成人同墓塗乃遠其葬當輿其棺乎載之也問禮之變也孔子曰吾聞諸老聃曰昔者史佚有子而死下殤也墓遠蓋欲葬墓如長殤從成人也長殤有送葬車者則棺載之矣史佚成王時賢史也賢猶有所不知召公謂之曰何以不棺斂於宮中欲其斂於宮中如成人也斂於宮中則葬當載之史佚曰吾敢乎哉畏知禮也召公言於周公爲史佚問周公

禮記義二十七　二十五　將信

足利本第二十七卷第二十六葉

曰豈不可（言是豈於禮不可不許也）史佚行之（失指以爲許也遂用召公之言）下殤用棺衣棺自史佚始也（棺謂斂於棺）

〔疏〕正義曰此一節論葬下殤之事曾子問曰下殤土周曾子既見時所行與古禮異故舉事而問也　下殤謂八歲至十一也土周檀弓所云夏后氏之塈周是也周人用特葬下殤之喪故云下殤土周也　葬于園者園圃也下殤去成人遠不可葬於成人之墓故用土周而葬於園中也　遂輿機而往者輿猶抗也機者以木爲之狀如牀無脚及輴簀也先用一繩直於中央係著兩頭之楇又別取一繩係一邊材横鉤中央直繩報還鉤材往還取帀兩邊悉然而後以尸置於繩上抗舉以往園中臨斂時當塈周之上先縮除直繩則兩邊交鉤之繩悉各離解而尸從機中央零落入於塈周中故曰輿機而往也　塗也者塗路也邇近也若成人墓遠則以棺衣棺於宮

禮記義二十七　二十六

下殤葬於園是路去家甚近故先用機舉尸往園中而後棺斂故曰塗邇故也

〔注〕士周至餘機　正義曰案檀弓云夏后氏之塈周葬中殤下殤故知土周是塈周也云周人以夏后氏之塈周葬下殤於園中者檀弓云中殤下殤此直云葬下殤土周葬於園者以經云下殤故指下殤爲言檀弓所云據士及庶人也若諸侯長中殤適者車三乘下殤車一乘既有遣車即不得塈周輿機而葬也諸侯庶長殤中殤車一乘則宗子亦不用塈周輿機而葬其下殤則輿機其大夫之適長殤中殤遣車一乘亦不輿機下殤無遣則輿機也然則王之適庶長中下殤皆有遣車並不輿機士及庶人適庶皆無遣車則中下殤並皆輿機故熊氏云若無遣車中從下殤其長殤既無遣車年又長大不可輿下殤同蓋棺斂於宮中載棺而往之墓從成人也今墓遠則其葬也如之何（今謂曾子見時世禮變皆棺斂下殤於宮中而葬之於墓與成人同路今既遠不復用輿機於尸爲當用人抗輿棺而往墓）

潘本第二十七卷第二十六葉

曰豈不可（言是豈於禮不可不許也）史佚行之（失指以爲許也遂用召公之言）下殤用棺衣棺自史佚始也（棺謂斂於棺）

〔疏〕正義曰此一節論葬下殤之事曾子問曰下殤土周曾子既見時所行與古禮異故舉事而問也　下殤謂八歲至十一也土周檀弓所云夏后氏之塈周是也周人用特葬下殤之喪故云下殤土周也　葬于園者園圃也下殤去成人遠不可葬於成人之墓故用土周而葬於園中也　遂輿機而往者輿猶抗也機者以木爲之狀如牀無脚及輴簀也先用一繩直於中央係著兩頭之楇又別取一繩係一邊材横鉤中央直繩報還鉤材往還取帀兩邊悉然而後以尸置於繩上抗舉以往園中臨斂時當塈周之上先縮除直繩則兩邊交鉤之繩悉各離解而尸從機中央零落入於塈周中故曰輿機而往也　塗邇故也者塗路也邇近也若成人墓遠則以棺衣棺於宮

禮記義二十七　二十六

中此下殤葬於園是路去家甚近故先用機舉尸往園中而後棺斂故曰塗邇故也

〔注〕士周至餘機　正義曰案檀弓云夏后氏之塈周葬中殤下殤故知土周是塈周也云周人以夏后氏之塈周葬下殤於園中者檀弓云中殤下殤此直云葬下殤土周葬於園者以經云下殤故指下殤爲言檀弓所云據士及庶人也若諸侯長中殤適者車三乘下殤車一乘既有遣車即不得塈周輿機而葬也諸侯庶長殤中殤車一乘則宗子亦不用塈周輿機而葬其下殤則輿機其大夫之適長殤中殤遣車一乘亦不輿機下殤無遣則輿機也然則王之適庶長中下殤皆有遣車並不輿機士及庶人適庶皆無遣車則中下殤並皆輿機故熊氏云若無遣車中從下殤其長殤既無遣車年又長大不可輿下殤同蓋棺斂於宮中載棺而往之墓從成人也今墓遠則其葬也如之何（今謂曾子見時世禮變皆棺斂下殤於宮中而葬之於墓與成人同路今既遠不復用輿機於尸爲當用人抗輿棺而往墓）

足利本第二十七卷第二十七葉

爲當用車載棺而往墓邪問其葬儀故云如之何　昔
者史佚有子而死下殤也墓遠　此舉失禮所由之人史
佚周初良史武王周公成王時臣也有子下殤而死　墓
遠者史佚欲不葬於園而載尸往墓及棺而葬之其墓稍
遠猶豫未定　注史佚武王時賢史也　正義曰史佚文
王武王時臣故國語稱訪於辛尹尚書稱逸祝册是也但
下殤之喪非成人之要故史佚猶有不知　召公謂至宫
中召公名奭見史佚欲依下殤禮而不棺斂於宫中而欲
車載往墓猶豫未定故勸之令棺斂於宫中如成人也
史佚曰吾敢乎哉者言吾雖欲如此猶不敢恐違禮者所
譏　注畏知禮也者是畏周公也不欲直指　召公言於
周公者言猶問也史佚既畏周公故召公爲諮問於周公
述其事狀以决之者周公曰豈不可者周公聞召公之問
故荅云豈豈者怪拒之辭先怪拒之又云不可不可是不
許之辭　史佚行之者召公述周公曰豈不可之辭以語史
佚不達其指猶言周公豈不可是許之辭故行棺衣
禮記義二十七　三十七
之禮也　下殤用棺衣棺自史佚始也　更據失禮
所由也然此云棺衣棺於宫中自史佚爲始明昔非唯於
宫中不棺亦不衣也而不
言於宫中者略從可知也　曾子問曰卿大夫將爲
尸於公受宿矣而有齊衰内喪則如之何
孔子曰出舍於公館以待事禮也　吉凶不可以同處
孔子曰尸弁冕而出　爲君尸或弁者先祖或有爲大夫士者　卿大
夫士皆下之　見而下車　尸必式　禮之小俛　必有前驅　爲辟道
疏　正義曰此一節論卿大夫與君爲尸之事　曾
子至之何　曾子言卿大夫或爲尸而已受宿齊
戒而門内有齊衰之喪其禮如何故云則如之何　孔子
曰出舍於公館以待事　禮也者此荅曾子云且舍公館以

潘本第二十七卷第二十七葉

爲當用車載棺而往墓邪問其葬儀故云如之何　昔
者史佚有子而死下殤也墓遠　此舉失禮所由之人史
佚周初良史武王周公成王時臣也有子下殤而死　墓
遠者史佚欲不葬於園而載尸往墓及棺而葬之其墓稍
遠猶豫未定　注史佚武王時賢史也　正義曰史佚文
王武王時臣故國語稱訪於辛尹尚書稱逸祝册是也但
下殤之喪非成人之要故史佚猶有不知　召公謂至宫
中召公名奭見史佚欲依下殤禮而不棺斂於宫中而欲
車載往墓猶豫未定故勸之令棺斂於宫中如成人也
史佚曰吾敢乎哉者言吾雖欲如此猶不敢恐違禮者所
譏　注畏知禮也者是畏周公也不欲直指　召公言於
周公者言猶問也史佚既畏周公故召公爲諮問於周公
述其事狀以决之者周公曰豈不可者周公聞召公之問
故荅云豈豈者怪拒之辭先怪拒之又云不可不可是不
許之辭　史佚行之者召公述周公曰豈不可之辭以語史
佚史佚不達其指猶言周公豈不可是許之辭故行棺衣
禮記義二十七　三十七
宫中之禮也　下殤用棺衣棺自史佚始也　更據失禮
所由也然此云棺衣棺於宫中自史佚爲始明昔非唯於
宫中不棺亦不衣也而不
言於宫中者略從可知也　曾子問曰卿大夫將爲
尸於公受宿矣而有齊衰内喪則如之何
孔子曰出舍於公館以待事禮也　吉凶不可以同處
孔子曰尸弁冕而出　爲君尸或弁者先祖或有爲大夫士者　卿大
夫士皆下之　見而下車　尸必式　禮之小俛　必有前驅　爲辟道
疏　正義曰此一節論卿大夫與君爲尸之事　曾
子至之何　曾子言卿大夫或爲尸而已受宿齊
戒而門内有齊衰之喪其禮如何故云則如之何　孔子
曰出舍於公館以待事禮也者此荅曾子云且舍公館以

曾子問第七

足利本第二十七卷第二十八葉

事畢然後歸哭也所以出於公館者以祭是吉凶不可同處也　孔子尸冕而出　此孔子因曾子上問爲尸之事遂與曾子廣說事尸之法故此直言孔子曰無曾子問辭此篇之内時有如此皇氏以爲無曾子問者後寫脫漏非也　注爲君至士者　正義曰案士虞禮云尸服卒者之上服以君之先祖有爲士者當著爵弁以助君祭故子孫祭之尸得服爵弁者若以助君祭服言之大夫著冕此云大夫者因士連言大夫耳案儀禮特牲尸服玄端少牢又云尸服朝服尸皆服在家自祭之服不服爵弁及冕者大夫士卑屈於人君故尸服父祖自祭之上服人君禮伸故尸服助祭之上服也　卿大夫士皆下之者謂尸或出於道路其卿大夫乘車見尸則下車也尸必式者而尸當馮式小俛以敬之必有前驅者謂尸出行則有前驅辟道之人也　子夏問曰三年之喪卒哭金革之事無辟也者禮與初有司

禮記義二十七　二十八

與疑有司初使之然　孔子曰夏后氏三年之喪既殯而致事殷人既葬而致事致事還其職位於君周卒哭而致事　記曰君子不奪人之親亦不可奪親也此之謂乎二者恕也孝也　子夏曰金革之事無辟也者非與疑禮當有然　孔子曰吾聞諸老聃曰昔者魯公伯禽有爲爲之也伯禽周公子封於魯有徐戎作難喪卒哭而征之急王事也征之作費誓　今以三年之喪從其利者吾弗知也時多攻取之兵言非禮也　疏　正義曰此一節論君不奪孝子情之事各依文解之　子夏問曰三年之喪至初有

潘本第二十七卷第二十八葉

事畢然後歸哭也所以出於公館者以祭是吉凶不可同處也　孔子尸冕而出　此孔子因曾子上問爲尸之事遂與曾子廣說事尸之法故此直言孔子曰無曾子問辭此篇之内時有如此皇氏以爲無曾子問者後寫脫漏非也　注爲君至士者　正義曰案士虞禮云尸服卒者之上服以君之先祖有爲士者當著爵弁以助君祭故子孫祭之尸得服爵弁者若以助君祭服言之大夫著冕此云大夫者因士連言大夫耳案儀禮特牲尸服玄端少牢又云尸服朝服尸皆服在家自祭之服不服爵弁及冕者大夫士卑屈於人君故尸服父祖自祭之上服人君禮伸故尸服助祭之上服也　卿大夫士皆下之者謂尸或出於道路其卿大夫乘車見尸則下車也尸必式者而尸當馮式小俛以敬之必有前驅者謂尸出行則有前驅辟道之人也　子夏問曰三年之喪卒哭金革之事無辟也者禮與初有司

禮記義二十七　二十八

與疑有司初使之然　孔子曰夏后氏三年之喪既殯而致事殷人既葬而致事致事還其職位於君周卒哭而致事　記曰君子不奪人之親亦不可奪親也此之謂乎二者恕也孝也　子夏曰金革之事無辟也者非與疑禮當有然　孔子曰吾聞諸老聃曰昔者魯公伯禽有爲爲之也伯禽周公子封於魯有徐戎作難喪卒哭而征之急王事也征之作費誓　今以三年之喪從其利者吾弗知也時多攻取之兵言非禮也　疏　正義曰此一節論君不奪孝子情之事各依文解之　子夏問曰三年之喪至初有

足利本第二十七卷第二十九葉

司與者子夏以人遭父母三年之喪卒哭之後國有金革戰伐之事君使則行無敢辭辟爲是禮當然與爲當袝時有司強逼遣之與 注致事至致事 正義曰皇氏云夏后氏尚質孝子喪親恍惚君事不敢久留故既殯致事還君殷人漸文思親彌深故既葬畢始致事還君周人極文悲哀至甚故卒哭而致事知周卒哭致事者以喪之大事有三殯也葬也卒哭也夏既殯殷既葬後代漸遠以此推之故知周卒哭也 記曰至謂乎 解人臣喪親在上君子許之致事君子謂人君也人臣有親之喪在上君子許其致事是不奪人喪親之心此謂恕也以己情恕彼也據君許於下也亦不可奪親者謂臣遭親之喪若不致事是自奪思親之心也故遭喪須致事是不奪情以從利祿此謂孝也此據孝子之身也言孝子居喪不可以不致事人君不可以不許舊記先有此文故孔子引之故云此之謂乎 注二者恕也孝也者恕也解不奪人之親己既思□己方人何可奪人之親是君忠恕也孝也解亦不可

記義二十七　二十九

是孝子思親今不致事不能念親今既致事是不奪思親之情是其孝也 子夏曰金革之事無辟也者非與孔子既前荅周人卒哭而致事則無從金革之理子夏既見周代行金革無辟之事謂其禮當然故問孔子云金革之事無辟也者豈非禮也與疑其於禮當然又意謂見魯君居喪有金革之事豈是禮也與疑其非禮也故問之 孔子曰吾聞諸老聃曰昔者魯公伯禽有爲爲之也者孔子對云金革之事無辟也者當亦有之吾聞諸老聃曰昔者魯君伯禽卒哭而從金革時有徐戎作亂東郊不開故征之有爲爲之也 注伯禽至費誓 正義曰言伯禽周公之子封於魯案史記魯世家文云徐戎作難尚書序又云卒哭而征之急王事也以此上經云卒哭金革之事無辟此云魯公伯禽有爲爲之故知征之然周公致政之後成王即位之時周公猶在則此云伯禽卒哭者爲母喪也 今以三年之喪至弗知也 今以三年之喪卒哭而從金革之事更無所爲蓋直貪從於利攻取於人者吾不知

潘本第二十七卷第二十九葉

司與者子夏以人遭父母三年之喪卒哭之後國有金革戰伐之事君使則行無敢辭辟爲是禮當然與爲當袝時有司強逼遣之與 注致事至致事 正義曰皇氏云夏后氏尚質孝子喪親恍惚君事不敢久留故既殯致事還君殷人漸文思親彌深故既葬畢始致事還君周人極文悲哀至甚故卒哭而致事知周卒哭致事者以喪之大事有三殯也葬也卒哭也夏既殯殷既葬後代漸遠以此推之故知周卒哭也 記曰至謂乎 解人臣喪親在上君子許之致事君子謂人君也人臣有親之喪在上君子許其致事是不奪人喪親之心此謂恕也以己情恕彼也據君許於下也亦不可奪親者謂臣遭親之喪若不致事是自奪思親之心也故遭喪須致事是不奪情以從利祿此謂孝也此據孝子之身也言孝子居喪不可以不致事人君不可以不許舊記先有此文故孔子引之故云此之謂乎 注二者恕也孝也者恕也解不奪人之親己既思親以己方人何可奪人之親是君忠恕也孝也解亦不可

禮記義二十七　二十九

奪親是孝子思親今不致事不能念親今既致事是不奪思親之情是其孝也 子夏曰金革之事無辟也者非與孔子既前荅周人卒哭而致事則無從金革之理子夏既見周代行金革無辟之事謂其禮當然故問孔子云金革之事無辟也者豈非禮也與疑其於禮當然又意謂見魯君居喪有金革之事豈是禮也與疑其非禮也故問之 孔子曰吾聞諸老聃曰昔者魯公伯禽有爲爲之也者孔子對云金革之事無辟也者當亦有之吾聞諸老聃曰昔者魯君伯禽卒哭而從金革時有徐戎作亂東郊不開故征之有爲爲之也 注伯禽至費誓 正義曰言伯禽周公之子封於魯案史記魯世家文云徐戎作難尚書序又云卒哭而征之急王事也以此上經云卒哭金革之事無辟此云魯公伯禽有爲爲之故知征之然周公致政之後成王即位之時周公猶在則此云伯禽卒哭者爲母喪也 今以三年之喪至弗知也 今以三年之喪卒哭而從金革之事更無所爲蓋直貪從於利攻取於人者吾不知

足利本第二十七卷第三十葉

不得此禮也

禮記正義卷第二十七

潘本第二十七卷第三十葉

也言不知是
不得此禮也

禮記正義卷第二十七

足利本第二十八卷第一葉

禮記正義卷第二十八

國子祭酒上護軍曲阜縣開國子臣孔穎達等奉

勑撰

文王世子第八

正義曰案鄭目録云名曰文王世子者以其記文王爲世子時之法此於別録屬世子法此篇之内凡有五節從文王之爲世子下終文王之爲世子也爲第一節論文王武王爲世子之禮下之事上之法從凡學世子至周公踐阼爲第二節論在上敎下説庠序釋奠先聖先師養老東序并明三王敎世子又更論周公踐阼抗世子法於伯禽之事自庶子之正於公族至不翦其類爲三節明庶子正理族人燕飲及刑罰之事殊於異姓

記義二十八　一

又覆説殊於異姓之義自天子視學至典于學爲第四節論天子視學養三老五更并明公侯伯子男反歸養老於國自世子之記以終篇末爲第五節以其文王爲世子聖人之法非凡人所行故更明尋常世子法各隨文解之

文王之爲世子朝於王季日三三皆日朝以其禮同雞初鳴而衣服至於寢門外問内豎之御者曰今日安否何如内豎小臣之屬掌外内之通命者御如今小史直日矣内豎曰安文王乃喜孝子恒兢兢及日中又至亦如之又復也及莫又至亦如之莫夕也其有不安節

潘本第二十八卷第一葉

禮記正義卷第二十八

國子祭酒上護軍曲阜縣開國子臣孔穎達等奉

勑撰

文王世子第八

正義曰案鄭目録云名曰文王世子者以其記文王爲世子時之法此於別録屬世子法此篇之内凡有五節從文王之爲世子下終文王之爲世子也爲第一節論文王武王爲世子之禮下之事上之法從凡學世子至周公踐阼爲第二節論在上敎下説庠序釋奠先聖先師養老東序并明三王敎世子又更論周公踐阼抗世子法於伯禽之事自庶子之正於公族至不翦其類爲第三節明庶子正理族人燕飲及刑罰之事殊於異姓

禮記義二十八　一　史宿奉

又更覆説殊於異姓之義自天子視學至典于學爲第四節論天子視學養三老五更并明公侯伯子男反歸養老於國自世子之記以終篇末爲第五節以其文王爲世子聖人之法非凡人所行故更明尋常世子法各隨文解之

文王之爲世子朝於王季日三三皆日朝以其禮同雞初鳴而衣服至於寢門外問内豎之御者曰今日安否何如内豎小臣之屬掌外内之通命者御如今小史直日矣内豎曰安文王乃喜孝子恒兢兢及日中又至亦如之又復也及莫又至亦如之莫夕也其有不安節

足利本第二十八卷第二葉

則內豎以告文王文王色憂行不能正履
節謂居處故事履蹈地也王季復膳飲食安也然後亦復初憂解
食上必在視寒煖之節在察也食下問所膳
問所食者命膳宰曰末有原應曰諾然後退末猶
勿也原再也勿有所再進爲其失飪臭味惡也退反其寢武王帥而行之不敢
有加焉庶幾程式之帥循也文王有疾武王不說冠
帶而養言常在側文王一飯亦一飯文王再飯
亦再飯欲知氣力箴藥所勝旬有二日乃閒閒猶瘳也【疏】文王

記義二十八　二　葛臣

三　正義曰案緯候之說文王年九十六始稱王崩
後謚之曰文則爲世子之時未得爲文王也記者於後追
而書之下記世子朝父母每日唯二又內則云命士以上
昧爽而朝日入而夕者朝禮具夕禮簡故言夕今三皆曰
朝者以其禮同故通言朝凡常世子朝父母每日唯二今
文王朝於王季日三者增一時又三者皆稱朝並是聖人
之法也　食上至後退　正義曰食上謂獻饌食下謂食
畢徹饌而下文王問進食之人其父所膳何食膳宰荅畢
文王又命戒膳宰云末有原末無也原再也言在後進食
之時皆須新好無得使前進之物而有再進膳宰應曰諾
然後文王乃退反其寢也　【注】末猶至其寢　正義曰末
微末故爲勿也原再也釋言文云爲其失飪臭味惡也者
食若再進必孰爛過節故爲失飪臭謂氣也言氣之與味
皆惡也故云臭味惡云退反其寢者以來至王季寢門外
今云退故知退反其寢謂文王私寢也　【注】庶幾程式之
帥循也　正義曰案爾雅釋言云庶幾尚也是庶幾爲慕

潘本第二十八卷第二葉

則內豎以告文王文王色憂行不能正履
節謂居處故事履蹈地也王季復膳飲食安也然後亦復初憂解
食上必在視寒煖之節在察也食下問所膳
問所食者命膳宰曰末有原應曰諾然後退末猶
勿也原再也勿有所再進爲其失飪臭味惡也退反其寢武王帥而行之不敢
有加焉庶幾程式之帥循也文王有疾武王不說冠
帶而養言常在側文王一飯亦一飯文王再飯
亦再飯欲知氣力箴藥所勝旬有二日乃閒閒猶瘳也【疏】文王

大九十五　小四百十　禮記義二十八　二　古濃

至日三　正義曰案緯候之說文王年九十六始稱王崩
後謚之曰文則爲世子之時未得爲文王也記者於後追
而書之下記世子朝父母每日唯二又內則云命士以上
昧爽而朝日入而夕者朝禮具夕禮簡故言夕今三皆曰
朝者以其禮同故通言朝凡常世子朝父母每日唯二今
文王朝於王季日三者增一時又三者皆稱朝並是聖人
之法也　食上至後退　正義曰食上謂獻饌食下謂食
畢徹饌而下文王問進食之人其父所膳何食膳宰荅畢
文王又命戒膳宰云末有原末無也原再也言在後進食
之時皆須新好無得使前進之物而有再進膳宰應曰諾
然後文王乃退反其寢也　【注】末猶至其寢　正義曰末
微末故爲勿也原再也釋言文云爲其失飪臭味惡也者
食若再進必孰爛過節故爲失飪臭謂氣也言氣之與味
皆惡也故云臭味惡云退反其寢者以來至王季寢門外
今云退故知退反其寢謂文王私寢也　【注】庶幾程式之
帥循也　正義曰案爾雅釋言云庶幾尚也是庶幾爲尋

足利本第二十八卷第三葉

尚之義程式之者程是程限也式是法式言武王慕尚文王以爲程限法式帥循也釋詁文經云不敢有加焉者以武王伐紂功業既成恐有踰越文王之嫌故記者云不敢有加焉 注間猶瘳也 正義曰若病重之時病恒在身無少間空隙病今既損不恒在身其間有空隙故云間猶瘳也瘳是疾減損也 文王謂武王曰女何夢矣 間後容卧 武王對曰夢帝與我九齡 帝天也 文王曰女以爲何也武王曰西方有九國焉君王其終撫諸 撫猶有也言君王則此受命之後也 文王曰非也古者謂年齡齒亦齡也我百爾九十吾與爾三焉 年天氣也齒人壽之數也九齡九十年之祥也文王以勤憂損壽武王以安樂延年言與爾三者明傳業於女女受而成之 文王九十七乃終武王九十三而終 君子曰終終其成功 疏 正義曰文王疾瘳武王得安睡文王問爾其何夢武王對曰夢見天帝與我九齡之言而與我也文王語武王云天既與女九齡之言女以九齡爲何事也武王曰齡善也是福善之事西方有九國未賓既夢得九種齡善君王其終撫諸撫有也諸之也言王終久有之文王曰女之所言非也古者謂年齡謂稱年爲齡古者稱齒亦爲齡天既與女九齡女得九十年之祥是我爲百歲爾爲九十吾與爾三焉言我於百年中與爾以三年焉皇氏云以九齡謂鈴鐸謂天以九箇鈴鐸而與武王徧驗書本齡皆從齒解爲鈴鐸於理有疑亦得爲一義今謂天直以九齡之言而與武王不知齡是何事故文王不審云女以爲何 注撫猶至後也 正義曰撫爲存撫故爲有也言君王則此

記義二十八 三

潘本第二十八卷第三葉

尚之義程式之者程是程限也式是法式言武王慕尚文王以爲程限法式帥循也釋詁文經云不敢有加焉者以武王伐紂功業既成恐有踰越文王之嫌故記者云不敢有加焉 注間猶瘳也 正義曰若病重之時病恒在身無少間空隙病今既損不恒在身其間有空隙故云間猶瘳也瘳是疾減損也 文王謂武王曰女何夢矣 間後容卧 武王對曰夢帝與我九齡 帝天也 文王曰女以爲何也武王曰西方有九國焉君王其終撫諸 撫猶有也言君王則此受命之後也 文王曰非也古者謂年齡齒亦齡也我百爾九十吾與爾三焉 年天氣也齒人壽之數也九齡九十年之祥也文王以勤憂損壽武王以安樂延年言與爾三者明傳業於女女受而成之 文王九十七乃終武王九十三而終 君子曰終終其成功 疏 正義曰文王疾瘳武王得安睡文王問爾其何夢武王對曰夢見天帝與我九齡之言而與我也文王語武王云天既與女九齡之言女以九齡爲何事也武王曰齡善也是福善之事西方有九國未賓既夢得九種齡善君王其終撫諸撫有也諸之也言王終久有之文王曰女之所言非也古者謂年齡謂稱年爲齡古者稱齒亦爲齡天既與女九齡女得九十年之祥是我爲百歲爾爲九十吾與爾三焉言我於百年中與爾以三年焉皇氏云以九齡謂鈴鐸謂天以九箇鈴鐸而與武王徧驗書本齡皆從齒解爲鈴鐸於理有疑亦得爲一義今謂天直以九齡之言而與武王不知齡是何事故文王不審云女以爲何 注撫猶至後也 正義曰撫爲存撫故爲有也言君王則此受

禮記義二十八 三

足利本第二十八卷第四葉

命之後者文王繼王季爲西伯是殷之諸侯不合稱王今武王謂之君王故知受命之後也案書傳云文王受命一年質虞芮之訟二年伐邘三年伐密須四年伐犬夷五年伐耆六年伐崇七年而崩書序云殷始咎周鄭注云紂聞文王三伐皆勝而始畏惡之囚於羑里三伐者謂二年伐鬼方三年伐密須四年伐犬夷則被囚在四年之末五年之初於時必未稱王若其稱王反叛已露紂何肯囚復釋之是知於時必未稱王也書傳云五年伐耆殷傳云五年之初得散宜生等獻寶而釋文王文王出則克黎六年伐崇則稱王故詩皇矣論伐崇是類是禡行天子禮此云稱王在受命之後者謂受命六年之後也受命者謂受赤雀丹書之命故中候我應云赤雀入酆止於昌戶受命之時已三分有二今云西方有九國於時未賓則非有二分諸侯也或以爲庸蜀羌髳微盧彭濮之徒未知定是何國也

（注）年天至成之　正義曰爾雅釋天云周曰年年稔也謂歲穀一孰是年爲天氣也大戴禮云男八月生齒

記義二十八　四　馬春

八歲而齔齒是人壽之數也又年穀一孰而零落人之年老齒亦零落是年之與齒俱有齡落之義云文王以勤憂損壽者以文王當紂暴虐之時故知勤憂損壽也無逸篇云文王自朝至于日中昃不遑暇食是勤憂也云武王以安樂延年者以武王承文王之業故安樂延年詩魚麗美萬物盛多始於憂勤終於逸樂也年壽之數賦命自然不可延之寸陰不可減之晷刻文王九十七武王九十三天定之數今文王云吾與女三者示其傳基業於武王欲使武王承其所傳之業此乃教戒之義訓非自然之理

成王幼不能涖阼涖視也不能視阼階行人君之事**周公相踐阼而治**踐履也代成王履阼階攝王位治天下也**抗世子法於伯禽欲令成王之知父子君臣長幼之道也**抗猶舉也謂舉以世子之法使與成王居而學之**成王**

潘本第二十八卷第四葉

命之後者文王繼王季爲西伯是殷之諸侯不合稱王今武王謂之君王故知受命之後也案書傳云文王受命一年質虞芮之訟二年伐邘三年伐密須四年伐犬夷五年伐耆六年伐崇七年而崩書序云殷始咎周鄭注云紂聞文王三伐皆勝而始畏惡之囚於羑里三伐者謂二年伐鬼方三年伐密須四年伐犬夷則被囚在四年之末五年之初於時必未稱王若其稱王反叛已露紂何肯囚復釋之是知於時必未稱王也書傳云五年伐耆殷傳云五年之初得散宜生等獻寶而釋文王文王出則克黎六年伐崇則稱王故詩皇矣論伐崇是類是禡行天子禮此云稱王在受命之後者謂受命六年之後也受命者謂受赤雀丹書之命故中候我應云赤雀入酆止於昌戶受命之時已三分有二今云西方有九國於時未賓則非有二分諸侯也或以爲庸蜀羌髳微盧彭濮之徒未知定是何國也

（注）年天至成之　正義曰爾雅釋天云周曰年年稔也稔孰謂歲穀一孰是年爲天氣也大戴禮云男八月生齒

八禮記義二十八　四　馬春

八歲而齔齒是人壽之數也又年穀一孰而零落人之年老齒亦零落是年之與齒俱有齡落之義云文王以勤憂損壽者以文王當紂暴虐之時故知勤憂損壽也無逸篇云文王自朝至于日中昃不遑暇食是勤憂也云武王以安樂延年者以武王承文王之業故安樂延年詩魚麗美萬物盛多始於憂勤終於逸樂也年壽之數賦命自然不可延之寸陰不可減之晷刻文王九十七武王九十三天定之數今文王云吾與女三者示其傳基業於武王欲使武王承其所傳之業此乃教戒之義訓非自然之理

成王幼不能涖阼涖視也不能視阼階行人君之事**周公相踐阼而治**踐履也代成王履阼階攝王位治天下也**抗世子法於伯禽欲令成王之知父子君臣長幼之道也**抗猶舉也謂舉以世子之法使與成王居而學之**成王**

足利本第二十八卷第五葉

有過則撻伯禽所以示成王世子之道也以成王之過撃伯禽則足以感喻焉文王之爲世子也題上事疏正義曰武王既終成王幼弱不能涖阼階行人君之事周公乃輔相成王令成王且在學學世子之道周公代成王踐履阼階攝王位而臨天下乃與舉世子之法於伯禽伯禽舉行世子之法以示成王欲令成王觀而法之使知父子君臣長幼之道　成王有過則撻伯禽者若成王法效伯禽不能備具而有過失周公則笞撻伯禽責其不能以世子之禮教成王也必如此者所以示成王世子之道　文王之爲世子也者從篇首以至於此是文王之爲世子及武王成王之法其武王成王爲世子之禮皆上法文王故以文王之爲世子總結之也注涖視至之事　正義曰案鄭注金縢云文王崩後明年生成王則武王崩時成王年十歲服喪三年畢成王年十二明年將踐阼周公欲代之

禮記義二十八　五　李作

攝政羣叔流言周公辟之居東都時成王年十三也居東二年成王收捕周公之屬黨時成王年十四也明年秋大孰遭雷風之變時周公居東三年成王年十五迎周公反而居攝之元年也居攝四年封康叔作康誥是成王年十八也故書傳云天子太子十八稱孟侯居攝七年成王年二十一也明年成王即政年二十二也此是鄭義推成王幼不能踐阼之事也注踐履至下也　正義曰經云周公相踐阼而治知非周公輔相成王令云踐阼而治必知周公代成王履阼階者以明堂位云天子負斧依南鄉而立又云周公踐天子之位是代居位也凡學世子及學士必時四時各有宜學士謂司徒論俊選所升於學者春夏學干戈秋冬學羽籥皆於東序干盾也戈句孑戟也干戈萬舞象武也用動作之時學之羽籥籥舞象文也用安靜之時學之詩云左手執籥右手秉翟小樂正

潘本第二十八卷第五葉

有過則撻伯禽所以示成王世子之道也以成王之過撃伯禽則足以感喻焉文王之爲世子也題上事疏正義曰武王既終成王幼弱不能涖阼階行人君之事周公乃輔相成王令成王且在學學世子之道周公代成王踐履阼階攝王位而臨天下乃與舉世子之法於伯禽伯禽舉行世子之法以示成王欲令成王觀而法之使知父子君臣長幼之道　成王有過則撻伯禽者若成王法效伯禽不能備具而有過失周公則笞撻伯禽責其不能以世子之禮教成王也必如此者所以示成王世子之道　文王之爲世子也者從篇首以至於此是文王之爲世子及武王成王之法其武王成王爲世子之禮皆上法文王故以文王之爲世子總結之也注涖視至之事　正義曰案鄭注金縢云文王崩後明年生成王則武王崩時成王年十歲服喪三年畢成王年十二明年將踐阼周公欲代之

禮記義二十八　五　李信

攝政羣叔流言周公辟之居東都時成王年十三也居東二年成王收捕周公之屬黨時成王年十四也明年秋大孰遭雷風之變時周公居東三年成王年十五迎周公反而居攝之元年也居攝四年封康叔作康誥是成王年十八也故書傳云天子太子十八稱孟侯居攝七年成王年二十一也明年成王即政年二十二也此是鄭義推成王幼不能踐阼之事也注踐履至下也　正義曰經云周公相踐阼而治知非周公輔相成王令云踐阼而治必知周公代成王履阼階者以明堂位云天子負斧依南鄉而立又云周公踐天子之位是代居位也凡學世子及學士必時四時各有宜學士謂司徒論俊選所升於學者春夏學干戈秋冬學羽籥皆於東序干盾也戈句孑戟也干戈萬舞象武也用動作之時學之羽籥籥舞象文也用安靜之時學之詩云左手執籥右手秉翟小樂正

學干大胥贊之籥師學戈籥師丞贊之四人皆樂官之屬也通職秋冬亦學以羽籥小樂正樂師也周禮樂師掌國學之政教國子小舞大胥掌學士之版以待致諸子春入學舍菜合舞秋頒學合聲籥師掌教國子舞羽吹籥胥鼓南南南夷之樂也胥掌以六樂之會正舞位旄人教夷樂則以鼓節之詩云以雅以南以籥不僭春誦夏弦大師詔之瞽宗秋學禮執禮者詔之冬讀書典書者詔之禮在瞽宗書在上庠誦謂歌樂也弦謂以絲播詩陽用事則學之以聲陰用事則學之以事因時順氣於功易也周立三代之學學書於有虞氏之學典謨之教所興也學舞於夏后氏之學文武中也學於殷之學功成治定與己同也疏正義曰此一節還是第二

記義二十八　六　余政

教世子及學士時節兼明所教之官及所教之處凡學世子及學士必時者學謂教也言三王教世子及學士等必各逐四時所宜則下文之類是也注四時至學者正義曰四時各有所宜學者即下云春夏學干戈及春誦夏弦之類是也云學士謂司徒論俊選所升於學者則王制云王子卿大夫元士之適子及國之俊選等升於學謂入學也故下云於東序是大學也注干盾至東翟正義曰干盾也春時萬物有孚甲故象干也盾捍也盾所以捍難故以干爲盾也云戈句孑戟也者夏氣茂盛萬物體壯枝葉似戟有句孑也案考工記戈廣二寸內倍之胡三之援四之以其形句曲有孑刃鄭云若今雞鳴戟也云干戈萬舞象武也者宣八年公羊傳萬者何干舞也以其用干故知象武若其大武則以干配戚則明堂位云朱干玉戚冕而舞大武若其小舞則以干配戈則周禮樂師教小舞干舞是也春夏陽氣發動故云用動作之時學之秋冬學羽籥羽翟羽也秋則體成文章也籥笛也籥聲出於

足利本第二十八卷第六葉

學干大胥贊之籥師學戈籥師丞贊之四人皆樂官之屬也通職秋冬亦學以羽籥小樂正樂師也周禮樂師掌國學之政教國子小舞大胥掌學士之版以待致諸子春入學舍菜合舞秋頒學合聲籥師掌教國子舞羽吹籥胥鼓南南南夷之樂也胥掌以六樂之會正舞位旄人教夷樂則以鼓節之詩云以雅以南以籥不僭春誦夏弦大師詔之瞽宗秋學禮執禮者詔之冬讀書典書者詔之禮在瞽宗書在上庠誦謂歌樂也弦謂以絲播詩陽用事則學之以聲陰用事則學之以事因時順氣於功易也周立三代之學學書於有虞氏之學典謨之教所興也學舞於夏后氏之學文武中也學禮樂於殷之學功成治定與己同也疏正義曰此一節還是第二

禮記義二十八　六

節中教世子及學士時節兼明所教之官及所教之處凡學世子及學士必時者學謂教也言三王教世子及學士等必各逐四時所宜則下文之類是也注四時至學者正義曰四時各有所宜學者即下云春夏學干戈及春誦夏弦之類是也云學士謂司徒論俊選所升於學者則王制云王子卿大夫元士之適子及國之俊選等升於學謂入學也故下云於東序是大學也注干盾至東翟正義曰干盾也春時萬物有孚甲故象干也盾捍也盾所以捍難故以干爲盾也云戈句孑戟也者夏氣茂盛萬物體壯枝葉似戟有句孑也案考工記戈廣二寸內倍之胡三之援四之以其形句曲有孑刃鄭云若今雞鳴戟也云干戈萬舞象武也者宣八年公羊傳萬者何干舞也以其用干故知象武若其大武則以干配戚則明堂位云朱干玉戚冕而舞大武若其小舞則以干配戈則周禮樂師教小舞干舞是也春夏陽氣發動故云用動作之時學之秋冬學羽籥羽翟羽也秋則體成文章也籥笛也籥聲出於

潘本第二十八卷第六葉

足利本第二十八卷第七葉

中冬則萬物藏於中云羽籥籥舞象文也宣八年公羊傳
云籥者何籥舞也以其不用兵器故象文也引詩者邶風
簡兮之篇也證羽籥之義以秋冬凝寒漸靜故云用安靜
之時學之盧植以爲春教干夏教戈秋教羽冬教籥但干
與戈羽與籥舞時相對之物皇氏云鄭引詩左手執籥右
手秉翟則秋冬羽籥同教春夏亦同教干戈義或然也皆
據年二十升大學者也　注四人至吹籥　正義曰云通
職秋冬亦學以羽籥者此籥師云教戈周禮籥師掌教國
子舞羽龡籥是籥師既教戈又教籥此小樂正教干周禮
樂師教小舞則六舞皆教故知通職至秋冬之時亦教羽
籥也云小樂正樂師也者諸侯謂之小樂正天子謂之樂
師此有大樂正及小樂正周禮有大司樂有樂師故知小
樂正當樂師也但此經雜多有諸侯之禮故謂之大樂正
也云周禮樂師掌國學之政教國子小舞者證樂師有教
舞之事小舞者謂年幼小時教之舞其舞即帗舞羽舞皇
舞旄舞干舞人舞也云大胥掌學士之版以待致諸子春

記義二十八　七

舍菜合舞秋頒學合聲者證大胥有教樂之事大胥
掌教學士版籍以待聚致諸子諸子則學士也春時入學
釋蘋藻之菜禮先聖先師合六舞節奏令之得所秋時頒
布學者才藝和合音聲使應曲折云籥師掌教國子舞羽
吹籥者證籥師有教樂之事周禮唯有籥師此云籥師丞
者或諸侯之禮或異代之法　胥鼓南　胥謂大胥南謂
南夷之樂旄人教國子南夷樂之時大胥則擊鼓以節南
樂故云胥鼓南　注南南至不僭　正義曰鉤命決云東
夷之樂曰昧南夷之樂曰南西夷之樂曰朱離北夷之樂
曰禁南一名任明堂位云任南蠻之樂也云胥掌以六樂
之會正舞位者證大胥所以鼓節南由正舞位故鼓之也
云旄人教夷樂者證教南樂之人是旄人也引詩以雅以
南者是小雅鼓鍾之詩刺幽王用樂不與德比故陳先王
正樂以刺之教夷蠻者明王德化率來四夷言先王以萬
舞之雅樂以四夷之南樂以籥舞之文樂進旅退旅則知
三舞各得其所不有僭差引之者證此經之南舉南樂則

潘本第二十八卷第七葉

中冬則萬物藏於中云羽籥籥舞象文也宣八年公羊傳
云籥者何籥舞也以其不用兵器故象文也引詩者邶風
簡兮之篇也證羽籥之義以秋冬凝寒漸靜故云用安靜
之時學之盧植以爲春教干夏教戈秋教羽冬教籥但干
與戈羽與籥舞時相對之物皇氏云鄭引詩左手執籥右
手秉翟則秋冬羽籥同教春夏亦同教干戈義或然也皆
據年二十升大學者也　注四人至吹籥　正義曰云通
職秋冬亦學以羽籥者此籥師云教戈周禮籥師掌教國
子舞羽龡籥是籥師既教戈又教籥此小樂正教干周禮
樂師教小舞則六舞皆教故知通職至秋冬之時亦教羽
籥也云小樂正樂師也者諸侯謂之小樂正天子謂之樂
師此有大樂正及小樂正周禮有大司樂有樂師故知小
樂正當樂師也但此經雜多有諸侯之禮故謂之大樂正
也云周禮樂師掌國學之政教國子小舞者證樂師有教
舞之事小舞者謂年幼小時教之舞其舞即帗舞羽舞皇
舞旄舞干舞人舞也云大胥掌學士之版以待致諸子春

禮記義二十八　七

入學舍菜合舞秋頒學合聲者證大胥有教樂之事大胥
掌教學士版籍以待聚致諸子諸子則學士也春時入學
釋蘋藻之菜禮先聖先師合六舞節奏令之得所秋時頒
布學者才藝和合音聲使應曲折云籥師掌教國子舞羽
吹籥者證籥師有教樂之事周禮唯有籥師此云籥師丞
者或諸侯之禮或異代之法　胥鼓南　胥謂大胥南謂
南夷之樂旄人教國子南夷樂之時大胥則擊鼓以節南
樂故云胥鼓南　注南南至不僭　正義曰鉤命決云東
夷之樂曰昧南夷之樂曰南西夷之樂曰朱離北夷之樂
曰禁南一名任明堂位云任南蠻之樂也云胥掌以六樂
之會正舞位者證大胥所以鼓節南由正舞位故鼓之也
云旄人教夷樂者證教南樂之人是旄人也引詩以雅以
南者是小雅鼓鍾之詩刺幽王用樂不與德比故陳先王
正樂以刺之教夷蠻者明王德化率來四夷言先王以萬
舞之雅樂以四夷之南樂以籥舞之文樂進旅退旅則知
三舞各得其所不有僭差引之者證此經之南舉南樂則

文王世子第八

足利本第二十八卷第八葉

四夷之樂皆教之也　注誦謂至同也　正義曰誦謂歌樂者謂口誦歌樂之篇章不以琴瑟歌也云弦謂以絲播詩者謂以琴瑟播被詩之音節詩音則樂章也若學舞之時春夏學干戈而用動秋冬學羽籥而用靜皆據年二十升於大學者若其未升大學之時則春誦夏弦在殷之瞽宗也云陽用事則學之以聲春夏是陽陽主清輕故學聲聲亦清輕云陰用事則學之以事秋冬屬陰陰主體質故學事事亦體質因四時所宜順動靜之氣於學功業易成也云周立三代之學者謂立虞夏殷學也其虞之學制在國兼在西郊郊則周之小學也夏殷之學亦在國而鄭注儀禮云周立四代之學於國者合周家爲言耳故與此注不同夏后氏之學在上庠即周之大學爲夏之制也云學書於虞氏之學典謨之教所興也者虞書有典有謨故就其學中而教之則周之小學也云學舞於夏后氏之學文武中也夏后氏上受舜禪是文下有湯伐是武以此二者間故云文武中以兼有文舞武舞故也云學禮樂於殷

記義二十八　八　高彥

之學功成治定與已同也者以湯伐桀武王伐紂殷周革命事類相似故云功成治定與已同也先師以爲三代學皆立大學小學今案下養老於東序是周之大學夏之東序也又王制云養老於虞庠是周之小學爲虞庠也又此學虞學也學舞於夏學學禮於殷學若周別有大學小學更何所教也　凡祭與養老乞言合語之禮皆小樂正詔之於東序　學以三者之威儀也養老乞言養老人之賢者因從乞善言可行者也合語謂鄉射鄉飲酒大射燕射之屬也鄉射記曰古者於旅也語　疏　正義曰此一節還是第二節中教世子及學士祭與養老合語之威儀又教世子等祭與養老合語之義理兼明所教之官及所教之處又明司成之官考課才藝深淺也　凡祭與養老乞言合語之禮者此之一凡總包三事也一是祭二是養老乞言三是合語之禮皆小樂正詔之於東序　謂祭與養老乞言及合語

潘本第二十八卷第八葉原缺抄補

四夷之樂皆教之也　注誦謂至同也　正義曰誦謂歌樂者謂口誦歌樂之篇章不以琴瑟歌也云弦謂以絲播詩者謂以琴瑟播被詩之音節詩音則樂章也若學舞之時春夏學干戈而用動秋冬學羽籥而用靜皆據年二十升於大學者若其未升大學之時則春誦夏弦在殷之瞽宗也云陽用事則學之以聲春夏是陽陽主清輕故學聲聲亦清輕云陰用事則學之以事秋冬屬陰陰主體質故學事事亦體質因四時所宜順動靜之氣於學功業易成也云周立三代之學者謂立虞夏殷學也其虞之學制在國兼在西郊郊則周之小學也夏殷之學亦在國而鄭注儀禮云周立四代之學於國者含周家爲言耳故與此註不同夏后氏之學在上庠即周之大學爲夏之制也云學書於虞氏之學典謨之教所興也者虞書有典有謨故就其學中而教之則周之小學也云學舞於夏后氏之學文武中也夏后氏上受舜禪是文下有湯伐是武以此二者之間故云文武中以兼有文舞武舞故也云學禮樂於殷

禮記正義二十八　八

之學功成治定與已同也者以湯放桀武王伐紂殷周革命事類相似故云功成治定與已同也先師以爲三代學皆立大學小學今案下養老於東序是周之大學夏之東序也又王制云養老於虞庠是周之小學爲虞庠也又此學虞學也學舞於夏學學禮於殷學若周別有大學小學更何所教也　凡祭與養老乞言合語之禮皆小樂正詔之於東序　學以三者之威儀也養老乞言養老人之賢者因從乞善言可行者也合語謂鄉射鄉飲酒大射燕射之屬也鄉射記曰古者於旅也語　疏　凡祭與養老至在東序　正義曰此一節還是第二節中教世子及學士祭與養老合語之威儀又教世子等祭與養老合語之義理兼明所教之官及所教之處又明司成之官考課才藝深淺也凡祭與養老乞言合語之禮者此之一凡總包三事也一是祭二是養老三是合語

足利本第二十八卷第九葉

之禮皆小樂正之官詔告世子及學士於東序之中謂小樂正以此祭及養老合語三者之威儀以教世子及學士等 注學以至也語 正義曰學以三者學教也教以三者威儀容貌言祭與養老乞言及合語行禮之時皆有容貌故小樂正教之云合語謂鄉射鄉飲酒大射燕射之屬三者此經先云祭與養老乞言別云合語則合語非祭與養老也故知是鄉射鄉飲酒及大射燕射之等指儀禮成文而言之以其此等至旅酬之時皆合語也其實祭末及養老亦皆合語也故詩楚茨論祭祀之事云笑語卒獲箋云古者於旅也語是祭有合語也養老既乞言自然合語也引鄉射記者證旅酬之時得言説先王之法故云古者於旅也語言合語者謂合會義理而語説也

大樂正學舞干戚語説命乞言皆大樂正授數

學以三者之義也戚斧也語説合語之説也數篇數 疏 前文小樂正既教三者之威儀今大樂正又教三者之義理故大樂正學舞干戚干戚則前經祭祀也祭祀之時舞其干戚之樂不云祭祀而云舞干戚者容祭祀之外餘干戚皆教之語説謂合語之説則前經合語也亦大樂正教以語説義理命乞言者大樂正命此世子及學士於老者而乞言則前經養老乞言但前經云祭故養老乞言與祭相連故尊之序在合語之上此經不云祭故略其養老在語説之下皆大樂正授數者謂干戚語説乞言三者皆大樂正之官授世子及學士等篇章之數爲之講説使知義理 注學以至篇數 正義曰此經與前經重序其事文勢相似前經小樂正乃教威儀事淺故云詔之東序此大樂正所教義理既深故大樂正授數知者文承東序之下大樂正授數之時亦在東序

大司成論説在東序

論説課其義之深淺才能優劣此云樂正司業父師司成則大司成司徒之屬師氏也師氏掌以媺詔王教國子以三德三行及國中失之事也 疏 小樂正既詔以三者威儀大樂正又

禮記義二十八　九

潘本第二十八卷第九葉

之禮皆小樂正之官詔告世子及學士於東序之中謂小樂正以此祭及養老合語三者之威儀以教世子及學士等 注學以至也語 正義曰學以三者學教也教以三者威儀容貌言祭與養老乞言及合語行禮之時皆有容貌故小樂正教之云合語謂鄉射鄉飲酒大射燕射之屬三者此經先云祭與養老乞言別云合語則合語非祭與養老也故知是鄉射鄉飲酒及大射燕射之等指儀禮成文而言之以其此等至旅酬之時皆合語也其實祭末及養老亦皆合語也故詩楚茨論祭祀之事云笑語卒獲箋云古者於旅也語是祭有合語也養老既乞言自然合語也引鄉射記者證旅酬之時得言説先王之法故云古者於旅也語言合語者謂合會義理而語説也

大樂正學舞干戚語説命乞言皆大樂正授數

學以三者之義也戚斧也語説合語之説也數篇數 疏 前文小樂正既教三者之威儀今大樂正又教三者之義理故大樂正學舞干戚干戚則前經祭祀也祭祀之時舞其干戚之樂不云祭祀而云舞干戚者容祭祀之外餘干戚皆教之語説謂合語之説則前經合語也亦大樂正教以語説義理命乞言者大樂正命此世子及學士於老者而乞言則前經養老乞言但前經云祭故養老乞言與祭相連故尊之序在合語之上此經不云祭故略其養老在語説之下皆大樂正授數者謂干戚語説乞言三者皆大樂正之官授世子及學士等篇章之數爲之講説使知義理 注學以至篇數 正義曰此經與前經重序其事文勢相似前經小樂正乃教威儀事淺故云詔之東序此大樂正所教義理既深故大樂正授數知者文承東序之下大樂正授數之時亦在東序

大司成論説在東序

論説課其義之深淺才能優劣此云樂正司業父師司成則大司成司徒之屬師氏也師氏掌以媺詔王教國子以三德三行及國中失之事也 疏 小樂正既詔以三者威儀大樂正又

禮記義二十八　九　永昌

足利本第二十八卷第十葉

教以三者義理於是大司成之官論量課説此世子學士
等義理之深淺才能之優劣於東序之中 注 司成至事
也 正義曰鄭以下文云樂正司業父師司成父師與樂
正相連此大司成亦與大樂正相次故知司成則大司成
也以其掌教故知是司徒之屬以其父師司成又掌教國
子故知當師氏也引師氏以媺詔王以下者皆師氏職文
案書傳大夫爲父師周禮師氏中大夫云教國子以三德
三行三德一曰至德以爲道本二曰敏德以爲行本三曰
孝德以知逆惡教三行一曰孝行以親父母二曰友行以
尊賢良三曰順行以事師長云及國中失之事者中謂中
禮失謂失禮掌國家
中禮失禮之事也 凡侍坐於大司成者遠近
間三席可以問 間猶容也容三席則得指畫相分別
也席之制廣三尺三寸三分則是所
謂函
丈也 終則負牆 郤就後
席相辟 列事未盡不問 錯尊
者之
語不
敬也
記義二十八 十 馬松
疏 正義曰此一節論國子侍坐於大司成之儀故
云侍坐於大司成 遠近閒三席可以問者去
大司成遠近中間可容三席之地席制廣三尺三寸三分
寸之一三席則函一丈可以指畫而問也 終則負牆者
問終則起郤就後席負牆而坐辟後來問者列事未盡不
問者其問事之時必待尊者言終如有不曉然後更問若
尊者序列其事未得終盡則不可錯亂 凡學春官釋
尊者之語而輒有咨問則爲不敬也
奠于其先師秋冬亦如之 官謂禮樂詩書之官
周禮曰凡有道者有
德者使教焉死則以爲樂祖祭於瞽宗此之謂先師之類
也若漢禮有高堂生樂有制氏詩有毛公書有伏生億可
以爲之也不言夏夏從春可知也釋奠
者設薦饌酌奠而已無迎尸以下之事 疏 正義曰此論
四時在學釋
奠之事凡學者謂禮樂詩書之學於春夏之時所教之官
各釋奠於其先師秋冬之時所教之官亦各釋奠於其先

潘本第二十八卷第十葉

教以三者義理於是大司成之官論量課説此世子學士
等義理之深淺才能之優劣於東序之中 注 司成至事
也 正義曰鄭以下文云樂正司業父師司成父師與樂
正相連此大司成亦與大樂正相次故知司成則大司成
也以其掌教故知是司徒之屬以其父師司成又掌教國
子故知當師氏也引師氏以媺詔王以下者皆師氏職文
案書傳大夫爲父師周禮師氏中大夫云教國子以三德
三行三德一曰至德以爲道本二曰敏德以爲行本三曰
孝德以知逆惡教三行一曰孝行以親父母二曰友行以
尊賢良三曰順行以事師長云及國中失之事者中謂中
禮失謂失禮掌國家
中禮失禮之事也 凡侍坐於大司成者遠近
間三席可以問 間猶容也容三席則得指畫相分別
也席之制廣三尺三寸三分則是所
謂函
丈也 終則負牆 郤就後
席相辟 列事未盡不問 錯尊
者之
語不
敬也
大四三 小三八十八 禮記義二十八 十 山
疏 正義曰此一節論國子侍坐於大司成之儀故
云侍坐於大司成 遠近閒三席可以問者去
大司成遠近中間可容三席之地席制廣三尺三寸三分
寸之一三席則函一丈可以指畫而問也 終則負牆者
問終則起郤就後席負牆而坐辟後來問者列事未盡不
問者其問事之時必待尊者言終如有不曉然後更問若
尊者序列其事未得終盡則不可錯亂 凡學春官釋
尊者之語而輒有咨問則爲不敬也
奠于其先師秋冬亦如之 官謂禮樂詩書之官
周禮曰凡有道者有
德者使教焉死則以爲樂祖祭於瞽宗此之謂先師之類
也若漢禮有高堂生樂有制氏詩有毛公書有伏生億可
以爲之也不言夏夏從春可知也釋奠
者設薦饌酌奠而已無迎尸以下之事 疏 正義曰此論
四時在學釋
奠之事凡學者謂禮樂詩書之學於春夏之時所教之官
各釋奠於其先師秋冬之時所教之官亦各釋奠於其先

師故云秋冬亦如之猶若教書之官春時於虞庠之中釋奠於先代明書之師四時皆然教禮之官秋時於瞽宗之中釋奠於其先代明禮之師如此之類是也　注　官謂至之事　正義曰官謂禮樂詩書之官者謂所教之官也若春誦夏弦則大師釋奠也教干戈則小樂正樂師等釋奠也教禮者則執禮之官釋奠也皇氏云其教雖各有時其釋奠則四時各有其學備而行之引周禮曰凡有道者有德者使教焉死則以爲樂祖祭於瞽宗者此周禮大司樂文引之者證樂之先師也後世釋奠祭之然則禮及詩書之官有道有德者亦使教焉死則以爲書禮之祖後世則亦各祭於其學也故云此之謂先師之類也以大司樂掌樂故特云樂祖其餘不見者周禮文不具也云若漢禮有高堂生樂有制氏詩有毛公書有伏生者皆漢書儒林傳文案書傳伏生濟南人故爲秦時博士孝文帝時以書教於齊魯之間詩有毛公者毛公趙人治詩爲河間獻王博士高堂生者魯人漢興爲博士傳禮十七篇藝文志漢興

記義二十八　十二

制氏以雅樂聲律世爲樂官頗能記其鏗鎗鼓舞不能言其義是其事也其儒林傳詩書及禮多矣而不言者以其非俊異也又有傳易及春秋不引者以此經唯有詩書禮樂故不引易與春秋云億可以爲之也者億是發語之聲言此等之人後世亦可爲先師也疑而不定故發聲爲億以三時釋奠獨不言夏故言夏從春可知也以其釋奠直奠置於物無食飲酬酢之事故云設薦饌酌奠而已無迎尸以下之事釋奠所以無尸者以其主於行禮非報功也

凡始立學者必釋奠于先聖先師及行事

必以幣　謂天子命之教始立學官者也先聖周公若孔子　疏　正義曰此明諸侯之國天子命之使立學者必釋奠於先聖先師及行事之時必用幣而行禮諸侯言始立學必釋奠於先聖先師則天子始立學亦釋奠於先聖先師也天子云四時釋奠於先師不及於先聖者則諸侯四時釋奠亦不及先聖也始立學云必用

師故云秋冬亦如之猶若教書之官春時於虞庠之中釋奠於先代明書之師四時皆然教禮之官秋時於瞽宗之中釋奠於其先代明禮之師如此之類是也　注　官謂至之事　正義曰官謂禮樂詩書之官者謂所教之官也若春誦夏弦則大師釋奠也教干戈則小樂正樂師等釋奠也教禮者則執禮之官釋奠也皇氏云其教雖各有時其釋奠則四時各有其學備而行之引周禮曰凡有道者有德者使教焉死則以爲樂祖祭於瞽宗者此周禮大司樂文引之者證樂之先師也後世釋奠祭之然則禮及詩書之官有道有德者亦使教焉死則以爲書禮之祖後世則亦各祭於其學也故云此之謂先師之類也以大司樂掌樂故特云樂祖其餘不見者周禮文不具也云若漢禮有高堂生樂有制氏詩有毛公書有伏生者皆漢書儒林傳文案書傳伏生濟南人故爲秦時博士孝文帝時以書教於齊魯之間詩有毛公者毛公趙人治詩爲河間獻王博士高堂生者魯人漢興爲博士傳禮十七篇藝文志漢興

禮記義二十八　十二

制氏以雅樂聲律世爲樂官頗能記其鏗鎗鼓舞不能言其義是其事也其儒林傳詩書及禮多矣而不言者以其非俊異也又有傳易及春秋不引者以此經唯有詩書禮樂故不引易與春秋云億可以爲之也者億是發語之聲言此等之人後世亦可爲先師也疑而不定故發聲爲億以三時釋奠獨不言夏故言夏從春可知也以其釋奠直奠置於物無食飲酬酢之事故云設薦饌酌奠而已無迎尸以下之事釋奠所以無尸者以其主於行禮非報功也

凡始立學者必釋奠于先聖先師及行事

必以幣　謂天子命之教始立學官者也先聖周公若孔子　疏　正義曰此明諸侯之國天子命之使立學者必釋奠於先聖先師及行事之時必用幣而行禮諸侯言始立學必釋奠於先聖先師則天子始立學亦釋奠於先聖先師也天子云四時釋奠於先師不及於先聖者則諸侯四時釋奠亦不及先聖也始立學云必用

足利本第二十八卷第十二葉

幣則四時常奠不用幣也皇氏云行事必用幣謂禮樂器
成及出軍之事其告用幣而已今案釁器用幣下別具其
文此行事必用幣繫於釋奠之下皇氏乃離文析句其義
非也　注謂天至孔子　正義曰此謂諸侯新建國天子
命之始立學也故王制云天子命之教然後爲學是也知
非天子始立學者以此下文云有國故則否是廣記諸侯
之國故知此始立學者據諸侯也但天子立虞夏殷周四
代之學若諸侯正立時王一代之學有大學小學耳其所
習經業皆於時王學中其鄉學爲庠故鄉飲酒義曰迎賓
于庠門之外注云庠鄉學也若州黨與鄉同處共在鄉學
故學記云黨有庠是鄉之所居黨也州及遂以下皆謂之
序故州長春秋射于序學記云術有序鄭云術當爲遂是
州遂爲序也云先聖周公若孔子者以周公孔子皆爲先
聖近周公處祭周公近孔子處祭孔子故云若若是不定
之辭立學爲重故及先聖常奠爲輕故
唯祭先師此經始立學故奠先聖先師　凡釋奠者必

禮記義二十八　十二

有合也　國無先聖先師則所釋奠者當與鄰國合也　有國故則否　若唐虞有
夔伯夷周有周公魯有孔　正義曰此謂諸侯之國釋
子則各自奠之不合也　疏　奠之時若已國無先聖先
師則合祭鄰國先聖先師謂彼此二國共祭此先聖先師
故云合也非謂就他國而祭之當遂合祭耳若魯有孔子
顔回餘國祭之不必於魯若已國有先聖先師則不須與
鄰國合也當各自祭故云有國故則否是唐虞有夔龍伯
夷周有周公魯有孔子是國故　凡大合樂必遂養老
有此人則不與鄰國合祭也
大合樂謂春入學舍菜合舞秋頒學合聲於是時也天子
則視學焉遂養老者謂用其明日也鄉飲酒鄉射之禮明
日乃息司正徵唯所欲以告於　疏　正義曰此明合樂之
先生君子可也是養老之象類　時天子視學於其明
日必遂養老　注　大合至象類　正義曰經不凡大合樂
者凡者非一之辭鄭以大合樂謂春入學釋菜合舞秋頒

潘本第二十八卷第十二葉

幣則四時常奠不用幣也皇氏云行事必用幣謂禮樂器
成及出軍之事其告用幣而已今案釁器用幣下別具其
文此行事必用幣繫於釋奠之下皇氏乃離文析句其義
非也　注謂天至孔子　正義曰此謂諸侯新建國天子
命之始立學也故王制云天子命之教然後爲學是也知
非天子始立學者以此下文云有國故則否是廣記諸侯
之國故知此始立學者據諸侯也但天子立虞夏殷周四
代之學若諸侯正立時王一代之學有大學小學耳其所
習經業皆於時王學中其鄉學爲庠故鄉飲酒義曰迎賓
于庠門之外注云庠鄉學也若州黨與鄉同處共在鄉學
故學記云黨有庠是鄉之所居黨也州及遂以下皆謂之
序故州長春秋射于序學記云術有序鄭云術當爲遂是
州遂爲序也云先聖周公若孔子者以周公孔子皆爲先
聖近周公處祭周公近孔子處祭孔子故云若若是不定
之辭立學爲重故及先聖常奠爲輕故
唯祭先師此經始立學故奠先聖先師　凡釋奠者必

禮記義二十八　十二

有合也　國無先聖先師則所釋奠者當與鄰國合也　有國故則否　若唐虞有
夔伯夷周有周公魯有孔　正義曰此謂諸侯之國釋
子則各自奠之不合也　疏　奠之時若已國無先聖先
師則合祭鄰國先聖先師謂彼此二國共祭此先聖先師
故云合也非謂就他國而祭之當遂合祭耳若魯有孔子
顔回餘國祭之不必於魯若已國有先聖先師則不須與
鄰國合也當各自祭故云有國故則否是唐虞有夔龍伯
夷周有周公魯有孔子是國故　凡大合樂必遂養老
有此人則不與鄰國合祭也
大合樂謂春入學舍菜合舞秋頒學合聲於是時也天子
則視學焉遂養老者謂用其明日也鄉飲酒鄉射之禮明
日乃息司正徵唯所欲以告於　疏　正義曰此明合樂之
先生君子可也是養老之象類　時天子視學於其明
日必遂養老　注　大合至象類　正義曰經云凡大合樂
者凡者非一之辭鄭以大合樂謂春入學釋菜合舞秋頒

足利本第二十八卷第十三葉

學合聲者其月令季春大合樂則亦在其中以季春大合樂其文自明故鄭不引之耳　云於是時也天子則視學焉者周禮大胥春合舞秋合聲雖無天子視學之文又月令季春大合樂天子親往則明春合舞秋合聲之時天子亦親視學也云遂養老者謂用其明日也者案鄉飲酒鄉射禮明日乃息司正云徵唯所欲以告於先生君子可也先生謂致仕者君子謂鄉中有德行者此皆老人也故云是養老之象類

凡語于郊者 語謂論說於郊學 **必取賢斂才焉或以德進或以事舉或以言揚** 大樂正論造士之秀者升諸司馬曰進士謂此矣 **曲藝皆誓之** 曲藝爲小技能也誓謹也皆使謹習其事 **以待又語** 又語爲後復論說也 **三而一有焉** 三說之中有一善則取之以有曲藝不必盡善 **乃進其等** 進於衆學者 **以其序** 又以其藝爲次 **謂之郊人遠之** 俟事官之鈌者以代之遠之者不曰俊選曰郊人賤技藝 **於成均以及取爵於上尊也** 董仲舒曰五帝名大學曰成均則虞庠近是也天子飲酒于虞庠則郊人亦得酌于上尊以相旅

疏 正義曰此以下明官爵於學士巳成者　注 語謂論說於郊學　正義曰語謂論課學士才能也郊西郊也周以虞庠爲小學在西郊今天子親視學於其西郊考課論說於西郊之學以西方成就之地故也或偏在四郊　必取賢斂才焉者謂在於西郊學之中論說取賢斂其才能者以爵之也　或以德進者謂人能不同各隨才用也德謂有道德者進謂用爵之也德最爲上故進之宜先也　或以事舉者事次德者雖無德而解世事或吏治之屬亦舉用之也　或以言揚者次事也揚亦進舉之類互言之雖無德無事而能言語應對堪爲使命亦舉用之　曲藝皆誓之者曲藝謂小小技術若

記義二十八　十三

潘本第二十八卷第十三葉

學合聲者其月令季春大合樂則亦在其中以季春大合樂其文自明故鄭不引之耳　云於是時也天子則視學焉者周禮大胥春合舞秋合聲雖無天子視學之文又月令季春大合樂天子親往則明春合舞秋合聲之時天子亦親視學也云遂養老者謂用其明日也者案鄉飲酒鄉射禮明日乃息司正云徵唯所欲以告於先生君子可也先生謂致仕者君子謂鄉中有德行者此皆老人也故云是養老之象類

凡語于郊者 語謂論說於郊學 **必取賢斂才焉或以德進或以事舉或以言揚** 大樂正論造士之秀者升諸司馬曰進士謂此矣 **曲藝皆誓之** 曲藝爲小技能也誓謹也皆使謹習其事 **以待又語** 又語爲後復論說也 **三而一有焉** 三說之中有一善則取之以有曲藝不必盡善 **乃進其等** 進於衆學者 **以其序** 又以其藝爲次 **謂之郊人遠之** 俟事官之鈌者以代之遠之者不曰俊選曰郊人賤技藝 **於成均以及取爵於上尊也** 董仲舒曰五帝名大學曰成均則虞庠近是也天子飲酒于虞庠則郊人亦得酌于上尊以相旅

疏 正義曰此以下明官爵於學士巳成者　注 語謂論說於郊學　正義曰語謂論課學士才能也郊西郊也周以虞庠爲小學在西郊今天子親視學於其西郊考課論說於西郊之學以西方成就之地故也或偏在四郊　必取賢斂才焉者謂在於西郊學之中論說取賢斂其才能者以爵之也　或以德進者謂人能不同各隨才用也德謂有道德者進謂用爵之也德最爲上故進之宜先也　或以事舉者事次德者雖無德而解世事或吏治之屬亦舉用之也　或以言揚者次事也揚亦進舉之類互言之雖無德無事而能言語應對

[redacted]

爲使命亦舉用之　曲藝皆誓之者曲藝謂小小技術也

禮記義二十八　十三

足利本第二十八卷第十四葉

習上之屬也誓謹也若學士中雖無前三事而有小小技術欲授試考課皆且卻之令謹習　以待又語者又語謂後復論說之日令待後時若春待秋時也　三而一有焉者謂小技藝者所說三事之中而一事有善者　乃進其等者等輩類也若說三事有一善者則進於大衆輩中也　以其序者序次也雖得進衆而不得與衆爲一猶使與其輩中自爲高下之次序也　謂之郊人者雖有次序而待職缺當擬補之若國子學士未官之前俱爲俊選而以小才技藝者未官之前而不得同爲俊選但名曰郊人言其猶在郊學也　遠之者所以謂爲郊人者是疎遠之故也　於成均以及取爵於上尊也者成均則虞庠也上尊堂上之酒尊天子於成均之內飲酒以恩澤被及於此郊人其郊人雖賤亦得取爵於堂上之尊以相旅也所以榮之

注董仲至相旅　正義曰董仲舒爲春秋繁露云成均爲五帝之學虞庠是舜學則成均五帝學也以無正文故云近是也言虞庠近是成均凡飲酒之禮尊者酌於堂上之尊卑者酌於堂下之尊故特牲禮主人獻賓及獻衆賓及長兄弟等及次賓及次兄弟等皆酌於堂下之尊以相旅是也今郊人雖賤亦得酌於堂上尊故云取爵於上尊

始立學者既興器用幣　興當爲釁字之誤也禮樂之器成則釁之以用幣告先聖先師以器成

然後釋菜　告先聖先師以器成有時將用也

不舞不授器　釋菜禮輕也釋奠則舞舞則授器司馬之屬司兵司戈司盾祭祀授舞者兵也

乃退儐于東序一獻無介語可也　言乃退者謂得立三代之學者釋菜于虞庠則儐賓于東序魯之學有米廩東序瞽宗也

教世子　亦題上事

疏　正義曰此一節明禮樂之器初成用幣告先聖先師又釋菜告器成將用乃退儐之事也　始立學者亦謂天子命諸侯始立教學又造禮樂之器新成釁之既畢乃用幣告先聖先師以器成也

記義二十八　十四　余政

潘本第二十八卷第十四葉

習上之屬也誓謹也若學士中雖無前三事而有小小技術欲授試考課皆且卻之令謹習　以待又語者又語謂後復論說之日令待後時若春待秋時也　三而一有焉者謂小技藝者所說三事之中而一事有善者　乃進其等者等輩類也若說三事有一善者則進於大衆輩中也　以其序者序次也雖得進衆而不得與衆爲一猶使與其輩中自爲高下之次序也　謂之郊人者雖有次序而待職缺當擬補之若國子學士未官之前俱爲俊選而以小才技藝者未官之前而不得同爲俊選但名曰郊人言其猶在郊學也　遠之者所以謂爲郊人者是疎遠之故也　於成均以及取爵於上尊也者成均則虞庠也上尊堂上之酒尊天子於成均之內飲酒以恩澤被及於此郊人其郊人雖賤亦得取爵於堂上之尊以相旅也所以榮之

注董仲至相旅　正義曰董仲舒爲春秋繁露云成均爲五帝之學虞庠是舜學則成均五帝學也以無正文故云近是也言虞庠近是成均凡飲酒之禮尊者酌於堂上之尊卑者酌於堂下之尊故特牲禮主人獻賓及獻衆賓及長兄弟等及次賓及次兄弟等皆酌於堂下之尊以相旅是也今郊人雖賤亦得酌於堂上尊故云取爵於上尊

始立學者既興器用幣　興當爲釁字之誤也禮樂之器成則釁之以用幣告先聖先師以器成

然後釋菜　告先聖先師以器成有時將用也

不舞不授器　釋菜禮輕也釋奠則舞舞則授器司馬之屬司兵司戈司盾祭祀授舞者兵也

乃退儐于東序一獻無介語可也　言乃退者謂得立三代之學者釋菜于虞庠則儐賓于東序魯之學有米廩東序瞽宗也

教世子　亦題上事

疏　正義曰此一節明禮樂之器初成用幣告先聖先師又釋菜告器成將用乃退儐之事也　始立學者亦謂天子命諸侯始立教學又造禮樂之器新成釁之既畢乃用幣告先聖先師以器成也

禮記義二十八　十四　余政

足利本第二十八卷第十五葉

然後釋菜既以幣告後又更釋菜告先聖先師以器成將用也故前用幣告其器成後釋菜告其將用也不舞不授器凡釋奠禮重故作樂時須舞乃授舞者所執干戈之器今其釋菜之時雖作樂不爲舞也亦既不舞故不授舞者之器乃退儐于東序釋菜虞庠既畢乃從虞庠而退乃儐禮其賓於東序之中其禮既殺唯行一獻無介無語如此於禮可也　注興當至器成　正義曰案雜記宗廟之器其名者成則釁之以豭豚是器成當釁之故知興當爲釁經言用幣故知告先聖先師以器成也　注告先至用也　正義曰前用幣直云告器成此釋菜云告器成將用則兩告不同也熊氏云用幣則無菜用菜則無幣皇氏云用幣釋菜秖是一告其義恐非也案四時釋奠不及先聖知此用幣及釋菜及先聖者以上文始立學釋奠先聖先師此文亦云始立學既釁器用幣釋菜亦及先聖也以其始立學及器新成事重於四時常奠也故學記云皮弁祭菜鄭注禮先聖先師知及先聖者以彼云未卜禘不視學則

記義二十八　十五　陳真

菜與視學爲一也此下文云天子視學祭先聖先師故知學記祭菜及先聖也熊氏云月令釋菜不及先聖者以其四時入學釋菜故不及先聖也王制釋奠于學注以爲釋菜奠幣知非釋奠者彼是告祭之禮初天子出師受成於學告之無牲明反告亦無牲也故謂釋奠時亦不及先聖也凡釋奠有六始立學釋奠一也四時釋奠有四通前五也王制師還釋奠于學六也釋菜有三春入學釋菜合舞一也此釁器釋菜二也學記皮弁祭菜三也秋頒學合聲無釋菜之文則不釋菜也釋幣唯一也即此釁器用幣是也以前皆熊氏之說義或當然也　注釋菜禮輕也　正義曰此既釋菜禮輕不可爲舞所以大胥云春舍采合舞似釋菜爲舞者彼謂春欲合舞之時先行釋菜之禮不謂釋菜之時則合舞也　注言乃至宗也　正義曰從釁器以來皆據諸侯之禮故云始立學若其諸侯唯立時王之學何得云乃退儐于東序故云乃退者得立三代之學得有夏之東序謂諸侯有功德者得立三代之學若魯國

潘本第二十八卷第十五葉

然後釋菜既以幣告後又更釋菜告先聖先師以器成將用也故前用幣告其器成後釋菜告其將用也不舞不授器凡釋奠禮重故作樂時須舞乃授舞者所執干戈之器今其釋菜之時雖作樂不爲舞也亦既不舞故不授舞者之器乃退儐于東序釋菜虞庠既畢乃從虞庠而退乃儐禮其賓於東序之中其禮既殺唯行一獻無介無語如此於禮可也　注興當至器成　正義曰案雜記宗廟之器其名者成則釁之以豭豚是器成當釁之故知興當爲釁經言用幣故知告先聖先師以器成也　注告先至用也　正義曰前用幣直云告器成此釋菜云告器成將用則兩告不同也熊氏云用幣則無菜用菜則無幣皇氏云用幣釋菜秖是一告其義恐非也案四時釋奠不及先聖知此用幣及釋菜及先聖者以上文始立學釋奠先聖先師此文亦云始立學既釁器用幣釋菜亦及先聖也以其始立學及器新成事重於四時常奠也故學記云皮弁祭菜鄭注禮先聖先師知及先聖者以彼云未卜禘不視學則

禮記義二十八　十五　陳真

祭菜與視學爲一也此下文云天子視學祭先聖先師故知學記祭菜及先聖也熊氏云月令釋菜不及先聖者以其四時入學釋菜故不及先聖也王制釋奠于學注以爲釋菜奠幣知非釋奠者彼是告祭之禮初天子出師受成於學告之無牲明反告亦無牲也故謂釋奠時亦不及先聖也凡釋奠有六始立學釋奠一也四時釋奠有四通前五也王制師還釋奠于學六也釋菜有三春入學釋菜合舞一也此釁器釋菜二也學記皮弁祭菜三也秋頒學合聲無釋菜之文則不釋菜也釋幣唯一也即此釁器用幣是也以前皆熊氏之說義或當然也　注釋菜禮輕也　正義曰此既釋菜禮輕不可爲舞所以大胥云春舍采合舞似釋菜爲舞者彼謂春欲合舞之時先行釋菜之禮不謂釋菜之時則合舞也　注言乃至宗也　正義曰從釁器以來皆據諸侯之禮故云始立學若其諸侯唯立時王之學何得云乃退儐于東序故云乃退者得立三代之學得有夏之東序謂諸侯有功德者得立三代之學若魯國

足利本第二十八卷第十六葉

之比東序與虞庠相對東序在東虞庠在西既退儐于東序明釋菜在於虞庠云魯之學有米廩東序瞽宗也者明堂位文也　教世子　正義曰從上凡學世子至此皆是教世子之法其閒雖有王子公卿大夫元士之子及國之俊選諸侯之事及釋奠養老之事雖非一也以世子爲主故云教世子以總之　注亦題上事　正義曰題謂題目前文王之爲世子文在於下題目以上之事今教世子之文又在於下亦是題目以上所設諸事故云亦題上事也

凡三王教世子必以禮樂樂所以脩内也禮所以脩外也禮樂交錯於中發形於外是故其成也懌恭敬而溫文中心中也懌說懌立大傅少傅以養之欲其知父子君臣之道也

記義二十八　十六　李倩

養猶教也言養者積浸成長之大傅審父子君臣之道以示之謂爲之行其禮少傅奉世子以觀大傅之德行而審喻之爲說其義大傅在前少傅在後謂其在學時入則有保出則有師謂燕居出入時是以教喻而德成也以其四人維持之師也者教之以事而喻諸德者也保也者慎其身以輔翼之而歸諸道者也慎其身者謹安護之記曰虞夏商周有師保有疑丞記所云謂天子也取以成說設四輔及三公不必備唯

潘本第二十八卷第十六葉

之比東序與虞庠相對東序在東虞庠在西既退儐于東序明釋菜在於虞庠云魯之學有米廩東序瞽宗也者明堂位文也　教世子　正義曰從上凡學世子至此皆是教世子之法其閒雖有王子公卿大夫元士之子及國之俊選諸侯之事及釋奠養老之事雖非一也以世子爲主故云教世子以總之　注亦題上事　正義曰題謂題目前文王之爲世子文在於下題目以上之事今教世子之文又在於下亦是題目以上所設諸事故云亦題上事也

凡三王教世子必以禮樂樂所以脩内也禮所以脩外也禮樂交錯於中發形於外是故其成也懌恭敬而溫文中心中也懌說懌立大傅少傅以養之欲其知父子君臣之道也

禮記義二十八　十六

養猶教也言養者積浸成長之大傅審父子君臣之道以示之謂爲之行其禮少傅奉世子以觀大傅之德行而審喻之爲說其義大傅在前少傅在後謂其在學時入則有保出則有師謂燕居出入時是以教喻而德成也以有四人維持之師也者教之以事而喻諸德者也保也者慎其身以輔翼之而歸諸道者也慎其身者謹安護之記曰虞夏商周有師保有疑丞記所云謂天子也取以成說設四輔及三公不必備唯

足利本第二十八卷第十七葉

其人語使能也語言也得能則用之無則已不必備其官也小人處其位不如且闕君子曰德德成而教尊教尊而官正官正而國治君之謂也仲尼曰昔者周公攝政踐阼而治抗世子法於伯禽所以善成王也聞之曰爲人臣者殺其身有益於君則爲之況于其身以善其君乎周公優爲之聞之者聞之於古也于讀爲迂迂猶廣也大也是故知爲人子然後可以爲人父知爲人臣然後可以爲人君知事人然後能使人成王幼不能涖阼以爲世子則無爲也以爲世子若爲世子時是故抗世子法於伯禽使之與成王居亦學此禮於成王側欲令成王之知父子君臣長幼之義也君之於世子也親則父也尊則君也有父之親有君之尊然後兼天下而有之是故養世子不可不慎也處君父之位覽海內之士而近不能教其子則其餘不足觀矣行一物而三善皆得者唯世子而已其齒於學之謂也物猶

記義二十八　十七

潘本第二十八卷第十七葉

其人語使能也語言也得能則用之無則已不必備其官也小人處其位不如且闕君子曰德德成而教尊教尊而官正官正而國治君之謂也仲尼曰昔者周公攝政踐阼而治抗世子法於伯禽所以善成王也聞之曰爲人臣者殺其身有益於君則爲之況于其身以善其君乎周公優爲之聞之者聞之於古也于讀爲迂迂猶廣也大也是故知爲人子然後可以爲人父知爲人臣然後可以爲人君知事人然後能使人成王幼不能涖阼以爲世子則無爲也以爲世子若爲世子時是故抗世子法於伯禽使之與成王居亦學此禮於成王側欲令成王之知父子君臣長幼之義也君之於世子也親則父也尊則君也有父之親有君之尊然後兼天下而有之是故養世子不可不慎也處君父之位覽海內之士而近不能教其子則其餘不足觀矣行一物而三善皆得者唯世子而已其齒於學之謂也物猶

禮記義二十八　十七

足利本第二十八卷第十八葉

事也故世子齒於學國人觀之曰將君我而與我齒讓何也曰有父在則禮然然而衆知父子之道矣其二曰將君我而與我齒讓何也曰有君在則禮然然而衆著於君臣之義也其三曰將君我而與我齒讓何也曰長長也然而衆知長幼之節矣故父在斯爲子君在斯謂之臣居子與臣之節所以尊君親親也故學之爲父子焉學之爲君臣焉學之爲長幼焉學教父子君臣長幼之道得而國治語曰樂正司業父師司成一有元良萬國以貞世子之謂也司主也一一人也元大也良善也貞正也

周公踐阼亦題上事

疏 正義曰此一節是第三節中論三王教世子禮樂及立師傅教以道德既成教尊官正國治之事 樂所以脩內者樂是喜樂之事喜樂從內而生和諧性情故云所以脩內也 禮所以脩外也者禮是恭敬之事恭敬是正其容體容體在表故所以脩外也 禮樂交錯於中發形於外者樂雖由中從中而見外禮雖由外從外而入中是中之與外皆有禮樂故云禮樂交錯於中謂交間錯雜於其情性之中發形於外謂宣發形見於身外也謂威儀和美也 是故其成也懌者謂內外有樂

記義二十八　十八　李信

潘本第二十八卷第十八葉

事也故世子齒於學國人觀之曰將君我而與我齒讓何也曰有父在則禮然然而衆知父子之道矣其二曰將君我而與我齒讓何也曰有君在則禮然然而衆著於君臣之義也其三曰將君我而與我齒讓何也曰長長也然而衆知長幼之節矣故父在斯爲子君在斯謂之臣居子與臣之節所以尊君親親也故學之爲父子焉學之爲君臣焉學之爲長幼焉學教父子君臣長幼之道得而國治語曰樂正司業父師司成一有元良萬國以貞世子之謂也司主也一一人也元大也良善也貞正也

周公踐阼亦題上事

疏 正義曰此一節是第三節中論三王教世子禮樂及立師傅教以道德既成教尊官正國治之事 樂所以脩內者樂是喜樂之事喜樂從內而生和諧性情故云所以脩內也 禮所以脩外也者禮是恭敬之事恭敬是正其容體容體在表故所以脩外也 禮樂交錯於中發形於外者樂雖由中從中而見外禮雖由外從外而入中是中之與外皆有禮樂故云禮樂交錯於中謂交間錯雜於其情性之中發形於外謂宣發形見於身外也謂威儀和美也 是故其成也懌者謂內外有樂

禮記義二十八　十八　李信

足利本第二十八卷第十九葉

心既喜悅外貌和美故其成也懌懌說懌也　恭敬而溫文者謂內外有禮貌恭心敬而溫潤文章故云恭敬而溫也　注謂燕居出入時　正義曰上云在前在後謂行步動止之節此文言入言出故以爲燕居出入也是以教至者也　以世子外有傅相內有師保是以世子於師教曉喻其德業成就師也者教之以事而喻諸德者也作記者更明師保之德故云師也者教之以事而喻諸德者謂教世子以所行之事喻曉也諸於也而每事之上使世子曉喻於德義也　保也者慎其身以輔翼之而歸諸道者也保是護也輔相也翼助也謂護慎世子之身輔相翼助使世子而歸於道案老子先道後德則道尊德卑此師喻諸德保歸諸道先德後道者以道德無定據各有大小老子謂無爲自然之道故在先德謂人所法行故在後皆謂大道大德也此謂教世子之身先須於事得理若身之有德乃可通達流行故德先道後謂小道小德也已具上曲禮疏　記曰虞夏商周有師保有疑丞　注記所云謂天子也耳以成說　正義曰此作記之人更言記曰則是古有此記作記者引之耳注記所云據天子也必知據天子者以有師保疑丞下則云四輔三公故知天子也後人作記者取此古記天子之事以成世子之記耳　設四至能也　設四輔及三公不必備唯其人此皆古記之文語使能一句是後作記者解前記之人所言以四輔三公不必須備唯擇好人者語使能也語言也言古記如此言四輔三公必使能也其四輔者案尚書大傳古者天子必有四鄰前曰疑後曰丞左曰輔右曰弼天子有問無以對責之疑可志而不志責之丞可正而不正責之輔可揚而不揚責之弼其爵視卿其祿視次國之君也　仲尼至爲之　正義曰此一節是第三節中覆說周公教成王爲世子之事及在學行一物而有三善之事故云抗世子法於伯禽所以善成王也　況于其身以善其君乎周公優爲之者仲尼聞古之言爲人臣者殺其身有益於君不辟殺害猶尚爲之況周公于其身于廣大也今乃廣大其身謂其身得廣

潘本第二十八卷第十九葉

心既喜悅外貌和美故其成也懌懌說懌也　恭敬而溫文者謂內外有禮貌恭心敬而溫潤文章故云恭敬而溫也　注謂燕居出入時　正義曰上云在前在後謂行步動止之節此文言入言出故以爲燕居出入也是以教至者也　以世子外有傅相內有師保是以世子於師教曉喻其德業成就師也者教之以事而喻諸德者也作記者更明師保之德故云師也者教之以事而喻諸德者謂教世子以所行之事喻曉也諸於也而每事之上使世子曉喻於德義也　保也者慎其身以輔翼之而歸諸道者也保是護也輔相也翼助也謂護慎世子之身輔相翼助使世子而歸於道案老子先道後德則道尊德卑此師喻諸德保歸諸道先德後道者以道德無定據各有大小老子謂無爲自然之道故在先德謂人所法行故在後皆謂大道大德也此謂教世子之身先須於事得理若身之有德乃可通達流行故德先道後謂小道小德也已具上曲禮疏　記曰虞夏商周有師保有疑丞　注記所云謂天子也取以成說　正義曰此作記之人更言記曰則是古有此記作記者引之耳注記所云據天子也必知據天子者以有師保疑丞下則云四輔三公故知天子也後人作記者取此古記天子之事以成世子之記耳　設四至能也　設四輔及三公不必備唯其人此皆古記之文語使能一句是後作記者解前記之人所言以四輔三公不必須備唯擇好人者語使能也語言也言古記如此言四輔三公必使能也其四輔者案尚書大傳古者天子必有四鄰前曰疑後曰丞左曰輔右曰弼天子有問無以對責之疑可志而不志責之丞可正而不正責之輔可揚而不揚責之弼其爵視卿其祿視次國之君也　仲尼至爲之　正義曰此一節是第三節中覆說周公教成王爲世子之事及在學行一物而有三善之事故云抗世子法於伯禽所以善成王也　況于其身以善其君乎周公優爲之者仲尼聞古之言爲人臣者殺其身有益於君不辟殺害猶尚爲之況周公于其身于廣大也今乃廣大其身謂其身得廣

足利本第二十八卷第二十葉

大以善其君乎周公優爲之其周公比殺身之人則優饒
爲之言周公自優饒光益也所以光益者古人益君則身
處危亡周公益君身居尊顯又古人益君則勤苦周公益
君則逸樂是於身有優饒於德又廣大也 注于至大也
正義曰于是語辭迂爲迴遠故讀于爲迂從廣大之義
也 是故至爲也 正義曰凡教世子之法必須對父成
王既幼未能涖阼爲人君應須教以世子之法然後能爲
人君成王既無父今若以成王爲世子時則無爲世子之
處故抗世子法於伯禽使伯禽與成王居令成王學之知
父子君臣之義也 注以爲至子時 正義曰武王既崩
則成王非復是世子令經云以爲世子則是周公全用世
子禮教之故云若爲世子時言雖爲君未能涖阼與世子
時無異故云以爲世子則無爲也以實則不爲世子也
行一至謂也 物猶事也謂與國人齒讓之一事而三善
者謂衆知父子衆知君臣衆知長幼是其三善則下經所
云者是也俗本皆云著於君臣之義而定本無著字義亦

記義二十八 二十 謹貝

通云父在則禮然君在則禮然直云長長不云兄在則禮
然者於世子無兄故不云兄在也故世子齒於學國人觀
之曰將君我而與我齒讓何也者國人謂不知禮者疑而
發問 曰有父在則禮然者是知禮曉其意而荅之言父
在則禮然者父在之時恒須謙退不敢居人之前故云父
在則禮當如此 然而衆知父子之道矣者國人見世子
雖貴尚屈降於人則知父尊彌甚故云衆知父子之道父
子天性自然故云道君臣以義相合故云義長幼有等級
上下故云節以幼時事父成人事君故先父子後君臣長
幼輕於君臣故在下父子長幼親屬易明故云知君臣以
義和合於後始顯故云著也此世子齒於學者唯在學受
業時與國人齒若朝會飲食則各以位之尊卑諸子職云
辨其等正其位注云位朝位是也 故父在斯爲子君在
斯謂之臣 國人聞世子爲君父之在而居臣子之禮不
敢自尊於是各知尊其君父故世子所以父在爲子禮君
在爲臣禮也斯語辭也然父子天性故云爲子也君臣以

潘本第二十八卷第二十葉

大以善其君乎周公優爲之其周公比殺身之人則優饒
爲之言周公自優饒光益也所以光益者古人益君則身
處危亡周公益君身居尊顯又古人益君則勤苦周公益
君則逸樂是於身有優饒於德又廣大也 注于至大也
正義曰于是語辭迂爲迴遠故讀于爲迂從廣大之義
也 是故至爲也 正義曰凡教世子之法必須對父成
王既幼未能涖阼爲人君應須教以世子之法然後能爲
人君成王既無父今若以成王爲世子時則無爲世子之
處故抗世子法於伯禽使伯禽與成王居令成王學之知
父子君臣之義也 注以爲至子時 正義曰武王既崩
則成王非復是世子令經云以爲世子則是周公全用世
子禮教之故云若爲世子時言雖爲君未能涖阼與世子
時無異故云以爲世子則無爲也以實則不爲世子也
行一至謂也 物猶事也謂與國人齒讓之一事而三善
者謂衆知父子衆知君臣衆知長幼是其三善則下經所
云者是也俗本皆云著於君臣之義而定本無著字義亦

小大百乃十一 禮記義二十八 二十 陳邦[illegible]

通云父在則禮然君在則禮然直云長長不云兄在則禮
然者於世子無兄故不云兄在也故世子齒於學國人觀
之曰將君我而與我齒讓何也者國人謂不知禮者疑而
發問 曰有父在則禮然者是知禮曉其意而荅之言父
在則禮然者父在之時恒須謙退不敢居人之前故云父
在則禮當如此 然而衆知父子之道矣者國人見世子
雖貴尚屈降於人則知父尊彌甚故云衆知父子之道父
子天性自然故云道君臣以義相合故云義長幼有等級
上下故云節以幼時事父成人事君故先父子後君臣長
幼輕於君臣故在下父子長幼親屬易明故云知君臣以
義和合於後始顯故云著也此世子齒於學者唯在學受
業時與國人齒若朝會飲食則各以位之尊卑諸子職云
辨其等正其位注云位朝位是也 故父在斯爲子君在
斯謂之臣 國人聞世子爲君父之在而居臣子之禮不
敢自尊於是各知尊其君父故世子所以父在爲子禮君
在爲臣禮也斯語辭也然父子天性故云爲子也君臣以

義相合不云爲臣而云謂之臣者世子於君雖曰君臣異於義合故云謂之臣也 注司主至正也 正義曰司是職司故爲主謂樂正主大子詩書之業父師主大子成就其德行也云一一人也一人謂世子也元大也良善也貞正也言世子有大善則萬國以正此經謂世子也何直云一一人者恐爲一時之事故云一人謂世子也釋詁文元是首故爲大也論語云温良恭儉讓漢有賢良方正故良爲善易文言云貞固足以幹事故貞爲正也 周公踐阼 從上三王教世子至此皆周公踐阼之事故注云亦題上事也

庶子之正於公族者教之以孝弟睦友子愛明父子之義長幼之序 正者政也庶子司馬之屬掌國子之倅爲政於公族者 其朝于公内朝則東面北上臣有貴者以齒 内朝路寢庭 其在外朝則以官司士爲之 外朝路寢門之外庭司士亦司馬之屬也掌羣臣之班正朝儀之位也 其在宗廟之中則如外朝之位 宗人授事以爵以官 宗人掌禮及宗廟也以爵貴賤異位也以官官各有所掌也若司徒奉牛司馬奉羊司空奉豕 其登餕獻受爵則以上嗣 上嗣君之適長子以特牲饋食禮言之受爵謂上嗣舉奠也獻謂舉奠洗爵酌入也餕謂宗人遣舉奠盥祝命之餕也大夫之嗣無此禮辟君也 庶子治之雖有三命不踰父兄 治之治公族之禮也唯於内朝則然其餘會聚之事則與庶姓同一命齒于鄉里再命齒于父族三命不齒不齒者特爲位不在父兄行列中 其公大事則以喪服之精麤爲

記義二十八　二十一　李光祖

義相合不云爲臣而云謂之臣者世子於君雖曰君臣異於義合故云謂之臣也 注司主至正也 正義曰司是職司故爲主謂樂正主大子詩書之業父師主大子成就其德行也云一一人也一人謂世子也元大也良善也貞正也言世子有大善則萬國以正此經謂世子也何直云一一人者恐爲一時之事故云一人謂世子也釋詁文元是首故爲大也論語云温良恭儉讓漢有賢良方正故良爲善易文言云貞固足以幹事故貞爲正也 周公踐阼 從上三王教世子至此皆周公踐阼之事故注云亦題上事也

庶子之正於公族者教之以孝弟睦友子愛明父子之義長幼之序 正者政也庶子司馬之屬掌國子之倅爲政於公族者 其朝于公内朝則東面北上臣有貴者以齒 内朝路寢庭 其在外朝則以官司士爲之 外朝路寢門之外庭司士亦司馬之屬也掌羣臣之班正朝儀之位也 其在宗廟之中則如外朝之位 宗人授事以爵以官 宗人掌禮及宗廟也以爵貴賤異位也以官官各有所掌也若司徒奉牛司馬奉羊司空奉豕 其登餕獻受爵則以上嗣 上嗣君之適長子以特牲饋食禮言之受爵謂上嗣舉奠也獻謂舉奠洗爵酌入也餕謂宗人遣舉奠盥祝命之餕也大夫之嗣無此禮辟君也 庶子治之雖有三命不踰父兄 治之治公族之禮也唯於内朝則然其餘會聚之事則與庶姓同一命齒于鄉里再命齒于父族三命不齒不齒者特爲位不在父兄行列中 其公大事則以喪服之精麤爲

禮記義二十八　二十一

足利本第二十八卷第二十二葉

序雖於公族之喪亦如之以次主人〔大事謂死喪也其爲君雖皆斬衰序之必以本親也主人主喪者次主人者主人恒在上主人雖有父兄猶不得下齒〕若公與族燕則異姓爲賓〔同宗無相賓客之道〕膳宰爲主人〔君尊不獻酒〕公與父兄齒〔親親也〕族食世降一等〔親親者摠疏者希〕其在軍則守於公禰〔謂從軍者公禰行主也行以遷主言禰在外親也〕公若有出疆之政〔謂朝覲會同也〕庶子以公族之無事者守於公宮正室守大廟〔正室適子也大廟大祖之廟〕諸父守貴宮貴室〔謂守路寢〕諸子諸孫守下宮下室〔下宮親廟也下室燕寢或言宮或言廟通異語〕五廟之孫祖廟未毁雖爲庶人冠取妻者必告死必赴練祥則告〔赴告於君也實四廟孫而言五廟者容顯考爲始封子也〕族之相爲也宜弔不弔宜免不免有司罰之〔弔謂六世以往免謂五世〕至于賵賻承含皆有正焉〔承讀爲贈聲之誤也正正禮也〕

疏 正義曰此一節是第四節中之上節也論庶子之官治理公族朝祭燕食吉凶刑罰之事各隨文解之

注 正者至族者 正義曰以經之正字乃是正定之正今案在下皆論公之接待族人及犯罪公之赦宥刑殺皆君之所爲非庶子所正若知庶子唯主其政令而已故讀爲政也庶子司馬之屬掌國子之倅者案周禮諸子下

禮記義二十八　二十二　馬成

潘本第二十八卷第二十二葉

序雖於公族之喪亦如之以次主人〔大事謂死喪也其爲君雖皆斬衰序之必以本親也主人主喪者次主人者主人恒在上主人雖有父兄猶不得下齒〕若公與族燕則異姓爲賓〔同宗無相賓客之道〕膳宰爲主人〔君尊不獻酒〕公與父兄齒〔親親也〕族食世降一等〔親親者摠疏者希〕其在軍則守於公禰〔謂從軍者公禰行主也行以遷主言禰在外親也〕公若有出疆之政〔謂朝覲會同也〕庶子以公族之無事者守於公宮正室守大廟〔正室適子也大廟大祖之廟〕諸父守貴宮貴室〔謂守路寢〕諸子諸孫守下宮下室〔下宮親廟也下室燕寢或言宮或言廟通異語〕五廟之孫祖廟未毁雖爲庶人冠取妻者必告死必赴練祥則告〔赴告於君也實四廟孫而言五廟者容顯考爲始封子也〕族之相爲也宜弔不弔宜免不免有司罰之〔弔謂六世以往免謂五世〕至于賵賻承含皆有正焉〔承讀爲贈聲之誤也正正禮也〕

疏 正義曰此一節是第四節中之上節也論庶子之官治理公族朝祭燕食吉凶刑罰之事各隨文解之

注 正者至族者 正義曰以經之正字乃是正定之正今案在下皆論公之接待族人及犯罪公之赦宥刑殺皆君之所爲非庶子所正若知庶子唯主其政令而已故讀爲政也庶子司馬之屬掌國子之倅者案周禮諸子下

禮記義二十八　二十二　馬成

足利本第二十八卷第二十三葉

大夫二人屬夏官司馬諸侯謂之庶子職掌與諸子同故周禮序官鄭注云或曰庶子掌國子之倅者倅副也鄭注諸子云國子是公卿大夫士之副貳也言副貳於父也

其朝至以齒　此公族之等若朝於公之內朝內朝謂路寢庭朝也公族內朝則西方東面北上　臣有貴者以齒者皆同姓之臣不得踰越父兄皆以昭穆長幼爲齒謂父兄雖賤而在上子弟雖貴而處下　注內朝路寢庭　正義曰知路寢庭者以下云其在外朝司士爲之案周禮司士掌路寢門外之朝則知此內朝是路寢庭朝也

其在外至爲之　外朝謂路寢門外之朝也若公族在於外朝與異姓同處位次之時則以官之上下不復以年齒也　司士爲之者謂司士之官主爲朝位之次外朝位既司士主之則內朝庶子主之也上文內朝不云庶子爲之者以文承庶子之下主之可知故不言也　注外朝至位也　正義曰以言司士亦司馬之屬也掌羣臣之班正朝儀之位也案周禮司士掌正朝儀之位王族故士虎士在

記義二十八　二十三

路門之右南面大僕從者在路門之左南面是在路門外也故知此外朝路門外之朝也此對路寢庭朝爲外朝若對庫門外朝朝士所掌三槐九棘之朝則此路門外朝亦爲內朝也故玉藻云朝於內朝朝辨色始入君日出而視之退適路寢是也其朝位天子之朝三公北面東上孤東面北上卿大夫西面北上其士門西東面北上若諸侯之朝案大射卿西面北上大夫北面東上士門西東面北上與天子不同周禮司士屬司馬故云亦司馬之屬司馬掌羣臣之班正朝儀之位皆司士職文

其在至以官　此論同姓公族在宗廟之禮故云其在宗廟之中則如外朝之位也言立位所在如外朝之位也　宗人授事以爵以官者宗人掌禮之官及宗廟授百官之事以爵者隨爵之尊卑貴者在前賤者在後又以官之職掌各供其事　注宗人至奉豕　正義曰言宗人掌禮及宗廟者別言及宗廟則掌禮謂宗廟之外諸禮皆掌也云若司徒奉牛司馬奉羊司空奉豕者以經云以官謂祭祀之時官官各司其

潘本第二十八卷第二十三葉

大夫二人屬夏官司馬諸侯謂之庶子職掌與諸子同故周禮序官鄭注云或曰庶子掌國子之倅者倅副也鄭注諸子云國子是公卿大夫士之副貳也言副貳於父也

其朝至以齒　此公族之等若朝於公之內朝內朝謂路寢庭朝也公族內朝則西方東面北上　臣有貴者以齒者皆同姓之臣不得踰越父兄皆以昭穆長幼爲齒謂父兄雖賤而在上子弟雖貴而處下　注內朝路寢庭　正義曰知路寢庭者以下云其在外朝司士爲之案周禮司士掌路寢門外之朝則知此內朝是路寢庭朝也

其在外至爲之　外朝謂路寢門外之朝也若公族在於外朝與異姓同處位次之時則以官之上下不復以年齒也　司士爲之者謂司士之官主爲朝位之次外朝位既司士主之則內朝庶子主之也上文內朝不云庶子爲之者以文承庶子之下主之可知故不言也　注外朝至位也　正義曰以言司士亦司馬之屬也掌羣臣之班正朝儀之位也案周禮司士掌正朝儀之位王族故士虎士在

禮記義二十八　二十三　張阿狗

路門之右南面大僕從者在路門之左南面是在路門外也故知此外朝路門外之朝也此對路寢庭朝爲外朝若對庫門外朝朝士所掌三槐九棘之朝則此路門外朝亦爲內朝也故玉藻云朝於內朝朝辨色始入君日出而視之退適路寢是也其朝位天子之朝三公北面東上孤東面北上卿大夫西面北上其士門西東面北上若諸侯之朝案大射卿西面北上大夫北面東上士門西東面北上與天子不同周禮司士屬司馬故云亦司馬之屬司馬掌羣臣之班正朝儀之位皆司士職文

其在至以官　此論同姓公族在宗廟之禮故云其在宗廟之中則如外朝之位也言立位所在如外朝之位也　宗人授事以爵以官者宗人掌禮之官及宗廟授百官之事以爵者隨爵之尊卑貴者在前賤者在後又以官之職掌各供其事　注宗人至奉豕　正義曰言宗人掌禮及宗廟者別言及宗廟則掌禮謂宗廟之外諸禮皆掌也云若司徒奉牛司馬奉羊司空奉豕者以經云以官謂祭祀之時官官各司故

足利本第二十八卷第二十四葉

事更無正文故引司徒奉牛以下證之案周禮司徒奉牛牲司馬奉羊牲其司空奉豕無文此云知奉豕者案周禮雞人屬宗伯羊人屬司馬故此云司馬奉羊犬人屬司寇案五行傳云牛屬土雞屬木羊屬火犬屬金豕屬水司空冬官其位當水故鄭注周禮司空奉豕與案五行傳馬屬火而周禮司馬羞馬牲者以其主馬故特使供之此注直云奉牛奉羊奉豕者據諸侯三卿以言之故不云雞犬及馬　其登至上嗣　此亦公族廟中之禮論貴適子之事案特牲禮尸食之後主人主婦賓長等獻尸三獻禮畢主人獻賓及獻衆賓畢主人酬賓賓奠不舉主人獻長兄弟及獻衆兄弟内兄弟等訖長兄弟洗觚酌尸爲加爵衆賓長又爲加爵畢嗣子乃舉奠奠者初尸未入之前祝酌奠于鉶南尸入祭奠不飲至此乃嗣子舉之必嗣子舉奠者鄭注特牲云將傳重累之者又云大夫之嗣子不舉奠則此舉奠者天子諸侯及士之子禮特牲云嗣舉奠盥入北面再拜稽首尸執奠嗣子進受復位再拜稽首尸荅拜嗣

禮記義二十八　二十四

子卒觶拜尸尸荅拜則此經所謂受爵也特牲又云嗣舉奠洗酌入尸拜受嗣子荅拜則此經所謂獻也特牲又云無筭爵之後禮畢尸謖而出宗人遣嗣子及長兄弟相對而餕所謂餕也以特牲言之則先受爵而後獻獻而後餕今此經先云餕者以餕爲重舉重者從後以嚮先逆言之故云其登餕獻受爵也登謂登堂無事之時嗣子在堂下餕時登堂獻時亦登堂受爵之時亦登堂此一登之文包此三事以經文連於上宗廟之中宗人授事以爵以官謂衆官皆爲其事　則以上嗣　其登餕獻不用衆官唯用上嗣故云則以上嗣案特牲餕時雖有長兄弟以上嗣爲主　注上嗣至君也　正義曰言適長子者是適子之中長也凡適皆可以嗣金云上嗣是嗣中最上云受爵謂上嗣舉奠者以特牲無受爵之文唯有嗣子舉尸之奠爵受而飲之故此經謂之受爵也云獻謂舉奠洗爵酌入也者亦以特牲無嗣獻之文故將此爲獻也舉奠謂嗣子也名此嗣子爲舉奠嗣子既飲尸前爵畢乃更洗爵酌入以進

潘本第二十八卷第二十四葉

事更無正文故引司徒奉牛以下證之案周禮司徒奉牛牲司馬奉羊牲其司空奉豕無文此云知奉豕者案周禮雞人屬宗伯羊人屬司馬故此云司馬奉羊犬人屬司寇案五行傳云牛屬土雞屬木羊屬火犬屬金豕屬水司空冬官其位當水故鄭注周禮司空奉豕與案五行傳馬屬火而周禮司馬羞馬牲者以其主馬故特使供之此注直云奉牛奉羊奉豕者據諸侯三卿以言之故不云雞犬及馬　其登至上嗣　此亦公族廟中之禮論貴適子之事案特牲禮尸食之後主人主婦賓長等獻尸三獻禮畢主人獻賓及獻衆賓畢主人酬賓賓奠不舉主人獻長兄弟及獻衆兄弟内兄弟等訖長兄弟洗觚酌尸爲加爵衆賓長又爲加爵畢嗣子乃舉奠奠者初尸未入之前祝酌奠于鉶南尸入祭奠不飲至此乃嗣子舉之必嗣子舉奠者鄭注特牲云將傳重累之者又云大夫之嗣子不舉奠則此舉奠者天子諸侯及士之子禮特牲云嗣舉奠盥入北面再拜稽首尸執奠嗣子進受復位再拜稽首尸荅拜嗣

禮記義二十八　二十四

子卒觶拜尸尸荅拜則此經所謂受爵也特牲又云嗣舉奠洗酌入尸拜受嗣子荅拜則此經所謂獻也特牲又云無筭爵之後禮畢尸謖而出宗人遣嗣子及長兄弟相對而餕所謂餕也以特牲言之則先受爵而後獻獻而後餕今此經先云餕者以餕爲重舉重者從後以嚮先逆言之故云其登餕獻受爵也登謂登堂無事之時嗣子在堂下餕時登堂獻時亦登堂受爵之時亦登堂此一登之文包此三事以經文連於上宗廟之中宗人授事以爵以官謂衆官皆爲其事　則以上嗣　其登餕獻不用衆官唯用上嗣故云則以上嗣案特牲餕時雖有長兄弟以上嗣爲主　注上嗣至君也　正義曰言適長子者是適子之中長也凡適皆可以嗣今云上嗣是嗣中最上云受爵謂上嗣舉奠者以特牲無受爵之文唯有嗣子舉尸之奠爵受而飲之故此經謂之受爵也云獻謂舉奠洗爵酌入也者亦以特牲無嗣獻之文故將此爲獻也舉奠謂嗣子也名此嗣子爲舉奠嗣子既飲尸前爵畢乃更洗爵酌入以進

足利本第二十八卷第二十五葉

尸此謂士禮若天子諸侯除此酌入之數外子孫別有獻
尸故鄭注小雅云天子則有子孫獻尸之禮云大夫之嗣
無此禮辟君也者案少牢饋食無嗣子舉奠大夫尊於士
而不舉奠故知辟正君也　庶子治之雖有三命不踰父
兄　庶子治之謂治此公族朝於內朝之時也既不計官
之大小故雖有三命之貴而列位不得踰越在無爵父兄
之上也然此句應承第二條前臣有貴者以齒之下其外
朝既云司士爲之則內朝自然庶子治之也所以在此者
當是簡札遺脫故在此也鄭不言者略耳　注治之至列
中　正義曰治之治公族之禮也唯於內朝則然者鄭恐
外朝亦爾故云唯於內朝則然云其餘會聚之事則與庶
姓同者其餘謂非內朝則皆並計官也云一命齒于鄉里
者引黨正文解三命不踰父兄之事也一命尚卑若與鄉
里長宿燕食則猶計年也云再命齒于父族者再命漸尊
不復與鄉里計年唯官高在上但父族爲重而猶與之計
年爲列也云三命不齒者三命大貴則不復與父族計年

禮記義二十八　二十五　高彥

若應有燕會則別席獨坐在賓之東也　其公至主人
此謂君喪而庶子官掌之事也大事謂君喪其臣雖皆
斬衰其庶子列次之時則以其本服之精麤爲序衰麤者
在前衰精者在後　雖於公族之喪亦如之者言非但公
喪如此雖於公族之內有死喪之事相爲亦如之爲死者服
麤者居前服精者居後故云亦如之　以次主人者謂雖有
庶長父兄尊於主人仍次於主人之下使主人在上居喪主
也　注大事至下齒　正義曰以其經云則以其喪服之精
麤故知大事謂死喪也云序之必以本親也者案喪服臣爲
君斬衰今言服之精麤爲序故知必以本親服之精麤謂衰
服縷布精麤也皇氏云以爲喪服以麤爲精故鄭注雜記云
臣爲君三升半微細焉則屬於麤是知斬爲精齊爲麤若
如皇氏說緦麻小功爲極麤斬衰爲極精也書傳何處謂斬衰
爲精乎但斬衰於麤之外別更稱斬見其哀痛之甚故於齊
衰而稱麤也云微細焉則屬於麤者謂得入齊衰之限不復
稱斬耳豈謂斬衰細乎皇氏之說非也云主人雖有父兄猶

潘本第二十八卷第二十五葉

尸此謂士禮若天子諸侯除此酌入之數外子孫別有獻
尸故鄭注小雅云天子則有子孫獻尸之禮云大夫之嗣
無此禮辟君也者案少牢饋食無嗣子舉奠大夫尊於士
而不舉奠故知辟正君也　庶子治之雖有三命不踰父
兄　庶子治之謂治此公族朝於內朝之時也既不計官
之大小故雖有三命之貴而列位不得踰越在無爵父兄
之上也然此句應承第二條前臣有貴者以齒之下其外
朝既云司士爲之則內朝自然庶子治之也所以在此者
當是簡札遺脫故在此也鄭不言者略耳　注治之至列
中　正義曰治之治公族之禮也唯於內朝則然者鄭恐
外朝亦爾故云唯於內朝則然云其餘會聚之事則與庶
姓同者其餘謂非內朝則皆並計官也云一命齒于鄉里
者引黨正文解三命不踰父兄之事也一命尚卑若與鄉
里長宿燕食則猶計年也云再命齒于父族者再命漸尊
不復與鄉里計年唯官高在上但父族爲重而猶與之計
年爲列也云三命不齒者三命大貴則不復與父族計年

禮記義二十八　二十五　高彥

若應有燕會則別席獨坐在賓之東也　其公至主人
此謂君喪而庶子官掌之事也大事謂君喪其臣雖皆
斬衰其庶子列次之時則以其本服之精麤爲序衰麤者
在前衰精者在後　雖於公族之喪亦如之者言非但公
喪如此雖於公族之內有死喪之事相爲亦如之爲死者服
麤者居前服精者居後故云亦如之　以次主人者謂雖有
庶長父兄尊於主人仍次於主人之下使主人在上居喪主
也　注大事至下齒　正義曰以其經云則以其喪服之精
麤故知大事謂死喪也云序之必以本親也者案喪服臣爲
君斬衰今言服之精麤爲序故知必以本親服之精麤謂衰
服縷布精麤也皇氏云以爲喪服以麤爲精故鄭注雜記云
臣爲君三升半微細焉則屬於麤是知斬爲精齊爲麤若
如皇氏說緦麻小功爲極麤斬衰爲極精也書傳何處謂斬衰
爲精乎但斬衰於麤之外別更稱斬見其哀痛之甚故於齊
衰而稱麤也云微細焉則屬於麤者謂得入齊衰之限不復
稱斬耳豈謂斬衰細乎皇氏之說非也云主人雖有父兄猶

足利本第二十八卷第二十六葉

不得下齒者言主喪之人當在於上以爲喪主雖族人父兄尊則主人猶不得在父兄之下而齒列焉 若公至一等 正義曰此明公與族人燕食之禮庶子掌之也則異姓爲賓燕飲必須禮儀獻酬交酢故宜立賓以行禮也但公欲與族人相親若使族人爲賓賓禮疏隔故用異姓爲賓也膳宰爲主人者既有其賓賓必對主人而君尊不宜敵賓故使供膳之宰以爲主人對於賓使得抗禮酬酢也若與異姓燕飲則燕禮云宰夫爲獻主故注云君尊不獻酒 公與父兄齒者公既不爲主族人又不爲賓故列位在父兄之坐上與族人相齒見親親也 族食世降一等者族食謂與族人燕食也族人既有親疏燕食亦隨世降殺也 注親者稠疏者希 正義曰假令本是齊衰一年四會食若大功則一年三會食小功則一年二會食緦麻則一年一會食是世降一等也 其在至下室 正義曰此一節明庶子從行在軍及公行庶子留守之事則守於公禰者公禰謂遷主載在齊車隨公行者也庶子官既從

記義二十八　二十六

在軍故守於公齊車之行主也行主是遷主而呼爲禰者既在國外欲依親親之辭 注謂朝覲會同也 正義曰上云在軍謂庶子之官從公出行此云公若出疆庶子不從公行在國掌其留守對上在軍故知此出疆是朝覲會同非出軍也其庶子之官公有朝覲會同不從公行既掌留守公宮若征伐出軍庶子不從公行亦是所掌留守之事 注正室至之廟 正義曰經云庶子以公族之無事者守於公宮者與下文爲總正室守大廟以下文各言其別無事謂不從行及無職事者正室適子也者謂公卿大夫之適子也案公羊傳云周公稱大廟周公是魯之始祖故知其餘諸侯大廟皆大祖之廟也 注謂守路寢 正義曰以下云下宮上云大廟此貴宮貴室既非大廟又非下宮下室唯當路寢也指其院宇謂之宮指其所居之處謂之室爾雅云宮謂之室室謂之宮此貴宮貴室總據路寢皇氏云或俗本無貴宮者定本有貴宮 注下宮至異語 正義曰上云大廟此云下宮除大廟之外唯有親廟

潘本第二十八卷第二十六葉

不得下齒者言主喪之人當在於上以爲喪主雖族人父兄尊則主人猶不得在父兄之下而齒列焉 若公至一等 正義曰此明公與族人燕食之禮庶子掌之也則異姓爲賓燕飲必須禮儀獻酬交酢故宜立賓以行禮也但公欲與族人相親若使族人爲賓賓禮疏隔故用異姓爲賓也膳宰爲主人者既有其賓賓必對主人而君尊不宜敵賓故使供膳之宰以爲主人對於賓使得抗禮酬酢也若與異姓燕飲則燕禮云宰夫爲獻主故注云君尊不獻酒 公與父兄齒者公既不爲主族人又不爲賓故列位在父兄之坐上與族人相齒見親親也 族食世降一等者族食謂與族人燕食也族人既有親疏燕食亦隨世降殺也 注親者稠疏者希 正義曰假令本是齊衰一年四會食若大功則一年三會食小功則一年二會食緦麻則一年一會食是世降一等也 其在至下室 正義曰此一節明庶子從行在軍及公行庶子留守之事則守於公禰者公禰謂遷主載在齊車隨公行者也庶子官既從

禮記義二十八　二十六

在軍故守於公齊車之行主也行主是遷主而呼爲禰者既在國外欲依親親之辭 注謂朝覲會同也 正義曰上云在軍謂庶子之官從公出行此云公若出疆庶子不從公行在國掌其留守對上在軍故知此出疆是朝覲會同非出軍也其庶子之官公有朝覲會同不從公行既掌留守公宮若征伐出軍庶子不從公行亦是所掌留守之事 注正室至之廟 正義曰經云庶子以公族之無事者守於公宮者與下文爲總正室守大廟以下文各言其別無事謂不從行及無職事者正室適子也者謂公卿大夫之適子也案公羊傳云周公稱大廟周公是魯之始祖故知其餘諸侯大廟皆大祖之廟也 注謂守路寢 正義曰以下云下宮上云大廟此貴宮貴室既非大廟又非下宮下室唯當路寢也指其院宇謂之宮指其所居之處謂之室爾雅云宮謂之室室謂之宮此貴宮貴室總據路寢皇氏云或俗本無貴宮者定本有貴宮 注下宮至異語 正義曰上云大廟此云下宮除大廟之外唯有親廟

以下故云下宫親廟也上云貴室此又云下室故知燕寢也云或言宫則下宫也或言廟則大廟也故春秋云立武宫明堂位云武公之廟武世室也是通異語也此云諸父及諸子諸孫者未審爲是君之諸父及諸子孫之行爲當是見任卿大夫者之諸父子孫也然鄭解正室適子不云世子則卿大夫之適子則諸父子孫亦謂卿夫夫之諸父子孫也不云諸兄諸弟者蓋諸兄從諸父諸弟從子孫也　五廟至正焉　正義曰此論族人雖或至賤吉凶必須相告弔賵含贈皆當有正禮庶子掌其正焉　皆有正焉者正謂正禮庶子之官治之使賵賻贈含隨其親疏各有正禮　注實四至子也　正義曰經云祖廟未毁謂同高祖若高祖以下唯有四廟今云五廟故云容顯考爲始封子是高祖爲四世也其五世祖是始封之君自五世以下其廟不毁故爲五廟也　注弔謂至五世　正義曰六世以往者從六世以至百世但有弔禮故言以往四世同高祖有緦麻之親五世則親盡但有袒免故云免謂五世也　注承讀至禮也　正義曰承文在賻含之閒則贈含之類故以承爲贈云正正禮也者謂庶子之官正之以禮非謂正爲禮也庶子之官治之使賵賻隨其親疏各有正禮賵賻含禭皆贈喪之物賵車馬賻財帛含珠玉禭衣服總謂之贈贈送也

禮記義二十八　二十七

禮記正義卷第二十八

上杉安房守藤原憲實寄進

高祖以下故云下宫親廟也上云貴室此又云下室故知燕寢也云或言宫則下宫也或言廟則大廟也故春秋云立武宫明堂位云武公之廟武世室也是通異語也此云諸父及諸子諸孫者未審爲是君之諸父及諸子孫之後爲當是見任卿大夫者之諸父子孫也然鄭解正室適子不云世子則卿大夫之適子則諸父子孫亦謂卿夫夫之諸父子孫也不云諸兄諸弟者蓋諸兄從諸父諸弟從子孫也　五廟至正焉　正義曰此論族人雖或至賤吉凶必須相告弔賵含贈皆當有正禮庶子掌其正焉　皆有正焉者正謂正禮庶子之官治之使賵賻贈含隨其親疏各有正禮　注實四至子也　正義曰經云祖廟未毁謂同高祖若高祖以下唯有四廟今云五廟故云容顯考爲始封子是高祖爲四世也其五世祖是始封之君自五世以下其廟不毁故爲五廟也　注弔謂至五世　正義曰六世以往者從六世以至百世但有弔禮故言以往四世同高祖有緦麻之親五世則親盡但有袒免故云免謂五世也　注承讀至禮也　正義曰承文在賻含之閒則贈含之類故以承爲贈云正正禮也者謂庶子之官正之以禮非謂正爲禮也庶子之官治之使賵賻隨其親疏各有正禮賵賻含禭皆贈喪之物賵車馬賻財帛含珠玉禭衣服總謂之贈贈送也

禮記義二十八　二十七

禮記正義卷第二十八

足利本第二十九卷第一葉

禮記正義卷第二十九

國子祭酒上護軍曲阜縣開國子臣孔穎達等奉

勑撰

公族其有死罪則磬于甸人不於市朝者隱之也甸人掌郊野之官縣縊殺之曰磬其刑罪則纖剸亦告于甸人纖讀爲殲殲刺也剸割也宮割臏墨劓刖皆以刀鋸刺割人體也告讀爲鞫讀書用法曰鞫公族無宮刑宮割淫刑獄成有司讞于公其死罪則曰某之罪在大辟其刑罪則曰某之罪在小辟成平也讞之言白也辟亦罪也公曰宥之宥寬也欲寬其罪出於刑也有司又曰在辟公又曰宥之又復也有司又曰在辟及三宥不對走出致刑于甸人對荅也先者君每言宥則荅之以將更寬之至於三罪定不復荅走往刑之爲君之恩無已公又使人追之曰雖然必赦之有司對曰無及也罪既正不可宥乃欲赦之重刑殺其類也反命于公白巳刑殺公素服不舉爲之變如其倫之喪無服素服於凶事爲吉於吉事爲凶非喪服也君雖不服臣卿大夫死則皮弁錫衰以居往弔當事則弁絰於士蓋疑衰同姓則緦衰以弔之今無服者不往弔也倫謂親疏之比也素服亦皮弁矣親哭之不往弔爲位哭之而巳君於臣使有

潘本第二十九卷第一葉

禮記正義卷第二十九

國子祭酒上護軍曲阜縣開國子臣孔穎達等奉

勑撰

公族其有死罪則磬于甸人不於市朝者隱之也甸人掌郊野之官縣縊殺之曰磬其刑罪則纖剸亦告于甸人纖讀爲殲殲刺也剸割也宮割臏墨劓刖皆以刀鋸刺割人體也告讀爲鞫讀書用法曰鞫公族無宮刑宮割淫刑獄成有司讞于公其死罪則曰某之罪在大辟其刑罪則曰某之罪在小辟成平也讞之言白也辟亦罪也公曰宥之宥寬也欲寬其罪出於刑也有司又曰在辟公又曰宥之又復也有司又曰在辟及三宥不對走出致刑于甸人對荅也先者君每言宥則荅之以將更寬之至於三罪定不復荅走往刑之爲君之恩無已公又使人追之曰雖然必赦之有司對曰無及也罪既正不可宥乃欲赦之重刑殺其類也反命于公白巳刑殺公素服不舉爲之變如其倫之喪無服素服於凶事爲吉於吉事爲凶非喪服也君雖不服臣卿大夫死則皮弁錫衰以居往弔當事則弁絰於士蓋疑衰同姓則緦衰以弔之今無服者不往弔也倫謂親疏之比也素服亦皮弁矣親哭之不往弔爲位哭之而巳君於臣使有

司哭 疏 正義曰此一節論公之同族有死刑之罪有司
之　行法之事及公爲之貶降之禮　公族其有死
罪則磬于甸人者甸人掌郊野之官又云磬盡也磬謂縣
縊殺於甸人之官令其性命磬盡也　其刑至甸人　謂
族人犯刑罪者欲纖刺㓷割之時亦鞠讀刑法之書於甸
人之官也　公族無宮刑者雖犯宮刑不得行宮刑　獄
成有司讞于公者成平也讞言白也謂獄斷既平定其罪
狀有司以此成辭言白於公若其所犯死罪白公之時則
曰某之罪在大辟其犯刑罪則曰某之罪在小辟公曰宥
之　公既得有司之白此公族之親則公更言曰寬宥之
以法商量使從其寬也有司又曰在辟　有司既得公言
更往平審理無可出也有司又更白公言罪在大辟公又
曰宥之有司又曰在大辟　及三宥　有司執法又曰在
大辟公又曰宥之凡三宥也初有司白公公令寬宥則荅
公將更寬宥及公遣三宥之後爲公意無已有司不復對
公則走出致此刑死之事於甸人也　公又使人追之

謂追止行刑殺之人云雖然必赦之然猶如是雖罪重如
是必更寬宥赦其刑殺也有司對曰無及也言其追之不
可及也公素服不舉爲之變如其倫之喪無服者謂公身
著素服衣裳皆素不舉饌食爲之變其常禮如其親疏倫
輩之喪身不往弔無弔服也乃親自哭之於異姓之廟
注 縣縊殺之曰磬　正義曰磬謂磬盡也左傳云室如縣
罄杜預云罄盡也皇氏云如縣樂器之磬也　注 纖讀至
曰鞠　正義曰案魯語云小刑用鑽鑿次刑用刀鋸案墨
刑刻其面是用鑽鑿也其宮剕之屬則剸割也故云宮割
臏墨劓刖皆以刀鋸刺割人體也云告讀爲鞠讀書用法
曰鞠者以刑之殺人皆於甸師氏何得唯告而已故以爲
鞠漢書每云鞠獄是也讀書讀囚人之所犯罪狀之書用
法謂其法律平斷其罪鞠盡也謂推審其罪狀令盡也今
言公族雖無宮刑但髡去其髮也　注 罪既至類也　正
義曰罪既正定不可宥謂罪當正條無可赦宥之理君今
乃更欲赦之者是重愼刑殺其族類也　注 白巳刑殺

曰哭 疏 正義曰此一節論公之同族有死刑之罪有司
之　行法之事及公爲之貶降之禮　公族其有死
罪則磬于甸人者甸人掌郊野之官又云磬盡也磬謂縣
縊殺於甸人之官令其性命磬盡也　其刑至甸人　謂
族人犯刑罪者欲纖刺㓷割之時亦鞠讀刑法之書於甸
人之官也　公族無宮刑者雖犯宮刑不得行宮刑　獄
成有司讞于公者成平也讞言白也謂獄斷既平定其罪
狀有司以此成辭言白於公若其所犯死罪白公之時則
曰某之罪在大辟其犯刑罪則曰某之罪在小辟公曰宥
之　公既得有司之白此公族之親則公更言曰寬宥之
以法商量使從其寬也有司又曰在辟　有司既得公言
更往平審理無可出也有司又更白公言罪在大辟公又
曰宥之有司又曰在大辟　及三宥　有司執法又曰在
大辟公又曰宥之凡三宥也初有司白公公令寬宥則荅
公將更寬宥及公遣三宥之後爲公意無已有司不復對
公則走出致此刑死之事於甸人也　公又使人追之
禮記義二十九　二　毛端
謂追止行刑殺之人云雖然必赦之然猶如是雖罪重如
是必更寬宥赦其刑殺也有司對曰無及也言其追之不
可及也公素服不舉爲之變如其倫之喪無服者謂公身
著素服衣裳皆素不舉饌食爲之變其常禮如其親疏倫
輩之喪身不往弔無弔服也乃親自哭之於異姓之廟
注 縣縊殺之曰磬　正義曰磬謂磬盡也左傳云室如縣
罄杜預云罄盡也皇氏云如縣樂器之磬也　注 纖讀至
曰鞠　正義曰案魯語云小刑用鑽鑿次刑用刀鋸案墨
刑刻其面是用鑽鑿也其宮剕之屬則剸割也故云宮割
臏墨劓刖皆以刀鋸刺割人體也云告讀爲鞠讀書用法
曰鞠者以刑之殺人皆於甸師氏何得唯告而已故以爲
鞠漢書每云鞠獄是也讀書讀囚人之所犯罪狀之書用
法謂其法律平斷其罪鞠盡也謂推審其罪狀令盡也今
言公族雖無宮刑但髡去其髮也　注 罪既至類也　正
義曰罪既正定不可宥謂罪當正條無可赦宥之理君今
乃更欲赦之者是重愼刑殺其族類也　注 白巳刑殺

足利本第二十九卷第三葉

正義曰公不遣刑而云反命于公者秖謂行刑者反廻而
來告已刑殺之命言於公 注 素服至弁矣 正義曰案
下曲禮重素鄭云重素衣裳皆素謂之重素素爲衣裳也
此素服亦然也於凶事爲吉者人以凶事用布今乃用素是比
於凶事爲吉也於吉事爲凶者吉時皮弁服白布深衣素積
裳以采爲領緣今唯素服衣裳是比吉事爲凶也非如五服
之限故云非喪服也云君雖不服至弁經者並服問文也
云於士蓋疑衰同姓則緦衰以弔之者案司服云王爲三
公六卿錫衰爲諸侯緦衰爲大夫士疑衰是疑衰輕於錫
衰諸侯爲卿大夫既錫衰士宜卑降故疑衰但士有同姓
異姓故以同姓爲緦衰異姓爲疑衰知諸侯亦有三衰者
以司服王有三衰又云上公如王之服轉次相如故知諸
侯亦有三衰也此云君弔士疑衰案士喪禮公視斂注云
主人成服之後往則錫衰者彼謂士有俊選於君有師友
之恩與常士不同故錫衰也或於諸侯弔士無文因諸侯
弔必錫衰無明文故注云喪禮爲錫衰也云素服亦皮弁

禮記義二十九　三　毛俊

矣者諸侯亦爲卿大夫弔服皮弁錫衰今此但云素服不
言素冠故云亦皮弁也譙周云此素服著素冠非鄭義也
注 君於至哭之 正義曰案檀弓云天子之哭諸侯爵弁經紂衣或曰使有司哭之是也 公族朝
于內朝內親也雖有貴者以齒明父子也 謂以宗族事會
外朝以官體異姓也 體猶連結也 宗廟之中以爵
爲位崇德也 崇高也 宗人授事以官尊賢也
官各有能 登餕受爵以上嗣尊祖之道也 上嗣祖之正統
喪紀以服之輕重爲序不奪人親也 紀猶事也 公
與族燕則以齒而孝弟之道達矣 以至尊不自異於親

潘本第二十九卷第三葉

正義曰公不遣刑而云反命于公者秖謂行刑者反廻而
來告已刑殺之命言於公 注 素服至弁矣 正義曰案
下曲禮重素鄭云重素衣裳皆素謂之重素素爲衣裳也
此素服亦然也於凶事爲告者人以凶事用布今乃用素是比
於凶事爲吉也於吉事爲凶者吉時皮弁服白布深衣素積
裳以采爲領緣今唯素服衣裳是比吉事爲凶也非如五服
之限故云非喪服也云君雖不服至弁經者並服問文也
云於士蓋疑衰同姓則緦衰以弔之者案司服云王爲三
公六卿錫衰爲諸侯緦衰爲大夫士疑衰是疑衰輕於錫
衰諸侯爲卿大夫既錫衰士宜卑降故疑衰但士有同姓
異姓故以同姓爲緦衰異姓爲疑衰知諸侯亦有三衰者
以司服王有三衰又云上公如王之服轉次相如故知諸
侯亦有三衰也此云君弔士疑衰案士喪禮公視斂注云
主人成服之後往則錫衰者彼謂士有俊選於君有師友
之恩與常士不同故錫衰也或於諸侯弔士無文因諸侯
弔必錫衰無明文故注云喪禮爲錫衰也云素服亦皮弁

禮記義二十九卷　三

矣者諸侯亦爲卿大夫弔服皮弁錫衰今此但云素服不
言素冠故云亦皮弁也譙周云此素服著素冠非鄭義也
注 君於至哭之 正義曰案檀弓云天子之哭諸侯爵弁經紂衣或曰使有司哭之是也 公族朝
于內朝內親也雖有貴者以齒明父子也 謂以宗族事會
外朝以官體異姓也 體猶連結也 宗廟之中以爵
爲位崇德也 崇高也 宗人授事以官尊賢也
官各有能 登餕受爵以上嗣尊祖之道也 上嗣祖之正統
喪紀以服之輕重爲序不奪人親也 紀猶事也 公
與族燕則以齒而孝弟之道達矣 以至尊不自異於親

足利本第二十九卷第四葉

之列其族食世降一等親親之殺也殺差也戰則守於公禰孝愛之深也行主君父之象正室守大廟尊宗室而君臣之道著矣以其不敢以庶守君所重諸父諸兄守貴室子弟守下室而讓道達矣以其貴者守貴賤者守賤上言父子孫此言兄弟互相備也五廟之孫祖廟未毀雖及庶人冠取妻必告死必赴不忘親也親未絕而列於庶人賤無能也敬弔臨賻賵睦友之道也古者庶子之官治而邦國有倫邦

禮記義二十九　四　趙通

國有倫而衆鄉方矣鄉方言知所鄉公族之罪雖親不以犯有司正術也所以體百姓也犯猶干也術法也刑于隱者不與國人慮兄弟也弗弔弗爲服哭于異姓之廟爲忝祖遠之也素服居外不聽樂私喪之也骨肉之親無絕也公族無宮刑不翦其類也翦割截也疏正義曰此謂第三節中之下節覆明在上公族九條之義　公族朝于內朝內親也此覆釋前第一條言公族所以朝于內朝者其內親也欲使親在其內故於內朝也　雖有貴者以齒明父子也者此覆釋在上第二條言宗族在內朝雖貴猶與賤者計年以爲齒列者欲

潘本第二十九卷第四葉

之列其族食世降一等親親之殺也殺差也戰則守於公禰孝愛之深也行主君父之象正室守大廟尊宗室而君臣之道著矣以其不敢以庶守君所重諸父諸兄守貴室子弟守下室而讓道達矣以其貴者守貴賤者守賤上言父子孫此言兄弟互相備也五廟之孫祖廟未毀雖及庶人冠取妻必告死必赴不忘親也親未絕而列於庶人賤無能也敬弔臨賻賵睦友之道也古者庶子之官治而邦國有倫邦

禮記義二十九　四　趙通

國有倫而衆鄉方矣鄉方言知所鄉公族之罪雖親不以犯有司正術也所以體百姓也犯猶干也術法也刑于隱者不與國人慮兄弟也弗弔弗爲服哭于異姓之廟爲忝祖遠之也素服居外不聽樂私喪之也骨肉之親無絕也公族無宮刑不翦其類也翦割截也疏正義曰此謂第三節中之下節覆明在上公族九條之義　公族朝于內朝內親也此覆釋前第一條言公族所以朝于內朝者其內親也欲使親在其內故於內朝也　雖有貴者以齒明父子也者此覆釋在上第二條言宗族在內朝雖貴猶與賤者計年以爲齒列者欲

足利本第二十九卷第五葉

明父子昭穆之本恩故也　外朝以官體異姓也者此覆釋在上第三條也若族人在外朝則不復計年各隨官爲次者外朝主尊別不得以私恩爲異故雖族人悉以計爵爲位是欲與異姓相連結以爲體也　宗廟之中以爵爲位崇德也者覆釋上第四條也所以在廟中行禮時不計年而以官爵列位者爵以德序而廟中行禮時是先祖尊嚴之所所主在德不可私恩故列爵爲位是崇高於有德也　宗人授事以官尊賢也者此覆釋廟中所以授事必隨官序司徒奉牛之屬者官由賢能而與今欲尊崇此賢故授事以表之也　登餕受爵則以上嗣尊祖之道也者此覆釋所以登餕受爵用適子者夫祭祀是尊嚴於祖也適子是先祖之正體故使受爵於尸及升餕尸餕是尊祖之道理也　喪紀以服之輕重爲序不奪人親也者此覆釋前第五條臣服君皆斬而已又以本輕者爲下本重者爲上不計爵尊卑爲次序者是不奪人本親之恩故輕重爲序也　公與族燕則以齒而孝弟之道達矣者此覆釋前第

禮記義二十九　五

六條公所以降己尊而與族人燕會齒列是欲使孝弟之道通達於下也君上存親而與族人燕則民有親屬者豈得相遺棄此孝弟之道達於下也　其族食世降一等親親之殺也者此覆釋族食之事近者食稠遠者食希每世降一等是親親之殺也　戰則守於公禰孝愛之深也者此覆釋前第七條公在軍戰伐之事而載遷主將行又使庶子官主守之者是爲孝愛情深故也載主將行示不自專是孝也使守而尊之是愛也乃是孝愛之深也　正室守大廟尊宗室者此覆釋所以遣適子守大廟適子是宗室之正大廟是祖之正用適子守大廟是尊於宗及廟之室故也　而君臣之道著矣者臣下不敢以燕賤之人守君所重是君臣之道著明也　諸父諸兄守貴室子弟守下室而讓道達矣者此覆釋前諸父諸子諸孫守貴宮下室之事而貴者守貴賤者守賤賤者讓於貴貴者不相陵犯是讓道達也　五廟至親也　此覆釋前第八條祖廟未毀雖及庶人冠取妻必告死必赴之事所以必告安牲

潘本第二十九卷第五葉

明父子昭穆之本恩故也在外朝以官體異姓也者此覆釋在上第三條也若族人外在朝則不復計年各隨官爲次者外朝主尊別不得以私恩爲異故雖族人悉以計爵爲位是欲與異姓相連結以爲體也　宗廟之中以爵爲位崇德也者覆釋上第四條也所以在廟中行禮時不計年而以官爵列位者爵以德序而廟中行禮時是先祖尊嚴之所所主在德不可私恩故列爵爲位是崇高於有德也　宗人授事以官尊賢也者此覆釋廟中所以授事必隨官序司徒奉牛之屬者官由賢能而與今欲尊崇此賢故授事以表之也　登餕受爵則以上嗣尊祖之道也者此覆釋所以登餕受爵用適子者夫祭祀是尊嚴於祖也適子是先祖之正體故使受爵於尸及升餕尸餕是尊祖之道理也　喪紀以服之輕重爲序不奪人親也者此覆釋前第五條臣服君皆斬而已又以本輕者爲下本重者爲上不計爵尊卑爲次序者是不奪人本親之恩故輕重爲序也　公與族燕則以齒而孝弟之道達矣者此覆釋前第

小六百九十二　禮記義二十九　五

六條公所以降己尊而與族人燕會齒列是欲使孝弟之道通達於下也君上存親而與族人燕則民有親屬者豈得相遺棄此孝弟之道達於下也　其族食世降一等親親之殺也者此覆釋族食之事近者食稠遠者食希每世降一等是親親之殺也　戰則守於公禰孝愛之深也者此覆釋前第七條公在軍戰伐之事而載遷主將行又使庶子官主守之者是爲孝愛情深故也載主將行示不自專是孝也使守而尊之是愛也乃是孝愛之深也　正室守大廟尊宗室者此覆釋所以遣適子守大廟適子是宗室之正大廟是祖之正用適子守大廟是尊於宗及廟之室故也　而君臣之道著矣者臣下不敢以燕賤之人守君所重是君臣之道著明也　諸父諸兄守貴室子弟守下室而讓道達矣者此覆釋前諸父諸子諸孫守貴宮下室之事而貴者守貴賤者守賤賤者讓於貴貴者不相陵犯是讓道達也　五廟至親也　此覆釋前第八條祖廟未毀雖及庶人冠取妻必告死必赴之事所以必告必赴

足利本第二十九卷第六葉

者君不以貴仍統於親故族人有事告赴是不忘親也親未絶而列於庶人賤無能也此解既與君有親何得爲庶人者賤其無能也　敬弔臨賻賵睦友之道也者此覆釋前宜弔不弔宜免不免及賵賻必有正焉之事言君敬重弔臨賵賻不使闕失者是君親睦和友之道也　古者庶子之官治而邦國有倫者此合結須庶子官義也不待於第九條覆而先在第八結者第九是罪惡之事今結邦國之功不宜與罪惡相連故於此結也倫理也言庶子官治則邦國治理也　邦國有倫而衆鄉方矣者若邦國治理則天下之人衆皆知其所鄉之方矣　公族之罪雖親不以犯有司正術也者此釋前第九條也犯干也有司獄官也術法也公族之親有罪公應宜放赦之而猶在五刑者國立有司之官以法齊治一切今不可以私親之罪而干壞有司之正法也　所以體百姓也者此解公所以不于有司正法義也法無二制故雖公族之親猶治之與百姓爲一體不得獨有私也　刑于隱者不與國人慮兄弟

禮記正義二十九　六　葛昌

也者此覆釋上致刑于甸人之事若異姓則刑之於市此同姓刑於甸師隱僻之處者不與國人謀慮兄弟也　弗弔弗爲服哭于異姓之廟爲忝祖遠之也者此覆釋上無服及公親哭之事所以不弔無服哭於異姓之廟者爲其犯罪忝辱先祖於公法合疏遠之也素服居外不聽樂私喪之也骨肉之親無絶也者覆釋上君爲之素服爲之變之事所以素服居在外寢不在内又不聽樂爲之變常者以其實是已親私心喪之也所以私喪之者骨肉之親雖犯刑戮無斷絶之理故也　公族無宫刑不翦其類也者覆釋上公族無宫刑所以無宫刑者不可翦其同類也上公族無宫刑在哭與素服之前此在哭與素服之後此覆説刑殺之後君則哭之及素服文相連接待其事終然後別釋公族無宫刑故在後也 注 翦割截也　正義曰公族既無宫刑當髡去其髮故掌戮云髡者使守積鄭康成注云謂同族不宫者是也

天子視學大昕鼓徵所以警衆也

潘本第二十九卷第六葉

者君不以貴仍統於親故族人有事告赴是不忘親也親未絶而列於庶人賤無能也此解既與君有親何得爲庶人者賤其無能也　敬弔臨賻賵睦友之道也者此覆釋前宜弔不弔宜免不免及賵賻必有正焉之事言君敬重弔臨賵賻不使闕失者是君親睦和友之道也　古者庶子之官治而邦國有倫者此合結須庶子官義也不待於第九條覆而先在第八結者第九是罪惡之事今結邦國之功不宜與罪惡相連故於此結也倫理也言庶子官治則邦國治理也　邦國有倫而衆鄉方矣者若邦國治理則天下之人衆皆知其所鄉之方矣　公族之罪雖親不以犯有司正術也者此釋前第九條也犯干也有司獄官也術法也公族之親有罪公應宜放赦之而猶在五刑者國立有司之官以法齊治一切今不可以私親之罪而干壞有司之正法也　所以體百姓也者此解公所以不于有司正法義也法無二制故雖公族之親猶治之與百姓爲一體不得獨有私也　刑于隱者不與國人慮兄弟

小字五千六十三　禮記正義二十九　六　巫昇一

也者此覆釋上致刑于甸人之事若異姓則刑之於市此同姓刑於甸師隱僻之處者不與國人謀慮兄弟也　弗弔弗爲服哭于異姓之廟爲忝祖遠之也者此覆釋上無服及公親哭之事所以不弔無服哭於異姓之廟者爲其犯罪忝辱先祖於公法合疏遠之也素服居外不聽樂私喪之也骨肉之親無絶也者覆釋上君爲之素服爲之變之事所以素服居在外寢不在内又不聽樂爲之變常者以其實是已親私心喪之也所以私喪之者骨肉之親雖犯刑戮無斷絶之理故也　公族無宫刑不翦其類也者覆釋上公族無宫刑所以無宫刑者不可翦其同類也上公族無宫刑在哭與素服之前此在哭與素服之後此覆説刑殺之後君則哭之及素服文相連接待其事終然後別釋公族無宫刑故在後也 注 翦割截也　正義曰公族既無宫刑當髡去其髮故掌戮云髡者使守積鄭康成注云謂同族不宫者是也

天子視學大昕鼓徵所以警衆也

足利本第二十九卷第七葉

早昧爽擊鼓以召衆也警猶起也周禮凡用樂大胥以鼓徵學士衆至然後天子至乃命有司行事興秩節祭先師先聖焉興猶舉也秩常也節猶禮也使有司攝其事舉常禮祭先師先聖不親祭之者視學觀禮耳非爲彼報也有司卒事反命告祭畢也祭畢天子乃入始之養也文之養老之處凡大合樂必遂養老是以往焉言始始立學也適東序釋奠於先老親奠之者己所有事也養老東序則是視學於上庠遂設三老五更羣老之席位焉三老五更各一人也皆年老更事致仕者也天子以父兄養之示天下之孝弟也名以三五者取象三辰五星天所因以照明天下者羣老無數其禮亡以鄉飲酒禮言之席位之處則三老如賓五更如介羣老如衆賓必也適饌省

禮記義二十九　七　王允

醴養老之珍具親視其所有遂發詠焉退脩之以孝養也發詠謂以樂納之退脩之謂既迎而入獻之以醴獻畢而樂闋反登歌清廟反謂獻羣老畢皆升就席也反就席乃席工於西階上歌清廟以樂之既歌而語以成之也言父子君臣長幼之道合德音之致禮之大者也既歌謂樂正告正歌備也語談說也歌備而旅旅而說父子君臣長幼之道說合樂之所美以成其意鄉射記曰古者於旅也語下管象舞大武大合衆以事達有神興有德也象周武王伐紂之樂也以管播其聲又爲之舞皆於堂下衆謂所合學士也達有神明天授命周家之有神也興有德美文王武王有德師樂爲用前歌後舞正君臣之位貴賤之等

潘本第二十九卷第七葉

早昧爽擊鼓以召衆也警猶起也周禮凡用樂大胥以鼓徵學士衆至然後天子至乃命有司行事興秩節祭先師先聖焉興猶舉也秩常也節猶禮也使有司攝其事舉常禮祭先師先聖不親祭之者視學觀禮耳非爲彼報也有司卒事反命告祭畢也祭畢天子乃入始之養也又之養老之處凡大合樂必遂養老是以往焉言始始立學也適東序釋奠於先老親奠之者己所有事也養老東序則是視學於上庠遂設三老五更羣老之席位焉三老五更各一人也皆年老更事致仕者也天子以父兄養之示天下之孝弟也名以三五者取象三辰五星天所因以照明天下者羣老無數其禮亡以鄉飲酒禮言之席位之處則三老如賓五更如介羣老如衆賓必也適饌省

禮記義二十九　七　趙

醴養老之珍具親視其所有遂發詠焉退脩之以孝養也發詠謂以樂納之退脩之謂既迎而入獻之以醴獻畢而樂闋反登歌清廟反謂獻羣老畢皆升就席也反就席乃席工於西階上歌清廟以樂之既歌而語以成之也言父子君臣長幼之道合德音之致禮之大者也既歌謂樂正告正歌備也語談說也歌備而旅旅而說父子君臣長幼之道說合樂之所美以成其意鄉射記曰古者於旅也語下管象舞大武大合衆以事達有神興有德也象周武王伐紂之樂也以管播其聲又爲之舞皆於堂下衆謂所合學士也達有神明天授命周家之有神也興有德美文王武王有德師樂爲用前歌後舞正君臣之位貴賤之等

焉而上下之義行矣由清廟與武也有司告以樂闋闋終也告君以歌舞之樂終此所告者謂無筭樂王乃命公侯伯子男及羣吏曰反養老幼于東序終之以仁也羣吏鄉遂之官王於燕之末而命諸侯時朝會在此者各反養老如此禮是終其仁心孝經説所謂諸侯歸各帥於國大夫勤於朝州里駘於邑是也

疏 正義曰此一節是第四節中之上節論天子視學必遂養老之法則養老既畢乃命諸侯羣吏令養老之事　天子視學者謂仲春合舞季春合樂仲秋合聲於此之時天子親往視學也　大昕鼓徵者謂視學之晨大猶初也昕猶明也徵猶召也謂初始昕明擊鼓以召學士所以警衆者初昕擊鼓警動衆令早起也　衆至然後天子至者衆人既聞鼓聲而起先至會聚之處然後天子始至尊者體盤故也　乃命有司行事興秩節者天子既至乃命遣有司行此釋奠之事興舉也秩常也節禮也謂興舉尋常舊禮以祭先師先聖焉有司則詩書禮樂之教官也　有司卒事反命者卒事謂終卒釋奠之事行事畢而反命於天子于時天子視學在虞庠之中有司釋奠既畢天子乃從虞庠入反於國明日乃之東序而養老故云始之養也　適東序釋奠於先老者若其尋常視學則於東膠中唯行養老之禮若始立學既視學畢則適之養老之處東序之中天子親自釋奠於先世之老祀先老既畢遂設三老五更羣老之席位焉　禮先老畢遂之於東序中設三老五更羣老之席位焉若非始立學則不釋奠於先老也　適饌省醴養老之珍具者布席既畢天子親適陳饌之處省視醴酒并省親養老之珍具　遂發咏焉者省具既畢出迎三老五更將入門之時遂作樂發其歌咏以樂納之也　退脩之以孝養者謂三老五更入而即位於西階下天子乃退酌醴獻之以脩行孝養之道也　反登歌清廟者反謂反席三老五更羣老初受獻畢皆立於西階下東面今皆反升就席

禮記義二十九　八　徐進

焉而上下之義行矣由清廟與武也有司告以樂闋闋終也告君以歌舞之樂終此所告者謂無筭樂王乃命公侯伯子男及羣吏曰反養老幼于東序終之以仁也羣吏鄉遂之官王於燕之末而命諸侯時朝會在此者各反養老如此禮是終其仁心孝經説所謂諸侯歸各帥於國大夫勤於朝州里駘於邑是也

疏 正義曰此一節是第四節中之上節論天子視學必遂養老之法則養老既畢乃命諸侯羣吏令養老之事　天子視學者謂仲春合舞季春合樂仲秋合聲於此之時天子親往視學也　大昕鼓徵者謂視學之晨大猶初也昕猶明也徵猶召也謂初始昕明擊鼓以召學士所以警衆者初昕擊鼓警動衆令早起也　衆至然後天子至者衆人既聞鼓聲而起先至會聚之處然後天子始至尊者體盤故也　乃命有司行事興秩節者天子既至乃命遣有司行此釋奠之事興舉也秩常也節禮也謂興舉尋常舊禮以祭先師先聖焉有司則詩書禮樂之教官也　有司卒事反命者卒事謂終卒釋奠之事行事畢而反命於天子于時天子視學在虞庠之中有司釋奠既畢天子乃從虞庠入反於國明日乃之東序而養老故云始之養也　適東序釋奠於先老者若其尋常視學則於東膠中唯行養老之禮若始立學既視學畢則適之養老之處東序之中天子親自釋奠於先世之老祀先老既畢遂設三老五更羣老之席位焉　禮先老畢遂之於東序中設三老五更羣老之席位焉若非始立學則不釋奠於先老也　適饌省醴養老之珍具者布席既畢天子親適陳饌之處省視醴酒并省親養老之珍具　遂發咏焉者省具既畢出迎三老五更將入門之時遂作樂發其歌咏以樂納之也　退脩之以孝養者謂三老五更入而即位於西階下天子乃退酌醴獻之以脩行孝養之道也　反登歌清廟者反謂反席三老五更羣老初受獻畢皆立於西階下東面今皆反升就席

禮記義二十九　八

足利本第二十九卷第九葉

乃使工登堂上西階北面歌清廟之詩以樂之也　既歌而語以成之也者謂既歌清廟之後則至旅酬之節語謂談說善道以成就天子養老之義也言父子君臣長幼之道者所談說善言論父子君臣長幼尊卑上下之道理也　合德音之致者德音謂歌清廟之詩文王道德之音致謂致極也言說父子君臣長幼之道理合會清廟文王道德音聲理之至極也　禮之大者也　言登歌清廟語說父子君臣之道是禮之大者也　下管象舞大武者謂登歌之後笙入立於堂下象謂象武王伐紂之樂堂下管中奏此象武之曲庭中舞此大武之舞大武即象也變文耳　大合衆以事者衆謂大會聚學士以登歌下管之事　達有神者謂歌舞其樂明達上天授命周家之有神也　興有德者興謂發起謂發起文王武王之有德使衆前歌後舞也　正君臣之位貴賤之等焉者登歌清廟文王詩也君詩在上下管象是武王詩臣詩在下是正君臣之位貴賤之等也　而上下之義行矣者既以此教上下衆知之是

禮記義二十九　九　李良

上下之義行於衆庶也　有司告以樂闋者闋終也謂養老之末無筭樂已終也有司告王以樂終　王乃命公侯伯子男及羣吏者於時諸侯及鄉遂之吏在此席王燕末乃告之令其養老幼也　曰反養老幼于東序者此則王所告諸侯之辭也令其各反其國養老幼如我於東序之禮也　終之以仁也者謂仁恩王家但自養老是仁恩也又令諸侯州里而行養老是終之以仁謂仁恩之心也

注早昧至學士　正義曰經云大昕昕明也恐是盛明之時故云早昧爽之前凡物以初爲大以末爲小必知早昧爽者以云鼓徵衆至然後天子至若其盛明始召學士則晚矣

注興猶至報也　正義曰秩常也釋詁文也云舉常禮祭先師先聖者此謂因大合樂之時在虞庠之中祭先師先聖也若四時常奠各於其學之中又不祭先聖也云視學觀禮耳非爲彼報也者解天子不親釋奠之意所以視學者觀看有司行禮耳非是爲彼學士而報先聖先師也

注凡大至學也　正義曰言凡大合樂必遂養老

潘本第二十九卷第九葉

乃使工登堂上西階北面歌清廟之詩以樂之也　既歌而語以成之也者謂既歌清廟之後則至旅酬之節語謂談說善道以成就天子養老之義也言父子君臣長幼之道者所談說善言論父子君臣長幼尊卑上下之道理也　合德音之致者德音謂歌清廟之詩文王道德之音致謂致極也言說父子君臣長幼之道理合會清廟文王道德音聲理之至極也　禮之大者也　言登歌清廟語說父子君臣之道是禮之大者也　下管象舞大武者謂登歌之後笙入立於堂下象謂象武王伐紂之樂堂下管中奏此象武之曲庭中舞此大武之舞大武即象也變文耳　大合衆以事者衆謂大會聚學士以登歌下管之事　達有神者謂歌舞其樂明達上天授命周家之有神也　興有德者興謂發起謂發起文王武王之有德使衆前歌後舞也　正君臣之位貴賤之等焉者登歌清廟文王詩也君詩在上下管象是武王詩臣詩在下是正君臣之位貴賤之等也　而上下之義行矣者既以此教上下衆知之是

禮記義二十九　九　李良

上下之義行於衆庶也　有司告以樂闋者闋終也謂養老之末無筭樂已終也有司告王以樂終　王乃命公侯伯子男及羣吏者於時諸侯及鄉遂之吏在此席王燕末乃告之令其養老幼也　曰反養老幼于東序者此則王所告諸侯之辭也令其各反其國養老幼如我於東序之禮也　終之以仁也者謂仁恩王家但自養老是仁恩也又令諸侯州里而行養老是終之以仁謂仁恩之心也

注早昧至學士　正義曰經云大昕昕明也恐是盛明之時故云早昧爽之前凡物以初爲大以末爲小必知早昧爽者以云鼓徵衆至然後天子至若其盛明始召學士則晚矣

注興猶至報也　正義曰秩常也釋詁文也云舉常禮祭先師先聖者此謂因大合樂之時在虞庠之中祭先師先聖也若四時常奠各於其學之中又不祭先聖也云視學觀禮耳非爲彼報也者解天子不親釋奠之意所以視學者觀看有司行禮耳非是爲彼學士而報先聖先師也

注凡大至學也　正義曰言凡大合樂必遂養老

足利本第二十九卷第十葉

者爲其養老是以往焉大合樂者鄭前注春合舞秋合
聲爲大合樂其實月令季春合樂亦是也云言始始立
學也者以上文稱云始立學故以此始爲始立學若然始
立學則之養老而尋常視學則不養老何得云凡大合樂
必遂養老者然此云始之養也爲下釋奠於先老之學故
云始立學也若非始立學之後則視學凡養老於東膠不
釋奠於先老也皇氏云若尋常視學則養老於東膠若始
立學則養老於東序以爲周立三代之學又立周之大學於
東謂之東膠立小學於西郊謂之虞庠故以東膠別也
注三老至必也　正義曰三老五更各一人蔡邕以爲更
字爲叟叟老稱又以三老爲三人五更爲五人非鄭義也
今所不取云皆年老更事致仕者三老亦有更名五更亦
有老稱但尊此老名特屬三老耳以其天子父兄所事故
知致仕者知天子以父兄養之者以天子冕而總干而舞
執醬而饋是父兄事也云取象三辰謂日月星五星謂東
方歲星南方熒惑西方大白北方辰星中央鎮星其三辰

禮記義二十九　十　陶彦

之星者二十八宿及諸星也云三老如賓五更如介者案
鄉飲酒注敷席賓席牖前南面介席西階上東面是也云
羣老如衆賓必也者三老既如賓五更既如介故羣老如
衆賓以其無文故云必也案鄉飲酒注席衆賓於賓之西
南面各特焉是也　注發咏至樂闋　正義曰此文承設
席省醴之後也云發咏以大射之禮約之當納賓之節案
大射賓入及庭奏肆夏此養老既尊故用兩君敵禮入門
即奏肆夏故仲尼燕居云入門而縣興是也云退脩之謂
既迎而入獻之以醴者謂迎老更就位主人乃退酌醴獻
之也　注反就至樂之　正義曰知反就席乃席工於西
階上者約鄉飲酒禮文知之也　注既歌至也語　正義
曰案鄉飲酒登歌之後乃下管間歌合樂之後樂正告云
正歌備定本云正歌云工歌備誤也工當爲正也云歌備
而旅者案鄉飲酒之禮告正歌備後作相爲司正賓取觶
酬主人主人酬衆賓是歌備而旅酬也旅酬之時則語說
合於樂之所美以成其意者解經合德音之致樂之所美

潘本第二十九卷第十葉

者爲其養老是以往焉大合樂者鄭前注春合舞秋合
聲爲大合樂其實月令季春合樂亦是也云言始始立
學也者以上文稱云始立學故以此始爲始立學若然始
立學則之養老而尋常視學則不養老何得云凡大合樂
必遂養老者然此云始之養也爲下釋奠於先老之學故
云始立學也若非始立學之後則視學凡養老於東膠不
釋奠於先老也皇氏云若尋常視學則養老於東膠若始
立學則養老於東序以爲周立三代之學又立周之大學於
東謂之東膠立小學於西郊謂之虞庠故以東膠別也
注三老至必也　正義曰三老五更各一人蔡邕以爲更
字爲叟叟老稱又以三老爲三人五更爲五人非鄭義也
今所不取云皆年老更事致仕者三老亦有更名五更亦
有老稱但尊此老名特屬三老耳以其天子父兄所事故
知致仕者知天子以父兄養之者以天子冕而總干而舞
執醬而饋是父兄事也云取象三辰謂日月星五星謂東
方歲星南方熒惑西方大白北方辰星中央鎮星其三辰

禮記義二十九　十　陶彦

之星者二十八宿及諸星也云三老如賓五更如介者案
鄉飲酒注敷席賓席牖前南面介席西階上東面是也云
羣老如衆賓必也者三老既如賓五更既如介故羣老如
衆賓以其無文故云必也案鄉飲酒注席衆賓於賓之西
南面各特焉是也　注發咏至樂闋　正義曰此文承設
席省醴之後也云發咏以大射之禮約之當納賓之節案
大射賓入及庭奏肆夏此養老既尊故用兩君敵禮入門
即奏肆夏故仲尼燕居云入門而縣興是也云退脩之謂
既迎而入獻之以醴者謂迎老更就位主人乃退酌醴獻
之也　注反就至樂之　正義曰知反就席乃席工於西
階上者約鄉飲酒禮文知之也　注既歌至也語　正義
曰案鄉飲酒登歌之後乃下管間歌合樂之後樂正告云
正歌備定本云正歌云工歌備誤也工當爲正也云歌備
而旅者案鄉飲酒之禮告正歌備後作相爲司正賓取觶
酬主人主人酬衆賓是歌備而旅酬也旅酬之時則語說
合於樂之所美以成其意者解經合德音之致樂之所美

謂清廟之詩所美文王有君臣父子長幼之德令於旅之時論説君臣父子之道合會清廟所美之事以成就其升歌清廟之意 注 象周至後舞 正義曰案詩維清奏象舞是武王作樂稱象也故左傳云見舞象箾南籥必知此是武王伐紂樂者以上文云登歌清廟此云下管象下云正君臣之位上下之義故知此象爲武王樂在堂下也云師樂爲用前歌後舞者今文是泰誓之文也 注 由清廟與武也 正義曰登歌清廟下管象父詩在上子詩在下故得正君臣之位貴賤之等也 注 此所告者謂無筭樂 正義曰以上云登歌清廟次下管象此云告以樂闋下即云王乃命諸侯反養老是燕末之事故知樂闋者謂無筭樂也 注 羣吏至是也 正義曰經云乃命公侯伯子男又云及羣吏諸侯既爲畿外故知羣吏謂畿内鄉遂之官也云各反養老如此禮是終其仁心者此是王命諸侯羣吏使之養老如此禮謂如王家於東序之禮是終竟其仁心也云孝經説以下者孝經援神契文云諸侯歸各帥於國者諸侯還歸帥行

禮記義二十九　十一　李用

於國云大夫勤於朝者大夫勤力行之於朝云州里騐於邑者州長里宰之官希騐慕仰行之於邑是也謂此在下奉行在上之事也

是故聖人之記事也慮之以大 謂先本於孝弟之道 **愛之以敬** 謂省其所以養老之具 **行之以禮** 謂親迎之如見父兄 **脩之以孝養** 謂親獻之薦之 **紀之以義** 謂既歌而語之 **終之以仁** 謂又以命諸侯歸於國復自行之 疏 正義曰此一節是第四節中之下節申說視學養老之義是故聖人之記事也者方釋養老之義記事謂聖人親行養老之禮記序前代之事也慮之以大者先解初將謀慮養老之時也慮謀也大謂孝弟也言謀慮於養老之事是本於孝弟故也故云慮之以大也 愛之以敬者解適饌省醴是愛而又敬之也 行之以禮者解遂發咏焉而自迎之如見父兄之禮也 脩之以孝養者解既迎又親獻醴薦饌是脩於孝養故也 紀之以仁義者解

謂清廟之詩所美文王有君臣父子長幼之德令於旅之時論説君臣父子之道合會清廟所美之事以成就其升歌清廟之意 注 象周至後舞 正義曰案詩維清奏象舞是武王作樂稱象也故左傳云見舞象箾南籥必知此是武王伐紂樂者以上文云登歌清廟此云下管象下云正君臣之位上下之義故知此象爲武王樂在堂下也云師樂爲用前歌後舞者今文是泰誓之文也 注 由清廟與武也 正義曰登歌清廟下管象父詩在上子詩在下故得正君臣之位貴賤之等也 注 此所告者謂無筭樂 正義曰以上云登歌清廟次下管象此云告以樂闋下即云王乃命諸侯反養老是燕末之事故知樂闋者謂無筭樂也 注 羣吏至是也 正義曰經云乃命公侯伯子男又云及羣吏諸侯既爲畿外故知羣吏謂畿内鄉遂之官也云各反養老如此禮是終其仁心者此是王命諸侯羣吏使之養老如此禮謂如王家於東序之禮是終竟其仁心也云孝經説以下者孝經援神契文云諸侯歸各帥於國者諸侯還歸帥行

禮記義二十九　十一　李用

於國云大夫勤於朝者大夫勤力行之於朝云州里騐於邑者州長里宰之官希騐慕仰行之於邑是也謂此在下奉行在上之事也

是故聖人之記事也慮之以大 謂先本於孝弟之道 **愛之以敬** 謂省其所以養老之具 **行之以禮** 謂親迎之如見父兄 **脩之以孝養** 謂親獻之薦之 **紀之以義** 謂既歌而語之 **終之以仁** 謂又以命諸侯歸於國復自行之 疏 正義曰此一節是第四節中之下節申說視學養老之義是故聖人之記事也者方釋養老之義記事謂聖人親行養老之禮記序前代之事也慮之以大者先解初將謀慮養老之時也慮謀也大謂孝弟也言謀慮於養老之事是本於孝弟故也故云慮之以大也 愛之以敬者解適饌省醴是愛而又敬之也 行之以禮者解遂發咏焉而自迎之如見父兄之禮也 脩之以孝養者解既迎又親獻醴薦饌是脩於孝養故也 紀之以仁義者解

旣歌而語是紀録德音之義亦存天下之大義也終之以仁者解樂闋而又命諸臣令歸國各行此禮是終之以仁心也

是故古之人一舉事而衆皆知其德之備也

古之君子舉大事必慎其終始而衆安得不喻焉言其爲之本末露見盡可得而知也喻猶曉也

兌命曰念終始典于學兌當爲說說命書篇名殷高宗之臣傅說之所作典常也念事之終始常於學學禮義之府

疏正義曰此亦是第四節中之下節覆說養老而在下衆庶知道德之備其在學乎一舉事而衆皆知其德之備者謂一舉養老之事以示於下而衆皆知其在上道德備具其備具者則上慮之以大愛之以敬行之以禮之屬是也　古之君子舉大事必慎其終始者大事謂養老初則慮之以大是慎其始末則終之以仁是慎其終

余政

也而衆安得不喻焉聖人養老旣慎其本末終始一一露見盡以示衆庶而衆何得不曉喻焉言衆皆曉喻養老之德也　兌命曰念終始典于學者兌命尚書篇名殷高宗之臣傅說所作録記者旣美養老終始而衆得曉諭是由學而來故引兌命學爲可重之事以結之云念終始者言人君念録事之終始常在於學中念之以學爲禮義之府故聖人於中而行養老之禮是念終始常於學也　注兌當至之府　正義曰案尚書序云高宗夢得說得諸傅巖作說命三篇故知兌當爲說也典常也釋詁文

世子之記曰朝夕至于大寢之門外問於内豎曰今日安否何如朝夕朝朝暮夕也日中又朝文王之爲世子非禮之制世子之禮亡言此存其記

内豎曰今日安世子乃有喜色其有不安節則内豎以告世

旣歌而語是紀録德音之義亦存天下之大義也終之以仁者解樂闋而又命諸臣令歸國各行此禮是終之以仁心也

是故古之人一舉事而衆皆知其德之備也

古之君子舉大事必慎其終始而衆安得不喻焉言其爲之本末露見盡可得而知也喻猶曉也

兌命曰念終始典于學兌當爲說說命書篇名殷高宗之臣傅說之所作典常也念事之終始常於學學禮義之府

疏正義曰此亦是第四節中之下節覆說養老而在下衆庶知道德之備其在學乎一舉事而衆皆知其德之備者謂一舉養老之事以示於下而衆皆知其在上道德備具其備具者則上慮之以大愛之以敬行之以禮之屬是也　古之君子舉大事必慎其終始者大事謂養老初則慮之以大是慎其始末則終之以仁是慎其終

禮記義二十九　十二

余政

也而衆安得不喻焉聖人養老旣慎其本末終始一一露見盡以示衆庶而衆何得不曉喻焉言衆皆曉喻養老之德也　兌命曰念終始典于學者兌命尚書篇名殷高宗之臣傅說所作録記者旣美養老終始而衆得曉諭是由學而來故引兌命學爲可重之事以結之云念終始者言人君念録事之終始常在於學中念之以學爲禮義之府故聖人於中而行養老之禮是念終始常於學也　注兌當至之府　正義曰案尚書序云高宗夢得說得諸傅巖作說命三篇故知兌當爲說也典常也釋詁文

世子之記曰朝夕至于大寢之門外問於内豎曰今日安否何如朝夕朝朝暮夕也日中又朝文王之爲世子非禮之制世子之禮亡言此存其記

内豎曰今日安世子乃有喜色其有不安節則内豎以告世

子世子色憂不滿容色憂，憂淺也。不及文王行不能正履。內
豎言復初，然後亦復初。朝夕之食上，
世子必在視寒煖之節。食下，問所膳，
羞必知所進，以命膳宰，然後退。羞必知所進，必知親所食。
若內豎言疾，則世子親齊玄而
養。親猶自也。養疾者齊玄，玄冠玄端也。膳宰之饌，必敬視之，
疾者之食，齊和所欲或異。疾之藥必親嘗之。試毒味也。嘗饌
善，則世子亦能食。善謂多於前。嘗饌寡，世子

禮記義二十九　十三　徐進

亦不能飽。又不及武王一飯再飯。以至于復初，然後
亦復初。復常所服。疏正義曰：此第五節也。以文王爲世子，是聖人之法也，不可以爲
常行，故此記尋常世子之禮也。則世子親齊玄而養
者，內豎既言有疾，則世子親自齊戒，衣玄冠玄端而養
也。注親猶至端也。正義曰：經云親齊，恐是世子親
視齊戒之事，非身自爲，故云親猶自也。以其玄冠而養，
是世子自養，故知齊是世子自齊也。云齊玄，玄冠玄端
也，以經直云齊玄，故知冠衣俱玄也。是以爲玄冠玄端，
此則齊服，故玉藻云：玄冠丹組纓，諸侯之齊冠也；玄冠綦
組纓，士之齊冠也。玄端，其衣則緇布衣也。謂之端者，端正
也，其制正幅，袂二尺二寸，袪尺二寸。鄭注玉藻云：天子諸
侯玄端朱裳，大夫素裳。士冠禮：上士玄端玄裳，中士玄
端黃裳，下士玄端雜裳。齊必用玄者，玄
是陰之色，陰氣靜，齊亦靜，故用玄也。

子世子色憂不滿容色憂，憂淺也。不及文王行不能正履。內
豎言復初，然後亦復初。朝夕之食上，
世子必在視寒煖之節。食下，問所膳，
羞必知所進，以命膳宰，然後退。羞必知所進，必知親所食。
若內豎言疾，則世子親齊玄而
養。親猶自也。養疾者齊玄，玄冠玄端也。膳宰之饌，必敬視之，
疾者之食，齊和所欲或異。疾之藥必親嘗之。試毒味也。嘗饌
善，則世子亦能食。善謂多於前。嘗饌寡，世子

禮記義二十九　十三　徐進

亦不能飽。又不及武王一飯再飯。以至于復初，然後
亦復初。復常所服。疏正義曰：此第五節也。以文王爲世子，是聖人之法也，不可以爲
常行，故此記尋常世子之禮也。則世子親齊玄而養
者，內豎既言有疾，則世子親自齊戒，衣玄冠玄端而養
也。注親猶至端也。正義曰：經云親齊，恐是世子親
視齊戒之事，非身自爲，故云親猶自也。以其玄冠而養，
是世子自養，故知齊是世子自齊也。云齊玄，玄冠玄端
也，以經直云齊玄，故知冠衣俱玄也。是以爲玄冠玄端，
此則齊服，故玉藻云：玄冠丹組纓，諸侯之齊冠也；玄冠綦
組纓，士之齊冠也。玄端，其衣則緇布衣也。謂之端者，端正
也，其制正幅，袂二尺二寸，袪尺二寸。鄭注玉藻云：天子諸
侯玄端朱裳，大夫素裳。士冠禮：上士玄端玄裳，中士玄
端黃裳，下士玄端雜裳。齊必用玄者，玄
是陰之色，陰氣靜，齊亦靜，故用玄也。

足利本第二十九卷第十四葉

禮運第九

正義曰案鄭目録云名曰禮運者以其記五帝三王相變易陰陽轉旋之道此於別録屬通論不以子游爲篇目者以曾子所問事類既煩雜不可以一理目篇子游所問唯論禮之運轉之事故以禮運爲標目耳

昔者仲尼與於蜡賓 蜡者索也歲十二月合聚萬物而索饗之亦祭宗廟時孔子仕魯在助祭之中 事畢出遊於觀之上喟然而嘆 觀闕也孔子見魯君於祭禮有不備於此又覩象魏舊章之處感而歎之 仲尼之嘆蓋嘆魯也言偃在側曰君子何嘆 言偃孔子弟子子游 孔子曰大道之行也與三代之英丘未之逮也而有志焉 大道謂五帝時也英俊選之尤者逮及也言不及見志謂識古文不言魯事爲其大切廣言之 大道之行也天下爲公選賢與能講信脩睦 公猶共也禪位授聖不家之睦親也 故人不獨親其親不獨子其子 孝慈之道廣也 使老有所終壯有所用幼有所長矜寡孤獨廢疾者皆有所養 無匱乏也 男有分 分猶職也 女有歸 皆得良奧之家 貨惡其

禮記義二十九 十四 包端

潘本第二十九卷第十四葉

禮運第九

正義曰案鄭目録云名曰禮運者以其記五帝三王相變易陰陽轉旋之道此於別録屬通論不以子游爲篇目者以曾子所問事類既煩雜不可以一理目篇子游所問唯論禮之運轉之事故以禮運爲標目耳

昔者仲尼與於蜡賓 蜡者索也歲十二月合聚萬物而索饗之亦祭宗廟時孔子仕魯在助祭之中 事畢出遊於觀之上喟然而嘆 觀闕也孔子見魯君於祭禮有不備於此又覩象魏舊章之處感而歎之 仲尼之嘆蓋嘆魯也言偃在側曰君子何嘆 言偃孔子弟子子游 孔子曰大道之行也與三代之英丘未之逮也而有志焉 大道謂五帝時也英俊選之尤者逮及也言不及見志謂識古文不言魯事爲其大切廣言之 大道之行也天下爲公選賢與能講信脩睦 公猶共也禪位授聖不家之睦親也 故人不獨親其親不獨子其子 孝慈之道廣也 使老有所終壯有所用幼有所長矜寡孤獨廢疾者皆有所養 無匱乏也 男有分 分猶職也 女有歸 皆得良奧之家 貨惡其

禮記義二十九 十四 包端

足利本第二十九卷第十五葉

弃於地也不必藏於己力惡其不出於身也不必爲己(勞事不憚施無吝心仁厚之教也)是故謀閉而不興盜竊亂賊而不作(尚辭讓之故也)故外戶而不閉(御風氣而已)是謂大同(同猶和也平也)今大道既隱(隱猶去也)天下爲家(傳位於子)各親其親各子其子貨力爲己(俗狹嗇)大人世及以爲禮城郭溝池以爲固(亂賊繁多爲此以服之也大人諸侯也)禮義以爲紀以正君臣以篤父子以睦兄

禮記義二十九　十五　陳具

弟以和夫婦以設制度以立田里以賢勇知以功爲己故謀用是作而兵由此起(以其違大道敦朴之本也教令之稠其弊則然老子曰法令滋章盜賊多有)禹湯文武成王周公由此其選也(由用也能用禮義以成治)此六君子者未有不謹於禮者也以著其義以考其信著有過刑仁講讓示民有常(考成也刑猶則也)如有不由此者在埶者去衆以爲殃(埶埶位也去罪退之也殃猶禍惡也)是謂小康(康安也大道之人以禮於忠信爲薄)

潘本第二十九卷第十五葉

弃於地也不必藏於己力惡其不出於身也不必爲己(勞事不憚施無吝心仁厚之教也)是故謀閉而不興盜竊亂賊而不作(尚辭讓之故也)故外戶而不閉(御風氣而已)是謂大同(同猶和也平也)今大道既隱(隱猶去也)天下爲家(傳位於子)各親其親各子其子貨力爲己(俗狹嗇)大人世及以爲禮城郭溝池以爲固(亂賊繁多爲此以服之也大人諸侯也)禮義以爲紀以正君臣以篤父子以睦兄

禮記義二十九　十五　陳具

弟以和夫婦以設制度以立田里以賢勇知以功爲己故謀用是作而兵由此起(以其違大道敦朴之本也教令之稠其弊則然老子曰法令滋章盜賊多有)禹湯文武成王周公由此其選也(由用也能用禮義以成治)此六君子者未有不謹於禮者也以著其義以考其信著有過刑仁講讓示民有常(考成也刑猶則也)如有不由此者在埶者去衆以爲殃(埶埶位也去罪退之也殃猶禍惡也)是謂小康(康安也大道之人以禮於忠信爲薄)

足利本第二十九卷第十六葉

言小安者失之 疏 正義曰皇氏云從昔者仲尼以下至於篇末凡爲四段自初至是謂小康爲第一明孔子爲禮不行而攻發嘆發嘆所以最初者凡說事必須因漸故先發嘆後使弟子因而怪問則因問以荅也又自言偃復問曰如此乎禮之急至天下國家可得而正也爲第二明須禮之急前所嘆之意正在禮急故以禮急次之也又自言偃復問曰夫子之極言禮也至此禮之大成也爲第三明禮之所起前旣言禮急急則宜知所起之義也又自孔子曰嗚呼哀哉訖篇末爲第四更正明孔子嘆意也以前貽發未得自言嘆意而言偃有問即隨問而荅荅事旣畢故更備述所懷也今此第一段明孔子發嘆遂論五帝三王道德優劣之事各隨文解之 昔者仲尼與於蜡賓者謂仲尼與於蜡祭之賓也事畢者謂蜡祭畢了 出遊於觀之上者謂出廟門往雉門雉門有兩觀皇氏云登遊於觀之上熊氏云謂遊目看於觀之上喟然而嘆者喟是嘆之形貌言口輔喟然而爲嘆也 注 蜡者至之中 正義曰蜡者索也歲十二月合聚萬物而索饗之者郊特牲文十二月者據周言之若以夏正言之則十月以叚言之則十一月謂建亥之月也以萬物功成報之云亦祭宗廟者以月令孟冬云祈來年于大宗大割祠于公社及門閭臘先祖五祀以臘先祖故云亦祭宗廟揔而言之謂之爲蜡若析而言之祭百神曰蜡祭宗廟曰息民故鄭注郊特牲云息民與蜡異此據揔而言之故祭宗廟而云與於蜡賓也廣雅云夏曰清祀以清潔祭祀殷曰嘉平嘉善也平成也以歲終萬物善成就而報功其蜡與臘名已具於上知此蜡是祭宗廟者以下云出遊於觀之上故知是祭宗廟也云時孔子仕魯在助祭之中者以其與蜡祭故知仕魯也魯臣而稱賓者以祭祀欲以賓客爲榮故雖臣亦稱賓也 注 觀闕至嘆之 正義曰爾雅釋宫云觀謂之闕孫炎云宫門雙闕者舊懸法象使民觀之處因謂之闕熊氏云當門闕處以通行路旣言雙闕明是門之兩旁相對爲雙熊氏得焉白虎通云闕是闕疑義亦

禮記義二十九　十六　鄭彬

潘本第二十九卷第十六葉

言小安者失之 疏 正義曰皇氏云從昔者仲尼以下至於篇末凡爲四段自初至是謂小康爲第一明孔子爲禮不行而致發嘆發嘆所以最初者凡說事必須因漸故先發嘆後使弟子因而怪問則因問以荅也又自言偃復問曰如此乎禮之急至天下國家可得而正也爲第二明須禮之急前所嘆之意正在禮急故以禮急次之也又自言偃復問曰夫子之極言禮也至此禮之大成也爲第三明禮之所起前旣言禮急急則宜知所起之義也又自孔子曰嗚呼哀哉訖篇末爲第四更正明孔子嘆意也以前貽發未得自言嘆意而言偃有問即隨問而荅荅事旣畢故更備述所懷也今此第一段明孔子發嘆遂論五帝三王道德優劣之事各隨文解之 昔者仲尼與於蜡賓者謂仲尼與於蜡祭之賓也事畢者謂蜡祭畢了 出遊於觀之上者謂出廟門往雉門雉門有兩觀皇氏云登遊於觀之上熊氏云謂遊目看於觀之上喟然而嘆者喟是嘆之形貌言口輔喟然而爲嘆也 注 蜡者至之中 正義曰蜡者索也歲十二月合聚萬物而索饗之者郊特牲文十二月者據周言之若以夏正言之則十月以叚言之則十一月謂建亥之月也以萬物功成報之云亦祭宗廟者以月令孟冬云祈來年于大宗大割祠于公社及門閭臘先祖五祀以臘先祖故云亦祭宗廟揔而言之謂之爲蜡若析而言之祭百神曰蜡祭宗廟曰息民故鄭注郊特牲云息民與蜡異此據揔而言之故祭宗廟而云與於蜡賓也廣雅云夏曰清祀以清潔祭祀殷曰嘉平嘉善也平成也以歲終萬物善成就而報功其蜡與臘名已具於上知此蜡是祭宗廟者以下云出遊於觀之上故知是祭宗廟也云時孔子仕魯在助祭之中者以其與蜡祭故知仕魯也魯臣而稱賓者以祭祀欲以賓客爲榮故雖臣亦稱賓也 注 觀闕至嘆之 正義曰爾雅釋宫云觀謂之闕孫炎云宫門雙闕者舊懸法象使民觀之處因謂之闕熊氏云當門闕處以通行路旣言雙闕明是門之兩旁相對爲雙熊氏得焉白虎通云闕是闕疑義亦

禮記義二十九　十六　鄭彬

足利本第二十九卷第十七葉

相兼案何休注公羊天子兩觀外闕諸侯臺門則諸侯不得有闕魯有闕者魯以天子之禮故得有之也公羊傳云設兩觀乘大路此皆天子之禮是也案定二年雉門災及兩觀魯之宗廟在雉門外左孔子出廟門而來至雉門遊於觀此觀又名象魏以其縣法象魏巍巍高大故哀三年桓宮災季桓子至御公立于象魏之外命藏象魏曰舊章不可亡也熊氏云天子藏舊章於明堂諸侯藏於祖廟知者以天子視朔于明堂諸侯於祖廟故也穀梁傳云天子班告朔于諸侯諸侯受乎禰廟非鄭義也云感而嘆之者一感魯君之失禮二感舊章廢棄故爲嘆也　仲尼至何嘆　作記者言其所嘆之由又言其所嘆之事故云仲尼之嘆蓋嘆魯也言蓋者謙爲疑辭不即指正也於時言偃在側而問之曰君子何嘆言嘆恨何事不云孔子而云君子者以論語云君子坦蕩蕩不應有嘆也故云君子何嘆　注言偃孔子弟子子游　正義曰案仲尼弟子傳云姓言名偃字子游魯人也　孔子至志

禮記義二十九　十七　宋琳

焉　孔子既見子游所問若指言魯失禮恐其太切故廣言五帝以下及三王盛衰之事此一經孔子自序雖不及見前代而有志記之書披覽可知自大道之行至是謂大同論五帝之善自大道既隱至是謂小康論三王之後今此經云大道之行也謂廣大道德之行五帝時也　與三代之英者英謂英異并與夏殷周三代英異之主若禹湯文武等　丘未之逮也者未猶不也逮猶及也言生於周衰身不及見上代不能備知雖然不見大道三代之事而有志記之書焉披覽此書尚可知於前代也　注大道至言之　正義曰以下云禹湯文武成王周公此大道在禹湯之前故爲五帝時也云英俊選之尤者案辨名記云倍人曰茂十人曰選倍選曰俊千人曰英倍英曰賢萬人曰傑倍傑曰聖毛詩傳又云萬人爲英是英皆多於俊選是俊選之尤異者即禹湯文武三王之中俊異者云志謂識古文者志是記識之名古文是古代之文籍故周禮云掌四方之志春秋云其善志皆志記之書也　大道至大同

潘本第二十九卷第十七葉

相兼案何休注公羊天子兩觀外闕諸侯臺門則諸侯不得有闕魯有闕者魯以天子之禮故得有之也公羊傳云設兩觀乘大路此皆天子之禮是也案定二年雉門災及兩觀魯之宗廟在雉門外左孔子出廟門而來至雉門遊於觀此觀又名象魏以其縣法象魏巍巍高大故哀三年桓宮災季桓子至御公立于象魏之外命藏象魏曰舊章不可亡也熊氏云天子藏舊章於明堂諸侯藏於祖廟知者以天子視朔于明堂諸侯於祖廟故也穀梁傳云天子班告朔于諸侯諸侯受乎禰廟非鄭義也云感而嘆之者一感魯君之失禮二感舊章廢棄故爲嘆也　仲尼至何嘆　作記者言其所嘆之由又言其所嘆之事故云仲尼之嘆蓋嘆魯也言蓋者謙爲疑辭不即指正也於時言偃在側而問之曰君子何嘆言嘆恨何事不云孔子而云君子者以論語云君子坦蕩蕩不應有嘆也故云君子何嘆　注言偃孔子弟子子游　正義曰案仲尼弟子傳云姓言名偃字子游魯人也　孔子至志

禮記義二十九　十七　宋琳

焉　孔子既見子游所問若指言魯失禮恐其太切故廣言五帝以下及三王盛衰之事此一經孔子自序雖不及見前代而有志記之書披覽可知自大道之行至是謂大同論五帝之善自大道既隱至是謂小康論三王之後今此經云大道之行也謂廣大道德之行五帝時也　與三代之英者英謂英異并與夏殷周三代英異之主若禹湯文武等　丘未之逮也者未猶不也逮猶及也言生於周衰身不及見上代不能備知雖然不見大道三代之事而有志記之書焉披覽此書尚可知於前代也　注大道至言之　正義曰以下云禹湯文武成王周公此大道在禹湯之前故爲五帝時也云英俊選之尤者案辨名記云倍人曰茂十人曰選倍選曰俊千人曰英倍英曰賢萬人曰傑倍傑曰聖毛詩傳又云萬人爲英是英皆多於俊選是俊選之尤異者即禹湯文武三王之中俊異者云志謂識古文者志是記識之名古文是古代之文籍故周禮云掌四方之志春秋云其善志皆志記之書也　大道至大同

足利本第二十九卷第十八葉

正義曰既去見其遺記此以下說記中之事故此先明五帝時也　天下爲公者謂天子位也爲公謂揖讓而授聖德不私傳子孫即廢朱均而用舜禹是也　選賢與能者歸明不私傳天位此明不世諸侯也國不傳世唯選賢與能也黜四凶舉十六相之類是也鄭注鄉大夫云賢者有德行者能者有道藝者四凶共工驩兜鯀三苗十六相八元謂伯奮仲堪叔獻季仲伯虎仲熊叔豹季貍八愷謂蒼舒隤敳檮戭大臨尨降庭堅仲容叔達也　講信脩睦者講談說也信不欺也脩習也睦親也世淳無欺談說輒有信也故哀公問周豐云有虞氏未施信於民而民信之是也又凡所行習皆親睦也故孝經云民用和睦是也　故人不獨親其親不獨子其子者君既無私言信行睦故人法之而不獨親己親不獨子己子　使老有所終者既四海如一無所獨親故天下之老者皆得贍養終其餘年也　壯有所用者壯謂年齒盛壯者也所用謂不愛其力以奉老幼也亦重任分輕任并斑白者不提挈是也　幼有所

禮記義二十九　十八

長者無所獨子故天下之幼皆獲養長以成人也　矜寡孤獨廢疾者皆有所養者壯不愛力故四者無告及有疾者皆獲恤養也　男有分者分職也無才者耕有能者仕各當其職無失分也　女有歸者女謂嫁爲歸君上有道不爲失時故有歸也若失時者則詩衛女淫奔期我乎桑中要我乎上宮是失時也故注云皆得良奧之家　貨惡其棄於地也不必藏於己者貨謂財貨也既天下共之不獨藏府庫但若人不收錄棄擲山林則物壞世窮無所資用故各收寶而藏之是惡棄地耳非是藏之爲己有乏者便與也　力惡其不出於身也不必爲己者力謂爲事用力言凡所事不憚劬勞而各竭筋力者正是惡於相欺惜力不出於身耳非是欲自營贍故云不必爲己也　是故謀閉而不興者興起也夫謀之所起本爲鄙詐今既天下一心如親如子故圖謀之事閉塞而不起也　盜竊亂賊而不作者有乏輒與則盜竊焉施有能必位則亂賊何起作也　故外戶而不閉者扉從外闔也不閉者不用[illegible]

潘本第二十九卷第十八葉

正義曰既去見其遺記此以下說記中之事故此先明五帝時也　天下爲公者謂天子位也爲公謂揖讓而授聖德不私傳子孫即廢朱均而用舜禹是也　選賢與能者歸明不私傳天位此明不世諸侯也國不傳世唯選賢與能也黜四凶舉十六相之類是也鄭注鄉大夫云賢者有德行者能者有道藝者四凶共工驩兜鯀三苗十六相八元謂伯奮仲堪叔獻季仲伯虎仲熊叔豹季貍八愷謂蒼舒隤敳檮戭大臨尨降庭堅仲容叔達也　講信脩睦者講談說也信不欺也脩習也睦親也世淳無欺談說輒有信也故哀公問周豐云有虞氏未施信於民而民信之是也又凡所行習皆親睦也故孝經云民用和睦是也　故人不獨親其親不獨子其子者君既無私言信行睦故人法之而不獨親己親不獨子己子　使老有所終者既四海如一無所獨親故天下之老者皆得贍養終其餘年也　壯有所用者壯謂年齒盛壯者也所用謂不愛其力以奉老幼也亦重任分輕任并斑白者不提挈是也　幼有所

禮記義二十九　十八

長者無所獨子故天下之幼皆獲養長以成人也　矜寡孤獨廢疾者皆有所養者壯不愛力故四者無告及有疾者皆獲恤養也　男有分者分職也無才者耕有能者仕各當其職無失分也　女有歸者女謂嫁爲歸君上有道不爲失時故有歸也若失時者則詩衛女淫奔期我乎桑中要我乎上宮是失時也故注云皆得良奧之家　貨惡其棄於地也不必藏於己者貨謂財貨也既天下共之不獨藏府庫但若人不收錄棄擲山林則物壞世窮無所資用故各收寶而藏之是惡棄地耳非是藏之爲己有乏者便與也　力惡其不出於身也不必爲己者力謂爲事用力言凡所事不憚劬勞而各竭筋力者正是惡於相欺惜力不出於身耳非是欲自營贍故云不必爲己也　是故謀閉而不興者興起也夫謀之所起本爲鄙詐今既天下一心如親如子故圖謀之事閉塞而不起也　盜竊亂賊而不作者有乏輒與則盜竊焉施有能必位則亂賊何起作也　故外戶而不閉者扉從外闔也不閉者不[illegible]

足利本第二十九卷第十九葉

也重門擊柝本禦暴客既無盜竊亂賊則户無俟於閉也是
但爲風塵入寢故設扉耳無所捍拒故從外而掩也
謂大同者率土皆然故曰大同 注禪位至親也 正義
曰禪位授聖謂堯授舜也不家之者謂不以天位爲己家
之有而授子也天位尚不爲己有諸侯公卿大夫之位灼
然與天下共之故選賢與能也己子不才可捨子立他人
之子則廢朱均而禪舜禹是也然己親不賢豈可廢己親
而事他人之親但位是天位子是卑下可以捨子立他人
之子親是尊高未必有位無容廢己之親而事他親但事
他親有德與己親同也案祭法有虞氏禘黄帝而郊嚳祖
顓頊而宗堯配天事重不以瞽叟爲祖宗此亦不獨親之
義也 注勞事至教也 正義曰以經云力惡其不出於
身欲得身出氣力是勞事無憚也憚難也謂不難勞事云
施無吝心者經云不必藏於己財貨欲得施散是無吝惜
之心先釋力然後釋財便文無義例也 今大至小康 前
明五帝已竟此明三代俊英之事也孔子生及三代之末

禮記義二十九　十九　周梟

故稱今也隱去也干戈攻伐各私其親是大道去也 天
下爲家者父傳天位與子是用天下爲家也禹爲其始也
各親其親各子其子者君以天位爲家故四海各親親
而子子也 貨力爲己者藏貨爲身出力贍己 大人世
及以爲禮者大人謂諸侯也世及諸侯傳位自與家也父
子曰世兄弟曰及謂父傳與子無子則兄傳與弟也以此
爲禮也然五帝猶行德不以爲禮三王行爲禮之禮故五
帝不言禮而三王云以爲禮也 城郭溝池以爲固者城内
城郭城外也溝池城之塹既私位獨財則更相争奪所以爲
此城郭溝池以自衛固也 禮義以爲紀者紀綱紀也五
帝以大道爲紀而三王則用禮義爲紀也 以正君臣以
篤父子以睦兄弟以和夫婦者緣此諸事有失故並用禮
義爲此以下諸事之紀也君臣義合故曰正父子天然故
云篤篤厚也兄弟同氣故言睦夫婦異姓故言和謂親迎
合卺之事 以設制度者又用禮義設爲宫室衣服車旗
飲食上下貴賤各有多少之制度也 以立田里者田種

潘本第二十九卷第十九葉

也重門擊柝本禦暴客既無盜竊亂賊則户無俟於閉也是
但爲風塵入寢故設扉耳無所捍拒故從外而掩也
謂大同者率土皆然故曰大同 注禪位至親也 正義
曰禪位授聖謂堯授舜也不家之者謂不以天位爲己家
之有而授子也天位尚不爲己有諸侯公卿大夫之位灼
然與天下共之故選賢與能也己子不才可捨子立他人
之子則廢朱均而禪舜禹是也然己親不賢豈可廢己親
而事他人之親但位是天位子是卑下可以捨子立他人
之子親是尊高未必有位無容廢己之親而事他親但事
他親有德與己親同也案祭法有虞氏禘黄帝而郊嚳祖
顓頊而宗堯配天事重不以瞽叟爲祖宗此亦不獨親之
義也 注勞事至教也 正義曰以經云力惡其不出於
身欲得身出氣力是勞事無憚也憚難也謂不難勞事云
施無吝心者經云不必藏於己財貨欲得施散是無吝惜
之心先釋力然後釋財便文無義例也 今大至小康 前
明五帝已竟此明三代俊英之事也孔子生及三代之末

禮記義二十九　十九　周梟

故稱今也隱去也干戈攻伐各私其親是大道去也 天
下爲家者父傳天位與子是用天下爲家也禹爲其始也
各親其親各子其子者君以天位爲家故四海各親親
而子子也 貨力爲己者藏貨爲身出力贍己 大人世
及以爲禮者大人謂諸侯也世及諸侯傳位自與家也父
子曰世兄弟曰及謂父傳與子無子則兄傳與弟也以此
爲禮也然五帝猶行德不以爲禮三王行爲禮之禮故五
帝不言禮而三王云以爲禮也 城郭溝池以爲固者城内
城郭城外也溝池城之塹既私位獨財則更相争奪所以爲
此城郭溝池以自衛固也 禮義以爲紀者紀綱紀也五
帝以大道爲紀而三王則用禮義爲紀也 以正君臣以
篤父子以睦兄弟以和夫婦者緣此諸事有失故並用禮
義爲此以下諸事之紀也君臣義合故曰正父子天然故
云篤篤厚也兄弟同氣故言睦夫婦異姓故言和謂親迎
合卺之事 以設制度者又用禮義設爲宫室衣服車旗
飲食上下貴賤各有多少之制度也 以立田里者田種

穀稼之所里居宅之地貴賤異品　以賢勇知者賢猶
崇重也既盜賊並作故須勇也更相欺妄故須知也所
以勇知之士皆被崇重也　以功爲己者立功起事不爲
他人也　故謀用是作而兵由此起者故姦詐之謀用是
貨力爲己而興作而戰爭之兵由此貨力爲己而發起
禹湯文武成王周公由此其選也者以其時謀作兵起
遞相爭戰禹湯等能以禮義成治故云由此其選由用
也此謂禮義也用此禮義敎化其爲三王中之英選也
此六君子者未有不謹於禮者也言此聖賢六人皆謹
愼於禮以行下五事也　以著其義者此以下皆謹禮
之事也著明也義宜也民有失所則用禮明裁斷之使
得其宜也　以考其信者考成也民有相欺則用禮成
之使信也　著有過者著亦明也過罪也民有罪則用禮
以照明之也　刑仁者刑則也民有仁者用禮賞之以
爲則也　講讓者民有爭奪者用禮與民講說之使推
讓也　示民有常者以禮行上五德是示見民下爲常

禮記義二十九　二十　馬春

法也然此五德即仁義禮知信也能明有罪是知也能
講推讓即是禮也　如有不由此者在埶者去衆以爲殃者
由用也去罪退之殃禍惡也若爲君而不用上謹於禮以
下五事者雖在富貴埶位而衆人必以爲禍惡共以罪黜
退之　是謂小康者康安也行禮自衛乃得不去埶位
及不爲衆所殃而比大道爲劣故曰小安也　注大人諸
侯也　正義曰上既云天下爲家是天子之治天下也
以大人世及而爲禮明大人非天子又云世及復非卿大
夫故以爲諸侯凡文各有所對易革卦大人虎變對君
子豹變故大人爲天子士相見禮云與大人言言事君對
士又云事君故以大人爲卿大夫　注敎令之稠其弊
則然　正義曰以三王之時敎令稠數徵責繁多在下
不堪其弊則致如此然謂謀作兵起也案史記黃帝與
蚩尤戰于涿鹿之野尚書舜征有苗則五帝有兵今此
三王之時而云兵由此起者兵設久矣但上代之時用
之希少時有所用故雖用而不言也三王之時每事須

足利本第二十九卷第二十葉

潘本第二十九卷第二十葉

足利本第二十九卷第二十一葉

兵兵起煩數故云兵由此起也言偃復問曰如此乎禮之急也孔子曰夫禮先王以承天之道以治人之情故失之者死得之者生詩曰相鼠有體人而無禮人而無禮胡不遄死相視也遄疾也言鼠之有身體如人而無禮者矣人之無禮可憎賤如鼠不如疾死之愈是故夫禮必本於天殽於地列於鬼神聖人則天之明因地之利取法度於鬼神以制禮下教令也既又祀之盡其敬也教民嚴上也鬼者精魂所歸神者引物而出謂祖廟山川五祀之屬也達於喪祭射御冠昏朝聘民知嚴上則此禮達於下也

禮記義二十九　二十一　李信

故聖人以禮示之故天下國家可得而正也民知禮則易教

疏正義曰言偃既見夫子所云三王得禮則興失禮則亡故云禮之急也故孔子乃荅以禮所用既上以承天之道下以治民之情不云承地者承天則承地可知　故失之者死者言失禮則死若桀紂也　得之者生者若禹湯也引詩鄘風者證人若無禮不如速死此詩衛文公以禮化其臣子臣子無禮之人相視也視鼠有其形體人亦有其形體鼠無禮故賤人有禮故貴若人而無禮何異於鼠鼠之無禮不能損害人之無禮傷害更多故云胡不遄死胡何也遄疾也何不疾死無所侵害既言無禮則死又言禮之所起其本尊大故云夫禮必本於天言聖人制禮必則於天禮從天出故云必本於天非但本於天又殽於地殽效也言聖人制禮又效於地天遠故言本地近故言效　列於鬼神者言聖王制禮布列法於鬼神謂法鬼神以制禮聖王既法

潘本第二十九卷第二十一葉

兵兵起煩數故云兵由此起也言偃復問曰如此乎禮之急也孔子曰夫禮先王以承天之道以治人之情故失之者死得之者生詩曰相鼠有體人而無禮人而無禮胡不遄死相視也遄疾也言鼠之有身體如人而無禮者矣人之無禮可憎賤如鼠不如疾死之愈是故夫禮必本於天殽於地列於鬼神聖人則天之明因地之利取法度於鬼神以制禮下教令也既又祀之盡其敬也教民嚴上也鬼者精魂所歸神者引物而出謂祖廟山川五祀之屬也達於喪祭射御冠昏朝聘民知嚴上則此禮達於下也

禮記義二十九　二十一　李信

故聖人以禮示之故天下國家可得而正也民知禮則易教

疏正義曰言偃既見夫子所云三王得禮則興失禮則亡故云禮之急也故孔子乃荅以禮所用既上以承天之道下以治民之情不云承地者承天則承地可知　故失之者死者言失禮則死若桀紂也　得之者生者若禹湯也引詩鄘風者證人若無禮不如速死此詩衛文公以禮化其臣子臣子無禮之人相視也視鼠有其形體人亦有其形體鼠無禮故賤人有禮故貴若人而無禮何異於鼠鼠之無禮不能損害人之無禮傷害更多故云胡不遄死胡何也遄疾也何不疾死無所侵害既言無禮則死又言禮之所起其本尊大故云夫禮必本於天言聖人制禮必則於天禮從天出故云必本於天非但本於天又殽於地殽效也言聖人制禮又效於地天遠故言本地近故言效　列於鬼神者言聖王制禮布列法於鬼神謂法鬼神以制禮聖王既法

足利本第二十九卷第二十二葉

天地鬼神以制禮本謂制禮以敎民故祀天禋地享宗廟祭
山川一則報其禮之所來之功二則敎民嚴上之義　達
於喪祭射御冠昏朝聘者民既知嚴上之義曉達喪禮
喪有君親既知嚴上則哀篤君親是曉達喪禮也祭是
享祀君親既知嚴上則達於祭也射御是防衛供御尊
者人知嚴上則達於射御冠有著代之義昏有代親之
感人知嚴上則達冠昏矣朝是君之敬上聘是臣之事
君民知嚴上則達於朝聘在下既曉於此入者之禮無
教不從故聖人以禮示之故天下國家可得而正也者天
下謂天子國謂諸侯家謂卿大夫下既從敎不復爲邪
故得而正也　注聖人至屬也　正義曰則天之明因
地之利昭二十五年左傳文則天之明者彼傳云爲昏
媾姻亞杜預云若衆星之共辰極也猶昬媾姻亞繫於
家人云因地之利者彼傳云爲君臣上下以則地義是也
云取法度於鬼神者下文云降于祖廟之謂仁義謂敎
令由於祖廟下者謂取仁於禰取義於祖是取仁義法

禮記義二十九　二十二　李寵

度於祖禰之鬼神下文云降於山川之謂興作謂敎令
由山川下者山川有草木鳥獸可以興作器物是取興
作法度於山川鬼神也下又云降於五祀之謂制度謂教
令由於五祀下者此五祀之神始謂中霤門戶竈行之法
後王制禮取之以爲制度是取法度於五祀之鬼神也下
文又有必本於天殽於地之後乃云祖廟山川五祀此又
本天殽地之下總云列於鬼神則鬼神之文包此三事
故鄭注云謂祖廟山川五祀之屬也云以制禮下教令也
者謂法天地鬼神以制禮既畢下此置之敎令以教民故
下文云殽以降命又云命降于社又云降于祖廟又云降
於山川又云降於五祀降則下也謂法此等之神以下
教令又祀此等之神教民嚴上故鄭解此云既又祀之盡
其敬也敎民嚴上也云鬼者精魂所歸神者引物而出
者謂宗廟山川五祀據其精魂歸藏不知其所則謂之
鬼宗廟能引出仁義山川能引出興作五祀能引出制
度又俱能引出福慶謂之神也三者皆爲鬼神故下文

潘本第二十九卷第二十二葉

天地鬼神以制禮本謂制禮以敎民故祀天禋地享宗廟祭
山川一則報其禮之所來之功二則敎民嚴上之義　達
於喪祭射御冠昏朝聘者民既知嚴上之義曉達喪禮
喪有君親既知嚴上則哀篤君親是曉達喪禮也祭是
享祀君親既知嚴上則達於祭也射御是防衛供御尊
者人知嚴上則達於射御冠有著代之義昏有代親之
感人知嚴上則達冠昏矣朝是君之敬上聘是臣之事
君民知嚴上則達於朝聘在下既曉於此入者之禮無
教不從故聖人以禮示之故天下國家可得而正也者天
下謂天子國謂諸侯家謂卿大夫下既從敎不復爲邪
故得而正也　注聖人至屬也　正義曰則天之明因
地之利昭二十五年左傳文則天之明者彼傳云爲昏
媾姻亞杜預云若衆星之共辰極也猶昬媾姻亞繫於
家人云因地之利者彼傳云爲君臣上下以則地義是也
云取法度於鬼神者下文云降于祖廟之謂仁義謂敎
令由於祖廟下者謂取仁於禰取義於祖是取仁義法

禮記義二十九　二十二　李寵

度於祖禰之鬼神下文云降於山川之謂興作謂敎令
由山川下者山川有草木鳥獸可以興作器物是取興
作法度於山川鬼神也下又云降於五祀之謂制度謂教
令由於五祀下者此五祀之神始謂中霤門戶竈行之法
後王制禮取之以爲制度是取法度於五祀之鬼神也下
文又有必本於天殽於地之後乃云祖廟山川五祀此又
本天殽地之下總云列於鬼神則鬼神之文包此三事
故鄭注云謂祖廟山川五祀之屬也云以制禮下教令也
者謂法天地鬼神以制禮既畢下此置之敎令以教民故
下文云殽以降命又云命降于社又云降于祖廟又云降
於山川又云降於五祀降則下也謂法此等之神以下
教令又祀此等之神教民嚴上故鄭解此云既又祀之盡
其敬也敎民嚴上也云鬼者精魂所歸神者引物而出
者謂宗廟山川五祀據其精魂歸藏不知其所則謂之
鬼宗廟能引出仁義山川能引出興作五祀能引出制
度又俱能引出福慶謂之神也三者皆爲鬼神故下文

足利本第二十九卷第二十三葉

云聖人參於天地並於鬼神又云山川所以儐鬼神是山川稱鬼神也皇氏以此鬼神謂宗廟山川五祀其義非也

禮記正義卷第二十九

禮記義二十九　二十三

潘本第二十九卷第二十三葉

云聖人參於天地並於鬼神又云山川所以儐鬼神是山川稱鬼神也皇氏以此鬼神謂宗廟山川五祀其義非也

禮記正義卷第二十九

禮記義二十九　二十三　徐通

禮記正義卷第三十
國子祭酒上護軍曲阜縣開國子臣孔穎達等奉
勑撰
言偃復問曰夫子之極言禮也可得而聞
與欲知禮終始所成孔子曰我欲觀夏道是欲行其禮觀其所成
故之杞杞夏后氏之後也而不足徵也徵成也無賢君不足與成也吾
得夏時焉得夏四時之書也其書存者有小正我欲觀殷道是
故之宋而不足徵也宋殷人之後也吾得坤乾焉得殷

陰陽之書也其書存者有歸藏坤乾之義夏時之等吾以是
觀之觀於二書之意夫禮之初始諸飲食其燔黍
捭豚汙尊而抔飲蕢桴而土鼓猶若可
以致其敬於鬼神言其物雖質略有齊敬之心則可以薦羞於鬼神鬼神饗德不
饗味也中古未有釜甑釋米捭肉加於燒石之上而食之耳今北狄猶然汙尊鑿地爲尊也抔飲手掬之也蕢讀爲
凷聲之誤也凷塊也謂摶土爲桴也土鼓築土爲鼓也及其死也升屋而號
告曰皋某復招之於天然後飯腥而苴孰飯以稻米上古
未有火化苴孰取遺奠有火利也苴或爲俎故天望而地藏也體魄則

禮記正義卷第三十
國子祭酒上護軍曲阜縣開國子臣孔穎達等奉
勑撰
言偃復問曰夫子之極言禮也可得而聞
與欲知禮終始所成孔子曰我欲觀夏道是欲行其禮觀其所成
故之杞杞夏后氏之後也而不足徵也徵成也無賢君不足與成也吾
得夏時焉得夏四時之書也其書存者有小正我欲觀殷道是
故之宋而不足徵也宋殷人之後也吾得坤乾焉得殷
禮記義三十　一　王恭
陰陽之書也其書存者有歸藏坤乾之義夏時之等吾以是
觀之觀於二書之意夫禮之初始諸飲食其燔黍
捭豚汙尊而抔飲蕢桴而土鼓猶若可
以致其敬於鬼神言其物雖質略有齊敬之心則可以薦羞於鬼神鬼神饗德不
饗味也中古未有釜甑釋米捭肉加於燒石之上而食之耳今北狄猶然汙尊鑿地爲尊也抔飲手掬之也蕢讀爲
凷聲之誤也凷塊也謂摶土爲桴也土鼓築土爲鼓也及其死也升屋而號
告曰皋某復招之於天然後飯腥而苴孰飯以稻米上古
未有火化苴孰取遺奠有火利也苴或爲俎故天望而地藏也體魄則

足利本第三十卷第二葉

降知氣在上（地藏謂葬）故死者北首（首陰也）生者
南鄉（鄉陽也）皆從其初（謂今行之然也）昔者先王未有
宮室冬則居營窟夏則居橧巢（寒則累土暑則聚薪柴居）
（其上）未有火化（食腥也）食草木之實鳥獸之肉
飲其血茹其毛未有麻絲衣其羽皮（此上古之
時也）後聖有作（作起）然後脩火之利（孰治萬物）范金
（鑄作器用）合土（瓦瓴甓及甗大）以爲臺榭宮室牖戶（榭器之所藏也）
以炮（裹燒之也）以燔（加於火上）以亨（煑之鑊也）以炙（貫之火上）以爲

禮記義三十　二　方堅

醴酪（烝釀之也酪酢酨）治其麻絲以爲布帛以養生
送死以事鬼神上帝皆從其朔（朔亦初也亦謂今行之然）
故玄酒在室醴醆在戶粢醍在堂澄酒在
下陳其犧牲備其鼎俎列其琴瑟管磬鐘
鼓脩其祝嘏以降上神與其先祖以正君
臣以篤父子以睦兄弟以齊上下夫婦有
所是謂承天之祜（此言今禮饌具所因於古及其事義也粢讀爲齊聲之誤也周
禮五齊一曰泛齊二曰醴齊三曰盎齊四曰醍齊五曰沈
齊字雖異醆與盎澄與沈蓋同物也奠之不同處重古略

潘本第三十卷第二葉

降知氣在上（地藏謂葬）故死者北首（首陰也）生者
南鄉（鄉陽也）皆從其初（謂今行之然也）昔者先王未有
宮室冬則居營窟夏則居橧巢（寒則累土暑則聚薪柴居）
（其上）未有火化（食腥也）食草木之實鳥獸之肉
飲其血茹其毛未有麻絲衣其羽皮（此上古之
時也）後聖有作（作起）然後脩火之利（孰治萬物）范金
（鑄作器用）合土（瓦瓴甓及甗大）以爲臺榭宮室牖戶（榭器之所藏也）
以炮（裹燒之也）以燔（加於火上）以亨（煑之鑊也）以炙（貫之火上）以爲

禮記義三十　二　方堅

醴酪（烝釀之也酪酢酨）治其麻絲以爲布帛以養生
送死以事鬼神上帝皆從其朔（朔亦初也亦謂今行之然）
故玄酒在室醴醆在戶粢醍在堂澄酒在
下陳其犧牲備其鼎俎列其琴瑟管磬鐘
鼓脩其祝嘏以降上神與其先祖以正君
臣以篤父子以睦兄弟以齊上下夫婦有
所是謂承天之祜（此言今禮饌具所因於古及其事義也粢讀爲齊聲之誤也周
禮五齊一曰泛齊二曰醴齊三曰盎齊四曰醍齊五曰沈
齊字雖異醆與盎澄與沈蓋同物也奠之不同處重古略

足利本第三十卷第三葉

近也祝祝爲主人饗神辭也嘏祝爲尸致福於主人之辭也祜福也福之言備也作其祝號玄酒以祭薦其血毛腥其俎孰其殽與其越席疏布以冪衣其澣帛醴醆以獻薦其燔炙君與夫人交獻以嘉魂魄是謂合莫此謂薦上古中古之食也周禮祝號有六一曰神號二曰鬼號三曰祇號四曰牲號五曰齍號六曰幣號號者所以尊神顯物也腥其俎謂豚解而腥之及血毛皆所以法於大古也孰其殽謂體解而爓之此以下皆所法於中古也越席翦蒲席也冪覆尊也澣帛練染以爲祭服嘉樂也莫虛無也孝經說曰上通無莫然後退而合亨體其犬豕牛羊實其簠簋籩豆鉶羹

禮記義三十　三　許于

祝以孝告嘏以慈告是謂大祥此謂薦今世之食也體其犬豕牛羊謂分別骨肉之貴賤以爲衆俎也祝以孝告嘏以慈告各首其義也祥善也今世之食於人道爲善也此禮之大成也解子游以禮所成也疏正義曰言偃既見孔子極言禮故問其禮之終始可得聞不孔子曰我欲觀夏道以下至禮之大成荅以所成之事但語意既廣非一言可了所荅之辭凡有數節今略言之前去大道之行三代之英丘未之逮也而有志焉此我欲觀夏道至以是觀之論披檢二記之書乃知上代之禮運轉之事自夫禮之初至皆從其初論中古祭祀之事及死喪之禮今時所法於前取以行者自昔者先王至皆從其朔論昔者未有宮室火化後聖有作始制宮室炮燔醴酪之事今世取而行之故云皆從其朔但今世一祭之中凡有兩節上節是薦上古中古下節是薦今世之食自玄酒在室至承天之祜揔論今世祭祀饌具所因於

潘本第三十卷第三葉

近也祝祝爲主人饗神辭也嘏祝爲尸致福於主人之辭也祜福也福之言備也作其祝號玄酒以祭薦其血毛腥其俎孰其殽與其越席疏布以冪衣其澣帛醴醆以獻薦其燔炙君與夫人交獻以嘉魂魄是謂合莫此謂薦上古中古之食也周禮祝號有六一曰神號二曰鬼號三曰祇號四曰牲號五曰齍號六曰幣號號者所以尊神顯物也腥其俎謂豚解而腥之及血毛皆所以法於大古也孰其殽謂體解而爓之此以下皆所法於中古也越席翦蒲席也冪覆尊也澣帛練染以爲祭服嘉樂也莫虛無也孝經說曰上通無莫然後退而合亨體其犬豕牛羊實其簠簋籩豆鉶羹

禮記義三十　三　許于

祝以孝告嘏以慈告是謂大祥此謂薦今世之食也體其犬豕牛羊謂分別骨肉之貴賤以爲衆俎也祝以孝告嘏以慈告各首其義也祥善也今世之食於人道爲善也此禮之大成也解子游以禮所成也疏正義曰言偃既見孔子極言禮故問其禮之終始可得聞不孔子曰我欲觀夏道以下至禮之大成荅以所成之事但語意既廣非一言可了所荅之辭凡有數節今略言之前去大道之行三代之英丘未之逮也而有志焉此我欲觀夏道至以是觀之論披檢二記之書乃知上代之禮運轉之事自夫禮之初至皆從其初論中古祭祀之事及死喪之禮今時所法於前取以行者自昔者先王至皆從其朔論昔者未有宮室火化後聖有作始制宮室炮燔醴酪之事今世取而行之故云皆從其朔但今世一祭之中凡有兩節上節是薦上古中古下節是薦今世之食自玄酒在室至承天之祜揔論今世祭祀饌具所因於

足利本第三十卷第四葉

古及其事義揔論兩節祭祀獲福之義自作其祝號至是
謂合莫別論祭之上節薦上古中古之食并所用之物自
然後退而合亨至是謂大祥論祭之下節薦今世之食此
禮之大成一句總結上所陳之言也　我欲觀夏道者我
欲行夏禮故觀其夏道可成與不是故之適於杞欲觀夏
禮而與之成　而不足徵者徵成也謂杞君闇弱不堪足
與成其夏禮然因往適杞而得夏家四時之書焉夏禮既
不可成我又欲觀殷道可成與不是故適宋亦以宋君闇
弱不堪足與成其禮吾得殷之坤乾之書謂得殷家陰陽
之書也其殷之坤乾之書并夏四時之書吾以二書觀之
知上代以來至於今世時代運轉禮之變通即下云夫禮之
初以下是也　注欲行至所成　正義曰言我欲行夏禮
觀此夏禮堪成與不知非直觀其禮而云觀其所成者以
下云而不足徵　注杞夏后氏之後　正義曰案樂記云
武王下車而封夏后氏之後於杞又史記云武王伐紂求
夏后氏之後而得東樓公封之於杞是也　注徵成至成

禮記義三十　四　李憲

也　正義曰徵者徵驗之義故為成若有賢君則自然成
之當不須孔子而云無賢君不足與成者以杞是夏後雖
有賢君欲成夏禮必須聖人贊佐若其君之不賢假令孔
子欲往贊助終不能舉行夏禮雖助無益故論語云夏禮
吾能言之杞不足徵則說之在孔子行之在杞君以杞君
不能行故不足與成所以不能行者論語云文獻不足故
也　注得陰陽之書　正義曰先言坤者熊氏云殷易以
坤為首故先坤後乾　注觀於二書之意　正義曰案孔
子以大聖之姿無所不覽故脩春秋贊易道定禮樂明舊
章今古墳典無所不載而獨觀此二書始知禮之運轉者
以詩書禮樂多是周代之書皇帝墳典又不論陰陽轉運
之事而夏之四時之書殷之坤乾之說並載前王損益陰
陽盛衰故觀此二書以知其上代也　夫禮之初始諸飲
食　正義曰此一節論上代物雖質略以其齊敬可以致
祭神明夫禮之初始諸飲食者從此以下至禮之大成皆
是二書所見之事夫者發語之端禮謂吉禮此吉禮元初

潘本第三十卷第四葉

古及其事義揔論兩節祭祀獲福之義自作其祝號至是
謂合莫別論祭之上節薦上古中古之食并所用之物自
然後退而合亨至是謂大祥論祭之下節薦今世之食此
禮之大成一句總結上所陳之言也　我欲觀夏道者我
欲行夏禮故觀其夏道可成與不是故之適於杞欲觀夏
禮而與之成　而不足徵者徵成也謂杞君闇弱不堪足
與成其夏禮然因往適杞而得夏家四時之書焉夏禮既
不可成我又欲觀殷道可成與不是故適宋亦以宋君闇
弱不堪足與成其禮吾得殷之坤乾之書謂得殷家陰陽
之書也其殷之坤乾之書并夏四時之書吾以二書觀之
知上代以來至於今世時代運轉禮之變通即下云夫禮之
初以下是也　注欲行至所成　正義曰言我欲行夏禮
觀此夏禮堪成與不知非直觀其禮而云觀其所成者以
下云而不足徵　注杞夏后氏之後　正義曰案樂記云
武王下車而封夏后氏之後於杞又史記云武王伐紂求
夏后氏之後而得東樓公封之於杞是也　注徵成至成

禮記義三十　四　李憲

也　正義曰徵者徵驗之義故為成若有賢君則自然成
之當不須孔子而云無賢君不足與成者以杞是夏後雖
有賢君欲成夏禮必須聖人贊佐若其君之不賢假令孔
子欲往贊助終不能舉行夏禮雖助無益故論語云夏禮
吾能言之杞不足徵則說之在孔子行之在杞君以杞君
不能行故不足與成所以不能行者論語云文獻不足故
也　注得陰陽之書　正義曰先言坤者熊氏云殷易以
坤為首故先坤後乾　注觀於二書之意　正義曰案孔
子以大聖之姿無所不覽故脩春秋贊易道定禮樂明舊
章今古墳典無所不載而獨觀此二書始知禮之運轉者
以詩書禮樂多是周代之書皇帝墳典又不論陰陽轉運
之事而夏之四時之書殷之坤乾之說並載前王損益陰
陽盛衰故觀此二書以知其上代也　夫禮之初始諸飲
食　正義曰此一節論上代物雖質略以其齊敬可以致
祭神明夫禮之初始諸飲食者從此以下至禮之大成皆
是二書所見之事夫者發語之端禮謂吉禮此吉禮元初

足利本第三十卷第五葉

始諸飲食諸於也始於飲食者欲行古禮先以飲食爲本但中古之時飲食質略雖有火化其時未有釜甑也其燔黍捭豚者燔黍者以水洮釋黍米加於燒石之上以燔之故云燔黍或捭析豚肉加於燒石之上而孰之故云捭豚汙尊而抔飲者謂鑿地汙下而盛酒故云汙尊以手掬之而飲故云抔飲蕢桴者又摶土爲桴皇氏云桴謂擊鼓之物故云蕢桴 土鼓築土爲鼓故云土鼓 猶若可以致其敬於鬼神者言上來之物非但可以事生若如也言猶如此亦可以致其恭敬於鬼神以鬼神饗德不饗味也 注中古至鼓也 正義曰伏犧爲上古神農爲中古五帝爲下古若易歷三古則伏犧爲上古文王爲中古孔子爲下古故易緯云蒼牙通靈昌之成運孔演命明道經蒼牙則伏犧也昌則文王也孔則孔子也故易繫辭云易之興也其於中古乎謂文王也若三王對五帝則五帝亦爲上古故士冠禮云大古冠布下云三王共皮弁則大古五帝時大古亦上古也不同者以其文各有所對故上古

禮記義三十　五　方伯祐

中古不同也此云中古者謂神農也知者以明堂位云土鼓葦籥伊耆氏之樂又郊特牲云伊耆氏始爲蜡是報田之祭伊耆氏始爲蜡則於時始爲田也今此云蕢桴土鼓故知此謂神農也蕢讀爲凷者以經中蕢字乃是草名不可爲桴桴與土鼓相連凷是土之流類故讀爲凷凷堛也廣雅云土鼓築土爲鼓者以與汙尊抔飲相連貴尚質素故知築土爲鼓周代極文而不爾也故杜注周禮籥章云以瓦爲匡不須築土或以爲桴則摶拊也謂摶土爲摶拊以手擊之而爲樂其築土爲鼓先儒未詳蓋築地以當鼓節不云築地鼓者以經稱土鼓故言築土順經文也經云禮之初始諸飲食謂祭祀之禮故始諸飲食其人情之禮起則遠矣故昭二十六年左傳云禮之可以爲國也久矣與天地並是也 及其至其初 正義曰上言古代質素此言後世漸文謂五帝以下至於三王及其身之死也升上屋而號呼告曰皋某復者謂北面告天曰皋皋引聲之言某謂死者名令其反復魄復魄不復然後浴尸而行含

潘本第三十卷第五葉

始諸飲食諸於也始於飲食者欲行古禮先以飲食爲本但中古之時飲食質略雖有火化其時未有釜甑也其燔黍捭豚者燔黍者以水洮釋黍米加於燒石之上以燔之故云燔黍或捭析豚肉加於燒石之上而孰之故云捭豚汙尊而抔飲者謂鑿地汙下而盛酒故云汙尊以手掬之而飲故云抔飲蕢桴者又摶土爲桴皇氏云桴謂擊鼓之物故云蕢桴 土鼓築土爲鼓故云土鼓 猶若可以致其敬於鬼神者言上來之物非但可以事生若如也言猶如此亦可以致其恭敬於鬼神以鬼神饗德不饗味也 注中古至鼓也 正義曰伏犧爲上古神農爲中古五帝爲下古若易歷三古則伏犧爲上古文王爲中古孔子爲下古故易緯云蒼牙通靈昌之成運孔演命明道經蒼牙則伏犧也昌則文王也孔則孔子也故易繫辭云易之興也其於中古乎謂文王也若三王對五帝則五帝亦爲上古故士冠禮云大古冠布下云三王共皮弁則大古五帝時大古亦上古也不同者以其文各有所對故上古

禮記義三十　五　方伯祐

中古不同也此云中古者謂神農也知者以明堂位云土鼓葦籥伊耆氏之樂又郊特牲云伊耆氏始爲蜡是報田之祭伊耆氏始爲蜡則於時始爲田也今此云蕢桴土鼓故知此謂神農也蕢讀爲凷者以經中蕢字乃是草名不可爲桴桴與土鼓相連凷是土之流類故讀爲凷凷堛也廣雅云土鼓築土爲鼓者以與汙尊抔飲相連貴尚質素故知築土爲鼓周代極文而不爾也故杜注周禮籥章云以瓦爲匡不須築土或以爲桴則摶拊也謂摶土爲摶拊以手擊之而爲樂其築土爲鼓先儒未詳蓋築地以當鼓節不云築地鼓者以經稱土鼓故言築土順經文也經云禮之初始諸飲食謂祭祀之禮故始諸飲食其人情之禮起則遠矣故昭二十六年左傳云禮之可以爲國也久矣與天地並是也 及其至其初 正義曰上言古代質素此言後世漸文謂五帝以下至於三王及其身之死也升上屋而號呼告曰皋某復者謂北面告天曰皋皋引聲之言某謂死者名令其反復魄復魄不復然後浴尸而行含

足利本第三十卷第六葉

禮於含之時飯用生稻之米故云飯腥用上古未有火化之法苴孰者至欲葬設遣奠之時而用苞裹孰肉以遣送尸法中古脩火化之利也熊氏云升屋而號爲五帝時或爲三王時皇氏云中古也中古未有宮室皇說非也　故天望而地藏也者　天望謂始死望天而招魂地藏謂葬地以藏尸也　體魄則降知氣在上者覆釋所以天望地藏之意所以地藏者由體魄則降故也所以天望招之於天由知氣在上故也　故死者北首生者南鄉者體魄降入於地爲陰故死者北首歸陰之義死者既歸陰則生者南鄉歸陽也　皆從其初者謂今世飯腥苴孰及死者北首生者南鄉之等非是今時始爲此事皆取法於上古中古而來故云皆從其初前文云燔黍捭豚謂中古之時次云及其死也似還論中古之死但中古神農未有宮室上棟下宇及在五帝以來此及其死也而云升屋則非神農時也故熊氏云及其死也以爲五帝時或爲三王時皇氏以爲及其死也還論中古時飯腥苴孰謂五帝時故云然後

禮記正義三十　六　徐仁

其義非也　昔者至羽皮　正義曰此一節更論上古之事昔者先王既云未有宮室則揔是五帝之前云未有火化之事則唯爲伏犧之前以上文中古神農有火故也　冬則居營窟者營累其土而爲窟地高則穴於地地下則窟於地上謂於地上累土而爲窟　夏則居橧巢者謂橧聚其薪以爲巢　飲其血茹其毛者雖食鳥獸之肉若不能飽者則茹食其毛以助飽也若漢時蘇武以雪雜羊毛而食之是其類也　後聖至其朔　正義曰此一節論中古神農及五帝并三王之事各隨文解之　後聖有作者謂上古之後聖人作起　然後脩火之利者謂神農也火利言脩者火利先有用之簡少至神農更脩益使多故云脩知者以世本云燧人出火案鄭六藝論云燧人在伏犧之前凡六紀九十一代廣雅云一紀二十六萬七千年六紀計一百六十萬二千年也　范金合土者　范金者謂爲形范以鑄金器　合土者謂和合其土燒之以作器物以爲臺榭宮室牖户者謂五帝時也　以炮以燔以爲

潘本第三十卷第六葉

禮於含之時飯用生稻之米故云飯腥用上古未有火化之法苴孰者至欲葬設遣奠之時而用苞裹孰肉以遣送尸法中古脩火化之利也熊氏云升屋而號爲五帝時或爲三王時皇氏云中古也中古未有宮室皇說非也　故天望而地藏也者　天望謂始死望天而招魂地藏謂葬地以藏尸也　體魄則降知氣在上者覆釋所以天望地藏之意所以地藏者由體魄則降故也所以天望招之於天由知氣在上故也　故死者北首生者南鄉者體魄降入於地爲陰故死者北首歸陰之義死者既歸陰則生者南鄉歸陽也　皆從其初者謂今世飯腥苴孰及死者北首生者南鄉之等非是今時始爲此事皆取法於上古中古而來故云皆從其初前文云燔黍捭豚謂中古之時次云及其死也似還論中古之死但中古神農未有宮室上棟下宇及在五帝以來此及其死也而云升屋則非神農時也故熊氏云及其死也以爲五帝時或爲三王時皇氏以爲及其死也還論中古時飯腥苴孰謂五帝時故云然後

禮記正義三十　六　徐仁

其義非也　昔者至羽皮　正義曰此一節更論上古之事昔者先王既云未有宮室則揔是五帝之前云未有火化之事則唯爲伏犧之前以上文中古神農有火故也　冬則居營窟者營累其土而爲窟地高則穴於地地下則窟於地上謂於地上累土而爲窟　夏則居橧巢者謂橧聚其薪以爲巢　飲其血茹其毛者雖食鳥獸之肉若不能飽者則茹食其毛以助飽也若漢時蘇武以雪雜羊毛而食之是其類也　後聖至其朔　正義曰此一節論中古神農及五帝并三王之事各隨文解之　後聖有作者謂上古之後聖人作起　然後脩火之利者謂神農也火利言脩者火利先有用之簡少至神農更脩益使多故云脩知者以世本云燧人出火案鄭六藝論云燧人在伏犧之前凡六紀九十一代廣雅云一紀二十六萬七千年六紀計一百六十萬二千年也　范金合土者　范金者謂爲形范以鑄金器　合土者謂和合其土燒之以作器物以爲臺榭宮室牖户者謂五帝時也　以炮以燔以爲

醴醆及治其麻絲以爲布帛之屬亦五帝時也　皆從其朔者謂今世所爲范金合土燒炙醴酪之屬非始造之皆倣法中古以來故云皆從其朔　正義曰孰謂亨煑治謂陶鑄也　注瓦瓬甓及甒大　正義曰禮弓云有虞氏之瓦棺釋器云瓴甋謂之甓郭注云壕塼也禮器云君尊瓦甒又明堂云泰有虞氏之尊此等皆燒土爲之　注榭器之所藏也　正義曰知者案宣十六年成周宣榭火公羊云樂器藏焉爾穀梁云樂器之所藏是也　故玄至之祜　正義曰此一節明祭祀因於古昔所供之物并酒之所陳之處　玄酒在室者玄酒謂水也以其色黑謂之玄而大古無酒此水當酒所用故謂之玄酒以今雖有五齊三酒貴重古物故陳設之時在於室內而近北　醴醆在戶醴謂醴齊醆謂盎齊以其後世所爲賤之陳列雖在室內稍南近戶故云醴醆在戶皇氏云醴在戶內醆在戶外義或然也其泛齊所陳當在玄酒南醴齊北雖無文約之可知也以熊氏崔氏並云此據禘祭用四齊不

禮記義三十　七　鄭彬

用泛齊也　粢醍在堂者以卑之故陳列又南近戶而在堂　澄酒在下者澄謂沈齊也酒謂三酒事酒昔酒清酒之等稍卑之故陳在堂下也　陳其犧牲者謂將祭之夕省牲之時及祭日之旦迎牲而入麗於碑案特牲禮陳鼎于門外北面獸在鼎南東首牲在獸西西上北首其天子諸侯夕省牲之時亦陳於廟門外橫行西上　備其鼎俎者以牲煑於鑊鑊在廟門之外鼎隨鑊設各陳於鑊西取牲體以實其鼎舉鼎而入設於阼階下南北陳之俎設於鼎西以次載於俎也故云備其鼎俎案少牢陳鼎于廟門之外東方北面北上又云鼎入陳于東方當序西面北上俎皆設于鼎西是也　列其琴瑟者琴瑟在堂而登歌故書云搏拊琴瑟以詠是也　管磬鐘鼓者堂下之樂則書云下管鼗鼓笙鏞以間是也其歌鍾歌磬亦在堂下　脩其祝嘏者祝謂以主人之辭饗神嘏謂祝以尸之辭致福而嘏主人也　以降上神與其先祖者上神謂在上精魂之神即先祖也指其精氣謂之上神指其云親謂之先祖協

醴醆及治其麻絲以爲布帛之屬亦五帝時也　皆從其朔者謂今世所爲范金合土燒炙醴酪之屬非始造之皆倣法中古以來故云皆從其朔　正義曰孰謂亨煑治謂陶鑄也　注瓦瓬甓及甒大　正義曰禮弓云有虞氏之瓦棺釋器云瓴甋謂之甓郭注云壕塼也禮器云君尊瓦甒又明堂云泰有虞氏之尊此等皆燒土爲之　注榭器之所藏也　正義曰知者案宣十六年成周宣榭火公羊云樂器藏焉爾穀梁云樂器之所藏是也　故玄至之祜　正義曰此一節明祭祀因於古昔所供之物并酒之所陳之處　玄酒在室者玄酒謂水也以其色黑謂之玄而大古無酒此水當酒所用故謂之玄酒以今雖有五齊三酒貴重古物故陳設之時在於室內而近北　醴醆在戶醴謂醴齊醆謂盎齊以其後世所爲賤之陳列雖在室內稍南近戶故云醴醆在戶皇氏云醴在戶內醆在戶外義或然也其泛齊所陳當在玄酒南醴齊北雖無文約之可知也以熊氏崔氏並云此據禘祭用四齊不

禮記義三十　七　鄭彬

用泛齊也　粢醍在堂者以卑之故陳列又南近戶而在堂　澄酒在下者澄謂沈齊也酒謂三酒事酒昔酒清酒之等稍卑之故陳在堂下也　陳其犧牲者謂將祭之夕省牲之時及祭日之旦迎牲而入麗於碑案特牲禮陳鼎于門外北面獸在鼎南東首牲在獸西西上北首其天子諸侯夕省牲之時亦陳於廟門外橫行西上　備其鼎俎者以牲煑於鑊鑊在廟門之外鼎隨鑊設各陳於鑊西取牲體以實其鼎舉鼎而入設於阼階下南北陳之俎設於鼎西以次載於俎也故云備其鼎俎案少牢陳鼎于廟門之外東方北面北上又云鼎入陳于東方當序西面北上俎皆設于鼎西是也　列其琴瑟者琴瑟在堂而登歌故書云搏拊琴瑟以詠是也　管磬鐘鼓者堂下之樂則書云下管鼗鼓笙鏞以間是也其歌鍾歌磬亦在堂下　脩其祝嘏者祝謂以主人之辭饗神嘏謂祝以尸之辭致福而嘏主人也　以降上神與其先祖者上神謂在上精魂之神即先祖也指其精氣謂之上神指其云親謂之先祖協

足利本第三十卷第八葉

句而言之分而爲二耳皇氏熊氏等云上神謂天神也
以正君臣者祭統云君在廟門外則疑於君入廟門則全
於臣是以正君臣也　以篤父子者祭統云尸南面父北
面而事之是以篤父子也　以睦兄弟者祭統云昭與昭齒
穆與穆齒特牲云主人洗爵獻長兄弟衆兄弟是以睦兄
弟也　以齊上下者祭統云尸飲五君洗玉爵獻卿尸飲
七以瑤爵獻大夫是也　夫婦有所者禮器云君在阼夫
人在房及特牲夫婦交相致爵是也　是謂承天之祜者
言行上事得所則承受天之祜福也　注此言至備也
正義曰今禮饌具所因於古者此玄酒在室及下作其祝
號并然後退而合亨皆是今世祭祀之禮醴醆犧牲之屬
是饌具也用古玄酒醴醆是所以因於古故言今禮饌具
所因於古也云及其事義者從玄酒以下至其先祖以上
是事也以正君臣以下至承天之祜是義也云粢讀爲齊
者案爾雅云粢稷也作酒用黍不用稷故知粢當爲齊聲
相近而致誤引周禮五齊者是酒正文也鄭注云泛者成

禮記義三十　八　許詠

而滓浮泛泛然如今宜成醪矣醴猶體也成而汁滓相將
如今恬酒矣盎猶翁也成而翁翁然葱白色如今鄭白矣
緹者成而紅赤如今下酒矣沈者成而滓沈如今造清矣
云醆與盎澄與沈蓋同物者以酒正文醴緹之間有盎此
醴醍之間有醆又周禮緹齊之下有沈齊此醍齊之下有
澄齊故云醆與盎澄與沈蓋同物也案此注澄是沈齊案
酒正注澄酒是三酒二注不同故趙商疑而致問鄭荅之
云此本不誤轉寫益澄字耳如鄭所荅是轉寫酒正之文
誤益澄字當云酒三酒也則是與禮運注同然案坊記云
醴酒在室醍酒在堂澄酒在下示民不淫也注云淫猶貪
也又以澄爲清酒田瓊疑而致問鄭荅之云禮運云醴醆
醍澄各是一物皆不言酒故推其意澄爲沈齊酒爲三酒
坊記云醴也醍也盎也皆言酒故因注云澄酒清酒也其
實沈齊也如鄭此言坊記所云醴酒醆酒五齊亦言酒則
澄酒是沈齊也是五者最清故云澄酒非爲三酒之中清
酒也是與禮運不異也云奠之不同處重古略近者奠之

潘本第三十卷第八葉

句而言之分而爲二耳皇氏熊氏等云上神謂天神也
以正君臣者祭統云君在廟門外則疑於君入廟門則全
於臣是以正君臣也　以篤父子者祭統云尸南面父北
面而事之是以篤父子也　以睦兄弟者祭統云昭與昭齒
穆與穆齒特牲云主人洗爵獻長兄弟衆兄弟是以睦兄
弟也　以齊上下者祭統云尸飲五君洗玉爵獻卿尸飲
七以瑤爵獻大夫是也　夫婦有所者禮器云君在阼夫
人在房及特牲夫婦交相致爵是也　是謂承天之祜者
言行上事得所則承受天之祜福也　注此言至備也
正義曰今禮饌具所因於古者此玄酒在室及下作其祝
號并然後退而合亨皆是今世祭祀之禮醴醆犧牲之屬
是饌具也用古玄酒醴醆是所以因於古故言今禮饌具
所因於古也云及其事義者從玄酒以下至其先祖以上
是事也以正君臣以下至承天之祜是義也云粢讀爲齊
者案爾雅云粢稷也作酒用黍不用稷故知粢當爲齊聲
相近而致誤引周禮五齊者是酒正文也鄭注云泛者成

禮記義三十　八　許詠

而滓浮泛泛然如今宜成醪矣醴猶體也成而汁滓相將
如今恬酒矣盎猶翁也成而翁翁然葱白色如今鄭白矣
緹者成而紅赤如今下酒矣沈者成而滓沈如今造清矣
云醆與盎澄與沈蓋同物者以酒正文醴緹之間有盎此
醴醍之間有醆又周禮緹齊之下有沈齊此醍齊之下有
澄齊故云醆與盎澄與沈蓋同物也案此注澄是沈齊案
酒正注澄酒是三酒二注不同故趙商疑而致問鄭荅之
云此本不誤轉寫益澄字耳如鄭所荅是轉寫酒正之文
誤益澄字當云酒三酒也則是與禮運注同然案坊記云
醴酒在室醍酒在堂澄酒在下示民不淫也注云淫猶貪
也又以澄爲清酒田瓊疑而致問鄭荅之云禮運云醴醆
醍澄各是一物皆不言酒故推其意澄爲沈齊酒爲三酒
坊記云醴也醍也盎也皆言酒故因注云澄酒清酒也其
實沈齊也如鄭此言坊記所云醴酒醆酒五齊亦言酒則
澄酒是沈齊也是五者最清故云澄酒非爲三酒之中清
酒也是與禮運不異也云奠之不同處重古略近者奠之

足利本第三十卷第九葉

或在室或在堂或在下是不同處古酒奠於室近酒奠於堂或奠於下是重古略近云祝祝爲主人饗神辭者案特牲少牢禮云祝稱孝孫某用薦歲事于皇祖伯某尚饗是祝爲主人饗神辭云嘏祝爲尸致福於主人之辭者此下云嘏以慈告詩小雅云錫爾純嘏子孫其湛是致福於主人之辭也云祜福也者釋詁云福之言備郊特牲云言嘉慶備具福之道也其用酒之法崔氏云周禮大祫於大廟則備五齊三酒朝踐王酌泛齊后酌醴齊饋食王酌盎齊后酌醍齊朝獻王酌泛齊因朝踐之尊再獻后酌醍齊因饋食之尊諸侯爲賓則酌沈齊尸酢王與后皆還用所獻之齊賓長酳尸酢用清酒加爵亦用三酒大禘則用四齊三酒者醴齊以下悉用之故禮運云玄酒在室醴醆在戶粢醍在堂澄酒在下用四齊者朝踐王酌醴齊后酌盎齊饋食王酌醍齊后酌沈齊朝獻王酌醴齊再獻后還酌沈齊亦尊相因也諸侯爲賓亦酌沈齊用三酒之法如祫禮也四時之祭唯二齊三酒則自祫禘以下至四時祭皆通

禮記義三十　九　開泉

用也二齊醴盎也故鄭注司尊彝四時祭法但云醴盎而已用二齊者朝踐王酌醴齊后亦酌醴齊饋食王酌盎齊后亦酌盎齊朝獻王還用醴齊再獻后還用盎齊亦尊相因也諸侯爲賓亦酌盎齊三酒同於祫三酒所常同不差者三酒本爲王以下飲故尊卑自有常依尊卑之常不得有降祫禘時祭本明所用揔有多少故正祭之齊有差降也魯及王者之後大祫所用與王禘之禮同若禘與王四時同用三酒亦同於王侯伯子男祫禘皆用二齊醴盎而已三酒則並用用二齊之法朝踐君夫人酌醴齊饋食君夫人酌盎齊朝獻君還酌醴齊再獻夫人還酌盎齊諸臣爲賓酌盎齊尸酢君夫人用昔酒酢諸臣用事酒加爵皆清酒時祭之法用一齊故禮器云君親制祭夫人薦盎鄭云謂朝事時也又云君親割牲夫人薦酒鄭云謂進孰時也其行之法朝踐君制祭則夫人薦盎爲獻進孰時君親割夫人薦酒朝獻時君酌盎齊以酳尸再獻時夫人還酌酒以終祭也賓獻皆酒加爵如禘祫之禮天子諸侯酌奠皆

潘本第三十卷第九葉

或在室或在堂或在下是不同處古酒奠於室近酒奠於堂或奠於下是重古略近云祝祝爲主人饗神辭者案特牲少牢禮云祝稱孝孫某用薦歲事于皇祖伯某尚饗是祝爲主人饗神辭云嘏祝爲尸致福於主人之辭者此下云嘏以慈告詩小雅云錫爾純嘏子孫其湛是致福於主人之辭也云祜福也者釋詁云福之言備郊特牲云言嘉慶備具福之道也其用酒之法崔氏云周禮大祫於大廟則備五齊三酒朝踐王酌泛齊后酌醴齊饋食王酌盎齊后酌醍齊朝獻王酌泛齊因朝踐之尊再獻后酌醍齊因饋食之尊諸侯爲賓則酌沈齊尸酢王與后皆還用所獻之齊賓長酳尸酢用清酒加爵亦用三酒大禘則用四齊三酒者醴齊以下悉用之故禮運云玄酒在室醴醆在戶粢醍在堂澄酒在下用四齊者朝踐王酌醴齊后酌盎齊饋食王酌醍齊后酌沈齊朝獻王酌醴齊再獻后還酌沈齊亦尊相因也諸侯爲賓亦酌沈齊用三酒之法如祫禮也四時之祭唯二齊三酒則自祫禘以下至四時祭皆通

禮記義三十　九　開泉

用也二齊醴盎也故鄭注司尊彝四時祭法但云醴盎而已用二齊者朝踐王酌醴齊后亦酌醴齊饋食王酌盎齊后亦酌盎齊朝獻王還用醴齊再獻后還用盎齊亦尊相因也諸侯爲賓亦酌盎齊三酒同於祫三酒所常同不差者三酒本爲王以下飲故尊卑自有常依尊卑之常不得有降祫禘時祭本明所用揔有多少故正祭之齊有差降也魯及王者之後大祫所用與王禘之禮同若禘與王四時同用三酒亦同於王侯伯子男祫禘皆用二齊醴盎而已三酒則並用用二齊之法朝踐君夫人酌醴齊饋食君夫人酌盎齊朝獻君還酌醴齊再獻夫人還酌盎齊諸臣爲賓酌盎齊尸酢君夫人用昔酒酢諸臣用事酒加爵皆清酒時祭之法用一齊故禮器云君親制祭夫人薦盎鄭云謂朝事時也又云君親割牲夫人薦酒鄭云謂進孰時也其行之法朝踐君制祭則夫人薦盎爲獻進孰時君親割夫人薦酒朝獻時君酌盎齊以酳尸再獻時夫人還酌酒以終祭也賓獻皆酒加爵如禘祫之禮天子諸侯酌奠皆

足利本第三十卷第十葉

用齊酒卿大夫之祭酌奠皆用酒其祫祭之法既備五齊三酒以實八尊祫祭在秋案司尊彝秋嘗冬烝朝獻用兩著尊饋獻用兩壺尊則泛齊醴齊各以著尊盎齊醍齊沈齊各以壺尊盛之凡五尊也又五齊各有明水之尊凡十尊也三酒三尊各加玄酒凡六尊也通斝彝盛明水黃彝盛鬱鬯凡有十八尊故崔氏云大祫祭凡十八尊其明水玄酒陳之各在五齊三酒之上祭日之旦王服衮冕而入尸亦衮冕祝在後侑之王不出迎尸故祭統云君不迎尸所以別嫌也尸入室乃作樂降神故大司樂云凡樂圜鍾爲宫九變而致人鬼是也乃灌故書云王入大室祼當灌之時衆尸皆同在大廟中依次而灌所灌鬱鬯小宰注云尸祭之啐之奠之是爲一獻也王乃出迎牲后從灌二獻也迎牲而入至於庭故禮器云納牲詔於庭王親執鸞刀啓其毛而祝以血毛告於室故禮器云血毛詔於室凡牲則廟各別牢故公羊傳云周公白牡魯公騂犅案逸禮云毁廟之主昭共一牢穆共一牢於是行朝踐之事尸

禮記義三十　十　李良

出於室大祖之尸坐於户西南面其主在右昭在東穆在西相對坐主各在其右故鄭注祭統云天子諸侯之祭朝事延尸於户外是以有北面事尸之禮祝乃取牲膟膋燎于爐炭入以詔神於室又出以墮于主前郊特牲云詔祝於室坐尸於堂是也王乃洗肝於鬱鬯而燔之以制於主前所謂制祭次乃升牲首於室中置於北墉下后薦朝事之豆籩乃薦腥於尸主之前謂之朝踐即此禮運薦其血毛腥其俎是也王乃以玉爵酌著尊泛齊以獻尸三獻也后又以玉爵酌著尊醴齊以亞獻四獻也乃退而合亨至薦孰之時陳於堂故禮器云設饌於堂乃後延主入室大祖東面昭在南面穆在北面徙堂上之饌於室内坐前祝以斝爵酌奠於饌南故郊特牲注云天子奠斝諸侯奠角即此之謂也既奠之後又取腸間脂焫蕭合馨薌郊特牲注云奠謂薦孰時當此大合樂也自此以前謂之接祭乃迎尸入室舉此奠斝主人拜以妥尸故郊特牲云舉斝角拜妥尸是也后薦饌獻之豆籩王乃以玉爵酌壺尊盎齊

潘本第三十卷第十葉

用齊酒卿大夫之祭酌奠皆用酒其祫祭之法既備五齊三酒以實八尊祫祭在秋案司尊彝秋嘗冬烝朝獻用兩著尊饋獻用兩壺尊則泛齊醴齊各以著尊盎齊醍齊沈齊各以壺尊盛之凡五尊也又五齊各有明水之尊凡十尊也三酒三尊各加玄酒凡六尊也通斝彝盛明水黃彝盛鬱鬯凡有十八尊故崔氏云大祫祭凡十八尊其明水玄酒陳之各在五齊三酒之上祭日之旦王服衮冕而入尸亦衮冕祝在後侑之王不出迎尸故祭統云君不迎尸所以別嫌也尸入室乃作樂降神故大司樂云凡樂圜鍾爲宫九變而致人鬼是也乃灌故書云王入大室祼當灌之時衆尸皆同在大廟中依次而灌所灌鬱鬯小宰注云尸祭之啐之奠之是爲一獻也王乃出迎牲后從灌二獻也迎牲而入至於庭故禮器云納牲詔於庭王親執鸞刀啓其毛而祝以血毛告於室故禮器云血毛詔於室凡牲則廟各別牢故公羊傳云周公白牡魯公騂犅案逸禮云毁廟之主昭共一牢穆共一牢於是行朝踐之事尸

禮記義三十　十　李良

出於室大祖之尸坐於户西南面其主在右昭在東穆在西相對坐主各在其右故鄭注祭統云天子諸侯之祭朝事延尸於户外是以有北面事尸之禮祝乃取牲膟膋燎于爐炭入以詔神於室又出以墮于主前郊特牲云詔祝於室坐尸於堂是也王乃洗肝於鬱鬯而燔之以制於主前所謂制祭次乃升牲首於室中置於北墉下后薦朝事之豆籩乃薦腥於尸主之前謂之朝踐即此禮運薦其血毛腥其俎是也王乃以玉爵酌著尊泛齊以獻尸三獻也后又以玉爵酌著尊醴齊以亞獻四獻也乃退而合亨至薦孰之時陳於堂故禮器云設饌於堂乃後延主入室大祖東面昭在南面穆在北面徙堂上之饌於室内坐前祝以斝爵酌奠於饌南故郊特牲注云天子奠斝諸侯奠角即此之謂也既奠之後又取腸間脂焫蕭合馨薌郊特牲注云奠謂薦孰時當此大合樂也自此以前謂之接祭乃迎尸入室舉此奠斝主〻拜以妥尸故郊特牲云舉斝角拜妥尸是也后薦饌獻之豆籩王乃以玉爵酌壺尊盎齊

以獻尸爲五獻也后又以玉爵酌壺尊醴齊以獻尸是六獻也於是尸食十五飯訖王以玉爵因朝踐之尊泛齊以酳尸爲七獻也故鄭云變朝踐云朝獻尊相因也朝獻謂此王酳尸因朝踐之尊也后乃薦加豆籩尸酌酢主人主人受嘏王所以獻諸侯於是后以瑶爵因酌饋食壺尊醍齊以酳尸爲八獻也鄭注司尊彝云變再獻爲饋獻者亦尊相因也再獻后酳尸獻謂饋食時后之獻也於時王可以瑶爵獻須也諸侯爲賓者以瑶爵酌壺尊醍齊以獻尸爲九獻九獻之後謂之加爵案特牲有三加則天子以下加爵之數依尊卑不秪三加也故特牲三加爵别有嗣子舉奠文王世子諸侯謂之上嗣舉奠亦當然崔氏以爲后獻皆用爵又以九獻之外加爵用璧角璧散今案内宰云后祼獻則贊瑶爵亦如之鄭注云瑶爵謂尸卒食王既酳尸后亞獻之始用瑶爵則后未酳尸以前不用也又鄭注司尊彝云王酳尸用玉爵而再獻者用璧角璧散可知此璧角璧散則瑶爵也崔氏乃云正獻之外諸臣加爵用璧角璧散其義非也其禘祭所用四齊者禘祭在夏醴齊盎齊盛以犧尊醍齊沈齊盛以象尊王朝踐獻用醴齊后亞獻用盎齊王饋獻用醍齊后亞獻用沈齊尸卒食王酳尸因朝踐醴齊后酳尸因饋食沈齊諸臣爲賓獻亦用沈齊禘祭無降神之樂熊氏以爲大祭皆有三始有降神之樂又未毁廟者皆就其廟祭之其餘皆如祫祭之禮天子時祭用二齊者春夏用犧尊盛醍齊用象尊盛沈齊秋冬用著尊盛醴齊用壺尊盛盎齊是一齊用一尊司尊彝皆云兩者以一尊盛明水故皆云兩若禘祫之祭其齊既多不得唯兩而已前已備釋也時祭唯用二齊其諸侯用齊及酒皆視天子其如前說其魯及王者之後皆九獻其行之法與天子同侯伯七獻朝踐及饋獻時君皆不獻於九獻之中減二故爲七獻也禮器云君親制祭夫人薦盎君親割牲夫人薦酒是也子男五獻者亦以薦腥饋孰二君皆不獻酳尸之時君但一獻而已九獻之中去其四故爲五此皆崔氏之説今案特牲少牢尸食之後主人主婦及賓

禮記正義三十　十一

足利本第三十卷第十一葉

以獻尸爲五獻也后又以玉爵酌壺尊醴齊以獻尸是六獻也於是尸食十五飯訖王以玉爵因朝踐之尊泛齊以酳尸爲七獻也故鄭云變朝踐云朝獻尊相因也朝獻謂此王酳尸因朝踐之尊也后乃薦加豆籩尸酌酢主人主人受嘏王所以獻諸侯於是后以瑶爵因酌饋食壺尊醍齊以酳尸爲八獻也鄭注司尊彝云變再獻爲饋獻者亦尊相因也再獻后酳尸獻謂饋食時后之獻也於時王可以瑶爵獻須也諸侯爲賓者以瑶爵酌壺尊醍齊以獻尸爲九獻九獻之後謂之加爵案特牲有三加則天子以下加爵之數依尊卑不秪三加也故特牲三加爵别有嗣子舉奠文王世子諸侯謂之上嗣舉奠亦當然崔氏以爲后獻皆用爵又以九獻之外加爵用璧角璧散今案内宰云后祼獻則贊瑶爵亦如之鄭注云瑶爵謂尸卒食王既酳尸后亞獻之始用瑶爵則后未酳尸以前不用也又鄭注司尊彝云王酳尸用玉爵而再獻者用璧角璧散可知此璧角璧散則瑶爵也崔氏乃云正獻之外諸臣加爵用璧角璧散其義非也其禘祭所用四齊者禘祭在夏醴齊盎齊盛以犧尊醍齊沈齊盛以象尊王朝踐獻用醴齊后亞獻用盎齊王饋獻用醍齊后亞獻用沈齊尸卒食王酳尸因朝踐醴齊后酳尸因饋食沈齊諸臣爲賓獻亦用沈齊禘祭無降神之樂熊氏以爲大祭皆有三始有降神之樂又未毁廟者皆就其廟祭之其餘皆如祫祭之禮天子時祭用二齊者春夏用犧尊盛醍齊用象尊盛沈齊秋冬用著尊盛醴齊用壺尊盛盎齊是一齊用一尊司尊彝皆云兩者以一尊盛明水故皆云兩若禘祫之祭其齊既多不得唯兩而已前已備釋也時祭唯用二齊其諸侯用齊及酒皆視天子其如前說其魯及王者之後皆九獻其行之法與天子同侯伯七獻朝踐及饋獻時君皆不獻於九獻之中減二故爲七獻也禮器云君親制祭夫人薦盎君親割牲夫人薦酒是也子男五獻者亦以薦腥饋孰二君皆不獻酳尸之時君但一獻而已九獻之中去其四故爲五此皆崔氏之説今案特牲少牢尸食之後主人主婦及賓

禮記正義三十　十一

潘本第三十卷第十一葉

備行三獻主婦因獻而得受酢今子男尸食之後但得一獻夫人不得受酢不如卿大夫理亦不通蓋子男饋孰以前君與夫人並無獻也食後行三獻通二灌爲五也禮器所云自據侯伯七獻之制也一曰尸酢侯伯子男亦用所獻之齊也 作其至合莫 正義曰此一節明祭祀用上古中古之法也玄酒以祭薦其血毛腥其俎此是用上古也孰其殽以下用中古也 作其祝號者謂造其鬼神及牲玉美號之辭史祝稱之以告鬼神故云作其祝號 玄酒以祭者謂朝踐之時設此玄酒於五齊之上以致祭鬼神此重古設之其實不用以祭也 薦其血毛者亦朝踐時延尸在堂祝以血毛告於室也 腥其俎者亦謂朝踐時既殺牲以俎盛肉進於尸前也 孰其殽者殽骨體也孰謂以湯爓之以其所爓骨體進於尸前也 與其越席至幹帛皆謂祭初之時越席謂蒲席疏布謂麤布若依周禮越席疏布是祭天之物此經云君與夫人則宗廟之禮也此蓋記者雜陳夏殷諸侯之禮故雖宗廟而用越席疏

禮記義三十　十二　李用

布也 衣其幹帛者謂祭服練帛染而爲之醴醆以獻者朝踐之時用醴饋食之時用醆 薦其燔炙者謂燔肉炙肝案特牲禮主人獻尸賓長以肝從主婦獻尸賓長以燔從則此君薦之用炙也夫人薦用燔是也皇氏云燔謂薦孰之時爇蕭合馨薌知不然者案詩楚茨云或燔或炙鄭云燔燔肉也炙肝炙也則知此燔炙亦然皇說非也君與夫人交獻第一君獻第二夫人獻第三君獻第四夫人獻是君與夫人交錯而獻也 以嘉魂魄者謂設此在上祭祀之禮所以嘉善於死者之魂魄 是謂合莫莫謂虛無寂寞言死者精神虛無寂寞得生者嘉善而神來歆饗是生者和合於寂寞但禮運之作因魯之失禮孔子乃爲廣陳天子諸侯之事及五帝三王之道其言雜亂或先或後其文不次舉其大綱不可以一代定其法制不可以一槩正其先後皆審此理則無所疑惑 注周禮至無莫 正義曰案周禮大祝辨六號一曰神號注若皇天上帝二曰鬼號注若皇祖伯某三曰祇號若后土地祇四曰牲號若

足利本第三十卷第十二葉

潘本第三十卷第十二葉

備行三獻主婦因獻而得受酢今子男尸食之後但得一獻夫人不得受酢不如卿大夫理亦不通蓋子男饋孰以前君與夫人並無獻也食後行三獻通二灌爲五也禮器所云自據侯伯七獻之制也一曰尸酢侯伯子男亦用所獻之齊也 作其至合莫 正義曰此一節明祭祀用上古中古之法也玄酒以祭薦其血毛腥其俎此是用上古也孰其殽以下用中古也 作其祝號者謂造其鬼神及牲玉美號之辭史祝稱之以告鬼神故云作其祝號 玄酒以祭者謂朝踐之時設此玄酒於五齊之上以致祭鬼神此重古設之其實不用以祭也 薦其血毛者亦朝踐時延尸在堂祝以血毛告於室也 腥其俎者亦謂朝踐時既殺牲以俎盛肉進於尸前也 孰其殽者殽骨體也孰謂以湯爓之以其所爓骨體進於尸前也 與其越席至幹帛皆謂祭初之時越席謂蒲席疏布謂麤布若依周禮越席疏布是祭天之物此經云君與夫人則宗廟之禮也此蓋記者雜陳夏殷諸侯之禮故雖宗廟而用越席疏

禮記義三十　十二　李用

布也 衣其幹帛者謂祭服練帛染而爲之醴醆以獻者朝踐之時用醴饋食之時用醆 薦其燔炙者謂燔肉炙肝案特牲禮主人獻尸賓長以肝從主婦獻尸賓長以燔從則此君薦之用炙也夫人薦用燔是也皇氏云燔謂薦孰之時爇蕭合馨薌知不然者案詩楚茨云或燔或炙鄭云燔燔肉也炙肝炙也則知此燔炙亦然皇說非也君與夫人交獻第一君獻第二夫人獻第三君獻第四夫人獻是君與夫人交錯而獻也 以嘉魂魄者謂設此在上祭祀之禮所以嘉善於死者之魂魄 是謂合莫莫謂虛無寂寞言死者精神虛無寂寞得生者嘉善而神來歆饗是生者和合於寂寞但禮運之作因魯之失禮孔子乃爲廣陳天子諸侯之事及五帝三王之道其言雜亂或先或後其文不次舉其大綱不可以一代定其法制不可以一槩正其先後皆審此理則無所疑惑 注周禮至無莫 正義曰案周禮大祝辨六號一曰神號注若皇天上帝二曰鬼號注若皇祖伯某三曰祇號若后土地祇四曰牲號若

足利本第三十卷第十三葉

牛曰一元大武五曰鹽號若稷曰明粢六曰幣號若幣曰量幣是也云號者所以尊神顯物者其神號鬼號祇號是尊神也牲號齍號幣號是顯物也云腥其俎謂豚解而腥之者案士喪禮小歛之奠載牲體兩髀兩肩兩胉并脊凡七體也士虞禮主人不視豚解注云豚解解前後脛脊脅而已是豚解七體也案特牲少牢以薦孰爲始之時皆體解無豚解以無朝踐薦腥故也其天子諸侯既有朝踐薦腥故知腥其俎之時豚解云孰其殽謂體解而爓之者體解則特牲少牢所升於俎以進神者是也案特牲九體肩一臂二臑三肫四胳五正脊六横脊七長脅八短脅九少牢則十一體加以脡脊代脅爲十一體也是分豚爲體解此孰其殽謂體解訖以湯爓之不全孰次於腥而薦之堂故祭義曰爓祭祭腥而退是也此則腥以法上古爓法中古也云湅帛練染以爲祭服者此亦異代禮也周禮則先染絲乃織成而爲衣故玉藻云士不衣織云孝經說曰上通無莫者孝經緯文言人之精靈所感上通元氣寂寞引之者證莫

楊昌　十三　禮記義三十

爲虛無也正本元字作無謂虛無寂寞義或然也　然後至大祥

正義曰此論祭饋之節供事鬼神及祭末獻賓并祭竟燕飲饗食賓客兄弟也　然後退而合亨者前明薦爓既未孰今至饋食乃退取鼎爓肉更合亨之令孰擬更薦尸又尸俎唯載右體其餘不載者及左體等亦於鑊中亨煑之故云合亨　體其犬豕牛羊者亨之既孰乃體別骨之貴賤以爲衆俎供尸及待賓客兄弟等體其犬豕牛羊謂分別骨之貴賤以爲衆俎知非尸前正俎者以此經所陳多是祭末之事若是尸前正俎當云是謂合莫不得云是謂大祥既是人之祥善故爲祭末饗燕之衆俎也實其簠簋籩豆鉶羹者此舉事尸之時所供設也若籩豆亦兼據賓客及兄弟之等故特牲少牢賓及衆賓兄弟之等皆有籩豆及俎是也　祝以孝告嘏以慈告者此論祭祀祝嘏之辭案少牢祝曰孝孫某敢用柔毛剛鬣嘉薦普淖用薦歲事于皇祖伯某以某妃配某氏尚饗是祝以孝告少牢又云主人獻尸祝嘏主人云皇尸命工祝承致多福無疆于

潘本第三十卷第十三葉

牛曰一元大武五曰鹽號若稷曰明粢六曰幣號若幣曰量幣是也云號者所以尊神顯物者其神號鬼號祇號是尊神也牲號齍號幣號是顯物也云腥其俎謂豚解而腥之者案士喪禮小歛之奠載牲體兩髀兩肩兩胉并脊凡七體也士虞禮主人不視豚解注云豚解解前後脛脊脅而已是豚解七體也案特牲少牢以薦孰爲始之時皆體解無豚解以無朝踐薦腥故也其天子諸侯既有朝踐薦腥故知腥其俎之時豚解云孰其殽謂體解而爓之者體解則特牲少牢所升於俎以進神者是也案特牲九體肩一臂二臑三肫四胳五正脊六横脊七長脅八短脅九少牢則十一體加以脡脊代脅爲十一體也是分豚爲體解此孰其殽謂體解訖以湯爓之不全孰次於腥而薦之堂故祭義曰爓祭祭腥而退是也此則腥以法上古爓法中古也云湅帛練染以爲祭服者此亦異代禮也周禮則先染絲乃織成而爲衣故玉藻云士不衣織云孝經說曰上通無莫者孝經緯文言人之精靈所感上通元氣寂寞引之者證莫

楊昌　十三　禮記義三十

爲虛無也正本元字作無謂虛無寂寞義或然也　然後至大祥

正義曰此論祭饋之節供事鬼神及祭末獻賓并祭竟燕飲饗食賓客兄弟也　然後退而合亨者前明薦爓既未孰今至饋食乃退取鼎爓肉更合亨之令孰擬更薦尸又尸俎唯載右體其餘不載者及左體等亦於鑊中亨煑之故云合亨　體其犬豕牛羊者亨之既孰乃體別骨之貴賤以爲衆俎供尸及待賓客兄弟等體其犬豕牛羊謂分別骨之貴賤以爲衆俎知非尸前正俎者以此經所陳多是祭末之事若是尸前正俎當云是謂合莫不得云是謂大祥既是人之祥善故爲祭末饗燕之衆俎也實其簠簋籩豆鉶羹者此舉事尸之時所供設也若籩豆亦兼據賓客及兄弟之等故特牲少牢賓及衆賓兄弟之等皆有籩豆及俎是也　祝以孝告嘏以慈告者此論祭祀祝嘏之辭案少牢祝曰孝孫某敢用柔毛剛鬣嘉薦普淖用薦歲事于皇祖伯某以某妃配某氏尚饗是祝以孝告少牢又云主人獻尸祝嘏主人云皇尸命工祝承致多福無疆于

足利本第三十卷第十四葉

女孝孫來女孝孫使女受祿于天宜稼于田眉壽萬年勿替引之是嘏以慈告言祝嘏於時以神之恩慈而告主人　是謂大祥者祥善也謂饋食之時薦令世之食於人道爲善故爲大祥

注 各首其義者　正義曰首猶本也孝子告神以孝爲首神告孝子以慈爲首各本祝嘏之義也

孔子曰嗚呼哀哉我觀周道幽厲傷之吾舍魯何適矣 政亂禮失以爲魯尚愈

疏 正義曰此明孔子歎意前始發歎未言自歎之意子游有問即隨問而荅荅事既畢故更述其所懷嗚呼哀哉是傷歎之辭言觀周家文武之道以經幽厲之亂傷此禮儀法則無可觀瞻唯魯國稍可吾捨此魯國更何之適而觀禮乎言魯國尚愈愈勝也言尚勝於餘國故韓宣子適魯云周禮盡在魯矣

魯之郊禘非禮也周公其衰矣 非猶失也魯之郊牛口傷鼷鼠食其角又有四卜郊不從是周公之道衰矣言子孫不能奉行興之

疏 魯合郊禘也非是非禮但郊失禮則

禮記義二十　十四　徐卅

牛口傷禘失禮躋僖公 注 非猶至興之　正義曰郊牛口傷宣三年經文鼷鼠食其角成七年經文四卜郊不從僖三十一年經文言子孫不能承奉興行周公之道故致使郊牛有害卜郊不從

杞之郊也禹也宋之郊也契也是天子之事守也 先祖法度子孫所當守

故天子祭天地諸侯祭社稷

疏 正義曰杞郊禹宋郊契蓋是夏殷天子之事杞宋是其子孫當所保守勿使有失案祭法云夏郊鯀殷郊冥今杞郊禹宋郊契者以鯀冥之德薄故更郊禹契蓋時王所命也

祝嘏莫敢易其常古是謂大假 假亦大也不敢改其常古之法度是謂大大也將言今不然

疏 正義曰言天子諸侯所祭之時祝以主人之辭而告神神以嘏福而與主人二者皆依舊禮無敢易其常事古法是謂大假假大也既不敢易法是

潘本第三十卷第十四葉

女孝孫來女孝孫使女受祿于天宜稼于田眉壽萬年勿替引之是嘏以慈告言祝嘏於時以神之恩慈而告主人　是謂大祥者祥善也謂饋食之時薦令世之食於人道爲善故爲大祥

注 各首其義者　正義曰首猶本也孝子告神以孝爲首神告孝子以慈爲首各本祝嘏之義也

孔子曰嗚呼哀哉我觀周道幽厲傷之吾舍魯何適矣 政亂禮失以爲魯尚愈

疏 正義曰此明孔子歎意前始發歎未言自歎之意子游有問即隨問而荅荅事既畢故更述其所懷嗚呼哀哉是傷歎之辭言觀周家文武之道以經幽厲之亂傷此禮儀法則無可觀瞻唯魯國稍可吾捨此魯國更何之適而觀禮乎言魯國尚愈愈勝也言尚勝於餘國故韓宣子適魯云周禮盡在魯矣

魯之郊禘非禮也周公其衰矣 非猶失也魯之郊牛口傷鼷鼠食其角又有四卜郊不從是周公之道衰矣言子孫不能奉行興之

疏 魯合郊禘也非是非禮但郊失禮則

禮記義二十　十四　徐卅

牛口傷禘失禮躋僖公 注 非猶至興之　正義曰郊牛口傷宣三年經文鼷鼠食其角成七年經文四卜郊不從僖三十一年經文言子孫不能承奉興行周公之道故致使郊牛有害卜郊不從

杞之郊也禹也宋之郊也契也是天子之事守也 先祖法度子孫所當守

故天子祭天地諸侯祭社稷

疏 正義曰杞郊禹宋郊契蓋是夏殷天子之事杞宋是其子孫當所保守勿使有失案祭法云夏郊鯀殷郊冥今杞郊禹宋郊契者以鯀冥之德薄故更郊禹契蓋時王所命也

祝嘏莫敢易其常古是謂大假 假亦大也不敢改其常古之法度是謂大大也將言今不然

疏 正義曰言天子諸侯所祭之時祝以主人之辭而告神神以嘏福而與主人二者皆依舊禮無敢易其常事古法是謂大假假大也既不敢易法是

足利本第三十卷第十五葉

於禮法大中之大謂大大之極也 注 假亦至不然 正義曰假大也釋詁文以經既有大字故云假亦大也從此以前皆論法於古道則爲善故上文承天之祜次文是謂合莫又次云是謂大祥又次文是謂大假皆論其善也所以論其善者將欲論其惡故也故鄭云將言今不然今謂孔子之時也禮廢政壞不如大祥大假之等自此以下皆論今時之惡故下云是謂幽國是謂僭君是也

祝嘏辭說藏於宗祝巫史非禮也是謂幽國 藏於宗祝巫史言君不知有也幽闇也國闇者君與大夫俱不明也 疏 正義曰祝謂主人之辭告神嘏謂尸之辭致福告於主人皆從古法依舊禮辭說當須以法用之於國今乃棄去不用藏於宗祝巫史之家乃更改易古禮自爲辭說非禮也而國之君臣秪闇今日祝嘏之辭不知古禮舊說當是君臣俱闇故云是謂幽國

醆斝及尸君非禮也是謂僭君 僭禮之君也醆斝先王之爵也唯魯與王者之後得用之耳其餘諸侯用時王之器而已 疏 正義曰醆是夏爵斝是殷爵若是夏殷之後祭祀之時得以醆斝及於尸君其餘諸侯於禮不合今者諸侯等祭祀之時乃以醆斝及於尸君非禮也此諸侯乃是僭禮之君 注 醆斝至用之 正義曰案明堂位云夏曰醆殷曰斝是先王之爵也天子有六代之樂王者之後得用郊天故知唯天子王者之後得用之其餘諸侯用時王之器而已此醆斝謂祭祀尸未入之時祝酌奠於鉶南者也故郊特牲云舉斝角是也若尋常獻尸則用玉爵耳

冕弁兵革藏於私家非禮也是謂脅君 劫脅之君也冕弁君之尊服兵革君之武衞及軍器也 疏 正義曰冕弁兵革藏於私家非禮者私家大夫以下稱家冕是衮冕弁是皮弁冕弁是朝廷之尊服兵革是國家防衞之器而大夫私家藏之故云非禮也 是謂脅君脅劫

卷十三 禮記義三十 十五 孫春

潘本第三十卷第十五葉

於禮法大中之大謂大大之極也 注 假亦至不然 正義曰假大也釋詁文以經既有大字故云假亦大也從此以前皆論法於古道則爲善故上文承天之祜次文是謂合莫又次云是謂大祥又次文是謂大假皆論其善也所以論其善者將欲論其惡故也故鄭云將言今不然今謂孔子之時也禮廢政壞不如大祥大假之等自此以下皆論今時之惡故下云是謂幽國是謂僭君是也

祝嘏辭說藏於宗祝巫史非禮也是謂幽國 藏於宗祝巫史言君不知有也幽闇也國闇者君與大夫俱不明也 疏 正義曰祝謂主人之辭告神嘏謂尸之辭致福告於主人皆從古法依舊禮辭說當須以法用之於國今乃棄去不用藏於宗祝巫史之家乃更改易古禮自爲辭說非禮也而國之君臣秪闇今日祝嘏之辭不知古禮舊說當是君臣俱闇故云是謂幽國

醆斝及尸君非禮也是謂僭君 僭禮之君也醆斝先王之爵也唯魯與王者之後得用之耳其餘諸侯用時王之器而已 疏 正義曰醆是夏爵斝是殷爵若是夏殷之後祭祀之時得以醆斝及於尸君其餘諸侯於禮不合今者諸侯等祭祀之時乃以醆斝及於尸君非禮也此諸侯乃是僭禮之君 注 醆斝至用之 正義曰案明堂位云夏曰醆殷曰斝是先王之爵也天子有六代之樂王者之後得用郊天故知唯天子王者之後得用之其餘諸侯用時王之器而已此醆斝謂祭祀尸未入之時祝酌奠於鉶南者也故郊特牲云舉斝角是也若尋常獻尸則用玉爵耳

冕弁兵革藏於私家非禮也是謂脅君 劫脅之君也冕弁君之尊服兵革君之武衞及軍器也 疏 正義曰冕弁兵革藏於私家非禮者私家大夫以下稱家冕是衮冕弁是皮弁冕弁是朝廷之尊服兵革是國家防衞之器而大夫私家藏之故云非禮也 是謂脅君脅劫

六十三 禮記義三十 十五 孫春

足利本第三十卷第十六葉

也私藏公物則見此君恒被臣之刼脅 大夫具官祭器不假聲樂皆具非禮也是謂亂國 臣之奢富擬於國君敗亂之國也孔子謂管仲官事不攝焉得儉 疏 正義曰大夫具官者天子六卿諸侯三卿卿大夫若有地者則置官一人用兼攝羣職不得官官各須具足如君也故孔子譏管仲云官事不攝焉得儉是也　祭器不假者凡大夫無地則不得造祭器有地雖造而不得具足並須假借若不假者唯公孤以上得備造故周禮四命受器鄭云此公之孤始得有祭器者也又云王之下大夫亦四命　聲樂皆具者大夫自有判縣之樂而不得如三桓舞八佾一曰大夫祭不得用樂者故少牢饋食無奏樂之文唯君賜乃有之　非禮也者若大夫並爲上事則爲非禮也　是謂亂國者大夫爲此上諸事與君相敵乃是敗亂之國也 故仕於公曰臣仕於家曰僕

禮記義三十　十六　張謙

三年之喪與新有昏者期不使以衰裳入朝與家僕雜居齊齒非禮也是謂君與臣同國 臣有喪昏之事而不歸反服其衰裳以入朝或與僕相等輩而處是謂君臣共國無尊卑也有喪昏不歸唯君耳臣有喪昏當致事而歸僕又不可與士齒 疏 正義曰仕於公曰臣者公是諸侯之號臣是至賤之稱今若仕於諸侯其自稱以至賤之辭而曰臣自貶退也　仕於家曰僕者謂卿大夫之僕又賤於臣若仕於大夫之家即自稱曰僕彌更卑賤也　三年之喪與新有昏者期不使者若君有喪昏則恒在於國不歸臣有喪昏則歸嚮家一期之間不復使役也故云期不使　以衰裳入朝與家僕雜居齊齒非禮也者今臣之有喪乃不致事身著衰裳而入君朝或與家臣之僕錯雜而居齊齒等輩是爲非禮也　是謂君與臣同國者君之喪昏而在國臣有

潘本第三十卷第十六葉

也私藏公物則見此君恒被臣之刼脅 大夫具官祭器不假聲樂皆具非禮也是謂亂國 臣之奢富擬於國君敗亂之國也孔子謂管仲官事不攝焉得儉 疏 正義曰大夫具官者天子六卿諸侯三卿卿大夫若有地者則置官一人用兼攝羣職不得官官各須具足如君也故孔子譏管仲云官事不攝焉得儉是也　祭器不假者凡大夫無地則不得造祭器有地雖造而不得具足並須假借若不假者唯公孤以上得備造故周禮四命受器鄭云此公之孤始得有祭器者也又云王之下大夫亦四命　聲樂皆具者大夫自有判縣之樂而不得如三桓舞八佾一曰大夫祭不得用樂者故少牢饋食無奏樂之文唯君賜乃有之　非禮也者若大夫並爲上事則爲非禮也　是謂亂國者大夫爲此上諸事與君相敵乃是敗亂之國也 故仕於公曰臣仕於家曰僕

禮記義三十　十六

三年之喪與新有昏者期不使以衰裳入朝與家僕雜居齊齒非禮也是謂君與臣同國 臣有喪昏之事而不歸反服其衰裳以入朝或與僕相等輩而處是謂君臣共國無尊卑也有喪昏不歸唯君耳臣有喪昏當致事而歸僕又不可與士齒 疏 正義曰仕於公曰臣者公是諸侯之號臣是至賤之稱今若仕於諸侯其自稱以至賤之辭而曰臣自貶退也　仕於家曰僕者謂卿大夫之僕又賤於臣若仕於大夫之家即自稱曰僕彌更卑賤也　三年之喪與新有昏者期不使者若君有喪昏則恒在於國不歸臣有喪昏則歸嚮家一期之間不復使役也故云期不使　以衰裳入朝與家僕雜居齊齒非禮也者今臣之有喪乃不致事身著衰裳而入君朝或與家臣之僕錯雜而居齊齒等輩是爲非禮也　是謂君與臣同國者君之喪昏而在國臣有

喪昏而不歸家亦在國是君與臣同國又臣是卿大夫與
僕雜居且臣是君之臣僕是臣之僕今卿大夫與僕雜居
尊卑無别亦是
君臣共國也 故天子有田以處其子孫諸侯
有國以處其子孫大夫有采以處其子孫
是謂制度 言今不然也春秋昭元年秦伯之弟鍼出
奔晉刺其有千乘之國不能容其母弟
故天子適諸侯必舍其祖廟而不以禮籍
入是謂天子壞法亂紀 以禮籍入謂大史典禮
執簡記奉諱惡也天子
雖尊舍人宗廟猶
有敬焉自拱勑也 諸侯非問疾弔喪而入諸臣
之家是謂君臣爲謔 無故而相之是戲謔也陳
靈公與孔寧儀行父數如

禮記義三十 十七 馬春

夏氏以
取弒焉 疏 正義曰天子有田以處其子孫者案王制云
天子之田方千里是也以處其子孫者謂子
孫若有功德者封爲諸侯無功德直食邑於畿內也 諸
侯有國以處其子孫者謂諸侯子孫封爲卿大夫若有
大功德其子孫亦有采地故左傳云官有世功則有官族
邑亦如之是處其子孫 大夫有采地以處其子孫者大
夫位卑不合割其采地以處子孫但大夫以采地之禄養
其子孫故云以處其子孫然從是謂幽國以下皆論其臣
惡令此云是謂制度而論善者此論古之制度如此今日
則不然謂今惡起文故云是謂制度非論今日之好故注
云言今不然也 注 昭元至母弟 正義曰此所引春秋
昭元年公羊傳文引之者證諸侯有國處子孫之義譏秦
伯不然也 注 陳靈至弒焉 正義曰此宣十年左傳文
陳靈公與孔寧儀行父通於夏徵舒之母夏姬公謂孔寧
儀行父曰徵舒似女行父對曰亦似君徵舒病之公出自
其廐射而殺之二子奔楚後楚殺徵舒立成公是取弒也

潘本第三十卷第十七葉

喪昏而不歸家亦在國是君與臣同國又臣是卿大夫與
僕雜居且臣是君之臣僕是臣之僕今卿大夫與僕雜居
尊卑無别亦是
君臣共國也 故天子有田以處其子孫諸侯
有國以處其子孫大夫有采以處其子孫
是謂制度 言今不然也春秋昭元年秦伯之弟鍼出
奔晉刺其有千乘之國不能容其母弟
故天子適諸侯必舍其祖廟而不以禮籍
入是謂天子壞法亂紀 以禮籍入謂大史典禮
執簡記奉諱惡也天子
雖尊舍人宗廟猶
有敬焉自拱勑也 諸侯非問疾弔喪而入諸臣
之家是謂君臣爲謔 無故而相之是戲謔也陳
靈公與孔寧儀行父數如

禮記義三十 十七 馬春

夏氏以
取弒焉 疏 正義曰天子有田以處其子孫者案王制云
天子之田方千里是也以處其子孫者謂子
孫若有功德者封爲諸侯無功德直食邑於畿內也 諸
侯有國以處其子孫者謂諸侯子孫封爲卿大夫若有
大功德其子孫亦有采地故左傳云官有世功則有官族
邑亦如之是處其子孫 大夫有采地以處其子孫者大
夫位卑不合割其采地以處子孫但大夫以采地之禄養
其子孫故云以處其子孫然從是謂幽國以下皆論其臣
惡令此云是謂制度而論善者此論古之制度如此今日
則不然謂今惡起文故云是謂制度非論今日之好故注
云言今不然也 注 昭元至母弟 正義曰此所引春秋
昭元年公羊傳文引之者證諸侯有國處子孫之義譏秦
伯不然也 注 陳靈至弒焉 正義曰此宣十年左傳文
陳靈公與孔寧儀行父通於夏徵舒之母夏姬公謂孔寧
儀行父曰徵舒似女行父對曰亦似君徵舒病之公出自
其廐射而殺之二子奔楚後楚殺徵舒立成公是取弒也

足利本第三十卷第十八葉

是故禮者君之大柄也所以別嫌明微儐疾鬼神考制度別仁義所以治政安君也今失禮如此爲言禮之大義也柄所操以治事疏正義曰此一經疾時失禮致此在上禍敗之事故言禮之大義　禮者君之大柄者言人君治國須禮如巧匠治物執斤斧之柄　所以別嫌明微者此以下亦並明用禮爲柄之事使寡婦不夜哭是別嫌君子表微是明微也　儐鬼神者以接賓以禮曰儐以郊天祀地及一切神明是儐鬼神也　考制度者考成也制度謂廣狹丈尺以禮成之也　別仁義者仁生義殺各使中禮有分別也　所以治政安君也者用禮爲柄如前諸事故治國得政君獲安存故孝經云安上治民莫善於禮故政不正

禮記義三十　十八　周東

則君位危君位危則大臣倍小臣竊刑肅而俗敝則法無常法無常而禮無列禮無列則士不事也刑肅而俗敝則民弗歸也是謂疵國又爲言政失君危之禍敗也肅駿也疵病也疏正義曰大臣謂大夫以上倍謂倍君行私也或有屢諫不聽皆越關倍君而去　小臣竊者小臣士以下竊者盜也職闇位卑但爲竊盜府庫之事　刑肅而俗敝則法無常者肅駿急也敝凋殘也君位已危大臣又倍小臣盜竊愚君無奈此何唯知暴怒急行刑罰故云刑肅上下乖離故云俗敝俗敝刑肅故法教無常　注肅駿也疵病也　正義曰案釋古文云肅駿俱訓爲疾是肅爲駿也釋詁文又云疵病也疵國者君既危於上臣又叛於下刑肅嚴重風俗凋敝皆國之病故云疵國

故政者君之所以藏身也於此又遂爲之言政也藏謂輝

潘本第三十卷第十八葉

是故禮者君之大柄也所以別嫌明微儐疾鬼神考制度別仁義所以治政安君也今失禮如此爲言禮之大義也柄所操以治事疏正義曰此一經疾時失禮致此在上禍敗之事故言禮之大義　禮者君之大柄者言人君治國須禮如巧匠治物執斤斧之柄　所以別嫌明微者此以下亦並明用禮爲柄之事使寡婦不夜哭是別嫌君子表微是明微也　儐鬼神者以接賓以禮曰儐以郊天祀地及一切神明是儐鬼神也　考制度者考成也制度謂廣狹丈尺以禮成之也　別仁義者仁生義殺各使中禮有分別也　所以治政安君也者用禮爲柄如前諸事故治國得政君獲安存故孝經云安上治民莫善於禮故政不正

禮記義三十　十八　周東

則君位危君位危則大臣倍小臣竊刑肅而俗敝則法無常法無常而禮無列禮無列則士不事也刑肅而俗敝則民弗歸也是謂疵國又爲言政失君危之禍敗也肅駿也疵病也疏正義曰大臣謂大夫以上倍謂倍君行私也或有屢諫不聽皆越關倍君而去　小臣竊者小臣士以下竊者盜也職闇位卑但爲竊盜府庫之事　刑肅而俗敝則法無常者肅駿急也敝凋殘也君位已危大臣又倍小臣盜竊愚君無奈此何唯知暴怒急行刑罰故云刑肅上下乖離故云俗敝俗敝刑肅故法教無常　注肅駿也疵病也　正義曰案釋古文云肅駿俱訓爲疾是肅爲駿也釋詁文又云疵病也疵國者君既危於上臣又叛於下刑肅嚴重風俗凋敝皆國之病故云疵國

故政者君之所以藏身也於此又遂爲之言政也藏謂輝

足利本第三十卷第十九葉

光於外而形體不見若日月星辰之神是故夫政必本於天殽以降命降下也殽天之氣以下教令天有運移之期陰陽之節也命降于社之謂殽地謂教令由社下者也社土地之主也周禮土會之法有五地之物生降于祖廟之謂仁義謂教令由祖下者大傳曰自禰率而上至于祖遠者輕仁也自祖率而下至于禰高者重義也降於山川之謂興作謂教令由山川下者也山川有草木禽獸可作器物共國事降於五祀之謂制度謂教令由五祀下者五祀有中霤門戸竈行之神此始爲宮室制度此聖人所以藏身之固也政之行如此何用城郭溝池之爲

疏正義曰此一節以上文云政之不正則國亂君危此則廣言政之大理本於天地及宗廟山川五祀而來所來既重故君用之得藏身安固也　故政者君之所以藏身也者故因上起下之辭人君身在於中施政於外人但見其政不見其身若政之美盛則君身安靜故云政者所以藏身也鄭云藏謂輝光於外而形體不見若日月星辰之神是也　是故夫政必本於天是故謂政是藏身之固其事既重所施教令必本於天而來天有運移若星辰圍遶北極氣有陰陽若冬夏之有寒暑　殽以降命者殽効也言人君法效天氣以降下政教之命效星辰運轉於北極爲昏媾姻亞效天之陰陽寒暑爲刑獄賞罰是殽以降命　命降于社之謂殽地者上云政本於天此論政降於地上既云必本於天殽以降命此亦當云本於地殽以降命但上文既具故此略而變文直云命降于社之謂殽地命者政令之命降下於社謂從社而來以降民也社即地也指其神謂之社指其形謂之地法社以下教令故云之謂殽地地有五土生物不同人君法地亦養物不一也　降于祖廟者此亦政教之

潘本第三十卷第十九葉

光於外而形體不見若日月星辰之神是故夫政必本於天殽以降命降下也殽天之氣以下教令天有運移之期陰陽之節也命降于社之謂殽地謂教令由社下者也社土地之主也周禮土會之法有五地之物生降于祖廟之謂仁義謂教令由祖下者大傳曰自禰率而上至于祖遠者輕仁也自祖率而下至于禰高者重義也降於山川之謂興作謂教令由山川下者也山川有草木禽獸可作器物共國事降於五祀之謂制度謂教令由五祀下者五祀有中霤門戸竈行之神此始爲宮室制度此聖人所以藏身之固也政之行如此何用城郭溝池之爲

疏正義曰此一節以上文云政之不正則國亂君危此則廣言政之大理本於天地及宗廟山川五祀而來所來既重故君用之得藏身安固也　故政者君之所以藏身也者故因上起下之辭人君身在於中施政於外人但見其政不見其身若政之美盛則君身安靜故云政者所以藏身也鄭云藏謂輝光於外而形體不見若日月星辰之神是也　是故夫政必本於天是故謂政是藏身之固其事既重所施教令必本於天而來天有運移若星辰圍遶北極氣有陰陽若冬夏之有寒暑　殽以降命者殽効也言人君法效天氣以降下政教之命效星辰運轉於北極爲昏媾姻亞效天之陰陽寒暑爲刑獄賞罰是殽以降命　命降于社之謂殽地者上云政本於天此論政降於地上既云必本於天殽以降命此亦當云本於地殽以降命但上文既具故此略而變文直云命降于社之謂殽地命者政令之命降下於社謂從社而來以降民也社即地也指其神謂之社指其形謂之地法社以下教令故云之謂殽地地有五土生物不同人君法地亦養物不一也　降于祖廟者此亦政教之

足利本第三十卷第二十葉

命降下於民由祖廟而來謂法祖廟以下政令之謂仁義者父親仁也祖尊義也言法此父祖施仁義於民也上云命降于社之謂殽地此亦當云命降于祖之謂殽廟以上文既具故此又略而變文與上不同自下皆然也　降於山川者謂所施政令之命下於民者從山川而來謂法效山川以爲教令也　之謂興作者山川有草木鳥獸可作器物人君法山川以興作其物也　降於五祀者所施政令降於民者從五祀而來謂法此五祀之神以施政令也　之謂制度者初造五祀之人既立中霤門戶竈行大小形制各有法度後王所以取爲制度等級也　此聖人所以藏身之固也者政既法天地法祖廟山川五祀所重若此謹慎行之所以藏其身而堅固　注　殽天至之節　正義曰案昭二十五年左傳云禮者天之經地之義爲父子兄弟昏媾姻亞以象天明爲溫慈惠和以效天之生殖長育爲刑罰威獄以類其震曜殺戮此注云天有運移之期陰陽之節揔包之也皆法天之所爲以下教令也　注　社土至物生　正義曰下云社者神地之道此云土地之主土則神也土會之法有五地之物生者此大司徒文五地則山林川澤丘陵墳衍原隰各有所生五地揔生萬物人君法之施政令亦揔養萬民也　注　大傳至義也　正義曰引此者證祖禰廟有仁義也云自禰率而上至于祖遠者輕仁也者自用也率循也言用禰之仁依循而上以至於祖遠者恩愛漸輕是據仁恩也自祖率而下至于禰高者重義也者言用祖之義依循而下以至于禰高者尊重是義事也祖廟之中自然有此仁義人君法之施此仁義教令以教下民也　注　五祀至制度　正義曰此五祀鄭云有中霤門戶竈行之神此始爲宮室制度者如鄭此言則五祀神者謂初造五祀之神此人造五祀有其制度後王法此人之神更爲制度此人造五祀非五祀本神也其五祀亦自然有其虛無之神非後王所取法也故此不言之　注　政之至之爲　正義曰言政之行若能如此法天陰陽使賞罰得所法地高下令尊卑有序法之祖廟而行

潘本第三十卷第二十葉

命降下於民由祖廟而來謂法祖廟以下政令之謂仁義者父親仁也祖尊義也言法此父祖施仁義於民也上云命降于社之謂殽地此亦當云命降于祖之謂殽廟以上文既具故此又略而變文與上不同自下皆然也　降於山川者謂所施政令之命下於民者從山川而來謂法效山川以爲教令也　之謂興作者山川有草木鳥獸可作器物人君法山川以興作其物也　降於五祀者所施政令降於民者從五祀而來謂法此五祀之神以施政令也　之謂制度者初造五祀之人既立中霤門戶竈行大小形制各有法度後王所以取爲制度等級也　此聖人所以藏身之固也者政既法天地法祖廟山川五祀所重若此謹慎行之所以藏其身而堅固　注　殽天至之節　正義曰案昭二十五年左傳云禮者天之經地之義爲父子兄弟昏媾姻亞以象天明爲溫慈惠和以效天之生殖長育爲刑罰威獄以類其震曜殺戮此注云天有運移之期陰陽之節揔包之也皆法天之所爲以下教令也　注　社土至物生　正義曰下云社者神地之道此云土地之主土則神也土會之法有五地之物生者此大司徒文五地則山林川澤丘陵墳衍原隰各有所生五地揔生萬物人君法之施政令亦揔養萬民也　注　大傳至義也　正義曰引此者證祖禰廟有仁義也云自禰率而上至于祖遠者輕仁也者自用也率循也言用禰之仁依循而上以至於祖遠者恩愛漸輕是據仁恩也自祖率而下至于禰高者重義也者言用祖之義依循而下以至于禰高者尊重是義事也祖廟之中自然有此仁義人君法之施此仁義教令以教下民也　注　五祀至制度　正義曰此五祀鄭云有中霤門戶竈行之神此始爲宮室制度者如鄭此言則五祀神者謂初造五祀之神此人造五祀有其制度後王法此人之神更爲制度此人造五祀非五祀本神也其五祀亦自然有其虛無之神非後王所取法也故此不言之　注　政之至之爲　正義曰言政之行若能如此法天陰陽使賞罰得所法地高下令尊卑有序法之祖廟而行

仁義法之山川五祀而爲興作制度若能如此則民懷其德禍害不來何所防禦故云何用城郭溝池之爲言不用城郭溝池也 故聖人參於天地並於鬼神以治政也處其所存禮之序也玩其所樂民之治也 並并也謂比方之也存察也治所以樂其事居也 故天生時而地生財人其父生而師教之四者君以正用之故君者立於無過之地也 順時以養財尊師以教民而以治政則無過差矣易曰何以守位曰仁何以聚人曰財 疏 正義曰此一節結上政令之命降于天地宗廟之等使禮儀有序民之治理 故聖人參於天地者政是聖人藏身之固所以聖人參擬於天地則法于天地是也 並於鬼

禮記義三十　二十一　陳真

神者並謂比方鬼神則祖廟山川五祀也言比方祖廟山川五祀而爲事 以治政者治謂脩治也言參擬天地比並鬼神以脩治政教也 處其所存禮之序也者存謂觀察也天遷移寒暑地有五土生殖廟有祖禰仁義皆是人之所觀察言聖王能處其人所觀察之事以爲政則禮得次序也 玩其所樂民之治也者謂興作器物宮室制度皆是人之所樂聖人能愛玩民之所樂以教於民則民所治理各樂其事業居處也 故君者立於無過之地也者 正義曰若天不生時地不生財父不生子師不教訓直欲令人君教之不可教誨則君多有過令人君順天時以養財尊師傅以教民因自然之性其功易成故人君得立於無過之地言其功易成無過差矣 故君者所明也非明人者也君者所養也非養人者也君者所事也非事人者也故君明人

仁義法之山川五祀而爲興作制度若能如此則民懷其德禍害不來何所防禦故云何用城郭溝池之爲言不用城郭溝池也 故聖人參於天地並於鬼神以治政也處其所存禮之序也玩其所樂民之治也 並并也謂比方之也存察也治所以樂其事居也 故天生時而地生財人其父生而師教之四者君以正用之故君者立於無過之地也 順時以養財尊師以教民而以治政則無過差矣易曰何以守位曰仁何以聚人曰財 疏 正義曰此一節結上政令之命降于天地宗廟之等使禮儀有序民之治理 故聖人參於天地者政是聖人藏身之固所以聖人參擬於天地則法于天地是也 並於鬼

禮記義三十　二十一　陳真

神者並謂比方鬼神則祖廟山川五祀也言比方祖廟山川五祀而爲事 以治政者治謂脩治也言參擬天地比並鬼神以脩治政教也 處其所存禮之序也者存謂觀察也天有運移寒暑地有五土生殖廟有祖禰仁義皆是人之所觀察言聖王能處其人所觀察之事以爲政則禮得次序也 玩其所樂民之治也者謂興作器物宮室制度皆是人之所樂聖人能愛玩民之所樂以教於民則民所治理各樂其事業居處也 故君者立於無過之地也者 正義曰若天不生時地不生財父不生子師不教訓直欲令人君教之不可教誨則君多有過令人君順天時以養財尊師傅以教民因自然之性其功易成故人君得立於無過之地言其功易成無過差矣 故君者所明也非明人者也君者所養也非養人者也君者所事也非事人者也故君明人

足利本第三十卷第二十二葉

則有過養人則不足事人則失位明猶尊也故百姓則君以自治也養君以自安也事君以自顯也故禮達而分定故人皆愛其死而患其生則當爲明人之道身治居安名顯則不苟生也不義而死舍義而生是不愛死患生也

疏 正義曰此一節論政之大體皆下之事上非上之事下也上下分定人皆以死事上 君者所明也者明猶尊也謂在下百姓所尊奉君使之光顯尊明人君非明人者也者非謂遺君尊明在下之人下去君者所養也非養人者也君者所事也非事人者也並與此義同以所明與所養所事文同相類故鄭以明爲尊也 故君明人則有過者君位既尊乃自下御尊人於理不順故去則有過 養人則不足者君唯一身若養百姓力不能周

禮記義三十 二十二 許富

贍故去養人則不足也 事人則失位者君尊在上而屈事於在下之人是失位也 故禮達而分定者達謂曉達分謂尊卑之分以下之事上於禮當然人皆知之是禮之曉達尊者居上卑者處下是上下分定也 故人皆愛其死而患其生者愛謂貪愛患謂恥患人皆知禮上下分定君有危難皆欲救之故人皆貪愛其以義而死競欲致死救之恥患其不義而生不欲苟且生也 注則當爲明 正義曰以此則君以自治覆述上文故知則當爲明

故用人之知去其詐用人之勇去其怒用人之仁去其貪用知者之謀勇者之斷仁者之施足以成治矣詐者害民信怒者害民命貪者害民財三者亂之原故國有患君死社稷謂之義大夫死宗廟謂之變變當爲辯聲之誤也辯猶正也君守社稷臣衛君宗

潘本第三十卷第二十二葉

則有過養人則不足事人則失位明猶尊也故百姓則君以自治也養君以自安也事君以自顯也故禮達而分定故人皆愛其死而患其生則當爲明人之道身治居安名顯則不苟生也不義而死舍義而生是不愛死患生也

疏 正義曰此一節論政之大體皆下之事上非上之事下也上下分定人皆以死事上 君者所明也者明猶尊也謂在下百姓所尊奉君使之光顯尊明人君非明人者也者非謂遺君尊明在下之人下去君者所養也非養人者也君者所事也非事人者也並與此義同以所明與所養所事文同相類故鄭以明爲尊也 故君明人則有過者君位既尊乃自下御尊人於理不順故去則有過 養人則不足者君唯一身若養百姓力不能周

禮記義三十 二十二 許富

贍故去養人則不足也 事人則失位者君尊在上而屈事於在下之人是失位也 故禮達而分定者達謂曉達分謂尊卑之分以下之事上於禮當然人皆知之是禮之曉達尊者居上卑者處下是上下分定也 故人皆愛其死而患其生者愛謂貪愛患謂恥患人皆知禮上下分定君有危難皆欲救之故人皆貪愛其以義而死競欲致死救之恥患其不義而生不欲苟且生也 注則當爲明 正義曰以此則君以自治覆述上文故知則當爲明

故用人之知去其詐用人之勇去其怒用人之仁去其貪用知者之謀勇者之斷仁者之施足以成治矣詐者害民信怒者害民命貪者害民財三者亂之原故國有患君死社稷謂之義大夫死宗廟謂之變變當爲辯聲之誤也辯猶正也君守社稷臣衛君宗

足利本第三十卷第二十三葉

廟者患謂見闔入

【疏】正義曰：上既禮達分定，患其不義而生，因上生下，故云故也。此論去不義之事。

用人之知去其詐者，知謂謀計曉達前事，詐者不敢爲之，故云去其詐。用人之勇去其怒者，勇謂果敢決斷，能除惡人凶暴，怒者不敢爲之，故云去其怒也。用人之仁去其貪者，仁者好施不苟求其財，貪者見之心慚止息也，故云去其貪也。

【注】用知至之原。正義曰：言用此三者足以成治。如鄭此言，但得知者、勇者、仁者則足以成治矣，何須用詐怒貪者乎？故云去之。如鄭此言，則解之當云選用人知者，退去其奸詐者，不須用之，爲其害民信也；用人之勇者，去其忿怒，不須用之，爲其害民命也；用人之仁者，去其貪殘，不須用之，爲其害民財也。如注之意，指當如此。先師既爲前解，故備載之，任後哲擇焉。

【注】變當至闔入。正義曰：變與義相對，義是正禮，明變是惡事，故讀爲辯，辯即正也，以聲相近，故致字誤。云「臣衛君宗廟」者，恐是臣之宗廟，故云衛君宗廟致死。案孝經云「守其宗廟」，謂大夫家之宗廟，此所以爲君宗廟者，以人臣義則進，不則退，不可致死於己宗廟，故爲君宗廟也。孝經謂不被黜削，恒得守之，故爲己宗廟，所據意異也。

禮記義三十　二十三　李涌

故聖人耐以天下爲一家，以中國爲一人者，非意之也，必知其情，辟於其義，明於其利，達於其患，然後能爲之。耐，古能字，傳書世異，古字時有存者，則亦有今誤矣。意，心所無慮也。辟，開也。

【疏】正義曰：此承上君死社稷以統於下，然後能治其國，因上生下，故云故也。聖人耐以天下爲一家，以中國爲一人者，此孔子說聖人所能以天下和合共爲一家，能以中國共爲一人者，問其所能致之意。非意之也者，釋其能致之理，所以能致者，非是以意測度謀慮而已，須知其諸事，謂以下之事。必知其情者，謂必知民之情也，則下文七情是也。辟於其義者，謂開闢其義以教

潘本第三十卷第二十三葉

廟者患謂見闔入

【疏】正義曰：上既禮達分定，患其不義而生，因上生下，故云故也。此論去不義之事。

用人之知去其詐者，知謂謀計曉達前事，詐者不敢爲之，故云去其詐。用人之勇去其怒者，勇謂果敢決斷，能除惡人凶暴，怒者不敢爲之，故云去其怒也。用人之仁去其貪者，仁者好施不苟求其財，貪者見之心慚止息也，故云去其貪也。

【注】用知至之原。正義曰：言用此三者足以成治。如鄭此言，但得知者、勇者、仁者則足以成治矣，何須用詐怒貪者乎？故云去之。如鄭此言，則解之當云選用人知者，退去其奸詐者，不須用之，爲其害民信也；用人之勇者，去其忿怒，不須用之，爲其害民命也；用人之仁者，去其貪殘，不須用之，爲其害民財也。如注之意，指當如此。先師既爲前解，故備載之，任後哲擇焉。

【注】變當至闔入。正義曰：變與義相對，義是正禮，明變是惡事，故讀爲辯，辯即正也，以聲相近，故致字誤。云「臣衛君宗廟」者，恐是臣之宗廟，故云衛君宗廟致死。案孝經云「守其宗廟」，謂大夫家之宗廟，此所以爲君宗廟者，以人臣義則進，不則退，不可致死於己宗廟，故爲君宗廟也。孝經謂不被黜削，恒得守之，故爲己宗廟，所據意異也。

禮記義三十　二十三　李涌

故聖人耐以天下爲一家，以中國爲一人者，非意之也，必知其情，辟於其義，明於其利，達於其患，然後能爲之。耐，古能字，傳書世異，古字時有存者，則亦有今誤矣。意，心所無慮也。辟，開也。

【疏】正義曰：此承上君死社稷以統於下，然後能治其國，因上生下，故云故也。聖人耐以天下爲一家，以中國爲一人者，此孔子說聖人所能以天下和合共爲一家，能以中國共爲一人者，問其所能致之意。非意之也者，釋其能致之理，所以能致者，非是以意測度謀慮而已，須知其諸事，謂以下之事。必知其情者，謂必知民之情也，則下文七情是也。辟於其義者，謂開闢其義以教

足利本第三十卷第二十四葉

之則下文父慈子孝十者之類是也　明於其利者謂顯
明利事以安之則下文講信脩睦是也　達於其患者謂
曉達其禍患而防護之則下文爭奪相殺是也　然後能
爲之者聖人必知此情義利患然後能使天下爲一家中
國爲一人皆感義懷德而歸之【注】耐古至開也　正義
曰案說文云耐者鬚也鬚謂頤下之毛象形字也古者犯
罪以髡其鬚謂之耐罪故字從寸寸爲法也以不虧形體
猶堪其事故謂之耐漢書惠帝紀中具有其事古之能字
爲此耐事取堪能之義故古之能字皆作耐字後來能字
乃假借鼈三足爲能是後世傳書世人殊異耐字悉作能
也故云傳書世異今書雖悉作能或有作耐字者則此耐
以天下爲一家及樂記云人不耐無樂仍作耐字是古字
時有存者云則亦有今誤矣者今書雖存古字爲耐亦有
誤不安寸直作而字則易屯彖云利建侯而不寧及劉向
說苑能字皆爲而也是亦有今誤矣案鄭注樂記耐古能
字後世變之此獨存焉古以能爲三台字兩注雖異其意

禮記義三十　二十四

同也彼云後世變之即此傳書世異也彼云此獨存焉即
此云古字時有存者云古以能爲三台字者謂今世以能
字爲堪能之能古者以能字爲三台字是古今異也云意
心所無慮者謂於無形之處用心思慮無慮即慮無也宣
十二年左傳云前茅慮無是備慮無形之處謂聖人以德
義而感天下非是以意豫前無時以測度思慮故云非意
也一云心所無慮謂心無所思慮但知其情等而已　何謂人情喜怒哀懼
愛惡欲七者弗學而能何謂人義父慈
子孝兄良弟弟夫義婦聽長惠幼順君
仁臣忠十者謂之人義講信脩睦謂之
人利爭奪相殺謂之人患　極言人事　故聖人

潘本第三十卷第二十四葉

之則下文父慈子孝十者之類是也　明於其利者謂顯
明利事以安之則下文講信脩睦是也　達於其患者謂
曉達其禍患而防護之則下文爭奪相殺是也　然後能
爲之者聖人必知此情義利患然後能使天下爲一家中
國爲一人皆感義懷德而歸之【注】耐古至開也　正義
曰案說文云耐者鬚也鬚謂頤下之毛象形字也古者犯
罪以髡其鬚謂之耐罪故字從寸寸爲法也以不虧形體
猶堪其事故謂之耐漢書惠帝紀中具有其事古之能字
爲此耐事取堪能之義故古之能字皆作耐字後來能字
乃假借鼈三足爲能是後世傳書世人殊異耐字悉作能
也故云傳書世異今書雖悉作能或有作耐字者則此耐
以天下爲一家及樂記云人不耐無樂仍作耐字是古字
時有存者云則亦有今誤矣者今書雖存古字爲耐亦有
誤不安寸直作而字則易屯彖云利建侯而不寧及劉向
說苑能字皆爲而也是亦有今誤矣案鄭注樂記耐古能
字後世變之此獨存焉古以能爲三台字兩注雖異其意

禮記義三十　二十四

同也彼云後世變之即此傳書世異也彼云此獨存焉即
此云古字時有存者云古以能爲三台字者謂今世以能
字爲堪能之能古者以能字爲三台字是古今異也云意
心所無慮者謂於無形之處用心思慮無慮即慮無也宣
十二年左傳云前茅慮無是備慮無形之處謂聖人以德
義而感天下非是以意豫前無時以測度思慮故云非意
也一云心所無慮謂心無所思慮但知其情等而已　何謂人情喜怒哀懼
愛惡欲七者弗學而能何謂人義父慈
子孝兄良弟弟夫義婦聽長惠幼順君
仁臣忠十者謂之人義講信脩睦謂之
人利爭奪相殺謂之人患　極言人事　故聖人

足利本第三十卷第二十五葉

之所以治人七情脩十義講信脩睦尚
辭讓去爭奪舍禮何以治之唯禮可耳飲食男
女人之大欲存焉死亡貧苦人之大惡存
焉故欲惡者心之大端也人藏其心不可
測度也美惡皆在其心不見其色也欲一
以窮之舍禮何以哉言人情之難知明禮之重疏正義曰此一節
以上經情義利患四者聖人皆知之能有天下故此覆釋
情義利患必須禮以治之又明人之欲惡在心難知若其
舍禮無由可化 喜怒哀懼愛惡欲者案昭二十五年左
傳云天有六氣在人爲六情謂喜怒哀樂好惡此之喜怒

禮記義三十　二十五　楊昌

及哀樂與彼同也此云欲則彼云樂也此云愛則彼好也
謂六情之外增一懼而爲七熊氏云懼則怒中之小別以
見怒而怖懼耳六氣謂陰陽風雨晦明也案彼傳云喜生
於風怒生於雨哀生於晦樂生於明好生於陽惡生於陰
其義可知也 何謂人義父慈子孝兄良弟弟夫義婦聽
長惠幼順君仁臣忠者此文先從親者爲始以漸至疏故
長幼在後君臣處末案昭二十六年左傳云君令臣共父
慈子孝兄愛弟敬夫和妻柔姑慈婦聽與此大同兄愛即
此兄良也弟敬即此弟弟也夫和即此夫義也故彼云夫
和而義妻柔即此婦聽也君令即此君仁也以仁恩而號
令臣共即此臣忠也又隱三年左傳云君義臣行父慈子
孝兄愛弟敬義亦同但傳之二文皆以國家之事言之故
先君臣後父子但異人之説既有多少不皆同也 治人
七情脩十義講信脩睦者七情好惡不定故云治十義俱
是義事故云脩信是深隱故須講睦恐乖離故云脩各隨
事立文也 欲惡者心之大端也者端謂頭緒飲食男女

潘本第三十卷第二十五葉

之所以治人七情脩十義講信脩睦尚
辭讓去爭奪舍禮何以治之唯禮可耳飲食男
女人之大欲存焉死亡貧苦人之大惡存
焉故欲惡者心之大端也人藏其心不可
測度也美惡皆在其心不見其色也欲一
以窮之舍禮何以哉言人情之難知明禮之重疏正義曰此一節
以上經情義利患四者聖人皆知之能有天下故此覆釋
情義利患必須禮以治之又明人之欲惡在心難知若其
舍禮無由可化 喜怒哀懼愛惡欲者案昭二十五年左
傳云天有六氣在人爲六情謂喜怒哀樂好惡此之喜怒

禮記義三十　二十五　楊昌

及哀樂與彼同也此云欲則彼云樂也此云愛則彼好也
謂六情之外增一懼而爲七熊氏云懼則怒中之小別以
見怒而怖懼耳六氣謂陰陽風雨晦明也案彼傳云喜生
於風怒生於雨哀生於晦樂生於明好生於陽惡生於陰
其義可知也 何謂人義父慈子孝兄良弟弟夫義婦聽
長惠幼順君仁臣忠者此文先從親者爲始以漸至疏故
長幼在後君臣處末案昭二十六年左傳云君令臣共父
慈子孝兄愛弟敬夫和妻柔姑慈婦聽與此大同兄愛即
此兄良也弟敬即此弟弟也夫和即此夫義也故彼云夫
和而義妻柔即此婦聽也君令即此君仁也以仁恩而號
令臣共即此臣忠也又隱三年左傳云君義臣行父慈子
孝兄愛弟敬義亦同但傳之二文皆以國家之事言之故
先君臣後父子但異人之説既有多少不皆同也 治人
七情脩十義講信脩睦者七情好惡不定故云治十義俱
是義事故云脩信是深隱故須講睦恐乖離故云脩各隨
事立文也 欲惡者心之大端也者端謂頭緒飲食男女

足利本第三十卷第二十六葉

是人心所欲之大端緒也死亡貧苦是人心所惡之大端緒也　人藏其心不可測度者言人深心厚貌內外乖違包藏欲惡之心既無形體不可測度而知故美惡皆在其心外邊不見其色　欲一窮之舍禮何以哉者一謂專一窮謂窮盡言人君欲誠慤專一窮盡人美惡之情若舍去其禮更將何事以知之哉禮所以知人心者有事於中心貌必見於外若七情美善十義流行則舉動無不合禮若七情違僻十義虧損則動作皆失其法故云舍禮何以哉　故人者其天地之德陰陽之交鬼神之會五行之秀氣也　言人兼此氣性純也　疏　正義曰上既言禮知人情從此以下言人感天地鬼神而生聖王還因天地鬼神作其法則以化人所以人情萬物可知也　故人者其天地之德者天以覆為德地以載為德人感覆載而生是天地之德也　陰陽之交者陰陽則天地也據其氣謂之陰陽據其形謂之天地獨陽

禮記義三十　二十六

不生獨陰不成二氣相交乃生故云陰陽之交也　鬼神之會者鬼謂形體神謂精靈祭義云氣也者神之盛也魄也者鬼之盛也必形體精靈相會然後物生故云鬼神之會　五行之秀氣也者秀謂秀異言人感五行秀異之氣故有仁義禮知信是五行之秀氣也故人者天地之德陰陽之交是其氣也鬼神之會五行之秀是其性也故注云兼此氣性純也今案下文云鬼神以為徒覆說此經鬼神不云陰陽鬼神者陰陽鬼神天地中物故不重陳鄭下注鬼神謂山川也此義未知孰是故兩存焉

禮記正義卷第三十

上杉安房守藤原憲實寄進

潘本第三十卷第二十六葉

是人心所欲之大端緒也死亡貧苦是人心所惡之大端緒也　人藏其心不可測度者言人深心厚貌內外乖違包藏欲惡之心既無形體不可測度而知故美惡皆在其心外邊不見其色　欲一窮之舍禮何以哉者一謂專一窮謂窮盡言人君欲誠慤專一窮盡人美惡之情若舍去其禮更將何事以知之哉禮所以知人心者有事於中心貌必見於外若七情美善十義流行則舉動無不合禮若七情違僻十義虧損則動作皆失其法故云舍禮何以哉　故人者其天地之德陰陽之交鬼神之會五行之秀氣也　言人兼此氣性純也　疏　正義曰上既言禮知人情從此以下言人感天地鬼神而生聖王還因天地鬼神作其法則以化人所以人情萬物可知也　故人者其天地之德者天以覆為德地以載為德人感覆載而生是天地之德也　陰陽之交者陰陽則天地也據其氣謂之陰陽據其形謂之天地獨陽

禮記義三十　二十六

不生獨陰不成二氣相交乃生故云陰陽之交也　鬼神之會者鬼謂形體神謂精靈祭義云氣也者神之盛也魄也者鬼之盛也必形體精靈相會然後物生故云鬼神之會　五行之秀氣也者秀謂秀異言人感五行秀異之氣故有仁義禮知信是五行之秀氣也故人者天地之德陰陽之交是其氣也鬼神之會五行之秀是其性也故注云兼此氣性純也今案下文云鬼神以為徒覆說此經鬼神不云陰陽鬼神者陰陽鬼神天地中物故不重陳鄭下注鬼神謂山川也此義未知孰是故兩存焉

禮記正義卷第三十

足利本第三十一卷第一葉

禮記正義卷第三十一

國子祭酒上護軍曲阜縣開國子臣孔穎達等奉

勑撰

故天秉陽垂日星秉猶持也言天持陽氣施生照臨下也地秉陰竅於山川播五行於四時和而后月生也是以三五而盈三五而闕竅孔也言地持陰氣出內於山川以舒五行於四時此氣和乃后月生而上配日若臣功成進爵位也一盈一闕屈伸之義也必三五者播五行於四時也一曰水二曰火三曰木四曰金五曰土合爲十五之成數也五行之動迭相竭也五行四時十二月還相爲本也五聲六律十二管還相爲宮也五味六和十二食還相爲質也五色六章十二衣還相爲質也竭猶負戴也言五行運轉更相爲始也五聲宮商角徵羽也其管陽曰律陰曰呂布十二辰始於黃鐘管長九寸下生者三分去一上生者三分益一終於南呂更相爲宮凡六十也五味酸苦辛鹹甘也和之者春多酸夏多苦秋多辛冬多鹹皆有滑甘是謂六和五色六章畫繢事也周禮考工記曰土以黃其象方天時變火以圜山以章水以龍鳥獸蛇雜四時五色之位以章之謂之巧也

疏 正義曰此一節以上經人稟天地陰陽鬼神五行而生此又述明天地之德及五行之氣也以陰陽鬼神是天地中物故不重陳但陳天地與五行耳 故天秉陽垂日星此

潘本第三十一卷第一葉

禮記正義卷第三十一

國子祭酒上護軍曲阜縣開國子臣孔穎達等奉

勑撰

故天秉陽垂日星秉猶持也言天持陽氣施生照臨下也地秉陰竅於山川播五行於四時和而后月生也是以三五而盈三五而闕竅孔也言地持陰氣出內於山川以舒五行於四時此氣和乃后月生而上配日若臣功成進爵位也一盈一闕屈伸之義也必三五者播五行於四時也一曰水二曰火三曰木四曰金五曰土合爲十五之成數也五行之動迭相竭也五行四時十二月還相爲本也五聲六律十二管還相爲宮也五味六和十二食還相爲質也五色六章十二衣還相爲質也竭猶負戴也言五行運轉更相爲始也五聲宮商角徵羽也其管陽曰律陰曰呂布十二辰始於黃鐘管長九寸下生者三分去一上生者三分益一終於南呂更相爲宮凡六十也五味酸苦辛鹹甘也和之者春多酸夏多苦秋多辛冬多鹹皆有滑甘是謂六和五色六章畫繢事也周禮考工記曰土以黃其象方天時變火以圜山以章水以龍鳥獸蛇雜四時五色之位以章之謂之巧也

疏 正義曰此一節以上經人稟天地陰陽鬼神五行而生此又述明天地之德及五行之氣也以陰陽鬼神是天地中物故不重陳但陳天地與五行耳 故天秉陽垂日星此

論天德言天秉持陽氣垂懸日星以施生照臨於下也
地秉陰竅於山川此一經揔論地之德也謂地秉持於陰
氣竅孔也爲孔於山川以出納其氣也 播五行於四時者
播謂播散五行金木水火土之氣於春夏秋冬之四時也
和而后月生也者若四時不和日月乖度寒燠失所則
月不得依時而生若五行四時調和道度不失而后月依
時而生也 是以三五而盈三五而闕者以其依時得節
是以三五十五日而得盈滿又三五十五日而虧闕也日
無虧闕之理故前經天德直言垂日星地既播五行之氣
月有虧盈之理故須備言之故略於天德而詳於地德也
五行之動迭相竭也前經論天地既畢故此更論五行
之動動謂運轉竭謂負戴言五行運轉迭相負竭猶若春
時木王則水爲終謝迭往王者爲負竭夏火王則負竭於
木也 五行四時十二月還相爲本也猶若孟春則建寅
之月爲諸月之本仲春則以建卯之月爲諸月之本是還
迴迭相爲本也 五聲六律十二管還相爲宮也五聲謂

禮記義三十一 二 鄭杉

宮商角徵羽六律謂陽律也舉陽律則陰呂從之可知故
十二管也十一月黃鐘爲宮十二月大呂爲宮是還迴迭
相爲宮也 五味六和十二食還相爲質也五味謂酸苦
辛鹹加之以滑與甘爲六和也每月之首各以其物爲質
是十二月之食還相爲質也五色六章十二衣還相爲質
也五色謂青赤黃白黑據五方也六章者兼天玄也以玄
黑爲同色則五中通玄續次對五方則爲六色爲六章也
爲十二月之衣各以色爲質故云還相爲質也 注竅孔
至數也 正義曰地持陰氣出納於山川氣有陰氣陽氣
皆出於地地體是陰故雖陽氣亦揔謂之陰氣也云以舒
五行於四時者謂氣在地中含藏聚斂出於地則舒散故
云舒五行於四時也定本無於字直云播五行四時謂宣
播五行及四時也五行四時者以金木水火各爲一行土
無正位分寄四時故云播五行於四時也云此氣和乃后
月生而上配日若臣功成進爵位也者此氣謂此五行之
氣凡月體之生稟於日光若氣之不和日月行度差錯失

論天德言天秉持陽氣垂懸日星以施生照臨於下也
地秉陰竅於山川此一經揔論地之德也謂地秉持於陰
氣竅孔也爲孔於山川以出納其氣也 播五行於四時者
播謂播散五行金木水火土之氣於春夏秋冬之四時也
和而后月生也者若四時不和日月乖度寒燠失所則
月不得依時而生若五行四時調和道度不失而后月依
時而生也 是以三五而盈三五而闕者以其依時得節
是以三五十五日而得盈滿又三五十五日而虧闕也日
無虧闕之理故前經天德直言垂日星地既播五行之氣
月有虧盈之理故須備言之故略於天德而詳於地德也
五行之動迭相竭也前經論天地既畢故此更論五行
之動動謂運轉竭謂負戴言五行運轉迭相負竭猶若春
時木王則水爲終謝迭往王者爲負竭夏火王則負竭於
木也 五行四時十二月還相爲本也猶若孟春則建寅
之月爲諸月之本仲春則以建卯之月爲諸月之本是還
迴迭相爲本也 五聲六律十二管還相爲宮也五聲謂

禮記義三十一 二 鄭杉

宮商角徵羽六律謂陽律也舉陽律則陰呂從之可知故
十二管也十一月黃鐘爲宮十二月大呂爲宮是還迴迭
相爲宮也 五味六和十二食還相爲質也五味謂酸苦
辛鹹加之以滑與甘爲六和也每月之首各以其物爲質
是十二月之食還相爲質也五色六章十二衣還相爲質
也五色謂青赤黃白黑據五方也六章者兼天玄也以玄
黑爲同色則五中通玄續次對五方則爲六色爲六章也
爲十二月之衣各以色爲質故云還相爲質也 注竅孔
至數也 正義曰地持陰氣出納於山川氣有陰氣陽氣
皆出於地地體是陰故雖陽氣亦揔謂之陰氣也云以舒
五行於四時者謂氣在地中含藏聚斂出於地則舒散故
云舒五行於四時也定本無於字直云播五行四時謂宣
播五行及四時也五行四時者以金木水火各爲一行土
無正位分寄四時故云播五行於四時也云此氣和乃后
月生而上配日若臣功成進爵位也者此氣謂此五行之
氣凡月體之生稟於日光若氣之不和日月行度差錯失

足利本第三十一卷第三葉

於次序則月生不依其時若其五行氣和則月依其時而
生上配日也猶若治理得所臣之功成進受爵位上配君
也云一盈一闕屈伸之義也者盈謂月光圓滿若臣之進
受高位是其伸也闕謂月光虧損若臣之退就下位是其
屈也云一曰水二曰火以下是尚書洪範文也積一二三
四五揔爲十五也　注竭猶至乃也　正義曰竭是擔竭
之名故爲負戴負謂背負戴謂頭戴也云言五行運轉更
相爲始也者解負戴之義也物之在人上謂之爲負戴氣
之過去在上者其在下者亦負戴也春爲木王負戴於水
夏爲火王負戴於木秋爲金王負戴於火冬爲水王負戴
於金是也更相爲始負戴前氣也云其管陽曰律陰曰呂
布十二辰始於黃鍾管長九寸下生者三分去一上生者
三分益一皆律曆志文云終於南呂更相爲宮凡六十也者
以十二管更相爲宮以黃鍾爲始當其爲宮備有五聲言
黃鍾下生林鍾林鍾上生大蔟大蔟下生南呂南呂上生姑洗
姑洗下生應鍾應鍾上生蕤賓蕤賓上生大呂大呂下生

禮記疏卷三十一　三　許詠

夷則夷則上生夾鍾夾鍾下生無射無射上生中呂此則
相生之次也隨其相生之次每辰各自爲宮各有五聲十
二管相生之次至中呂而帀黃鍾爲第一宮下生林鍾爲
徵上生大蔟爲商下生南呂爲羽上生姑洗爲角林鍾爲
第二宮上生大蔟爲徵下生南呂爲商上生姑洗爲羽下
生應鍾爲角大蔟爲第三宮下生南呂爲徵上生姑洗爲
商下生應鍾爲羽上生蕤賓爲角南呂爲第四宮上生姑
洗爲徵下生應鍾爲商上生蕤賓爲羽上生大呂爲角沽
洗爲第五宮下生應鍾爲徵上生蕤賓爲商上生大呂爲
羽下生夷則爲角應鍾爲第六宮上生蕤賓爲徵上生大
呂爲商下生夷則爲羽上生夾鍾爲角蕤賓爲第七宮上
生大呂爲徵下生夷則爲商上生夾鍾爲羽下生無射爲
角大呂爲第八宮下生夷則爲徵上生夾鍾爲商下生無
射爲羽上生中呂爲角夷則爲第九宮上生夾鍾爲徵下
生無射爲商上生中呂爲羽上生黃鍾爲角夾鍾爲第十
宮下生無射爲徵上生中呂爲商上生黃鍾爲羽下生林

潘本第三十一卷第三葉

於次序則月生不依其時若其五行氣和則月依其時而
生上配日也猶若治理得所臣之功成進受爵位上配君
也云一盈一闕屈伸之義也者盈謂月光圓滿若臣之進
受高位是其伸也闕謂月光虧損若臣之退就下位是其
屈也云一曰水二曰火以下是尚書洪範文也積一二三
四五揔爲十五也　注竭猶至乃也　正義曰竭是擔竭
之名故爲負戴負謂背負戴謂頭戴也云言五行運轉更
相爲始也者解負戴之義也物之在人上謂之爲負戴氣
之過去在上者其在下者亦負戴也春爲木王負戴於水
夏爲火王負戴於木秋爲金王負戴於火冬爲水王負戴
於金是也更相爲始負戴前氣也云其管陽曰律陰曰呂
布十二辰始於黃鍾管長九寸下生者三分去一上生者
三分益一皆律曆志文云終於南呂更相爲宮凡六十也者
以十二管更相爲宮以黃鍾爲始當其爲宮備有五聲言
黃鍾下生林鍾林鍾上生大蔟大蔟下生南呂南呂上生姑洗
姑洗下生應鍾應鍾上生蕤賓蕤賓上生大呂大呂下生

小七百　禮記疏卷三十一　三　孫沐

夷則夷則上生夾鍾夾鍾下生無射無射上生中呂此則
相生之次也隨其相生之次每辰各自爲宮各有五聲十
二管相生之次至中呂而帀黃鍾爲第一宮下生林鍾爲
徵上生大蔟爲商下生南呂爲羽上生姑洗爲角林鍾爲
第二宮上生大蔟爲徵下生南呂爲商上生姑洗爲羽下
生應鍾爲角大蔟爲第三宮下生南呂爲徵上生姑洗爲
商下生應鍾爲羽上生蕤賓爲角南呂爲第四宮上生姑
洗爲徵下生應鍾爲商上生蕤賓爲羽上生大呂爲角沽
洗爲第五宮下生應鍾爲徵上生蕤賓爲商上生大呂爲
羽下生夷則爲角應鍾爲第六宮上生蕤賓爲徵上生大
呂爲商下生夷則爲羽上生夾鍾爲角蕤賓爲第七宮上
生大呂爲徵下生夷則爲商上生夾鍾爲羽下生無射爲
角大呂爲第八宮下生夷則爲徵上生夾鍾爲商下生無
射爲羽上生中呂爲角夷則爲第九宮上生夾鍾爲徵下
生無射爲商上生中呂爲羽上生黃鍾爲角夾鍾爲第十
宮下生無射爲徵上生中呂爲商上生黃鍾爲羽下生林

足利本第三十一卷第四葉

鍾爲角無射爲第十一宮上生中呂爲徵上生黃鍾爲[redacted]
下生林鍾爲羽上生大蔟爲角中呂爲第十二宮上生黃
鍾爲徵下生林鍾爲商上生大簇爲羽下生南呂爲角是
十二宮各有五聲凡六十聲南呂最處於末故云終於南
呂以此言之則南呂爲是然諸本及定本多作終於南事
則是京房律法案漢元帝時郎中京房知五音十二律之
數上使大子大傅韋玄成等親試問房於樂府房對受學
故小黃令焦延壽等六十律相生之法以上生下皆三生
二以下生上皆三生四陽下生陰陽上生陽終於中呂而十
二律畢矣中呂上生執始執始下生去滅上下相生終於南
事六十律畢矣夫十二律之變至於六十猶八卦之變至於
六十四也宓犧作易紀陽氣之初以爲律法建日冬至之聲
以黃鍾爲宮大簇爲商姑洗爲角林鍾爲徵南呂爲羽應鍾
爲變宮[redacted]賓爲變徵此聲氣之元五音之正也故各統一日
其餘以次運行當月者各自爲宮而商徵以類從焉禮運篇
曰五聲六律十二管還相爲宮此之謂也以[redacted]律分一期

七〇七八　禮記正義三十一　四　徐珣

之曰黃鍾自冬至始及冬至而後陰陽寒燠風雨之占生焉
於以檢攝羣音考其高下黃鍾下生林鍾黃鍾爲宮大簇爲
商林鍾爲徵一日律九寸色育下生謙待色育爲宮未知商謙
待徵六日律八寸八分小分八微強執始下生去滅執始爲宮時息
商去滅徵六日律八寸八分小分八弱丙盛下生安度丙盛爲宮屈
齊商安度徵六日律八寸七分小分六微弱分動下生屈齊商安
度徵六日律八寸七分小分六微弱分動下生歸嘉分動爲宮隨
期商歸嘉徵六日律八寸六分小分四強質未下生否與質未
爲宮刑晉商否與徵六日律八寸五分小分二強大呂下生
夷則大呂爲宮夾鍾商夷則徵八日律八寸四分小分三弱
分否下生解刑分否爲宮開時商解刑徵八日律八寸三分小
分一強陵陰下生去南陵陰爲宮侯嘉商去南徵八日律八寸二分
一少弱少出下生分積少出爲宮爭南商分積徵六日律八寸
小分九強大簇下生南呂大簇爲宮姑洗商南呂徵一日律
八寸未知下生白呂未知爲宮南授商白呂徵六日律七寸
九分小分八強時息下生結躬時息爲宮變虞商結躬徵二

潘本第三十一卷第四葉

鍾爲角無射爲第十一宮上生中呂爲徵上生黃鍾爲商
下生林鍾爲羽上生大蔟爲角中呂爲第十二宮上生黃
鍾爲徵下生林鍾爲商上生大簇爲羽下生南呂爲角是
十二宮各有五聲凡六十聲南呂最處於末故云終於南
呂以此言之則南呂爲是然諸本及定本多作終於南事
則是京房律法案漢元帝時郎中京房知五音十二律之
數上使大子大傅韋玄成等親試問房於樂府房對受學
故小黃令焦延壽等六十律相生之法以上生下皆三生
二以下生上皆三生四陽下生陰陽上生陽終於中呂而十
二律畢矣中呂上生執始執始下生去滅上下相生終於南
事六十律畢矣夫十二律之變至於六十猶八卦之變至於
六十四也宓犧作易紀陽氣之初以爲律法建日冬至之聲
以黃鍾爲宮大簇爲商姑洗爲角林鍾爲徵南呂爲羽應鍾
爲變宮蕤賓爲變徵此聲氣之元五音之正也故各統一日
其餘以次運行當月者各自爲宮而商徵以類從焉禮運篇
曰五聲六律十二管還相爲宮此之謂也以六十律分一期

七〇七八　禮記正義三十一　四　徐珣

之占黃鍾自冬至始及冬至而後陰陽寒燠風雨之占生焉
於以檢攝羣音考其高下黃鍾下生林鍾黃鍾爲宮大簇爲
商林鍾爲徵一日律九寸色育下生謙待色育爲宮未知商謙
待徵六日律八寸八分小分八微強執始下生去滅執始爲宮時息
商去滅徵六日律八寸八分小分八弱丙盛下生安度丙盛爲宮屈
齊商安度徵六日律八寸七分小分六微弱分動下生
歸嘉分動爲宮隨
期商歸嘉徵六日律八寸六分小分四強質未下生否與質未
爲宮刑晉商否與徵六日律八寸五分小分二強大呂下生
夷則大呂爲宮夾鍾商夷則徵八日律八寸四分小分三弱
分否下生解刑分否爲宮開時商解刑徵八日律八寸三分小
分一強陵陰下生去南陵陰爲宮侯嘉商去南徵八日律八寸二分
一少弱少出下生分積少出爲宮爭南商分積徵六日律八寸
小分九強大簇下生南呂大簇爲宮姑洗商南呂徵一日律
八寸未知下生白呂未知爲宮南授商白呂徵六日律七寸
九分小分八強時息下生結躬時息爲宮變虞商結躬徵二

日律七十八分小分九強屈齊下生歸期屈齊爲宮路時商歸期徵七日律七十七分小分九強隨期下生未卯隨期爲宮刑始商未卯徵六日律七十六分小分八強刑晉下生夷汗刑晉爲宮依行商夷汗徵六日律七十五分小分八弱夾鍾下生無射夾鍾爲宮中呂商無射徵六日律七十四分小分九強開時下生閉掩開時爲宮南中商閉掩徵七日律七十三分小分九微強侯嘉下生鄰齊侯嘉爲宮內負商鄰齊徵七日律七十二分小分九微強爭南下生期保爭南爲宮捴應商期保徵七日律七十一分小分九強姑洗下生應鍾姑洗爲宮蕤賓商應鍾徵一日律七十一分小分一微強南授下生分烏南授爲宮南事商分烏徵六日律七十小分九大強變虞下生遲內變虞爲宮盛變商遲內徵六日律七十小分一強路時下生未育路時爲宮離躬商未育徵六日律六十九分小分二微強刑始下生遲時刑始爲宮制時商遲時徵五日律六十八分小分三弱依行上生色育依行爲宮謙待商色育徵七日律六十七分小分三大強中呂上生執始中呂爲宮去滅商執始徵八日律六十六分小分六弱南中上生丙盛南中爲宮安度商丙盛徵七日律六十五分小分七微弱內負上生分動內負爲宮歸嘉商分動徵八日律六十四分小分八強捴應上生質未捴應爲宮否與商質未徵七日律六十三分小分九強蕤賓上生大呂蕤賓爲宮夷則商大呂徵一日律六十三分小分二微強南事下生南事窮無商徵不爲宮七日律六十三分小分一弱盛變上生分否盛變爲宮解刑商分否徵七日律六十二分小分三大強離躬上生陵陰離躬爲宮去南商陵陰徵七日律六十一分小分五微強制時上生少出制時爲宮分積商少出徵八日律六十小分七弱林鍾上生大簇林鍾爲宮南呂商大簇徵一日律六十謙待上生未知謙待爲宮白呂商未知徵五日律五十九分小分九弱去滅上生時息去滅爲宮結躬商時息徵七日律五十九分小分二弱安度上生屈齊安度爲宮歸期商屈齊徵六日律五十八分小分四

禮記義三十一　五　馬祖

日律七十八分小分九強屈齊下生歸期屈齊爲宮路時商歸期徵七日律七十七分小分九強隨期下生未卯隨期爲宮刑始商未卯徵六日律七十六分小分八強刑晉下生夷汗刑晉爲宮依行商夷汗徵六日律七十五分小分八弱夾鍾下生無射夾鍾爲宮中呂商無射徵六日律七十四分小分九強開時下生閉掩開時爲宮南中商閉掩徵七日律七十三分小分九微強侯嘉下生鄰齊侯嘉爲宮內負商鄰齊徵七日律七十二分小分九微強爭南下生期保爭南爲宮捴應商期保徵七日律七十一分小分九強姑洗下生應鍾姑洗爲宮蕤賓商應鍾徵一日律七十一分小分一微強南授下生分烏南授爲宮南事商分烏徵六日律七十小分九大強變虞下生遲內變虞爲宮盛變商遲內徵六日律七十小分一強路時下生未育路時爲宮離躬商未育徵六日律六十九分小分二微強刑始下生遲時刑始爲宮制時商遲時徵五日律六十八分小分三弱依行上生色育依行爲宮謙待商色育徵七日律六十七分小分三大強中呂上生執始中呂爲宮去滅商執始徵八日律六十六分小分六弱南中上生丙盛南中爲宮安度商丙盛徵七日律六十五分小分七微弱內負上生分動內負爲宮歸嘉商分動徵八日律六十四分小分八強捴應上生質未捴應爲宮否與商質未徵七日律六十三分小分九強蕤賓上生大呂蕤賓爲宮夷則商大呂徵一日律六十三分小分二微強南事下生南事窮無商徵不爲宮七日律六十三分小分一弱盛變上生分否盛變爲宮解刑商分否徵七日律六十二分小分三大強離躬上生陵陰離躬爲宮去南商陵陰徵七日律六十一分小分五微強制時上生少出制時爲宮分積商少出徵八日律六十小分七弱林鍾上生大簇林鍾爲宮南呂商大簇徵一日律六十謙待上生未知謙待爲宮白呂商未知徵五日律五十九分小分九弱去滅上生時息去滅爲宮結躬商時息徵七日律五十九分小分二弱安度上生屈齊安度爲宮歸期商屈齊徵六日律五十八分小分四

禮記義三十一　五　馬祖

足利本第三十一卷第六葉

弱歸嘉上生隨期歸嘉爲宫未卯商隨期徵六日律五寸七分小分六微強否與上生刑晋否與爲宫夷汗商刑晋徵五日律五寸六分小分八強夷則上生夾鍾夷則爲宫無射商夾鍾徵八日律五寸六分小分二弱解刑上生開時解刑爲宫閉掩商開時徵八日律五寸五分小分四強去南上生侯嘉去南爲宫鄰齊商侯嘉徵八日律五寸四分小分六大強分積上生爭南分積爲宫期保商爭南徵七日律五寸三分小分九強南吕上生姑洗南吕爲宫應鍾商姑洗徵一日律五寸三分小分三強白吕上生南授白吕爲宫分烏商南授徵五日律五寸三分小分二強結躬上生變虞結躬爲宫遅内商變虞徵七日律五寸二分小分六強歸期上生路時歸期爲宫未育商路時徵六日律五寸一分小分九微強未卯上生刑始未卯爲宫遅時商刑始徵六日律五寸一分小分一微強夷汗上生依行夷汗爲宫色育商依行徵五日律五寸小分五強無射上生中吕無射爲宫執始商中吕徵八日律四寸九分小分九

禮記疏三十一　六　徐道

強閉掩上生南中閉掩爲宫丙盛商南中徵八日律四寸九分小分三弱鄰齊上生内負鄰齊爲宫分勳商内負徵七日律四寸八分小分六微強期保上生揔應期保爲宫質末商揔應徵八日律四寸七分小分九微強應鍾上生蕤賓應鍾爲宫大吕商蕤賓徵一日律四寸七分小分四微徵強分烏上生南事分烏窮大無徵不爲宫七日律四寸七分小分三微強遅内上生盛變遅内爲宫分否商盛變徵八日律四寸六分小分一弱未育上生離躬未育爲宫陵陰商離躬徵八日律四寸六分小分一少強遅時上生制時遅時爲宫少出商制時徵六日律四寸五分小分五弱又京房易云十二律得位者生五子失位者生三子不失不得生四子五律得位各生五子謂黄鍾大簇姑洗林鍾南吕也五五二十五并本五凡三十也失位者生三子亦五律謂大吕夾鍾中吕夷則無射三五十五并本五凡二十二十就三十合成五十也不得不失者生四子謂蕤賓應鍾也二四爲八并本二爲十也十就五十合爲六

潘本第三十一卷第六葉

弱歸嘉上生隨期歸嘉爲宫未卯商隨期徵六日律五寸七分小分六微強否與上生刑晋否與爲宫夷汗商刑晋徵五日律五寸六分小分八強夷則上生夾鍾夷則爲宫無射商夾鍾徵八日律五寸六分小分二弱解刑上生開時解刑爲宫閉掩商開時徵八日律五寸五分小分四強去南上生侯嘉去南爲宫鄰齊商侯嘉徵八日律五寸四分小分六大強分積上生爭南分積爲宫期保商爭南徵七日律五寸三分小分九強南吕上生姑洗南吕爲宫應鍾商姑洗徵一日律五寸三分小分三強白吕上生南授白吕爲宫分烏商南授徵五日律五寸三分小分二強結躬上生變虞結躬爲宫遅内商變虞徵七日律五寸二分小分六強歸期上生路時歸期爲宫未育商路時徵六日律五寸一分小分九微強未卯上生刑始未卯爲宫遅時商刑始徵六日律五寸一分小分一微強夷汗上生依行夷汗爲宫色育商依行徵五日律五寸小分五強無射上生中吕無射爲宫執始商中吕徵八日律四寸九分小分九

禮記疏三十一　六　徐道

強閉掩上生南中閉掩爲宫丙盛商南中徵八日律四寸九分小分三弱鄰齊上生内負鄰齊爲宫分勳商内負徵七日律四寸八分小分六微強期保上生揔應期保爲宫質末商揔應徵八日律四寸七分小分九微強應鍾上生蕤賓應鍾爲宫大吕商蕤賓徵一日律四寸七分小分四微徵強分烏上生南事分烏窮大無徵不爲宫七日律四寸七分小分三微強遅内上生盛變遅内爲宫分否商盛變徵八日律四寸六分小分一弱未育上生離躬未育爲宫陵陰商離躬徵八日律四寸六分小分一少強遅時上生制時遅時爲宫少出商制時徵六日律四寸五分小分五弱又京房易云十二律得位者生五子失位者生三子不失不得生四子五律得位各生五子謂黄鍾大簇姑洗林鍾南吕也五五二十五并本五凡三十也失位者生三子亦五律謂大吕夾鍾中吕夷則無射三五十五并本五凡二十二十就三十合成五十也不得不失者生四子謂蕤賓應鍾也二四爲八并本二爲十也十就五十合爲六

十也言其得位者謂以陽居陽以陰居陰失位者謂以陽
居陰以陰居陽不失不得者處陰陽交際之間也又黃鍾
大蔟等七律各統一日自爲宮其餘五十三律隨所生日
六七等爲其日之宮則周一期日數如京房所述然其所
生者則黃鍾生色育執始大吕生分否陵陰之類是也其
上生三分益一下生三分損一皆漢書律曆志文云春多
酸夏多苦秋多辛冬多鹹皆有滑甘周禮食醫之文以四
時有四味皆有滑有甘益之爲六也是爲六和也云五色
六章畫繢事也者繢猶畫也然初畫曰畫成文曰繢鄭注
司服云畫以爲繢是也云周禮考工記曰至謂之巧也證
繢畫有五色六章也土以黃其象方者言若畫作土必黃
而四方之象地之黃而方鄭注古人之象無天地也爲此
記者見時有之耳云天時變者畫作天則無定色是隨四
時色而爲之也鄭司農云畫天隨四時色云火以圜者鄭
司農云爲圜形似火鄭康成云形如半環然云山以章者
鄭康成云獐山物也云水以龍者鄭云龍水物云鳥獸蛇

者鄭康成云所謂華蟲也蟲之毛鱗有文采者云雜四時
五色之位以章之謂之巧者鄭康成云章明也繢繡音用
五采鮮明之是爲巧庾云鄭注考工記以六章爲當時行
非古人之象而引之以會此者明亦周制也其十二管每
月各一得有還相爲宮其事可明其食與衣服唯有四時
之異故周禮春多酸謂月令食麥與羊春三月其食皆同
夏秋冬亦然無月別之異故月令云春衣青衣夏衣赤衣
三月俱同亦無每月之異此云十二食十二衣似月別各
別衣食者熊氏云此是異代之法故與周禮月令不同或
則每時三月衣食雖同大揔言之一歲之中有十二月之
異故揔云
十二也　**故人者天地之心也五行之端也**
食味別聲被色而生者也此言兼氣性之効也 疏 正義曰此
一節以前文論人稟天地五行氣性而生此以下論稟氣
性之有效驗各依文解之　故人者天地之心也者天地

十也言其得位者謂以陽居陽以陰居陰失位者謂以陽
居陰以陰居陽不失不得者處陰陽交際之間也又黃鍾
大蔟等七律各統一日自爲宮其餘五十三律隨所生日
六七等爲其日之宮則周一期日數如京房所述然其所
生者則黃鍾生色育執始大吕生分否陵陰之類是也其
上生三分益一下生三分損一皆漢書律曆志文云春多
酸夏多苦秋多辛冬多鹹皆有滑甘周禮食醫之文以四
時有四味皆有滑有甘益之爲六也是爲六和也云五色
六章畫繢事也者繢猶畫也然初畫曰畫成文曰繢鄭注
司服云畫以爲繢是也云周禮考工記曰至謂之巧也證
繢畫有五色六章也土以黃其象方者言若畫作土必黃
而四方之象地之黃而方鄭注古人之象無天地也爲此
記者見時有之耳云天時變者畫作天則無定色是隨四
時色而爲之也鄭司農云畫天隨四時色云火以圜者鄭
司農云爲圜形似火鄭康成云形如半環然云山以章者
鄭康成云獐山物也云水以龍者鄭云龍水物云鳥獸蛇
禮記義三十一　七　徐仁
者鄭康成云所謂華蟲也蟲之毛鱗有文采者云雜四時
五色之位以章之謂之巧者鄭康成云章明也繢繡音用
五采鮮明之是爲巧庾云鄭注考工記以六章爲當時行
非古人之象而引之以會此者明亦周制也其十二管每
月各一得有還相爲宮其事可明其食與衣服唯有四時
之異故周禮春多酸謂月令食麥與羊春三月其食皆同
夏秋冬亦然無月別之異故月令云春衣青衣夏衣赤衣
三月俱同亦無每月之異此云十二食十二衣似月別各
別衣食者熊氏云此是異代之法故與周禮月令不同或
則每時三月衣食雖同大揔言之一歲之中有十二月之
異故揔云
十二也　故人者天地之心也五行之端也
食味別聲被色而生者也此言兼氣性之効也 疏 正義曰此
一節以前文論人稟天地五行氣性而生此以下論稟氣
性之有效驗各依文解之　故人者天地之心也者天地

足利本第三十一卷第八葉

高遠在上臨下四方人居其中央動靜應天地天地有人
如人腹内有心動靜應人也故云天地之心也王肅云人
於天地之間如五藏之有心矣人乃生之最靈其心五藏
之最聖也　五行之端也者端猶首也萬物悉由五行而
生而人最得其妙氣明仁義禮智信爲五行之首也王云
端始用五行者也　食味者人既是天地之心五行之端
故有此下之事也五行各有味人則並食之　別聲者五行
各有聲人則含之皆有分別也　被色者五行各有色人
則被之以生也被色謂人含帶五色而生者也五行有此
三種最爲彰著而人皆稟之以生故爲五行之端者也然
味言食聲言別色言被各別隨義爲言也　注此言兼氣
性之效也　正義曰此並是五行彰著之事而人氣性有
之故云兼氣性之效也然前注五行秀氣亦言兼此氣性
純而此云氣性效者前明之始此明之末以末故云效效
猶驗實也即五味五聲五色是其效也　故聖人作則必以天地爲

禮記義三十一　八　李忠

本以陰陽爲端以四時爲柄以日星爲紀
月以爲量鬼神以爲徒五行以爲質禮義
以爲器人情以爲田四靈以爲畜　天地以至於五行其
制作所取象也禮義人情其政治也四靈者其徵報也此
則春秋始於元終於麟包之矣呂氏說月令而謂之春秋
事類相近焉量猶分也鬼神謂山川也山川助地通氣之
象也器所以操事田人所捊治也禮之位賓主象天地介
僎象陰陽四面之位象四時三賓象三光夫婦象日月亦是也　疏　故聖人作則必以天地爲本則法也本根
本也人既是天地之心又帶五色五行五味故聖人作法
必用天地爲根本也祭帝於郊祭社於國是用天地爲本
也然則自此至四靈以爲畜凡十句分爲三重此至五行
以爲質七句明聖人制教所法象也又自禮義人情二句

潘本第三十一卷第八葉

高遠在上臨下四方人居其中央動靜應天地天地有人
如人腹内有心動靜應人也故云天地之心也王肅云人
於天地之間如五藏之有心矣人乃生之最靈其心五藏
之最聖也　五行之端也者端猶首也萬物悉由五行而
生而人最得其妙氣明仁義禮智信爲五行之首也王云
端始用五行者也　食味者人既是天地之心五行之端
故有此下之事也五行各有味人則並食之　別聲者五行
各有聲人則含之皆有分別也　被色者五行各有色人
則被之以生也被色謂人含帶五色而生者也五行有此
三種最爲彰著而人皆稟之以生故爲五行之端者也然
味言食聲言別色言被各別隨義爲言也　注此言兼氣
性之效也　正義曰此並是五行彰著之事而人氣性有
之故云兼氣性之效也然前注五行秀氣亦言兼此氣性
純而此云氣性效者前明之始此明之末以末故云效效
猶驗實也即五味五聲五色是其效也　故聖人作則必以天地爲

禮記義三十一　八　李忠

本以陰陽爲端以四時爲柄以日星爲紀
月以爲量鬼神以爲徒五行以爲質禮義
以爲器人情以爲田四靈以爲畜　天地以至於五行其
制作所取象也禮義人情其政治也四靈者其徵報也此
則春秋始於元終於麟包之矣呂氏說月令而謂之春秋
事類相近焉量猶分也鬼神謂山川也山川助地通氣之
象也器所以操事田人所捊治也禮之位賓主象天地介
僎象陰陽四面之位象四時三賓象三光夫婦象日月亦是也　疏　故聖人作則必以天地爲本則法也本根
本也人既是天地之心又帶五色五行五味故聖人作法
必用天地爲根本也祭帝於郊祭社於國是用天地爲本
也然則自此至四靈以爲畜凡十句分爲三重此至五行
以爲質七句明聖人制教所法象也又自禮義人情二句

足利本第三十一卷第九葉

明聖人爲治政之時事也又四靈一句明徵報之功也以陰陽爲端者端猶首也用天地爲根本又用陰陽爲端首也猶如劒戟以近柄處爲根本以鋒杪爲端首也聖人制法左右法陰陽及賞以春夏刑以秋冬是法陰陽爲端首也　以四時爲柄者春生夏長秋斂冬藏是法四時爲柄也劒戟須柄而用之聖人爲教象須法四時而通也以日星爲紀者紀綱紀也日行有次度星有四方列宿分部昏明敬授民時是法日星爲綱紀也　月以爲量者量猶分限也天之運行每三十日爲一月而聖人制教亦隨人之才分是法月爲教之限量也　鬼神以爲徒者鬼神謂山川鬼神助地以通氣是以爲地之徒屬聖王象之樹立羣臣助己以施教爲己徒屬也　五行以爲質者質體也五行循迴不停周而復始聖人爲教亦循還復始是法五行爲體也　禮義以爲器者此以下二句明聖人爲治政時事也上既有法象爲先故可執禮義爲器用如農夫之執耒耜也　人情以爲田者用禮義以爲器可耕於人情

禮記義三十一　九　徐進

情得禮義之耕如田得耒耜之耕也　四靈以爲畜者此一句明徵報也聖人既法象天地用禮義耕人情故獲天地應以徵報也四靈並至聖人畜之如人養牛馬爲畜然自天地爲本至此凡十句上四句皆以以字在於事上從月以爲量以下六句以字置於事下者上明天道事遠故以字在事上連於天也後明地道事近故以字居下欲連於人案前經云人者天地之德陰陽之交鬼神之會五行之秀氣備論四者此經去天秉陽覆說天有日星次經云地秉陰地有四時并有月也次經云五行之動覆說五行也於前天地陰陽鬼神五行之中唯說天地與五行舉其大者此經揔覆前事故云以天地爲本以陰陽爲端以四時爲柄以日星爲紀月以爲量鬼神以爲徒五行以爲質皆覆說前事禮義以爲器覆說上含禮何以哉也人情以爲田覆說上人情也四靈以爲畜一句論若行以前諸事施之得所則四靈報應也　注天地至是也　正義曰天地以至於五行制作所取象也者天地陰陽四時日星月

潘本第三十一卷第九葉

明聖人爲治政之時事也又四靈一句明徵報之功也以陰陽爲端者端猶首也用天地爲根本又用陰陽爲端首也猶如劒戟以近柄處爲根本以鋒杪爲端首也聖人制法左右法陰陽及賞以春夏刑以秋冬是法陰陽爲端首也　以四時爲柄者春生夏長秋斂冬藏是法四時爲柄也劒戟須柄而用之聖人爲教象須法四時而通也以日星爲紀者紀綱紀也日行有次度星有四方列宿分部昏明敬授民時是法日星爲綱紀也　月以爲量者量猶分限也天之運行每三十日爲一月而聖人制教亦隨人之才分是法月爲教之限量也　鬼神以爲徒者鬼神謂山川鬼神助地以通氣是以爲地之徒屬聖王象之樹立羣臣助己以施教爲己徒屬也　五行以爲質者質體也五行循迴不停周而復始聖人爲教亦循還復始是法五行爲體也　禮義以爲器者此以下二句明聖人爲治政時事也上既有法象爲先故可執禮義爲器用如農夫之執耒耜也　人情以爲田者用禮義以爲器可耕於人情

禮記義三十一　九　徐進

情得禮義之耕如田得耒耜之耕也　四靈以爲畜者此一句明徵報也聖人既法象天地用禮義耕人情故獲天地應以徵報也四靈並至聖人畜之如人養牛馬爲畜然自天地爲本至此凡十句上四句皆以以字在於事上從月以爲量以下六句以字置於事下者上明天道事遠故以字在事上連於天也後明地道事近故以字居下欲連於人案前經云人者天地之德陰陽之交鬼神之會五行之秀氣備論四者此經去天秉陽覆說天有日星次經云地秉陰地有四時并有月也次經云五行之動覆說五行也於前天地陰陽鬼神五行之中唯說天地與五行舉其大者此經揔覆前事故云以天地爲本以陰陽爲端以四時爲柄以日星爲紀月以爲量鬼神以爲徒五行以爲質皆覆說前事禮義以爲器覆說上含禮何以哉也人情以爲田覆說上人情也四靈以爲畜一句論若行以前諸事施之得所則四靈報應也　注天地至是也　正義曰天地以至於五行制作所取象也者天地陰陽四時日星月

足利本第三十一卷第十葉

量鬼神五行等皆外物非人所行故云所取象也謂聖人所法象以爲教也云禮義人情其政治也者此是人親自行故云其政治謂聖人行之爲政以治天下也云此則春秋始於元終於麟包之矣者言此一經初以天地爲本終以四靈爲畜是當春秋始於元年終於獲麟也包之者謂春秋元年以後獲麟以前包籠此天地陰陽四時星辰日月之等案春秋書元年春王正月公即位爲五始元者氣之始則天地也春者四時之始則四時也王者政教之始則禮義也正月者十二月之始則月以爲量也公即位者即一國之始亦禮義也熊氏云春秋書郊祭天是天也書地震是地也書冬無冰是陽也書大雨雹是陰也書春夏秋冬是四時也又四時陰陽也隱元年公子益師卒公不與小斂故不書日春秋記事皆書日是日也莊七年恒星不見是星也春秋記事皆有月是月也僖十四年沙鹿崩成五年梁山崩是鬼神也桓二年取郜大鼎是金也成十六年雨水冰是木也桓元年秋大水是水也宣十六年成

禮記義三十一　十　徐進

周宣榭火是火也莊二十九年城諸及防是土也金木水火土即五行也春秋得禮則褒失禮則貶是禮義也桓元年公即位先君被弑而行即位安忍其喪其情惡也莊元年不書即位文姜出不忍行即位之禮其情善也此是人情也哀十四年西狩獲麟是四靈爲畜也云呂氏說月令而謂之春秋事類相近焉者呂氏謂呂不韋也說十二月之令謂爲呂氏春秋事之倫類與孔子所脩春秋相附近焉月令亦載天地陰陽四時日月星辰五行禮義之屬故云相近也云器所以操事者操執也謂操執所爲之事若手秉耒耜耕田之事手操執之云田人所捊治也者捊謂以手捊聚即耕種耘鋤也即上汙尊而抔飲之類也云禮之位至三光是鄉飲酒義文賓於西北象天主於東南象地介是賓副坐於西南象天嚴凝之氣始於西南僎是主人之觀禮者坐於東北象陽氣之始是介僎象陰陽主人在阼階西面賓在戶西南面介在西階東面僎在房戶之間南面以四者位殊故爲四面之位象四時云三賓者案

潘本第三十一卷第十葉

量鬼神五行等皆外物非人所行故云所取象也謂聖人所法象以爲教也云禮義人情其政治也者此是人親自行故云其政治謂聖人行之爲政以治天下也云此則春秋始於元終於麟包之矣者言此一經初以天地爲本終以四靈爲畜是當春秋始於元年終於獲麟也包之者謂春秋元年以後獲麟以前包籠此天地陰陽四時星辰日月之等案春秋書元年春王正月公即位爲五始元者氣之始則天地也春者四時之始則四時也王者政教之始則禮義也正月者十二月之始則月以爲量也公即位者即一國之始亦禮義也熊氏云春秋書郊祭天是天也書地震是地也書冬無冰是陽也書大雨雹是陰也書春夏秋冬是四時也又四時陰陽也隱元年公子益師卒公不與小斂故不書日春秋記事皆書日是日也莊七年恒星不見是星也春秋記事皆有月是月也僖十四年沙鹿崩成五年梁山崩是鬼神也桓二年取郜大鼎是金也成十六年雨水冰是木也桓元年秋大水是水也宣十六年成

禮記義三十一　十　徐進

周宣榭火是火也莊二十九年城諸及防是土也金木水火土即五行也春秋得禮則褒失禮則貶是禮義也桓元年公即位先君被弑而行即位安忍其喪其情惡也莊元年不書即位文姜出不忍行即位之禮其情善也此是人情也哀十四年西狩獲麟是四靈爲畜也云呂氏說月令而謂之春秋事類相近焉者呂氏謂呂不韋也說十二月之令謂爲呂氏春秋事之倫類與孔子所脩春秋相附近焉月令亦載天地陰陽四時日月星辰五行禮義之屬故云相近也云器所以操事者操執也謂操執所爲之事若手秉耒耜耕田之事手操執之云田人所捊治也者捊謂以手捊聚即耕種耘鋤也即上汙尊而抔飲之類也云禮之位至三光是鄉飲酒義文賓於西北象天主於東南象地介是賓副坐於西南象天嚴凝之氣始於西南僎是主人之觀禮者坐於東北象陽氣之始是介僎象陰陽主人在阼階西面賓在戶西南面介在西階東面僎在房戶之間南面以四者位殊故爲四面之位象四時云三賓者案

足利本第三十一卷第十一葉

賔三人在正賔西南面是爲三賔也禮器云君在阼夫人在房象日月也云亦是也者以禮之取象其數非一以無正文故取此義而明之故云亦是言亦是法象之義也

以天地爲本故物可舉也物天地所養生以陰陽爲端故情可睹也情以陰陽通也以四時爲柄故事可勸也事以四時成以日星爲紀故事可列也事以日與星爲候興作有次第月以爲量故功有藝也藝猶才也十二月各有分猶人之才各有所長也藝或爲倪鬼神以爲徒故事有守也山川守職不移五行以爲質故事可復也事下竟復由上始也禮義以爲器故事行有考

禮記正義三十一　十二　彬

也考成也器利則事成人情以爲田故人以爲奧也奧猶主也田無主則荒四靈以爲畜故飲食有由也由用也四靈與羞物爲羣

疏此一節覆明前經諸事若行諸事治理皆應則萬事得成也以天地爲本故萬物可舉也天地生養萬物今本天地而爲政教故萬物可舉而興也以陰陽爲端故人情可睹也人情與陰陽相通今法陰陽爲教故人情無隱所以可睹見也以四時爲柄故事可勸也生長收藏隨時無失故民不假督勵而事自勸成也以日星爲紀故事可列也列猶次第也日中星鳥敬授民時無失早晩故民事有次第也月以爲量故功有藝也藝猶才也十二月限分猶人才各有所長聖人隨人才而敎之則人竭其才之所長而爲功故云功有藝也鬼神以爲徒故事有守也山川鬼神各有分職不移令爲教引鬼神爲徒屬則事無失業故云事有守也五行以

潘本第三十一卷第十一葉

賔三人在正賔西南面是爲三賔也禮器云君在阼夫人在房象日月也云亦是也者以禮之取象其數非一以無正文故取此義而明之故云亦是言亦是法象之義也

以天地爲本故物可舉也物天地所養生以陰陽爲端故情可睹也情以陰陽通也以四時爲柄故事可勸也事以四時成以日星爲紀故事可列也事以日與星爲候興作有次第月以爲量故功有藝也藝猶才也十二月各有分猶人之才各有所長也藝或爲倪鬼神以爲徒故事有守也山川守職不移五行以爲質故事可復也事下竟復由上始也禮義以爲器故事行有考

禮記正義三十一　十二　彬

也考成也器利則事成人情以爲田故人以爲奧也奧猶主也田無主則荒四靈以爲畜故飲食有由也由用也四靈與羞物爲羣

疏此一節覆明前經諸事若行諸事治理皆應則萬事得成也以天地爲本故萬物可舉也天地生養萬物今本天地而爲政教故萬物可舉而興也以陰陽爲端故人情可睹也人情與陰陽相通今法陰陽爲教故人情無隱所以可睹見也以四時爲柄故事可勸也生長收藏隨時無失故民不假督勵而事自勸成也以日星爲紀故事可列也列猶次第也日中星鳥敬授民時無失早晩故民事有次第也月以爲量故功有藝也藝猶才也十二月限分猶人才各有所長聖人隨人才而敎之則人竭其才之所長而爲功故云功有藝也鬼神以爲徒故事有守也山川鬼神各有分職不移令爲教引鬼神爲徒屬則事無失業故云事有守也五行以

足利本第三十一卷第十二葉

爲質故事可復也五行周而復始運迴無窮爲教法則此則事必不絶故云可復復反也　禮義以爲器故事行有考也考成也工欲善其事必先利其器若治國用禮義爲器是器之利者故所治之事行必有成也　人情以爲田故人以爲奥也上人是人民下人是聖人奥主也田無主則荒廢故用人爲主令以人情爲田用聖人以爲田主則人情不荒廢也　四靈以爲畜故飲食有由也由用也靈是衆物之長長既至爲聖人所畜人所畜則其屬並隨其長而至得以充庖厨是飲食有用也 注 情以陰陽通也　正義曰案易文言云同聲相應同氣相求水流濕火就燥是萬物之情因陰陽而通也 注 事下竟復由上始也　正義曰五行相次終而復始凡所營爲之事亦終而復始故云事下竟復由上始也謂事於下終末竟了更復從上而始也 注 考成也器利則事成　正義曰考成也釋詁文論語云工欲善其事必先利其器是器利則事成也　何謂四靈麟鳳龜龍

禮記義三十一　十二　宋琳

謂之四靈故龍以爲畜故魚鮪不淰鳳以爲畜故鳥不獝麟以爲畜故獸不狘龜以爲畜故人情不失淰之言閃也獝狘飛走之貌也失猶去也龜北方之靈信則至矣 疏 此一經以上有四靈之文更復解四靈之事故記人假問荅以明四靈也　何謂四靈麟鳳龜龍謂之四靈者問荅四靈名也謂之靈者謂神靈以此四獸皆有神靈異於他物故謂之靈　故龍以爲畜故魚鮪不淰解飲食有由之義也淰水中驚走也魚鮪從龍者龍既來爲人之畜故其屬見人不淰然驚走也　鳳以爲畜故鳥不獝獝驚飛也鳥從鳳來鳳既來爲人之畜故其屬見人不獝然驚飛也　麟以爲畜故獸不狘狘驚走也獸從麟者麟既來爲人之畜故其屬見人不狘然驚走也　龜以爲畜故人情不失以龜知人情龜既來應人知人情善惡故人

潘本第三十一卷第十二葉

爲質故事可復也五行周而復始運迴無窮爲教法則此則事必不絶故云可復復反也　禮義以爲器故事行有考也考成也工欲善其事必先利其器若治國用禮義爲器是器之利者故所治之事行必有成也　人情以爲田故人以爲奥也上人是人民下人是聖人奥主也田無主則荒廢故用人爲主令以人情爲田用聖人以爲田主則人情不荒廢也　四靈以爲畜故飲食有由也由用也靈是衆物之長長既至爲聖人所畜人所畜則其屬並隨其長而至得以充庖厨是飲食有用也 注 情以陰陽通也　正義曰案易文言云同聲相應同氣相求水流濕火就燥是萬物之情因陰陽而通也 注 事下竟復由上始也　正義曰五行相次終而復始凡所營爲之事亦終而復始故云事下竟復由上始也謂事於下終末竟了更復從上而始也 注 考成也器利則事成　正義曰考成也釋詁文論語云工欲善其事必先利其器是器利則事成也　何謂四靈麟鳳龜龍

禮記義三十一　十二　宋琳

謂之四靈故龍以爲畜故魚鮪不淰鳳以爲畜故鳥不獝麟以爲畜故獸不狘龜以爲畜故人情不失淰之言閃也獝狘飛走之貌也失猶去也龜北方之靈信則至矣 疏 此一經以上有四靈之文更復解四靈之事故記人假問荅以明四靈也　何謂四靈麟鳳龜龍謂之四靈者問荅四靈名也謂之靈者謂神靈以此四獸皆有神靈異於他物故謂之靈　故龍以爲畜故魚鮪不淰解飲食有由之義也淰水中驚走也魚鮪從龍者龍既來爲人之畜故其屬見人不淰然驚走也　鳳以爲畜故鳥不獝獝驚飛也鳥從鳳來鳳既來爲人之畜故其屬見人不獝然驚飛也　麟以爲畜故獸不狘狘驚走也獸從麟者麟既來爲人之畜故其屬見人不狘然驚走也　龜以爲畜故人情不失以龜知人情龜既來應人知人情善惡故人

足利本第三十一卷第十三葉

各守其行其情不失也然上三靈皆言其長來而族至則此應云龜以爲畜而甲族䮂狎今獨云其感信而至者與上三族相互也此言感信則上亦感仁義禮而至也但因龜是知人情之易見者故就龜而言耳又初陳四靈麟在初者孔子獲麟記者隨時所見爲先也後列以龍爲首依四方之舊次也 注淰之至至矣 正義曰讀淰爲閃者淰是水中之形狀故字從水閃是忽有忽無故字從門中人也人在門或見或不見猶是飛而獝起狘是狘然驚走故云獝狘飛走之貌也云龜北方之靈信則至矣者案月令冬云其蟲介注云龜鼈之屬則龜爲水蟲水主信故信則至知水主信者易乾鑿度云陽氣合閉信之類故北方水爲信水既爲信則土爲知也故乾鑿度云四時之義皆法中央中央土者可以兼四方之行知之決也是土爲知但水土二行俱有信知故樂緯云宮致鳳皇身信羽致幽昌身知又中庸注云水神則信土神則知是土水俱有信知龜屬北方水大戴禮及樂緯云介蟲三百六十龜爲長

禮記義三十一　十三　宋琳

鱗蟲三百六十龍爲長羽蟲三百六十鳳爲長毛蟲三百六十麟爲長案月令春其蟲鱗則龍屬東方木也夏其蟲羽則鳳屬南方火也秋其蟲毛則麟屬西方金也案異義說左氏者以昭二十九年傳云水官不脩故龍不至以水生木故爲脩母致子之說故服虔注獲麟云麟中央土獸土爲信信禮之子脩其母致其子視明禮脩而麟至思睿信立而白虎擾言從乂成而神龜在沼聽聰知正則名川出龍貌恭注仁則鳳皇來儀又毛詩傳云麟信而應禮又云騶虞義獸有至信之德則應之皆爲以脩母致子之義也若鄭康成之說則異於此脩當方之事則當方之物來應故異義公羊說哀十四年獲麟此受命之瑞周亡失天下之異左氏說麟是中央軒轅大角獸孔子脩春秋者禮脩以致其子故麟來爲孔子瑞陳欽說麟西方毛蟲孔子作春秋有立言西方兊兊爲口故麟來許慎謹案公議郎尹更始待詔劉更生等議石渠以爲吉凶不並瑞災不兼今麟爲周亡天下之異則不得爲瑞以應孔子至𤣥之聞

潘本第三十一卷第十三葉

各守其行其情不失也然上三靈皆言其長來而族至則此應云龜以爲畜而甲族䮂狎今獨云其感信而至者與上三族相互也此言感信則上亦感仁義禮而至也但因龜是知人情之易見者故就龜而言耳又初陳四靈麟在初者孔子獲麟記者隨時所見爲先也後列以龍爲首依四方之舊次也 注淰之至至矣 正義曰讀淰爲閃者淰是水中之形狀故字從水閃是忽有忽無故字從門中人也人在門或見或不見猶是飛而獝起狘是狘然驚走故云獝狘飛走之貌也云龜北方之靈信則至矣者案月令冬云其蟲介注云龜鼈之屬則龜爲水蟲水主信故信則至知水主信者易乾鑿度云陽氣合閉信之類故北方水爲信水既爲信則土爲知也故乾鑿度云四時之義皆法中央中央土者可以兼四方之行知之決也是土爲知但水土二行俱有信知故樂緯云宮致鳳皇身信羽致幽昌身知又中庸注云水神則信土神則知是土水俱有信知龜屬北方水大戴禮及樂緯云介蟲三百六十龜爲長

禮記義三十一　十三　宋琳

鱗蟲三百六十龍爲長羽蟲三百六十鳳爲長毛蟲三百六十麟爲長案月令春其蟲鱗則龍屬東方木也夏其蟲羽則鳳屬南方火也秋其蟲毛則麟屬西方金也案異義說左氏者以昭二十九年傳云水官不脩故龍不至以水生木故爲脩母致子之說故服虔注獲麟云麟中央土獸土爲信信禮之子脩其母致其子視明禮脩而麟至思睿信立而白虎擾言從乂成而神龜在沼聽聰知正則名川出龍貌恭性仁則鳳皇來儀又毛詩傳云麟信而應禮又云騶虞義獸有至信之德則應之皆爲以脩母致子之義也若鄭康成之說則異於此脩當方之事則當方之物來應故異義公羊說哀十四年獲麟此受命之瑞周亡失天下之異左氏說麟是中央軒轅大角獸孔子脩春秋者禮脩以致其子故麟來爲孔子瑞陳欽說麟西方毛蟲孔子作春秋有立言西方兊兊爲口故麟來許慎謹案公議郎尹更始待詔劉更生等議石渠以爲吉凶不並瑞災不兼今麟爲周亡天下之異則不得爲瑞以應孔子至𤣥之聞

也洪範五事二曰言言作從從作乂乂治也言於五行屬
金孔子時周道衰亡已有聖德無所施用作春秋以見志
其言少從以爲天下法故應以金獸性仁之瑞賤者獲之
則知將有庶人受命而行之受命之徵已見則於周將亡
事勢然也興者爲瑞亡者爲災其道則然何吉凶不並瑞
災不兼之有乎如此脩母致子不若立言之說密也如鄭
此說從陳欽之義以孔子有立言之教故致其方毛蟲熊
氏申鄭義云若人臣官脩則脩母致子之應左氏之說是
也若人君脩其方則當方來應孔子脩春秋爲素王法以
立言故西方毛蟲來應未知然否且具録焉或以脩母致
子康成所以不用也故異義公羊說麟木精左氏說麟中
央軒轅大角之獸陳欽說麟是西方毛蟲許慎謹案禮運
云麟鳳龜龍謂之四靈龍東方也虎西方也鳳南方也龜
北方也麟中央也鄭駁云古者聖賢言事亦有効三者取
象天地人四者取象四時五者取象五行今云麟鳳龜龍
謂之四靈是則當四時明矣虎不在靈中空言西方虎者

禮記義三十二　十四　文琳

麟中央得則無近誣乎如鄭此言是麟非土精無脩母致
子之義也四靈配四方如上所說若其取象理有多途虎
雖屬西方以其淺毛得屬中央土也故月令中央土其蟲
倮注云虎豹之屬恒淺毛又於陰陽虎屬寅是也麟屬東
方取其性仁則屬木也故公羊說麟者木精鄭云金九以
木八爲妻其性義木性仁得陽氣性似父得陰氣性似母
麟毛蟲得木八之氣而性仁楬冠子云麟比方玄枵之獸
是取象不一也鳳屬南方亦屬中央故樂緯云宮致鳳皇
是也龜屬北方亦屬東方五行傳云一曰貌時有龜孽是
也龍屬東方亦屬天五行傳云皇之不極則有龍蛇之孽
是也五行傳又云二曰言時則有介蟲之孽一曰視時則
有倮蟲之孽是取象既多理非一概今以煩而無用故不
備言其數也釋獸云麐麕身牛尾一角京房易傳云麟麕
身牛尾馬蹄有五采腹下黃高丈二廣雅云麒麟狼頭肉
角含仁懷義音中鍾呂行中規矩遊必擇地詳而後處不
履生蟲不折生草不羣居不侶行不入檻穽不入羅網文

足利本第三十一卷第十四葉

也洪範五事二曰言言作從從作乂乂治也言於五行屬
金孔子時周道衰亡已有聖德無所施用作春秋以見志
其言少從以爲天下法故應以金獸性仁之瑞賤者獲之
則知將有庶人受命而行之受命之徵已見則於周將亡
事勢然也興者爲瑞亡者爲災其道則然何吉凶不並瑞
災不兼之有乎如此脩母致子不若立言之說密也如鄭
此說從陳欽之義以孔子有立言之教故致其方毛蟲熊
氏申鄭義云若人臣官脩則脩母致子之應左氏之說是
也若人君脩其方則當方來應孔子脩春秋爲素王法以
立言故西方毛蟲來應未知然否且具録焉或以脩母致
子康成所以不用也故異義公羊說麟木精左氏說麟中
央軒轅大角之獸陳欽說麟是西方毛蟲許慎謹案禮運
云麟鳳龜龍謂之四靈龍東方也虎西方也鳳南方也龜
北方也麟中央也鄭駁云古者聖賢言事亦有効三者取
象天地人四者取象四時五者取象五行今云麟鳳龜龍
謂之四靈是則當四時明矣虎不在靈中空言西方虎者

禮記義三十二　十四　文琳

麟中央得則無近誣乎如鄭此言是麟非土精無脩母致
子之義也四靈配四方如上所說若其取象理有多途虎
雖屬西方以其淺毛得屬中央土也故月令中央土其蟲
倮注云虎豹之屬恒淺毛又於陰陽虎屬寅是也麟屬東
方取其性仁則屬木也故公羊說麟者木精鄭云金九以
木八爲妻其性義木性仁得陽氣性似父得陰氣性似母
麟毛蟲得木八之氣而性仁楬冠子云麟比方玄枵之獸
是取象不一也鳳屬南方亦屬中央故樂緯云宮致鳳皇
是也龜屬北方亦屬東方五行傳云一曰貌時有龜孽是
也龍屬東方亦屬天五行傳云皇之不極則有龍蛇之孽
是也五行傳又云二曰言時則有介蟲之孽一曰視時則
有倮蟲之孽是取象既多理非一概今以煩而無用故不
備言其數也釋獸云麐麕身牛尾一角京房易傳云麟麕
身牛尾馬蹄有五采腹下黃高丈二廣雅云麒麟狼頭肉
角含仁懷義音中鍾呂行中規矩遊必擇地詳而後處不
履生蟲不折生草不羣居不侶行不入檻穽不入羅網文

潘本第三十一卷第十四葉

章斌故呼爲大角之獸也　故先王秉蓍龜列祭祀瘞繒宣祝嘏辭說設制度故國有禮官有御事有職禮有序　皆卜筮所造置也埋牲曰瘞幣帛曰繒宣猶揚也繒或作贈

疏　正義曰此一節論上既言龜知人情故此言卜筮所造置之事故先王有事秉蓍龜龜既知人情因美龜德也先王聖人將有大事必秉執蓍龜而問吉凶言蓍者凡卜皆先筮故兼言之也　列祭祀自此至禮有序皆秉蓍龜事也陳列祭祀謂郊廟以下皆用卜筮也　瘞繒者瘞埋也謂祀地埋牲也祭法云瘞埋於泰折祭地也幣帛曰繒繒之言贈也謂埋告又贈神也　宣祝嘏辭說宣揚也祝嘏有舊辭更宣揚告神也　設制度謂造宮室城隍車旗之屬也　故國有禮上諸事既並用卜筮故國家必有其禮也　官有御國既有禮故百官各御其事也　事有職官既有御故百事各有職也　禮有序者凡所行禮皆有次序也

禮記義三十一　十五　毛端

故先王患禮之不達於下也　患忠下不信也

疏　正義曰此一經爲下生文雖並用卜筮而民下猶未見信先王患之更爲下諸事使達下也

故祭帝於郊所以定天位也祀社於國所以列地利也祖廟所以本仁也山川所以儐鬼神也五祀所以本事也故宗祝在廟三公在朝三老在學王前巫而後史卜筮瞽侑皆在左右王中心無爲也以守至正　此所以達禮於下也教民尊神慎居處也宗宗人也瞽樂人也侑四輔也

疏　正義曰是

章斌故呼爲大角之獸也　故先王秉蓍龜列祭祀瘞繒宣祝嘏辭說設制度故國有禮官有御事有職禮有序　皆卜筮所造置也埋牲曰瘞幣帛曰繒宣猶揚也繒或作贈

疏　正義曰此一節論上既言龜知人情故此言卜筮所造置之事故先王有事秉蓍龜龜既知人情因美龜德也先王聖人將有大事必秉執蓍龜而問吉凶言蓍者凡卜皆先筮故兼言之也　列祭祀自此至禮有序皆秉蓍龜事也陳列祭祀謂郊廟以下皆用卜筮也　瘞繒者瘞埋也謂祀地埋牲也祭法云瘞埋於泰折祭地也幣帛曰繒繒之言贈也謂埋告又贈神也　宣祝嘏辭說宣揚也祝嘏有舊辭更宣揚告神也　設制度謂造宮室城隍車旗之屬也　故國有禮上諸事既並用卜筮故國家必有其禮也　官有御國既有禮故百官各御其事也　事有職官既有御故百事

王也　禮有序者禮皆有次序也

禮記義三十一　三五　毛端

故先王患禮之不達於

忠下不信也

疏　正義曰此一經爲下生文雖並用卜筮而民下猶未見信先王患之更爲下諸事使達下也

故祭帝於郊所以定天位也祀社於國所以列地利也祖廟所以本仁也山川所以儐鬼神也五祀所以本事也故宗祝在廟三公在朝三老在學王前巫而後史卜筮瞽侑皆在左右王中心無爲也以守至正　此所以達禮於下也教民尊神慎居處也宗宗人也瞽樂人也侑四輔也

疏　正義曰是

足利本第三十一卷第十六葉

一節論上云禮有序故記人因說禮須達下之事　故祭
帝於郊所以定天位也者天子至尊而猶祭於郊以行臣
禮而事天也是欲使嚴上之禮達於下天高在上故云定
天位也亦即是必本於天也　祀社於國所以列地利也
者天子至尊而猶自祭社欲使報恩之禮達於下也地出
財故云列地利也亦即是命降于社之謂殽地也　祖廟
所以本仁也者王在宗廟以子禮事尸是欲使仁義之教
達於下也亦即降于祖廟之謂仁義　山川所以儐鬼神
也若王自祭山川是欲使儐敬鬼神之教達於下也儐敬
也亦即是降於山川之謂興作也　五祀所以本事也者
王自祭五祀是欲使本事之教達於下也五祀是制度故
云本事也亦即是降於五祀之謂制度也　故宗祝在廟
者前明因事鬼神使禮達於下此明因委於人使禮達於
下也宗宗伯也祝大祝也王在宗廟則委於宗祝示不自
專以達下也　三公在朝者在朝職事則委任三公也
三老在學者乞言則受之三老　王前巫者若王弔臨則前

禮記義三十七　十六　徐進

委於巫也　而後史者動則左史書之言則右史書之不
敢爲非也既言前巫故云後史也　卜筮瞽侑皆在左右者
卜筮主決疑瞽是樂人主和心侑是四輔典於規諫者也
示不自專故並置左右也　王中心無爲也以守至正者
既祭祀尊神及委任得人故中心無爲以守至正之道也
注此所至輔也　正義曰自祭帝於郊至五祀所以本
事是教民尊神也自宗祝在廟至皆在左右是慎居處也
左輔右弼前疑後承皆侑勸人君爲善故以侑爲輔其四
輔之義已具
於文王世子　故禮行於郊而百神受職焉禮
行於社而百貨可極焉禮行於祖廟而孝
慈服焉禮行於五祀而正法則焉　言信得其禮則
神物與人皆應之百神列宿也百貨金玉之屬　故自郊社祖廟山川五

潘本第三十一卷第十六葉

一節論上云禮有序故記人因說禮須達下之事　故祭
帝於郊所以定天位也者天子至尊而猶祭於郊以行臣
禮而事天也是欲使嚴上之禮達於下天高在上故云定
天位也亦即是必本於天也　祀社於國所以列地利也
者天子至尊而猶自祭社欲使報恩之禮達於下也地出
財故云列地利也亦即是命降于社之謂殽地也　祖廟
所以本仁也者王在宗廟以子禮事尸是欲使仁義之教
達於下也亦即降于祖廟之謂仁義　山川所以儐鬼神
也者王自祭山川是欲使儐敬鬼神之教達於下也儐敬
也亦即是降於山川之謂興作也　五祀所以本事也者
王自祭五祀是欲使本事之教達於下也五祀是制度故
云本事也亦即是降於五祀之謂制度也　故宗祝在廟
者前明因事鬼神使禮達於下此明因委於人使禮達於
下也宗宗伯也祝大祝也王在宗廟則委於宗祝示不自
專以達下也　三公在朝者在朝職事則委任三公也
三老在學者乞言則受之三老　王前巫者若王弔臨則前

禮記義三十二　十六　徐進

委於巫也　而後史者動則左史書之言則右史書之不
敢爲非也既言前巫故云後史也　卜筮瞽侑皆在左右者
卜筮主決疑瞽是樂人主和心侑是四輔典於規諫者也
示不自專故並置左右也　王中心無爲也以守至正者
既祭祀尊神及委任得人故中心無爲以守至正之道也
注此所至輔也　正義曰自祭帝於郊至五祀所以本
事是教民尊神也自宗祝在廟至皆在左右是慎居處也
左輔右弼前疑後承皆侑勸人君爲善故以侑爲輔其四
輔之義已具
於文王世子　故禮行於郊而百神受職焉禮
行於社而百貨可極焉禮行於祖廟而孝
慈服焉禮行於五祀而正法則焉　言信得其禮則
神物與人皆應之百神列宿也百貨金玉之屬　故自郊社祖廟山川五

祀義之脩而禮之藏也脩猶飾也藏若其城郭然疏正義曰此一節論上文禮既達於下有功而見徵應　故禮行於郊而百神受職焉者百神天之羣神也王郊天備禮則星辰不忒故云受職　禮行於社而百貨可極焉者王祀社盡禮則五穀豐稔金玉露形盡爲國家之用故云可極焉　禮行於祖廟而孝慈服焉者王祭廟盡禮而天下皆服行孝慈也詩云無思不服是也王云孝慈之道爲遠近所服也　禮行於五祀而正法則焉者王祭五祀以禮而天下法則各得其正也然前有山川興作此不言者法則之事包之也故自郊社祖廟山川五祀義之脩而禮之藏也此經覆說祭在上諸神是義之脩飾禮之府藏也　是故夫禮必本於大一分而爲天地轉而爲陰陽變而爲四時列而爲鬼神其降曰命　聖人

禮記義三十一　十七　徐通

象此下之以爲教令　其官於天也官猶法也此聖人所以法於天也疏正義曰此一節論上言禮既藏於郊社天地之中是故制禮必本於天以爲教也　必本於大一者謂天地未分混沌之元氣也極大曰大未分曰一其氣既極大而未分故曰大一也禮理既與大一而齊故制禮者用至善之大理以爲教本是本於大一也　分而爲天地者混沌元氣既分輕清爲天在上重濁爲地在下而制禮者法之以立尊卑之位也　轉而爲陰陽者天地二形既分而天之氣運轉爲陽地之氣運轉爲陰而制禮者貴左以象陽貴右以法陰又因陽時而行賞因陰時而行罰也　變而爲四時者陽氣則變爲春夏陰氣則變爲秋冬而制禮者吉禮則有四面之坐凶時有恩理節權是法四時也　列而爲鬼神者鬼神謂生成萬物鬼神也四時變化生成萬物皆是鬼神之功聖人制禮則陳列鬼神之功以爲教也　其降曰命者降下也言聖人制禮皆仰法大一以下之事而下之以

祀義之脩而禮之藏也脩猶飾也藏若其城郭然疏正義曰此一節論上文禮既達於下有功而見徵應　故禮行於郊而百神受職焉者百神天之羣神也王郊天備禮則星辰不忒故云受職　禮行於社而百貨可極焉者王祀社盡禮則五穀豐稔金玉露形盡爲國家之用故云可極焉　禮行於祖廟而孝慈服焉者王祭廟盡禮而天下皆服行孝慈也詩云無思不服是也王云孝慈之道爲遠近所服也　禮行於五祀而正法則焉者王祭五祀以禮而天下法則各得其正也然前有山川興作此不言者法則之事包之也故自郊社祖廟山川五祀義之脩而禮之藏也此經覆說祭在上諸神是義之脩飾禮之府藏也　是故夫禮必本於大一分而爲天地轉而爲陰陽變而爲四時列而爲鬼神其降曰命　聖人

禮記義三十一　十七　徐通

象此下之以爲教令　其官於天也官猶法也此聖人所以法於天也疏正義曰此一節論上言禮既藏於郊社天地之中是故制禮必本於天以爲教也　必本於大一者謂天地未分混沌之元氣也極大曰大未分曰一其氣既極大而未分故曰大一也禮理既與大一而齊故制禮者用至善之大理以爲教本是本於大一也　分而爲天地者混沌元氣既分輕清爲天在上重濁爲地在下而制禮者法之以立尊卑之位也　轉而爲陰陽者天地二形既分而天之氣運轉爲陽地之氣運轉爲陰而制禮者貴左以象陽貴右以法陰又因陽時而行賞因陰時而行罰也　變而爲四時者陽氣則變爲春夏陰氣則變爲秋冬而制禮者吉禮則有四面之坐凶時有恩理節權是法四時也　列而爲鬼神者鬼神謂生成萬物鬼神也四時變化生成萬物皆是鬼神之功聖人制禮則陳列鬼神之功以爲教也　其降曰命者降下也言聖人制禮皆仰法大一以下之事而下之以

爲敎命也　其官於天也者結之也官猶法也
言聖人所以下爲敎命者皆是取法於天也　夫禮必
本於天本於大一與天之義動而之地後法地也列而之事
後法五祀五祀所以本事也變而從時後法四時協於分藝協合也言
禮合於月之分猶人之才也其居人也曰養養當爲義字之誤也下之則爲敎令
居人身爲義孝經說曰義由人出其行之以貨力辭讓飲食冠
昏喪祭射御朝聘貨摯幣庭實也力筋骸強者也不則偃罷　疏　正義
曰此一節論上本說禮從天地四時五行而生也而敎於
人故此以下論人用之以行刑罰冠昏朝聘之等皆得其
宜也　夫禮必本於天謂本於大一與上天也謂行至誠
大道是本大一效天降命是本於天也　動而之地祀社

禮記義三十一　十八

於國是也　列而之事謂五祀即五祀所以本事是也
變而從時時四時也則四時以爲柄是也　協於分藝協
合也是分月之量也藝人之才也言制禮以月爲量合人
才之長短也　其居人也曰養者養宜也言制度以上諸
事之禮居人中身則人得其宜也　其行至朝聘此皆居
人身曰義之禮也謂諸禮皆須義行故云行也貨庭實也
力筋力拜伏也辭讓賓主三辭三讓飲食饗食之屬也冠二
十成人而冠昏三十而取射五射御五馭朝五年朝及諸
侯自相朝相見之禮聘謂比年一小聘三年一大聘言人
若有義在身則能行此諸禮也　注養當至人出　正義
曰知養當爲義者以上云義之脩禮之藏下云聖人陳義
以種之又云義者藝之分人之節故知養當爲義也案聖
證論王肅以下云穫而弗食食而弗肥字宜曰養家語曰
其居人曰養鄭必破爲義者馬昭云立人之道曰仁與義
又此云禮義者人之大端下每云義故知養當爲義也張
融謹案亦從鄭說云下之則爲敎令居人身爲義者鄭爲

爲敎命也　其官於天也者結之也官猶法也
言聖人所以下爲敎命者皆是取法於天也　夫禮必
本於天本於大一與天之義動而之地後法地也列而之事
後法五祀五祀所以本事也變而從時後法四時協於分藝協合也言
禮合於月之分猶人之才也其居人也曰養養當爲義字之誤也下之則爲敎令
居人身爲義孝經說曰義由人出其行之以貨力辭讓飲食冠
昏喪祭射御朝聘貨摯幣庭實也力筋骸強者也不則偃罷　疏　正義
曰此一節論上本說禮從天地四時五行而生也而敎於
人故此以下論人用之以行刑罰冠昏朝聘之等皆得其
宜也　夫禮必本於天謂本於大一與上天也謂行至誠
大道是本大一效天降命是本於天也　動而之地祀社
禮記義三十一　十八
於國是也　列而之事謂五祀即五祀所以本事是也
變而從時時四時也則四時以爲柄是也　協於分藝協
合也是分月之量也藝人之才也言制禮以月爲量合人
才之長短也　其居人也曰養者養宜也言制度以上諸
事之禮居人中身則人得其宜也　其行至朝聘此皆居
人身曰義之禮也謂諸禮皆須義行故云行也貨庭實也
力筋力拜伏也辭讓賓主三辭三讓飲食饗食之屬也冠二
十成人而冠昏三十而取射五射御五馭朝五年朝及諸
侯自相朝相見之禮聘謂比年一小聘三年一大聘言人
若有義在身則能行此諸禮也　注養當至人出　正義
曰知養當爲義者以上云義之脩禮之藏下云聖人陳義
以種之又云義者藝之分人之節故知養當爲義也案聖
證論王肅以下云穫而弗食食而弗肥字宜曰養家語曰
其居人曰養鄭必破爲義者馬昭云立人之道曰仁與義
又此云禮義者人之大端下每云義故知養當爲義也張
融謹案亦從鄭說云下之則爲敎令居人身爲義者鄭爲

足利本第三十一卷第十九葉

此注欲明脩養爲義之意言法天地山川下教於民者則爲教令法天地山川居在人身之中者則爲義事是不得爲養也引孝經說曰義由人出者證義從人身而出也故禮義也者人之大端也所以講信脩睦而固人之肌膚之會筋骸之束也所以養生送死事鬼神之大端也所以達天道順人情之大竇竇孔穴也故唯聖人爲知禮之不可以已也故壞國喪家亡人必先去其禮言愚者之反聖人也疏正義曰此一節論上文說禮爲治理之本故今說禮不可去之事注竇孔穴也正義曰案哀元年左傳云逃出自竇又篳門閨竇是竇孔穴也

禮記義三十一　十九　宋琳

孔穴開通人之出入禮義者亦是人之所出入故云達天道順人情之大竇也故禮之於人也猶酒之有糵也君子以厚小人以薄皆得以爲美味性善者醇耳疏正義曰此一節論上云禮不可去故次云禮之在人有厚薄之事禮之於人也猶酒之有糵也者禮不可以已之故在人辟如釀酒須因麴糵則成酒無麴糵則酒不成人無禮則壞敗也君子以厚小人以薄者君子辟精米嘉器也小人辟麤米弊器言辟如釀酒共用一麴分半持釀精米嘉器則其味醇和一半釀麤米弊器則其味醨薄亦猶如禮自是一耳行之自有厚薄若君子性識純深得禮而彌深厚小人智慮淺薄得禮自虛薄也故聖王脩義之柄禮之序以治人情治者去瑕穢養菁華也故人情者聖王之田也脩禮

潘本第三十一卷第十九葉

此注欲明脩養爲義之意言法天地山川下教於民者則爲教令法天地山川居在人身之中者則爲義事是不得爲養也引孝經說曰義由人出者證義從人身而出也故禮義也者人之大端也所以講信脩睦而固人之肌膚之會筋骸之束也所以養生送死事鬼神之大端也所以達天道順人情之大竇竇孔穴也故唯聖人爲知禮之不可以已也故壞國喪家亡人必先去其禮言愚者之反聖人也疏正義曰此一節論上文說禮爲治理之本故今說禮不可去之事注竇孔穴也正義曰案哀元年左傳云逃出自竇又篳門閨竇是竇孔穴也

禮記義三十一　十九　宋琳

孔穴開通人之出入禮義者亦是人之所出入故云達天道順人情之大竇也故禮之於人也猶酒之有糵也君子以厚小人以薄皆得以爲美味性善者醇耳疏正義曰此一節論上云禮不可去故次云禮之在人有厚薄之事禮之於人也猶酒之有糵也者禮不可以已之故在人辟如釀酒須因麴糵則成酒無麴糵則酒不成人無禮則壞敗也君子以厚小人以薄者君子辟精米嘉器也小人辟麤米弊器言辟如釀酒共用一麴分半持釀精米嘉器則其味醇和一半釀麤米弊器則其味醨薄亦猶如禮自是一耳行之自有厚薄若君子性識純深得禮而彌深厚小人智慮淺薄得禮自虛薄也故聖王脩義之柄禮之序以治人情治者去瑕穢養菁華也故人情者聖王之田也脩禮

足利本第三十一卷第二十葉

以耕之（和其剛柔）陳義以種之（樹以善道）講學以耨之（存是去非類也）本仁以聚之（合其所盛）播樂以安之（感動使之堅固）故禮也者義之實也協諸義而協（協合也合禮於義則與義合不乖剌）則禮雖先王未之有可以義起也（以其合於義可以義起作）義者藝之分仁之節也（藝猶才也）協於藝講於仁得之者強（有義則人服之也）仁者義之本也順之體也得之者尊（有仁則人仰之也）故治國不以禮猶無耜而耕也（無以入也）為禮不本於義猶耕而弗種也（嘉穀無由生也）為義而不講之以學猶種而弗耨也（苗不殖草不除）講之以學而不合之以仁猶耨而弗穫也（無以知收之豐荒也）合之以仁而不安之以樂猶穫而弗食也（不知味之甘苦）安之以樂而不達於順猶食而弗肥也（功不見也）四體既正膚革充盈人之肥也父子篤兄弟睦夫婦和家之肥也大臣法小臣廉官職相序君臣相正國之肥也天子

禮記義三十　二十　高政

潘本第三十一卷第二十葉

以耕之（和其剛柔）陳義以種之（樹以善道）講學以耨之（存是去非類也）本仁以聚之（合其所盛）播樂以安之（感動使之堅固）故禮也者義之實也協諸義而協（協合也合禮於義則與義合不乖剌）則禮雖先王未之有可以義起也（以其合於義可以義起作）義者藝之分仁之節也（藝猶才也）協於藝講於仁得之者強（有義則人服之也）仁者義之本也順之體也得之者尊（有仁則人仰之也）故治國不以禮猶無耜而耕也（無以入也）為禮不本於義猶耕而弗種也（嘉穀無由生也）為義而不講之以學猶種而弗耨也（苗不殖草不除）講之以學而不合之以仁猶耨而弗穫也（無以知收之豐荒也）合之以仁而不安之以樂猶穫而弗食也（不知味之甘苦）安之以樂而不達於順猶食而弗肥也（功不見也）四體既正膚革充盈人之肥也父子篤兄弟睦夫婦和家之肥也大臣法小臣廉官職相序君臣相正國之肥也天子

禮記義三十一　二十　高政

以德爲車，以樂爲御，諸侯以禮相與，大夫以法相序，士以信相考，百姓以睦相守，天下之肥也。是謂大順。大順者，所以養生送死事鬼神之常也。常謂皆有禮用無匱乏也。車或爲居。故事大積焉而不苑，並行而不繆，細行而不失，深而通，茂而有閒，連而不相及也，動而不相害也，此順之至也。言人皆明於禮，無有蓄亂滯合者，各得其分，理順其職也。故明於順，然後能守危也。能守自危之道也。君子居安如危，小人居危如安。易曰：危者安其位也。各依文解之。

疏正義曰：此一節論因上君子小人厚薄不同，故此論聖人脩禮義治人情以至大順也。○故聖王脩義之柄者，柄，操也，謂執持而用者，謂脩理義之要柄，循理禮之次序，以治正人情，使去其瑕穢之惡，養其善華之善也。○故人情者，聖王之田也者，土地是農夫之田，人情者亦是聖王之田也。○脩禮以耕之者，農夫之田用耒耜以耕之，和其剛柔，聖人以禮耕人情，正其上下。○陳義以種之者，農夫耕田既畢，以美善種子而種之，聖王以禮正人情既畢，用此善道而教之。○講學以耨之者，農夫種苗既畢，勤力耘鋤去草，養苗則苗善矣；聖王以善道教民既畢，又須講說學習以勸課之，存是去非則善也。○本仁以聚之者，農夫既勤耘耨，苗稼成孰，當本此仁恩愛惜之心，以聚集所收，勿令浪爲費散；聖王勸課行善既畢，本此仁恩和親，聚集善道，使不廢棄也。○播樂以安之者，播，布也，農夫收穫既畢，布其歡樂之心，共相飲食以安美之；聖王既勸民善道備足，又說樂感動

（潘本同葉，文字與上同。）

使其勤行善道保寧堅固也 故禮也者義之實也前既明禮耕義種仁聚之今此以下廣明上三者相須也此明禮義相須禮是造物爲實義以脩飾爲禮之華故云禮也者義之實也 協諸義而協者協合也諸之也今將此禮合會於義謂以禮比方於義而協謂禮與義相協會也 則禮雖先王未之有可以義起也者起作也禮既與義合若應行禮而先王未有舊禮之制則便可以義作之如將軍文子之子是也先無其禮臨時以義斷之垂涕洟待賓于廟是其以義而作禮也庾云謂先王制禮雖所未有而此事亦合於義則可行之以義與禮合也 義者藝之分仁之節也者此明仁須義也義者裁斷合宜也藝才也仁施也人有才能又有仁施若非義裁斷則過失故用義乃得分節也此唯明仁須義而云才者因明一切皆須義斷庾云藝者審其分仁者宜得節皆須義以斷之是義爲藝之分仁之節明義之貴也 協於義者斷才得分即是義能合藝也 講於仁者講猶明也使仁得節是義能明於仁

禮記義三十一　二十二　徐進

也 得之者強者若能得才分仁節之理則是豪強爲衆所畏服也 仁者義之本也者上云義者藝之分仁之節明義能與仁爲節此言仁者義之本謂仁能與義作本 順之體也者仁者施生故爲順之體也 得之者尊既能施生又爲順體故爲人所尊仰也但義主斷割能服於人故得義者強仁是恩施衆所敬仰故得仁者尊也 注協合至乖剌 正義曰合禮於義解經協諸義則與義合者解經而協也云合禮於義者謂將禮比方於義云則與義合者言禮與義相合不乖剌也禮所以與義合者禮者體也統之於心行之合道謂之禮也義者宜也行之於事各得其宜謂之義也是禮據其心義據其事但表裏之異意不相違故禮與義合也 注以其至起作 正義曰云以其合於義者謂此禮以其合會於義故雖當無禮臨事制宜而行禮是可以義起作也衛將軍文子之子既除喪而后越人來弔於時無除喪後受弔之禮主人乃量事制宜練冠垂涕洟待于廟而受弔是以義而起作此禮也 故治

使其勤行善道保寧堅固也 故禮也者義之實也前既明禮耕義種仁聚之今此以下廣明上三者相須也此明禮義相須禮是造物爲實義以脩飾爲禮之華故云禮也者義之實也 協諸義而協者協合也諸之也今將此禮合會於義謂以禮比方於義而協謂禮與義相協會也 則禮雖先王未之有可以義起也者起作也禮既與義合若應行禮而先王未有舊禮之制則便可以義作之如將軍文子之子是也先無其禮臨時以義斷之垂涕洟待賓于廟是其以義而作禮也庾云謂先王制禮雖所未有而此事亦合於義則可行之以義與禮合也 義者藝之分仁之節也者此明仁須義也義者裁斷合宜也藝才也仁施也人有才能又有仁施若非義裁斷則過失故用義乃得分節也此唯明仁須義而云才者因明一切皆須義斷庾云藝者審其分仁者宜得節皆須義以斷之是義爲藝之分仁之節明義之貴也 協於義者斷才得分即是義能合藝也 講於仁者講猶明也使仁得節是義能明於仁

禮記義三十一　二十二　徐進

也 得之者強者若能得才分仁節之理則是豪強爲衆所畏服也 仁者義之本也者上云義者藝之分仁之節明義能與仁爲節此言仁者義之本謂仁能與義作本 順之體也者仁者施生故爲順之體也 得之者尊既能施生又爲順體故爲人所尊仰也但義主斷割能服於人故得義者強仁是恩施衆所敬仰故得仁者尊也 注協合至乖剌 正義曰合禮於義解經協諸義則與義合者解經而協也云合禮於義者謂將禮比方於義云則與義合者言禮與義相合不乖剌也禮所以與義合者禮者體也統之於心行之合道謂之禮也義者宜也行之於事各得其宜謂之義也是禮據其心義據其事但表裏之異意不相違故禮與義合也 注以其至起作 正義曰云以其合於義者謂此禮以其合會於義故雖當無禮臨事制宜而行禮是可以義起作也衛將軍文子之子既除喪而后越人來弔於時無除喪後受弔之禮主人乃量事制宜練冠垂涕洟待于廟而受弔是以義而起作此禮也 故治

足利本第三十一卷第二十三葉

至肥也　此以下顯前譬也人君治人情若無禮猶農夫耕而無耜也　爲禮不本於義猶耕而弗種也者治國雖用禮不本其所宜如農夫徒耕而不下種子也　爲義而不講之以學猶種而弗耨也者治國雖用善道所宜而不更爲講學使民知其道理如農夫雖種嘉穀而不耘耔則苗不滋茂厚實也　講之以學而不合之以仁猶耨而弗穫也者治國雖講之以學而不聚其仁行者如農夫雖耘耔成熟而不收穫取之也　合之以仁而不安之以樂猶穫而弗食也者治國雖聚仁若不奏樂和之則仁心不堅如農夫雖聚穀而不食則甘穀空失也　安之以樂而不達於順猶食而弗肥也者前陳聖人禮耕以至安樂今顯譬農夫耒耜以至食之其事相似今更欲設譬以人身之肥譬家國禮足聖人爲教反覆相明正在此矣言雖奏樂於仁人而不使知達至順之理亦爲未善猶如人雖食五味而調和温清不順則雖食不肥也　四體至常也　此一節明人及國家天下等皆悉肥盛所以養生送死常事鬼神　膚革充盈者膚是革外之薄皮革是膚内

禮記義三十　二十三　徐進

之厚皮革也　天子以德爲車以樂爲御率土皆達順故合天下之肥也天子以德爲車謂用孝悌以自載也德孝悌也以樂爲御謂用要道以行之樂要道也行孝悌之事須禮樂如車行之須人御也　大順者所以養生送死事鬼神之常也者前雖明國家之順而皆局有條目而順理廣被無所不在此更摠説其事也一切生死鬼神無不用順爲常也故孔子荅孟武伯問無違之言去生事之以禮死葬之以禮是也養生送死事鬼神無違道之常也　故事至至也　皇氏云事大積焉而不苑者既用順爲常事無苑滯事大者天子事也雖復萬機輻湊而應之有次序不使苑積也　並行而不繆者並行謂諸侯來朝也既四方隨時貢賦有序雖並列俱陳而不錯繆也　細行而不失者謂大夫士出聘者也天子不遺小國之臣是不失也　深而通者深謂九州之外也雖地在遠荒而皆通貢王庭越裳是也　茂而有間者謂萬國貢賦庭實密茂而國朝之間自不厠雜以國之相次小則讓大不相及入也萬乘龍趨千乘雷動不相

潘本第三十一卷第二十三葉

至肥也　此以下顯前譬也人君治人情若無禮猶農夫耕而無耜也　爲禮不本於義猶耕而弗種也者治國雖用禮不本其所宜如農夫徒耕而不下種子也　爲義而不講之以學猶種而弗耨也者治國雖用善道所宜而不更爲講學使民知其道理如農夫雖種嘉穀而不耘耔則苗不滋茂厚實也　講之以學而不合之以仁猶耨而弗穫也者治國雖講之以學而不聚其仁行者如農夫雖耘耔成熟而不收穫取之也　合之以仁而不安之以樂猶穫而弗食也者治國雖聚仁若不奏樂和之則仁心不堅如農夫雖聚穀而不食則甘穀空失也　安之以樂而不達於順猶食而弗肥也者前陳聖人禮耕以至安樂今顯譬農夫耒耜以至食之其事相似今更欲設譬以人身之肥譬家國禮足聖人爲教反覆相明正在此矣言雖奏樂於仁人而不使知達至順之理亦爲未善猶如人雖食五味而調和温清不順則雖食不肥也　四體至常也　此一節明人及國家天下等皆悉肥盛所以養生送死常事鬼神　膚革充盈者膚是革外之薄皮革是膚内

禮記義三十　二十三　徐進

之厚皮革也　天子以德爲車以樂爲御率土皆達順故合天下之肥也天子以德爲車謂用孝悌以自載也德孝悌也以樂爲御謂用要道以行之樂要道也行孝悌之事須禮樂如車行之須人御也　大順者所以養生送死事鬼神之常也者前雖明國家之順而皆局有條目而順理廣被無所不在此更摠説其事也一切生死鬼神無不用順爲常也故孔子荅孟武伯問無違之言去生事之以禮死葬之以禮是也養生送死事鬼神無違道之常也　故事至至也　皇氏云事大積焉而不苑者既用順爲常事無苑滯事大者天子事也雖復萬機輻湊而應之有次序不使苑積也　並行而不繆者並行謂諸侯來朝也既四方隨時貢賦有序雖並列俱陳而不錯繆也　細行而不失者謂大夫士出聘者也天子不遺小國之臣是不失也　深而通者深謂九州之外也雖地在遠荒而皆通貢王庭越裳是也　茂而有間者謂萬國貢賦庭實密茂而國朝之間自不厠雜以國之相次小則讓大不相及入也萬乘龍趨千乘雷動不相

妨害自四體既正至此皆由王者順之至也熊氏云此普據天下萬事有大有細有深有通有連有動言人皆明禮順政事無蓄亂滯合各得其分理順於其職所以大小深淺並合得其宜此順之至結自四體既正以下至此並是順之至極也　故明於順然後能守危也者上言順之至此明順有益明於順然後能守危者既明順道不敢爲非則能守自危之道謂以危戒愼而自保守也　注易曰危者安其位　正義曰此易上繫文也案易繫辭云危者安其位者也亡者保其存者也危者安其位謂所以今日危亡者正爲不知畏懼偷安其位故致危也引之者證人之所居恒須危懼也

故禮之不同也不豐也不殺也所以持情而合危也　豐殺謂天子及士名位不同禮亦異數所以拱持其情合安其危

故聖王所以順山者不使居川不使渚者

禮記義三十一　二十四　李忠

居中原而弗敝也　小洲曰渚廣平曰原山者利其禽獸渚者利其魚鹽中原利其五穀使各居其所安不易其利勞敝之也民失其業則窮窮斯濫

用水火金木飲食必時　用水謂漁人以時漁爲梁春獻鼈蜃秋獻龜魚也用火謂司爟四時變國火以救時疾及季春出火季秋納火也用金謂丱人以時取金玉錫石也用木謂山虞仲冬斬陽木仲夏斬陰木飲食謂食齊視春時羹齊視夏時醬齊視秋時飲齊視冬時

合男女頒爵位必當年德　謂媒氏令男三十而取女二十而嫁司士稽士任進退其爵祿也

用民必順　不奪農時

故無水旱昆蟲之災民無凶饑妖孽之疾　言大順之時陰陽和也昆蟲之災螟螽之屬也

故天不愛其道地不愛其

妨害自四體既正至此皆由王者順之至也熊氏云此普據天下萬事有大有細有深有通有連有動言人皆明禮順政事無蓄亂滯合各得其分理順於其職所以大小深淺並合得其宜此順之至結自四體既正以下至此並是順之至極也　故明於順然後能守危也者上言順之至此明順有益明於順然後能守危者既明順道不敢爲非則能守自危之道謂以危戒愼而自保守也　注易曰危者安其位　正義曰此易上繫文也案易繫辭云危者安其位者也亡者保其存者也危者安其位謂所以今日危亡者正爲不知畏懼偷安其位故致危也引之者證人之所居恒須危懼也

故禮之不同也不豐也不殺也所以持情而合危也　豐殺謂天子及士名位不同禮亦異數所以拱持其情合安其危

故聖王所以順山者不使居川不使渚者

禮記義三十一　二十四　李忠

居中原而弗敝也　小洲曰渚廣平曰原山者利其禽獸渚者利其魚鹽中原利其五穀使各居其所安不易其利勞敝之也民失其業則窮窮斯濫

用水火金木飲食必時　用水謂漁人以時漁爲梁春獻鼈蜃秋獻龜魚也用火謂司爟四時變國火以救時疾及季春出火季秋納火也用金謂丱人以時取金玉錫石也用木謂山虞仲冬斬陽木仲夏斬陰木飲食謂食齊視春時羹齊視夏時醬齊視秋時飲齊視冬時

合男女頒爵位必當年德　謂媒氏令男三十而取女二十而嫁司士稽士任進退其爵祿也

用民必順　不奪農時

故無水旱昆蟲之災民無凶饑妖孽之疾　言大順之時陰陽和也昆蟲之災螟螽之屬也

故天不愛其道地不愛其

足利本第三十一卷第二十五葉

寳人不愛其情言嘉瑞出人情至也故天降膏露地出醴泉山出器車河出馬圖鳳皇麒麟皆在郊棷龜龍在宫沼其餘鳥獸之卵胎皆可俯而闚也膏猶甘也器謂若銀甕丹甑也馬圖龍馬負圖而出也棷聚草也沼池也則是無故非有他事使之然也先王能脩禮以達義體信以達順故此順之實也實猶誠也盡也

疏正義曰此一節論上既得明順乃安位此以下說行順以致太平之事各依文解之○故禮之不同也者天子至士貴賤宜順故禮不得同也○不豐也者禮應須少不可求多也○不殺也者禮應須多不可殺少也○所以持情而合危也者能順序如上故使扶持其情合安其危不使危也○故聖王所以順山者不使居川既使天下皆肥由於至順此更廣說順也既欲其順本居山者所利便於禽獸本居川者所利在舟檝故聖人隨而安之不奪宿習不使居山之人居川也不使渚者居中原小洲曰渚渚利魚鹽廣平曰原原利五穀既順安之故不使渚者徙中原○而弗敝也者必各保其業故恒豐而不敝困也○用水火金木飲食必時者舉動皆順故必時也水時者謂虞人入澤梁及出入水之屬也火時者鄭注司爟引司農說以鄹子曰春取榆柳之火夏取棗杏之火季夏取桑柘之火秋取柞楢之火冬取槐檀之火釋者云榆柳青故春用之棗杏赤故夏用之桑柘黃故季夏時用之柞楢白故秋用之槐檀黑故冬用之金謂金錫石卝也木謂仲冬斬陽木仲夏斬陰木也飲食必時者謂食齊視春之屬也○合男女者媒氏中春令男三十而取女二十而嫁○須爵位者須分也謂司士稽士任而進退其爵禄也○必當年德者合男女使當其年須爵位

禮記義三十一　二十五　徐通

潘本第三十一卷第二十五葉

寳人不愛其情言嘉瑞出人情至也故天降膏露地出醴泉山出器車河出馬圖鳳皇麒麟皆在郊棷龜龍在宫沼其餘鳥獸之卵胎皆可俯而闚也膏猶甘也器謂若銀甕丹甑也馬圖龍馬負圖而出也棷聚草也沼池也則是無故非有他事使之然也先王能脩禮以達義體信以達順故此順之實也實猶誠也盡也

疏正義曰此一節論上既得明順乃安位此以下說行順以致太平之事各依文解之○故禮之不同也者天子至士貴賤宜順故禮不得同也○不豐也者禮應須少不可求多也○不殺也者禮應須多不可殺少也○所以持情而合危也者能順序如上故使扶持其情合安其危不使危也○故聖王所以順山者不使居川既使天下皆肥由於至順此更廣說順也既欲其順本居山者所利便於禽獸本居川者所利在舟檝故聖人隨而安之不奪宿習不使居山之人居川也不使渚者居中原小洲曰渚渚利魚鹽廣平曰原原利五穀既順安之故不使渚者徙中原○而弗敝也者必各保其業故恒豐而不敝困也○用水火金木飲食必時者舉動皆順故必時也水時者謂虞人入澤梁及出入水之屬也火時者鄭注司爟引司農說以鄹子曰春取榆柳之火夏取棗杏之火季夏取桑柘之火秋取柞楢之火冬取槐檀之火釋者云榆柳青故春用之棗杏赤故夏用之桑柘黃故季夏時用之柞楢白故秋用之槐檀黑故冬用之金謂金錫石卝也木謂仲冬斬陽木仲夏斬陰木也飲食必時者謂食齊視春之屬也○合男女者媒氏中春令男三十而取女二十而嫁○須爵位者須分也謂司士稽士任而進退其爵禄也○必當年德者合男女使當其年須爵位

禮記義三十一　徐通

足利本第三十一卷第二十六葉

必當其德年謂男三十女二十也當德謂君十卿祿下士
食九人等是也　用民必順者使之以時不奪農務也
故無水旱昆蟲之災此論聖王用大順之道故致陰陽和
調羣瑞並至正由順之誠實故至於此也　故天不愛其
道者此以下明天地爲至順之主下瑞應也四時和甘露
降是天不愛其道也　地不愛其寶者謂五穀豐醴泉生
器車出也　人不愛其情者皆盡孝悌及越裳至也　山
出器車案禮緯斗威儀云其政大平山車垂鉤注云山車
自然之車垂鉤不揉治而自圓曲　河出馬圖案中候握
河紀堯時受河圖龍銜赤文綠色注云龍而形象馬故云
馬圖是龍馬負圖而出又云伏犧氏有天下龍馬負圖出
於河遂法之畫八卦又龜書洛出之也　鳳皇麒麟皆在
郊棷案中候握河紀云鳳皇巢阿閣今云在郊棷者言鳳
皇之衆或郊棷或阿閣也　其餘鳥獸之卵胎皆可俯而
闚也者此飲食有由也各隨其長而至既不獝狘故生乳
而衆多也俯下頭也鳥不畏人作巢在下故下頭可闚其

禮記正義三十一　二十六　宋琳

巢卵也手撫獸背則知有胎也　則是無故者言致此上
事則是更無他故由先王能脩禮達義體信達順之誠盡
故致此也　注　器謂若銀甕丹甑也　正義曰此銀甕丹
甑援神契文案援神契德及於天斗極明日月光甘露降
德及於地嘉禾生蓂莢起秬鬯出德至八表則景星見德
至草木則朱草生木連理德至鳥獸則鳳皇來鸞鳥舞麒
麟臻白虎動狐九尾雉白首德至山陵則景雲出德至深
泉則黃龍見醴泉湧河出龍圖洛出龜書其所致羣瑞非
一不可盡言故
略記之而已

禮記正義卷第三十一

潘本第三十一卷第二十六葉

必當其德年謂男三十女二十也當德謂君十卿祿下士
食九人等是也　用民必順者使之以時不奪農務也
故無水旱昆蟲之災此論聖王用大順之道故致陰陽和
調羣瑞並至正由順之誠實故至於此也　故天不愛其
道者此以下明天地爲至順之主下瑞應也四時和甘露
降是天不愛其道也　地不愛其寶者謂五穀豐醴泉生
器車出也　人不愛其情者皆盡孝悌及越裳至也　山
出器車案禮緯斗威儀云其政大平山車垂鉤注云山車
自然之車垂鉤不揉治而自圓曲　河出馬圖案中候握
河紀堯時受河圖龍銜赤文綠色注云龍而形象馬故云
馬圖是龍馬負圖而出又云伏犧氏有天下龍馬負圖出
於河遂法之畫八卦又龜書洛出之也　鳳皇麒麟皆在
郊棷案中候握河紀云鳳皇巢阿閣今云在郊棷者言鳳
皇之衆或郊棷或阿閣也　其餘鳥獸之卵胎皆可俯而
闚也者此飲食有由也各隨其長而至既不獝狘故生乳
而衆多也俯下頭也鳥不畏人作巢在下故下頭可闚其

大九小四九八　禮記正義三十一　二十六　冬

巢卵也手撫獸背則知有胎也　則是無故者言致此上
事則是更無他故由先王能脩禮達義體信達順之誠盡
故致此也　注　器謂若銀甕丹甑也　正義曰此銀甕丹
甑援神契文案援神契德及於天斗極明日月光甘露降
德及於地嘉禾生蓂莢起秬鬯出德至八表則景星見德
至草木則朱草生木連理德至鳥獸則鳳皇來鸞鳥舞麒
麟臻白虎動狐九尾雉白首德至山陵則景雲出德至深
泉則黃龍見醴泉湧河出龍圖洛出龜書其所致羣瑞非
一不可盡言故
略記之而已

禮記正義卷第三十一

禮記正義卷第三十二

國子祭酒上護軍曲阜縣開國子臣孔穎達等奉

勑撰

禮器第十

正義曰鄭目録云名爲禮器者以其記禮使人成器之義也故孔子謂子貢汝器也曰何器也曰瑚璉也此於別録屬制度

禮器是故大備大備盛德也 禮器言禮使人成器如耒耜之爲用也人情以爲田脩禮以耕之此是也大備自耕至於食之而肥 禮釋回增美質措則正施則行 釋猶去也回邪辟也質猶性也措置也 其在人也如竹箭之有筠也如松柏之有心也二者居天下之大端矣故貫四時而不改柯易葉 箭篠也端本也四物於天下最得氣之本或柔刃於外或和澤於內用此不變傷也人之得禮亦猶然也 故君子有禮則外諧而內無怨 人協服也 故物無不懷仁鬼神饗德 懷歸也

疏 正義曰此一節論禮能使人成器則於外物無不備各依文解之 禮器至德也 言禮能使人成器故云禮器也既得成器則於事無不足故云是故大備也身既成器又能備足則是盛德也此大備者則上禮運所云自人情以爲田脩禮以耕之至食而弗肥是也 禮釋至

禮記正義卷第三十二

國子祭酒上護軍曲阜縣開國子臣孔穎達等奉

勑撰

禮器第十

正義曰鄭目録云名爲禮器者以其記禮使人成器之義也故孔子謂子貢汝器也曰何器也曰瑚璉也此於別録屬制度

禮器是故大備大備盛德也 禮器言禮使人成器如耒耜之爲用也人情以爲田脩禮以耕之此是也大備自耕至於食之而肥 禮釋回增美質措則正施則行 釋猶去也回邪辟也質猶性也措置也 其在人也如竹箭之有筠也如松柏之有心也二者居天下之大端矣故貫四時而不改柯易葉 箭篠也端本也四物於天下最得氣之本或柔刃於外或和澤於內用此不變傷也人之得禮亦猶然也 故君子有禮則外諧而內無怨 人協服也 故物無不懷仁鬼神饗德 懷歸也

疏 正義曰此一節論禮能使人成器則於外物無不備各依文解之 禮器至德也 言禮能使人成器故云禮器也既得成器則於事無不足故云是故大備也身既成器又能備足則是盛德也此大備者則上禮運所云自人情以爲田脩禮以耕之至食而弗肥是也 禮釋至

足利本第三十二卷第二葉

則行 禮釋回此以下用禮爲器以耕人情之事釋去也回邪也用禮爲器能除去人之邪惡也增美質者增益也質性也禮非唯去邪而已人有美性者禮又能益之也措則正者措置也言置禮在身則身正也施則行者施用也若以禮用事事皆行也 其在至易葉 其在人也如竹箭之有筠也禮道既深此爲設辟也竹大竹也箭篠也言人情備德由於有禮譬如竹箭四時葱翠由於外有筠也筠是竹外青皮顧命云敷重筍席鄭云筍析竹青皮也禮記曰如竹箭之有筠案鄭引禮記之筠以爲青皮是知呼筍爲筠如松栢之有心也者又設譬也人經夷險不變其德由禮使然譬如松柏陵寒而鬱茂由其内心貞和故也二者居天下之大端矣者二者竹松也端猶本也松竹居於天下比於衆物最得氣之本也故貫四時不改柯易葉貫經也既得氣之本故經四時柯葉無凋改也改易互言也 故君至無怨 解外諧内無怨者謂於外踈遠之處與人諧和於内親近之處無相怨恨以其有禮接人故内外協服也爲譬既畢此合之也前并舉筠心二事正欲譬於君子内外俱美外柔刃如筠故能與一切物相諧内和澤如松心故能與人無怨經云二者據譬也鄭云四物者析別言之 故物至饗德 故物無不懷仁者懷歸也由外内協服故悉歸仁故云物無不懷仁 鬼神饗德者鬼神聰明正直依人而行物既懷仁故神亦饗德也

先王之立禮也有本有文忠信禮之本也義理禮之文也無本不立無文不行 言必外内具也 禮也者合於天時設於地財順於鬼神合於人心理萬物者也 鬼神所祀事有德也 是故天時有生也地理有宜也人官有能也物曲有利也

禮記義三十二　二　高彥

潘本第三十二卷第二葉

則行 禮釋回此以下用禮爲器以耕人情之事釋去也回邪也用禮爲器能除去人之邪惡也增美質者增益也質性也禮非唯去邪而已人有美性者禮又能益之也措則正者措置也言置禮在身則身正也施則行者施用也若以禮用事事皆行也 其在至易葉 其在人也如竹箭之有筠也禮道既深此爲設辟也竹大竹也箭篠也言人情備德由於有禮譬如竹箭四時葱翠由於外有筠也筠是竹外青皮顧命云敷重筍席鄭云筍析竹青皮也禮記曰如竹箭之有筠案鄭引禮記之筠以爲青皮是知呼筍爲筠如松栢之有心也者又設譬也人經夷險不變其德由禮使然譬如松柏陵寒而鬱茂由其内心貞和故也二者居天下之大端矣者二者竹松也端猶本也松竹居於天下比於衆物最得氣之本也故貫四時不改柯易葉貫經也既得氣之本故經四時柯葉無凋改也改易互言也 故君至無怨 解外諧内無怨者謂於外踈遠之處與人諧知於内親近之處無相怨恨以其有禮接人故内外協服也爲譬既畢此合之也前并舉筠心二事正欲譬於君子内外俱美外柔刃如筠故能與一切物相諧内和澤如松心故能與人無怨經云二者據譬也鄭云四物者析別言之 故物至饗德 故物無不懷仁者懷歸也由内外協服故悉歸仁故云物無不懷仁 鬼神饗德者鬼神聰明正直依人而行物既懷仁故神亦饗德也

先王之立禮也有本有文忠信禮之本也義理禮之文也無本不立無文不行 言必外内具也 禮也者合於天時設於地財順於鬼神合於人心理萬物者也 鬼神所祀事有德也 是故天時有生也地理有宜也人官有能也物曲有利也

禮記義三十二　二

言皆有異故天不生地不養君子不以爲禮鬼神弗饗也天不生謂非其時物也地不養謂非此地所生居山以魚鼈爲禮居澤以鹿豕爲禮君子謂之不知禮不順其鄉之所有也故必舉其定國之數以爲禮之大經定國之數謂地物所出多少禮之大倫以地廣狹謂貢賦之常差禮之薄厚與年之上下用年之豐凶也是故年雖大殺衆不匡懼則上之制禮也節矣言用之有節也殺謂穀不孰也匡猶恐也

［疏］正義曰此一節論因上禮使人外內諧和遂云禮須信義兼說行禮之事各依文解之

禮記義三十二　三

忠信禮之本也者禮之爲本即忠信是也忠者内盡於心也信者外不欺於物也内盡於心故與物無怨外不欺物故與物相諧也義理禮之文也禮雖用忠信爲本而又須義理爲文飾也得理合宜是其文也無本不立解須本也無忠信則禮不立也無文不行解須文也行禮若不合宜得理則禮不行也

禮也至知禮　此一節論禮者合於天地協於鬼神合於人心而行其禮若不得天時不得地財而行其禮則不知禮也禮也者合於天時者前云忠信爲本易見而義理爲文難覩故此以下廣說義理爲文之事也夫君子行禮必須使仰合天時俯會地理中趣人事則其禮乃行也仰合天時即依於四時及豐儉隨時也設於地財者俯會地理也財物也所設用物爲禮各是其土地之物也　順於鬼神者鬼神助天地爲化之鬼神也祀之必順不濫逆也　合於人心者中趣人事也雖合天會地順於鬼神又須與人心符合其禮乃行也是以書云謀及卿士謀及庶人謀及卜筮是也　理萬物者也者若

言皆有異故天不生地不養君子不以爲禮鬼神弗饗也天不生謂非其時物也地不養謂非此地所生居山以魚鼈爲禮居澤以鹿豕爲禮君子謂之不知禮不順其鄉之所有也故必舉其定國之數以爲禮之大經定國之數謂地物所出多少禮之大倫以地廣狹謂貢賦之常差禮之薄厚與年之上下用年之豐凶也是故年雖大殺衆不匡懼則上之制禮也節矣言用之有節也殺謂穀不孰也匡猶恐也

［疏］正義曰此一節論因上禮使人外內諧和遂云禮須信義兼說行禮之事各依文解之

禮記義三十二　三

忠信禮之本也者禮之爲本即忠信是也忠者内盡於心也信者外不欺於物也内盡於心故與物無怨外不欺物故與物相諧也義理禮之文也禮雖用忠信爲本而又須義理爲文飾也得理合宜是其文也無本不立解須本也無忠信則禮不立也無文不行解須文也行禮若不合宜得理則禮不行也

禮也至知禮　此一節論禮者合於天地協於鬼神合於人心而行其禮若不得天時不得地財而行其禮則不知禮也禮也者合於天時者前云忠信爲本易見而義理爲文難覩故此以下廣說義理爲文之事也夫君子行禮必須使仰合天時俯會地理中趣人事則其禮乃行也仰合天時即依於四時及豐儉隨時也設於地財者俯會地理也財物也所設用物爲禮各是其土地之物也　順於鬼神者鬼神助天地爲化之鬼神也祀之必順不濫逆也　合於人心者中趣人事也雖合天會地順於鬼神又須與人心符合其禮乃行也是以書云謀及卿士謀及庶人謀及卜筮是也　理萬物者也者若

能使事事如上則行葦得所豚魚戴賴是萬物各得其理也是故天時有生也者言天四時自然各有所生若春薦韭卵夏薦麥魚是也　地理有宜也者地之分理自然各有所宜若高田宜黍稷下田宜稻麥是也　人官有能也者人居其官各有所能若司徒奉牛司馬奉羊及庖人治庖祝治尊俎是也　物曲有利也者謂萬物委曲各有所利若麴糵利爲酒醴絲竹利爲琴笙皆自然有其性各異也皇氏云有聖人制禮得宜故致天時有生地理有宜之等非其義也　故天不生者既得時財而爲天地人物美功故君子行禮不爲失時非財之事故此以下明之也此是不合天時也天不生謂非時之物若寒瓜夏橘及李梅冬實之屬也　地不養者此是不設地財也地不養若山之魚鼈澤之鹿豕也　君子不以爲禮者此是不合人心也　鬼神弗饗者此是不順鬼神也　居山以魚鼈爲禮居澤以鹿豕爲禮君子謂之不知禮者此翻廣設地財也鹿豕是山養魚鼈是澤物今若非其地所養而設爲禮

禮記義三十二　四

此是謂爲不知禮也　注鬼神至德也　正義曰以經云順於鬼神先王制禮所以能順鬼神者以鬼神是有德之人死乃祀爲鬼神禮既合於人心故得順於鬼神也　故必至節矣　此一節以上文制禮因合天時地宜故此論隨地之所有以制禮也舉其定國之數以爲禮之大經禮物必鄉之所有故有國者必書其國內所生物多少定數以爲國之大法也經法也　禮之大倫以地廣狹者倫猶例也制禮之大例又宜隨地廣狹爲法謂貢賦之常差也禮之薄厚與年之上下者此廣順天時上猶豐也下猶荒也雖以地廣狹爲制而又皆須隨於天時也多少隨年豐荒也　是故年雖大殺衆不匡懼者此言得時之美也大殺謂五穀不孰也匡猶恐也雖大凶殺之年則人主隨而省斂狹用故天下之衆不恐懼也則上之制禮也節矣合結地財天時也廣狹隨地而賦豐凶逐時而斂衆之不恐並由君上制禮有節故也

禮時爲大順次之體次之宜次之

能使事事如上則行葦得所豚魚戴賴是萬物各得其理也是故天時有生也者言天四時自然各有所生若春薦韭卵夏薦麥魚是也　地理有宜也者地之分理自然各有所宜若高田宜黍稷下田宜稻麥是也　人官有能也者人居其官各有所能若司徒奉牛司馬奉羊及庖人治庖祝治尊俎是也　物曲有利也者謂萬物委曲各有所利若麴糵利爲酒醴絲竹利爲琴笙皆自然有其性各異也皇氏云有聖人制禮得宜故致天時有生地理有宜之等非其義也　故天不生者既得時財而爲天地人物美功故君子行禮不爲失時非財之事故此以下明之也此是不合天時也天不生謂非時之物若寒瓜夏橘及李梅冬實之屬也　地不養者此是不設地財也地不養若山之魚鼈澤之鹿豕也　君子不以爲禮者此是不合人心也　鬼神弗饗者此是不順鬼神也　居山以魚鼈爲禮居澤以鹿豕爲禮君子謂之不知禮者此翻廣設地財也鹿豕是山養魚鼈是澤物今若非其地所養而設爲禮

禮記義三十二　四

此是謂爲不知禮也　注鬼神至德也　正義曰以經云順於鬼神先王制禮所以能順鬼神者以鬼神是有德之人死乃祀爲鬼神禮既合於人心故得順於鬼神也　故必至節矣　此一節以上文制禮因合天時地宜故此論隨地之所有以制禮也舉其定國之數以爲禮之大經禮物必鄉之所有故有國者必書其國內所生物多少定數以爲國之大法也經法也　禮之大倫以地廣狹者倫猶例也制禮之大例又宜隨地廣狹爲法謂貢賦之常差也禮之薄厚與年之上下者此廣順天時上猶豐也下猶荒也雖以地廣狹爲制而又皆須隨於天時也多少隨年豐荒也　是故年雖大殺衆不匡懼者此言得時之美也大殺謂五穀不孰也匡猶恐也雖大凶殺之年則人主隨而省斂狹用故天下之衆不恐懼也則上之制禮也節矣合結地財天時也廣狹隨地而賦豐凶逐時而斂衆之不恐並由君上制禮有節故也

禮時爲大順次之體次之宜次之

稱次之 言聖人制禮所先後也 堯授舜舜授禹湯放桀武王伐紂時也 言受命改制度 詩云匪革其猶聿追來孝 革急也猶道也聿述也言文王改作者非必欲急行己之道乃追述先祖之業來居此爲孝 天地之祭宗廟之事父子之道君臣之義倫也 倫之言順也 社稷山川之事鬼神之祭體也 天地人之別體也 喪祭之用賓客之交義也 義之言宜也人道之宜 羔豚而祭百官皆足大牢而祭不必有餘此之謂稱也 足猶得也稱稱牲之大小而爲俎此指謂助祭者耳而云百官喻衆也 諸侯以龜爲寶以圭爲瑞家不寶龜不藏圭不臺門言有稱也 古者貨貝寶龜大夫以下有貨耳易曰十朋之龜瑞信也諸侯執瑞孤卿以下執摯闈者謂之臺

疏 正義曰此一節明亦因上制禮得節故以下諸事皆由禮洽天時今各依文解之 禮時爲大者揖讓干戈之時於禮中最大故云時爲大也 順次之者雖合天時又須順序故順次之也 體次之者有時有順又須小大各有體別也 宜次之者大小雖有體行之又須各當其宜也 稱次之者稱猶足也行禮又須各自足也 堯授至來孝 此釋時爲大也堯舜所以相授者堯舜知子不賢自能遜退而授人此時使之然也桀紂凶虐不能傳位與人湯武救民之災不可不伐亦時使之然也 詩云匪革其猶聿追來孝 此大雅文王有聲之篇革急也猶道也聿述也言文王改作豐邑非是急行已之道能述追先祖之業來行孝道於此

禮記正義三十二 五

稱次之 言聖人制禮所先後也 堯授舜舜授禹湯放桀武王伐紂時也 言受命改制度 詩云匪革其猶聿追來孝 革急也猶道也聿述也言文王改作者非必欲急行己之道乃追述先祖之業來居此爲孝 天地之祭宗廟之事父子之道君臣之義倫也 倫之言順也 社稷山川之事鬼神之祭體也 天地人之別體也 喪祭之用賓客之交義也 義之言宜也人道之宜 羔豚而祭百官皆足大牢而祭不必有餘此之謂稱也 足猶得也稱稱牲之大小而爲俎此指謂助祭者耳而云百官喻衆也 諸侯以龜爲寶以圭爲瑞家不寶龜不藏圭不臺門言有稱也 古者貨貝寶龜大夫以下有貨耳易曰十朋之龜瑞信也諸侯執瑞孤卿以下執摯闈者謂之臺

疏 正義曰此一節明亦因上制禮得節故以下諸事皆由禮洽天時今各依文解之 禮時爲大者揖讓干戈之時於禮中最大故云時爲大也 順次之者雖合天時又須順序故順次之也 體次之者有時有順又須小大各有體別也 宜次之者大小雖有體行之又須各當其宜也 稱次之者稱猶足也行禮又須各自足也 堯授至來孝 此釋時爲大也堯舜所以相授者堯舜知子不賢自能遜退而授人此時使之然也桀紂凶虐不能傳位與人湯武救民之災不可不伐亦時使之然也 詩云匪革其猶聿追來孝 此大雅文王有聲之篇革急也猶道也聿述也言文王改作豐邑非是急行已之道能述追先祖之業來行孝道於此

禮記正義三十二 五

足利本第三十二卷第六葉

豐邑時使之然不得不爾釋時之義也今詩本革作棘猶
作欲事作遹字不同者鄭荅炅模云爲記注之時依循舊
本此文是也後得毛詩傳而爲詩注更從毛本故與記不
同革棘聿遹字異義同詩注來勤也言作豐邑非急成已
之欲乃追述王季勤行孝之道也 注革急至述也 正
義曰革急聿述並釋言文猶道也釋詁文 天地至倫也
此事皆是下之事上以敬順爲本故云倫也以前經云時
爲大順次之故以倫爲順也 社稷至體也 以前經云
體次之此覆說體也社稷山川爲天地之別體鬼神是人
之別體各有軀體也 注天地至體也 正義曰神是天
之別體社稷山川是地之別體鬼是人之別體兼云天者
社稷山川雖形屬於地精靈上連於天也此經鬼神之祭
則上宗廟之事而別屬體者宗廟至尊事之須順故屬順
也體是人死所爲故後屬體也故云天地人之別體也
喪祭至義也 此釋宜次之也宜義也主人有喪祭之事
應須費用而賓客有賻賵之交是人道之宜也故後云喪

禮記義三十二 六

禮也之至賓客用幣義之至也 羔豚至稱也 此釋稱
次之羔豚而祭百官皆足足猶得也夫臣助祭則各有俎
祭竟播及胞翟雖復羔豚之小而百官一切皆悉得也大
牢而祭不必有餘者假令大牢亦不使有餘也此之謂稱
也者小而皆得大而不餘是各稱牲體也 注此指至衆
也 正義曰案儀禮士祭用特牲大夫祭用少牢皆以成
牲不用羔豚此得有羔豚祭者案王制云大夫士有田則
祭無田則薦則無地大夫士薦羔豚也無地則無臣助祭
故云百官喻衆也 諸侯至稱也 正義曰此一節還明
上經稱次之事也但禮主威儀以尊卑大小多少質文各
有所宜其稱非一故從此以下更廣明爲稱之事各依文
解之 諸侯以龜爲寶者諸侯有保土之重宜須占詳吉
凶故得以龜爲寶也 以圭爲瑞者圭兼五等玉也諸侯
之於天子如天子之於天也天子得天之物謂之瑞故諸
侯受封於天子天子與之玉亦謂爲瑞也書云輯五瑞又
云班瑞于羣后是也此云圭不云辟從可知也 家不寶

潘本第三十二卷第六葉

豐邑時使之然不得不爾釋時之義也今詩本革作棘猶
作欲事作遹字不同者鄭荅炅模云爲記注之時依循舊
本此文是也後得毛詩傳而爲詩注更從毛本故與記不
同革棘聿遹字異義同詩注來勤也言作豐邑非急成已
之欲乃追述王季勤行孝之道也 注革急至述也 正
義曰革急聿述並釋言文猶道也釋詁文 天地至倫也
此事皆是下之事上以敬順爲本故云倫也以前經云時
爲大順次之故以倫爲順也 社稷至體也 以前經云
體次之此覆說體也社稷山川爲天地之別體鬼神是人
之別體各有軀體也 注天地至體也 正義曰神是天
之別體社稷山川是地之別體鬼是人之別體兼云天者
社稷山川雖形屬於地精靈上連於天也此經鬼神之祭
則上宗廟之事而別屬體者宗廟至尊事之須順故屬順
也體是人死所爲故後屬體也故云天地人之別體也
喪祭至義也 此釋宜次之也宜義也主人有喪祭之事
應須費用而賓客有賻賵之交是人道之宜也故後云喪

禮記義三十二 六

禮忠之至賓客用幣義之至也 羔豚至稱也 此釋稱
次之羔豚而祭百官皆足足猶得也夫臣助祭則各有俎
祭竟播及胞翟雖復羔豚之小而百官一切皆悉得也大
牢而祭不必有餘者假令大牢亦不使有餘也此之謂稱
也者小而皆得大而不餘是各稱牲體也 注此指至衆
也 正義曰案儀禮士祭用特牲大夫祭用少牢皆以成
牲不用羔豚此得有羔豚祭者案王制云大夫士有田則
祭無田則薦則無地大夫士薦羔豚也無地則無臣助祭
故云百官喻衆也 諸侯至稱也 正義曰此一節還明
上經稱次之事也但禮主威儀以尊卑大小多少質文各
有所宜其稱非一故從此以下更廣則爲稱之事各依文
解之 諸侯以龜爲寶者諸侯有保土之重宜須占詳吉
凶故得以龜爲寶也 以圭爲瑞者圭兼五等玉也諸侯
之於天子如天子之於天也天子得天之物謂之瑞故諸
侯受封於天子天子與之玉亦謂爲瑞也書云輯五瑞又
云班瑞于羣后是也此云圭不云辟從可知也 家不寶

龜者家卿大夫也大夫卑輕不得寶龜故藏文仲居蔡爲
僭也　不藏圭者卿大夫不得執玉故不得藏圭　不臺
門者兩邊築闍爲基基上起屋曰臺門諸侯有保捍之重
故爲臺門而大夫輕故不得也　言有稱者結上得與不
得各有所稱　注古者至之臺　正義曰言古者貨貝以
貝爲貨若今之用錢爲貨也貝有五種案食貨志王莽作
金銀龜貝錢布之品名曰寶貨大貝四寸八分以上二枚
爲一朋直二百一十六文壯貝三寸六分以上二枚爲一
朋直五十文幺貝二寸四分以上二枚爲一朋直三十文
也小貝一寸二分以上二枚爲一朋直十文也　不盈寸
二分漏度不得爲朋率枚直錢三文是爲貨貝五品又以
龜爲寶故云古者貨貝寶龜云易曰十朋之龜者案損卦
六五爻云或益之十朋之龜鄭注引爾雅云一曰神龜郭
注此當龜以爲畜在宮沼者二曰靈龜注云今江東所用
卜龜黃靈黑靈者此蓋與天龜靈屬一也三曰攝龜注云
以腹甲翁然攝斂頭閉藏之即當周禮地與四方之龜知

禮記正義三十二　七

者以皆有奄斂之義故也四曰寶龜即遺我大寶龜及樂
記曰青黑緣者天子之寶龜及公羊定公八年龜青純皆
是也五曰文龜注甲有文采者河圖云靈龜負書丹甲青
文是也言靈者直是神龜之義非天龜也六曰筮龜注云
常在蓍叢下者七曰山龜八曰澤龜九曰水龜十曰火龜
注此皆說龜所生處也大凡神靈寶文攝唯五體而已家
語藏氏家有守龜名曰蔡文仲三年爲一兆武仲三年而
爲二兆孺子容三年而爲三兆此云家不寶龜案三正記
白虎通天子之龜尺二寸諸侯一尺大夫八寸者彼謂上
龜士亦有龜故士喪禮卜宅是也龜出於蔡故得以爲名
也臣瓚注漢書云蔡龜名非也藏氏又有僂句故左氏昭
二十五年傳云僂句不余欺是也食貨志云元龜尺二寸
直二千一百六十爲大貝十朋公龜九寸以上直五百爲
壯貝十朋侯龜七寸以上直三百爲幺貝十朋子龜五寸
以上直百爲小貝十朋此等皆謂一貝有十朋與
十朋之龜義同也云闍者謂之臺爾雅釋宮文　禮有

龜者家卿大夫也大夫卑輕不得寶龜故藏文仲居蔡爲
僭也　不藏圭者卿大夫不得執玉故不得藏圭　不臺
門者兩邊築闍爲基基上起屋曰臺門諸侯有保捍之重
故爲臺門而大夫輕故不得也　言有稱者結上得與不
得各有所稱　注古者至之臺　正義曰言古者貨貝以
貝爲貨若今之用錢爲貨也貝有五種案食貨志王莽作
金銀龜貝錢布之品名曰寶貨大貝四寸八分以上二枚
爲一朋直二百一十六文壯貝三寸六分以上二枚爲一
朋直五十文幺貝二寸四分以上二枚爲一朋直三十文
也小貝一寸二分以上二枚爲一朋直十文也　不盈寸
二分漏度不得爲朋率枚直錢三文是爲貨貝五品又以
龜爲寶故云古者貨貝寶龜云易曰十朋之龜者案損卦
六五爻云或益之十朋之龜鄭注引爾雅云一曰神龜郭
注此當龜以爲畜在宮沼者二曰靈龜注云今江東所用
卜龜黃靈黑靈者此蓋與天龜靈屬一也三曰攝龜注云
以腹甲翁然攝斂頭閉藏之即當周禮地與四方之龜知

禮記正義三十二　七

者以皆有奄斂之義故也四曰寶龜即遺我大寶龜及樂
記曰青黑緣者天子之寶龜及公羊定公八年龜青純皆
是也五曰文龜注甲有文采者河圖云靈龜負書丹甲青
文是也言靈者直是神龜之義非天龜也六曰筮龜注云
常在蓍叢下者七曰山龜八曰澤龜九曰水龜十曰火龜
注此皆說龜所生處也大凡神靈寶文攝唯五體而已家
語藏氏家有守龜名曰蔡文仲三年爲一兆武仲三年而
爲二兆孺子容三年而爲三兆此云家不寶龜案三正記
白虎通天子之龜尺二寸諸侯一尺大夫八寸者彼謂上
龜士亦有龜故士喪禮卜宅是也龜出於蔡故得以爲名
也臣瓚注漢書云蔡龜名非也藏氏又有僂句故左氏昭
二十五年傳云僂句不余欺是也食貨志云元龜尺二寸
直二千一百六十爲大貝十朋公龜九寸以上直五百爲
壯貝十朋侯龜七寸以上直三百爲幺貝十朋子龜五寸
以上直百爲小貝十朋此等皆謂一貝有十朋與
十朋之龜義同也云闍者謂之臺爾雅釋宮文　禮有

以多爲貴者天子七廟諸侯五大夫三士
一天子之豆二十有六諸公十有六諸侯
十有二上大夫八下大夫六諸侯七介七
牢大夫五介五牢天子之席五重諸侯之
席三重大夫再重天子崩七月而葬五重
八翣諸侯五月而葬三重六翣大夫三月
而葬再重四翣此以多爲貴也豆之數謂天子朔食諸侯
相食及食大夫公食大夫禮曰宰夫自東房薦豆六設于
醬東此食下大夫而豆六則其餘著矣聘禮致饔餼於上

禮記義三十二　八

大夫堂上八豆設于戸西則凡致饔餼堂上之豆數亦如
此周禮公之豆四十其東西夾各十有二侯伯之豆三十
有二其東西夾各十子男之豆二十有四其東西夾各六
諸侯七介七牢者周之侯伯也大夫五介五牢者侯伯之
卿使聘者也周禮上公九介九牢侯伯七介七牢子男五
介五牢聘義所云上公七介侯伯五介子男三介乃謂其
使者也天子葬五重者謂抗木與茵也葬者抗木在上茵
在下士喪禮下篇陳器曰抗木橫三縮二加抗席三加茵
用疏布緇翦有幅亦縮二橫三此士之禮一重者以此差之上公四重
【疏】禮有以多爲貴者　正義曰天子七廟尊者識深孝篤故立廟乃多世爲稱也　諸侯五
大夫三士一者德轉薄故廟少爲稱也士一廟者據下士
爲言若適士則二廟也　天子之豆二十有六者謂天子
朔食也尊者宜備味多乃稱之故多致豆二十有六也
諸公十有六上公也謂更相朝時堂上之豆數也　諸侯
十有二者侯伯子男也亦謂相朝時堂上之豆數也　上

以多爲貴者天子七廟諸侯五大夫三士
一天子之豆二十有六諸公十有六諸侯
十有二上大夫八下大夫六諸侯七介七
牢大夫五介五牢天子之席五重諸侯之
席三重大夫再重天子崩七月而葬五重
八翣諸侯五月而葬二重六翣大夫三月
而葬再重四翣此以多爲貴也豆之數謂天子朔食諸侯
相食及食大夫公食大夫禮曰宰夫自東房薦豆六設于
醬東此食下大夫而豆六則其餘著矣聘禮致饔餼於上

禮記義三十二　八

大夫堂上八豆設于戸西則凡致饔餼堂上之豆數亦如
此周禮公之豆四十其東西夾各十有二侯伯之豆三十
有二其東西夾各十子男之豆二十有四其東西夾各六
諸侯七介七牢者周之侯伯也大夫五介五牢者侯伯之
卿使聘者也周禮上公九介九牢侯伯七介七牢子男五
介五牢聘義所云上公七介侯伯五介子男三介乃謂其
使者也天子葬五重者謂抗木與茵也葬者抗木在上茵
在下士喪禮下篇陳器曰抗木橫三縮二加抗席三加茵
用疏布緇翦有幅亦縮二橫三此士之禮一重者以此差之上公四重
【疏】禮有以多爲貴者　正義曰天子七廟尊者識深孝篤故立廟乃多世爲稱也　諸侯五
大夫三士一者德轉薄故廟少爲稱也士一廟者據下士
爲言若適士則二廟也　天子之豆二十有六者謂天子
朔食也尊者宜備味多乃稱之故多致豆二十有六也
諸公十有六上公也謂更相朝時堂上之豆數也　諸侯
十有二者侯伯子男也亦謂相朝時堂上之豆數也　上

足利本第三十二卷第九葉

大夫八下大夫六者皆謂主國食使臣堂上之豆數　諸侯七介七牢者介副也牢大牢也謂諸侯朝天子天子以大牢禮賜之也周禮公九介九牢侯伯七子男五今言七舉中言之也　大夫五介五牢者臣爲君使各降其君二等此五介五牢謂侯伯之卿亦舉中言之　諸侯之席三重者謂相朝時賓主皆然也尊者須温厚故多重乃稱也三重則四席也熊氏云二重則三席也　大夫再重者卑於人君故也　天子崩七月而葬五重者五重謂抗木與茵也尊者宜厚固故多重也　八翣者尊宜多鄣蔽以稱之也　三重六翣者五等同也卑於王故鄣蔽少也然前介及牢不云天子者天子無介牢禮無等及爲賓客之事　再重四翣者諸侯大夫又卑故從而少飾也此以多爲貴也者都結上之文也　注豆之至四重　正義曰豆之數謂天子朝食諸侯相食者以文連下大夫六豆上大夫八豆皆食饗大禮明天子諸侯之豆數亦是大禮故爲天子朝食諸侯相食也其天子齊則無文亦當與朝食同也皇氏云

禮記義三十二　九　徐仁

天子之豆二十有六者天子庶羞百二十品籩豆各六十今云二十六者謂堂上數也堂下東西夾各十七兩十七合三十四三十四就二十六故合六十也今案禮有正羞庶羞故公食大夫禮設韭菹醓醢六豆設于醬東是正羞也將食士羞庶羞設于稻南腳臐膮牛炙之等十六豆謂之庶羞又掌客云公豆四十又云食四十則豆盛正羞食謂庶羞也故鄭注掌客云食者其庶羞美可食者是庶羞與正羞別此上大夫八豆下大夫六豆皆爲正羞而天子二十六豆亦爲正羞故熊氏以爲正羞醓醢百二十甕之等但不知堂夾若爲陳列皇氏以爲庶羞其義非也云公食大夫禮曰宰夫自東房薦豆六設于醬東者鄭引以證下大夫六豆之義云此食下大夫而豆六則其餘著矣者下大夫六豆設于堂上則天子之豆二十有六諸公十有六諸侯十有二亦設于堂上顯著可知故云其餘著矣云聘禮致饔餼於上大夫堂上八豆設于戶西者證明此經上大夫八豆之義也案公食大夫禮亦有上大夫八豆之

潘本第三十二卷第九葉

大夫八下大夫六者皆謂主國食使臣堂上之豆數　諸侯七介七牢者介副也牢大牢也謂諸侯朝天子天子以大牢禮賜之也周禮公九介九牢侯伯七子男五今言七舉中言之也　大夫五介五牢者臣爲君使各降其君二等此五介五牢謂侯伯之卿亦舉中言之　諸侯之席三重者謂相朝時賓主皆然也尊者須温厚故多重乃稱也三重則四席也熊氏云二重則三席也　大夫再重者卑於人君故也　天子崩七月而葬五重者五重謂抗木與茵也尊者宜厚固故多重也　八翣者尊宜多鄣蔽以稱之也　三重六翣者五等同也卑於王故鄣蔽少也然前介及牢不云天子者天子無介牢禮無等及爲賓客之事　再重四翣者諸侯大夫又卑故從而少飾也此以多爲貴也者都結上之文也　注豆之至四重　正義曰豆之數謂天子朝食諸侯相食者以文連下大夫六豆上大夫八豆皆食饗大禮明天子諸侯之豆數亦是大禮故爲天子朝食諸侯相食也其天子齊則無文亦當與朝食同也皇氏云

禮記義三十二　九　徐仁

天子之豆二十有六者天子庶羞百二十品籩豆各六十今云二十六者謂堂上數也堂下東西夾各十七兩十七合三十四三十四就二十六故合六十也今案禮有正羞庶羞故公食大夫禮設韭菹醓醢六豆設于醬東是正羞也將食士羞庶羞設于稻南腳臐膮牛炙之等十六豆謂之庶羞又掌客云公豆四十又云食四十則豆盛正羞食謂庶羞也故鄭注掌客云食者其庶羞美可食者是庶羞與正羞別此上大夫八豆下大夫六豆皆爲正羞而天子二十六豆亦爲正羞故熊氏以爲正羞醓醢百二十甕之等但不知堂夾若爲陳列皇氏以爲庶羞其義非也云公食大夫禮曰宰夫自東房薦豆六設于醬東者鄭引以證下大夫六豆之義云此食下大夫而豆六則其餘著矣者下大夫六豆設于堂上則天子之豆二十有六諸公十有六諸侯十有二亦設于堂上顯著可知故云其餘著矣云聘禮致饔餼於上大夫堂上八豆設于戶西者證明此經上大夫八豆之義也案公食大夫禮亦有上大夫八豆之

文必引聘禮上大夫者此以公食大夫是食禮聘禮上大夫是致饔餼禮欲見食與饔餼堂上豆數同故鄭此云凡致饔餼堂上豆數亦如此謂亦如此食下大夫之禮云周禮公之豆四十其東西夾各十有二侯伯之豆三十有二其東西夾各十子男之豆二十有四其東西夾各六此豆數皆周禮掌客文其陳于堂上及東西夾此鄭以意量之案聘禮致饔餼於上大夫堂上八豆西夾六豆東方亦如之此是堂上東西夾各設其豆東西夾又減於堂上之數上公堂上十六豆故知東西夾各十二侯伯堂上十二故知東西夾各十也子男堂上亦十二故知東西夾各六也云諸侯七介七牢者問之侯伯也者大行人云上公介九人禮九牢侯伯介七人禮七牢子男介五人禮五牢此獨言侯伯者舉中言也云大夫五介五牢者侯伯之卿使聘者也者案大行人云凡卿大夫士之禮各下其君二等侯伯七介七牢其臣既降二等故卿大夫五介五牢其介數得各下其君二等若牢則以爵等五等之卿同牢今言五

禮記義三十二　十　馬松

牢者唯據侯伯之卿降君二等也其餘牢禮則否云天子葬五重者謂抗木與茵也者明五重之義云葬者抗木在上茵在下者古者爲椁累木於其四邊上下不周致茵於椁下所以藉棺從上下棺之後又置抗木於椁之上所以抗載於土引士喪禮下篇陳器曰抗木横三縮二加抗席三加茵用疏布緇翦有幅亦縮二横三此士之禮一重者引之者證此經葬五重三重之義也皇氏云下棺之後先加折於壙上以承抗席折猶庪也方鑿連木爲之蓋如牀縮者三横者五無簀於上加抗木抗木之上加抗席三此爲一重如是者五則爲五重茵者藉棺外下縪用淺色緇布爲之每將一幅輒合縫爲囊將茅秀及香草著其中如今有絮縟也而縮二横三每爲一重也抗木上横三下縮二以其在上象天天數奇故上三也下象地地數耦故下二也茵則上直二下横三茵既在下下法地也上數二象地下數三象天以天三合地二人中央也故鄭注士喪禮下篇云謂天三合地二人藏其中焉此皆皇氏之説也今

文必引聘禮上大夫者此以公食大夫是食禮聘禮上大夫是致饔餼禮欲見食與饔餼堂上豆數同故鄭此云凡致饔餼堂上豆數亦如此謂亦如此食下大夫之禮云周禮公之豆四十其東西夾各十有二侯伯之豆三十有二其東西夾各十子男之豆二十有四其東西夾各六此豆數皆周禮掌客文其陳于堂上及東西夾此鄭以意量之案聘禮致饔餼於上大夫堂上八豆西夾六豆東方亦如之此是堂上東西夾各設其豆東西夾又減於堂上之數上公堂上十六豆故知東西夾各十二侯伯堂上十二故知東西夾各十也子男堂上亦十二故知東西夾各六也云諸侯七介七牢者問之侯伯也者大行人云上公介九人禮九牢侯伯介七人禮七牢子男介五人禮五牢此獨言侯伯者舉中言也云大夫五介五牢者侯伯之卿使聘者也者案大行人云凡卿大夫士之禮各下其君二等侯伯七介七牢其臣既降二等故卿大夫五介五牢其介數得各下其君二等若牢則以爵等五等之卿同牢今言五

禮記義三十二　十　馬松

牢者唯據侯伯之卿降君二等也其餘牢禮則否云天子葬五重者謂抗木與茵也者明五重之義云葬者抗木在上茵在下者古者爲椁累木於其四邊上下不周致茵於椁下所以藉棺從上下棺之後又置抗木於椁之上所以抗載於土引士喪禮下篇陳器曰抗木横三縮二加抗席三加茵用疏布緇翦有幅亦縮二横三此士之禮一重者引之者證此經葬五重三重之義也皇氏云下棺之後先加折於壙上以承抗席折猶庪也方鑿連木爲之蓋如牀縮者三横者五無簀於上加抗木抗木之上加抗席三此爲一重如是者五則爲五重茵者藉棺外下縪用淺色緇布爲之每將一幅輒合縫爲囊將茅秀及香草著其中如今有絮縟也而縮二横三每爲一重也抗木上横三下縮二以其在上象天天數奇故上三也下象地地數耦故下二也茵則上直二下横三茵既在下下法地也上數二象地下數三象天以天三合地二人中央也故鄭注士喪禮下篇云謂天三合地二人藏其中焉此皆皇氏之説也今

案既夕禮抗木横三縮二茵縮二横三鄭注云其用之木
三在上茵二在下象天三合地二人藏其中如鄭此注則
茵縮二在下皇氏云茵縮二在上横三在下象天裹於人
與鄭注違其義非也云以此差之上公四重者案天子既
五諸侯乃三案豆數及棺之重數上公與諸侯不同今諸
侯既三明上公四重也熊氏於此明筵之例既是禮之通
義今略載焉熊氏云天子祫祭席五重此文是也禘則宜
四重也時祭三重司几筵職是也受神酢席亦然大朝覲
大饗食封國命諸侯皆然知者司几筵職文其平常朝覲
及燕蓋亦三重席知者以諸侯燕禮有加席故也其卧席
則亦下莞上簟則詩斯干所云是也天子待諸侯則莞筵
紛純加繅席畫純待諸侯之孤亦然故公食大夫禮注云
孤爲賓則莞筵紛純加繅席畫純是也待諸侯之卿大夫
則公食云上下大夫蒲筵常緇布純加萑席尋玄帛純注
云謂三命大夫是也公食大夫雖是諸侯之法然天子待
之亦然也天子於己臣子孤卿以下蓋亦然若其燕此上

等之人皆單席故燕禮賓無加席注云燕私禮臣屈也然
天子燕臣亦然也祭天則蒲越稾鞂郊特牲云是也自天
地以外日月山川五祀則郊特牲鬼神之祭單席是也及
司几筵云甸役則設熊席注表貉所設席亦是也顧命席
鄭注不用生時席新鬼神之事故也諸侯則司几筵云祭
祀席蒲筵潰純加莞席酢席紛純加繅席是祭祀二重也
諸侯相朝亦二重也相饗此經三重及郊特牲云大饗君
三重席而酢焉於燕則兩重以介爲賓或可賓亦單席也
待聘卿大夫諸侯自坐蓋亦兩重也其聘者身則禮時及
饗食孤則莞筵藻席卿大夫則蒲筵萑席故聘禮之賓吱
筵注引公食大夫禮曰蒲筵萑席公燕則以介爲賓故郊
特牲云三獻之介君專席而酢焉此降尊以就卑是也於
己臣子則燕禮賓無加席卿辭重席則司宫徹之諸公亦
無加席大射則賓有加席以射辨尊卑故也然則饗食已
卿大夫亦重席其祭社稷山川亦單席大夫士祭祀止一
席也故特牲少牢無異席也其卿大夫依法再重席燕禮

案既夕禮抗木横三縮二茵縮二横三鄭注云其用之木
三在上茵二在下象天三合地二人藏其中如鄭此注則
茵縮二在下皇氏云茵縮二在上横三在下象天裹於人
與鄭注違其義非也云以此差之上公四重者案天子既
五諸侯乃三案豆數及棺之重數上公與諸侯不同今諸
侯既三明上公四重也熊氏於此明筵之例既是禮之通
義今略載焉熊氏云天子祫祭席五重此文是也禘則宜
四重也時祭三重司几筵職是也受神酢席亦然大朝覲
大饗食封國命諸侯皆然知者司几筵職文其平常朝覲
及燕蓋亦三重席知者以諸侯燕禮有加席故也其卧席
則亦下莞上簟則詩斯干所云是也天子待諸侯則莞筵
紛純加繅席畫純待諸侯之孤亦然故公食大夫禮注云
孤爲賓則莞筵紛純加繅席畫純是也待諸侯之卿大夫
則公食云上下大夫蒲筵常緇布純加萑席尋玄帛純注
云謂三命大夫是也公食大夫雖是諸侯之法然天子待
之亦然也天子於己臣子孤卿以下蓋亦然若其燕此上

等之人皆單席故燕禮賓無加席注云燕私禮臣屈也然
天子燕臣亦然也祭天則蒲越稾鞂郊特牲云是也自天
地以外日月山川五祀則郊特牲鬼神之祭單席是也及
司几筵云甸役則設熊席注表貉所設席亦是也顧命席
鄭注不用生時席新鬼神之事故也諸侯則司几筵云祭
祀席蒲筵繢純加莞席酢席紛純加繅席是祭祀二重也
諸侯相朝亦二重也相饗此經三重及郊特牲云大饗君
三重席而酢焉於燕則兩重以介爲賓或可賓亦單席也
待聘卿大夫諸侯自坐蓋亦兩重也其聘者身則禮時及
饗食孤則莞筵藻席卿大夫則蒲筵萑席故聘禮之賓吱
筵注引公食大夫禮曰蒲筵萑席公燕則以介爲賓故郊
特牲云三獻之介君專席而酢焉此降尊以就卑是也於
己臣子則燕禮賓無加席卿辭重席則司宫徹之諸公亦
無加席大射則賓有加席以射辨尊卑故也然則饗食已
卿大夫亦重席其祭社稷山川亦單席大夫士祭祀止一
席也故特牲少牢無異席也其卿大夫依法再重席燕禮

足利本第三十二卷第十二葉

賓及卿一席屈也聘賓爲苟敬席屈大射賓雖加席餘卿一席亦屈也然則孤卿大夫再重正也故鄉射注大夫再重席正也然則鄉飲酒諸公三重席者鄉人特尊之也故諸公升如賓禮辭一席使人去之注謙自同於大夫是也大夫再重有諸公則辭加席委于席端主人不徹無諸公則大夫辭加席主人對不去加席注云大夫席再重也鄉大夫爲主人正一重席者以賓鄉人之賢者故下之也公食賓坐遂卷加席公不辭者注云賛者以告公公聽之重來優賓也凡儀禮之例一種席皆稱重故燕禮注云重席重蒲筵是也所以鄉射大夫辭加席亦是一種稱加者以上巳云公三重大夫再重故變云加耳若餘經雖異席亦稱重則此經是也凡席有兩則稱二重有一則稱一重與棺重別也

有以少爲貴者天子無介祭天特牲天子適諸侯諸侯膳以犢諸侯相朝灌用鬱

禮記義三十二　十二　徐仁

鬯無籩豆之薦大夫聘禮以脯醢天子一食諸侯再大夫士三食力無數大路繁纓一就次路繁纓七就圭璋特琥璜爵鬼神之祭單席諸侯視朝大夫特士旅之此以少爲貴也

天子無介無客禮也灌獻也一食再食三食謂告飽也食力謂工商農也大路繁纓一就般祭天之車也周禮王之五路玉路繁纓十有二就金路九就象路七就革路五就木路翦繁鵠纓圭璋特朝聘以爲瑞無幣帛也琥璜爵者天子酬諸侯諸侯相酬以此玉將幣也大夫特士旅之謂君揖之

疏 正義曰此一節明以少爲貴亦是稱之義也　天子無介者爲賓用介而天子以天下爲家既不爲賓客故無介也　祭天特牲者特一也天神尊

潘本第三十二卷第十二葉

賓及卿一席屈也聘賓爲苟敬席屈大射賓雖加席餘卿一席亦屈也然則孤卿大夫再重正也故鄉射注大夫再重席正也然則鄉飲酒諸公三重席者鄉人特尊之也故諸公升如賓禮辭一席使人去之注謙自同於大夫是也大夫再重有諸公則辭加席委于席端主人不徹無諸公則大夫辭加席主人對不去加席注云大夫席再重也鄉大夫爲主人正一重席者以賓鄉人之賢者故下之也公食賓坐遂卷加席公不辭者注云賛者以告公公聽之重來優賓也凡儀禮之例一種席皆稱重故燕禮注云重席重蒲筵是也所以鄉射大夫辭加席亦是一種稱加者以上巳云公三重大夫再重故變云加耳若餘經雖異席亦稱重則此經是也凡席有兩則稱二重有一則稱一重與棺重別也

有以少爲貴者天子無介祭天特牲天子適諸侯諸侯膳以犢諸侯相朝灌用鬱

禮記義三十二　十二　徐仁

鬯無籩豆之薦大夫聘禮以脯醢天子一食諸侯再大夫士三食力無數大路繁纓一就次路繁纓七就圭璋特琥璜爵鬼神之祭單席諸侯視朝大夫特士旅之此以少爲貴也

天子無介無客禮也灌獻也一食再食三食謂告飽也食力謂工商農也大路繁纓一就般祭天之車也周禮王之五路玉路繁纓十有二就金路九就象路七就革路五就木路翦繁鵠纓圭璋特朝聘以爲瑞無幣帛也琥璜爵者天子酬諸侯諸侯相酬以此玉將幣也大夫特士旅之謂君揖之

疏 正義曰此一節明以少爲貴亦是稱之義也　天子無介者爲賓用介而天子以天下爲家既不爲賓客故無介也　祭天特牲者特一也天神尊

尊質故止一特也　天子適諸侯諸侯膳以犢者諸侯事天子如天子事天天子事天既用一牛故天子巡守過諸侯境上諸侯奉膳亦止一牛而已也　諸侯相朝灌用鬱鬯者轉卑須味轉多也諸侯相朝謂五等自相朝也灌獻也天子祭天不用鬱鬯諸侯膳天子亦無鬱鬯而自相朝朝享禮畢未饗食之前主君酌鬱鬯之酒以獻賓示相接以芬芳之德不在殽味也何以知朝享畢而灌案司儀職云凡諸公相爲賓將幣畢云儐亦如之鄭云儐謂以鬱鬯禮賓也上於下曰禮敵者曰儐而引禮器諸侯相朝灌用鬱鬯無籩豆之薦謂此朝禮畢儐賓也案大行人云上公王禮再祼而酢則諸侯朝天子天子灌亦用鬱鬯此特云諸侯相朝者此經據以少爲貴諸侯於天子無鬱鬯諸侯相朝則設鬱鬯欲見卑者禮多故特舉諸侯相朝也無籩豆之薦者義在少而不在味故唯有鬯而無殽也　大夫聘禮以脯醢者大夫出使行聘禮畢主國禮之酌以酒而又有脯醢無芬芳之德故須味稍多也　天子一食者食

猶飧也尊者常以德爲飽不在食味故每一飧輙告飽而待勸之乃更飧故云一食也　諸侯再者德降天子故至再飧而告飽須勸乃又食　大夫士三者德轉少告轉踰也故少牢特牲禮皆三飯而告飽也　食力無數者食力謂工商農庶人之屬也以其無德不仕無祿代耕故但陳力就業乃得食故呼食力也此等無德以飽爲度不須告勸故飧無數也庾云食力力作以得食也　大路繁纓一就者大路殷祭天之車也殷猶質以木爲車無別雕飾乘以祭天謂之大路也繁謂馬腹帶也纓鞅也染絲而織之曰罽五色一帀曰就就成也言五色帀一成車既樸素故馬亦少飾止一就也　次路繁纓七就者次路殷之第三路也供卑用故就多也然郊特牲云大路一就先路三就次路五就而此云次路七就鄭注郊特牲以此云七爲誤圭璋特者圭璋玉中之貴也特謂不用他物媵之也諸侯朝王以圭朝后執璋表德特達不如物也　琥璜爵者琥璜是玉劣於圭璋者也天子饗諸侯或諸侯自相饗行禮

尊質故止一特也　天子適諸侯諸侯膳以犢者諸侯事天子如天子事天天子事天既用一牛故天子巡守過諸侯境上諸侯奉膳亦止一牛而已也　諸侯相朝灌用鬱鬯者轉卑須味轉多也諸侯相朝謂五等自相朝也灌獻也天子祭天不用鬱鬯諸侯膳天子亦無鬱鬯而自相朝朝享禮畢未饗食之前主君酌鬱鬯之酒以獻賓示相接以芬芳之德不在殽味也何以知朝享畢而灌案司儀職云凡諸公相爲賓將幣畢云儐亦如之鄭云儐謂以鬱鬯禮賓也上於下曰禮敵者曰儐而引禮器諸侯相朝灌用鬱鬯無籩豆之薦謂此朝禮畢儐賓也案大行人云上公王禮再祼而酢則諸侯朝天子天子灌亦用鬱鬯此特云諸侯相朝者此經據以少爲貴諸侯於天子無鬱鬯諸侯相朝則設鬱鬯欲見卑者禮多故特舉諸侯相朝也無籩豆之薦者義在少而不在味故唯有鬯而無殽也　大夫聘禮以脯醢者大夫出使行聘禮畢主國禮之酌以酒而又有脯醢無芬芳之德故須味稍多也　天子一食者食

禮記義三十二　十三

猶飧也尊者常以德爲飽不在食味故每一飧輙告飽而待勸之乃更飧故云一食也　諸侯再者德降天子故至再飧而告飽須勸乃又食　大夫士三者德轉少告轉踰也故少牢特牲禮皆三飯而告飽也　食力無數者食力謂工商農庶人之屬也以其無德不仕無祿代耕故但陳力就業乃得食故呼食力也此等無德以飽爲度不須告勸故飧無數也庾云食力力作以得食也　大路繁纓一就者大路殷祭天之車也殷猶質以木爲車無別雕飾乘以祭天謂之大路也繁謂馬腹帶也纓鞅也染絲而織之曰罽五色一帀曰就就成也言五色帀一成車既樸素故馬亦少飾止一就也　次路繁纓七就者次路殷之第三路也供卑用故就多也然郊特牲云大路一就先路三就次路五就而此云次路七就鄭注郊特牲以此云七爲誤圭璋特者圭璋玉中之貴也特謂不用他物媵之也諸侯朝王以圭朝后執璋表德特達不如物也　琥璜爵者琥璜是玉劣於圭璋者也天子饗諸侯或諸侯自相饗行禮

至酬時則有幣將送酬爵又有琥璜之玉將幣故云琥璜爵也琥璜既賤不能特達故附爵乃通也崔氏云諸侯貴者以琥賤者以璜則公侯以琥伯子男以璜也　鬼神之祭單席者神道異人不假多重自温故單席也　諸侯視朝大夫特士旅之者視朝謂日出視諸臣之朝者也特猶獨也旅衆也君行日出路門視諸臣之朝若大夫則君人人揖之若士則不問多少而君衆共一揖之也是大夫貴故人人得揖士賤故衆共得一揖是以少爲貴也此諸侯所尊者少故大夫特士旅之若天子之朝所尊者多故司士云孤卿特揖大夫以其等旅揖士旁三揖是也　注天子至揖之　正義曰此云天子無介謂無以客禮陳擯介也其實餘事亦有介副故鬯人共介鬯是天子臨鬼神使介執鬯也云一食再食三食謂告飽也者案儀禮特牲有九飯少牢十一飯鄭云諸侯十三飯天子十五飯此云一食再食與彼不同此據食畢更加飯告飽之數也云食力謂工商農也者以經既云大夫士別云食力大夫士之下

禮記義三十二　十四

唯有工商農故知食力是工商農也若對文言之則庶人食力故晉語云士食田庶人食力工商食官也云周禮王之五路玉路繁纓十有二就金路九就象路七就革路五就木路翦繁鵠纓者皆周禮巾車文案巾車云一曰玉路錫樊纓十有再就建大常十有二斿以祀二曰金路鉤樊纓九就建大旂以賓三曰象路朱樊纓七就建大赤以朝四曰革路龍勒條纓五就建大白以即戎五曰木路前樊鵠纓建大麾以田云圭璋特朝聘以爲瑞無幣帛也者聘禮曰聘君以圭聘夫人以璋是聘也典瑞云公執桓圭侯執信圭伯執躬圭諸侯以相見及朝天子亦無束帛是圭璋朝聘以爲瑞無幣帛案聘禮行享之時則璧以帛琮以錦是加束帛又小行人云以玉合六幣圭以馬注云二王之後享天子璋以皮注云二王之後享后皮馬不上堂唯圭璋特升堂亦是圭璋特義也云琥璜爵者天子酬諸侯諸侯相酬以此玉將幣也者琥璜非爵名經云琥璜爵故知琥璜送爵也案聘禮禮賓之幣束帛乘馬又致饗以酬

至酬時則有幣將送酬爵又有琥璜之玉將幣故云琥璜爵也琥璜既賤不能特達故附爵乃通也崔氏云諸侯貴者以琥賤者以璜則公侯以琥伯子男以璜也　鬼神之祭單席者神道異人不假多重自温故單席也　諸侯視朝大夫特士旅之者視朝謂日出視諸臣之朝者也特猶獨也旅衆也君行日出路門視諸臣之朝若大夫則君人人揖之若士則不問多少而君衆共一揖之也是大夫貴故人人得揖士賤故衆共得一揖是以少爲貴也此諸侯所尊者少故大夫特士旅之若天子之朝所尊者多故司士云孤卿特揖大夫以其等旅揖士旁三揖是也　注天子至揖之　正義曰此云天子無介謂無以客禮陳擯介也其實餘事亦有介副故鬯人共介鬯是天子臨鬼神使介執鬯也云一食再食三食謂告飽也者案儀禮特牲有九飯少牢十一飯鄭云諸侯十三飯天子十五飯此云一食再食與彼不同此據食畢更加飯告飽之數也云食力謂工商農也者以經既云大夫士別云食力大夫士之下

小七　禮記義三十二　十四　褚

唯有工商農故知食力是工商農也若封文言之則庶人食力故晉語云士食田庶人食力工商食官也云周禮王之五路玉路繁纓十有二就金路九就象路十就革路五就木路翦繁鵠纓者皆周禮巾車文案巾車云一曰玉路錫樊纓十有再就建大常十有二斿以祀二曰金路鉤樊纓九就建大旂以賓三曰象路朱樊纓七就建大赤以朝四曰革路龍勒條纓五就建大白以即戎五曰木路前樊鵠纓建大麾以田云圭璋特朝聘以爲瑞無幣帛也者聘禮曰聘君以圭聘夫人以璋是聘也典瑞云公執桓圭侯執信圭伯執躬圭諸侯以相見及朝天子亦無束帛是圭璋朝聘以爲瑞無幣帛案聘禮行享之時則璧以帛琮以錦是加束帛又小行人云以玉合六幣圭以馬注云二王之後享天子璋以皮注云二王之後享后皮馬不上堂唯圭璋特升堂亦是圭璋特義也云琥璜爵者天子酬諸侯諸侯相酬以此玉將幣也者琥璜非爵名經云琥璜爵故知琥璜送爵也案聘禮禮賓之幣束帛乘馬又致饗以酬

足利本第三十二卷第十五葉

幣又致食以侑幣鄭云禮束帛乘馬亦不是過也則諸侯於聘賓唯用束帛乘馬皆不用玉今琥璜送爵故知是天子酬諸侯及諸侯自相酬也有以大爲貴者宮室之量器皿之度棺椁之厚丘封之大此以大爲貴也有以小爲貴者宗廟之祭貴者獻以爵賤者獻以散尊者舉觶卑者舉角五獻之尊門外缶門内壺君尊瓦甒此以小爲貴也凡觴一升曰爵二升曰觚三升曰觶四升曰角五升曰散五獻子男之饗禮也壺大一石瓦甒五斗缶大小未聞也易曰尊酒簋貳用缶【疏】正義曰貴者獻以爵賤者獻以散案特牲云主人獻尸用角角受四升其器小佐食洗散以獻

禮記義三十二　十五　許

尸散受五升其器大是尊者小卑者大案天子諸侯及大夫皆獻尸以爵無賤者獻以散之文禮文散亡略不具也　特牲主人獻尸用角者下大夫也尊者舉觶卑者舉角者崔氏云案特牲少牢禮尸入舉奠觶是尊者舉觶特牲主人受尸酢受角飲者是卑者舉角此是士禮耳天子諸侯祭禮亡文不具也　五獻之尊者五獻子男之饗禮也凡王饗臣及其自相饗行禮獻數各隨其命子男五命故知五獻是子男其饗有酒列尊之法故云尊也　門外缶者缶尊名也列尊之次缶盛酒在門外　門内壺者壺亦尊也盛酒陳尊在門内　君尊瓦甒者君尊子男尊也子男用瓦甒爲尊故云君尊瓦甒云君尊則壺缶但飲諸臣也不云内外則陳之在堂人君面尊專惠也　此以小爲貴也者小尊近君大尊在門是不重味故以小爲貴稱也
【注】凡觴至用缶　正義曰一升曰爵二升曰觚三升曰觶四升曰角五升曰散者皆韓詩說文案異義今韓詩說一升曰爵爵盡也足也二升曰觚觚寡也飲當寡少三升曰

潘本第三十二卷第十五葉

幣又致食以侑幣鄭云禮束帛乘馬亦不是過也則諸侯於聘賓唯用束帛乘馬皆不用玉今琥璜送爵故知是天子酬諸侯及諸侯自相酬也有以大爲貴者宮室之量器皿之度棺椁之厚丘封之大此以大爲貴也有以小爲貴者宗廟之祭貴者獻以爵賤者獻以散尊者舉觶卑者舉角五獻之尊門外缶門内壺君尊瓦甒此以小爲貴也凡觴一升曰爵二升曰觚三升曰觶四升曰角五升曰散五獻子男之饗禮也壺大一石瓦甒五斗缶大小未聞也易曰尊酒簋貳用缶【疏】正義曰貴者獻以爵賤者獻以散案特牲云主人獻尸用角角受四升其器小佐食洗散以獻

禮記義三十二　十五　許貴

尸散受五升其器大是尊者小卑者大案天子諸侯及大夫皆獻尸以爵無賤者獻以散之文禮文散亡略不具也　特牲主人獻尸用角者下大夫也尊者舉觶卑者舉角者崔氏云案特牲少牢禮尸入舉奠觶是尊者舉觶特牲主人受尸酢受角飲者是卑者舉角此是士禮耳天子諸侯祭禮亡文不具也　五獻之尊者五獻子男之饗禮也凡王饗臣及其自相饗行禮獻數各隨其命子男五命故知五獻是子男其饗有酒列尊之法故云尊也　門外缶者缶尊名也列尊之次缶盛酒在門外　門内壺者壺亦尊也盛酒陳尊在門内　君尊瓦甒者君尊子男尊也子男用瓦甒爲尊故云君尊瓦甒云君尊則壺缶但飲諸臣也不云内外則陳之在堂人君面尊專惠也　此以小爲貴也者小尊近君大尊在門是不重味故以小爲貴稱也
凡觴至用缶　正義曰一升曰爵二升曰觚三升曰觶四升曰角五升曰散者皆韓詩說文案異義今韓詩說一升曰爵爵盡也足也二升曰觚觚寡也飲當寡少三升曰

足利本第三十二卷第十六葉

觶觶適也飲當自適也四升曰角角觸也不能自適觸罪
過也五升曰散散訕也飲不能自節爲人所謗訕也揔名
曰爵其實曰觴觴者餉也觥亦五升所以罰不敬觥廓也
所以著明之貌君子有過廓然明著非所以餉不得名觴古
周禮說爵一升觚二升獻以爵而酬以觚一獻而三酬則
一豆矣食一豆肉飲一豆酒中人之食毛詩說觥大七升
許慎謹案周禮云一獻三酬當一豆若觚二升不滿一豆
又觥罰不過一一飲而七升爲過多鄭駮之云周禮獻以
爵而酬以觚觚寡也觶字角旁著氏是與觚相涉誤爲觚
也南郡大守馬季長說一獻三酬則一豆豆當爲斗與一
爵三觶相應如鄭此言是周禮與韓詩說同一也此周禮
一獻三酬案燕禮獻以觚又燕禮四舉酬熊氏云此一獻
三酬是士之饗禮也若是君燕禮則行無筭爵非唯三酬
而已若是大夫以上饗禮則獻數又多不唯一獻也故知
士之饗禮也云壺大一石瓦甒五斗者漢禮器制度文也
此瓦甒即燕禮公尊瓦大也云缶大小未聞也者今以小

爲貴近者小則遠者大缶在門外則大於壺矣案禮圖瓦
大受五斗口徑尺頸高二寸徑尺大中身銳下平瓦甒與
瓦大同引易曰尊酒簋貳用缶易坎卦六四爻辭案六四
尊酒簋貳用缶納約自牖終無咎鄭云六四上承九五又
互體在震上天子大臣以王命出會
諸侯尊於簋副設玄酒而用缶也
有以高爲貴
者天子之堂九尺諸侯七尺大夫五尺士
三尺天子諸侯臺門此以高爲貴也有
以下爲貴者至敬不壇埽地而祭天子諸
侯之尊廢禁大夫士棜禁此以下爲貴
也廢猶去也棜斯禁也謂之棜者無足有似於棜或因名
云耳大夫用斯禁士用棜禁禁如今方案楕長局足高

潘本第三十二卷第十六葉

觶觶適也飲當自適也四升曰角角觸也不能自適觸罪
過也五升曰散散訕也飲不能自節爲人所謗訕也揔名
曰爵其實曰觴觴者餉也觥亦五升所以罰不敬觥廓也
所以著明之貌君子有過廓然明著非所以餉不得名觴古
周禮說爵一升觚二升獻以爵而酬以觚一獻而三酬則
一豆矣食一豆肉飲一豆酒中人之食毛詩說觥大七升
許慎謹案周禮云一獻三酬當一豆若觚二升不滿一豆
又觥罰不過一一飲而七升爲過多鄭駮之云周禮獻以
爵而酬以觚觚寡也觶字角旁著氏是與觚相涉誤爲觚
也南郡大守馬季長說一獻三酬則一豆豆當爲斗與一
爵三觶相應如鄭此言是周禮與韓詩說同一也此周禮
一獻三酬案燕禮獻以觚又燕禮四舉酬熊氏云此一獻
三酬是士之饗禮也若是君燕禮則行無筭爵非唯三酬
而已若是大夫以上饗禮則獻數又多不唯一獻也故知
士之饗禮也云壺大一石瓦甒五斗者漢禮器制度文也
此瓦甒即燕禮公尊瓦大也云缶大小未聞也者今以小

爲貴近者小則遠者大缶在門外則大於壺矣案禮圖瓦
大受五斗口徑尺頸高二寸徑尺大中身銳下平瓦甒與
瓦大同引易曰尊酒簋貳用缶易坎卦六四爻辭案六四
尊酒簋貳用缶納約自牖終無咎鄭云六四上承九五又
互體在震上天子大臣以王命出會
諸侯尊於簋副設玄酒而用缶也
有以高爲貴
者天子之堂九尺諸侯七尺大夫五尺士
三尺天子諸侯臺門此以高爲貴也有
以下爲貴者至敬不壇埽地而祭天子諸
侯之尊廢禁大夫士棜禁此以下爲貴
也廢猶去也棜斯禁也謂之棜者無足有似於棜或因名
云耳大夫用斯禁士用棜禁禁如今方案楕長局足高

足利本第三十二卷第十七葉

三寸 疏 正義曰天子之堂九尺此周法也案考工記殷人
重屋堂崇三尺鄭差之云夏高一尺故知此九尺
者周法也 至敬不壇埽地而祭者此謂祭五方之天初則
燔柴於大壇燔柴訖於壇下埽地而設正祭此周法也
天子諸侯之尊廢禁者謂廢去其禁司尊彝鬱鬯之尊用
舟以承之其犧象等六尊皆無用舟又燕禮諸侯之法瓦
大兩有豐是無禁也是天子諸侯廢禁 大夫士棜禁者
謂大夫用棜士用禁 注棜斯至三寸 正義曰棜斯禁
此文謂之棜案鄉飲酒是大夫禮謂之斯禁也棜長四尺
廣二尺四寸深五寸無足赤中畫青雲氣菱苕華爲飾禁
長四尺廣二尺四寸通局足高三寸漆赤中青雲氣菱苕
華爲飾刻其足爲褰帷之形也云謂之棜者無足有似於
棜或因名云耳者棜是轝名故既夕禮云設棜於東堂下
注云棜今之轝也又注特牲云棜之制如今大木轝矣上
有四周下無足今大夫斯禁亦無足似木轝之棜故周公
制禮或因名此斯禁云棜耳故少牢司宮尊兩甒于房戶

禮記義三十二 十七

之間同棜是周公時已名斯禁爲棜也今定本無世人二
字熊氏以爲後世人因名云耳謂後世作記之人始名爲
棜其義非也云大夫用斯禁者案玉藻云大夫側尊用棜
則斯禁也案鄉飲酒兩壺斯禁是大夫用斯禁也玉藻云
士用禁又士冠禮士昏禮承尊皆用禁是士用禁也謂之禁
者鄭注士冠禮云名之禁者因爲酒戒也案鄉射是士禮
而用斯禁者以禮樂賢從大夫也案特牲是士禮而云棜
禁在東序士亦言棜者鄭注云棜禁者祭尚厭飫故得與
大夫同也云禁如今方案隋長局足高三寸者案漢禮器
制度而知今案鄭注儀禮棜今無足轝皇氏以爲棜一頭
有足一頭無足未知有何馮據且
高下不等何以承尊其義非也 禮有以文爲貴
者天子龍衮諸侯黼大夫黻士玄衣纁
裳天子之冕朱緑藻十有二旒諸侯九

潘本第三十二卷第十七葉

三寸 疏 正義曰天子之堂九尺此周法也案考工記殷人
重屋堂崇三尺鄭差之云夏高一尺故知此九尺
者周法也 至敬不壇埽地而祭者此謂祭五方之天初則
燔柴於大壇燔柴訖於壇下埽地而設正祭此周法也
天子諸侯之尊廢禁者謂廢去其禁司尊彝鬱鬯之尊用
舟以承之其犧象等六尊皆無用舟又燕禮諸侯之法瓦
大兩有豐是無禁也是天子諸侯廢禁 大夫士棜禁者
謂大夫用棜士用禁 注棜斯至三寸 正義曰棜斯禁
此文謂之棜案鄉飲酒是大夫禮謂之斯禁也棜長四尺
廣二尺四寸深五寸無足赤中畫青雲氣菱苕華爲飾禁
長四尺廣二尺四寸通局足高三寸漆赤中青雲氣菱苕
華爲飾刻其足爲褰帷之形也云謂之棜者無足有似於
棜或因名云耳者棜是轝名故既夕禮云設棜於東堂下
注云棜今之轝也又注特牲云棜之制如今大木轝矣上
有四周下無足今大夫斯禁亦無足似木轝之棜故周公
制禮或因名此斯禁云棜耳故少牢司宮尊兩甒于房戶

禮記義三十二 十七

之間同棜是周公時已名斯禁爲棜也今定本無世人二
字熊氏以爲後世人因名云耳謂後世作記之人始名爲
棜其義非也云大夫用斯禁者案玉藻云大夫側尊用棜
則斯禁也案鄉飲酒兩壺斯禁是大夫用斯禁也玉藻云
士用禁又士冠禮士昏禮承尊皆用禁是士用禁也謂之禁
者鄭注士冠禮云名之禁者因爲酒戒也案鄉射是士禮
而用斯禁者以禮樂賢從大夫也案特牲是士禮而云棜
禁在東序士亦言棜者鄭注云棜禁者祭尚厭飫故得與
大夫同也云禁如今方案隋長局足高三寸者案漢禮器
制度而知今案鄭注儀禮棜今無足轝皇氏以爲棜一頭
有足一頭無足未知有何馮據且
高下不等何以承尊其義非也 禮有以文爲貴
者天子龍衮諸侯黼大夫黻士玄衣纁
裳天子之冕朱緑藻十有二旒諸侯九

上大夫七下大夫五士三此以文爲貴也此祭冕服也朱緑似夏殷禮也周禮天子五采藻

疏 正義曰天子龍衮諸侯黼大夫黻士玄衣纁裳人君因天之文章以表於德德多則文備故天子龍衮諸侯以下又稍少也然周禮上公亦衮侯伯鷩子男毳孤卿絺大夫玄士爵弁玄衣纁裳今言諸侯黼大夫黻雜明夏殷禮也但夏殷衣有日月星辰山龍今云龍衮者舉多文爲首耳日月之文不及龍也崔云然也 天子之冕朱緑藻十有二旒者亦是夏殷也周藻五采也十二謂旒數也 諸侯九上大夫七下大夫五士三者亦夏殷也周家旒數隨命數又士但爵弁無旒也 此以文爲貴也者是其稱也 注此祭至采藻 正義曰此祭冕服也既漫云龍衮黼黻故鄭云此是祭祀冕服也云朱緑似夏殷禮也周禮天子五采藻者鄭據經非周法也而云似夏殷者夏殷無服禮文今此文非周制故云似也熊氏云朱緑以下是夏殷禮其天子龍衮諸侯黼大夫黻等皆周法無嫌諸侯雖九章七章以下其中有黼也孤絺冕而下其中有黻特舉黼黻而言耳故詩采菽云玄衮及黼是特言黼也詩終南美秦襄公黻衣繡裳是特言黻也熊氏之義踰於皇氏耳

有以素爲貴者至敬無文父黨無容大圭不琢大羹不和大路素而越席犧尊疏布鼏樿杓此以素爲貴也大圭長三尺杼上終葵首琢當爲篆字之誤也明堂位曰大路殷路也鼏或作幕樿木白理也

疏 正義曰至敬無文至敬謂敬之至極謂祭天服用大裘是無文也父黨無容者謂父之族黨是親質素故事之無有折旋揖讓之容 大圭不琢者大圭天子朝日月之圭也尚質之義但杼上終葵首而無琢桓蒲之文也 大羹不和者大羹肉汁也不和無鹽梅也大古初變腥但煑肉而飲其汁未

上大夫七下大夫五士三此以文爲貴也此祭冕服也朱緑似夏殷禮也周禮天子五采藻

疏 正義曰天子龍衮諸侯黼大夫黻士玄衣纁裳人君因天之文章以表於德德多則文備故天子龍衮諸侯以下又稍少也然周禮上公亦衮侯伯鷩子男毳孤卿絺大夫玄士爵弁玄衣纁裳今言諸侯黼大夫黻雜明夏殷禮也但夏殷衣有日月星辰山龍今云龍衮者舉多文爲首耳日月之文不及龍也崔云然也 天子之冕朱緑藻十有二旒者亦是夏殷也周藻五采也十二謂旒數也 諸侯九上大夫七下大夫五士三者亦夏殷也周家旒數隨命數又士但爵弁無旒也 此以文爲貴也者是其稱也 注此祭至采藻 正義曰此祭冕服也既漫云龍衮黼黻故鄭云此是祭祀冕服也云朱緑似夏殷禮也周禮天子五采藻者鄭據經非周法也而云似夏殷者夏殷無服禮文今此文非周制故云似也熊氏云朱緑以下是夏殷禮其天子龍衮諸侯黼大夫黻等皆周法無嫌諸侯雖九章七章以下其中有黼也孤絺冕而下其中有黻特舉黼黻而言耳故詩采菽云玄衮及黼是特言黼也詩終南美秦襄公黻衣繡裳是特言黻也熊氏之義踰於皇氏耳

禮記義三十二 十八 李信

有以素爲貴者至敬無文父黨無容大圭不琢大羹不和大路素而越席犧尊疏布鼏樿杓此以素爲貴也大圭長三尺杼上終葵首琢當爲篆字之誤也明堂位曰大路殷路也鼏或作幕樿木白理也

疏 正義曰至敬無文至敬謂敬之至極謂祭天服用大裘是無文也父黨無容者謂父之族黨是親質素故事之無有折旋揖讓之容 大圭不琢者大圭天子朝日月之圭也尚質之義但杼上終葵首而無琢桓蒲之文也 大羹不和者大羹肉汁也不和無鹽梅也大古初變腥但煑肉而飲其汁未

知調和後人祭也既重古故但盛肉汁謂之大羹不和
大路素而越席者大路殷家祭天車也越席蒲席也祭天
本質素故素車蒲席也 犧尊者先儒云刻尊爲犧牛
之形用以爲尊鄭云畫尊作鳳羽婆娑然故謂娑尊也祭
天既用陶匏蓋以瓦爲尊畫犧羽於上或可用犧爲尊是
夏殷禮也用陶也皇氏以爲犧尊即周禮犧象也而祭天
用陶匏者謂盛牲牢及酌酒器其義非也具在特牲疏疏
布鼏者疏麤也鼏覆也謂郊天時以麤布爲巾以覆尊也
故鼏人云祭祀以疏布巾鼏八尊注云以疏布者天地之
神尚質也 樿杓者樿白理木也貴素故用白理木爲杓
而鄭注周禮亦云祭天爵不用玉也 注 大圭至葵首
正義曰杼殺也長三尺下頭方而殺其上故云杼上終葵
首者椎名也於杼上之頭又爲方椎故云終葵首也 孔子曰禮不可不省也
禮不同不豐不殺此之謂也蓋言稱也 省察

禮記義三十二　十九　宋

也不同言異也 疏 正義曰禮不可不省記者引孔子語證上諸事也省察也禮既有諸事所趣不同不可不
察不察則禮道無由可知也禮不同者此是可省之事也
不同謂或高下大小文素之異也 不豐者應少不可多
是不豐也 不殺者應多不可少也是不殺也 此之謂
也蓋言稱也者此之謂上諸事也上事各異蓋是各言其
有稱故也此經揔說在上稱之事也 禮之以多爲貴者以其外心
者也 外心用心於外其德在表也 德發揚詡萬物 詡猶普也徧也
大理物博如此則得不以多爲貴乎故
君子樂其發也 發猶見也樂多其外見也 疏 正義曰此一節以上言稱作記
之人因廣明稱之事 禮之以多爲貴者此說禮之所以
須多爲貴之意以其外心者也謂其用心於外也用心於

知調和後人祭也既重古故但盛肉汁謂之大羹不和
大路素而越席者大路殷家祭天車也越席蒲席也祭天
本質素故素車蒲席也 犧尊者先儒云刻尊爲犧牛
之形用以爲尊鄭云畫尊作鳳羽婆娑然故謂娑尊也祭
天既用陶匏蓋以瓦爲尊畫犧羽於上或可用犧爲尊是
夏殷禮也用陶也皇氏以爲犧尊即周禮犧象也而祭天
用陶匏者謂盛牲牢及酌酒器其義非也具在特牲疏疏
布鼏者疏麤也鼏覆也謂郊天時以麤布爲巾以覆尊也
故鼏人云祭祀以疏布巾鼏八尊注云以疏布者天地之
神尚質也 樿杓者樿白理木也貴素故用白理木爲杓
而鄭注周禮亦云祭天爵不用玉也 注 大圭至葵首
正義曰杼殺也長三尺下頭方而殺其上故云杼上終葵
首者椎名也於杼上之頭又爲方椎故云終葵首也 孔子曰禮不可不省也
禮不同不豐不殺此之謂也蓋言稱也 省察

禮記義三十二　十九　宋

也不同言異也 疏 正義曰禮不可不省記者引孔子語證上諸事也省察也禮既有諸事所趣不同不可不
察不察則禮道無由可知也禮不同者此是可省之事也
不同謂或高下大小文素之異也 不豐者應少不可多
是不豐也 不殺者應多不可少也是不殺也 此之謂
也蓋言稱也者此之謂上諸事也上事各異蓋是各言其
有稱故也此經揔說在上稱之事也 禮之以多爲貴者以其外心
者也 外心用心於外其德在表也 德發揚詡萬物 詡猶普也徧也
大理物博如此則得不以多爲貴乎故
君子樂其發也 發猶見也樂多其外見也 疏 正義曰此一節以上言稱作記
之人因廣明稱之事 禮之以多爲貴者此說禮之所以
須多爲貴之意以其外心者也謂其用心於外也用心於

足利本第三十二卷第二十葉

外謂起自朝廷廣及九州四海也王者居四海之上宜爲
四海所畏服故禮須自多厚顯德於外於外亦以接物也
故云以其外心者也隱義云萬物在人外非己所有故以
多爲貴也　德發揚詡萬物者此以下解心在外義也詡
普也徧也言王者撫有四海宜發揚其德普徧萬物也
大理物博者言王者大領理萬物之事廣博如此則得不
以多爲貴乎者結上也既有德發於外徧萬物理博事條
如此則豈得不貴多乎故貴之也　故君子樂其發也者
君子則天子也發見也既須外接故所行事樂得其禮迹
發見於外也一云君子謂民下識禮道者也庾云王功被
於物君子樂其外見也禮之以少爲貴者以其內心者
也內心用心於內其德在內德產之致也精微致致密也觀天下
之物無可以稱其德者萬物皆天所生孰可奉薦以稱也如

禮記義三十二　二十

此則得不以少爲貴乎是故君子慎其獨
也少其牲物致誠慤疏正義曰此一節亦覆說禮之以少爲貴
之意　以其內心者也內心謂用心於
內也用心於內謂行禮不使外迹彰著也　德產之致也
精微者此以下解心在內義也德天地之德也產生也致
密也言天地之德生於萬物深密唯精唯微無所遺忘者
也盧云天地之德所生至精至微也　觀天下之物無可
以稱其德者觀猶覽視也言視天下萬物皆是天地所
生若持彼所生以報於彼終非報義故云無可以稱其德
者也如此則得不以少爲貴乎者既無物可稱則宜少外
多內也是其外迹豈得不貴少乎王云欲徧取萬物以祭
天終不能稱其德報其功故以特犢貴誠慤之義也　是
故君子慎其獨也者獨少也既外迹應少故君子用少而
極敬慎也前云故此云是故者慎之情深故加是也古之聖人內之爲尊外

潘本第三十二卷第二十葉

外謂起自朝廷廣及九州四海也王者居四海之上宜爲
四海所畏服故禮須自多厚顯德於外於外亦以接物也
故云以其外心者也隱義云萬物在人外非己所有故以
多爲貴也　德發揚詡萬物者此以下解心在外義也詡
普也徧也言王者撫有四海宜發揚其德普徧萬物也
大理物博者言王者大領理萬物之事廣博如此則得不
以多爲貴乎者結上也既有德發於外徧萬物理博事條
如此則豈得不貴多乎故貴之也　故君子樂其發也者
君子則天子也發見也既須外接故所行事樂得其禮迹
發見於外也一云君子謂民下識禮道者也庾云王功被
於物君子樂其外見也禮之以少爲貴者以其內心者
也內心用心於內其德在內德產之致也精微致致密也觀天下
之物無可以稱其德者萬物皆天所生孰可奉薦以稱也如

禮記義三十二　二十

此則得不以少爲貴乎是故君子慎其獨
也少其牲物致誠慤疏正義曰此一節亦覆說禮之以少爲貴
之意　以其內心者也內心謂用心於
內也用心於內謂行禮不使外迹彰著也　德產之致也
精微者此以下解心在內義也德天地之德也產生也致
密也言天地之德生於萬物深密唯精唯微無所遺忘者
也盧云天地之德所生至精至微也　觀天下之物無可
以稱其德者觀猶覽視也言視天下萬物皆是天地所
生若持彼所生以報於彼終非報義故云無可以稱其德
者也如此則得不以少爲貴乎者既無物可稱則宜少外
多內也是其外迹豈得不貴少乎王云欲徧取萬物以祭
天終不能稱其德報其功故以特犢貴誠慤之義也　是
故君子慎其獨也者獨少也既外迹應少故君子用少而
極敬慎也前云故此云是故者慎之情深故加是也古之聖人內之爲尊外

之爲樂少之爲貴多之爲美是故先王之制禮也不可多也不可寡也唯其稱也疏正義曰此一節覆說聖人制禮或內或外或少或多然後爲稱也古之聖人內之爲尊者解內心也天不可外報所以內極敬慎而其理爲尊也　外之爲樂者解外心接物須廣大故外極繁富而其事可樂也隱義云樂多其外見者謂衣服萬物悉外見物也已有功德故得使有此物以光輝祀先人爲樂也　少之爲貴者極心於內故外以少爲貴也　多之爲美者極禮迹於表故以外多爲美也　是故先王之制禮也不可多也不可寡也唯其稱也者合結多少乃異而以有稱爲禮也　是故君子大牢而祭謂之禮匹士大牢而祭謂之攘君子謂大夫以上攘盜竊也疏正義曰此一節說禮既須

禮記義三十二　二一　楊昌

稱中則得禮僭則盜竊　君子大牢而祭謂之禮者君子大夫以上大夫常祭少牢遣奠及卒哭祔用大牢故祭用大牢而謂之禮也　匹士大牢而祭謂之攘者匹士士也攘盜也士常祭特豚遣奠卒哭祔加一等少牢若用大牢則是盜竊用君子之禮也然不直言士而言匹士者庾云士言其微賤不得特使爲介乃行故謂之匹也白虎通云庶人稱匹夫者匹偶也與其妻偶陰陽相成之義也故論語云匹夫匹婦檢於禮本時有匹字作正字者有通者云天子大夫常祭亦大牢故此文云大夫大牢謂之禮正也若諸侯大夫自常祭少牢加一等乃大牢耳少牢饋食是諸侯大夫禮也崔氏亦用此義然盧王禮本並作匹字矣今定本及諸本並作正字熊氏依此本而爲正字恐誤也管仲鏤簋朱紘山節藻梲君子以爲濫矣濫亦盜竊也鏤簋謂刻而飾之大夫刻爲龜耳諸侯飾以象天子飾以玉朱紘天子冕之紘也諸侯青組紘大夫士

足利本第三十二卷第二十一葉

之爲樂少之爲貴多之爲美是故先王之制禮也不可多也不可寡也唯其稱也疏正義曰此一節覆說聖人制禮或內或外或少或多然後爲稱也古之聖人內之爲尊者解內心也天不可外報所以內極敬慎而其理爲尊也　外之爲樂者解外心接物須廣大故外極繁富而其事可樂也隱義云樂多其外見者謂衣服萬物悉外見物也已有功德故得使有此物以光輝祀先人爲樂也　少之爲貴者極心於內故外以少爲貴也　多之爲美者極禮迹於表故以外多爲美也　是故先王之制禮也不可多也不可寡也唯其稱也者合結多少乃異而以有稱爲禮也　是故君子大牢而祭謂之禮匹士大牢而祭謂之攘君子謂大夫以上攘盜竊也疏正義曰此一節說禮既須

禮記義三十二　二一　楊昌

稱中則得禮僭則盜竊　君子大牢而祭謂之禮者君子大夫以上大夫常祭少牢遣奠及卒哭祔用大牢故祭用大牢而謂之禮也　匹士大牢而祭謂之攘者匹士士也攘盜也士常祭特豚遣奠卒哭祔加一等少牢若用大牢則是盜竊用君子之禮也然不直言士而言匹士者庾云士言其微賤不得特使爲介乃行故謂之匹也白虎通云庶人稱匹夫者匹偶也與其妻偶陰陽相成之義也故論語云匹夫匹婦檢於禮本時有匹字作正字者有通者云天子大夫常祭亦大牢故此文云大夫大牢謂之禮正也若諸侯大夫自常祭少牢加一等乃大牢耳少牢饋食是諸侯大夫禮也崔氏亦用此義然盧王禮本並作匹字矣今定本及諸本並作正字熊氏依此本而爲正字恐誤也管仲鏤簋朱紘山節藻梲君子以爲濫矣濫亦盜竊也鏤簋謂刻而飾之大夫刻爲龜耳諸侯飾以象天子飾以玉朱紘天子冕之紘也諸侯青組紘大夫士

潘本第三十二卷第二十一葉

足利本第三十二卷第二十二葉

當緇組紘纁邊楄謂之節梁上楹謂之梲宮室之飾士首本大夫達棱諸侯斲而礱之天子加密石焉無畫山藻之禮也【疏】正義曰此一節明奢而失禮之事管仲鏤簋朱紘者此是不稱之人也管仲齊大夫也簋黍稷器也紘冕之飾用組爲之以其組從下屈而上屬之於兩旁垂餘爲纓此鏤簋朱紘是天子之飾而管仲僭濫爲之也山節者山節謂刻柱頭爲斗栱形如山也藻梲者謂畫梁上短柱爲藻文也此是天子廟飾而管仲僭爲之也鄭注明堂云山節刻欂盧爲山也藻梲畫侏儒柱爲藻文也君子以爲濫矣者君子識禮者也謂管仲行此事是爲僭濫也【注】鏤簋至禮也　正義曰鏤簋謂刻而飾之鏤謂刻鏤故知刻而飾之云大夫刻爲龜耳者案少牢敦皆南首鄭注云敦有首者尊者器飾也飾蓋象龜周之禮飾器各以其類龜有上下甲也龜簋聲相近故知爲龜形也云諸侯飾以象者案燕禮有象觚故知飾以象也云天子飾以玉者案周禮九嬪云贊玉齍玉府云共玉敦是也云朱

禮記義三十二　二十二　李良

紘天子冕之紘也諸侯青組紘皆祭義文也云大夫士當緇組紘纁邊者案士冠禮緇組紘纁邊是士也天子諸侯用純大夫當用雜故宜與士同也云楄謂之節梁上楹謂之梲者釋宮云其梁上楹謂之梲孫炎云梁上侏儒柱也又云楄謂之節李巡本節作楶謂欂盧一名節皆謂斗栱也熊氏云楄上著木鬚櫍謂之欂盧即今之櫨木也以欂盧與楄異物其說非也云宮室之飾士首本大夫達棱諸侯斲而礱之天子加密石焉者此莊二十四年穀梁傳文彼云大夫斲之士斲本與此異案禮緯含文嘉云大夫達棱謂斲爲四棱以達兩端士首本者士斲去木之首本令細與尾頭相應晉語及含文嘉并穀梁傳雖其文小異大意略同也此管仲所僭皆天子之禮知者明堂位云山節藻梲天子之廟飾故也晏平仲祀其先人豚肩不揜豆澣衣濯冠以朝君子以爲隘矣隘猶狹陋也祀不以

潘本第三十二卷第二十二葉

當緇組紘纁邊楄謂之節梁上楹謂之梲宮室之飾士首本大夫達棱諸侯斲而礱之天子加密石焉無畫山藻之禮也【疏】正義曰此一節明奢而失禮之事管仲鏤簋朱紘者此是不稱之人也管仲齊大夫也簋黍稷器也紘冕之飾用組爲之以其組從下屈而上屬之於兩旁垂餘爲纓此鏤簋朱紘是天子之飾而管仲僭濫爲之也山節者山節謂刻柱頭爲斗栱形如山也藻梲者謂畫梁上短柱爲藻文也此是天子廟飾而管仲僭爲之也鄭注明堂云山節刻欂盧爲山也藻梲畫侏儒柱爲藻文也君子以爲濫矣者君子識禮者也謂管仲行此事是爲僭濫也【注】鏤簋至禮也　正義曰鏤簋謂刻而飾之鏤謂刻鏤故知刻而飾之云大夫刻爲龜耳者案少牢敦皆南首鄭注云敦有首者尊者器飾也飾蓋象龜周之禮飾器各以其類龜有上下甲也龜簋聲相近故知爲龜形也云諸侯飾以象者案燕禮有象觚故知飾以象也云天子飾以玉者案周禮九嬪云贊玉齍玉府云共玉敦是也云朱

大十五小六一十　禮記義三十二　二十二　何慶

紘天子冕之紘也諸侯青組紘皆祭義文也云大夫士當緇組紘纁邊者案士冠禮緇組紘纁邊是士也天子諸侯用純大夫當用雜故宜與士同也云楄謂之節梁上楹謂之梲者釋宮云其梁上楹謂之梲孫炎云梁上侏儒柱也又云楄謂之節李巡本節作楶謂欂盧一名節皆謂斗栱也熊氏云楄上著木鬚櫍謂之欂盧即今之櫨木也以欂盧與楄異物其說非也云宮室之飾士首本大夫達棱諸侯斲而礱之天子加密石焉者此莊二十四年穀梁傳文彼云大夫斲之士斲本與此異案禮緯含文嘉云大夫達棱謂斲爲四棱以達兩端士首本者士斲去木之首本令細與尾頭相應晉語及含文嘉并穀梁傳雖其文小異大意略同也此管仲所僭皆天子之禮知者明堂位云山節藻梲天子之廟飾故也晏平仲祀其先人豚肩不揜豆澣衣濯冠以朝君子以爲隘矣隘猶狹陋也祀不以

足利本第三十二卷第二十三葉

少牢與無田者同不盈禮也大夫士有田則祭無田則薦澣衣濯冠儉不務新 疏 正義曰此一節論儉而不中禮非稱之事 豚肩不揜豆者晏平仲齊大夫也大夫祭用少牢士用特豚而平仲今用豚豚又過小併豚兩肩不揜豆也必言肩者周人貴肩也肩在俎今云豆喻其小假豆言之其實在俎不在豆也澣衣濯冠以朝者大夫須鮮華之美而晏氏澣衣濯冠以朝君是不華也 君子以爲隘矣者隘狹也識禮君子評其大儉褊狹 注祀不至者同 正義曰與無田者同謂與無田之士同不關大夫也無田大夫猶用羔也 是故君子之行禮也不可不愼也衆之紀也紀散而衆亂言二大夫皆非也紀絲縷之數有紀 孔子曰我戰則克祭則受福蓋得其道矣我我知禮者也克勝也 疏 正義曰此一節論孔子述知禮

禮記義三十二　二十三　李涓

之人自稱戰克祭受福之事 我戰則克祭則受福者又引郊特牲語結稱也我謂知禮者克勝也言知禮之人戰必勝祭必受福 蓋得其道矣者解所以戰勝而祭受福也戰勝祭受福是所爲得道不多不少隨而稱當也秖爲二大夫之不稱也然此無戰事秖應云祭受福而此連言戰者彼爲二句相連故合引之也且彼因祭之田獵而教戰選兵祭有戰事 注我我知禮者也 正義曰知非孔子自我者君子務在謙光不應自言祭祀受福之事故知述知禮者而言我也 君子曰祭祀不祈祈求也祭祀不爲求福也詩云自求多福由己耳 不麾蚤麾之言快也祭有時不以先之爲快也齊人所善曰麾 不樂葆大謂器幣也葆之言褒也 不善嘉事嘉事之祭致夫人是也禮宜告見於先祖耳不善之而祭 牲不及肥大薦不美多品以禮之義有以小少爲貴也

潘本第三十二卷第二十三葉

少牢與無田者同不盈禮也大夫士有田則祭無田則薦澣衣濯冠儉不務新 疏 正義曰此一節論儉而不中禮非稱之事 豚肩不揜豆者晏平仲齊大夫也大夫祭用少牢士用特豚而平仲今用豚豚又過小併豚兩肩不揜豆也必言肩者周人貴肩也肩在俎今云豆喻其小假豆言之其實在俎不在豆也澣衣濯冠以朝者大夫須鮮華之美而晏氏澣衣濯冠以朝君是不華也 君子以爲隘矣者隘狹也識禮君子評其大儉褊狹 注祀不至者同 正義曰與無田者同謂與無田之士同不關大夫也無田大夫猶用羔也 是故君子之行禮也不可不愼也衆之紀也紀散而衆亂言二大夫皆非也紀絲縷之數有紀 孔子曰我戰則克祭則受福蓋得其道矣我我知禮者也克勝也 疏 正義曰此一節論孔子述知禮

禮記義三十二　二十三　郭閏

之人自稱戰克祭受福之事 我戰則克祭則受福者又引郊特牲語結稱也我謂知禮者克勝也言知禮之人戰必勝祭必受福 蓋得其道矣者解所以戰勝而祭受福也戰勝祭受福是所爲得道不多不少隨而稱當也秖爲二大夫之不稱也然此無戰事秖應云祭受福而此連言戰者彼爲二句相連故合引之也且彼因祭之田獵而教戰選兵祭有戰事 注我我知禮者也 正義曰知非孔子自我者君子務在謙光不應自言祭祀受福之事故知述知禮者而言我也 君子曰祭祀不祈祈求也祭祀不爲求福也詩云自求多福由己耳 不麾蚤麾之言快也祭有時不以先之爲快也齊人所善曰麾 不樂葆大謂器幣也葆之言褒也 不善嘉事嘉事之祭致夫人是也禮宜告見於先祖耳不善之而祭 牲不及肥大薦不美多品以禮之義有以小少爲貴也

足利本第三十二卷第二十四葉

疏正義曰此一節論祭祀之事依禮而行不樂華美祭祀不祈者祈求也凡祭祀之禮本爲感踐霜露思親而宜設祭以存親耳非爲就親祈福報也　不麾蚤者麾快也蚤謂先時也孝子感霜露悽心而思親思親而宜祭不以霜露未至而先時早設爲快也　不樂葆大者葆者褒也褒崇高之稱也祭之器幣大小長短自有常宜幣通丈八尺豆盛四升不以貴者貪高大爲之也　不善嘉事者嘉事冠昬也人年二十成人自宜冠三十嗣世自宜昬若無親者昬三月祭以告廟冠畢埽地而祭禰並是有爲而然非謂善之而設祭用牲不及肥大者謂郊牛繭栗宗廟角握社稷尺各有所宜不必須並及肥大也　薦不美多品者薦祭品味宜有其定不以多爲美故郊特牲而社稷大牢是也　注祈求至已耳　正義曰案鄭志荅趙商問祭祀不祈商案周禮設六祈之科禱禳而祭無不祈故敢問禮記者何義也鄭荅云祭祀常禮以序孝敬之心當專一其志而已禱祈有爲言之主於求福豈禮之常也又鄭發墨

禮記義三十二　二十四　李寔

守云孝子祭祀雖致其誠信與其忠敬而已不求其爲而祝尸嘏主人曰皇尸命工祝承致多福無疆于女孝孫來女孝孫使女受祿于天宜稼于田眉壽萬年勿替引之若此祭祀内盡已心外亦有祈福之義也　注嘉事至是也　正義曰案桓三年齊侯使仲年來聘致夫人于時公取文姜三月廟見故仲年來致夫人于時無祭而云嘉事之祭者當致夫人之時必告廟也故曾子問卿大夫取妻三月有廟見之禮　孔子曰臧文仲安知禮夏父弗綦逆祀而弗止也燔柴於奧　文仲魯公子彄之曾孫臧孫辰也莊文之間爲大夫於時爲賢是以非之不正禮也文二年八月丁卯大事于太廟躋僖公始逆祀是夏父弗綦爲宗人之爲也奧當爲爨字之誤也或作竈禮尸卒食而祭饎爨饔爨也時人以爲祭火　夫奧者老婦之祭也盛於盆尊神乃燔柴

潘本第三十二卷第二十四葉

疏正義曰此一節論祭祀之事依禮而行不樂華美祭祀不祈者祈求也凡祭祀之禮本爲感踐霜露思親而宜設祭以存親耳非爲就親祈福報也　不麾蚤者麾快也蚤謂先時也孝子感霜露悽心而思親思親而宜祭不以霜露未至而先時早設爲快也　不樂葆大者葆者褒也褒崇高之稱也祭之器幣大小長短自有常宜幣通丈八尺豆盛四升不以貴者貪高大爲之也　不善嘉事者嘉事冠昬也人年二十成人自宜冠三十嗣世自宜昬若無親者昬三月祭以告廟冠畢埽地而祭禰並是有爲而然非謂善之而設祭用牲不及肥大者謂郊牛繭栗宗廟角握社稷尺各有所宜不必須並及肥大也　薦不美多品者薦祭品味宜有其定不以多爲美故郊特牲而社稷大牢是也　注祈求至已耳　正義曰案鄭志荅趙商問祭祀不祈商案周禮設六祈之科禱禳而祭無不祈故敢問禮記者何義也鄭荅云祭祀常禮以序孝敬之心當專一其志而已禱祈有爲言之主於求福豈禮之常也又鄭發墨

禮記義三十二　二十四　周昇

守云孝子祭祀雖致其誠信與其忠敬而已不求其爲而祝尸嘏主人曰皇尸命工祝承致多福無疆于女孝孫來女孝孫使女受祿于天宜稼于田眉壽萬年勿替引之若此祭祀内盡已心外亦有祈福之義也　注嘉事至是也　正義曰案桓三年齊侯使仲年來聘致夫人于時公取文姜三月廟見故仲年來致夫人于時無祭而云嘉事之祭者當致夫人之時必告廟也故曾子問卿大夫取妻三月有廟見之禮　孔子曰臧文仲安知禮夏父弗綦逆祀而弗止也燔柴於奧　文仲魯公子彄之曾孫臧孫辰也莊文之間爲大夫於時爲賢是以非之不正禮也文二年八月丁卯大事于太廟躋僖公始逆祀是夏父弗綦爲宗人之爲也奧當爲爨字之誤也或作竈禮尸卒食而祭饎爨饔爨也時人以爲祭火　夫奧者老婦之祭也盛於盆尊神乃燔柴

於瓶老婦先炊者也盆瓶炊器也明此祭先炊非祭火神燔柴似失之（疏）正義曰此以下引仲
尼謚不得所宜之人也文仲魯大夫也事莊閔僖文四君
時人衆尊爲知禮故孔子譏其不知禮之事以譏時人也
夏父弗綦逆祀而弗止也者此非禮之一事也魯閔公僖
公俱是莊公之子閔適而小僖庶而大莊公死而立閔爲
君僖時爲臣閔少而死後乃立僖爲君僖死僖公子文公
立文二年八月丁卯大事于大廟是時夏父弗綦爲宗伯
典禮佞文公云吾見新鬼大故鬼小使列昭穆以閔置僖
下是臣在君上爲逆亂昭穆時臧文仲爲卿大夫見有此
逆祀之事而不諫使止故云安知禮也　燔柴於奥者此
又非禮之事奥音爨爨以爨竈爲義也禮祭至尸食竟而
祭爨神言其有功於人人得飲食故祭報之而夏父弗綦
爲禮官謂爨神是火神而遂燔柴祭之此是失禮而文仲
又不能諫止之又爲不知禮也　夫奥者老婦之祭也者
既譏燔柴於爨又明祭爨不可以燔柴之義爨者是老婦

禮記義三十二　二十五　李信

之祭其祭卑唯盛食於盆盛酒於瓶卑賤若此何得燔柴
祭之也（注）文仲至燔柴　正義曰云文仲魯公子彄之
曾孫臧孫辰也者案世本孝公生僖伯彄彄生哀伯達達
生伯氏瓶瓶生文仲辰是公子彄曾孫也云莊文之間爲
大夫者案莊二十八年臧孫辰告糴于齊文二年縱逆祀
是莊文之間爲大夫云於時爲賢者襄二十四年左傳云
先大夫曰臧文仲既沒其言立於後世死猶不朽是於時
爲賢也云文二年八月丁卯大事于大廟躋僖公始逆祀
者案文二年公羊傳云大事者何大祫也逆祀奈何先禰
而後祖也何休云近取法春秋惠公與莊公當同南面西
上隱桓與閔僖亦當同北面西上閔僖爲兄弟以繼代言
之有父子君臣之道此恩義逆順故云先禰後祖此公羊
之義也案外傳云躋僖公弗綦云明爲昭其次爲穆以此
言之終文公至惠公七世惠公爲昭隱公爲穆桓公爲昭
莊公爲穆閔公爲昭僖公爲穆今躋僖公爲昭閔公爲穆
自此以下昭穆皆逆故定公八年順祀先公服氏云自躋

於瓶老婦先炊者也盆瓶炊器也明此祭先炊非祭火神燔柴似失之（疏）正義曰此以下引仲
尼謚不得所宜之人也文仲魯大夫也事莊閔僖文四君
時人衆尊爲知禮故孔子譏其不知禮之事以譏時人也
夏父弗綦逆祀而弗止也者此非禮之一事也魯閔公僖
公俱是莊公之子閔適而小僖庶而大莊公死而立閔爲
君僖時爲臣閔少而死後乃立僖爲君僖死僖公子文公
立文二年八月丁卯大事于大廟是時夏父弗綦爲宗伯
典禮佞文公云吾見新鬼大故鬼小使列昭穆以閔置僖
下是臣在君上爲逆亂昭穆時臧文仲爲卿大夫見有此
逆祀之事而不諫使止故云安知禮也　燔柴於奥者此
又非禮之事奥音爨爨以爨竈爲義也禮祭至尸食竟而
祭爨神言其有功於人人得飲食故祭報之而夏父弗綦
爲禮官謂爨神是火神而遂燔柴祭之此是失禮而文仲
又不能諫止之又爲不知禮也　夫奥者老婦之祭也者
既譏燔柴於爨又明祭爨不可以燔柴之義爨者是老婦

禮記義三十二　二十五　李信

之祭其祭卑唯盛食於盆盛酒於瓶卑賤若此何得燔柴
祭之也（注）文仲至燔柴　正義曰云文仲魯公子彄之
曾孫臧孫辰也者案世本孝公生僖伯彄彄生哀伯達達
生伯氏瓶瓶生文仲辰是公子彄曾孫也云莊文之間爲
大夫者案莊二十八年臧孫辰告糴于齊文二年縱逆祀
是莊文之間爲大夫云於時爲賢者襄二十四年左傳云
先大夫曰臧文仲既沒其言立於後世死猶不朽是於時
爲賢也云文二年八月丁卯大事于大廟躋僖公始逆祀
者案文二年公羊傳云大事者何大祫也逆祀奈何先禰
而後祖也何休云近取法春秋惠公與莊公當同南面西
上隱桓與閔僖亦當同北面西上閔僖爲兄弟以繼代言
之有父子君臣之道此恩義逆順故云先禰後祖此公羊
之義也案外傳云躋僖公弗綦云明爲昭其次爲穆以此
言之終文公至惠公七世惠公爲昭隱公爲穆桓公爲昭
莊公爲穆閔公爲昭僖公爲穆今躋僖公爲昭閔公爲穆
自此以下昭穆皆逆故定公八年順祀先公服氏云自躋

足利本第三十二卷第二十六葉

僖公以來昭穆皆逆是同國語之說與何休義異公羊董仲舒說躋僖公逆祀小惡也左氏說爲大惡也許君謹案同左氏說鄭駮之云兄弟無相後之道登僖公主於閔公主上不順爲小惡也如鄭此意正以僖在閔上謂之爲昭非昭穆也云奧當爲爨字之誤也者下文云老婦之祭盛於盆尊於瓶故知非奧奧者夏祀竈神其禮尊以老婦配之耳故中霤禮祭竈先薦於奧有主有尸用特牲迎尸以下略如祭宗廟之禮是其事大也爨者宗廟祭祀尸卒食之後特祭老婦盛於盆尊於瓶是其事小也云或作竈者諸禮記本有作竈字故云或也云禮尸卒食而祭饎爨饔爨也者特牲記注舊說云宗婦祭饎爨亨者祭饔爨用黍肉而已無籩豆俎云時人以爲祭火神乃燔柴者依尸卒食而祭饎爨饔爨當時失禮又以此爲祭火神遂乃燔柴故文云燔柴於奧明失禮也皇氏云弗綦既以逆祀爲是又以燔柴祭爨爲是云祭火神乃燔柴者熊氏云宗伯以實柴祀日月星辰有大火之次故祭火神乃燔柴案異義

禮記正義三十二　二十六

竈神今禮戴說引此燔柴盆瓶之事古周禮說顓頊氏有子曰黎爲祝融祀以爲竈神許君謹案同周禮鄭駮之云祝融乃古火官之長猶后稷爲堯司馬其尊如是王者祭之但就竈陘一何陋也祝融乃是五祀之神祀於四郊而祭火神於竈陘於禮乖也如鄭此言則祝融是五祀之神祀於郊奧者正是竈之神常祀在夏以老婦配之有俎及籩豆設於竈陘又延尸入奧爨者宗廟祭後直祭先炊老婦之神在於爨竈此祝融并奧及爨三者所以不同也

禮也者猶體也若人身體體不備君子謂之不成人設之不當猶不備也禮有大有小有顯有微大者不可損小者不可益顯者不可揜微者不可大也故經禮三百曲禮三

潘本第三十二卷第二十六葉

僖公以來昭穆皆逆是同國語之說與何休義異公羊董仲舒說躋僖公逆祀小惡也左氏說爲大惡也許君謹案同左氏說鄭駮之云兄弟無相後之道登僖公主於閔公主上不順爲小惡也如鄭此意正以僖在閔上謂之爲昭非昭穆也云奧當爲爨字之誤也者下文云老婦之祭盛於盆尊於瓶故知非奧奧者夏祀竈神其禮尊以老婦配之耳故中霤禮祭竈先薦於奧有主有尸用特牲迎尸以下略如祭宗廟之禮是其事大也爨者宗廟祭祀尸卒食之後特祭老婦盛於盆尊於瓶是其事小也云或作竈者諸禮記本有作竈字故云或也云禮尸卒食而祭饎爨饔爨也者特牲記注舊說云宗婦祭饎爨亨者祭饔爨用黍肉而已無籩豆俎云時人以爲祭火神乃燔柴者依尸卒食而祭饎爨饔爨當時失禮又以此爲祭火神遂乃燔柴故文云燔柴於奧明失禮也皇氏云弗綦既以逆祀爲是又以燔柴祭爨爲是云祭火神乃燔柴者熊氏云宗伯以實柴祀日月星辰有大火之次故祭火神乃燔柴案異義

禮記義三十二　二十六

竈神今禮戴說引此燔柴盆瓶之事古周禮說顓頊氏有子曰黎爲祝融祀以爲竈神許君謹案同周禮鄭駮之云祝融乃古火官之長猶后稷爲堯司馬其尊如是王者祭之但就竈陘一何陋也祝融乃是五祀之神祀於四郊而祭火神於竈陘於禮乖也如鄭此言則祝融是五祀之神祀於郊奧者正是竈之神常祀在夏以老婦配之有俎及籩豆設於竈陘又延尸入奧爨者宗廟祭後直祭先炊老婦之神在於爨竈此祝融并奧及爨三者所以不同也

禮也者猶體也若人身體體不備君子謂之不成人設之不當猶不備也禮有大有小有顯有微大者不可損小者不可益顯者不可揜微者不可大也故經禮三百曲禮三

足利本第三十二卷第二十七葉

千其致一也致之言至也。一謂誠也。經禮謂周禮也。周禮六篇，其官有三百六十。曲猶事也。事禮謂今禮也。禮篇多亡，本數未聞，其中事儀三千。三百三千，皆猶誠也。未有入室而不由戶者。君子之於禮也，有所竭情盡慎，致其敬而誠若。謂以少小下素爲貴也。若，順也。有美而文而誠若。謂以多大高文爲貴也。君子之於禮也，有直而行也。謂若始死哭踊無節也。有曲而殺也。謂若父在爲母期也。有經而等也。謂若天子以下至士庶人爲父母三年。有順而討也。討猶去也。謂若天子以十二，公以九，侯伯以七，子男以五爲節也。有摲而播也。摲之言芟也。謂芟殺有所與也，若祭者貴者貴賤皆有所得，不使虛也。有推而進也。謂若王者之後得用天子之禮。有放而文也。謂若天子之服，袞日月以至黼黻。有放而不致也。謂若諸侯自山龍以下。有順而摭也。謂若君沐粱，大夫沐稷，士沐粱。三代之禮一也，民共由之，或素或青，夏造殷因。一也，俱趨誠也。由，用也。素尚白，青尚黑者也。言所尚雖異，禮則相因耳。孔子曰：「殷因於夏禮，所損益可知也；周因於殷禮，所損益可知也。」變白黑言素青者，秦二世時，趙高欲作亂，或以青爲黑，黑爲黃，民言從之，至今語猶存也。

疏正義曰：此一節論因上禮之有稱，故此以下廣明三代之禮皆由誠信乃合，亦各依文解之。禮也者，猶體也者，猶若人身體也。體不備，君子謂之不成人。釋體也，人身體髮膚骨血筋脈備足，乃爲成人，若片許不備，便不爲成人也。設之不

禮記義三十二　二十七

潘本第三十二卷第二十七葉

千其致一也致之言至也。一謂誠也。經禮謂周禮也。周禮六篇，其官有三百六十。曲猶事也。事禮謂今禮也。禮篇多亡，本數未聞，其中事儀三千。三百三千，皆猶誠也。未有入室而不由戶者。君子之於禮也，有所竭情盡慎，致其敬而誠若。謂以少小下素爲貴也。若，順也。有美而文而誠若。謂以多大高文爲貴也。君子之於禮也，有直而行也。謂若始死哭踊無節也。有曲而殺也。謂若父在爲母期也。有經而等也。謂若天子以下至士庶人爲父母三年。有順而討也。討猶去也。謂若天子以十二，公以九，侯伯以七，子男以五爲節也。有摲而播也。摲之言芟也。謂芟殺有所與也，若祭者貴賤皆有所得，不使虛也。有推而進也。謂若王者之後得用天子之禮。有放而文也。謂若天子之服，袞日月以至黼黻。有放而不致也。謂若諸侯自山龍以下。有順而摭也。謂若君沐粱，大夫沐稷，士沐粱。三代之禮一也，民共由之，或素或青，夏造殷因。一也，俱趨誠也。由，用也。素尚白，青尚黑者也。言所尚雖異，禮則相因耳。孔子曰：「殷因於夏禮，所損益可知也；周因於殷禮，所損益可知也。」變白黑言素青者，秦二世時，趙高欲作亂，或以青爲黑，黑爲黃，民言從之，至今語猶存也。

疏正義曰：此一節論因上禮之有稱，故此以下廣明三代之禮皆由誠信乃合，亦各依文解之。禮也者，猶體也者，猶若人身體也。體不備，君子謂之不成人。釋體也，人身體髮膚骨血筋脈備足，乃爲成人，若片許不備，便不爲成人也。設之不

禮記義三十二　二十七

足利本第三十二卷第二十八葉

當猶不備也者合譬也禮既猶如人之有體體雖備但設之不當則不成人則設禮不當亦不成禮猶如人體之不當也所以已祭天地復祭山川社稷已事生人復祭宗廟是備之義也　禮有大者謂有大及多爲貴也有小者謂有小及少爲貴也有顯者謂有高及文爲貴也有微者謂有素及下爲貴也　大者不可損小者不可益顯者不可揜微者不可大也者各隨其體而設禮不得不當也　故經禮三百曲禮三千者既設禮大小隨於萬體不可不備故周公制禮遂有三千三百之多也　其致一也者致至也一誠也雖三千三百之多而行之者皆須至誠故云一也若損大益小揜顯大微皆失至誠也周公攝政七年制禮作樂爲設官分職之法亦名周官有六卿每卿下各有屬官六十凡三百六十經秦焚燒之後至漢孝文帝時求得此書不見冬官一篇乃使博士作考工記補之非上之義唯證周禮三百六十職也　未有入室而不由戶者室猶禮也戶猶誠也入室必由戶行禮必由誠故云未有入室而

禮記正義三十二　二十八

不由戶行禮不由誠者言皆由誠也　君子至誠若此經覆明上以少小下素之義　有所竭情盡慎致其敬而誠若者謂所以少小下素爲貴者當求諸於內有所求竭已情盡其戒慎致其恭敬而行至誠和順故以少小下素爲貴也　有美而文而誠若此一經明多大高文爲貴之義有美而文者謂有威儀之美而文章顯著而行至誠和順者章之於外故須多大高文也言內行誠順則以少小下素求諸內也外行誠順則以多大高文章之外也　君子至撫也　此經廣明禮意不同　有直而行也者君子之於禮一事也直而行謂親始死孝子哀慼哭踊無節直任已天性而行也　有曲而殺也者二事也曲殺謂服父斬衰三年爲母齊衰期是曲殺也　有經而等也者三事也經常也常而等謂上自天子下至庶人雖尊卑有異而服其父母則貴賤同等也　有順而討也者四事也順猶順序討猶去也謂天子至尊每十二爲節自此以下轉相降差公九侯伯七子男五是順序而稍去之也　有摲而播

潘本第三十二卷第二十八葉

當猶不備也者合譬也禮既猶如人之有體體雖備但設之不當則不成人則設禮不當亦不成禮猶如人體之不當也所以已祭天地復祭山川社稷已事生人復祭宗廟是備之義也　禮有大者謂有大及多爲貴也有小者謂有小及少爲貴也有顯者謂有高及文爲貴也有微者謂有素及下爲貴也　大者不可損小者不可益顯者不可揜微者不可大也者各隨其體而設禮不得不當也　故經禮三百曲禮三千者既設禮大小隨於萬體不可不備故周公制禮遂有三千三百之多也　其致一也者致至也一誠也雖三千三百之多而行之者皆須至誠故云一也若損大益小揜顯大微皆失至誠也周公攝政七年制禮作樂爲設官分職之法亦名周官有六卿每卿下各有屬官六十凡三百六十經秦焚燒之後至漢孝文帝時求得此書不見冬官一篇乃使博士作考工記補之非上之義唯證周禮三百六十職也　未有入室而不由戶者室猶禮也戶猶誠也入室必由戶行禮必由誠故云未有入室而

禮記正義三十二　二十八　馬李

不由戶行禮不由誠者言皆由誠也　君子至誠若此經覆明上以少小下素之義　有所竭情盡慎致其敬而誠若者謂所以少小下素爲貴者當求諸於內有所求竭已情盡其戒慎致其恭敬而行至誠和順故以少小下素爲貴也　有美而文而誠若此一經明多大高文爲貴之義有美而文者謂有威儀之美而文章顯著而行至誠和順者章之於外故須多大高文也言內行誠順則以少小下素求諸內也外行誠順則以多大高文章之外也　君子至撫也　此經廣明禮意不同　有直而行也者君子之於禮一事也直而行謂親始死孝子哀慼哭踊無節直任已天性而行也　有曲而殺也者二事也曲殺謂服父斬衰三年爲母齊衰期是曲殺也　有經而等也者三事也經常也常而等謂上自天子下至庶人雖尊卑有異而服其父母則貴賤同等也　有順而討也者四事也順猶順序討猶去也謂天子至尊每十二爲節自此以下轉相降差公九侯伯七子男五是順序而稍去之也　有摲而播

也者五事也撕芰也播布也謂君祭而羣臣助祭得俎而下至胞翟一切悉有所得是芰上貴之分以布徧於下也 有推而進也者六事也謂二王之後已喪天位而天子必推而進之使用王禮也 有放而文也者七事也放法也謂天子畫日月星辰於衣服是法天以爲文 有放而不致也者八事也致極也謂諸侯以下亦有放法而不得極也 有順而摭也者九事也摭猶拾取也謂若君沐粱大夫用稷士用粱士卑不嫌是拾君之禮而用之也 三代至殷因 此一節廣明三代損益不同三代之禮一也者謂三代所行之禮雖各别一皆趨於至誠故云一也 民共由之者由用也非唯君行禮用誠如一也民亦共用誠如一也 或素者前明三代雖異而俱用誠是同此述其迹異也或素尚白也尚白殷世之禮也 或青者尚黑夏世之禮也然夏先殷後今先云或素者記是周時今欲見周因於殷殷因於夏禮也 夏造者往來之禮雖同而先從夏始故云夏造也 殷因者因於夏禮而用之故云

禮記正義三十二　二十九

殷因也 注一也至存也 正義曰一也俱趨誠也文承上經禮三百曲禮三千其致一也一謂至誠故知此一亦至誠也云青尚黑者也者夏以十三月爲正於時草之萌不變白而青也夏正尚黑故知青謂黑也云秦二世時趙高欲作亂或以青爲黑黑爲黄民言從之至今語猶存也者案史記秦二世謂胡亥於時丞相趙高欲殺二世未知人從已否乃指鹿爲馬民畏趙高皆稱鹿爲馬是其事也其以青爲黑以黑爲黄即鹿馬之類也鄭去胡亥既近相傳知之此作記之人在胡亥之後故或素或青若王肅之說則異於此故家語云夏后氏金德而王色尚黑周以木德王色尚黄舜以土德王色尚青聖證論王肅以爲夏同堯皆尚其紫色舜土德王尚白而尚青者土以生爲功東方生物之始故尚青土既尚青水則辟之青而用白也故殷是水德而尚白王肅此說與檀弓緯候文乖不可用也

禮記正義卷第三十二

上杉安房守
藤原憲實寄進

也者五事也撕芰也播布也謂君祭而羣臣助祭得俎而下至胞翟一切悉有所得是芰上貴之分以布徧於下也 有推而進也者六事也謂二王之後已喪天位而天子必推而進之使用王禮也 有放而文也者七事也放法也謂天子畫日月星辰於衣服是法天以爲文 有放而不致也者八事也致極也謂諸侯以下亦有放法而不得極也 有順而摭也者九事也摭猶拾取也謂若君沐粱大夫用稷士用粱士卑不嫌是拾君之禮而用之也 三代至殷因 此一節廣明三代損益不同三代之禮一也者謂三代所行之禮雖各别一皆趨於至誠故云一也 民共由之者由用也非唯君行禮用誠如一也民亦共用誠如一也 或素者前明三代雖異而俱用誠是同此述其迹異也或素尚白也尚白殷世之禮也 或青者尚黑夏世之禮也然夏先殷後今先云或素者記是周時今欲見周因於殷殷因於夏禮也 夏造者往來之禮雖同而先從夏始故云夏造也 殷因者因於夏禮而用之故云

禮記義三十二　二十九　文

殷因也 注一也至存也 正義曰一也俱趨誠也文承上經禮三百曲禮三千其致一也一謂至誠故知此一亦至誠也云青尚黑者也者夏以十三月爲正於時草之萌不變白而青也夏正尚黑故知青謂黑也云秦二世時趙高欲作亂或以青爲黑黑爲黄民言從之至今語猶存也者案史記秦二世謂胡亥於時丞相趙高欲殺二世未知人從已否乃指鹿爲馬民畏趙高皆稱鹿爲馬是其事也其以青爲黑以黑爲黄即鹿馬之類也鄭去胡亥既近相傳知之此作記之人在胡亥之後故或素或青若王肅之說則異於此故家語云夏后氏金德而王色尚黑周以木德王色尚黄舜以土德王色尚青聖證論王肅以爲夏同堯皆尚其紫色舜土德王尚白而尚青者土以生爲功東方生物之始故尚青土既尚青水則辟之青而用白也故殷是水德而尚白王肅此說與檀弓緯候文乖不可用也

禮記正義卷第三十二

禮記正義卷第三十三

國子祭酒上護軍曲阜縣開國子臣孔穎達等奉

勅撰

周坐尸詔侑武方其禮亦然其道一也言此亦周所因於殷也武當爲無聲之誤也方猶常也告尸行節勸尸飲食無常若孝子之爲也孝子就養無方詔侑或爲詔囿夏立尸而卒祭夏禮尸有事乃坐殷坐尸無事猶坐周旅酬六尸使之相酌也后稷之尸發爵不受旅曾子曰周禮其猶醵與合錢飲酒爲醵旅酬相酌似之也王居明堂之禮仲秋乃命國醵

疏 正義曰此一節論三代尸禮不同　周坐尸者此言周所因於殷也殷人坐尸周因坐之也　詔侑武方者亦因殷也詔告也侑勸也方常也子事父母就養無方故在宗廟之中禮主於孝凡預助祭者皆得告尸威儀勸尸飲食無常人也　其禮亦然者其於周禮侑尸及詔侑無方之禮亦因於殷禮故云亦然也　其道一也者其用至誠之道一也　夏立尸而卒祭者此更本殷周所損益相因也夏祭乃有尸但立猶質言尸是人不可久坐神坐故尸唯飲食時蹔坐若不飲食時則尸倚立以至祭竟也　殷坐尸者此殷因夏之有立尸而損其不坐之禮益爲恒坐之法也是殷轉文也言尸本象神神宜安坐不辯有事與無事猶坐也　周旅酬六尸者此周又因殷而益之也旅酬六尸謂祫祭時聚羣廟之主於大祖后稷廟中后稷在室西壁東嚮爲發爵之主尊不與子孫爲酬酢餘自文武二尸就親廟尸凡六在后稷之東南北對爲昭穆更相次序以酬也殷但坐尸未有旅酬之禮而周益之也然大祫多主而唯云六尸者先

儒與王肅並云毀廟無尸但有主也　曾子曰周禮其猶醵與者曾子引世事證周禮旅酬之儀象也醵斂錢共飲酒也凡口斂錢飲酒必非忘懷之酌得而遽飲必令平徧不使偏頗與周禮次序旅酬相似也其王肅禮作遽注云曾子以爲使六尸旅酬不三獻猶遽而略爲也　正義曰告尸行節解經詔也勸尸飲食解經侑也　注告尸至之　案特牲少牢延尸及詔侑相尸之禮皆是祝官則是有常而云無常者熊氏云謂就衆祝之中但是祝官皆得爲之不常用一祝也案周禮大祝下大夫二人上士四人小祝中士八人下士十有六人是皆得相侑尸也

君子曰禮之近人情者非其至者也近人情者褻而遠之者敬郊血大饗腥三獻爓一獻孰郊祭天也大饗祫祭先王也三獻祭社稷五祀一獻祭羣小祀也爓沈肉於湯也血腥爓孰遠近備古今也尊者先遠差降而下至小祀孰而已

疏 正義曰此一節論禮以尊遠爲敬近人情爲褻　禮之近人情者謂若一獻孰飲食既孰是人情所欲食啗最近人情也　非其至者也既近人情非是敬之至極也　郊血者近者爲褻遠者爲敬其事非一今此先從鬼神之事而說也郊用犢犢有血有肉肉於人食啗之事於人情爲近血於人食啗最遠天神尊嚴不可近同人情故薦遠人情者以爲極敬也　大饗腥者大饗祫祭宗廟也腥生肉也宗廟爲私比郊爲劣故薦去人情稍近之腥亦爲敬降於天也　三獻爓者三獻謂祭社稷五祀也其禮三獻故因名其祭爲三獻也爓沈湯肉去人情漸近而社稷五祀降於宗廟故用爓又明其敬劣也　一獻孰者一獻祭羣小祀小祀卑酒一獻也其用孰肉孰肉是人情所食最爲褻近小祀神爲最輕故以褻近人之食祭之表其敬又劣也　注郊祭至而巳　正義曰知郊祭天者郊特牲云於郊故謂之郊是郊爲祭天也云大饗祫祭先王也者案宗伯以肆獻祼享先王以下宗廟之祭凡有六

享此云大饗享中最大故爲祫也此大饗之文在郊血之下故知非大饗帝也云三獻祭社稷五祀一獻祭羣小祀也者以祭服差之案司服祀四望山川則毳冕毳冕子男之服子男五獻以下差之也祭社稷五祀則絺冕宜三獻也祭羣小祀則玄冕宜一獻也云血腥爓孰遠近備古今也者血爲遠腥次之爓稍近孰最近遠者爲古近者爲今一祭之中兼有此事故云備古今也云尊者先遠差降而下至小祀孰而已者郊祭是尊而用血是尊者先遠也案宗伯祭廟以祼鬯爲始祭社稷五祀以血爲始此云郊血大饗腥三獻爓者謂祭祀初始降神之外於正祭之時有此郊血大饗腥之屬也凡郊與大饗三獻之屬正祭之時皆有血有腥有爓有孰此云郊血是郊有血也郊特牲云血毛告幽全是宗廟有血也宗伯云以血祭祭社稷五祀是三獻有血也楚語云禘郊之事則有全烝是郊祭天有孰也有孰則有腥可知也宗伯云以肆獻祼享先王是大饗有腥有孰也此云三獻爓宗伯云以血祭社稷五祀既

有血有爓明有腥有孰可知也然則郊天與大饗三獻並有血腥爓孰今所以各言者皇氏云此據設之先後郊則先設血也後設腥與爓孰雖以郊爲主其祭天皆然也大饗之時血與腥同時俱薦當朝事迎尸於户外薦血腥也雖以大饗爲主其宗廟之祭皆然也其三獻之祭血腥與爓一時同薦凡薦爓之時皆在薦腥之後但社稷五祀初祭降神之時已埋血宗伯之文是也至正祭薦爓之時又薦血此文是也若羣小祀之屬唯有薦孰無血腥爓也以其神卑故耳先薦者設之在前後進者設之居後皆皇氏之說義當然也熊氏云宗廟之祭無血鄭注論語云禘祭之禮自血腥始者謂腥肉有血今案詩小雅論宗廟之祭云執其鸞刀以啓其毛取其血膋則是有用血之明文也熊氏云無血其義非也

是故君子之於禮也非作而致其情也作起也敬非己情也所以下彼**此有由始也**有所法也**是**

故七介以相見也不然則已慤三辭三讓而至不然則已蹙已猶甚也慤蹙愿貌大愿則辭不見情無由至也**故魯人將有事於上帝必先有事於頖宮**上帝周所郊祀之帝謂蒼帝靈威仰也魯以周公之故得郊祀上帝與周同先有事於頖宮告后稷也告之者將以配天先仁也頖宮郊之學也詩所謂頖宮也字或爲郊宮**晉人將有事於河必先有事於惡池**惡當爲呼聲之誤也呼池嘔夷并州川**齊人將有事於泰山必先有事於配林**配林林名**三月繫七日戒三日宿愼之至也**繫繫牲于牢也戒散齊也宿致齊也將有祭祀之事必先敬愼如此不敢切也**故禮有擯詔樂有相步溫之至也**皆爲溫藉重禮也擯詔告道賓主者也相步扶工也詔或爲紹

【疏】正義曰此一節論君子行禮當降下於彼積漸擯相敬愼之至　非作而致其情也者作起也君子行禮本意所爲中下前人非是私自專輒徒起而致其已情也　此有由始也者既非直任我情而凡有所行皆有所由以爲始也由謂法天地之道先人後已　是故七介以相見也者行敬既非直起已情皆有所由爲始故陳七介以相見申賓主之情也此言七介者舉中言之也　不然則已慤者已甚也慤愿貌若不如是陳擯介相見則甚爲愿慤言愿慤大甚也　三辭三讓而至者依司儀賓至大門外陳擯介交擯三辭畢君迎賓拜辱至大門三讓三讓入大門主君每門讓賓一辭是三辭三讓而情意[illegible]至也　不然則已蹙者謂慤愿急蹙若不爲此三辭三[illegible]則大急蹙情無由達也　故魯人將有事於上帝必先

循事於頻宮者明相見有積漸之義有事於上帝謂祭天也必先有事於頻宮之中告后稷告以將配天也是也先畢然後祭尊也　晉人將有事於河必先有事於惡池者有事於河謂祭河也必先告惡池小川從小而祭也先告從祀者然後祭河也　齊人將有事於泰山必先有事於配林者有事於泰山謂祭泰山也先告配林配林是泰山之從祀者也故先告從祀然後祭泰山此皆積漸從小至大之義也　三月繫七日戒三日宿慎之至也者上云先小後大此言事神積漸絜敬之義三月繫謂祭前三月繫牲于牢也七日戒者謂祭前十日於七日之中散齋戒慎也三日宿者謂祭前三日而嚴宿以致齋也將祭之時以漸如此謹慎至極也禮須積漸不敢切迫也　故禮有擯詔樂有相步溫之至也者禮既不可卒迫故賓主相見有擯相詔告也但作樂之人今既無目有扶相行步所以擯詔輔相者溫藉之至極也　注上帝至學也　正義曰上帝周所郊祀之帝謂蒼帝靈威仰也者孝經云郊祀后稷以

配天喪服小記云王者禘其祖之所自出以其祖配之周人出自靈威仰則后稷配靈威仰也云魯以周公之故得郊祀上帝與周同者明堂位云祀帝于郊配以后稷天子之禮故知也云先有事於頻宮告后稷也者魯人無后稷之廟今將祭天而於頻宮告后稷也云將以配天先仁也者謂將欲以后稷配天先以仁恩存偶之也云頻宮郊之學也者周人立大學於東郊則天子魯侯大學在公宮東也小學在郊詩云斯樂泮水薄采其藻則魯以小學為頻宮頻宮在郊天子亦以小學為辟廱故鄭駁異義云三靈一廱在郊明矣　注呼池嘔夷并州川　正義曰此夏官職方之文　注繫繫至切也　正義曰充人云祀五帝則繫于牢芻之三月是繫於牢也云戒散齋也宿致齋也者祭義曰散齋七日致齋三日謂之宿者鄭注儀禮云宿是又戒宿之言肅肅敬之義也云不敢切也者以積漸敬慎不敢偪切也　注皆為至為紹　正義曰皇氏云溫謂承藉凡玉以物縕裹承藉君子亦以威儀擯相以自承藉今

定本作溫字則當云溫潤相承藉也　禮也者反本脩古不忘其初者也故凶事不詔朝事以樂二者反本也哭泣由中非由人也朝廷養賢以樂樂之也　醴酒之用玄酒之尚割刀之用鸞刀之貴莞簟之安而稾鞂之設三者脩古穗去實曰鞂禹貢三百里納鞂服　是故先王之制禮也必有主也主謂本與古也　故可述而多學也以本與古求之而已　疏　正義曰此一節論禮之所設反本脩古故可述而多學反本謂反其本性脩古謂脩習於古定本及諸本作循字當作脩　不忘其初者也者由其反本脩古故不忘其初也　故凶事不詔者此凶事及朝事是反本也本謂心也凶事

喪親之事也詔告也孝子親喪痛由心發故啼號哭泣不待外告而哀自至是反本還其孝性之本心也　朝事以樂者朝事謂朝廷之事也以樂奏音樂也朝廷是養老尊賢之也為賢所樂也故臣入門必縣興奏樂之事是反本還其樂朝廷之本心　醴酒之用玄酒之尚者此下三事是脩古也醴酒五齊第二酒也玄酒是水也尚上也言四時祭祀有醴酒之美而陳尊在玄酒之下以玄酒之尊置在上此是脩古也　割刀之用鸞刀之貴者割刀今之刀也鸞刀古刀也今刀便利可以割物之用古刀遲緩用之為難而宗廟不用今刀而用古刀亦是脩古故也　莞簟之安而稾鞂之設者莞簟今之席也詩云下莞上簟乃安斯寢言其細精而可安人也稾鞂除穗粒取稈稾為席郊祭不用莞簟之可安而用設稾鞂之麤席亦脩古也　是故先王之制禮也必有主也者主謂本與古也既初不可忘故先王制禮必有反本脩古之法也　故可述而多學也者禮既反本而脩古若欲述行學習但用本與古以求

之則可得也故云可述而多學也【注】穗去至鞂服　正
義曰案禹貢五百里甸服百里賦納總謂所刈禾也二百
里納銍謂刈禾穗也三百里納秸服謂禾
去其實唯稾秸也四百里粟五百里米　君子曰無節
於内者觀物弗之察矣節猶驗也　欲察物而不
由禮弗之得矣故作事不以禮弗之敬矣
出言不以禮弗之信矣故曰禮也者物之
致也　致之言至也極也　【疏】正義曰此一節明作事云爲非禮不可　無節於内者觀物弗之
察矣者節猶驗也内猶心也物萬物也察猶分辯也言若
欲外觀察萬物必先内有識驗之明若心内無明則外不
能分辯也　欲察物而不由禮弗之得矣者心由内所識
是可節是禮也言若外欲觀察萬物而心不由禮則察物
不能得也　故曰禮也者物之致也者引舊語結察物必
須禮也致猶至極也無禮既不爲民物敬信故禮所爲萬
物之至極也　是故昔先王之制禮也因其財物而
致其義焉爾故作大事必順天時　大事祭祀也春
秋傳曰啓蟄而郊龍見而雩始殺而嘗閉蟄而烝　爲朝夕必放於日月　日出東方
月生西方　爲高必因丘陵　謂冬至祭天於圓丘之上　爲下必因川澤
謂夏至祭地於方澤之中　是故天時雨澤君子達亹亹焉
達猶皆也亹亹勉勉也君子　【疏】正義曰此一節論必因其
愛物見天雨澤皆勉勉勸樂　財物之性而事天地因
其財物而致其義焉爾者財物猶云才性也禮既爲一切
萬物之至極故聖人制禮因萬物之才性而致其義也故

禮記正義三十三　七

作大事必順天時者自此以下皆因財物之事也但財物
大莫過於天故順天時而起也順於天時其事在下　爲
朝夕必放於日月者亦順天時也爲朝謂天子春分之旦
朝日於東門之外也爲夕謂天子秋分之夕祀月於西門
之外也日是陽故朝旦用事月爲陰故夕晚用事也日旦
出自東方故於東方而朝之月初生出自西方故於西方
而祀之朝禮有東西之異是放法於日月之始　爲高必
因丘陵者爲高謂冬至祭皇天大帝耀魄寶也丘陵謂圓
丘天圓而高故祭其天神於圓丘之上也是爲高必因丘
陵也　爲下必因川澤者爲下謂夏至祭崐崘之神也川
澤方澤也地方而下故祭其神於方澤是爲下必因川澤
也　是故天時雨澤君子達亹亹焉者達猶皆也亹亹
勉勉勸樂之貌也君子謂天子也天以高圓爲質地以下
方爲體天子以愛物爲用故天地感祭而降雨澤天子皆
愛物生而勉勉勸樂所以與天地合德也
烝　正義曰案成十三年左傳云國之大事在祀與戎故
知大事謂祭祀也引春秋傳者桓五年左傳文云啓蟄而
郊者謂夏正建寅之月蟄蟲啓戶郊祭天也云龍見而雩
者謂建巳之月龍星昏見而雩祭天求雨也云始殺而嘗
者謂建酉之月陰氣始殺而嘗祭宗廟也云閉蟄而烝者
謂建亥之月烝祭宗廟烝衆也萬物皆成可薦者衆　是故昔先王尚有德
尊有道任有能舉賢而置之聚衆而
誓之　古者將有大事必選賢誓衆重事也　是故因天事天　天高因高者以事也
因地事地　地下因下者以事也　因名山升中于天　名猶大也
升上也中猶成也謂巡守至於方嶽燔柴祭天告以諸侯之成功也孝經說曰封乎泰山考績燔燎禪乎梁甫刻石
紀號也　因吉土以饗帝于郊　吉土王者所卜而居之土也饗帝於郊以四時

禮記正義三十三　八

所兆祭於四郊者也今漢亦四時迎氣其禮則簡升中于天而鳳皇降龜龍假功成而太平陰陽氣和而致象物饗帝於郊而風雨節寒暑時五帝主五行五行之氣和而庶徵得其序也五行木爲雨金爲暘火爲燠水爲寒土爲風是故聖人南面而立而天下大治南面立者視朝

疏正義曰上經論作大事必順天時故此經明舉賢任能敬事天地遂致龜龍降集寒暑順時　尚有德者謂貴尚有德之人　尊有道者謂尊崇有道之士　任有能者謂使任有能之衆　舉賢而置之聚衆而誓之者謂至將祭之時選舉賢能置之在於祭位則射以擇士是也而又聚集其衆而誓戒之則其有不恭則服大刑是也　是故因天事天者謂因天體之高以高處以事天則上文爲高必因丘陵是也　因地事地者地體卑下因卑下之處以事地則前文爲下必因川澤是也　因名山升中于天者此還因天事天但事天非在一所此謂封禪之時中成也謂天子巡守至方嶽之下因此有名之大山升進諸侯成功之事以告於天　因吉土以饗帝于郊者此謂祭五方之帝因其所卜吉土以爲都饗祭五方之帝於都之四郊升中于天而鳳皇降龜龍假者假至也此覆說上文升中于天以天下大平故鳳皇隨德而降龜龍感化而至　饗帝于郊而風雨節寒暑時者覆說前文因吉土以饗帝以陰陽順序故風雨應節寒暑順時然上因天事天因地事地是圓丘方澤不有感致者以圓丘方澤等未大平之時未能感致故不云升中于天此是大平之後故致鳳皇與龜龍吉土饗帝雖未大平已行此禮但功成之後陰陽彌更順之故奉以言焉若據大平饗帝則致時和自然圓丘方澤大平之時致祥瑞可知　是故聖人南面而立而天下大治者以其尚德尊賢奉天事地陰陽既合嘉瑞並來以是之故聖人但南面而立朝夕視朝而天下大治　注名

猶聖號也　正義曰太山謂方嶽也巡守至於方嶽燔柴祭天告以諸侯之成功也此謂封禪也大平乃封禪其封禪必因巡守而爲之若未太平但巡守而已其未大平巡守之時亦燔柴以告至故王制說天子巡守必先柴告大平巡守之時初到方嶽亦燔柴告至之後乃考諸侯功績又封土爲壇更燔柴祭天告諸侯之成功也此唯泰山爲之餘嶽則否其巡守則每嶽皆至也而皇氏云大平乃巡守案詩頌時邁巡守告祭柴望時邁武王之詩而有巡守之禮武王未大平何得云太平乃巡守其義非也云孝經說曰至刻石紀號皆孝經緯文也封乎泰山者謂封土爲壇在於泰山之上考績燔燎者謂考諸侯功績燔柴燎牲以告天禪乎梁甫者禪讀爲墠謂除地爲墠在於梁甫以告地也梁甫是泰山之旁小山也刻石紀號也者謂刻石爲文紀錄當代號謚案白虎通云王者易姓而起必升封泰山何報告之義所以必於泰山何萬物之所交代之處也必於其上何因高告高順其類故升封者增高也下禪梁甫之基廣厚也刻石紀號者著己之功迹以自勸也增泰山之高以報天附梁甫之基以報地或曰封者金泥銀繩或曰石泥金繩封之印璽故孔子曰封泰山觀易姓而王可得數者七十有餘三皇禪於繹繹之山五帝禪於亭亭之山三王禪於梁甫之山繹繹無窮之意禪于有德者而居之無窮已亭亭者制度審諦道德著明梁甫者梁信也甫者輔也信輔天地之道今案書說禪者除地爲墠而白虎通云以禪讓有德其義非也案史記封禪書齊桓公欲行封禪管仲諫止辭云自古封禪七十二家夷吾所識十有二焉昔有無懷氏封泰山禪云云伏犧氏封泰山禪云云神農炎帝黃帝顓頊帝嚳堯舜禹湯周成王皆封泰山唯禹禪會稽成王禪社首其餘皆禪云云云云者亦泰山旁小山名也但白虎通與史記禪處不同未知孰是也白虎通又云王所以巡守何巡者循也守者收也謂循行天下收人道德大平恐遠近不同政化幽隱有不得其所者故必自行之謹敬重民之至也熊氏云大平乃巡守其

義非也已難於上 注 吉土至則簡 正義曰饗帝於郊以四時所兆祭於四郊者也謂木帝於東郊火帝於南郊金帝於西郊水帝於北郊土帝亦於南郊又王者各祭感生之帝於南郊故小宗伯云兆五帝於四郊謂此也 注 五帝至爲風 正義曰五帝主五行者即蒼帝靈威仰之屬分主五行各主七十二日故坤靈圖云五帝東方木色蒼七十二日云云是也云庶徵得其序也者即尚書洪範八曰念用庶徵庶衆也徵驗也謂衆行得失之驗云五行木爲雨金爲暘火爲燠水爲寒土爲風者案洪範曰肅時雨若曰乂時暘若曰哲時燠若曰謀時寒若曰聖時風若是五行之氣各有所主也以義五行所主如此也 天道至教聖人至德 目下事也 廟堂之上罍尊在阼犧尊在西廟堂之下縣鼓在西應鼓在東 禮樂之器尊西也小鼓謂之應犧周禮作獻

君在阼夫人在房 人君尊東也天子諸侯有左右房 大明生於東月生於西此陰陽之分夫婦之位也 大明日也 君西酌犧象夫人東酌罍尊 象日出東方而西行也月出西方而東行也周禮曰春祠夏禴祼用雞彝鳥彝皆有舟其朝踐用兩獻尊其再獻用兩象尊皆有罍諸臣之所酢 禮交動乎上樂交應乎下和之至也 言交乃和 疏 正義曰此一節明天道用教以示人聖人則效之以爲德故君立於阼以象日夫人在西房以象月 天道至教者謂天垂日月以示人以至極而爲之教 聖人至德者聖人法天之至極而爲德 廟堂之上罍尊在阼犧尊在西者罍尊在阼謂夫人所酌也犧尊在西謂君所酌也 廟堂之下縣鼓在西應鼓在東者縣鼓謂大鼓也

在西方而縣之應鼓謂小鼓也在東方而縣之熊氏云此謂諸侯時祭所用之禮故罍尊夫人所酌也若天子之祭則罍尊在堂下故禮運云澄酒在下酒謂三酒在堂下司尊彝云皆有罍諸臣之所酢則君不酌罍也案大射禮建鼓在阼階西南鼓應鼙在其東一建鼓在其南東鼓朔鼙在其北一建鼓在西階之東南面大射禮是諸侯之法此亦諸侯之禮所以大鼓及應所縣不同者熊氏云大射謂射禮也此謂祭禮也是諸侯之法雖同諸侯祭射有異案大射注云應鼙應朔鼙也又云便其先擊小後擊大也以此言之則朔鼙應鼙皆在大鼓之旁先擊朔鼙次擊應鼙乃擊大鼓以其相近故云便也以其稱朔朔始也故知先擊朔鼙以其稱應故知應朔鼙也又大射稱建鼓此云縣鼓大射應鼓既在大鼓之旁此應鼓在東乃與縣鼓別縣者皆謂祭與射別也 君西酌犧象夫人東酌罍尊者案上云罍尊在阼當阼階堂上而設之則犧尊在西堂西階堂上而陳之故君於阼階西鄉酌犧尊夫人於西房之前

東鄉酌罍尊 禮交動乎上者謂君與夫人酌獻之禮交相動於堂上也 樂交應乎下者謂縣鼓應鼓相應在於堂下 和之至也者謂堂之上下禮樂交相應會和諧之至極也 注 禮樂至作獻 正義曰禮樂之器尊西也者鄭據此經而論犧尊貴於罍尊而犧尊在西縣鼓大於應鼓而縣鼓在西故云禮樂之器尊西云犧周禮作獻者案周禮司尊彝兩犧尊字作兩獻尊鄭云獻讀爲犧 注 人君至右房 正義曰此以經云君在阼夫人在房故云人君尊東云天子諸侯有左右房者以卿大夫以下唯有東房故鄉飲酒鄉射尊於房戶閒賓主夾之無西房也知天子諸侯有左右房者以士喪禮主婦髽于室在主人西喪是記君之喪婦人髽帶麻于房中亦當在男子之西故彼注亦云則西房也又顧命云天子有左右房此云夫人在房又云夫人東酌罍尊是西房也故云天子諸侯有左右房 注 象日至所酢 正義曰引周禮司尊彝者證[illegible]此經中夫人東酌罍尊不同故引以明之見其不

意春祠夏禴祼用雞彝鳥彝之屬其義具於明堂疏於此略之禮也者反其所自
生自由也制禮者本已所由得民心也樂也者樂其所自成作樂者緣
民所樂於己之功舜之民樂其紹堯而作大韶湯武之民樂其濩伐而作濩武是故先王之制
禮也以節事動反本也脩樂以道志勸之善也故觀其
禮樂而治亂可知也國亂禮慢而樂淫也蘧伯玉曰君
子之人達觀其禮樂則知治亂也蘧伯玉衛大夫也名瑗故觀其器而
知其工之巧觀其發而知其人之知禮樂亦猶是也
故曰君子慎其所以與人者將以是觀【疏】正義曰前經明

禮記義三十三　十三

禮樂相交故此經更論先王制禮樂以節事道志化民治
下也　禮也者反其所自生者自由也言王者制禮各反
其本業所由生以制禮也猶若殷周爲民除害以得民心
初生王業其制禮還以得民心之事而爲禮本　樂也者
樂其所自成者自亦由也言王者制樂樂己所由成者以
制樂若殷周之等民樂其用武除殘討惡以成王業故作
樂以尚其威武也但禮之與樂俱是象其王業所由但禮
據王業之初樂據王業之末但大平功成治定之後制禮
本論其初故云反其所自生作樂論其末故云樂其所自
成　是故先王之制禮也以節事者以禮爲反本故用禮
以節萬事動皆反本以初生王業用此禮以得民心故用
民心之義以節事宜　脩樂以道志者王者脩治所作之
樂以道達己志由己用此樂以成王業故脩正其樂以勸
道己志使行之不倦　故觀其樂而治亂可知也者若能
以禮節事以樂道志則國治也若不以禮節事不以樂道
志則國亂也故云治亂可知也　蘧伯玉曰君子之人達

者達謂通達言有德君子自達義理觀其禮樂則知治亂
蘧伯玉先有此言故記者引之結成治亂可知之事　故
觀其器而知其工之巧者此又以工匠之事譬喻禮樂觀
其器之善惡而知工匠巧拙器善則工巧器惡則工拙
觀其發而知其人之知者此又以人事譬喻禮樂觀其人
之發動所爲而知其人之有知若發而皆中則知有知若
發而不中則知無知禮樂亦猶是也若禮正而樂和則知
其國治若禮慢而樂淫則知其國亂也　故曰君子慎其
所以與人者禮樂既爲人之所觀以此之故君子治國以
謹慎其所以與人相接者謂禮樂之事此禮樂者謂與人
交接之具故慎之言將以見觀之【注】自由至心也○正
義曰制禮者本己所由得民心者若舜元由能紹堯之功
得民心而初王業至制禮之時還基本初時得民心之事
而制禮若舜質素初則陶於河濱後制禮則尚質素故考
工記云有虞氏尚陶是也禹則治水始立溝洫後制禮則
尚其工匠之事夏后氏尚匠是也湯則以桀荒淫器物失

禮記義三十三　十四

所湯以制禮樂之器而得民心殷人尚梓是也周武王以
紂昏淫尊卑無叙故尚文物車服之屬而得民心周人尚
輿是也此皆本其所以得民心是也【注】作樂至濩武○
正義曰作樂者緣民所樂於己之功者樂章功成之事己
之功成人之所樂故云所樂於己之功也舜之民樂舜紹
堯而作大韶湯武之民樂其濩伐而作濩武者此亦因其
所由與禮不異但禮雖治定乃作則本其初始得民心之
時樂以成功乃爲即歌當時喜樂之事所以與禮異也但
禮是初始得民心而已樂是樂其末故其民心樂紹堯樂
其濩伐【注】動反本也　正義曰王者治國動皆反本萬
事皆以禮節之【注】勸之善也　正義曰經云脩樂以道
志樂是功成之極故王者作樂之後恒脩治此樂以勸道
己志行善不忘故云勸之善也　大廟之內敬矣君親牽牲大
夫贊幣而從納牲於庭時也當用幣告神而殺牲君親制祭夫

人薦盎親制祭謂朝事進血膋時所制者君親制
牲夫人薦酒親割謂進牲孰體時卿大夫從君命婦從
夫人洞洞乎其敬也屬屬乎其忠也勿勿
乎其欲其饗之也勿勿猶勉勉也納牲詔於庭血毛
詔於室羹定詔於堂三詔皆不同位蓋道
求而未之得也肉謂之羹道猶言也設祭于堂設祭之饌於堂
人君禮然爲祊乎外祊祭明日之繹祭也謂之祊者於廟門之旁因名焉其祭之禮既設祭於
室而事尸於堂孝子求神非一處也周禮曰夏后氏世室門堂三之二室三之一詩頌絲衣曰自堂徂基故

禮記義三十三　十五　高彦

曰於彼乎於此乎不知神之所在也【疏】正義曰此一節論祭宗廟之事
大廟之内敬矣者舉大祫之祭故云大廟其實諸廟亦皆
敬矣此章所論謂侯伯子男祭廟之禮　君親牽牲大夫
贊幣而從者此謂裸鬯既訖君出廟門以迎牲牽牲而入
納於庭之時也於時須告神以殺牲大夫則贊佐執幣而
從君君乃用幣以告神　君親制祭夫人薦盎者此謂殺
牲已畢進血腥之時斷制牲肝洗於鬱鬯入以祭神於室
於此之時夫人薦盎齊以獻之侯伯子男之君朝踐君不
獻故夫人薦盎　君親割牲夫人薦酒者謂薦孰時君親
割牲體於時君亦不獻故夫人薦酒　卿大夫從君命婦
從夫人者謂制祭割牲之時則卿大夫從君也薦盎酒之
時命婦從夫人也　洞洞乎其敬也者洞洞質慤之貌言
君與夫人卿大夫之等皆容貌洞洞然其爲恭敬也　屬
屬乎其忠也者屬屬專一之貌其心則屬屬然專一盡其
忠誠也　勿勿乎其欲其饗之也者勿勿猶勉勉也言心

心勉勉乎欲望神之歆饗　納牲詔於庭者詔告也謂牲
入在庭以幣告神故云詔於庭　血毛詔於室者謂殺牲
取血及毛入以告神於室　羹定詔於堂者羹肉湆也定
孰肉也謂煑肉既孰將欲迎尸主入室乃先以俎盛之告
神於堂是薦孰未食之前也　三詔皆不同位蓋道求而
未之得也者道言也所以三詔皆不同位者蓋言求而未
之得也故於三處告之　設祭于堂者謂薦腥爓之時設此
所薦饌在於堂　爲祊乎外者祊謂明日繹祭在廟門之
旁謂之祊言爲此祊祭在於廟門外之西也　故曰於彼
乎於此乎者以其不知神之所在或祭之於堂或祭之於
外不知此神於彼堂乎於彼室乎於此祊乎以古語有此
故記者引以結之【注】納牲至殺牲　正義曰下云納牲
詔於庭此有大夫贊幣故知納牲於庭時用幣以告神
【注】親制至及主　正義曰親制祭謂朝事進血膋時者案
郊特牲云取膟膋燔燎升首報陽也又祭義取膟膋之後
又爓祭祭腥則膟膋所用在腥爓之前故知血膋是朝事

六百八十四　禮記義三十三　十六　章刊　柳

時也云所制者制肝洗於鬱鬯者約漢禮而知也　知祭
於室及主者郊特牲云詔祝於室是也【注】親割至體時
正義曰皇氏以爲謂薦孰之時進牲之孰體也熊氏禮本
牲爲腥也謂薦腥體孰體薦腥體謂朝踐薦腥時孰體謂
饋食薦孰時案經文君親制祭夫人薦盎君親割牲夫人
薦酒薦酒薦盎既不得同時則割牲何得薦腥兼薦孰熊
氏之説非也【注】肉謂之羹　正義曰爾雅釋器文【注】
設祭至禮然　正義曰知者特牲少牢皆設饌在奥此言
設饌於堂故知人君禮也【注】祊祭至徂基　正義曰此
云爲祊乎外稱外故知明日繹祭也郊特牲云索祭祝于
祊不云外故鄭彼注不云明日繹祭也云謂之祊者於廟
門外之旁因名焉者以釋宮云廟門謂之祊今日繹祭在
廟門外之西旁因以廟門爲稱故云因名焉云其祭之禮
既設祭於室而事尸於堂者以正祭設饌在室故知繹祭
亦設饌在室案有司徹上大夫賓尸坐尸侑於堂酢而獻
尸故知人君繹祭亦事尸於堂也但卿大夫賓尸禮略不

設祭於室又不在廟門異於君也云夏后氏世室門堂三之二室三之一者證廟門之旁有室有堂也又引詩頌絲衣之篇者證繹祭在堂事尸也絲衣之篇論繹祭之時從堂上往於堂下之基故云自堂徂基 注 不知神之所在也 正義曰案郊特牲云不知神之所在於彼乎於此乎此文唯云於彼乎於此乎故鄭引彼上文爲注以會此文明是一也 一獻質 謂祭羣小祀也 三獻文 謂祭社稷五祀 五獻察 察明也謂祭四望山川也 七獻神 謂祭先公 疏 正義曰此一節明祭諸神獻數之差取義各別 一獻質者謂祭羣小祀最卑但一獻而已其禮質略 三獻文者謂祭社稷五祀其神稍尊比羣小祀禮儀爲文飾也 五獻察者謂祭四望山川其神既尊神靈明察 七獻神者謂祭先公之廟禮又轉尊神靈尊重也 注 謂祭至先公 正義曰鄭知然者案周禮司服職玄冕一章祭羣小祀故知一獻當祭羣小祀絺冕三章祭社稷五祀故

知三獻祭社稷五祀也毳冕五章祀四望山川故知五獻祭四望山川也鷩冕七章享先公故知七獻祭先公也案此社稷三獻卑於四望山川而大宗伯職云以血祭社稷五嶽又大司樂祭社稷奏大蔟祀四望奏姑洗又禮緯云社稷牛角握五嶽四瀆角尺以此言之則社稷尊於四望山川而獻與衣服卑者熊氏云獻與衣服從神之尊卑其餘處尊者以其有功與地同類故進之在上從國中之神莫貴於社稷之類直以功見尊其實卑也以是地別神故不爲尊也 大饗其王事與 盛其饌與貢謂祫祭先王 三牲魚腊四海九州之美味也籩豆之薦四時之和氣也 此饌諸侯所獻 內金示和也 此所貢也內之庭實先設之金從革性和荆揚二州貢金三品 束帛加璧尊德也 貢享所執致命者君子於玉比德焉 龜爲

前列先知也 龜知事情者陳於庭在前荆州納錫大龜 金次之見情也 金炤物金有兩義先入後設 丹漆絲纊竹箭與衆共財也 萬民皆有此物荆州貢丹兗州貢漆絲豫州貢纊揚州貢篠簜 其餘無常貨各以其國之所有則致遠物也 其餘謂九州之外夷服鎮服蕃服之國周禮九州之外謂之蕃國世一見各以其所貴寶爲摯周穆王征犬戎得白狼白鹿近之 其出也肆夏而送之蓋重禮也 出謂諸侯之賓也禮畢而出作樂以節之肆夏當爲陔夏 疏 正義曰此一節明天子大饗之事諸侯各貢其方物奉助祭之禮 大饗其王事與者饗謂饗祭先王饗中之大謂祫也其王家之事與與是語辭也諸侯雖有祫祭不可致有九州之物唯王者乃然故云其王事

與也 三牲魚腊四海九州之美味也者言此等是諸侯所貢故云九州之美味也 籩豆之薦四時之和氣也者此亦諸侯所貢實於籩豆是四時和氣所生故云四時和氣也 內金示和也者謂諸侯所貢納金以爲庭實示其柔和也以金能從革故也 束帛加璧尊德也者謂朝而行享之時以束帛加璧於上尊崇其德也以君子之德與玉相似故尊之也 龜爲前列先知也者此謂布庭實之時龜在衆物之前而爲列先其有知也以龜有靈知故云先知也 金次之見情也者陳列此金次在龜後所以次在龜後者以金能炤物露見其情 丹漆絲纊竹箭與衆共財也者龜金之後布陳丹之與漆也絲也纊也竹也箭也與天下衆人共有此財故諸侯之朝來而貢之陳列在下 其餘無常貨各以其國之所有則致遠物也者知以上所陳謂九州之內諸侯此言其餘者謂九州之外其於四海之國無常貢之貨各以其國之當時所有而貢之則招致遠物也 其出也肆夏而送之蓋重禮也者肆夏當

爲陔夏其諸侯之賓禮畢而出去則奏陔夏之樂而送之〔注〕蓋賓重於禮雖禮畢而出猶陔夏而戒之使不失禮

盛其至先王　正義曰盛其饌者即三牲魚腊籩豆是也貢者則內金示和龜爲前列之屬是也謂祫祭先王者以有三牲魚腊則非祭天以內金布庭實又非饗賓饗賓時無此庭實故也知非朝而貢物謂之大饗者以朝而貢物不名大饗孝經云四海之內各以其職來助祭故知此大饗是祫祭也以饗中最大故稱大饗　〔注〕此所至三品　正義曰知爲庭實者左傳云庭實旅百奉之以玉帛故知金爲庭實令先設金者發首先云內金故知先設金云荆揚二州貢金三品者禹貢文鄭注以爲金銀銅三品者三色也　〔注〕貢享至德焉　正義曰知束帛加璧行享之時所執致命者覲禮文也　云君子於玉比德焉者謂諸侯執玉來貢欲自勗勵以玉比德又亦敬王以玉比王　〔注〕龜知至大龜　正義曰龜能豫知吉凶故云知事情云陳於庭在前者據與所陳衆物最在前仍在馬之後故覲禮

禮記義三十三　十九

匹馬卓上九馬隨之鄭注云初享以馬若皮然後乃陳龜金竹箭之等是也　〔注〕金炤至後設　正義曰金炤物者解經見情金有兩義者一示和二是見情故云兩義云先入後設者此經先云內金示和是先入陳在龜後是後設　〔注〕萬民至篠簜　正義曰荆州貢丹兗州貢漆絲豫州貢纊揚州貢篠簜皆禹貢文也　〔注〕其餘至近之　正義曰其餘謂九州之外夷服鎮服蕃服之國者案周禮大行人陳六服之貢乃云九州之外謂之蕃國各以其所貴寶爲摯其六服之外於九州言之唯有夷鎮蕃三服是九州之外也云周穆王征犬戎得白狼白鹿近之者案周語穆王征犬戎祭公謀父諫不從遂往征之得四白狼四白鹿言近之者彼因征而得非因貢而來故云近之近者謂近其貴寶也　〔注〕出謂至陔夏　正義曰肆夏當爲陔夏者案大司樂云王出入奏王夏尸出入奏肆夏牲出入奏昭夏大饗不入牲其他皆如祭祀今破爲陔夏者以大司樂之文大饗諸侯則諸侯出入奏肆夏此經是助祭之後無筭爵

禮畢客醉而出宜奏陔夏故燕禮大射賓出奏陔夏明不失禮也

祀帝於郊敬之至也言就而祭之不敢致也宗廟之祭仁之至也仁恩也父子主恩也喪禮忠之至也謂哭踊袒襲也備服器仁之至也謂小斂大斂之衣服葬之明器賓客之用幣義之至也謂來賻賵故君子欲觀仁義之道禮其本也言禮有節於內可以觀也〔疏〕正義曰此一節揔明祭祀死喪賓客之等所以禮爲備具人道之至也　祀帝於郊敬之至也者天尊彌遠祭之宜極盡於敬故云敬之至也　宗廟之祭仁之至也者宗廟主親祭之必極盡於仁愛故云仁之至也　喪禮忠之至也者親戚之喪必盡忠心追念故云忠之至也　備服器仁之至也者此亦據喪禮備此小斂大斂之衣

禮記義三十三　二十

服及葬之明器亦是仁愛之親故云仁之至也　賓客之用幣義之至也者此亦謂喪禮賓客用幣帛以相賻賵於事合宜故云義之至也　故君子欲觀仁義之道禮其本也者言君子欲觀其人行仁義之道必須用禮爲其本若行合於禮則有仁義若不合於禮則無仁義故云禮其本也案前文有仁有義有敬有忠此不言敬與忠者舉仁義則忠敬可知也

君子曰甘受和白受采忠信之人可以學禮苟無忠信之人則禮不虛道是以得其人之爲貴也道猶由也從也〔疏〕正義曰前文觀仁義之道禮爲其本此經明學禮之人唯須必有忠信甘受和白受采者記者舉此二物喻忠信之人可得學禮甘爲衆味之本不偏主一味故得受五味之和白是五色之本不偏主一色故得受五色之采以其質素故能包

旻味及衆采也　忠信之人可以學禮者心致忠誠言又
信實質素爲本不有雜行故可以學禮也　苟無忠信之
人則禮不虛道者尚猶誠也道猶從也言人若誠無忠信
爲本則禮亦不虛空而從人也言雖學禮而不得也　是以
得其人之爲貴也者其人卽忠信之人
也學禮得忠信之人則是禮道爲貴也　孔子曰誦詩
三百不足以一獻一獻之禮不足以大饗
大饗之禮不足以大旅大旅具矣不足以
饗帝　誦詩三百喻習多言而不學禮謂
也大旅祭五帝也饗帝祭天　毋輕議禮若
誦詩者不可　疏　正義曰此一節明禮之爲貴貴於衆事
以強言禮　誦詩三百不足以一獻者假令習誦此
詩雖得三百篇之多若不學禮此誦詩之人不足堪爲一
獻之祭言一獻祭羣小祀不學禮則不能行也　一獻之

禮不足以大饗者言雖習一獻小祀其禮既小不堪足以
行大饗之禮大饗謂祫祭宗廟也　大饗之禮不足以大
旅者大饗其禮雖繁仍是去人不遠其禮可知大旅是摠
祭五帝天與人道隔其禮轉難故雖能行大饗之禮不堪
足以行大旅事天　大旅具矣不足以饗帝者大旅雖摠
祭五帝是有故而祭其禮簡略不如饗帝正祭之備故云
大旅具矣不堪足以正饗天帝謂郊祭天也故典瑞云四
圭有邸以祀天旅上帝是祀天重於旅帝又郊特牲云郊
之祭大報天而主日是郊爲祭天之重　毋輕議禮者若
不學於禮無得輕脫論議于禮猶如誦詩三百篇不能行
小祀禮也　注大旅至祭天　正義曰知大旅祭五帝者
案典瑞云兩圭有邸以祀地旅四望與上四圭有邸以祀
天旅上帝其文相對祀地云旅四望則知上云旅上帝是
旅五帝也云饗帝祭天者經既云大旅又云饗帝是饗帝
與大旅不同故知此饗帝是常祀祭天也鄭
直云祭天則感生之帝與圜丘俱包之也　子路爲季

氏宰　宰治邑吏也　季氏祭逮闇而祭日不足繼之
以燭　謂舊時也　雖有強力之容肅敬之心皆倦
怠矣　以其久也　有司跛倚以臨祭其爲不敬大矣
偏任爲跛依物爲倚　他日祭子路與室事交乎戶堂事
交乎階質明而始行事晏朝而退　室事祭時堂事儐尸
孔子聞之曰誰謂由也而不知禮乎　多其知禮　疏
正義曰前經既明禮爲其重故記者引子路能行禮之事
季氏祭逮闇而祭者逮及也言季氏祭於宗廟逮至日
闇而行祭禮　日不足繼之以燭者謂祭祀未終日已昏
沒故云日不足禮事未畢故繼日明而以燭也　有司跛

倚以臨祭者以其事久有司倦怠故皆偏跛邪倚於物臨
於祭祀其爲不敬甚大矣　他日祭子路與者言往舊以
來所祭之時恒皆如此他日謂別日其後別日而祭子路
與在行禮之中　室事交乎戶者室事謂正祭之時事尸
在室故云室事交乎戶外人將饌至戶內人於戶受饌設
於尸前相交承接在於戶也　堂事交乎階者謂正祭之
後儐尸之時事尸於堂故云堂事交乎階謂在下之人送
饌至階堂上之人於階受取是交乎階　質明而始行事
晏朝而退者質正也晏晚也謂正明之時而始行事朝正
嚮晚禮畢而退言敬而能速也　孔子聞之曰誰謂由也
而不知禮乎者子路好勇時人多不尚其所爲故孔子以
此明之誰謂由也而不能知禮乎言其知禮也以其禮從
宜寧可禮略而敬
不可禮煩而怠也

禮記正義卷第三十三

禮記正義卷第三十四

國子祭酒上護軍曲阜縣開國子臣孔穎達等奉
勑撰

郊特牲第十一

正義曰案鄭目録云名郊特牲者以其記郊天用騂犢之義此於別録屬祭祀

郊特牲而社稷大牢天子適諸侯諸侯膳
用犢諸侯適天子天子賜之禮大牢貴誠
之義也故天子牲孕弗食也祭帝弗用也

犢者誠慤未有牝牡之情是以小爲貴也孕任子也易曰婦孕不育大路繁纓一就先
路三就次路五就此因小說以少爲貴者禮器言次路七就與此乖字之誤也郊
血大饗腥三獻爓一獻孰至敬不饗味而貴
氣臭也血腥爓祭用氣諸侯爲賓灌用鬱鬯灌用臭
也大饗尚腶脩而已矣亦不饗味也此大饗饗諸侯也疏正義曰此
一節論小少及薄味爲貴各依文解之　○既以郊祭名篇
先儒說郊其義有二案聖證論以天體無二郊即圓丘圓
丘即郊鄭氏以爲天有六天丘郊各異今具載鄭義兼以
王氏難鄭氏謂天有六天天爲至極之尊其體秖應是一
而鄭氏以爲六者指其尊極清虚之體其實是一論其五
育之功其別有五以五配一故爲六天據其在上之

體謂之天天爲體稱故說文云天顛也因其生育之功謂
之帝帝爲德稱也故毛詩傳云審諦如帝故周禮司服云
王祀昊天上帝則大裘而冕祀五帝亦如之五帝若非天
何爲同服大裘又小宗伯云兆五帝於四郊禮器云饗帝
於郊而風雨寒暑時帝若非天焉能令風雨寒暑時又春
秋緯紫微宮爲大帝又云北極耀魄寶又云大微宮有五
帝坐星青帝曰靈威仰赤帝曰赤熛怒白帝曰白招拒黑
帝曰汁光紀黃帝曰含樞紐是五帝與大帝六也又五帝
亦稱上帝故孝經曰嚴父莫大於配天則周公其人也下
即云宗祀文王於明堂以配上帝帝若非天何得云嚴父
配天也而賈逵馬融王肅之等以五帝非天唯用家語之
文謂大皥炎帝黃帝五人帝之屬其義非也又先儒以家
語之文王肅私定非孔子正旨又王肅以郊丘是一而鄭
氏以爲二者案大宗伯云蒼璧禮天典瑞又云四圭有邸
以祀天是玉不同宗伯又云牲幣各放其器之色則牲用
蒼也祭法又云燔柴於泰壇用騂犢是牲不同也又大司

樂云凡樂圜鍾爲宮黃鍾爲角大蔟爲徵姑洗爲羽冬日
至於地上之圜丘奏之若樂六變則天神皆降上文云乃
奏黃鍾歌大吕舞雲門以祀天神是樂不同也故鄭以爲
蒼璧蒼犢圜鍾之等爲祭圜丘所用以四圭有邸騂犢及
奏黃鍾之等以爲祭五帝及郊天所用王肅以郊特牲周
之始郊日以至與圜丘同配以后稷鄭必以爲異圜丘又
以帝嚳配者鄭以周郊日以至自是魯禮故注郊特牲云
周衰禮廢儒者見周禮盡在魯因推魯禮以言周事鄭必
知是魯禮非周郊者以宣三年正月郊牛之口傷是魯郊
用日至之月案周郊祭天大裘而冕郊特牲云王被衮戴
冕璪十有二旒故知是魯禮非周郊也又知圜丘配以帝
嚳者案祭法云周人禘嚳而郊稷禘嚳在郊稷之上稷卑
於嚳以明禘大於郊又爾雅云禘大祭也大祭莫過於圜
丘故以圜丘爲禘也圜丘比郊則圜丘爲大祭法云禘嚳
是也若以郊對五時之迎氣則郊爲大故大傳云王者禘
其祖之所自出故郊亦稱禘其宗廟五年一祭比每歲常

祭爲大故亦稱禘也以爾雅唯云禘爲大祭是文各有所
對也后稷配天見於周頌故思文云思文后稷克配彼天
周若以嚳配圓丘詩頌不載者后稷周之近祖王業所基
故配感生之帝有勤功用故詩人頌之嚳是周之遠祖爲
周無功徒以遠祖之尊以配遠尊天帝故詩無歌頌或可
詩本亦有也但後來遺落故正考甫得商之遺頌十二篇
至孔子之時唯五篇而已以此言之明詩有遺落也皇氏
云天有六天歲有八祭冬至圓丘一也夏正郊天二也五
時迎氣五也通前爲七也九月大饗八也雩與郊禖爲祈
祭不入數崔氏以雩爲常祭九也凡祭天其服皆大裘周
禮司服文其尸服亦大裘故節服氏云郊祀裘冕送逆尸
是也其樂除圓丘所用圜鐘爲宮之外皆奏黄鐘歌大吕
舞雲門故大司樂云乃奏黄鐘歌大吕以祀天神注云天
神謂五帝及日月星辰也王者又各以夏正月祀其所受
命之帝於南郊是也其玉圓丘用蒼璧夏正郊天用四圭
有邸其五時迎氣東方用青圭南方用赤璋西方用白琥

北方用玄璜其中央無文先師以爲亦用黄琮熊氏以爲
亦用赤璋鄭注宗伯云璧圓象天琮八方象地圭鋭象春
物初生半圭曰璋象夏物半死琥猛象秋嚴半璧曰璜象
冬月閉藏地上無物唯天半見其牲幣各放其玉之色案
天色玄而用蒼犢者但天色雖玄遠望則蒼取其遠色故
用蒼也其祭天之器則用陶匏陶瓦器以薦菹醢之屬故
詩生民之篇述后稷郊天云于豆于登注云木曰豆瓦曰
登是用薦物也匏酌獻酒故詩大雅美公劉云酌之用匏
注云儉以質祭天尚質故酌亦用匏爲尊皇氏云祭天用
宗廟犧尊皇氏又云祭天既用犧尊其陶匏者是盛牲牢
之器今案陶匏所用如上所陳而皇氏以匏爲盛牲之器
義無此理其說非也其祭天之處冬至則祭於圓丘圓丘
所在雖無正文應從陽位當在國南故魏氏之有天下營
委粟山爲圓丘在洛陽南二十里然則周家亦在國南但
不知遠近者其五時迎氣則在四郊故小宗伯云兆五帝
於四郊鄭云春迎青帝於東郊夏迎赤帝於南郊季夏迎

黄帝亦於南郊秋迎白帝於西郊冬迎黒帝於北郊司馬
法百里遠郊鄭注書序云近郊半遠郊去國五十里謂今
河南洛陽相去則然是天之郊去國皆五十里也其夏正
祭感生之帝亦於南郊知者孝經緯云祭帝於南郊就陽
位是也其雩祭五天帝亦於國城南故鄭注論語云沂水
在魯城南雩壇在其上是也其九月大饗五帝則在明堂
鄭駮異義云明堂在國之南丙巳之地三里之外七里之
内其圓丘之祭崔氏云其初先燔柴及牲玉於丘訖次乃
埽丘下而設正祭若夏正及五郊初則燔柴及牲玉於壇
故祭法云燔柴於泰壇祭天也次則於壇下埽地而設正
祭故禮器云至敬不壇埽地而祭是也其所配之人虞夏
商周用人各異文具祭法圓丘之祭周人則以嚳配之祭
法禘嚳是也其感生之帝則以后稷配之五時迎氣及雩
祭則以五方人帝配之九月大饗五帝則以五人帝及文
武配之以文王配五天帝則謂之祖以武王配五人神則
謂之宗崔氏云皆在明堂之上祖宗通言故祭法云祖文

王六王稱祖孝經云宗祀文王於明堂是文王稱宗文王
既爾則武王亦有祖宗之號故云祖宗通言其祭天之樂
皆用雷鼓故鼓人云以雷鼓鼓神祀是也其圓丘之祭皇
氏云祭日之旦王立丘之東南西嚮燔柴及牲玉於丘上
升壇以降其神故韓詩内傳云天子奉玉升柴加於牲上
詩又云圭璧既卒是燔牲玉也次乃奏圜鐘之樂六變以
降其神天皇之神爲尊故有再降之禮次則埽地而設正
祭置蒼璧於神坐以禮之其在先燔者亦蒼璧也次則以
豆薦血腥祭天無祼故鄭注小宰云唯人道宗廟有祼天
地大神至尊不祼莫稱焉然則祭天唯七獻也故鄭注周
禮云大事于大廟備五齊三酒則圓丘之祭與宗廟祫同
朝踐王酌泛齊以獻是一獻也后無祭天之事大宗伯次
酌醴齊以獻是爲二獻也王進爵之時皆奏樂但不皆六
變次薦孰王酌盎齊以獻是爲三獻也宗伯次酌醍齊以
獻是爲四獻也次尸食之訖王酌朝踐之泛齊是爲五
也又次宗伯酌饋食之醍齊以獻是爲六獻也次諸[illegible]

賓長酳泛齊以獻是爲七獻也以外皆加爵非正獻之數其尸酳王以清酒酢宗伯以昔酒酢諸臣以事酒其祭感生之帝則當與宗廟禘祭同唯有四齊無泛齊又無降神之樂唯燔柴升煙一降神而已王朝踐獻以醴齊宗伯亞獻以盎齊次饋孰王獻以醍齊宗伯又獻以沈齊尸食訖王獻以朝踐之醴齊宗伯獻以饋孰之沈齊諸臣爲賓長亦獻以沈齊不入正數其五時迎氣與宗廟時祭同其燔柴以降神及獻尸與祭感生之帝同但二齊醴盎而已諸臣終獻亦用盎齊從上至此皆皇氏所說皇氏以圓丘之祭賓長終獻不取沈齊而取泛者以禮運約之沈齊當在堂丘下不可用之故更上取泛齊案禮運沈齊在廟堂之下尚得酳之升堂以獻又皇氏祭感生帝及五時迎氣沈齊亦在壇下賓長皆得用之升壇以獻何爲圓丘沈齊獨不可用乎若以圓丘高遠不可下取沈齊凡齊泛醴爲尊盎醍爲卑賓長終獻秖可以次用醍齊何得反用泛齊乎今謂圓丘賓長之獻用沈齊也以其賓長是臣助祭終獻

遠下於君故從丘下酌沈齊又崔氏云以清酒酢王昔酒酢后案司尊彝云皆有罍諸臣之所酢也鄭注云酌罍以自酢不敢與王之神靈共尊罍盛三酒唯云諸臣所酢不云酢王酢后崔氏所說於義疑也皇氏於此經之首廣解天地百神用樂委曲及諸雜禮制繁而不要非此經所須又隨事曲解無所馮據今皆略而不載其必有所須者皆於本經所須處各隨而解之他皆倣此熊氏云四時迎氣及諸神小祀等並有降神之樂則大司樂分樂而序之以下降神正祭同用其樂亦是一義也然此郊特牲以下至降尊以就卑文承禮器之下覆說以少爲貴之事郊所以用特牲者郊謂於南郊祭感生之帝但天神至尊無物可稱故用特牲郊與配坐皆特牲故下文云養牲必養二帝牛不吉以爲稷牛又召誥云用牲于郊牛二是也然祭天初有燔燎後有正祭皆須有牲故大宗伯云實柴祀日月星辰鄭司農云實牛柴上也鄭康成云實牲體焉郊唯特牲得供燔燎正祭二處所用者熊氏皇氏等以爲分牲體

供三處所用其實一特牲也而月令郊禖用大牢者彼尋求子之祭不與常祭同故不用犢我將祀文王於明堂經云維羊維牛者據文武配祭得用大牢也若孔安國之義后稷配天亦用大牢故召誥云后稷貶於天有羊豕案羊人云釁積共其羊牲注云積積柴則祭天用羊者熊氏云謂祭日月以下故燔燎用羊也祭日月以下既用羊小司徒云凡小祭祀奉牛牲鄭注云小祭祀王玄冕所祭然則王者之祭無不用牛又禮緯云六宗五嶽四瀆之牛角尺則日月以下之祀皆用牛者蓋日月以下常祀則用羊王親祭則用牛故小司徒注云玄冕所祭據王親祭也此郊特牲指用而言故下文云用騂犢故牧人云陽祀用騂牲毛之注云陽祀祭天於南郊及宗廟以此約之夏殷以上祭感生之帝各用其正之色其迎五方之帝其牲上已備陳帝牛稷牛其牲雖異其色宜同凡配祭之人牲與天同色也其四月大雩九月大饗其天及配人其牲各依當方之色其文武汎配則用大牢其牲色無文周人尚赤當用

騂也論語云敢用玄牡敢昭告于皇皇后帝注云帝謂天微五帝用玄牡者彼謂告祭也其四鎮五嶽之等各用當方之色故牧人云望祀各以其方之色牲毛之若尋常山川時祭以下則用純物不隨四方之色若國外表貉磔禳之等則用雜色故牧人云凡時祀之牲則用牷物凡外祭毀事用尨可也其常祀之牲則皆用牡祈禱之祭或用牡唯孟春禁之故月令孟春犧牲無用牝其日月以下及五祀之等常祀用羊王親祭則用牛具如前說　而社稷大牢者社五土摠神稷是原隰之神功及於人人賴其功故以大牢報祭其牲則黝色牧人云陰祀用黝牲注云陰祀祭地北郊及社稷也則神州亦用黝牲也其崐崘地祇用黃犢故大宗伯黃琮禮地牲幣各放其器之色是也其社稷與神州其樂用大蔟與應鍾故大司樂云乃奏大蔟歌應鍾以祭地祇注云謂神州之神及社稷其玉神州則用兩圭有邸其社稷無文崔氏云王當與神州同用兩圭有邸以四望亦用兩圭故也其服社稷則絺冕神州與崐崘

服無明文崔氏云用大裘爲崐崙之神玉則用黃琮鄭注
宗伯琮八方象地其樂則用函鍾爲宮故大司樂云凡樂
函鍾爲宮大蔟爲角姑洗爲徵南吕爲羽夏日至於澤中
之方丘奏之若樂八變則地示皆出可得而禮矣是也其
夏至祭方澤之禮齊酒獻數與圜丘同其神州獻數與夏
正郊天同而社稷之祭尊用大瓦甒三獻文具崔氏義宗
於此煩而不録也　天子適諸侯諸侯膳用犢　謂天子
廵守至諸侯之國諸侯致膳於天子則用犢也　諸侯適
天子天子賜之禮大牢　謂諸侯朝天子天子賜之禮用
大牢熊氏云大牢者則掌客云殷膳大牢非是飧積饔餼
之等皇氏云此直云大牢則揔包饔餼飧積之等雖牢數
多少有異皆用大牢也今謂此經說以小爲貴天子少而
諸侯多又膳文與殷膳同則熊氏皇氏未知孰是也　貴
誠之義也　釋郊所以用特牲天子所以膳用犢之意郊
之特牲亦是犢也貴此犢未有牝牡之情貴其誠慤之心
故云貴誠之義也然社稷及諸侯大牢非是貴誠而載之

禮記義三十四　七　陳晃

者言社稷大牢以明郊用特牲言諸侯大牢以明天子用
犢顯其貴誠也不取大牢之意　故天子牲孕弗食也祭
帝弗用也　天子尊極貴其誠慤之心故因上起下之辭
是以云故　注易曰婦孕不育　正義曰此易漸卦九三
爻辭云夫征不復婦孕不育案漸卦艮下巽上九三上與
九五互體爲離離爲火腹孕之象也又互體爲坎坎爲丈
夫坎爲水水流而去是夫征不復也夫既不復則婦人之
道顛覆故孕而不育引之者證經孕是懷任之意也　大
路至五就　因貴誠重小故說以少爲貴也大路殷祭天
車也用以祭天故曰大路五乘一成曰就天質慤故止一
就也故明堂位云大路殷路是也先路三就者先路亦殷
路也殷則三路其世猶質故以少飾爲先先相次爲言對
次故稱先也每加以兩大路一先路三也次路故五就也
注禮器至誤也　正義曰今此經大路一就先路三就
次路五就是節級相降以二案禮器大路一就次路七就
無先路之文若以先路爲三則於次路七就非加兩之差

若以先爲五則於大路一就又非加兩之差故知此經次
路五就爲是禮器云次路七就爲誤也　郊血至臭也
因貴少更說不貴味也所進血腥如禮器中說崔氏云周
禮之法郊天燔柴爲始宗廟以祼地爲始社稷以血爲始
小祀䰟辜爲始此云郊血大饗腥三獻爓一獻孰者謂正
祭之時薦於尸坐之前也　至敬不饗味而貴氣臭也者
此解郊血義血氣也夫孰食有味味者爲人道人道卑近
而天神尊貴事宜極敬極敬不褻近故用血也用血是貴
氣而不重味故云貴氣臭也而宗廟敬降於天故用腥腥
稍近味社又降於宗廟故用爓爓又稍近味　諸侯至巳
矣　此一經亦明貴氣義也　諸侯爲賓灌用鬱鬯者灌
猶獻也謂諸侯來朝在廟中行三享竟然後天子以鬱鬯
酒灌之也故大行人云上公之禮廟中將幣三享王禮再
祼而酢侯伯之禮廟中將幣三享王禮壹祼而酢諸子諸
男之禮廟中將幣三享王禮壹祼不酢鄭注云王禮王以
鬱鬯禮賓也禮者使宗伯攝酌圭瓚而祼王既拜送爵又

禮記義三十四　八　楊昌

攝酌璋瓚而祼后又拜送爵是謂再祼再祼賓乃酢王也
禮侯伯一祼而酢者祼賓賓酢王而已后不祼也禮子男
一祼不酢者祼賓而已不酢王也　灌用臭也者覆說諸
侯爲賓灌用鬱鬯之意鬱鬯是臭故云灌用臭也此亦明
貴氣之禮　大饗尚腶脩而已矣者謂諸侯行朝享及灌
以後而天子饗燕食之也若上公則三饗三食三燕若侯
伯則再饗再食再燕若子男則壹饗壹食壹燕也南本或
云侯伯亦三饗誤也其行饗之時雖設大牢之饌于時先
薦腶脩于筵前然後始設餘饌故云尚腶脩而已矣此亦
明不饗味之義也　注此大至侯也　正義曰以文承上
大饗腥之下上大饗謂祫祭恐此大饗者亦是祫祭故云
饗諸侯也必知饗諸侯者以此經前云諸侯爲賓下云大
饗君三重席而酢焉皆論待諸侯之事故以爲饗諸侯也　大饗君三重席而
酢焉　言諸侯相饗獻酢禮敵也　三獻之介君專席而酢

焉此降尊以就卑也三獻卿大夫來聘主君饗燕之以介爲賓賓爲苟敬則徹
重席而受酢〔疏〕正義曰此一節論尊卑之席各依文解
也專猶單也之 此大饗謂諸侯相朝主君饗賓賓
主禮敵故主君設三重之席而受酢焉〔注〕言諸至敵也
正義曰知非諸侯朝天子天子饗之而云諸侯相饗者
以經云君三重席而酢三重席是諸侯之禮而又稱君故
知諸侯相饗也案周禮司几筵諸侯莞筵紛純加繅席畫
純止有二席得爲三重者皇氏云三重者有四席爲三重
謂鋪莞筵三上加繅席一熊氏以爲席之重數異於棺也
三重止三席也云獻酢禮敵也者以賓與主人俱是諸侯
並有三重之席無所降下對下三獻之介君專席而酢降
尊就卑之義是尊卑不敵也故此云獻酢禮敵也 三獻
至卑也 此謂諸侯遣卿來聘卿禮三獻其副既是大夫
與卿爲介謂之三獻之介此介是大夫大夫席雖再重今
爲介降一席秖合專席主君若受此介之酢爵雖是諸侯

應合三重之席必徹去重席單席而受此介之酢爵焉所
以然者降諸侯之尊以就介之卑故也〔注〕三獻至單也
正義曰三獻卿大夫者以五等諸侯有九獻七獻五獻
故五等諸侯之卿皆三獻也大夫卿之摠號君春秋之時
則與此禮有異若霸國之卿則禮同子男故昭元年鄭人
饗趙孟具五獻籩豆杜元凱云朝聘之制大國之卿五獻
其侯伯次國其卿與大國大夫同故昭六年季武子如晉
晉人享之武子辭云下臣得貺不過三獻杜云大夫三獻
是也云來聘主君饗燕之以介爲賓賓爲苟敬者案燕禮
記云若與四方之賓燕賓爲苟敬席于阼階之西北面其
介爲賓注云主國君饗時親進醴于賓今燕又宜獻焉人
臣不敢褻煩尊者至此升堂而辭讓欲以臣禮燕爲恭敬
也於是席之如獻諸公之位言苟敬者賓實主國所宜敬
如鄭此言則燕時賓爲苟敬饗時則否今此注云饗燕之
賓爲苟敬連言饗者因燕而連言饗其實饗時賓自爲賓
不爲苟敬也案燕禮注介門西北面西上公降迎上介以

爲賓揖讓升乃命宰夫爲主人獻賓於西階上其有媵爵
羣臣入即位如燕禮案禮主人與賓俱升自西階主人酌
於賓筵前獻賓賓西階上拜筵前受爵反位主人賓右拜
送爵賓就筵祭酒西階上卒爵以酢主人主人於賓右北
面受酢此是使宰夫爲主人與賓相獻之禮也據燕禮之
文唯有賓酢主人無賓酢主君之禮今此主君專席而受
賓酢者案燕禮無賓酢公禮至於説屨升堂坐之後賓降
洗升媵觚于公公受賓爵飲以賜下此云受酢蓋謂此也
或可燕己臣子賓不酢公若與鄰國賓燕以介爲賓賓得
酢公也但禮不具耳皇氏以介爲賓宰夫爲主人賓與主
人席於西階上主人在東賓在西俱北面又席主君於堂
中南面今案鄭注燕禮主君迎上介爲賓宰夫爲主人獻
賓之後如燕禮如是則事事如燕禮案燕禮筵賓于戶西
南面席公于阼階上西面脀薦主人于洗北西面燕禮席
位分明如此而皇氏乃云主人與賓俱席西階
上北面主君堂中南面未審何所馮據以知之 饗禘有

樂而食嘗無樂陰陽之義也凡飲養陽
氣也凡食養陰氣也故春禘而秋嘗春饗
孤子秋食耆老其義一也而食嘗無樂言義
同而或用樂或不用樂也此禘當爲禴字之誤也王制曰春禴夏禘飲養陽氣也故
有樂食養陰氣也故無聲凡聲陽也〔疏〕
正義曰此一節論饗禘食嘗有樂無樂之異 饗禘有樂
者饗謂春饗孤子禘謂春祭宗廟也以其在陽時故有樂
而食嘗無樂者食謂秋食耆老嘗謂秋祭宗廟以其在陰
時故無樂 陰陽之義也者無樂爲陰有樂爲陽故云陰
陽之義也 凡飲養陽氣也凡食養陰氣也者此覆釋上文
饗有樂而食無樂之義以飲饗清虛養陽氣故有樂而食

是體質養陰氣故無樂　故春禘而秋嘗春饗孤子秋食耆老者此明饗禘在春爲陽食嘗在秋爲陰也　其義一也者禘之與嘗俱是追慕饗之與食同是賞功其事無殊故云一也　而食嘗無樂者文承秋食耆老之下以秋是陰時故云食嘗無樂重結之也禘食嘗無樂亦應重結饗禘有樂不言者略可知也　飲養陽氣也故有樂者更覆釋上文飲養陽氣饗有樂也　食養陰氣也故無聲者覆釋上文食養陰氣故無樂也　凡聲陽也者釋所以饗有樂食無樂凡聲是陽也陽時爲饗故有樂陰時爲食故無樂也 注 禘當至夏禘　正義曰依禮三代無春禘之文周則春曰祠王制夏殷之禮云春曰禴今云春曰禘故知禘當爲禴此經所論謂夏殷禮也熊氏云此夏殷禮秋嘗無樂而下文云殷人先求諸陽則秋嘗亦有樂者謂殷人春夏祭時有樂秋冬即無也舉春見夏舉秋見冬也若周則四時祭皆有樂故祭統云內祭則大嘗禘升歌清廟下管象是秋嘗有樂也案王制夏后氏養老以饗禮則夏家養

六十八　禮記義三十四　十一　孫新

老用春時有樂無秋食之禮殷人養老以食禮而秋時不作樂無春饗之禮周人脩而兼用之則周人養老春夏用饗禮秋冬用食禮四時皆用樂故文王世子云凡大合樂必遂養老注云春合舞秋合聲下云養老之禮遂發咏焉登歌清廟是秋時養老亦用樂也皇氏云春是生養之時故饗孤子取長養之義秋是成孰之時故食耆老取老成之義熊氏云春饗孤子亦饗耆老秋食耆老亦食孤子而皇氏云此既破禘爲禴故於祭統春禘秋嘗不復更破從此可知也

鼎俎奇而籩豆偶陰陽之義也籩豆之實水土之品也水土之品言非人常所食不敢用褻味而貴多品所以交於旦明之義也旦當爲神篆字之誤也

疏 正義曰此一節論鼎俎籩豆所法陰陽之事　鼎俎奇者以其盛牲體牲體動物動

物屬陽故其數奇　籩豆偶者其實兼有植物植物屬陰故其數偶故云陰陽之義也　籩豆之實水土之品也者謂籩豆所充實之物皆是水土所生品類非人所常食也　不敢用褻味而貴多品者覆釋籩豆所以用水土品族之意言不敢用褻美食味而貴重衆多品族也何意如此所以交接神明之義也神道與人既異故不敢用人之食味神以多大爲功故貴多品鼎俎奇者案聘禮牛一羊二豕三魚四腊五腸胃六膚七鮮魚八鮮腊九也是鼎九其數奇也又有陪鼎膷一也臐二也膮三也亦其數奇也正鼎九鼎别一俎俎亦九也又少牢陳五鼎羊一豕二膚三魚四腊五其腸胃從羊五鼎五俎又肵俎一非是正俎也特牲三鼎牲鼎一魚鼎二腊鼎三亦有三俎肵俎一非正俎不在數是皆鼎俎奇也有司徹陳六俎者尸及侑主人主婦各一俎其餘二俎者司馬以一俎羞羊肉湆其一俎司士羞豕肉湆此二者益肉之俎也此云鼎俎奇者謂一處並陳又籩豆偶者案掌客云上公豆四十侯伯三十二

禮記義三十四　十二　徐通

子男二十四又禮器云天子之豆二十有六諸公十有六諸侯十有二上大夫八下大夫六案禮籩與豆同是籩豆偶也鄉飲酒義六十者三豆七十者四豆八十者五豆而奇數者彼是年齒相次非正豆也士喪禮注小斂一豆一籩者降於大斂又不同於吉故也籩人饋食之籩棗㮚桃乾䕩榛實凡有五物似五籩者熊氏云乾䕩之中有桃諸梅諸則爲六物實六籩也

賓入大門而奏肆夏示易以敬也賓朝聘者易和說也卒爵而樂闋孔子屢歎之美此禮也奠酬而工升歌發德也以詩之義發明賓主之德歌者在上匏竹在下貴人聲也匏笙也樂由陽來者也禮由陰作者也陰陽和而萬物得

得得【疏】正義曰此一節論朝聘之賓及己之臣子有王
其所　事勞者設燕饗之禮奏樂之節各依文解之饗
禮既云無一可馮據今約大射及燕禮解其奏樂及樂闋之
節案大射禮主人納賓賓是己之臣子又無王事之勞故
賓入不奏肆夏賓入及庭公升即席乃奏肆夏於是主人
引賓升主人酌獻賓賓拜受爵坐啐酒拜告旨樂闋賓飲
卒爵酢主人主人受酢畢主人盥洗獻于公公拜受爵乃
奏肆夏公飲卒爵拜主人荅拜樂闋主人洗爵受酢於公
主人受酢畢主人又盥洗媵觚于賓所謂酬也主人飲畢
酌以酬賓賓遂前受酬奠于薦東不舉下大夫二人於阼
階下媵爵於公公取一大夫所媵爵以立飲卒爵酬賓賓
受爵請旅大夫公許賓以旅大夫于西階上大夫受旅賓
畢主人洗獻卿于西階上獻卿徧又二大夫媵爵於公公
又行一爵若賓若長唯公所賜以旅于西階上大夫受旅
畢主人又洗升獻大夫于西階上大夫受獻畢乃席工升
歌歌鹿鳴三終主人獻工乃管新宮此是大射賓入門至

工升歌之節也燕禮記云若以樂納賓則賓及庭奏肆夏
賓拜酒主人荅拜而樂闋公拜受爵而奏肆夏公卒爵而
樂闋鄭注云卿大夫有王事之勞則奏此樂此是己之臣
子有王事之勞賓及庭而奏肆夏也其餘與大射禮同以
大射禮燕禮而言此云賓入大門謂朝聘之賓行朝聘既
畢受燕饗之時燕則大門是寢門也饗則大門是廟門也
而奏肆夏示易以敬也者樂主和易今奏此肆夏大樂
者示主人和易嚴敬於賓也　卒爵而樂闋者賓至庭樂
作乃至主人獻賓賓受爵啐酒拜告旨而樂止賓飲訖酢
主人主人受酢畢主人獻公而樂作公飲卒爵而樂止是
卒爵而樂闋也此卒爵謂兼賓及主君也依大射禮主人
受酢不作樂若其饗時主君親獻賓賓親酢主君賓主俱
作樂也　孔子屢歎之者孔子見禮入門而縣興卒爵而
樂闋屢歎也數數歎美此禮善其和易恭敬之義　奠酬
而工升歌　者據大射禮獻卿之後大夫媵觶於公所謂酬
也公飲　此酬而未舉於時工升歌也或可饗時主君親

酬賓賓初奠酬薦東於時即工升歌也大射與燕禮異
發德　也者所以奠酬升歌歌詠其詩發明賓主之德
禮燕己之臣子此謂朝聘之賓故入即奏肆夏也皇氏云
燕禮記賓及庭奏肆夏此入大門即奏肆夏者熊氏云公燕
鍾師奏九夏一曰王夏大司樂云王出入所奏二曰肆夏
大司樂云尸出入所奏三曰昭夏大司樂云牲出入所奏
也四曰納夏注云四方賓來所奏也五曰章夏注云臣有
功所奏也六曰齊夏注云夫人祭所奏也七曰族夏注云
族人侍所奏也八曰陔夏注云客醉而出所奏也九曰驁
夏注云公出入所奏也皇氏又云襄四年左氏傳云三夏
天子所以享元侯文王大明緜兩君相見之樂也燕禮歌
鹿鳴合鄉樂凡合樂降於升歌一等王享燕元臣升歌三
夏三夏即頌合樂降一等即合大雅也元侯自相享亦歌
頌合大雅故仲尼燕居兩君相見歌清廟是也侯伯子男
相見既歌文王合鹿鳴也準約元侯則天子饗燕侯伯子
男亦歌文王合鹿鳴也諸侯燕臣子歌鹿鳴合鄉樂燕禮

是也其天子燕在朝臣子工歌鹿鳴合鄉樂故鄭作詩譜
云天子諸侯燕羣臣及聘問之賓皆歌鹿鳴合鄉樂是也
升歌合樂所以異者案鄉飲酒禮及燕禮工升自西階歌
鹿鳴四牡皇皇者華歌訖笙入立于堂下奏南陔白華華
黍奏訖乃間歌魚麗笙由庚歌南有嘉魚笙崇丘歌南山
有臺笙由儀間歌訖乃合鄉樂周南關雎葛覃卷耳召南
鵲巢采蘩采蘋間者謂堂上堂下一歌一吹更遞而作合
者上下之樂並作此其所以異也皇氏云此經卒爵樂闋之
義主人受酢之時作樂今案大射禮宰夫爲主人受酢之
時不作樂皇氏說非也皇氏又云卒爵而樂闋凡樂三闋
也一是賓飲畢樂闋也二是主人受酢飲畢樂闋也三是
賓奠酬之後工升歌畢將旅酬之時樂闋也今案此經初
云入門而奏肆夏次云卒爵而樂闋下云奠酬而工升歌
皆陳之事依先後次第則樂闋之中不得并數奠酬升歌
樂闋也且工升歌之後則有笙入奏南陔之等及間歌合
樂無樂闋之文何得卒爵樂闋之中數之爲三闋皇氏非也

案鍾師九夏皆夏文在下而南本納夏獨夏文在上其義疑也皇氏云天子燕饗己之臣子與燕饗諸侯同歌文王合鹿鳴今案詩譜云天子諸侯燕羣臣及聘問之賓歌鹿鳴合鄉樂皇說非也　歌者在上匏竹在下貴人聲也　解所以不升笙之義也匏笙也竹簫笛也歌是人聲人聲可貴故升之在堂匏竹可賤故在堂下然瑟亦升堂者瑟工隨歌工故也　樂由至物得　此因上有賓主禮樂之事遂說禮樂之義　樂由陽來者也者此明樂也陽天也天氣化故作樂象之樂以氣爲化是樂由陽來者也氣化謂五聲八音也　禮由陰作者也者陰地也地以形生故制禮象之禮以形爲教是禮由陰作也形教謂尊卑大小拜伏之事也　陰陽和而萬物得者和猶合也得謂各得其所也若禮樂由於天地天地與之和合則萬物得其所也

旅幣無方所以別土地之宜而節遠邇之期也旅衆也邇近也龜爲前

列先知也以鍾次之以和居參之也鍾金也獻金爲作器鍾其大者以金參居庭實之間示和也虎豹之皮示服猛也束帛加璧往德也

疏正義曰此一節明朝聘貨賄庭實之物　旅幣無方者旅衆也幣庭實也衆國貢獻幣物非止一方故云無方　所以別土地之宜者五方各殊所出有異所以分別土地所生之宜　而節遠邇之期也者邇近也六服有遠近或嬪或貨所貢之屬各有期也　龜爲前列先知也者此即旅幣無方之事也龜是靈知之物陳之於庭則列龜最在前故云先知也　以鍾次之者鍾金也陳金則次於龜後也不謂之爲金而謂之爲鍾者貢金以供王之鑄器器之大者莫大於鍾故言以鍾次之也　以和居參之也者解以金次龜義也金性柔和從時變革也金列庭實前龜後皮帛以金參居龜帛之中間故云以和居參之也　虎豹之皮示服

猛也者釋庭實有皮義也虎豹是威猛之獸今得其皮列在王庭是表示君臣之德能服四方之威猛者也　束帛加璧往德也者解享用束帛帛上又加璧之義也玉以表德今將玉加於束帛或錦繡黼黻之上是以表往歸於德故也謂主君有德而往歸之南本及定本皆作往德比本爲任德熊氏云任用德恐非也

庭燎之百由齊桓公始也僭天子也庭燎之差公蓋五十侯伯子男皆三十大夫之奏肆夏也由趙文子始也僭諸侯趙文子晉大夫名武

疏正義曰自此以下至夷王以下揔論朝聘失禮之事各隨文解之　庭燎之百者謂於庭中設火以照燎來朝之臣夜入者因名火爲庭燎也禮天子百燎上公五十侯伯子男三十齊桓公是諸侯而僭用百後世襲之是失禮從齊桓公爲始　注僭天至三十　正義曰此數出大戴禮也但崇鄣問引大戴禮也何以言蓋沈閤對

曰言蓋無別意猶如禮運云仲尼之嘆蓋嘆魯也亦無別意百者皇氏云作百炬列於庭也或云百炬共一束也　注僭諸至名武　正義曰案大射禮公升即席奏肆夏燕禮云若以樂納賓則賓及庭奏肆夏是諸侯之禮今文子亦奏之故云僭諸侯此謂納賓樂也若登歌下管正樂則天子用三夏以饗元侯元侯相與亦得用之周禮九夏王夏者天子所用其餘八夏諸侯皆得用之其陔夏卿大夫亦得用之故鄉飲酒客醉而出奏陔夏但非堂上正樂所用也

朝覲大夫之私覿非禮也大夫執圭而使所以申信也其君親來其臣不敢私見於王國君也以君命聘則有私見不敢私覿所以致敬也而庭實私覿何爲乎諸侯之庭非其與君無別爲人臣者無外交不敢

貳君也私覿是外交也【疏】正義曰此一節論大夫從君朝覲行私覿非禮之事　朝覲大夫之私覿非禮也者朝覲謂君親往鄰國行朝覲之禮大夫從君而行輒行私覿是非禮也　大夫執圭而使所以申信也者既從君而行不可私覿若專使而出則可爲之故云大夫執圭而使謂受命執圭專使鄰國得行私覿所以申已之誠信也　不敢私覿所以致敬也者覆明從君而行不敢行私覿所以致敬於已君也　而庭實私覿何爲乎諸侯之庭者當周衰之後有臣從君而行設庭實私覿於主國之庭作記者譏之庭實私覿何得爲乎諸侯之庭譏其與君無別也　爲人臣者無外交不敢貳君也者解所以從君而行不敢私覿之意爲人之臣既無外交唯專一事君既從君而行不敢貳心於他君所以不行私覿之禮【注】其君至私見　正義曰案聘禮臣出使有私覿今云私覿非禮也故知從君行也且經云朝覲是君親行之事云以君命聘則有私見者解經文執圭而使所以申信也

大七十九小四百七十　禮記義三十四　十七　成

約聘禮有私覿故云以君命聘則有私見也　大夫而饗君非禮也其饗君由強且富也大夫強而君殺之義也由三桓始也三桓魯桓公之子莊公之弟公子慶父公子牙公子友慶父與牙通於夫人以脅公季友以君命鴆牙後慶父弒二君又死也　天子無客禮莫敢爲主焉君適其臣升自阼階不敢有其室也明饗君非禮也　覲禮天子不下堂而見諸侯正君臣也下堂而見諸侯天子之失禮也由夷王以下夷王周康王之玄孫之子也時微弱不敢自尊於諸侯【疏】正義曰大夫富強專制於君召君而饗之非禮也大夫強而君殺之義也

者大夫強盛則干國亂紀而君能殺之是銷絕惡源得其義也　由三桓始也者從三桓以後有能誅殺強臣由三桓而來故云由三桓始也【注】三桓至死也　正義曰案春秋公子慶父公子牙公子友皆莊公弟是桓公子也云慶父與牙通於夫人以脅公者案莊公二十七年公子友如陳葬原仲公羊云辟內難內難者何公子慶父公子牙通乎夫人以脅公何休云公病問後於牙牙對曰魯一生一及君已知之牙欲立慶父是脅公也云季友以君命鴆牙者案莊三十二年左傳云公疾問後於叔牙對曰慶父材問於季友對曰臣以死奉般公曰鄉者牙曰慶父材成季使以君命命僖叔待于鍼巫氏使鍼季酖之是也後慶父殺二君者莊公三十二年左氏云八月癸亥公薨于路寢子般即位冬十月已未共仲使圉人犖賊子般于黨氏閔二年秋八月辛丑共仲使卜齮賊公于武闈是弒二君也云又死也者案左氏云成季以僖公適邾共仲奔莒乃入立之以賂求共仲于莒莒人歸之及密使公子魚請不許哭而往共仲曰奚斯之聲也乃縊是慶

禮記義三十四　十八　李信

父又死也案三桓之前齊有公孫無知作亂衛有州吁宋有長萬皆以強盛被殺而云由三桓始者熊氏云據魯而言猶如論語云十世五世希不失矣三桓之後若襄仲季孫意如雖強君不能殺據時有能殺者言之然此經注並公羊文以左氏傳爲解耳【注】明饗君非禮也　正義曰天子無客禮莫敢爲主焉君適其臣升自阼階臣不敢有其室臣既不敢爲主明饗君非禮結上文也春秋之時則有諸侯饗天子故莊二十一年鄭伯享王于闕西辟樂備亂世非正法也　覲禮至以下　案覲禮天子負斧依南面侯氏執玉入是不下堂見諸侯也若春朝夏宗則以客禮待諸侯以車出迎熊氏云春夏受三享之時乃有迎法義或然也故齊僕云各以其等爲車送逆之節注云節謂王乘車迎賓客及送相去遠近之數是也　由夷王以下者夷王下堂而見諸侯自此以後或有然者故云以下【注】夷王至子也　正義曰案世本康王生昭王昭王生穆王穆王生恭王恭王生懿王懿王崩弟孝王立孝王崩懿王大子燮立是爲夷王懿王是康王之

玄孫夷王是懿王之子故云玄孫之子也諸侯之宮縣而祭以白牡擊玉磬朱干設錫冕而舞大武乘大路諸侯之僭禮也言此皆天子之禮也宮縣四面縣也干盾也錫傅其背如龜也武萬舞也白牡大路殷天子禮也臺門而旅樹反坫繡黼丹朱中衣大夫之僭禮也言此皆諸侯之禮也旅道也屏謂之樹樹所以蔽行道管氏樹塞門塞猶蔽也禮天子外屏諸侯內屏大夫以簾士以帷反坫反爵之坫也蓋在尊南兩君相見主君既獻於反爵焉繡黼丹朱以爲中衣領緣也繡讀爲綃綃繒名也詩云素衣朱綃又云素衣朱襮襮黼領也故天子微諸侯僭大夫強諸侯脅於此相

大十五小三六六十六　禮記義三十四　十九　章文

貴以等相覿以貨相賂以利而天下之禮亂矣言僭所由諸侯不敢祖天子大夫不敢祖諸侯而公廟之設於私家非禮也由三桓始也言仲孫叔孫季孫氏皆立桓公廟魯以周公之故立文王廟三家見而僭焉

疏 正義曰此一節摠諸侯及大夫奢僭強盛之事各依文解之 ○諸侯之宮縣者諸侯唯合軒縣今乃有宮縣又諸侯祭用時王牲今用白牡又諸侯擊石磬今擊玉磬又諸侯得舞大武故詩云方將萬舞宣八年萬入去籥是也但不得朱干設錫冕服而舞今朱干設錫冕而舞大武諸侯合乘時王之車今乃乘殷之大路並是諸侯僭禮也 注言此至禮也 正義曰案小胥天子宮縣案文十三年公羊傳云周公用白牡又明堂位云祀周公於太廟牲用白牡

擊玉磬則皐陶謨云鳴球是也祭統云朱干玉戚冕而舞大武明堂位云魯君孟春乘大路其祭統明堂位所云皆天子禮樂特賜周公故云皆天子之禮魯唯文王周公廟而得用之若用於他廟則爲僭也若他國諸侯非二王之後祀受命之君而用之皆爲僭也云錫傅其背如龜也者詩云鏤錫謂以金飾之則此錫亦以金飾也謂用金琢傅其盾背盾背外高龜背亦外高故云如龜也蓋見漢禮然也白牡是殷之正色大路與白牡同文故知白牡大路是殷天子之禮也 ○臺門至禮也 ○此一經明大夫僭諸侯禮臺門者兩邊起土爲臺臺上架屋曰臺門 ○而旅樹者旅道也樹立也人君當門道立屏蔽內外爲敬也 ○反坫者反爵之坫也若兩君相饗則設尊兩楹間坫在其南坫以土爲之 ○繡黼丹朱中衣者綃繒也黼刺繒爲黼文也丹朱赤色謂染繒爲赤色也中衣謂以素爲冕服之裏衣猶今中衣單也 ○大夫之僭禮也者自臺門以下於時大夫皆有此事故言僭禮也 注言此至領也 正義曰旅道也所

禮記義三十四　二十

以蔽故以爲道也云屏謂之樹釋宮文引管氏樹塞門者據經旅樹之義云禮天子外屏諸侯內屏大夫以簾士以帷者禮緯文南本及定本皆然或云大夫以帷士以簾誤也云反坫反爵之坫也者以明堂位云反坫出尊則坫爲尊而設故知反坫反爵也以言出尊故云蓋在尊南也鄉飲酒是鄉大夫之禮尊於房戶間燕禮是燕己之臣子故尊於東楹之西若兩君相敵則尊於兩楹間故其坫在兩楹間云兩君相見主君既獻於反爵焉者案論語云邦君爲兩君之好有反坫故知兩君相見也彼注云其獻酢之禮更酌酌畢則各反爵於坫上故云主君既獻於反爵焉謂於此坫上而反爵焉熊氏云主君獻賓賓筵前受爵飲畢反此虛爵於坫上於西階上拜主人於阼階上荅拜賓於坫取爵洗爵酌以酢主人主人受爵飲畢反此虛爵於坫上主人阼階上拜賓荅拜是賓主飲畢反爵於坫上也而論語注酌畢各反爵於坫上者文不具耳其實當云飲畢或可初酌之時則奠於坫與鄉飲酒禮異也義有疑故兩

存焉云繡黼丹朱以爲中衣領緣也者中衣謂冕及爵弁之中衣以素爲之繡黼爲領丹朱爲緣云繡讀爲綃綃繒名也者案注引禮引詩云素衣朱綃魯詩亦以爲綃綃綺屬以魯詩既爲綃字又玉色備曰繡白與黑曰黼繡黼領得共爲一物故以繡爲綃也謂於綃上而刺黼文也引詩云素衣朱綃者證以繡爲綃又引詩素衣朱襮者證黼不也案釋器黼領謂之襮故云襮黼領也案玉藻云以帛裏布非禮也此素衣是綵當爲冕及爵弁之中衣禮朝燕之服皆以布爲之皇氏云此素爲中衣兼爲朝燕服之中衣非也案禮公之孤四命則爵弁自祭也則天子大夫四命亦當爵弁自祭則中衣得用素但不得用綃黼爲領丹朱爲緣耳熊氏云此云大夫僭謂非四命大夫而著素衣爲僭今爲四命得著素衣但以綃黼丹朱猶爲僭也其大夫士助祭於君服爵弁以上雖中衣用素亦不得用綃黼丹朱以爲領緣以其是諸侯之服故唐詩揚之水刺晉昭公微弱云素衣朱綃從子於鵠國人欲進此服去從桓叔爲

諸侯也　於此相貴以等相覿以貨謂臣下不畏懼於君而擅相尊貴以等列故庾云擅相封爵也　相覿以貨者大夫私相覿以貨賄不辟君　注魯以至僭焉　正義曰知魯得立文王廟者案襄十二年秋吳子壽夢卒臨於周廟禮也注云周廟謂文王廟也此經云諸侯不敢祖天子而文二年左傳云宋祖帝乙鄭祖厲王大夫不敢祖諸侯而莊二十八年左傳云凡邑有宗廟先君之主曰都與此文不同者此據尋常諸侯大夫彼據有大功德者故異義禮戴引此郊特牲云又臣衡說支庶不敢薦其禰下土諸侯不得專祖於王古春秋左氏說天子之子以上德爲諸侯者得祖所自出魯以周公之故立文王廟左傳宋祖帝乙鄭祖厲王猶上祖也又曰凡邑有宗廟先君之主曰都以其有先君之主公子爲大夫所食采地亦自立所出公廟其立先公廟準禮公子得祖先君公孫不得祖諸侯許愼謹案周公以上德封於魯得郊天兼用四代之禮樂知亦得祖天子諸侯有德祖天子者知大夫亦得祖諸侯鄭

氏無駁與許愼同也其王子母弟無大功德不得出封食采畿內賢於餘者亦得采地之中立祖王廟故都宗人家宗人皆爲都家祭所出祖王之廟也

禮記正義卷第三十四

禮記正義卷第三十五

國子祭酒上護軍曲阜縣開國子臣孔穎達等奉
勑撰

天子存二代之後猶尊賢也尊賢不過二代過之遠難法也二或爲三 疏 正義曰此一節論王者立二王後尊賢之事 天子存二代者天子繼世而立子孫以不肖滅亡見在子孫又無功德仍須存之所以存二代之後者猶尚尊其往昔之賢所取法象 尊賢不過二代者所以尊賢之事取其法象但代異時移今古不一若皆法象先代今則不可盡行故所尊之賢不過取二代而已若過之遠難爲法也案異義公羊說存二王之後所以通天三統之義引此文古春秋左氏說周家封夏殷二王之後以爲上公封黃帝堯舜之後謂之三恪許慎謹案云治魯詩丞相韋玄成治易施讎等說引外傳曰五王之樂可得觀乎知王者所封五代而已而與左氏說同鄭駁之云所存二王之後者命使郊天以天子之禮祭其始祖受命之王自行其正朔服色恪者敬也敬其先聖而封其後與諸侯無殊異何得比夏殷之後如鄭此言公羊自據二王之後左氏兼論三恪義不乖異也熊氏云周之三恪越少昊高辛遠存黃帝者取其制作之人故易繫辭云神農氏沒黃帝堯舜氏作義當然也諸侯不臣寓公故古者寓公不繼世寓寄也寄公之子非賢者世不足尊也寓或爲託也 疏 正義曰此一節論寄公之子爲臣之事 注寓寄至尊也 正義曰案喪服傳云寄公者何也失地之君也或天子削地或被諸侯所逐皆爲失地也諸侯不臣者不敢以寄公爲臣也君之南鄉答陽之義

也臣之北面答君也答對也大夫之臣不稽首非尊家臣以辟君也辟國君也 疏 正義曰此一經論大夫君辟正君之事諸侯則稽首於天子大夫則稽首於諸侯皆盡其臣禮以事君今大夫家臣於大夫之處拜時不爲稽首非是尊敬此家臣不令稽首所以不稽首者以辟國之正君臣於國君已皆稽首今大夫之臣又稽首於大夫之君便是一國兩君故云以辟君也大夫得稽首於諸侯不辟天子者謂諸侯有大功德出封畿外專有其國故大夫得專盡臣禮事之也大夫有獻弗親君有賜不面拜爲君之答己也不面拜者於外告小臣小臣受以入也小臣掌三公及孤卿之復逆也 疏 正義曰此一經論君尊大夫之事 大夫有獻弗親者謂大夫有物獻君使人獻之不親來獻 君有賜不面拜者謂君有物賜大夫大夫不面自來拜所以然者恐爲君之答己故不自來不報而去 注小臣至逆也 正義曰案大僕掌諸侯之復逆御僕掌羣吏之逆及庶民之復皆無大夫之文即此小臣所掌孤卿中兼之故鄭云復謂奏事也逆謂受下奏鄉人裼裼強鬼也謂時儺索室敺疫逐強鬼也裼或爲獻或爲儺孔子朝服立于阼存室神也神依人也 疏 正義曰此一經論孔子存神之事 鄉人裼者庾云裼是強鬼之名謂鄉人驅逐此強鬼孔子則身著朝服立於阼階之上所以然者于時驅逐強鬼恐己廟室之神時有驚恐故著朝服立于廟之阼階存安廟室之神使神依己而安也所以朝服者大夫朝服以祭故用祭服以依神孔子曰射之以樂也何以聽何以射多其射容與樂節相應也孔子曰士使之射不能

則辭以疾縣弧之義也男子生而設弧於門左示有射道而未能也女子設帨 疏 正義曰此一節論歎美祭廟擇士之射必使容體合樂故云射之以樂　何以聽者言何以能聽此樂節使與射容相應　何以射者言何以能使射與樂節相應故多善其兩事相應故鄭注射義云何以言其難也　孔子曰士使之射不能則辭以疾縣弧之義也者孔子既美射之與樂相應又論身之不可不習爲士之法理合能射令使之射若其不能便是乖於爲士之義則當辭以疾病縣弧之義也者以男子初生縣弧於門左示有射道而未能也今士亦有射道以其疾病而不能與男子初生縣弧相似故云縣弧之義也 注 男子至設帨　正義曰案內則云子生男子設弧於門左女子設帨於門右男子所以設弧者示其有射道所以縣之者以其未能也長大不得不能故辭以疾也

孔子曰三日齊一日用之猶恐

不敬二日伐鼓何居居讀爲姬語之助也何居怪之也伐猶擊也齊者止樂而二日擊鼓則是成一日齊也 疏 正義曰此一經論祭之失禮之事祭前宜齊而專一不得伐鼓也凡祭必散齊七日致齊三日不樂不弔致齊三日專其一心用以祭祀猶恐爲敬不足故云猶恐不敬也于時祭者在致齊三日之中而二日伐鼓使祭者情散意逸以違禮故譏而問之二日伐鼓何姬姬是語助之辭也

孔子曰繹之於庫門內祊之於東方朝市之於西方失之矣祊之禮宜於廟門外之西室繹又於其堂神位在西也此二者同時而大名曰繹其祭禮簡而事尸禮大朝市宜於市之東偏周禮市有三期大市日側而市百族爲主朝市朝時而市商賈爲主夕市夕時而市販夫販婦爲主 疏 正義曰此一經論魯失禮之事　繹之於庫門內者繹祭

之禮當於廟門外之西堂今乃於庫門內　祊之於東方者祊當在廟門外西室今乃於廟門外東方　朝市之於西方者朝市謂朝時而市當於市內東方謂市內近東也今乃於市內西方　失之矣者言此三事皆違於禮故言失之矣 注 祊之至爲王　正義曰祊之禮宜於廟門外之西室者下文索祭祝于祊是爲祭設故當在廟門外又釋宮云閍謂之門孫炎云謂廟門外又引詩云祝祭於祊故知廟門也知廟門外者禮器云爲祊乎外故知在外也以西是鬼神之位室又求神之處故知在廟門外之西室云繹又於其堂者祊是求神之名繹是接尸之稱求神在室接尸在堂故云繹又於其堂云此二者同時而大名曰繹者祊是室內求神繹是堂上接尸一時之事故云二者同時案春秋宣八年壬午猶繹釋天云繹又祭詩絲衣云繹賓尸但有繹名而無祊稱是大名曰繹云其祭禮簡而事尸禮大者案儀禮有司徹是上大夫儐尸也但於堂上獻尸獻侑全無室中之事又絲衣云自堂徂基自羊徂牛

是祭神也下云兕觥其觩旨酒思柔是接尸也故知祭神禮簡事尸禮大天子諸侯謂之爲繹在祭之明日於廟門外西室及堂而行禮也上大夫曰儐尸與祭同日於廟堂之上而行禮也下大夫及士雖有獻尸及賓尊相酬酢行禮於廟之事不謂之儐尸也引周禮大市日側而市以下皆周禮司市文日中百族爲主者注云百族必容來去商賈爲主謂商賈家在外市城販夫販婦朝資夕賣凡日中朝夕百族商賈及販夫販婦皆言爲主者據其多耳皇氏以爲日側日將中而未中猶在東側故鄭注彼云日昃昳中也

社祭土而主陰氣也君南鄉於北墉下答陰之義也牆謂之墉北墉社內北牆日用甲用日之始也國中之神莫貴於社天子大社必受霜露風雨以達天地之氣也大社王爲羣姓

所立是故喪國之社屋之不受天陽也薄社北牖使陰明也絶其陽通其陰而已薄社殷之社殷始都薄社所以神地之道也地載萬物天垂象取財於地取法於天是以尊天而親地也故教民美報焉家主中霤而國主社示本也中霤亦土神也唯爲社事單出里唯爲社田國人畢作唯社丘乘共粢盛所以報本反始也單出里皆往祭社於都鄙二十五家爲里畢作人則盡行非徒羨也丘十六井也四丘六十四井曰甸或謂之乘乘者以於車賦出長轂一乘乘或爲鄰

【疏】正義曰此一節總論社神之義兼明所祭之禮　社祭土而主陰氣也者土謂五土山林川澤丘陵墳衍原隰也以時祭之故云社祭土土是陰氣之主故云而主陰氣也　君南鄉於北墉下荅陰之義也者墉牆也社既主陰陰宜在北故祭社時以社在南設主壇上北面而君來在北牆下而南鄉祭之是對陰之義也　日用甲用日之始也者社是國中之貴神甲是旬日之初始故用之也　天子大社必受霜露風雨以達天地之氣也者是解社不屋義也達通也風雨至則萬物生霜露降則萬物成故不爲屋以受霜露風雨霜露風雨至是天地氣通也故云達天地之氣也是故喪國之社屋之不受天陽也者喪國社者謂周立殷社也立以爲戒不生成天是生法其無生義故屋隔之令不受天之陽也白虎通云王者諸侯必有誡社者何示有存亡也明爲善者得之爲惡者失之　薄社北牖使陰明也者即喪國社也殷始都薄故呼其社爲薄社也周立殷社爲

戒而屋之塞其三面唯開北牖示絶陽而通陰陰明則物死也　社所以神地之道也者言立社之祭是神明於地之道故也發此句爲下張本也　地載萬物者釋地所得神之由也地之爲德以載萬物爲用故也　天垂象者欲明地之貴故引天爲對也地有其物天上皆垂其象所謂在天成象在地成形也　取財於地者地須財財並在地出爲人所取也　取法於天者人知四時早晚皆放日月星辰以爲耕作之候是取法於天　是以尊天而親地也者所取法者故尊而祭之天子祭天是也所取財者故親而祭之一切親地而共祭社是也　故教民美報焉者此結祀社也地既爲民所親故與庶民祭之以教民美報故也　家主中霤者中霤謂土神卿大夫之家主祭土神在於中霤　而國主社者謂天子諸侯之國主祭土神於社　示本也者以土神生財以養官之與民故皆主祭土神示其生養之本也唯爲社事單出里者社事祭社事也單盡也里居也社既爲國之本故若祭社則合里之家並盡

出故云單出里也此唯每家出一人不人人出也　唯爲社田國人畢作者田獵也畢盡也作行也既人人得社福故若祭社先爲社獵則國中之人皆盡行無得住家也　唯社丘乘共粢盛者鄕說祭社用牲此明祭社用米也丘乘者都鄙井田也九夫爲井四井爲邑四邑爲丘四丘爲乘唯祭社而使丘乘共於粢盛也粢稷也稷曰明粢在器曰盛庾蔚云粢盛所須者少故丘乘共之也皇氏云若天子諸侯祭社則用藉田之穀大夫以下無藉田若祭社則丘乘之民共之示民出力也　所以報本反始也者結美報也皇氏云國人畢作是報本而丘乘共粢盛是反始言粢盛是社所生故云反始也熊氏云祭社稷之神爲報本祭所配之人爲反始未知孰是故兩存焉　【注】大社至所立　正義曰知爲羣姓所立者祭法文但社稷之義先儒所解不同鄭康成之說以社爲五土總神稷爲原隰之神句龍以有平水土之功配社祀之稷有播種之功配稷祀之鄭必以爲此說者案郊特牲云社祭土而主陰氣又云

社所以神地之道又禮運云命降于社之謂殽地又王肅
云祭天地社稷爲越紼而行事據此諸文故知社即地神
稷是社之細別別名曰稷稷乃原隰所生故以稷爲原隰
之神若賈逵馬融王肅之徒以社祭句龍稷祭后稷皆人
鬼也非地神故聖證論王肅難鄭云禮運云祀帝於郊所
以定天位祀社於國所以列地利社若是地應云定地位
而言列地利故知社非地也爲鄭學者馬昭之等通之云
天體無形故須云定位地體有形不須云定位故唯云列
地利肅又難鄭云祭天牛角繭栗而用特牲祭社用牛角
尺而用大牢又祭天地大裘而冕祭社稷絺冕又唯天子
令庶民祭社社若是地神豈庶民得祭地乎爲鄭學者通
之云以天神至尊而簡質事之故牛角繭栗而用特牲服
著大裘天地至尊天子至貴天子祭社是地之別體有功
於人報其載養之功故用大牢貶降於天故角尺也祭用
絺冕取其陰類庶人蒙其社功故亦祭之非是方澤神州
之地也肅又難鄭云召誥用牲于郊牛二明后稷配天故

知二牲也又云社于新邑牛一羊一豕一明知唯祭句龍
更無配祭之人爲鄭學者通之云是后稷與天尊卑既別
不敢同天牲句龍是上公之神社是地祇之別尊卑不甚
縣絶故云配同牲也肅又難鄭云后稷配天孝經有配天
明文后稷不稱天也祭法及昭二十九年傳云句龍能平
水土故祀以爲社不云祀以配社明知社即句龍也爲鄭
學者通之云后稷非能與天同功唯尊祖配之故云不得
稱天句龍與社同功故得云祀以爲社而得稱社也肅又
難云春秋說伐鼓於社責上公不云責地祇明社是上公
也又月令命民社鄭注云社后土也孝經注云社后土也
句龍爲后土鄭既云社后土則句龍也是鄭自相違反爲
鄭學者通之云伐鼓責上公者以日食臣侵君之象故以
責上公言之句龍爲后土之官其地神亦名后土故左傳
云君戴皇天而履后土地稱后土與句龍稱后土名同而
無異也鄭注云后土者謂地神也非謂句龍也故中庸云
郊社之禮注云社祭地神又鼓人云以靈鼓鼓社祭注云

社祭祭地祇也是社爲地祇也其社稷制度白虎通云天
子之社壇方五丈諸侯半之說者又云天子之社封五色
土爲之若諸侯受封各割其方色土與之則東方青南方
赤之等是也上皆以黄土也其天子諸侯皆有二社者祭
法云王爲羣姓立社曰大社王自爲立社曰王社諸侯爲
百姓立社曰國社諸侯自爲立社曰侯社是各有二社又
各有勝國之社故此云喪國之社屋之是天子有之也案
春秋亳社災公羊云亡國之社蓋揜之揜其上而柴其下
是魯有之也襄三十年左傳云鳥鳴于亳社是宋有之也
此是天子諸侯二社之義其所置之處小宗伯云右社稷
左宗廟鄭云庫門内雉門外之左右爲羣姓立社者在庫
門内之西自爲立者在藉田之中其亡國之社穀梁傳云
亡國之社以爲廟屏戒或在廟或在庫門内之東則亳社
在東也故左傳云閒于兩社爲公室輔魯之外朝在庫門
之内東有亳社西有國社朝廷執政之處故云閒于兩社
也其卿大夫以下案祭法云大夫以下成羣立社曰置社

注云大夫不得特立社與民族居百家以上則共立一社
今時里社是也如鄭此言則周之政法百家以上得立社
其秦漢以來雖非大夫民二十五家以上則得立社故云
今之里社又鄭志云月令命民社謂秦社也自秦以下民
始得立社也其大夫以下所置社者皆以土地所宜之木
則論語云夏后氏以松殷人以柏周人以栗故大司徒云
而樹之田主各以其野之所宜木是也其天子大社之等
案尚書無逸篇曰大社唯松東社唯柏南社唯梓西社唯
栗北社唯槐其天子諸侯大夫等皆有稷也故注司徒田
主田神后土田正之所依也田正則稷神也田主尚然故
知天子諸侯社皆有稷其亡國之社亦有稷故士師云若
祭勝國之社稷則爲之尸是有稷也但亡國之社稷故略
之用刑官爲尸則其祭餘社爲尸不用刑官也其社之祭
一歲有三仲春命民社一也詩云以社以方謂秋祭二也
孟冬云大割祠于公社是三也其社主用石故鄭注宗伯
云社之主蓋用石案條牒論稷壇在社壇西俱北鄉並

壇共門或曰在社壇北其用玉無文不可強言今禮用
圭有邸異義今孝經說曰社者土地之主土地廣博不可
徧敬封五土以爲社古左氏說共工爲后土后土爲社許
君謹案亦曰春秋稱公社今人謂社神爲社公故知社是
上公非地祇玄駮之云社祭土而主陰氣又云社者神地
之道謂社神但言上公失之矣今人亦謂雷曰雷公天曰
天公豈上公也異義稷神今孝經說稷者五穀之長穀衆
多不可徧敬故立稷而祭之古左氏說列山氏之子曰柱
死祀以爲稷稷是田正周棄亦爲稷自商以來祀之許君
謹案禮緣生及死故社稷人事之既祭稷穀不得但以稷
米祭稷反自食同左氏義鄭駮之云宗伯以血祭祭社稷
五祀五嶽社稷之神若是句龍柱棄不得先五嶽而食又
引司徒五土名又引大司樂五變而致介物及土示土示
五土之總神即謂社也六樂於五地無原隰而有土祇則
土祇與原隰同用樂也又引詩信南山云畇畇原隰下之
黍稷或云原隰生百穀黍爲之長然則稷者原隰之神若

達此義不得以稷米祭稷爲難 注單出至一乘 正義
曰單出里皆往祭社於都鄙者案周禮都鄙公卿大夫采
地此卿大夫祭社其里之人皆往就祭此據采地言之故
云往祭社於都鄙必知據采地者以經云唯社丘乘丘乘
是采地井田之制故舉采地言焉其公邑之民所屬鄰鄙
縣遂有祭社之事則亦往鄰鄙中助之其六鄉之內於祭
酺黨祭禜雖滿百家以上不祭社也唯其州祭社其所屬
閭民祭社祭禜祭酺之時亦皆往也但此文主於社故特
言社耳云人則盡行非徒羨也者案周禮小司徒云凡起
徒役毋過家一人以其餘爲羨則家一人之外皆爲羨也
此云人則盡行非徒羨似羨外更有人者若六鄉上劑致
民一人爲正卒又一人爲羨卒其餘爲餘夫則據都鄙及
六遂之外羨卒外有餘夫故云非徒羨
也云丘十六井也以下皆司馬法文 季春出火爲
焚也 謂焚萊也凡出火以火出建辰之月火始出 然後簡其車賦而

備其卒伍而君親誓社以習軍旅左之右
之坐之起之以觀其習變也 簡歷謂算具陳列之也君親誓
社誓吏士以習軍旅既而遂田以祭社也言祭社則此是仲春之禮也仲春以火田田止弊火然後獻禽至季春火
出而民乃用火今云季春出火乃誓社記者誤也社或爲省 而流示之禽而鹽
諸利以觀其不犯命也 流猶行也行行田也鹽讀爲豔行田示之以禽
使歆豔之觀其用命不也謂禽爲利者凡田大獸公之小禽私之 求服其志不貪
其得 失伍而獲猶爲犯命 故以戰則克以祭則受福 疏
正義曰此一節論仲春祭社之前田獵取禽以祭社獲福
之事 季春出火爲焚也者祭社既用仲春此出火爲焚

當在仲春之月今云季春者記者以季春之時民始出火
記者錯誤遂以爲天子諸侯用焚亦在季春故誤爲季春
當在仲春也爲焚者謂焚燒除治宿草 然後簡其車賦
者謂既焚之後簡選車馬及兵賦器械之屬 而歷其卒
伍者謂歷其百人之卒五人之伍 而君親誓社者謂君
親自誓此士衆以習軍旅既而遂田以所得之禽獸因以
祭社故云親誓社 左之右之坐之起之者謂戒勅之以
習軍旅之事或左或右或坐或起 以觀其習變也者謂
君親自觀於習武變動之事 而流示之禽者流行也謂
教陳訖而行田禮謂驅禽於陳前以示士卒也 而鹽諸
利者鹽者豔也諸於也利則禽也所以驅禽示之而歆豔
之以小禽之利 以觀其不犯命也者於此之時觀其士
卒犯命與不犯軍命者 求服其志不貪其得者所以觀
其犯命與否者求欲服其士卒之志使進退依禮不欲貪
其犯命苟得於禽言失伍得禽猶爲犯命不免罰也 故
以戰則克以祭則受福者以其所爲得禮戰則克勝祭則

愛福【注】謂焚至始出　正義曰出火以火出者案春秋火出爲夏三月此出火者謂出陶冶之火故左氏昭六年鄭人鑄刑書火未出而用火故晉士文伯譏之若田獵之火則昆蟲蟄後得火田以至仲春也【注】簡歷至誤也　正義曰簡歷謂算具陳列之者經云左之右之軍或須左或須右坐之起之謂須坐須起崔氏云謂士卒至前表而坐將行而起崔氏所言是仲冬大閱之禮未知春時亦然以否云言祭社則此是仲春之禮也者此經無祭社之文以連前經祭社之事故云此是仲春之禮云仲春以火田田止弊火者周禮大司馬職文引之者證仲春火弊而田止云至季春出火而民乃用火者案司爟云季春出火民咸從之故民乃用火云今云季春出火乃誓社記者誤也者謂作記之人見季春民之出火謂爲焚萊祭社故稱季春【注】鹽讀至私之　正義曰鹽豔聲相近歆豔是愛欲之言故讀從豔也云大獸公之小禽私之二者大司馬文

天子適四方先柴

所到必先燔柴有事於上帝也書曰歲二月東巡守至于岱宗柴【疏】正義曰此一節明天子巡守祭天之禮　天子適四方先柴者謂巡守至方嶽先燔柴以告天是尊天故也【注】書曰至宗柴　正義曰此虞書舜典文案鄭注尚書以爲別有舜典之篇將此爲堯典與古文異也此祭上帝謂祭當方帝皇氏云謂祭感生帝義非也

郊之祭也迎長日之至也

易說曰三王之郊一用夏正夏正建寅之月也此言迎長日者建卯而晝夜分分而日長也【疏】正義曰此一節總明郊祭之義　迎長日之至也者明郊祭用夏正建寅之月意以二月建卯春分後日長今正月建寅郊祭通而迎此長日之將至【注】易說至長也　正義曰此易緯乾鑿度文必用夏正彼文云方此之時天地交萬物通所以順四時法天地之道案書傳云迎日謂春分迎日也即引寅賓出日皆謂春分知此迎長日非春分者此云兆於南郊就陽位若是春分朝日當在

東郊故知非也又下云帝牛不吉以爲稷牛故知祭天非唯祭日也

大報天而主日也

大猶徧也天之神日爲尊

兆於南郊就陽位也

日大陽之精也【疏】正義曰大猶徧也雖特尊所出之帝而又徧報天之一切神而天之諸神唯日爲尊故此祭者日爲諸神之主故云主日也不用所出之帝爲主而主日者所出尊不與諸神爲賓主也猶如君燕羣臣使膳宰爲主人不以君爲主也【注】大猶至爲尊　正義曰天之諸神莫大於日祭諸神之時日居諸神之首故云日爲尊也凡祭日月之禮崔氏云一歲有四迎氣之時祭日於東祭月於西故小宗伯云兆五帝於四郊四望四類亦如之是其一也春分朝日秋分夕月是其二也此等二祭日之與月各祭於一處日之與月皆爲壇而祭所謂王宮祭日夜明祭月皆爲燔柴也夏正郊天之時而主日配以月祭義云大報天而主日配以月是其三也孟冬大蜡之時又祭日月故月令孟冬祈

來年于天宗是其四也此二祭并祭日月共在一處則燔日於壇祭月於坎壇則實柴坎則瘞埋也其牲皆用犢故小司徒云凡小祭祀奉牛牲鄭云小祭祀王玄冕所祭是也若所祈禱則用少牢故祭法云埋少牢於泰昭祭時及日月等鄭注云凡此以下皆祭用少牢是也皇氏云以爲日月合祭之時用犢分祭之時用少牢其義非也

埽地而祭於其質也器用陶匏以象天地之性也

觀天下之物無可以稱其德

於郊故謂之郊牲用騂尚赤也用犢貴誠也

尚赤者周也【疏】正義曰燔柴在壇正祭於地故云埽地而祭陶謂瓦器謂酒尊及豆簋之屬故周禮瓬人爲簋匏謂酒爵此等已具解於上

郊之用辛也周之始郊日以至

言日以周郊天之月而至陽氣新用事順之而

用辛日此說非也郊天之月而日至魯禮也三王之郊一
用夏正魯以無冬至祭天於圓丘之事是以建子之月郊
天示先有事也用辛日者凡爲人君當齊戒自新耳
周衰禮廢儒者見周禮盡在魯因推魯禮以言周事【疏】
正義曰王肅用董仲舒劉向之說以此爲周郊上文云郊
之祭迎長日之至謂周之郊祭於建子之月而迎此冬至
長日之至也而用辛者以冬至陽氣新用事故用辛也周
之始郊日以至者對建寅之月又祈穀郊祭此言始者對
建寅爲始也鄭康成則異於王肅上文云迎長日之至自
據周郊此云郊之用辛據魯禮也言郊用辛日者取齊戒
自新周之始郊日以至者謂魯之始郊日以冬至之月云
始者對建寅之月天子郊祭魯於冬至之月初始郊祭示
先有事故云始也【注】言日至周事　正義曰日以周郊
天之月而至者謂日體以周郊天建子之月而南至云陽
氣新用事順之而用辛日者以冬至一陽生故云新用事
而用辛日云此說非也者謂日以周禮郊天之月而日至

陽氣新用事此等之說非也謂董仲舒劉向而爲此說所
以非者案周禮冬至祭天圓丘不論郊也又此下云戴冕
璪十有二旒周禮祀昊天上帝則大裘而冕是服不同周
禮王路以祀天此下云乘素車是車不同也祭法云燔柴
於泰壇用騂犢周禮蒼璧禮天牲從玉色是牲不同也爾
雅曰非人爲之丘泰壇則人功所作是圓丘與泰壇別也
以是知郊與圓丘所祭非一故云此說非也云郊天之月
而日至魯禮也者言此經始郊日以至是魯國之禮必知
魯禮者以明堂云魯君孟春乘大路載弧韣旂十有二旒
日月之章祀帝于郊又雜記云正月日至可以有事於上
帝故知冬至郊天魯禮也云三王之郊一用夏正者證明
天子之郊必用夏正魯既降下天子不敢郊天與周同月
故用建子之月而郊天欲示在天子之先而有事也但魯
之郊祭師說不同崔氏皇氏用王肅之說以魯冬至郊天
至建寅之月又郊以祈穀故左傳云啓蟄而郊又云郊祀
后稷以祈農事是二郊也若依鄭康成之說則異於此也

魯唯一郊不與天子郊天同月轉卜三正故穀梁傳云魯
以十二月下辛卜正月上辛若不從則以正月下辛卜二
月上辛若不從則以二月下辛卜三月上辛若不從則止
故聖證論馬昭引穀梁傳以答王肅之難是魯一郊則止
或用建子之月郊則此云日以至及宣三年正月郊牛之
口傷是也或用建寅之月則春秋左傳云郊祀后稷以祈
農事是也但春秋魯禮也無建丑之月耳若杜預不信禮
記不取公羊穀梁魯唯有建寅郊天及龍見而雩云周衰
禮廢儒者見周禮盡在魯者欲見經文實是魯郊而爲周
字故云因推魯禮以言周事誤作周也從上說郊是周禮
自此以下是魯禮爲此周魯雜亂也案聖證論王肅難鄭
云郊特牲曰郊之祭迎長日之至下云周之始郊日以至
玄以爲迎長日謂夏正也郊天日以至玄以爲冬至之日
說其長日至於上而妄爲之說又從其始郊日以至於下
非其義也玄又云周衰禮廢儒者見周禮盡在魯因推魯
禮以言周事若儒者愚人也則不能記斯禮矣苟其不愚

不得亂於周魯也鄭玄以祭法禘黃帝及嚳爲配圓丘之
祀祭法說禘無圓丘之名周官圓丘不名爲禘是禘非圓
丘之祭也玄既以祭法禘嚳爲圓丘又大傳王者禘其祖
之所自出而玄又施之於郊祭后稷是亂禮之名實也案
爾雅云禘大祭也繹又祭也皆祭宗廟之名則禘是五年
大祭先祖非圓丘及郊也周立后稷廟而嚳無廟故知周
人尊嚳不若后稷之廟重而玄說圓丘祭天祀大者仲尼
當稱昔者周公禘祀嚳圓丘以配天今無此言知禘配圓
丘非也又詩思文后稷配天之頌無帝嚳配圓丘之文知
郊則圓丘圓丘則郊所在言之則謂之郊所祭言之則謂
之圓丘於郊築泰壇象圓丘之形以丘言之本諸天地之
性故祭法云燔柴於泰壇則圓丘也郊特牲云周之始郊
日以至周禮云冬至祭天於圓丘知圓丘與郊是一也言
始郊者冬至陽氣初動天之始也對啓蟄又將郊祀故言
始孔子家語云定公問孔子郊祀之事孔子對之與此郊
特牲文同皆以爲天子郊祭之事如聖證論之言王肅所以

據經傳分明鄭必别爲其說者案聖證論馬昭申鄭云易緯云三王之郊一用夏正則周天子不用日至郊也夏正月陽氣始升日者陽氣之主日長而陽氣盛故祭其始升而迎其盛月令天子正月迎春是也若冬至祭天陰氣始盛祭陰迎陽豈爲理乎周禮云冬日至祭天於地上之圓丘不言郊則非祭郊也言凡地上之丘皆可祭焉無常處故不言郊周官之制祭天圓丘其禮王服大裘而冕乘玉路建大常明堂位云魯君以孟春祀帝于郊服衮服乘素車龍旂衣服車旂皆自不同何得以諸侯之郊說天子圓丘言始郊者魯以轉卜三正以建子之月爲始故稱始也又禮記云魯君臣未嘗相弑禮俗未嘗相變而弑三君季氏舞八佾旅於泰山婦人髽而相弔儒者此記豈非亂乎據此諸文故以郊丘爲别冬至之郊特爲魯禮案聖證論王肅與馬昭之徒或云祭天用冬至之日或云用冬至之月據周禮似用冬至之日據禮記郊日用辛則冬至不恒在辛似用冬至之月案張融謹案郊與圓丘是一又引韓

詩說三王各正其郊與王肅同又魯以轉卜三正王與鄭玄同周禮圓丘服大裘此及家語服衮冕家語又云臨燔柴脫衮冕著大裘象天臨燔柴輟祭脫衮著大裘象天恭敬之義既自不通是張融以家語及此經郊祭並爲魯禮與鄭玄同融又爲圓丘是祭皇天孟春祈穀於上帝及龍見而雩此五帝之等並是皇天之佐其實天也融又云祀大神率執事而卜日圓丘既卜日則不得正用冬至之日此是張融之說鄭此注云以建子之月郊天用辛日者當齊戒自新如鄭此言是亦不用冬至日也但郊丘大事王鄭不同故略陳二家所據而言之也案聖證論及異義皆同穀梁之義魯轉卜三正之内一郊則止而崔氏皇氏以爲魯冬至郊天夏正又郊凡二郊非鄭義也

郊受命于祖廟作龜于禰宮尊祖親考之義也受命謂告之退而卜【疏】正義曰郊事既尊不敢專輒故先告祖後乃卜亦如受命

也故禮器云魯人將有事於上帝必先有事於頖宮是也作龜于禰宮者作灼也禰宮禰廟也先告祖受命又至禰廟卜之也　尊祖親考之義也者考亦禰也尊祖故受之命命宜由尊者出親禰故作龜作龜是事事宜就親近者也

卜之日王立于澤親聽誓命受教諫之義也澤澤宮也所以擇賢之宮也既卜必到澤宮擇可與祭祀者因誓勑之以禮也禮器曰舉賢而置之聚衆而誓之是也【疏】正義曰澤澤宮也王在於澤宮中於其宮以射擇士故因呼爲澤宮也王卜已吉又至澤宮射以擇賢者爲助祭之人故云王立于澤也禮器云舉賢而置之是也然王者獵在圃而主皮射亦在澤故鄭注鄉射記引尚書傳主皮射陳於澤然後卿大夫相與射也又云嚮之取也於圃中勇力之取也今之取也於澤宮揖讓之取也澤習禮之處　親聽誓命者因以澤宮中又使有司誓勑舊章齊戒之禮王又親聽受命

之故禮器云聚衆而誓之是也　受教諫之義也者釋經義也告祖作禰是受教義也又立澤聽誓是受諫義也

獻命庫門之内戒百官也大廟之命戒百姓也王自澤宮而還以誓命重相申勑也庫門在雉門之外入庫門則至廟門外矣大廟祖廟也百官公卿以下也百姓王之親也入廟戒親親也王自此還齊路寢之室庫或爲廐

祭之日王皮弁以聽祭報示民嚴上也報猶白也夙興朝服以待白祭事者乃後服祭服而行事也周禮祭之日小宗伯逆粢省鑊告時于王告備于王也【疏】正義曰王自澤宮而還至欲致齊之時有司獻王所以命百官之事王乃于庫門之內戒百官大廟之內戒百姓百官疏故在公朝重戒之百姓王之親屬故在大廟而重戒之　【注】百姓至之室　正義曰以上有百官之文故以百姓爲王之親也王親謂之

百姓也者皇氏云姓者生也並是王之先祖所生云王自此還齊路寢之室者卜法必在祭前十日祭義云散齊七日致齊三日又云七日戒三日齊　鄭既云王自此還齊路寢之室則此經戒百官百姓則祭前三日欲致齊之時以誓命重相申勑也　祭之日王皮弁以聽祭報者報白也郊日之朝天子早起皮弁服以聽之小宗伯告日時早晚及牲事之備具也未郊故未服大裘而衣當且服日視朝之服也　示民嚴上也者結早朝著皮弁朝服以聽祭報之義示教人尊嚴其君上之義也　注周禮至王也　正義曰引之者證小宗伯既有告事王皮弁聽之是也

喪者不哭不敢凶服氾埽反道鄉爲田燭謂郊道之民爲之也反道剗令新土在上也田燭田首爲燭也弗命而民聽上化王嚴上

疏　正義曰郊祭之旦人之喪者不哭又不敢凶服而出以干王之吉祭也　氾埽反道者氾埽廣埽也

禮記義三十五　十七

反道剗路之土反之令新土在上也郊道之民家家各當界廣埽新道也　鄉爲田燭者鄉謂郊内六鄉也六鄉之民各於田首設燭照路恐王郊之早　弗命而民聽上者合結喪者不哭以下至此並非王命而民化王嚴上故也然周禮蜡氏云凡國之大祭祀令州里除不蠲禁刑者任人及凶服者以及郊野而此云不命者蜡氏所云有司常事至郊祭之時王不特命故云不命且作記之人盛美民之聽上之義未必實然也蜡氏云除不蠲及刑者任人等此不言者文不備也

祭之日王被袞以象天謂有日月星辰之章此魯禮也周禮王祀昊天上帝則服大裘而冕祀五帝亦如之魯侯之服自袞冕而下也戴冕璪十有二旒則天數也天之大數不過十二乘素車貴其質也旂十有二旒龍章而設日月以

象天也設日月畫於旂上素車殷路也魯公之郊用殷禮也天垂象聖人則之郊所以明天道也明謂則之以示人也

疏　正義曰當祭之日王被袞冕袞冕有日月星辰以象天也首戴袞冕其璪十有二旒法則天數也　乘素車者乘殷之朴素之車貴其象天之質也所建之旂十有二旒畫龍爲章　而設日月以象天也者旂十有二旒象天數十二也龍爲陽氣變化日月以光照下皆是象天也　聖人則之郊所以明天道也者總結上王被袞冕以下之事言天垂日月之象各有其數故聖人則之郊天象日月所以光明天之道以示於人故事事則之　注謂有至下也　正義曰此明被袞象天明堂位云日月之章故袞有日月星辰也與周不同故云此魯禮也引周禮以下者證王禮與魯禮不同云魯侯之服自袞冕而下也者證魯侯得著袞冕故經云袞也魯公得稱王者作記之人既以魯禮而爲周郊遂以魯侯

禮記義三十五　十八

而稱王也皇氏云魯用王禮故稱王或亦當然也　注天之至十二　正義曰此哀七年左氏傳文　注素車至禮也　正義曰明堂位云大路殷路也乘路周路也又此上文云大路繁纓一就此云乘素車故知殷路也云魯公之郊用殷禮也者公羊傳云周公用白牡魯公用騂犅周公既用殷之白牡故知用殷禮也

帝牛不吉以爲稷牛養牲必養二也帝牛必在滌三月稷牛唯具所以別事天神與人鬼也滌牢中所搜除處也唯具遭時又選可用也

疏　正義曰郊天既以后稷爲配故養牲養二以擬祭也若帝牛不吉或死傷　以爲稷牛者爲猶用也爲用稷牛而爲帝牛其祭稷之牛臨時別取牛用之　帝牛必在滌三月稷牛唯具者此覆說上文帝牛不吉而取稷牛之事以帝牛既尊必須在滌三月今帝牛不吉故而稷牛已在滌三月也其祀稷之牛臨

時別取故云稷牛唯具天神既尊故須在滌人鬼稍卑唯具而已是分別天神與人鬼不同 注 養牲必養二也

正義曰案春秋宣三年正月郊牛之口傷改卜牛牛死乃不郊公羊云曷爲不復卜養牲養二卜帝牲不吉則扳稷牲而卜之何休云先卜帝牲養之有災更引稷牲卜之以爲天牲養之凡當二卜爾復不吉則止不郊 注 滌牢至用也 正義曰滌牢中所搜除者搜謂搜埽清除故周禮掌養馬者謂之廋人云唯具遭時又選可用也者遭時謂帝牲遭災之時既取稷牲而用之其祀稷之牲臨時選其可者凡帝牲稷牲尋常初時皆卜取其牲繫於牢芻之三月若臨時有故乃變之也

萬物本乎天人本乎祖此所以配上帝也 言俱本可以配 郊之祭也大報本反始也

疏 正義曰此一經論祖配天之義人本於祖物本於天以配本故也 郊之祭也大報本反始也 此一經釋所以郊祭天之義天爲物本祖爲王本祭天以祖配之所以報謝其本反始者反其初始以財言之謂物爲本以終言之謂初爲始謝其恩謂之報歸其初謂之反大義同也皇氏云上文社稷下直云報本反始此文天神尊故加大字義或然也

天子大蜡八 所祭有八神也 伊耆氏始爲蜡 伊耆氏古天子號也 蜡也者索也 謂求索也 歲十二月合聚萬物而索饗之也 歲十二月周之正數謂建亥之月也饗者祭其神也萬物有功加於民者神使爲之也祭之以報焉造者配之也 蜡之祭也主先嗇而祭司嗇也 先嗇若神農者司嗇后稷是也 祭百種以報嗇也 嗇所樹蓺之功使盡饗之

疏 正義曰此一節論蜡祭之事各依文解之 注 大蜡八者即鄭生

云先嗇一司嗇二農三郵表畷四猫虎五坊六水庸七昆蟲八所祭之神合聚萬物而索饗之但以此八神爲主蜡云大者是天子之蜡對諸侯爲大天子既有八神則諸侯之蜡未必八也謂若先嗇古之天子諸侯未必得祭也知諸侯亦有蜡者禮運云仲尼與於蜡賓是諸侯有蜡也案周禮大司樂云六變而致象物及天神鄭云有象在天所謂日月此神不數象物及日月者先嗇司嗇並是人神有益於人水庸之屬在地益其稼穡故索而祭之急其近者故也天神象物去人縣遠雖祭不爲八神之數 注 伊耆氏古天子號也 正義曰明堂云土鼓葦籥伊耆氏之樂禮運云夫禮之初始諸飲食蕢桴而土鼓俱稱土鼓則伊耆氏神農也以其初爲田事故爲蜡祭以報天也下云主先嗇神農既爲始蜡豈自祭其身以爲先嗇乎皇氏云神農伊耆一代總號其子孫爲天子者始爲蜡祭祭其先祖造田者故有先嗇也 注 歲十至之也 正義曰知是周十二月者下云既蜡而收民息已收謂收斂則詩所謂十

月納禾稼又月令孟冬祈來年于天宗是知蜡周建亥之月三代皆然此經文據周故爲十二月皇氏以爲三代各以十二月爲蜡其義非也已具於月令疏云饗者祭其神也者謂經合聚萬物而索饗之萬物非所饗但饗其萬物之神所以饗其神者萬物所以能功加於民者神使爲之故云祭之以報焉云造者配之也者賀瑒云謂造此蜡祭配此八神而祭 注 先嗇至是也 正義曰若神農者若是不定之辭以神農比擬故云若司嗇后稷無所疑故不言若直云后稷是也經言主先嗇而祭司嗇者以先嗇爲主司嗇從祭種曰稼斂曰嗇不云稼而云嗇者取其成功收斂受嗇而祭也 祭百種以報嗇也者 此一經爲下饗農及郵表畷起文百種則農及郵表畷禽獸等所以祭之者報其助嗇之功使盡饗焉

饗農及郵表畷禽獸仁之至義之盡也 農田畯也郵表畷謂田畯所以督約百姓於井閒之處也詩云爲下國畷郵禽獸服

不氏所教擾猛獸也古之君子使之必報之迎貓爲其食田鼠也迎虎爲其食田豕也迎而祭之也迎其神也祭坊與水庸事也水庸溝也疏正義曰此一經總明祭百種之事農謂古之田畯有功於民郵表畷者是田畯於井閒所舍之處郵若郵亭屋宇處所表田畔畷者謂井畔相連畷於此田畔相連畷之所造此郵舍田畯處焉禽獸者即下文云貓虎之屬言禽獸者貓虎之外但有助田除害者皆悉包之下特云貓虎擧其除害甚者仁之至義之盡也者不忘恩而報之是仁有功必報之是義也蜡祭有仁義之至盡也注詩云至獸也正義曰所引詩者齊魯韓詩也郵謂民之郵舍言成湯施布仁政爲下國諸侯在畷民之處所使不離散今毛詩作綴旒在商頌長發之篇云禽獸服不氏所教擾猛獸也者若非猛獸

不能殺害於物以助天故也注迎其神也正義曰恐迎猫虎之身故云迎其神而祭之祭坊與水庸事也者是營爲所須之事故云事也坊者所以畜水亦以鄣水庸者所以受水亦以泄水謂祭此坊與水庸之神曰土反其宅水歸其壑昆蟲毋作草木歸其澤此蜡祝辭也若辭同則祭同處可知矣壑猶坑也昆蟲暑生寒死螟蠡之屬爲害者也皮弁素服而祭素服以送終也葛帶榛杖喪殺也疏正義曰此以下皆蜡祭之祝辭土即坊也反歸也宅安也土歸其安則得不崩水歸其壑者水即水庸壑坑坎也水歸其壑謂不沉溢昆蟲毋作者不蟲螟蠡之屬也得陰而死得陽而生故曰昆蟲毋作謂不爲災草木歸其澤者草苔稗木榛梗之屬也當各歸生藪澤之中不得生於良田害嘉穀也蜡祭乃是報

故亦因祈禱有此辭也一云祝辭言此神由有此功故今得報非祈禱也注此蜡至知矣正義曰蜡有八神蜡祭處各別故言則祭同處可知也陳辭有水土昆蟲草木者以其無知故特有辭也而先嗇之屬有知故不假辭也據此祭草木有辭則草木當有神八蜡不數之者以蜡草木徧地皆是不如坊與水庸之屬各指一物故不數也之祭仁之至義之盡也送終喪殺所謂老物也素服衣裳皆素黃衣黃冠而祭息田夫也祭謂既蜡臘先祖五祀也於是勞農以休息之論語曰黃衣狐裘疏正義曰素服送終是仁恩也故云仁之至葛帶榛杖示陰氣喪殺斷割其理是義也故云義之盡也注送終至皆素正義曰送終喪殺所謂老物者案周禮籥章云國祭蜡則龡豳頌擊土鼓息老物以物老故素服物老將終故葛帶榛杖素服衣裳皆素者謂白素衣積素裳經直云素服以送終

不云皮弁者從上省文也注祭謂至狐裘正義曰上云蜡此云祭故知既蜡臘先祖五祀對文蜡臘有別總其俱名蜡也故月令孟冬祈來年于天宗大割祠于公社及門閭臘先祖五祀鄭注云此周禮所謂蜡是也公於是勞農以休息之者即經文息田夫是也勞農王制文野夫黃冠黃冠草服也言祭以息民服象其時物之色季秋而草木黃落疏正義曰此解上息田夫用黃衣黃冠之意田夫則野夫也野夫著黃冠黃冠是季秋之後草色之服故息田夫而服之也

禮記正義卷第三十五

禮記正義卷第三十六

國子祭酒上護軍曲阜縣開國子臣孔穎達等奉

勑撰

大羅氏天子之掌鳥獸者也諸侯貢屬焉草笠而至尊野服也諸侯於蜡使使者戴草笠貢鳥獸也詩云彼都人士臺笠緇撮又曰其餉伊黍其笠伊糾皆言野人之服也羅氏致鹿與女而詔客告也以戒諸侯曰好田好女者亡其國詔使者使歸以此告其君所以戒之天子樹瓜華不斂藏之種也華果蓏也又詔以天子樹瓜蓏而已戒諸侯以蓄藏蘊財利也

疏正義曰此一節因上蜡祭廣釋歲終蜡時之事天子掌鳥獸之官謂大羅也謂爲大羅者鄭云能以羅捕鳥獸者也周禮羅氏掌羅烏鳥蜡則作羅襦鄭司農云襦細密之羅也解者云順秋冬殺物故羅氏用細密之羅網以捕禽鳥矣然周禮不云掌獸此云獸者以其受貢獸故也　諸侯貢屬焉者大羅氏既以羅爲名能張羅得鳥獸故四方諸侯有貢獻鳥獸於王者皆入屬大羅氏也　草笠而至者草笠以草爲笠也此諸侯所使貢獻鳥獸之使者著草笠而至王庭也　尊野服也者草笠是野人之服今歲終功成是由野人而得故重其事而尊其服　羅氏致鹿與女而詔客告也者詔亦告也客謂貢鳥獸之使者羅氏先受貢畢使者臨去羅氏又以鹿及女子致與使者而宣天子之詔於使者令使者反還其國以告戒其君故云詔客告也　以戒諸侯曰好田好女者亡其國者此宣詔所告之言也令使者還其國以如此告汝君曰不得好田獵及女色使國亡也言鹿是田獵所得之物女是亡國之女而王所以獲者也故與之鹿女明以此爲戒也一云豈每國輒與女鹿邪正當羅氏以鹿與女示使者爾　天子樹瓜華不斂藏之種也者瓜今之瓜華果蓏也言天子唯樹瓜與果蓏所以唯樹植此瓜華者是供一時之食不是收斂久藏之種若其可久藏之物則不樹之不務畜藏與民爭利令使者歸告其君亦當如此不得畜藏與民爭利　注詩云至伊糾　正義曰彼都人士臺笠緇撮是小雅都人士篇也毛詩箋云臺夫須都人以臺夫須爲笠緇布爲冠云又曰其餉伊黍其笠伊糾者此周頌良耜之篇也引此二詩者證笠是野人所著之服　注戒諸至利也　正義曰天子可蓄聚斂藏之物既不種殖戒諸侯不可蓄藏蘊積財利也

八蜡以記四方四方方有祭也四方年不順成八蜡不通以謹民財也其方穀不孰則不通於蜡

焉使民謹於用財蜡有八者先嗇一也司嗇二也農三也郵表畷四也貓虎五也坊六也水庸七也昆蟲八也順成之方其蜡乃通以移民也移之言羨也詩頌豐年曰爲酒爲醴烝畀祖妣以洽百禮此其羨之與既蜡而收民息已故既蜡君子不興功收謂收斂積聚也息民與蜡異則黃衣黃冠而祭爲臘必矣

疏正義曰此一節論天子蜡祭四方不同豐荒有異兼記臘祭宗廟息民之事各依文解之　八蜡以記四方者言蜡祭八神因以明記四方之國記其有豐稔有凶荒之異也　四方年不順成八蜡不通者謂四方之內年穀不得和順成孰則當方八蜡之神不得與諸方通祭所以然者以謹慎民財欲使不孰之方萬民謹慎財物也　順成之方其蜡乃通者謂四方之內有順成之方其蜡之八神乃與諸方通祭所以然者以蜡祭豐饒皆醉飽酒食使民歆羨也皇

氏以此一節皆據諸侯之國而爲蜡祭以記其功當國不成則不爲蜡成則爲蜡義亦通也 注 蜡有至八也 正義曰鄭數八神約上文也王肅分猫虎爲二無昆蟲鄭數昆蟲合猫虎者昆蟲不爲物害亦是其功猫虎俱是除田中之害不得分爲二不言與故合爲一也 注 詩頌至百禮 正義曰所引詩者周頌豐年之篇烝進也畀與也言豐年多黍多稌故爲酒醴進與祖妣謂烝甞於廟之祭也 注 息民至必矣 正義曰上文雖云黃衣黃冠而祭不云臘之與蜡似爲一此文云既蜡而收民息已先蜡後息民是息民爲臘與蜡異也前黃衣黃冠在蜡祭之下故知是臘也是以云爲臘必矣故月令臘在祈天宗之下但不知臘與蜡祭相去幾日准隋禮及今禮皆蜡之後日經云既蜡不興功者謂不興農功若其土功則左氏傳云龍見而畢務戒事也火見而致用水昏正而栽日至而畢土功建亥之月起日至而畢也

恒豆之菹水草之和氣也其醢

禮記義三十六 三 馬昇

陸產之物也加豆陸產也其醢水物也此謂諸侯也天子朝事之豆有昌本麋臡茆菹麇臡饋食之豆有葵菹蠃醢豚拍魚醢其餘則有雜錯云也籩豆之薦水土之品也不敢用常褻味而貴多品所以交於神明之義也非食味之道也言禮以異爲敬先王之薦可食也而不可嗜也卷冕路車可陳也而不可好也武壯而不可樂也宗廟之威而不可安也宗廟之器可用也而不可便其利也所以交於神

明者不可以同於所安樂之義也武萬舞也酒醴之美玄酒明水之尚貴五味之本也黼黻文繡之美疏布之尚反女功之始也莞簟之安而蒲越稾鞂之尚明之也大羹不和貴其質也大圭不琢美其質也丹漆雕幾之美素車之乘尊其樸也貴其質而已矣所以交於神明者不可同於所安褻之甚也如是而后宜尚質貴本其至如是乃得交於神明之宜也明水司烜以陰鑑所取於月之水也蒲越稾鞂藉神席也明之者神明之也琢當爲篆字之誤也幾謂漆飾沂鄂也

禮記義三十六 四 王虎

鼎俎奇而籩豆偶陰陽之義也牲陽也庶物陰也黃目鬱氣之上尊也黃者中也目者氣之清明者也言酌於中而清明於外也黃目黃彝也周所造於諸侯爲上也祭天埽地而祭焉於其質而已矣醯醢之美而煎鹽之尚貴天產也割刀之用而鸞刀之貴貴其義也聲和而后斷也 疏 正義曰此一節總明祭祀籩豆酒醴莞簟尊彝醯醢鸞刀之屬明其尚質所用之宜自恒豆之

菹至之道也偏明諸侯祭祀之禮　恒豆之菹者謂朝事
恒常所薦之豆所盛之菹是水草和美之氣若昌本茆菹
是也其所盛之醢陸地所産之物也　加豆陸産也者謂
祭末酳尸之後其菹陸地産生之物而爲之若葵菹豚拍
之屬是也　其醢水物也者加豆所盛之醢用水中之物
若蠃醢魚醢是也　籩豆之薦水土之品也者其籩豆所
薦之物或水或土所生品類也前文唯云豆此連言籩者
籩是配豆之物所盛亦有水土所生也而周禮籩人云天
子朝事之籩其實有麷蕡白黑則土所生也鮑魚則水物
也但籩之所盛陸産甚多也　不敢用常褻味而貴多品
者言所薦之物不敢用常褻美味貴其多有品類言物多
而味不美也　所以交於神明之義也非食味之道也者
解所以物多不美之意所以交接神明之義取恭敬質素
非如人事飲食美味之道也　注此謂至云也　正義曰
知此謂諸侯者以其與周禮天子豆物不同故知是諸侯
也案醢人加豆謂尸食訖酳尸所加之豆則此恒豆者謂

禮記義三十六　五　蕭伸

朝事及饋食俱爲恒豆也諸侯菹悉用水物醢悉用陸産
與天子不同故引天子朝事之豆以下不同之事以明之
天子朝事之豆有昌本麋臡茆菹麇臡與此經同其菁菹
鹿臡其菁菹非水物與此經異也天子饋食之豆有葵菹
蠃醢豚拍魚醢與諸侯加豆不同其天子加豆有芹菹兔
醢深蒲醓醢箈菹鴈醢筍菹魚醢芹菹與深蒲及箈菹等
非陸産也鹿與醓醢非水物也與此經異也又天子饋食
有蜃蚳醢蜃爲水物亦與此經不同故鄭總云其餘則有
雜錯是天子與諸侯異也　先王至義也　此以下揔明
祭祀之物不可同於尋常安樂之義　而不可耆者祭祀
薦羞質而無味不可歆嗜　而不可好也者衮冕路車尊
嚴不可尋常乘服以爲榮好也　武壯而不可樂也者武
是萬舞大武也以示壯勇之容不可常爲娛樂　宗廟之
威而不可安也者言宗廟尊嚴肅敬不可寢處其中以自
安也　而不可便其利也者宗廟之器供事神明之道不可
回便以爲私利也　所以交於神明者不可以同於所安

樂之義也是總結上文　酒醴至后宜　此明祭祀所用
之物不尚繁華皆取尚質貴本　玄酒明水之尚者玄酒
謂水也明水謂取於月中水也陳列酒尊之時明水在五
齊之上玄酒在三酒之上是玄酒明水之尚謂尊尚其古
故設尊在前也　疏布之尚者冪人云疏布冪八尊禮器
云犧尊疏布鼏是也　蒲越稾鞂之尚者凡常而居下莞
上簟祭天則蒲越稾鞂之上也　明之也者釋所以祭天
用蒲越稾鞂之意是神明矣此祭天不敢用褻美味故用
質也　丹漆雕幾之美素車之乘尊其樸也者雕謂刻鏤
幾謂沂鄂言尋常車以丹漆雕飾之以爲沂鄂而祭天以
素車之乘者尊其樸素貴其質而巳矣者此一句包上
酒醴以下諸事言祭祀之時不重華飾唯質素而巳故用
玄水疏布稾鞂之屬　所以交於神明者不可同於所安
褻之甚也者解所以諸事貴質者以其交接神明不可同
於尋常身所安褻之甚極者若其安褻之不甚者亦得同
之　如是而后宜者言尚質尚儉如是而后得交神明之

六八十一　禮記義三十六　六　壹十

義也　注尚質至鄂也　正義曰尚質則大羹不和大圭
不琢素車之乘是也貴本則玄酒明水之尚及疏布之尚
是也云明水司烜以陰鑑所取於月之水也者周禮秋官
司烜氏文也云蒲越稾鞂藉神席也者今禮及隋禮稾鞂
爲祭天席蒲越爲配帝席俱藉神也云幾謂漆飾沂鄂也
者幾與畿字相涉畿是畿限之所故以幾爲沂鄂也　注
牲陽也庶物陰也　正義曰案宗伯云以天産作陽德注
云天産者動物謂六牲之屬也動物故爲陽也庶物陰也
者庶物雖出於牲體雜以植物相和非復牲之全體故爲
陰也然聘禮陳醯醢醯在碑東醢在碑西鄭云醯穀陽也
醢肉陰也與此不同者醯是穀物所爲其體清輕故爲陽
也醢是肉物所爲肉有形質故爲陰也文各有所對故不
同也　黃目至外也　黃目黃彝也以黃金鏤其外以爲
目因取名也因將貯鬱鬯酒故云鬱氣也祭祀時列之最
在諸尊之上故云上也故鄭注司尊彝云黃目以黃金爲
目是也　黃者中也目者氣之清明者也者解用黃目之義

也黃是中方色目是氣之清明者也　言酌於中而清明
於外也者又解必用中及清明義也言酒清明在尊中而
可斟酌示人君慮於祭事必斟酌盡於中也目在尊外而
有清明示人君行祭必外盡清明絜淨也　【注】黃目至上
黃目是周所造也天子則黃彝之上有雞彝鳥彝備前代
也　正義曰案明堂位云夏后氏以雞彝殷以斝周以
之器諸侯但有黃彝故云於諸侯爲上也　祭天至斷也
此所論亦尚質及貴天産及聲和之義　貴天産也者
餘物皆人功和合爲之鹽則天産自然故云貴天産也言
煎者煎此自然之鹽鍊治之也言煎鹽之尚者皇氏云設
之於醢醢之上故云尚熊氏云煎鹽祭天所用故云尚義
俱通也　貴其義也者言割刀之用必用鸞刀貴其聲和
之義　聲和而后斷也者必用鸞刀取其
鸞鈴之聲宮商調和而后斷割其肉也　冠義始冠
之緇布之冠也　始冠三加先加緇布冠也　大古冠布齊則

禮記義三十六　七　范坚

緇之其緌也孔子曰吾未之聞也　大古無飾非時
人緌也雜記曰大白緇布之冠不緌大白即大古白布冠
今喪冠也齊則緇之者鬼神尚幽闇也唐虞以上曰大古
也　冠而敝之可也　此重古而冠之耳三代改制齊冠不復用也以白布冠質以爲喪冠
也　適子冠於阼以著代也　東序少北近主位　醮於客
位加有成也　每加而有成人之道也成人則益尊醮於客位尊之也　三加彌
尊喻其志也　始加緇布冠次皮弁次爵弁冠益尊則志益大也　冠而字
之敬其名也　重以未成人之時呼之　委貌周道也章甫
殷道也毋追夏后氏之道也　常所服以行道之冠也或謂委

貌爲玄冠也　周弁殷冔夏收　齊所服而祭也　三王共皮
弁素積　所不易於先代　無大夫冠禮而有其昏禮
古者五十而后爵何大夫冠禮之有　言年
五十乃爵爲大夫也其有昏禮或改取也　諸侯之有冠禮夏之末造
也　言夏初以上諸侯雖有幼而即位者猶以士禮冠之亦五十乃爵命也至其衰末未成人者多見篡弒乃
更即位則爵命之以正君臣而有諸侯之冠禮　天子之元子士也天下無
生而貴者也　儲君副主猶云士也明人有賢行著德乃得貴也　繼世以
立諸侯象賢也　賢者子孫恒能法其先父德行　以官爵人

禮記義三十六　八　徐宥

德之殺也　言德益厚官益尊也　死而謚今也古者生無
爵死無謚　古謂殷以前也大夫以上乃謂之爵死有謚也周制爵及命士雖及之猶不謚耳今
記時死則謚之非禮也　禮之所尊尊其義也　言禮所以尊尊其有
義也　失其義陳其數祝史之事也故其數可
陳也其義難知也知其義而敬守之天子
之所以治天下也　言政之要盡於禮之義　【疏】正義曰此一節總明尊卑加冠
因明官爵及禮義之意各依文解之　冠義者一節總論
初冠之義以儀禮有士冠禮正篇此說其義故云冠義如
下篇有燕義昏義與此同皇氏云冠義秖明用緇布重古
之義其說非也　始冠緇布之冠也者謂人之加冠必三

加初始所加之冠緇布之冠也大古冠布齊則緇之者此釋有緇布冠之由大古之時其冠唯用白布常所冠也若其齊戒則染之爲緇今始冠重古先冠之也　其緌也孔子曰吾未之聞也者以緇布之冠古禮不合有緌而後世加緌故記者云其今世加緌非禮故引孔子之言云我未之聞也言未聞緇布冠有緌之事　冠而敝之可也者言緇布之冠初加暫用冠之罷冠則敝棄之可也以其古之齊冠後世不復用也　注始冠至冠也　正義曰鄭云此者解經始冠之義始冠者謂三加之時以緇布冠爲始故云先加緇布冠先加即始也　注大古至古也　正義曰大古無飾緇布冠無緌也云雜記曰大白緇布之冠不緌者孔子云吾未之聞是非駁時人加緌也引雜記文者證緇布冠無緌而玉藻云緇布冠繢緌則緇布冠有緌者皇氏云此經所論謂大夫士故緇布冠無緌諸侯則位尊盍飾故有緌也云大白即大古白布冠今喪冠也禮運云後世有絲麻雖絲麻同出尚質故用白布也云齊則緇之者鬼

神尚幽闇也者謂祭前齊時著緇布冠正祭則著祭服有虞氏皇而祭是也云唐虞以上曰大古也者以下云三王共皮弁素積三王之前云大古故云唐虞以上曰大古與易之大古別也　注三代改制齊冠不復用也　正義曰唐虞既用之爲齊冠三代改唐虞之制齊冠不復用之以委貌章甫牟追三代去緇布冠其唐虞白布冠三代用之爲喪冠緇布冠既棄而不用所以詩彼都人士臺笠緇撮注云緇撮緇布冠者彼謂儉且質故著古冠耳　注東序至位也　正義曰案士冠禮冠者在主人之少北是近主位也其庶子則冠於房戶外南面　注醮於客位尊之也　正義曰客位謂戶牖之閒南面此謂適子也若夏殷醮用酒每一加則一醮於客位周則用醴三加畢乃一醴於客位其庶子則皆醮於房戶外　三加彌尊喻其志也　言三加者初加緇布冠次加皮弁是益尊至三加爵弁是彌尊所以尊者曉喻其冠者之志意令其志意益大初加緇布冠欲其尚質重古次加皮弁欲其行三王之德後加

爵弁欲其行敬事神明是志益大也　注始加至爵弁　正義曰此皆約士冠禮文案士冠禮三加者謂冠時三徧加冠也至冠日賓至而主人設冠身之席于阼階上近主人之北又設笄纚櫛具于席南冠身立于東房賓揖冠身出就位佐冠爲冠身梳頭著纚畢賓洗手爲正髻正髻畢往西階至第一等受取緇布冠還至冠席前跪爲冠身著冠著冠畢冠身起入東房著玄端玄裳士子皆隨其父朝夕之服朝用玄衣素裳夕用上士玄裳中士黃裳下士雜裳雜裳前黃後玄若大夫以上至天子當同上士玄裳也畢又揖冠身出就位就位畢賓又下西階至第二等受皮弁冠還爲冠身著冠然後又著爵弁其儀皆如緇布冠也　注重以至呼之　正義曰賀氏云重難也難未成人之時呼其名故以字代之案冠禮冠身既冠見母畢立于西階東南面賓東面字之曰伯某甫是也　委貌至素積　此下三代恒所服行道之冠然三代乃俱用緇布而其形自殊周爲委貌之形殷則爲章甫之形夏則爲毋追之

形故云委貌周道也鄭注士冠禮委安也言所以安正容貌章明也殷質言所以表明丈夫毋發聲追猶推也夏后氏質以其形名之　周弁殷哻夏收者鄭注冠禮記云弁名出於槃槃大也言所以自光大哻名出於幠幠覆也言所以自覆飾也收言所以收斂髮也其制之異亦未聞　三王共皮弁素積者以其質素故三王同服無所改易也　注常所至冠也　正義曰行道謂養老燕飲燕居之服若視朝行道則皮弁也此云委貌而儀禮記稱玄冠故云或謂委貌爲玄冠　注齊所服而祭也　正義曰言齊及祭時所服也若三命以下齊祭同冠四命以上齊祭則異冠委貌一條論三加始加之冠周弁一條論第三所加之冠皮弁一條論第二所加之冠在後言皮弁者以其三王共同故在後言之　無大至之有　前所明悉士禮故無大夫冠禮也所以然者二十而冠五十爵爲大夫故無大夫冠禮也然四十強而仕亦應無士冠禮而云士有冠禮考士是有識之目故立禮悉用士爲正所以五等並依士

禮冠子也若試爲大夫者亦用士禮故鄭注冠禮記云周之初禮年未五十而有賢才者試以大夫之事猶服士服行士禮　而有其昬禮者言有大夫昬禮也然禮三十而昬五十乃爲大夫亦應無大夫昬禮而云有者是攺取少

古者五十而后爵何大夫冠禮之有者記者覆解無大夫冠禮所由也　注言夏至冠禮　正義曰諸侯雖有幼而即位者猶以士禮冠之知用士禮者以儀禮冠禮是士之正禮於冠禮之末云公侯之有冠禮夏之末造也者明夏初以前諸侯未有冠禮與士冠同其夏末以來諸侯有冠禮與士禮異故大戴禮有公冠篇加玄冕爲四加也皇氏云諸侯亦三加與大戴禮違其義非也此經直明諸侯不云天子又下云天子之元子猶與士同則天子亦與士異也然則天子冠禮其來已久但無文以言之玉藻云玄冠朱組纓天子之冠也鄭注云始冠之冠也是天子別有冠禮　注儲君至貴也　正義曰此文繫冠禮之下皇氏云天子元子唯冠同於士其餘則與士不同也故喪服諸侯

禮記義三十六　十一　李午

之兄弟得行大夫之禮也　繼世以立諸侯象賢也者此釋夏末以來有諸侯冠禮之意也　以官爵人德之殺也者此明所以無大夫冠義也言官爵之授隨德隆殺也大夫以上雖以德授爵猶無冠禮兼明士又德薄而無爵也　死而至無謚　此一經明士禮此是士冠禮記之文也以士爲主故此論士死而加謚是爲記之時加謚故云今也　古者生無爵死無謚者古謂殷以前士生時無爵謂爵不及也死時無謚謂不制謚也　注周制至謚耳　正義曰案典命云小國之君其卿三命其大夫再命其士一命上既有命命即爵也故知爵及命士猶不謚者檀弓云士之有誄自此始也既從縣賁父卜國爲始明以前無誄也無誄即無謚也　禮之至下也　此經所論因上論冠義下論昬義故記人因上起下於中說重禮之義也　禮之所尊尊其義也者言禮之所以可尊重者尊其有義理也　失其義陳其數祝史之事也者若不解禮之義理是失其義唯知布列籩豆是陳其數其事輕故云祝史

之事也　故其數可陳其義難知也者謂籩豆事物之數可布陳以其淺易故也其禮之義理難以委知以其深遠故也　知其義而敬守之天子所以治天下也者言聖人能知其義理而恭敬守之是天子所以治天下也

天地合而后萬物興焉　目禮之義　夫昬禮萬世之始也取於異姓所以附遠厚別也　同姓或則多相褻也　幣必誠辭無不腆　誠信也腆猶善也　告之以直信　直猶正也此二者所以教婦正直信也　信事人也信婦德也　事猶立也　壹與之齊終身不改故夫死不嫁　齊謂共牢而食同尊卑也齊或爲醮　男子親迎男先於女剛柔之義也天

禮記義三十六　十二　刘畢

先乎地君先乎臣其義一也　先謂倡道也　執摯以相見敬章別也　言不敢相褻也摯所奠鴈也　男女有別然後父子親父子親然後義生義生然後禮作禮作然後萬物安　言人倫有別則氣性醇也　無別無義禽獸之道也　言聚麀之亂類也　壻親御授綏親之也親之也者親之也　言已親之所以使之親已　敬而親之先王之所以得天下也　先王若大王文王　出乎大門而先男帥女女從男夫婦之義由此始也　先者

車居前也婦人從人者也幼從父兄嫁從夫夫死
從子從謂順其教令夫也者夫也夫也者以知帥人
者也夫之言丈夫也夫或爲傅玄冕齊戒鬼神陰陽也將
以爲社稷主爲先祖後而可以不致敬乎
玄冕祭服也陰陽謂夫婦也共牢而食同尊卑也故婦人無
爵從夫之爵坐以夫之齒爵謂夫命爲大夫則妻爲命婦器
用陶匏尚禮然也此謂大古之禮器也三王作牢用陶
匏言大古無共牢之禮三王之世作之而用大古之器重夫婦之始也厥明婦盥饋

舅姑卒食婦餕餘私之也私之猶言恩也舅姑降
自西階婦降自阼階授之室也明當爲家事之主也
昏禮不用樂幽陰之義也樂陽氣也幽深
也欲使婦深思其義不以陽散之也昏禮不賀人之序也序猶代也疏
正義曰比一節論聖人重昏禮之事各依文解之　天地
合而后萬物興焉者言天氣下降地氣上騰天地合配則
萬物生焉若夫婦合配則子胤生焉此與下昏禮爲目
故鄭云目禮之義也皇氏云禮之所尊尊其義也以下
結上爵德之事其義非也　所以附遠厚別也者取異
姓者所以依附相疏遠之道厚重分別之義不欲相褻
故不取同姓也　幣必誠者誠謂誠信幣帛必須誠信
使可裁制勿令虛濫　辭無不腆者腆善也賓之傳辭

無自謙退云幣不善不許飾也　告之以直信者所以幣必
信辭必直欲告戒婦人以正直誠信也　信事人也者事
立也言婦人立身之道非信不立　信婦德也者言貞信
身婦人之德注此二至信也　正義曰二者謂辭也幣
也辭不虛飾是正也幣不濫惡是信也故昏禮記云辭無
不腆皮帛必可制鄭注云賓不稱幣不善此二者正也信
也下唯云信事人信婦德不云正者正是信之小別信則
兼之　執摯以相見敬章別也者摯鴈也章明也壻親迎
入門而先奠鴈然後乃與婦相見是先行敬以明夫婦禮
有分別不妄交親　壻親御授綏者案昏禮婦降自西階
壻親御婦車授綏是壻親御授綏也　親之也者謂壻御
婦車授綏欲親愛於婦也故云親之也言壻所以親其
婦者欲令婦之親已也故云親之也者親之也　玄冕至
敬乎　玄冕齊戒廣陳敬事也玄冕謂助祭服也五冕通
玄故合爲玄冕也今用助祭之服以親迎也齊戒者齊戒
自整勑也　鬼神陰陽也者陰陽謂夫婦也著祭服而齊

戒親迎是敬此夫婦之道如事鬼神故云鬼神陰陽也
將以爲社稷主爲先祖後而可以不致敬乎者釋所爲者
重故宜用敬所以冕而親迎也妻爲內主故有國者是爲
社稷內主也始此嗣廣後世故云先祖後也明如此之重
可以不致敬乎言宜敬也注玄冕祭服也　正義曰案
昏禮士昏用上服以爵弁爵弁是士服之上者則天子以
下皆用上服以五冕色俱玄故總稱玄冕也　器用陶匏
尚禮然也者謂共牢之時俎以外其器但用陶匏而已此
乃貴尚古之禮自然也陶是無飾之物匏非人功所爲皆
是天質而自然也　厥明至餕餘者厥其也其明謂共牢
之明日也舅姑卒食謂明日婦見舅姑訖婦乃盥饋特豚
舅姑食特豚之禮竟也食餘曰餕婦餕餘謂舅姑食竟以
餘食與之也而禮本亦有云厥明婦盥饋者也　私之也
者解婦餕餘義也私猶恩也所以食竟以餘食賜婦者此
示舅姑相恩私之義也　舅姑降自西階婦降自阼階授之
室也者謂適婦也婦見餕餘之禮畢舅姑從賓階而下婦

從主階而降是示授室與婦之義也案昏禮既昏之後夙興贊見婦于舅姑席于阼舅即席席于房外南面姑即席婦執笲棗栗奠于舅席又執腶脩奠于姑席訖贊者醴婦席于戶牖閒贊者酌醴以醴婦薦脯醢婦受醴畢取脯醢降出授人于門外舅姑入于室共席于奧婦盥饋特豚無魚腊無稷卒食一酳席于北墉下婦徹設於席前婦即席餕姑之餘卒食姑酳之此士禮也其大夫以上牲牢則異也昏禮不用樂幽陰之義也樂陽氣也者昏禮所以不用樂者幽深也欲使其婦深思陰靜之義以脩婦道樂陽氣也者陽是動散若其用樂則令婦人志意動散故不用樂也

有虞氏之祭也尚用氣血腥爓祭用氣也尚謂先薦之爓或爲腥殷人尚聲臭味未成滌蕩其聲樂三闋然後出迎牲聲音之號所以

禮記義三十六　十五　王茂

詔告於天地之閒也滌蕩猶搖動也周人尚臭灌用鬯臭鬱合鬯臭陰達於淵泉灌以圭璋用玉氣也既灌然後迎牲致陰氣也蕭合黍稷臭陽達於牆屋故既奠然後焫蕭合羶薌灌謂以圭璜酌鬯始獻神也已乃迎牲於庭殺之天子諸侯之禮也奠謂薦孰時也特牲饋食所云祝酌奠于鉶南是也蕭薌蒿也染以脂合黍稷燒之詩云取蕭祭脂羶當爲馨聲之誤也奠或爲薦凡祭慎諸此魂氣歸于天形魄歸于地故祭求諸陰陽之義也殷人先求諸陽周人先

求諸陰此其所以先後異也詔祝於室坐尸於堂謂朝事時也朝事延尸于戶西南面布主席東面取牲膟膋燎于爐炭洗肝于鬱鬯而燔之入以詔神於室又出以墮于主主人親制其肝所謂制祭也時尸薦以籩豆至薦孰乃更延主于室之奧尸來升席自北方坐于主北焉用牲於庭謂殺之時升首於室制祭之後升牲首於北墉下尊首尚氣也直祭祝于主謂薦孰時也如特牲少牢饋食之爲也直正也祭以孰爲正則血腥之屬盡敬心耳索祭祝于祊索求神也廟門曰祊謂之祊者以於繹祭名也不知神之所在於彼乎於此乎室與堂與或諸遠人乎祭于祊尚曰求諸遠者與尚庶幾也祊之爲言倞也

禮記義三十六　十六　周彦

倞猶索也倞或爲諒肵之爲言敬也爲尸有肵俎此訓也富也者福也人君嘏辭有富此訓之也或曰福也者備也首也者直也訓所以升首祭也直或爲犆也相饗之也相謂詔侑也詔侑尸者欲使饗此饌也特牲饋食禮主人拜妥尸尸荅拜執奠祝饗嘏長也大也主人受祭福曰嘏此訓也尸陳也尸或詁爲主此尸神象當從主訓之言陳非也毛血告幽全之物也幽謂血也告幽全之物者貴純之道也純謂中外皆善血祭盛氣也祭肺肝心貴氣主也氣主氣之所舍也周祭肺殷祭肝夏祭心祭黍稷加肺祭齊加明水報陰也祭黍稷加肺謂綏祭也明

水司烜所取於月之水也齊五齊
也五齊加明水則三酒加玄酒也 取膟膋燔燎升
首報陽也 膟膋腸間脂也與蕭
合燒之亦有黍稷也 明水涚齊貴新
也 涚猶清也五齊濁泲之使清謂之涚齊及取明水
皆貴新也周禮慌氏以涚水漚絲涚齊或爲汎齊 凡
涚新之也 新之者
敬也 其謂之明水也由主人之
絜著此水也 著猶成也言主人齊
絜此水乃成可得也 君再拜稽首
肉袒親割敬之至也敬之至也服也拜服
也稽首服之甚也肉袒服之盡也 割解
牲體 祭
稱孝孫孝子以其義稱也 謂事
祖禰 稱曾孫

禮記義三十六　十七　馬昇

某謂國家也 謂諸侯事五廟也於曾
祖以上稱曾孫而已 祭祀之相
主人自致其敬盡其嘉而無與讓也 相謂
詔侑
尸也嘉
善也 腥肆爓腍祭豈知神之所饗也主人
自盡其敬而已矣 治肉曰肆腍孰
也爓或爲腤 舉斝角詔
妥尸古者尸無事則立有事而后坐也尸
神象也祝將命也 妥安坐也尸始入舉奠斝若奠
角將祭之祝則詔主人拜安尸
使之坐尸即至尊之坐或時不自安則以拜
安之也天子奠斝諸侯奠角古謂夏時也 縮酌用
茅明酌也 謂泲醴齊以明酌也周禮曰醴齊縮酌五
齊醴尤濁和之以明酌泲之以茅縮去滓

也明酌者事酒之上也名曰明者事酒今之醳酒皆親成
也春秋傳曰爾貢包茅不入王祭不共無以縮酒酌猶斟
也酒已泲則斟之以實尊彝昏禮曰 醆酒涚于清 謂
酌玄酒三注于尊凡行酒亦爲酌也 泲
醆酒以清酒也醆酒盎齊盎齊差清和之以清酒
泲之而已泲盎齊必和以清酒者皆久味相得 汁獻
涚于醆酒 謂泲秬鬯以醆酒也獻讀當爲莎齊語聲
之誤也秬鬯者中有煑鬱和以盎齊摩莎
泲之出其香汁因謂之汁莎不
以三酒泲秬鬯者秬鬯尊也 猶明清與醆酒于
舊澤之酒也 猶若也澤讀爲醳舊醳之酒謂昔酒也
泲醴齊以明酌泲醆酒以清酒泲汁獻
以醆酒天子諸侯之禮也天子諸侯禮廢時人或聞此而
不審知云若今明酌清酒與醆酒以舊醳之酒泲宅臭就
其所知以曉之也泲清酒以舊
醳之酒者爲其味厚腊毒也 祭有祈焉 祈猶求也
謂祈福祥

大五十六小五十三　禮記義三十六　十八　王

求永
貞也 有報焉 謂若禱
禾報社 有由辟焉 由用也辟讀爲
弭謂弭災兵遠
罪疾
也 齊之玄也以陰幽思也故君子三日
齊必見其所祭者 齊三日者思其居處思其笑語
思其志意思其所樂則見之也
疏 正義曰此一節總論祭祀之事各依文解之 有虞
氏之祭也尚用氣者尚謂貴尚其祭祀之時先薦用
氣物也 血腥爓祭用氣也者此解用氣之意血謂祭初
以血詔神於室腥謂朝踐薦腥肉於堂爓謂沈肉於湯次
腥亦薦於堂祭義云爓祭祭腥而退是也今於堂以血腥
爓三者而祭是用氣也以其並未孰故云用氣也 注尚
謂先薦之 正義曰言先薦者對合亨饋孰爲先也此虞
氏尚氣殷人尚聲周人尚臭皆謂四時常祭也若其大祭
祫周人仍先用樂也故大司樂云若樂九變則人鬼可得
而禮矣鄭云先奏是樂以致其神而後祼焉推此言之虞

氏大祭亦先作樂也故鄭注大司樂引虞書云戛擊鳴球搏拊琴瑟以詠祖考來格簫韶九成鳳皇來儀此宗廟九奏之效此虞氏大祭與周同樂九奏夏殷大祭雖無文或當與周同熊氏以爲殷人先求諸陽謂合樂在灌前周人先求諸陰謂合樂在灌後與降神之樂別熊氏又云凡大祭並有三始祭天以樂爲致神始以煙爲歆神始以血爲陳饌始祭地以樂爲致神始以埋爲歆神始以血爲陳饌始祭宗廟亦以樂爲致神始以灌爲歆神始以腥爲陳饌始義或然也案禮宗廟之祭先薦血後薦腥而云宗廟腥爲陳饌始於義未安也熊氏又云社稷以下之祭皆有三始於義非也　殷人尚聲者帝王革異殷不尚氣而尚聲謂先奏樂也不言夏或從虞也　臭味未成滌蕩其聲者臭味未成謂未殺牲也滌蕩猶搖動也既尚聲故未殺牲而先搖動樂聲以求神也　樂三闋然後出迎牲者闋止也奏樂三徧止乃迎牲入殺之　聲音之號所以詔告於天地之間也者解以先奏樂之義言天

地之間虛豁亦陽也言鬼神在天地之間聲是陽故用樂之音聲號呼告於天地之間庶神明聞之而來是先求陽之義也　周人尚臭者周禮變於殷故先求陰尚臭也　灌用鬯臭者臭謂鬯氣也未殺牲先酌鬯酒灌地以求神是尚臭也　鬱合鬯者鬱鬱金草也鬯謂鬯酒煑鬱金草和之其氣芬芳調鬯也又以擣鬱汁和合鬯酒使香氣滋甚故云鬱合鬯也鄭注鬱人云鬱鬱金香草宜以和鬯盧云言取草芬芳香者與秬黍鬱合釀之成必爲鬯也馬氏說鬱草名如鬱金香矣合爲鬯也庾氏讀句則云臭鬱合鬯　臭陰達於淵泉者用鬱鬯灌地是用臭氣求陰達於淵泉也　灌以圭璋用玉氣也者王肅云以圭璋爲瓚之柄也瓚所以酌鬯也玉氣絜潤灌用玉瓚亦求神之宜也玉氣亦是尚臭也周言用玉則殷不用圭瓚　既灌然後迎牲者先求神後迎牲也　致陰氣也者解所以先灌是先求陰也先致氣於陰故云致陰氣也　蕭合黍稷者周人後求陽也取蕭草及牲脂膋合黍稷燒之

也此謂饋食時也　臭陽達於牆屋者謂以蕭合黍稷臭氣求陽達於牆屋也　故既奠然後焫蕭合羶薌者明上焫蕭之時節也既奠謂薦孰時也堂上事尸竟延尸戶內更從孰始也於薦孰時祝先酌酒奠於鉶羹之南訖未入於是又取香蒿染以腸閒脂合黍稷燒之於宮中此又求諸陽之義也馨香謂黍稷　注天子至燒之　正義曰知此經所云天子諸侯禮者以儀禮少牢特牲是大夫士之禮無臭鬱灌鬯之事故也云奠謂薦孰時也特牲饋食禮所云祝酌奠于鉶南是也者尸未入之前當饋孰之始饋孰有黍稷此云蕭合黍稷既奠然後焫蕭故知當饋孰之時也云染以脂合黍稷燒之者此云蕭合黍稷是蕭與黍稷合詩云取蕭祭脂是蕭與脂合也故知有蕭及脂黍稷合馨香也　詔祝於室謂朝事時也詔告也祝呪也天子諸侯朝事之時坐尸於堂戶西南面坐主在西方東面尸主之前則薦用籩豆也祝乃取牲膟膋燎於爐炭入告神於室又出墮於主當此時主乃親洗肝

於鬱鬯而燔之以制於主前令云詔祝於室是燎於爐炭入告於室也　坐尸於堂者既灌之後尸出堂坐戶西而南面也　注謂朝至北焉　正義曰謂朝事時者以下云用牲於庭升首於室此云詔祝於室當殺牲之初故知當朝事時也云朝事延尸于戶西南面布主席東面取牲膟膋燎于爐炭洗肝于鬱鬯而燔之者此等並於堂上而燔燎之故始云入以詔神明以前在堂也云入以詔神於室又出以墮于主前者墮謂墮祭也謂分減肝膋以祭主前也云主人親制其肝所謂制祭也者制割也謂割其肝而不相離案禮器云君親制祭夫人薦盎此云詔祝於室下云用牲於庭故知制祭當此節也云時尸薦以籩豆者即是朝事籩豆也云至薦孰乃更延主于室之奧者約少牢特牲饋食在奧室也云尸來升席自北方坐于主北焉者以在奧東面以南爲尊主尊故在南主既居南故尸來升席自北方也尸主各席故朝事延尸於戶外尸南面主席于東面是也鄭之此注雖參禮記及少牢特牲而言之

亦約漢時祭宗廟之禮言也故其事委曲也 注制祭至燔
氣也 正義曰知在制祭後者熊氏云見下文升首在燔
燎下故知在制祭後也又知在北墉下者見下云升首以
報陽明是當戶北墉可知此升首非說有虞氏祭以首者
故羊人云祭祀割羊牲登其首則三牲之首皆升也 直
祭祝于主者直正也祭以薦孰爲正言薦孰正祭之時祝
官以祝辭告于主若儀禮少牢敢用柔毛剛鬣用薦歲事
于皇祖伯某是也 注謂薦至心耳 正義曰知薦孰時
者以上文云詔祝於室次云用牲於庭升首於室下云索
祭祝于祊以文次之知此當薦孰之節也 索祭祝于祊
者索求也廣博求神非但在廟又爲求祭祝官行祭在於
祊也祊謂廟門祭于廟門凡祊有二種一是正祭之時旣
設祭於廟又求神於廟門之內詩楚茨云祝祭于祊注云
祊門內平生待賓客之處與祭同日也二是明日繹祭之
時設饌於廟門外西室亦謂之祊卽上文云祊之于東方
注云祊之禮宜于廟門外之西室是也今此索祭于祊當

是正祭日之祊矣知者禮器云爲祊乎外以其稱外故注
云祊祭明日之繹祭鄭又注上祊之于東方云祊之禮宜
於廟門外之西室此經直云祊不云外又注直云廟門曰
祊亦不云外是據正祭日祊也故下云肵之爲言敬也相
饗之也嘏大也血毛告幽全之物是皆據正祭之日明此
祊亦正祭日 注廟門至名也 正義曰廟門曰祊爾雅
釋宮文云謂之祊者以於繹祭名也者此旣正祭日於廟
門內求神應總稱云廟而謂之祊者以祊是廟門明日繹
祭稱祊雖今日之正祭假以明日繹祭祊名同稱之曰祊
也 不知神之所在於彼乎於此乎者此解正祭在廟
之時或設饌在室或設饌在堂不知神之所在之處爲於
彼室乎爲於此堂乎故兩處設饌也 或諸至者與此
解索祭爲祊之時或諸遠人乎者諸是語辭其神靈或遠
離於人不在廟乎 祭于祊尚曰求諸遠者與者尚是庶
幾也言正祭之時祭於廟門祊者庶幾求於遠處者與言
於遠處求神也 祊之至陳也此皆訓祭祀所爲之事

注爲尸有肵俎 正義曰案特牲少牢設饌之後尸祭
饌訖祝取牢心舌載于肵俎設于饌北尸每食牲體反置
于肵俎是主人敬尸之俎也 注人君至牖也 正義曰
少牢云皇尸命工祝承致多福無疆于女孝孫使女受祿
于天宜稼于田眉壽萬年勿替引之此是大夫嘏辭也人
君則福慶之辭更多故詩楚茨云永錫爾極時萬時億卜
爾百福如幾如式是也 注訓所至植也 正義曰經云
首者直也直正也言首爲一體之正 相饗之也相謂詔
侑所以立祝詔侑尸者欲尸歆饗此饌 注特牲至祝饗
正義曰引特牲者證饗尸時節延尸初入主人拜妥尸
尸答拜訖執此鉶南之奠祝則設辭以饗之欲尸饗此奠
也尸遂祭與嚌之 嘏長也大也者尸嘏主人欲使長久
廣六也 注尸或至非也 正義曰此經尸爲陳詁本尸
爲主尸是神象當從主主是人所主宰陳是器物陳列今
訓之爲陳故云非也 毛血至道也此謂祝初薦血毛
於室時也血是告幽之物毛是告全之物告幽者言牲體

肉裏美善告全者牲體外色完具所以備此告幽全之物
者貴其牲之純善之道也故鄭云純謂中外皆善言中善
則血好外善則毛好也 血祭至主也此是堂上制祭
後又薦血腥時也 祭肺肝心貴氣主也此三者並爲氣
之宅故祭時先用之是貴於氣之主故也血是氣之所
舍故云盛氣也三者非卽氣故云氣之主也 祭黍稷
加肺者謂尸旣坐綏祭之時祭黍稷加之以肺言兼肺
而祭故云加肺也 祭齊加明水者謂於正祭之時陳
列五齊之尊上又加明水之尊故云祭齊加明水也又屬
報陰也者解加肺加明水之意肺是五藏在內水又屬
北方皆是陰類又親形魄歸地是陰以陰物祭之故云報
陰也 取膟膋燔燎升首者此謂朝踐時祝取膟膋燎于爐
炭入以告神於室出以綏於主前又升首於室至薦孰之
時祝更取膟膋及蕭與黍稷合燒之是臭陽達於牆屋也
報陽也者言膟膋黍稷並是陽氣之物首又是牲體亦
是陽親之魂氣在天爲陽今以陽物祭之故云報陽也

明水涚齊貴新也者明水謂以陰鑑取月中之水也涚猶
清也謂泲五齊使清故云涚齊所以設明水及涚齊者貴
其新絜之義也　凡涚新之也者釋涚齊之意言所以涚
此齊者以敬於鬼神故新絜之也　其謂之明水也由主
人之絜著此水也者此釋明水之意所以謂之清明之水
者著成也由主人清絜成就此水乃成可得而用也 注
祭黍至酒也　正義曰祭黍稷加肺謂綏祭者案特牲禮
云祝命綏祭尸左執觶右取菹擩于醢祭于豆閒佐食取
黍稷肺祭授尸尸祭之是尸綏祭之時有黍稷肺也少牢
亦然皇氏以爲尸綏祭之時無黍稷至主人綏祭之時乃
有黍稷解此祭爲主人綏祭也違背儀禮正文其義非也
云五齊加明水則三酒加玄酒也者崔氏云五齊尊上加
明水之尊五齊重明水亦重故加明水三酒輕玄酒亦輕
故云三酒加玄酒也此云玄酒對明水直謂水也若總而
言之明水亦名玄酒故禮運云玄酒在室及司烜注云明
水以爲玄酒是也此經祭齊加明水之文謂總據祭時而

禮記義三十六　二十三

用五齊非謂綏祭之時也故鄭云祭黍稷加肺謂綏祭不
云祭齊也案儀禮綏祭之後亦祭酒必知此祭齊非綏祭
者以鄭云三酒加玄酒三酒本非綏祭之用故也 注 蕭
薌至稷也　正義曰凡祭血腥之時已有膟膋燔燎故前
文詔祝於室鄭注云取牲膟膋燎于爐炭洗肝于鬱鬯而
燔之是也至薦孰之時又取膟膋而燔之故上經云蕭合
黍稷故既奠然後焫蕭合馨香故鄭此注云與蕭合燒
之饋孰時也云亦有黍稷也者非但有蕭與膟膋兼有
黍稷故云亦也　敬之至也服也者言君所以再拜稽
首肉袒者是恭敬之至極恭敬之至乃是服順於親也
此總結上再拜稽首肉袒之文下又各釋拜稽首肉袒
之事　拜服也者釋再拜之文拜者是服順於親也
稽首服之甚也者釋稽首之文拜既是服而稽首頭至
於地是服之甚極也肉袒服之盡也者釋肉袒之文言心
雖内服外貌不盡今肉袒去飾是服之竭盡也　祭稱至
家也熊氏云祭稱孝孫對祖爲言稱孝子對禰爲言　以

其義稱也者義宜也事祖禰宜行孝道是以義而稱孝也
稱曾孫某謂國家也者國謂諸侯家謂卿大夫既有國
家之尊不但祭祖禰而已更祭曾祖以上但自曾祖以上
唯稱曾孫而已言已是曾重之孫　注 謂諸至而已　正
義曰熊氏云經既稱國家則兼諸侯及大夫今注直云諸
侯者注文略也大夫三廟亦事曾祖而得稱曾孫也其諸
侯大夫事祖禰之時亦稱孝子孝孫事曾祖以上雖是内
事則同於外稱故下曲禮云諸侯内事曰孝子某侯某外
事曰曾孫某侯某是也此記不云某侯者略也上士二廟
祖禰各一廟中下士一廟祖禰共廟前經注云謂祖禰據
上士也　祭祀至讓也者解爲相之法也相謂詔侑也嘉
善也庾氏云賓主之禮相告以揖讓之節祭祀之禮則是
主人自致其敬盡其善故詔侑尸者不告尸以讓是其無
所與讓也　腥肆爓腍祭者肆剔也腍孰也言祭或進
腥體或薦解剔或進湯沈或薦煑孰故云腥肆爓腍祭
也　豈知神之所饗也主人自盡其敬而已矣者四種

禮記義三十六　二十四　張晫

之薦豈知神適所饗邪正是主人自盡敬心而求祭之
心不一耳　舉斝角者斝角爵名也天子曰斝諸侯曰
角若依此則饋食薦孰之時尸未入祝先奠爵于鉶南
尸入即席而舉之如特牲禮陰厭後尸入舉奠焉也
但云舉斝角恐非周禮耳崔云是周也　詔妥尸者詔告
也妥安也尸始即席舉奠斝角之時既始即席至尊之坐
未敢自安而祝當告主人拜尸使尸安坐也　古者尸無
事則立有事而后坐也者古夏時也夏立尸唯有飲食之
事時乃坐若無事則倚立也由世質故耳　尸神象也者
尸是神象故無事則立有事而后坐也　祝將命也者祝
以傳達主人及神之辭令也　縮酌至酒也　正義曰此
一節記人總釋周禮司尊彝泲二齊及鬱鬯之事　縮酌
用茅明酌也者縮泲也酌是斟酌謂醴齊既濁泲而後可
斟酌故云縮酌也用茅者謂泲醴齊之時而用茅也明酌
也者謂事酒之上酒色清和謂之明酌言欲泲醴齊時先
用明酌和此醴齊然後用茅泲之不云泛齊者與醴齊同

注謂泲至酌也　正義曰謂泲醴齊以明酌者言泲醴
齊之時以明酌和之引周禮醴齊縮酌者證此經縮酌是
醴齊也云五齊醴尤濁者以醴比盎齊醴齊沈齊以次漸
清故云尤濁其實泛齊亦濁也云明酌者事酒之上也者
周禮三酒一曰事酒二曰昔酒三曰清酒三酒之中事酒
尤濁五齊之内醴齊尤濁醆酒清於醴齊清酒又清於事酒
故知以事酒泲醴齊也明謂清明故知是事酒之上清明
者也云事酒今之醳酒皆新成也者言古之事酒正是漢
之醳酒事酒與醳酒皆是新作而成故鄭注周禮云事酒
酌有事者之酒謂爲事而新作者醳是和醳醖釀之名即
今卒造之酒也引春秋傳者僖四年左傳文證此用茅是
縮酒也云酒已泲則斟之以實尊彝者以别器泲之泲訖
取之以實尊彝也言彝者通鬱鬯而言也引昏禮曰酌玄
酒三注于尊者證實尊稱酌之意云凡行酒亦爲酌也者
言非但實尊爲酌凡以爵行酒亦爲酌故儀禮鄉飲酒燕
禮實爵與人皆稱爲酌也　醆酒涗于清者醆酒盎齊也

涗泲也謂泲之以清酒盎齊差清先和以清酒而後泲之
泲謂泲漉也以其差清不用茅其醍齊沈齊泲之與醆酒
同鄭注司尊彝云泛從醴緹沈從盎此記不言五齊獨舉
醴盎二齊者以司尊彝説時祭二齊三酒與鬱故此記者
釋之天子時祭所用尤多故特言之　注醆酒至相得
正義曰醆酒盎齊者周禮云盎齊涗酌此云醆酒涗于清
涗之是同又周禮醴齊之後有盎齊禮運醴後有醆故知
醆謂盎齊也云皆久味相得者盎齊既清作之必久清酒
又冬釀接夏而成故云皆久味相得也　汁獻涗于醆酒
者獻謂摩莎涗謂泲之秬鬯之中既有煮鬱又和以盎齊
摩莎泲之出其香汁是汁莎泲之以醆酒也　注不以至
尊也　正義曰既以事酒泲醴齊清酒泲盎齊則泲秬鬯
應亦用三酒今泲秬鬯乃用盎齊故云不以三酒泲秬鬯
者秬鬯尊以其尊故用五齊泲之五齊卑故用三酒泲之
事相宜也　猶明清與醆酒于舊澤之酒也者猶若也明
謂明酌清謂清酒醆酒謂盎齊作記之時呼明酌及清酒

與醆酒等皆泲於舊醳之酒謂以舊醳昔酒和此明酌清
酒等三者而泲之作記之時其事如此古禮廢亡恐人不
知泲醴齊以明酌泲醆酒以清酒泲汁莎以醆酒之意故
記者云泲此醴齊之等猶若今時明清醆酒泲於舊醳之
酒也就其今日所知以曉古者難知之事　注天子至毒
也　正義曰天子諸侯禮廢者謂祭禮廢則今日見存此
經所云泲酒皆天子諸侯之事以其禮廢其事難知故舉
今事以譬曉之云泲清酒以舊醳之酒者爲其味厚腊毒
也者舊醳之酒謂昔酒作雖久成比清酒爲薄故用薄酒
泲此清酒爲其清酒是冬釀夏成其味厚久腊毒害故以
薄酒泲之故國語云高位寔疾顛厚味寔腊毒鄭之此注
解記将清酒泲於舊醳之酒　祭有至辟焉　正義曰有
求者謂求福祥也有報焉者謂獲福而報之有由辟焉者
由用也辟弭也謂用此祭之以弭止災兵罪戾之事　注
辟讀至疾也　正義曰祭既有祈有報除祈報之外唯有
攘除凶惡故解爲弭災兵遠罪疾取周禮小祝之文也

齊之至祭者　正義曰解齊服所以用玄冠玄衣義也玄
陰色鬼神尚幽陰故齊者玄服以表心思幽陰之理故云
陰幽思也　故君子三日齊必見其所祭者解思陰義也
三日謂致齊時也所祭者謂親也爲親而祭故云所祭者
也鬼神居陰故三日齊思其親之居
處笑語故祭時如見其所祭之親也

禮記正義卷第三十六

潘本第三十七卷第一葉

禮記正義卷第三十七

國子祭酒上護軍曲阜縣開國子臣孔穎達等奉

勅撰

內則第十二

正義曰案鄭目録云名曰內則者以其記男女居室事父母舅姑之法此於別録屬子法以閨門之內軌儀可則故曰內則

后王命冢宰降德于衆兆民　后君也德猶教也萬億曰兆天子曰兆民諸侯曰萬民周禮冢宰掌飲食司徒掌十二教令一云冢宰記者據諸侯也諸侯并六卿爲三或兼職焉

疏　正義曰此一經論子事父母由此后王之教使之然故先云施教之法　后王者后君也君謂諸侯王謂天子不先云王者辟天子妃后之嫌故言后王也　命冢宰者若天子則天官爲冢宰若諸侯則司徒爲冢宰今記者據諸侯爲文命此司徒之冢宰　降德于衆兆民者降下也德教也諸侯命冢宰降下教令於羣衆兆民也既據諸侯當云萬民而云兆民者此經雖以諸侯爲主雜以天子言之故又稱王又稱兆民也　注后君至職焉　正義曰后君也釋詁文云萬億曰兆者依如筭法億之數有大小二法其小數以十爲等十萬爲億十億爲兆也其大數以萬爲等數萬至萬是萬萬爲億又從億而數至萬億曰兆億億曰秭故詩頌毛傳云數萬至萬曰億數億至億曰秭兆在億秭之間是大數之法鄭以此據天子天下之民故以大數言之詩魏風刺在位貪殘魏國褊小不應過多故以小數言之故云十萬曰億云天子曰兆民諸侯曰萬民者閔元年左傳文周禮是天子之法每云萬

潘本第三十七卷第二葉

民者據畿內言之或可通稱也鄭引此者明天子諸侯之異經云兆民互明天子也云周禮冢宰掌飲食司徒掌十二教者欲明飲食教令所掌各有別官不得獨云冢宰云今一云冢宰記者據諸侯也者今此內則之篇既有飲食又有教令則經文當云命冢宰司徒兩官備言之今唯一云冢宰不兼言司徒者是司徒兼冢宰之事故云記者據諸侯而言之云諸侯并六卿爲三或兼職焉者此明司徒兼冢宰之事意疑而不定故稱或焉盧氏云后謂天子之妃者若是后妃唯主內事不得降德于衆兆民孫炎王肅皆云后王君王謂天子也此經論教訓法則是司徒所掌不可獨據冢宰盧與孫王之說其義皆非故鄭以爲據諸侯言也但雜陳王事耳

子事父母雞初鳴咸盥漱櫛縰笄總拂髦冠緌纓端韠紳搢笏　咸皆也縰韜髮者也總束髮也垂後爲飾拂髦振去塵著之髦用髮爲之象幼時鬌其制未聞

也緌纓之飾也端玄端士服也庶人深衣紳大帶所以自紳約也搢猶扱也扱笏於紳笏所以記事也

左右佩用　自佩也必佩者備尊者使令也

左佩紛帨刀礪小觿金燧　紛帨拭物之巾也今齊人有言紛者刀礪小刀及礪礱也小觿解小結也觿貌如錐以象骨爲之金燧可取火於日

右佩玦捍管遰大觿木燧　捍謂拾也言可以捍弦也管筆彄也遰刀鞞也木燧鑽火也

偪　偪行滕

屨著綦　綦屨繫也

疏　正義曰自此以下至不敢私祭以上總論在內法則子事父母婦事舅姑男女出入之禮長幼相事之法其文既多各隨事節而解之自子至著綦以上還論子事父母之法也此子謂男子知者以經云端韠紳搢笏故也　咸盥漱者盥謂洗手漱謂漱口此據年稍長者若其孺子則晏起而不能雞初鳴也　笄者著縰既畢以笄插之熊氏云此笄謂

安髻之笄以縰韜髮作髻既訖橫施此笄於髻中以固髻也故士喪禮云笄用桑長四寸纋中是也纋中謂殺其中使細非固冠之笄故文在冠上且玄冠有纓紒士冠禮有纓者無笄問喪云親始死雞斯之時去玄冠而有笄縰是知笄縰不得爲冠總者裂練繒爲之束髮之本垂餘於髻後故以爲飾也此經所陳皆依事先後櫛訖加縰縰訖加笄笄訖加總然後加髦著冠冠畢然後服玄端著韠又加大帶也左佩紛帨刀礪小觿金燧者皇氏云左旁用力不便故佩小物右佩玦捍管遰大觿木燧者皇氏云以右廂用力爲便故佩大物 注 縰韜至事也 正義曰縰韜髮者也士冠禮云緇纚長六尺鄭云纚一幅長六尺足以韜髮而結之矣盧云所以裹髻承冠以全幅疊而用之未知孰是盧說爲優云緌纓之飾也者結纓頷下以固冠結之餘者散而下垂謂之緌云端玄端士服也者特牲禮士祭服玄端故云士服也云庶人深衣者以深衣是服之最下者庶人是人之賤者故知服深衣也云紳大帶者其制

禮記義三十七　三　王茂

備於玉藻云笏所以記事也者玉藻文其制亦備於玉藻 注 紛帨至於日 正義曰鄭恐人不識佩巾當鄭之時齊人呼佩巾爲紛故鄭指而言之云今齊人有言紛者是也云刀礪小刀及礪礱也者鄭恐刀礪是一物故明之云小刀及礪礱也知小刀者與小觿連文故知也 注 捍謂至火也 正義曰拾斂也故鄉射大射將射謂之遂射韝謂之拾拾是收斂之意也云遰刀鞞也者此刀大於左廂刀也云木燧鑽火也者皇氏云晴則以金燧取火於日陰則以木燧鑽火也 注 綦屨繫也 正義曰皇氏云屨頭施繫以爲行戒未知然否或可著屨之時屨上自有繫以結於足也故鄭注士冠禮黑屨青絇云絇之言拘也以爲行戒

婦事舅姑如事父母雞初鳴咸盥漱櫛縰笄總衣紳笄今簪也衣紳衣而著紳左佩紛帨刀礪小觿金燧右佩箴管

線纊施縏袠大觿木燧縏小囊也縏袠言施明爲箴管線纊有之衿纓綦屨衿猶結也婦人有纓示繫屬也 疏 正義曰此一節論女事父母婦事舅姑所服之衣所佩之物皆異於男子之事各依文解之 注 笄今至著紳 正義曰云笄今簪也者謂婦人之笄異於上男子笄縰故於此始云笄今簪也則與士冠禮男子爵弁笄皮弁笄同故鄭注冠禮亦云笄今之簪也則喪服女子吉笄尺二寸也云衣紳衣而著紳者鄭恐經云衣紳謂衣著此紳故云衣而著紳謂加玄端綃衣而後著紳帶此異於男子故不有冠緌端韠紳搢笏之屬 注 縏小至有之 正義曰熊氏云袠刺也以針刺袠而爲縏袠故云縏袠也餘物皆不言施獨於箴管線纊之下而言施縏袠明爲四物而施矣 注 衿猶至屬也 正義曰案鄭注昏禮云婦人十五許嫁笄而禮之因著纓明有繫也蓋以五采爲之其制未聞鄭注昏禮既云笄而著纓則未笄

禮記義三十七　四　王茂

無纓也下男女未冠笄亦云衿纓者彼未冠笄之纓用之以佩容臭故下注云容臭香物以纓佩之故童子男女皆有之與此婦人旣笄之纓別也

以適父母舅姑之所適之及所下氣怡聲問衣燠寒疾痛苛癢而敬抑搔之怡說也苛疥也抑按搔摩也出入則或先或後而敬扶持之先後之隨時便也進盥少者奉槃長者奉水請沃盥盥卒授巾槃承盥水者巾以帨手問所欲而敬進之柔色以溫之溫藉也承尊者必和顏色饘酏酒醴芼羹菽麥蕡稻黍粱秫唯所欲酏粥也芼菜也蕡熬枲實棗栗

飴蜜以甘之堇荁枌榆免薧滫瀡以滑之

脂膏以膏之 謂用調和飲食也荁堇類也冬用堇 夏用荁榆白曰枌免新生者薧乾也

秦人溲曰滫齊 人滑曰瀡也 父母舅姑必嘗之而后退 敬 也

疏 正義曰此一節論子事父母婦事舅姑至其處所奉 持沃盥之儀奉進酒醴膳羞之事各依文解之 注

苛疥也 正義曰苛疥者以其苛與癢共文故知苛疥也 注溫藉也 正義曰藉者所以承藉於物言子事父母

嘗和柔顏色承藉父母若藻藉承玉然 注酏粥至枲實 正義曰酏既爲粥粥是薄者則饘爲厚者故左傳云饘

於是注云饘鬻也爾雅釋言云餬饘也郭景純謂糜也堇 荁者案公食大夫禮三牲皆有芼者牛藿羊苦豕薇也是

芼乃爲菜也用菜雜肉爲羹云蕡熬枲實者釋草云蕡枲 實也此中菽豆以下供尊者所食悉皆須孰或煮或熬故

禮記義三十七 王

云熬枲實也 棗栗至膏之 以甘之者謂以此棗栗飴 蜜以和甘飲食 以滑之者謂用堇用荁及枌榆及新生

乾薧相和滫瀡之令柔滑之 脂膏以膏之者凝者爲脂 釋者爲膏以膏沃之使之香美此等總謂調和飲食也

注冬用至瀡也 正義曰案士虞禮記夏用葵冬用荁鄭 注云荁堇類也乾則滑夏秋用生葵冬春用乾荁與此不

同者此經堇荁相對故冬用堇夏用荁士虞禮葵與荁相 對故夏用葵冬用荁也所對不同故注有異云榆白曰枌

者釋木云榆白枌孫炎云榆白者名枌郭景純曰枌榆先 生葉却著莢皮色白云免新生者薧乾也者案庖人云共

鱻薧之物鱻薧相對此經以免對薧薧既是乾故知免爲 新生此免薧於周禮據肉爲言熊氏皇氏皆云文承堇荁

枌榆之下據堇荁等 爲免薧義或爲然 男女未冠笄者雞初鳴咸

盥漱櫛縰拂髦總角衿纓皆佩容臭 總角 收髮

結之容臭香物也以纓佩 之爲迫尊者給小使也 昧爽而朝 後成 人也 問何食

飲食矣若已食則退若未食則佐長者視具

具饌 也 疏 正義曰此一節論未冠笄者事親之禮 注容 臭至使也 正義曰容臭謂芬芳臭物謂之容者

庾氏云以臭物可以脩飾形容故謂之 容臭以纓佩之者謂纓上有香物色 凡內外雞初

鳴咸盥漱衣服斂枕簟灑掃室堂及庭布

席各從其事 斂枕簟者不欲人見己 褻者簟席之親身也 孺子蚤寢

晏起唯所欲食無時 又後未成人者 孺子小子也 疏 正義曰 此一經

總論子婦之外卑賤之人爰及僕隸之等 故云斂枕簟灑埽室堂及庭布席之屬 由命士以上

禮記義三十七 六

父子皆異宮昧爽而朝慈以旨甘日出而

退各從其事日入而夕慈以旨甘 異宮崇敬 也慈愛敬

進之日出乃從事 食祿不免農也 疏 正義曰此一經論命士以上 事親異於命士以下之禮 父母

舅姑將坐奉席請何鄉將衽長者奉席

請何趾少者執牀與坐 將衽謂 更臥處 御者舉几

斂席與簟縣衾篋枕斂簟而襡之 須臥 乃敷

之也襡 韜也 疏 正義曰此一節論父母舅姑將坐將臥奉席 之禮及未臥之前且斂枕簟衾篋舉藏須臥

乃鋪 御者舉几者謂早旦親起之後侍御之人則奉尊

其几以進尊者使馮之 斂席與簟者斂此所臥在下上

席與上一襯身之簟又懸其所卧之衾以篋貯所卧之枕並斂簟而襡之者簟既襯身恐其穢汚故斂此細簟以襡韣之言簟則韣藏席則否父母舅姑之衣衾簟席枕几不傳杖屨祇敬之勿敢近傳移也敦牟卮匜非餕莫敢用餕乃用之牟讀曰堥也卮匜酒漿器敦牟黍稷器也與恒食飲非餕莫之敢飲食餕乃食之恒常也旦夕之常食疏正義曰此一節論父母舅姑所服用之物子婦不得輒用所恒飲食之饌不得輒食　衣衾簟席枕几不傳者侍御之人停貯常處子婦不得輒更傳移令嚮他處　杖屨祇敬之勿敢近者杖屨是尊者服御之重彌須恭敬故云祇敬之勿敢偪近也　與恒食飲非餕莫之敢飲食者與及也接上敦牟之文非但不敢用及父母恒食飲食非因餕時莫敢飲

食注牟讀至漿器　正義曰敦則周禮有王敦令之𣪊盂也隱義曰堥土釜也今以木爲器象土釜之形卮酒器也匜盛水漿之器故春秋僖二十三年左傳云懷嬴奉匜沃盥是也父母在朝夕恒食子婦佐餕婦皆與夫餕也既食恒餕每食餕而盡之末有原也父沒母存冢子御食羣子婦佐餕如初御侍也謂長子侍母食也侍食者不餕其婦猶皆餕也旨甘柔滑孺子餕疏正義曰此一節論父母之食子婦餕餘之禮　子婦佐餕者謂長子及長子之婦佐餕者食必須盡以父母食不能盡故子婦佐助餕食之使盡勿使有餘恐再進故注云末有原也末無也原再也無使有餘而再設也　羣子婦佐餕如初者冢子既侍母而食羣子婦謂冢子之弟婦及衆弟婦而佐餕如初者如上父母在子婦佐餕之禮故云如初也

注侍食至餕也　正義曰經云冢子御食則云羣子婦佐餕不云冢子故知侍食者不餕冢子無父故得侍母而食冢婦既不侍食故云猶皆餕也在父母舅姑之所有命之應唯敬對進退周旋慎齊齊莊也升降出入揖遊不敢噦噫嚏咳欠伸跛倚睇視不敢唾洟睇傾視也易曰明夷睇于左股寒不敢襲癢不敢搔襲謂重衣不有敬事不敢袒裼父黨無容不涉不撅撅揭衣也褻衣衾不見裏爲其可穢父母唾洟不見輒刷去之冠帶垢和灰請漱衣裳垢和灰請澣手曰漱足曰澣和漬

也衣裳綻裂紉箴請補綴綻猶解也五日則燂湯請浴三日具沐其間面垢燂潘請靧足垢燂湯請洗潘米爛也少事長賤事貴共帥時共猶皆也帥循也時是也禮皆如此也疏正義曰此一節論事父母舅姑在尊者之所畏敬之法并論漱澣沐浴并卧少事長賤事貴如事父母舅姑注睇傾至左股　正義曰明夷睇于左股者是明夷六二爻辭彼注云旁視爲睇六二辰在酉酉是西方又下體離離爲目九三體在震震東方九三又在辰辰得巽氣爲股此謂六二有明德欲承九三故云睇于左股引之者證睇爲旁視也注撅揭衣也　正義曰言於尊所不因涉水不敢揭衣注手曰漱足曰澣　正義曰以冠帶既尊故以手漱之用力淺也衣裳既卑故以足澣之用力深也此據士故冠帶得漱

【疏?】是大夫故譏其澣衣濯冠也此漱澣對文爲例耳散也故上曲禮云諸母不漱裳是裳亦漱也詩周南箋云澣謂濯之耳亦是不用足

男不言内女不言外 謂事業之次序

非祭非喪不相授器 祭嚴喪遽不嫌也

其相授則女受以篚其無篚則皆坐奠之而后取之 奠停地也

外内不共井不共湢浴不通寢席不通乞假男女不通衣裳内言不出外言不入 湢浴室也

男子入内不嘯不指夜行以燭無燭則止 嘯讀爲叱叱嫌有隱使也

女子出門必擁蔽其面夜行以燭無燭則止 擁猶障也

道路男子由右女子由左 地道尊右

【疏】正義曰此經論男子女子殊别之宜 【注】祭嚴喪遽不嫌也 正義曰以經云非祭非喪不相授器則是祭與喪時得相授器所以得者祭是嚴敬之處喪是促遽之所於此之時不嫌男女有嫌邪之意 【注】嘯讀至使也 正義曰嘯是自嘯叱謂叱人經言不嘯與不指連文而指旣指物明嘯是叱人故以嘯爲叱矣云嫌有隱使者若其常事以言語處分是顯使人也如有姦私恐人知聞不以言語但諷叱而已是幽隱而使故云叱嫌有隱使也

子婦孝者敬者父母舅姑之命勿逆勿怠 恃其孝敬之愛或則違解

若飲食之雖不耆必嘗而待 待後命而去也

加之衣服雖不欲必服而

禮記義三十七　九　高凉

待 待後命釋藏也

加之事人代之己雖弗欲 謂雖[illegible]妨己業

姑與之而姑使之而后復之 違懟怨勞事姑猶且也

子婦有勤勞之事雖甚愛之姑縱之而寧數休之 不可愛此而移苦於彼也

子婦未孝未敬勿庸疾怨 庸之言用也

姑教之若不可教而后怒之 怒譴責也

不可怒子放婦出而不表禮焉 表猶明也猶爲之隱不明其犯禮之過也

【疏】正義曰此一節論子婦事父母舅姑受飲食衣服之事并明父母舅姑接待子婦之禮　子婦孝者敬者父母舅姑之命勿逆勿怠者子孝於父母婦敬於舅姑或恐倚恃孝敬之心違逆其命意有怠惰其身故戒令勿逆勿怠也　若飲食之雖不耆必嘗而待者謂尊者以飲食與己己雖不嗜愛必且嘗之而待尊者後命令己去之而後去之　加之衣服雖不欲必服而待者爲尊者加己衣服己雖不欲必且服之而待後命而藏去之　加之事人代之己雖弗欲者謂尊者言加己以事業事業欲成尊者又使人代己此事既嚮成不欲他人代己而難其妨己之業　姑與之而姑使之者姑且也且與代己者之事而且使代己者爲之　而后復之者待代己者休解而后復本事業於己身也　子婦有勤勞之事雖甚愛之者從此以下論尊者接待卑者之禮有勤勞之事者謂子婦有辛苦勤勞之事雖甚愛之者謂父母舅姑素來雖甚愛此勤勞之子婦　姑縱之者姑且也所愛子婦既有勤勞且緩縱之　而寧數休之者寧可數數休息此所愛子婦不可移此勤勞於他不愛之子婦也　子婦未孝未敬勿庸疾怨者庸用也子婦既不孝敬勿用憎疾怨惡之　姑教之者姑且也且教誨之　若不可教而后怒之者不可

禮記義三十七　十　吳昇

教謂教而不從然後責怒之　不可怒者謂雖責怒之而
不從命者　子放婦出而不表禮焉者既不可責怒子被
放逐婦被出棄表明也雖被出棄猶
爲之隱不顯明言其犯禮之過也　父母有過下氣
怡色柔聲以諫諫若不入起敬起孝說則
復諫子事父母有隱無犯　起猶更也不說與其得罪於鄉黨州
閭寧孰諫子從父之令不可謂孝也周禮曰二十五家爲閭四閭爲族五族爲黨五黨爲州五
州爲鄉也父母怒不說而撻之流血不敢疾怨起
敬起孝撻擊也疏正義曰此一節論父母有過子諫諍之禮　不說者謂父母有過子
犯顏諫諍使父母不說也　與其得罪於鄉黨州閭者謂
子恐父母不說不敢孰諫使父母有過得罪於鄉黨州閭

謂鄉黨州閭所共罪也　寧孰諫者犯顏而諫使父母不
說其罪輕畏懼不諫使父母得罪於鄉黨州閭其罪重二
者之間寧可孰諫不可使父母得罪孰
諫謂純孰殷勤而諫若物之成孰然　父母有婢子
若庶子庶孫甚愛之雖父母沒沒身敬之
不衰婢子所通賤人之子子有二妾父母愛一人焉子
愛一人焉由衣服飲食由執事毋敢視父
母所愛雖父母沒不衰由自也子甚宜其妻
父母不說出宜猶善也子不宜其妻父母曰是善
事我子行夫婦之禮焉沒身不衰疏正義

曰此一節論父母有婢子庶子庶孫父母所愛己亦愛之
并明己有妻妾被父母之所愛己亦當愛之　由衣服飲
食由執事毋敢視父母所愛者由自也爲自己身所愛妾
衣服飲食及執事毋敢比視父母所愛者故鄭云由自也
子甚宜其妻者宜謂與之相善　子不宜其妻
者謂不與之相善被疏薄　父母曰是善事我者言此妻
汝雖疏薄是善能事我子當行夫婦之禮焉子雖寵愛其
妻父母不說出者出謂出去也案大戴禮本命云婦有七
出不順父母去無子去淫去妬去有惡疾去口多言去竊
盜去不順父母爲逆德也無子爲其絶世也淫爲亂其族
也妬爲亂其家也有惡疾爲其不可共粢盛也口多言爲
其離親也竊盜爲其反義也大戴禮又云婦有三不去有
所受無所歸不去曾經三年喪不去前貧賤後富貴不去
何休又云喪婦長女不娶無教戒世有惡疾不娶棄於天
世有刑人不娶棄於人亂家女不娶類不正逆家女不娶
廢人倫也案周易同人六二鄭注云天子諸侯后夫人無

子不出則猶有六出也其天子之后雖失禮亦不出故鼎
卦初六鄭注云嫁於天子雖失禮無出道廢遠而已若其
無子不廢遠之后尊
如其犯六出則廢之　父母雖沒將爲善思貽父
母令名必果將爲不善思貽父母羞辱必
不果貽遺也果決也疏正義曰此一節論子事父母父母雖沒思行善事必果決爲之若爲不善
思遺父母羞辱必不得果決爲之　舅沒則姑老謂傳家事於長婦也冢婦所
祭祀賓客每事必請於姑婦雖受傳猶不敢專行也介婦
請於冢婦以其代姑之事介婦衆婦舅姑使冢婦毋怠雖有
勤勞不敢解倦不友無禮於介婦衆婦無禮冢婦不友之也善兄弟爲友娣姒猶

潘本第三十七卷第十三葉

□弟也 舅姑若使介婦，毋敢敵耦於冢婦。雖有勤勞，不敢掉磬。不敢並行，不敢並命，不敢並坐。下冢婦也。命，爲使令。凡婦不命適私室，不敢退。婦侍舅姑者也。婦將有事，大小必請於舅姑。不敢專行。子婦無私貨，無私畜，無私器，不敢私假，不敢私與。家事統於尊也。婦或賜之飲食、衣服、布帛、佩帨、茝蘭，則受而獻諸舅姑。舅姑受之則喜，如新受賜。或賜之，謂私親兄弟。若反賜之，則辭，不得命，如更受賜，藏

禮記義三十七　十三　府信

以待之。待舅姑之乏也。不得命者，不見許也。婦若有私親兄弟將與之，則必復請其故，賜而后與之。疏正義曰：此一節論婦事舅姑之禮，并明冢婦、介婦相於之節，又明婦有私親賜之美物，當獻於舅姑也。注謂傳至婦也。正義曰：若舅姑未没，年七十以上，傳家事於長子，其婦亦從夫知家事也。若舅没姑未老，則其婦不得專知家事也。故經云姑老，若其不老，則不得知也。注衆婦至弟也。正義曰：衆婦無禮，冢婦不友之也者，以其無禮，故冢婦疏薄之。此無禮謂非七出之罪，若其七出，自當棄之。若冢婦無禮，罪非七出，衆婦當友之，以適婦尊故也。注雖有至掉磬。正義曰：庾氏云：齊人謂之差。許、崔氏云：北海人謂相激事爲掉磬。隱義云：齊人謂相絞訐爲掉磬。注命爲使令。正義曰：謂介婦不敢與冢婦並有教令之命，下冢婦也。注或賜至兄弟。正義曰：以下文云婦若有私親

潘本第三十七卷第十四葉

兄弟將賜之，此云或賜之，獻諸舅姑，故知私親兄弟賜也。雖藏之以待舅姑之乏，若舅姑不乏，私親兄弟既貧，將欲以物與之，不敢別請其財，則必於舅姑處復請其故賜所藏之物，舅姑既許，然後取而與之。適子、庶子祗事宗子、宗婦。祗，敬也。宗，大宗。雖貴富，不敢以貴富入宗子之家，雖衆車徒，舍於外，以寡約入。入，謂入宗子家。子弟猶歸器、衣服、裘衾、車馬，則必獻其上，而后敢服用其次也。猶，若也。子弟若有功德，以物見饋賜，當以善者與宗子也。若非所獻，則不敢以入於宗子之門。謂非宗子之爵所當服也。不敢以貴富加於父兄

禮記義三十七　十四　應俊

宗族。加，猶高也。若富，則具二牲，獻其賢者於宗子。賢，猶善也。夫婦皆齊而宗敬焉。當助祭於宗子之家。終事而后敢私祭。祭其祖禰。疏正義曰：此一節論族人敬事宗子之禮。適子、庶子祗事宗子、宗婦者，適子謂父及祖之適子，是小宗也。庶子謂適子之弟，宗子謂大宗子，宗婦謂大宗子之婦。言小宗及庶子等敬事大宗子及宗婦也。子弟猶歸器、衣服、裘衾、車馬者，猶，若也。歸，謂歸遺也。子弟若有功德被尊上歸遺衣服、裘衾、車馬，則必獻其善者於宗子。若富，則具二牲，獻其賢者於宗子者，賢，猶善也。善者獻宗子使祭之，不善者私用自祭也。夫婦皆齊而宗敬焉者，大宗子將祭之時，小宗夫婦皆齊戒以助祭於大宗，以加敬焉，謂敬事大宗之祭。終事而后敢私祭者，謂大宗終竟祭事，而后敢以私祭祖禰也。此文雖主事大宗子，其大宗之外

事小宗子者亦然飯目諸飯也黍稷稻粱白黍黃粱稰
穛孰穫曰稰生穫曰穛黍黃黍也膳目諸膳也膷臐膮醢牛炙醢
牛胾醢牛膾羊炙羊胾醢豕炙醢豕胾
芥醬魚膾雉兔鶉鴽此上大夫之禮庶羞二十豆也以公食大夫禮饌校
之則膮牛炙閒不得有醢醢衍字也又以鶉爲鴽也飲目諸飲也重醴稻醴清
糟黍醴清糟粱醴清糟重陪也糟醇也清泲也致飲有醇者有泲者陪
設之也或以酏爲醴釀粥爲醴黍酏酏粥漿酢胾水清新醷
梅漿濫以諸和水也以周禮六飲校之則濫涼也紀莒之間名諸爲濫酒目諸酒也清白

白事酒昔酒也羞目諸羞也糗餌粉酏糗擣熬穀也以爲粉餌與餈此記似脫周禮羞
籩之實糗餌粉餈羞豆之實酏食糝食此酏當爲飦以稻米與狼臅膏爲飦是也食目人君燕食所
用也蝸醢而苽食雉羹麥食脯羹雞羹折
稌犬羹兔羹和糝不蓼苽彫胡也稌稻也凡羹齊宜五味之和米屑之
糝蓼則不矣此脯所謂析乾牛羊肉也濡豚包苦實蓼濡雞醢醬
實蓼濡魚卵醬實蓼濡鼈醢醬實蓼凡濡
謂亨之以汁和也苦苦荼也以包豚殺其氣卵讀爲鯤鯤魚子或作攔也腵脩蚳醢腵脩捶脯施薑
桂也蚳蚍蜉子也脯羹兔醢麋膚魚醢魚膾芥醬

麋腥醢醬桃諸梅諸卵鹽自蝸醢至此二十六物似皆人君燕
所食也其饌則亂膚切肉也膚或爲胖卵鹽大鹽也凡食齊視春時飯宜溫也羹
齊視夏時羹宜熱也醬齊視秋時醬宜涼也飲齊視
冬時飲宜寒也凡和春多酸夏多苦秋多辛冬
多鹹調以滑甘多其時味以養氣也牛宜稌羊宜黍豕
宜稷犬宜粱鴈宜麥魚宜苽言其氣味相成春宜
羔豚膳膏薌夏宜腒鱐膳膏臊秋宜犢
麛膳膏腥冬宜鮮羽膳膏羶此八物四時肥美也爲其大盛

煎以休廢之膏節其氣也牛膏薌犬膏臊雞膏腥羊膏羶腒乾雉也鱐乾魚也鮮生魚也羽鴈也牛脩
鹿脯田豕脯麋脯麕脯麋鹿田豕麕皆
有軒雉兔皆有芼脯皆析乾其肉也軒讀爲憲憲謂藿葉切也芼謂菜釀也軒或
爲胖爵鷃蜩范蜩蟬也范蜂也芝栭蔆椇棗栗榛柿瓜
桃李梅杏楂梨薑桂蔆芰也椇枳椇也柤梨之不臧者自牛脩至此三十一物
皆人君燕食所加庶羞也周禮天子羞用百有二十品記者不能次錄　正義曰此一節總論飯飲膳羞調和之宜
又明四時膳食所用并明善惡治擇之等又顯貴賤所食之別各依文解之　飯黍至稰穛　此飯之所載凡有六種下
云白黍則上黍是黃黍也下言黃粱則上粱是白粱也案玉藻諸侯朔食四簋黍稷稻粱此則據諸侯其天子則加以麥苽爲

六但記文不載耳 注 孰穫至曰穛 正義曰穛是斂縮
之名明以生穫故其物縮斂也稰既對穛故爲孰穫 膳
腳至鶉鷃 此一節論豆上所盛美膳謂羹與胾醢之屬
也 注 此上至駕鴽也 正義曰知上大夫之禮庶羞二十
豆者案公食大夫禮文云二十豆者腳一謂牛臛也膮二
謂羊臛也膮三謂豕臛也牛炙四炙牛肉也此依公食大
夫禮所陳設此等四物共爲一行最在於北從西爲始醢
五謂肉醬也牛胾六謂切牛肉醢七牛膾八此等四物又
爲第二行陳之從東爲始羊炙九羊胾十醢十一豕炙十
二此等四物爲第三行陳之從西爲始醢十三豕胾十四
芥醬十五魚膾十六此等四物爲第四行陳之從東爲始
以上十六豆是下大夫之禮也雉十七兔十八鶉十九鷃
二十此等四物爲第五行陳之從西爲始此是上大夫所
加二十豆案公食大夫禮膮之下牛炙之上無醢字故云
以公食大夫禮饌校之則膮牛炙閒不得有醢醢衍字也
又公食大夫禮以鷃爲鴽案釋鳥云鴽鴾母某氏云謂鵪

禮記義三十七　十七　宋瑺

李巡云鴽鵪一云鴾母郭景純云鵪青州呼爲鴾母皇氏
用賀氏之說鴽蝙蝠其義未聞熊氏云此經醢文承牛羊
之下則是牛肉羊肉之醢以其庶羞故得用三牲爲醢若
其正羞則不得用三牲汝醢人職無三牲之醢也 飲重
至醷濫 此一節明諸飲之物也 注 重陪至之也 正
義曰此稻黍粱三醴各有清糟以清糟相配重設故云重
醴凡致飲之時有清者有糟者案周禮漿人共王之六飲
有水漿醴涼醫酏不云糟也共夫人致飲于賓客之禮清
醴醫酏糟注云三物有清有糟夫人不體王得備之若后
之致飲於賓客有糟無清故酒正共后之致飲于賓客之
禮醫酏糟注云后致飲無醴醫酏不清者與王同體屈也
注 以諸至爲濫 正義曰案漿人六飲有涼注云涼今
寒粥若糗飯雜水也康成以涼與濫是一物矣則此以諸
和水謂以諸雜糗飯之屬和水也諸者衆雜之辭案漿人
六飲一曰水則此經水一也二曰漿則此經漿一也三曰
醴則此經重醴一也但用清耳四曰涼則此經濫一也五

曰醫則此經或以酏爲醴一也六曰酏則此經黍酏一也
除六飲之外此經別有醷也若鄭司農之意醷與醫爲一
物即以酏爲醴者非康成義也鄭必知醷爲梅漿者見下
文云調之以醯醢及若醯醷則醷是醯之類也又云獸用
梅故知梅漿也案酒正云一曰清則此醴也二曰醫則此
以酏爲醴也三曰漿則此漿也四曰酏則此黍酏也但無
水涼二物鄭云無厚薄之齊故酒正不辨矣 酒清白此
一節論酒之所用清謂清酒白謂事酒昔酒以二酒俱白
故以一白標之配清酒則三酒故鄭云白事酒昔酒也此
無五齊者五齊是祭祀獻神所飲非人常用故也 羞糗
餌粉酏案周禮羞籩之實糗餌粉餈鄭注云合蒸曰餌餅
之曰餈此二物皆粉稻米黍米爲之糗者擣粉熬大豆爲
餌餈之黏著故以粉糗摶之據周禮粉下有餈今無者記
人脫漏更以酏益之酏者於周禮羞豆之實故周禮云羞
豆之實酏食糝食酏謂餰也 注 此酏當爲餰 正義曰
上以黍酏是粥知此酏當爲餰者案周禮酏食共糝食文

禮記義三十七　十八　宋春

連則酏是糝之般類此内則作糝與餰其事相連故云此
酏當爲餰若其黍酏非膳羞所用且餰雜雜以狼臅膏亦
粥之般類也 食蝸至卵鹽 此一節總明人君燕食所
用 蝸醢而苽食雉羹者謂以蝸爲醢以苽米爲飯以雉
爲羹三者味相宜 麥食脯羹雞羹者謂以麥爲飯析脯
爲羹又以雞爲羹此三者亦味相宜也 折稌犬羹兔羹
者稌稻也謂細折稻米爲飯以犬兔爲羹此三者亦味相
宜也 和糝不蓼者此等之羹宜以五味調和米屑爲糝
不須加蓼也 濡豚包苦實蓼者濡謂亨煑以其汁調和
言濡豚之時包裹豚肉以苦葉殺其惡氣又實之以蓼
濡雞醢醬實蓼者言亨濡此雞加之以醢及醬又實之以
蓼 濡魚卵醬實蓼者卵謂魚子以魚子爲醬濡亨其魚
又實之以蓼 濡鼈醢醬實蓼者謂亨其鼈加醢及醬又
實之以蓼凡言實蓼者皇氏云謂破開其腹實蓼於其腹
中又更縫而合之 腶脩蚳醢者腶脩謂腶脯也言食腶
脯之時以蚳醢配之 脯羹兔醢者脯羹即上析脯爲羹

以兔醢配之　麋膚魚醢者麋膚謂麋肉外膚食之以魚
醢配之　麋腥醢醬者腥謂生肉言食麋生肉之時還以
麋醢配之此云麋腥即上麋膚謂孰也　桃諸梅諸卵鹽
者言食桃諸梅諸之時以卵鹽和之王肅云諸菹也謂桃
菹梅菹即今之藏桃也藏梅也欲藏之時必先稍乾之故
周禮謂之乾藤鄭云桃諸梅諸是也　注　卵讀爲鯤鯤魚
子　正義曰知卵讀爲鯤者以鳥卵非爲醬之物蚳醢是
蚍蜉之子今卵醬承濡魚之下宜是魚之般類故讀爲鯤
鯤是魚子也　注　自蝸至鹽也　正義曰自蝸醢至此二
十六物者皇氏云蝸一也菰食二也雉羹三也麥食四也
脯羹五也雞羹六也折稌七也犬羹八也兔羹九也濡豚
十也濡雞十一也濡魚十二也濡鼈十三也自此以上醢
之與醬皆和調濡漬雞豚之屬爲他物而設之故不數矣
自此以下醢及醬各自爲物但相配而食故數之腶脩十
四也蚳醢十五也脯羹重出兔醢十六也麋膚十七也魚
醢十八也魚膾十九也芥醬二十也麋腥二十一也醢二

十二也醬二十三也桃諸二十四也梅諸二十五也卵鹽
二十六也諸儒更無所說今依用之云似皆人君燕所食
也者案周禮掌客云諸侯相食皆鼎簋十有二其正饌與
此不同其食臣下則公食大夫禮具有其文與此又異故
疑是人君燕食也云其饌則亂者案上陳庶羞有膷臐膮
有牛炙牛胾始云羊炙豕炙而依牲大小先後而陳此則
先云雉羹後云脯羹又先云雞羹後云犬羹不依牲之次
第又飯食在簋醢羹之屬在豆是上下雜亂故云其饌則
亂也云膚切肉也者以其與醢醬相類在豆之物故爲切
肉若其正膚則在俎故少牢特牲膚皆在俎也云卵鹽大
鹽也者以其鹽形似鳥卵故云大鹽也　注　多其至氣也
　正義曰依經方春不用食酸夏不用食苦四時各減其
時味也此云多其時味以養氣者經方所云謂時氣壯者
減其時味以殺盛氣此經所云食以養人恐氣虚羸故多
其時味以養氣也　注　言其氣味相成　正義曰此云牛
稌上云折稌用犬羹又云犬宜粱而以犬羹配折稌者此

牛宜稌之屬據尊者正食上之所云據人君燕食以滋味
爲美故與此不同　春宜至膏羶　上文食齊視春時至
魚宜苽皆周禮食醫之文記者載之於此論調和食飲之
法此春宜羔豚一經又記庖人論四時煎和膳食之宜以
王相休廢相參其味乃善　春宜羔豚膳膏薌者春爲木
王膏薌牛膏也牛中央土畜春東方木木剋土木盛則土
休廢用休廢之膏故用牛膏也　夏宜腒鱐膳膏臊者腒
乾雉鱐乾魚膏臊犬膏也犬屬西方金夏南方火火剋金
火盛則金休廢故用犬膏也　秋宜犢麛膳膏腥者膏腥
謂雞膏也雞屬東方木秋西方金金剋木金盛則木休廢
故用雞膏也　冬宜鮮羽膳膏羶者鮮魚羽鴈膏羶謂羊
膏也羊屬南方火冬水王水剋火水盛則火休廢故用羊
膏也周禮庖人文與此同鄭彼注云羔豚物生而肥犢與
麛物成而充腒鱐暵熱而乾魚鴈水涸而性定此八物者
得四時之氣尤盛爲人食之弗勝是以用休廢之脂膏煎
和膳之義與此同　注　牛膏至鴈也　正義曰案洪範五

行傳云思之不睿則有牛禍牛屬土也言之不從則有犬
禍犬屬金也貌之不恭則有雞禍雞屬木也視之不明則
有羊禍羊屬火也今四時各有所剋脂膏而和膳食故知
牛膏薌犬膏臊雞膏腥羊膏羶也云腒乾雉也者士相見
禮云冬執雉夏執腒故知腒爲乾雉云鱐乾魚也者周禮
籩人云膴鮑魚鱐鱐與鮑相對鮑爲濕魚故知鱐是乾魚
也云鮮生魚也者鱐既爲乾魚故鮮爲生魚也月令云季
冬獻魚又王制云獺祭魚然後虞人入澤梁是冬魚成也
云羽鴈也者羽族既多而冬來可食者唯鴈故知羽鴈也
庖人云春行羔豚行謂行用此云宜謂氣味相宜其事同
也　牛脩至薑桂　麋鹿田豕麕皆有軒者言此等非但
爲脯又可腥食腥食之時皆以藿葉起之而不細切故云
皆有軒不云牛者牛唯可細切爲膾不宜大切爲軒故不
言之　雉兔皆有芼者爲雉羹兔羹皆有芼菜以和之
芝栭者庾蔚云無華葉而生者曰芝栭盧氏云芝木芝也
王肅云無華而實者名栭皆芝之屬也庾又云自牛脩至薑

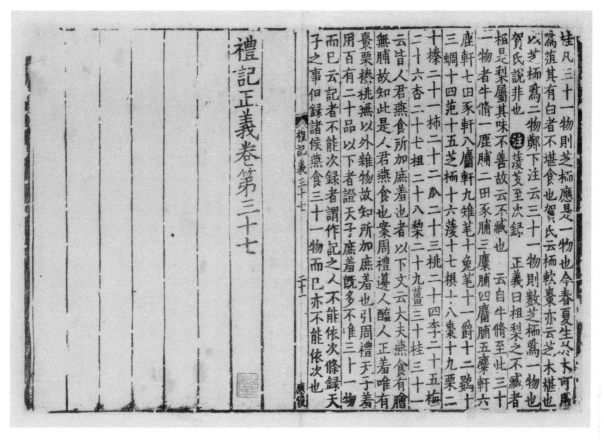

桂凡三十一物則芝栭應是一物也今春夏生於木可用爲菹其有白者不堪食也賀氏云栭軟棗亦云芝木椹也以芝栭爲二物鄭下注云三十一物則數芝栭爲一物也賀氏說非也 注蔆芰至次録 正義曰柤梨之不臧者柤是梨屬其味不善故云不臧也 云自牛脩至此三十一物者牛脩一鹿脯二田豕脯三麋脯四麕脯五麋軒六鹿軒七田豕軒八麕軒九雉芼十兔芼十一爵十二鷃十三蜩十四范十五芝栭十六蔆十七椇十八棗十九栗二十榛二十一柿二十二瓜二十三桃二十四李二十五梅二十六杏二十七柤二十八梨二十九薑三十桂三十一云皆人君燕食所加庶羞也者以下文云大夫燕食有膾無脯故知此是人君燕食也案周禮籩人醢人正羞唯有棗栗榛桃無以外雜物故知所加庶羞也引周禮天子羞用百有二十品以下者證天子庶羞既多不唯三十一物而已云記者不能次録者謂作記之人不能依次條録天子之事但録諸侯燕食三十一物而已亦不能依次也

禮記正義卷第三十七

禮記正義卷第三十八

國子祭酒上護軍曲阜縣開國子臣孔穎達等奉
勑撰

大夫燕食有膾無脯有脯無膾士不貳羹胾庶人耆老不徒食尊卑差也〔疏〕正義曰此一經揔上人君燕食因明大夫士庶人燕食不同　有脯無膾者言大夫燕食若有脯則不得有膾案鄭志云脯非食殽此燕得食脯者脯非食殽謂食不專用脯以爲食殽若有餘閒兼之則得有脯　士不貳羹胾者謂士燕食也若朝夕常食則下云羹食自諸侯以下至於庶人無等

膾春用葱秋用芥芥芥醬也豚春用韭秋用蓼脂用葱膏用薤脂肥凝者釋者曰膏三牲用藙藙煎茱萸也漢律會稽獻焉爾雅謂之榝和用醯云酉與家物自相和也獸用梅亦野物自相和鶉羹雞羹鴽釀之蓼釀謂切雜之也鴽在羹下烝之不羹也魴鱮烝雞燒雉薌無蓼薌蘇荏之屬也燒烟於火中也自膾用葱至此言調和菜釀之所宜也〔疏〕正義曰此一節論調和飲食之宜　鶉羹雞羹者謂用鶉用雞爲羹　鴽者唯烝煑之而已不以爲羹故文在羹下　釀之蓼者釀謂切雜和之言鶉羹雞羹及烝之等三者皆釀之以蓼　魴鱮烝者魴鱮二魚皆烝孰之　雞燒者雞是鳥之小者火中燒之然後調和若今之臛也　雉者文在烝燒之下或燒或烝或可爲羹其用無定故直云雉薌無蓼者薌謂蘇荏之屬言魴鱮烝及雞燒并雉等三者調和

唯以蘇荏之屬無用蓼也〔注〕芥芥醬也〔正義曰〕上云魚膾芥醬則謂秋時用芥芥辛於秋宜也〔注〕藙煎至之榝〔正義曰〕賀氏云今蜀郡作之九月九日取茱萸折其枝連其實廣長四五寸一升實可和十升膏名之藙也

不食雛鼈狼去腸狗去腎貍去正脊兔去尻狐去首豚去腦魚去乙鼈去醜皆爲不利人也雛鼈伏乳者乙魚體中害人者名也今東海鰫魚有骨名乙在目旁狀如篆乙食之鯁人不可出醜謂鼈竅也

肉曰脫之魚曰作之棗曰新之栗曰撰之桃曰膽之柤棃曰攢之皆治擇之名也〔疏〕正義曰此一節論治擇肉物惡者及果實之屬　肉曰脫之者皇氏云治肉除其筋膜取好處故李巡注爾雅釋器云肉去其骨曰脫郭云剥其皮也　魚曰作之者皇氏云作謂動摇也凡取魚摇動之視其鮮餧餧者不食李巡注爾雅云作之魚骨小無所去郭氏爾雅今本作斮之注云謂削鱗也　棗曰新之者棗易有塵埃恒治拭之使新　栗曰撰之者栗蟲好食數數布陳撰省視之　桃曰膽之者桃多毛拭治去毛令色青滑如膽也或曰膽謂苦桃有苦如膽者擇去之　柤棃曰攢之者恐有蟲故一一攢看其蟲孔也

牛夜鳴則庮羊泠毛而毳羶狗赤股而躁臊鳥皫色而沙鳴鬱豕望視而交睫腥馬黑脊而般臂漏雛尾不盈握弗食舒鴈翠鵠鴞胖舒鳧翠雞肝鴈腎鴇奥鹿胃亦皆爲不利人也庮惡臭也春秋傳曰一薰一庮泠毛毳毛別聚蔚不解者也亦股股裏

無毛也䴉色毛變色也沙猶嘶也鬱腐臭也望視視遠也
腥當爲星聲之誤也星肉中如米者般臂前脛般般然也
漏當爲螻如螻蛄臭也舒鴈翠尾肉也鵠鴞胖
謂脅側薄肉也舒鳧鶩也鴇奧脾肶也鵠或爲鶴也
疏正義曰此一節論腥臊羶漏及諸物不可食者從牛夜鳴
至般臂漏皆與周禮內饔職文同　牛夜鳴則庮者庮是
臭惡之氣牛好夜鳴則其肉庮臭　羊泠毛而毳羶者羶
謂羶氣泠謂毛本稀泠毳謂毛頭毛毳結羊若如此其肉羶
氣　狗赤股而躁臊者臊謂臊惡赤股股裏無毛躁謂舉
動急躁狗若如此其肉臊惡　鳥皫色而沙鳴鬱者鬱謂
腐臭也皫色其色變無潤澤沙鳴者沙嘶也謂鳴而聲嘶
鳥若如此其肉腐臭　豕望視而交睫腥者腥謂肉結如
星望視謂豕視望揚交睫謂目睫毛交豕若如此則其肉
似星也　馬黑脊而般臂漏者漏謂螻蛄臭黑謂馬脊黑
般臂謂馬之前脛其色般般然馬若如此其肉如螻蛄臭
也　雛尾不盈握弗食者雛謂小鳥尾盈一握然後堪食

若其過小未盈握不堪食也自此以下因廣言不堪食之
物　舒鴈翠者舒鴈鵝也翠謂尾肉也言鵝尾之肉不堪
食也　鵠鴞胖者胖謂脅側薄肉也謂鵠鳥鴞鳥脅側薄
肉不可食　舒鳧翠者舒鳧謂鶩鶩即是鴨其翠不可食
雞肝鴈腎亦不可食　鴇奧者奧謂脾肶謂藏之深奧處
鴇奧及鹿胃亦不可食凡此皆爲不利人也　注庮惡至
肶也　正義曰引春秋傳者僖四年左傳文論晉獻公卜
娶驪姬其繇曰一薰一蕕十年尚猶有臭薰謂香草蕕謂
臭草薰蕕一時相和十年臭氣尚在言善易銷惡難除也
猶比於驪姬之惡也云沙猶嘶也者嘶謂酸嘶古之嘶字
單作斯耳云腥當爲星者謂肉中白點似星也故不得爲
腥臊之字也云漏當爲螻者以漏非臭惡氣名故讀爲螻
也云舒鴈鵝舒鳧鶩也者爾雅釋鳥文某氏云在野舒翼
飛遠者爲鵝李巡云野曰鴈家曰鵝李巡又云野曰鳧家
曰鶩　肉腥細者爲膾大者爲軒　言大切細切異名也膾者必先軒之

所謂聶而切之也　或曰麋鹿魚爲菹麕爲辟雞野豕爲軒兔爲宛脾切葱若薤實諸醯以柔之
此軒辟雞宛脾皆菹類也釀菜而柔之以醯殺腥肉及其
氣今益州有鹿䴈者近由此爲之矣菹軒聶而不切辟雞
宛脾聶而切之軒或爲胖宛或作鬱
疏正義曰此一節明虀菹之異用肉
不同言或曰者作記之人爲記之
時無菹軒辟雞宛脾之制作之未審舊有此言記者承而
用之故稱或曰　麋鹿魚爲菹者凡大切若全物爲菹細
切者爲虀其牲體大者菹之其牲體小者虀之用此麋鹿
魚爲菹及野豕爲軒是菹也　麕爲辟雞兔爲宛脾者是
虀也故鄭注醢人云細切爲虀全物若腜爲菹少儀曰麋
鹿爲菹野豕爲軒皆腜而不切麋爲辟雞兔爲宛脾皆腜
而切之是菹大而虀小也案少儀不云魚此云魚者記者
異聞也此魚與麋鹿相對是魚之大者故以爲菹其辟雞

宛脾及軒之名其義未聞　切葱若薤實諸醯以柔之者
此亦少儀文也或用葱或用薤故云切葱若薤肉與葱薤
置諸醯中故云實諸醯物置醯中悉皆濡孰故云柔之
注釀菜至切之　正義曰此經云葱薤是釀菜而柔之故
鄭注醢人云虀菹之稱菜肉通也云今益州有鹿䴈者近
由此爲之矣者鄭以今益州人有將鹿肉畜之䴈爛謂之
鹿䴈附近由此名古之菹軒而爲此鹿䴈也云菹軒聶而
不切辟雞宛脾聶而切之者皆少儀文聶則腜也聲相近
耳　羹食自諸侯以下至於庶人無等　羹食食之主也庶羞乃異耳
大夫無秩膳　謂五十始命未甚老也秩常也　大夫七十而
有閣　有秩膳也閣以板爲之庋食物也　天子之閣左達五右達
五公侯伯於房中五大夫於閣三士於坫

達夾室大夫言於閣與天子同處天子二五倍諸侯也五者三牲之肉及魚腊也○**疏**正義曰此一節論天子諸侯及大夫士等尊卑膳食節級之等差 **注**羹食至異耳　正義曰食謂飯也言羹之與飯是食之主故諸侯以下無等差也此謂每日常食若非是依常禮食之外或別有牛羊豕之肉隨時得爲羹也其黍稷稻粱之屬依禮正食之外臨時別有稼穡收穫皆得爲飯故云羹食無等若依禮正食天子日食即周禮膳夫王日一舉鼎十有二物皆有葅及天子八簋諸侯六簋大夫四簋此等即尊卑亦有差降也言羹食食之主也者凡人所食羹飯爲主助以雜物醬是衆食所須故曲禮云醯醬處內注云近醯醬者食之主又案公食大夫禮宰夫自東房授醯醬公設之注云以其爲饌本是也又牲與黍稷亦諸食之本故掌客云鼎簋十有二注云合言鼎簋者牲與黍稷俱食之主也雖文各有所施大理不異云庶羞乃異耳者公食大夫禮下大夫十六豆上

大夫二十豆又周禮掌客云上公食四十侯伯食三十二子男食二十四鄭注云食謂庶羞美可食者是庶羞乃異也 **注**謂五至常也　正義曰知五十始命未甚老也者以下云六十宿肉是有常秩此經云無秩膳故知是五十也秩常釋詁文 **注**有秩至物也　正義曰此經云七十而有閣故知有秩膳也然則六十者比五十者則有常肉比七十者則有無肉時也 **注**達夾至腊也　正義曰崔氏云宮室之制中央爲正室正室左右爲房房外有序序外有夾室天子尊庖廚遠故左夾室五閣右夾室五閣諸侯卑庖廚宜稍近故於房中減降於天子唯在一房之中而五閣也大夫既卑無嫌故亦於夾室而閣三也三者豕魚腊也士卑不得作閣但於室中爲土坫庋食也云五者三牲之肉及魚腊也者以天子腊用六牲今云五閣是不一牲爲一閣以魚腊是常食之物故知三牲及魚腊也

凡養老有虞氏以燕禮夏

后氏以饗禮殷人以食禮周人脩而兼用之凡五十養於鄉六十養於國七十養於學達於諸侯八十拜君命一坐再至瞽亦如之九十者使人受五十異粻六十宿肉七十貳膳八十常珍九十飲食不違寢膳飲從於遊可也六十歲制七十時制八十月制九十日脩唯絞紟衾冒死而后制五十始衰六十非肉不

飽七十非帛不煖八十非人不煖九十雖得人不煖矣五十杖於家六十杖於鄉七十杖於國八十杖於朝九十者天子欲有問焉則就其室以珍從七十不俟朝八十月告存九十日有秩五十不從力政六十不與服戎七十不與賓客之事八十齊喪之事弗及也五十而爵六十不親學七十致政凡自七十以上

唯衰麻爲喪凡三王養老皆引年八十者一子不從政九十者其家不從政瞽亦如之凡父母在子雖老不坐有虞氏養國老於上庠養庶老於下庠夏后氏養國老於東序養庶老於西序殷人養國老於右學養庶老於左學周人養國老於東膠養庶老於虞庠虞庠在國之西郊有虞氏皇而祭深衣而養老夏后

氏收而祭燕衣而養老殷人冔而祭縞衣而養老周人冕而祭玄衣而養老記王制有此疏正義曰此一節皆王制文記者重而録之後人雖知其重因而不去慎疑不敢刪易也

曾子曰孝子之養老也樂其心不違其志樂其耳目安其寢處以其飲食忠養之孝子之身終終身也者非終父母之身終其身也是故父母之所愛亦愛之父母之所敬亦敬之至於犬馬盡然而

況於人乎賤喻貴也疏正義曰此一節因上陳養老之事遂陳孝子事親之禮孝子之身終者謂安樂其親之心不違其志樂其耳目安其寢處以其飲食中心養之是孝子事親之身終也終身也者非終父母之身終其身也者作記之人既云孝子之身終恐人不解謂言孝子事親至親身終故解云終身也者非終竟父母之身也終其孝子之身也言父母雖没終竟己身而行孝道與親在無異　至於犬馬盡然而況於人乎者言父母所敬愛犬馬之屬盡須敬愛而況於父母所敬愛人乎

凡養老五帝憲憲法也養之爲法其德行三王有乞言有讀爲又又從之求善言可施行也五帝憲養氣體而不乞言有善則記之爲惇史三王亦憲既養老而后乞

言亦微其禮皆有惇史惇史史孝厚者也微其禮者依違言之求而不切也疏正義曰此一節論五帝三王養老之禮　五帝憲者憲法也言五帝養老法其德行　三王有乞言者言三王其德漸薄非但法其德行又從求乞善言　五帝憲養氣體而不乞言者覆説上五帝憲之法奉養老人就氣息身體恐其勞動故不乞言　有善則記之爲惇史者惇厚也言老人有善德行則記録之使衆人法則爲惇厚之史　亦微其禮皆有惇史者言三王養老既法德行又從乞言其乞言之禮亦依違求之而不偪切三代皆法其德行善言爲惇厚之史故云皆皆者皆三代也

淳熬煎醢加于陸稻上沃之以膏曰淳熬淳沃也熬亦煎也沃煎成之以爲名淳母煎醢加于黍食上沃之以膏曰

淳母（母讀曰模，模象也。作此象淳熬。）炮取豚若將，刲之刳之，實棗於其腹中，編萑以苴之，塗之以謹塗。炮之，塗皆乾，擘之，濯手以摩之，去其皽，爲稻粉，糔溲之以爲酏，以付豚煎諸膏，膏必滅之。鉅鑊湯以小鼎，薌脯於其中，使其湯毋滅鼎，三日三夜毋絶火，而后調之以醯醢。（炮者，以塗燒之爲名也。將當爲牂，牂，牡羊也。刲、刳，博異語也。謹當爲墐，聲之誤也。墐塗，塗有穰草也。皽謂皮肉之上魄莫也。糔溲亦博異語也。糔讀與瀡瀡之瀡同。薌脯，謂煑豚若羊於小鼎中，使之香美也。謂之脯者，既去皽則解析其肉，使薄如爲脯然。唯豚全耳。豚羊入鼎三日，乃內醯醢可食也。）

擣珍：取牛羊麋鹿麕之肉，必胨，每物與牛若一，捶反側之，去其餌，孰出之，去其皽，柔其肉。（胨，脊側肉也。捶，擣之也。餌，筋腱也。柔之爲汁和也。汁和亦醯醢與。）漬：取牛肉必新殺者，薄切之，必絶其理，湛諸美酒，期朝而食之，以醢若醯醷。（湛亦漬也。）爲熬：捶之，去其皽，編萑布牛肉焉，屑桂與薑以洒諸上而鹽之，乾而食之。

施羊亦如之。施麋、施鹿、施麕，皆如牛羊。欲濡肉，則釋而煎之以醢；欲乾肉，則捶而食之。（熬，於火上爲之也，今之火脯似矣。欲濡欲乾，人自由也。醢或爲醯。此七者，周禮八珍，其一肝膋是也。）糝：取牛羊豕之肉，三如一，小切之，與稻米，稻米二肉一，合以爲餌，煎之。（此周禮糝食也。）肝膋：取狗肝一，幪之以其膋，濡炙之，舉燋其膋，不蓼。（膋，腸間脂。舉或爲巨。）取稻米，舉糔溲之，小切狼臅膏，以與稻米爲酏。（狼臅膏，臆中膏也。以煎稻米，則似今膏𩝐矣。此周禮酏食也。此酏當從𩟗。）

【疏】正義曰：此一節論養老須飲食如養親之事，明八珍之饌，并明羞豆糝餈之等。淳熬者，是八珍之內一珍之膳名也。淳，謂沃也，則沃之以膏是也。熬，謂煎也，則煎醢是也。陸稻者，謂陸地之稻也，謂以陸地稻米孰之爲飯，煎醢使熬，加于飯上，恐其味薄，更沃之以膏，使味相湛漬，曰淳熬。【注】母讀至淳熬。正義曰：以經云淳毋，毋是禁辭，非膳羞之體，故讀爲模，模，象也，法象淳熬而爲之，但用黍爲異耳。經云黍食，食，飯也，謂以黍米爲飯。不言陸者，黍皆在陸，無在水之嫌，故不言陸。炮取至醯醷。炮取豚若將者，言爲炮之法，或取豚，或取牂，故云取豚若牂。刲刳其腹，實香棗於其腹中。編萑以苴之者，萑是亂草也，苴，裹也，編連亂草以裹而豚。牂裹之既畢，塗之以謹塗，謂穰草相和之塗也，以此墐塗而泥塗之。炮之，塗皆乾，擘之者，謂擘去乾塗也。濯手以摩之，去其皽者，手既擘泥不淨，其肉又熱，故濯手摩

之去其皽莫　爲稻粉糔溲之以爲酏者付全豚之外前之於膏若羊則解析肉以粥和之　膏必滅之者滅没也小鼎盛膏以膏煎豚牂膏必没此豚牂也　鉅鑊湯以小鼎薌脯於其中者謂以大鑊盛湯以小鼎之香脯實於大鑊湯中　使其湯毋滅鼎者使鑊中之湯無得没此小鼎若湯没鼎恐湯入鼎中令食壞也　三日三夜毋絶火者欲令用火微熱勢不絶　注將當至全耳　正義曰以經云取豚若將則將是豚類故知將當爲牂聲相近又字體一邊相似云封刲博異語也者案易云士封羊又云刲木爲舟意同而語異云謹當爲墐者以謹非泥塗之物以聲相近故爲墐也云墐塗塗有穰草也者用之炮豚須相黏著故知塗有穰草也云糔溲亦博異語也者亦上封刲封刲既博異語故云糔溲亦博異語也云唯豚全耳者案周禮封人有毛炮之豚豚形既小故知全體周禮鄭注云毛炮豚者爓去其毛而炮之豚既毛炮則此牂或亦毛炮既無正文不敢定也　注胑脊至醢與　正義曰知胑

是脊側肉者以脊側肉美今擣以爲珍宜取美處故爲脊側肉云餌筋腱也者以經云去其餌又云去其皽皽既爲皮莫則餌非復是皮莫故以爲筋腱腱即筋之類云汁和亦醢醢與者以上炮豚炮牂調以醢醢下漬亦食之以醢若醢故知擣珍和亦用醢醢　爲熬至食之　此一經論作熬之法　施羊亦如之者爲熬之法於牛如上所陳若施設於羊亦如牛也　欲濡肉則釋而煎之以醢者言食熬之時唯人所欲若欲得濡肉則以水潤釋而煎之以醢也　注此七至是也　正義曰七者謂第一淳熬也第二淳母也第三第四炮取豚若牂也第五擣珍也第六漬也第七熬也云其一肝膋者則此糝下肝膋也但作記之人文不依次故在糝下陳之　糝取至煎之　三如一者謂取牛羊豕之肉等分如一稻米二肉一者謂二分稻米一分肉也　注此周禮糝食也　正義曰案周禮醢人云羞豆之實酏食糝食故云然也此先陳糝食者亦記人不次　注膋腸至爲巨　正義曰舉皆也謂炙膋皆燋也　注

以煎至從餰　正義曰則似今膏糝矣者似漢時膏糝以膏煎稻米鄭舉時事以説之云此酏當從餰者此内則及周禮酏之字當從餰字以酏是粥非是膏煎稻米故改酏從餰也　禮始於謹夫婦爲宮室辨外内男子居外女子居内深宮固門閽寺守之男不入女不出　閽掌守中門之禁也寺掌内人之禁令也　男女不同椸枷不敢縣於夫之楎椸不敢藏於夫之篋笥不敢共湢浴　竿謂之椸楎杙也　夫不在斂枕篋簟席襡器而藏之　不敢褻也　少事長賤事貴咸如之　咸皆也　夫婦之禮唯及七十同藏無間　衰老無嫌及猶至也　故妾雖老年未滿五

十必與五日之御　五十始衰不能孕也妾閉房不復出御矣此御謂侍夜勸息也五日一御諸侯制也諸侯取九女姪娣兩兩而御則三日也次兩媵則四日也次夫人專夜則五日也天子十五日乃一御　將御者齊漱澣慎衣服櫛縰笄總角拂髦衿纓綦屨　其往如朝也角衍字也拂髦或爲繆髦也　雖婢妾衣服飲食必後長者　人貴賤不可以無禮　妻不在妾御莫敢當夕　辟女君之御日也　䟽　正義曰此一節論夫婦男女及内外之别又明妾與適妻尊卑相降之等各依文解之　注竿謂之椸楎杙也　正義曰案爾雅釋宮云樴謂之杙郭景純注云樴音杙李巡曰謂橛杙

也釋宫又云在牆者謂之揮郭景純引禮云不敢縣於夫之揮箷植曰揮横曰椸然則揮椸是同類之物横者曰椸則以竿爲之故云竿謂之椸　唯及七十同藏無間者間別也夫婦唯至七十同處居藏無所間別以其衰老無所嫌疑故也夫七十則婦六十以上若夫雖七十婦唯六十以下則猶間居也詩傳云男女不六十不間居據婦人言之若其宗子雖七十無妻猶得更娶故曾子問宗子雖七十無無主婦是必須有主婦也 注 五十至一御　正義曰此經據妾言之未滿五十必與五日之御五十以上則不與也然則妻雖五十以上猶得與也云姪娣兩兩而御則三日也者以夫人及二媵各有姪娣凡六人故三日也云次兩媵則四日也者如鄭此言夫人姪娣卑於兩媵者望前卑者在前尊者在後望後乃反之知者約天子御法云天子十五日乃一御者案九嬪注云女御八十一人當九夕世婦二十七人當三夕九嬪九人當一夕三夫人當一夕后當一夕亦十五日而徧云自望後反之是也 注

辟女君之御日也　正義曰此謂卿大夫以下故經云妻而注云女君大夫一妻二妾則三日御徧士一妻一妾則二日御徧妾恒辟女君之御日非但不敢當女君之御日縱令自當君之御日猶不敢當夕而往故詩小星云肅肅宵征夙夜在公注引此云凡妾御於君不當夕是也 妻將生子及月辰居側室 側室謂夫之室次燕寢也 夫使人日再問之作而自問之妻不敢見使姆衣服而對至于子生夫復使人日再問之 作有感動 夫齊則不入側室之門 若始時使人問 子生男子設弧於門左女子設帨於門右 表男女也弧者示有事於武也帨事人之佩巾也 三日始負子男

射女否 始有事也負之謂抱之而使鄉前也 疏 正義曰從此以下終篇末論國君以下至庶人生子之禮及適庶差別妻妾異等所生男女養教之法從此妻將生子至男射女否則明大夫以下未生子之前夫問之宜及生子設弧矢之法 注 側室至寢也　正義曰夫正寢之室在前燕寢在後側室又次燕寢在燕寢之旁故謂之側室妻既居側室則妾亦當然也故春秋傳云趙有側室曰穿是妾之子也生子不於夫正室及妻之燕寢必於側室者以正室燕寢尊故也經云及月辰謂生月之辰初朔之日也 注 若始時使人問　正義曰夫不齊之時未動作之前夫使人日再問之今雖動作之後以其齊故但使人問之故云若始時使人問之也 國君世子生告于君接以太牢宰掌具 接讀爲捷捷勝也謂食其母使補虛強氣也 三日卜士負之吉者宿齊朝

服寢門外詩負之射人以桑弧蓬矢六射天地四方 詩之言承也桑弧蓬矢本大古也天地四方男子所有事也 保受乃負之 代士也保保母 宰醴負子賜之束帛 醴當爲禮聲之誤也禮以一獻之禮酬之以幣也 卜士之妻大夫之妾使食子 食子不使君妾適妾有敵義不相褻以勞辱事也士妻大夫之妾謂時自有子 疏 正義曰此一經論國君世子生及三日負子及食之法 注 接讀至氣也　正義曰王肅杜預並以爲接待夫人以大牢鄭必讀爲捷爲補虛強氣者以婦人初産必困病虛羸當産三日之内必未能以禮相接應待負子之後今在前爲之故知補虛強氣宜速故也 注 詩之至事也　正義曰詩含神霧云詩者持也以手維持則承奉之義謂以手承下而抱負之云桑弧蓬矢本大古也

者以木與蓬皆質素之物故知本大古也云于邑四方男子所有事也者男子上事天下事地旁禦四方之難故云所有事 燕射禮唯四矢者謂天地非射事所及注禦四方故止四矢蓬是禦亂之草桑衆木之本 注禮以至幣也 正義曰此約士昏禮禮賓酬幣之法此士負子故禮之選用士禮 注士妻至有子 正義曰使其食子須有乳汁故知時自有子者皇氏云士之妻大夫之妾者隨課用一人故桓六年左傳云卜士負之士妻食之不云有大夫妾文略也

凡接子擇日 雖三日之内尊卑必皆選其吉焉 冢子則大牢 天子世子也冢大也冢子猶言長子通於下也 庶人特豚士特豕大夫少牢國君世子大牢 皆謂長子 其非冢子則皆降一等 謂冢子之弟及衆妾之子生也天子諸侯少牢大夫特豕士特豚庶人猶特豚也

禮記義三十八　十五

疏 正義曰此一節論國君以下至庶人以上接子牲牢之異并適庶不同 注天子至下也 正義曰此云冢子大牢下云國君世子大牢既別言國君世子故知此冢子大牢謂天子世子也云冢子猶言長子通於下也者喪服父爲長子是上下通稱長子故云通於下鄭云此者以天子特云冢子則大牢恐冢子之名唯施天子世子故云通於下必知冢子通於下者以下文云庶人特豚士特豕大夫少牢國君大牢下即云其非冢子則皆降一等明冢子之名庶人大夫士等皆有其號 注庶人猶特豚也 正義曰以冢子庶人特豚士特豕大夫少牢國君大牢庶子既降一等天子諸侯少牢大夫特豕士特豚則庶人全應無牲今以禮窮欲與士同故云猶特豚此是三日接子之禮故牲牢如此若三月名子之時則與此異故下文云具視朔食注云朔食天子大牢諸侯少牢大夫特豕士特豚也與此接子適庶參差不同

異爲孺子室於宮中 特埽一處以處之

擇於諸母與可者必求其寬裕慈惠溫良恭敬愼而寡言者使爲子師其次爲慈母其次爲保母皆居子室 此人君養子之禮也諸母衆妾也可者傅御之屬也子師教示以善道者慈母知其嗜欲者保母安其居處者士妻食乳之而已 他人無事不往 爲見精氣微弱將驚動也

疏 正義曰此一節謂三日負子之後三月名子之前諸侯養子選擇諸母及養子之法此文雖據諸侯其實亦兼大夫士也但士不具三母耳大夫以上則具三母故喪服小功章中君子爲庶母慈己者鄭注引此内則三母獨言慈母舉中以見上下是知大夫有三母也爲之服小功若諸侯之子三母則不服也又此雖在三月之前其實三月之後養子亦當然也 注士妻食乳之而已 正義曰既有子師慈

禮記義三十八　十六

母保母各爲其事故知士妻但食乳之而已

三月之末擇日翦髮爲鬌男角女羈否則男左女右 鬌所遺髮也夾囟曰角午達曰羈也 是日也妻以子見於父貴人則爲衣服由命士以下皆漱澣 貴人大夫以上也由自也 男女夙興沐浴衣服具視朔食 朔食天子大牢諸侯少牢大夫特豕士特豚也 夫入門升自阼階立于阼西鄉妻抱子出自房當楣立東面 入門者入側室之門也大夫以下見子就側室見妾子於内寢辟人君也 姆先相曰母某敢用時日祗見孺子 其妻姓若言姜氏也祗敬也或作振 夫

對曰欽有帥父執子之右手咳而名之欽敬也帥循也言教之敬使有循也執右手明將授之事也妻對曰記有成遂左還授師記猶識也識夫之言使有成也師子師也子師辯告諸婦諸母名後告諸母若名成於尊妻遂適寢復夫之燕寢夫告宰名宰辯告諸男名書曰某年某月某日某生而藏之宰謂屬吏也春秋書桓六年九月丁卯子同生宰告閭史閭史書為二其一藏諸閭府其一獻諸州史州史獻諸州伯州伯命藏諸州府四閭為族族百家也閭胥中士一人五黨為州州二千五百家也州長中大夫一人也皆有屬吏獻猶言也夫入食如養禮夫入已見子入室也其與妻食如婦始饋舅姑之禮也

疏 正義曰此一節明三月之末卿大夫以下名子之法又書名藏之州府妻遂適寢夫入與妻饌食之事各依文解之

注 鬌所至羈也 正義曰三月剪髮所留不剪者謂之鬌云夾囟曰角囟者是首腦之上縫故說文云十其字象小兒腦不合也夾囟兩旁當角之處留髮不剪云午達曰羈也者案儀禮云度尺而午注云一從一橫曰午今女剪髮留其頂上縱橫各一相交通達故云午達不如兩角相對但縱橫各一在頂上故曰羈羈者隻也文雖據大夫士天子諸侯之子亦當然也

注 入門至君也 正義曰知入側室之門也者上文云妻將生子居側室至此三月之末未有妻出之文則知恒在側室此云夫入門謂入側室之門但側室在燕寢之旁亦南鄉故有阼階西階夫立於阼西鄉但卿大夫之室唯有東房妻抱子出自房者出東房當楣東面立與夫相對云大夫以下見子就側室者見子謂見適妻子就側室則此文是也云見妾子於內寢者則下文云妾將生子三月之末漱澣夙齊見於內寢是也鄭注云內寢適妻寢也大夫所以見適子於側室見庶子於適妻寢者辟人君也人君則見適子於路寢見庶子於側室故云辟人君也知人君見世子於路寢者下文云世子生則君沐浴朝服夫人亦如之皆立于阼階西鄉世婦抱子升自西階既著朝服又東西階相對故知在路寢也又知人君見庶子在側室者下云公庶子生就側室三月之末其母見於君擯者以其子見是就側室也然大夫見妾子於內寢諸侯見妾子於側室何以下文適子庶子見於外寢注云此適子謂世子弟也庶子妾子也外寢君燕寢也又是人君見妾子於外寢不在側室者但人君世子之弟見於外寢妾子見於側室但庶子撫首咳而名之與世子弟同故連文云見於外寢其實在側室也熊氏皇氏俱為此說故今從焉

姆先至適寢 此一節論母以子見父及父名子妻遂適寢之事 姆先相者妻既抱子當楣東面而立傅姆在母之前而相佐其辭曰母某氏敢用時日祗見孺子祗敬也孺稚也謂恭敬奉見稚子 夫對曰欽有帥者欽敬也帥循也夫對妻言當教之令其恭敬使有循善道對妻既訖父遂執子右手咳而名之謂以一手執子右手以一手承子之咳而名之 妻對曰記有成者當記識夫言教之使有成就 遂左還授師者妻對既訖遂左嚮迴還轉身西南以子授子師也 子師辯告諸婦諸母名者諸婦謂同族卑者之妻諸母同族尊者之妻後告諸母欲名成於尊

注 其妻至敬也 正義曰祗敬及下注欽敬帥循皆釋詁文也

注 宰謂至同生 正義曰此經所陳謂卿大夫以下故以名徧告同宗諸男也若諸侯既絕宗則不告諸男也此舉諸男衆其卑者卑者尚告則告諸父可知此既據卿大夫以下而引春秋桓六年子同生者欲證明子生年月日之事彼謂諸侯也直云子同生不云世子者杜元凱云不云世子書始生言

始生之時未立爲世子也經云書名而藏之者謂以簡策書子名而藏之家之書府 注四閭至屬吏 正義曰四閭爲族以下皆周禮地官文云皆有屬吏者閭之屬吏則有閭史也州之屬吏則有州史也州伯則州長也州府是州長之府藏 注夫入至禮也 正義曰夫入巳見子入室也者夫既就側室而見子見子既畢從側室而入正室云其與妻食如婦始饋舅姑之禮也者經云如養禮是如養舅姑之禮案士昏禮婦盥饋舅姑特豚合升側載右胖載之舅俎左胖載之姑俎其大夫以上則無文必知如婦始饋舅姑者以下文云妾生子及三月之末見子之禮如始入室明知此如養禮如始入室養舅姑之禮也

世子生則君沐浴朝服夫人亦如之皆立于阼階西鄉世婦抱子升自西階君名之乃降 子升自西階則人君見世子於路寢也見妾子

就側室凡子生皆就側室諸侯夫人朝於君次而褖衣也

適子庶子見於外寢撫其首咳而名之禮帥初無辭 此適子謂世子弟也庶子妾子也外寢君燕寢也無辭辭謂欽有帥記有成也 疏 正義曰此一節明人君見世子及適庶之禮各依文解之 注子升至衣也 正義曰凡子生皆就側室者案上文妻將生子居側室是卿大夫生子居側室此文人君見世子在路寢經云世婦抱子升自西階是世婦抱子從外而入其內寢是君之常居之處夫人不可於此寢生子故知亦在側室也云夫人朝於君次而褖衣也者案內司服注云后六服后從王祭先王則服禕衣祭先公則服揄翟祭羣小祀則服闕翟鞠衣黃桑服也展衣以禮見王及賓客褖衣御于王之服諸侯夫人以下所得之服名如王后之服則夫人亦如王后也此既在路寢與君同著朝服則是以禮見君合服展衣此云次而褖衣者此謂見子又

見子君記則當進入君寢侍御於君故服進御之服異於尋常以禮見君故不服展衣也次者首飾次第髮爲之則少牢禮髮鬄是也鄭注云古者或剔賤者刑者之髮爲之其禕衣揄翟闕翟首服副副者覆首爲飾鄭注云若今步繇矣鞠衣展衣首服編鄭云編列髮爲之若今假紒矣 適子至無辭 此一節明人君見世子弟及妾子之禮適子庶子見於外寢者適子謂大子之弟見於外寢庶子則見側室但撫首咳名無辭之事與世子之弟同故與適子連文同云見於外寢其實庶子見於側室也 禮帥初無辭者禮謂威儀也帥循也初謂前文世子生見於路寢君夫人皆西鄉言見適子庶子威儀依循初世子之法但無勑戒之辭然夫人所生之子容可如世子見禮君與夫人俱西鄉若妾之見子則不得與夫人同當與卿大夫之妻見適子同但不親抱子耳 注外寢至成也 正義曰燕寢當在內而云外寢者對側室而爲外耳側室在旁處內故謂燕寢爲外寢也云無辭辭謂欽有帥記有成也者

案前世子生直云世婦抱子升自西階君名之乃降亦無辭也而云適子庶子無辭者以前文卿大夫妻見適子之時既有父執右手咳而名之及戒告之辭其文既具故於見世子之禮略而不言其實世子亦執右手咳而名之及戒告也故鄭引前文卿大夫見子之辭而言之也

凡名子不以日月不以國 終使易諱 不以隱疾 諱衣中之疾難爲醫也 大夫士之子不敢與世子同名 尊世子也其先世子生亦勿爲改 疏 正義曰此一節論子名之法尊卑上下同有諱辟又大夫士之名子辟世子之名 注其先至爲改 正義曰知先世子生亦勿爲改者案春秋衞襄公名惡其大夫有齊惡明齊惡先衞侯生故得與衞侯同名是知先生者不改也

妾將生子及月辰夫使人日一問之子生三月之末

漱澣夙齊見於内寢禮之如始入室君已食徹焉使之特餕遂入御内寢適妻寢也禮謂已見子夫食而使御餕也如始入室始來嫁時妾餕夫婦之餘亦如之既見子可以御此謂大夫士之妾也凡妾稱夫曰君

[疏]正義曰此一節論大夫妾生子之禮異於適子之法　君已食徹焉者君謂夫也以妾賤故謂夫爲君　使之特餕者尋常夫食之後衆妾共餕今以其生子故使之特餕也

[注]内寢至曰君　正義曰知内寢適妻寢者以其稱内故知是適妻寢也凡宮室之制前有路寢次有君燕寢次夫人正寢卿大夫以下前有適室次有燕寢次有適妻之寢但夫之燕寢對夫人及適妻之寢及側室等其燕寢在外亦名外寢故前注云外寢君燕寢是也云妾餕夫婦之餘亦如之者案昬禮夫婦同牢之後媵餕夫餘御餕婦餘彼謂正妻若妾初嫁始來夫婦共食初來之妾特餕其餘

今妾已見子之後夫婦共食令生子之妾特餕其餘亦如始來時故云亦如之云既見子可以御此謂大夫士之妾也者以前文大夫之妻見子之後妻遂適夫寢未即進御後始云夫入食如養禮是夫始入與妻食乃後進御此文云見子遂入御故謂云此大夫士之妾也言其異正妻也

公庶子生就側室三月之末其母沐浴朝服見於君擯者以其子見君所有賜君名之衆子則使有司名之擯者傅姆之屬也人君尊雖妾不抱子有賜於君有恩惠也有司臣有事者也魯桓公名子問於申繻也

[疏]正義曰此一經明君庶子生處及三月見父異於世子之禮前文已云適子庶子見於外寢異於世子今此更重出者以前文庶子與適子連文恐事事皆同適子故以此經特見庶子之法案前注云凡子生皆就側室則

世子亦就側室今特云庶子就側室者舉庶子世子可知也君所有賜君名之者謂生子之妾君所特有恩賜偏所愛幸　君則自名其子故云君名之　衆子則使有司名之者衆子謂衆妾之子不特寵御則使有司以名其子也

[注]人君至繻也　正義曰人君尊雖妾不抱子者以經云其母朝服見於君乃云擯者以其子見於君是擯者抱子也故知妾不抱子引春秋問名於申繻者證有司名之一邊同耳其實異也春秋所云謂世子也

庶人無側室者及月辰夫出居羣室其問之也與子見父之禮無以異也夫雖辟之至問妻及見子禮同也庶人或無妾

[疏]正義曰此一經論庶人之禮　庶人無側室者及月辰夫出居羣室者以無側室妻在夫寢妻將生子故夫出辟之若有側室則妻在側室夫自居正寢不須出居羣室也　其問之也與子見父之禮無以異也者與

及也言夫問妻及子見父之禮無以異於卿大夫士言與卿大夫士同也亦夫使人日再問之作而自問之其見父之時父亦執子之右手咳而名之及有戒告之事一如上矣

凡父在孫見於祖祖亦名之禮如子見父無辭見子於祖家統於尊也父在則無辭有適子者無適孫與見庶子同也父卒而有適孫則有辭與見冢子同父雖卒而庶孫猶無辭也

[疏]正義曰此一節論孫見祖之禮卿大夫以下之事故鄭注云家統於尊所以無辭者若父之於子有傳重之事故有戒告之辭今孫見於祖而隔於父故無辭也

[注]父在至辭也　正義曰所以無辭者適子既在其孫猶爲庶孫無所傳重故云有適子者無適孫與見庶子同若所生適子其父既卒則適孫與長子相似當有辭也故云父卒而有適孫則有辭與見冢子同若庶孫父雖卒見祖亦無辭也

食子者三年而出見

於公宮則劬〔劬勞也士妻大夫之妾食國君之子三年出歸其家君有以勞賜之〕大夫之子有食母〔選於傅御之中喪服所謂乳母也〕士之妻自養其子〔賤不敢使人也〕疏〔正義曰此一節論國君以下及大夫士適妻養子之人尊卑有別〕由命士以上及大夫之子旬而見〔旬當爲均聲之誤也有時適妾同時生子子均而見者以生先後見之既見乃食亦碎人君也易說卦坤爲均今亦或作旬也〕冢子未食而見必執其右手適子庶子已食而見必循其首〔天子諸侯尊別世子雖同母禮則異矣未食已食急正緩庶之義也〕疏〔正義曰此一節論大夫及命士適妻與妾同時生子見之先後差異之別并明天子諸侯見冢子及適子庶子緩急之儀〕

旬而見者旬均也謂大夫命士適妾生子皆以未食之前均齊見又先生者先見後生者後見雖有先後同是未食之前故云均而見冢子未食而見必執其右手者此謂天子諸侯之禮未食謂未與后夫人禮食而先見冢子是急於正也故先見乃食也　適子庶子已食而見者謂先與后夫人禮食之後然后始見適子庶子是緩於庶也　必循其首者言見適子庶子之時必以手撫循其頭首示恩愛之情也　注　易說卦坤爲均　正義曰引易說卦者證此經旬爲均義案易說卦以坤爲均象地之均平今易之文或以均爲旬者是均得爲旬也皇氏云母之禮見子象地之生物均平故引易以爲均若然案周禮均人職云上年公旬用三日鄭注亦引易坤爲均豈是母見子之禮皇氏說非也　注　天子至世子　正義曰知此經是天子諸侯者以上文命士以上及大夫之子適庶均見此則有食前食後見之不同又前文云世子生其次云適子庶子見於外寢是國君之禮此經亦云適子庶子故知是天

子諸侯也〕子能食食教以右手能言男唯女俞男鞶革女鞶絲〔俞然也鞶小囊盛帨巾者男用韋女用繒有飾緣之則是鞶裂與詩云垂帶如厲紀子帛名裂繻字雖今異意實同也〕疏〔正義曰此一節論男女自幼少之時教之言語及鞶革鞶絲之事也　注　鞶小至同也　正義曰此鞶是小囊盛帨巾男用韋爲之女用繒帛爲之云有飾緣之則是鞶裂與者言男女鞶囊之外更有繒帛之物飾而緣之則是春秋桓二年所稱鞶裂者與疑而未定故稱與案傳作鞶厲鄭此注云鞶裂厲裂義同也秖謂鞶囊裂帛爲之飾又引詩云垂帶如厲者證厲是鞶囊裂帛之飾也此詩小雅都人士之篇也案彼注云而如也而厲如鞶厲也鞶必垂厲以爲飾厲字當作裂謂彼都人之士垂此紳帶如似鞶囊之裂是以厲爲裂也又引紀子帛名裂繻者雖引毛詩以厲爲裂其義未顯故引紀子帛名裂繻者以證之言帛必分

裂也此隱二年經稱紀子帛莒子盟于密又紀裂繻來逆女云字雖今異意實同也者言古時厲裂通爲一字今時厲裂字義俱異文意是同故云字雖今異意實同言同爲分裂之義也此是鄭康成之義若如服虔杜預則以鞶爲大帶厲是大帶之垂者故服氏云鞶大帶杜云紳大帶厲是大帶之垂者詩毛傳亦云厲帶之垂者並與鄭異〕六年教之數與方名〔方名東西〕七年男女不同席不共食〔蚤其別也〕八年出入門戶及即席飲食必後長者始教之讓〔示以廉恥〕九年教之數日〔朔望與六甲也〕十年出就外傅居宿於外學書計衣不帛襦袴禮帥初朝夕學幼儀請肄簡諒

外傅教學之師也不用帛爲襦袴爲大溫傷陰氣也禮帥初遵習先日所爲也肄習也諒信也請習簡謂所書篇數也請習信謂應對之言也十有三年學樂誦詩舞勺成童舞象學射御先學勺後學象文武之次也成童十五以上二十而冠始學禮可以衣裘帛舞大夏惇行孝弟博學不教內而不出大夏樂之文武備者也內而不出謂人之謀慮也三十而有室始理男事博學無方孫友視志室猶妻也男事受田給政役也方猶常也至此學無常在志所好也孫順也順於友視其所志也四十始仕方物出謀發慮道合則服從不可則去

方猶常也物猶事也五十命爲大夫服官政統一官之政也七十致事致其事於君而告老凡男拜尚左手左陽疏正義曰此一節論男子教之從幼及長居官至致事之事　衣不帛襦袴者謂不以帛爲襦袴　禮帥初者帥循也行禮動作皆帥循初日所爲　朝夕學幼儀者言從朝至夕學幼少奉事長者之儀　請肄簡諒者肄習也簡禮篇章也諒信也謂言語信實言請長者習學篇章簡禮及應對信實言語也　舞勺者熊氏云勺籥也言十三之時學此舞籥之文舞也　成童舞象者成童謂十五以上舞象謂舞武也熊氏云謂用干戈之小舞也以其年尚幼故習文武之小舞也　可以衣裘帛者二十成人血氣強盛無慮傷損故可以衣裘帛也　舞大夏者大夏是禹樂禪代之後在干戈之前文武俱備故二十習之也　博學不教者唯須廣博學問不可爲師教人　內而不出者唯蘊蓄其德在內而不得

出言爲人謀慮　始理男事者三十丁壯受其田土供給公役始理男事故韓詩說三十受兵若口率出泉國中則二十野則十五也　孫友視志者言孫順朋友視其志意所尚　四十始仕方物出謀發慮者方常也物事也言年壯仕官行其常事無所謙遜出其謀計發其思慮以爲國也女子十年不出恒居內也姆教婉娩聽從婉謂言語也娩之言媚也媚謂容貌也執麻枲治絲繭織紝組紃學女事以共衣服紃條觀於祭祀納酒漿籩豆菹醢禮相助奠當及女時而知十有五年而笄謂應年許嫁者女子許嫁笄而字之其未許嫁二十則笄二十而嫁有故二十三年而嫁故謂父母之喪聘則爲妻聘問也妻

之言齊也以禮見問則得與夫敵體奔則爲妾妾之言接也聞彼有禮走而往焉以得接見於君子也奔或爲衒凡女拜尚右手右陰也疏正義曰此一節論女子自幼及嫁爲女事之禮　注婉謂至貌也　正義曰案九嬪注云婦德貞順婦言辭令婦容婉娩婦功絲枲則婉娩合爲婦容此分婉爲言語娩爲容貌者鄭意以此上下備其四德以婉爲婦言娩爲婦容聽從爲婦順執麻枲以下爲婦功　注紃條也　正義曰組紃俱爲條也紝爲繒帛故杜注左傳紝謂繒帛皇氏云組是綬也然則薄闊爲組似繩者爲紃　注當及女時而知　正義曰下云十有五年而笄此觀於祭祀是未嫁之前故云及女時而知經云納酒漿籩豆菹醢謂於祭祀之時觀看須於廟外納此酒漿籩豆菹醢之等置於神坐一納之文包此六事言之也　聘則爲妻者妻齊也　奔則爲妾者妾接也接見於君子也　女拜尚右手者右陰也漢時行之也

禮記正義卷第三十八

禮記義三十八　三十七

潘本第三十八卷第二十七葉

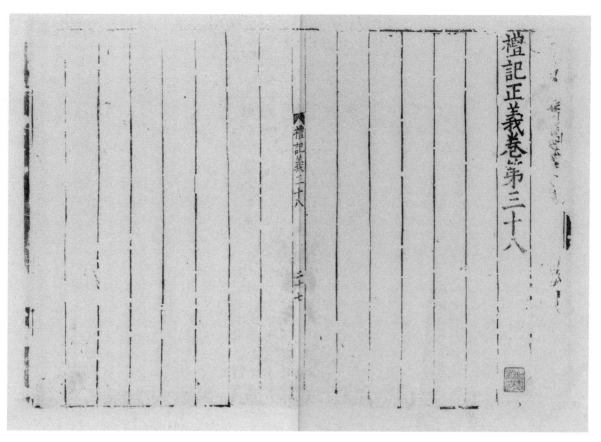

禮記正義卷第三十九

國子祭酒上護軍曲阜縣開國子臣孔穎達等奉
勑撰

玉藻第十三

正義曰案鄭目録云名曰玉藻者以其記天子服冕之事也冕之旒以藻紉爲之貫玉爲飾此於別録屬通論

天子玉藻十有二旒前後邃延龍卷以祭

祭先王之服也雜采曰藻天子以五采藻爲旒旒十有二前後邃延者言皆出冕前後而垂也天子齊肩延冕上覆也玄表纁裏龍卷畫龍於衣字或作袞

玄端而朝日於東門之外

聽朔於南門之外閏月則闔門左扉立于其中

端當爲冕字之誤也玄衣而冕冕服之下朔日春分之時也東門南門皆謂國門也天子廟及路寢皆如明堂制明堂在國之陽每月就其時之堂而聽朔焉卒事反宿路寢亦如之閏月非常月也聽其朔於明堂門中還處路寢門終月凡聽朔必以特牲告其帝及神配以文王武王

疏 正義曰從天子玉藻至食無樂此一節揔論天子祭廟朝日及日視朝并饌食牲牢酒醴及動作之事并明凶年貶降之禮 天子玉藻者藻謂雜采之絲繩以貫於玉以玉飾藻故云玉藻也 十有二旒者天子前之與後各有十二旒 前後邃延者言十二旒在前後垂而深邃以延覆冕上故云前後邃延 龍卷以祭者卷謂卷曲畫此龍形卷曲於衣以祭宗廟 注 祭先至作袞 正義曰知祭先王之服者以司服云享先王則袞冕故也云天子齊肩者以天子之旒十有二就每一就貫以

玉就間相去一寸則旒長尺二寸故垂而齊肩也言天子齊肩則諸侯以下各有差降則九玉者九寸七玉者七寸以下皆依旒數垂而長短爲差旒垂五采玉依飾射侯之次從上而下初以朱次白次蒼次黄次玄五采玉既貫徧周而復始其三采者先朱次白次蒼二色者先朱後緑皇氏沈氏並爲此說今依用焉後至漢明帝時用曹褒之說皆用白旒珠與古異也云延冕上覆也者用三十升之布染之爲玄覆於冕上出而前後冕謂以板爲之以延覆上故云延冕上覆也但延之與板相著爲一延覆在上故云延冕也故弁師注延冕之覆在上是以名焉與此語異而意同也皇氏以弁師注冕延之覆在上以弁師經有冕文故先云冕延之覆在上此經唯有延文故解云延冕上覆今刪定諸本弁師注皆云延冕之覆在上皇氏所讀本不同者如皇氏所讀弁師冕延之覆在上是解冕不解延今案弁師注意云延冕之覆在上是解延不解冕也皇氏說非也云玄表纁裏者纁是朱之小別故周禮鍾氏云三入

爲纁鄭注士冠禮云朱則四入與是纁朱同類故注弁師朱裏與此不異云字或作袞者案司服作袞字故云或作袞是字或作袞也但禮記之本或作卷字其正經司服及覲禮皆作袞字故鄭注王制云卷俗讀其通則曰袞是也其六冕王飾上下貴賤之殊並已具王制疏於此略而不言 注 端當至武王 正義曰知端當爲冕者凡衣服皮弁尊次以諸侯之朝服次以玄端案下諸侯皮弁聽朔朝服視朝是視朝之服卑於聽朔今天子皮弁視朝若玄端聽朔則是聽朔之服卑於視朝與諸侯不類且聽朔大視朝小故知端當爲冕謂玄冕也是冕服之下案宗伯實柴祀日月星辰則日月爲中祀而用玄冕者以天神尚質案魯語云大采朝日少采夕月孔晁云大采謂袞冕少采謂黼衣而用玄冕者孔氏之說非也故韋昭云大采謂玄冕也少采夕月則無以言之云朝日春分之時也者以春分日長故朝之然則夕月在秋分也案書傳略說云祀上帝於南郊即春迎日於東郊彼謂孟春與此春分朝日別朝

事儀云冕而執鎭圭帥諸侯朝日於東郊此云朝日於東
門者東郊在東門之外遥繼門而言之也云東門南門皆
謂國門也者以朝事儀云朝日東郊故東門是國城東郊
之門也孝經緯云明堂在國之陽又異義淳于登說明堂
在三里之外七里之内故知南門亦謂國城南門也云天
子廟及路寢皆如明堂制者案考工記云夏后氏世室鄭
注云謂宗廟殷人重屋注云謂正寢也周人明堂鄭云三
代各舉其一明其制同也又周書亦云宗廟路寢明堂其
制同又案明堂位大廟天子明堂魯之大廟如明堂則知
天子大廟亦如明堂也然大廟路寢既如明堂則路寢之
制上有五室不得有房而顧命有東房西房又鄭注樂記
云文王之廟爲明堂制案覲禮朝諸侯在文王廟而記云
几侯于東箱者鄭荅趙商云成王崩時在西都文王遷豐
鎬作靈臺辟廱而已其餘猶諸侯制度焉故知此喪禮設
衣物有夾有房也周公攝政制禮作樂乃立明堂於王城
如鄭此言是成王崩時路寢猶如諸侯之制故有左右房

也覲禮在文王之廟而記云几侯于東箱者是記人之說
誤耳或可文王之廟不如明堂制但有東房西房故魯之
大廟如文王廟明堂經云君卷冕立于阼夫人副禕立于
房中是也樂記注稱文王之廟如明堂制有制字者誤也
然西都宮室既如諸侯制案詩斯干云西南其户箋云路
寢制如明堂是宣王之時在鎬京而云路寢制如明堂
則西都宮室如明堂也故張逸疑而致問鄭荅之云周公
制于土中洛誥云王入大室裸是顧命成王崩於鎬京承
先王宮室耳宣王承亂又不能如周公之制如鄭此言則
成王崩時因先王舊宮室至康王已後所營依天子制度
至宣王之時承亂之後所營宮室還依天子制度路寢如
明堂也不復能如周公之時先王之宮室也若然宣王之
後路寢制如明堂案詩王風右招我由房鄭荅張逸云路
寢房中所用男子而路寢又有左右房者劉氏云謂路寢
下之燕寢故有房也熊氏云平王微弱路寢不復如明堂
也異義明堂制今禮戴說禮盛德記曰明堂自古有之凡

有九室室有四戸八牖三十六戸七十二牖以草蓋屋上
圓下方所以朝諸侯其外名曰辟廱明堂月令書說云明
堂高三丈東西九仞南北七筵上圓下方四堂十二室室
四戸八牖宮方三百步在近郊近郊三十里講學大夫淳
于登說明堂在國之陽丙巳之地三里之外七里之内而
祀之就陽位上圓下方八窻四闥布政之宮周公祀文王
於明堂以配上帝上帝五精之帝大微之庭中有五帝座
星其古周禮孝經說明堂文王之廟夏后氏世室殷人重
屋周人明堂東西九筵筵九尺南北七筵堂崇一筵五室
凡室二筵蓋之以茅謹案今禮古禮各以其義說說無明
文以知之玄之聞也禮戴所云雖出盛德記及其下顯與
本異章九室三十六戸七十二牖似秦相呂不韋作春秋
時說者所益非古制也四堂十二室字誤本書云九室十
二堂淳于登之言取義於援神契援神契說宗祀文王於
明堂以配上帝曰明堂者上圓下方八窻四闥布政之宮
在國之陽帝者諦也象上可承五精之神五精之神實在

大微於辰爲巳是以登云然今說立明堂於巳由此爲也
水木用事交於東北木火用事交於東南火土用事交於
中央金土用事交於西南金水用事交於西北周人明堂
五室帝一室合於數如鄭此言是明堂用淳于登之說禮
戴說而明堂辟廱是一古周禮孝經說以明堂爲文王廟
又僖五年公既視朔遂登觀臺服氏云人君入大廟視朔
告朔天子曰靈臺諸侯曰觀臺在明堂之中又文二年服
氏云明堂祖廟並與鄭說不同者案王制云小學在公
宮南之左大學在郊又云天子曰辟廱辟廱是學也不得
與明堂同爲一物又天子宗廟在雉門之外孝經緯云明
堂在國之陽又此云聽朔於南門之外是明堂與祖廟别
處不得爲一也孟子云齊宣王問曰人皆謂我毁明堂孟
子對曰夫明堂者王者之堂也王欲行王政則勿毁之矣
是王者有明堂諸侯以下皆有廟又知明堂非廟也以此
故鄭皆不用具於鄭駁異義也云每月就其時之堂而聽
朔焉者月令孟春居青陽左个仲春居青陽大廟季春居

青陽右个以下所居各有其處是每月就其時之堂也云
卒事反宿路寢亦如之者路寢既與明堂同制故知反居
路寢亦如明堂每月異所反居路寢謂視朔之一日也其
餘日即在燕寢視朝則恒在路門外也云閏月非常月也
者案文六年云閏月不告月猶朝于廟公羊云不告月者
何不告朔也曷爲不告朔天無是月也閏月矣何以謂之
天無是月是月非常月也何休云不言朔者閏月無告朔
禮也穀梁之義與公羊同左氏則閏月當告朔案異義公
羊說每月告朔朝廟至于閏月不以朝者閏月殘聚餘分
之月無正故不以朔經書閏月猶朝廟譏之左氏說閏以
正時時以作事事以厚生生民之道於是乎在不告閏朔
棄時政也許君謹案從左氏說不顯朝廟告朔之異謂朝
廟而因告朔故鄭駁之引堯典以閏月定四時成歲閏月
當告朔又云說者不本於經所譏者異其是與非皆謂朝
廟而因告朔似俱失之朝廟之經在文六年冬閏月不告
月猶朝於廟辭與宣三年春郊牛之口傷改卜牛牛死乃

不郊猶三望同言猶者告朔然後當朝廟郊然後當三望
今廢其大存其細是以加猶譏之論語曰子貢欲去告朔
之餼羊周禮有朝享之禮祭然則告朔與朝廟祭異亦明
矣如此言從左氏說又以先告朔而後朝廟鄭以公羊閏
月不告朔爲非以左氏告朔爲是二傳皆以先朝廟而因
告朔二者皆失故鄭云其是與非皆謂朝廟而因告朔俱
失之也鄭必知告朔與朝廟異者案天子告朔於明堂其
朝享從祖廟下至考廟故祭法云曰考廟曰王考廟皆月
祭之是也又諸侯告朔在大廟而朝享自皇考至考故祭
法云諸侯自皇考以下皆月祭之是告朔與朝廟不同又
天子告朔以特牛諸侯告朔以羊其朝享各依四時常禮
故用大牢故司尊彝朝享之祭用虎彝蜼彝大尊山尊之
等是其別也云聽其朔於明堂門中還處路寢門終月者
以閏非常月無恒居之處故在明堂門中案大史云閏月
詔王居門終月是還處路寢門終月謂終竟一月所聽之
事於一月中耳於尋常則居燕寢也故鄭注大史云於文

王在門謂之閏是閏月聽朔於明堂門反居路寢門皇氏
堂有四門即路寢亦有四門閏月各居其時當方之門義
也云凡聽朔必以特牲告其帝及神配以文王武王者論
告朔之餼羊注云天子特牛與以其告朔禮略故用特牛案月
令每月云其帝其神故知告帝及神以其在明堂之中故知配
以文王武王之主亦在明堂以汎配五帝或以武王配五神於
下其義非也

皮弁以日視朝遂以食日中而餕奏而食日少牢餕食朝之餘也奏奏樂也**朔月大牢五飲上水漿酒醴酏**上水水爲上餘其次之**卒食玄端而居**天子服玄端燕居也**動則左史書之言則右史書之**其書春秋尚書其存者**御瞽幾聲之上下**瞽樂人也幾猶察也察其哀樂**年不順成則天子素服乘素車食無樂**自貶損也

［疏］正義曰此一節明天子每日視朝皮弁食之禮遂以食者既著皮弁視朝
遂以皮弁而朝食所以敬養身體故著朝服日中而餕者至
日中之時還著皮弁而餕朝之餘食　奏而食者言餕餘之時
奏樂而食餕尚奏樂即朝食奏樂可知也　朔月大牢者以月
朔禮大故加用大牢案鄭志趙商問膳夫云王日一舉鼎十有
二物皆有俎有三牲備焉案玉藻天子之食日少牢朔月大牢
禮數不同請問其說鄭荅云禮記後人所集據時而言或諸侯
同天子或天子同諸侯等所施不同故鄭據王制之法與周異
者多當以經爲正如鄭此言記多錯雜不與經同案王制云諸
侯無故不殺牛及楚語云天子舉以大牢祀以會孔晁云四方
來會助祭也又云諸侯舉以特牛祀以大牢大夫舉以特牲祀
以少牢士食魚炙祀以特牲庶人食菜祀以魚此等與周禮及
玉藻或合或否異人之說皆不可以禮論案周禮大司樂云王
六食令奏鍾鼓鄭注云大食朔月月半是也周禮六飲此以下

潘本第三十九卷第七葉

五飲亦非周法也 注 其書春秋尚書其存者 正義曰經云動則左史書之春秋是動作之事故以春秋當左史所書左陽陽主動故記動經云言則右史書之尚書記言誥之事故以尚書當右史所書右是陰陰主靜故也春秋雖有言因動而言其言少也尚書雖有動因言而稱動亦動爲少也周禮有五史有內史外史大史小史御史無左史右史之名者熊氏云案周禮大史之職云大師抱天時與大師同車又襄二十五年傳曰大史書曰崔杼弑其君是大史記動作之事在君左廂記事則大史爲左史也案周禮內史掌王之八枋其職云凡命諸侯及孤卿大夫則策命之僖二十八年左傳曰王命內史叔興父策命晉侯爲侯伯是皆言誥之事是內史所掌在君之右故爲右史是以酒誥云矧大史友內史友鄭注大史內史掌記言記行是內史記言大史記行也此論正法若其有闕則得交相攝代故洛誥史逸命周公伯禽服虔注文十五年傳云史佚周成王大史襄三十年鄭使大史命伯石爲卿皆大史主爵命以內史闕

禮記義三十九　七

故也以此言之若大史有闕則內史亦攝之案覲禮賜諸公奉篋服大史是右者彼亦宜行王命故居右也此論正法若春秋之時則特置左右史官故襄十四年左史謂魏莊子昭十二年楚左史倚相藝文志及六藝論云右史記事左史記言與此正反於傳記不合其義非也 御瞽幾聲之上下 御者侍也以瞽人侍側故云御瞽幾聲之上下幾察也瞽人審音察樂聲上下哀樂若政和則樂聲樂政酷則樂聲哀察其哀樂防君之失 天子素服乘素車者 此由年不順成則天子恒素服素車食無樂也若大札大災則亦素服故司服云大札大荒大裁素服此是天子諸侯罪己之義故素服此素服者謂素衣故下文諸侯年不順成君衣布與此互文也若其臣下即不恒素服唯助君禱請之時乃素耳故司服云士服玄端素端注云素端者爲札荒有所禱請也 諸侯玄端以祭 祭先君也端亦當爲冕字之誤也諸侯祭宗廟之服唯魯與天子同 裨冕以朝

潘本第三十九卷第八葉珂羅版缺今據照片補

朝天子也裨冕公袞侯伯鷩子男毳也 朝服以日視朝於內朝 朝服冠玄端素裳也此內朝路寢門外之正朝也天子諸侯皆三朝 朝辨色始入 羣臣也入入應門也辨猶正也別也 君日出而視之退適路寢聽政 使人視大夫大夫退然後適小寢釋服 小寢燕寢也釋服服玄端 又朝服以食特牲三俎祭肺 食必復朝服所以敬養身也三俎豕魚腊 夕深衣祭牢肉 祭牢肉異於始殺也天子言日中諸侯言夕天子言餕諸侯言祭牢肉互相挾 朔月少牢五俎四簋 五俎加羊與其腸胃也朔月四簋則日食粱稻各一簋而已 子卯稷食菜羹 忌日貶也

禮記義三十九　八

夫人與君同庖 不特殺也 疏 正義曰此一節論諸侯自祭宗廟及朝天子自視朝食飲牢饌之禮與天子不同之事 注 祭先至子同 正義曰祭先君者與上天子龍卷以祭其文相類故知祭先君也云端亦當爲冕者以玄端賤於皮弁下文皮弁聽朔於大廟不應玄端以祭先君故知亦當爲玄冕云唯魯與天子同者案明堂位云君卷冕立于阼夫人副禕立于房中是也熊氏云此謂祭文王周公之廟得用天子之禮其祭魯公以下則亦玄冕故公羊云周公白牡魯公騂犅羣公不毛是魯公以下與周公異也二王之後祭其先王亦是用以上之服二王之後不得立始封之君廟則祭微子以下亦玄冕 注 朝天至毳也 正義曰知朝天子者案覲禮云侯氏裨冕鄭注裨之爲言埤也天子六服大裘爲上其餘爲裨是以摠云裨冕 注 皮弁下天子也 正義曰以天子用玄冕諸侯用皮弁故云下天子也故諸侯聽朔於大廟熊氏云周之天子于洛邑立明堂唯

享帝就洛邑耳其每月聽朔當在文王廟也以文王廟爲明堂制故也此聽朔於大廟穀梁傳云謂侯受乎禰廟與禮乖非也凡每月以朔告神謂之告朔即論語云告朔之餼羊是也則于時聽治此月朔之事謂之聽朔此玉藻文是也聽朔又謂之視朔文十六年公四不視朔是也告朔又謂之告月文六年閏月不告月是也行此禮天子於明堂諸侯於大祖廟訖然後祭於諸廟謂之朝享司尊彝云朝享是也又謂之朝廟文六年云猶朝于廟是也又謂之朝正襄二十九年釋不朝正于廟是也又謂之月祭祭法云皆月祭之是也 注朝服至三朝 正義曰案王制云周人玄衣而養老注云玄衣素裳天子之燕服爲諸侯朝服彼注云玄衣則此玄端也若以素爲裳則是朝服此朝服素裳皆得謂之玄端故論語云端章甫注云端玄端諸侯朝服若上士以玄爲裳中士以黃爲裳下士以雜色爲裳天子諸侯以朱爲裳則皆謂之玄端不得名爲朝服也云此內朝路寢門外之正朝也者以下文云君日出而視

六日九十六 禮記正義三十九 九 重刊

之退適路寢故知此路寢門外朝也云天子諸侯皆三朝者大僕云掌燕朝之服位注云燕朝朝於路寢之庭是一也司士云正朝儀之位注云此王日視朝事於路門外是二也朝士云掌外朝之灋注云外朝在庫門之外皋門之內是三也諸侯三朝者文王世子云公族朝於內朝路寢朝是一也世子又云其在外朝司士爲之與此視朝於內朝皆謂路寢門外每日視朝是二也此但云內朝對中門外朝謂爲內也文王世子云外朝者對路寢庭爲外此據路寢門外而稱內朝明知中門之外別更有朝也諸侯三門是中門外大門內又有外朝是三朝也已具於文王世子疏 注羣臣至門也 正義曰應門之內則路門之外謂尋常諸侯中門爲應門外有皐門若魯則庫雉路入者則入雉門也 注釋服服玄端 正義曰此經文據君故服玄端也若卿大夫釋服服深衣也 注食必至魚腊 正義曰此經云朝服以食謂釋服之後將食之時又著又如朝時服朝服以食然則上天子云遂以食者亦退於小寢

釋服至將食之時又朝服二相明也云三俎豕魚腊者特牲禮故知豕魚腊也 注祭牢至相挾 正義曰早起初殺之時將食先祭肺以周人重肺至夕將食之時切牢肉爲小段而祭之故云異於始殺也云互相挾者以天子言日中諸侯亦當有日中諸侯言夕則天子亦言夕天子言餕則諸侯亦餕諸侯言祭牢肉則天子亦祭牢肉以諸侯之夕挾天子日中故云互相挾 注五俎至而已 正義曰知五俎加羊與其腸胃者約少牢禮五俎但少牢祭神加羊與膚爲五此皆人君所食無膚而有腸胃也云朔月四簋則日食粱稻各一簋而已者以朔月四簋故知日食二簋以粱稻美物故知各一簋詩云每食四簋注云四簋黍稷稻粱是簋盛稻粱也且此文諸本皆作簋字皇氏以注云稻粱以簠宜盛稻粱故以四簋爲四簠未知然否以此而推天子朔月大牢當六簋黍稷稻粱麥苽各一簋若盛饌則八簋故小雅陳饌八簋當加以稻粱也案公食大夫禮簠盛稻粱此用簋者以其常食異於禮食又禮食

禮記義三十九 十 陸訓

其數更多故公食下大夫黍稷六簋上大夫八簋其稻粱上下大夫俱兩簋又聘禮饔餼上大夫堂上八簋東西夾各六簋是其數多也其諸侯案掌客上公簠十侯伯八子男六簋則俱同十二其祭禮則天子八簋故祭統云八簋之實注云天子之祭八簋然則諸侯六簋祭統諸侯禮云四簋黍稷者見其徧於廟中不云六簋二簋留之厭故也大夫祭則當四敦少牢禮是也士則二敦特牲禮是也其諸侯與大夫食亦四簋故秦詩云每食四簋熊氏更說卿大夫以下日食及朔食牲牢及敦數多少上下差別並無明據今皆略而不言也 注忌日貶也 正義曰紂以甲子死桀以乙卯亡以其無道被誅後王以爲忌日稷食者食飯也以稷穀爲飯以菜爲羹而食之故云忌日貶也 注不特殺也 正義曰諸侯夫人與君同庖則后亦與王同庖舉諸侯天子可知 君無故不殺牛大夫無故不殺羊士無故不殺犬豕

故謂祭祀之屬君子遠庖廚凡有血氣之類弗身踐
也踐當爲翦聲之誤也翦猶殺也至于八月不雨君不舉爲旱
變也此謂建子之月不雨盡建未月也春秋之義周之春
夏無雨未能成災至其秋秀實之時而無雨則雩雩而得
之則書雩喜祀有益也雩而不得則書旱明災成也疏正義曰自此以下終篇末或論天子或論諸侯或論
大夫士所爲尊卑之異隨文爲義無復揔科今各隨文解之注故謂祭祀之屬正義曰此君非一據作記之時
言之此君得兼天子以天子日食少牢若據周禮正法言
之此君唯據諸侯以天子日食大牢無故得殺牛也大略
此文謂諸侯也　大夫無故不殺羊者亦諸侯大夫也若
天子大夫有故得殺牛故知此據諸侯大夫言祭祀之屬
者若待賓客饗食亦在其中故云祭祀之屬注踐當爲
翦正義曰此謂尋常若祭祀之事則身自爲之故楚語

云禘郊之事天子自射其牲又封年擊豕是也注爲旱
至成也正義曰此謂建子之月至建未月也者案文公
十年自正月不雨至于秋七月傳云不曰旱不爲災者據
周正言之既言秋七月不雨云不爲災明八月不雨則爲
災此據文十年自正月不雨故云謂建子之月也案僖公
三年傳云自十月不雨至于五月不曰旱不爲災文十三
年自正月不雨至于秋七月此經直云至于八月不雨不
云初不雨之月鄭必知自建子之月者以周之歲首陽氣
生養之初又文十年有自正月不雨之文故據而爲說云
雩而得之則書雩喜祀有益也雩而不得則書旱明災成
也者案僖十一年穀梁傳云得雨曰雩不得雨曰旱范甯
云喜其有益也則春秋經諸書雩皆是得雨不得雨曰旱
者僖二十一年夏大旱宣七年秋大旱是也然傳云至秋
七月不雨不爲災僖二十一年夏大旱則是周之夏也建
卯建辰建巳之月而書大旱者至秋雨而追書于夏故云夏大旱年不順成君衣

布搢本關梁不租山澤列而不賦土功不
興大夫不得造車馬皆爲凶年變也君衣布者謂若衛文公大布之衣大
帛之冠是也搢本去珽荼佩士笏也士以竹爲笏飾本以
象關梁不租此周禮也殷則關恒譏而不征列之言遮列
也雖不賦猶爲之禁不得非時取也造謂作新也疏正義曰前經論天子素服素車此論諸侯及大夫遭
凶年之禮　君衣布者謂身衣布衣也搢本者本謂士笏
以竹爲之以象飾本君遭凶年搢插士笏故云搢本　關
梁不租者關謂關門梁謂津梁租謂課稅以其凶年故不
課稅此周禮殷則雖非凶年亦不課稅　山澤列而不賦
者列謂遮列但遮列人不得非時而入恐有損傷於物不
賦斂也　土功不興者謂人食不得滿二鬴之歲若人食
二鬴則猶興土功也故均人云豐年旬用三日中年用二
日無年用一日廩人云人食四鬴上三鬴中二鬴下是無

年猶有一日之役注若衛至不征正義曰案春秋閔
二年狄入衛後衛文公大布之衣大帛之冠爲國之破亂
與凶年同故引之云殷則關恒譏而不征者案王制云關
譏而不征譏謂呵察但呵察其非不征稅王制是殷禮故
云殷也卜人定龜謂靈射之屬所當用者史定墨視兆坼也君
定體視兆所得也周公曰體王其無害疏正義曰此一經論君卜龜所定之異定龜者案龜人
云天龜曰靈屬地龜曰繹屬東龜曰果屬西龜曰靁屬南
龜曰獵屬北龜曰若屬各以其方之色與其體辨之鄭云
屬言非一也色謂天龜玄地龜黃東青西白南赤北黑也
龜俯者靈仰者繹前弇果後弇獵左倪靁右倪若定之者
定其所當用謂卜祭天用靈祭地用射射則繹也春用果
秋用靁之屬也　史定墨者凡卜必以墨畫龜求其吉兆
若卜從墨而兆廣謂之卜從周禮占人注云墨兆廣也但
坼是從墨而裂其旁歧細出謂之爲璺坼故占人云君占

體大夫占色史占墨卜人占坼注云體兆象也色兆氣也墨兆廣也坼兆璺也是大坼稱爲兆廣小坼稱爲兆璺也君定體者謂五行之兆象既得兆體君定其體之吉凶尊者視大卑者視小 注 視兆至無害 正義曰此尚書金縢文以武王有疾周公代其請命卜得吉兆周公爲此言也

君羔幦虎犆幦覆苓也犆讀皆如直道而行之直直謂緣也此君齊車之飾大夫齊車鹿幦豹犆朝車士齊車鹿幦豹犆臣之朝車與齊車同飾

疏 正義曰此一節論君及大夫士等齊車朝車所飾之物尊卑不同 注 幦覆苓也犆論皆如直道而行之直直謂緣也此君齊車之飾 正義曰苓即式也但車式以苓爲之有豎者有橫者故考工記注云轛式之植者衡者也此云幦覆苓詩大雅鞹鞃淺幭毛傳云幭覆式幭即幦也又周禮巾車作禛但古字耳三者同也知幦是覆苓者少儀云負良綏申之面拖諸幦是也云犆讀皆如直道而行之直者案論語云三代之所直道而行故讀如之云此君齊車之飾者以大夫及士皆云齊車故知此君齊車之飾此經或有齊字者誤也若有齊字鄭不須此注皇氏云君謂天子諸侯也詩云淺幭以虎皮爲幭彼據諸侯與玄袞赤舄連文則亦齊車之飾此用羔幦者當是異代禮或可詩傳據以虎皮飾幦謂之淺幭也 注 臣之至同飾 正義曰據此注言之則君之朝車與齊車異飾也但無文以言之

君子之居恒當戶鄉明寢恒東首首生氣也若有疾風迅雷甚雨則必變雖夜必興衣服冠而坐敬天之怒日五盥沐稷而靧粱櫛用樿櫛髮晞用象櫛進禨進羞工乃升歌晞乾也沐

靧必進禨作樂盈氣也更言進羞明爲羞籩豆之實浴用二巾上絺下綌刷去垢也出杅履蒯席連用湯杅浴器也蒯席澁便於洗足也連猶釋也履蒲席衣布晞身乃屨進飲進飲亦盈氣也將適公所宿齊戒居外寢沐浴史進象笏書思對命思所思念將以告君者也對所以對君者也命所受君命也書之於笏爲失忘也既服習容觀玉聲乃出下佩揖私朝煇如也登車則有光矣私朝自大夫家之朝也揖其臣乃行

疏 正義曰此一節明卿大夫以下所居處及盥浴并將朝君之義 日五盥者盥洗手也 沐稷而靧粱者沐沐髮也靧洗面也取稷粱之潘汁用將洗面沐髮並須滑故也然此大夫禮耳又人君沐靧者粱也 櫛用樿櫛者樿白理木也櫛梳也沐髮爲除垢膩故用白理澁木以爲梳 髮晞用象櫛者晞乾燥也沐已燥則髮澁故用象牙滑櫛以通之也 進禨進羞者禨謂酒也故少儀注云沐而飲酒曰禨是沐畢必進禨酒又進羞羞謂羞籩羞豆之實知非庶羞者庶羞爲食而設今進禨則飲酒之進爲飲設羞故知是羞籩羞豆是以籩人羞籩之下注引少牢主人酬尸宰夫羞房中之羞是酬尸之後而有羞籩羞豆也故知非庶羞是進羞也 工乃升歌者入進羞之後樂工乃升堂以琴瑟而歌所以進禨進羞乃歌者以其新沐體虛補益氣也皇氏云進禨謂殽與小儀注違非其義也 出杅者杅浴之盆也浴時入盆中浴浴竟而出盆也 履蒯席者履踐也蒯非草席澀出杅而腳踐履澀草席上刮去垢也 連用湯者連猶釋也言釋去足垢而用湯爛也 史進象笏者史謂大夫亦有史官也能氏云案下大夫不得有象笏有象字者誤也熊氏

潘本第三十九卷第十五葉

又解與明山賓同云有地大夫故用象皇氏載諸所解不同以此爲勝故存之耳　書思對命者思謂意所思將以告君對謂君有所問以事對君命謂所受君命將以奉行以笏書此三事故云書思對命也　既服習容觀玉聲者既服著朝服已竟也服竟而私習儀容又觀容聽已佩鳴使玉聲與行步相中適玉佩玉也　乃出者習儀竟而出也　揖私朝煇如也者私朝大夫自家之朝也煇光儀也大夫行出至已之私朝揖其屬臣煇如也　登車則有光矣者揖竟出登所乘之車有光煇也而往適君朝矣 天子搢珽方正於天下也 此亦笏也謂之珽珽之言珽然無所屈也或謂之大圭長三尺杼上終葵首終葵首者於杼上又廣其首方如椎頭是謂無所屈後則恒直相玉書曰珽玉六寸明自炤 諸侯荼前詘後直讓於天子也 荼讀爲舒遲之舒舒懦者所畏在前也詘謂圜殺其首不爲椎頭諸

禮記義三十九　十五　張樞

侯唯天子詘焉是以謂笏爲荼 大夫前詘後詘無所不讓也 大夫奉君命出入者也上有天子下有已君又殺其下而圜 疏 正義曰此一節論天子以下笏制不同之事　方正於天下也者言班然無所詘示已之端平正直而布於天下　諸侯荼前詘後直者前詘謂圜殺其首後直下角正方　讓於天子也者降讓於天子故前詘也　大夫前詘後詘無所不讓也者大夫上有天子下有已君上下皆須謙退故云無所不讓也　注此亦至自炤　正義曰以下文云笏天子以球玉故知此珽亦笏也云或謂之大圭長三尺杼上終葵首者或者玉人文也玉人注大圭或謂之珽或者或此文也云終葵首者於杼上又廣其首方如椎頭者終葵首謂椎頭也故許慎說文玉椎擊也齊人謂之終葵首言所杼之上又廣其首廣於珽身頭頭方如椎頭故云終葵首引相玉書珽玉六寸明自炤者證珽是玉也餘物皆光炤於外此班玉光自炤於內內含明也

潘本第三十九卷第十六葉

注 荼讀至爲荼　正義曰舒懦者所畏在前也者案說文懦柔也所畏在前多舒緩故云舒懦者所畏在前也　注 又殺其下而圜　正義曰知又殺其下者以經云前後詘故知又殺其下故下注云大夫士又杼其下首廣二寸半是也 侍坐則必退席不退則必引而去君之黨 引卻也黨鄉之細者退謂旁側也辟君之親黨也 登席不由前爲躐席 升必由下也 徒坐不盡席尺 示無所求於前不忘謙也 讀書食則齊豆去席尺 讀書聲當聞尊者食爲汚席也 若賜之食而君客之則命之祭然後祭 雖見賓客猶不敢備禮也侍食則正不祭 先飯辯嘗羞飲而俟 侍君食而後食

禮記義三十九　十六　施珎

也君將食臣先嘗之忠孝也 若有嘗羞者則俟君之食然後食飯飲而俟 不祭侍食不敢備禮也不嘗羞膳宰存也飯飲利將食也 君命之羞羞近者 辟貪味也 命之品嘗之然後唯所欲 必先徧嘗之 凡嘗遠食必順近食 從近始也 君未覆手不敢飧 覆手以循咡已食也飧勸食也 君既食又飯飧 不敢先君飽 飯飧者三飯也 臣勸君食如是可也 君既徹執飯與醬乃出授從者 食於尊者之前當親徹也 疏 正義曰自此以下至士側尊用禁此一節廣論臣之侍坐於君儀并顯君賜食賜酒肉飲食之節兼明與凡人飲食之禮

侍坐則必退席者若側旁有別席則退就側席　不退則必引而去君之黨者不退謂旁無別席可退或雖有別席君不命之使退則必引而去君之黨黨是鄉之細者而屬於鄉居在鄉之旁側今借之爲喻言臣侍君坐若不退席則引而卻去君之旁側也黨謂君之親黨則君命令與君之親黨同席則卑謙卻引而去離君之親黨在君之親黨之下而坐故注云辟君之親黨也　登席不由前爲躐席者庾云失節而踐爲躐席應從於下升若由前升是躐席也案鄉飲酒禮賓席于戶西以西頭爲下主人席于阼階介席于西階皆北頭爲下賓升席自西方注云升由下也又鄉飲酒記云主人介凡升席自北方降自南方注云席南上升由下降由上由便則主人升席自北方降席自南方案鄉飲酒禮主人受獻自席前適阼階是主人降席自北方者以其受獻正禮須席末啐酒因從北方降也故注云啐酒席末因從北方降由便也若其尋常無事則升由下而降由上若賓則升降皆由下也　徒坐不盡席尺

禮記義三十九　十七　吳宗

者徒空也空坐謂非飲食及講問時也不盡席之前畔有餘一尺示無所求於前不忘謙也　讀書食則齊者讀書聲則當聞尊者食爲其汙席坐則近前與席畔齊　豆去席尺者解食所以近前之意以設豆去席一尺不得不前坐就豆或云讀書聲當聞尊者故人頭臨前一尺食爲汚席人頭臨豆與豆齊故云齊豆其豆徑一尺與去席尺亦一也　若賜至從者　正義曰此一節論人君賜食之禮　而君客之則命之祭然後祭者此廣明侍坐法也祭祭先也禮敵者共食則先祭若降等之客則後祭若臣侍君而賜之食則不祭若賜食而君以客禮待之則得祭雖得祭又先須君命之祭後乃敢祭也　先飯辯嘗羞者飯食也謂君未食而臣先食徧嘗羞膳也所以爾者示猶行臣禮爲先嘗食之義也　飲而俟者禮食未飧必前啜飲以利滑喉中不令澀噎君既未飧故臣亦不敢飧而先嘗羞嘗羞畢而歠飲以俟君飧臣乃敢飧　若有嘗羞者此謂臣侍食得賜食而非君所客者也既不得爲客故不得祭亦

不得嘗羞則君若使膳宰自嘗羞故云有嘗羞者也　則俟君之食然後食者既不祭不嘗則俟君食後己乃食也　飯飲而俟者飯飲者飲之也雖不嘗羞亦先飲飲則利喉以俟君也　君命之羞羞近者猶是君所不客者也雖君已食已乃後食而猶未敢食羞故又須君命雖得君命又猶未自專嘗先食近其前者一種而止也所以然者若越次前食遠者則爲貪好味也　命之品嘗之然後唯所欲者品猶徧也既未敢越次多食故君又命徧嘗而已乃徧嘗之後則隨己所欲不復次第也　凡嘗遠食必順近食者客與不客悉皆如此故云凡也意在嘗遠者且從近始辟貪味也　君未覆手不敢飧者侍食者悉然也覆手者謂食飽必覆手以循咡邊恐有殽粒汚著之也飧謂用飲澆飯於器中也禮食竟更作三飧以勸助令飽實使不虛也　君既食又飯飧者既猶畢竟也飯飧也君食畢竟而又飧則臣乃敢飧明不先君而飽也　飯飧者三飯也者三飯並謂飧也謂三度飧也　君既徹既已也謂君食竟

禮記正義三十九

已徹饌也　執飯與醬乃出授從者謂君饌已徹則臣乃自徹已饌以授從者飯醬是食之主故自執之此食合己之所得故授從者　注食於至徹也　正義曰此經食不客故君既徹之後執飯與醬乃出授從者若君與己禮食則但親徹之不敢授己之從者也故公食大夫禮賓北面坐取粱與醬以降西面坐奠于階西注云不以出者非所當得是也若非君臣但降等者則徹以授主人相者故曲禮云客若降等又云卒食客自前跪徹飯齊以授相者注云謙也相者主人贊饌者以非己所得故授主人之相若賓主敵者則徹於西序端故公食大夫禮云大夫自相食徹于西序端注云亦親徹是也

凡侑食不盡食食於人不飽　謙也

唯水漿不祭若祭爲已偞卑　水漿非盛饌也已猶大也祭之爲大有所畏迫臣於君則祭之

疏　正義曰此一節以上文明侍君之食因明凡人相敵爲食之禮　凡侑食

不盡食者此明勸食於尊者之法 食於人不飽者此通包食於尊者及禮敵之人所以不盡食不飽者謙退不敢自足空唯水漿不祭者言食於禮敵之人所設水漿不以祭先 若祭爲已傺卑者已大也傺厭也此解不祭水漿之意若祭水漿爲大厭降卑微有所畏迫也 注臣於君則祭之 正義曰所以知者案公食大夫禮宰夫執觶漿以進賓受坐祭遂飲故知之也 君若賜之爵則越席再拜稽首受登席祭之飲卒爵而俟君卒爵然後授虛爵不敢先君盡爵君子之飲酒也受一爵而色洒如也洒如肅敬貌洒或爲察二爵而言言斯言言和敬貌斯猶耳也禮已三爵而油油油油說敬貌以退禮飲過三爵則敬殺可以去矣退則坐取屨隱辟而后屨坐左納右坐右納左隱辟俛逡巡而退著屨也凡尊必上玄酒不忘古也唯君面尊面猶鄉也燕禮曰司宮尊于東楹之西兩方壺左玄酒南上公尊瓦大兩有豐在尊南南上唯饗野人皆酒飲賤者不備禮大夫側尊用棜士側尊用禁棜斯禁也無足有似於棜是以言棜 疏 正義曰此一節論臣於君前受賜爵之禮 飲卒爵而俟君卒爵然後授虛爵者俟君飲盡已乃授虛爵與相者也必在君前先飲者亦示其賤者先即事後授虛爵者示不敢先君盡爵然此謂朝夕侍者始得爵也若其大禮則君先飲而臣後飲故曲禮云長者舉未釂少者不敢飲燕禮公卒爵而後飲是也此經云再拜稽首受於尊所曲禮云拜受於尊所此經先再拜

禮記義三十九　十九　王茂

稽首而後受燕禮與受爵降下奠爵再拜稽首則先受而後再拜與此不同者熊氏云文雖不同互以相備皆先受而後再拜今刪定以爲燕禮據大飲法故先受爵而後奠爵再拜此經據朝夕侍君而得賜爵故再拜而後受必知此經非饗燕大飲者以此下云受一爵以至三爵而退明非大饗之飲也若燕禮非唯三爵而已 受一爵而色洒如也者言初受一爵而顏色肅敬洒如也如者如此義謂如似洒然故論語云申申如也夭夭如也及踧踖如也皆謂容色如此 二爵而言言斯者此事上恒敬既受二爵顏色稍和故言言斯斯耳也耳是助句之辭皇氏云讀言爲誾義亦通也 禮已三爵而油油者言侍君小燕之禮唯已上三爵顏色和說而油油說敬故春秋左氏傳云臣侍君宴過三爵非禮也 退則坐取屨隱辟而后屨者坐跪也初跪說屨堂下爲敬故退而跪取屨起而逡巡隱辟而著之坐左納右者納猶著也若坐左膝則著右足之屨若坐右膝則著左足之屨 唯君面尊者面鄉也謂人君燕臣子專其恩惠故尊鼻鄉君故引燕禮燕臣子之法以解之若兩君相見則尊鼻於兩楹間在賓主之間夾之不得面鄉尊也 唯饗野人皆酒者饗野人謂蜡祭時也野人賤不得本古又無德又可飽食則宜貪味故唯酒而無水也 大夫側尊用棜士側尊用禁者側謂旁側在賓主兩楹間旁側夾之又東西橫行異於君也君側尊近於君南北列之則燕禮所云者是也大夫士側尊者鄉飲酒義云尊於房戶之間賓主共之也據大夫士也若一尊亦曰側尊故士冠禮云側尊一甒醴在服北注云無偶曰側與此側別 注棜斯至言棜 正義曰案鄉飲酒禮設兩壺于房戶間有斯禁彼是大夫禮此云大夫用棜故知棜是斯禁也案特牲禮注云棜今木轝上有四周下無足今斯禁亦無足故云有似於棜是以言棜也 始冠緇布冠自諸侯下達冠而敝之可也本大古耳非時王之法服也玄冠朱組纓

禮記義三十九　二十　張椿

天子之冠也緇布冠繢緌諸侯之冠也始冠之冠也玄冠委貌也諸侯緇布冠有緌尊者飾也繢或作繪緌或作蕤玄冠丹組纓諸侯之齊冠也言齊時所服也四命以上齊祭異冠玄冠綦組纓士之齊冠也縞冠玄武子姓之冠也謂父有喪服子爲之不純吉也武冠卷也古者冠卷殊縞冠素紕既祥之冠也紕緣邊也紕讀如埤益之埤既祥之冠也已祥祭而服之也間傳曰大祥素縞麻衣垂緌五寸惰游之士也惰游罷民也亦縞冠素紕凶服之象也垂長緌明非既祥玄冠縞武不齒之服也所放不帥教者居冠屬武謂燕居冠也著冠於武少威儀

自天子下達有事然後緌燕無事者去飾五十不散送送喪不散麻始衰不備禮親沒不髦去爲子之飾大帛不緌帛當爲白聲之誤也大帛謂白布冠也不緌凶服去飾玄冠紫緌自魯桓公始也蓋僭宋王者之後服也緌當用繢

疏正義曰自此至魯桓公始也此一節廣論上下及吉凶冠之所用唯五十不散送及親沒不髦記者雜録廁在其間　始冠緇布冠者言初加冠大夫士皆三加諸侯則四加其初加者是緇布冠自諸侯下達者自從也從諸侯下達於士始冠緇布冠　冠而敝之可也者言緇布冠重古始冠暫冠之耳非時王之服不復恒著冠而敝去之可也　注皆始至作蕤　正義曰知始冠之冠者以文承上始冠之下故知玄冠朱組纓是天子始冠也云諸侯緇布冠有緌尊者飾也者案

郊特牲及士冠記皆云其緌也吾未之聞謂大夫士也此云繢緌諸侯之冠故云緇布冠有緌尊者飾也上云始冠緇布冠自諸侯下達則諸侯緇布冠可知更云緇布冠繢緌諸侯之冠者爲緌起文也諸侯唯繢緌爲異其頍項青組纓等皆與士同　注言齊至異冠　正義曰言齊者兼祭祀之時故曲禮云立如齊謂祭祀時恐此齊亦兼祭祀故言齊時所服其祭諸侯則玄冕也云四命以上齊祭異冠者以諸侯玄冕祭玄冠齊孤則爵弁祭亦玄冠齊是齊祭異冠也必知孤亦玄冠齊者以諸侯尚玄冠齊明孤亦玄冠齊也其三命以下大夫則朝服以祭士則玄端以祭皆玄冠也此云玄冠綦組纓士之齊冠是齊祭同冠也其天子之士與諸侯上大夫同故深衣目録云士祭以朝服謂天子之士也祭用朝服與諸侯大夫同然則天子大夫與諸侯孤同亦爵弁祭玄冠齊此是熊氏之說也皇氏以爲天子大夫與諸侯大夫同但朝服以祭便與鄭注四命以上齊祭異冠於文爲妨皇氏之說非也其天子之祭玄

冕祭則玄冠齊絺冕祭則玄冕齊以次差之可知也此亦熊氏說此云四命齊祭異冠者謂自祭也若助祭於君則齊祭同冠故鄭志荅趙商問云以雜記云大夫冕而祭於公弁而祭於己士弁而祭於公冠而祭於己是爲三命以下齊祭異冠何但四命以上也觀注似若但施於已祭不可通之也鄭荅云齊祭謂齊時一冠祭時亦一冠四命乃然大夫冕士弁而祭於君齊時服之祭時服之何以亦異如鄭此言是助祭齊祭同冠故云何以亦異若然士之助祭齊服應服爵弁而鄭注旅賁氏云王齊服服衮冕則士之齊服服玄端不服爵弁者熊氏云若士助王祭祀服爵弁若助王受朝覲齊服則服玄端義或然也　注謂父至卷殊　正義曰姓生也孫是子之所生故曰子姓云不純吉也者武用玄玄是吉冠用縞縞是凶吉而雜凶故云不純吉也卷用玄而冠用縞冠卷異色故云古者冠卷殊御鄭此言則漢時冠卷共材　注紕緣至麻衣　正義曰紕緣邊者謂緣冠兩邊及冠卷之下畔其冠與卷身皆用縞

任以素緣耳縞是生絹而近吉當祥祭之時身著朝服首
著縞冠以其漸吉故也不言以素爲紕故喪服小記云除
成喪者朝服縞冠注云縞冠未純吉祭服也雜記曰祥主
人之除也於夕爲期朝服鄭云祭猶縞冠未純吉雜記又
云既祥雖不當縞者必縞鄭云縞祥祭之服據此兩經二
注皆云祥祭縞冠若既祥之後微申孝子哀情故加以素
紕以素重于縞也故此文云既祥之冠間傳曰大祥素縞
麻衣檢勘經注分明如此而皇氏以爲縞重素輕祥祭之
時以素爲冠以縞爲紕紕得冠名故云縞冠祥祭之後以
縞爲冠以素爲紕亦紕得冠名而云素冠文無所出不知
有何憑據也　垂緌五寸惰游之士也　正義曰此亦用
既祥冠而加垂緌五寸也 注 惰游至既祥　正義曰鄭
知惰游罷民者與下不齒相連故知是周禮坐嘉石之罷
民知亦縞冠素紕者以文承上縞冠素紕之下但垂緌爲
異 注 謂燕居冠也　正義曰燕居之冠屬武於冠冠武
相連屬燕居率略少威儀故也又不加緌若非燕居則冠

禮記義三十九　十三　鄒復

與武別臨著乃合之有儀飾故也 注 送喪至備禮　正
義曰始死三日之前要絰散垂三日之後乃絞之至葬啓
殯已後亦散垂既葬乃絞五十既衰不能備禮故不散垂
及親沒不髦不關冠之義記者雜廁其間 注 帛當至去
飾　正義曰知帛當爲白者以雜記云大白冠緇布冠皆
不緌彼大白與緇布連文故知此大帛謂白布冠也左傳
閔二年衛文公大布之衣大帛之冠白繒冠也與大布相
對與此異也 注 蓋僭宋王者之後　正義曰知疑僭宋
者以祭周公用白牡乘大路是魯用殷禮故疑魯桓公用
紫緌僭宋王者之後云緌當用繢者以上文云緇布冠繢
緌諸侯之冠故知也　朝玄端夕深衣深衣三袪　謂大夫士也三袪者
謂要中之數也袪尺二寸圍之爲二尺四寸三之七尺二寸　縫齊倍要　縫紩也紩下齊倍要
中齊丈四尺四寸縫或爲逢或爲豐　衽當旁　衽謂裳幅所交裂也凡衽者或殺而下或殺而上是以小

要取名之爲衽屬衣則垂而放之屬之裳則縫之以合前後上下相變　袂可以回肘　二尺
二寸之節　長中繼揜尺　其爲長衣中衣則繼袂揜一尺若今褎矣深衣則緣而已　袷
二寸　曲領也　袪尺二寸　袪口也　緣廣寸半　飾邊也
以帛裏布非禮也　中外宜相稱也冕服絲衣也中衣用素皮弁服朝服玄端
麻衣也中衣用布　士不衣織　織染絲織之士衣染繒也　無君者不
貳采　大夫去位宜服玄端玄裳　衣正色裳間色　謂冕服玄上纁下　非
列采不入公門　列采正服　振絺綌不入公門表
裘不入公門　振讀爲袗袗禪也表裘外衣也二者形且褻皆當表之乃出　疏 正義

禮記義三十九　二十四　王茂

曰自此以下至弗敢充也一節廣論衣服及裘裼襲之事
朝玄端夕深衣者謂大夫士早朝在私朝服玄端夕服
深衣在私朝及家也　深衣三袪者袪謂袂末言深衣之
廣三倍於袂末　縫齊倍要者齊謂裳之下畔要謂裳之
上畔言縫下畔之廣倍於要中之廣謂齊廣一丈四尺四
寸要廣七尺二寸　衽當旁者衽謂裳之交接之處當身
之畔　袂可以回肘者袂上下之廣二尺二寸肘長尺二
寸故可以回肘也　長中繼揜尺者謂長衣中衣繼袂之
末揜餘一尺　袷二寸者袷謂深衣曲領廣二寸　袪尺
二寸者袪謂深衣袂口謂口之外畔上下尺二寸也故注
云袪袂口也　緣廣寸半者謂深衣邊以緣飾之廣寸半
也 注 謂大至二寸　正義曰上文云君朝服日出而視
朝夕深衣祭牢肉此云朝玄端與君不同故知是大夫士
也以視私朝故服玄端若朝君之時則朝服也朝服其衣
與玄端無異但其裳以素耳若大夫莫夕蓋亦朝服其士
則用玄端故士冠禮注云玄端士莫夕於朝之服是也其

私朝及在家大夫士夕皆深衣也皇氏以爲此玄端是朝君之服若然朝禮君臣同服上文君朝服夕深衣此文與君無異鄭何得注云大夫士也恐皇氏之説非也云三之七尺二寸者案深衣云幅十有二以計之幅廣二尺二寸一幅破爲二四邊各去一寸餘有一尺八寸每幅交解之闊頭廣尺二寸狹頭廣六寸比寬頭嚮下狹頭嚮上要中十二幅廣各六寸故爲七尺二寸下齊十二幅各廣尺二寸故爲一丈四尺四寸 注衽謂至相變 正義曰衽謂裳幅所交裂也者裳幅下廣尺二寸上闊六寸狹頭嚮上交裂一幅而爲之云凡衽者或殺而下或殺而上者皇氏云言凡衽非一之辭非獨深衣也或殺而下謂喪服之衽廣頭在上狹頭在下或殺而上謂深衣之衽寬頭在下狹頭在上云是以小要取名焉者謂深衣與喪服相對爲小要兩旁皆有此衽熊氏大意與皇氏同或殺而下謂朝祭之服耳云衽屬衣則垂而放之者謂喪服及熊氏朝祭之衽云屬裳則縫之以合前後者謂深衣之衽云上下相變

者上體是陽陽體舒散故垂而下下體是陰陰主收歛故縫而合之今删定深衣之上獨得衽名不應假他餘服相對爲衽何以知之深衣衣下屬幅而下裳上屬幅而上相對爲衽鄭注深衣鉤邊今之曲裾則宜一邊而有也但此等無文言之且從先儒之義 注其爲至而已 正義曰繼袂揜一尺者幅廣二尺二寸以半幅繼續袂口揜餘一尺云深衣則緣而已者若長衣揜必用素而中衣揜或布或素隨其衣而然長中制同而名異者所施異故也裏中著之則曰中衣若露著之則曰長衣故鄭注深衣目録素紕曰長衣有表謂之中衣 以帛裏布非禮也 若朝服用布則中衣不得用帛也皮弁服朝服玄端服麻衣也中衣用布三衣用麻麻即十五升布故中衣並用布也然云朝服又云玄端者朝服指玄衣素裳而玄端裳色多種或朱裳玄黄雜裳之屬廣言之也而小祥衰裏馭帛中衣者吉凶異故也 士不衣織 織者前染絲後織者此服功多色重故士賤不得衣之也大夫以上衣織染絲織之也

士衣染繒詩庶人得衣錦者禮不下庶人有經而等也故服錦衣下云居士錦帶者直以錦帶非爲衣也唐傳云古者有命民有飾車駢馬衣錦者非周法大夫以上得衣織衣而禮運云衣其澣帛謂先代禮尚質故也 注大夫至玄裳 正義曰此謂大夫士去國三月之內服素衣素裳三月之後別服此玄端玄裳以經云不貳采是有采色但不貳耳采色之中玄最貴也 注謂冕服玄上纁下 正義曰玄是天色故爲正纁是地色赤黄之雜故爲閒色皇氏云正謂青赤黄白黑五方正色也不正謂五方閒色也緑紅碧紫駵黄是也青是東方正緑是東方閒東爲木木色青木刻土土黄並以所刻爲閒故緑色青黄也朱是南方正紅是南方閒南爲火火赤刻金金白故紅色赤白也白是西方正碧是西方閒西爲金金白刻木故碧色青白也黑是北方正紫是北方閒北方水水色黑水刻火火赤故紫色赤黑也黄是中央正駵黄是中央閒中央爲土土刻水水黑故駵黄之色黄黑也 注振讀至乃出 正

義曰案士昏禮云女從者畢袗玄彼注以袗爲同此云袗禪者以振與袗聲相近袗字從衣故讀從袗蓋袗字得爲同又得爲禪故下曲禮注引論語云當暑袗絺綌是論語本有爲袗字者云形且褻者形解袗絺綌其形露見褻解表裘在衣外可鄙褻二者上加表衣乃出也

襲裘不入公門 衣裘必當裼也

纊爲繭縕爲袍 衣有著之異名也纊謂今之新緜也縕謂今纊及舊絮也 **禪爲絅** 有衣裳而無裏 **帛爲褶** 有表裏而無著 **朝服之以縞也自季康子始也** 亦僭宋王者之後 **孔子曰朝服而朝卒朔然後服之** 謂諸侯與羣臣也諸侯視朔皮弁服 **曰國家未道則不充其服焉** 謂若衛文公者未道未合於道 疏

正義曰檀弓云裼裘襲裘謂若子游裼裘而弔曾子襲裘而弔皆謂裘上有裼衣裼衣之上有襲衣襲衣之上有正服但據露裼衣不露裼衣爲異耳若襲裘不得入公門也

〔注〕縕謂至絮也　正義曰如鄭此言云縕謂今纊者謂好緜也則鄭注之時以好者爲緜惡者爲絮故云縕謂今纊及舊絮也

〔注〕亦僭宋王者之後　正義曰云亦者亦上玄冠紫緌是僭宋王者之後知宋朝服以縞者案王制云殷人縞衣而養老燕服則爲朝服宋是殷後故朝服以縞

孔子至服之　正義曰朝服緇衣素裳而朝謂每日朝君　卒朔然後服之者卒朔謂卒告朔之時服皮弁告朔禮終脫去皮弁而後服朝服也

〔注〕謂諸侯與羣臣也　正義曰知非天子之朝服而云諸侯與羣臣者以上之次皆云不入公門下云唯君有黼裘又云君衣狐白裘皆據諸侯之禮故知此亦據諸侯也

唯君有黼裘以誓省大裘非古也僭天子也天子祭上帝則大裘而冕大裘羔裘也黼裘以羔與狐白雜爲黼文也省當爲獮獮秋田也國君有黼裘誓獮田之禮時大夫又有大裘也

〔疏〕正義曰君諸侯也黼裘以黑羊皮雜狐白爲黼文以作裘也誓者告勑也獮秋獮也大裘天子郊服也禮唯許諸侯服黼裘以誓軍衆田獵耳不得用大裘當時有者非但諸侯用大裘又有大夫僭用大裘者故譏之云非古也

〔注〕時大至裘也　正義曰經直云黼裘以誓獮大裘非古而云大夫用大裘者以經云唯君則知時臣亦爲之故言唯君以譏之也冬始裘而秋云裘者爲秋殺始誓衆須威故秋而用黼爲裘也

禮記注疏卷第三十九

禮記正義卷第四十

國子祭酒上護軍曲阜縣開國子臣孔穎達等奉

勅撰

君衣狐白裘錦衣以裼之 君衣狐白毛之裘則以素錦爲衣覆之使可裼也袒而有衣曰裼必覆之者裘褻也詩云衣錦絅衣裳錦絅裳然則錦衣復有上衣明矣天子狐白之上衣皮弁服與凡裼衣象裘色也 君之右虎裘厥左狼裘 衛尊者宜武猛 士不衣狐白 辟君也狐之白者少以少爲尊也 疏 正義曰君謂天子以狐之白毛皮爲裘其上用錦衣以裼之 注詩云至色也 正義曰鄭引詩者證錦衣之上更有衣覆之以無正文故引詩云然則錦衣

復有上衣明矣云天子狐白之上衣皮弁服與者亦以無正文故言皮弁服與與爲疑辭也必知狐白上加皮弁服者以狐白既白皮弁服亦白錦衣亦白三者相稱皆爲白也云凡裼衣象裘色也者狐白裘用錦衣爲裼狐青裘用玄衣爲裼羔裘用緇衣爲裼是裼衣與裘色相近也天子視朝服皮弁服則天子皮弁之下有狐白錦衣也諸侯於天子之朝亦然故秦詩云君子至止錦衣狐裘此經云君則天子兼諸侯也凡在朝君臣同服然則三公在天子之朝執璧與子男同則皮弁之下狐白錦衣與子男同也其天子卿大夫及諸侯卿大夫在天子之朝亦狐白裘以下云士不衣狐白則卿大夫得衣狐白也其裼則不用錦衣 疏 下注云非諸侯則不用錦衣爲裼熊氏云當用素衣爲裼其天子之士及諸侯之上在天子之朝既不衣狐白熊氏云用麛裘素裼也諸侯朝天子受皮弁之裼歸來嚮國則亦錦衣狐裘以告廟則秦詩云君子至止錦衣狐裘是告廟之後則服之其在國視朝則素衣麛裘卿大夫士

亦皆然故論語注云素衣麛裘視朔之服是也其受外國聘享亦素衣麛裘故聘禮公裼降立注引玉藻云麛裘青豻褎絞衣以裼之又引論語云素衣麛裘皮弁時或素衣如鄭此言則裼衣或絞或素不定也熊氏云臣用絞君用素皇氏云素衣爲正記者亂言絞耳 君子狐青裘豹褎玄綃衣以裼之 君子大夫士也綃綺屬也染之以玄於狐青裘相宜狐青裘蓋玄衣之裘 麛裘青豻褎絞衣以裼之 豻胡犬也絞蒼黃之色也孔子曰素衣麛裘 羔裘豹飾緇衣以裼之 飾猶褎也孔子曰緇衣羔裘 狐裘黃衣以裼之 黃衣大蜡時臘先祖之服也孔子曰黃衣狐裘 錦衣狐裘諸侯之服也 非諸侯則不用錦衣爲裼 犬羊之裘不裼 質略亦庶人無文飾 疏

正義曰君子謂大夫士也以狐青爲裘豹皮爲褎用玄綃之衣以覆裼之 注君子至之裘 正義曰知君子大夫士者以其上文已云君此文云君子故知是大夫士也云蓋玄衣之裘者皇氏云玄衣謂玄端也皇氏又云諸侯朝服用緇衣纖外用玄衣此狐青又是纖外諸侯朝服之裘皇氏又云凡六冕及爵弁無裘先加明衣次加中衣冬則次加袍繭夏則不袍繭用葛也次加祭服若朝服布衣亦先以明衣親身次加中衣冬則次加裘裘上加裼衣裼衣之上加朝服夏則中衣之上不用裘而加葛葛上加朝服此皆皇氏之說熊氏云六冕皆有裘此云玄謂六冕及爵弁也則天子諸侯皆然而云大夫士者君用純狐青大夫士雜以豹褎熊氏又以內外諸侯朝服皆緇衣以羔爲裘不用狐青也狐青既是冕服之裘周禮司裘謂之功裘者以在冕服之內人功微麤不如黼裘大裘之美故謂之功裘劉氏云凡六冕之裘皆黑羔裘也故司服云祭昊天大裘而冕以下冕皆不云裘冕皆用羔裘也又論語注

緇衣羔裘皆祭於君之服是祭服用羔裘也劉氏又以此
玄衣爲玄端與皇氏同今刪定三家之說雖各有通塗皆
互有長短皇氏以畿內諸侯緇衣畿外諸侯玄衣案王制
直云玄衣而養老不辨外內之異又詩唐風羔裘豹袪卿
大夫之服檜風云羔裘逍遥鄭玄云朝燕之服也論語云
緇衣羔裘注云諸侯之朝服羔裘者必緇衣爲裼唐檜皆
非畿內之國何得並云羔裘若此玄衣爲畿外諸侯則鄭
注此何得云君子大夫士也又祭服無裘文無所出皇氏
之說非也劉氏以六冕皆用大裘案鄭志大裘之上有衣
則與玄冕無異是以小祭與昊天服同此則劉氏之說非
也今彼此商量以熊氏之說踰於二家論語注云緇衣祭
於君之服者謂助君祭朝服而祭也亦卿大夫祭於君之
服也 注 豻胡犬也 正義曰熊氏以豻胡犬謂胡地野
犬一解此胡作狐字謂狐犬雜未知孰是也 注 黃衣至
狐裘 正義曰案郊特牲云黃衣黃冠而祭所以息田夫
者文在蜡祭之下又云旣蜡而收民息已是蜡祭之後爲

息民之祭也此息民謂之臘故月令孟冬云臘先祖五祀
是黃衣爲臘先祖之服皇氏用白虎通義云天子狐白諸
侯狐黃大夫狐蒼士羔並與經傳不同
鄭所不取裘乃各有所施皇氏說非也 不文飾也不
裼 裼主於有文飾之事 疏 正義曰案聘禮使臣行聘之時主於敬不主於文故襲裘也是不文飾之
事不裼裘也至行享之時主於文故裼裘也 裘之裼也見美也 君子於事以見
美爲敬 疏 正義曰裘之裼者謂裘上加裼衣裼衣上雖加他服猶開露裼衣見裼衣之美以爲敬也 弔
則襲不盡飾也 喪非所以見美 君在則裼盡飾也
臣於君所 服之襲也充美也 充猶覆也所敬不主於君則襲 疏 正義曰凡此弔
襲謂主人旣小斂之後若未斂之前則裼裘也故檀弓云子游裼裘而弔是也 君在則裼盡飾也 正義曰凡君

袒之時則露此裼衣盡其文飾之道以敬於君也 服之襲也充美也 正義曰此謂君之不在臣所加上服揜襲
裼衣充猶覆也謂覆蓋裼衣之美以君不在敬心殺故也
注 所敬至則襲 正義曰凡敬有二體一則父也二則君
也父是天性至極以質爲敬故子於父母之所不敢袒裼
君非血屬以文爲敬故臣於君所則裼若平敵以下則亦
襲以其質略故也所襲雖同其意異也聘禮行聘致君命
亦襲者彼是聘享相對聘質而享文欲文質相變故裼襲
不同也 是故尸襲 尸尊 疏 正義曰尸處尊位無敬於下故襲也 執玉龜
襲 重寶瑞也 疏 正義曰凡執玉得襲故聘禮執圭璋致聘則襲也若執璧琮行享雖玉裼此執玉或
容非聘享尋常執玉則亦襲也龜是享禮庭實之物執之亦裼若尋常所執及卜則襲敬其神靈也 無事
則裼弗敢充也 謂已致龜玉也 疏 正義曰謂行禮已致龜玉之後則裼不敢

充覆其美也亦謂在君之前故裼也若不在君所故無事則襲前文云者是也 笏天子以球
玉諸侯以象大夫以魚須文竹士竹本象
可也 球美玉也文猶飾也大夫士飾竹以爲笏不敢與君並用純物也 見於天子
與射無說笏入大廟說笏非古也 言凡吉事無所說笏
也大廟之中唯君當事說笏也 小功不說笏當事免則說之 免悲
哀哭踊之時不在於記事也小功輕不當事可以搢笏也 旣搢必盥雖有執於
朝弗有盥矣 搢笏輒盥爲必執事 凡有指畫於君前
用笏造受命於君前則書於笏笏畢用也

因飾焉也畢盡笏度二尺有六寸其中博三
寸其殺六分而去一殺猶杼也天子杼上終葵首諸侯不終葵首大夫士又杼
其下首廣二寸半【疏】正義曰此一節明天子以下笏之所用之物并明用笏之事及闊狹長短　大夫以
魚須文竹者文飾也庾氏云以鮫魚須飾竹以成文　士
竹本象可也者士以竹爲本質以象牙飾其邊緣飾之可
也言可者通許之辭【注】球美至物也　正義曰案釋地
云西北之美者有崐崘虛之璆琳琅玕焉李巡孫炎郭璞
等並云璆琳美玉此之球字則與璆同故云球是美玉也
云文猶飾也謂以魚須文飾其竹盧云以魚須及文竹爲
笏非鄭義也云大夫士飾竹以爲笏者大夫以魚須士用
象【注】言凡至笏也　正義曰經揔云見於天子則諸侯
事在其間故云言凡吉事無所說笏凡者非一之辭下文
云小功不說則大功以上皆說之故云惟吉事無說笏也
云大廟之中唯君當事則說笏也者以臣見君無不執笏
明大廟之中雖當事之時亦執笏也君則大廟之中當事之時
則說笏時臣驕泰僭儗於君當事之時亦說笏故記者明
之云臣入大廟當事說笏非古禮也是當時之僭記者據
時而言故鄭云唯君當事說笏也必知當事說者以下文
云小功不說笏當事免則說之明君入大廟當事則亦說
耳凡臣見君皆執笏笏所以記事射所以正威儀獨云見
於天子者以天子尊極恐臣下畏懼不敢執笏故特言見
於天子明臣下見於君皆然　既搢至盥矣　言既搢笏
必盥者謂有執事於朝須預絜淨故既搢笏於帶必盥洗
其手於後雖有執事於朝更不須清絜不須盥矣以其初
盥已畢　造受至飾焉　造受命謂造詣君前而受[illegible]
書記於笏　笏畢用也者畢盡也謂事事盡用笏記之
因飾焉者謂因其記事所須而飾以爲上下等[illegible]
中博三寸者天子諸侯上首廣二寸半其天子[illegible]
也大夫士下首又廣二寸半唯笏之中央同博三寸[illegible]云

其中博三寸也　其殺六分而去一者天子諸侯從中以
上稍稍漸殺至上首六分三寸而去其一分餘有二寸半
在大夫士又從中以下漸漸殺至下首亦六分而去一
【注】殺猶至寸半　正義曰案玉人云天子杼上此云殺故
知殺猶杼也云諸侯不終葵首者以玉人云天子終葵首
則諸侯不終葵首可知也云大夫士又杼其下者以經特
云其中博三寸明笏上下二首不博三寸諸侯既南
面之君同殺其上大夫士北面之臣宜俱殺其下也而素
帶終辟大夫素帶辟垂士練帶率下辟居
士錦帶弟子縞帶并紐約用組而素帶終辟謂諸侯也諸
侯不朱裏合素爲之如今衣帶爲之下天子也大夫亦如
之率縪也士以下皆禪不合而縪積如今作幧頭爲之也
辟讀如裨冕之裨裨謂以繒采飾其側人君充之大夫裨
其紐及末士裨其末而已居士道藝處士也此自而素帶
亂脫在是耳宜承朱裏終辟【疏】正義曰自此以下至皆從男子明帶及韓韍及王后以下衣服等差其文
雜陳又上下爛脫今一依鄭注以爲先後天子素帶朱裏
終辟而素帶終辟大夫素帶辟垂士練帶率下辟居士錦
帶弟子縞帶并紐約用組三寸長齊于帶紳長制士三尺
有司二尺有五寸子游曰參分帶下紳居二焉紳韠結三
齊大夫大帶四寸雜帶君朱綠大夫玄華士緇辟二寸再
繚四寸凡帶有率無箴功此等揔論帶之義也今依而解
之　天子素帶朱裏者以素爲帶用朱爲裏　終辟則
裨也終竟帶身在要及垂皆裨故云終辟　而素帶終辟
者謂諸侯也以素爲帶不以朱爲裏亦用朱綠終裨　大
夫素帶辟垂者大夫亦用素爲帶不終裨但以玄華裨其
身之兩旁及屈垂者　士練帶率下辟者士用孰帛練爲
帶其帶用單帛兩邊縪而已縪謂緶緝也下裨者但士帶
垂者必反屈嚮上又垂而下大夫則揔皆裨之士則用緇
唯裨嚮下一垂者　居士錦帶者用錦爲帶尚文也　弟

子縞帶者用生縞爲帶尚質也　并紐約用組者并生
紐謂帶之交結之處以屬其紐約者謂以物穿紐約結其
帶謂天子以下至弟子之等其所紐約之物並用組爲之
故云并紐約用組　三寸者謂紐約之組闊三寸也　長
齊于帶者言約紐組餘長三尺與帶垂者齊故云長齊於
帶　紳長制士三尺有司二尺有五寸者紳謂帶之垂者
紳重也謂重屈而舒申其制士長三尺有司長二尺五寸
子游曰參分帶下紳居二焉記者引子游之言以證紳
之長短人長八尺大帶之下四尺五寸分爲三分紳居二
分爲紳長三尺也　紳韠結三齊者紳謂紳帶韠謂蔽膝
結謂約紐餘組三者俱長三尺故云三齊也　大夫大帶
四寸謂合素爲之廣四寸　雜帶君朱綠大夫玄華士緇
辟者雜猶飾也謂飾帶君用朱綠大夫用玄華士用緇也
士緇辟二寸再繚四寸謂用單練廣二寸繚繞也再度
繞要亦四寸也　凡帶有率無箴功者凡帶謂有司之帶
有綍謂其帶既禪亦以箴線緝其側但綍襵之而已無別

禪飾之箴功故云無箴功　注而素至終辟　正義曰以
文承天子素帶終辟故知素帶謂諸侯以經不云朱裏故
云諸侯不朱裏下天子也云率綍也士以下皆禪不合而
綍積者以率非縫繞之事故讀爲綍與碑綍同也知士以
下皆禪者以經云士練帶率綍是縫襵之名以縫旁邊故
知禪也云辟讀如禪冕之禪者讀如曾子問大祝禪冕之
禪也云人君充之者充滿也人君謂天子諸侯飾帶從首
及末徧滿皆飾故云充之云大夫禪其紐及末者大夫卑
但飾其帶紐以下至於末也云士禪其末而已者士又卑
但禪其一條下垂者故云禪末而已云宜承朱裏終辟者
以下文云天子素帶朱裏終辟此文即云素帶終辟次云
大夫故知宜承天子素帶之下文相次也　注三寸至爲
衿　正義曰知三寸約帶紐組之廣者以帶廣四寸此云
三寸長齊於帶承上紐約用組之下故知是紐廣也云言
其屈而重也者解垂帶名紳之意申重也云宜承約用組
者以此經直云三寸長齊于帶非發語之端明知有所承

次故以爲宜承約用組之下　注雜猶至三齊　正義曰
上云禪此云雜故知雜即上之禪也云君禪帶上以朱下
以綠者君謂天子諸侯崔氏熊氏並云據要爲正飾帶外
邊上畔以朱朱是正色故在上也下畔以綠綠是閒色故
在下也云大夫禪垂外以玄內以華華黃色也者熊氏云
近人爲內遠人爲外玄是天色故在外以華對玄故以爲
黃也黃是地色故在內也云士禪垂之下外內皆以緇者
士既練帶而士冠禮謂之緇帶據禪色言之故謂之緇帶也
以禪之外內皆用緇也云宜承紳韠結三齊者以下文三
寸長齊于帶合承上紐約用組之後則此大夫大帶一經
不得廁在其閒故知宜承下紳韠結三齊之後也

韠君朱大夫素士爵韋此玄端服之韠也韠之言蔽也凡韠以韋爲之必象裳色則天子諸侯玄端朱裳大夫素裳唯士玄裳黃裳雜裳也皮弁服皆素韠**圜殺直**目韠制**天子直**四角直無圜殺**公侯前**

後方殺四角使之方變於天子也所殺者去上下各五寸**大夫前方後挫角**圜其上角變於君也韠以下爲前以上爲後**士前後正**士賤與君同不嫌也正直方之間語也天子之士則直諸侯之士則方**韠下廣二尺上廣一尺長三尺其頸五寸肩革帶博二寸**頸五寸亦謂廣也頸中央肩兩角皆上接革帶以繫之肩與革帶廣同凡佩繫於革帶**大夫大帶四寸雜帶君朱綠大夫玄華士緇辟二寸再繚四寸凡帶有率無箴功**雜猶飾也即上之禪也君禪帶上以朱下以綠終之大夫禪垂外以玄內以華華黃色也士禪垂之下外內皆以緇是謂緇帶大夫以上以素皆廣四寸士以練廣二寸

再繚之凡帶有司之帶也亦繂之如士帶矣無箴功則不
裨之士雖繂帶裨亦用箴功凡帶不裨下士也此又亂脫
在是宜承紳
韠結三齊 **一命緼韍幽衡再命赤韍幽衡**
三命赤韍葱衡 此玄冕爵弁服之韠尊祭服異
其名耳韍之言亦蔽也緼赤黃
之閒色所謂韎也衡佩玉之衡也幽讀爲黝黑謂之黝青
謂之葱周禮公侯伯之卿三命其大夫再命其士一命子
男之卿再命其大
夫一命其士不命 **天子素帶朱裏終辟** 謂大
帶也 疏
正義曰此一經揔明韠韍上下尊卑之制唯有大夫大帶
一經廁在其閒已於帶條說訖 注 此玄至素韠 正義
曰知此玄端服之韠也者案士冠禮玄端玄裳黃裳雜裳
爵韠謂士玄端之韠此云士爵韋故知是玄端之韠也
云天子諸侯玄端朱裳者以韠從裳色君既用朱故知裳
亦朱色也然天子諸侯祭服玄衣纁裳知此朱韠非祭服

韠者若其祭服則君與大夫士無别同是赤色何得云大
夫素士爵韋且祭服之韠大夫以上謂之韍士爵弁謂之
韎韐不得稱韠也云大夫素裳者大夫玄端以素爲裳故
素韠也此則大夫士朝君之服大夫既以素裳爲朝服又
以玄端服禮窮則同故也云唯士玄裳黃裳雜裳也者士
冠禮謂玄端之裳也士朝服則素裳故鄭注士冠禮朝服
則玄端之衣易其裳耳云皮弁服皆素韠者案士冠禮皮
弁服素韠云皆者君與大夫士皮弁皆然故云皆也 注
目韠制 正義曰經云圜則下文大夫前方後挫角則圜
也經云殺則下文公侯前後方方則殺也經云直則下文
云天子直是目韠制也 注 殺四至五寸 正義曰以經
云前後方是殺四角也上下各去五寸所去之處以物補
飾之使方變於天子也云所殺者去上下各五寸者案雜記
云韠會去上五寸是上去五寸又云紕以爵韋六寸不至
下五寸是去下五寸鄭注雜記云會謂上領縫也領之所
用蓋與紕同如鄭此言即上去五寸是領也以爵韋爲領

故云領之所用與紕同下云所去五寸純以素故鄭注雜
記云純紕所不至者五寸然則上去五寸是領也下去五
寸是純也若然唯去上畔下畔而云殺四角者蓋四角之
處别異之使殊於餘邊也其會之下純之上兩邊皆紕以
爵韋表裏各三寸故雜記云韠長三尺下廣二尺上廣一
尺會去上五寸紕以爵韋六寸不至下五寸純以素紃以
五采韠制大略如此但古制難知不可委識或據禮圖天
子韠制形如要鼓也以今參驗不附人情故今依附記文
參驗情事而爲此說以俟後賢 注 圜其至爲後 正義
曰以經云後挫角謂殺上角使圜不令方也 注 正直方
之閒語也 正義曰正謂不衺也直而不衺謂之正方而
不衺亦謂之正故云正直方之閒語 注 頸五至革帶一
正義曰云頸五寸亦謂廣者鄭恐上下長五寸故云亦謂
廣也其上下及肩與革帶俱二寸也云凡佩繫於革帶者
以韠繫於革帶恐佩繫於大帶故云然以大帶用組約其
物細小不堪縣韠佩故也 注 此玄至不命 正義曰以

上經云君朱大夫素士爵韋是玄端服之韠故云此玄冕
爵弁服之韠言異於上也此據有孤之國以卿大夫雖三
命再命皆著玄冕若無孤之國則三命再命之卿大夫皆
絺冕不得唯玄冕也爵弁則士所服云尊祭服異其名耳
者他服稱韠祭服稱韍是異其名韍韠皆言爲蔽取蔽鄣
之義也知祭服稱韍者案易困卦九二朱紱方來利用享
祀是祭祀稱韍也案詩毛傳天子純朱諸侯黃朱色
淺則亦名赤韍也則大夫赤韍色又淺耳有虞氏以前直
用皮爲之後王漸加飾焉故明堂位云有虞氏服韍夏后
氏山殷火周龍章彼注云天子備焉諸侯火而下卿大夫
山士韎韋而已云緼赤黃之閒色所謂韎也者案此云一
命緼韍一命謂公侯伯之士士冠禮爵弁韎韐此緼韍則
當彼韎韐故云所謂韎也毛詩云韎韐茅蒐染齊人謂茅
蒐爲韎韐聲也茅蒐則蒨草也以蒨染之其色淺赤則緼
爲赤黃之閒色若子男大夫但名緼韍不得爲韎韐也以
其非士故耳云黑謂之黝青謂之葱者周禮牧人云陰祀

用黝牲又孫炎注爾雅云黝青黑葱則青之異色三命則公之卿玄冕侯伯之卿絺冕皆赤韍葱衡　王后
禕衣夫人揄狄　禕讀如翬揄讀如搖翬搖皆翟雉名也刻繒而畫之著於衣以爲飾
因以爲名也後世作字異耳夫人三夫人亦侯伯之夫人也王者之後夫人亦禕衣　三寸長齊
于帶紳長制士三尺有司二尺有五寸子
游曰參分帶下紳居二焉紳韠結三齊　三寸
謂約帶紐組之廣也長齊于帶與紳齊也紳帶之垂者也言其屈而重也論語曰子張書諸紳有司府史之屬也三
分帶下而三尺則帶高於中也結約餘也此又亂脫在是宜承約用組結或爲衿　君命屈狄
再命禕衣一命襢衣士褖衣　君女君也屈周禮作闕謂刻繒爲翟

不畫也此子男之夫人及其卿大夫士之妻命服也禕當爲鞠字之誤也禮天子諸侯命其臣后夫人亦命其妻以
衣服所謂夫尊於朝妻榮於室也子男之卿再命而妻鞠衣則鞠衣襢衣褖衣者諸侯之臣皆分爲三等其妻以次
受此服也公之臣孤爲上卿大夫次之士次之侯伯子男之臣卿爲上大夫次之士次之褖或作税　唯世
婦命於奠繭其他則皆從男子　奠猶獻也凡世婦已下蠶
事畢獻繭乃命之以其服天子之后夫人九嬪及諸侯之夫人夫在其位則妻得服其服矣自君命屈狄至此亦亂
脫在是宜承夫人揄狄　疏　正義曰此一節論王后以下命婦之服唯有三寸長齊于帶一經廁在其間帶
事前文已解說　王后禕衣者禕讀如翬謂畫翬於衣六服之最尊也　夫人揄狄者揄讀如搖狄讀如翟謂畫搖翟
之雉於衣謂三夫人及侯伯夫人也　君命屈狄者君謂女君子男之妻也被后所命故云君命屈狄者屈闕也狄

狄翟也直刻雉形闕其采畫故云闕翟也　再命禕衣者禕
命謂子男之卿禕當爲鞠謂子男卿妻服鞠衣也　一命襢
衣者襢展也子男大夫一命其妻服展衣也　士褖衣者
謂子男之士不命其妻服褖衣鄭注云喪禮褖之言緣黑
衣裳以赤緣之　唯世婦命於奠繭者世婦謂天子二十
七世婦以下也奠獻也獻繭謂世婦及命婦入助蠶畢獻
繭也凡夫尊於朝妻貴於室皆得各服其命服今唯世婦
及卿大夫之妻並畢雖已被命猶不得即服命服必又須
經入助蠶蠶畢獻繭繭多功大更須君親命之著服乃得
服耳故云命於奠繭　其他則皆從男子者其他謂后夫
人九嬪及五等諸侯之妻也其夫得命則其妻得著命服
不須奠繭之命故云皆從男子　注　禕讀至禕衣　正義
曰案鄭注內司服引爾雅釋鳥伊雒而南素質五色皆備
成章曰翬江淮而南青質五色皆備成章曰搖鄭又云王
后之服刻繒爲之形而采畫之綴於衣以爲文章禕衣畫
翬者揄翟畫搖者闕翟刻而不畫從王祭先王則服禕衣

祭先公則服揄翟祭羣小祀則服闕翟鞠衣黃桑服也色
如鞠塵服之以告桑展衣以禮見王及賓客褖衣御于王
之服闕翟赤搖翟青禕衣玄鞠衣黃展衣白褖衣黑又鄭
志云三狄首服副副覆也所以覆首爲之飾其遺象若今
步繇矣鞠衣首服編編列髮爲之其遺象若今假紒矣展
衣褖衣首服次次第髮長短爲之所謂髲髢若燕居之時
則亦褖衣纚笄緫而已其六服皆以素紗爲裏故內司服
職六服之下云素紗鄭注云六服皆袍制以白縳爲裏云
夫人三夫人亦侯伯之夫人也者以經云王后禕衣則云
夫人揄狄其文相次故以夫人爲三夫人但三夫人與三
公同對王爲屈三公執璧與子男同則三夫人亦當與子
男夫人同故鄭注司服疑而不定云三夫人其闕狄以下
乎爲兩解之也云王者之後夫人亦禕衣者以禮記每云
君衮冕夫人副禕王者之後自行正朔與天子同故祭其
先王服上服也若祭先公則降焉魯祭文王周公其夫人
亦禕衣故明堂位云君衮冕立于阼夫人副褘立于房中

是也　注君女至作稅　正義曰以禮君命其夫后命其
婦則子男之妻不得受天子之命故以爲君謂女君是子
男之妻受后之命或可女君謂后也命子男妻故云君命
云此子男之夫人及其卿大夫士之妻命服也者以典命
云子男之卿再命其大夫一命其士不命此云再命褘衣
一命襢衣士褖衣又承闕狄下正與子男同故知據子男
夫人及卿大夫士之妻也褘衣是王后之服故疑當爲鞠
衣云子男之卿再命而妻鞠衣則鞠衣襢衣褖衣者諸侯
之臣皆分爲三等其妻以次受此服也者鄭爲此言欲明
諸侯臣之妻唯有三等之服云公之臣孤爲上卿大夫次
之士次之者以司服云孤絺冕而下卿大夫玄冕而下士
皮弁而下此謂上公臣爲三等云侯伯子男之臣卿爲上
大夫次之士次之者以此經再命鞠衣一命襢衣士褖衣
士與大夫不同又典命子男之卿再命大夫一命士不命
尚分爲三等侯伯之卿三命大夫再命士一命是亦三等
可知鄭云然也　注奠猶至褕狄　正義曰凡獻物必先

奠以地故云奠猶獻也云凡世婦以下蠶事畢獻繭乃命
之者三夫人九嬪其位既尊不須獻繭自然得命也世婦
以下位卑因獻繭乃得命言以下則
女御亦然經唯云世婦舉其貴者　凡侍於君紳垂
足如履齊頤霤垂拱視下而聽上視帶以
及袷聽鄉任左　紳垂則磬折也齊裳下緝也袷交領也　凡君召以
三節二節以走一節以趨　節所以明信輔君命也使使召臣急則持
二緩則持一周禮曰鎮圭以徵守其餘未聞也今漢使者擁節　在官不俟屨在外
不俟車　趨君命也必有執隨授之者官謂朝廷治事處也　疏　正義曰此一節論人臣之侍
君及被君召之儀　凡侍於君者謂臣侍君法也凡者臣
無貴賤皆然也　紳垂者紳大帶也身直則帶倚磬折則

帶垂　足如履齊者齊裳下緝也身折則裳前下緝委地
故行則足恒如踐履裳下也　頤霤者霤屋簷身俯故頤
臨前垂頤如屋霤　垂拱者沓手也身俯則宜手沓而
下垂也　視下而聽上者視高則敖故下矚也聽上謂聽
尊者語宜諦聽故仰頭而面嚮上以聽之也　視帶以及
袷者視尊者之處也袷交領也視君之法下不過帶高不
過袷故曲禮云凡視上於面則敖下於帶則憂是也　聽
鄉任左者此解聽上也庾云聽上及聽鄉任左皆備君教
使也鄭注少儀曰立者尊右則坐者尊左也侍君之時君
坐故侍者在右是以聽鄉皆以左爲任也此謂臣以左耳
近君故云任左　凡君召以三節二節以走一節以趨者
節者以玉爲之所以明信輔於君命者也君使使召臣有
二節時有一節時故合云三也隨事緩急急則二節臣故
走也緩則一節臣故趨也庾氏云君召以三節者謂君召
臣急則以二節緩則以一節急緩不出於三耳不謂節數
於三也　在官不俟屨在外不俟車者急趨君召也官謂

朝廷治事處也外謂其室及官府也在官近不須車故言
屨在外遠故云車　注周禮至擁節　正義曰此周禮典
瑞文引之者證君召臣之節謂御召守國諸侯以鎮圭召
之云其餘未聞者謂召諸侯之外別召餘臣未聞云今漢
使擁節者擁持也漢時使人召臣持節召之也　士於大夫不敢拜迎而
拜送　注禮不敵始來拜則士辟也　士於尊者先拜進面答之
拜則走　士往見卿大夫卿大夫出迎答拜亦辟也　疏　正義曰此一節明士於尊者之法
士於大夫不敢拜迎者此謂大夫詣士禮既不敵故士不
敢迎而先拜大夫雖拜士則辟之　而拜送者案儀禮鄉
射鄉飲酒公食聘禮但是主人送賓者皆主人再拜賓不
答拜鄭注云不答拜者禮有終故也　士於尊者先拜者
謂士往詣卿大夫即先於門外拜之也　進面士先於外
先拜竟乃進面親相見也　答之拜則走者若大夫出迎

而荅拜於士則士走辟之也　士於君所言大夫沒矣則稱謚
若字名士與大夫言名士字大夫　君所大夫存亦名
疏　正義曰此一節論士於君及大夫之所言羣臣之法　士於君所言大夫者謂士在君前與君言論及於大夫也
沒矣則稱謚若字者君前臣名若彼大夫生則士呼其名若彼大夫已死沒而士於君前言則稱彼謚無謚則稱字
不呼其名敬貴故也　名士者士賤雖已死而此生士與君言猶呼死士名也　與大夫言名士字大夫者謂士與
大夫言次論及他生大夫士之法也士賤故呼之名大夫貴故呼之字也若大夫士卒則字士謚大夫　於
大夫所有公諱無私諱　公諱若言語所辟先君之名　凡祭
不諱廟中不諱　謂祝嘏之辭中有先君之名者也凡祭祭羣神廟中上不諱下　教

本三三示四百七十四　禮記正義四十　十五　霍

學臨文不諱　為惑未知者　疏　正義曰此一節論諱與不諱之法　有公諱無
私諱者謂士及大夫言但諱君家不自私諱父母也崔氏
云謂伯叔之諱耳若至親則不得言庾云謂士與大夫言
有音字同已祖禰名字皆不得諱辟敬大夫故不重敬
凡祭不諱廟中不諱者謂祝嘏之辭中有先君名者也凡
祭祭羣神也謂社稷山川百神也祝嘏辭中有先君之名
不諱之也廟中上不諱下若有事於祖則不諱父也有事
於父則諱祖　教學臨文不諱者教學為師長也教人若
諱疑誤後生也臨文謂簡牒及讀法律之事也若諱則失
於事正也　古之君子必佩玉　比德焉君子士已上　右徵角左
宮羽　玉聲所中也徵角在右事也民也可以勞宮羽在左君也物也宜逸　趨以采齊
路門外之樂節也門外謂之趨齊當為楚薺之薺　行以肆夏　登堂之樂節　周

還中規　反行也宜圜　折還中矩　曲行也宜方　進則揖之
退則揚之然後玉鏘鳴也　揖之謂小俛見於前也揚之謂小仰見於
後也鏘聲貌　故君子在車則聞鸞和之聲行則鳴
佩玉是以非辟之心無自入也　鸞在衡和在式自由也
君在不佩玉左結佩右設佩　謂世子也出所處而君在焉則
去德佩而設事佩辟德而示即事也結其左者若於事有未能也結者結其綬不使鳴也　居則設
佩　謂所處而君不在焉　朝則結佩　朝於君亦結左　齊則績結
佩而爵韠　績屈也結又屈之思神靈不在事也爵韠者齊服玄端　凡帶必

禮記正義四十　十六　翁梓

有佩玉唯喪否　喪主於哀去飾也凡謂天子以至士　佩玉有衡
牙　居中央以前後觸也　君子無故玉不去身君子於玉
比德焉　故謂喪與災眚　天子佩白玉而玄組綬公
侯佩山玄玉而朱組綬大夫佩水蒼玉而
純組綬世子佩瑜玉而綦組綬士佩瓀玟
而縕組綬　玉有山玄水蒼者視之文色所似也綬者所以貫佩玉相承受者也純當為緇古文
緇字或作絲旁才綦文雜色也縕赤黃　孔子佩象環五寸而綦組
綬　謙不比德亦不事也象有文理者也環取可循而無窮　疏　正義曰此一節廣明佩玉之事各隨

文解之注比德至已上　正義曰案詩□風云言念君
子溫其如玉是玉以比德案聘義云溫潤而澤仁也縝密以
以栗知也廉而不劌義也垂之如隊禮也孚尹旁達信也
是玉以比德也案下文云天子佩白玉下至士是君子含
士以上也注玉聲至宜逸　正義曰玉聲所中也者謂
所佩之玉中此徵角宮羽之聲云事也民也可以勞者案
樂記角爲民徵爲事右廂是動作之方而佩徵角事則須
作而成民則供上役使故可勞而在右也云君也物也宜
逸者案樂記云宮爲君羽爲物今宮羽在左是無事之方
君宜靜而無爲物宜積聚故在於左所以逸也注路門
至之薺　正義曰路寢門外至應門謂之趨於此趨時歌
采齊爲節云齊當爲楚薺之薺者案詩小雅有楚茨之篇
此作齊字故讀爲楚茨之茨音同耳其義則異注登堂
之樂節　正義曰路寢門內至堂謂之行於行之時則歌
肆夏之樂案爾雅釋宮云室中謂之時堂上謂之行堂下
謂之步門外謂之趨中庭謂之走大路謂之奔此對文耳

六百六十　禮記義四十　十七　鄭堂

若揔而言之門內謂之行門外謂之趨鄭注樂師云行謂
於大寢之中趨謂於朝廷然則王出既服至堂而肆夏作
出路門而采薺作其反入至於應門路門亦如之此謂步
迎賓客王如有車出之事登車於大寢西階之前反降於
阼階之前尚書傳曰天子將出撞黃鍾之鍾右五鍾皆應
入則撞蕤賓之鍾左五鍾皆應是也注反行也宜圜
正義曰反行謂到行反而行假令從北嚮南或從南嚮北
注曲行也宜方　正義曰曲行謂屈曲而行假令從北嚮
南行曲折而東嚮西嚮也　進則至鳴也　揖俯也若行
前進則身恒小俯俛也　退則揚之者揚仰也郤退還行
則身微仰也　然後玉鏘鳴也者若進俯退仰則然後佩
離身而直行搖動佩自擊所以玉聲得鏘鏘而鳴也注
揖之至後也　正義曰見於前者謂佩嚮前垂而見之見
於後者謂佩嚮後垂而見也是以非辟之心無自入也
謂君子恒聞鸞和佩玉之正聲自由也是以非類邪辟之
心無由入於身也注鸞在衡和在式　正義曰鸞在衡

和在式韓詩外傳文也若鄭康成之意此謂平常所乘之
車也若田獵之車則鸞在馬鑣也故注秦詩云置鸞於鑣
異於乘車鄭於秦詩既已明言故於毛詩傳云在軾曰和
在鑣曰鸞鄭不復易毛也又於商頌箋云鸞在鑣同毛氏
之說亦不復具言以秦詩箋已明言故也　君在至設佩
謂世子出所處而與君同在一處則不敢佩玉玉以表
德去之示已無德也　左結佩者佩亦玉佩既不佩玉而
結左佩也鄭云結者結其綬不使鳴也賀云事佩綬具不
鳴今云結綬使不鳴則猶在佩玉也　右設佩者結左邊
玉佩而設右邊事佩事佩是木燧大觿之屬注謂世至
鳴也　正義曰知謂世子也者以臣之對君則恒佩玉故
下云君子無故玉不去身前文云然後玉鏘鳴也是臣之
法朝君備儀盡飾當佩玉今云君在不佩玉故知非臣下
云世子佩瑜玉是以知世子也云出所處而君在焉者以
下文朝則結佩謂朝時明此君在非朝處也云去德佩者
謂結玉佩不使鳴非謂全去也云而設事佩者大觿木燧

禮記義四十　十八

之屬也云辟德而示即事也者以辟德不敢當故去德佩
而示有勞役之事以奉於上故設事佩也　朝則結佩朝結
佩及設佩亦皆謂世子　齊則綪結佩此謂揔包凡應佩
玉之人非唯世子綪結佩綪屈也謂結其綬而又屈上之
也　而爵韠者謂士玄端齊故爵韋爲韠也而熊氏皇氏
並謂諸侯以下皆以玄端齊而以爵韋爲韠同士禮以其
齊故不用朱韠素韠也義或然也　佩玉有衝牙凡佩玉
必上繫於衡下垂三道穿以蠙珠下端前後以縣於璜中
央下端縣以衝牙動則衝牙前後觸璜而爲聲所觸之玉
其形似牙故曰衝牙皇氏謂衝居中央牙是外畔兩邊之
璜以衝牙爲二物若如皇氏說鄭何得云牙居中央以爲
前後觸也注玉有至赤黃　正義曰玉有山玄水蒼者
視之文色所似也者玉色似山之玄而雜有文似水之蒼
而雜有文故云文色所似但尊者玉色純公侯以下玉色
漸雜而世子及士唯論玉質不明玉色則玉色不定也瑜
是玉之美者故世子佩之承上天子諸侯則世子天子諸

侯之子也然諸侯之世子雖佩瑜玉亦應降殺天子世子
也瓀玟石次玉者賤故士佩之云純當爲緇者以經云玄
組朱組皆是色則純亦是色也故讀純爲緇欲讀純爲緇
其例有異若經文絲帛義分明而色不見者即讀純爲緇
媒氏云純帛不過伍兩以有帛字故純爲緇祭統云后夫
人蠶事以供純服以其供蠶絲義分明故讀純爲緇論語
云麻冕禮也今也純儉稱古用麻今用純則絲可知也以
色不見故讀純爲緇若色見而絲不見則不破純字以純
爲絲昏禮女次純衣注云純衣絲衣如此之類是也云綦
文雜色也者顧命四人綦弁云綦青黑色鄭風縞衣綦巾
注云綦蒼艾色是綦爲雜色又說文云綦蒼文是雜色也
孔子佩象環五寸而綦組綬　孔子以象牙爲環廣五
寸以綦組爲綬也所以然者失魯司寇故謙不復佩德佩
及事佩示已無德事也佩象環者象牙有文理言已有文
章也而爲環者示已文教所循環無窮也五　童子之節
寸法五行也言文教成人如五行成物也

也緇布衣錦緣錦紳并紐錦束髮皆朱錦
也　童子未冠之稱也冠禮曰將冠者采衣紒也　肆束及帶勤者有事
則收之走則擁之　肆讀爲肄肄餘也餘束約紐之餘組也勤謂執勞辱之事也此
亦亂脫在是宜承無箴功　童子不裘不帛不屨絇無緦服
聽事不麻無事則立主人之北南面見
先生從人而入　皆爲幼少不備禮也雖不服緦猶免深衣無麻往給事也裘帛溫傷
壯氣也絇屨頭飾也　疏　正義曰此一節論童子之儀唯有肆束及帶一經鄭云爛脫廁在其閒宜承上無箴
功之下今先釋之後論童子之事　肆束及帶者肆餘也謂約束帶之餘組及帶之垂者若身充勤勞之事當有事

之時則收斂之爲其事之切迫身須趨走則擁抱之收謂
斂持在手擁謂抱之於懷也　童子之節也者謂童稚之
子未成人之禮節　緇布衣者謂用緇布爲衣尚質故也
錦緣錦紳并紐者謂用錦爲緇布衣之緣又用錦爲紳
帶并約帶之紐皆用錦也　錦束髮者以錦爲總而束髮
也　皆朱錦也者言童子所用之錦皆用朱色之錦童子
尚華示將成人有文德故皆用錦示一文一質之義也
童子不裘不帛者爲大溫傷壯氣也　不屨絇者絇屨之飾
也未成人不盡飾爲節也　無緦服者童子唯當室與族
人爲禮有恩相接之義故遂服本服之緦耳若不當室則
情不能至緦故不服也　聽事不麻者鄭注云雖不服緦
猶免深衣無麻往給事也然鄭意是言童子雖不緦猶著
免深衣無絰以往給事緦喪使役也王云聽事不麻也庾
謂此云無麻謂不當室也案問喪及鄭注之意皆以童子
不當室則無免而此注云猶免者崔氏熊氏並云不當室
而免者謂未成服而來也問喪云不當室不免者謂據成

服之後也　無事則立主人之北南面者主人喪主也此
童子來聽使若有事則使之若無事時在旁謂在主人之
北南面而立　見先生從人而入者先生師也童子不能
獨爲禮若往見師則隨成人而入也　注雖不服緦猶免
深衣　正義曰知猶免深衣者以經但云無緦服是但不
著緦服耳猶同衿著深衣也知免者以問喪云免者不冠
者之服故知未成服童子雖不當室矜著免也　侍食於先生異爵者後
祭先飯　謙也　客祭主人辭曰不足祭也　祭者盛主
人之饌也　客飱主人辭以疏　飱者美主人之食也疏之言麤也　主人自
置其醬則客自徹之　敬主人也徹奠于序端　一室之人
非賓客一人徹　同事合居者也賓客則各徹其饌也　壹食之人

一人徹壹猶聚也爲赴事聚食也凡燕食婦人不徹婦人質不備禮【疏】
正義曰此一節論侍食及徹饌之節。侍食於先生及異
爵者此謂凡成人禮異爵謂尊於己也　後祭先飯者此
饌不爲己設後祭而先飯者示爲尊者嘗食也　客祭者
盛主人之饌具故祭之主人辭曰不足祭也者凡主人於
客悉皆然也祭是盛主人之饌也故主人致辭云䟽食不
足備禮也　客飧者若食竟作三飯飧也、主人辭以䟽
者䟽麤也飧是已食飽猶食美故主人見客飧而致辭
云麤食傷客不足致飽若欲使更食然也主人自置其醬
則客自徹之者主人敬客則自置其醬則客宜報敬故自
徹之曲禮曰主人親饋是也　一室之人非賓客一人徹
者謂同事而合居一室若賓客則各徹其饌今合居既無
的賓主故必少者一人徹饌也　壹食之人一人徹者壹
猶聚也謂暫爲赴事一聚共食共食竟則亦不人人徹亦
推一人徹也　凡燕食婦人不徹者婦人質不備禮也緣

男子有徹義故明婦人禮也食棗桃李弗致于核恭也瓜祭上
環食中弃所操上環頭甘也凡食果實者後君
子陰陽所成非人事也火孰者先君子備火齊不得也有慶非
君賜不賀唯君賜爲榮也有憂者此下絕亡非其句也勤者有事
則收之走則擁之此補脫重【疏】正義曰此一節明食果實及非君賜不賀
之事謂其懷核不置於地也　瓜祭上環者食瓜亦祭先
也環者横斷形如環也斷則有上下環也上環是疐閒下
環是脫華處也祭時取上環祭之也　食中者用上環將
祭而食中也　棄所操者操謂手所持者棄之不食忖切
謂切瓜頭切去疐此庶人法也　凡食果實者後君子者
果實是陰陽所成非關人事故不得先嘗也　火孰者先

君子者火孰和調是人之所爲恐和齊不備故先於君子
而嘗之　有慶非君賜不賀者有慶謂或宗族親戚燕飲
聚會雖吉不相賀不足爲榮故也唯受君
之賜爲榮故相拜賀故云非君賜不賀也　孔子食於
季氏不辭不食肉而飧以其待己及饌非禮也【疏】正義曰凡
客將食與辭而孔子不辭者必是季氏進食不合禮也
不食肉而飧者凡禮食先食胾次食殽乃至肩至肩則飽
乃飧孔子在季氏家食不食肉而
仍爲飧者是季氏饌失禮故也　君賜車馬乘以
拜賜衣服服以拜敬君惠也賜君未有命弗敢
即乘服也謂卿大夫受賜於天子者歸必致於其君君有命乃服之　君賜稽
首據掌致諸地致首於地據掌以左手覆案右手也　酒肉之賜

弗再拜輕也受重賜者拜受又拜於其室　凡賜君子與小人
不同日愼於尊卑【疏】正義曰此一節論受君賜之法
君賜車馬乘以拜賜衣服服以拜
者謂受君賜賜至則拜至明日更乘服所賜往至君所又
拜敬重君恩故也　賜君未有命弗敢即乘服也者此使
臣雖受賜於王不敢即乘服當歸國獻其君君命與之則
臣乃乘服耳若君未有命即不敢乘服也　君賜者明受
君賜拜謝之法也　稽首者頭至地　據掌者據案也謂
郤右手而覆左手案於右手之上也　致諸地者致至也
謂頭及手俱至地左手案於右手之上至地也　酒肉之
賜弗再拜者亦謂君賜也再猶重也酒肉輕但初賜至時
則拜至明日不重往拜也　凡賜君子與小人不同
日者凡於君子小人也不同日者愼尊卑之雜也　凡獻
於君大夫使宰士親皆再拜稽首送之敬也

膳於君有葷桃茢於大夫去茢於士去葷
皆造於膳宰 膳美食也葷桃茢辟凶邪也大夫用葷桃士桃而已葷薑及辛菜也茢菼
帚也造於膳宰既致命而授之葷或作焄 大夫不親拜爲君之荅己
也 不敢變動至尊 疏 正義曰此一節論臣獻君之物及致膳於尊者之義 凡獻於君者凡於大夫
士也謂大夫士有食獻君法也 大夫使宰者大夫尊恐君拜己之獻故不自往而使已膳宰往獻也 士親者以
士賤不嫌君拜故身自親送也 皆再拜稽首送之者與大夫使人初於家亦自拜送而宰將命及士自送至於君
門付小臣之時宰及士皆再拜而送之也 膳於君有葷桃茢者美食曰膳謂天子諸侯之臣獻孰食於君法也恐
邪氣干犯故用辟凶邪之物覆之葷謂薑之屬也桃桃枝也茢菼帚也 於大夫去茢者謂大夫之臣以食獻大夫

降於正君除去茢餘有葷與桃也 於士去葷者謂士之臣吏以食獻士也又去葷唯餘桃耳 皆造於膳宰者皆
皆於君大夫士也造至也膳宰主飲食官也獻孰食者操
醬齊以致命致命竟而以所獻之食悉付主人之食官也
大夫不親拜爲君之荅己也者解大夫所以不 大夫
自獻義也自獻則屈動君拜荅己也故不親也
拜賜而退士待諾而退又拜弗荅拜 小臣受大
夫之拜復以入告大夫拜便辟也 大夫親賜士士拜受又拜於
其室衣服弗服以拜 異於君惠也拜受又就拜於其家是所謂再拜也 敵
者不在拜於其室 謂來賜時不見也見則不復往也 凡於尊者
有獻而弗敢以聞 此謂獻辭也少儀曰君將適他臣若致金玉貨貝於君則曰致

馬資於有司是其類也 士於大夫不承賀下大夫於上
大夫承賀 承受也士有慶事不聽大夫親來賀己不敢變動尊也 親在行禮
於人稱父人或賜之則稱父拜之 事統於尊 疏
正義曰此一節明尊卑受賜拜謝之禮各隨文解之 大
夫拜賜而退者大夫往拜至於門外告君之小臣小臣受其辭入以白君小臣亦入大夫乃拜之拜竟則退不待白
報恐君召進荅己故也 士待諾而退者君不拜士上故
於外拜拜竟又待小臣傳君之報諾出以退 又拜者小臣傳君諾出則士又拜君之諾報也 弗荅拜者謂君不荅
士拜也 大夫親賜士士拜受又拜於其室者初亦即拜受又往彼家拜也 衣服弗服以拜者得君賜服服以拜
大夫輕故不服其所賜而往拜之也 注 拜受至於也
正義曰所謂再拜也者前云酒肉之賜弗再拜此非酒肉

賜故再拜也 敵者不在拜於其室 其室獻者之家也敵
者相獻若當時主人在則主人拜受不復往彼家拜也若
獻時主人不在所留物置家主人還必往彼家拜謝獻也
若朋友則論語云朋友之饋非祭肉雖車馬不拜也 凡
於尊者有獻而弗敢以聞者 凡謂賤者也謂臣有獻於
君士有獻於大夫也不敢以聞者謂有物以獻尊者其辭
不敢云獻聞於尊者但當云致馬資於有司及贈從者之
屬也 注 此謂至類也 正義曰引少儀者證不敢聞也
他他國也君或朝天子或往朝諸侯若臣有金玉貨貝物
獻君當但云致馬資於有司不敢言獻君也言君尊恒足
應無所乏故也 士於大夫不承賀者承受也不受賀者
謂士有慶事不聽大夫親來賀己不敢變動尊者故也
下大夫於上大夫承
賀者尊相近故受也 禮不盛服不充 禮盛者服充大事不崇曲
敬 故大裘不裼乘路車不式 謂祭天也周禮王祀昊天上帝則服

大裘而冕乘玉路或曰乘兵車不式〔疏〕正義曰此一節明禮盛者不崇小敬　禮不盛服不充者充猶襲也服襲是充美於內唯盛禮乃然也故聘及執玉龜皆襲是為盛禮故也故大裘不裼者證禮盛服充時也郊禮盛服大裘則無別衣裼之是不見美也乘路車不式者路車謂王路郊天車也不式謂乘車從門閭過不式亦是禮盛不為曲敬之例也

父命呼唯而不諾手執業則投之食在口則吐之走而不趨至敬親老出不易方復不過時不可以憂父母也易方為其不信已所處也復反也親癠色容不盛此孝子之疏節也言非至孝也癠病也王季有疾文王色憂行不能正履父没而不能讀父之書手澤存焉爾母没而杯圈不能飲焉口澤之氣存焉爾孝子見親之器物哀惻不忍用也圈屈木所為謂卮匜之屬〔疏〕正義曰此一節明子事親之禮　父命呼者父召子也命謂遣人呼非謂自喚也亦云為父命所呼也　唯而不諾者應之以唯而不稱諾唯恭於諾也　手執業則投之食在口則吐之者急趨父命故投業吐食也　走而不趨者趨疾趨也但急走往而不暇疾趨也　親老出不易方者方常也若啓往甲則不得往乙也若見不見則老人易憂愁也　復不過時者復還也假且啓云日中還則不得過中謂若屢易方親忽須見之則不復信已得往常處也此云老者若親未老子出或苟有礙則亦許易方過期也而論語云父母在不遠遊遊必有方亦當謂老者耳　親癠者癠病也謂父母病也　色容不盛者謂親之病孝子當憂愁危懼行不能正履也今親病唯色容不充盛而已不能顯顙憂愁危懼此乃是孝子疏簡之節言孝心不

禮記義四十　二十五　翁壽祺

為也　父没而不能讀父之書手澤存焉爾者凡孝子之情父没之後而不忍讀父之書謂其書有父平生所持手之潤澤存在焉故不忍讀也　母没而杯圈不能飲焉口澤之氣存焉爾者言孝子母没之後母之杯圈不忍用之飲焉謂母平生口飲潤澤之氣存在焉故不忍用之經云不能者謂不能忍為此事書是男子之所有故父言書杯圈是婦人所用故母言杯圈也

君入門介拂闑大夫中棖與闑之間士介拂棖此謂兩君相見也棖門楔也君入必中門上介夾闑大夫介士介雁行於後示不相沿也君若迎聘客擯者亦然賓入不中門不履閾辟尊者所從也此謂聘客也閾門限公事自闑西聘享也私事自闑東覿面也〔疏〕正義曰此一節論兩君朝聘卿大夫入門之儀各依文解之　君入門者此一經明朝法也入門謂入大門也君必中門　介拂闑者介謂上介稍近君故拂闑　大夫中棖與闑之間者大夫之介微遠於闑故當棖與闑之間　士介拂棖者士介卑去闑遠故拂棖闑謂門之中央所豎短木也棖謂門之兩旁長木所謂門楔也介者副也〔注〕此謂至亦然　正義曰以經云君入門故知兩君相見也云雁行於後示不相沿也者雁行參差節級崔氏皇氏並云君必中門者謂當棖闑之中主君在闑東賓在闑西主君上擯在君之後稍近西而拂闑賓之上介在賓之後稍近東而拂闑大夫擯介各當君後在棖闑之中央義或當然今依用之　賓入不中門不履閾者　前經明朝此經明聘賓入者賓謂聘賓也不中門謂不當闑西棖闑之中央也而稍東近闑也　不履閾者閾門限足不履踐門限之上以言賓入不中門故注云謂聘客也　公事自闑西者謂行聘享之禮聘享是奉君命而行故謂之公事自闑西用賓禮也　私事自闑東者謂私覿私面非行君命故謂之私事自闑東者從臣禮示

禮記義四十　二十六　壽信

謂爲主君之臣也　君與尸行接武尊者尚徐蹈半迹　大夫繼武迹相及也　士中武迹間容迹　徐趨皆用是君大夫士之徐行也皆如與尸行之節也　疾趨則欲發而手足毋移疾趨謂直行也蹝數自若發謂起屨也移之言靡迆也毋移欲其直且正欲或爲數　圈豚行不舉足齊如流圈轉也豚之言若有所循不舉足曳踵則衣之齊如水之流矣孔子執圭則然此徐趨也　席上亦然尊處亦尚徐也　端行頤霤如矢弁行剡剡起屨此疾趨也端直也頤或爲霤也　執龜玉舉前曳踵蹜蹜如也著徐趨之事

疏正義曰此一節明行步徐趨疾趨之儀　君與尸行接武者明貴賤與尸行步廣

狹不同也君天子諸侯也武迹也接武者二足相躡每蹈於半未得各自成迹故云接武也尊者舒遲故君及尸並步遲狹　大夫繼武者謂大夫與其尸行時繼武者謂兩足迹相接繼也大夫漸卑故與尸行步稍廣速也　士中武者謂士與其尸行也中猶閒也每徙足閒容一足地乃躡之也士極卑故及尸行步極廣也　徐趨皆用是者徐趨皆遲行也皆皆於君大夫士也是此也言皆用此與尸行步之節　疾趨則欲發者疾趨謂他事行禮須直身速行時也發起也既無所執持而欲屨頭恒起無復繼接之異其迹或蹝或數自若尋常故注云蹝數自若貴賤同然也　而手足毋移者移謂靡迆搖動也雖屨恒欲起而手足猶宜直正不得邪低靡迆搖動也　圈豚行者此釋上徐趨之形也圈轉也豚循也言徐趨法曳轉足循地而行也　不舉足者謂足不離地　齊如流者齊裳下緝也足既不舉身又俯折則裳下委地曳足如水流狀也　席上亦然者然如是也言在席上未坐其行之時亦如是圈豚行

齊如流也　端行頤霤如矢者此一經覆上疾趨之節也端行謂直身而行也頤霤者行既疾身乃小折而頭直俯臨前頤如屋霤之垂也　如矢者矢箭也身趨前進不邪如箭也　弁行者弁急也既是疾趨宜急行也　剡剡起屨者剡剡身起貌也急行欲速而身屨恒起也　執龜玉舉前曳踵蹜蹜如也者此一經論徐趨之事言執龜玉之時有此徐趨也　舉前曳踵者踵謂足後跟也謂將行之時初舉足前後曳足跟行不離地蹜蹜如也言舉足狹數蹜蹜如也　凡行容惕惕惕惕直疾貌也凡行謂道路也　廟中齊齊恭慤貌也　朝廷濟濟翔翔莊敬貌也

疏正義曰此一節明道路廟中朝廷行步之法　凡行容惕惕者惕惕直而疾貌也道路雖遠疾又不忘於直故其容直而疾也　廟中齊齊者齊齊自收持嚴正之貌也以對神不敢舒散故貌恭慤齊齊然　朝廷濟濟翔翔者濟濟有威儀矜莊也翔翔行而張拱

也竝朝廷所須也　君子之容舒遲見所尊者齊遬謙慤貌也遬猶蹙蹙也　足容重舉欲遲也　手容恭高且正也　目容端不睇視也　口容止不妄動也　聲容靜不噦欬也　頭容直不傾顧也　氣容肅似不息也　立容德如有予也　色容莊勃如戰色　坐如尸尸居神位敬愼也　燕居告溫溫告謂教使也詩云溫溫恭人

疏正義曰此一節明君子動止之儀手足口目之節也　君子之容舒遲者舒遲閑雅也　見所尊者齊遬者君子雖尋常舒遲若見所尊之人則齊遬齊謂齊齊也遬謂蹙蹙言自歛持迫促不敢自寬奢故注云謙慤貌也是齊遬爲謙敬之貌皇氏云齊謂裳下緝遬謂蹙歛見所尊之人自附下身裳下蹙歛則齊蹙是裳之體注何得云謙慤貌也

皇氏說非也　目容端者目宜端正不邪睇而視之　立
容德者德得也立則磬折如人授物與己己受得之形也
賀云德有所施與之名也立時身形小俯嚮前如授物與
人時也故注云如有予也會前兩注也　色容莊者欲常
矜莊勃如戰色不乍變動也　燕居告溫溫者燕居謂私
燕所居也色尚和善敎人使人之時唯須溫溫不欲嚴慄
【注】詩云溫溫恭人　正義曰此詩小雅小宛之篇刺幽王之詩　凡祭容貌顏色
如見所祭者　如覩其人在此　【疏】正義曰此一節明祭之時也凡祭謂諸祭也容貌顏
色如見所祭者容貌恭敬顏色溫和如似見所祭之人謂祭如在也　喪容纍纍　羸憊貌也
色容顛顛　憂思貌也　視容瞿瞿梅梅　不審貌也　言
容繭繭　聲氣微也　【疏】正義曰此一節論居喪容貌言語瞻視之儀　喪容纍纍者謂容貌

瘦瘠纍纍然　色容顛顛者顏色憂思顛顛然不舒暢也
視容瞿瞿梅梅者瞿瞿驚遽之貌梅梅猶微微謂微昧
也孝子在喪所視不審故瞿瞿梅梅然　言容繭繭者繭繭猶緜緜聲氣微細繭繭然　戎容暨暨
果毅貌也　言容詻詻　敎令嚴也　色容厲肅　儀形貌也　視容
清明　察於事也　立容辨卑毋讇　辨讀爲貶自貶卑謂磬折也讇爲傾身以
有下也　頭頸必中　頭容直　山立　不動搖也　時行　時而後行也詩
云威儀孔時　盛氣顛實揚休　顛讀爲闐揚讀爲陽聲之誤也盛身中之氣使
之闐滿其息若陽氣之休物也　玉色　正不變也　【疏】正義曰此一節明戎容之體暨暨果毅剛
強之貌　言容詻詻者謂敎令嚴猛也軍旅行敎令宜嚴
猛也　色容厲肅者厲嚴也肅威也軍中顏色尚威嚴也

以義斷割使義形貌故嚴威也　視容清明者謂瞻視之
容須清察明審　立容辨卑者謂在軍中立之形容當貶
損卑退磬折恭敬不得驕敖忽略士卒　毋讇者軍中尚
威武雖自貶退當有威可畏無得過爲讇曲以屈下於人
頭頸必中者頭容直不低迴也　山立者若住立則嶷如
山之固不搖動也樂記云揔干而山立不動搖也　時行
者覩時而行也　盛氣顛實揚休者顛塞也實滿也揚陽
也休養也言軍士宜怒其氣塞滿身中使氣息出外咆勃
如盛陽之氣生養萬物也　玉色者軍尚嚴肅故色不變動常使如玉也　凡自稱天子曰
予一人　謙自別於人而已　伯曰天子之力臣　伯上公九命分陝者
諸侯之於天子曰某土之守臣某其在
邊邑曰某屏之臣某其於敵以下曰寡

人小國之君曰孤擯者亦曰孤　邊邑謂九州之外大國之
君自稱曰寡人擯者曰寡君　上大夫曰下臣擯者曰寡君之
老下大夫自名擯者曰寡大夫世子自名
擯者曰寡君之適　擯者之辭主謂見於他國君下大夫自名於他國君曰外臣某
公子曰臣孽　孽當爲枿聲之誤　士曰傳遽之臣於
大夫曰外私　傳遽以車馬給使者也士臣於大夫者曰私人　大夫私事
使私人擯則稱名　私事使謂以君命私行非聘也若魯成公時晉侯使韓穿來言
汶陽之田歸之于齊之類　公士擯則曰寡大夫寡君之老

大夫有所往必與公士爲賓也謂聘也大聘使上大夫小
聘使下大夫公士爲賓謂作介也往之也 疏 正義曰此一節明天子以下至士自稱及擯者傳辭之法也各
隨文解之 凡自稱天子曰予一人者案曲禮下云天子
曰余一人予余不同者鄭注曲禮云余予古今字耳蓋古
稱予今稱余其義同此云自稱曲禮注云擯者辭則天子
與臣下言及遣擯者接諸侯皆稱予一人言我於天下之
內但秖是一人而已自謙退言與餘人無異若臣下稱一
人則謂率土之內唯有此一人尊之也 伯曰天子之力
臣案曲禮云天子之吏不同者此謂自稱謂身自稱於諸
侯也言己是天子運力之臣曲禮所云謂二伯擯於天子
曰天子之吏鄭注曲禮云擯者辭以此不同也皇氏云所
以不同者殷周之異不顧經文謬爲異說其義非也 諸
侯至曰孤 明諸侯自稱之號 諸侯之於天子曰某土之
守臣某者謂諸侯身對天子自稱辭故上文摠以自稱冠

禮記義四十　三十一　楊昌

之若諸侯上介致辭於天子之擯者亦當然也其天子之
擯告天子則曰臣某侯某故曲禮云諸侯之於天子曰臣
某侯某鄭注曲禮謂嗇夫承命告天子辭也 其在邊邑
曰某屏之臣某者謂在九州之外邊鄙之邑自稱於天子
云某屏之臣某若使上介告天子之擯亦當然其天子之
擯告天子則曰臣某子某某男某故曲禮云其在東夷北
狄西戎南蠻雖大曰子注云入天子之國曰子男者亦曰
男是也此與曲禮不同者亦以自稱及擯者不同皇氏皆
以爲殷周之異其義非也 其於敵以下曰寡人者謂諸侯
於敵以下自稱寡人言以下通及民也故曲禮云其與民
言自稱曰寡人是也 小國之君曰孤擯者亦曰孤者此
謂夷狄子男之君自稱及介傳命云某土之孤某故云小
國之君曰孤擯者告天子亦應云某孤云擯者亦曰孤其
在國自稱亦曰孤故曲禮云庶方小侯於外曰子自稱曰
孤是也 注 大國至寡君 正義曰案春秋大夫出使之
時稱己君爲寡君則知爲君擯者稱己君爲寡君也 上

大至之適 正義曰此一節明上下大夫世子在己國及
出使往他國稱謂之異 上大夫曰下臣者上大夫卿也
自於己君之前稱曰下臣君前臣名稱下臣某也 擯者
曰寡君之老者謂此上大夫出使他國在於賓館主國致
禮上大夫設擯禮待之此擯者稱大夫爲寡君之老雖以
擯爲文其實謂介接主君之時辭亦當然擯介通也 下
大夫自名者謂對己君稱名而已不敢稱下臣卑遠於卿
也 擯者曰寡大夫者謂下大夫出使設擯者以待主國
此擯者稱下大夫云寡大夫不敢稱寡君之老 世子自
名者謂對己國之君稱名 擯者曰寡君之適謂對他國
之辭 注 擯者至臣某 正義曰擯者之辭主謂見他國
君則是出使之臣在客曰介當云介而云擯者謂出使他
國在於賓館主國致禮己爲主人故稱擯也且擯介散文
則通也云下大夫自名於他國君曰外臣某者如鄭此言
則下大夫自名謂對己君也則經云上大夫曰下臣亦對
己君也故熊氏以爲皆對己君而皇氏云對他國君違鄭

禮記義四十　三十二　施俊

注意其義非也 公子曰臣孽稱臣謂對己君也若對他
國當云外臣注從枿者枿是樹生之餘故盤庚云若顛木
之有由蘖是也 士曰至外私 遽是促遽士位卑給車
馬役使故稱傳遽亦謂對己君也皇氏以爲對他國君其
義亦通 於大夫曰外私者凡大夫家臣稱私此士既不
與大夫爲臣故對大夫稱曰外私 注 士臣於大夫者曰
私人 正義曰此下文云大夫私事使私人擯則稱名故
知大夫之臣曰私人也 大夫至稱名 大夫私事使者
謂非正聘之禮謂以君之私事而出使 私人擯則稱名
者謂以己之屬臣爲擯相雖是上大夫及下大夫擯者則
皆稱大夫之名以其非公事正聘故降而稱名也 注 若
魯至之類 正義曰案成二年晉及魯衛伐齊使齊人歸
魯汶陽之田至成八年齊人服晉晉侯使韓穿來言汶陽
之田歸之于齊云之類者若乞師告糴故云之類 公士
至賓也 前經明大夫以君之私事出使此經明大夫以
國之公事出聘及私問也 公士擯者謂正聘之時則

用公家之士爲擯不用私人也　則曰寡大夫寡君之老者若小聘使下大夫擯者則稱下大夫曰寡大夫若大聘使上大夫擯者則稱上大夫曰寡君之老　大夫有所往必與公士爲賓也者覆明上正聘使公士爲擯之事往謂之適也言大夫正聘者有所往之適之時必與公士爲賓賓介也言使公士作介也　注大聘至大夫　正義曰案聘禮及竟張旜周禮孤卿建旜故知大聘使卿聘禮又云小聘曰問其禮如爲介案大聘大夫爲上介今云如其爲介故知小聘是大夫也

禮記正義卷第四十

禮記義四十　三十三　馬升

足利本第四十一卷第一葉

禮記正義卷第四十一

國子祭酒上護軍曲阜縣開國子臣孔穎達等奉

勑撰

明堂位第十四

正義曰案鄭目録云名曰明堂者以其記諸侯朝周公於明堂之時所陳列之位也在國之陽其制東西九筵南北七筵堂崇一筵五室凡室二筵此於別録屬明堂陰陽案異義今戴禮說盛德記曰明堂者自古有之凡九室室四户八牖共三十六户七十二牖以茅蓋屋上圓下方所以朝諸侯其外有水名曰辟廱明堂月令說明堂高三丈東西九仞南北七筵上圓下方四堂十二室室四户八牖其宫方三百步在近郊三十里講學大

禮記正義四十一

夫淳于登說云明堂在國之陽三里之外七里之内丙巳之地就陽位上圓下方八窻四闥布政之宫故稱明堂明堂盛貌周公祀文王於明堂以配上帝五精之神大微之庭中有五帝坐位古周禮孝經說明堂文王之廟夏后氏曰世室殷人曰重屋周人曰明堂東西九筵南北七筵堂崇一筵五室凡室二筵蓋之以茅周公所以祀文王於明堂以昭事上帝許君謹案今禮古禮各以義說無明文以知之鄭駮之云戴禮所云雖出盛德篇云九室三十六户七十二牖似秦相吕不韋作春秋時說者蓋非古制也四堂十二室字誤本書云九堂十二室淳于登之言取義於孝經援神契說宗祀文王於明堂以配上帝曰明堂者上圓下方八窻四闥布政之宫在國之陽帝者諦也象上可承五精之神五精之神實在大微在辰爲巳是以登云然今漢立明堂於丙乙由此爲之如鄭此言用淳于登之說此別録所云依考工記之文然先代諸儒各爲所說不一故蔡邕明堂月

潘本第四十一卷第一葉

禮記正義卷第四十一

國子祭酒上護軍曲阜縣開國子臣孔穎達等奉

勑撰

明堂位第十四

正義曰案鄭目録云名曰明堂者以其記諸侯朝周公於明堂之時所陳列之位也在國之陽其制東西九筵南北七筵堂崇一筵五室凡室二筵此於別録屬明堂陰陽案異義今戴禮說盛德記曰明堂者自古有之凡九室室四户八牖共三十六户七十二牖以茅蓋屋上圓下方所以朝諸侯其外有水名曰辟廱明堂月令說明堂高三丈東西九仞南北七筵上圓下方四堂十二室室四户八牖其宫方三百步在近郊三十里講學大

禮記正義四十一

夫淳于登說云明堂在國之陽三里之外七里之内丙巳之地就陽位上圓下方八窻四闥布政之宫故稱明堂明堂盛貌周公祀文王於明堂以配上帝五精之神大微之庭中有五帝坐位古周禮孝經說明堂文王之廟夏后氏曰世室殷人曰重屋周人曰明堂東西九筵南北七筵堂崇一筵五室凡室二筵蓋之以茅周公所以祀文王於明堂以昭事上帝許君謹案今禮古禮各以義說無明文以知之鄭駮之云戴禮所云雖出盛德篇云九室三十六户七十二牖似秦相吕不韋作春秋時說者蓋非古制也四堂十二室字誤本書云九堂十二室淳于登之言取義於孝經援神契說宗祀文王於明堂以配上帝曰明堂者上圓下方八窻四闥布政之宫在國之陽帝者諦也象上可承五精之神五精之神實在大微在辰爲巳是以登云然今漢立明堂於丙乙由此爲之如鄭此言用淳于登之說此別録所云依考工記之文然先代諸儒各爲所說不一故蔡邕明堂月

令章句明堂者天子太廟所以祭祀夏后氏世室殷人重屋周人明堂饗功養老教學選士皆在其中故言取正室之貌則曰大廟取其正室則曰大室取其堂則曰明堂取其四時之學則曰太學取其圜水則曰辟廱雖名別而實同鄭必以爲各異者袁準正論明堂宗廟大學禮之本物也事義不同各有所爲而世之論者合以爲一體取詩書放逸之文經典相似之語推而致之考之人情失之遠矣宗廟之中人所致敬幽隱清淨鬼神所居而使衆學處焉饗射其中人鬼慢黷死生交錯囚俘截耳瘡痍流血以干鬼神非其理也茅茨采椽至質之物建日月乘玉路以處其中非其類也夫宗廟鬼神所居祭天而於人鬼之室非其處也王者五門宗廟在一門之內若射在於廟而張三侯又辟廱在內人物衆多殆非宗廟之中所能容也如準之所論是鄭不同之意然考工記明堂南北七筵每室二筵則南北三室居六筵室外南北唯有一筵宗廟路寢制如明堂既殯在路寢室外

禮記義四十一　二　吳宗

得容殯者路寢雖制似明堂其飾不敢踰廟其實寬大矣故多士傳云天子堂廣九雉三分其廣以二爲內五分其內以一爲高東房西房北堂各三雉是其闊得容殯也或可殯在中央土室之前近西在金室之東不必要在堂簷之下

昔者周公朝諸侯于明堂之位周公攝王位以明堂之禮儀朝諸侯也不於宗廟辟王也天子負斧依南鄉而立天子周公也負之言背也斧依爲斧文屏風於戶牖之間周公於前立焉三公中階之前北面東上諸侯之位阼階之東西面北上諸伯之國西階之西東面北上諸子之國門東北

令章句明堂者天子太廟所以祭祀夏后氏世室殷人重屋周人明堂饗功養老教學選士皆在其中故言取正室之貌則曰大廟取其正室則曰大室取其堂則曰明堂取其四時之學則曰太學取其圜水則曰辟廱雖名別而實同鄭必以爲各異者袁準正論明堂宗廟大學禮之本物也事義不同各有所爲而世之論者合以爲一體取詩書放逸之文經典相似之語推而致之考之人情失之遠矣宗廟之中人所致敬幽隱清淨鬼神所居而使衆學處焉饗射其中人鬼慢黷死生交錯囚俘截耳瘡痍流血以干鬼神非其理也茅茨采椽至質之物建日月乘玉路以處其中非其類也夫宗廟鬼神所居祭天而於人鬼之室非其處也王者五門宗廟在一門之內若射在於廟而張三侯又辟廱在內人物衆多殆非宗廟之中所能容也如準之所論是鄭不同之意然考工記明堂南北七筵每室二筵則南北三室居六筵室外南北唯有一筵宗廟路寢制如明堂既殯在路寢室外

禮記義四十一　二　吳宗

得容殯者路寢雖制似明堂其飾不敢踰廟其實寬大矣故多士傳云天子堂廣九雉三分其廣以二爲內五分其內以一爲高東房西房北堂各三雉是其闊得容殯也或可殯在中央土室之前近西在金室之東不必要在堂簷之下

昔者周公朝諸侯于明堂之位周公攝王位以明堂之禮儀朝諸侯也不於宗廟辟王也天子負斧依南鄉而立天子周公也負之言背也斧依爲斧文屏風於戶牖之間周公於前立焉三公中階之前北面東上諸侯之位阼階之東西面北上諸伯之國西階之西東面北上諸子之國門東北

面東上諸男之國門西北面東上九夷之國東門之外西面北上八蠻之國南門之外北面東上六戎之國西門之外東面南上五狄之國北門之外南面東上九采之國應門之外北面東上四塞世告至此周公明堂之位也

朝之禮不於此周公權用之也朝位之上上近主位尊也九采九州之牧典貢職者也正門謂之應門二伯帥諸侯而入牧居外而糾察之也四塞謂夷服鎮服蕃服在四方爲蔽塞者新君即位則乃朝周禮侯服歲一見甸服二歲一見男服三歲一見采服四歲一見衛服五歲一見要服六歲一見九州之外謂之蕃國世一見

疏 正義曰此一節明周公朝諸侯於明堂之儀及諸侯夷狄所立之處各依文解之

注 周公至王也　正義曰周公攝王位者攝代也以成王年幼周公代之居位故云攝王位然周公攝位而死稱薨不云崩魯隱公攝諸侯之位而稱薨同正諸侯者鄭箴膏肓云周公歸政就臣位乃死何得記崩隱公見死於君位不稱薨云何又玄發墨守云隱爲攝位周公爲攝政雖俱相幼君攝政與攝位異也云不於宗廟辟王也者案覲禮諸侯受次于廟門外是覲在廟今在明堂故云辟王謂辟成王也

注 天子至立焉　正義曰以周公朝諸侯居天子位故云天子周公也故大誥云王若曰鄭云王謂周公居攝命大事則權稱王也王肅以爲稱成王命故稱王與鄭異也王肅以家語之文武王崩成王年十三鄭康成用衛宏之說武王崩時成王年十歲與王肅異也云斧依爲斧文屏風於户牖之閒者釋宫云牖户之閒謂之扆令云斧依故知爲斧文屏風於户牖閒皇氏云在

禮記正義四十一　三　徐宥

面東上諸男之國門西北面東上九夷之國東門之外西面北上八蠻之國南門之外北面東上六戎之國西門之外東面南上五狄之國北門之外南面東上九采之國應門之外北面東上四塞世告至此周公明堂之位也

朝之禮不於此周公權用之也朝位之上上近主位尊也九采九州之牧典貢職者也正門謂之應門二伯帥諸侯而入牧居外而糾察之也四塞謂夷服鎮服蕃服在四方爲蔽塞者新君即位則乃朝周禮侯服歲一見甸服二歲一見男服三歲一見采服四歲一見衛服五歲一見要服六歲一見九州之外謂之蕃國世一見

疏 正義曰此一節明周公朝諸侯於明堂之儀及諸侯夷狄所立之處各依文解之

注 周公至王也　正義曰周公攝王位者攝代也以成王年幼周公代之居位故云攝王位然周公攝位而死稱薨不云崩魯隱公攝諸侯之位而稱薨同正諸侯者鄭箴膏肓云周公歸政就臣位乃死何得記崩隱公見死於君位不稱薨云何又玄發墨守云隱爲攝位周公爲攝政雖俱相幼君攝政與攝位異也云不於宗廟辟王也者案覲禮諸侯受次于廟門外是覲在廟今在明堂故云辟王謂辟成王也

注 天子至立焉　正義曰以周公朝諸侯居天子位故云天子周公也故大誥云王若曰鄭云王謂周公居攝命大事則權稱王也王肅以爲稱成王命故稱王與鄭異也王肅以家語之文武王崩成王年十三鄭康成用衛宏之說武王崩時成王年十歲與王肅異也云斧依爲斧文屏風於户牖之閒者釋宫云牖户之閒謂之扆令云斧依故知爲斧文屏風於户牖閒皇氏云在

禮記正義四十一　三　徐宥

明堂中央大室戶牖開　三公中階之前北面東上此上下一經明朝位之法周公巳居天子位餘有二公而云三公者舉國本數言之中階者南面三階故稱中　諸侯之位阼階之東西面北上者侯對伯爲尊故在阼階阼階近主位也案諸伯以下皆云之國此云位者以三公既云中階之前不云位諸侯在諸國之上特舉位言之明以下皆朝位也　九夷之國東門之外西面北上者皇氏云在東門外之南故北上　八蠻之國南門之外北面東上者皇氏云在南門外之西故東上　六戎之國西門之外東面南上者皇氏云在西門外之北故南上　五狄之國北門之外南面東上者皇氏云在北門外之東今案經云東上則宜在北門外之西故東上　九采之國應門之外北面東上皇氏云在應門外之西此是九州之牧謂之采者以采取當州美物而貢天子故王制云千里之外曰采注云取其美物以當穀稅采亦是事言各掌其當州諸侯之事卽此注云牧居外而糾察之是也　四塞世告至者此謂九州之外

禮記義四十一　四　壽甫

夷鎭蕃三服夷狄爲四方蕃塞每世一來朝告至或新王卽位而來朝或已君初卽位故云世告至也　注朝位至一見　正義曰上近主位尊也者三公則東上侯尊於伯故在東子尊於男亦在東是上近主位尊也　云正門謂之應門者以明堂更無重門非路門外之應門以爾雅釋宮云正門謂之應門李巡云宮中南嚮大門應門也應是當也以當朝正門故謂之應門但天子宮內有路寢故應門之內有路門明堂既無路寢故無路門及以外諸門但有應門耳云二伯帥諸侯而入者案顧命畢公率東方諸侯入應門右召公率西方諸侯入應門左是也云牧居外而糾察之也者伯既領之入應門故牧居應門外糾察諸侯後入不如儀者引周禮侯服歲一見以下是大行人文也引之者證夷狄世一見則經之四塞世告至是也其夷狄之名此云九夷八蠻六戎五狄案職方云四夷八蠻七閩九貉五戎六狄爾雅釋地文云九夷八狄七戎六蠻謂之四海不同者爾雅釋地所云謂殷代此明堂周公朝諸侯

明堂中央大室戶牖開　三公中階之前北面東上此上下一經明朝位之法周公巳居天子位餘有二公而云三公者舉國本數言之中階者南面三階故稱中　諸侯之位阼階之東西面北上者侯對伯爲尊故在阼階阼階近主位也案諸伯以下皆云之國此云位者以三公既云中階之前不云位諸侯在諸國之上特舉位言之明以下皆朝位也　九夷之國東門之外西面北上者皇氏云在東門外之南故北上　八蠻之國南門之外北面東上者皇氏云在南門外之西故東上　六戎之國西門之外東面南上者皇氏云在西門外之北故南上　五狄之國北門之外南面東上者皇氏云在北門外之東今案經云東上則宜在北門外之西故東上　九采之國應門之外北面東上皇氏云在應門外之西此是九州之牧謂之采者以采取當州美物而貢天子故王制云千里之外曰采注云取其美物以當穀稅采亦是事言各掌其當州諸侯之事卽此注云牧居外而糾察之是也　四塞世告至者此謂九州之外

禮記義四十一　四　壽甫

夷鎭蕃三服夷狄爲四方蕃塞每世一來朝告至或新王卽位而來朝或已君初卽位故云世告至也　注朝位至一見　正義曰上近主位尊也者三公則東上侯尊於伯故在東子尊於男亦在東是上近主位尊也　云正門謂之應門者以明堂更無重門非路門外之應門以爾雅釋宮云正門謂之應門李巡云宮中南嚮大門應門也應是當也以當朝正門故謂之應門但天子宮內有路寢故應門之內有路門明堂既無路寢故無路門及以外諸門但有應門耳云二伯帥諸侯而入者案顧命畢公率東方諸侯入應門右召公率西方諸侯入應門左是也云牧居外而糾察之也者伯既領之入應門故牧居應門外糾察諸侯後入不如儀者引周禮侯服歲一見以下是大行人文也引之者證夷狄世一見則經之四塞世告至是也其夷狄之名此云九夷八蠻六戎五狄案職方云四夷八蠻七閩九貉五戎六狄爾雅釋地文云九夷八狄七戎六蠻謂之四海不同者爾雅釋地所云謂殷代此明堂周公朝諸侯

及職方並謂周禮但戎狄之數五六不同故鄭志趙商問曰職方掌四夷八蠻七閩九貉五戎六狄之數注云周之所服國數明堂云朝位服事之國數夷九蠻八戎六狄五禮文事異不達其數故鄭荅云職方四夷謂四方夷狄也九貉即九夷在東方八蠻在南方閩其別也戎狄之數或六或五兩文異爾雅雖有與同皆數爾無別國之名不甚明故不定也如鄭此言夷狄之名既無別國顯其名數或六或五不可知也

明堂也者明諸侯之尊卑也

朝於此所以正儀辨等也

【疏】正義曰所以朝諸侯於明堂者欲顯明諸侯之尊卑故就尊嚴之處以朝之【注】朝於至等也 正義曰解周公所以朝侯在此明堂之意云正儀辨等者大司馬職文彼云設儀辨位以等邦國鄭略言之

昔殷紂亂天下脯鬼侯以饗諸侯

以人肉爲薦羞惡之甚也

是以周公相武王以伐紂武王崩成王幼弱周公踐天子之位以治天下六年朝諸侯於明堂制禮作樂頒度量而天下大服

踐猶履也頒讀爲班度謂丈尺高卑廣狹也量謂豆區斗斛筐筥所容受

七年致政於成王成王以周公爲有勳勞於天下

致政以王事歸授之王功曰勳事功曰勞

【疏】正義曰此一節明周公有勳勞之事以殷紂亂天下周公相武王而伐之成王幼不能涖阼周公踐天子之位以攝之有大勳勞於天下所以封周公於魯行天子之禮樂及四代服器脯鬼侯者周本紀作九侯故庾氏云史記本紀云九侯有女入於紂九侯女不好淫紂怒殺之九與鬼聲相近故有不同也 武王崩成王幼弱者家語云武王崩成王年

及職方並謂周禮但戎狄之數五六不同故鄭志趙商問曰職方掌四夷八蠻七閩九貉五戎六狄之數注云周之所服國數明堂云朝位服事之國數夷九蠻八戎六狄五禮文事異不達其數故鄭荅云職方四夷謂四方夷狄也九貉即九夷在東方八蠻在南方閩其別也戎狄之數或六或五兩文異爾雅雖有與同皆數爾無別國之名不甚明故不定也如鄭此言夷狄之名既無別國顯其名數或六或五不可知也

明堂也者明諸侯之尊卑也

朝於此所以正儀辨等也

【疏】正義曰所以朝諸侯於明堂者欲顯明諸侯之尊卑故就尊嚴之處以朝之【注】朝於至等也 正義曰解周公所以朝侯在此明堂之意云正儀辨等者大司馬職文彼云設儀辨位以等邦國鄭略言之

昔殷紂亂天下脯鬼侯以饗諸侯

以人肉爲薦羞惡之甚也

是以周公相武王以伐紂武王崩成王幼弱周公踐天子之位以治天下六年朝諸侯於明堂制禮作樂頒度量而天下大服

踐猶履也頒讀爲班度謂丈尺高卑廣狹也量謂豆區斗斛筐筥所容受

七年致政於成王成王以周公爲有勳勞於天下

致政以王事歸授之王功曰勳事功曰勞

【疏】正義曰此一節明周公有勳勞之事以殷紂亂天下周公相武王而伐之成王幼不能涖阼周公踐天子之位以攝之有大勳勞於天下所以封周公於魯行天子之禮樂及四代服器脯鬼侯者周本紀作九侯故庾氏云史記本紀云九侯有女入於紂九侯女不好淫紂怒殺之九與鬼聲相近故有不同也 武王崩成王幼弱者家語云武王崩成王年

禮記義四十 五 王宗

足利本第四十一卷第六葉

十三鄭康成則以爲武王崩成王年十歲是幼弱也　六
年朝諸侯於明堂制禮作樂頒度量者周公攝政三年天
下太平六年而始制禮作樂者書傳云周公將制禮作樂
優游三年而不能作將大作恐天下莫我知也將小作則
爲人子不能揚父之功烈德澤然後營洛邑以期天下之
心於是四方民大和會周公曰示之以力役且猶至而況
導之以禮樂乎其度量六年則頒故鄭注尚書康王之誥
云攝政六年頒度量制其禮樂成王即位乃始用之故洛
誥云王肇稱殷禮祀于新邑是攝政七年冬也鄭云猶用
殷禮者至成王即位乃用周禮是也其周公制禮攝政孔
鄭不同孔以武王崩成王年十三至明年攝政管叔等流
言故金縢云武王既喪管叔及其群弟流言於國曰公將
不利於孺子時成王年十四即位攝政之元年周公東征
管蔡後二年克之故金縢云周公居東二年則罪人斯得
除往年時成王年十六攝政之三年也故詩序云周公東
征三年而歸攝政七年營洛邑封康叔而致政時成王年

禮記義四十一　六　王宗

二十故孔注洛誥以時成王年二十是也鄭則以爲武王
崩成王年十歲周書以武王十二月崩至成王年十二十
二月喪畢成王將即位稱己小求攝周公將代之管蔡等
流言周公懼之辟居東都故金縢云武王既喪管叔等流
言周公乃告二公曰我之不辟無以告我先王既喪謂喪
服除辟謂辟居東都時成王年十三明年成王盡執拘周
公屬黨故金縢云周公居東二年則罪人斯得罪人謂周
公屬黨也時成王年十四至明年秋大熟有雷風之異故
鄭注金縢云秋大熟謂二年之後明年秋迎周公而反反
則居攝之元年時成王年十五書傳所謂一年救亂明年
誅武庚管蔡等書傳所謂二年克殷明年自奄而還書傳
所謂三年踐奄四年封康叔書傳所謂四年建侯衛時成
王年十八也故康誥云孟侯書傳云天子太子十八稱孟
侯明年營洛邑故書傳云五年營成周六年制禮作樂七
年致政於成王時成王年二十一明年乃即政時年二十
二也禮既是鄭學故具詳焉　注致政至曰勞　正義曰

潘本第四十一卷第六葉

十三鄭康成則以爲武王崩成王年十歲是幼弱也　六
年朝諸侯於明堂制禮作樂頒度量者周公攝政三年天
下太平六年而始制禮作樂者書傳云周公將制禮作樂
優游三年而不能作將大作恐天下莫我知也將小作則
爲人子不能揚父之功烈德澤然後營洛邑以期天下之
心於是四方民大和會周公曰示之以力役且猶至而況
導之以禮樂乎其度量六年則頒故鄭注尚書康王之誥
云攝政六年頒度量制其禮樂成王即位乃始用之故洛
誥云王肇稱殷禮祀于新邑是攝政七年冬也鄭云猶用
殷禮者至成王即位乃用周禮是也其周公制禮攝政孔
鄭不同孔以武王崩成王年十三至明年攝政管叔等流
言故金縢云武王既喪管叔及其群弟流言於國曰公將
不利於孺子時成王年十四即位攝政之元年周公東征
管蔡後二年克之故金縢云周公居東二年則罪人斯得
除往年時成王年十六攝政之三年也故詩序云周公東
征三年而歸攝政七年營洛邑封康叔而致政時成王年

禮記義四十一　六　王宗

二十故孔注洛誥以時成王年二十是也鄭則以爲武王
崩成王年十歲周書以武王十二月崩至成王年十二十
二月喪畢成王將即位稱己小求攝周公將代之管蔡等
流言周公懼之辟居東都故金縢云武王既喪管叔等流
言周公乃告二公曰我之不辟無以告我先王既喪謂喪
服除辟謂辟居東都時成王年十三明年成王盡執拘周
公屬黨故金縢云周公居東二年則罪人斯得罪人謂周
公屬黨也時成王年十四至明年秋大熟有雷風之異故
鄭注金縢云秋大熟謂二年之後明年秋迎周公而反反
則居攝之元年時成王年十五書傳所謂一年救亂明年
誅武庚管蔡等書傳所謂二年克殷明年自奄而還書傳
所謂三年踐奄四年封康叔書傳所謂四年建侯衛時成
王年十八也故康誥云孟侯書傳云天子太子十八稱孟
侯明年營洛邑故書傳云五年營成周六年制禮作樂七
年致政於成王時成王年二十一明年乃即政時年二十
二也禮既是鄭學故具詳焉　注致政至曰勞　正義曰

明堂位第十四

足利本第四十一卷第七葉

致政以王事歸授之者案洛誥云朕復子明辟是以王事歸授之也云王功曰勳事功曰勞者是司勳職文彼注云王功輔成王業若周公也事功曰勞者注云以勞定國若禹也周公則勳勞兼有也是以封周公於曲阜地方七百里革車千乘曲阜魯地上公之封地方五百里加魯以四等之附庸方百里者二十四并五五二十五積四十九開方之得七百里革車兵車也兵車千乘成國之賦也詩魯頌曰王謂叔父建爾元子俾侯于魯大啟爾宇爲周室輔乃命魯公俾侯于東錫之山川土田附庸又曰公車千乘朱英緑縢命魯公世世祀周公以天子之禮樂同之於周尊之也魯公謂伯禽是以魯君孟春乘大路載弧韣旂十有二旒日月之

禮記義四十一　七　李仁

章祀帝于郊配以后稷天子之禮也孟春建子之月魯之始郊日以至大路殷之祭天車也弧旌旗所以張幅也其衣曰韣天子之旌旗畫日月帝謂蒼帝靈威仰也昊天上帝魯不祭季夏六月以禘禮祀周公於大廟牲用白牡尊用犧象山罍鬱尊用黃目灌用玉瓚大圭薦用玉豆雕篹爵用玉琖仍雕加以璧散璧角俎用梡嶡升歌清廟下管象朱干玉戚冕而舞大武皮弁素積裼而舞大夏昧東夷之樂也任南蠻之

潘本第四十一卷第七葉

致政以王事歸授之者案洛誥云朕復子明辟是以王事歸授之也云王功曰勳事功曰勞者是司勳職文彼注云王功輔成王業若周公也事功曰勞者注云以勞定國若禹也周公則勳勞兼有也是以封周公於曲阜地方七百里革車千乘曲阜魯地上公之封地方五百里加魯以四等之附庸方百里者二十四并五五二十五積四十九開方之得七百里革車兵車也兵車千乘成國之賦也詩魯頌曰王謂叔父建爾元子俾侯于魯大啟爾宇爲周室輔乃命魯公俾侯于東錫之山川土田附庸又曰公車千乘朱英緑縢命魯公世世祀周公以天子之禮樂同之於周尊之也魯公謂伯禽是以魯君孟春乘大路載弧韣旂十有二旒日月之

禮記義四十一　七　李仁

章祀帝于郊配以后稷天子之禮也孟春建子之月魯之始郊日以至大路殷之祭天車也弧旌旗所以張幅也其衣曰韣天子之旌旗畫日月帝謂蒼帝靈威仰也昊天上帝魯不祭季夏六月以禘禮祀周公於大廟牲用白牡尊用犧象山罍鬱尊用黃目灌用玉瓚大圭薦用玉豆雕篹爵用玉琖仍雕加以璧散璧角俎用梡嶡升歌清廟下管象朱干玉戚冕而舞大武皮弁素積裼而舞大夏昧東夷之樂也任南蠻之

足利本第四十一卷第八葉

樂也納夷蠻之樂於大廟言廣魯於天下也季夏建巳之月也禘大祭也周公曰大廟魯公曰世室羣公稱宮白牡殷牲也尊酒器也犧尊以沙羽爲畫飾象骨飾之鬱鬯之器也黃彝也灌酌鬱尊以獻也瓚形如槃容五升以大圭爲柄是謂圭瓚籩豆邊屬也以竹爲之雕刻飾其直者也爵君所進於尸也仍因也因爵之形爲之飾也加加爵也散角皆以璧飾其口也梡始有四足也嶡爲之距清廟周頌也象謂周頌武也以管播之朱干赤大盾也戚斧也冕冠名也諸公之服自衮冕而下如王之服也大武周舞也大夏夏舞也周禮昧師掌教昧樂詩曰以雅以南以籥不僭廣大也君卷冕立于阼夫人副褘立于房中君肉袒迎牲于門夫人薦豆籩卿大夫贊君命婦贊夫人各揚其職百官廢職服大刑而天下大服副首飾也今之步搖是也詩云副笄六珈周禮追師掌王后之首服爲副褘王后之上服唯魯及王者之後夫人服之諸侯夫人則自揄翟而下贊佐也命婦於內則世婦也於外則大夫之妻也祭祀世婦以下佐夫人揚舉也大刑重罪也天下大服知周公之德宜饗此也是故夏礿秋嘗冬烝春社秋省而遂大蜡天子之祭也不言春祠魯在東方王東巡守以春或闕之省讀爲獮獮秋田名也春田祭社秋田祀祊大蜡歲十二月索鬼神而祭之大廟天子明堂庫門天子皐門雉門天子應門言廟及門如天子之制也天子五門皐庫雉應路魯有庫雉路則諸侯三門與皐之言高也詩云乃立皐門皐門有伉乃立應

禮記正義四十一　八　姜仲

潘本第四十一卷第八葉

樂也納夷蠻之樂於大廟言廣魯於天下也季夏建巳之月也禘大祭也周公曰大廟魯公曰世室羣公稱宮白牡殷牲也尊酒器也犧尊以沙羽爲畫飾象骨飾之鬱鬯之器也黃彝也灌酌鬱尊以獻也瓚形如槃容五升以大圭爲柄是謂圭瓚籩豆邊屬也以竹爲之雕刻飾其直者也爵君所進於尸也仍因也因爵之形爲之飾也加加爵也散角皆以璧飾其口也梡始有四足也嶡爲之距清廟周頌也象謂周頌武也以管播之朱干赤大盾也戚斧也冕冠名也諸公之服自衮冕而下如王之服也大武周舞也大夏夏舞也周禮昧師掌教昧樂詩曰以雅以南以籥不僭廣大也君卷冕立于阼夫人副褘立于房中君肉袒迎牲于門夫人薦豆籩卿大夫贊君命婦贊夫人各揚其職百官廢職服大刑而天下大服副首飾也今之步搖是也詩云副笄六珈周禮追師掌王后之首服爲副褘王后之上服唯魯及王者之後夫人服之諸侯夫人則自揄翟而下贊佐也命婦於內則世婦也於外則大夫之妻也祭祀世婦以下佐夫人揚舉也大刑重罪也天下大服知周公之德宜饗此也是故夏礿秋嘗冬烝春社秋省而遂大蜡天子之祭也不言春祠魯在東方王東巡守以春或闕之省讀爲獮獮秋田名也春田祭社秋田祀祊大蜡歲十二月索鬼神而祭之大廟天子明堂庫門天子皐門雉門天子應門言廟及門如天子之制也天子五門皐庫雉應路魯有庫雉路則諸侯三門與皐之言高也詩云乃立皐門皐門有伉乃立應

禮記正義四十一　八　姜仲

門應門將將

振木鐸於朝天子之政也

天子將發號令必以木鐸警衆

山節藻梲復廟重檐刮楹達鄉反坫出尊崇坫康圭疏屏天子之廟飾也

山節刻欂盧爲山也藻梲畫侏儒柱爲藻文也復廟重屋也重檐重承壁材也刮刮摩也鄉牖屬謂夾户窻也每室八窻爲四達反坫反爵之坫也出尊當尊南也唯兩君爲好旣獻反爵於其上禮君尊于兩楹之閒崇高也康讀爲亢龍之亢又爲高坫亢所受圭奠于上焉屏謂之樹今浮思也刻之爲雲氣蟲獸如今闕上爲之矣

鸞車有虞氏之路也鉤車夏后氏之路也大路殷路也乘路周路也

鸞有鸞和也鉤有曲輿者也大路木路也乘路玉路也漢祭天乘殷之路也今謂之桑根車也春秋傳曰大路素鸞或爲欒也

禮記義四十一　九　金考

有虞氏之旂夏后氏之綏殷之大白周之大赤

四者旌旗之屬也綏當爲緌讀如冠蕤之蕤有虞氏當言緌夏后氏當言旂此蓋錯誤也緌謂注旄牛尾於杠首所謂大麾書云武王左杖黃鉞右秉白旄以麾周禮王建大旂以賓建大赤以朝建大白以即戎建大麾以田也

夏后氏駱馬黑鬣殷人白馬黑首周人黃馬蕃鬣夏后氏牲尚黑殷白牡周騂剛

順正色也白馬黑鬣曰駱殷黑首爲純白凶也騂剛赤色

泰有虞氏之尊也山罍夏后氏之尊也著殷尊也犧象周尊也

泰用瓦著著地無足

爵夏

門應門將將

振木鐸於朝天子之政也

天子將發號令必以木鐸警衆

山節藻梲復廟重檐刮楹達鄉反坫出尊崇坫康圭疏屏天子之廟飾也

山節刻欂盧爲山也藻梲畫侏儒柱爲藻文也復廟重屋也重檐重承壁材也刮刮摩也鄉牖屬謂夾户窻也每室八窻爲四達反坫反爵之坫也出尊當尊南也唯兩君爲好旣獻反爵於其上禮君尊于兩楹之閒崇高也康讀爲亢龍之亢又爲高坫亢所受圭奠于上焉屏謂之樹今浮思也刻之爲雲氣蟲獸如今闕上爲之矣

鸞車有虞氏之路也鉤車夏后氏之路也大路殷路也乘路周路也

鸞有鸞和也鉤有曲輿者也大路木路也乘路玉路也漢祭天乘殷之路也今謂之桑根車也春秋傳曰大路素鸞或爲欒也

禮記義四十一　九　金考

有虞氏之旂夏后氏之綏殷之大白周之大赤

四者旌旗之屬也綏當爲緌讀如冠蕤之蕤有虞氏當言緌夏后氏當言旂此蓋錯誤也緌謂注旄牛尾於杠首所謂大麾書云武王左杖黃鉞右秉白旄以麾周禮王建大旂以賓建大赤以朝建大白以即戎建大麾以田也

夏后氏駱馬黑鬣殷人白馬黑首周人黃馬蕃鬣夏后氏牲尚黑殷白牡周騂剛

順正色也白馬黑鬣曰駱殷黑首爲純白凶也騂剛赤色

泰有虞氏之尊也山罍夏后氏之尊也著殷尊也犧象周尊也

泰用瓦著著地無足

爵夏

后氏以琖殷以斝周以爵斝畫禾稼也詩曰洗爵奠斝灌尊夏后氏以雞夷殷以斝周以黃目其勺夏后氏以龍勺殷以疏勺周以蒲勺夷讀爲彝周禮春祠夏禴祼用雞彝鳥彝秋嘗冬烝祼用斝彝黃彝龍龍頭也疏通刻其頭蒲合蒲如鳧頭也土鼓蕢桴葦籥伊耆氏之樂也蕢當爲凷聲之誤也籥如笛三孔伊耆氏古天子有天下之號也今有姓伊耆氏者拊搏玉磬揩擊大琴大瑟中琴小瑟四代之樂器也拊搏以韋爲之充之以糠形如小鼓揩擊謂柷敔皆所以節樂者也四代虞夏殷周也魯公之廟文世室也武公之廟武世室也此二廟象周有文王武王之廟也世室者不毀之名也魯公伯禽也武公伯禽之玄孫也名敖米廩有虞氏之庠也序夏后氏之序也瞽宗殷學也頖宮周學也庠序亦學也庠之言詳也於以考禮詳事也魯謂之米廩虞帝上孝今藏粢盛之委焉序次序王事也瞽宗樂師瞽矇之所宗也古者有道德者使敎焉死則以爲樂祖於此祭之頖之言班也於以班政敎也崇鼎貫鼎大璜封父龜天子之器也崇貫封父皆國名文王伐崇古者伐國遷其重器以分同姓大璜夏后氏之璜春秋傳曰分魯公以夏后氏之璜越棘大弓天子之戎器也越國名也棘戟也春秋傳曰子都拔棘夏后氏之

禮記義四十一　十　施佺

后氏以琖殷以斝周以爵斝畫禾稼也詩曰洗爵奠斝灌尊夏后氏以雞夷殷以斝周以黃目其勺夏后氏以龍勺殷以疏勺周以蒲勺夷讀爲彝周禮春祠夏禴祼用雞彝鳥彝秋嘗冬烝祼用斝彝黃彝龍龍頭也疏通刻其頭蒲合蒲如鳧頭也土鼓蕢桴葦籥伊耆氏之樂也蕢當爲凷聲之誤也籥如笛三孔伊耆氏古天子有天下之號也今有姓伊耆氏者拊搏玉磬揩擊大琴大瑟中琴小瑟四代之樂器也拊搏以韋爲之充之以糠形如小鼓揩擊謂柷敔皆所以節樂者也四代虞夏殷周也魯公之廟文世室也武公之廟武世室也此二廟象周有文王武王之廟也世室者不毀之名也魯公伯禽也武公伯禽之玄孫也名敖米廩有虞氏之庠也序夏后氏之序也瞽宗殷學也頖宮周學也庠序亦學也庠之言詳也於以考禮詳事也魯謂之米廩虞帝上孝今藏粢盛之委焉序次序王事也瞽宗樂師瞽矇之所宗也古者有道德者使敎焉死則以爲樂祖於此祭之頖之言班也於以班政敎也崇鼎貫鼎大璜封父龜天子之器也崇貫封父皆國名文王伐崇古者伐國遷其重器以分同姓大璜夏后氏之璜春秋傳曰分魯公以夏后氏之璜越棘大弓天子之戎器也越國名也棘戟也春秋傳曰子都拔棘夏后氏之

禮記義四十一　十　施佺

鼓足殷楹鼓周縣鼓 足謂四足也楹謂之柱貫中上出也縣縣之簨虡也殷頌曰植我鼗鼓周頌曰應朄縣鼓 垂之和鍾叔之離磬女媧之笙簧 垂堯之共工也女媧三皇承宓羲者叔未聞也和離謂次序其聲縣也笙簧笙中之簧也世本作曰垂作鍾無句作磬女媧作笙簧 夏后氏之龍簨虡殷之崇牙周之璧翣 簨虡所以縣鍾磬也横曰簨飾之以鱗屬植曰虡飾之以贏屬羽屬簨以大版爲之謂之業殷又於龍上刻畫之爲重牙以挂縣紘也周又畫繒爲翣戴以璧垂五采羽於其下樹於簨之角上飾彌多也周頌曰設業設虡崇牙樹羽 有虞氏之兩敦夏后氏之四

禮記義四十一　十一　施俊

璉殷之六瑚周之八簋 皆黍稷器制之異同未聞 俎有虞氏以梡夏后氏以嶡殷以椇周以房俎 梡斷木爲四足而已嶡之言蹷也謂中足爲横距之象周禮謂之距椇之言枳椇也謂曲橈之也房謂足下跗也上下兩間有似於堂房魯頌曰籩豆大房 夏后氏以楬豆殷玉豆周獻豆 楬無異物之飾也獻疏刻之齊人謂無髮爲禿楬 有虞氏服韍夏后氏山殷火周龍章 韍冕服之韠也舜始作之以尊祭服禹湯至周增以畫文後王彌飾也山取其仁可仰也火取其明也龍取其變化也天子備焉諸侯火而下卿大夫山士韎韋而已韍或作黻 有虞氏祭首夏后氏祭心殷祭肝周祭肺 氣主盛也 夏后氏尚明水殷尚醴周尚酒 此皆

鼓足殷楹鼓周縣鼓 足謂四足也楹謂之柱貫中上出也縣縣之簨虡也殷頌曰植我鼗鼓周頌曰應朄縣鼓 垂之和鍾叔之離磬女媧之笙簧 垂堯之共工也女媧三皇承宓羲者叔未聞也和離謂次序其聲縣也笙簧笙中之簧也世本作曰垂作鍾無句作磬女媧作笙簧 夏后氏之龍簨虡殷之崇牙周之璧翣 簨虡所以縣鍾磬也横曰簨飾之以鱗屬植曰虡飾之以贏屬羽屬簨以大版爲之謂之業殷又於龍上刻畫之爲重牙以挂縣紘也周又畫繒爲翣戴以璧垂五采羽於其下樹於簨之角上飾彌多也周頌曰設業設虡崇牙樹羽 有虞氏之兩敦夏后氏之四

禮記義四十一　十一　施俊

璉殷之六瑚周之八簋 皆黍稷器制之異同未聞 俎有虞氏以梡夏后氏以嶡殷以椇周以房俎 梡斷木爲四足而已嶡之言蹷也謂中足爲横距之象周禮謂之距椇之言枳椇也謂曲橈之也房謂足下跗也上下兩間有似於堂房魯頌曰籩豆大房 夏后氏以楬豆殷玉豆周獻豆 楬無異物之飾也獻疏刻之齊人謂無髮爲禿楬 有虞氏服韍夏后氏山殷火周龍章 韍冕服之韠也舜始作之以尊祭服禹湯至周增以畫文後王彌飾也山取其仁可仰也火取其明也龍取其變化也天子備焉諸侯火而下卿大夫山士韎韋而已韍或作黻 有虞氏祭首夏后氏祭心殷祭肝周祭肺 氣主盛也 夏后氏尚明水殷尚醴周尚酒 此皆

足利本第四十一卷第十二葉

其時之用耳言尚也　有虞氏官五十夏后氏官百殷二百周三百　周之六卿其屬各六十則周三百六十官也此云三百者記時冬官亡矣疏義曰天子立六官三公九卿二十七大夫八十一元士凡百二十蓋謂夏時也以夏周推前後之差有虞氏官宜六十夏后氏宜百二十殷宜二百四十不得如此記也

有虞氏之綏夏后氏之綢練殷之崇牙周之璧翣　綏亦旌旗之緌也夏綢其杠以練為之旒殷又刻繒為重牙以飾其側亦飾彌多也湯以武受命恒以牙為飾也此旌旗及翣皆喪葬之飾周禮大喪葬巾車執蓋從車持旌御僕持翣旌從遣車翣夾柩路左右前後天子八翣皆戴璧垂羽諸侯六翣皆戴圭大夫四翣士二翣皆戴緌孔子之喪公西赤為志焉亦用此焉爾雅說旌旗曰素錦綢杠纁帛縿素升龍於縿練旒九

禮記正義四十一　十二

凡四代之服器官魯兼用之是故魯王禮也天下傳之久矣君臣未嘗相弒也禮樂刑法政俗未嘗相變也天下以為有道之國是故天下資禮樂焉　王禮天子之禮也傳傳世也資取也此蓋盛周公之德耳春秋時魯三君弒又士之有誅由莊公始婦人髽而弔始於臺駘云君臣未嘗相弒政俗未嘗相變亦近誣矣資或為歎

【疏】正義曰自此以下皆為周公有勳勞之事故成王特賜魯家用天子之禮兼四代服器各隨文解之

【注】曲阜至緑縢　正義曰云曲阜魯地者案書金縢序云魯侯伯禽宅曲阜又案定四年左傳封於少皞之虛臣瓚注漢書云魯城內有曲阜逶迤長八九里云加魯以四等之附庸者魯受上公五百里之封又加四等附庸四

潘本第四十一卷第十二葉

其時之用耳言尚也　有虞氏官五十夏后氏官百殷二百周三百　周之六卿其屬各六十則周三百六十官也此云三百者記時冬官亡矣疏義曰天子立六官三公九卿二十七大夫八十一元士凡百二十蓋謂夏時也以夏周推前後之差有虞氏官宜六十夏后氏宜百二十殷宜二百四十不得如此記也

有虞氏之綏夏后氏之綢練殷之崇牙周之璧翣　綏亦旌旗之緌也夏綢其杠以練為之旒殷又刻繒為重牙以飾其側亦飾彌多也湯以武受命恒以牙為飾也此旌旗及翣皆喪葬之飾周禮大喪葬巾車執蓋從車持旌御僕持翣旌從遣車翣夾柩路左右前後天子八翣皆戴璧垂羽諸侯六翣皆戴圭大夫四翣士二翣皆戴緌孔子之喪公西赤為志焉亦用此焉爾雅說旌旗曰素錦綢杠纁帛縿素升龍於縿練旒九

禮記正義四十一　十二

凡四代之服器官魯兼用之是故魯王禮也天下傳之久矣君臣未嘗相弒也禮樂刑法政俗未嘗相變也天下以為有道之國是故天下資禮樂焉　王禮天子之禮也傳傳世也資取也此蓋盛周公之德耳春秋時魯三君弒又士之有誅由莊公始婦人髽而弔始於臺駘云君臣未嘗相弒政俗未嘗相變亦近誣矣資或為歎

【疏】正義曰自此以下皆為周公有勳勞之事故成王特賜魯家用天子之禮兼四代服器各隨文解之

【注】曲阜至緑縢　正義曰云曲阜魯地者案書金縢序云魯侯伯禽宅曲阜又案定四年左傳封於少皞之虛臣瓚注漢書云魯城內有曲阜逶迤長八九里云加魯以四等之附庸者魯受上公五百里之封又加四等附庸四

足利本第四十一卷第十三葉

等謂侯伯子男也案大司徒注云公無附庸侯附庸九同伯附庸七同子附庸五同男附庸三同揔爲二十四同同謂百里也既受五百里之封五五二十五爲二十五同又加二十四同故云積四十九開方計之得七百里云兵車千乘成國之賦也者案左傳云成國不過半天子之軍案論語千乘之賦居地方三百一十六里有畸諸侯之地三百里而下未成國也公則五百里侯四百里計地餘有千乘故謂之成國引詩魯頌以下者詩頌閟宫文也引之者證魯廣開土宇兵車千乘之事云朱英緑縢者言以朱爲英飾以緑爲縢約也 注同之至伯禽 正義曰同之於周者謂同此周公於周之天子云魯公謂伯禽者尚書費誓云魯侯伯禽宅曲阜時伯禽歸魯周公不之魯故公羊文十三年傳封魯公以爲周公也周公拜乎前魯公拜乎後曰生以養周公死以爲周公主然則周公之魯乎曰不之魯也曷爲不之魯欲天下之一乎周也言若周公之魯恐天下歸心於魯故不之魯使天下一心以事周 注孟

禮記義四十一　十三　童本

春至不祭 正義曰知孟春是建子之月者以下云季夏六月以禘禮祀周公若是夏之季夏非禘祭之月即是周之季夏明此孟春亦周之孟春又雜記孟獻子曰正月日至可以有事於上帝故知此孟春是建子之月也云魯之始郊日以至者郊特牲云周之始郊日以至鄭既破周爲魯故云魯郊日以至云大路殷之祭天車也者以下文云大路殷路知祭天車者以祭天尚質器用陶匏大路一就故知是祭天所用也以尊敬周公故用先代殷禮牲用白牡車乘殷路云弧旌旗所以張幅也者弧以竹爲之其形爲弓以張縿之幅故考工記弧旌枉矢以象弧也注云弧以張縿之幅云其衣曰韣者謂此弓之衣謂之爲韣云天子之旌旗畫日月者周禮日月爲常又云王建大常此云日月之章與天子同也云帝謂蒼帝靈威仰者鄭恐是昊天上帝故明之云靈威仰也知非昊天上帝者以其配后稷后稷唯配靈威仰不配昊天上帝也鄭以此經唯云配以后稷故知昊天上帝魯不祭也 季夏至下也 正義

潘本第四十一卷第十三葉

等謂侯伯子男也案大司徒注云公無附庸侯附庸九同伯附庸七同子附庸五同男附庸三同揔爲二十四同同謂百里也既受五百里之封五五二十五爲二十五同又加二十四同故云積四十九開方計之得七百里云兵車千乘成國之賦也者案左傳云成國不過半天子之軍案論語千乘之賦居地方三百一十六里有畸諸侯之地三百里而下未成國也公則五百里侯四百里計地餘有千乘故謂之成國引詩魯頌以下者詩頌閟宫文也引之者證魯廣開土宇兵車千乘之事云朱英緑縢者言以朱爲英飾以緑爲縢約也 注同之至伯禽 正義曰同之於周者謂同此周公於周之天子云魯公謂伯禽者尚書費誓云魯侯伯禽宅曲阜時伯禽歸魯周公不之魯故公羊文十三年傳封魯公以爲周公也周公拜乎前魯公拜乎後曰生以養周公死以爲周公主然則周公之魯乎曰不之魯也曷爲不之魯欲天下之一乎周也言若周公之魯恐天下歸心於魯故不之魯使天下一心以事周 注孟

禮記義四十一　十三　童本

春至不祭 正義曰知孟春是建子之月者以下云季夏六月以禘禮祀周公若是夏之季夏非禘祭之月即是周之季夏明此孟春亦周之孟春又雜記孟獻子曰正月日至可以有事於上帝故知此孟春是建子之月也云魯之始郊日以至者郊特牲云周之始郊日以至鄭既破周爲魯故云魯郊日以至云大路殷之祭天車也者以下文云大路殷路知祭天車者以祭天尚質器用陶匏大路一就故知是祭天所用也以尊敬周公故用先代殷禮牲用白牡車乘殷路云弧旌旗所以張幅也者弧以竹爲之其形爲弓以張縿之幅故考工記弧旌枉矢以象弧也注云弧以張縿之幅云其衣曰韣者謂此弓之衣謂之爲韣云天子之旌旗畫日月者周禮日月爲常又云王建大常此云日月之章與天子同也云帝謂蒼帝靈威仰者鄭恐是昊天上帝故明之云靈威仰也知非昊天上帝者以其配后稷后稷唯配靈威仰不配昊天上帝也鄭以此經唯云配以后稷故知昊天上帝魯不祭也 季夏至下也 正義

曰此一節明祫禮祀周公於大廟文物具備之儀　牲用白牡者白牡殷牲尊敬周公不可用已代之牲故用白牡　尊用犧象山罍者魯得用天子之尊也犧犧尊也周禮春夏之祭朝踐堂上薦血腥時用以盛醴齊君及夫人所酌以獻尸也象象尊也周禮春夏之祭堂上薦朝事竟尸入室饋食時用以盛盎齊君及夫人所酌以獻尸也山罍謂夏后氏之尊天子於追享朝享之祭再獻所用今褒崇周公於祫祭之時亦雜用山尊但不知何節所用　鬱尊用黃目者鬱謂鬱鬯酒黃目甞烝所用今尊崇周公故於夏祫用之　灌用玉瓚大圭者灌謂酌鬱鬯獻尸求神也酌之所用玉瓚以玉飾瓚故曰玉瓚也以大圭爲瓚柄故曰大圭也　薦用玉豆者薦謂祭時所薦菹醢之屬也以玉飾豆故曰玉豆下云殷玉豆是也　雕篹者篹籩也以竹爲之形似筥亦薦時用也雕鏤其柄故曰雕篹也　爵用玉琖仍雕者爵君酌酒獻尸杯也琖夏后氏之爵名也以玉飾之故曰玉琖仍因也因用爵形而爲之飾故曰

禮記義四十一　十四　宋瑜

仍雕　加以璧散璧角者加謂尸入室饋食竟主人酌醴齊酳尸名爲朝獻朝獻竟而夫人酌盎齊亞獻名爲再獻又名爲加于時薦加豆籩也此再獻之時夫人用璧角內宰所謂瑤爵也其璧散者夫人再獻訖諸侯爲賓用之以獻尸雖非正加是夫人加爵之後摠而言之亦得稱加故此摠云加以璧散璧角先散後角便文也　俎用梡嶡者梡嶡兩代俎也虞俎名梡梡形四足如案禮圖云梡長二尺四寸廣一尺二寸高一尺諸臣加雲氣天子犧飾之夏俎名嶡嶡亦如梡而橫柱四足中央如距也賀云直有腳曰梡加腳中央橫木曰嶡　升歌清廟者升升堂也清廟周頌文王詩也升樂工於廟堂而歌清廟詩也　下管象者下堂下也管匏竹在堂下故云下管也象謂象武詩也堂下吹管以播象武之詩故云下管象也　朱干玉戚者干盾也戚斧也赤盾而玉飾斧也　冕而舞大武者冕袞冕也大武武王樂也王著袞冕執赤盾玉斧而舞武王伐紂之樂也　皮弁素積裼而舞大夏者皮弁三王之服也

曰此一節明祫禮祀周公於大廟文物具備之儀　牲用白牡者白牡殷牲尊敬周公不可用已代之牲故用白牡　尊用犧象山罍者魯得用天子之尊也犧犧尊也周禮春夏之祭朝踐堂上薦血腥時用以盛醴齊君及夫人所酌以獻尸也象象尊也周禮春夏之祭堂上薦朝事竟尸入室饋食時用以盛盎齊君及夫人所酌以獻尸也山罍謂夏后氏之尊天子於追享朝享之祭再獻所用今褒崇周公於祫祭之時亦雜用山尊但不知何節所用　鬱尊用黃目者鬱謂鬱鬯酒黃目甞烝所用今尊崇周公故於夏祫用之　灌用玉瓚大圭者灌謂酌鬱鬯獻尸求神也酌之所用玉瓚以玉飾瓚故曰玉瓚也以大圭爲瓚柄故曰大圭也　薦用玉豆者薦謂祭時所薦菹醢之屬也以玉飾豆故曰玉豆下云殷玉豆是也　雕篹者篹籩也以竹爲之形似筥亦薦時用也雕鏤其柄故曰雕篹也　爵用玉琖仍雕者爵君酌酒獻尸杯也琖夏后氏之爵名也以玉飾之故曰玉琖仍因也因用爵形而爲之飾故曰

禮記義四十一　十四　宋瑜

仍雕　加以璧散璧角者加謂尸入室饋食竟主人酌醴齊酳尸名爲朝獻朝獻竟而夫人酌盎齊亞獻名爲再獻又名爲加于時薦加豆籩也此再獻之時夫人用璧角內宰所謂瑤爵也其璧散者夫人再獻訖諸侯爲賓用之以獻尸雖非正加是夫人加爵之後摠而言之亦得稱加故此摠云加以璧散璧角先散後角便文也　俎用梡嶡者梡嶡兩代俎也虞俎名梡梡形四足如案禮圖云梡長二尺四寸廣一尺二寸高一尺諸臣加雲氣天子犧飾之夏俎名嶡嶡亦如梡而橫柱四足中央如距也賀云直有腳曰梡加腳中央橫木曰嶡　升歌清廟者升升堂也清廟周頌文王詩也升樂工於廟堂而歌清廟詩也　下管象者下堂下也管匏竹在堂下故云下管也象謂象武詩也堂下吹管以播象武之詩故云下管象也　朱干玉戚者干盾也戚斧也赤盾而玉飾斧也　冕而舞大武者冕袞冕也大武武王樂也王著袞冕執赤盾玉斧而舞武王伐紂之樂也　皮弁素積裼而舞大夏者皮弁三王之服也

足利本第四十一卷第十五葉

裼見美也大古又夏禹之樂也王又服皮弁裼而舞夏后氏
之樂也六冕一定周制故用冕而舞周樂皮弁是三王服故
用皮弁舞古八樂也而周樂是武武質故不裼夏家樂文文
故裼也若諸侯之祭各服所祭之冕而舞故祭統云諸侯
之祭也與竟内樂之冕而揔干率其羣臣以樂皇尸是知
用冕服舞也　昧東夷之樂也任南蠻之樂也者周公德
廣非唯用四代之樂亦爲蠻夷所歸故賜奏蠻夷之樂於
庭也唯言夷蠻則戎狄從可知也又一通云正樂既不得
六代故蠻夷則唯與二方也白虎通云樂元語曰東夷之
樂曰朝離萬物微離地而生樂持矛舞助時生也南夷樂
曰南南任也任養萬物樂持羽舞助時養也西夷樂曰味
味昧也萬物衰老取晦昧之義也樂持戟舞助時殺也北
夷樂曰禁言萬物禁藏樂持干舞助時藏也又曰唯制夷
狄樂聖王也先王推行道德和調陰陽覆被夷狄故制夷
狄樂何不制夷禮禮者身當履而行之夷狄不能行禮也
此東曰昧西曰株離與白虎通正相反者以春秋二方俱

禮記正義四二　十三　宋瑜

有昧株離之義故曰虎通及此各舉其一白虎通云朝離
則株離也鉤命決亦云東夷之樂曰昧南夷之樂曰南與
此同　納夷蠻之樂於大廟者皆於大廟奏之　言廣魯
於天下也者廣魯欲使如天子示於天下故云廣魯於天
下也　注季夏至大也　正義曰羣公稱宮此公羊文十
三年傳曰周公稱大廟魯公稱世室羣公稱宮此魯公之
廟也曷爲謂之世室世室猶世世不毀也左氏經以爲大
室屋壞服氏云大廟之室與公羊及鄭違今所不取云犧
尊以沙羽爲畫飾者鄭志張逸問曰明堂注犧尊以沙羽
爲畫飾前問曰犧讀如沙沙鳳皇也不解鳳皇何以爲沙
荅曰刻畫鳳皇之象於尊其形婆娑然或有作獻字者齊
人之聲誤耳又鄭注司尊彝云山罍亦刻而畫之爲山雲
之形鄭司農注周禮司尊彝云獻讀爲犧犧尊飾以翡翠
象尊以象鳳皇或曰以象骨飾尊王注禮器云爲犧牛及
象之形鑿其背以爲尊故謂之犧象阮諶禮圖云犧尊畫
以牛形云篹邊屬也以竹爲之雕刻飾其直者也知篹爲

潘本第四十一卷第十五葉

裼見美也大古又夏禹之樂也王又服皮弁裼而舞夏后氏
之樂也六冕一定周制故用冕而舞周樂皮弁是三王服故
用皮弁舞古八樂也而周樂是武武質故不裼夏家樂文文
故裼也若諸侯之祭各服所祭之冕而舞故祭統云諸侯
之祭也與竟内樂之冕而揔干率其羣臣以樂皇尸是知
用冕服舞也　昧東夷之樂也任南蠻之樂也者周公德
廣非唯用四代之樂亦爲蠻夷所歸故賜奏蠻夷之樂於
庭也唯言夷蠻則戎狄從可知也又一通云正樂既不得
六代故蠻夷則唯與二方也白虎通云樂元語曰東夷之
樂曰朝離萬物微離地而生樂持矛舞助時生也南夷樂
曰南南任也任養萬物樂持羽舞助時養也西夷樂曰味
味昧也萬物衰老取晦昧之義也樂持戟舞助時殺也北
夷樂曰禁言萬物禁藏樂持干舞助時藏也又曰唯制夷
狄樂聖王也先王推行道德和調陰陽覆被夷狄故制夷
狄樂何不制夷禮禮者身當履而行之夷狄不能行禮也
此東曰昧西曰株離與白虎通正相反者以春秋二方俱

有昧株離之義故曰虎通及此各舉其一白虎通云朝離
則株離也鉤命決亦云東夷之樂曰昧南夷之樂曰南與
此同　納夷蠻之樂於大廟者皆於大廟奏之　言廣魯
於天下也者廣魯欲使如天子示於天下故云廣魯於天
下也　注季夏至大也　正義曰羣公稱宮此公羊文十
三年傳曰周公稱大廟魯公稱世室羣公稱宮此魯公之
廟也曷爲謂之世室世室猶世世不毀也左氏經以爲大
室屋壞服氏云大廟之室與公羊及鄭違今所不取云犧
尊以沙羽爲畫飾者鄭志張逸問曰明堂注犧尊以沙羽
爲畫飾前問曰犧讀如沙沙鳳皇也不解鳳皇何以爲沙
荅曰刻畫鳳皇之象於尊其形婆娑然或有作獻字者齊
人之聲誤耳又鄭注司尊彝云山罍亦刻而畫之爲山雲
之形鄭司農注周禮司尊彝云獻讀爲犧犧尊飾以翡翠
象尊以象鳳皇或曰以象骨飾尊王注禮器云爲犧牛及
象之形鑿其背以爲尊故謂之犧象阮諶禮圖云犧尊畫
以牛形云篹邊屬也以竹爲之雕刻飾其直者也知篹爲

足利本第四十一卷第十六葉

籩屬者與豆連文故知籩屬以字從竹故知以竹爲之直
柄也篹飾用竹不可刻飾今云雕其直者是刻其柄也云
仍因也者釋詁文也云加加爵也者以其非正獻故謂之
加云散角皆以璧飾其口也者鄭恐散角以璧爲之故云
以璧飾其口内宰謂之瑶爵此處謂之璧角者瑶是玉名
爵是揔號璧是玉之形制角是爵之所受之名異其實一
物也云梡始有四足也者以虞氏尚質未有餘飾故知始
有四足云嶡爲之距者以夏世漸文故知以横木距於足
中云清廟周頌也者以文王有清明之德祭之於廟而作
頌也云象謂周頌武也以管播之者案詩維清奏象舞襄
二十九年見舞象箾南籥知非文王樂必以爲大武武王
樂者以經云升歌清廟下管象以父詩在上子詩在下故
知爲武王樂也以管播之謂吹管播散詩之聲也云大武
周舞也者上云下管象謂吹大武詩此云舞大武謂爲大
武之舞云大夏夏舞也者以大夏是禹樂故爲夏舞引周
禮昧師者證經之昧樂引詩以雅以南者證經之南夷之

禮記義四十一　十六　金昇

樂任即南也則此詩小雅鼓鐘之詩鄭云雅萬舞也萬也
南也籥也三舞不僭言進退之旅也周樂尚武故謂萬舞
爲雅　君卷至大服　正義曰前經明祀周公所用器物
此經明祀周公之時君與夫人卿大夫命婦行禮之儀
夫人副褘立于房中者尸初入之時君待之於阼階夫人
立於東房中魯之大廟如天子明堂得立房中者房則東
南之室也揔稱房耳皇氏云祭姜嫄之廟故有房案此文
承上禘祀周公之下下云天下大服鄭注知周公之德宜
饗此也則是祀周公於大廟而云姜嫄廟非辭也　迎牲
于門者謂祼鬯之後牲入之時迎於門　夫人薦豆籩者謂
朝踐及饋孰并酳尸之時薦豆籩也　卿大夫贊君者贊
助也卿大夫助君謂初迎牲幣告及終祭以來之屬也
命婦贊夫人者命婦於内則世婦以下於外則卿大夫妻
並助夫人薦豆籩及祭事之屬也　各揚其職百官廢職
服大刑者當祭之時命百官各揚舉其職事如有廢職不
供服之以大刑　而天下大服者以祭周公文物備具禮

潘本第四十一卷第十六葉

籩屬者與豆連文故知籩屬以字從竹故知以竹爲之直
柄也篹飾用竹不可刻飾今云雕其直者是刻其柄也云
仍因也者釋詁文也云加加爵也者以其非正獻故謂之
加云散角皆以璧飾其口也者鄭恐散角以璧爲之故云
以璧飾其口内宰謂之瑶爵此處謂之璧角者瑶是玉名
爵是揔號璧是玉之形制角是爵之所受之名異其實一
物也云梡始有四足也者以虞氏尚質未有餘飾故知始
有四足云嶡爲之距者以夏世漸文故知以横木距於足
中云清廟周頌也者以文王有清明之德祭之於廟而作
頌也云象謂周頌武也以管播之者案詩維清奏象舞襄
二十九年見舞象箾南籥知非文王樂必以爲大武武王
樂者以經云升歌清廟下管象以父詩在上子詩在下故
知爲武王樂也以管播之謂吹管播散詩之聲也云大武
周舞也者上云下管象謂吹大武詩此云舞大武謂爲大
武之舞云大夏夏舞也者以大夏是禹樂故爲夏舞引周
禮昧師者證經之昧樂引詩以雅以南者證經之南夷之

禮記義四十一　十六　金昇

樂任即南也則此詩小雅鼓鐘之詩鄭云雅萬舞也萬也
南也籥也三舞不僭言進退之旅也周樂尚武故謂萬舞
爲雅　君卷至大服　正義曰前經明祀周公所用器物
此經明祀周公之時君與夫人卿大夫命婦行禮之儀
夫人副褘立于房中者尸初入之時君待之於阼階夫人
立於東房中魯之大廟如天子明堂得立房中者房則東
南之室也揔稱房耳皇氏云祭姜嫄之廟故有房案此文
承上禘祀周公之下下云天下大服鄭注知周公之德宜
饗此也則是祀周公於大廟而云姜嫄廟非辭也　迎牲
于門者謂祼鬯之後牲入之時迎於門　夫人薦豆籩者謂
朝踐及饋孰并酳尸之時薦豆籩也　卿大夫贊君者贊
助也卿大夫助君謂初迎牲幣告及終祭以來之屬也
命婦贊夫人者命婦於内則世婦以下於外則卿大夫妻
並助夫人薦豆籩及祭事之屬也　各揚其職百官廢職
服大刑者當祭之時命百官各揚舉其職事如有廢職不
供服之以大刑　而天下大服者以祭周公文物備具禮

足利本第四十一卷第十七葉

儀整肅百官供命而天下大服明周公之德宜合如此
注副首至此也　正義曰經云副禕副是首飾以其覆被
頭首漢之步搖亦覆首故云今之步搖引詩副笄六珈者
詩鄘風刺衛宣姜之詩也言宣姜首著副珈而又以笄六
玉加於副上引周禮追師者證副者是王后首服言追師
掌爲副以供后之首服云禕王后之上服者案周禮云禕
衣揄翟闕翟等皆是后之所服但禕衣則是王后服之上
者云唯魯及王者之後夫人服之者此經夫人副禕是魯
得服之王者之後得行先代天子禮樂是王者之後夫人
得服之云諸侯夫人則自揄翟而下者言其餘諸侯夫人
不得服禕衣也云命婦於內則世婦也於外則大夫之妻
也者案喪服傳云命婦者婦人之爲大夫妻世婦與大夫
位同故知內則世婦也不云女御及士妻者以經云卿大
夫贊君士賤略而不言明士妻及女御亦略之　是故至
祭也　正義曰此一經明魯得祭之事　注不言至祀祊
正義曰云魯在東方者朝恒用春當朝之年以朝闕祭

禮記義四十一　十七　金彥

云王東巡守以春者鄭既明朝時闕春祭又明王巡守之
時魯亦闕春祭巡守在於二月不於正月祭者皇氏云諸
侯預前待於竟故不得正月祭也云省讀爲獮獮秋田名
也者以省獮聲相近大司馬云中秋教治兵遂以獮田故
知秋田名也云春田祭社秋田祀祊者大司馬職文彼云
秋祀祊鄭云祊當爲方謂四方句芒之屬也　大廟至應
門　正義曰此一經明魯之門及廟之制　大廟天子明
堂者言周公大廟制似天子明堂　庫門天子皐門者言
魯之庫門制似天子皐門　雉門天子應門者言魯之雉
門制似天子應門　注言廟至將將　正義曰言廟及門
如天子之制也者謂制度高大如似天子耳不必事事皆
同故前文祭天不得祭圜丘又郊特牲祭天服衮冕不服
大裘是不得盡如天子記者美之云天子之禮耳是知魯
之大廟不可一一似明堂也云天子五門皐庫雉應路者
此經云天子皐門天子應門是天子有皐門應門顧命有
畢門畢門則路門也是天子有路門此經魯有庫門雉門

潘本第四十一卷第十七葉

儀整肅百官供命而天下大服明周公之德宜合如此
注副首至此也　正義曰經云副禕副是首飾以其覆被
頭首漢之步搖亦覆首故云今之步搖引詩副笄六珈者
詩鄘風刺衛宣姜之詩也言宣姜首著副珈而又以笄六
玉加於副上引周禮追師者證副者是王后首服言追師
掌爲副以供后之首服云禕王后之上服者案周禮云禕
衣揄翟闕翟等皆是后之所服但禕衣則是王后服之上
者云唯魯及王者之後夫人服之者此經夫人副禕是魯
得服之王者之後得行先代天子禮樂是王者之後夫人
得服之云諸侯夫人則自揄翟而下者言其餘諸侯夫人
不得服禕衣也云命婦於內則世婦也於外則大夫之妻
也者案喪服傳云命婦者婦人之爲大夫妻世婦與大夫
位同故知內則世婦也不云女御及士妻者以經云卿大
夫贊君士賤略而不言明士妻及女御亦略之　是故至
祭也　正義曰此一經明魯得祭之事　注不言至祀祊
正義曰云魯在東方者朝恒用春當朝之年以朝闕祭

禮記義四十一　十七　金彥

云王東巡守以春者鄭既明朝時闕春祭又明王巡守之
時魯亦闕春祭巡守在於二月不於正月祭者皇氏云諸
侯預前待於竟故不得正月祭也云省讀爲獮獮秋田名
也者以省獮聲相近大司馬云中秋教治兵遂以獮田故
知秋田名也云春田祭社秋田祀祊者大司馬職文彼云
秋祀祊鄭云祊當爲方謂四方句芒之屬也　大廟至應
門　正義曰此一經明魯之門及廟之制　大廟天子明
堂者言周公大廟制似天子明堂　庫門天子皐門者言
魯之庫門制似天子皐門　雉門天子應門者言魯之雉
門制似天子應門　注言廟至將將　正義曰言廟及門
如天子之制也者謂制度高大如似天子耳不必事事皆
同故前文祭天不得祭圜丘又郊特牲祭天服衮冕不服
大裘是不得盡如天子記者美之云天子之禮耳是知魯
之大廟不可一一似明堂也云天子五門皐庫雉應路者
此經云天子皐門天子應門是天子有皐門應門顧命有
畢門畢門則路門也是天子有路門此經魯有庫門雉門

明天子亦有五門云魯有庫雉路則諸侯三門與者此經有庫門雉門又檀弓云魯莊公之喪既葬而絰不入庫門定二年雉門災是魯有庫雉則又有路門可知魯既有三門則餘諸侯亦有三門故云諸侯三門與但其餘諸侯有皐門應門及路門也引詩乃立皐門應門者證諸侯有皐門應門也所引詩者大雅文王緜之篇也言大王徙居岐周爲廟諸侯立此皐門應門衛亦有庫門故家語云衛莊公反國孔子譏其繹之於庫門内祊之於東方失之矣是衛有庫門也 山節至飾也 正義曰此一節論魯之大廟之飾 山節謂欂盧刻爲山形 藻棁者謂侏儒柱畫爲藻文也 復廟者上下重屋也 重檐者皇氏云鄭云重檐重承壁材也謂就外檐下壁復安板檐以辟風雨之灑壁故云重檐重承壁材 刮楹者刮摩也楹柱也以密石摩柱 達鄉者達通也鄉謂窻牖也每室四戶八窻窻戶皆相對以牖戶通達故曰達鄉也 反坫者兩君相見反爵之坫也築土爲之在兩楹間近南人君飲酒既獻反

禮記義四十一　十八　張暉

爵於坫上故謂之反坫也 出尊者尊在兩楹閒坫在尊南故云出尊 崇坫康圭者崇高也亢舉也爲高坫受賓之圭舉於其上也 䟽屛者䟽刻也屛樹也謂刻於屛樹爲雲氣蟲獸也 天子之廟飾也者自山節以下皆天子廟飾也反坫亦在廟故合言廟飾也 注山節至之矣 正義曰刻欂盧也者節名欂盧釋宮云栭謂之楶李巡云栭今欂盧也則今之斗栱云畫侏儒柱者案釋宮云杗廇謂之梁其上楹謂之棁李巡曰梁上短柱也云鄉牖屬者詩豳風塞向墐戶是牖屬也云出尊當尊南也者以當近南迴露鄉外爲出今言出尊故知尊南也云禮君尊于兩楹之間者以燕禮燕臣子列尊于東楹之西今兩君敵體當尊在兩楹之間故鄉飲酒賓主敵體尊于房戶間是也皇氏解此用燕禮之文尊于東楹之西爲楹之閒失之矣云康讀爲亢龍之亢者案易乾上九亢龍有悔讀從之云屛謂之樹今浮思也者屛謂之樹釋宮文漢時謂屛爲浮思故云今浮思解者以爲天子外屛人臣至屛俯伏思念

明天子亦有五門云魯有庫雉路則諸侯三門與者此經有庫門雉門又檀弓云魯莊公之喪既葬而絰不入庫門定二年雉門災是魯有庫雉則又有路門可知魯既有三門則餘諸侯亦有三門故云諸侯三門與但其餘諸侯有皐門應門及路門也引詩乃立皐門應門者證諸侯有皐門應門也所引詩者大雅文王緜之篇也言大王徙居岐周爲廟諸侯立此皐門應門衛亦有庫門故家語云衛莊公反國孔子譏其繹之於庫門内祊之於東方失之矣是衛有庫門也 山節至飾也 正義曰此一節論魯之大廟之飾 山節謂欂盧刻爲山形 藻棁者謂侏儒柱畫爲藻文也 復廟者上下重屋也 重檐者皇氏云鄭云重檐重承壁材也謂就外檐下壁復安板檐以辟風雨之灑壁故云重檐重承壁材 刮楹者刮摩也楹柱也以密石摩柱 達鄉者達通也鄉謂窻牖也每室四戶八窻窻戶皆相對以牖戶通達故曰達鄉也 反坫者兩君相見反爵之坫也築土爲之在兩楹間近南人君飲酒既獻反

禮記義四十一　十八　張暉

爵於坫上故謂之反坫也 出尊者尊在兩楹閒坫在尊南故云出尊 崇坫康圭者崇高也亢舉也爲高坫受賓之圭舉於其上也 䟽屛者䟽刻也屛樹也謂刻於屛樹爲雲氣蟲獸也 天子之廟飾也者自山節以下皆天子廟飾也反坫亦在廟故合言廟飾也 注山節至之矣 正義曰刻欂盧也者節名欂盧釋宮云栭謂之楶李巡云栭今欂盧也則今之斗栱云畫侏儒柱者案釋宮云杗廇謂之梁其上楹謂之棁李巡曰梁上短柱也云鄉牖屬者詩豳風塞向墐戶是牖屬也云出尊當尊南也者以當近南迴露鄉外爲出今言出尊故知尊南也云禮君尊于兩楹之間者以燕禮燕臣子列尊于東楹之西今兩君敵體當尊在兩楹之間故鄉飲酒賓主敵體尊于房戶間是也皇氏解此用燕禮之文尊于東楹之西爲楹之閒失之矣云康讀爲亢龍之亢者案易乾上九亢龍有悔讀從之云屛謂之樹今浮思也者屛謂之樹釋宮文漢時謂屛爲浮思故云今浮思解者以爲天子外屛人臣至屛俯伏思念

足利本第四十一卷第十九葉

其事案匠人注云城隅謂角浮思也漢時東闕浮思災以
此諸文參之則浮思小樓也故城隅闕上皆有之然則屏
上亦爲屋以覆屏牆故稱屏曰浮思或解屏則闕也古詩
云雙闕百餘尺則闕於兩旁不得當道與屏别也闕雖在
兩旁相對近道大略言之亦謂之當道故讖云代漢者當
塗高謂魏闕也云刻之爲雲氣蟲獸如今闕上爲之矣者
言古之疏屏似今闕上畫雲氣蟲獸如鄭此言似屏與闕
異也　鸞車至路也　正義曰此一經明魯有四代之車
其制各别　鸞車車有鸞和也路則車也　鈎車夏后氏
之路也者鈎曲也輿則車牀曲輿謂曲前闌也虞質未有
鈎矣　大路殷路也者大路木路也　乘路周路也者乘
路玉路也周王禮故用玉　注春秋傳曰大路素　正義
曰案桓二年左氏云大路越席越席是祀天之席則大路
亦祭天之車以祭天尚質故鄭云大路素　有虞至大赤
正義曰此一經論魯有四代旌旗有虞氏之旂者旂當
爲緌但注旄竿首未有旒縿　夏后氏之緌者鄭云緌當

禮記義四十一　十九　張暉

爲旂夏后氏漸文既注旄竿首又有旒縿　殷之大白謂
白色旗　周之大赤者赤色旗此大白大赤各隨代之色
無所畫也　注有虞至田也　正義曰知有虞氏當言緌
夏后氏當言旂者以虞質於夏故知虞世但注旄夏世始
加旒縿知注旄牛尾於杠者爾雅釋天云注旄首曰旌是
也云所謂大麾者所謂巾車建大麾以田者是也必知此
緌當大麾者彼大麾上有大白大赤此經夏后氏之緌下
有大白大赤故知緌當大麾也然巾車注云正色言之大
麾夏后氏之旗色黑鄭此注以緌爲有虞氏所建緌則大
麾不同者有虞氏但有注旄竿首夏后氏之旗若去旒縿
則與虞氏不異同謂之緌也以巾車連大白大赤故以緌
麾爲之旗引書曰者牧誓文引之者證白旄以指麾是大
麾也引周禮者巾車職文明天子所用然則魯之所用亦
當然也　夏后至騂剛　正義曰此一經明魯有三代之
馬及牲色不同夏后氏駱馬黑鬛者駱白黑相間也此馬
白身黑鬛故云駱也夏尚黑故用黑鬛也殷人白馬黑首

潘本第四十一卷第十九葉

其事案匠人注云城隅謂角浮思也漢時東闕浮思災以
此諸文參之則浮思小樓也故城隅闕上皆有之然則屏
上亦爲屋以覆屏牆故稱屏曰浮思或解屏則闕也古詩
云雙闕百餘尺則闕於兩旁不得當道與屏别也闕雖在
兩旁相對近道大略言之亦謂之當道故讖云代漢者當
塗高謂魏闕也云刻之爲雲氣蟲獸如今闕上爲之矣者
言古之疏屏似今闕上畫雲氣蟲獸如鄭此言似屏與闕
異也　鸞車至路也　正義曰此一經明魯有四代之車
其制各别　鸞車車有鸞和也路則車也　鈎車夏后氏
之路也者鈎曲也輿則車牀曲輿謂曲前闌也虞質未有
鈎矣　大路殷路也者大路木路也　乘路周路也者乘
路玉路也周王禮故用玉　注春秋傳曰大路素　正義
曰案桓二年左氏云大路越席越席是祀天之席則大路
亦祭天之車以祭天尚質故鄭云大路素　有虞至大赤
正義曰此一經論魯有四代旌旗有虞氏之旂者旂當
爲緌但注旄竿首未有旒縿　夏后氏之緌者鄭云緌當

禮記義四十一　十九　張暉

爲旂夏后氏漸文既注旄竿首又有旒縿　殷之大白謂
白色旗　周之大赤者赤色旗此大白大赤各隨代之色
無所畫也　注有虞至田也　正義曰知有虞氏當言緌
夏后氏當言旂者以虞質於夏故知虞世但注旄夏世始
加旒縿知注旄牛尾於杠者爾雅釋天云注旄首曰旌是
也云所謂大麾者所謂巾車建大麾以田者是也必知此
緌當大麾者彼大麾上有大白大赤此經夏后氏之緌下
有大白大赤故知緌當大麾也然巾車注云正色言之大
麾夏后氏之旗色黑鄭此注以緌爲有虞氏所建緌則大
麾不同者有虞氏但有注旄竿首夏后氏之旗若去旒縿
則與虞氏不異同謂之緌也以巾車連大白大赤故以緌
麾爲之旗引書曰者牧誓文引之者證白旄以指麾是大
麾也引周禮者巾車職文明天子所用然則魯之所用亦
當然也　夏后至騂剛　正義曰此一經明魯有三代之
馬及牲色不同夏后氏駱馬黑鬛者駱白黑相間也此馬
白身黑鬛故云駱也夏尚黑故用黑鬛也殷人白馬黑首

足利本第四十一卷第二十葉

者殷尚白故白馬也純白似凶故黑頭也頭黑而鬣白從
所尚也然類三代俱以鬣爲所尚也　周人黃馬蕃鬣者
蕃赤也周尚赤用黃近赤也而用赤鬣爲所尚也熊氏以
爲蕃鬣爲黑色與周所尚乖非也　夏后氏牲尚黑殷白
牡周騂剛者賜魯用三代牲也騂赤色也剛牡也騂言剛
則白亦剛白言牡黑亦牡也故殷告天云敢用玄牡從天
色也　泰有至尊也　正義曰此一經明魯用四代尊也
虞尊用瓦名泰也然或用三代或用四代者隨其禮存者
而用之耳無別義也　山罍夏后氏之尊也者罍猶雲雷
也畫爲山雲之形也　著殷尊也者無足而底著地故謂
爲著也然殷尊無足則其餘泰罍犧並有足也　犧象周
尊也者畫沙羽及象骨飾尊也然殷名著周名犧象而禮
器云君西酌犧象亦是周禮也　注泰用至無足　正義
曰以考工記云有虞氏尚陶檀弓又云有虞氏瓦棺故知
泰尊用瓦也　爵夏至以爵　正義曰此一經明魯有三
代爵並以爵爲形故并標名於其上　夏后氏以琖者夏

禮記義四十　二十

爵名也以玉飾之故前云爵用玉琖仍雕是也　殷以斝
者殷亦爵形而畫爲禾稼故名斝斝稼也　周以爵者皇
氏云周人但用爵形而不畫飾案周禮大宰贊玉几玉爵
然則周爵或以玉爲之或飾之以玉皇氏云周爵無飾失
之矣　灌尊至蒲勺　正義曰此一節明魯有三代灌尊
及所用之勺　夏后氏以雞夷者夷即彝彝法也與餘尊
爲法故稱彝彝雞彝者或刻木爲雞形而畫雞於彝　殷
以斝者鄭司農云畫爲禾稼　周以黃目者以黃金爲目
皇氏云夏后氏以瓦泰之上畫以雞彝殷著尊畫爲稼彝
然尊彝別作事不相依而皇氏以當代之尊爲彝文無所
據假因當代尊爲彝則夏后氏當因山罍不得因虞氏瓦
泰皇氏之說其義並非也　夏后氏以龍勺者勺爲龍頭
殷以疏勺者疏謂刻鏤通刻勺頭　周以蒲勺者皇氏
云蒲謂合蒲當刻勺爲鳧頭其口微開如蒲草本合而末
微開也　注夷讀至頭也　正義曰引周禮春祠夏禴以
下司尊彝職之文云春祠夏禴祼用雞彝鳥彝者雞彝盛

潘本第四十一卷第二十葉

者殷尚白故白馬也純白似凶故黑頭也頭黑而鬣白從
所尚也然類三代俱以鬣爲所尚也　周人黃馬蕃鬣者
蕃赤也周尚赤用黃近赤也而用赤鬣爲所尚也熊氏以
爲蕃鬣爲黑色與周所尚乖非也　夏后氏牲尚黑殷白
牡周騂剛者賜魯用三代牲也騂赤色也剛牡也騂言剛
則白亦剛白言牡黑亦牡也故殷告天云敢用玄牡從天
色也　泰有至尊也　正義曰此一經明魯用四代尊也
虞尊用瓦名泰也然或用三代或用四代者隨其禮存者
而用之耳無別義也　山罍夏后氏之尊也者罍猶雲雷
也畫爲山雲之形也　著殷尊也者無足而底著地故謂
爲著也然殷尊無足則其餘泰罍犧並有足也　犧象周
尊也者畫沙羽及象骨飾尊也然殷名著周名犧象而禮
器云君西酌犧象亦是周禮也　注泰用至無足　正義
曰以考工記云有虞氏尚陶檀弓又云有虞氏瓦棺故知
泰尊用瓦也　爵夏至以爵　正義曰此一經明魯有三
代爵並以爵爲形故并標名於其上　夏后氏以琖者夏

禮記義四十　二十

爵名也以玉飾之故前云爵用玉琖仍雕是也　殷以斝
者殷亦爵形而畫爲禾稼故名斝斝稼也　周以爵者皇
氏云周人但用爵形而不畫飾案周禮大宰贊玉几玉爵
然則周爵或以玉爲之或飾之以玉皇氏云周爵無飾失
之矣　灌尊至蒲勺　正義曰此一節明魯有三代灌尊
及所用之勺　夏后氏以雞夷者夷即彝彝法也與餘尊
爲法故稱彝彝雞彝者或刻木爲雞形而畫雞於彝　殷
以斝者鄭司農云畫爲禾稼　周以黃目者以黃金爲目
皇氏云夏后氏以瓦泰之上畫以雞彝殷著尊畫爲稼彝
然尊彝別作事不相依而皇氏以當代之尊爲彝文無所
據假因當代尊爲彝則夏后氏當因山罍不得因虞氏瓦
泰皇氏之說其義並非也　夏后氏以龍勺者勺爲龍頭
殷以疏勺者疏謂刻鏤通刻勺頭　周以蒲勺者皇氏
云蒲謂合蒲當刻勺爲鳧頭其口微開如蒲草本合而末
微開也　注夷讀至頭也　正義曰引周禮春祠夏禴以
下司尊彝職之文云春祠夏禴祼用雞彝鳥彝者雞彝盛

足利本第四十一卷第二十一葉

明水鳥彝盛鬱鬯也秋嘗冬烝祼用斝彝黃彝者義亦然必知一時之祭并用兩彝者以下云朝踐用兩犧尊再獻用兩象尊犧象不可即爲三時故知兩彝秖當一節皇氏沈氏並云春用雞彝夏用鳥彝秋用斝彝冬用黃彝春屬雞夏屬鳥秋屬收禾稼冬屬土色黃故用其尊皇氏等此言文無所出謂言及於數非實論也種曰稼斂曰穡秋時不得稱稼月令季秋草木黃落冬即色玄不得用黃彝也下追享朝享用虎彝蜼彝追享謂祈禱也朝享謂月祭也若有所法則四時不同何以獨用虎蜼又崔氏義宗廟祫祭用十八尊祫在秋禘祭用十六尊禘在夏也是一時皆數兩彝得爲十八十六若每時用唯有一彝秖十七十五是知皇氏等之說其義非也　土鼓至樂也　正義曰此一經明魯用古代之樂土鼓謂築土爲鼓蕢桴以土塊爲桴葦籥者謂截葦爲籥此等是伊耆氏之樂魯得用也　注蕢當至氏者　正義曰經云蕢者草名與土鼓相對故讀爲凷云伊耆氏古天子有天下之號也者禮運云伊

禮記正義四十一　二十一　蕭信

耆氏始爲蜡蜡是報田之祭案易繫辭神農始作耒耜是田起於神農故說者以伊耆氏爲神農　拊搏至器也　正義曰此一經論魯有四代樂器但四代漸文不如土鼓葦籥之質故別起其文也　魯公至室也　正義曰此一經明魯有二廟不毁象周之文武二祧也　文世室者魯公伯禽有文德世世不毁其室故云文世室武世室者伯禽玄孫武公有武德其廟不毁故云武世室　注武公至名敖　正義曰案成六年立武宮公羊左氏並譏之不宜立也又武公之廟立在武公卒後其廟不毁在成公之時此記所云美成王褒崇魯國而已云武公之廟武世室者作記之人因成王褒魯遂盛美魯家之事因武公其廟不毁遂連文而美之非實辭也故下云君臣未嘗相弑禮樂刑法政俗未嘗相變也鄭云亦近誣矣是不實也伯禽玄孫者案世本伯禽生煬公熙熙生弗弗生獻公具具生武公敖是伯禽玄孫名敖　米廩至學也　正義曰此一經明魯得立四代之學也　米廩有虞氏之庠也者言魯之

潘本第四十一卷第二十一葉原缺抄補

明水鳥彝盛鬱鬯也秋嘗冬烝祼用斝彝黃彝者義亦然必知一時之祭并用兩彝者以下云朝踐用兩犧尊再獻用兩象尊犧象不可即爲三時故知兩彝秖當一節皇氏沈氏並云春用雞彝夏用鳥彝秋用斝彝冬用黃彝春屬雞夏屬鳥秋屬收禾稼冬屬土色黃故用其尊皇氏等此言文無所出謂言及於數非實論也種曰稼斂曰穡秋時不得稱稼月令季秋草木黃落冬即色玄不得用黃彝也下追享朝享用虎彝蜼彝追享謂祈禱也朝享謂月祭也若有所法則四時不同何以獨用虎蜼又崔氏義宗廟祫祭用十八尊祫在秋禘祭用十六尊禘在夏也是一時皆數兩彝得爲十八十六若每時用唯有一彝秖十七十五是知皇氏等之說其義非也　土鼓至樂也　正義曰此一經明魯用古代之樂土鼓謂築土爲鼓蕢桴以土塊爲桴葦籥者謂截葦爲籥此等是伊耆之樂魯得用也　注蕢當至氏者　正義曰經云蕢者草名與土鼓相對故讀爲凷云伊耆氏古天子有天下之號也者禮運云伊耆氏

禮記正義四十一　二十一

始爲蜡蜡是報田之祭案易繫辭神農始作耒耜是田起於神農故說者以伊耆氏爲神農也　拊搏至器也　正義曰此一經論魯有四代樂器但四代漸文不如土鼓葦籥之質故別起其文也　魯公至室也　正義曰此一經明魯有二廟不毁象周之文武二祧也　文世室者魯公伯禽有文德世世不毁其室故云文世室武世室者伯禽玄孫武公有武德其廟不毁故云武世室　注武公至名敖　正義曰案成六年立武宮公羊左氏並譏之不宜立也又武公之廟立在武公卒後其廟不毁在成公之時此記所云美成王褒崇魯國而已云武公之廟武世室者作記之人因成王褒魯遂盛美魯家之事因武公其廟不毁遂連文而美之非實辭也故下云君臣未嘗相弑禮樂刑法政俗未嘗相變也鄭云亦近誣矣是不實也伯禽玄孫者案世本伯禽生煬公熙熙生弗弗生獻公具具生武公敖是伯禽玄孫名敖　米廩至學也　正義曰此一經明魯得立四代之學也　米廩有虞氏之庠也者言魯之

米廩是有虞氏之庠魯以虞氏之庠爲廩以藏粢盛 序
夏后氏之序也者是夏家之學也 注魯謂至祭之 正
義曰虞帝上孝者尚書云烝烝乂禮記云舜其大孝也與
是虞帝上孝也云令藏粢盛之委焉者委謂委積言魯家
於此學中藏此粢盛委積案桓十四年御廩災公羊云御
廩者何粢盛委之所藏也云古者有道德者使教焉死則
以爲樂祖者大司樂文云於此祭之者謂於此瞽宗祭之
故大司樂云祭於瞽宗是也 注崇貫至之璜 正義曰
知皆國名者春秋宣元年晉趙穿侵崇又書傳有崇侯虎
貫與崇連文故知崇貫皆國名定四年左氏傳夏后氏之
璜封父之繁弱封父與夏后氏相對故知封父亦國名云
文王伐崇者詩大雅文云古者伐國遷其重器以分同姓
者案昭十五年左傳云密須之鼓闕鞏之甲以賜晉是遷
其重器以分同姓也 注越國至拔棘 正義曰以崇鼎
貫鼎是崇貫所出之鼎則知越棘是越國所有之棘引春
秋傳曰子都拔棘者隱十一年左傳文證棘爲戟棘戟方

言文 注朄頌至縣鼓 正義曰所引朄頌者那之篇鄭
注云朄讀曰植植鞉鼓引之者證朄楹鼓引周頌有瞽之
篇者案周頌有瞽始作樂合於大祖經云應田縣鼓毛傳
云田大鼓鄭云田當爲朄朄小鼓在大鼓之旁引之者證
周之縣鼓 垂之至笙簧 正義曰此一經明魯有先代
之樂 垂之和鍾者垂之所作調和之鍾 叔之離磬者
叔之所作編離之磬 女媧之笙簧者女媧所作笙中之
簧言魯皆有之 注垂堯至笙簧 正義曰案舜典垂作
共工謂舜時也鄭不見古文故以爲堯時云女媧三皇承
宓羲者案春秋緯運斗樞差德序命宓羲女媧神農爲三
皇是承宓羲者帝王世紀云女媧氏風姓承庖犧制度始
作笙簧無所革造故易不載不序於行蛇身人首是也云
和離謂次序其聲縣也者聲解和也縣解離也言縣磬之
時其磬希疏相離云世本作曰者世本書名有作篇其篇
記諸作事云無句作磬者皇氏云無句叔之別名義或然
也 夏后至辟雍 正義曰此一經明魯有三代樂縣之

米廩是有虞氏之庠魯以虞氏之庠爲廩以藏粢盛 序
夏后氏之序也者是夏家之學也 注魯謂至祭之 正
義曰虞帝上孝者尚書云烝烝乂禮記云舜其大孝也與
是虞帝上孝也云令藏粢盛之委焉者委謂委積言魯家
於此學中藏此粢盛委積案桓十四年御廩災公羊云御
廩者何粢盛委之所藏也云古者有道德者使教焉死則
以爲樂祖者大司樂文云於此祭之者謂於此瞽宗祭之
故大司樂云祭於瞽宗是也 注崇貫至之璜 正義曰
知皆國名者春秋宣元年晉趙穿侵崇又書傳有崇侯虎
貫與崇連文故知崇貫皆國名定四年左氏傳夏后氏之
璜封父之繁弱封父與夏后氏相對故知封父亦國名云
文王伐崇者詩大雅文云古者伐國遷其重器以分同姓
者案昭十五年左傳云密須之鼓闕鞏之甲以賜晉是遷
其重器以分同姓也 注越國至拔棘 正義曰以崇鼎
貫鼎是崇貫所出之鼎則知越棘是越國所有之棘引春
秋傳曰子都拔棘者隱十一年左傳文證棘爲戟棘戟方
禮記義四十一 二十二
言文 注朄頌至縣鼓 正義曰所引朄頌者那之篇鄭
注云朄讀曰植植鞉鼓引之者證朄楹鼓引周頌有瞽之
篇者案周頌有瞽始作樂合於大祖經云應田縣鼓毛傳
云田大鼓鄭云田當爲朄朄小鼓在大鼓之旁引之者證
周之縣鼓 垂之至笙簧 正義曰此一經明魯有先代
之樂 垂之和鍾者垂之所作調和之鍾 叔之離磬者
叔之所作編離之磬 女媧之笙簧者女媧所作笙中之
簧言魯皆有之 注垂堯至笙簧 正義曰案舜典垂作
共工謂舜時也鄭不見古文故以爲堯時云女媧三皇承
宓羲者案春秋緯運斗樞差德序命宓羲女媧神農爲三
皇是承宓羲者帝王世紀云女媧氏風姓承庖犧制度始
作笙簧無所革造故易不載不序於行蛇身人首是也云
和離謂次序其聲縣也者聲解和也縣解離也言縣磬之
時其磬希疏相離云世本作曰者世本書名有作篇其篇
記諸作事云無句作磬者皇氏云無句叔之別名義或然
也 夏后至辟雍 正義曰此一經明魯有三代樂縣之

足利本第四十一卷第二十三葉

飾　夏后氏之龍簨虡者謂簨虡之上以龍飾之　殷之
崇牙者謂於簨之上刻畫木爲崇牙之形以挂鍾磬　周
之壁翣者謂周人於此簨上畫繒爲翣戴之以壁下縣五
采羽挂於簨角後王彌文故飾彌多也　注横曰至樹羽
正義曰横曰簨飾之以鱗屬植曰虡飾之以臝屬者案
考工記筍飾之以鱗屬鍾虡飾之以臝屬磬虡飾之以羽
屬如考工記之文則筍飾以龍此經井云虡者蓋夏時簨
之與虡皆飾之以鱗至周乃別故云龍簨虡或可因簨連
言虡也云簨以大版爲之謂之業者詩周頌云設業設虡
以業虡相對故知業則簨也其實簨上更加大版刻崇牙
謂之業故詩大雅云虡業維樅注云虡也栒也所以縣鍾
鼓也設大版於上刻畫以爲飾是也云周又畫繒爲翣戴
以壁者翣扇也言周畫繒爲扇戴小壁於扇之上云垂五
采羽於其下樹於簨之角上者案漢禮器制度而知也引
周頌者證簨虡及崇牙樹羽之義皇氏云崇牙者崇重也
謂刻畫大版重疊爲牙　注皆黍至未聞　正義曰簋是

禮記義四十一　二十三

黍稷之器敦與瑚璉共簠簋連文故云黍稷器也案鄭注
周禮舍人云方曰簠圓曰簋此云未聞者謂瑚璉之器與
簋異同未聞也鄭注論語云夏曰瑚殷曰璉不同者皇氏
云鄭注論語誤也此言兩敦四璉六瑚八簋者言魯之所
得唯此耳　注梡斷至大房　正義曰知梡斷木爲四足
者以虞氏尚質未有餘飾故知但有四足而已云謂中足
爲横距之象者以言嶡謂足以横蹷故鄭讀嶡爲蹷謂足
横辟不正也今俎足間有横似有横蹷之象故知足中央
爲横距之象言雞有距以距外物今兩足有横而相距也
云周禮謂之距者非周禮正文言周代禮儀謂此俎之横
者爲距故少牢禮腸三胃三長皆及俎拒是也云椇之言
枳椇也謂曲撓之也者椇枳之樹其枝多曲橈故陸璣草
木疏云椇曲來巢殷俎似之故云曲撓之也云房謂足下
跗也上下兩間有似於堂房者案詩注云其制足間有横
下有柎似乎堂後有房然如鄭此言則俎頭各有兩足足
下各别爲跗足間横者似堂之壁横下二柎似堂之東西

潘本第四十一卷第二十三葉

飾　夏后氏之龍簨虡者謂簨虡之上以龍飾之　殷之
崇牙者謂於簨之上刻畫木爲崇牙之形以挂鍾磬　周
之壁翣者謂周人於此簨上畫繒爲翣戴之以壁下縣五
采羽挂於簨角後王彌文故飾彌多也　注横曰至樹羽
正義曰横曰簨飾之以鱗屬植曰虡飾之以臝屬者案
考工記筍飾之以鱗屬鍾虡飾之以臝屬磬虡飾之以羽
屬如考工記之文則筍飾以龍此經井云虡者蓋夏時簨
之與虡皆飾之以鱗至周乃別故云龍簨虡或可因簨連
言虡也云簨以大版爲之謂之業者詩周頌云設業設虡
以業虡相對故知業則簨也其實簨上更加大版刻崇牙
謂之業故詩大雅云虡業維樅注云虡也栒也所以縣鍾
鼓也設大版於上刻畫以爲飾是也云周又畫繒爲翣戴
以壁者翣扇也言周畫繒爲扇戴小壁於扇之上云垂五
采羽於其下樹於簨之角上者案漢禮器制度而知也引
周頌者證簨虡及崇牙樹羽之義皇氏云崇牙者崇重也
謂刻畫大版重疊爲牙　注皆黍至未聞　正義曰簋是

禮記義四十一　二十三

黍稷之器敦與瑚璉共簠簋連文故云黍稷器也案鄭注
周禮舍人云方曰簠圓曰簋此云未聞者謂瑚璉之器與
簋異同未聞也鄭注論語云夏曰瑚殷曰璉不同者皇氏
云鄭注論語誤也此言兩敦四璉六瑚八簋者言魯之所
得唯此耳　注梡斷至大房　正義曰知梡斷木爲四足
者以虞氏尚質未有餘飾故知但有四足而已云謂中足
爲横距之象者以言嶡謂足以横蹷故鄭讀嶡爲蹷謂足
横辟不正也今俎足間有横似有横蹷之象故知足中央
爲横距之象言雞有距以距外物今兩足有横而相距也
云周禮謂之距者非周禮正文言周代禮儀謂此俎之横
者爲距故少牢禮腸三胃三長皆及俎拒是也云椇之言
枳椇也謂曲撓之也者椇枳之樹其枝多曲橈故陸璣草
木疏云椇曲來巢殷俎似之故云曲撓之也云房謂足下
跗也上下兩間有似於堂房者案詩注云其制足間有横
下有柎似乎堂後有房然如鄭此言則俎頭各有兩足足
下各别爲跗足間横者似堂之壁横下二柎似堂之東西

頭各有房也但古制難識不可委知南北諸儒亦無委曲解之今依鄭注略爲此意未知是否 注獻疏刻之 正義曰獻音娑娑是希疏之義故爲疏刻之 有虞至龍章 正義曰此一經論魯有四代韍制 有虞氏服韍者直以韋爲韍未有異飾故云服韍夏后氏畫之以山殷人增之以火周人加龍以爲文章 注韍冕至而已 正義曰易困卦九二爻辭朱紱方來利用享祀是韍爲祭服也云天子備焉諸侯火而下卿大夫山士韎韋而已者案士冠禮士韎韐是士無飾推此即尊者飾多此有四等天子至士亦爲四等故知卿大夫加山諸侯加火天子加龍 注此皆至尚非 正義曰夏后氏尚質故用水殷人稍文故用醴周人轉文故用酒故云此皆其時之用耳云言尚非者案儀禮設尊尚玄酒是周家亦尚明水也案禮運云澄酒在下是三酒在堂下則周世不尚酒故知經言尚者非也 有虞至三百 正義曰此經明魯家兼有四代之官然魯是諸侯案大宰職諸侯唯有三卿五大夫故公羊傳

禮記義四十一　二十四

司徒司空之下各有二小卿司馬之下一小卿是三卿五大夫也今魯雖被褒崇何得備爲四代之官而備三百六十職者當成王之時褒崇於魯四代官中雜存官職名號是使魯有之非謂魯得盡備其數但記者盛美於魯因舉四代官之本數而言之 有虞氏官五十者鄭差之當爲六十 夏后氏官百者鄭差之當爲百二十 殷二百者鄭差之當爲二百四十 周三百者鄭據記時冬官亡矣故言三百若兼冬官則三百六十也 注周之至記也 正義曰云周之六卿其屬各六十者小宰職文云此云三百者記時冬官亡矣者以此經四代相對各陳其官宜舉實數故云冬官亡矣若文無所對即舉其成數故禮器經禮三百曲禮三千鄭禮序云舉大略小闕其殘者是與此經不同引昏義者欲證明夏官百二十夏倍於虞殷倍於夏殷官既多周不可倍之故但加殷百二十耳案尚書周官云唐虞稽古建官惟百夏商官倍亦克用乂與此數不同者禮是記事之典須委曲備言書是疏通之教故舉大

頭各有房也但古制難識不可委知南北諸儒亦無委曲解之今依鄭注略爲此意未知是否 注獻疏刻之 正義曰獻音娑娑是希疏之義故爲疏刻之 有虞至龍章 正義曰此一經論魯有四代韍制 有虞氏服韍者直以韋爲韍未有異飾故云服韍夏后氏畫之以山殷人增之以火周人加龍以爲文章 注韍冕至而已 正義曰易困卦九二爻辭朱紱方來利用享祀是韍爲祭服也云天子備焉諸侯火而下卿大夫山士韎韋而已者案士冠禮士韎韐是士無飾推此即尊者飾多此有四等天子至士亦爲四等故知卿大夫加山諸侯加火天子加龍 注此皆至尚非 正義曰夏后氏尚質故用水殷人稍文故用醴周人轉文故用酒故云此皆其時之用耳云言尚非者案儀禮設尊尚玄酒是周家亦尚明水也案禮運云澄酒在下是三酒在堂下則周世不尚酒故知經言尚者非也 有虞至三百 正義曰此經明魯家兼有四代之官然魯是諸侯案大宰職諸侯唯有三卿五大夫故公羊傳

小六百九十　禮記義四十一　二十四

司徒司空之下各有二小卿司馬之下一小卿是三卿五大夫也今魯雖被褒崇何得備爲四代之官而備三百六十職者當成王之時褒崇於魯四代官中雜存官職名號是使魯有之非謂魯得盡備其數但記者盛美於魯因舉四代官之本數而言之 有虞氏官五十者鄭差之當爲六十 夏后氏官百者鄭差之當爲百二十 殷二百者鄭差之當爲二百四十 周三百者鄭據記時冬官亡矣故言三百若兼冬官則三百六十也 注周之至記也 正義曰云周之六卿其屬各六十者小宰職文云此云三百者記時冬官亡矣者以此經四代相對各陳其官宜舉實數故云冬官亡矣若文無所對即舉其成數故禮器經禮三百曲禮三千鄭禮序云舉大略小闕其殘者是與此經不同引昏義者欲證明夏官百二十夏倍於虞殷倍於夏殷官既多周不可倍之故但加殷百二十耳案尚書周官云唐虞稽古建官惟百夏商官倍亦克用乂與此數不同者禮是記事之典須委曲備言書是疏通之教故舉大

略小　有虞至辟翣　正義曰此一經明魯有四代喪葬旌旗之飾　有虞氏之綏者則前經注旄於竿首　夏后氏之綢練者謂綢杠以練又爲之旒　殷之崇牙者謂刻繒爲崇牙之形飾旌旗之側　周之璧翣者謂周代以物爲翣翣上戴之以璧陳之而鄭柩車　注綏亦至旒九　正義曰綏亦旌旗之綏者以前經云夏后氏之綏是旌旗之綏故云綏亦旌旗之綏綏謂注旄竿首也云夏綢其杠以練爲之旒者既綢杠以練又知以練爲旒者以爾雅云練旒九也云湯以武受命恒以牙爲飾也者前經云簨虡既以崇牙爲飾此旌旗又飾以崇牙故云恒也周亦武取天下但殷既以牙爲飾周世尚文更取他物飾之不復用牙云此旌旗及翣皆喪葬之飾者以前文崇牙璧翣是飾簨虡此與夏后綢練連文案檀弓綢練設旐夏也是喪葬旌旐故知喪葬之飾引周禮大喪葬巾車執蓋從車持旌御僕持翣者證明葬有旌旗及翣之義云天子八翣皆戴璧者天子八翣禮器文皆戴璧即此璧翣天子之禮也云諸

禮記義四十七　二十五　王桂

侯六翣皆戴圭大夫四翣士二翣皆戴綏並喪大記文也引檀弓孔子之喪及爾雅者證明此經是喪葬之飾并明綢練之義　凡四至樂焉　正義曰此一經記者既陳四代服器官於前此經結之於後美大魯國也然言土鼓葦籥伊耆氏之樂又有女媧之笙簧非唯四代而已今此秖言四代者據其多者言之唯舉四代耳其間亦有但舉三代者此四代服器魯家每物之中得有用之不謂事事盡用　天下以爲有道之國者作記之時是周代之末唯魯獨存周禮故以爲有道之國是故天下資禮樂焉者左傳襄十年云諸侯宋魯於是觀禮宋爲王者之後魯是周公之胤是天下資禮樂焉　注春秋至臺駘　正義曰案隱十一年羽父請殺桓公將以求大宰隱公不許羽父使賊弒隱公是弒一君也莊三十二年慶父使圉人犖賊子般是弒二君也閔二年慶父又使卜齮賊公于武闈是弒三君也云士之有誄由莊公始者檀弓文在左傳莊十年乘丘之役也云婦人髽而弔始於臺駘者亦檀弓文左氏

足利本第四十一卷第二十五葉

略小　有虞至辟翣　正義曰此一經明魯有四代喪葬旌旗之飾　有虞氏之綏者則前經注旄於竿首　夏后氏之綢練者謂綢杠以練又爲之旒　殷之崇牙者謂刻繒爲崇牙之形飾旌旗之側　周之璧翣者謂周代以物爲翣翣上戴之以璧陳之而鄭柩車　注綏亦至旒九　正義曰綏亦旌旗之綏者以前經云夏后氏之綏是旌旗之綏故云綏亦旌旗之綏綏謂注旄竿首也云夏綢其杠以練爲之旒者既綢杠以練又知以練爲旒者以爾雅云練旒九也云湯以武受命恒以牙爲飾也者前經云簨虡既以崇牙爲飾此旌旗又飾以崇牙故云恒也周亦武取天下但殷既以牙爲飾周世尚文更取他物飾之不復用牙云此旌旗及翣皆喪葬之飾者以前文崇牙璧翣是飾簨虡此與夏后綢練連文案檀弓綢練設旐夏也是喪葬旌旐故知喪葬之飾引周禮大喪葬巾車執蓋從車持旌御僕持翣者證明葬有旌旗及翣之義云天子八翣皆戴璧者天子八翣禮器文皆戴璧即此璧翣天子之禮也云諸

禮記義四十七　二十五　王桂

侯六翣皆戴圭大夫四翣士二翣皆戴綏並喪大記文也引檀弓孔子之喪及爾雅者證明此經是喪葬之飾并明綢練之義　凡四至樂焉　正義曰此一經記者既陳四代服器官於前此經結之於後美大魯國也然言土鼓葦籥伊耆氏之樂又有女媧之笙簧非唯四代而已今此秖言四代者據其多者言之唯舉四代耳其間亦有但舉三代者此四代服器魯家每物之中得有用之不謂事事盡用　天下以爲有道之國者作記之時是周代之末唯魯獨存周禮故以爲有道之國是故天下資禮樂焉者左傳襄十年云諸侯宋魯於是觀禮宋爲王者之後魯是周公之胤是天下資禮樂焉　注春秋至臺駘　正義曰案隱十一年羽父請殺桓公將以求大宰隱公不許羽父使賊弒隱公是弒一君也莊三十二年慶父使圉人犖賊子般是弒二君也閔二年慶父又使卜齮賊公于武闈是弒三君也云士之有誄由莊公始者檀弓文在左傳莊十年乘丘之役也云婦人髽而弔始於臺駘者亦檀弓文左氏

潘本第四十一卷第二十五葉

足利本第四十一卷第二十六葉

襄四年臧武仲與邾人戰於狐駘被邾人所敗是其事也

禮記正義卷第四十一

禮記義四十一　二十六

潘本第四十一卷第二十六葉

襄四年臧武仲與邾人戰於狐駘被邾人所敗是其事也

禮記正義卷第四十一

禮記義四十一　二十六

禮記正義卷第四十二

國子祭酒上護軍曲阜縣開國子臣孔穎達等奉

勑撰

喪服小記第十五

正義曰案鄭目録云喪服小記者以其記喪服之小義也此於別録屬喪服

斬衰括髮以麻爲母括髮以麻免而以布母服輕至免可以布代麻也爲母又哭而免齊衰惡笄以終喪笄所以卷髮帶所以持身也婦人質於喪所以自卷持者有除無變男子冠而婦人笄男子免而婦人髽其義爲男子則免爲婦人則髽別男女也【疏】正義曰此一節論斬衰齊衰之喪男女括髮免髽之異　斬衰者主人爲父之服也括髮者爲父未成服之前所服也禮親始死子布深衣去冠而猶有笄縰徒跣扱上衽至將小斂去笄縰著素冠視斂斂訖投冠而括髮括髮者鄭注喪服云括髮以麻者自項以前交於額上卻繞紒如著幓頭焉　爲母括髮以麻者爲母初喪至小斂後括髮與父禮同故亦云括髮以麻也　免而以布者此謂爲母與父異者也亦自小斂後而括髮至尸出堂子拜賓事之時猶與爲父不異至拜賓竟後子往即堂下之位時則異也若爲父此時猶括髮而踊襲絰帶以至大斂而成服若母喪於此時則不復括髮乃著布免踊而襲絰帶以至成服故云免而以布也【注】母服至而免　正義曰又哭是小斂拜賓竟後即堂下位哭踊時也故士喪禮云卒小斂主人髺髮袒此是初括髮哭踊

禮記義四十二

禮記正義卷第四十二

國子祭酒上護軍曲阜縣開國子臣孔穎達等奉

勑撰

喪服小記第十五

正義曰案鄭目録云喪服小記者以其記喪服之小義也此於別録屬喪服

斬衰括髮以麻爲母括髮以麻免而以布母服輕至免可以布代麻也爲母又哭而免齊衰惡笄以終喪笄所以卷髮帶所以持身也婦人質於喪所以自卷持者有除無變男子冠而婦人笄男子免而婦人髽其義爲男子則免爲婦人則髽別男女也【疏】正義曰此一節論斬衰齊衰之喪男女括髮免髽之異　斬衰者主人爲父之服也括髮者爲父未成服之前所服也禮親始死子布深衣去冠而猶有笄縰徒跣扱上衽至將小斂去笄縰著素冠視斂斂訖投冠而括髮括髮者鄭注喪服云括髮以麻者自項以前交於額上卻繞紒如著幓頭焉　爲母括髮以麻者爲母初喪至小斂後括髮與父禮同故亦云括髮以麻也　免而以布者此謂爲母與父異者也亦自小斂後而括髮至尸出堂子拜賓事之時猶與爲父不異至拜賓竟後子往即堂下之位時則異也若爲父此時猶括髮而踊襲絰帶以至大斂而成服若母喪於此時則不復括髮乃著布免踊而襲絰帶以至成服故云免而以布也【注】母服至而免　正義曰又哭是小斂拜賓竟後即堂下位哭踊時也故士喪禮云卒小斂主人髺髮袒此是初括髮哭踊

禮記義四十二

足利本第四十二卷第二葉

之時也又云男女奉尸侇于堂訖主人降自西階東即位
主人拜賓即位踊襲絰于序東復位此是又哭之節若爲
父於此時猶括髮若爲母於此時以免代括髮故云爲母
又哭而免　齊衰惡笄以終喪　此一經明齊衰婦人笄
帶終喪無變之制　惡笄者榛木爲笄也婦人質笄以卷
髮帶以持身於其自卷持者有除無變故要絰及笄不湏
更易至服竟一除故云惡笄以終喪　男子至則髽　此
明男子婦人冠笄髽免相對之節但吉時男子首有吉冠
則女首有吉笄是明男女首飾之異故云男子冠而婦人
笄若親始死男去冠女則去笄若成服爲父男則六升布
爲冠女則箭篠爲笄爲母男則七升布爲冠女則榛木爲
笄故云男子冠而婦人笄也　男子免而婦人髽者吉時
首飾既異今遭齊衰之喪首飾亦別當襲斂之節男子著
免婦人著髽故云男子免而婦人髽免者鄭注士喪禮云
以布廣一寸自項中而前交於額上卻繞紒也如著幓頭
矣髽者形有多種有麻有布有露紒也其形有異同謂之

禮記疏三十二　二　施珍

髽也今辨男女並何時應著此免髽之服男子之免乃有
兩時而唯一種婦人之髽則有三別其麻髽之形與括髮
如一其著之以對男子括髮時也前云斬衰括髮以麻則
婦人于時髽亦用麻也何以知然案喪服女子子在室爲
父髽衰三年鄭玄云髽露紒也猶男子之括髮斬衰括髮
以麻則髽亦用麻以麻者自項而前交於額上卻繞紒如
著幓頭焉依如彼注既云猶男子括髮男子括髮先去冠
縰用麻婦人亦去笄縰用麻故云猶也又同云用麻不辨
括髮形異則知其形如一也以此證據則知有麻髽以對
男括髮時也又知有布髽者案此云男子免對婦人髽男
免既用布則婦人髽不容用麻也是知男子爲母免時則
婦人布髽也又若成服後男或對賓必踊免則婦人理自
布髽對之知有露紒髽者喪服傳云布總箭笄髽衰三年
明知此服並以三年三年之内男不恒免則婦人不用布
髽故知恒露紒也故鄭注喪服云髽露紒也且喪服所明
皆是成服後不論未成服麻布髽也何以然喪服既不論

潘本第四十二卷第二葉

之時也又云男女奉尸侇于堂訖主人降自西階東即位
主人拜賓即位踊襲絰于序東復位此是又哭之節若爲
父於此時猶括髮若爲母於此時以免代括髮故云爲母
又哭而免　齊衰惡笄以終喪　此一經明齊衰婦人笄
帶終喪無變之制　惡笄者榛木爲笄也婦人質笄以卷
髮帶以持身於其自卷持者有除無變故要絰及笄不湏
更易至服竟一除故云惡笄以終喪　男子至則髽　此
明男子婦人冠笄髽免相對之節但吉時男子首有吉冠
則女首有吉笄是明男女首飾之異故云男子冠而婦人
笄若親始死男去冠女則去笄若成服爲父男則六升布
爲冠女則箭篠爲笄爲母男則七升布爲冠女則榛木爲
笄故云男子冠而婦人笄也　男子免而婦人髽者吉時
首飾既異今遭齊衰之喪首飾亦別當襲斂之節男子著
免婦人著髽故云男子免而婦人髽免者鄭注士喪禮云
以布廣一寸自項中而前交於額上卻繞紒也如著幓頭
矣髽者形有多種有麻有布有露紒也其形有異同謂之

禮記疏三十二　二　施珍

髽也今辨男女並何時應著此免髽之服男子之免乃有
兩時而唯一種婦人之髽則有三別其麻髽之形與括髮
如一其著之以對男子括髮時也前云斬衰括髮以麻則
婦人于時髽亦用麻也何以知然案喪服女子子在室爲
父髽衰三年鄭玄云髽露紒也猶男子之括髮斬衰括髮
以麻則髽亦用麻以麻者自項而前交於額上卻繞紒如
著幓頭焉依如彼注既云猶男子括髮男子括髮先去冠
縰用麻婦人亦去笄縰用麻故云猶也又同云用麻不辨
括髮形異則知其形如一也以此證據則知有麻髽以對
男括髮時也又知有布髽者案此云男子免對婦人髽男
免既用布則婦人髽不容用麻也是知男子爲母免時則
婦人布髽也又若成服後男或對賓必踊免則婦人理自
布髽對之知有露紒髽者喪服傳云布總箭笄髽衰三年
明知此服並以三年三年之内男不恒免則婦人不用布
髽故知恒露紒也故鄭注喪服云髽露紒也且喪服所明
皆是成服後不論未成服麻布髽也何以然喪服既不論

男子之括免則不容說女服之未成義也既言髽衰三年
益知恒髽是露紒也又就齊衰輕期髽無麻布何以知然
案檀弓南宮縚之妻之姑之喪夫子誨之髽曰爾無總總
爾爾無扈扈爾是但戒其高大不云有麻布別物是知露
紒悉名髽也又案奔喪云婦人奔喪東髽鄭云謂姑姊妹
女子子也去纚大紒曰髽若如鄭旨既謂是姑姊妹女子
子等還爲本親父母等唯云去纚大紒不言布麻當知期
以下無麻布也然露紒恒居之髽則有笄何以知之案笄
以對冠男在喪恒冠婦則恒笄也故喪服婦爲舅姑惡笄
有首以髽鄭云言以髽則髽有著笄者明矣以兼此經注
又知恒居笄而露紒髽也此三髽之殊是皇氏之說今考
校以爲正有二髽一是斬衰麻髽二是齊衰布髽皆名露
紒必知然者以喪服女子子在室爲父箭笄髽衰是斬衰
之髽用麻鄭注以爲露紒明齊衰髽用布亦謂之露紒髽
也　其義爲男子則免爲婦人則髽者庾蔚云喪服往往
寄異以明義或疑免髽亦有其旨故解之以其義以上於

禮記義四十二　三　施珝

男子則免婦人則髽獨以別男女而已非別有義也賀瑒
云男去冠猶婦人去笄義盡於此無復別義故云其義也
此經既論括髮免髽之異須顯所著之時崔氏云立義既
載五服變除今要舉變除之旨凡親始死將三年者皆去
冠笄纚如故十五升白布深衣扱上衽徒跣交手而哭故
禮記問喪云親始死雞斯徒跣扱上衽又鄭注士喪禮云
始死將斬衰者雞斯是也其婦人則去纚衣與男子同不
徒跣不扱衽知不徒跣不扱衽者問喪文知去纚者鄭注
士喪禮云始死婦人將斬衰者去纚知著白布深衣者曾
子問云女改服布深衣縞總以趨喪鄭注云婦人始喪未
成服之服其齊衰以下男子著素冠齊衰以下婦人骨笄
而纚知者鄭注士喪禮文男子婦人皆吉屨無約其服皆
白布深衣知者鄭注喪服變除文至死之明日士則死日
襲明日小斂故士喪禮云小斂主人髻髮若大夫死之明
日襲而括髮故鄭注喪服變除云尸襲去纚括髮在二日
小斂之前是據大夫也大夫與士括髮於死者俱二日故

男子之括免則不容說女服之未成義也既言髽衰三年
益知恒髽是露紒也又就齊衰輕期髽無麻布何以知然
案檀弓南宮縚之妻之姑之喪夫子誨之髽曰爾無總總
爾爾無扈扈爾是但戒其高大不云有麻布別物是知露
紒悉名髽也又案奔喪云婦人奔喪東髽鄭云謂姑姊妹
女子子也去纚大紒曰髽若如鄭旨既謂是姑姊妹女子
子等還爲本親父母等唯云去纚大紒不言布麻當知期
以下無麻布也然露紒恒居之髽則有笄何以知之案笄
以對冠男在喪恒冠婦則恒笄也故喪服婦爲舅姑惡笄
有首以髽鄭云言以髽則髽有著笄者明矣以兼此經注
又知恒居笄而露紒髽也此三髽之殊是皇氏之說今考
校以爲正有二髽一是斬衰麻髽二是齊衰布髽皆名露
紒必知然者以喪服女子子在室爲父箭笄髽衰是斬衰
之髽用麻鄭注以爲露紒明齊衰髽用布亦謂之露紒髽
也　其義爲男子則免爲婦人則髽者庾蔚云喪服往往
寄異以明義或疑免髽亦有其旨故解之以其義以上於

禮記義四十二　三　施珝

男子則免婦人則髽獨以別男女而已非別有義也賀瑒
云男去冠猶婦人去笄義盡於此無復別義故云其義也
此經既論括髮免髽之異須顯所著之時崔氏云立義既
載五服變除今要舉變除之旨凡親始死將三年者皆去
冠笄纚如故十五升白布深衣扱上衽徒跣交手而哭故
禮記問喪云親始死雞斯徒跣扱上衽又鄭注士喪禮云
始死將斬衰者雞斯是也其婦人則去纚衣與男子同不
徒跣不扱衽知不徒跣不扱衽者問喪文知去纚者鄭注
士喪禮云始死婦人將斬衰者去纚知著白布深衣者曾
子問云女改服布深衣縞總以趨喪鄭注云婦人始喪未
成服之服其齊衰以下男子著素冠齊衰以下婦人骨笄
而纚知者鄭注士喪禮文男子婦人皆吉屨無約其服皆
白布深衣知者鄭注喪服變除文至死之明日士則死日
襲明日小斂故士喪禮云小斂主人髻髮若大夫死之明
日襲而括髮故鄭注喪服變除云尸襲去纚括髮在二日
小斂之前是據大夫也大夫與士括髮於死者俱二日故

足利本第四十二卷第四葉

鄭注問喪云二日去笄纚括髮通明大夫士也始死以後小斂之前大夫與士皆加素冠於笄纚之上故檀弓云叔孫武叔之母死既小斂舉者出戶出戶袒且投其冠括髮是素冠也以其始死哀甚未暇分别尊卑故大夫與士其冠皆同也至小斂投冠括髮之後大夫加素弁士加素委貌故喪大記云君大夫之喪子弁絰又喪服變除云小斂之後大夫以上冠素弁士則素委貌其素弁素冠皆加環絰故雜記云小斂環絰君大夫士一也鄭注云大夫以上素爵弁士素委貌是也凡括髮之後至大斂成服以來括髮不改故鄭注士喪禮云自小斂以至大斂括髮不改但死之三日說髽之時以括髮因而壞損更正其括髮故士喪禮既殯說髽喪大記云小斂說髽括髮是正其故括髮也非更爲之但士之既殯諸侯小斂於死者皆三日說髽同也其齊衰以下男子於主人括髮之時則著免故士喪禮小斂主人髻髮衆主人免是也而喪服變除不杖齊衰條云襲尸之時云括髮者誤也其婦人將斬衰者於男子

禮記義四十二　四

括髮之時則以麻爲髽故士喪禮云主人髻髮婦人髽于室其齊衰者於男子免時婦人則以布爲髽故此經云男子免而婦人髽是也其大功以下無髽也其服斂異至成服以來白布深衣不改士死後二日襲帶絰故士喪禮小斂之前陳苴絰大鬲下本在左要絰小焉散帶垂長三尺牡麻絰亦散垂斂訖主人拜賓乃襲絰于序東既夕禮三日絞垂鄭注云成服日絞要絰之散垂者是主人及衆主人皆絞散垂此襲帶絰絞垂日數皆士之禮也其大夫以上成服與士不同其襲帶絰之屬或與士同或與士異無文以言之其斬衰男子括髮齊衰男子免皆謂喪之大事斂殯之時若其不當斂殯則大夫以上加素弁士加素冠皆於括髮之上天子七日成服諸侯五日成服大夫士三日成服服之精麤及日月多少及葬之時節皆具在喪服及禮文不能繁說其葬之時大夫及士男子散帶婦人髽與未成服時同其服則如喪服故既夕禮云丈夫髽散帶垂鄭注云爲將啓變也此互文以相見耳諸文言髽見婦

潘本第四十二卷第四葉

鄭注問喪云二日去笄纚括髮通明大夫士也始死以後小斂之前大夫與士皆加素冠於笄纚之上故檀弓云叔孫武叔之母死既小斂舉者出戶出戶袒且投其冠括髮是素冠也以其始死哀甚未暇分别尊卑故大夫與士其冠皆同也至小斂投冠括髮之後大夫加素弁士加素委貌故喪大記云君大夫之喪子弁絰又喪服變除云小斂之後大夫以上冠素弁士則素委貌其素弁素冠皆加環絰故雜記云小斂環絰君大夫士一也鄭注云大夫以上素爵弁士素委貌是也凡括髮之後至大斂成服以來括髮不改故鄭注士喪禮云自小斂以至大斂括髮不改但死之三日說髽之時以括髮因而壞損更正其括髮故士喪禮既殯說髽喪大記云小斂說髽括髮是正其故括髮也非更爲之但士之既殯諸侯小斂於死者皆三日說髽同也其齊衰以下男子於主人括髮之時則著免故士喪禮小斂主人髻髮衆主人免是也而喪服變除不杖齊衰條云襲尸之時云括髮者誤也其婦人將斬衰者於男子

禮記義四十二　四

括髮之時則以麻爲髽故士喪禮云主人髻髮婦人髽于室其齊衰者於男子免時婦人則以布爲髽故此經云男子免而婦人髽是也其大功以下無髽也其服斂異至成服以來白布深衣不改士死後二日襲帶絰故士喪禮小斂之前陳苴絰大鬲下本在左要絰小焉散帶垂長三尺牡麻絰亦散垂斂訖主人拜賓乃襲絰于序東既夕禮三日絞垂鄭注云成服日絞要絰之散垂者是主人及衆主人皆絞散垂此襲帶絰絞垂日數皆士之禮也其大夫以上成服與士不同其襲帶絰之屬或與士同或與士異無文以言之其斬衰男子括髮齊衰男子免皆謂喪之大事斂殯之時若其不當斂殯則大夫以上加素弁士加素冠皆於括髮之上天子七日成服諸侯五日成服大夫士三日成服服之精麤及日月多少及葬之時節皆具在喪服及禮文不能繁說其葬之時大夫及士男子散帶婦人髽與未成服時同其服則如喪服故既夕禮云丈夫髽散帶垂鄭注云爲將啓變也此互文以相見耳諸文言髽見婦

人也若天子諸侯則首服素弁以葛爲環絰大夫則素弁加環絰士則素委貌加環絰故下檀弓云弁絰葛而葬鄭注云接神不可以純凶天子諸侯變服而葬冠素弁以葛爲環絰是王侯與卿大夫士異也至既虞卒哭之時乃服變服故鄭注喪服云天子諸侯卿大夫既虞士卒哭而受服其受服之時首絰要帶男子皆以葛易之齊斬之婦人則易首絰不易要帶大功小功婦人則易要帶爲葛雖受變麻爲葛卒哭時亦未說麻至祔乃說麻服葛故士虞禮云婦人說首絰不說帶鄭云不說帶齊斬婦人也婦人少變而重帶大功小功者葛帶時亦不說者未可以輕文變於主婦之質也至祔葛帶以即位案寸直云婦人不辨輕重故鄭爲此解其斬衰至十三月練而除首絰練冠素纓中衣黄裏縓爲領袖緣布帶繩屨無絇若母三年者小祥亦然斬衰二十五月大祥朝服縞冠故雜記云祥主人之除也於夕爲期朝服又喪服小記云除成喪者其祭也朝服縞冠既祥乃服十五升布深衣領緣皆以布縞冠素紕

故間傳云大祥素縞麻衣二十七月而禫服玄冠玄衣黄裳而祭祭畢服朝服以黒經白緯爲冠所謂纖冠而練纓吉屨踰月服吉間傳所謂禫而纖父没爲母與父同父在爲母十一月而練十三月而大祥十五月而禫其服變除與父没爲母同其不杖齊衰及大功以下服畢皆初服朝服素冠踰月服吉也此皆崔氏準約禮經及記而爲此説其有乖僻者今所不取

苴杖竹也削杖桐也

【疏】正義曰此一經解喪服苴杖削杖也然杖有苴削異者苴者黯也夫至痛内結必形色外章心如斬斫故貌必蒼苴所以衰裳絰杖俱備苴色也必用竹者以其體圓性貞履四時不改明子爲父禮申痛極自然圓足有終身之痛故也故斷而用之無所厭殺也　削杖者削殺也削奪其貌不使苴也必用桐者明其外雖被削而心本同也且桐隨時凋落此謂母喪示外被削殺服從時除而終身之心當與父同也

祖父卒而后爲祖母後者

人也若天子諸侯則首服素弁以葛爲環絰大夫則素弁加環絰士則素委貌加環絰故下檀弓云弁絰葛而葬鄭注云接神不可以純凶天子諸侯變服而葬冠素弁以葛爲環絰是王侯與卿大夫士異也至既虞卒哭之時乃服變服故鄭注喪服云天子諸侯卿大夫既虞士卒哭而受服其受服之時首絰要帶男子皆以葛易之齊斬之婦人則易首絰不易要帶大功小功婦人則易要帶爲葛雖受變麻爲葛卒哭時亦未說麻至祔乃說麻服葛故士虞禮云婦人說首絰不說帶鄭云不說帶齊斬婦人也婦人少變而重帶大功小功者葛帶時亦不說者未可以輕文變於主婦之質也至祔葛帶以即位案寸直云婦人不辨輕重故鄭爲此解其斬衰至十三月練而除首絰練冠素纓中衣黄裏縓爲領袖緣布帶繩屨無絇若母三年者小祥亦然斬衰二十五月大祥朝服縞冠故雜記云祥主人之除也於夕爲期朝服又喪服小記云除成喪者其祭也朝服縞冠既祥乃服十五升布深衣領緣皆以布縞冠素紕

禮記正義四十二　五　濮宣

故間傳云大祥素縞麻衣二十七月而禫服玄冠玄衣黄裳而祭祭畢服朝服以黒經白緯爲冠所謂纖冠而練纓吉屨踰月服吉間傳所謂禫而纖父没爲母與父同父在爲母十一月而練十三月而大祥十五月而禫其服變除與父没爲母同其不杖齊衰及大功以下服畢皆初服朝服素冠踰月服吉也此皆崔氏準約禮經及記而爲此説其有乖僻者今所不取

苴杖竹也削杖桐也

【疏】正義曰此一經解喪服苴杖削杖也然杖有苴削異者苴者黯也夫至痛内結必形色外章心如斬斫故貌必蒼苴所以衰裳絰杖俱備苴色也必用竹者以其體圓性貞履四時不改明子爲父禮申痛極自然圓足有終身之痛故也故斷而用之無所厭殺也　削杖者削殺也削奪其貌不使苴也必用桐者明其外雖被削而心本同也且桐隨時凋落此謂母喪示外被削殺服從時除而終身之心當與父同也

祖父卒而后爲祖母後者

足利本第四十二卷第六葉

三年 祖父在則其服如父在爲母也 疏 正義曰此一經論適孫承重之服祖父卒者謂適孫無父而爲祖後祖父已卒今又遭祖母喪故云爲祖母後也事事得申如父卒爲母故三年若祖父卒時父巳先亡亦爲祖父三年若祖卒時父在己雖爲祖期今父沒祖母亡時己亦爲祖母三年也 注 祖父至母也 正義曰言亦謂無父者若父在則不然也

爲父母長子稽顙 喪尊者及正體不敢不盡禮 大夫弔之雖緦必稽顙 尊大夫不敢以輕待之 婦人爲夫與長子稽顙其餘則否 恩殺於父母 疏 正義曰此一節論喪合稽顙之事各依文解之 爲父母長子稽顙者謂重服先稽顙而後拜者也父母長子並重故也其餘期以下先拜後稽顙也 大夫弔之雖緦必稽顙前文爲父母長子稽顙謂平等來弔故先稽顙而後拜若爲不杖齊衰以下則先拜賓後稽顙今大夫弔士雖是緦麻之親必亦先稽顙而後拜故皇氏載此稽顙謂先拜而後稽顙若平等相弔小功以下皆不先拜後稽顙若大夫來弔雖緦麻必爲之先拜而後稽顙今刪定云小功以下不稽顙文無所出又此稽顙與上文稽顙是一何得將此爲先拜後稽顙其義非也 婦人爲夫與長子稽顙其餘則否亦先稽顙而後拜其餘否者謂父母也以受重他族其恩減殺於父母也

禮記正義四十二　六　吳志

男主必使同姓婦主必使異姓 謂爲無主後者爲主也異姓同宗之婦也婦人外成 疏 正義曰此一經論婦人外成之事庾氏云喪有男主以接男賓女主以接女賓若父母之喪則適子爲男主適婦爲女主也今或無適子適婦爲正主遣他人攝主若攝男主必使喪家同姓之男若攝婦主必使喪家異姓之女 注 謂爲至外成 正義曰知謂爲無主後者爲主也者以經云必使同姓必使異姓故知先無主後云異姓同宗之婦也者同宗謂喪家同宗其婦必與喪家異姓故云異姓同宗之婦云婦人外成者解婦主

潘本第四十二卷第六葉

三年 祖父在則其服如父在爲母也 疏 正義曰此一經論適孫承重之服祖父卒者謂適孫無父而爲祖後祖父已卒今又遭祖母喪故云爲祖母後也事事得申如父卒爲母故三年若祖父卒時父巳先亡亦爲祖父三年若祖卒時父在己雖爲祖期今父沒祖母亡時己亦爲祖母三年也 注 祖父至母也 正義曰言亦謂無父者若父在則不然也

爲父母長子稽顙 喪尊者及正體不敢不盡禮 大夫弔之雖緦必稽顙 尊大夫不敢以輕待之 婦人爲夫與長子稽顙其餘則否 恩殺於父母 疏 正義曰此一節論喪合稽顙之事各依文解之 爲父母長子稽顙者謂重服先稽顙而後拜者也父母長子並重故也其餘期以下先拜後稽顙也 大夫弔之雖緦必稽顙前文爲父母長子稽顙謂平等來弔故先稽顙而後拜若爲不杖齊衰以下則先拜賓後稽顙今大夫弔士雖是緦麻之親必亦先稽顙而後拜故皇氏載此稽顙謂先拜而後稽顙若平等相弔小功以下皆不先拜後稽顙若大夫來弔雖緦麻必爲之先拜而後稽顙今刪定云小功以下不稽顙文無所出又此稽顙與上文稽顙是一何得將此爲先拜後稽顙其義非也 婦人爲夫與長子稽顙其餘則否亦先稽顙而後拜其餘否者謂父母也以受重他族其恩減殺於父母也

禮記正義四十二　六　吳志

男主必使同姓婦主必使異姓 謂爲無主後者爲主也異姓同宗之婦也婦人外成 疏 正義曰此一經論婦人外成之事庾氏云喪有男主以接男賓女主以接女賓若父母之喪則適子爲男主適婦爲女主也今或無適子適婦爲正主遣他人攝主若攝男主必使喪家同姓之男若攝婦主必使喪家異姓之女 注 謂爲至外成 正義曰知謂爲無主後者爲主也者以經云必使同姓必使異姓故知先無主後云異姓同宗之婦也者同宗謂喪家同宗其婦必與喪家異姓故云異姓同宗之婦云婦人外成者解婦主

足利本第四十二卷第七葉

使異姓之意令與死者同姓婦人不得與喪家爲喪主以
其外成適於他族故不得自與己同宗爲主此云異姓者
與夫家爲異姓**爲父後者爲出母無服**不敢以己私廢父所傳重之祭
祀【疏】正義曰此一經論適子承重不得爲出母著服之事 出母謂母犯七出爲父所遣而母子至親義
不可絶父若猶在子皆爲出母期若父沒後則適子一人不復爲母服所以然者己係嗣承當不敢以私親廢先祖
之祀故無服也**親親以三爲五以五爲九上殺下殺旁**
殺而親畢矣已上親父下親子三也以父親祖以子親孫五也以祖親高祖以孫親玄
孫九也殺謂親益踈者服之則輕【疏】正義曰此一經廣明五服之輕重隨人之親踈著服之節親親以三
者以上親父下親子幷己爲三故云親親以三 爲五者又以父上親祖以子下親孫歸者三今加祖及孫故言五

禮疏四十二　七　公甫

也 以五爲九者已上祖下孫則是五也又以曾祖故親高祖曾孫故親玄孫上加曾高二祖下加曾玄兩孫以四
體五故爲九也然已上親父下親子合應云以一爲三而云以三爲五者父子一體無可分之義故相親之說不須
分矣而分祖孫非己一體故有可分之義而親名著也又以祖親曾祖以孫親曾孫應云以五爲七今言九者曾祖
曾孫爲情已遠非己一體所親故略其相親之言也庾氏云由祖以親曾高二祖由孫以親曾玄二孫服之所同義
由於此也 上殺者據己上服父祖而減殺故服父三年服祖減殺至朞以次減之應曾祖大功高祖小功而俱齊
衰三月者但父祖及於己是同體之親故依次減殺曾祖高祖非己同體其恩已踈故略從齊衰三月曾高一等所
以喪服注云重其衰麻尊尊也減其日月恩殺也不可以大功小功旁親之服加至尊故皆服齊衰也 下殺者謂
下於子孫而減殺子服父三年父亦宜報服而父子首足不宜等衰故父服子期也若正適傳重便得遂情故喪服

潘本第四十二卷第七葉

使異姓之意令與死者同姓婦人不得與喪家爲喪主以
其外成適於他族故不得自與己同宗爲主此云異姓者
與夫家爲異姓**爲父後者爲出母無服**不敢以己私廢父所傳重之祭
祀【疏】正義曰此一經論適子承重不得爲出母著服之事 出母謂母犯七出爲父所遣而母子至親義
不可絶父若猶在子皆爲出母期若父沒後則適子一人不復爲母服所以然者己係嗣承當不敢以私親廢先祖
之祀故無服也**親親以三爲五以五爲九上殺下殺旁**
殺而親畢矣已上親父下親子三也以父親祖以子親孫五也以祖親高祖以孫親玄
孫九也殺謂親益踈者服之則輕【疏】正義曰此一經廣明五服之輕重隨人之親踈著服之節親親以三
者以上親父下親子幷己爲三故云親親以三 爲五者又以父上親祖以子下親孫歸者三今加祖及孫故言五

禮疏四十二　七　公甫

也 以五爲九者已上祖下孫則是五也又以曾祖故親高祖曾孫故親玄孫上加曾高二祖下加曾玄兩孫以四
體五故爲九也然已上親父下親子合應云以一爲三而云以三爲五者父子一體無可分之義故相親之說不須
分矣而分祖孫非己一體故有可分之義而親名著也又以祖親曾祖以孫親曾孫應云以五爲七今言九者曾祖
曾孫爲情已遠非己一體所親故略其相親之言也庾氏云由祖以親曾高二祖由孫以親曾玄二孫服之所同義
由於此也 上殺者據己上服父祖而減殺故服父三年服祖減殺至朞以次減之應曾祖大功高祖小功而俱齊
衰三月者但父祖及於己是同體之親故依次減殺曾祖高祖非己同體其恩已踈故略從齊衰三月曾高一等所
以喪服注云重其衰麻尊尊也減其日月恩殺也不可以大功小功旁親之服加至尊故皆服齊衰也 下殺者謂
下於子孫而減殺子服父三年父亦宜報服而父子首足不宜等衰故父服子期也若正適傳重便得遂情故喪服

足利本第四十二卷第八葉

云不敢降是也父服子期孫卑理不得祖報故爲九月若傳重者亦服期也爲孫既大功則曾孫宜五月但曾孫服曾祖正三月故曾祖報亦一時也而曾祖是正尊自加齊衰服而曾孫正卑故正服緦麻曾孫既緦麻三月玄孫理不容異且曾孫非已同體故服不依次減殺略同三月旁殺者世叔之屬是也父是至尊故以三年若據祖期斷則世叔宜九月而世叔是父一體故加至期也從世叔既疏加所不及據期而殺是以五月族世叔又疏一等故宜緦麻此外無服也此是發父而旁漸至輕也又祖是父一體故加至期而祖之兄弟非已一體故加亦不及據於期之斷殺便正五月族祖又疏一等故宜緦麻此外無服是發祖而旁漸殺也又曾祖據期本應五月曾祖之兄弟謂族曾祖既疏一等故宜三月也自此以外及高祖之兄弟悉無服矣又至親期斷兄弟至親一體相爲而期同堂兄弟疏於一等故九月從祖兄弟又疏一等故小功族之昆弟又殺一等故宜三月此外無服是發兄弟而旁殺也又

禮記義四十二　八　施俊

父爲子期而兄弟之子但宜九月而今亦期者父爲於子本應報以三年特爲首足故降至期而兄弟之子爲世叔本應九月但言世叔與尊者一體而加至期世叔旁尊不得自比彼父祖之重無義相降故報兄弟子期且已與兄弟一體兄弟之子不宜隔異欲見猶子之義與已子等所以至期故檀弓云兄弟之子猶子也蓋引而進之是也又同堂兄弟之子服從伯叔無加則從伯叔亦正報五月也族兄弟之子又疏故宜緦耳此發子而旁殺也又孫服祖期祖尊故爲孫大功兄弟之孫服從祖五月故從祖報之小功也同堂兄弟之孫既疏爲之理自緦麻其外無服矣曾祖爲曾孫三月爲兄弟曾孫以無尊降之故亦爲三月而親畢矣者結親親之義也始自父母終於族人故云親畢也且五屬之親若同父則期同祖則大功同曾祖則小功同高祖則緦麻高祖外無服亦是畢也

者禘其祖之所自出以其祖配之　王　禘大祭也始祖感天

潘本第四十二卷第八葉

云不敢降是也父服子期孫卑理不得祖報故爲九月若傳重者亦服期也爲孫既大功則曾孫宜五月但曾孫服曾祖正三月故曾祖報亦一時也而曾祖是正尊自加齊衰服而曾孫正卑故正服緦麻曾孫既緦麻三月玄孫理不容異且曾孫非已同體故服不依次減殺略同三月旁殺者世叔之屬是也父是至尊故以三年若據祖期斷則世叔宜九月而世叔是父一體故加至期也從世叔既疏加所不及據期而殺是以五月族世叔又疏一等故宜緦麻此外無服也此是發父而旁漸至輕也又祖是父一體故加至期而祖之兄弟非已一體故加亦不及據於期之斷殺便正五月族祖又疏一等故宜緦麻此外無服是發祖而旁漸殺也又曾祖據期本應五月曾祖之兄弟謂族曾祖既疏一等故宜三月也自此以外及高祖之兄弟悉無服矣又至親期斷兄弟至親一體相爲而期同堂兄弟疏於一等故九月從祖兄弟又疏一等故小功族之昆弟又殺一等故宜三月此外無服是發兄弟而旁殺也又

禮記義四十二　八　施俊

父爲子期而兄弟之子但宜九月而今亦期者父爲於子本應報以三年特爲首足故降至期而兄弟之子爲世叔本應九月但言世叔與尊者一體而加至期世叔旁尊不得自比彼父祖之重無義相降故報兄弟子期且已與兄弟一體兄弟之子不宜隔異欲見猶子之義與已子等所以至期故檀弓云兄弟之子猶子也蓋引而進之是也又同堂兄弟之子服從伯叔無加則從伯叔亦正報五月也族兄弟之子又疏故宜緦耳此發子而旁殺也又孫服祖期祖尊故爲孫大功兄弟之孫服從祖五月故從祖報之小功也同堂兄弟之孫既疏爲之理自緦麻其外無服矣曾祖爲曾孫三月爲兄弟曾孫以無尊降之故亦爲三月而親畢矣者結親親之義也始自父母終於族人故云親畢也且五屬之親若同父則期同祖則大功同曾祖則小功同高祖則緦麻高祖外無服亦是畢也

者禘其祖之所自出以其祖配之　王　禘大祭也始祖感天

足利本第四十二卷第九葉

神靈而生祭天則以祖配之自外至者無主不止而立四廟高祖以下與始祖而五庶子王亦如之世子有廢疾不可立而庶子立其祭天立廟亦如世子之立也春秋時衛侯元有兄縶【疏】正義曰此一節論王者庶子之郊天立廟與適子同之義各依文解之○王者禘其祖之所自出者禘大祭也謂夏正郊天自從也王者夏正禘祭其先祖所從出之天若周之先祖出自靈威仰也○以其祖配之者以其先祖配祭所出之天○而立四廟者既有配天始祖之廟而更立高祖以下四廟與始祖而五也○庶子王亦如之者天位尊重故雖庶子而爲王者則郊天立祀五廟事事亦如適子爲王也嫌其不得故特明之【注】禘大至不止　正義曰禘大祭也爾雅釋天文云自外至者無主不止公羊宣三年傳文外至者天神也主者人祖也故祭以人祖配天神也【注】世子至兄縶　正義曰以其庶子爲王明知世子有癈疾不可立也云春秋時衛侯元

禮記義四十二　九　吳宗

有兄縶者案昭七年左傳稱長子孟縶之足不良而立次子元元即衛靈公也別子爲祖諸侯之庶子別爲後世爲始祖也謂之別子者公子不得禰先君繼別爲宗別子之世長子爲其族人爲宗所謂百世不遷之宗繼禰者爲小宗別子庶子之長子爲其昆弟爲宗也謂之小宗者以其將遷也有五世而遷之宗其繼高祖者也謂小宗也小宗有四或繼高祖或繼曾祖或繼祖或繼禰皆至五世則遷是故祖遷於上宗易於下尊祖故敬宗敬宗所以尊祖禰也宗者祖禰之正體庶子不祭祖者明其宗也明其尊宗以爲本也禰則不祭矣言不祭祖者主謂宗子庶子俱爲適士得立祖禰廟者也凡正體在乎上者謂下

潘本第四十二卷第九葉

神靈而生祭天則以祖配之自外至者無主不止而立四廟高祖以下與始祖而五庶子王亦如之世子有廢疾不可立而庶子立其祭天立廟亦如世子之立也春秋時衛侯元有兄縶【疏】正義曰此一節論王者庶子之郊天立廟與適子同之義各依文解之○王者禘其祖之所自出者禘大祭也謂夏正郊天自從也王者夏正禘祭其先祖所從出之天若周之先祖出自靈威仰也○以其祖配之者以其先祖配祭所出之天○而立四廟者既有配天始祖之廟而更立高祖以下四廟與始祖而五也○庶子王亦如之者天位尊重故雖庶子而爲王者則郊天立祀五廟事事亦如適子爲王也嫌其不得故特明之【注】禘大至不止　正義曰禘大祭也爾雅釋天文云自外至者無主不止公羊宣三年傳文外至者天神也主者人祖也故祭以人祖配天神也【注】世子至兄縶　正義曰以其庶子爲王明知世子有癈疾不可立也云春秋時衛侯元

禮記義四十二　九　吳宗

有兄縶者案昭七年左傳稱長子孟縶之足不良而立次子元元即衛靈公也別子爲祖諸侯之庶子別爲後世爲始祖也謂之別子者公子不得禰先君繼別爲宗別子之世長子爲其族人爲宗所謂百世不遷之宗繼禰者爲小宗別子庶子之長子爲其昆弟爲宗也謂之小宗者以其將遷也有五世而遷之宗其繼高祖者也謂小宗也小宗有四或繼高祖或繼曾祖或繼祖或繼禰皆至五世則遷是故祖遷於上宗易於下尊祖故敬宗敬宗所以尊祖禰也宗者祖禰之正體庶子不祭祖者明其宗也明其尊宗以爲本也禰則不祭矣言不祭祖者主謂宗子庶子俱爲適士得立祖禰廟者也凡正體在乎上者謂下

正猶爲庶也。【疏】正義曰此一節並論尊祖敬宗之義各依文解之 別子爲祖者謂諸侯適子之弟別於正適故稱別子也爲祖者別與後世爲始祖謂此別子子孫爲卿大夫立此別子爲始祖 【注】謂之至先君 正義曰鄭云此者決上文庶子王今諸侯庶子乃謂之別子是別爲始祖若稱庶子及公子若世子不立則庶子公子皆得有禰先君之義今言別子明適子在故云謂之別子者公子不得禰先君 繼別爲宗 謂別子之世世長子恒繼別子與族人爲百世不遷之大宗 繼禰者爲小宗 禰謂別子之庶子以庶子所生長子繼此庶子與兄弟爲小宗謂之小宗者以其五世則遷比大宗爲小故云小宗也 有五世而遷之宗其繼高祖者也 五世者謂上從高祖下至玄孫之子此玄孫之子則合遷徙不得與族人爲宗故云有五世則遷之宗其繼高祖者此五世合遷之宗是繼高祖者之子以其繼高祖之身未滿五世而猶爲宗其繼高祖者之子則已滿五世禮合遷徙但記文要略

禮記義四十二　十　李倚

唯云繼高祖其實是繼高祖者之子也 【注】謂小至則遷 正義曰言或繼高祖或繼曾祖或繼祖或繼禰者以別子之後族人衆多或有繼高祖者與三從兄弟爲宗或有繼曾祖者與再從兄弟爲宗或有繼祖者與同堂兄弟爲宗或有繼禰者與親兄弟爲宗不廢族人一身凡事四宗事親兄弟之適是繼禰小宗也事同堂兄弟之適是繼祖小宗也事再從兄弟之適是繼曾祖小宗也事三從兄弟之適是繼高祖小宗也於族人唯一俱時事四小宗兼大宗爲五也又云皆至五世則遷者繼高祖者至子五世繼曾祖者至孫五世繼祖者至曾孫五世繼禰者至玄孫五世也是皆五世不復與四從兄弟爲宗故云皆至五世則遷各自隨近相宗然則小宗所繼非一前文獨云繼禰者爲小宗雖四初皆繼禰爲始據初爲元故特云繼禰也 是故至禰也 四世之時尚事高祖至五世之時謂高祖之父不爲加服是祖遷於上四世之時仍宗三從族人至五世不復宗四從族人各自隨近爲宗是宗易於下宗

足利本第四十二卷第十葉

正猶爲庶也。【疏】正義曰此一節並論尊祖敬宗之義各依文解之 別子爲祖者謂諸侯適子之弟別於正適故稱別子也爲祖者別與後世爲始祖謂此別子子孫爲卿大夫立此別子爲始祖 【注】謂之至先君 正義曰鄭云此者決上文庶子王今諸侯庶子乃謂之別子是別爲始祖若稱庶子及公子若世子不立則庶子公子皆得有禰先君之義今言別子明適子在故云謂之別子者公子不得禰先君 繼別爲宗 謂別子之世世長子恒繼別子與族人爲百世不遷之大宗 繼禰者爲小宗 禰謂別子之庶子以庶子所生長子繼此庶子與兄弟爲小宗謂之小宗者以其五世則遷比大宗爲小故云小宗也 有五世而遷之宗其繼高祖者也 五世者謂上從高祖下至玄孫之子此玄孫之子則合遷徙不得與族人爲宗故云有五世則遷之宗其繼高祖者此五世合遷之宗是繼高祖者之子以其繼高祖之身未滿五世而猶爲宗其繼高祖者之子則已滿五世禮合遷徙但記文要略

禮記義四十二　十　李倚

唯云繼高祖其實是繼高祖者之子也 【注】謂小至則遷 正義曰言或繼高祖或繼曾祖或繼祖或繼禰者以別子之後族人衆多或有繼高祖者與三從兄弟爲宗或有繼曾祖者與再從兄弟爲宗或有繼祖者與同堂兄弟爲宗或有繼禰者與親兄弟爲宗不廢族人一身凡事四宗事親兄弟之適是繼禰小宗也事同堂兄弟之適是繼祖小宗也事再從兄弟之適是繼曾祖小宗也事三從兄弟之適是繼高祖小宗也於族人唯一俱時事四小宗兼大宗爲五也又云皆至五世則遷者繼高祖者至子五世繼曾祖者至孫五世繼祖者至曾孫五世繼禰者至玄孫五世也是皆五世不復與四從兄弟爲宗故云皆至五世則遷各自隨近相宗然則小宗所繼非一前文獨云繼禰者爲小宗雖四初皆繼禰爲始據初爲元故特云繼禰也 是故至禰也 四世之時尚事高祖至五世之時謂高祖之父不爲加服是祖遷於上四世之時仍宗三從族人至五世不復宗四從族人各自隨近爲宗是宗易於下宗

潘本第四十二卷第十葉

是先祖正體所以尊祖故敬宗更覆說云敬宗所以尊祖禰覆結尊祖之文也庶子不祭祖者明其宗也此猶尊宗之義也庶子適子俱是人子並宜供養而適子烝嘗庶子獨不祭者正是推本崇適明有所宗故云明其宗也

注禰則至庶也 正義曰鄭據子名對父此言庶子則是父庶父庶即不得祭父何假言祖故云禰則不祭也而記不應言不祭祖祖是對孫今既云庶子不祭祖故知是宗子庶子俱爲適士適士得立二廟自禰及祖是適宗子得立祖禰廟祭之而已是祖庶雖俱爲適士得自立禰廟而不得立祖廟祭之故云庶子不祭祖云凡正體在乎上者謂下正猶爲庶也者解所以謂禰適爲庶子之義也正體謂祖之適也下正謂禰之適也雖正爲禰適而於祖猶爲庶故禰適謂之爲庶也五宗悉然

庶子不爲長子斬不繼祖與禰故也 尊先祖之正體不二其統也言不繼祖禰則長子不必五世

疏 正義曰此亦尊宗之義也然此所明與喪服中義同而語異也喪服明父是適爲長子斬此明父是庶子不得爲長子服斬者也是互相明也但經記文混正不知幾世之適得遂茲極服馬季長注喪服云此爲五世之適父乃爲之斬也而鄭注此云言不繼祖禰則長子不必五世矣庾氏云用恩則禰重用義則祖重父之與祖各有一重故至已承二重而爲長子斬若不繼祖則不爲長子斬也如庾氏此言則父適二世承重則得爲長子三年也而鄭不明言世數者鄭是馬季長弟子不欲正言相非故依違而言曰不必也然孫系於祖乃爲長子三年而此不云庶孫不得爲長子必云庶子者孫語通遠嫌或多世今欲明此祖非遠故言子以示近既義須繼祖言不繼祖自足又曰與禰者庾氏云若直云不繼祖恐人謂據庶子長子死者之身不繼祖故更言不繼祖與禰欲明死者之父不繼祖與禰非據死者之身鄭注喪服云此言爲父後者然後爲長子三年則是父之適子即得爲長子三年此經云必爲父適祖適乃得爲

禮記義四十二　十一　應俊

足利本第四十二卷第十一葉

是先祖正體所以尊祖故敬宗更覆說云敬宗所以尊祖禰覆結尊祖之文也庶子不祭祖者明其宗也此猶尊宗之義也庶子適子俱是人子並宜供養而適子烝嘗庶子獨不祭者正是推本崇適明有所宗故云明其宗也

注禰則至庶也 正義曰鄭據子名對父此言庶子則是父庶父庶即不得祭父何假言祖故云禰則不祭也而記不應言不祭祖祖是對孫今既云庶子不祭祖故知是宗子庶子俱爲適士適士得立二廟自禰及祖是適宗子得立祖禰廟祭之而已是祖庶雖俱爲適士得自立禰廟而不得立祖廟祭之故云庶子不祭祖云凡正體在乎上者謂下正猶爲庶也者解所以謂禰適爲庶子之義也正體謂祖之適也下正謂禰之適也雖正爲禰適而於祖猶爲庶故禰適謂之爲庶也五宗悉然

庶子不爲長子斬不繼祖與禰故也 尊先祖之正體不二其統也言不繼祖禰則長子不必五世

疏 正義曰此亦尊宗之義也然此所明與喪服中義同而語異也喪服明父是適爲長子斬此明父是庶子不得爲長子服斬者也是互相明也但經記文混正不知幾世之適得遂茲極服馬季長注喪服云此爲五世之適父乃爲之斬也而鄭注此云言不繼祖禰則長子不必五世矣庾氏云用恩則禰重用義則祖重父之與祖各有一重故至已承二重而爲長子斬若不繼祖則不爲長子斬也如庾氏此言則父適二世承重則得爲長子三年也而鄭不明言世數者鄭是馬季長弟子不欲正言相非故依違而言曰不必也然孫系於祖乃爲長子三年而此不云庶孫不得爲長子必云庶子者孫語通遠嫌或多世今欲明此祖非遠故言子以示近既義須繼祖言不繼祖自足又曰與禰者庾氏云若直云不繼祖恐人謂據庶子長子死者之身不繼祖故更言不繼祖與禰欲明死者之父不繼祖與禰非據死者之身鄭注喪服云此言爲父後者然後爲長子三年則是父之適子即得爲長子三年此經云必爲父適祖適乃得爲

禮記義四十二　十一　應俊

潘本第四十二卷第十一葉

足利本第四十二卷第十二葉

長子斬者但禮有適子者無適孫雖已是祖正若父猶在則已未成適未成適則不得重長重長必是父没後者故云爲父後者然後爲長子三年也然已身雖是祖庶而是父適則應立廟立廟則已長子傳重當祭而不爲斬者以是祖庶厭降故不敢服斬且死者其父見在父自供祭然禮爲後者有四條皆不爲斬何者有體而不正有正而不體有傳重而非正體有正體而不傳重是也體而不正庶子爲後是也正而不體適孫爲後是也傳重非正體庶孫爲後是也正體不傳重適子有廢疾不立是也四者皆期悉不得斬也唯正體又傳重者乃極服耳　庶子

不祭殤與無後者殤與無後者從祖祔食

不祭殤者父之庶也不祭無後者祖之庶也此二者當從祖祔食而已不祭祖無所食之也共其牲物而宗子主其禮焉祖庶之殤則自祭之凡所祭殤者唯適子耳無後者謂昆弟諸父也宗子之諸父無後者爲墠祭之

〈禮記義四十二　十二　應俊

疏　正義曰此事與曾子問中義同而語異也曾子問中是明宗子所得祭就宗子之家宗子主其禮今此所言是庶子不得在當家祭者也　庶子者謂父庶及祖庶也殤者未成人而死者也無後謂成人未昏或已娶無子而死者不得祭殤者謂父庶也不祭無後者謂祖庶也　殤與無後者從祖祔食者解庶所以不自祭義也已不得祭父祖而以此諸親皆各從其祖祔食　祖廟在宗子之家故已不得自祭之也　注不祭至祭之　正義曰云不祭殤者父之庶者謂已是父之庶子及餘兄弟亦是父之庶子庶子所生之適子爲殤而死者不得自祭之以其已是父庶不合立父廟故不得自祭其子殤也殤尚不祭成人無後不祭可知云不祭無後者祖之庶也者已是祖庶不合立祖廟故兄弟無後者不得祭之已若是曾祖之庶亦不得祭諸父無後者諸父無後當於曾祖之廟而祭已是曾祖庶不合立曾祖之廟故不祭之此直云祖之庶不云曾祖之庶者言祖兼曾祖也此無後者身並是庶若在殤而死則不

潘本第四十二卷第十二葉

長子斬者但禮有適子者無適孫雖已是祖正若父猶在則已未成適未成適則不得重長重長必是父没後者故云爲父後者然後爲長子三年也然已身雖是祖庶而是父適則應立廟立廟則已長子傳重當祭而不爲斬者以是祖庶厭降故不敢服斬且死者其父見在父自供祭然禮爲後者有四條皆不爲斬何者有體而不正有正而不體有傳重而非正體有正體而不傳重是也體而不正庶子爲後是也正而不體適孫爲後是也傳重非正體庶孫爲後是也正體不傳重適子有廢疾不立是也四者皆期悉不得斬也唯正體又傳重者乃極服耳　庶子

不祭殤與無後者殤與無後者從祖祔食

不祭殤者父之庶也不祭無後者祖之庶也此二者當從祖祔食而已不祭祖無所食之也共其牲物而宗子主其禮焉祖庶之殤則自祭之凡所祭殤者唯適子耳無後者謂昆弟諸父也宗子之諸父無後者爲墠祭之

〈禮記義四十二　十二　應俊

疏　正義曰此事與曾子問中義同而語異也曾子問中是明宗子所得祭就宗子之家宗子主其禮今此所言是庶子不得在當家祭者也　庶子者謂父庶及祖庶也殤者未成人而死者也無後謂成人未昏或已娶無子而死者不得祭殤者謂父庶也不祭無後者謂祖庶也　殤與無後者從祖祔食者解庶所以不自祭義也已不得祭父祖而以此諸親皆各從其祖祔食　祖廟在宗子之家故已不得自祭之也　注不祭至祭之　正義曰云不祭殤者父之庶者謂已是父之庶子及餘兄弟亦是父之庶子庶子所生之適子爲殤而死者不得自祭之以其已是父庶不合立父廟故不得自祭其子殤也殤尚不祭成人無後不祭可知云不祭無後者祖之庶也者已是祖庶不合立祖廟故兄弟無後者不得祭之已若是曾祖之庶亦不得祭諸父無後者諸父無後當於曾祖之廟而祭已是曾祖庶不合立曾祖之廟故不祭之此直云祖之庶不云曾祖之庶者言祖兼曾祖也此無後者身並是庶若在殤而死則不

足利本第四十二卷第十三葉

合祭也云此二者當從祖祔食而已不祭祖無所食之也者一是殤二是無後此二者當從死者之祖而祔食祖廟在宗子之家故已不得祭祖無所食以私家不合祭祖無奠食之也云共其牲物而宗子主其禮焉者謂殤者之親共其牲物而宗子亶掌其禮庾氏云此殤與無後者所祭之時非唯一度四時隨宗子之家而祭也但牲牢不得同於宗子祭耳之禮故曾子問注云凡殤特豚其義具曾子問疏云祖庶之殤則自祭之者已於祖爲庶故謂已子爲祖庶之殤已是父適得立父廟故自祭子殤在於父廟也云無後者謂昆弟諸父也者昆弟謂已之昆弟已是祖庶祭無後昆弟當就祖廟已無祖廟故不祭無後昆弟云諸父也者已是曾祖之庶祭諸父當於曾祖之廟已無曾祖之廟故不祭無後諸父云宗子之諸父無後者爲墠祭之者宗子合祭諸父諸父當於宗子曾祖之廟宗子是士唯有祖禰二廟無曾祖廟故諸父無後者爲墠祭之若宗子爲大夫得立曾祖廟者則祭之於曾祖廟不於墠也若宗子有大祖者不立曾祖廟亦祭之於墠案祭法云先壇後墠今祭之墠者皇氏云以其無後賤之故於墠也

禮記義四十二　十三　翁祥

庶子不祭禰者明其宗也　謂宗子庶子俱爲下士得立禰廟也雖庶人亦然

疏　正義曰解庶所以不祭殤義也禰適故得立禰廟故祭禰禰庶不得立禰廟故不得祭其禰明其有所宗既無禰廟故不得祭子殤也　注謂宗至亦然　正義曰前文云不祭祖以有祖廟故注云宗子庶子俱爲適士此文云不祭禰唯有禰廟故注云宗子庶子俱爲下士若庶子是下士宗子是庶人此下士立廟於宗子之家庶子共其牲物宗子主其禮雖庶人是有祭義若宗子爲下士是宗子自祭之庶子不得祭也

親親尊尊長長男女之有別人道之大者也　言服之所以降殺

疏　正義曰此一經論服之降殺之義親親謂父母也尊尊謂祖及曾祖高祖也長長謂兄及旁親也不

潘本第四十二卷第十三葉

合祭也云此二者當從祖祔食而已不祭祖無所食之也者一是殤二是無後此二者當從死者之祖而祔食祖廟在宗子之家故已不得祭祖無所食以私家不合祭祖無奠食之也云共其牲物而宗子主其禮焉者謂殤者之親共其牲物而宗子亶掌其禮庾氏云此殤與無後者所祭之時非唯一度四時隨宗子之家而祭也但牲牢不得同於宗子祭耳之禮故曾子問注云凡殤特豚其義具曾子問疏云祖庶之殤則自祭之者已於祖爲庶故謂已子爲祖庶之殤已是父適得立父廟故自祭子殤在於父廟也云無後者謂昆弟諸父也者昆弟謂已之昆弟已是祖庶祭無後昆弟當就祖廟已無祖廟故不祭無後昆弟云諸父也者已是曾祖之庶祭諸父當於曾祖之廟已無曾祖之廟故不祭無後諸父云宗子之諸父無後者爲墠祭之者宗子合祭諸父諸父當於宗子曾祖之廟宗子是士唯有祖禰二廟無曾祖廟故諸父無後者爲墠祭之若宗子爲大夫得立曾祖廟者則祭之於曾祖廟不於墠也若宗子有大祖者不立曾祖廟亦祭之於墠案祭法云先壇後墠今祭之墠者皇氏云以其無後賤之故於墠也

禮記義四十二　十三　翁祥

庶子不祭禰者明其宗也　謂宗子庶子俱爲下士得立禰廟也雖庶人亦然

疏　正義曰解庶所以不祭殤義也禰適故得立禰廟故祭禰禰庶不得立禰廟故不得祭其禰明其有所宗既無禰廟故不得祭子殤也　注謂宗至亦然　正義曰前文云不祭祖以有祖廟故注云宗子庶子俱爲適士此文云不祭禰唯有禰廟故注云宗子庶子俱爲下士若庶子是下士宗子是庶人此下士立廟於宗子之家庶子共其牲物宗子主其禮雖庶人是有祭義若宗子爲下士是宗子自祭之庶子不得祭也

親親尊尊長長男女之有別人道之大者也　言服之所以隆殺

疏　正義曰此一經論服之降殺之義親親謂父母也尊尊謂祖及曾祖高祖也長長謂兄及旁親也不

言卑幼舉尊長則卑幼可知　男女之有別者若爲父斬爲母齊衰姑姊妹在室期出嫁大功爲夫斬爲妻期之屬是男女之有別也　人道之大者也言此親親尊尊長長男女有別人間道理最大者皇氏云親親結上以三爲五尊尊結上王者禘其祖之所自出長長結上庶子不祭祖案鄭注云言服之所以降殺爲服發文記者別言其事非是結成上義上文自論尊祖敬宗不論服之降殺皇氏說非也

從服者所從亡則已　謂若爲君母之父母昆弟從母也

屬從者所從雖沒也服　謂若自爲己之母黨

妾從女君而出則不爲女君之子服　妾爲女君之黨服得與女君同而今俱出女君猶爲子期妾於義絶無施服

疏　正義曰此一節論從服之事各依文解之　從服者案服術有六其一是徒從者徒空也與彼非親屬空從此而服彼徒中有四一

是妾爲女君之黨二是子從母服於母之君母三是妾子爲君母之黨四是臣從君而服君之黨就此四徒之中而一徒所從雖亡則猶服如女君雖沒妾猶服女君之黨其餘三徒則所從亡則已謂君母死則妾子不復服君母之黨及母亡則子不復服母之君母又君亡則臣不服君黨親也其中又有妾攝女君爲女君黨各有義故也今上云所從亡則已已止也止謂徒從亡則止而不服者　注　謂若爲君母之父母昆弟從母也　正義曰鄭此謂略舉一隅也　屬從者所從雖沒也服　此明屬從也屬者骨血連續以爲親也亦有三一是子從母服母之黨二是妻從夫服夫之黨三是夫從妻服妻之黨此三從雖沒猶從之服其親也鄭特云謂若自爲己之母黨者亦舉一隅也　妾從女君而出則不爲女君之子服　妾服女君之子皆與女君同此云從而出謂姪娣也姪娣從女君而入若女君犯七出則姪娣亦從而出母自爲子猶期姪娣不復服出女君之子已義絶故也

禮不王不

言卑幼舉尊長則卑幼可知　男女之有別者若爲父斬爲母齊衰姑姊妹在室期出嫁大功爲夫斬爲妻期之屬是男女之有別也　人道之大者也言此親親尊尊長長男女有別人間道理最大者皇氏云親親結上以三爲五尊尊結上王者禘其祖之所自出長長結上庶子不祭祖案鄭注云言服之所以降殺爲服發文記者別言其事非是結成上義上文自論尊祖敬宗不論服之降殺皇氏說非也

從服者所從亡則已　謂若爲君母之父母昆弟從母也

屬從者所從雖沒也服　謂若自爲己之母黨

妾從女君而出則不爲女君之子服　妾爲女君之黨服得與女君同而今俱出女君猶爲子期妾於義絶無施服

疏　正義曰此一節論從服之事各依文解之　從服者案服術有六其一是徒從者徒空也與彼非親屬空從此而服彼徒中有四一

禮記義四十二　十四　馬昇

是妾爲女君之黨二是子從母服於母之君母三是妾子爲君母之黨四是臣從君而服君之黨就此四徒之中而一徒所從雖亡則猶服如女君雖沒妾猶服女君之黨其餘三徒則所從亡則已謂君母死則妾子不復服君母之黨及母亡則子不復服母之君母又君亡則臣不服君黨親也其中又有妾攝女君爲女君黨各有義故也今上云所從亡則已已止也止謂徒從亡則止而不服者　注　謂若爲君母之父母昆弟從母也　正義曰鄭此謂略舉一隅也　屬從者所從雖沒也服　此明屬從也屬者骨血連續以爲親也亦有三一是子從母服母之黨二是妻從夫服夫之黨三是夫從妻服妻之黨此三從雖沒猶從之服其親也鄭特云謂若自爲己之母黨者亦舉一隅也　妾從女君而出則不爲女君之子服　妾服女君之子皆與女君同此云從而出謂姪娣也姪娣從女君而入若女君犯七出則姪娣亦從而出母自爲子猶期姪娣不復服出女君之子已義絶故也

禮不王不

禘 禘謂祭天 疏 正義曰此一節論王者郊天之事王謂天子也禘謂郊天也禮唯天子得郊天諸侯以下否故云禮不王不禘此經上下皆論服制記者亂録不禘之事廁在其間無義例也以承上文王者禘其祖之所自出故知謂郊天之禘也非祭昊天之禘也

世子不降妻之父母其爲妻也與大夫之適子同 世子天子諸侯之適子也不降妻之父母爲妻故親之也爲妻亦齊衰不杖者君爲之主子不得伸也言與大夫之適子同據服之成文也本所以正見父在爲妻不杖於大夫適子者明大夫以上雖尊猶爲適婦爲主

父爲士子爲天子諸侯則祭以天子諸侯其尸服以士服 祭以天子諸侯養以子道也尸服士服父本無爵子不敢以已爵加之嫌於卑之

父爲天子諸侯

禮記義四十二　十五　吴全

子爲士祭以士其尸服以士服 謂父以罪誅尸服以士服不成爲君也天子之子當封爲王者後以祀其受命之祖云爲士則擇其宗之賢者若微子者不必封其子爲王者後及所立爲諸侯者祀其先君以禮卒者尸服天子諸侯之服如遂無所封立則尸也祭也皆如士不敢僭用尊者衣物

疏 正義曰世子不降妻之父母者世子謂天子諸侯之適子與君連體故不降妻之父母親親之故也 其爲妻也與大夫之適子同者世子既不降妻之父母其爲妻也亦不降與大夫之適子爲妻同也 注世子至爲主 正義曰知世子是天子諸侯之適子者以其春秋王與諸侯適子皆稱世子云爲妻亦齊衰不杖者君爲之主子不得伸也者言世子爲妻亦齊衰不杖亦者亦如大夫之適子爲妻知齊衰不杖者以喪服齊衰不杖章稱大夫適子爲妻故知齊衰不杖所以不杖者父爲主其子不得伸今世子爲妻亦不杖故云君爲主子不得伸也云王言與大夫之

禘 禘謂祭天 疏 正義曰此一節論王者郊天之事王謂天子也禘謂郊天也禮唯天子得郊天諸侯以下否故云禮不王不禘此經上下皆論服制記者亂録不禘之事廁在其間無義例也以承上文王者禘其祖之所自出故知謂郊天之禘也非祭昊天之禘也

世子不降妻之父母其爲妻也與大夫之適子同 世子天子諸侯之適子也不降妻之父母爲妻故親之也爲妻亦齊衰不杖者君爲之主子不得伸也言與大夫之適子同據服之成文也本所以正見父在爲妻不杖於大夫適子者明大夫以上雖尊猶爲適婦爲主

父爲士子爲天子諸侯則祭以天子諸侯其尸服以士服 祭以天子諸侯養以子道也尸服士服父本無爵子不敢以已爵加之嫌於卑之

父爲天子諸侯

禮記義四十二　十五　吴全

子爲士祭以士其尸服以士服 謂父以罪誅尸服以士服不成爲君也天子之子當封爲王者後以祀其受命之祖云爲士則擇其宗之賢者若微子者不必封其子爲王者後及所立爲諸侯者祀其先君以禮卒者尸服天子諸侯之服如遂無所封立則尸也祭也皆如士不敢僭用尊者衣物

疏 正義曰世子不降妻之父母者世子謂天子諸侯之適子與君連體故不降妻之父母親親之故也 其爲妻也與大夫之適子同者世子既不降妻之父母其爲妻也亦不降與大夫之適子爲妻同也 注世子至爲主 正義曰知世子是天子諸侯之適子者以其春秋王與諸侯適子皆稱世子云爲妻亦齊衰不杖者君爲之主子不得伸也者言世子爲妻亦齊衰不杖亦者亦如大夫之適子爲妻知齊衰不杖者以喪服齊衰不杖章稱大夫適子爲妻故知齊衰不杖所以不杖者父爲主其子不得伸今世子爲妻亦不杖故云君爲主子不得伸也云王言與大夫之

足利本第四十二卷第十六葉

適子同據服之成文也者此解經所以言世子與大夫適子同齊衰以大夫適子喪服齊衰不杖有成文故云據服之成文也云本所以正見父在爲妻不杖於大夫適子者明大夫以上雖尊猶爲適婦爲主者言本主謂喪服本文也喪服若舉世子爲妻嫌大夫以下有降喪服若舉士子爲妻其士既職卑本無降理大夫是尊降之首恐其爲適婦而降故特顯之 注祭以至卑之 正義曰云尸服士服者謂尸服玄端若君之先祖爲士大夫則服助祭之服故曾子問云尸弁冕而出是爲君尸有著弁者有著冕者若爲先君士尸則著爵弁若爲先君大夫尸則著玄冕是也若大夫士之尸則服家祭之服故鄭注士虞記尸服卒者之上服士玄端是也 注謂父至衣物 正義曰知謂父以罪誅者以其尸服士服故也以其嘗爲天子諸侯不可以庶人之禮待之士是爵之最卑故服其士服云若微子者不必封其子者案尚書序云成王既黜殷命殺武庚命微子啓代殷後是擇其賢者不立封紂子是也云祀其

禮記義四十二 十六 鄭儀

先君以禮卒者尸服天子諸侯之服者案左傳云宋祖帝乙帝乙是以禮卒者而宋祀以爲祖明其服天子之服推此則諸侯亦然

婦當喪而出則除之爲父母喪未練而出則三年既練而出則已未練而反則期既練而反則遂之 當喪當舅姑之喪也出除喪絕族也

疏 正義曰此一經明婦人遭喪出入之節 當喪而出者謂正當舅姑之服時被夫遣出者也恩情既離故出即除服也 爲父母喪未練而出則三年者謂妻自有父母喪時也女出嫁爲父母期若父母喪未小祥而妻被夫遣歸值兄弟之小祥則隨兄弟服三年之受既已絕夫族故其情更隆於父母也故云則三年 既練而出則已者已止也若父母喪已小祥而女被遣其期服已除今歸雖在三年內則止不更反服也所以然者若反本服須廢

潘本第四十二卷第十六葉

適子同據服之成文也者此解經所以言世子與大夫適子同齊衰以大夫適子喪服齊衰不杖有成文故云據服之成文也云本所以正見父在爲妻不杖於大夫適子者明大夫以上雖尊猶爲適婦爲主者言本主謂喪服本文也喪服若舉世子爲妻嫌大夫以下有降喪服若舉士子爲妻其士既職卑本無降理大夫是尊降之首恐其爲適婦而降故特顯之 注祭以至卑之 正義曰云尸服士服者謂尸服玄端若君之先祖爲士大夫則服助祭之服故曾子問云尸弁冕而出是爲君尸有著弁者有著冕者若爲先君士尸則著爵弁若爲先君大夫尸則著玄冕是也若大夫士之尸則服家祭之服故鄭注士虞記尸服卒者之上服士玄端是也 注謂父至衣物 正義曰知謂父以罪誅者以其尸服士服故也以其嘗爲天子諸侯不可以庶人之禮待之士是爵之最卑故服其士服云若微子者不必封其子者案尚書序云成王既黜殷命殺武庚命微子啓代殷後是擇其賢者不立封紂子是也云祀其

禮記義四十二 十六 鄭儀

先君以禮卒者尸服天子諸侯之服者案左傳云宋祖帝乙帝乙是以禮卒者而宋祀以爲祖明其服天子之服推此則諸侯亦然

婦當喪而出則除之爲父母喪未練而出則三年既練而出則已未練而反則期既練而反則遂之 當喪當舅姑之喪也出除喪絕族也

疏 正義曰此一經明婦人遭喪出入之節 當喪而出者謂正當舅姑之服時被夫遣出者也恩情既離故出即除服也 爲父母喪未練而出則三年者謂妻自有父母喪時也女出嫁爲父母期若父母喪未小祥而妻被夫遣歸值兄弟之小祥則隨兄弟服三年之受既已絕夫族故其情更隆於父母也故云則三年 既練而出則已者已止也若父母喪已小祥而女被遣其期服已除今歸雖在三年內則止不更反服也所以然者若反本服須廢

足利本第四十二卷第十七葉

兄弟之節兄弟小祥之後無服變節故女遂止也　未練而反則期者此謂先有父母喪而爲夫所出今喪猶未小祥而夫命已反則還夫家至小祥而除是依期服也　既練而反則遂之者若被遣之還家已隨兄弟小祥服三年之受而夫反命之則猶遂三年乃除隨兄弟故也

再期之喪三年也期之喪二年也九月七月之喪三時也五月之喪二時也三月之喪一時也言喪之節應歲時之氣故期而祭禮也期而除喪道也祭不爲除喪也此謂練祭也禮正月存親親亡至今而期期則宜祭期天道一變哀惻之情益衰衰則宜除不相爲也三年而后葬者必再祭其祭之間不同時而

禮記義四十二　十七

除喪再祭練祥也間不同時者當異月也既祔明月練而祭又明月祥而祭必異月者以葬與練祥本異歲宜異時也而除喪已祥則除不禫大功者主人之喪有三年者則必爲之再祭朋友虞祔而已謂死者之從父昆弟來爲喪主有三年者謂妻若子幼少大功爲之再祭則小功緦麻爲之練祭可也士妾有子而爲之緦無子則已士卑妾無男女則不服不別貴賤

疏正義曰此一節揔明遭喪時節除降之義　故期而祭禮也者孝子之喪親應歲時之氣歲序改易隨時悽感故一期而爲練祭是孝子存親之心故云禮也言於禮當然　期而除喪道也者言親終一期天道改變哀情益衰而除說其喪天道當然故云道也　祭不爲除喪也者言爲此練祭自爲存念其親不爲除喪而設除喪祭自爲天道減殺不爲存親兩

潘本第四十二卷第十七葉

兄弟之節兄弟小祥之後無服變節故女遂止也　未練而反則期者此謂先有父母喪而爲夫所出今喪猶未小祥而夫命已反則還夫家至小祥而除是依期服也　既練而反則遂之者若被遣之還家已隨兄弟小祥服三年之受而夫反命之則猶遂三年乃除隨兄弟故也

再期之喪三年也期之喪二年也九月七月之喪三時也五月之喪二時也三月之喪一時也言喪之節應歲時之氣故期而祭禮也期而除喪道也祭不爲除喪也此謂練祭也禮正月存親親亡至今而期期則宜祭期天道一變哀惻之情益衰衰則宜除不相爲也三年而后葬者必再祭其祭之間不同時而

禮記義四十二　十七

除喪再祭練祥也間不同時者當異月也既祔明月練而祭又明月祥而祭必異月者以葬與練祥本異歲宜異時也而除喪已祥則除不禫大功者主人之喪有三年者則必爲之再祭朋友虞祔而已謂死者之從父昆弟來爲喪主有三年者謂妻若子幼少大功爲之再祭則小功緦麻爲之練祭可也士妾有子而爲之緦無子則已士卑妾無男女則不服不別貴賤

疏正義曰此一節揔明遭喪時節除降之義　故期而祭禮也者孝子之喪親應歲時之氣歲序改易隨時悽感故一期而爲練祭是孝子存親之心故云禮也言於禮當然　期而除喪道也者言親終一期天道改變哀情益衰而除說其喪天道當然故云道也　祭不爲除喪也者言爲此練祭自爲存念其親不爲除喪而設除喪祭自爲天道減殺不爲存親兩

足利本第四十二卷第十八葉

事雖同一時不相爲也故云祭不爲除喪也此除喪謂練
時除喪也男子除首絰女子除要帶與小祥祭同時不相
爲也若至大祥除喪此除喪亦兼之也大祥祭除喪亦與
大祥同日不相爲元意各別也但祭爲存親除喪爲天道
之變庾氏賀氏並云祭爲存親幽隱難知除喪事顯其理
易識恐人疑之祭爲除喪而祭故記者特明之云祭不爲
除喪也祭雖不爲除喪除喪與祭同時揔而言之練祭祥
祭亦名除喪也故下文云三年而后葬者必再祭其祭之
間不同時而除喪也又云除成喪者朝服縞冠是練祥之
祭揔名除喪　注禮正至爲也　正義曰案莊元年三月
夫人孫于齊公羊傳云其言孫于齊何念母也正月以存
君念母以首事是也　三年至除喪　此謂身有事故不
得及時而葬故三年而後始葬必再祭者謂練祥祭也既
三年未葬尸柩尚存雖當練祥之月不可除親服故三年
葬後必爲此練祥其祭之間不同時者練之與祥本是
別年別月今雖三年之後不可同一時而祭當前月練後

禮記義四十二　十八　張拯

月祥故云不同時於練祥之時而除喪謂練時男子除首
絰婦人除要帶祥時除衰杖　注再祭至不禫　正義曰
知再祭練祥者下云主人之喪有三年者則必爲之再祭
朋友虞祔而已再祭非虞祔又雜記云三年之喪則既顈
其練祥皆行故知再祭謂練祥也云既祔明月練而祭又
明月祥而祭者如鄭此言則虞祔依常禮也必知虞祔依
常禮者以經云必再祭恐不爲練祥故特云必再祭明虞
祔依常禮可知云已祥則除不禫者以經直云必再祭故
知不禫禫者本爲思念情深不忍頓除故有禫也今既三
年始葬哀情已極故不禫也　大功至而已　此明爲人
主喪法也大功從父兄弟也主人之喪者謂死者無近親
而從父昆弟爲之主喪故云主人喪也　有三年者謂死
者有妻若子妻不可爲主而子猶幼少未能爲主故大功
者主之爲之練祥再祭　朋友虞祔而已者朋友疏於大
功不能爲練祥但爲之虞祔而已然則大功尚爲練祥則
虞祔亦爲之可知　注大功至可也　正義曰親重者爲

潘本第四十二卷第十八葉

事雖同一時不相爲也故云祭不爲除喪也此除喪謂練
時除喪也男子除首絰女子除要帶與小祥祭同時不相
爲也若至大祥除喪此除喪亦兼之也大祥祭除喪亦與
大祥同日不相爲元意各別也但祭爲存親除喪爲天道
之變庾氏賀氏並云祭爲存親幽隱難知除喪事顯其理
易識恐人疑之祭爲除喪而祭故記者特明之云祭不爲
除喪也祭雖不爲除喪除喪與祭同時揔而言之練祭祥
祭亦名除喪也故下文云三年而后葬者必再祭其祭之
間不同時而除喪也又云除成喪者朝服縞冠是練祥之
祭揔名除喪　注禮正至爲也　正義曰案莊元年三月
夫人孫于齊公羊傳云其言孫于齊何念母也正月以存
君念母以首事是也　三年至除喪　此謂身有事故不
得及時而葬故三年而後始葬必再祭者謂練祥祭也既
三年未葬尸柩尚存雖當練祥之月不可除親服故三年
葬後必爲此練祥其祭之間不同時者練之與祥本是
別年別月今雖三年之後不可同一時而祭當前月練後

禮記義四十二　十八　張拯

月祥故云不同時於練祥之時而除喪謂練時男子除首
絰婦人除要帶祥時除衰杖　注再祭至不禫　正義曰
知再祭練祥者下云主人之喪有三年者則必爲之再祭
朋友虞祔而已再祭非虞祔又雜記云三年之喪則既顈
其練祥皆行故知再祭謂練祥也云既祔明月練而祭又
明月祥而祭者如鄭此言則虞祔依常禮也必知虞祔依
常禮者以經云必再祭恐不爲練祥故特云必再祭明虞
祔依常禮可知云已祥則除不禫者以經直云必再祭故
知不禫禫者本爲思念情深不忍頓除故有禫也今既三
年始葬哀情已極故不禫也　大功至而已　此明爲人
主喪法也大功從父兄弟也主人之喪者謂死者無近親
而從父昆弟爲之主喪故云主人喪也　有三年者謂死
者有妻若子妻不可爲主而子猶幼少未能爲主故大功
者主之爲之練祥再祭　朋友虞祔而已者朋友疏於大
功不能爲練祥但爲之虞祔而已然則大功尚爲練祥則
虞祔亦爲之可知　注大功至可也　正義曰親重者爲

之遠祭親輕者爲之近祭故大功爲之祥及練小功緦麻爲之練朋友但爲之虞祔也皇氏云死者有三年之親大功主者爲之練祥若死者有期親則大功主者爲之至練若死者但有大功則大功主者至期小功緦麻至祔若又無期則各依服月數而止故雜記云凡主兄弟之喪雖疏亦虞之謂無三年及期者也 注 士甲至貴賤 正義曰云不別貴賤者大夫貴妾雖無子猶服之故喪服云大夫爲貴妾緦是別貴賤也士妾賤士妾無子則不服不殊別妾之貴賤

生不及祖父母諸父昆弟而父稅喪己則否

謂子生於外者也父以他故居異邦而生己己不及此親存時歸見之今其死於喪服年月已過乃聞之父爲之服已則否者不責非時之恩於人所不能也當其時則服稅讀如無禮則稅之稅稅喪者喪與服不相當之言 疏 正義曰此一節明稅服之禮 生不及祖父母諸父昆弟者鄭意云謂父先本國有

禮記義四十二 十九 鄭復

此諸親後或隨宦出遊居於他國更取而生此子此生則不及歸與本國祖父以下諸親相識故云不及謂不及歸見也 而父稅喪己則否者若此諸親死道路既遠喪年限已竟而始方聞父則稅之稅之謂追服也父雖追服而此子否故云己則否也所以否者鄭言不責非時之恩於人所不能也若時年未竟則稅服其全服然己在他國後生得本國有弟者謂假令父後又適他國更取所生之子則爲己弟故有弟也王云以爲計己之生不及此親之存則不稅若此親未亡之前而已生則稅之也又謂昆弟爲諸父之昆弟也劉知蔡謨等解生義與王同而以弟爲衍字庾氏以爲己謂死者爲昆則謂己爲弟已不能稅昆則昆亦不能稅己昆弟尚不能相稅則餘疏者不稅可知也此等並非鄭義今所不取 注 當其至之言 正義曰知當其時則服者以稅是不相當之言若服未除則猶是服內服故知則服謂服其全服案禮論云有服其殘服者庾氏以爲非也云稅讀如無禮則稅之稅者案左傳僖三十

足利本第四十二卷第十九葉

潘本第四十二卷第十九葉

之遠祭親輕者爲之近祭故大功爲之祥及練小功緦麻爲之練朋友但爲之虞祔也皇氏云死者有三年之親大功主者爲之練祥若死者有期親則大功主者爲之至練若死者但有大功則大功主者至期小功緦麻至祔若又無期則各依服月數而止故雜記云凡主兄弟之喪雖疏亦虞之謂無三年及期者也 注 士甲至貴賤 正義曰云不別貴賤者大夫貴妾雖無子猶服之故喪服云大夫爲貴妾緦是別貴賤也士妾賤士妾無子則不服不殊別妾之貴賤

生不及祖父母諸父昆弟而父稅喪己則否

謂子生於外者也父以他故居異邦而生己己不及此親存時歸見之今其死於喪服年月已過乃聞之父爲之服已則否者不責非時之恩於人所不能也當其時則服稅讀如無禮則稅之稅稅喪者喪與服不相當之言 疏 正義曰此一節明稅服之禮 生不及祖父母諸父昆弟者鄭意云謂父先本國有

禮記義四十二 十九 鄭復

此諸親後或隨宦出遊居於他國更取而生此子此生則不及歸與本國祖父以下諸親相識故云不及謂不及歸見也 而父稅喪己則否者若此諸親死道路既遠喪年限已竟而始方聞父則稅之稅之謂追服也父雖追服而此子否故云己則否也所以否者鄭言不責非時之恩於人所不能也若時年未竟則稅服其全服然己在他國後生得本國有弟者謂假令父後又適他國更取所生之子則爲己弟故有弟也王云以爲計己之生不及此親之存則不稅若此親未亡之前而已生則稅之也又謂昆弟爲諸父之昆弟也劉知蔡謨等解生義與王同而以弟爲衍字庾氏以爲己謂死者爲昆則謂己爲弟已不能稅昆則昆亦不能稅己昆弟尚不能相稅則餘疏者不稅可知也此等並非鄭義今所不取 注 當其至之言 正義曰知當其時則服者以稅是不相當之言若服未除則猶是服內服故知則服謂服其全服案禮論云有服其殘服者庾氏以爲非也云稅讀如無禮則稅之稅者案左傳僖三十

三年秦師襲鄭過周北門超乘者三百人王孫滿尚幼觀之言於王曰秦師輕而無禮必敗輕則寡謀無禮則脫今讀從之也去稅喪者喪與服不相當之言者稅是輕稅或前後不與正時相當故去稅也

禮記正義卷第四十二

上杉安房守藤原憲實寄進

足利本第四十二卷第二十葉

三年秦師襲鄭過周北門超乘者三百人王孫滿尚幼觀之言於王曰秦師輕而無禮必敗輕則寡謀無禮則脫今讀從之也去稅喪者喪與服不相當之言者稅是輕稅或前後不與正時相當故去稅也

禮記正義卷第四十二

禮記義四十二　二十　杜俊

潘本第四十二卷第二十葉

足利本第四十三卷第一葉

禮記正義卷第四十三

國子祭酒上護軍曲阜縣開國子臣孔穎達等奉

勑撰

爲君之父母妻長子君已除喪而后聞喪則不稅 臣之恩輕也謂卿大夫出聘問以他故久留 降而在緦小功者則稅之 謂正親在齊衰大功者正親緦小功不稅矣曾子問曰小功不稅則是遠兄弟終無服也此句補脫誤在是宜承父稅喪已則否 近臣君服斯服矣其餘從而服不從而稅 謂君出朝覲不時反而不知喪者近臣閽寺之屬也其餘羣介行人宰史也 君雖未知喪臣服已 從服者所從雖在外自若服也

疏 正義曰此一節明臣爲君親稅之與否今各依文解之 爲君之父母者此謂臣出聘不在而君諸親喪而臣後方聞其喪時若君未除則從爲服之若君已除則臣不稅之所以然者恩輕故也 降而在緦小功者則稅之此句廣釋檀弓中曾子所說也曾子所云小功不稅是正小功耳若本大功以上降而在緦小功者則爲稅之本情重故也 注此句至則否 正義曰鄭玄此云一則爲此句應親屬之下不應孤在君服中央也二則若此諸父昆弟在下殤死者則父亦稅之故知宜承父稅喪已則否之下也 近臣君服斯服矣者顯明臣獨行不稅此明賤臣從君出朝覲在外或遇險阻不時反國比反而君諸親喪君自稅之而臣之卑近者則從君服之非稅義也其餘爲臣之貴者羣介行人宰史之屬若君親服限未除而君既服之則臣下亦從而服之也若限已竟而君稅之此臣不從君而稅 君雖未知喪臣服已者此謂君出而臣不隨君而君之親於本國內喪君雖未知而在國之臣即服之也嫌從君之未服臣不先服故

潘本第四十三卷第一葉

禮記正義卷第四十三

國子祭酒上護軍曲阜縣開國子臣孔穎達等奉

勑撰

爲君之父母妻長子君已除喪而后聞喪則不稅 臣之恩輕也謂卿大夫出聘問以他故久留 降而在緦小功者則稅之 謂正親在齊衰大功者正親緦小功不稅矣曾子問曰小功不稅則是遠兄弟終無服也此句補脫誤在是宜承父稅喪已則否 近臣君服斯服矣其餘從而服不從而稅 謂君出朝覲不時反而不知喪者近臣閽寺之屬也其餘羣介行人宰史也 君雖未知喪臣服已 從服者所從雖在外自若服也

疏 正義曰此一節明臣爲君親稅之與否今各依文解之 爲君之父母者此謂臣出聘不在而君諸親喪而臣後方聞其喪時若君未除則從爲服之若君已除則臣不稅之所以然者恩輕故也 降而在緦小功者則稅之此句廣釋檀弓中曾子所說也曾子所云小功不稅是正小功耳若本大功以上降而在緦小功者則爲稅之本情重故也 注此句至則否 正義曰鄭玄此云一則爲此句應親屬之下不應孤在君服中央也二則若此諸父昆弟在下殤死者則父亦稅之故知宜承父稅喪已則否之下也 近臣君服斯服矣者顯明臣獨行不稅此明賤臣從君出朝覲在外或遇險阻不時反國比反而君諸親喪君自稅之而臣之卑近者則從君服之非稅義也其餘爲臣之貴者羣介行人宰史之屬若君親服限未除而君既服之則臣下亦從而服之也若限已竟而君稅之此臣不從君而稅 君雖未知喪臣服已者此謂君出而臣不隨君而君之親於本國內喪君雖未知而在國之臣即服之也嫌從君之未服臣不先服故

明得先服也 注從服至服也 正義曰若如虞杖不入
也謂自如尋常依限著服也凡從服者悉然也 疏 正義曰此論
於室祔杖不升於堂 哀益衰敬彌多也虞於寢祔於祖廟 疏 哀殺去杖之
節也 注虞於寢祔於祖廟 正義曰案士虞禮
虞於寢又案檀弓云明日祔于祖是祔於祖廟也 為君母
後者君母卒則不為君母之黨服 徒從也所從亡則已 疏
正義曰此經論徒從所從亡則已之事 為君母後者謂無
適立庶為後也妾子於君母之黨悉徒從若君母卒則不服君
母之黨今既君母沒為後者嫌同於適服君母之黨
故特明之徒從也所從亡則已謂與不為後同也 經殺五
分而去一杖大如經 如要經也 疏 正義曰此一節論杖大如要
經之義 經殺者案喪服傳
云苴經大搹左本在下去五分一以為帶是首尊而要卑卑宜
小故五分而去一象服數有五也 杖大如經者謂如要經也

禮記義四十三 二 吳志

鄭所以知然者以其 妾為君之長子與女君同 不敢以
同在下之物故也 恩輕輕
服君之 疏 正義曰此一經論妾從女君服同女君為長子
正統 三年妾亦為女君長子三年故云與女君同也
除喪者先重者 謂練男子除乎首婦人除乎帶 易服者易輕者 大謂
喪既虞卒哭而遭小喪也其易 疏 正義曰此一節論服之輕
喪服男子易乎帶婦人易乎首 重相易及除脫之義重謂
男首經女要經男重首女重要凡所重者有除無變所以卒哭
不受以輕服至小祥各除其重也謂練男子除乎首婦人除乎
帶是也 易服者易輕者易謂先遭重喪後遭輕喪變先者輕
則謂男子要婦人首也謂先遭斬服虞卒哭已變葛經大小如
齊衰之麻若又遭齊衰之喪齊衰要首皆牡麻牡麻則重於葛
服宜從重而男不變首女不易要以其所重故也但以麻易男
要女首是所輕故也男子易乎帶婦人 無事不辟廟門
易乎首若末虞卒哭則後喪不能變也

明得先服也 注從服至服也 正義曰若如虞杖不入
也謂自如尋常依限著服也凡從服者悉然也 疏 正義曰此論
於室祔杖不升於堂 哀益衰敬彌多也虞於寢祔於祖廟 疏 哀殺去杖之
節也 注虞於寢祔於祖廟 正義曰案士虞禮
虞於寢又案檀弓云明日祔于祖是祔於祖廟也 為君母
後者君母卒則不為君母之黨服 徒從也所從亡則已 疏
正義曰此經論徒從所從亡則已之事 為君母後者謂無
適立庶為後也妾子於君母之黨悉徒從若君母卒則不服君
母之黨今既君母沒為後者嫌同於適服君母之黨
故特明之徒從也所從亡則已謂與不為後同也 經殺五
分而去一杖大如經 如要經也 疏 正義曰此一節論杖大如要
經之義 經殺者案喪服傳
云苴經大搹左本在下去五分一以為帶是首尊而要卑卑宜
小故五分而去一象服數有五也 杖大如經者謂如要經也

禮記義四十三 二 吳志

鄭所以知然者以其 妾為君之長子與女君同 不敢以
同在下之物故也 恩輕輕
服君之 疏 正義曰此一經論妾從女君服同女君為長子
正統 三年妾亦為女君長子三年故云與女君同也
除喪者先重者 謂練男子除乎首婦人除乎帶 易服者易輕者 大謂
喪既虞卒哭而遭小喪也其易 疏 正義曰此一節論服之輕
喪服男子易乎帶婦人易乎首 重相易及除脫之義重謂
男首經女要經男重首女重要凡所重者有除無變所以卒哭
不受以輕服至小祥各除其重也謂練男子除乎首婦人除乎
帶是也 易服者易輕者易謂先遭重喪後遭輕喪變先者輕
則謂男子要婦人首也謂先遭斬服虞卒哭已變葛經大小如
齊衰之麻若又遭齊衰之喪齊衰要首皆牡麻牡麻則重於葛
服宜從重而男不變首女不易要以其所重故也但以麻易男
要女首是所輕故也男子易乎帶婦人 無事不辟廟門
易乎首若末虞卒哭則後喪不能變也

足利本第四十三卷第三葉

鬼神尚幽闇也廟殯宮**哭皆於其次**無時哭也有事則入即位疏正義曰此一經論在殯無事之時　無事不辟廟門者辟開也廟門殯宮門也鬼神尚幽闇若朝夕入即位哭則暫開之若無事則不開也　哭皆於其次者次謂倚廬唯朝夕哭入門內即位耳若晝夜無時之哭則皆於廬次之中也凡葬前哭晝夜無時若有事謂賓來弔之時則入即位若朝夕哭及適子受弔之事並入門即位而哭**復與書銘自天子達於士其辭一也男子稱名婦人書姓與伯仲如不知姓則書氏**此謂殷禮也殷質不重名復則臣得名君周之禮天子崩復曰臯天子復諸侯薨復曰臯某甫復其餘及書銘則同疏正義曰此一經論復與書銘男女名字之別也書銘謂書亡人名字於旌旗也天子書銘於大常諸侯以下則各書於旌旗也　達於士其辭一也者謂士與天子

禮記義四十三　三　李仁

同也　男子稱名者此並殷禮殷質不重名故復及銘皆書稱名也周世則尚文臣不名君天子復曰臯天子復矣諸侯復曰臯某甫復矣婦人書姓與伯仲者與及也復則婦人稱字此云書姓及伯仲是書銘也姓謂如魯姬齊姜也而伯仲隨其次也此亦殷禮也周之文未必有伯仲當云夫人也　如不知姓則書氏者氏如孟孫三家之屬謂書銘亦殷禮也殷無世繫六世而昏故婦人有不知姓者周則不然有宗伯掌定繫世百世昏姻不通故必知姓也若妾有不知姓者當稱氏矣注其餘及書銘則同　正義曰若周天子諸侯復與殷異其餘謂卿大夫以下書銘則與殷同矣**斬衰之葛與齊衰之麻同**經之大俱七寸五分寸之一帶五寸二十五分寸之十九**齊衰之葛與大功之麻同**經之大俱五寸二十五分寸之十九帶四寸百二十五分寸之七十六**麻同皆兼服之**皆者皆上

潘本第四十三卷第三葉

鬼神尚幽闇也廟殯宮**哭皆於其次**無時哭也有事則入即位疏正義曰此一經論在殯無事之時　無事不辟廟門者辟開也廟門殯宮門也鬼神尚幽闇若朝夕入即位哭則暫開之若無事則不開也　哭皆於其次者次謂倚廬唯朝夕哭入門內即位耳若晝夜無時之哭則皆於廬次之中也凡葬前哭晝夜無時若有事謂賓來弔之時則入即位若朝夕哭及適子受弔之事並入門即位而哭**復與書銘自天子達於士其辭一也男子稱名婦人書姓與伯仲如不知姓則書氏**此謂殷禮也殷質不重名復則臣得名君周之禮天子崩復曰臯天子復諸侯薨復曰臯某甫復其餘及書銘則同疏正義曰此一經論復與書銘男女名字之別也書銘謂書亡人名字於旌旗也天子書銘於大常諸侯以下則各書於旌旗也　達於士其辭一也者謂士與天子

禮記義四十三　三　李仁

同也　男子稱名者此並殷禮殷質不重名故復及銘皆書稱名也周世則尚文臣不名君天子復曰臯天子復矣諸侯復曰臯某甫復矣婦人書姓與伯仲者與及也復則婦人稱字此云書姓及伯仲是書銘也姓謂如魯姬齊姜也而伯仲隨其次也此亦殷禮也周之文未必有伯仲當云夫人也　如不知姓則書氏者氏如孟孫三家之屬謂書銘亦殷禮也殷無世繫六世而昏故婦人有不知姓者周則不然有宗伯掌定繫世百世昏姻不通故必知姓也若妾有不知姓者當稱氏矣注其餘及書銘則同　正義曰若周天子諸侯復與殷異其餘謂卿大夫以下書銘則與殷同矣**斬衰之葛與齊衰之麻同**經之大俱七寸五分寸之一帶五寸二十五分寸之十九**齊衰之葛與大功之麻同**經之大俱五寸二十五分寸之十九帶四寸百二十五分寸之七十六**麻同皆兼服之**皆者皆上

二事也兼服之謂服麻又服葛也男子則經上服之葛帶下服之麻婦人則經下服之麻固自帶其故帶也所謂易服易輕者也兼服之文主於男子

疏 正義曰此一節明前遭重喪後遭輕喪麻葛兼服之義斬衰之葛與齊衰之麻同者斬衰既虞受服之葛首經要帶與齊衰初喪麻經帶同經則俱七寸五分寸之一帶俱五寸二十五分寸之十九 齊衰之葛與大功之麻同者齊衰變服之葛與大功初死之麻同經俱五寸二十五分寸之十九帶俱四寸百二十五分寸之七十六 麻同皆兼服之者皆上斬衰齊衰大功麻葛之事也兼服謂服麻又服葛也斬衰既虞遭齊衰新喪男子則要服齊衰之麻帶首服斬衰之葛經婦人則首服齊衰之麻經要仍服斬衰之麻帶婦人上下皆麻此云麻葛兼服之謂男子也 注經之至十九 正義曰知經帶大小如此者案喪服傳云苴經大搹去五分一以爲帶齊衰之經斬衰之帶也去五分一以爲帶大功之經齊衰之帶也去五分一以爲帶喪服所云謂

初喪麻之經帶也至既虞變葛之時經帶漸細降初喪一等斬衰葛經帶與齊衰初死麻之經帶同故云經俱七寸五分寸之一所以然者就苴經九寸之中五分去一以五分分之去一分故七寸五分寸之一其帶又五分去一又就葛經七寸五分寸之一之中五分去一故帶五寸二十五分寸之十九也此即齊衰初死之麻經帶矣齊衰既虞變葛之時又漸細降初喪一等與大功初死麻經帶同大功首經與齊衰初死麻帶同俱五寸二十五分寸之十九也其帶五分首經去一就五寸二十五分寸之十九之中去其一分故餘有四寸百二十五分寸之七十六也凡竿之法皆以五乘母乘母既訖納子餘分以爲積數然後以寸法除之但其事繁碎故略舉大綱也 注皆者至男子 正義曰二事謂斬衰葛與齊衰麻同齊衰葛與大功麻同故云皆上二事也云男子則經上服之葛帶下服之麻者以前文云易服者易輕者間傳篇云男子重首則要輕也是男子易要帶不易首經故云則經上服之葛帶下服之

二事也兼服之謂服麻又服葛也男子則經上服之葛帶下服之麻婦人則經下服之麻固自帶其故帶也所謂易服易輕者也兼服之文主於男子 疏 正義曰此一節明前遭重喪後遭輕喪麻葛兼服之義斬衰之葛與齊衰之麻同者……是男子易要帶不易首經故云則經上服之葛帶下服之

足利本第四十三卷第五葉

麻也云婦人則絰下服之麻固自帶其故帶也者以下
服初死故服下服之麻故檀弓篇云婦人不葛帶是也
前服受服之時不變葛仍服前麻帶故云帶其故帶也
云兼服之文主於男子者言婦人絰帶俱麻今經云麻
葛兼服之故云主於男子也

報葬者報虞三月而后卒哭

報讀爲赴疾之赴謂不及期而葬也既葬即虞虞安神也卒哭之祭待哀殺也

疏 正義曰此一節論不得依常葬之禮也赴猶急疾也急葬謂貧者或因事故死而即葬不得待三月也急虞謂亦葬竟而急設虞虞是安神故宜急也　三月而后卒哭者雖急即虞而不即卒哭卒哭猶待三月所以然者卒哭是奪於哀痛故不忍急而待哀殺也

父母之喪偕先葬者不虞祔待後事其葬服斬衰

偕俱也謂同月若同日死也先葬者

禮記義四十三　五　陸詡

母也曾子問曰葬先輕而後重又曰反葬奠而後辭於殯遂脩葬事其虞也先重而後輕待後事謂如此也其葬服斬衰者喪之隆衰宜從重也假令父死在前月而同月葬猶服斬衰不葬不變服也言其葬服斬衰則虞祔各以其服矣及練祥皆然卒事反服重

疏 正義曰此一節論並遭父母喪虞祔及衣服之制也　父母之喪偕者偕謂同月若同日死也　先葬者不虞祔者雖有同日月死而不得同月葬如曾子問篇中所言葬先輕而後重者謂先葬母也葬母既竟不即虞祔而更脩葬父之禮也所以不即虞祔者虞祔稍飾父喪在殯故未忍爲虞祔也　待後事者後事謂葬父也葬母竟不即虞祔待葬父竟先虞父乃虞母所謂祭先重而後輕也　其葬服斬衰者言父母俱喪而猶服斬衰者從重也雖葬母亦服斬衰葬之以其父未葬而不得變服也

注 偕俱至服重　正義曰謂同月若同日死者假令父死在前月而同月葬者前月謂母死前之月也或一月或二月三月但是未葬之間

潘本第四十三卷第五葉

麻也云婦人則絰下服之麻固自帶其故帶也者以下
服初死故服下服之麻故檀弓篇云婦人不葛帶是也
前服受服之時不變葛仍服前麻帶故云帶其故帶也
云兼服之文主於男子者言婦人絰帶俱麻今經云麻
葛兼服之故云主於男子也

報葬者報虞三月而后卒哭

報讀爲赴疾之赴謂不及期而葬也既葬即虞虞安神也卒哭之祭待哀殺也

疏 正義曰此一節論不得依常葬之禮也赴猶急疾也急葬謂貧者或因事故死而即葬不得待三月也急虞謂亦葬竟而急設虞虞是安神故宜急也　三月而后卒哭者雖急即虞而不即卒哭卒哭猶待三月所以然者卒哭是奪於哀痛故不忍急而待哀殺也

父母之喪偕先葬者不虞祔待後事其葬服斬衰

偕俱也謂同月若同日死也先葬者

禮記義四十三　五　陸詡

母也曾子問曰葬先輕而後重又曰反葬奠而後辭於殯遂脩葬事其虞也先重而後輕待後事謂如此也其葬服斬衰者喪之隆衰宜從重也假令父死在前月而同月葬猶服斬衰不葬不變服也言其葬服斬衰則虞祔各以其服矣及練祥皆然卒事反服重

疏 正義曰此一節論並遭父母喪虞祔及衣服之制也　父母之喪偕者偕謂同月若同日死也　先葬者不虞祔者雖有同日月死而不得同月葬如曾子問篇中所言葬先輕而後重者謂先葬母也葬母既竟不即虞祔而更脩葬父之禮也所以不即虞祔者虞祔稍飾父喪在殯故未忍爲虞祔也　待後事者後事謂葬父也葬母竟不即虞祔待葬父竟先虞父乃虞母所謂祭先重而後輕也　其葬服斬衰者言父母俱喪而猶服斬衰者從重也雖葬母亦服斬衰葬之以其父未葬而不得變服也

注 偕俱至服重　正義曰謂同月若同日死者假令父死在前月而同月葬者前月謂母死前之月也或一月或二月三月但是未葬之間

皆是前月末必唯母死前之一月也以其父死未葬不變
服故也云及練祥皆然者以經云其葬服斬衰直以葬爲
文明爲母虞祔練祥皆齊衰也云卒事反服
重者卒事之日反服父服故云卒事反服重 **大夫降其**
庶子其孫不降其父 祖不厭孫也大夫爲庶子大功 **大夫不主**
士之喪 士之喪雖無主不敢攝大夫以爲主 疏 正義曰此一節論大夫尊降庶子一等兼不爲
主之事各依文解之 大夫降其庶子故爲其庶子不爲
大夫者服其大功也而喪服條例云父之所不服子亦不
敢服故大夫不服其妾故妾子爲母大功也今嫌既降其
子亦厭其孫故此明雖降庶子而不厭降其孫矣庶子之
子不降其父猶爲三年也 大夫不主士之喪謂
士死無主後其親屬有爲大夫者尊不得主之 **爲慈**
母之父母無服 恩不能及 疏 正義曰此一節論慈母雖如母猶不爲慈母之黨服
此慈母即是喪服中慈母者父雖命爲母子而本非骨肉
故慈母之子不爲慈母之父母有服者爲恩所不及也

夫爲人後者其妻爲舅姑大功 以不貳降 疏 正義曰此
一節論婦人不貳降之義賀云此謂子出時已昏故此婦
還則服本舅姑大功若子出時未昏至所爲後家方昏者
不服本舅姑以婦本是路人來又恩義不相接猶臣從君
而服不從而稅人生不及祖之徒而皆不責非時之恩也
今案夫爲本生父母期故其妻降一等服大功是從夫而
服不論識前舅姑與否假令夫之伯叔在他國而死其婦
雖不識豈不從夫服也熊
氏云然恐賀義未盡善矣 **士祔於大夫則易牲** 不敢
以卑牲祭尊也 疏 正義曰謂祖爲大夫孫爲士孫死祔
大夫少牢也 祖則用大夫牲不敢用士牲士牲卑
不可祭於尊者之前也祭殤與無後者不云易牲而此云
易牲者前是宗子家爲祭不得同如宗子之禮故殤及無

足利本第四十三卷第六葉

潘本第四十三卷第六葉

皆是前月末必唯母死前之一月也以其父死未葬不變
服故也云及練祥皆然者以經云其葬服斬衰直以葬爲
文明爲母虞祔練祥皆齊衰也云卒事反服
重者卒事之日反服父服故云卒事反服重 大夫降其
庶子其孫不降其父 祖不厭孫也大夫爲庶子大功 大夫不主
士之喪 士之喪雖無主不敢攝大夫以爲主 疏 正義曰此一節論大夫尊降庶子一等兼不爲
主之事各依文解之 大夫降其庶子故爲其庶子不爲
大夫者服其大功也而喪服條例云父之所不服子亦不
敢服故大夫不服其妾故妾子爲母大功也今嫌既降其
子亦厭其孫故此明雖降庶子而不厭降其孫矣庶子之
子不降其父猶爲三年也 大夫不主士之喪謂
士死無主後其親屬有爲大夫者尊不得主之 爲慈
母之父母無服 恩不能及 疏 正義曰此一節論慈母雖如母猶不爲慈母之黨服
此慈母即是喪服中慈母者父雖命爲母子而本非骨肉
故慈母之子不爲慈母之父母有服者爲恩所不及也
禮記義四十三 六 姜仲
夫爲人後者其妻爲舅姑大功 以不貳降 疏 正義曰此
一節論婦人不貳降之義賀云此謂子出時已昏故此婦
還則服本舅姑大功若子出時未昏至所爲後家方昏者
不服本舅姑以婦本是路人來又恩義不相接猶臣從君
而服不從而稅人生不及祖之徒而皆不責非時之恩也
今案夫爲本生父母期故其妻降一等服大功是從夫而
服不論識前舅姑與否假令夫之伯叔在他國而死其婦
雖不識豈不從夫服也熊
氏云然恐賀義未盡善矣 士祔於大夫則易牲 不敢
以卑牲祭尊也 疏 正義曰謂祖爲大夫孫爲士孫死祔
大夫少牢也 祖則用大夫牲不敢用士牲士牲卑
不可祭於尊者之前也祭殤與無後者不云易牲而此云
易牲者前是宗子家爲祭不得同如宗子之禮故殤及無

足利本第四十三卷第七葉

後者依亡人之貴賤禮供之此是士卑許進用大夫牲故曰易牲然又此下云賤不祔貴而此云士祔大夫者謂無士可祔則不得不祔於大夫猶如妾無妾祖姑易牲而祔於女君可也若有士則當祔於士故雜記云士不祔於大夫謂先祖兄弟有爲士者當祔於士不得祔於大夫也

繼父不同居也者必嘗同居皆無主後同財而祭其祖禰爲同居有主後者爲異居録恩服深淺也見同財則期同居異財故同居今異居及繼父有子亦爲異居則三月未嘗同居則不服

疏 正義曰此一經明繼父同居異居之禮此解喪服經中有繼父同居及不同居之文也　繼父者謂母後嫁之夫也若母嫁而子不隨則此子與母繼夫固自路人無繼父之名故自無服也今此言謂夫死妻稚子幼子無大功之親隨母適後夫後夫亦無大功之親後以其貨財爲此子同築宮廟四時使之祭祀同其財計如此則是繼父同居故爲服期若經同居而今異居異居之道其理有三一者昔同今異二者今雖共居而財計各别三者繼父更有子便爲異居異居則服齊衰三月而已今言有主後者爲異居者謂繼父更有子也舉此一條餘亦可知矣然既云皆無主後爲同居則有主後者爲異居則此子有子亦爲異居也

哭朋友者於門外之右南面變於有親者也門外寢門外

疏 正義曰此一經論哭朋友之處也　門外寢門外也右西邊也南面嚮南也嚮南爲主以對荅弔客

注 變於至門外　正義曰案檀弓云有殯聞遠兄弟之喪哭于側室無側室哭于門内之右今哭門外是變於有親也云門外寢門外者案檀弓云兄弟吾哭諸廟父之友吾哭諸廟門之外師吾哭諸寢朋友吾哭諸寢門之外是也

祔葬者不筮宅宅葬地也前人葬既筮之**士大夫不得**

禮記義四十三　七　吳宝

潘本第四十三卷第七葉

後者依亡人之貴賤禮供之此是士卑許進用大夫牲故曰易牲然又此下云賤不祔貴而此云士祔大夫者謂無士可祔則不得不祔於大夫猶如妾無妾祖姑易牲而祔於女君可也若有士則當祔於士故雜記云士不祔於大夫謂先祖兄弟有爲士者當祔於士不得祔於大夫也

繼父不同居也者必嘗同居皆無主後同財而祭其祖禰爲同居有主後者爲異居録恩服深淺也見同財則期同居異財故同居今異居及繼父有子亦爲異居則三月未嘗同居則不服

疏 正義曰此一經明繼父同居異居之禮此解喪服經中有繼父同居及不同居之文也　繼父者謂母後嫁之夫也若母嫁而子不隨則此子與母繼夫固自路人無繼父之名故自無服也今此言謂夫死妻稚子幼子無大功之親隨母適後夫後夫亦無大功之親後以其貨財爲此子同築宮廟四時使之祭祀同其財計如此則是繼父同居故爲服期若經同居而今異居異居之道其理有三一者昔同今異二者今雖共居而財計各别三者繼父更有子便爲異居異居則服齊衰三月而已今言有主後者爲異居者謂繼父更有子也舉此一條餘亦可知矣然既云皆無主後爲同居則有主後者爲異居則此子有子亦爲異居也

哭朋友者於門外之右南面變於有親者也門外寢門外

疏 正義曰此一經論哭朋友之處也　門外寢門外也右西邊也南面嚮南也嚮南爲主以對荅弔客

注 變於至門外　正義曰案檀弓云有殯聞遠兄弟之喪哭于側室無側室哭于門内之右今哭門外是變於有親也云門外寢門外者案檀弓云兄弟吾哭諸廟父之友吾哭諸廟門之外師吾哭諸寢朋友吾哭諸寢門之外是也

祔葬者不筮宅宅葬地也前人葬既筮之士大夫不得

禮記義四十三　十　吳宝

足利本第四十三卷第八葉

祔於諸侯祔於諸祖父之爲士大夫者其
妻祔於諸祖姑妾祔於妾祖姑亡則中一
以上而祔祔必以其昭穆士大夫謂公子公孫爲士大夫者不得祔於諸
侯卑別也既卒哭各就其先君爲祖者兄弟之廟而祔之中猶間也諸侯不得祔於
天子天子諸侯大夫可以祔於士人莫敢卑其祖也
疏正義曰此一節論貴賤祔祭之義此謂祔祭也禮孫死祔
祖今祖爲諸侯孫爲士大夫而死則不得祔祖謂祖貴宜
自卑遠之故也祔於諸祖父之爲士大夫者諸祖祖之兄
弟也既不得祔祖當祔祖之兄弟亦爲大夫士者也　其
妻祔於諸祖姑者夫既不得祔祖故妻亦不得祔於祖姑
而可以祔於諸祖姑也諸祖姑是夫之諸祖父兄弟爲士

禮記義四十三　八

大夫者之妻也若祖無兄弟可祔亦祔宗族之䟽不爲諸
侯者也然上云士易牲祔於大夫而大夫不得易牲祔於
諸侯者諸侯之貴絶宗故大夫士不得輕親也　妾祔於
妾祖姑者言妾死亦祔夫祖之妾也　亡則中一以上而
祔者亡無也中間也若夫祖無妾則又間曾祖而祔高祖
之妾也　祔必以其昭穆者解所以祖無妾不祔曾祖而
祔高祖之義也凡祔必使昭穆同曾祖非夫同列也然此
下云妾母不世祭於孫否則妾無廟今乃云祔及高祖者
當爲壇祔之耳後別釋　諸侯不得祔於天子者亦謂祔
祭卑孫不可祔於尊祖也　天子諸侯大夫可以祔於士
者祖雖賤而孫雖貴祔之不嫌也若不祔之則是自尊欲卑於祖也爲母之君母母
卒則不服母之君母外祖適母徒從也所從亡則已疏正義曰此一節論不責恩所不及之
事　母之君母者謂母之適母也此親於子爲輕故徒從
也已母若在母爲之服已則服之已母若亡則已不服母

潘本第四十三卷第八葉

祔於諸侯祔於諸祖父之爲士大夫者其
妻祔於諸祖姑妾祔於妾祖姑亡則中一
以上而祔祔必以其昭穆士大夫謂公子公孫爲士大夫者不得祔於諸
侯卑別也既卒哭各就其先君爲祖者兄弟之廟而祔之中猶間也諸侯不得祔於
天子天子諸侯大夫可以祔於士人莫敢卑其祖也
疏正義曰此一節論貴賤祔祭之義此謂祔祭也禮孫死祔
祖今祖爲諸侯孫爲士大夫而死則不得祔祖謂祖貴宜
自卑遠之故也祔於諸祖父之爲士大夫者諸祖祖之兄
弟也既不得祔祖當祔祖之兄弟亦爲大夫士者也　其
妻祔於諸祖姑者夫既不得祔祖故妻亦不得祔於祖姑
而可以祔於諸祖姑也諸祖姑是夫之諸祖父兄弟爲士

禮記義四十三　八

大夫者之妻也若祖無兄弟可祔亦祔宗族之䟽不爲諸
侯者也然上云士易牲祔於大夫而大夫不得易牲祔於
諸侯者諸侯之貴絶宗故大夫士不得輕親也　妾祔於
妾祖姑者言妾死亦祔夫祖之妾也　亡則中一以上而
祔者亡無也中間也若夫祖無妾則又間曾祖而祔高祖
之妾也　祔必以其昭穆者解所以祖無妾不祔曾祖而
祔高祖之義也凡祔必使昭穆同曾祖非夫同列也然此
下云妾母不世祭於孫否則妾無廟今乃云祔及高祖者
當爲壇祔之耳後別釋　諸侯不得祔於天子者亦謂祔
祭卑孫不可祔於尊祖也　天子諸侯大夫可以祔於士
者祖雖賤而孫雖貴祔之不嫌也若不祔之則是自尊欲卑於祖也爲母之君母母
卒則不服母之君母外祖適母徒從也所從亡則已疏正義曰此一節論不責恩所不及之
事　母之君母者謂母之適母也此親於子爲輕故徒從
也已母若在母爲之服已則服之已母若亡則已不服母

之君母矣**宗子母在爲妻禫**宗子之妻尊也【疏】正義曰此一節論宗子妻尊得爲妻伸禫之事宗子爲百世不遷之宗賀瑒云父在適子爲妻不杖不杖則不禫若父没母存則爲妻得杖又得禫凡適子皆然嫌畏宗子尊厭其妻故特云宗子母在爲妻禫宗子尚然則其餘適子母在爲妻禫可知賀循云出居廬論稱杖者必廬廬者必禫此明杖章尋常之禮謂杖章之内居廬必禫若別而言之則杖有不禫禫有不杖者案小記篇云宗子母在爲妻禫則其非宗子其餘適庶母在爲妻並不得禫也小記又云父在爲妻以杖即位鄭玄云庶子爲妻然父在爲妻猶有其杖則父没母存有杖可知此是杖有不禫者也小記又云庶子在父之室則爲其母不禫若其不杖則喪服不杖之條應有庶子爲母不杖之文今無其文則猶杖可知也前文云三年而后葬者但有練祥而無禫是有杖無禫此二條是杖而不禫賀循又云婦人尊微不奪正服並厭其餘哀如賀循此論

禮記義四十三　九　金彦

則母皆厭其適子庶子不得爲妻杖也故宗子妻尊母所不厭故特明得禫也**爲慈母後者爲庶母可也爲祖庶母可也**謂父命之爲子母者也即庶子爲後此皆子也傳重而已不先命之與適妻使爲母子也緣爲慈母後之義父之妾無子者亦可命己庶子爲後【疏】正義曰此一節論爲庶母後之事喪服有慈母如母傳曰慈母者何也傳曰妾之無子者妾子之無母者父命爲子母而子服此慈母三年此即爲慈母後之義也記者見喪服既有妾子爲慈母後之例將欲觸類言之則妾子亦可爲庶母後也爲庶母後者謂妾經有子而子已死者餘他妾多子則父命他妾之子爲無子之妾立後與爲慈母後同也故云爲庶母後可也　爲祖庶母可也者又觸類言之此既可爲庶母後則亦可爲祖庶母之後故云爲祖庶母之後可也祖庶母者謂己父之妾亦經有子子死今無也父妾既無子故己命己之妾子與父妾爲後故呼己父

足利本第四十三卷第九葉

之君母矣**宗子母在爲妻禫**宗子之妻尊也【疏】正義曰此一節論宗子妻尊得爲妻伸禫之事宗子爲百世不遷之宗賀瑒云父在適子爲妻不杖不杖則不禫若父没母存則爲妻得杖又得禫凡適子皆然嫌畏宗子尊厭其妻故特云宗子母在爲妻禫宗子尚然則其餘適子母在爲妻禫可知賀循云出居廬論稱杖者必廬廬者必禫此明杖章尋常之禮謂杖章之内居廬必禫若別而言之則杖有不禫禫有不杖者案小記篇云宗子母在爲妻禫則其非宗子其餘適庶母在爲妻並不得禫也小記又云父在爲妻以杖即位鄭玄云庶子爲妻然父在爲妻猶有其杖則父没母存有杖可知此是杖有不禫者也小記又云庶子在父之室則爲其母不禫若其不杖則喪服不杖之條應有庶子爲母不杖之文今無其文則猶杖可知也前文云三年而后葬者但有練祥而無禫是有杖無禫此二條是杖而不禫賀循又云婦人尊微不奪正服並厭其餘哀如賀循此論

禮記義四十三　九　金彦

則母皆厭其適子庶子不得爲妻杖也故宗子妻尊母所不厭故特明得禫也**爲慈母後者爲庶母可也爲祖庶母可也**謂父命之爲子母者也即庶子爲後此皆子也傳重而已不先命之與適妻使爲母子也緣爲慈母後之義父之妾無子者亦可命己庶子爲後【疏】正義曰此一節論爲庶母後之事喪服有慈母如母傳曰慈母者何也傳曰妾之無子者妾子之無母者父命爲子母而子服此慈母三年此即爲慈母後之義也記者見喪服既有妾子爲慈母後之例將欲觸類言之則妾子亦可爲庶母後也爲庶母後者謂妾經有子而子已死者餘他妾多子則父命他妾之子爲無子之妾立後與爲慈母後同也故云爲庶母後可也　爲祖庶母可也者又觸類言之此既可爲庶母後則亦可爲祖庶母之後故云爲祖庶母之後可也祖庶母者謂己父之妾亦經有子子死今無也父妾既無子故己命己之妾子與父妾爲後故呼己父

潘本第四十三卷第九葉

之妾爲祖庶母既爲後亦服之三年如已母矣必知妾經有子者若無子則不得立後故也賀瑒云雖有子道服於慈庶母三年而猶爲已母不異異於後大宗而降本也

注謂父至爲後　正義曰謂父命之爲子母者也皇氏云此鄭注揔解經慈母庶母祖庶母三條也皆是庶子父命之使事妾母也故云父命爲子母也云即庶子爲後此皆子也傳重而已不先命之與適妻使爲母子也者庾氏云鄭注此一經明庶子爲適母後者故云即庶子爲後謂爲適母後此皆子者此庶子皆適母之子今命之爲後但命之傳重而已母道舊定不假須父命之與適妻使爲母子也云緣爲慈母後之義父之妾無子者亦可命已庶子爲後者言緣喪服有妾子爲慈母後義今起此妾爲後之文也然緣喪服慈母而起命二妾之後而注不云命後已妾唯言後父妾者緣已妾既可爲慈亦可爲庶母後易見不言自顯但以已子後父妾

爲父母妻長子禫目所爲禫

於文難明故特言之也

禮記義四十三　十　金昇

疏　正義曰此一經鄭云目所爲禫者此一人而已然者慈母亦宜禫也而下有庶子在父之室爲其母不禫則在父室爲慈母亦不禫也故不言之妻爲夫亦禫也但記文不具

慈母與妾母不世祭也

以其非正春秋傳曰於子祭於孫止

疏　正義曰此一經論禮有不合世祭之事祭慈母即所謂承庶母祖庶母後者也妾母謂庶子自爲其母也既非其正故唯子祭之而孫則否

注以其至孫止　正義曰春秋傳於子祭於孫止者此穀梁傳隱五年謂魯孝公之妾是惠公之母五年傳九月考仲子之宫考成也成之爲夫人也注云仲子本孝公之妾以其子本孝公之妾子則惠公也惠公立爲仲子之後故成之爲夫人也傳又云禮庶子爲君爲其母築宫使公子主其祭注云公子者長子之弟及妾之子也傳又云於子祭於孫止者此經云妾母不世祭也故鄭引爲注此明不得世祭也

丈夫冠而不爲殤婦人

足利本第四十三卷第十葉

之妾爲祖庶母既爲後亦服之三年如已母矣必知妾經有子者若無子則不得立後故也賀瑒云雖有子道服於慈庶母三年而猶爲已母不異異於後大宗而降本也

注謂父至爲後　正義曰謂父命之爲子母者也皇氏云此鄭注揔解經慈母庶母祖庶母三條也皆是庶子父命之使事妾母也故云父命爲子母也云即庶子爲後此皆子也傳重而已不先命之與適妻使爲母子也者庾氏云鄭注此一經明庶子爲適母後者故云即庶子爲後謂爲適母後此皆子者此庶子皆適母之子今命之爲後但命之傳重而已母道舊定不假須父命之與適妻使爲母子也云緣爲慈母後之義父之妾無子者亦可命已庶子爲後者言緣喪服有妾子爲慈母後義今起此妾爲後之文也然緣喪服慈母而起命二妾之後而注不云命後已妾唯言後父妾者緣已妾既可爲慈亦可爲庶母後易見不言自顯但以已子後父妾

爲父母妻長子禫目所爲禫

於文難明故特言之也

禮記義四十三　十　金昇

疏　正義曰此一經鄭云目所爲禫者此一人而已然者慈母亦宜禫也而下有庶子在父之室爲其母不禫則在父室爲慈母亦不禫也故不言之妻爲夫亦禫也但記文不具

慈母與妾母不世祭也

以其非正春秋傳曰於子祭於孫止

疏　正義曰此一經論禮有不合世祭之事祭慈母即所謂承庶母祖庶母後者也妾母謂庶子自爲其母也既非其正故唯子祭之而孫則否

注以其至孫止　正義曰春秋傳於子祭於孫止者此穀梁傳隱五年謂魯孝公之妾是惠公之母五年傳九月考仲子之宫考成也成之爲夫人也注云仲子本孝公之妾以其子本孝公之妾子則惠公也惠公立爲仲子之後故成之爲夫人也傳又云禮庶子爲君爲其母築宫使公子主其祭注云公子者長子之弟及妾之子也傳又云於子祭於孫止者此經云妾母不世祭也故鄭引爲注此明不得世祭也

丈夫冠而不爲殤婦人

潘本第四十三卷第十葉

足利本第四十三卷第十一葉

笄而不爲殤言成人也婦人許嫁而笄未許嫁與大夫同也爲殤後者
以其服服之言爲後者據承之也殤無爲人父之道以本親之服服之疏正義曰此
一經論宗子殤死族人不得以父道爲後之事　爲殤後
者謂大宗子在殤中而死族人爲後大宗而不得後此殤
者爲子也以其父無殤義故也既不後殤而宗不可絕今
來爲後殤者之人不以殤者之爲父而依兄弟之服服此
殤也　注言爲至服之　正義曰言爲後者據承之也者
既不與殤爲子則不應云爲後今言爲後是據已承其處
爲言也云以本親之服服之者謂既不以父服服殤而今
來後其宗事事如子爲彼殤服依其班秩如本列也爲人
後者若子於無後之宗既爲殤者父作子則應服以兄弟
之服而云以本親之服服者當在未後之前不復追服不
責人以非時之恩故推此時本親兄弟亡在未後之前者
亦宜終其本服之日月唯爲後及所後如有母亡而猶在

禮記義四十三　十一　吳宗

三年之內則宜接其餘服不可以吉居凶若出三年則不追服矣久而不葬者唯主
喪者不除其餘以麻終月數者除喪則已
其餘謂旁親也以麻終月數不葬者喪不變也疏正義曰此一節論久而不葬不變服之事　久而不葬者
謂有事礙不得依月葬者則三年服身皆不得祥除也今
云唯主喪者亦欲廣說子爲父妻爲夫臣爲君孫爲祖得
爲喪主四者悉不除也　其餘以麻終月數者其餘謂期
以下至緦也麻終月數者主人既未葬故諸親不得變葛
仍猶服麻各至服限竟而除也　除喪則已者謂月足而
除不待主人葬除也然此皆藏之至葬則反服之也故下
云及其葬也反服其服是也然雖緦亦藏服以其未經葬
故也盧曰其下子孫皆不除也以主喪爲正耳餘親者以
麻各終其月數除矣庾云謂昔主要記案服問曰君所主
夫人妻大子適婦故謂此在不除之例定更思詳以尊主

潘本第四十三卷第十一葉

笄而不爲殤言成人也婦人許嫁而笄未許嫁與大夫同也爲殤後者
以其服服之言爲後者據承之也殤無爲人父之道以本親之服服之疏正義曰此
一經論宗子殤死族人不得以父道爲後之事　爲殤後
者謂大宗子在殤中而死族人爲後大宗而不得後此殤
者爲子也以其父無殤義故也既不後殤而宗不可絕今
來爲後殤者之人不以殤者之爲父而依兄弟之服服此
殤也　注言爲至服之　正義曰言爲後者據承之也者
既不與殤爲子則不應云爲後今言爲後是據已承其處
爲言也云以本親之服服之者謂既不以父服服殤而今
來後其宗事事如子爲彼殤服依其班秩如本列也爲人
後者若子於無後之宗既爲殤者父作子則應服以兄弟
之服而云以本親之服服者當在未後之前不復追服不
責人以非時之恩故推此時本親兄弟亡在未後之前者
亦宜終其本服之日月唯爲後及所後如有母亡而猶在

禮記義四十三　十一　吳宗

三年之內則宜接其餘服不可以吉居凶若出三年則不追服矣久而不葬者唯主
喪者不除其餘以麻終月數者除喪則已
其餘謂旁親也以麻終月數不葬者喪不變也疏正義曰此一節論久而不葬不變服之事　久而不葬者
謂有事礙不得依月葬者則三年服身皆不得祥除也今
云唯主喪者亦欲廣說子爲父妻爲夫臣爲君孫爲祖得
爲喪主四者悉不除也　其餘以麻終月數者其餘謂期
以下至緦也麻終月數者主人既未葬故諸親不得變葛
仍猶服麻各至服限竟而除也　除喪則已者謂月足而
除不待主人葬除也然此皆藏之至葬則反服之也故下
云及其葬也反服其服是也然雖緦亦藏服以其未經葬
故也盧曰其下子孫皆不除也以主喪爲正耳餘親者以
麻各終其月數除矣庾云謂昔主要記案服問曰君所主
夫人妻大子適婦故謂此在不除之例定更思詳以尊主

足利本第四十三卷第十二葉

卑不得同以卑主尊無緣以卑之未葬而使尊者長服衰
經也且前儒說主喪不除無爲下流之義是知主喪不除
唯於承重之身爲其祖曾若子之爲父臣之爲君妻之爲
夫此之不除也不俟言而明矣盧植云下子孫皆不除蕭
望之又云獨謂子皆未善也謂庾言爲是

箭笄終喪三年 亦於喪所以自卷持者有除無變

疏 正義曰此一經論婦人以箭笄終喪之事前云惡笄以終喪是女子爲母也此云箭笄終喪三年謂女子在室爲父也自卷持者有除無變也

齊衰三月與大功同者繩屨 雖尊卑異於恩有可同也

疏 正義曰此一經論尊卑屨同之事大功以上同名重服故大功與
齊衰三月可同繩屨謂以麻繩爲屨雖尊卑則異於恩有
可同者齊衰爲尊大功爲卑而三月爲恩輕九月恩稍重
制之在尊卑深淺之間禮法有常乗權而降在尊既爲深
故宜有異也所以衰服殊而爲恩情處爲淺深矣故有可
同也所以同其末屨以表恩而不同也

禮記義四十三　十二　周垚

練筮日筮尸視濯皆要經
杖繩屨有司告具而后去杖筮日筮尸有
司告事畢而后杖拜送賓 臨事去杖敬也濯謂溉祭器也 大
祥吉服而筮尸 凡變除者必服其吉服以即祭事不以凶臨吉也閒傳曰大祥素縞麻衣

疏 正義曰此一經論練祥筮日筮尸之時所著衣服也練爲小祥也 筮日謂筮占小祥之日筮尸亦筮占
小祥之尸 視濯者謂視小祥之祭器祭器須絜而視其洗濯也 皆要經杖繩屨者爲喪至小祥男子除首經唯
有要經而病尚深故猶有杖屨是末服又變爲繩麻將欲
小祥前日豫筮其日而占於尸及視濯器則豫著小祥之服
以臨此三事也所以然者此前三事悉是爲祭祭欲吉故豫
服也不言衰與冠者亦同小祥矣 有司告具而后去杖者

潘本第四十三卷第十二葉

卑不得同以卑主尊無緣以卑之未葬而使尊者長服衰
經也且前儒說主喪不除無爲下流之義是知主喪不除
唯於承重之身爲其祖曾若子之爲父臣之爲君妻之爲
夫此之不除也不俟言而明矣盧植云下子孫皆不除蕭
望之又云獨謂子皆未善也謂庾言爲是

箭笄終喪三年 亦於喪所以自卷持者有除無變

疏 正義曰此一經論婦人以箭笄終喪之事前云惡笄以終喪是女子爲母也此云箭笄終喪三年謂女子在室爲父也自卷持者有除無變也

齊衰三月與大功同者繩屨 雖尊卑異於恩有可同也

疏 正義曰此一經論尊卑屨同之事大功以上同名重服故大功與
齊衰三月可同繩屨謂以麻繩爲屨雖尊卑則異於恩有
可同者齊衰爲尊大功爲卑而三月爲恩輕九月恩稍重
制之在尊卑深淺之間禮法有常乗權而降在尊既爲深
故宜有異也所以衰服殊而爲恩情處爲淺深矣故有可
同也所以同其末屨以表恩而不同也

禮記義四十三　十二　周垚

練筮日筮尸視濯皆要經
杖繩屨有司告具而后去杖筮日筮尸有
司告事畢而后杖拜送賓 臨事去杖敬也濯謂溉祭器也 大
祥吉服而筮尸 凡變除者必服其吉服以即祭事不以凶臨吉也閒傳曰大祥素縞麻衣

疏 正義曰此一經論練祥筮日筮尸之時所著衣服也練爲小祥也 筮日謂筮占小祥之日筮尸亦筮占
小祥之尸 視濯者謂視小祥之祭器祭器須絜而視其洗濯也 皆要經杖繩屨者爲喪至小祥男子除首經唯
有要經而病尚深故猶有杖屨是末服又變爲繩麻將欲
小祥前日豫筮其日而占於尸及視濯器則豫著小祥之服
以臨此三事也所以然者此前三事悉是爲祭祭欲吉故豫
服也不言衰與冠者亦同小祥矣 有司告具而后去杖者

足利本第四十三卷第十三葉

有司謂執事者屬者變服猶杖今執事之人既告三事將具將欲臨事故孝子便去杖亦敬生故也 筮曰筮尸有司告事畢而后杖拜送賓者筮曰與尸二事皆有賓來屬當臨事時去杖今若執事之人告筮占之事已畢則孝子更執杖以拜送於賓矣不言視濯者視濯輕而無賓故不言也 大祥吉服而筮尸者告服朝服也大祥之日縞冠朝服今將欲祥亦於前日豫服大祥之服以臨筮日及筮尸視濯今唯云尸不言日及濯者從小祥可知也大祥則并去絰杖繩屨故不云杖絰屨 注 凡變至麻衣 正義曰凡變除者必服其吉服以即祭事不以凶臨吉也者下云大祥朝服縞冠是祥祭之時唯著朝服此筮尸又在祥祭前已著吉服不以凶臨吉故也引閒傳者以大祥之後著素縞麻衣此云吉服則非祥後之服是朝服也故引以證之 **庶子在父之室則為其母不禫** 妾子父在厭也 **庶子不以杖即位** 下適子也

位朝夕哭位也 **父不主庶子之喪則孫以杖即位可也** 祖不厭孫孫得伸也 **父在庶子為妻以杖即位可也** 舅不主妾之喪子得伸也 疏 正義曰此一節論庶子父在應杖及不應杖之節 庶子在父之室則為其母不禫者此謂不命之士父子同宮者也若異宮則禫之如下言則亦猶杖也禫為服外故微奪之可 庶子不以杖即位者謂適庶俱有父母之喪也適子得執杖進阼階哭位庶子至中門外而去之以下於適子也然此承前而云杖則似庶子不禫亦不杖如賀言也 父不主庶子之喪則孫以杖即位可也者父主適子喪而有杖故適子子不得以杖即位以辟祖故耳非厭也今此父不主庶子喪故庶子子則得杖即位也祖不厭孫孫得伸也父皆厭子故舅主適婦喪而適子不杖大夫不服賤妾妾子亦厭而降服以服其母也至於祖雖尊貴而並不厭孫故大

潘本第四十三卷第十三葉

有司謂執事者屬者變服猶杖今執事之人既告三事將具將欲臨事故孝子便去杖亦敬生故也 筮曰筮尸有司告事畢而后杖拜送賓者筮曰與尸二事皆有賓來屬當臨事時去杖今若執事之人告筮占之事已畢則孝子更執杖以拜送於賓矣不言視濯者視濯輕而無賓故不言也 大祥吉服而筮尸者告服朝服也大祥之日縞冠朝服今將欲祥亦於前日豫服大祥之服以臨筮日及筮尸視濯今唯云尸不言日及濯者從小祥可知也大祥則并去絰杖繩屨故不云杖絰屨 注 凡變至麻衣 正義曰凡變除者必服其吉服以即祭事不以凶臨吉也者下云大祥朝服縞冠是祥祭之時唯著朝服此筮尸又在祥祭前已著吉服不以凶臨吉故也引閒傳者以大祥之後著素縞麻衣此云吉服則非祥後之服是朝服也故引以證之 庶子在父之室則為其母不禫 妾子父在厭也 庶子不以杖即位 下適子也

禮記義四十三 十三 張雅

位朝夕哭位也 父不主庶子之喪則孫以杖即位可也 祖不厭孫孫得伸也 父在庶子為妻以杖即位可也 舅不主妾之喪子得伸也 疏 正義曰此一節論庶子父在應杖及不應杖之節 庶子在父之室則為其母不禫者此謂不命之士父子同宮者也若異宮則禫之如下言則亦猶杖也禫為服外故微奪之耳 庶子不以杖即位者謂適庶俱有父母之喪也適子得執杖進阼階哭位庶子至中門外而去之以下於適子也然此承前而云杖則似庶子不禫亦不杖如賀言也 父不主庶子之喪則孫以杖即位可也者父主適子喪而有杖故適子子不得以杖即位以辟祖故耳非厭也今此父不主庶子喪故庶子子則得杖即位也祖不厭孫孫得伸也父皆厭子故舅主適婦喪而適子不杖大夫不服賤妾妾子亦厭而降服以服其母也至於祖雖尊貴而並不厭孫故大

足利本第四十三卷第十四葉

夫降庶子而其孫不降其父也庾云謂雜記上爲長子杖則其子不以杖即位鄭注辟尊者棨祖不厭孫而長子之子不以杖即位者以祖爲其父主故辟尊不敢俱以杖即位耳猶如庶子之子亦非厭也父不爲庶子主故其子以杖即位可也　父在庶子爲妻以杖即位可也者此謂庶子也父不主其妻故其子得爲妻以杖即位也雜記云爲妻父母在不杖亦是庶子而云不杖者亦謂同宫者也又喪服注云爲其妻以杖即位謂庶子也舅主適婦則適子不得杖舅不主庶婦故庶子爲妻可以杖即位謂父主妻喪故主適婦所以適子不杖也明主適婦猶於主妻故也父旣不主妾喪故不主庶婦所以庶子得杖庶子得杖由於父不主妾故也若妻次子旣非正嗣故亦同妾子之限也或問者云但以杖自足何須言即位言即位如似適婦之喪長子亦得有杖秖不得即位耳荅曰庶子爲父母厭下於適子雖有杖不得持即位今嫌爲妻亦得杖而不即位故明之也

禮記義四十三　十四　宋瑜

諸侯弔於異國之臣則其君爲主君爲之主弔臣恩爲己也子不敢當主中庭北面哭不拜諸侯弔必皮弁錫衰所弔雖已葬主人必免主人未喪服則君亦不錫衰必免者尊人君爲之變也未喪服未成服也旣殯成服

疏正義曰此一節明諸侯弔喪衣服之節　弔於異國之臣則其君爲主者君無弔他臣之禮若來在此國遇主國之臣喪時爲彼君之故而弔故主國君代其臣之子爲主諸侯弔必皮弁錫衰者此有二種一云此句因前而發弔必皮弁錫衰謂弔異國臣也若自弔己臣則素弁環絰錫衰也故鄭注國君於其臣弁絰他國之臣皮弁一云此亦爲自弔己臣而未當事則皮弁錫衰至當事乃弁絰耳檀弓已論　所弔雖已葬主人必免者此承上也謂諸侯來弔主人必爲之重禮凡五服自大功以上爲重重服爲免之節自始死至葬卒哭

潘本第四十三卷第十四葉

夫降庶子而其孫不降其父也庾云謂雜記上爲長子杖則其子不以杖即位鄭注辟尊者棨祖不厭孫而長子之子不以杖即位者以祖爲其父主故辟尊不敢俱以杖即位耳猶如庶子之子亦非厭也父不爲庶子主故其子以杖即位可也　父在庶子爲妻以杖即位可也者此謂庶子也父不主其妻故其子得爲妻以杖即位也雜記云爲妻父母在不杖亦是庶子而云不杖者亦謂同宫者也又喪服注云爲其妻以杖即位謂庶子也舅主適婦則適子不得杖舅不主庶婦故庶子爲妻可以杖即位謂父主妻喪故主適婦所以適子不杖也明主適婦猶於主妻故也父旣不主妾喪故不主庶婦所以庶子得杖庶子得杖由於父不主妾故也若妻次子旣非正嗣故亦同妾子之限也或問者云但以杖自足何須言即位言即位如似適婦之喪長子亦得有杖秖不得即位耳荅曰庶子爲父母厭下於適子雖有杖不得持即位今嫌爲妻亦得杖而不即位故明之也

禮記義四十三　十四　宋瑜

諸侯弔於異國之臣則其君爲主君爲之主弔臣恩爲己也子不敢當主中庭北面哭不拜諸侯弔必皮弁錫衰所弔雖已葬主人必免主人未喪服則君亦不錫衰必免者尊人君爲之變也未喪服未成服也旣殯成服

疏正義曰此一節明諸侯弔喪衣服之節　弔於異國之臣則其君爲主者君無弔他臣之禮若來在此國遇主國之臣喪時爲彼君之故而弔故主國君代其臣之子爲主諸侯弔必皮弁錫衰者此有二種一云此句因前而發弔必皮弁錫衰謂弔異國臣也若自弔己臣則素弁環絰錫衰也故鄭注國君於其臣弁絰他國之臣皮弁一云此亦爲自弔己臣而未當事則皮弁錫衰至當事乃弁絰耳檀弓已論　所弔雖已葬主人必免者此承上也謂諸侯來弔主人必爲之重禮凡五服自大功以上爲重重服爲免之節自始死至葬卒哭

後乃不復免也小功以下爲輕輕服爲免之節自始死至殯殯後不復免至葬啓殯之後而免以至卒哭如始死今若人君來弔雖非服免時必爲免以尊重人君故也而此云主人必免謂大功以上也小功以下則不然也何以知然下云親者皆免注云大功以上故知之 注 君爲至不拜 正義曰云子不敢當主中庭北面哭不拜者案士喪禮君弔主人出迎于門外見馬首入門右北面君升主人中庭拜稽顙成踊彼爲主人爲主故中庭拜今鄭國君弔君爲之主拜賓則主人中庭北面哭不拜曾子問稱季桓子之喪衛君來弔魯君爲主季康子立於門右北面拜而後稽顙故譏其喪有二主當唯哭踊而已是於禮不拜也 注 必免至成服 正義曰未喪服未成服也者以經云未喪服嫌謂未括髮未散麻帶經之屬故云未成服云既殯成服者士喪禮既殯三日成服是殯後乃成服也

養有疾者不喪服遂以主其喪 不喪服求生主吉惡其凶也遂以主其喪謂養者有親也死則當爲之主其爲主之服如素無喪服

禮記正義四十三　十五　張樞

非養者入主人之喪則不易己之喪服 入猶來也謂養者無親於死者不得爲主其有親來爲主者素有喪服而來爲主與素無服者異素無服素有服爲今死者當服則皆三日成也

養尊者必易服養卑者否 尊謂父兄卑謂子弟之屬

疏 正義曰此一節論自有喪服親族有病患者養之法各依文解之 養有疾者謂養此親屬有疾者不喪服爲己先有喪服養疾之時不著己之喪服求生主吉惡其凶故也 遂以主其喪者疾者既死無主後此養者遂以主先來無服之法主其死者之喪也 注 不喪至喪服 正義曰云遂以主其喪謂養者有親也者養者若於病者無親疾時雖養死不得爲主今死得爲主故知養者於死者有親也云其爲主之服如素無喪服者身雖先有服養時既去其服今疾者身死

後乃不復免也小功以下爲輕輕服爲免之節自始死至殯殯後不復免至葬啓殯之後而免以至卒哭如始死今若人君來弔雖非服免時必爲免以尊重人君故也而此云主人必免謂大功以上也小功以下則不然也何以知然下云親者皆免注云大功以上故知之 注 君爲至不拜 正義曰云子不敢當主中庭北面哭不拜者案士喪禮君弔主人出迎于門外見馬首入門右北面君升主人中庭拜稽顙成踊彼爲主人爲主故中庭拜今鄭國君弔君爲之主拜賓則主人中庭北面哭不拜曾子問稱季桓子之喪衛君來弔魯君爲主季康子立於門右北面拜而後稽顙故譏其喪有二主當唯哭踊而已是於禮不拜也 注 必免至成服 正義曰未喪服未成服也者以經云未喪服嫌謂未括髮未散麻帶經之屬故云未成服云既殯成服者士喪禮既殯三日成服是殯後乃成服也

養有疾者不喪服遂以主其喪 不喪服求生主吉惡其凶也遂以主其喪謂養者有親也死則當爲之主其爲主之服如素無喪服

禮記正義四十三　十五　張樞

非養者入主人之喪則不易己之喪服 入猶來也謂養者無親於死者不得爲主其有親來爲主者素有喪服而來爲主與素無服者異素無服素有服爲今死者當服則皆三日成也

養尊者必易服養卑者否 尊謂父兄卑謂子弟之屬

疏 正義曰此一節論自有喪服親族有病患者養之法各依文解之 養有疾者謂養此親屬有疾者不喪服爲己先有喪服養疾之時不著己之喪服求生主吉惡其凶故也 遂以主其喪者疾者既死無主後此養者遂以主先來無服之法主其死者之喪也 注 不喪至喪服 正義曰云遂以主其喪謂養者有親也者養者若於病者無親疾時雖養死不得爲主今死得爲主故知養者於死者有親也云其爲主之服如素無喪服者身雖先有服養時既去其服今疾者身死

足利本第四十三卷第十六葉

已爲之主還與素無服同也　非養至喪服　此謂死者之親屬當死者病時不得來爲養而死時來爲主此主雖身有前喪之服今來爲主則不易已喪服所以然者已既前不養不經變服故今爲新死者不易已之喪服　注入猶至成也　正義曰云謂養者無親於死者不得爲主其有親來爲主者謂養者無親者也病者若死而此養者不得爲主既不得爲主故知死者之親來入主喪者也云素有喪服而來爲主者素猶本也本有喪謂有前喪之服也已服前喪之服而來主之不易服也云與素無服者異者本無服謂若來爲喪主者身本吉無喪服既來爲主則爲此死者服始死之服若本有喪服今來爲喪主仍以先喪之服主之故云異也云素無服素有服爲今死者當服則皆三日成也者謂已身若本有服及本無服若與死者有親則皆至三日成服皆爲死者服其服也若本有服重而新死者輕則爲一成服而反前服也若新死重則仍服死者新服也身本吉而來爲主則計今親而依限服之也庾云謂此無主後親族爲其喪主者鄭云養

禮記義四十三　十六　陳頭

者無親於死者不得爲主謂親族不得養其病朋友養之者又云有其親來爲主謂親族也前去喪服者及其主喪則與素無服者同此明既死而往主即不易已之喪服故鄭又云與素無服者異也　養尊者必易服養卑者否　此廣結前文養有疾者不喪服之文尊謂父兄也卑謂子弟也前雖云養有疾者不喪服不分明尊卑故此明之養尊者必易已之喪服也若養卑者不變也庾云前云去喪服而養之遂以主喪是必父兄之行也

妾無妾祖姑者易牲而祔於女君可也　女君適祖姑也易牲而祔則凡妾下女君一等　疏　正義曰此一節明祔祭之法者云妾無妾祖姑者謂妾當祔於妾祖姑若無妾祖姑當祔於高祖妾祖姑故前文云亡則中一以上今又無高祖妾祖姑則當易妾之牲用女君之牲祔於女君可也　注女君至一等　正義曰鄭恐女君是見在之女君故云女君適祖姑也妾與女君牲牢無文既云易牲故云下女君一等下

潘本第四十三卷第十六葉

已爲之主還與素無服同也　非養至喪服　此謂死者之親屬當死者病時不得來爲養而死時來爲主此主雖身有前喪之服今來爲主則不易已喪服所以然者已既前不養不經變服故今爲新死者不易已之喪服　注入猶至成也　正義曰云謂養者無親於死者不得爲主其有親來爲主者謂養者無親者也病者若死而此養者不得爲主既不得爲主故知死者之親來入主喪者也云素有喪服而來爲主者素猶本也本有喪謂有前喪之服也已服前喪之服而來主之不易服也云與素無服者異者本無服謂若來爲喪主者身本吉無喪服既來爲主則爲此死者服始死之服若本有喪服今來爲喪主仍以先喪之服主之故云異也云素無服素有服爲今死者當服則皆三日成也者謂已身若本有服及本無服若與死者有親則皆至三日成服皆爲死者服其服也若本有服重而新死者輕則爲一成服而反前服也若新死重則仍服死者新服也身本吉而來爲主則計今親而依限服之也庾云謂此無主後親族爲其喪主者鄭云養

禮記義四十三　十六　陳頭

者無親於死者不得爲主謂親族不得養其病朋友養之者又云有其親來爲主謂親族也前去喪服者及其主喪則與素無服者同此明既死而往主即不易已之喪服故鄭又云與素無服者異也　養尊者必易服養卑者否　此廣結前文養有疾者不喪服之文尊謂父兄也卑謂子弟也前雖云養有疾者不喪服不分明尊卑故此明之養尊者必易已之喪服也若養卑者不變也庾云前云去喪服而養之遂以主喪是必父兄之行也

妾無妾祖姑者易牲而祔於女君可也　女君適祖姑也易牲而祔則凡妾下女君一等　疏　正義曰此一節明祔祭之法者云妾無妾祖姑者謂妾當祔於妾祖姑若無妾祖姑當祔於高祖妾祖姑故前文云亡則中一以上今又無高祖妾祖姑則當易妾之牲用女君之牲祔於女君可也　注女君至一等　正義曰鄭恐女君是見在之女君故云女君適祖姑也妾與女君牲牢無文既云易牲故云下女君一等下

足利本第四十三卷第十七葉

女君一等者若女君少牢妾則
特牲若女君特牲妾則特豚也婦之喪虞卒哭
其夫若子主之祔則舅主之婦謂凡適婦庶婦也虞卒哭祭婦非
舅事也祔於祖廟尊者宜主焉士不攝大夫士攝大夫惟宗
子士之喪雖無主不敢攝大夫以爲主宗子尊可以攝之主人未除喪有
兄弟自他國至則主人不免而爲主親質不崇
敬也疏正義曰此一節論喪祭爲主之事各依文解之婦之喪虞卒哭其夫若子主之者虞與卒哭其在
於寢故其夫或子則得主之祔是祔於祖廟其事既重故
舅主之婦之所祔者則舅之毋也　士不攝大夫以此謂
士喪無主不敢使大夫兼攝爲主也　士攝大夫唯宗子
者謂若宗子爲士而無主後者可使大夫攝主之也士之

《禮記義四十三》　十七　周彥

喪雖無主不敢攝大夫爲主士卑故也宗子尊則可以攝
之也　主人至爲主　主人未除喪者謂在國主人之喪
服未除有兄弟自他國至則主人不免而爲主者謂五屬
之親從遠歸奔者也夫免必有時若葬後唯君來弔雖非
時亦爲之免崇敬欲新其事故也若五屬之親非時而奔
則主人不須爲之免也嫌親始奔亦應崇敬爲免如君故
明之陳器之道多陳之而省納之可也省
陳之而盡納之可也多陳之謂賓客之就器也以多爲榮省陳之謂主人
之明器也以節爲禮疏正義曰此一節論以明器送葬之事　陳器之道多陳之者謂朋友賓客賵遺明器
多陳列之以爲榮也　而省納之可也者雖復多陳不可
盡納入壙故省少納之可也以納有常數故也　省陳之
而盡納之可也者謂主人所作明器依禮有限故省陳之
省陳既少而盡納之於壙可也　注多陳至爲禮　正義

潘本第四十三卷第十七葉

女君一等者若女君少牢妾則
特牲若女君特牲妾則特豚也婦之喪虞卒哭
其夫若子主之祔則舅主之婦謂凡適婦庶婦也虞卒哭祭婦非
舅事也祔於祖廟尊者宜主焉士不攝大夫士攝大夫惟宗
子士之喪雖無主不敢攝大夫以爲主宗子尊可以攝之主人未除喪有
兄弟自他國至則主人不免而爲主親質不崇
敬也疏正義曰此一節論喪祭爲主之事各依文解之婦之喪虞卒哭其夫若子主之者虞與卒哭其在
於寢故其夫或子則得主之祔是祔於祖廟其事既重故
舅主之婦之所祔者則舅之毋也　士不攝大夫以此謂
士喪無主不敢使大夫兼攝爲主也　士攝大夫唯宗子
者謂若宗子爲士而無主後者可使大夫攝主之也士之

《禮記義四十三》　十七　周彥

喪雖無主不敢攝大夫爲主士卑故也宗子尊則可以攝
之也　主人至爲主　主人未除喪者謂在國主人之喪
服未除有兄弟自他國至則主人不免而爲主者謂五屬
之親從遠歸奔者也夫免必有時若葬後唯君來弔雖非
時亦爲之免崇敬欲新其事故也若五屬之親非時而奔
則主人不須爲之免也嫌親始奔亦應崇敬爲免如君故
明之陳器之道多陳之而省納之可也省
陳之而盡納之可也多陳之謂賓客之就器也以多爲榮省陳之謂之人
之明器也以節爲禮疏正義曰此一節論以明器送葬之事　陳器之道多陳之者謂朋友賓客賵遺明器
多陳列之以爲榮也　而省納之可也者雖復多陳不可
盡納入壙故省少納之可也以納有常數故也　省陳之
而盡納之可也者謂主人所作明器依禮有限故省陳之
省陳既少而盡納之於壙可也　注多陳至爲禮　正義

曰云謂賔客之就器也者而遺死者謂之就者以其可用
故也故既夕禮注云就猶善也贈無常唯玩好所有也摠
而言之亦曰明器故宰夫云凡弔與其幣器注云器所致
明器也是賔客致者亦曰明器也云省陳之謂主人之明
器也者此正明器主人所作故上檀弓云旬而布材
與明器又檀弓云竹不成用瓦不成沬之屬是也

奔兄弟之喪先之墓而後之家爲位而哭所知之喪則哭於宮而后之墓兄弟先之墓骨肉之親不由主人也官故殯宮也疏正義曰此一節論奔兄弟之喪之事注兄弟至宮也正義曰言骨肉之親不由主人
也者解兄弟之喪先之墓之意兄弟骨肉自然相親不由
主人故先往之墓若所知之喪由主人乃致哀戚故先哭
於宮而後至墓

父不爲衆子次於外於庶子略自若居寢疏正義曰衆

禮記義四十三　十八　陳顯

子庶子次謂中門外次也庶子賤略之故父不爲之次自
若常居於寢也不爲之處門外爲喪次也長子則次於外
爲喪次也

與諸侯爲兄弟者服斬謂卿大夫以下也與尊者爲親不敢以輕服服之言諸侯者明雖在異國猶來爲三年也疏正義曰熊氏以爲謂諸侯死凡與諸侯有五屬
之親者皆服斬也以諸侯體尊不可以本親輕服服之也
注謂卿至年也　正義曰謂卿大夫以下也者經云與
諸侯爲兄弟服斬恐彼此俱作諸侯爲之服斬故云謂卿
大夫以下若俱爲諸侯則各依本服然卿大夫與君自應
服斬而云兄弟者或服本親之服故明之云服斬也以與
尊者爲親不敢以輕服服之云言諸侯者明雖在異國猶
來爲三年也者鄭以經不云與君爲兄弟而言與諸侯爲
兄弟故知容在異國也然既在異國仕於他君得反爲舊
君服斬者以其曾在本國作卿大夫今來他國未仕故得
爲舊君反服斬鄭言謂卿大夫者據本國經爲卿大夫者

曰云謂賔客之就器也者而遺死者謂之就者以其可用
故也故既夕禮注云就猶善也贈無常唯玩好所有也摠
而言之亦曰明器故宰夫云凡弔與其幣器注云器所致
明器也是賔客致者亦曰明器也云省陳之謂主人之明
器也者此正明器主人所作故上檀弓云旬而布材
與明器又檀弓云竹不成用瓦不成沬之屬是也

奔兄弟之喪先之墓而後之家爲位而哭所知之喪則哭於宮而后之墓兄弟先之墓骨肉之親不由主人也官故殯宮也疏正義曰此一節論奔兄弟之喪之事注兄弟至宮也正義曰言骨肉之親不由主人
也者解兄弟之喪先之墓之意兄弟骨肉自然相親不由
主人故先往之墓若所知之喪由主人乃致哀戚故先哭
於宮而後至墓

父不爲衆子次於外於庶子略自若居寢疏正義曰衆

禮記義四十三　十八　陳顯

子庶子次謂中門外次也庶子賤略之故父不爲之次自
若常居於寢也不爲之處門外爲喪次也長子則次於外
爲喪次也

與諸侯爲兄弟者服斬謂卿大夫以下也與尊者爲親不敢以輕服服之言諸侯者明雖在異國猶來爲三年也疏正義曰熊氏以爲謂諸侯死凡與諸侯有五屬
之親者皆服斬也以諸侯體尊不可以本親輕服服之也
注謂卿至年也　正義曰謂卿大夫以下也者經云與
諸侯爲兄弟服斬恐彼此俱作諸侯爲之服斬故云謂卿
大夫以下若俱爲諸侯則各依本服然卿大夫與君自應
服斬而云兄弟者或服本親之服故明之云服斬也以與
尊者爲親不敢以輕服服之云言諸侯者明雖在異國猶
來爲三年也者鄭以經不云與君爲兄弟而言與諸侯爲
兄弟故知容在異國也然既在異國仕於他君得反爲舊
君服斬者以其曾在本國作卿大夫今來他國未仕故得
爲舊君反服斬鄭言謂卿大夫者據本國經爲卿大夫者

足利本第四十三卷第十九葉

也或可與諸侯爲兄弟雖在他國仕爲卿大夫得爲舊君服斬異於尋常案下雜記云外宗爲君夫人如內宗注云謂嫁於國中者此云異國二注不同者雜記據婦人故云嫁於國中此據男子故得云異國是以鄭注云謂卿大夫以下唯謂男子賀循云以鄭二注不同故著要記以爲男子及婦人皆謂在國內者譙周亦以爲然並非鄭義今所不取也

下殤小功帶澡麻不絕本詘而反以報之

報猶合也下殤小功本齊衰之親其絰帶澡率治麻爲之帶不絕其本屈而上至要中合而糾之明親重也凡殤散帶垂

疏 正義曰謂本期親在下殤降在小功者服澡麻爲絰帶而斷麻根本示輕故也今若下殤在小功者則但首絰無根而要帶猶有根示其重故也故云帶澡麻不絕不絕謂不斷本也　詘而反以報之者凡殤不糾要垂皆散其帶而此下殤則不散垂免麻𦆫下又屈反𦆫上故云屈而反也屈𦆫上合而糾之故云報也

禮記義四十三　十九

注報猶至帶垂　正義曰謂合糾爲繩賀瑒云下殤小功男子絰牡麻而帶澡婦人帶牡而絰澡故小功殤章云牡麻絰若依其次不應前帶故知前言男子之帶後言婦人之絰也云澡率治麻爲之者謂戞率其麻使其絜白也云帶不絕其本屈而上至要者其帶本垂今乃屈上至要也云中合而糾之明親重也者謂屈所垂散麻上至於要然後中分麻爲兩股合而糾之以垂𦆫下也所以然者明親重也云凡殤散帶垂者謂成人大功以下之殤其殤既輕唯散麻帶垂而下不屈而上糾之異於下殤小功故也

婦祔於祖姑祖姑有三人則祔於親者

謂舅之母死而又有繼母二人也親者謂舅所生

其妻爲大夫而卒而后其夫不爲大夫而祔於其妻則不易牲妻卒而后夫爲大夫而

潘本第四十三卷第十九葉

也或可與諸侯爲兄弟雖在他國仕爲卿大夫得爲舊君服斬異於尋常案下雜記云外宗爲君夫人如內宗注云謂嫁於國中者此云異國二注不同者雜記據婦人故云嫁於國中此據男子故得云異國是以鄭注云謂卿大夫以下唯謂男子賀循云以鄭二注不同故著要記以爲男子及婦人皆謂在國內者譙周亦以爲然並非鄭義今所不取也

下殤小功帶澡麻不絕本詘而反以報之

報猶合也下殤小功本齊衰之親其絰帶澡率治麻爲之帶不絕其本屈而上至要中合而糾之明親重也凡殤散帶垂

疏 正義曰謂本期親在下殤降在小功者服澡麻爲絰帶而斷麻根本示輕故也今若下殤在小功者則但首絰無根而要帶猶有根示其重故也故云帶澡麻不絕不絕謂不斷本也　詘而反以報之者凡殤不糾要垂皆散其帶而此下殤則不散垂免麻𦆫下又屈反𦆫上故云屈而反也屈𦆫上合而糾之故云報也

禮記義四十三　十九

注報猶至帶垂　正義曰謂合糾爲繩賀瑒云下殤小功男子絰牡麻而帶澡婦人帶牡而絰澡故小功殤章云牡麻絰若依其次不應前帶故知前言男子之帶後言婦人之絰也云澡率治麻爲之者謂戞率其麻使其絜白也云帶不絕其本屈而上至要者其帶本垂今乃屈上至要也云中合而糾之明親重也者謂屈所垂散麻上至於要然後中分麻爲兩股合而糾之以垂𦆫下也所以然者明親重也云凡殤散帶垂者謂成人大功以下之殤其殤既輕唯散麻帶垂而下不屈而上糾之異於下殤小功故也

婦祔於祖姑祖姑有三人則祔於親者

謂舅之母死而又有繼母二人也親者謂舅所生

其妻爲大夫而卒而后其夫不爲大夫而祔於其妻則不易牲妻卒而后夫爲大夫而

祔於其妻則以大夫牲妻爲大夫夫爲大夫時卒不易牲以士牲也此謂始來仕無廟者無廟者不祔宗子去國乃以廟從【疏】正義曰此一節明婦人祔祭之事各依文解之祖姑有三人則祔於親者謂舅之母有三人親者謂舅之所生者言婦祔祖姑則祔於舅之所生者也其妻爲大夫而卒者謂夫爲大夫時而妻死者也而后其夫不爲大夫者謂妻死後夫或黜退不復爲大夫而死也而祔於其妻則不易牲者謂夫既不爲大夫死若祔祭此妻但依夫今所得用之牲不得易用昔大夫時牲妻卒而后夫爲大夫而祔於其妻則以大夫牲者此謂妻死時夫未得爲大夫也妻死後夫乃得爲大夫今既祔祭其妻則得用大夫牲妻從夫之禮故也【注】妻爲至廟從　正義曰此謂始來仕無廟者若其有廟則死者當祔於祖不得祔於其妻今夫死祔於其妻故知是無廟者若其宗子去他國乃以廟從則祔於祖矣

爲父後者爲

禮記義四三　廿　金昇

出母無服無服也者喪者不祭故也適子正體於上當祭祀也

婦人不爲主而杖者姑在爲夫杖姑不厭婦

母爲長子削杖嫌服男子當杖竹也母爲長子服不可以重於子爲已也

女子子在室爲父母其主喪者不杖則子一人杖女子子在室亦童子也無男昆弟使同姓爲攝主不杖則子一人杖謂長女也許嫁及二十而笄笄爲成人成人正杖也【疏】正義曰此一節論婦人應杖之節各隨文解之姑在爲夫杖者鄭義唯謂出嫁婦人禮也若成人婦人在家爲父母雖不爲主亦杖若在夫家唯爲主乃杖故爲夫與長子雖不爲主亦杖若餘非爲主則不爲杖但夫是移天之重婦雖不爲主而杖而云姑在者舅主適婦喪則厭適子使不杖今有姑在姑主子喪

祔於其妻則以大夫牲妻爲大夫夫爲大夫時卒不易牲以士牲也此謂始來仕無廟者無廟者不祔宗子去國乃以廟從【疏】正義曰此一節明婦人祔祭之事各依文解之祖姑有三人則祔於親者謂舅之母有三人親者謂舅之所生者言婦祔祖姑則祔於舅之所生者也其妻爲大夫而卒者謂夫爲大夫時而妻死者也而后其夫不爲大夫者謂妻死後夫或黜退不復爲大夫而死也而祔於其妻則不易牲者謂夫既不爲大夫死若祔祭此妻但依夫今所得用之牲不得易用昔大夫時牲妻卒而后夫爲大夫而祔於其妻則以大夫牲者此謂妻死時夫未得爲大夫也妻死後夫乃得爲大夫今既祔祭其妻則得用大夫牲妻從夫之禮故也【注】妻爲至廟從　正義曰此謂始來仕無廟者若其有廟則死者當祔於祖不得祔於其妻今夫死祔於其妻故知是無廟者若其宗子去他國乃以廟從則祔於祖矣

爲父後者爲

禮記義四三　廿　金昇

出母無服無服也者喪者不祭故也適子正體於上當祭祀也

婦人不爲主而杖者姑在爲夫杖姑不厭婦

母爲長子削杖嫌服男子當杖竹也母爲長子服不可以重於子爲已也

女子子在室爲父母其主喪者不杖則子一人杖女子子在室亦童子也無男昆弟使同姓爲攝主不杖則子一人杖謂長女也許嫁及二十而笄笄爲成人成人正杖也【疏】正義曰此一節論婦人應杖之節各隨文解之姑在爲夫杖者鄭義唯謂出嫁婦人禮也若成人婦人在家爲父母雖不爲主亦杖若在夫家唯爲主乃杖故爲夫與長子雖不爲主亦杖若餘非爲主則不爲杖但夫是移天之重婦雖不爲主而杖而云姑在者舅主適婦喪則厭適子使不杖今有姑在姑主子喪

足利本第四十三卷第二十一葉

恐姑既爲主則亦厭婦明今姑雖爲主不厭婦也所以知鄭意然者注下經一人杖云女子子在室亦童子也成人則正杖又喪大記云士之喪三日婦人皆杖注云婦人皆杖謂主婦容妾爲君女子子在室者也故喪服傳云婦人何以不杖亦不能病也是爲鄭學者則謂爲童子婦人不能爲父母杖也而難鄭者云鄭以婦人不杖唯謂童子婦人然童女未嫁何以得稱婦人又喪服傳云童子何以不杖不能病乃云婦人何以不杖亦不能病明知婦人非童子也故賀循等以爲婦人不杖謂出嫁之婦人不爲主則不杖其不爲主而杖者唯姑在爲夫杖故此記特明之鄭必以爲童子婦人乃不杖者鄭以此下經云女子子在室爲父母其主喪者不杖則子一人杖既云女子子在室是童女可知云主喪者不杖若主喪者杖則此童女不杖今由主喪者不杖則此童女一人杖鄭據此文故知婦人謂童子之婦人也若其成人出嫁婦人爲主皆杖故喪大記云三日子夫人杖五日授大夫世婦杖喪服傳妻爲夫杖

禮記義四十三　二十一　金昇

小記云母爲長子杖是成人婦人皆杖也童女得稱婦人者喪服小功章云爲姪庶孫丈夫婦人之長殤是殤之童得稱婦人未嫁而稱婦人者以其將有適人之端故得稱婦人也 注 許嫁至杖也 正義曰知許嫁及二十而笄爲成人正杖者以其許嫁則已有出適人之理非復在室其雖未許嫁已在二十而笄猶男子之冠非復童子故知成人則正杖也

緦小功虞卒哭則免 棺柩已藏嫌恩輕可以不免也言則免者則既殯先啓之間雖有事不免 既葬而不報虞則雖主人皆冠及虞則皆免 有故不得疾虞雖主人皆冠不可久無飾也皆免自主人至緦麻 爲兄弟既除喪已及其葬也反服其服報虞卒哭則免如不報虞則除之 小功以下遠

潘本第四十三卷第二十一葉

恐姑既爲主則亦厭婦明今姑雖爲主不厭婦也所以知鄭意然者注下經一人杖云女子子在室亦童子也成人則正杖又喪大記云士之喪三日婦人皆杖注云婦人皆杖謂主婦容妾爲君女子子在室者也故喪服傳云婦人何以不杖亦不能病也是爲鄭學者則謂爲童子婦人不能爲父母杖也而難鄭者云鄭以婦人不杖唯謂童子婦人然童女未嫁何以得稱婦人又喪服傳云童子何以不杖不能病乃云婦人何以不杖亦不能病明知婦人非童子也故賀循等以爲婦人不杖謂出嫁之婦人不爲主則不杖其不爲主而杖者唯姑在爲夫杖故此記特明之鄭必以爲童子婦人乃不杖者鄭以此下經云女子子在室爲父母其主喪者不杖則子一人杖既云女子子在室是童女可知云主喪者不杖若主喪者杖則此童女不杖今由主喪者不杖則此童女一人杖鄭據此文故知婦人謂童子之婦人也若其成人出嫁婦人爲主皆杖故喪大記云三日子夫人杖五日授大夫世婦杖喪服傳妻爲夫杖

禮記義四十三　二十一　金昇

小記云母爲長子杖是成人婦人皆杖也童女得稱婦人者喪服小功章云爲姪庶孫丈夫婦人之長殤是殤之童得稱婦人未嫁而稱婦人者以其將有適人之端故得稱婦人也 注 許嫁至杖也 正義曰知許嫁及二十而笄爲成人正杖者以其許嫁則已有出適人之理非復在室其雖未許嫁已在二十而笄猶男子之冠非復童子故知成人則正杖也

緦小功虞卒哭則免 棺柩已藏嫌恩輕可以不免也言則免者則既殯先啓之間雖有事不免 既葬而不報虞則雖主人皆冠及虞則皆免 有故不得疾虞雖主人皆冠不可久無飾也皆免自主人至緦麻 爲兄弟既除喪已及其葬也反服其服報虞卒哭則免如不報虞則除之 小功以下遠

葬者比反哭者皆冠及郊而后免反哭在四郊之外君弔雖不當免時也主人必免不散麻雖異國之君免也親者皆免不散麻者自若絞垂爲人君變貶於大斂之前既啓之後也親者大功以上也異國之君免或爲弔 疏 正義曰此一節論著免之節各隨文解之 緦小功虞卒哭則免者言遭緦小功之喪椁柩在時則當著免今至虞卒哭之時椁柩雖葬已久至虞卒哭之時亦著免也 注 言則至不免 正義曰言則免者則既殯先啓之間雖有事不免者以經云虞卒哭則免明未虞之前則不免也虞前有葬葬是喪之大事椁柩既啓著免可知嫌虞與卒哭椁柩既掩不復著免故特言虞卒哭以明之也 注 有故至緦麻 正義曰前云赴葬者赴虞於疾葬者疾虞今依時而葬不依時而虞

禮記義四十三　二十二　施俊

主人以下則皆冠不可久無飾也經云及虞則皆免承上文緦小功之下故知主人及緦麻皆免也 遠葬至反哭 遠葬者謂葬在四郊外遠處 比反哭者皆冠者既葬在遠處郊野之外不可無飾故至葬訖臨欲反哭之時乃皆著冠 及郊而后免反哭者謂著冠至郊而后去冠著免反哭於廟 君弔至皆免 凡大斂之前著免大功以上散麻大斂以後著冠不散麻紃其垂也至將葬啓殯之後已葬之前亦免大功以上亦散麻若君弔雖不當免時必爲之著免不散麻帶貶於大斂之前及既啓之後 雖異國之君免也親者皆免者已君之來其免如此雖他國君來與已國君同主人爲之著免主人既免大功以上親者皆從主人之免敬異國君也異國之君尚然已君來弔主人著免則親者亦免可知也 注 不散至爲弔 正義曰不散麻者自若絞垂者若如也大斂以前散麻帶垂大斂畢後絞其垂者今人君來弔自如尋常絞垂不散麻也所以然者爲人君變貶於大斂之前及既啓之後也云親者

葬者比反哭者皆冠及郊而后免反哭在四郊之外君弔雖不當免時也主人必免不散麻雖異國之君免也親者皆免不散麻者自若絞垂爲人君變貶於大斂之前既啓之後也親者大功以上也異國之君免或爲弔 疏 正義曰此一節論著免之節各隨文解之 緦小功虞卒哭則免者言遭緦小功之喪椁柩在時則當著免今至虞卒哭之時椁柩雖葬已久至虞卒哭之時亦著免也 注 言則至不免 正義曰言則免者則既殯先啓之間雖有事不免者以經云虞卒哭則免明未虞之前則不免也虞前有葬葬是喪之大事椁柩既啓著免可知嫌虞與卒哭椁柩既掩不復著免故特言虞卒哭以明之也 注 有故至緦麻 正義曰前云赴葬者赴虞於疾葬者疾虞今依時而葬不依時而虞

禮記義四十三　二十二　施俊

主人以下則皆冠不可久無飾也經云及虞則皆免承上文緦小功之下故知主人及緦麻皆免也 遠葬至反哭 遠葬者謂葬在四郊外遠處 比反哭者皆冠者既葬在遠處郊野之外不可無飾故至葬訖臨欲反哭之時乃皆著冠 及郊而后免反哭者謂著冠至郊而后去冠著免反哭於廟 君弔至皆免 凡大斂之前著免大功以上散麻大斂以後著冠不散麻紃其垂也至將葬啓殯之後已葬之前亦免大功以上亦散麻若君弔雖不當免時必爲之著免不散麻帶貶於大斂之前及既啓之後 雖異國之君免也親者皆免者已君之來其免如此雖他國君來與已國君同主人爲之著免主人既免大功以上親者皆從主人之免敬異國君也異國之君尚然已君來弔主人著免則親者亦免可知也 注 不散至爲弔 正義曰下散麻者自若絞垂者若如也大斂以前散麻帶垂大斂畢後絞其垂者今人君來弔自如尋常絞垂不散麻也所以然者爲人君變貶於大斂之前及既啓之後也云親者

足利本第四十三卷第二十三葉

大功以上也者以經云不散麻謂大功以上令云親者皆
免明據應合散麻之人故云大功以上也云異國之君免
或爲弔者以經中既免字非一恐皆或
爲弔故云異國之君免一字或爲弔也　除殤之喪者
其祭也必玄　殤無變文不縞冠玄端黃裳而祭不
朝服未純吉也於成人爲釋禫之服　除
成喪者其祭也朝服縞冠　成成人也縞冠未純
吉祭服也既祥祭乃
素縞麻衣　疏　正義曰此一節明除殤及成人之喪各依文解
之　除殤之喪者謂除長殤中殤下殤之喪
其祭也必玄者其除喪祭服必玄冠玄端黃裳異於成人
之喪也　注　殤無至之服喪　正義曰殤無變者無虞卒哭
及練之變服所以然者文不縟本服既重者意在於質不
在繁縟若成人喪服初除著朝服禫祭始從玄端今除殤
之喪即從禫服是文不繁縟也故鄭注喪服云縟數也云
冠玄端黃裳而祭不朝服未純吉也者以經云必玄故知

禮記義四十三　二十三　應俊

玄冠玄端也知黃裳者若其素裳則與朝服純吉同故知
黃裳也知不玄裳者以玄黃相對之色故知釋禫之服若
云玄裳即與上士吉服玄端同文非釋禫服也　除成喪
者其祭也朝服縞冠　成喪謂成人之喪其祥祭也衣朝
服而縞冠所以朝服縞冠者未純吉也　注　縞冠未純吉
祭服也　正義曰大夫朝服而祭朝服者玄冠緇衣素裳
是純吉之祭服也今用縞
冠是未純吉之祭服也　奔父之喪括髮於堂上
袒降踊襲經于東方奔母之喪不括髮袒
於堂上降踊襲免于東方經即位成踊出
門哭止三日而五哭三袒　凡奔喪謂道遠已殯乃
來也爲母不括髮以至
成服一而已貶於父也即位以下於父母同也三日五哭
者始至訖夕反位哭乃出就次一哭也與明日又明日之

潘本第四十三卷第二十三葉

大功以上也者以經云不散麻謂大功以上令云親者皆
免明據應合散麻之人故云大功以上也云異國之君免
或爲弔者以經中既免字非一恐皆或
爲弔故云異國之君免一字或爲弔也　除殤之喪者
其祭也必玄　殤無變文不縞冠玄端黃裳而祭不
朝服未純吉也於成人爲釋禫之服　除
成喪者其祭也朝服縞冠　成成人也縞冠未純
吉祭服也既祥祭乃
素縞麻衣　疏　正義曰此一節明除殤及成人之喪各依文解
之　除殤之喪者謂除長殤中殤下殤之喪
其祭也必玄者其除喪祭服必玄冠玄端黃裳異於成人
之喪也　注　殤無至之服喪　正義曰殤無變者無虞卒哭
及練之變服所以然者文不縟本服既重者意在於質不
在繁縟若成人喪服初除著朝服禫祭始從玄端今除殤
之喪即從禫服是文不繁縟也故鄭注喪服云縟數也云
冠玄端黃裳而祭不朝服未純吉也者以經云必玄故知

禮記義四十三　二十三　應俊

玄冠玄端也知黃裳者若其素裳則與朝服純吉同故知
黃裳也知不玄裳者以玄黃相對之色故知釋禫之服若
云玄裳即與上士吉服玄端同文非釋禫服也　除成喪
者其祭也朝服縞冠　成喪謂成人之喪其祥祭也衣朝
服而縞冠所以朝服縞冠者未純吉也　注　縞冠未純吉
祭服也　正義曰大夫朝服而祭朝服者玄冠緇衣素裳
是純吉之祭服也今用縞
冠是未純吉之祭服也　奔父之喪括髮於堂上
袒降踊襲經于東方奔母之喪不括髮袒
於堂上降踊襲免于東方經即位成踊出
門哭止三日而五哭三袒　凡奔喪謂道遠已殯乃
來也爲母不括髮以至
成服一而已貶於父也即位以下於父母同也三日五哭
者始至訖夕反位哭乃出就次一哭也與明日又明日之

足利本第四十三卷第二十四葉

朝夕而五哭三袒者始至袒與明日又明日之朝而三也【疏】正義曰此一節論奔喪之法　奔父之喪括髮於堂上者於殯宮堂上不笄纚者奔喪異於初死也　袒降踊襲經于東方者袒謂堂上去衣降堂阼階東而踊爲踊故袒既畢襲經于東方襲謂掩所袒之衣帶經東方謂東方既踊畢升堂襲帶經於東序東　奔母之喪不括髮者初時括髮至又哭以後至於成服不括髮　袒於堂上降踊者與父同襲免于東方者東方亦東序東父則括髮而加經母則不括髮而加免此是異於父也此東方奔喪禮皆爲東序東　經即位成踊者著免加經已後即位於阼階之東而更踊故云成踊其即位成踊父母同於此之時賓來弔者則拜之奔喪禮所謂反位拜賓成踊是也　出門哭止者出殯宮之門就於廬故哭者止初來一哭與明日又明日朝夕之哭爲五哭也　三袒者初至袒明日朝袒又明日朝袒故爲三袒雖其初死在家之時哭踊無節今聞喪已久奔喪禮殺故三日五哭異於在家也【注】凡奔而三也　正義曰此謂已殯而來

禮記義四十三　二十四　應俊

者若未殯之前而來當與在家同不得減殺也云即位以下於父母同也者約奔喪禮文故知同也三日五哭三袒鄭約初來及明日又明日朝夕之節而知也

適婦不爲舅後者則姑爲之小功謂夫有廢疾他故若死而無子不受重者小功庶婦之服也凡父母於子舅姑於婦將不傳重於適及將所傳重者非適服之皆如衆子庶婦也【疏】正義曰適子之婦不爲舅後者則姑之服庶婦小功而已【注】謂夫至婦也　正義曰夫有廢疾他故若死而無子不受重者鄭知此者以其經稱適婦明是適子之婦今云不爲舅後明知是夫有廢疾及他故死而無子者也云小功庶婦之服也者以父母於子適者正服期則適婦宜大功庶婦故小功也云將不傳重於適者如上所云廢疾他故死而無子之屬是也云及將所傳重非適者爲無適子以庶子傳重及養他子爲後者也

禮記正義卷第四十三

潘本第四十三卷第二十四葉

朝夕而五哭三袒者始至袒與明日又明日之朝而三也【疏】正義曰此一節論奔喪之法　奔父之喪括髮於堂上者於殯宮堂上不笄纚者奔喪異於初死也　袒降踊襲經于東方者袒謂堂上去衣降堂阼階東而踊爲踊故袒既畢襲經于東方襲謂掩所袒之衣帶經東方謂東方既踊畢升堂襲帶經於東序東　奔母之喪不括髮者初時括髮至又哭以後至於成服不括髮　袒於堂上降踊者與父同襲免于東方者東方亦東序東父則括髮而加經母則不括髮而加免此是異於父也此東方奔喪禮皆爲東序東　經即位成踊者著免加經已後即位於阼階之東而更踊故云成踊其即位成踊父母同於此之時賓來弔者則拜之奔喪禮所謂反位拜賓成踊是也　出門哭止者出殯宮之門就於廬故哭者止初來一哭與明日又明日朝夕之哭爲五哭也　三袒者初至袒明日朝袒又明日朝袒故爲三袒雖其初死在家之時哭踊無節今聞喪已久奔喪禮殺故三日五哭異於在家也【注】凡奔而三也　正義曰此謂已殯而來

禮記義四十三　二十四　應俊

者若未殯之前而來當與在家同不得減殺也云即位以下於父母同也者約奔喪禮文故知同也三日五哭三袒鄭約初來及明日又明日朝夕之節而知也

適婦不爲舅後者則姑爲之小功謂夫有廢疾他故若死而無子不受重者小功庶婦之服也凡父母於子舅姑於婦將不傳重於適及將所傳重者非適服之皆如衆子庶婦也【疏】正義曰適子之婦不爲舅後者則姑之服庶婦小功而已【注】謂夫至婦也　正義曰夫有廢疾他故若死而無子不受重者鄭知此者以其經稱適婦明是適子之婦今云不爲舅後明知是夫有廢疾及他故死而無子者也云小功庶婦之服也者以父母於子適者正服期則適婦宜大功庶婦故小功也云將不傳重於適者如上所云廢疾他故死而無子之屬是也云及將所傳重非適者爲無適子以庶子傳重及養他子爲後者也

禮記正義卷第四十三

足利本第四十四卷第一葉

禮記正義卷第四十四

國子祭酒上護軍曲阜縣開國子臣孔穎達等奉勑撰

大傳第十六

正義曰案鄭目録云名曰大傳者以其記祖宗人親之大義此於别録屬通論

禮不王不禘王者禘其祖之所自出以其祖配之凡大祭曰禘自由也大祭其先祖所由生謂郊祀天也王者之先祖皆感大微五帝之精以生蒼則靈威仰赤則赤熛怒黄則含樞紐白則白招拒黑則汁光紀皆用正歲之正月郊祭之蓋特尊焉孝經曰郊祀后稷以配天配靈威仰也宗祀文王於明堂以配上帝汎配五帝也諸侯及其大祖大祖受封君也大夫士有大事省於其君干祫及其高祖大事寇戎之事也省善也善於其君謂免於大難也干猶空也空祫謂無廟祫祭之於壇墠

正義曰此一節論王及諸侯大夫士祭先祖之義各隨文解之 此禘謂郊祭天也然郊天之祭唯王者得行故云不王不禘也 王者禘其祖之所自出以其祖配之者此文具於小記於彼已釋之 注凡大至帝也 正義曰案爾雅釋天云禘大祭也此禘謂祭天云王者之先祖皆感大微五帝之精以生者案師說引河圖云慶都感赤龍而生堯又云堯赤精舜黄禹白湯黑文王蒼又元命包云夏白帝之子殷黑帝之子周蒼帝之子是其王者皆感大微五帝之精而生云蒼則靈威仰至汁光紀者春秋緯文耀鉤文云皆用正歲之正月郊祭之者案易緯乾鑿度云三

潘本第四十四卷第一葉

禮記正義卷第四十四

國子祭酒上護軍曲阜縣開國子臣孔穎達等奉勑撰

大傳第十六

正義曰案鄭目録云名曰大傳者以其記祖宗人親之大義此於别録屬通論

禮不王不禘王者禘其祖之所自出以其祖配之凡大祭曰禘自由也大祭其先祖所由生謂郊祀天也王者之先祖皆感大微五帝之精以生蒼則靈威仰赤則赤熛怒黄則含樞紐白則白招拒黑則汁光紀皆用正歲之正月郊祭之蓋特尊焉孝經曰郊祀后稷以配天配靈威仰也宗祀文王於明堂以配上帝汎配五帝也諸侯及其大祖大祖受封君也大夫士有大事省於其君干祫及其高祖大事寇戎之事也省善也善於其君謂免於大難也干猶空也空祫謂無廟祫祭之於壇墠

正義曰此一節論王及諸侯大夫士祭先祖之義各隨文解之 此禘謂郊祭天也然郊天之祭唯王者得行故云不王不禘也 王者禘其祖之所自出以其祖配之者此文具於小記於彼已釋之 注凡大至帝也 正義曰案爾雅釋天云禘大祭也此禘謂祭天云王者之先祖皆感大微五帝之精以生者案師說引河圖云慶都感赤龍而生堯又云堯赤精舜黄禹白湯黑文王蒼又元命包云夏白帝之子殷黑帝之子周蒼帝之子是其王者皆感大微五帝之精而生云蒼則靈威仰至汁光紀者春秋緯文耀鉤文云皆用正歲之正月郊祭之者案易緯乾鑿度云三

足利本第四十四卷第二葉

王之郊一用夏正云蓋特尊焉者就五帝之中特祭所感生之帝是特尊焉注引孝經云郊祀后稷以配天者證禘其祖之所自出以其祖配之又引宗祀文王於明堂以配上帝者證文王不特配感生之帝而汎配五帝矣　諸侯及其大祖大祖始封君也諸侯非王不得郊天配祖於廟及祭大祖耳　大夫士有大事省於其君干祫及其高祖省善也干空也空祫謂無廟也大夫士知識劣於諸侯故無始封之祖若此大夫士有勲勞大事爲君所善者則此是識深故君許其祫祭至於高祖但無始祖廟雖得行祫唯至於高祖並在於壇空而祫之故云空祫及其高祖也祭法云大夫三廟二壇顯考無廟雖是無廟而有壇爲祈禱而祭之今唯云及高祖是祫不及始祖以卑故也然此對諸侯爲言言支庶爲大夫士者耳若適爲大夫亦有大祖故王制云大夫三廟一昭一穆與大祖之廟而三是也師說云大夫有始祖者鬼其百世若有善於君得祫則亦祫於大祖廟中徧祫大祖以下也　注祭之於壇墠

禮記義四十四　二　馬祥

正義曰案祭法大夫二壇則大夫無墠而此言墠者通言耳或通云上士二廟一壇下士一廟無壇若有功當爲墠而祫祭之也

牧之野武王之大事也既事而退柴於上帝祈於社設奠於牧室柴祈奠告天地及先祖也牧室牧野之室也古者郊關皆有館焉先祖者行主也遂率天下諸侯執豆籩逡奔走逡疾也疾奔走言勸事也周頌曰逡奔走在廟追王大王亶父王季歷文王昌不以卑臨尊也不用諸侯之號臨天子也文王稱王早矣於殷猶爲諸侯於是著焉

疏正義曰此一節論武王伐紂率領諸侯以祭祖廟追王大王王季上尊祖禰之事與前相接也　牧之野武王之大事也者言牧野之戰是武王之事大者也　既事而退者

潘本第四十四卷第二葉

王之郊一用夏正云蓋特尊焉者就五帝之中特祭所感生之帝是特尊焉注引孝經云郊祀后稷以配天者證禘其祖之所自出以其祖配之又引宗祀文王於明堂以配上帝者證文王不特配感生之帝而汎配五帝矣　諸侯及其大祖大祖始封君也諸侯非王不得郊天配祖於廟及祭大祖耳　大夫士有大事省於其君干祫及其高祖省善也干空也空祫謂無廟也大夫士知識劣於諸侯故無始封之祖若此大夫士有勲勞大事爲君所善者則此是識深故君許其祫祭至於高祖但無始祖廟雖得行祫唯至於高祖並在於壇空而祫之故云空祫及其高祖也祭法云大夫三廟二壇顯考無廟雖是無廟而有壇爲祈禱而祭之今唯云及高祖是祫不及始祖以卑故也然此對諸侯爲言言支庶爲大夫士者耳若適爲大夫亦有大祖故王制云大夫三廟一昭一穆與大祖之廟而三是也師說云大夫有始祖者鬼其百世若有善於君得祫則亦祫於大祖廟中徧祫大祖以下也　注祭之於壇墠

禮記義四十四　二　馬祥

正義曰案祭法大夫二壇則大夫無墠而此言墠者通言耳或通云上士二廟一壇下士一廟無壇若有功當爲墠而祫祭之也

牧之野武王之大事也既事而退柴於上帝祈於社設奠於牧室柴祈奠告天地及先祖也牧室牧野之室也古者郊關皆有館焉先祖者行主也遂率天下諸侯執豆籩逡奔走逡疾也疾奔走言勸事也周頌曰逡奔走在廟追王大王亶父王季歷文王昌不以卑臨尊也不用諸侯之號臨天子也文王稱王早矣於殷猶爲諸侯於是著焉

疏正義曰此一節論武王伐紂率領諸侯以祭祖廟追王大王王季上尊祖禰之事與前相接也　牧之野武王之大事也者言牧野之戰是武王之事大者也　既事而退者

足利本第四十四卷第三葉

旣戰罷而退也　柴於上帝者謂燔柴以告天　祈於社
者陳祭以告社也　設奠於牧室者設此奠祭於牧野之
館室以告行主也　遂率天下諸侯者上言告祭旣訖遂
率領天下諸侯執豆籩疾奔走而往在廟祭先祖於此之
時乃追王大王王大王名亶父者又追王王季歷及文王昌
等爲王所以然者不以諸侯之卑號臨天子之尊也　注
古者至主也　正義曰知郊關有館者遺人云凡國野十
里有廬三十里有宿五十里有市道路尚然明郊關亦有
館舍鄭言此者證牧野有室云先祖者行主也者案曾子
問篇云古者師行必以遷廟主行故甘誓云用命賞于祖
此武王所載行主者也案周本記云載文王木主以其成
文王之業故不載遷廟主其社則在野外祭之故不在牧
室此社是土地之神故鄭云柴祈告天地也　注周頌曰
遂奔走在廟　正義曰周頌所云謂周公攝政六年祭淸
廟此經遂奔走謂武王伐紂而還告廟其事不同引之者
證奔走不異故引之知執豆籩行還告廟者以此經上云

禮記義四十四　三　嚴信

柴祈設奠下云遂率天下諸侯是柴祈禮畢故武成云丁
未祀于周廟駿奔走執豆籩而皇氏云爲柴祈奠於牧室
之時諸侯執豆籩非此經文之次又與武成違其義非也
注不用至著焉　正義曰案此武王追王大王亶父王
季歷文王昌案合符后云文王立后稷配天追王大王亶
甫王季歷與此不同者文王暫追王耳號謚未定至武王
時乃定之矣中庸云周公追王大王王季者謂以王禮改
葬耳不改葬文王者先以王禮葬故也此大王王季追王
者王迹所由興故追王也所以追王者以子爲天子而不
以卑臨尊若非王迹所由不必追王也故小記云父爲士
子爲天子諸侯祭以天子諸侯其尸服以士服是也周語
云先王不窋武成云先王建邦啓土謂后稷皆稱先王者
以王者之先祖故通稱先王也契稱玄王與此同矣云文
王稱王早矣者土無二王紂尚存即爲早所以早稱王
者案中候我應云我稱非早一民固下注云一民心固臣
下雖於時爲早於年爲晩矣故周本記云文王受命六年

潘本第四十四卷第三葉

旣戰罷而退也　柴於上帝者謂燔柴以告天　祈於社
者陳祭以告社也　設奠於牧室者設此奠祭於牧野之
館室以告行主也　遂率天下諸侯者上言告祭旣訖遂
率領天下諸侯執豆籩疾奔走而往在廟祭先祖於此之
時乃追王大王王大王名亶父者又追王王季歷及文王昌
等爲王所以然者不以諸侯之卑號臨天子之尊也　注
古者至主也　正義曰知郊關有館者遺人云凡國野十
里有廬三十里有宿五十里有市道路尚然明郊關亦有
館舍鄭言此者證牧野有室云先祖者行主也者案曾子
問篇云古者師行必以遷廟主行故甘誓云用命賞于祖
此武王所載行主者也案周本記云載文王木主以其成
文王之業故不載遷廟主其社則在野外祭之故不在牧
室此社是土地之神故鄭云柴祈告天地也　注周頌曰
遂奔走在廟　正義曰周頌所云謂周公攝政六年祭淸
廟此經遂奔走謂武王伐紂而還告廟其事不同引之者
證奔走不異故引之知執豆籩行還告廟者以此經上云

禮記義四十四　三　嚴信

柴祈設奠下云遂率天下諸侯是柴祈禮畢故武成云丁
未祀于周廟駿奔走執豆籩而皇氏云爲柴祈奠於牧室
之時諸侯執豆籩非此經文之次又與武成違其義非也
注不用至著焉　正義曰案此武王追王大王亶父王
季歷文王昌案合符后云文王立后稷配天追王大王亶
甫王季歷與此不同者文王暫追王耳號謚未定至武王
時乃定之矣中庸云周公追王大王王季者謂以王禮改
葬耳不改葬文王者先以王禮葬故也此大王王季追王
者王迹所由興故追王也所以追王者以子爲天子而不
以卑臨尊若非王迹所由不必追王也故小記云父爲士
子爲天子諸侯祭以天子諸侯其尸服以士服是也周語
云先王不窋武成云先王建邦啓土謂后稷皆稱先王者
以王者之先祖故通稱先王也契稱玄王與此同矣云文
王稱王早矣者土無二王紂尚存即爲早所以早稱王
者案中候我應云我稱非早一民固下注云一民心固臣
下雖於時爲早於年爲晩矣故周本記云文王受命六年

立靈臺布王號於時稱王年九十六也故文王世子云君王其終撫諸是也文王既稱王文王生雖稱王號稱猶未定故武王追王乃定之耳上治祖禰尊尊也下治子孫親親也旁治昆弟合族以食序以昭繆別之以禮義人道竭矣治猶正也繆讀爲穆聲之誤也竭盡也

疏 正義曰此一節論武王伐紂之後外治親屬合族之禮叙昭穆之事上治祖禰尊尊也者治猶正也上正治祖禰是尊其尊也空下治子孫親親也者下正於子孫是親其親也上主尊敬故云尊尊下主恩愛故云親親 旁治昆弟者謂旁正昆弟逾遠疏也合族以食者言旁治昆弟之時合會族人以食之禮又次序族人以昭穆之事所謂旁治昆弟也 別之以禮義人道竭矣者摠結上治祖禰下治子孫旁治昆弟言此三事皆分別之以禮義使人義之道理竭盡於此矣

禮記義四十四　四

聖人南面而聽天下所且先者五民不與焉且先言未遑餘事一曰治親二曰報功三曰舉賢四曰使能五曰存愛功功臣也存察也察有仁愛者五者一得於天下民無不足無不贍者五者一物紕繆民莫得其死物猶事也紕猶錯也五事得則民足一事失則民不得其死明政之雜聖人南面而治天下必自人道始矣人道謂此五事立權度量考文章改正朔易服色殊徽號異器械別衣服此其所得與民

立靈臺布王號於時稱王年九十六也故文王世子云君王其終撫諸是也文王既稱王文王生雖稱王號稱猶未定故武王追王乃定之耳上治祖禰尊尊也下治子孫親親也旁治昆弟合族以食序以昭繆別之以禮義人道竭矣治猶正也繆讀爲穆聲之誤也竭盡也

疏 正義曰此一節論武王伐紂之後外治親屬合族之禮叙昭穆之事上治祖禰尊尊也者治猶正也上正治祖禰是尊其尊也空下治子孫親親也者下正於子孫是親其親也上主尊敬故云尊尊下主恩愛故云親親 旁治昆弟者謂旁正昆弟逾遠疏也合族以食者言旁治昆弟之時合會族人以食之禮又次序族人以昭穆之事所謂旁治昆弟也 別之以禮義人道竭矣者摠結上治祖禰下治子孫旁治昆弟言此三事皆分別之以禮義使人義之道理竭盡於此矣

禮記義四十四　四

聖人南面而聽天下所且先者五民不與焉且先言未遑餘事一曰治親二曰報功三曰舉賢四曰使能五曰存愛功功臣也存察也察有仁愛者五者一得於天下民無不足無不贍者五者一物紕繆民莫得其死物猶事也紕猶錯也五事得則民足一事失則民不得其死明政之雜聖人南面而治天下必自人道始矣人道謂此五事立權度量考文章改正朔易服色殊徽號異器械別衣服此其所得與民

足利本第四十四卷第五葉

變革者也權稱也度丈尺也量斗斛也文章禮法也服色車馬也徽號旌旗之名也器械禮樂之器及兵甲也衣服吉凶之制也徽識作幟其不可得變革者則有矣親親也尊尊也長長也男女有別此其不可得與民變革者也四者人道之常疏正義曰此一節廣明聖人受命以臨天下有不可變革及有可變革之事各隨文解之云所且先者五謂聖人即位未遑餘事所且欲先行者而有五種之事也即下云一曰治親之屬是也民不與焉者言此五事皆王者所急行民不得干與焉言民未行也以治親報功之事皆非民所行故不得干與焉一曰治親者此治親即鄉者三事三事若正則於家國皆正故急在前二曰報功者既已正親故下又報於有所功勞者使為諸侯之屬是也緩於親親故

禮記義四十　五　王椿

次治親三曰舉賢者雖已報於有功若巖穴有賢德之士未有功者舉而用之報功宜急此又次也四曰使能者能謂有道藝既無功德又非賢能而有道藝亦祿之使各當其職也輕於賢德故次之五曰存愛者存察也愛仁也治親報功舉賢使能為政既足又宜察於民下側陋之中者若有雖非賢能而有仁愛之心亦賞異之五者一得於天下者謂上五事一皆得行於天下則民無有不足無有不贍者贍是優足之餘也五者一物紕繆者謂此五事之中但有一事紕繆則民莫得其死莫無也言無得以理壽終而死也聖人南面而治天下必自人道始矣者人道即治親報功舉賢使能存愛是人理相承順之道聖人先以此為始故云必自人道始也立權度量者此一經至與民變革者也廣明損益之事並輕故可隨民與變改革也權謂稱錘度謂丈尺量謂斗斛也言新制天下必宜造此物也考文章者考校也文章國之禮法也改正朔者正謂年始朔謂月初言王者得政示從我始

潘本第四十四卷第五葉

變革者也權稱也度丈尺也量斗斛也文章禮法也服色車馬也徽號旌旗之名也器械禮樂之器及兵甲也衣服吉凶之制也徽識作幟其不可得變革者則有矣親親也尊尊也長長也男女有別此其不可得與民變革者也四者人道之常疏正義曰此一節廣明聖人受命以臨天下有不可變革及有可變革之事各隨文解之云所且先者五謂聖人即位未遑餘事所且欲先行者而有五種之事也即下云一曰治親之屬是也民不與焉者言此五事皆王者所急行民不得干與焉言民未行也以治親報功之事皆非民所行故不得干與焉一曰治親者此治親即鄉者三事三事若正則於家國皆正故急在前二曰報功者既已正親故下又報於有所功勞者使為諸侯之屬是也緩於親親故

禮記義四十　五　王椿

次治親三曰舉賢者雖已報於有功若巖穴有賢德之士未有功者舉而用之報功宜急此又次也四曰使能者能謂有道藝既無功德又非賢能而有道藝亦祿之使各當其職也輕於賢德故次之五曰存愛者存察也愛仁也治親報功舉賢使能為政既足又宜察於民下側陋之中者若有雖非賢能而有仁愛之心亦賞異之五者一得於天下者謂上五事一皆得行於天下則民無有不足無有不贍者贍是優足之餘也五者一物紕繆者謂此五事之中但有一事紕繆則民莫得其死莫無也言無得以理壽終而死也聖人南面而治天下必自人道始矣者人道即治親報功舉賢使能存愛是人理相承順之道聖人先以此為始故云必自人道始也立權度量者此一經至與民變革者也廣明損益之事並輕故可隨民與變改革也權謂稱錘度謂丈尺量謂斗斛也言新制天下必宜造此物也考文章者考校也文章國之禮法也改正朔者正謂年始朔謂月初言王者得政示從我始

足利本第四十四卷第六葉

改故用新隨寅丑子所損也周子殷丑夏寅是改正也周夜半殷鷄鳴夏平旦是易朔也　易服色者服色車馬也易之謂各隨所尚赤白黑也　殊徽號者殊別也徽號旌旗也周大赤殷大白夏大麾各有別也　異器械者器謂楬豆房俎禮樂之器也械謂戎路革路兵甲之屬也　別衣服者周吉服九章虞以十二章殷凶不厭賤周貴則降卑也　此其所得與民變革者也結權度量以下諸事是末故可變革與民爲新亦示禮從我始也　注文章至制也　正義曰禮法謂夏殷周損益之禮是也云服色車馬也者謂夏尚黑殷尚白周尚赤車之與馬各用從所尚之正色也云徽號旌旗之名也者謂周禮九旗是也然九旗之外又有小旌旗故司常云官府各象其事州里各象其名家各象其號與此同也鄭引士喪禮云爲銘各以其物亡則以緇長半幅赬末長終幅廣三寸是徽號與此同矣

禮記義四十四　六　王椿

同姓從宗合族屬異姓主名治際會名著而男女有別　合合之宗子之家序昭穆也異姓謂來嫁者也主於母與婦之名耳　際會昏禮交接之會也著明也母婦之名不明則人倫亂也亂者若衞宣公楚平王爲子取而自納焉　其夫屬乎父道者妻皆母道也其夫屬乎子道者妻皆婦道也　言母婦無昭穆於此統於夫耳母焉則尊之婦焉則卑之尊之卑之明非己倫以厚別也　謂弟之妻婦者是嫂亦可謂之母乎　言不可也謂之婦與嫂者以其在己之列以名遠之耳復謂嫂爲母則令昭穆不明　昆弟之妻夫之昆弟不相爲服不成其親也男女無親則遠於相見　名者人治之大者也可無愼乎　人治所以正人　疏　正義曰此一節論同姓從宗異姓主名

潘本第四十四卷第六葉

改故用新隨寅丑子所損也周子殷丑夏寅是改正也周夜半殷鷄鳴夏平旦是易朔也　易服色者服色車馬也易之謂各隨所尚赤白黑也　殊徽號者殊別也徽號旌旗也周大赤殷大白夏大麾各有別也　異器械者器謂楬豆房俎禮樂之器也械謂戎路革路兵甲之屬也　別衣服者周吉服九章虞以十二章殷凶不厭賤周貴則降卑也　此其所得與民變革者也結權度量以下諸事是末故可變革與民爲新亦示禮從我始也　注文章至制也　正義曰禮法謂夏殷周損益之禮是也云服色車馬也者謂夏尚黑殷尚白周尚赤車之與馬各用從所尚之正色也云徽號旌旗之名也者謂周禮九旗是也然九旗之外又有小旌旗故司常云官府各象其事州里各象其名家各象其號與此同也鄭引士喪禮云爲銘各以其物亡則以緇長半幅赬末長終幅廣三寸是徽號與此同矣

禮記義四十四　六　王椿

同姓從宗合族屬異姓主名治際會名著而男女有別　合合之宗子之家序昭穆也異姓謂來嫁者也主於母與婦之名耳　際會昏禮交接之會也著明也母婦之名不明則人倫亂也亂者若衞宣公楚平王爲子取而自納焉　其夫屬乎父道者妻皆母道也其夫屬乎子道者妻皆婦道也　言母婦無昭穆於此統於夫耳母焉則尊之婦焉則卑之尊之卑之明非己倫以厚別也　謂弟之妻婦者是嫂亦可謂之母乎　言不可也謂之婦與嫂者以其在己之列以名遠之耳復謂嫂爲母則令昭穆不明　昆弟之妻夫之昆弟不相爲服不成其親也男女無親則遠於相見　名者人治之大者也可無愼乎　人治所以正人　疏　正義曰此一節論同姓從宗異姓主名

男女有別之事各隨文解之　同姓從宗者同姓父族也從宗謂從大小宗也　合族屬者謂合聚族人親疏使昭爲一行穆爲一行同時食故曰合族屬也　異姓主名治際會者異姓謂他姓之女來爲己姓之妻繫夫之親主爲母婦之名夫若爲父行則主母名夫若子行則主婦名治正也際會所以主此母婦之名正昏姻交接會合之事名著而男女有別者若母婦之名著則男女尊卑異等各有分別不相淫亂凡姓族異者所以別異人也猶萬物皆各有名以相分別天子賜姓賜氏諸侯但賜氏不得賜姓降於天子也故隱八年左傳云無駭卒公問族於衆仲衆仲對曰天子建德因生以賜姓胙之土而命之氏諸侯以字爲謚因以爲族官有世功則有官族邑亦如之以此言之天子因諸侯先祖所生賜之曰姓杜預云若舜生嬀汭賜姓曰嬀封舜之後於陳以所封之土命爲氏舜後姓嬀而氏曰陳故鄭駮異義云炎帝姓姜大皞之所賜也黄帝姓姬炎帝之所賜也故堯賜伯夷姓曰姜賜禹姓曰姒賜

契姓曰子賜稷姓曰姬著在書傳如鄭此言是天子賜姓也諸侯賜卿大夫以氏若同姓公之子曰公子公子之子曰公孫公孫之子其親已遠不得上連於公故以王父字爲氏若適夫人之子則以五十字伯仲爲氏若魯之仲孫季孫是也若庶子妾子則以二十字爲氏則展氏臧氏是也若異姓則以父祖官及所食之邑爲氏以官爲氏者則司馬司城是也以邑爲氏者若韓趙魏是也凡賜氏族者此爲卿乃賜有大功德者生賜以族若叔孫得臣是也雖公子之身若有大功德則以公子之字賜以爲族若仲遂是也其無功德死後乃賜族若無駭是也若子孫不爲卿其君不賜族子孫自以王父字爲族也氏族對之爲別散則通也故左傳云問族於衆仲下云公命以字爲展氏是也其姓與氏散亦得通故春秋有姜氏子氏姜子皆姓而云氏是也　注若衞至納焉　正義曰案春秋左氏傳桓十六年初衞宣公烝於夷姜生急子娶於齊而美公取之生壽及朔又昭十九年左傳楚平王即陽封人之女奔之

男女有別之事各隨文解之　同姓從宗者同姓父族也從宗謂從大小宗也　合族屬者謂合聚族人親疏使昭爲一行穆爲一行同時食故曰合族屬也　異姓主名治際會者異姓謂他姓之女來爲己姓之妻繫夫之親主爲母婦之名夫若爲父行則主母名夫若子行則主婦名治正也際會所以主此母婦之名正昏姻交接會合之事名著而男女有別者若母婦之名著則男女尊卑異等各有分別不相淫亂凡姓族異者所以別異人也猶萬物皆各有名以相分別天子賜姓賜氏諸侯但賜氏不得賜姓降於天子也故隱八年左傳云無駭卒公問族於衆仲衆仲對曰天子建德因生以賜姓胙之土而命之氏諸侯以字爲謚因以爲族官有世功則有官族邑亦如之以此言之天子因諸侯先祖所生賜之曰姓杜預云若舜生嬀汭賜姓曰嬀封舜之後於陳以所封之土命爲氏舜後姓嬀而氏曰陳故鄭駮異義云炎帝姓姜大皞之所賜也黄帝姓姬炎帝之所賜也故堯賜伯夷姓曰姜賜禹姓曰姒賜

禮記正義卷卅四　七　王壽

契姓曰子賜稷姓曰姬著在書傳如鄭此言是天子賜姓也諸侯賜卿大夫以氏若同姓公之子曰公子公子之子曰公孫公孫之子其親已遠不得上連於公故以王父字爲氏若適夫人之子則以五十字伯仲爲氏若魯之仲孫季孫是也若庶子妾子則以二十字爲氏則展氏臧氏是也若異姓則以父祖官及所食之邑爲氏以官爲氏者則司馬司城是也以邑爲氏者若韓趙魏是也凡賜氏族者此爲卿乃賜有大功德者生賜以族若叔孫得臣是也雖公子之身若有大功德則以公子之字賜以爲族若仲遂是也其無功德死後乃賜族若無駭是也若子孫不爲卿其君不賜族子孫自以王父字爲族也氏族對之爲別散則通也故左傳云問族於衆仲下云公命以字爲展氏是也其姓與氏散亦得通故春秋有姜氏子氏姜子皆姓而云氏是也　注若衞至納焉　正義曰案春秋左氏傳桓十六年初衞宣公烝於夷姜生急子娶於齊而美公取之生壽及朔又昭十九年左傳楚平王即陽封人之女奔之

生大子建爲大子建取秦女而羨平王自納之是其淫亂之事　其夫至道也　正義曰此一經言他姓婦人來嫁己族本無昭穆於己親唯繫夫尊卑而定母婦之號也其夫屬乎父道者道猶行列也若其夫隨屬於己之父行者其妻皆即己之母行也故云妻皆母道也　其夫屬乎子道者妻皆婦道也者謂其夫隨屬於己之子行者其妻皆婦行也故婦人來嫁己伯叔之列即謂之爲母也來嫁於己之子姪之行即謂之爲婦也　注言母至別也　正義曰云母婦無昭穆於此者此謂己之族也言他姓之女或爲婦或爲母先無昭穆於己之親族云統於夫耳者言所以有母婦名者謂繫統於夫始有母婦之名也云尊之卑之明非己倫以厚別也者謂之爲母者則尊敬之謂之爲婦者即卑遠之既尊卑縣絶明知非己之倫位所以厚重相分別之義也凡男女若無尊卑倫類相聚即淫亂易生爲無相分別也　謂弟至母乎　此一經論兄弟之妻相稱謂之義凡子行之妻乃謂之爲婦弟非子行其妻亦謂

禮記義四十四　八　王祐

之婦者以兄弟同倫嫌相褻瀆弟雖非子行其妻同子行之妻謂之爲婦欲卑遠之弟妻既得爲婦號記者恐兄妻得爲母號故記者明之云是嫂亦可謂之母乎言嫂不可亦謂之爲母也然弟妻既得爲婦兄妻不可亦得爲母者然弟小於己妻必幼稚故可謂之爲婦而嫂不可借子妻之名謂之爲婦嫂雖是兄妻年必與己相類既不甚縣絶何得謂之爲母且弟妻既爲婦兄妻又爲母便是昆弟之倫亂爲父子之例故嫂不可謂之爲母而借嫂老之名以爲兄妻之號也　注言不至相見　正義曰言不可者謂嫂不可爲母也云謂之婦與嫂者以其在己之列以名遠之耳者謂之婦者弟妻謂之嫂者兄妻在己之列謂兄弟之妻在己之倫列恐相褻瀆故弟妻假以同子婦之名兄妻假以嫂老之名殊遠之也云復謂嫂爲母則令昭穆不明者既以子妻之名名弟妻爲婦若又以諸父之妻名名兄妻爲母則上下全亂昭穆不明故不可也鄭注喪服亦云弟之妻爲婦者卑遠之故謂之婦嫂者尊嚴之是嫂亦

生大子建爲大子建取秦女而羨平王自納之是其淫亂之事　其夫至道也　正義曰此一經言他姓婦人來嫁己族本無昭穆於己親唯繫夫尊卑而定母婦之號也其夫屬乎父道者道猶行列也若其夫隨屬於己之父行者其妻皆即己之母行也故云妻皆母道也　其夫屬乎子道者妻皆婦道也者謂其夫隨屬於己之子行者其妻皆婦行也故婦人來嫁己伯叔之列即謂之爲母也來嫁於己之子姪之行即謂之爲婦也　注言母至別也　正義曰云母婦無昭穆於此者此謂己之族也言他姓之女或爲婦或爲母先無昭穆於己之親族云統於夫耳者言所以有母婦名者謂繫統於夫始有母婦之名也云尊之卑之明非己倫以厚別也者謂之爲母者則尊敬之謂之爲婦者即卑遠之既尊卑縣絶明知非己之倫位所以厚重相分別之義也凡男女若無尊卑倫類相聚即淫亂易生爲無相分別也　謂弟至母乎　此一經論兄弟之妻相稱謂之義凡子行之妻乃謂之爲婦弟非子行其妻亦謂

禮記義四十四　八　王祐

之婦者以兄弟同倫嫌相褻瀆弟雖非子行其妻同子行之妻謂之爲婦欲卑遠之弟妻既得爲婦號記者恐兄妻得爲母號故記者明之云是嫂亦可謂之母乎言嫂不可亦謂之爲母也然弟妻既得爲婦兄妻不可亦得爲母者然弟小於己妻必幼稚故可謂之爲婦而嫂不可借子妻之名謂之爲婦嫂雖是兄妻年必與己相類既不甚縣絶何得謂之爲母且弟妻既爲婦兄妻又爲母便是昆弟之倫亂爲父子之例故嫂不可謂之爲母而借嫂老之名以爲兄妻之號也　注言不至相見　正義曰言不可者謂嫂不可爲母也云謂之婦與嫂者以其在己之列以名遠之耳者謂之婦者弟妻謂之嫂者兄妻在己之列謂兄弟之妻在己之倫列恐相褻瀆故弟妻假以同子婦之名兄妻假以嫂老之名殊遠之也云復謂嫂爲母則令昭穆不明者既以子妻之名名弟妻爲婦若又以諸父之妻名名兄妻爲母則上下全亂昭穆不明故不可也鄭注喪服亦云弟之妻爲婦者卑遠之故謂之婦嫂者尊嚴之是嫂亦

可謂之母乎言其不可也故言乎以疑之是弟妻可借婦
名是兄妻不可借母名與此注正合無相違也而皇氏引
諸儒異同煩而不當無所用也云昆弟之妻夫之昆弟不
相爲服不成其親也者若男女尊卑隔絶相服成親義無
混雜此兄弟之妻己之倫列若其成親爲服則數相聚見
姦亂易生故令之無服所以踈遠之云男女無親則遠於
相見者以其全同路人恩親不接故云遠於相見　名者
人治之大者也可無慎乎　名謂母婦之名言得之則昭
穆明失之則上下亂是人治之大
者也可得不慎之乎言須慎名也　四世而緦服之窮
也五世袒免殺同姓也六世親屬竭矣　四世共高
祖五世高祖昆弟六世以外親盡無屬名　其庶姓別於上而戚單於下
昏姻可以通乎　問之也玄孫之子姓別於高祖五世而無服姓世所由生　繫之

禮記義四十四　九　王栐

以姓而弗別綴之以食而弗殊雖百世而昏
姻不通者周道然也　周之禮所建者長也姓正姓也始祖爲正姓高祖爲
庶姓繫之弗別謂若今宗室屬籍也周禮小史掌定繫世辨昭穆　【疏】正義曰此一節論殷周統叙宗族之
異各依文解之　四世而緦服之窮也者四世謂上至高
祖下至己兄弟同承高祖之後爲族兄弟相報緦麻是服
盡於此故緦麻服窮是四世也爲親兄弟期一從兄弟大
功再從兄弟小功三從兄弟緦麻共承高祖爲四世而緦
服盡也　五世袒免殺同姓也者謂共承高祖之父者也
言服袒免而無正服減殺同姓也　六世親屬竭矣者謂
共承高祖之祖者也言不復袒免同姓而已故云親屬竭
矣　其庶姓別於上者此作記之人以殷人五世以後可
以通昏故將殷法以問於周云周家五世以後庶姓別異
於上與高祖不同各爲氏族不共高祖別自爲宗是別於

可謂之母乎言其不可也故言乎以疑之是弟妻可借婦
名是兄妻不可借母名與此注正合無相違也而皇氏引
諸儒異同煩而不當無所用也云昆弟之妻夫之昆弟不
相爲服不成其親也者若男女尊卑隔絶相服成親義無
混雜此兄弟之妻己之倫列若其成親爲服則數相聚見
姦亂易生故令之無服所以踈遠之云男女無親則遠於
相見者以其全同路人恩親不接故云遠於相見　名者
人治之大者也可無慎乎　名謂母婦之名言得之則昭
穆明失之則上下亂是人治之大
者也可得不慎之乎言須慎名也　四世而緦服之窮
也五世袒免殺同姓也六世親屬竭矣　四世共高
祖五世高祖昆弟六世以外親盡無屬名　其庶姓別於上而戚單於下
昏姻可以通乎　問之也玄孫之子姓別於高祖五世而無服姓世所由生　繫之

禮記義四十四　九　王栐

以姓而弗別綴之以食而弗殊雖百世而昏
姻不通者周道然也　周之禮所建者長也姓正姓也始祖爲正姓高祖爲
庶姓繫之弗別謂若今宗室屬籍也周禮小史掌定繫世辨昭穆　【疏】正義曰此一節論殷周統叙宗族之
異各依文解之　四世而緦服之窮也者四世謂上至高
祖下至己兄弟同承高祖之後爲族兄弟相報緦麻是服
盡於此故緦麻服窮是四世也爲親兄弟期一從兄弟大
功再從兄弟小功三從兄弟緦麻共承高祖爲四世而緦
服盡也　五世袒免殺同姓也者謂共承高祖之父者也
言服袒免而無正服減殺同姓也　六世親屬竭矣者謂
共承高祖之祖者也言不復袒免同姓而已故云親屬竭
矣　其庶姓別於上者此作記之人以殷人五世以後可
以通昏故將殷法以問於周云周家五世以後庶姓別異
於上與高祖不同各爲氏族不共高祖別自爲宗是別於

上也　而戚單於下者戚親也單盡也謂四從兄弟恩親
盡於下各自爲宗不相尊敬庶衆也高祖以外人轉廣遠
分姓衆多故曰庶姓也高祖以上復爲五宗也　昏姻可
以通乎者問者既見姓別親盡雖是周家昏姻應可以通
乎問其可通與否　注問之至由生　正義曰問之者是
記者以殷法而問周五世後昏姻可以通否云玄孫之子
姓別於高祖者玄孫與高祖服屬仍同其姓與高祖不異
玄孫之子則四從兄弟承高祖父之後至己五世而無服
各事小宗因字因官爲氏不同高祖之父是庶姓別於上
庶姓爲衆姓也則氏族之謂也云姓世所由生者據五世
無服不相稟承各爲氏姓故云姓世所由生　繫之至然
也　前文記者以殷法而問周此經記者以周法而荅問
言周法昏姻不可通也　繫之以姓而弗別者周法雖庶
姓別於上而有世繫連繫之以本姓而不分別若姬氏姜
氏大宗百世不改也　綴之以食而弗殊者連綴族人以
飲食之禮而不殊異也　雖百世而昏姻不通者言雖相

禮記義四十四　十　陸訓

去百世而昏姻不得通　周道然也者言周道如此異於
殷也是不許問者之辭也　注姓正至昭穆　正義曰姓
正姓者對氏族爲正姓也云始祖爲正姓者若炎帝姓姜
黃帝姓姬周姓姬本於黃帝齊姓姜本於炎帝宋姓子本
於契是始祖爲正姓也云高祖爲庶姓者若魯之三桓慶
父叔牙季友之後及鄭之七穆子游子國之後爲游氏國
氏之等云若今宗室屬籍也者以漢之同宗有屬籍則周
家繫之以姓是也云小史掌定繫世者周禮小史之官掌
定帝繫世本知世代昭穆
故云定繫世辨昭穆也　服術有六一曰親親二
曰尊尊三曰名四曰出入五曰長幼六曰從
服　術猶道也親親父母爲首尊尊君爲首名世母叔母
之屬也出入女子子嫁者及在室者長幼成人及殤
也從服若夫爲妻之黨服　疏　正義曰此經明服術之制也
父母妻爲夫之黨服　一曰親親者父母爲首次以妻

足利本第四十四卷第十葉

上也　而戚單於下者戚親也單盡也謂四從兄弟恩親
盡於下各自爲宗不相尊敬庶衆也高祖以外人轉廣遠
分姓衆多故曰庶姓也高祖以上復爲五宗也　昏姻可
以通乎者問者既見姓別親盡雖是周家昏姻應可以通
乎問其可通與否　注問之至由生　正義曰問之者是
記者以殷法而問周五世後昏姻可以通否云玄孫之子
姓別於高祖者玄孫與高祖服屬仍同其姓與高祖不異
玄孫之子則四從兄弟承高祖父之後至己五世而無服
各事小宗因字因官爲氏不同高祖之父是庶姓別於上
庶姓爲衆姓也則氏族之謂也云姓世所由生者據五世
無服不相稟承各爲氏姓故云姓世所由生　繫之至然
也　前文記者以殷法而問周此經記者以周法而荅問
言周法昏姻不可通也　繫之以姓而弗別者周法雖庶
姓別於上而有世繫連繫之以本姓而不分別若姬氏姜
氏大宗百世不改也　綴之以食而弗殊者連綴族人以
飲食之禮而不殊異也　雖百世而昏姻不通者言雖相

禮記義四十四　十　陸訓

去百世而昏姻不得通　周道然也者言周道如此異於
殷也是不許問者之辭也　注姓正至昭穆　正義曰姓
正姓者對氏族爲正姓也云始祖爲正姓者若炎帝姓姜
黃帝姓姬周姓姬本於黃帝齊姓姜本於炎帝宋姓子本
於契是始祖爲正姓也云高祖爲庶姓者若魯之三桓慶
父叔牙季友之後及鄭之七穆子游子國之後爲游氏國
氏之等云若今宗室屬籍也者以漢之同宗有屬籍則周
家繫之以姓是也云小史掌定繫世者周禮小史之官掌
定帝繫世本知世代昭穆
故云定繫世辨昭穆也　服術有六一曰親親二
曰尊尊三曰名四曰出入五曰長幼六曰從
服　術猶道也親親父母爲首尊尊君爲首名世母叔母
之屬也出入女子子嫁者及在室者長幼成人及殤
也從服若夫爲妻之黨服　疏　正義曰此經明服術之制也
父母妻爲夫之黨服　一曰親親者父母爲首次以妻

潘本第四十四卷第十葉

足利本第四十四卷第十一葉

子伯叔 二曰尊尊者君爲首次以公卿大夫 三曰名者若伯叔母及子婦并弟婦兄嫂之屬也 四曰出入者若女子子在室爲入適人爲出及出繼爲人後者也 五曰長幼者長謂成人幼謂諸殤 六曰從服者即下從服有六等是也 注從服至黨服 正義曰案從服有六略舉夫妻相爲而言之也

從服有六 有屬從子爲母之黨 有徒從臣爲君之黨 有從有服而無服公子爲其妻之父母 有從無服而有服公子之妻爲公子之外兄弟 有從重而輕夫爲妻之父母 有從輕而重公子之妻爲其皇姑

疏 正義曰從服有六者從術之中別有六種有屬從一也屬謂親屬以其親屬爲其支黨鄭云子爲母之黨是也鄭舉一條耳妻從夫夫從妻並是也 有徒從二也徒空也與彼無親空服彼之支黨鄭云臣爲君之黨

禮記義卌四　十一　王宗

鄭亦略舉一條妻爲夫之君妾爲女君之黨庶子爲君母之親子爲母之君母並是也 有從有服而無服三也鄭引服問篇云公子爲其妻之父母其妻爲本生父母期而公子爲君所厭不得服從是妻有服而公子無服是從有服而無服嫂叔無服亦是也 有從無服而有服四也鄭亦引服問篇云公子之妻爲公子之外兄弟也公子被君厭爲己外親無服而妻猶服之是從無服而有服娣姒亦是也 有從重而輕五也鄭引服問篇云夫爲妻之父母妻自爲其父母期爲重夫從妻服之三月爲輕是從重而輕也舅之子亦是也 有從輕而重六也鄭引服問云公子之妻爲其皇姑公子爲君所厭自爲其母練冠是輕其妻猶爲服期是從輕而重也

自仁率親等而上之至于祖名曰輕自義率祖順而下之至于禰名曰重一輕一重其義然也 自禰

潘本第四十四卷第十一葉

子伯叔 二曰尊尊者君爲首次以公卿大夫 三曰名者若伯叔母及子婦并弟婦兄嫂之屬也 四曰出入者若女子子在室爲入適人爲出及出繼爲人後者也 五曰長幼者長謂成人幼謂諸殤 六曰從服者即下從服有六等是也 注從服至黨服 正義曰案從服有六略舉夫妻相爲而言之也

從服有六 有屬從子爲母之黨 有徒從臣爲君之黨 有從有服而無服公子爲其妻之父母 有從無服而有服公子之妻爲公子之外兄弟 有從重而輕夫爲妻之父母 有從輕而重公子之妻爲其皇姑

疏 正義曰從服有六者從術之中別有六種有屬從一也屬謂親屬以其親屬爲其支黨鄭云子爲母之黨是也鄭舉一條耳妻從夫夫從妻並是也 有徒從二也徒空也與彼無親空服彼之支黨鄭云臣爲君之黨

禮記義卌四　十一　王宗

鄭亦略舉一條妻爲夫之君妾爲女君之黨庶子爲君母之親子爲母之君母並是也 有從有服而無服三也鄭引服問篇云公子爲其妻之父母其妻爲本生父母期而公子爲君所厭不得服從是妻有服而公子無服是從有服而無服嫂叔無服亦是也 有從無服而有服四也鄭亦引服問篇云公子之妻爲公子之外兄弟也公子被君厭爲己外親無服而妻猶服之是從無服而有服娣姒亦是也 有從重而輕五也鄭引服問篇云夫爲妻之父母妻自爲其父母期爲重夫從妻服之三月爲輕是從重而輕也舅之子亦是也 有從輕而重六也鄭引服問云公子之妻爲其皇姑公子爲君所厭自爲其母練冠是輕其妻猶爲服期是從輕而重也

自仁率親等而上之至于祖名曰輕自義率祖順而下之至于禰名曰重一輕一重其義然也 自禰

用也率循也用恩則父母重而祖輕用義則祖重而父母輕恩重者爲之三年義重者爲之齊衰然如是也［疏］正義曰此一經論祖禰仁義之事也　自用也仁恩也率循也親謂父母也等差也子孫若用恩愛依循於親節級而上至於祖遠者恩愛漸輕故云名曰輕也　自義率祖順而下之至於禰名曰重者　義主斷割用義循祖順而下之至於禰其義漸輕祖則義重故云名曰重也　一輕一重其義然也者言恩之與義於祖與父母互有輕重若義則祖重而父母輕若仁則父母重而祖輕一輕一重義宜也然如是也言人情道理宜合如是祖定尊嚴以上漸宜合重父母恩愛漸近宜合重故云其義然也故鄭云恩重者爲之三年義重者爲之齊衰言其事合宜如此矣案喪服條例衰服表恩若高曾之服本應緦麻小功而進以齊衰踰數等之服豈非爲尊重而然也至親以期斷而父母加三年寧不爲恩深故亦然矣

君有合族之道族人不得以其戚戚君位也　君恩可以下施而族人皆臣也不得以父兄子弟之親自戚於君位謂齒列也所以尊君別嫌也［疏］正義曰此一經明人君既尊族人不以戚戚君明君有絕宗之道也　合族者言設族食燕飲有合會族人之道既管領族人族人不得以其戚屬上戚於君位皆不得以父兄子弟之親上親君位也［注］所以尊君別嫌也　正義曰不敢計己親戚與君齒列是尊君也兄弟親屬多有篡代之嫌今遠自卑退是殊別嫌疑也

庶子不祭明其宗也庶子不得爲長子三年不繼祖也　明猶尊也一統焉族人上不戚君下又辟宗乃後能相序

別子爲祖　別子謂公子若始來在此國者後世以爲祖也　繼別爲宗　別子之世適也族人尊之謂之大宗是宗子也　繼禰者爲小宗　父之適也兄弟尊之謂之

用也率循也用恩則父母重而祖輕用義則祖重而父母輕恩重者爲之三年義重者爲之齊衰然如是也［疏］正義曰此一經論祖禰仁義之事也　自用也仁恩也率循也親謂父母也等差也子孫若用恩愛依循於親節級而上至於祖遠者恩愛漸輕故云名曰輕也　自義率祖順而下之至於禰名曰重者　義主斷割用義循祖順而下之至於禰其義漸輕祖則義重故云名曰重也　一輕一重其義然也者言恩之與義於祖與父母互有輕重若義則祖重而父母輕若仁則父母重而祖輕一輕一重義宜也然如是也言人情道理宜合如是祖定尊嚴以上漸宜合重父母恩愛漸近宜合重故云其義然也故鄭云恩重者爲之三年義重者爲之齊衰言其事合宜如此矣案喪服條例衰服表恩若高曾之服本應緦麻小功而進以齊衰踰數等之服豈非爲尊重而然也至親以期斷而父母加三年寧不爲恩深故亦然矣

禮記義四十四　十二　吳志

君有合族之道族人不得以其戚戚君位也　君恩可以下施而族人皆臣也不得以父兄子弟之親自戚於君位謂齒列也所以尊君別嫌也［疏］正義曰此一經明人君既尊族人不以戚戚君明君有絕宗之道也　合族者言設族食燕飲有合會族人之道既管領族人族人不得以其戚屬上戚於君位皆不得以父兄子弟之親上親君位也［注］所以尊君別嫌也　正義曰不敢計己親戚與君齒列是尊君也兄弟親屬多有篡代之嫌今遠自卑退是殊別嫌疑也

庶子不祭明其宗也庶子不得爲長子三年不繼祖也　明猶尊也一統焉族人上不戚君下又辟宗乃後能相序

別子爲祖　別子謂公子若始來在此國者後世以爲祖也　繼別爲宗　別子之世適也族人尊之謂之大宗是宗子也　繼禰者爲小宗　父之適也兄弟尊之謂之

小宗有百世不遷之宗有五世則遷之宗百世不遷者別子之後也宗其繼別子之所自出者百世不遷者也宗其繼高祖者五世則遷者也尊祖故敬宗敬宗尊祖之義也遷猶變易也繼別子別子之世適也繼高祖者亦小宗也先言繼禰者據別子子弟之子也以高祖與禰皆有繼者則曾祖亦有也則小宗四與大宗凡五疏正義曰上經論人君絕宗此一節論卿大夫以下繼屬小宗大宗之義各依文解之　庶子不祭明其宗也者案小記云庶子不祭祖下又云不祭禰此直云不祭者嫌禰俱不祭但小記辨明上士下士故有不祭祖不祭禰之文此則揔而言之故直云不祭　庶子不得爲長子三年不繼祖也者案小記云庶子不爲長子斬不繼祖與禰斬則三年與此一也小記文詳故云不繼祖與禰此文簡略故直云不繼祖也其義具在小記已備釋之　別子爲祖　前既云明其宗故此以下廣陳五宗義也別子謂諸侯之庶子也諸侯之適子適孫繼世爲君而第二子以下悉不得禰先君故云別子並爲其後世之始祖故云爲祖也注別子至祖也　正義曰別子謂公子者諸侯適子繼世爲君其適子之弟別於正適是諸侯之子故謂之別子也云若始來在此國者此謂非君之親或是異姓始來在此國者故亦謂之別子以其別於在本國不來者　繼別爲宗　謂別子之適子世繼別子爲大宗也族人與之爲絶族者五世外皆爲之齊衰三月母妻亦然　繼禰者爲小宗　謂父之適子上繼於禰諸兄弟宗之謂之小宗以本親之服服之　有百世不遷之宗　此一經覆說大宗小宗之義幷明敬宗所以尊祖也云有百世不遷之宗者謂大宗也云有五世則遷之宗者謂小宗也云百世不

小宗有百世不遷之宗有五世則遷之宗百世不遷者別子之後也宗其繼別子之所自出者百世不遷者也宗其繼高祖者五世則遷者也尊祖故敬宗敬宗尊祖之義也遷猶變易也繼別子別子之世適也繼高祖者亦小宗也先言繼禰者據別子子弟之子也以高祖與禰皆有繼者則曾祖亦有也則小宗四與大宗凡五疏正義曰上經論人君絕宗此一節論卿大夫以下繼屬小宗大宗之義各依文解之　庶子不祭明其宗也者案小記云庶子不祭祖下又云不祭禰此直云不祭者嫌禰俱不祭但小記辨明上士下士故有不祭祖不祭禰之文此則揔而言之故直云不祭　庶子不得爲長子三年不繼祖也者案小記云庶子不爲長子斬不繼祖與禰斬則三年與此一也小記文詳故云不繼祖與禰此文簡略故直云不繼祖也其義具在小記已備釋之　別子爲祖　前既云明其宗故此以下廣陳五宗義也別子謂諸侯之庶子也諸侯之適子適孫繼世爲君而第二子以下悉不得禰先君故云別子並爲其後世之始祖故云爲祖也注別子至祖也　正義曰別子謂公子者諸侯適子繼世爲君其適子之弟別於正適是諸侯之子故謂之別子也云若始來在此國者此謂非君之親或是異姓始來在此國者故亦謂之別子以其別於在本國不來者　繼別爲宗　謂別子之適子世繼別子爲大宗也族人與之爲絶族者五世外皆爲之齊衰三月母妻亦然　繼禰者爲小宗　謂父之適子上繼於禰諸兄弟宗之謂之小宗以本親之服服之　有百世不遷之宗　此一經覆說大宗小宗之義幷明敬宗所以尊祖也云有百世不遷之宗者謂大宗也云有五世則遷之宗者謂小宗也云百世不

遷者別子之後也宗其繼別子之所自出者百世不遷者也此覆明大宗子百世不遷之義也云宗其繼高祖者五世則遷者也此覆明小宗五世則遷之義云尊祖故敬宗敬宗尊祖之義也者此揔結大宗小宗以大宗是遠祖之正體小宗是高祖之正體尊崇其祖故敬宗子所以敬宗子者尊崇先祖之義也 注遷猶至凡五 正義曰繼別子別子之世適也者解經宗其繼別子之文以是別子適子適孫世世繼別子故云別子之世適經云別子之所自出者自由也謂別子所由出或由此君而出或由他國而來後世子孫恒繼此別子故云繼別子之所自出云繼高祖者亦小宗也者以前文云繼禰者爲小宗是小宗定稱在於繼禰今此經云宗其繼高祖者緣無小宗之文故云繼高祖者亦小宗也云先言繼禰者據別子子弟之子也者鄭以經繼高祖爲小宗何以前文先云繼禰者爲小宗鄭釋此意先云繼禰者文承上繼別爲大宗之下則從別子言之別子子者別子之適子弟之子者別子適子之弟所

禮記義四十四 十四 慶俊

生子也弟則是禰其長子則是小宗故云繼禰爲小宗因別子而言也云以高祖與禰皆有繼者則曾祖亦有也者鄭以此經文宗其繼高祖者上文云繼禰爲小宗是高祖與禰皆有繼文唯曾祖及祖無繼文故云明曾祖亦有也云小宗四與大宗凡五者小宗四謂一是繼禰與親兄弟爲宗二是繼祖與同堂兄弟爲宗三是繼曾祖與再從兄弟爲宗四是繼高祖與三從兄弟爲宗是小宗四井繼別子之大宗凡五宗也

有小宗而無大宗者有大宗而無小宗者有無宗亦莫之宗者公子是也公子有此三事也公子謂先君之子今君昆弟

疏 正義曰以前經明卿大夫士有大宗有小宗以相繼屬此經明諸侯之子身是公子上不得宗君下未爲後世之宗不可無人主領之義各依文解之 有小宗而無大宗者謂君無適昆弟遣庶兄弟一人爲宗領公子禮如小宗是

遷者別子之後也宗其繼別子之所自出者百世不遷者也此覆明大宗子百世不遷之義也云宗其繼高祖者五世則遷者也此覆明小宗五世則遷之義云尊祖故敬宗敬宗尊祖之義也者此揔結大宗小宗以大宗是遠祖之正體小宗是高祖之正體尊崇其祖故敬宗子所以敬宗子者尊崇先祖之義也 注遷猶至凡五 正義曰繼別子別子之世適也者解經宗其繼別子之文以是別子適子適孫世世繼別子故云別子之世適經云別子之所自出者自由也謂別子所由出或由此君而出或由他國而來後世子孫恒繼此別子故云繼別子之所自出云繼高祖者亦小宗也者以前文云繼禰者爲小宗是小宗定稱在於繼禰今此經云宗其繼高祖者緣無小宗之文故云繼高祖者亦小宗也云先言繼禰者據別子子弟之子也者鄭以經繼高祖爲小宗何以前文先云繼禰者爲小宗鄭釋此意先云繼禰者文承上繼別爲大宗之下則從別子言之別子子者別子之適子弟之子者別子適子之弟所

禮記義四十四 十四 慶俊

生子也弟則是禰其長子則是小宗故云繼禰爲小宗因別子而言也云以高祖與禰皆有繼者則曾祖亦有也者鄭以此經文宗其繼高祖者上文云繼禰爲小宗是高祖與禰皆有繼文唯曾祖及祖無繼文故云明曾祖亦有也云小宗四與大宗凡五者小宗四謂一是繼禰與親兄弟爲宗二是繼祖與同堂兄弟爲宗三是繼曾祖與再從兄弟爲宗四是繼高祖與三從兄弟爲宗是小宗四井繼別子之大宗凡五宗也

有小宗而無大宗者有大宗而無小宗者有無宗亦莫之宗者公子是也公子有此三事也公子謂先君之子今君昆弟

疏 正義曰以前經明卿大夫士有大宗有小宗以相繼屬此經明諸侯之子身是公子上不得宗君下未爲後世之宗不可無人主領之義各依文解之 有小宗而無大宗者謂君無適昆弟遣庶兄弟一人爲宗領公子禮如小宗是

足利本第四十四卷第十五葉

有小宗而無大宗　有大宗而無小宗者君有適昆弟使
之爲宗以領公子更不得立庶昆弟爲宗是有大宗而無
小宗也　有無宗亦莫之宗者公子唯一無他公子可爲
宗是有無之宗亦無他公子來宗於己是亦莫之宗也公
子是也者言公子有此
三事他人無唯公子也**公子有宗道公子之公爲**
其士大夫之庶者宗其士大夫之適者公子
之宗道也公子不得宗君君命適昆弟爲之宗使之宗之
是公子之宗道也所宗者適則如大宗死爲
之齊衰九月其母則小君也爲其妻齊衰三月無適而宗
庶則如小宗死爲之大功九月其母妻無服公子唯己而
已則無所宗　疏　正義曰此一經覆說上公子宗道之意
亦莫之宗　云公子有宗道一句爲下起文言公子
有族人來與之爲宗敬之道　公子之公者公君也謂公
子之君是適兄弟爲君者　爲其士大夫之庶者則君之

八禮記義四十四　十五　陳顯

庶兄弟爲士大夫所謂公子者也　宗其士大夫之適者
言君爲此公子士大夫庶者宗其士大夫適者謂立公子
適者士大夫之身與庶公子爲宗故云宗其士大夫之適
也此適者即君之同母弟適夫人所生之子也　公子之
宗道也者言此適公子爲庶公子宗是公子宗道結上公
子有宗道文也　注　公子至之宗　正義曰云公子不得
宗君君尊族人不敢以戚君故不得宗君也云君命適昆
弟爲之宗使之宗之者公子既不得宗君其公子宗親之
事無人主領故君命適兄弟爲之宗使宗領之也云所宗
者適則如大宗死爲之齊衰九月其母則小君也者以經
文公子既有小宗大宗故知適者如大宗庶者如小宗云
則如大宗者大宗之正本是別子之適令公子爲大宗謂
禮如之耳非正大宗故云如也死爲齊衰九月者以君在
厭降兄弟降一等故九月以其爲大宗故齊衰與君同母
故云其母則小君也云爲其妻齊衰三月者同喪服宗子
之妻也既立適爲大宗則不復立庶爲小宗前經所謂有

潘本第四十四卷第十五葉

有小宗而無大宗　有大宗而無小宗者君有適昆弟使
之爲宗以領公子更不得立庶昆弟爲宗是有大宗而無
小宗也　有無宗亦莫之宗者公子唯一無他公子可爲
宗是有無之宗亦無他公子來宗於己是亦莫之宗也公
子是也者言公子有此
三事他人無唯公子也**公子有宗道公子之公爲**
其士大夫之庶者宗其士大夫之適者公子
之宗道也公子不得宗君君命適昆弟爲之宗使之宗之
是公子之宗道也所宗者適則如大宗死爲
之齊衰九月其母則小君也爲其妻齊衰三月無適而宗
庶則如小宗死爲之大功九月其母妻無服公子唯己而
已則無所宗　疏　正義曰此一經覆說上公子宗道之意
亦莫之宗　云公子有宗道一句爲下起文言公子
有族人來與之爲宗敬之道　公子之公者公君也謂公
子之君是適兄弟爲君者　爲其士大夫之庶者則君之

八禮記義四十四　十五　陳顯

庶兄弟爲士大夫所謂公子者也　宗其士大夫之適者
言君爲此公子士大夫庶者宗其士大夫適者謂立公子
適者士大夫之身與庶公子爲宗故云宗其士大夫之適
也此適者即君之同母弟適夫人所生之子也　公子之
宗道也者言此適公子爲庶公子宗是公子宗道結上公
子有宗道文也　注　公子至之宗　正義曰云公子不得
宗君君尊族人不敢以戚君故不得宗君也云君命適昆
弟爲之宗使之宗之者公子既不得宗君其公子宗親之
事無人主領故君命適兄弟爲之宗使宗領之也云所宗
者適則如大宗死爲之齊衰九月其母則小君也者以經
文公子既有小宗大宗故知適者如大宗庶者如小宗云
則如大宗者大宗之正本是別子之適令公子爲大宗謂
禮如之耳非正大宗故云如也死爲齊衰九月者以君在
厭降兄弟降一等故九月以其爲大宗故齊衰與君同母
故云其母則小君也云爲其妻齊衰三月者同喪服宗子
之妻也既立適爲大宗則不復立庶爲小宗前經所謂有

足利本第四十四卷第十六葉

大宗而無小宗是也云無適而宗庶則如小宗死爲之大功九月其母妻無服者此則庶子爲宗禮如小宗與尋常兄弟相爲君在厭降一等故死爲之大功九月毋則庶母妻則兄弟之妻故無服也既無適子可立但立庶子爲小宗前文所謂有小宗而無大宗者也云公子唯己而已則無所宗亦無之宗者無所宗則前經云有無宗也亦無之宗者則前經云亦莫之宗鄭於此注遥釋前耳 **絶族無移服** 族昆弟之子不相爲服 **親者屬也** 有親者服各以其屬親疏 **疏** 正義曰此一節論親盡則無服有親則有服 絶族者謂三從兄弟同高祖者族兄弟緦麻族兄弟之子及四從兄弟爲族屬既絶故無移服在旁而及曰移言不延移及之 親者屬也者謂有親者各以屬而爲之服故云親者屬也 **自仁率親等而上之至于祖自義率祖順而下之**

禮記義四十四　十六

至于禰是故人道親親也 言先有恩 **親親故尊祖尊祖故敬宗敬宗故收族收族故宗廟嚴宗廟嚴故重社稷重社稷故愛百姓愛百姓故刑罰中刑罰中故庶民安庶民安故財用足財用足故百志成百志成故禮俗刑禮俗刑然後樂** 收族序以昭穆也嚴猶尊也孝經曰孝莫大於嚴父百志人之志意所欲也刑猶成也 **詩云不顯不承無斁於人斯此之謂也** 斁厭也言文王之德不顯乎不承乎成先人之業乎言其顯且承之人樂之無厭也 **疏**

潘本第四十四卷第十六葉

大宗而無小宗是也云無適而宗庶則如小宗死爲之大功九月其母妻無服者此則庶子爲宗禮如小宗與尋常兄弟相爲君在厭降一等故死爲之大功九月毋則庶母妻則兄弟之妻故無服也既無適子可立但立庶子爲小宗前文所謂有小宗而無大宗者也云公子唯己而已則無所宗亦無之宗者無所宗則前經云有無宗也亦無之宗者則前經云亦莫之宗鄭於此注遥釋前耳 **絶族無移服** 族昆弟之子不相爲服 **親者屬也** 有親者服各以其屬親疏 **疏** 正義曰此一節論親盡則無服有親則有服 絶族者謂三從兄弟同高祖者族兄弟緦麻族兄弟之子及四從兄弟爲族屬既絶故無移服在旁而及曰移言不延移及之 親者屬也者謂有親者各以屬而爲之服故云親者屬也 **自仁率親等而上之至于祖自義率祖順而下之**

禮記義四十四　十六

至于禰是故人道親親也 言先有恩 **親親故尊祖尊祖故敬宗敬宗故收族收族故宗廟嚴宗廟嚴故重社稷重社稷故愛百姓愛百姓故刑罰中刑罰中故庶民安庶民安故財用足財用足故百志成百志成故禮俗刑禮俗刑然後樂** 收族序以昭穆也嚴猶尊也孝經曰孝莫大於嚴父百志人之志意所欲也刑猶成也 **詩云不顯不承無斁於人斯此之謂也** 斁厭也言文王之德不顯乎不承乎成先人之業乎言其顯且承之人樂之無厭也 **疏**

足利本第四十四卷第十七葉

正義曰此一節論人道親親從親已以至尊祖由尊祖故敬宗以收族之故宗廟嚴社稷重乃至禮俗成天下顯樂而無厭倦各依文解之 自仁率親等而上之至于祖自義率祖順而下之至于禰者前文已具此重說之者前文論服之輕重故云一輕一重此論親親之道故先親親而後尊祖故云親親不言輕重也 親親故尊祖者以己上親於親親亦上親於祖以次祖親去己高遠故云尊祖 尊祖故敬宗者祖既高遠無由可尊宗是祖之正胤故敬宗 敬宗故收族者族人既敬宗子宗子故收族人故喪服傳云大宗收族者也是其事 收族故宗廟嚴者若族人散亂骨肉乖離則宗廟祭享不嚴肅也若收之則親族不散昭穆有倫則宗廟之所以尊嚴也 宗廟嚴故重社稷 此以下並立宗之功也始於家邦終於四海若能先嚴宗廟則後乃社稷保重也 重社稷故愛百姓者百姓百官也既有社稷可重故有百官可愛也愛百姓故刑罰中者百官當職更相匡輔則無淫刑濫罰刑罰所以皆得中

禮記義四十四　十七

也 刑罰中故庶民安者上無淫刑濫罰故庶民安也 庶民安故財用足者民皆手足有所措各安其業故財用得足也 財用足故百志成者百姓足君孰與不足既天下皆足所以君及民人百志悉成是謂倉廩實知禮節衣食足知榮辱也 百志成故禮俗刑者刑亦成也天下既足百志又成則禮節風俗於是而成所以太平告功成也 禮俗刑然後樂者樂謂不厭也禮俗既成所以長爲民庶所樂而不厭也 詩云不顯不承無斁於人斯此之謂也 此周頌清廟之篇祀文王之廟美文王之功言文王之德豈不光顯乎言光顯矣文王豈不承先父之業乎言承之矣無斁於人斯斁厭也文王之德既能如此無見厭於人謂人無厭倦之者斯語辭也今尊祖敬宗人皆願樂亦無厭倦故云此之謂也謂與文王相似矣詩箋云周公祭清廟是不光明文王之德與言其光明之也是不承順文王志意與言其承順之也與此注不同者禮注在前詩箋在後故詩有與禮注不同故鄭荅炅模云然也

潘本第四十四卷第十七葉

正義曰此一節論人道親親從親已以至尊祖由尊祖故敬宗以收族之故宗廟嚴社稷重乃至禮俗成天下顯樂而無厭倦各依文解之 自仁率親等而上之至于祖自義率祖順而下之至于禰者前文已具此重說之者前文論服之輕重故云一輕一重此論親親之道故先親親而後尊祖故云親親不言輕重也 親親故尊祖者以己上親於親親亦上親於祖以次祖親去己高遠故云尊祖 尊祖故敬宗者祖既高遠無由可尊宗是祖之正胤故敬宗 敬宗故收族者族人既敬宗子宗子故收族人故喪服傳云大宗收族者也是其事 收族故宗廟嚴者若族人散亂骨肉乖離則宗廟祭享不嚴肅也若收之則親族不散昭穆有倫則宗廟之所以尊嚴也 宗廟嚴故重社稷 此以下並立宗之功也始於家邦終於四海若能先嚴宗廟則後乃社稷保重也 重社稷故愛百姓者百姓百官也既有社稷可重故有百官可愛也愛百姓故刑罰中者百官當職更相匡輔則無淫刑濫罰刑罰所以皆得中

禮記義四十四　十七

也 刑罰中故庶民安者上無淫刑濫罰故庶民安也 庶民安故財用足者民皆手足有所措各安其業故財用得足也 財用足故百志成者百姓足君孰與不足既天下皆足所以君及民人百志悉成是謂倉廩實知禮節衣食足知榮辱也 百志成故禮俗刑者刑亦成也天下既足百志又成則禮節風俗於是而成所以太平告功成也 禮俗刑然後樂者樂謂不厭也禮俗既成所以長爲民庶所樂而不厭也 詩云不顯不承無斁於人斯此之謂也 此周頌清廟之篇祀文王之廟美文王之功言文王之德豈不光顯乎言光顯矣文王豈不承先父之業乎言承之矣無斁於人斯斁厭也文王之德既能如此無見厭於人謂人無厭倦之者斯語辭也今尊祖敬宗人皆願樂亦無厭倦故云此之謂也謂與文王相似矣詩箋云周公祭清廟是不光明文王之德與言其光明之也是不承順文王志意與言其承順之也與此注不同者禮注在前詩箋在後故詩有與禮注不同故鄭荅炅模云然也

少儀第十七

正義曰案鄭目録云名曰少儀者以其記相見
及薦羞之小威儀少猶小也此於別録屬制度

聞始見君子者辭曰某固願聞名於將命者 君子卿大夫若有異德者固如故也將猶奉也即君
子之門而云願以名聞於奉命者謙遠之也重則云
固奉命傳辭出入 疏 正義曰此一經論見君子之法但此一篇
雜明細小威儀不復局以科段各依文解
之 聞始見君子者謂作記之人心自謙退不敢自專制
其儀而傳聞舊說故云聞始見君子者謂始欲見君子貴
勝之人 辭曰某固願聞名於將命者 辭客之辭也某
客名也再辭曰固固如故也聞名謂名得通達也將命謂
傳辭出入通客主之言語者也客云願以己名使通聞於
將命之人也然客實願見君子而云願聞名於傳命者不

禮記義四十四　十八　陳顯

敢必斥見於君子但願將命者聞之而已不云初辭而云
固者欲明主人不即見己己乃再辭故云固也若初辭則
不云固當惟云某願聞名於將命者耳 不得階主 階上進者言賓之
辭不得指斥主人 疏 正義曰解上文云聞名之義也 階進也主謂主人也客宜
卑退故其辭不得斥進主人也 注 階上進者 正義曰
階是等級人升階必上進故以階爲上進隱義云階可升上故云上進也 敵者曰某固願
見 敵當也願見願見於將命者謙也 疏 正義曰此明敵體始相見言
敵體不謙故云願見也雖云願見亦應云願見於將命者因上已
有故此略之又云固者義亦如前 罕見曰聞名 罕
希也希相見雖於敵者猶爲尊主之辭如於君子 疏 正義曰前二條明始相見此
明已經相見而疏者罕少也
若少見尊者猶云願聞名於將命者若少見敵者亦云願
聞名於將命者然敵者始來曰願見重來而疏數曰聞名

潘本第四十四卷第十八葉

少儀第十七

正義曰案鄭目録云名曰少儀者以其記相見
及薦羞之小威儀少猶小也此於別録屬制度

聞始見君子者辭曰某固願聞名於將命者 君子卿大夫若有異德者固如故也將猶奉也即君
子之門而云願以名聞於奉命者謙遠之也重則云
固奉命傳辭出入 疏 正義曰此一經論見君子之法但此一篇
雜明細小威儀不復局以科段各依文解
之 聞始見君子者謂作記之人心自謙退不敢自專制
其儀而傳聞舊說故云聞始見君子者謂始欲見君子貴
勝之人 辭曰某固願聞名於將命者 辭客之辭也某
客名也再辭曰固固如故也聞名謂名得通達也將命謂
傳辭出入通客主之言語者也客云願以己名使通聞於
將命之人也然客實願見君子而云願聞名於傳命者不

禮記義四十四　十八　陳顯

敢必斥見於君子但願將命者聞之而已不云初辭而云
固者欲明主人不即見己己乃再辭故云固也若初辭則
不云固當惟云某願聞名於將命者耳 不得階主 階上進者言賓之
辭不得指斥主人 疏 正義曰解上文云聞名之義也 階進也主謂主人也客宜
卑退故其辭不得斥進主人也 注 階上進者 正義曰
階是等級人升階必上進故以階爲上進隱義云階可升上故云上進也 敵者曰某固願
見 敵當也願見願見於將命者謙也 疏 正義曰此明敵體始相見言
敵體不謙故云願見也雖云願見亦應云願見於將命者因上已
有故此略之又云固者義亦如前 罕見曰聞名 罕
希也希相見雖於敵者猶爲尊主之辭如於君子 疏 正義曰前二條明始相見此
明已經相見而疏者罕少也
若少見尊者猶云願聞名於將命者若少見敵者亦云願
聞名於將命者然敵者始來曰願見重來而疏數曰聞名

者亦槩之使不蹝也或去始來禮隆故尊卑宜異重來禮殺故宜同也 注罕希至君子 正義曰案爾雅釋詁文罕希也是罕得爲希去希相見雖於敵者猶爲尊主之辭如於君子者尊而希者故宜同於始來相見敵而希者其辭重於始來故鄭偏解之也 **亟見曰朝夕** 亟數也於君子則曰某願朝夕聞名於將命者於敵者則曰某願朝夕見於將命者 疏 正義曰此謂數相見者也亟數也若數見尊者則其辭云某願朝夕聞名於將命者若數見敵者則云某願朝夕見於將命者 注 亟數也 正義曰爾雅釋詁文 **瞽曰聞名** 瞽無目也以無目辭不稱見 疏 正義曰瞽曰聞名者瞽無目也其來不問見貴賤則並逼云願聞名於將命者其目無所見故不云願見 **適有喪者曰比** 適之也曰某願比於將命者比猶比方俱給事 疏 正義曰前明吉禮相見此以下明凶事相見者也適往也此謂往敵者喪家也比比方也喪不主相見凡往者皆是助事故云比謂比方共其年力以給喪事也若五十從反哭四十待盈坎皆是比方其事故鄭云比謂比方俱給事故辭云願比於將命者 **童子曰聽事** 曰某願聽事於將命者童子未成人不敢當相見之禮也 疏 正義曰童子未成人雖往適他喪不敢與成人爲比方但來聽主人以事見使故云願聽事於將命者也 **適公卿之喪則曰聽役於司徒** 喪憂戚無賓主之禮皆爲執事來也 疏 正義曰前往敵喪此適貴者喪也不敢云相比方而使但聽主人之見役輕重唯命不敢辭也不直云聽役於將命者而云於司徒者司徒主國之事故國有大喪謂公卿之喪則司徒皆率其屬掌之故司徒職云大喪帥六鄉之衆庶屬其六引而治其政令鄭云衆庶所致役也又檀弓云孟獻子之喪司徒旅歸四布是也隱義云公卿亦有司徒官以掌喪事也 **君將適他臣如致金玉貨貝於君則曰致馬資**

禮記正義四十四　十九　周彥

者亦槩之使不蹝也或去始來禮隆故尊卑宜異重來禮殺故宜同也 注罕希至君子 正義曰案爾雅釋詁文罕希也是罕得爲希去希相見雖於敵者猶爲尊主之辭如於君子者尊而希者故宜同於始來相見敵而希者其辭重於始來故鄭偏解之也 亟見曰朝夕 亟數也於君子則曰某願朝夕聞名於將命者於敵者則曰某願朝夕見於將命者 疏 正義曰此謂數相見者也亟數也若數見尊者則其辭云某願朝夕聞名於將命者若數見敵者則云某願朝夕見於將命者 注 亟數也 正義曰爾雅釋詁文 瞽曰聞名 瞽無目也以無目辭不稱見 疏 正義曰瞽曰聞名者瞽無目也其來不問見貴賤則並逼云願聞名於將命者其目無所見故不云願見 適有喪者曰比 適之也曰某願比於將命者比猶比方俱給事 疏 正義曰前明吉禮相見此以下明凶事相見者也適往也此謂往敵者喪家也比比方也喪不主相見凡往者皆是助事故云比謂比方共其年力以給喪事也若五十從反哭四十待盈坎皆是比方其事故鄭云比謂比方俱給事故辭云願比於將命者 童子曰聽事 曰某願聽事於將命者童子未成人不敢當相見之禮也 疏 正義曰童子未成人雖往適他喪不敢與成人爲比方但來聽主人以事見使故云願聽事於將命者也 適公卿之喪則曰聽役於司徒 喪憂戚無賓主之禮皆爲執事來也 疏 正義曰前往敵喪此適貴者喪也不敢云相比方而使但聽主人之見役輕重唯命不敢辭也不直云聽役於將命者而云於司徒者司徒主國之事故國有大喪謂公卿之喪則司徒皆率其屬掌之故司徒職云大喪帥六鄉之衆庶屬其六引而治其政令鄭云衆庶所致役也又檀弓云孟獻子之喪司徒旅歸四布是也隱義云公卿亦有司徒官以掌喪事也 君將適他臣如致金玉貨貝於君則曰致馬資

禮記正義四十四　十九　周彥

足利本第四十四卷第二十葉

於有司敵者曰贈從者適他行朝會也資猶用也贈送也疏正義曰此一經論臣致物於君及適者之辭前明吉凶相見之禮此以下明吉凶相送遺之禮也此明送吉也君謂已君也適他謂朝會出往他國也　臣如致金玉貨貝於君者如若也君欲往他國而臣若奉獻財物以充君路之資者也金玉貨貝略舉其梗槩耳　則曰致馬資於有司者臣雖以物贈君君體尊備物不有之少故臣不敢言將物與君但恐君行有車馬路中或須資給故云此物以充馬資物不可付馬故云致馬資於有司有司謂主典君物者也　敵者曰贈從者若物送敵者亦不云贈送敵者當言贈於左右從行者也　臣致襚於君則曰致廢衣於賈人敵者曰襚言廢衣不必其以斂也賈人知物善惡也周禮玉府掌凡王之獻金玉兵器文織良貨賄之物受而藏之有賈八人疏正義曰此因前送吉此明送凶襚者以衣送死人之稱禮以衣送敵者死曰襚襚者襚彼生時之意也若臣以衣送君死不得曰襚但云致廢衣廢衣者不敢言必充君斂但充以廢致不用之例故云致廢衣也賈人者識物貴賤而主君之衣物者也又不敢云與君故云致賈人也然喪大記云君無襚注云無襚者不陳不以斂敵者曰襚者衣送敵者死既無謙故云襚也　注周禮至八人　正義曰引之者證君有賈人藏獻物也鄭注周禮云物謂文織畫繡之屬也　親者兄弟不以襚進不執將命也以即陳而已疏正義曰此明親者相襚之法進謂執之將命也若非親者相襚則擯者傳辭將進以爲禮節若有親者相襚但直將進即陳之不須執以將命也案士喪禮大功以上同財之親襚不將命即陳於房中小功以下及同姓等皆將命　臣爲君喪納貨貝於君則曰納甸於有司甸謂田野之物疏

潘本第四十四卷第二十葉

足利本第四十四卷第二十一葉

正義曰言臣爲君喪而臣進物納爲獻也納入也甸田也言入此物是自田野之所出合獻入之於君有司也必云田所出者臣皆受君地明地物本由君出也衣是送君故與賈人貨貝但供喪用故付有司也

賵馬入廟門以其主於死者**賻馬與其幣大白兵車不入廟門**以其主於生人也兵車革路也雖爲死者來陳之於外戰伐田獵之服非盛者也周禮革路建大白以即戎

疏 正義曰此一節論賻賵之異　賵馬入廟門者以馬送死曰賵賵副亡者之意也旣送亡者故將入廟門也庚去禮旣祖薦而後賵馬入設於廟庭而入門者欲以供駕魂車也故鄭云主於死者　賻馬與其幣大白兵車不入廟門者以馬助生人營喪曰賻馬幣謂以財貨賻助主人喪用並助主人之物故不將入廟也故鄭云以其主於生人也大白兵車革路之旗周禮革路建大白以即戎也兵車即革路也雖並爲送喪之從車而其本是田戰之具故不可入廟門故鄭云雖爲死者來陳之於外戰伐田獵之服非盛者也然所以得有大白兵車來助主人者此謂諸侯有喪鄰國之君有以大白兵車而賻之者或家國自有也

賻者旣致命坐委之擯者舉之主人無親受也喪者非尸柩之事不親也舉之舉以東

疏 正義曰此一經明賻者授物及主人受之禮　賻者旣致命坐委之者此明來賻者之法坐猶跪也謂賻者跪委物於地　擯者舉之者謂主人擯者舉而取之　主人無親受也者吉時若人饋物主人皆自拜受之若有喪主於哀戚凡有四方使者以物賻已悉不得拜受故使擯者受舉之而已　注舉之舉以東　正義曰知舉以東者雜記云含者入升堂致命坐委于殯東南宰夫朝服即喪屨升自西階西面坐取璧降自西階以東後襚者賻者並然而升堂致命是告殯之辭也若賻生人則致命擯者不告殯而不升堂然車馬不舉以東而鄭云

禮記義四十四

潘本第四十四卷第二十一葉

正義曰言臣爲君喪而臣進物納爲獻也納入也甸田也言入此物是自田野之所出合獻入之於君有司也必云田所出者臣皆受君地明地物本由君出也衣是送君故與賈人貨貝但供喪用故付有司也

賵馬入廟門以其主於死者**賻馬與其幣大白兵車不入廟門**以其主於生人也兵車革路也雖爲死者來陳之於外戰伐田獵之服非盛者也周禮革路建大白以即戎

疏 正義曰此一節論賻賵之異　賵馬入廟門者以馬送死曰賵賵副亡者之意也旣送亡者故將入廟門也庚去禮旣祖薦而後賵馬入設於廟庭而入門者欲以供駕魂車也故鄭云主於死者　賻馬與其幣大白兵車不入廟門者以馬助生人營喪曰賻馬幣謂以財貨賻助主人喪用並助主人之物故不將入廟也故鄭云以其主於生人也大白兵車革路之旗周禮革路建大白以即戎也兵車即革路也雖並爲送喪之從車而其本是田戰之具故不可入廟門故鄭云雖爲死者來陳之於外戰伐田獵之服非盛者也然所以得有大白兵車來助主人者此謂諸侯有喪鄰國之君有以大白兵車而賻之者或家國自有也

賻者旣致命坐委之擯者舉之主人無親受也喪者非尸柩之事不親也舉之舉以東

疏 正義曰此一經明賻者授物及主人受之禮　賻者旣致命坐委之者此明來賻者之法坐猶跪也謂賻者跪委物於地　擯者舉之者謂主人擯者舉而取之　主人無親受也者吉時若人饋物主人皆自拜受之若有喪主於哀戚凡有四方使者以物賻已悉不得拜受故使擯者受舉之而已　注舉之舉以東　正義曰知舉以東者雜記云含者入升堂致命坐委于殯東南宰夫朝服即喪屨升自西階西面坐取璧降自西階以東後襚者賻者並然而升堂致命是告殯之辭也若賻生人則致命擯者不告殯而不升堂然車馬不舉以東而鄭云

禮記義四十四

足利本第四十四卷第二十二葉

擧以東者謂幣之屬也受立授立不坐由儳性之直者則有之矣有之有跪者也謂受授於尊者而尊者短則跪不敢以長臨之【疏】正義曰此一節明相授受之禮前明吉凶相見及贈送之禮禮有擯相受授之法故此明之坐亦跪也凡尊卑相授乃以跪爲敬也○受立謂尊者立以物與卑者卑者受此尊者之物授立謂尊者立已以物授尊者之立此二事皆不坐以尊者立故也若坐則尊者屈而低身傾尊者故也○性之直者則有之矣者性謂天性言尊者天性直自如此短小尊者雖立若授受尊者之物則有坐而授受所以然者以尊者短小若立對之則以長臨尊故有坐也始入而辭曰辭矣即席曰可矣可猶止也謂擯者爲賓主之節也始入則告之辭至就席則止其辭排闔說屨於戶內者一人而已矣雖衆敵猶有所尊也

禮記義四十四　二十二

有尊長在則否在在內也後來之衆皆說屨於戶外【疏】正義曰此一節明賓主之入擯者告之辭讓之節及說屨之儀○始入而辭者謂始入門主人辭謝賓之節曰辭矣者當此之時擯者告主人曰辭謝賓矣謂辭讓賓令賓先入至階之時擯者亦應告主人曰辭讓賓先登矣此不言者始入之文包入門登階矣○即席曰可矣者謂賓主升堂各自就席而立擯者恐賓主辭謝即席故擯者告之曰可矣可猶止也言既即席之時止此辭讓不須辭矣○排闔說屨於戶內者一人而已矣者謂賓主登席其衆須入戶內者雖尊卑相敵猶推一人爲尊闔謂門扉謂排推門扉說屨於戶內者一人而已矣言止許一人不得並皆如此也○有尊長在則否者謂先有尊長已在於堂或室衆人後入不得一人說屨於戶內也問品味曰子亟食於某乎問道藝曰子習於某乎子善於

潘本第四十四卷第二十二葉

擧以東者謂幣之屬也受立授立不坐由便性之直者則有之矣有之有跪者也謂受授於尊者而尊者短則跪不敢以長臨之【疏】正義曰此一節明相授受之禮前明吉凶相見及贈送之禮禮有擯相受授之法故此明之坐亦跪也凡尊卑相授乃以跪爲敬也○受立謂尊者立以物與卑者卑者受此尊者之物授立謂尊者立已以物授尊者之立此二事皆不坐以尊者立故也若坐則尊者屈而低身傾尊者故也○性之直者則有之矣者性謂天性言尊者天性直自如此短小尊者雖立若授受尊者之物則有坐而授受所以然者以尊者短小若立對之則以長臨尊故有坐也始入而辭曰辭矣即席曰可矣可猶止也謂擯者爲賓主之節也始入則告之辭至就席則止其辭排闔說屨於戶內者一人而已矣雖衆敵猶有所尊也

禮記義四十四　二十二

有尊長在則否在在內也後來之衆皆說屨於戶外【疏】正義曰此一節明賓主之入擯者告之辭讓之節及說屨之儀○始入而辭者謂始入門主人辭謝賓之節曰辭矣者當此之時擯者告主人曰辭謝賓矣謂辭讓賓令賓先入至階之時擯者亦應告主人曰辭讓賓先登矣此不言者始入之文包入門登階矣○即席曰可矣者謂賓主升堂各自就席而立擯者恐賓主辭謝即席故擯者告之曰可矣可猶止也言既即席之時止此辭讓不須辭矣○排闔說屨於戶內者一人而已矣者謂賓主登席其衆須入戶內者雖尊卑相敵猶推一人爲尊闔謂門扉謂排推門扉說屨於戶內者一人而已矣言止許一人不得並皆如此也○有尊長在則否者謂先有尊長已在於堂或室衆人後入不得一人說屨於戶內也問品味曰子亟食於某乎問道藝曰子習於某乎子善於

足利本第四十四卷第二十三葉

某乎 不斥人謙也道三德三行也藝六藝 疏 正義曰此一經明賓主相問飲食及道藝之事也
問品味曰子亟食於某乎者謂客來賓主相問禮也品味
者殽饌也亟數也凡問人若欲問彼人已嘗食某殽饌與
否者則不可斥問嘗食否但當問其數食某食乎如言彼
已嘗經數食也然彼若不當食則自當依事而荅之也
問道藝者亦謂賓主先已明知所習道藝及其問之亦不
敢指斥故云子習於某道乎子善於某藝乎道難故稱習
藝易故稱善也 注不斥至六藝 正義曰不斥人謙也
者雖先知其所食所習所善及其問之猶疑而稱乎乎者
謙退之辭是以不正指斥人所能此人兼賓主也南本云
不斥主人非也云道三德三行也者案師氏教國子三德
三行者一曰至德二曰敏德三曰孝德三行者一曰孝行
二曰友行三曰順行也皆國子所習故知道是三德三行
也云藝六藝者案保氏教六藝禮樂射馭書數 不疑在躬 躬身也不服行所不知使身疑也

禮記義四十四　二十三　蔣偉

不度民械 械兵器也不計度民家之器物使己亦有 不願於大家 大謂冨之廣也 不訾重器 訾思也重猶寶也 疏 正義曰此一節承上賓主相問之事因明
賓主之禮賓不得願主人所有之物 不疑在躬者既問
主人之道藝則己亦當習學明了不得使疑事在其躬而
爲賓爲主皆然也 不度民械者謂爲客至主人之家不
得計度民家所有器械使己亦有也 不願於大家者大
家謂冨貴廣大之家謂大夫之家也謂士往於卿大夫之
家見彼冨大不可願儌之也非分而願必有亂心也 不
訾重器者訾思也重器寶珍之物言謂客至主人之家見
有珍物重器不可思玩之若思玩之則憎疾已貧賤生淫
亂濫惡也

上杉安房守藤原憲實寄進

禮記正義卷第四十四

潘本第四十四卷第二十三葉

某乎 不斥人謙也道三德三行也藝六藝 疏 正義曰此一經明賓主相問飲食及道藝之事也
問品味曰子亟食於某乎者謂客來賓主相問禮也品味
者殽饌也亟數也凡問人若欲問彼人已嘗食某殽饌與
否者則不可斥問嘗食否但當問其數食某食乎如言彼
已嘗經數食也然彼若不當食則自當依事而荅之也
問道藝者亦謂賓主先已明知所習道藝及其問之亦不
敢指斥故云子習於某道乎子善於某藝乎道難故稱習
藝易故稱善也 注不斥至六藝 正義曰不斥人謙也
者雖先知其所食所習所善及其問之猶疑而稱乎乎者
謙退之辭是以不正指斥人所能此人兼賓主也南本云
不斥主人非也云道三德三行也者案師氏教國子三德
三行者一曰至德二曰敏德三曰孝德三行者一曰孝行
二曰友行三曰順行也皆國子所習故知道是三德三行
也云藝六藝者案保氏教六藝禮樂射馭書數 不疑在躬 躬身也不服行所不知使身疑也

禮記義四十四　二十三　蔣偉

不度民械 械兵器也不計度民家之器物使己亦有 不願於大家 大謂冨之廣也 不訾重器 訾思也重猶寶也 疏 正義曰此一節承上賓主相問之事因明
賓主之禮賓不得願主人所有之物 不疑在躬者既問
主人之道藝則己亦當習學明了不得使疑事在其躬而
爲賓爲主皆然也 不度民械者謂爲客至主人之家不
得計度民家所有器械使己亦有也 不願於大家者大
家謂冨貴廣大之家謂大夫之家也謂士往於卿大夫之
家見彼冨大不可願儌之也非分而願必有亂心也 不
訾重器者訾思也重器寶珍之物言謂客至主人之家見
有珍物重器不可思玩之若思玩之則憎疾已貧賤生淫
亂濫惡也

禮記正義卷第四十四

禮記正義卷第四十五

國子祭酒上護軍曲阜縣開國子臣孔穎達等奉

勅撰　上杉安房守藤原憲實寄進

汜埽曰埽埽席前曰拚拚席不以鬣執箕膺擖鬣謂帚也帚恒埽地不絜清也膺親也擖舌也持箕將去糞者以舌自鄉【疏】正義曰此一經明主人爲賓洒埽之事　汜埽者汜廣也若遠路大賓來主人宜廣埽之謂外内俱埽謂之埽　埽席前曰拚者若近路小賓來則止埽席前不得名埽則但曰拚也所以然者拚是除穢埽是滌蕩　拚席不以鬣者鬣謂埽地帚也若埽席上不得用埽地帚也　執箕膺擖者膺人之胷前擖箕之舌也箕是[illegible]賤者執之不得持鄉尊者當持箕舌自鄉胷前

禮記義四十五　大相

不貳問當正己之心以問吉凶於蓍龜不得於正凶則卜筮其權也問卜筮曰義與志與義則可問志則否大卜問來卜筮者也義正事也志私意也【疏】正義曰此一節明問卜筮之法不貳問者凡卜筮之法當正己心志而來問於蓍龜則得吉兆不得貳心不正若貳心不正必凶則卜筮權時妄告　問卜筮曰義與志與者謂大卜問來卜筮者爲是道理正義與爲是私意志與　義則可問志則否者若卜筮者是公義則可爲卜筮若所問是私心志意則不爲之卜筮尊長於己踰等不敢問其年踰等父兄黨也問年則已恭孫之心不全燕見不將命自不用賓主之正來則若子弟遇於道見則面可以隱則隱不敢煩動也不請所之尊長所之或然喪俟事不犆弔亦不敢故煩動也事朝夕哭時侍坐弗

甲褻

禮記正義卷第四十五

國子祭酒上護軍曲阜縣開國子臣孔穎達等奉

勅撰

汜埽曰埽埽席前曰拚拚席不以鬣執箕膺擖鬣謂帚也帚恒埽地不絜清也膺親也擖舌也持箕將去糞者以舌自鄉【疏】正義曰此一經明主人爲賓洒埽之事　汜埽者汜廣也若遠路大賓來主人宜廣埽之謂外内俱埽謂之埽　埽席前曰拚者若近路小賓來則止埽席前不得名埽則但曰拚也所以然者拚是除穢埽是滌蕩　拚席不以鬣者鬣謂埽地帚也若埽席上不得用埽地帚也　執箕膺擖者膺人之胷前擖箕之舌也箕是去物之具賤者執之不得持鄉尊者當持箕舌自鄉胷前

禮記義四十五　大相

不貳問當正己之心以問吉凶於蓍龜不得於正凶則卜筮其權也問卜筮曰義與志與義則可問志則否大卜問來卜筮者也義正事也志私意也【疏】正義曰此一節明問卜筮之法不貳問者凡卜筮之法當正己心志而來問於蓍龜則得吉兆不得貳心不正若貳心不正必凶則卜筮權時妄告　問卜筮曰義與志與者謂大卜問來卜筮者爲是道理正義與爲是私意志與　義則可問志則否者若卜筮者是公義則可爲卜筮若所問是私心志意則不爲之卜筮尊長於己踰等不敢問其年踰等父兄黨也問年則已恭孫之心不全燕見不將命自不用賓主之正來則若子弟遇於道見則面可以隱則隱不敢煩動也不請所之尊長所之或然喪俟事不犆弔亦不敢故煩動也事朝夕哭時侍坐弗

甲褻

足利本第四十五卷第二葉

使不執琴瑟不畫地手無容不翣也端慤所以爲敬也尊長或使彈琴瑟則爲之可寢則坐而將命命有所傳辭也坐者不敢臨之侍射則約矢不敢與之拾取也侍投則擁矢不敢釋於地也投投壺也投壺坐勝則洗而以請洗爵請行觴不敢直飮之客亦如之客射若投壺不勝主人亦洗而請之不角角謂觥罰爵也於尊長與客如獻酬之爵不擢馬擢去也謂徹也已徹馬嫌勝故專之

疏正義曰此一節論卑幼奉侍於尊長諸雜之儀燕見不將命者謂卑幼私燕而見不使擯者將傳其命無賓主之禮遇於道見則面者若於道路遇逢尊者尊者若見己則面見若尊者不見己己則隱也不請所之者雖面自見而不得問尊者何處往也喪俟事不植弔者謂弔於尊長喪法也俟事謂待主人朝夕哭時也不植弔謂不非時而獨弔也　侍坐弗使不執琴瑟者卑侍尊者之法也侍坐於尊尊者若不使己己則不得執琴瑟而皷之若使己則得執之也　不畫地者盧云不敢無故畫地也　手無容者盧云不弄手也　不翣也者盧云翣扇也雖熱亦不敢揺扇也此皆端慤所以爲敬　寢則坐而將命者寢卧也坐跪也若尊者眠卧而侍者若傳辭當跪前不可以立恐臨尊者　侍射則約矢者矢箭也凡射必計耦先設楅在中庭楅者兩頭爲龍頭中央共一身而倚箭於楅身上上耦前取一次下耦又進取一如是更進各得四箭而升堂揷三於要而手執一隻若卑者侍射則不敢更拾進取但一時并取四矢故云則約矢也　侍投則擁矢者投投壺也擁抱也矢謂投壺箭也若梧若棘爲之投壺禮亦賓主各四矢從委於身前坐一一取之若卑者侍投則不敢釋置於地但手并抱投之也故鄭云不敢釋於地庾云擁抱己所當投矢也隱義云尊者委四矢於地一一取以投卑者不敢

禮記義四十五　二　許詠

潘本第四十五卷第二葉

使不執琴瑟不畫地手無容不翣也端慤所以爲敬也尊長或使彈琴瑟則爲之可寢則坐而將命命有所傳辭也坐者不敢臨之侍射則約矢不敢與之拾取也侍投則擁矢不敢釋於地也投投壺也投壺坐勝則洗而以請洗爵請行觴不敢直飮之客亦如之客射若投壺不勝主人亦洗而請之不角角謂觥罰爵也於尊長與客如獻酬之爵不擢馬擢去也謂徹也已徹馬嫌勝故專之

疏正義曰此一節論卑幼奉侍於尊長諸雜之儀燕見不將命者謂卑幼私燕而見不使擯者將傳其命無賓主之禮遇於道見則面者若於道路遇逢尊者尊者若見己則面見若尊者不見己己則隱也不請所之者雖面自見而不得問尊者何處往也喪俟事不植弔者謂弔於尊長喪法也俟事謂待主人朝夕哭時也不植弔謂不非時而獨弔也　侍坐弗使不執琴瑟者卑侍尊者之法也侍坐於尊尊者若不使己己則不得執琴瑟而皷之若使己則得執之也　不畫地者盧云不敢無故畫地也　手無容者盧云不弄手也　不翣也者盧云翣扇也雖熱亦不敢揺扇也此皆端慤所以爲敬　寢則坐而將命者寢卧也坐跪也若尊者眠卧而侍者若傳辭當跪前不可以立恐臨尊者　侍射則約矢者矢箭也凡射必計耦先設楅在中庭楅者兩頭爲龍頭中央共一身而倚箭於楅身上上耦前取一次下耦又進取一如是更進各得四箭而升堂揷三於要而手執一隻若卑者侍射則不敢更拾進取但一時并取四矢故云則約矢也　侍投則擁矢者投投壺也擁抱也矢謂投壺箭也若梧若棘爲之投壺禮亦賓主各四矢從委於身前坐一一取之若卑者侍投則不敢釋置於地但手并抱投之也故鄭云不敢釋於地庾云擁抱己所當投矢也隱義云尊者委四矢於地一一取以投卑者不敢

禮記義四十五　二　許詠

委於地悉執之也　勝則洗而以請者若畝射及投壺竟司射命酌而勝者當應曰諾而勝者弟子酌酒南面以置豐上豐在西階上西楹之西而不勝者下堂揖讓升堂就西階上立北面就豐上取爵將飲之而跪之曰賜灌灌猶飲也而勝者立於不勝者東亦北面跪而曰敬養若卑者得勝則不敢直酌當前洗爵而請行觴然後乃行也　客亦如之者客若不勝則主人亦洗而請如卑侍之法所以優賓也　不角者角謂行罰爵用角酌之也詩云酌彼兕觥是也今欲尊者及客則不敢用角但如常獻酬之爵也　不擢馬者擢去也徹也投壺立籌爲馬馬有威武射者所尚也凡投壺每一勝輒立一馬至三馬而成勝但頻勝三馬難得若一朋得二馬一朋得一馬於是二馬之朋徹取一馬者足以爲三馬以成定勝也今若卑者朋雖得二馬亦不敢徹尊者馬足成已勝也

執君之乘車則坐　執執轡謂守之也君不在中坐示不行也　**僕者右帶劒**

記義四十五　三　許才

負良綏申之面拖諸幦　面前也幦覆苓也良綏君綏也負之由左肩上入右腋下申之於前覆苓上也　**以散綏升執轡然後步**　步行也

疏 正義曰此一節明爲君僕御之法　執君之乘車則坐者執執轡也謂君不在車而僕執轡守君車時也凡御則立今守空車則坐示君不在車車不行也　僕者右帶劒者謂初御法也僕即御者也右帶劒者帶之於要右邊也帶劒之法在左以右手抽之便也今御者劒右帶者御人在中君在左若左帶劒則妨於君故右帶也　負良綏申之面者良善也善綏君綏也君由後升僕者在車背君面嚮前取君綏由左腋下加左肩上繞背：入右腋下申綏之末於面前拖諸幦者拖猶擲也亦引也幦車覆蘭也綏申於面前而擲末於車前幦上也亦云引引之可置車幦上也　以散綏升者謂初升時也散綏副綏也僕登車既不得執君綏故執副綏而升也　執轡然後步者步猶行也既升

委於地悉執之也　勝則洗而以請者若畝射及投壺竟司射命酌而勝者當應曰諾而勝者弟子酌酒南面以置豐上豐在西階上西楹之西而不勝者下堂揖讓升堂就西階上立北面就豐上取爵將飲之而跪之曰賜灌灌猶飲也而勝者立於不勝者東亦北面跪而曰敬養若卑者得勝則不敢直酌當前洗爵而請行觴然後乃行也　客亦如之者客若不勝則主人亦洗而請如卑侍之法所以優賓也　不角者角謂行罰爵用角酌之也詩云酌彼兕觥是也今欲尊者及客則不敢用角但如常獻酬之爵也　不擢馬者擢去也徹也投壺立籌爲馬馬有威武射者所尚也凡投壺每一勝輒立一馬至三馬而成勝但頻勝三馬難得若一朋得二馬一朋得一馬於是二馬之朋徹取一馬者足以爲三馬以成定勝也今若卑者朋雖得二馬亦不敢徹尊者馬足成已勝也

執君之乘車則坐　執執轡謂守之也君不在中坐示不行也　**僕者右帶劒**

禮記義四十五　三　許才

負良綏申之面拖諸幦　面前也幦覆苓也良綏君綏也負之由左肩上入右腋下申之於前覆苓上也　**以散綏升執轡然後步**　步行也

疏 正義曰此一節明爲君僕御之法　執君之乘車則坐者執執轡也謂君不在車而僕執轡守君車時也凡御則立今守空車則坐示君不在車車不行也　僕者右帶劒者謂初御法也僕即御者也右帶劒者帶之於要右邊也帶劒之法在左以右手抽之便也今御者劒右帶者御人在中君在左若左帶劒則妨於君故右帶也　負良綏申之面者良善也善綏君綏也君由後升僕者在車背君面嚮前取君綏由左腋下加左肩上繞背：入右腋下申綏之末於面前拖諸幦者拖猶擲也亦引也幦車覆蘭也綏申於面前而擲末於車前幦上也亦云引引之可置車幦上也　以散綏升者謂初升時也散綏副綏也僕登車既不得執君綏故執副綏而升也　執轡然後步者步猶行也既升

足利本第四十五卷第四葉

車執策分轡而後行車也行車五步而立待君君出上則授良綏而升君也 注 辟覆苓也 正義曰苓車前蘭也亦名爲式故詩傳云幭覆式與此同知良綏君綏者以下去散綏既有二種明良綏君綏其散綏則本繫於車僕者擥之而登車也 請見不請退 去止不敢自由 朝廷曰退 近君爲進 燕遊曰歸 禮褻主於家也 師役曰罷 罷之言罷勞也春秋傳曰師還曰疲 疏 正義曰此一節明卑者見尊及朝廷歸退之辭 請見不請退者謂卑者於尊所有請見之理既見去必由於尊者故不敢請退 朝廷曰退者謂於朝廷之中若欲散還則稱曰退以近君爲進還私遠君故稱退論語子退朝又云冉子退朝並是對進爲言也 燕遊曰歸者若在燕及遊退還稱曰歸以燕遊禮褻主於歸家 師役曰罷者謂於師役之中欲散退之時稱曰罷勞 注春秋傳曰師還曰疲 正義曰案莊八年夏魯師及齊師圍郕郕降于齊師秋師還公羊傳曰還者何善辭也此滅同姓何善爾病之也何休云慰勞其罷病也是鄭用公羊爲注也 侍坐於君子君子欠伸運笏澤劒首還屨問日之蚤莫雖請退可也 以此皆解倦之狀伸頻伸也運澤謂玩弄也金器弄之易以汙澤 疏 正義曰此明侍坐法也志倦則欠體疲則伸爲君子久坐而自爲之也運笏者運動也謂君子搖動於笏澤劒首者澤謂光澤玩弄劒首則生光澤 還屨者還轉也謂君子自轉屨也尊者說屨於戶內是屨恒在側故得自還轉之也 問日之蚤莫者尊者忽問日之早晚 雖請退可也者雖假令也前言侍者不得請退今若見君子有欠伸以下諸事皆是坐久體倦事欲起或欲卧息之意故侍者當此時假令請退則可也 君者量而后入不入而后量凡乞假於人爲

記義四五　四　方伯右

潘本第四十五卷第四葉

車執策分轡而後行車也行車五步而立待君君出上則授良綏而升君也 注 辟覆苓也 正義曰苓車前蘭也亦名爲式故詩傳云幭覆式與此同知良綏君綏者以下去散綏既有二種明良綏君綏其散綏則本繫於車僕者擥之而登車也 請見不請退 去止不敢自由 朝廷曰退 近君爲進 燕遊曰歸 禮褻主於家也 師役曰罷 罷之言罷勞也春秋傳曰師還曰疲 疏 正義曰此一節明卑者見尊及朝廷歸退之辭 請見不請退者謂卑者於尊所有請見之理既見去必由於尊者故不敢請退 朝廷曰退者謂於朝廷之中若欲散還則稱曰退以近君爲進還私遠君故稱退論語子退朝又云冉子退朝並是對進爲言也 燕遊曰歸者若在燕及遊退還稱曰歸以燕遊禮褻主於歸家 師役曰罷者謂於師役之中欲散退之時稱曰罷勞 注春秋傳曰師還曰疲 正義曰案莊八年夏魯師及齊師圍郕郕降于齊師秋師還公羊傳曰還者何善辭也此滅同姓何善爾病之也何休云慰勞其罷病也是鄭用公羊爲注也 侍坐於君子君子欠伸運笏澤劒首還屨問日之蚤莫雖請退可也 以此皆解倦之狀伸頻伸也運澤謂玩弄也金器弄之易以汙澤 疏 正義曰此明侍坐法也志倦則欠體疲則伸爲君子久坐而自爲之也運笏者運動也謂君子搖動於笏澤劒首者澤謂光澤玩弄劒首則生光澤 還屨者還轉也謂君子自轉屨也尊者說屨於戶內是屨恒在側故得自還轉之也 問日之蚤莫者尊者忽問日之早晚 雖請退可也者雖假令也前言侍者不得請退今若見君子有欠伸以下諸事皆是坐久體倦事欲起或欲卧息之意故侍者當此時假令請退則可也 君者量而后入不入而后量凡乞假於人爲

禮記義四五　四　方伯右

足利本第四十五卷第五葉

人從事者亦然然故上無怨而下遠罪也量其事意合成否疏正義曰此一節明臣事君之法　事君者量而后入者凡臣之事君者欲請爲其事先商量事意堪合以否然後入而請之　不入而后量者不得先入請見君然后始商量成否　凡乞假於人爲人從事者亦然者非直事君如此凡乞貸假借於人謂就人乞貸假借爲人從事謂求請事人如此之屬亦須先商量事意成否不可不先商量即當其事故云亦然　然故上無怨而下遠罪也者然猶如此事君若能如此下不怍上故上無怨上不責下故下遠罪然唯解上下不結乞假從事者略可知不窺密嫌伺人之私也密隱曲處也不旁狎妄相服習終或爭訟不道舊故言知識之過失損友也孔子曰故舊不遺則民不偷不戲色暫變傾顏色爲非常則人不長失敬也疏正義曰此一節明在於僚類當自矜持之事　不窺密者人當正視不得窺覘隱密之處故鄭云嫌伺人之私也　不旁狎者旁猶妄也不得妄與人狎習或致忿爭言因狎而致訟也不道舊故者不道說故舊之罪過　不戲色者不戲弄其顏色注暫變至敬也　正義曰人當恒自矜持尊其瞻視若暫傾變顏色爲非常褻慢則人不復長久失他人所敬故云則人不長失敬也爲人臣下者有諫而無訕有亡而無疾亡去也疾惡也頌而無讇諫而無驕頌謂將順其美也驕謂言行諫從恃知而慢也怠則張而相之怠惰也相助也廢則埽而更之廢政敎壞亂無可因也謂之社稷之役役爲也疏正義曰此明臣事君之道　有諫而無訕者訕謂道說君之過惡及謗毀也君若有惡臣當諫之不得

潘本第四十五卷第五葉

人從事者亦然然故上無怨而下遠罪也量其事意合成否疏正義曰此一節明臣事君之法　事君者量而后入者凡臣之事君者欲請爲其事先商量事意堪合以否然後入而請之　不入而后量者不得先入請見君然后始商量成否　凡乞假於人爲人從事者亦然者非直事君如此凡乞貸假借於人謂就人乞貸假借爲人從事謂求請事人如此之屬亦須先商量事意成否不可不先商量即當其事故云亦然　然故上無怨而下遠罪也者然猶如此事君若能如此下不怍上故上無怨上不責下故下遠罪然唯解上下不結乞假從事者略可知不窺密嫌伺人之私也密隱曲處也不旁狎妄相服習終或爭訟不道舊故言知識之過失損友也孔子曰故舊不遺則民不偷不戲色暫變傾顏色爲非常則人不長失敬也疏正義曰此一節明在於僚類當自矜持之事　不窺密者人當正視不得窺覘隱密之處故鄭云嫌伺人之私也　不旁狎者旁猶妄也不得妄與人狎習或致忿爭言因狎而致訟也不道舊故者不道說故舊之罪過　不戲色者不戲弄其顏色注暫變至敬也　正義曰人當恒自矜持尊其瞻視若暫傾變顏色爲非常褻慢則人不復長久失他人所敬故云則人不長失敬也爲人臣下者有諫而無訕有亡而無疾亡去也疾惡也頌而無讇諫而無驕頌謂將順其美也驕謂言行諫從恃知而慢也怠則張而相之怠惰也相助也廢則埽而更之廢政敎壞亂無可因也謂之社稷之役役爲也疏正義曰此明臣事君之道　有諫而無訕者訕謂道說君之過惡及謗毀也君若有惡臣當諫之不得

足利本第四十五卷第六葉

大道說誩毀故論語云惡居下流而訕上者 有亡而
疾者亡猶去也疾謂憎惡也君若有過三諫不從乃出境
而去不得強留而憎惡君也 頌而無讇者頌美盛德之
形容也讇謂橫求見容若君有盛德臣當美而頌之也君
苟無德則臣而救之不得虛妄以惡爲美橫求見容故孝
經云將順其美匡救其惡 諫而無驕者君若從己諫則
已不得藉己言行謀用特知而生驕慢 怠則張而相之
者怠惰也相助也若君政怠惰則臣當爲張起而助成之
也隱義云君怠惰當張設法而助之或張強其志以廣大
之也 廢則埽而更之者君政若已廢壞無可復張助者
則當埽蕩而更創立爲新政也 謂之社稷之役者役爲
也謂事君如上者是可謂爲社稷之臣也故衛君云柳莊
者社稷之臣也 注役爲也 正義曰爲
謂助爲也社稷之臣謂爲助社稷之臣也 毋拔來毋
報上 報讀爲赴疾之赴拔赴皆疾也人來往所之當有宿漸不可卒也 毋瀆神 瀆謂

記義四十五 六 毛俟

數而不敬 毋循枉 前日之不正不可復遵行以自伸 毋測未至 測意度也
士依於德游於藝 德三德也一曰至德二曰敏德三曰孝德藝六藝也一曰五禮
二曰六樂三曰五射四曰五御五曰六書六曰九數 工依於法游於說 法謂規矩
尺寸之數也說謂鴻殺之意所宜也考工記曰薄厚之
所震動清濁之所由出侈弇之所由興有說說或爲甲 毋
訾衣服成器 訾思也成猶善也思此則疾貧也 毋身質言語
質成也聞疑則傳疑 疏 正義曰此一節廣明爲人之法
若成之或有所誤 毋拔來毋報往者報謂赴也
拔赴皆速疾之意凡人所之適必有宿漸毋得疾來毋得
疾往 毋瀆神者謂瀆慢也神明正直敬而遠之不可慢
毋循枉者循猶追述也枉邪曲也人非圓炤不免時或
邪曲若前已行之今當改正不得猶追述已之邪事也

潘本第四十五卷第六葉

大道說謗毀故論語云惡居下流而訕上者 有亡而無
疾者亡猶去也疾謂憎惡也君若有過三諫不從乃出境
而去不得強留而憎惡君也 頌而無讇者頌美盛德之
形容也讇謂橫求見容若君有盛德臣當美而頌之也君
苟無德則臣而救之不得虛妄以惡爲美橫求見容故孝
經云將順其美匡救其惡 諫而無驕者君若從己諫則
已不得藉己言行謀用特知而生驕慢 怠則張而相之
者怠惰也相助也若君政怠惰則臣當爲張起而助成之
也隱義云君怠惰當張設法而助之或張強其志以廣大
之也 廢則埽而更之者君政若已廢壞無可復張助者
則當埽蕩而更創立爲新政也 謂之社稷之役者役爲
也謂事君如上者是可謂爲社稷之臣也故衛君云柳莊
者社稷之臣也 注役爲也 正義曰爲
謂助爲也社稷之臣謂爲助社稷之臣也 毋拔來毋
報往 報讀爲赴疾之赴拔赴皆疾也人來往所之當有宿漸不可卒也 毋瀆神 瀆謂

禮記義四十五 六 毛俟

數而不敬 毋循枉 前日之不正不可復遵行以自伸 毋測未至 測意度也
士依於德游於藝 德三德也一曰至德二曰敏德三曰孝德藝六藝也一曰五禮
二曰六樂三曰五射四曰五御五曰六書六曰九數 工依於法游於說 法謂規矩
尺寸之數也說謂鴻殺之意所宜也考工記曰薄厚之
所震動清濁之所由出侈弇之所由興有說說或爲甲 毋
訾衣服成器 訾思也成猶善也思此則疾貧也 毋身質言語
質成也聞疑則傳疑 疏 正義曰此一節廣明爲人之法
若成之或有所誤 毋拔來毋報往者報謂赴也
拔赴皆速疾之意凡人所之適必有宿漸毋得疾來毋得
疾往 毋瀆神者謂瀆慢也神明正直敬而遠之不可慢
毋循枉者循猶追述也枉邪曲也人非圓炤不免時或
邪曲若前已行之今當改正不得猶追述已之邪事也

毋測未至者未至之事聖人難之凡人固不可豫欲測量之也若終不然則傷知也　士依於德者士謂進士有德行者當依附於三德游於藝者謂敎游於六藝　工依於法者謂規矩尺寸之法或言工巧皆當依附於法式　游於說者說謂論說規矩法式之辭言游息於規矩法式之文書　毋訾衣服成器者訾思也成善也無得思念衣服善器　毋身質言語者凡言語有疑則稱疑無得以身質成言語之疑者其言既疑若必成之或有所誤也　注德三至九數　正義曰案周禮師氏以三德敎國子一曰至德二曰敏德三曰孝德彼注云至德中和之德覆燾持載含容者也敏德仁義順時者也孝德尊祖愛親案大司徒職云以鄉三物敎萬民一曰六德知仁聖義忠和知此依於德非六德者六德所以敎萬民而云三德所以敎國子此經云士故知是三德也云一曰五禮至九數者是周禮保氏職文案彼注云五禮吉凶賓軍嘉也六樂雲門大咸大[illegible]大武也五射白矢參連剡注襄尺井儀也

記義四十五　七　李信

五[illegible]逐水曲過君表舞交衢逐禽左六書象形會意轉注處事假借諧聲也九數方田粟米差分少廣商功均輸方程贏不足旁要今有重差句股然五禮六樂之等皆鄭康成所注其五射以下鄭司農所解但九數之名書本多誤儒者所解方田一粟米二差分三少廣四商功五均輸六方程七贏不足八旁要九云今有重差句股者鄭司農指漢時云今世於九數之內有重差句股二篇其重差即與舊數差分一也去舊數旁要而以句股替之爲漢之九數即今之九章也先師馬融于寶等更云今有夕桀各爲一篇未知所出今依司農所注周禮之數餘並不取　注說謂至宜也　正義曰此經云依於法游於說法既是規矩法式法外又云說是說與法不同謂說此法式文書論其法式大小鴻殺之意與法大同小異法式據其體論說據其文引考工記者證說是說法度之意彼說鑄鐘形狀言鐘或薄或厚聲之震動其聲清濁由薄厚而出云侈弇之「由興者侈謂鐘口寬大弇謂鐘口內小從此法

毋測未至者未至之事聖人難之凡人固不可豫欲測量之也若終不然則傷知也　士依於德者士謂進士有德行者當依附於三德游於藝者謂敎游於六藝　工依於法者謂規矩尺寸之法或言工巧皆當依附於法式　游於說者說謂論說規矩法式之辭言游息於規矩法式之文書　毋訾衣服成器者訾思也成善也無得思念衣服善器　毋身質言語者凡言語有疑則稱疑無得以身質成言語之疑者其言既疑若必成之或有所誤也　注德三至九數　正義曰案周禮師氏以三德敎國子一曰至德二曰敏德三曰孝德彼注云至德中和之德覆燾持載含容者也敏德仁義順時者也孝德尊祖愛親案大司徒職云以鄉三物敎萬民一曰六德知仁聖義忠和知此依於德非六德者六德所以敎萬民而云三德所以敎國子此經云士故知是三德也云一曰五禮至九數者是周禮保氏職文案彼注云五禮吉凶賓軍嘉也六樂雲門大咸大韶大夏大濩大武也五射白矢參連剡注襄尺井儀也

禮記義四十五　七　李信

五御鳴和鸞逐水曲過君表舞交衢逐禽左六書象形會意轉注處事假借諧聲也九數方田粟米差分少廣商功均輸方程贏不足旁要今有重差句股然五禮六樂之等皆鄭康成所注其五射以下鄭司農所解但九數之名書本多誤儒者所解方田一粟米二差分三少廣四商功五均輸六方程七贏不足八旁要九云今有重差句股者鄭司農指漢時云今世於九數之內有重差句股二篇其重差即與舊數差分一也去舊數旁要而以句股替之爲漢之九數即今之九章也先師馬融于寶等更云今有夕桀各爲一篇未知所出今依司農所注周禮之數餘並不取　注說謂至宜也　正義曰此經云依於法游於說法既是規矩法式法外又云說是說與法不同謂說此法式文書論其法式大小鴻殺之意與法大同小異法式據其體論說據其文引考工記者證說是說法度之意彼說鑄鐘形狀言鐘或薄或厚聲之震動其聲清濁由薄厚而出云侈弇之所由興者侈謂鐘口寬大弇謂鐘口內小從此法

足利本第四十五卷第八葉

式所由與有說或大或小或侈或弇皆有所宜之意鐘厚則聲不散薄則聲散大短出聲疾易竭小長聲緩深遠弇則聲不舒揚故云有說言語之美穆穆皇皇朝廷之美濟濟翔翔祭祀之美齊齊皇皇車馬之美匪匪翼翼鸞和之美肅肅雍雍匪讀如四牡騑騑齊齊皇皇讀如歸往之往美皆當爲儀字之誤也周禮教國子六儀一曰祭祀之容二曰賓客之容三曰朝廷之容四曰喪紀之容五曰軍旅之容六曰車馬之容宜此美皆當爲儀保氏云賓客之容疏正義曰此一節明諸事之言語之美者謂與賓客言語故鄭注穆穆皇皇者謂言語形狀穆穆皇皇然其天子諸侯行容亦穆穆皇皇故曲禮云天子穆穆諸侯皇皇鄭云皆行容止之貌穆穆皇皇皆美大之狀濟濟

記義四五　八　趙通

翔翔者據在朝威儀濟濟翔翔然謂威儀厚重寬舒之貌言語則穆穆皇皇威儀則濟濟翔翔齊齊皇皇者皇讀爲歸往之往皇氏云謂心所繫往孝子祭祀威儀嚴正心有繼屬故齊齊皇皇然其言語及威儀皆當如此匪匪翼翼者匪讀曰騑騑騑翼翼者皆是車馬之形狀故詩云駟牡騑騑下又云駟牡翼翼皆是馬之行容貌翼翼騑騑馬之嚴正肅肅雍雍者鸞和聲之形狀肅肅然雍雍然肅肅是敬貌雍雍是和貌注匪讀至之容正義曰詩小雅云駟牡騑騑周道倭遲述文王聘臣之勞云美皆當爲儀者以保氏云教國子六儀一曰祭祀之容容即儀也故知美皆當爲儀鄭彼注祭祀之容朝廷之容車馬之容皆引此文其賓客之容則此言語穆穆皇皇也彼注喪紀之容纍纍顛顛軍旅之容暨暨詻詻是玉藻文也問國君之子長幼長則曰能從社稷之事矣幼則曰能御未能御御謂

潘本第四十五卷第八葉

式所由與有說或大或小或侈或弇皆有所宜之意鐘厚則聲不散薄則聲散大短出聲疾易竭小長聲緩深遠弇則聲不舒揚故云有說言語之美穆穆皇皇朝廷之美濟濟翔翔祭祀之美齊齊皇皇車馬之美匪匪翼翼鸞和之美肅肅雍雍匪讀如四牡騑騑齊齊皇皇讀如歸往之往美皆當爲儀字之誤也周禮教國子六儀一曰祭祀之容二曰賓客之容三曰朝廷之容四曰喪紀之容五曰軍旅之容六曰車馬之容宜此美皆當爲儀保氏云賓客之容疏正義曰此一節明諸事之言語之美者謂與賓客言語故鄭注穆穆皇皇者謂言語形狀穆穆皇皇然其天子諸侯行容亦穆穆皇皇故曲禮云天子穆穆諸侯皇皇鄭云皆行容止之貌穆穆皇皇皆美大之狀濟濟

禮記義四五　八　趙通

翔翔者據在朝威儀濟濟翔翔然謂威儀厚重寬舒之貌言語則穆穆皇皇威儀則濟濟翔翔齊齊皇皇者皇讀爲歸往之往皇氏云謂心所繫往孝子祭祀威儀嚴正心有繼屬故齊齊皇皇然其言語及威儀皆當如此匪匪翼翼者匪讀曰騑騑騑翼翼者皆是車馬之形狀故詩云駟牡騑騑下又云駟牡翼翼皆是馬之行容貌翼翼騑騑馬之嚴正肅肅雍雍者鸞和聲之形狀肅肅然雍雍然肅肅是敬貌雍雍是和貌注匪讀至之容正義曰詩小雅云駟牡騑騑周道倭遲述文王聘臣之勞云美皆當爲儀者以保氏云教國子六儀一曰祭祀之容容即儀也故知美皆當爲儀鄭彼注祭祀之容朝廷之容車馬之容皆引此文其賓客之容則此言語穆穆皇皇也彼注喪紀之容纍纍顛顛軍旅之容暨暨詻詻是玉藻文也問國君之子長幼長則曰能從社稷之事矣幼則曰能御未能御御謂

足利本第四十五卷第九葉

御事問大夫之子長幼長則曰能從樂人之事矣幼則曰能正於樂人未能正於樂人正樂政也周禮大司樂以樂德教國子中和祗庸孝友以樂語教國子興道諷誦言語以樂舞教國子舞雲門大卷大咸大韶大夏大濩大武問士之子長幼長則曰能耕矣幼則曰能負薪未能負薪士祿薄子以農事爲業執玉執龜筴不趨堂上不趨城上不趨於重器於近尊於迫狹無容也步張足曰趨武車不式介者不拜兵車不以容禮下人也軍中之拜肅拜

疏 正義曰此一節明問國君及大夫士之子長幼之稱　長則曰能從社稷之事矣者謂彼人所

禮記義四十五　九

問君之子長幼若長則荅之云能從君供社稷之事若幼則曰能御御治也謂已能治事若大幼則曰未能治事此治事謂尋常細小事也小於社稷事　問大夫之子長幼長則曰能從樂人之事矣者以大夫之子恒習學於樂長則已能習樂故曰能從樂人之事也　幼則曰能正於樂人未能正於樂人者正謂政令以幼者習樂未成但聽政令於樂人受樂人所教幼則云已能受命令於樂人若大幼則云未能受政令於樂人

注 正樂至大武　正義曰鄭恐經正是樂正之官故讀爲政令之政謂年幼受政於樂人也引大司樂者證卿大夫之子習樂之事云以樂德教國子中和祗庸孝友者彼注云中猶忠也和剛柔適也祗敬庸有常也善父母曰孝善兄弟曰友云以樂語教國子興道諷誦言語者彼注云興謂以善物喻善事導者言古以剴今也倍文曰諷以聲節之曰誦發端曰言荅述曰語云教國子舞雲門以下者彼注云黃帝曰雲門大卷言其德如雲之所出民得以有族類如鄭此言如雲之所出

潘本第四十五卷第九葉

御事問大夫之子長幼長則曰能從樂人之事矣幼則曰能正於樂人未能正於樂人正樂政也周禮大司樂以樂德教國子中和祗庸孝友以樂語教國子興道諷誦言語以樂舞教國子舞雲門大卷大咸大韶大夏大濩大武問士之子長幼長則曰能耕矣幼則曰能負薪未能負薪士祿薄子以農事爲業執玉執龜筴不趨堂上不趨城上不趨於重器於近尊於迫狹無容也步張足曰趨武車不式介者不拜兵車不以容禮下人也軍中之拜肅拜

疏 正義曰此一節明問國君及大夫士之子長幼之稱　長則曰能從社稷之事矣者謂彼人所

禮記義四十五　九

問君之子長幼若長則荅之云能從君供社稷之事若幼則曰能御御治也謂已能治事若大幼則曰未能治事此治事謂尋常細小事也小於社稷事　問大夫之子長幼長則曰能從樂人之事矣者以大夫之子恒習學於樂長則已能習樂故曰能從樂人之事也　幼則曰能正於樂人未能正於樂人者正謂政令以幼者習樂未成但聽政令於樂人受樂人所教幼則云已能受命令於樂人若大幼則云未能受政令於樂人

注 正樂至大武　正義曰鄭恐經正是樂正之官故讀爲政令之政謂年幼受政於樂人也引大司樂者證卿大夫之子習樂之事云以樂德教國子中和祗庸孝友者彼注云中猶忠也和剛柔適也祗敬庸有常也善父母曰孝善兄弟曰友云以樂語教國子興道諷誦言語者彼注云興謂以善物喻善事導者言古以剴今也倍文曰諷以聲節之曰誦發端曰言荅述曰語云教國子舞雲門以下者彼注云黃帝曰雲門大卷言其德如雲之所出民得以有族類如鄭此言如雲之所出

足利本第四十五卷第十葉

解雲門也民得以有族類解大卷也言有族類而集聚也
彼注大咸咸池堯樂也言其德無所不施大磬舜樂也言
其德能紹堯之道大夏禹樂也禹治水言其德能大中國
大濩湯樂也言其德能使天下得其所大武武王樂也言
其德能成武功也曲禮問其父身此
問其子者皇氏云記人之意異耳 婦人吉事雖有
君賜肅拜爲尸坐則不手拜肅拜爲喪
主則不手拜 肅拜拜低頭也手拜手至地也婦人
以肅拜爲正凶事乃手拜耳爲尸爲
祖姑之尸也士虞禮曰男男尸女女尸爲喪主不手拜者
爲夫與長子當稽顙也其餘亦手拜而已雖或爲唯或曰
喪爲主則不 疏 正義曰此一經論婦人拜儀婦人吉禮
手拜肅拜也 不手拜但肅拜肅拜如今婦人拜也吉
事及君賜悉然也 爲尸坐者謂虞祭婦人爲祖姑作尸
也[illegible]嫌婦人或異故明之也若平常祭無婦人之

禮記義四十五 十 許詠

尸[illegible]夫故設同几而已則不手拜肅拜者手拜手至
地婦人爲尸或荅拜時但肅拜而不手拜也 爲喪主則
不手拜者婦人若有喪而不爲主則手拜也若爲夫及長
子喪主則稽顙不手拜 注 肅拜至拜也 正義曰手拜
手至地者解手拜之義言手拜之拜但以手至地則周禮
空首案鄭注周禮空首拜頭至手此云手至地不同者此
手拜之法先以手至地而頭來至手故兩注不同其實一
也云婦人以肅拜爲正者言肅拜是婦人之常而昏禮婦
拜扱地以其新來爲婦盡禮於舅姑故也左傳穆嬴頓首
於宣子之門者有求於宣子非禮之正也云凶事乃手拜
耳者言婦人除爲喪主其餘輕喪凶事乃有手拜耳鄭知
然者以經云爲喪主則不手拜明不爲喪主則手拜故云
凶事乃有手拜耳云爲尸爲祖姑之尸也者以士虞禮男
男尸女女尸故也若平常吉祭則共以男子一人爲尸故
祭統云設同几是也云爲夫與長子當稽顙也者小記文
以其稽[illegible]故不手拜云其餘亦手拜而已者除夫與長子

潘本第四十五卷第十葉

解雲門也民得以有族類解大卷也言有族類而集聚也
彼注大咸咸池堯樂也言其德無所不施大磬舜樂也言
其德能紹堯之道大夏禹樂也禹治水言其德能大中國
大濩湯樂也言其德能使天下得其所大武武王樂也言
其德能成武功也曲禮問其父身此
問其子者皇氏云記人之意異耳 婦人吉事雖有
君賜肅拜爲尸坐則不手拜肅拜爲喪
主則不手拜 肅拜拜低頭也手拜手至地也婦人
以肅拜爲正凶事乃手拜耳爲尸爲
祖姑之尸也士虞禮曰男男尸女女尸爲喪主不手拜者
爲夫與長子當稽顙也其餘亦手拜而已雖或爲唯或曰
喪爲主則不 疏 正義曰此一經論婦人拜儀婦人吉禮
手拜肅拜也 不手拜但肅拜肅拜如今婦人拜也吉
事及君賜悉然也 爲尸坐者謂虞祭婦人爲祖姑作尸
也周禮坐尸嫌婦人或異故明之也若平常祭無婦人之

禮記義四十五 十 許詠

尸示主於夫故設同几而已則不手拜肅拜者手拜手至
地婦人爲尸或荅拜時但肅拜而不手拜也 爲喪主則
不手拜者婦人若有喪而不爲主則手拜也若爲夫及長
子喪主則稽顙不手拜 注 肅拜至拜也 正義曰手拜
手至地者解手拜之義言手拜之拜但以手至地則周禮
空首案鄭注周禮空首拜頭至手此云手至地不同者此
手拜之法先以手至地而頭來至手故兩注不同其實一
也云婦人以肅拜爲正者言肅拜是婦人之常而昏禮婦
拜扱地以其新來爲婦盡禮於舅姑故也左傳穆嬴頓首
於宣子之門者有求於宣子非禮之正也云凶事乃手拜
耳者言婦人除爲喪主其餘輕喪凶事乃有手拜耳鄭知
然者以經云爲喪主則不手拜明不爲喪主則手拜故云
凶事乃有手拜耳云爲尸爲祖姑之尸也者以士虞禮男
男尸女女尸故也若平常吉祭則共以男子一人爲尸故
祭統云設同几是也云爲夫與長子當稽顙也者小記文
以其稽顙故不手拜云其餘亦手拜而已者除夫與長子

之外則上云凶事乃手拜是也云或曰喪爲主則不手拜
肅拜也者鄭更引或解之辭云爲喪主不作手拜但爲肅
拜與前爲稽顙異違
小記正文其義非也
葛經而麻帶 謂既虞卒哭也帶所以自結束
也婦人質少變於喪 疏 正義曰此謂婦人既虞卒哭其
之帶有除而無變 經以葛易麻故云葛經婦人尚
質所貴在要帶則有除無
變終始是麻故曰麻帶
取組進組不坐 以其有足亦柄尺之
類 疏 正義曰取組謂就組上取肉進組謂進肉於組組
既有足立而進取便故不坐 注 亦柄尺之類
正義曰案管子書弟子職云
進柄尺謂爵豆之屬是也
執虛如執盈入虛如
有人 重愼 **凡祭於室中堂上無跣燕則有之**
祭不跣者主敬也燕則有跣爲歡也天子諸侯祭有坐尸
於〻[illegible]祭所尊在室燕所尊在堂將燕降說屨乃升臺

記義四十五　十一　李信

疏 正義曰此一經論堂上有跣無跣之事 凡祭於室
中堂上無跣者凡祭謂天子至士悉然也跣說屨也
下大夫及士陰陽二厭及燕尸皆於室中上大夫陰厭及
祭在室若儐尸則于堂天子諸侯則有室有堂祭禮主敬
故凡祭在室中者非唯室中不說屨堂上亦不敢說屨故
云凡祭於室中堂上無跣 燕則有之者有之謂堂上有
跣也燕禮主歡故得說屨而升堂坐也燕禮云賓及卿大
夫皆說屨升就席注云凡燕坐必說屨屨賤不在堂也禮
者尚敬敬多則不親燕安坐相親之心 注 祭不至升堂
正義曰云祭不跣者主敬也者跣謂說屨坐而相親祭
禮主敬不敢私自相親故云祭不跣者主敬也云天子諸
侯祭有坐尸於堂之禮者朝事延尸於戶外故坐尸於堂
若卿大夫以下祭禮於室無坐尸於堂也云祭所尊在室
者以經云凡祭於室中堂上無跣故辨之也此則貴賤通
故卿大夫士正祭饋食並在室中而天子諸侯雖朝事延
尸於戶外非禮之盛節初入室灌及饋孰之時事神大禮

之外則上云凶事乃手拜是也云或曰喪爲主則不手拜
肅拜也者鄭更引或解之辭云爲喪主不作手拜但爲肅
拜與前爲稽顙異違
小記正文其義非也
葛經而麻帶 謂既虞卒哭也帶所以自結束
也婦人質少變於喪 疏 正義曰此謂婦人既虞卒哭其
之帶有除而無變 經以葛易麻故云葛經婦人尚
質所貴在要帶則有除無
變終始是麻故曰麻帶
取組進組不坐 以其有足亦柄尺之
類 疏 正義曰取組謂就組上取肉進組謂進肉於組組
既有足立而進取便故不坐 注 亦柄尺之類
正義曰案管子書弟子職云
進柄尺謂爵豆之屬是也
執虛如執盈入虛如
有人 重愼 **凡祭於室中堂上無跣燕則有之**
祭不跣者主敬也燕則有跣爲歡也天子諸侯祭有坐尸
於堂之禮祭所尊在室燕所尊在堂將燕降說屨乃升臺

禮記義四十五　十一　李信

疏 正義曰此一經論堂上有跣無跣之事 凡祭於室
中堂上無跣者凡祭謂天子至士悉然也跣說屨也
下大夫及士陰陽二厭及燕尸皆於室中上大夫陰厭及
祭在室若儐尸則于堂天子諸侯則有室有堂祭禮主敬
故凡祭在室中者非唯室中不說屨堂上亦不敢說屨故
云凡祭於室中堂上無跣 燕則有之者有之謂堂上有
跣也燕禮主歡故得說屨而升堂坐也燕禮云賓及卿大
夫皆說屨升就席注云凡燕坐必說屨屨賤不在堂也禮
者尚敬敬多則不親燕安坐相親之心 注 祭不至升堂
正義曰云祭不跣者主敬也者跣謂說屨坐而相親祭
禮主敬不敢私自相親故云祭不跣者主敬也云天子諸
侯祭有坐尸於堂之禮者朝事延尸於戶外故坐尸於堂
若卿大夫以下祭禮於室無坐尸於堂也云祭所尊在室
者以經云凡祭於室中堂上無跣故辨之也此則貴賤通
故卿大夫士正祭饋食並在室中而天子諸侯雖朝事延
尸於戶外非禮之盛節初入室灌及饋孰之時事神大禮

足利本第四十五卷第十二葉

故云祭所尊在室云燕所尊在堂者於燕禮文無在室唯在堂行禮初時立而致敬故云燕所尊在堂云將燕降說屨乃升堂者燕禮文也**未嘗不食新**嘗謂薦新物於寢廟〔疏〕正義曰嘗謂薦新物於寢廟也未嘗則人子不忍前食新也**僕於君子君子升下則授綏始乘則式君子下行然後還立**還車而立以俟其去〔疏〕正義曰此一經論僕御之禮必授人綏故君子升及下僕者皆授綏也　始乘則式者謂是僕者始乘君子未至御者則式以待君子升也　君子下行然後還立者僕人之禮若君子將升則僕先升君子下行則僕後下更還車而立待君子去後乃敢自安式云君車將駕則僕執策立於馬前故君子將下車則僕亦下車立於馬前待君子下行乃更還車立以俟君去**乘貳車則式佐車則否**貳車佐車皆副車也朝祀之副曰貳戎獵之副曰佐魯莊公敗于乾時公喪戎路傳乘而歸〔疏〕正義曰謂僕乘副車法也朝祀副車曰貳戎獵副車曰佐朝祀尚敬乘副車者式戎獵尚武乘副車者不式也〔注〕貳車至而歸　正義曰云朝祀之副曰貳戎獵之副曰佐者以此經佐車貳車相對貳車云式主敬故謂朝祀之副曰貳佐車不式主武故云戎獵之副曰佐若戎獵自相對則戎車之副曰倅田車之副曰佐故周禮戎僕馭倅車田僕馭佐車熊氏云此云戎獵之副曰佐者據諸侯禮也故莊九年公及齊師戰于乾時公喪戎路佐車授綏是也〔注〕此蓋至之數　正義曰案周禮大行人云上公貳車九乘侯伯七乘又典命云卿六命其大夫四命車服各如其命數並與此經不同故疑爲殷制**貳車者諸侯七乘上大夫五乘下大夫三乘**此蓋殷制也周禮貳車公九乘侯伯七乘子男五乘及卿大夫各如其命之數也

記義四十五　十二　李信

潘本第四十五卷第十二葉

故云祭所尊在室云燕所尊在堂者於燕禮文無在室唯在堂行禮初時立而致敬故云燕所尊在堂云將燕降說屨乃升堂者燕禮文也**未嘗不食新**嘗謂薦新物於寢廟〔疏〕正義曰嘗謂薦新物於寢廟也未嘗則人子不忍前食新也**僕於君子君子升下則授綏始乘則式君子下行然後還立**還車而立以俟其去〔疏〕正義曰此一經論僕御之禮必授人綏故君子升及下僕者皆授綏也　始乘則式者謂是僕者始乘君子未至御者則式以待君子升也　君子下行然後還立者僕人之禮若君子將升則僕先升君子下行則僕後下更還車而立待君子去後乃敢自安式云君車將駕則僕執策立於馬前故君子將下車則僕亦下車立於馬前待君子下行乃更還車立以俟君去**乘貳車則式佐車則否**貳車佐車皆副車也朝祀之副曰貳戎獵之副曰佐魯莊公敗于乾時公喪戎路傳乘而歸〔疏〕正義曰謂僕乘副車法也朝祀副車曰貳戎獵副車曰佐朝祀尚敬乘副車者式戎獵尚武乘副車者不式也〔注〕貳車至而歸　正義曰云朝祀之副曰貳戎獵之副曰佐者以此經佐車貳車相對貳車云式主敬故謂朝祀之副曰貳佐車不式主武故云戎獵之副曰佐若戎獵自相對則戎車之副曰倅田車之副曰佐故周禮戎僕馭倅車田僕馭佐車熊氏云此云戎獵之副曰佐者據諸侯禮也故莊九年公及齊師戰于乾時公喪戎路佐車授綏是也〔注〕此蓋至之數　正義曰案周禮大行人云上公貳車九乘侯伯七乘又典命云卿六命其大夫四命車服各如其命數並與此經不同故疑爲殷制**貳車者諸侯七乘上大夫五乘下大夫三乘**此蓋殷制也周禮貳車公九乘侯伯七乘子男五乘及卿大夫各如其命之數也

禮記義四十五　十二　李信

足利本第四十五卷第十三葉

有貳車者之乘馬服車不齒尊有爵者之物廣敬也服
車所乘車也車有新舊觀君子之衣服服劍乘馬弗賈
平尊者之物非敬也疏正義曰此一節明廣敬之義　有貳車者之乘馬服車不齒者有貳車則謂下大夫
貳車之乘以下者謂其所乘之馬所服之車不敢齒次論具年歲評其價數高下車所以不得齒者以車有新舊則
年歲有多少價數有貴賤以尊者之物故不敢齒也　觀君子之衣服服劍乘馬弗賈者觀視也亦不得輕平尊者
物堪直多少之賈亦爲不敬故觀而不平其以乘壺酒束脩一犬賜
人若獻人則陳酒執脩以將命亦曰乘
壺酒束脩一犬陳重者執輕者便也乘壺四壺也酒謂清也糟也不言陳犬或無脩

記義四十五　十三　許詠

者[illegible]以致命也於卑者曰賜於尊者曰獻其以鼎肉則執以將命
鼎肉謂牲體已解可升於鼎也其禽加於一雙則執一雙以
將命委其餘加猶多也犬則執緤守犬田犬
則授擯者既受乃問犬名牛則執紖馬
則執靮皆右之緤紖靮皆所以繫制之者守犬田犬問名畜養者當呼之名謂若韓
盧宋鵲之屬右之者執之宜由便也臣則左之異於衆物臣謂囚俘車則說
綏執以將命甲若有以前之則執以將
命無以前之則袒櫜奉胄甲鎧也有以前之謂他摯幣也

潘本第四十五卷第十三葉

有貳車者之乘馬服車不齒尊有爵者之物廣敬也服
車所乘車也車有新舊觀君子之衣服服劍乘馬弗賈
平尊者之物非敬也疏正義曰此一節明廣敬之義　有貳車者之乘馬服車不齒者有貳車則謂下大夫
貳車之乘以下者謂其所乘之馬所服之車不敢齒次論其年歲評其價數高下車所以不得齒者以車有新舊則
年歲有多少價數有貴賤以尊者之物故不敢齒也　觀君子之衣服服劍乘馬弗賈者觀視也亦不得輕平尊者
物堪直多少之賈亦爲不敬故觀而不平其以乘壺酒束脩一犬賜
人若獻人則陳酒執脩以將命亦曰乘
壺酒束脩一犬陳重者執輕者便也乘壺四壺也酒謂清也糟也不言陳犬或無脩

禮記義四十五　十三　許詠

者牽犬以致命也於卑者曰賜於尊者曰獻其以鼎肉則執以將命
鼎肉謂牲體已解可升於鼎也其禽加於一雙則執一雙以
將命委其餘加猶多也犬則執緤守犬田犬
則授擯者既受乃問犬名牛則執紖馬
則執靮皆右之緤紖靮皆所以繫制之者守犬田犬問名畜養者當呼之名謂若韓
盧宋鵲之屬右之者執之宜由便也臣則左之異於衆物臣謂囚俘車則說
綏執以將命甲若有以前之則執以將
命無以前之則袒櫜奉胄甲鎧也有以前之謂他摯幣也

足利本第四十五卷第十四葉

櫜弢鎧衣也冑兜鍪也袒其衣出兜鍪以致命器則執蓋謂有表裏弓則以左手屈韣執拊韣弓衣也左手屈衣并於拊執之而右手執簫劍則啓櫝蓋襲之加夫襓與劍焉櫝謂劍函也襲卻合之夫襓劍衣也加劍於衣上夫或爲煩皆發聲笏書脩苞苴弓茵席枕几頴杖琴瑟戈有刃者櫝策籥其執之皆尚左手苞苴謂編束萑葦以裹魚肉也茵著蓐也頴警枕也筴著也籥如笛三孔皆十六物也左手執上上陽也右手執下下陰也刀卻刃授頴削授拊辟用時頴鐶也拊謂把凡有刺刃者以授人則辟刃辟刃不以正鄉人也

禮記義四十五　十四

【疏】正義曰此一節廣明以物獻遺人法各隨文解之○其以乘壺酒束脩一犬賜人若獻人者四馬曰乘故知四壺酒亦曰乘壺束脩十脡脯也酒脯及犬皆可爲禮也與卑者曰賜奉尊者曰獻隨其所與故云賜人若獻人也○則陳酒執脩以將命者陳列也酒重脯輕故陳列重者於門外而執輕者進以奉命也○亦曰乘壺酒束脩一犬者謂將命之時辭也雖陳酒犬而單執脯致命而其辭亦猶曰有酒脯犬也若二犬亦當言二也【注】酒謂至命也○正義曰案內則酒醴有清有糟泲者曰清不泲者曰糟故知此酒或清或糟云不言陳犬或無脩者牽犬以致命也者鄭釋初云有酒脯犬而後唯云陳酒執脯不言陳犬故明之也若言陳犬則嫌無脯時亦猶陳之今欲明若無脯者則陳酒牽犬以將命故不言陳犬也犬馬不上於堂牽之當在下耳○其以鼎肉則執以將命○謂無脯犬而有酒肉者也則亦陳酒而執肉以將命也云鼎肉者謂肉巳解剔可升於鼎者解剔則易執也

潘本第四十五卷第十四葉

櫜弢鎧衣也冑兜鍪也袒其衣出兜鍪以致命器則執蓋謂有表裏弓則以左手屈韣執拊韣弓衣也左手屈衣并於拊執之而右手執簫劍則啓櫝蓋襲之加夫襓與劍焉櫝謂劍函也襲卻合之夫襓劍衣也加劍於衣上夫或爲煩皆發聲笏書脩苞苴弓茵席枕几頴杖琴瑟戈有刃者櫝策籥其執之皆尚左手苞苴謂編束萑葦以裹魚肉也茵著蓐也頴警枕也筴著也籥如笛三孔皆十六物也左手執上上陽也右手執下下陰也刀卻刃授頴削授拊辟用時頴鐶也拊謂把凡有刺刃者以授人則辟刃辟刃不以正鄉人也

禮記義四十五　十四

【疏】正義曰此一節廣明以物獻遺人法各隨文解之○其以乘壺酒束脩一犬賜人若獻人者四馬曰乘故知四壺酒亦曰乘壺束脩十脡脯也酒脯及犬皆可爲禮也與卑者曰賜奉尊者曰獻隨其所與故云賜人若獻人也○則陳酒執脩以將命者陳列也酒重脯輕故陳列重者於門外而執輕者進以奉命也○亦曰乘壺酒束脩一犬者謂將命之時辭也雖陳酒犬而單執脯致命而其辭亦猶曰有酒脯犬也若二犬亦當言二也【注】酒謂至命也○正義曰案內則酒醴有清有糟泲者曰清不泲者曰糟故知此酒或清或糟云不言陳犬或無脩者牽犬以致命也者鄭釋初云有酒脯犬而後唯云陳酒執脯不言陳犬故明之也若言陳犬則嫌無脯時亦猶陳之今欲明若無脯者則陳酒牽犬以將命故不言陳犬也犬馬不上於堂牽之當在下耳○其以鼎肉則執以將命○謂無脯犬而有酒肉者也則亦陳酒而執肉以將命也云鼎肉者謂肉巳解剔可升於鼎者解剔則易執也

其禽加乃一雙則執一雙以將命委其餘者謂以禽獻賜
也二隻曰雙加於一雙謂或十或百雙也假令多雙則唯
執一雙將命也委其餘者所餘多雙則委陳門外也　犬
則至右之　緤牽犬繩也若牽犬將命則執緤犬繩也
守犬田犬則授擯者既受乃問犬名者犬有三種一曰守
犬守禦宅舍者也二曰田犬田獵所用也三曰食犬充君
子庖廚庶羞用也田犬守犬有名食犬無名獻田犬守犬
則主人擯者既受之乃問犬名　牛則執紖馬則執靮者
紖靮俱牽牛馬之物故執之　皆右之者謂以右手牽之
由便故也此謂田犬守犬畜養馴善無可防禦若充食之
犬則左手牽之右手防禦故曲禮云效犬者左牽之是也
注謂若韓盧宋鵲之屬　正義曰戰國策云韓子盧者
天下之壯犬也桓譚新論云夫畜生賤也然其尤善者皆
見記識故犬道韓盧宋猳又魏文帝說諸方物亦云狗於
古則韓盧宋鵲則猳鵲音同字異耳故鄭亦為鵲字
則□□謂正伐所獲民虜者也左之謂左手操其右袂　臣

禮記正義四十五　十五

也以其異於衆物衆物犬馬之屬犬馬不生變異故皆右
之民虜或起惡慮故以左手操右袂右手當制之是與衆
物異也　車則至奉冑　獻車馬者執策綏故知陳車馬
而說綏執以將命　甲若有以前之則執以將命者甲鎧
也有以前之謂他物也謂獻鎧若復有他物與鎧同獻則
陳鎧而執他物輕者以將命也　無以前之則袒櫜奉冑
者袒開也櫜弢鎧衣也冑兜鍪也若無他物唯獻甲而已
則開甲櫜出冑奉之將命也曲禮云獻甲者執冑是也　器
則執蓋　器凡器若獻則陳底執蓋以將命蓋輕便也
弓則以左手屈韣執拊　韣弓衣拊弓把也獻弓則左手
屈弓衣并於把而執之以其右手執簫以將命曲禮云右
手執簫左手承弣是也　劒則至劒焉　啓開也櫝劒函
也獻劒則先開函也　蓋襲之者蓋劒函之蓋也襲謂卻
合也開函而以蓋卻合於函下底於蓋上加夫襓者襓劒
衣也先卻合蓋於函下又加劒衣函中也　與劒焉者加
衣於函□竟而以劒置衣上也　注襲卻至發聲　正義

其禽加於一雙則執一雙以將命委其餘者謂以禽獻賜
也二隻曰雙加於一雙謂或十或百雙也假令多雙則唯
執一雙將命也委其餘者所餘多雙則委陳門外也　犬
則至右之　緤牽犬繩也若牽犬將命則執緤犬繩也
守犬田犬則授擯者既受乃問犬名者犬有三種一曰守
犬守禦宅舍者也二曰田犬田獵所用也三曰食犬充君
子庖廚庶羞用也田犬守犬有名食犬無名獻田犬守犬
則主人擯者既受之乃問犬名　牛則執紖馬則執靮者
紖靮俱牽牛馬之物故執之　皆右之者謂以右手牽之
由便故也此謂田犬守犬畜養馴善無可防禦若充食之
犬則左手牽之右手防禦故曲禮云效犬者左牽之是也
注謂若韓盧宋鵲之屬　正義曰戰國策云韓子盧者
天下之壯犬也桓譚新論云夫畜生賤也然其尤善者皆
見記識故犬道韓盧宋猳又魏文帝說諸方物亦云狗於
古則韓盧宋鵲則猳鵲音同字異耳故鄭亦為鵲字
則左之者謂征伐所獲民虜者也左之謂左手操其右袂　臣

禮記正義四十五　十五

也以其異於衆物衆物犬馬之屬犬馬不生變異故皆右
之民虜或起惡慮故以左手操右袂右手當制之是與衆
物異也　車則至奉冑　獻車馬者執策綏故知陳車馬
而說綏執以將命　甲若有以前之則執以將命者甲鎧
也有以前之謂他物也謂獻鎧若復有他物與鎧同獻則
陳鎧而執他物輕者以將命也　無以前之則袒櫜奉冑
者袒開也櫜弢鎧衣也冑兜鍪也若無他物唯獻甲而已
則開甲櫜出冑奉之將命也曲禮云獻甲者執冑是也　器
則執蓋　器凡器若獻則陳底執蓋以將命蓋輕便也
弓則以左手屈韣執拊　韣弓衣拊弓把也獻弓則左手
屈弓衣并於把而執之以其右手執簫以將命曲禮云右
手執簫左手承弣是也　劒則至劒焉　啓開也櫝劒函
也獻劒則先開函也　蓋襲之者蓋劒函之蓋也襲謂卻
合也開函而以蓋卻合於函下底於蓋上加夫襓者襓劒
衣也先卻合蓋於函下又加劒衣函中也　與劒焉者加
衣於函中竟而以劒置衣上也　注襲卻至發聲　正義

足利本第四十五卷第十六葉

曰皇氏云卻仰也謂仰蓋於函底之下加函底於上重合
之故云韣云夫襓劍衣也者熊氏云依廣雅夫襓木劍衣
謂以木爲劍衣者若今刀榼云夫或爲煩皆發聲者以禮
記本夫或作煩字者故云夫或爲煩俱是發聲故云皆發
聲然則襓之一字是衣之正名襓字從衣當以繒帛爲之
熊氏用廣雅以木爲之其義未善也　笏書至左手　笏
也書也脩脯也苞苴弓也茵也席也枕也几也頴警枕
也杖也琴也瑟也戈有刃者櫝也謂戈之有刃者以櫝韜
之筴著也籥笛也　其執之皆尚左手者言執此諸物皆
尊尚左手左手在上而執之右手在下而承之　注苞苴
至陰也　正義曰苞苴謂編束萑葦以裹魚肉者案既夕
禮云葦苞長三尺內則云炮取豚編萑以苴之是編萑葦以
裹魚及肉也亦兼容他物故禹貢云厥包橘柚孔叢子云
吾於木瓜之惠見包苴之禮行是也云茵者薦也者謂茵
是以物所著之薦言有著者謂之曰茵故既夕云茵著用
荼[illegible]也用荼以著茵也云頴警枕也者以經枕外別

記義四十五　十六　王佐

言[illegible]是頴發之義故爲警枕云筴著也者曲禮云筴爲
筮故筴爲著也云籥如笛三孔者案漢禮器知之詩注或
云籥六孔兩不同者蓋籥有大小詩箋或云管如篴併而
吹之云皆十六物也者前解經以也閒之即是其數也
刃卻刃授頴　言授人以刀卻仰其刃授之以頴頴謂刀
鐶也言以刀鐶授之　削授拊　削授拊者削謂曲刀拊謂削把言
以削授人則以把授之　注頴鐶也　正義曰頴是頴發之
義刃之在手謂之爲頴禾之秀穗亦謂之爲頴枕之警動亦
謂之頴其事雖異大意同也　凡有刺刃
者以授人則辟刃　謂不以刃正鄉人也　乘兵車出
先刃入後刃　不以刃鄉國也　軍尚左　左陽也陽主生將軍有廟勝之策左將軍
爲上貴不敗績　卒尚右　右陰也陰主殺卒之行伍以右爲上示有死志　疏　正義曰此一節論兵
車出入及將士所處之宜　出先刃入後刃者不欲以刃
鄉國　軍尚左者軍謂軍將行伍尊尚左方左是陽陽

潘本第四十五卷第十六葉

曰皇氏云卻仰也謂仰蓋於函底之下加函底於上重合
之故云韣云夫襓劍衣也者熊氏云依廣雅夫襓木劍衣
謂以木爲劍衣者若今刀榼云夫或爲煩皆發聲者以禮
記本夫或作煩字者故云夫或爲煩俱是發聲故云皆發
聲然則襓之一字是衣之正名襓字從衣當以繒帛爲之
熊氏用廣雅以木爲之其義未善也　笏書至左手　笏
也書也脩脯也苞苴弓也茵也席也枕也几也頴警枕
也杖也琴也瑟也戈有刃者櫝也謂戈之有刃者以櫝韜
之筴著也籥笛也　其執之皆尚左手者言執此諸物皆
尊尚左手左手在上而執之右手在下而承之　注苞苴
至陰也　正義曰苞苴謂編束萑葦以裹魚肉者案既夕
禮云葦苞長三尺內則云炮取豚編萑以苴之是編萑葦以
裹魚及肉也亦兼容他物故禹貢云厥包橘柚孔叢子云
吾於木瓜之惠見包苴之禮行是也云茵者薦也者謂茵
是以物所著之薦言有著者謂之曰茵故既夕云茵著用
荼謂茅莠也用荼以著茵也云頴警枕也者以經枕外別

禮記義四十五　十六　王佐

言頴頴是頴發之義故爲警枕云筴著也者曲禮云筴爲
筮故筴爲著也云籥如笛三孔者案漢禮器知之詩注或
云籥六孔兩不同者蓋籥有大小詩箋或云管如篴併而
吹之云皆十六物也者前解經以也閒之即是其數也
刃卻刃授頴　言授人以刀卻仰其刃授之以頴頴謂刀
鐶也言以刀鐶授之　削授拊　削授拊者削謂曲刀拊謂削把言
以削授人則以把授之　注頴鐶也　正義曰頴是頴發之
義刃之在手謂之爲頴禾之秀穗亦謂之爲頴枕之警動亦
謂之頴其事雖異大意同也　凡有刺刃
者以授人則辟刃　謂不以刃正鄉人也　乘兵車出
先刃入後刃　不以刃鄉國也　軍尚左　左陽也陽主生將軍有廟勝之策左將軍
爲上貴不敗績　卒尚右　右陰也陰主殺卒之行伍以右爲上示有死志　疏　正義曰此一節論兵
車出入及將士所處之宜　出先刃入後刃者不欲以刃
鄉國　軍尚左者軍謂軍將行伍尊尚左方左是陽陽

足利本第四十五卷第十七葉

主生欲ㄟ生不敗績也　卒尚右者言士卒　賓客主恭
行伍貴尚於右右爲陰ニ示其有必死之心
祭祀主敬喪事主哀會同主詡　恭在貌也而敬又在
心詡謂敏而有　疏　正義曰恭在貌敬在心賓客輕故主
勇若齊國佐　恭祭祀重故主敬　會同主詡者詡
謂敏大言　語會同之時貴在敏捷勇武自光大　注　詡謂
至國佐　正義曰成二年左傳齊晉戰於鞌齊國佐陳辭
以拒晉師是
敵而有勇也　軍旅思險隱情以虞　險阻出奇覆謏之處
也隱意也思也虞度也當思念　疏　正義曰軍旅思險者
己情之所能以度彼之將然否　言軍旅行處思其險
阻之地出奇設謀以覆敗前敵　隱情以虞者隱意也思
也虞度也謂以意思念彼情豫測度前敵知其所欲爲事
記者明軍旅之中當須如此　注　險阻至然否　正義曰
險[illegible]覆謏之處也者鄭解經中險字險是地形險阻

禮記義四十五　十七　王佐

謏[illegible]地形既險得出奇謀覆詐故云險阻出奇覆謏之
處若其平地則不得設奇謀設詐也虞度也釋言文云當
思念己情之所能以度彼之將然否者言在軍旅先須　燕
思念己國之情所堪能以測度彼軍將欲如此以否
侍食於君子則先飯而後已　所以勸也　毋放飯毋
流歠小飯而亟之　亟疾也備噦噎若見問也　數噍毋爲口容
口容弄口　客自徹辭焉則止　主人辭其徹　疏　正義曰此一
法　先飯而後已者先飯先君子之飯若嘗食然君子食
罷而後己若勸食然　小飯而亟之者小飯謂小口而飯
亟謂疾速而咽小飯而備噦噎也速咽之備見問也　數
噍毋爲口容者數噍謂數數嚼之無爲口容者無得弄口
以爲容也　客自徹辭焉則止者謂食訖客
欲自徹ㄟ俎主人辭其徹俎客則止而不徹　客爵居

潘本第四十五卷第十七葉

主生欲其生不敗績也　卒尚右者言士卒　賓客主恭
行伍貴尚於右右爲陰ニ示其有必死之心
祭祀主敬喪事主哀會同主詡　恭在貌也而敬又在
心詡謂敏而有　疏　正義曰恭在貌敬在心賓客輕故主
勇若齊國佐　恭祭祀重故主敬　會同主詡者詡
謂敏大言　語會同之時貴在敏捷勇武自光大　注　詡謂
至國佐　正義曰成二年左傳齊晉戰於鞌齊國佐陳辭
以拒晉師是
敵而有勇也　軍旅思險隱情以虞　險阻出奇覆謏之處
也隱意也思也虞度也當思念　疏　正義曰軍旅思險者
己情之所能以度彼之將然否　言軍旅行處思其險
阻之地出奇設謀以覆敗前敵　隱情以虞者隱意也思
也虞度也謂以意思念彼情豫測度前敵知其所欲爲事
記者明軍旅之中當須如此　注　險阻至然否　正義曰
險阻出奇覆謏之處也者鄭解經中險字險是地形險阻

禮記義四十五　十七　王佐

謏詐也地形既險得出奇謀覆詐故云險阻出奇覆謏之
處若其平地則不得設奇謀設詐也虞度也釋言文云當
思念己情之所能以度彼之將然否者言在軍旅先須　燕
思念己國之情所堪能以測度彼軍將欲如此以否
侍食於君子則先飯而後已　所以勸也　毋放飯毋
流歠小飯而亟之　亟疾也備噦噎若見問也　數噍毋爲口容
口容弄口　客自徹辭焉則止　主人辭其徹　疏　正義曰此一
法　先飯而後已者先飯先君子之飯若嘗食然君子食
罷而後己若勸食然　小飯而亟之者小飯謂小口而飯
亟謂疾速而咽小飯而備噦噎也速咽之備見問也　數
噍毋爲口容者數噍謂數數嚼之無爲口容者無得弄口
以爲容也　客自徹辭焉則止者謂食訖客
欲自徹其俎主人辭其徹俎客則止而不徹　客爵居

足利本第四十五卷第十八葉

左其飲居右 客爵謂主人所酬賓之爵也以優賓耳賓不舉奠于薦東 介爵酢爵僎爵皆居右 三爵皆飲爵也介賓之輔也酢所以酢主人也古文禮僎作遵遵謂鄉人爲鄉大夫來觀禮者酢或爲作僎或爲馴 疏 正義曰此一節明客爵所在客爵依鄉飲酒禮主人酬賓之爵賓受奠觶于薦東是客爵居左也 其飲居右者鄉飲酒禮旅酬之時一人舉觶于賓賓奠觶于薦西至旅酬賓取薦西之觶以酬主人是其飲居右也 介爵酢爵僎爵皆居右者介賓副也酢謂客酌還荅主人也僎謂鄉人來觀禮副主人者也此三人既不被優故爵並居右示爲飲之案鄉飲酒介爵及主人受酢之爵并僎爵皆不明奠置之所故記者於此明之 注 客爵至賓耳 正義曰案鄉飲酒禮主人酬賓奠觶于薦東所以不奠薦西者欲憂饒其賓且今閑裕故不奠於薦西賓又不盡主人之歡還奠薦東示不敢飲也 注 三爵至禮者 正義曰案鄉飲酒禮主人獻介介飲獻賓賓酢主人主人飲主人獻僎僎飲是三爵皆飲爵云遵謂鄉人爲鄉大夫來觀禮者案鄉射禮若有遵者則入門左注云謂此鄉之人爲大夫者也謂之爲遵者方以禮樂化民欲其遵法之也今文遵或爲僎云酢或爲作僎或爲馴者謂他文書本有作此字者故云或他皆倣此 羞濡魚者進尾 擩之由後鯁肉易離也乾魚進首擩之由前理易析也 冬右腴 氣在下腴腹下也 夏右鮨 氣在上鮨脊也 祭膴 膴大臠謂刳魚腹也膴讀如冔 疏 正義曰此一節明進魚之禮 羞濡魚者進尾濡溼也謂膳羞有溼魚也進尾者擩溼魚從後來則膓肉易離也 冬右腴者腴謂魚腹冬時陽氣下在魚腹故右腴 夏右鮨者鮨謂魚脊夏時陽氣上在魚脊故右鮨凡陽氣所在之處肥美故進魚使嚮右以右手取之便也此濡魚進尾乾魚進首及右腴右鮨之屬皆謂尋常燕食所進魚體非祭祀及饗食正禮也若祭

記義四十五 十八 許富

潘本第四十五卷第十八葉

左其飲居右 客爵謂主人所酬賓之爵也以優賓耳賓不舉奠于薦東 介爵酢爵僎爵皆居右 三爵皆飲爵也介賓之輔也酢所以酢主人也古文禮僎作遵遵謂鄉人爲鄉大夫來觀禮者酢或爲作僎或爲馴 疏 正義曰此一節明客爵所在客爵依鄉飲酒禮主人酬賓之爵賓受奠觶于薦東是客爵居左也 其飲居右者鄉飲酒禮旅酬之時一人舉觶于賓賓奠觶于薦西至旅酬賓取薦西之觶以酬主人是其飲居右也 介爵酢爵僎爵皆居右者介賓副也酢謂客酌還荅主人也僎謂鄉人來觀禮副主人者也此三人既不被優故爵並居右示爲飲之案鄉飲酒介爵及主人受酢之爵并僎爵皆不明奠置之所故記者於此明之 注 客爵至賓耳 正義曰案鄉飲酒禮主人酬賓奠觶于薦東所以不奠薦西者欲優饒其賓且今閑裕故不奠於薦西賓又不盡主人之歡還奠薦東示不敢飲也 注 三爵至禮者 正義曰案鄉飲酒禮主人獻介介飲獻賓賓酢主人主人飲主人獻僎僎飲是三爵皆飲爵云遵謂鄉人爲鄉大夫來觀禮者案鄉射禮若有遵者則入門左注云謂此鄉之人爲大夫者也謂之爲遵者方以禮樂化民欲其遵法之也今文遵或爲僎云酢或爲作僎或爲馴者謂他文書本有作此字者故云或他皆倣此 羞濡魚者進尾 擩之由後鯁肉易離也乾魚進首擩之由前理易析也 冬右腴 氣在下腴腹下也 夏右鮨 氣在上鮨脊也 祭膴 膴大臠謂刳魚腹也膴讀如冔 疏 正義曰此一節明進魚之禮 羞濡魚者進尾濡溼也謂膳羞有溼魚也進尾者擩溼魚從後來則膓肉易離也 冬右腴者腴謂魚腹冬時陽氣下在魚腹故右腴 夏右鮨者鮨謂魚脊夏時陽氣上在魚脊故右鮨凡陽氣所在之處肥美故進魚使嚮右以右手取之便也此濡魚進尾乾魚進首及右腴右鮨之屬皆謂尋常燕食所進魚體非祭祀及饗食正禮也若祭

禮記義四十五 十八 許富

足利本第四十五卷第十九葉

祀魚在於俎皆縮載俎既横設魚則隨俎而從於人爲横無進首進尾之理故少牢魚用鮒而俎縮載其主人正饗亦然公食大夫禮魚七縮俎是也正祭魚既縮載少牢主人獻祝佐食三魚一横之彼是正祭魚横者以魚與牲體共俎故特横之殊於牲體也若天子諸侯繹祭及卿大夫儐尸魚則横載之於俎俎在人前而横魚則於人爲從得有進首尾也故有司徹云尸俎五魚横載之侑主人皆一魚亦横載之彼注云横載之者異於牲體縮如鄭此言正祭之時牲體横而魚縮載儐尸之時牲體縮而魚横載之故云横載之者異於牲體也正祭則右首進腴故少牢魚右首進腴變於生人若生人右首進鰭故公食大夫云寢右注云右首也寢右進鰭也乾魚近腴多骨鯁案特牲少牢魚皆十有五鄭云從陰類昬禮魚有十四減一從偶數士喪禮大斂及士虞禮及公食禮魚皆七其天子諸侯魚數未聞 祭膴者膴謂刳魚腹下爲大臠此處肥美故食魚則刳取以祭先也

凡齊執之以右

禮記義四十五　十九　刘甲

居之於左 齊謂食羹醬飲有齊和者也居於左手之上右手執而正之由便也 疏 正義曰此一經明齊和之宜凡齊者謂以鹽梅齊和之法 執之以右者謂執此鹽梅以右手 居之於左者謂居處羹食於左手之上以右手所執鹽梅調和正之於事便也

贊幣自左詔辭自右 自由也謂爲君授幣爲君出命也立者尊右 疏 正義曰此一經論贊幣贊辭之異自由也贊助也謂爲君授幣之時由君左 詔辭自右者詔辭謂爲君傳辭也君辭貴重若傳與人時則由君之右也

酌尸之僕如君之僕 當其爲尸則尊 **其在車則左執轡右受爵祭左右軌范乃飲** 周禮大御祭兩軹祭軌乃飲軌與軹於車同謂轄頭也範與范聲同謂軾前也 疏 正義曰此一節明爲尸之僕祖道祭軷之宜 酌尸之僕者僕爲尸御車之人將欲祭軷酌

潘本第四十五卷第十九葉

祀魚在於俎皆縮載俎既横設魚則隨俎而從於人爲横無進首進尾之理故少牢魚用鮒而俎縮載其主人正饗亦然公食大夫禮魚七縮俎是也正祭魚既縮載少牢主人獻祝佐食三魚一横之彼是正祭魚横者以魚與牲體共俎故特横之殊於牲體也若天子諸侯繹祭及卿大夫儐尸魚則横載之於俎俎在人前而横魚則於人爲從得有進首尾也故有司徹云尸俎五魚横載之侑主人皆一魚亦横載之彼注云横載之者異於牲體縮如鄭此言正祭之時牲體横而魚縮載儐尸之時牲體縮而魚横載之故云横載之者異於牲體也正祭則右首進腴故少牢魚右首進腴變於生人若生人右首進鰭故公食大夫云寢右注云右首也寢右進鰭也乾魚近腴多骨鯁案特牲少牢魚皆十有五鄭云從陰類昬禮魚有十四減一從偶數士喪禮大斂及士虞禮及公食禮魚皆七其天子諸侯魚數未聞 祭膴者膴謂刳魚腹下爲大臠此處肥美故食魚則刳取以祭先也

凡齊執之以右

禮記義四十五　十九　刘甲

居之於左 齊謂食羹醬飲有齊和者也居於左手之上右手執而正之由便也 疏 正義曰此一經明齊和之宜凡齊者謂以鹽梅齊和之法 執之以右者謂執此鹽梅以右手 居之於左者謂居處羹食於左手之上以右手所執鹽梅調和正之於事便也

贊幣自左詔辭自右 自由也謂爲君授幣爲君出命也立者尊右 疏 正義曰此一經論贊幣贊辭之異自由也贊助也謂爲君授幣之時由君左 詔辭自右者詔辭謂爲君傳辭也君辭貴重若傳與人時則由君之右也

酌尸之僕如君之僕 當其爲尸則尊 **其在車則左執轡右受爵祭左右軌范乃飲** 周禮大御祭兩軹祭軌乃飲軌與軹於車同謂轄頭也範與范聲同謂軾前也 疏 正義曰此一節明爲尸之僕祖道祭軷之宜 酌尸之僕者僕爲尸御車之人將欲祭軷酌

酒與尸之僕今爲軷祭如似酌酒與君之僕以其爲尸則尊之似君也　其在車則左執轡右受爵者尸僕受酒法也其在車謂僕在車中時也僕既所主尸車故於車執轡而受爵也尸位在左僕立在右故左執轡右受爵祭酒也君僕亦然　祭左右軌范者軌謂轂末范謂式前僕受爵將飲則祭之酒於車左右軌及前范也所以祭者爲其神助已不使傾危故也　乃飲者祭徧乃自飲也　注周禮至前也　正義曰案周禮大馭祭兩軹祭軌此云祭左右軌范兩文不同則左右軌與兩軹是一故云軌與軹於車同謂轊頭謂車轂小頭也此云范大馭云軌兩事是一聲同字異故云聲同謂式前之範與此范俱是式前也但式前之軌車旁著凡或作範字雖作範字聲同而字異即詩邶風濟盈不濡軌亦車旁凡與此同也若轂末之軌則車旁著九此經左右軌是也其車轍亦謂之軌亦車旁著九則考工記經涂九軌是與此字同而事異也

記義四十五　二十　許詠

凡羞有俎者則於俎內祭　俎於人爲橫不得祭於閒也　**君子不食圂腴**　周禮圂作豢謂犬豕之屬食米穀者也腴有似於人穢　疏　正義曰此一節廣明祭俎及羞膳之事凡羞有俎者則於俎內祭者若羞在豆則祭於豆閒若羞在俎則於俎內而祭俎在人前橫設俎內近人之處以俎於人爲橫不得祭於俎外及兩俎閒也　君子不食圂腴　圂豬犬也腴豬犬腸也言豬犬亦食米穀其腹與人相似故君子但食他處辟其腴謂腸胃也故鼎闕一也　**小子走而不趨舉爵則坐祭立飲**　小子弟子也卑不得與賓介俱備禮容也　疏　正義曰小子弟子也趨徐趨也弟子不得與賓主參預禮但給役使故宜驅走不得趨翔爲容也　舉爵則坐祭立飲者謂弟子若得酒舉爵時則先以坐祭祭竟而立飲之也　**凡洗必盥**　洗盥乃洗爵先自絜也盥有不洗也　疏　正義

酒與尸之僕今爲軷祭如似酌酒與君之僕以其爲尸則尊之似君也　其在車則左執轡右受爵者尸僕受酒法也其在車謂僕在車中時也僕既所主尸車故於車執轡而受爵也尸位在左僕立在右故左執轡右受爵祭酒也君僕亦然　祭左右軌范者軌謂轂末范謂式前僕受爵將飲則祭之酒於車左右軌及前范也所以祭者爲其神助已不使傾危故也　乃飲者祭徧乃自飲也　注周禮至前也　正義曰案周禮大馭祭兩軹祭軌此云祭左右軌范兩文不同則左右軌與兩軹是一故云軌與軹於車同謂轊頭謂車轂小頭也此云范大馭云軌兩事是一聲同字異故云聲同謂式前之範與此范俱是式前也但式前之軌車旁著凡或作範字雖作範字聲同而字異即詩邶風濟盈不濡軌亦車旁凡與此同也若轂末之軌則車旁著九此經左右軌是也其車轍亦謂之軌亦車旁著九則考工記經涂九軌是與此字同而事異也

禮記義四十五　二十　許詠

凡羞有俎者則於俎內祭　俎於人爲橫不得祭於閒也　**君子不食圂腴**　周禮圂作豢謂犬豕之屬食米穀者也腴有似於人穢　疏　正義曰此一節廣明祭俎及羞膳之事凡羞有俎者則於俎內祭者若羞在豆則祭於豆閒若羞在俎則於俎內而祭俎在人前橫設俎內近人之處以俎於人爲橫不得祭於俎外及兩俎閒也　君子不食圂腴　圂豬犬也腴豬犬腸也言豬犬亦食米穀其腹與人相似故君子但食他處辟其腴謂腸胃也故鼎闕一也　**小子走而不趨舉爵則坐祭立飲**　小子弟子也卑不得與賓介俱備禮容也　疏　正義曰小子弟子也趨徐趨也弟子不得與賓主參預禮但給役使故宜驅走不得趨翔爲容也　舉爵則坐祭立飲者謂弟子若得酒舉爵時則先以坐祭祭竟而立飲之也　**凡洗必盥**　先盥乃洗爵先自絜也盥有不洗也　疏　正義

足利本第四十五卷第二十一葉

曰洗洗貟也盥洗手也凡飲酒是洗爵洗爵必宜先洗手也牛羊之肺離而不提心提猶絶也劌離之不終中央少者使易絶以祭耳疏正義曰謂祭肺法也提猶絶也取肺劌離之不絶心心謂肺中央少許耳凡羞有湇者不以齊齊和也疏正義曰庚云湇汁也若羞有汁則有鹽梅齊和若食者更調和之則嫌薄主人味故不以齊也賀瑒云凡湇皆謂大羹大羹大不和也爲君子擇葱薤則絶其本末爲有萎乾疏正義曰本根也葱韮根不浄末萎乾故擇者必絶其二處爲君子如此則非君子不然羞首者進喙祭耳耳出見也疏正義曰羞亦膳羞也首頭也喙口也若膳羞有牲頭者則進口以嚮尊者尊者若祭先二十祭之也尊者以酌者之左爲上

萬右謂尊者也酌者鄉尊其左則右尊也尊壺者面其鼻鼻在面中言鄉人也飲酒者機者醮者有折俎不坐折俎尊徹之乃坐也已沭飲曰機酌始冠曰醮未步时不嘗羞步行也疏正義曰此一節論設尊及折俎行爵嘗羊之儀尊者謂設尊人也人君陳尊在不楹之西於南北列之設尊之人在尊西鄉東以右爲上則尊以南爲上也酌謂酌酒人也酌人在尊東西面以左爲上亦上南也二人俱以南爲上也故云以酌者之左爲上尊注尊者至尊也正義曰庚云燕禮司宮尊于東楹之西兩方壺左玄酒南上注玉藻云唯君面尊玄酒在南順君之面也下云公席阼階上西鄉下又云執冪者升自西階立于尊南北面東上案左玄酒南上之言是設尊者東鄉酌者西鄉設者之右則酌者之左也尊壺者面其鼻者手與壺悉有面面有鼻鼻宜鄉於尊者故言面其

禮記義四十五　二十一　毛

潘本第四十五卷第二十一葉

曰洗洗爵也盥洗手也凡飲酒是洗爵洗爵必宜先洗手也牛羊之肺離而不提心提猶絶也劌離之不終中央少者使易絶以祭耳疏正義曰謂祭肺法也提猶絶也取肺劌離之不絶心心謂肺中央少許耳凡羞有湇者不以齊齊和也疏正義曰庚云湇汁也若羞有汁則有鹽梅齊和若食者更調和之則嫌薄主人味故不以齊也賀瑒云凡湇皆謂大羹大羹不和也爲君子擇葱薤則絶其本末爲有萎乾疏正義曰本根也葱薤根不浄末萎乾故擇者必絶其二處爲君子如此則非君子不然羞首者進喙祭耳耳出見也疏正義曰羞亦膳羞也首頭也喙口也若膳羞有牲頭者則進口以嚮尊者尊者若祭先取牲耳祭之也尊者以酌者之左爲上

尊尊者設尊者也酌者鄉尊其左則右尊也尊壺者面其鼻鼻在面中言鄉人也飲酒者機者醮者有折俎不坐折俎尊徹之乃坐也已沭飲曰機酌始冠曰醮未步爵不嘗羞步行也疏正義曰此一節論設尊及折俎行爵嘗羞之儀尊者謂設尊人也人君陳尊在東楹之西於南北列之設尊之人在尊西鄉東以右爲上則尊以南爲上也酌謂酌酒人也酌人在尊東西面以左爲上亦上南也二人俱以南爲上也故云以酌者之左爲上尊注尊者至尊也正義曰庚云燕禮司宮尊于東楹之西兩方壺左玄酒南上注玉藻云唯君面尊玄酒在南順君之面也下云公席阼階上西鄉下又云執冪者升自西階立于尊南北面東上案左玄酒南上之言是設尊者東鄉酌者西鄉設者之右則酌者之左也尊壺者面其鼻者尊與壺悉有面面有鼻鼻宜鄉於尊者故言面其

禮記義四十五　二十一　毛

足利本第四十五卷第二十二葉

鼻也飲酒者則下文禨者醮者是也摠以飲酒目之禨者謂沐而飲酒醮者謂冠而飲酒者 有折俎不坐者折俎謂折骨體於俎也禨醮者若有折俎爲尊禨醮小事爲卑故不得坐也折俎所以爲尊者賀云折俎則殽饌尊故冠禮庶子冠于房戶之前而冠者受醮不敢坐及禨者並不敢坐也案鄉飲酒燕禮有折俎者皆不坐獨云禨者醮者不坐者以禨者醮者無酒俎之時則得坐嫌畏有折俎亦坐故特明之云有折俎不坐 未步爵不嘗羞者步行也羞殽羞也殽羞本爲酒設若爵未行而先嘗羞是貪食矣故不先爵嘗之也此謂無筭爵之時羞庶羞行爵之後始嘗之若正羞脯醢折俎未飲酒之前則嘗之故鄉飲酒鄉射燕禮大射獻後乃薦賓皆先祭脯醢嚌肺乃飲卒爵

牛與羊魚之腥聶而切之爲膾聶之言牒也先藿葉切之復報切之則成膾**麋鹿爲菹野豕爲軒皆聶而不切麕爲辟雞兔爲宛脾皆聶而切之切葱若薤實之醯以柔之**此軒辟雞宛脾皆菹類也其作之狀以醯與葷菜淹之殺肉及腥氣也 疏 正義曰此一節明膾及麋菹齏細之異聶而切之者謂先牒爲大臠而後報切之爲膾也麋鹿爲菹以下已於內則具釋之 **其有折俎者取祭反之不坐燔亦如之**亦爲柄尺之類也燔炙也鄉射曰賓奠爵于薦西興取肺坐絕祭左手嚌之興加于俎坐挩手 **尸則坐**尸尊也少牢饋食禮曰尸左執爵右兼取肝肺擩于俎鹽振祭嚌之加于菹豆 疏 正義曰此一節問祭俎之儀折俎謂折骨於俎俎既有足柄尺之類故就俎取所祭肺立而取之升席坐祭祭訖反此所祭之物加之於俎皆立而爲之故云取祭反之不坐唯祭時坐耳 燔亦如之者燔謂燔

記疏四十五 二十二 毛瑞

潘本第四十五卷第二十二葉

鼻也飲酒者則下文禨者醮者是也摠以飲酒目之禨者謂沐而飲酒醮者謂冠而飲酒者 有折俎不坐者折俎謂折骨體於俎也禨醮者若有折俎爲尊禨醮小事爲卑故不得坐也折俎所以爲尊者賀云折俎則殽饌尊故冠禮庶子冠于房戶之前而冠者受醮不敢坐及禨者並不敢坐也案鄉飲酒燕禮有折俎者皆不坐獨云禨者醮者不坐者以禨者醮者無酒俎之時則得坐嫌畏有折俎亦坐故特明之云有折俎不坐 未步爵不嘗羞者步行也羞殽羞也殽羞本爲酒設若爵未行而先嘗羞是貪食矣故不先爵嘗之也此謂無筭爵之時羞庶羞行爵之後始嘗之若正羞脯醢折俎未飲酒之前則嘗之故鄉飲酒鄉射燕禮大射獻後乃薦賓皆先祭脯醢嚌肺乃飲卒爵

牛與羊魚之腥聶而切之爲膾聶之言牒也先藿葉切之復報切之則成膾**麋鹿爲菹野豕爲軒皆聶而不切麕爲辟雞兔爲宛脾皆聶而切之切葱若薤實之醯以柔之**此軒辟雞宛脾皆菹類也其作之狀以醯與葷菜淹之殺肉及腥氣也 疏 正義曰此一節明膾及麋菹齏細之異聶而切之者謂先牒爲大臠而後報切之爲膾也麋鹿爲菹以下已於內則具釋之 **其有折俎者取祭反之不坐燔亦如之**亦爲柄尺之類也燔炙也鄉射曰賓奠爵于薦西興取肺坐絕祭左手嚌之興加于俎坐挩手 **尸則坐**尸尊也少牢饋食禮曰尸左執爵右兼取肝肺擩于俎鹽振祭嚌之加于菹豆 疏 正義曰此一節問祭俎之儀折俎謂折骨於俎俎既有足柄尺之類故就俎取所祭肺立而取之升席坐祭祭訖反此所祭之物加之於俎皆立而爲之故云取祭反之不坐唯祭時坐耳 燔亦如之者燔謂燔

禮記疏四十五 二十二 毛瑞

足利本第四十五卷第二十三葉

肉雖非折骨其肉在俎其取及祭反時皆亦不坐故云燔亦如之 尸則坐者前云不坐者是賓客耳若爲尸尸尊雖折俎初取祭反之皆坐也 注尸尊至菹豆 正義曰引少牢饋食禮者證尸坐之義前注引鄉射禮云賓奠爵于薦西興取肺云興則立也此引少牢禮云尸左執爵右兼取肝腝不云興故知尸則坐菹豆盛菹之豆也 衣服在躬而不知其名爲罔 罔猶罔罔無知貌 疏 正義曰衣服文章所以表人之德亦勸人慕德若著之而不識知其名義者則是罔罔無知之人也 其未有燭而有後至者則以在者告道瞽亦然 爲其不見意欲知之也師冕見及階子曰階也及席子曰席也皆坐子告之曰某在斯某在斯 凡飲酒爲獻主者執燭抱燋客作而辭然後以授人 爲賓言也主人親執燭敬賓示不倦也言獻主者容君使宰夫也未爇曰燋 執燭不讓不辭不歌 以燭繼晝禮殺 疏 正義曰此一節明有燭無燭之儀爲主人法也 在者謂已在於坐者也若日已闇而坐中未有燭繼新有人後來至者則主人以在坐中者而告之云某人在此某人在此使後來人知之也 道瞽亦然者瞽無目恒如日闇故道示之亦如無燭時也 凡飲酒爲獻主者獻主主人也謂爲飲酒主人法也凡飲酒主人自獻賓若尊卑不敵則使宰夫爲主人以獻賓故云爲獻主也 執燭者謂夜闇執燭 抱燋者燋謂未爇之炬既欲留客又取未爇之炬抱之也 客作而辭者作起也客既見主人執燭抱燋故自起辭之也 然後以授人者主人見客起辭故從辭而止以燭乃授己執事之人 執燭不讓不辭不歌者執燭夜時也禮賓主有讓及更相辭謝又 洗盥執食各歌詩相顯德今既夜莫所以殺於三事

禮記義四十五　二十三

潘本第四十五卷第二十三葉

肉雖非折骨其肉在俎其取及祭反時皆亦不坐故云燔亦如之 尸則坐者前云不坐者是賓客耳若爲尸尸尊雖折俎初取祭反之皆坐也 注尸尊至菹豆 正義曰引少牢饋食禮者證尸坐之義前注引鄉射禮云賓奠爵于薦西興取肺云興則立也此引少牢禮云尸左執爵右兼取肝腝不云興故知尸則坐菹豆盛菹之豆也 衣服在躬而不知其名爲罔 罔猶罔罔無知貌 疏 正義曰衣服文章所以表人之德亦勸人慕德若著之而不識知其名義者則是罔罔無知之人也 其未有燭而有後至者則以在者告道瞽亦然 爲其不見意欲知之也師冕見及階子曰階也及席子曰席也皆坐子告之曰某在斯某在斯 凡飲酒爲獻主者執燭抱燋客作而辭然後以授人 爲賓言也主人親執燭敬賓示不倦也言獻主者容君使宰夫也未爇曰燋 執燭不讓不辭不歌 以燭繼晝禮殺 疏 正義曰此一節明有燭無燭之儀爲主人法也 在者謂已在於坐者也若日已闇而坐中未有燭繼新有人後來至者則主人以在坐中者而告之云某人在此某人在此使後來人知之也 道瞽亦然者瞽無目恒如日闇故道示之亦如無燭時也 凡飲酒爲獻主者獻主主人也謂爲飲酒主人法也凡飲酒主人自獻賓若尊卑不敵則使宰夫爲主人以獻賓故云爲獻主也 執燭者謂夜闇執燭 抱燋者燋謂未爇之炬既欲留客又取未爇之炬抱之也 客作而辭者作起也客既見主人執燭抱燋故自起辭之也 然後以授人者主人見客起辭故從辭而止以燭乃授己執事之人 執燭不讓不辭不歌者執燭夜時也禮賓主有讓及更相辭謝又 洗盥執食各歌詩相顯德今既夜莫所以殺於三事

禮記義四十五　二十三

足利本第四十五卷第二十四葉

飲者勿氣有問焉則辟咡而對示不敢歆臭也口旁曰咡疏正義曰洗謂與尊長洗足也盥謂與尊長洗手也若爲尊長洗盥及執尊長飲食則勿氣謂不以鼻噢尊長飲食也　有問焉則辟咡而對者咡口旁也當爲尊者洗盥及執飲食之時而尊者有事問己己則辟口而對不使口氣及尊者爲人祭曰致福爲己祭而致膳於君子曰膳祔練曰告此皆致祭祀之餘於君子也攝主言致福申其辭也自祭言膳謙也祔練言告不敢以爲福膳也凡膳告於君子主人展之以授使者于阼階之南南面再拜稽首送反命主人又再拜稽首展省具也其禮大牢則以

記義四十五　二十四　毛晉

牛左肩臂臑折九个少牢則以羊左肩七个犆豕則以豕左肩五个折斷分之也皆用左者右以祭也羊豕不言臂臑因牛序之可知疏正義曰此一節明致福及膳於君子及所膳牲體之數謂爲人攝祭而致飲胙於君子也其致胙將命之辭則曰致福也謂致彼祭祀之福於君子也爲己祭而致膳於君子曰膳者若己自祭而致胙於君子則不敢云福而言致膳膳善也言致善味耳　祔練曰告者若己祔祥而致胙又不敢云福膳但云告言以祭胙告君子使知己祔祥而已故顏回之喪饋孔子祥肉是也　凡膳告於君子者結上也膳自祭及告祥也　主人展之以授使者于阼階之南南面再拜稽首送者謂初遣使膳告君子之去時也展省視敬君子故主人自省視飲食多少備具而后阼階南稽首拜送使者　反命主人又再拜稽首者使從君子處還反則主人亦再拜稽

潘本第四十五卷第二十四葉

飲者勿氣有問焉則辟咡而對示不敢歆臭也口旁曰咡疏正義曰洗謂與尊長洗足也盥謂與尊長洗手也若爲尊長洗盥及執尊長飲食則勿氣謂不以鼻噢尊長飲食也　有問焉則辟咡而對者咡口旁也當爲尊者洗盥及執飲食之時而尊者有事問己己則辟口而對不使口氣及尊者爲人祭曰致福爲己祭而致膳於君子曰膳祔練曰告此皆致祭祀之餘於君子也攝主言致福申其辭也自祭言膳謙也祔練言告不敢以爲福膳也凡膳告於君子主人展之以授使者于阼階之南南面再拜稽首送反命主人又再拜稽首展省具也其禮大牢則以

禮記疏四十五　二十四　毛晉

牛左肩臂臑折九个少牢則以羊左肩七个犆豕則以豕左肩五个折斷分之也皆用左者右以祭也羊豕不言臂臑因牛序之可知疏正義曰此一節明致福及膳於君子及所膳牲體之數謂爲人攝祭而致飲胙於君子也其致胙將命之辭則曰致福也謂致彼祭祀之福於君子也爲己祭而致膳於君子曰膳者若己自祭而致胙於君子則不敢云福而言致膳膳善也言致善味耳　祔練曰告者若己祔祥而致胙又不敢云福膳但云告言以祭胙告君子使知己祔祥而已故顏回之喪饋孔子祥肉是也　凡膳告於君子者結上也膳自祭及告祥也　主人展之以授使者于阼階之南南面再拜稽首送者謂初遣使膳告君子之去時也展省視敬君子故主人自省視飲食多少備具而后阼階南稽首拜送使者　反命主人又再拜稽首者使從君子處還反則主人亦再拜稽

足利本第四十五卷第二十五葉

首受命也亦當在阼階南南面也曲禮云使者反必下堂而受命是也　其禮大牢則以牛左肩臂臑折九个者明所膳禮數也若得大牢祭者則用牛膳也周人牲體尚右右邊已祭所以獻左也周貴肩故用左肩也九个者取肩自上斷折之至蹄爲九段以獻之也臂臑謂肩腳也　少牢則以羊左肩七个者若禮得少牢者則膳羊左肩也折爲七个不云臂臑從上可知也然並用上牲不并備饌故大牢者唯牛少牢者唯羊也　犆豕則以豕左肩五个者若祭唯特豕亦用豕左肩亦用五个以爲膳也

國家靡敝則車不雕幾甲不組縢食　不刻鏤君子不履絲屨馬不常秣靡敝賦稅亟也雕畫也幾附纒爲沂鄂也組縢以組飾之及給帶也詩云公徒三萬貝冑朱綅亦鎧飾也

【疏】正義曰此一節明國家靡敝減省之禮靡謂修靡敝謂凋敝由君造作修靡賦稅煩急則物凋敝則攺往脩來或可靡爲糜謂財物糜散凋敝古字通用　車不雕幾者幾謂沂鄂不雕畫漆飾以爲沂鄂　甲不組縢者縢謂給帶其甲不用組以爲飾及給帶　君子不履絲屨者絲屨謂絇繶純之屬不以絲飾之故云不履絲屨　【注】組縢至飾也　正義曰云以組飾之者謂以組飾甲也云及給帶也者謂以組連甲及爲甲帶言給帶解經縢字縢是縛約之名故秦詩云竹閉組縢注云縢約也引詩公徒三萬者魯頌閟宮文引之者貝冑朱綅貝冑謂以貝飾冑朱綅綴之也謂以朱綅綴甲故鄭云亦鎧飾也

禮記義四十五　二十五　李信

禮記正義卷第四十五

潘本第四十五卷第二十五葉

首受命也亦當在阼階南南面也曲禮云使者反必下堂而受命是也　其禮大牢則以牛左肩臂臑折九个者明所膳禮數也若得大牢祭者則用牛膳也周人牲體尚右右邊已祭所以獻左也周貴肩故用左肩也九个者取肩自上斷折之至蹄爲九段以獻之也臂臑謂肩腳也　少牢則以羊左肩七个者若禮得少牢者則膳羊左肩也折爲七个不云臂臑從上可知也然並用上牲不并備饌故大牢者唯牛少牢者唯羊也　犆豕則以豕左肩五个者若祭唯特豕亦用豕左肩亦用五个以爲膳也

國家靡敝則車不雕幾甲不組縢食器不刻鏤君子不履絲屨馬不常秣靡敝賦稅亟也雕畫也幾附纒爲沂鄂也組縢以組飾之及給帶也詩云公徒三萬貝冑朱綅亦鎧飾也

【疏】正義曰此一節明國家靡敝減省之禮靡謂修靡敝謂凋敝由君造作修靡賦稅煩急則物凋敝則攺往脩來或可靡爲糜謂財物糜散凋敝古字通用　車不雕幾者幾謂沂鄂不雕畫漆飾以爲沂鄂　甲不組縢者縢謂給帶其甲不用組以爲飾及給帶　君子不履絲屨者絲屨謂絇繶純之屬不以絲飾之故云不履絲屨　【注】組縢至飾也　正義曰云以組飾之者謂以組飾甲也云及給帶也者謂以組連甲及爲甲帶言給帶解經縢字縢是縛約之名故秦詩云竹閉組縢注云縢約也引詩公徒三萬者魯頌閟宮文引之者貝冑朱綅貝冑謂以貝飾冑朱綅綴之也謂以朱綅綴甲故鄭云亦鎧飾也

禮記義四十五　二十五　李信

禮記正義卷第四十五

禮記正義卷第四十六

國子祭酒上護軍曲阜縣開國子臣孔穎達等奉

勑撰

學記第十八

正義曰案鄭目録云名曰學記者以其記人學教之義此於別録屬通論

發慮憲求善良足以謏聞不足以動衆 憲法也言發計慮當擬度於法式也求謂招來也謏之言小也動衆謂師役之事 就賢體遠足以動衆未足以化民 就謂躬下之體猶親也 君子如欲化民成俗其必由學乎 所學者聖人之道在方策

記義四十六 王佐

疏 正義曰此一節明雖有餘善欲化民成俗不如學之爲重 發慮憲者發謂起發慮謂謀慮憲謂法式也言有人不學而起發謀慮終不舉動必能擬度於法式故云發慮憲 求善良者良吾也又能招求善良之士 足以謏聞者謏之言小聞聞也言不學之人能有片識謀慮法式求善以自輔此是人身上小善故小有聲聞也 不足以動衆者衆謂師役也雖有以小善恩未被物若御軍動衆則不能故云不足以動衆也 就賢體遠者賢謂德行賢良屈下從就之遠謂才藝廣遠心意能親愛之也 足以動衆者以恩被於外故足以動衆也 未足以化民者雖復恩能動衆識見猶淺仁義未備故未足以化民也 君子如欲化民成俗者君謂君於上位子謂子愛下民謂天子諸侯及卿大夫欲教化其民成其美俗非學不可故云其必由學乎學則博識多聞知古知今既身有善行

禮記正義卷第四十六

國子祭酒上護軍曲阜縣開國子臣孔穎達等奉

勑撰

學記第十八

正義曰案鄭目録云名曰學記者以其記人學教之義此於別録屬通論

發慮憲求善良足以謏聞不足以動衆 憲法也言發計慮當擬度於法式也求謂招來也謏之言小也動衆謂師役之事 就賢體遠足以動衆未足以化民 就謂躬下之體猶親也 君子如欲化民成俗其必由學乎 所學者聖人之道在方策

禮記義四十六 王佐

疏 正義曰此一節明雖有餘善欲化民成俗不如學之爲重 發慮憲者發謂起發慮謂謀慮憲謂法式也言有人不學而起發謀慮終不動衆舉動必能擬度於法式故云發慮憲 求善良者良亦善也又能招求善良之士 足以謏聞者謏之言小聞聲聞也言不學之人能有片識謀慮法式求善以自輔此是人身上小善故小有聲聞也 不足以動衆者衆謂師役也雖有以小善恩未被物若御軍動衆則不能故云不足以動衆也 就賢體遠者賢謂德行賢良屈下從就之遠謂才藝廣遠心意能親愛之也 足以動衆者以恩被於外故足以動衆也 未足以化民者雖復恩能動衆識見猶淺仁義未備故未足以化民也 君子如欲化民成俗者君謂君於上位子謂子愛下民謂天子諸侯及卿大夫欲教化其民成其美俗非學不可故云其必由學乎學則博識多聞知古知今既身有善行

足利本第四十六卷第二葉

示民軌[儀]故可以化民成俗也 注憲法至之事 正義曰憲法釋詁文謏之言小也言謏音近小故云謏之言小也云動衆謂師役之事者動衆以與化民相對化民事難動衆稍易故知是師役之事 注所學至方策 正義曰鄭恐所學唯小小才藝之事故云所學者聖人之道以其化民成俗非聖人之道不可云在方策者下篇文武之道布在方策是也 玉不琢不成器人不學不知道是故古之王者建國君民教學爲先 謂内則設師保以敎使國子學焉外則有大學庠序之官 兌命曰念終始典于學其此之謂乎 典經也言學之不舍業也兌當爲說字之誤也高宗夢傳說求而得之作說命三篇在尚書今亡 疏 正義曰此一節論喻學之爲美故先立學之事 王者建國君民教學爲先者建國謂建立其國君民謂君長其民内則設師保外則設庠序以教之故云教學爲先 兌命曰念終始典于學者記者明教學事重不可暫廢故引兌命以證之言殷相傳說告高宗云意恒思念從始至終習經典於學也 其此之謂乎者言此經所謂教學爲先則兌命念終始典于學也 注典經至今亡 正義曰典經也釋言文言學不舍業即經云終始思念經典是不舍業也言高宗夢傳說者書序云高宗夢得說作說命三篇高宗殷王武丁其德高可尊故號高宗其事具尚書篇見在鄭云今亡者鄭不見古文尚書故也 雖有嘉肴弗食不知其旨也雖有至道弗學不知其善也 旨美也 是故學然後知不足敎然後知困 學則睹己行之所短敎則見己道之所未達 知不足然後能自反也知困

記義四十六 二 徐通

潘本第四十六卷第二葉

示民軌儀故可以化民成俗也 注憲法至之事 正義曰憲法釋詁文謏之言小也言謏音近小故云謏之言小也云動衆謂師役之事者動衆以與化民相對化民事難動衆稍易故知是師役之事 注所學至方策 正義曰鄭恐所學唯小小才藝之事故云所學者聖人之道以其化民成俗非聖人之道不可云在方策者下篇文武之道布在方策是也 玉不琢不成器人不學不知道是故古之王者建國君民教學爲先 謂内則設師保以敎使國子學焉外則有大學庠序之官 兌命曰念終始典于學其此之謂乎 典經也言學之不舍業也兌當爲說字之誤也高宗夢傳說求而得之作說命三篇在尚書今亡 疏 正義曰此一節論喻學之爲美故先立學之事 王者建國君民教學爲先者建國謂建立其國君民謂君長其民内則設師保外則設庠序以敎之故云教學爲先 兌命曰念終始典于學者記者明教學事重不可暫廢故引兌命以證之言殷相傳說告高宗云意恒思念從始至終習經典於學也 其此之謂乎者言此經所謂教學爲先則兌命念終始典于學也 注典經至今亡 正義曰典經也釋言文言學不舍業即經云終始思念經典是不舍業也言高宗夢傳說者書序云高宗夢得說作說命三篇高宗殷王武丁其德高可尊故號高宗其事具尚書篇見在鄭云今亡者鄭不見古文尚書故也 雖有嘉肴弗食不知其旨也雖有至道弗學不知其善也 旨美也 是故學然後知不足敎然後知困 學則睹己行之所短敎則見己道之所未達 知不足然後能自反也知困

禮記義四十六 二 徐通

足利本第四十六卷第三葉

然後能自強也故曰教學相長也 自反求諸己也自強
脩業不敢倦 兌命曰學學半其此之謂乎 言學人乃益己
之學半 疏 正義曰此一節明教學相益雖有嘉肴弗食不知其旨也者嘉善也旨美也雖有嘉美之肴兼
陳列於前若不食即不知其肴之美也 雖有至道弗學
不知其善也者至謂至極雖有至極大道若不學則不知
大道之善 是故學然後知不足者若不學之時諸事蕩然
不知己身何長何短若學則知己之所短有不足之處也
教然後知困者不教之時謂己諸事皆通若其教人則
知己有不通而事有困困則甚於不足矣 知不足然
後能自反也者凡人皆欲嚮前相進既知不足然後能自
反嚮身而求諸己之困故反學矣 知困然後能自強也
者凡人多有懈怠既知困弊然後能自強學其身不復懈
怠 故曰教學相長也者謂教能長益於善教學之時

禮記義四十六 三 徐進

然後知己困而乃強學之是教能長學善也學則道業成
就於教益善是學能相長也但此禮本明教之長學 兌
命曰學學半者上學為教音斆下學者謂習也謂學習也
言教人乃是益己學之半也說命所云其此之謂乎言學
習不可暫廢故引說命以證之言
恒思念從始至終習于學也 古之教者家有塾
黨有庠術有序國有學 術當為遂聲之誤也 古者仕焉而已者歸
教於閭里朝夕坐於門門側之堂謂之塾周禮五百家
為黨萬二千五百家為遂黨屬於鄉遂在遠郊之外 比
年入學 學者每歲來入也 中年考校 中猶間也鄉遂大夫間歲則考學者之德
行道藝周禮三歲大比乃考焉 一年視離經辨志三年視敬
業樂群五年視博習親師七年視論學

潘本第四十六卷第三葉原缺抄補

然後能自強也故曰教學相長也 自反求諸己也自強
脩業不敢倦 兌命曰學學半其此之謂乎 言學人乃益己之學
半 疏 正義曰此一節明教學相益雖有嘉肴弗食不知
其旨也者嘉善也旨美也雖有嘉美之肴兼陳列
於前若不食即不知其肴之美也 雖有至道弗學不知
其善也者至謂至極雖有至極大道若不學則不知大道
之善 是故學然後知不足也者若不學之時諸事蕩然
不知己身何長何短若學則知己之所短有不足之處也
教然後知困者不教之時謂己諸事皆通若其教人則
知己有不通而事有困弊困則甚於不足矣 知不足然
後能自反也者凡人皆欲嚮前相進既知不足然後能自
反嚮身而求諸己之困故反學矣 知困然後能自強也
者凡人多有解怠既知困弊然後能自強學其身不復解
怠也 故曰教學相長也者謂教能長益於善教學之時

禮記正義四十六 三

然後知己困而乃強學之是教能長學善也學則道業成
就於教益善是學能相長也但此禮本明教之長學兌命
曰學學半者上學為教音斆下學者謂習也謂學習也言
教人乃是益己學之半也說命所云其此之謂乎言學習
不可暫廢故引說命以證之言恒
思念從始至終習禮典於學也 古之教者家有
塾黨有庠術有序國有學 術當為遂聲之誤也 古者仕焉而已者歸
教於閭里朝夕坐於門門側之堂謂之塾周禮五百家為
黨萬二千五百家為遂黨屬於鄉遂在遠郊之外
比年入學 學者每歲來入也 中年考校 中猶間也鄉遂大夫間歲
則考學者之德行道藝 周禮三歲大比乃考焉 一年視離經辨志三年視
敬業樂群五年視博習親師七年視論學

足利本第四十六卷第四葉

取友謂之小成九年知類通達強立而不反謂之大成離經斷句絶也辨志謂別其心意所趣鄉也知類知事義之比也強立臨事不惑也不反不違失師道夫然後足以化民易俗近者說服而遠者懷之此大學之道也懷來也安也記曰蛾子時術之其此之謂乎蛾蚍蜉也蚍蜉之子微蟲耳時術蚍蜉之所爲其功乃復成大垤[illegible]義曰此一節明國家立庠序上下之殊并明入學年歲之差古之敎者謂上代也家有塾者此明學之所在周禮百里之内二十五家爲閭同共一巷巷首有門門邊有塾謂民在家之時朝夕出入恒受敎於塾故云家有塾白虎通云[illegible]百里皆有師里中之老有道德者爲里右師其[illegible]師敎里中之子弟以道藝孝悌仁義也黨有庠者[illegible]謂周禮五百家也庠學名也於黨中立學敎閭中所升者也術有序者術遂也周禮萬二千五百家爲遂遂有序亦學名於遂中立學敎黨學所升者也國有學者國謂天子所都及[illegible]中也周禮天子立四代學以敎世子羣后之子及[illegible]俊選所升之士也而尊魯亦立四代學餘諸侯於[illegible]立時王之學故云國有學也比年入學者比年謂每年也謂年年恒入學也中年考校者中猶閒也謂每閒一歲鄉遂大夫考校其藝也一年視離經辨志者謂學者初入學一年鄉遂大夫於年終之時考視其業離經謂離析經理使章句斷絶也辨志謂辨其志意趣鄉習學何經矣三年視敬業樂羣者謂學者入學三年考校之時視此學者敬業謂藝業長者敬而親之樂羣謂羣居朋友善者願而樂之五年視博習親師者言五年考校之時視此學者博習謂廣博學習也親師謂親愛其師七年視論學取友者言七年考校之時視此

禮記義四十六　四

潘本第四十六卷第四葉

取友謂之小成九年知類通達強立而不反謂之大成離經斷句絶也辨志謂別其心意所趣鄉也知類知事義之比也強立臨事不惑也不反不違失師道夫然後足以化民易俗近者說服而遠者懷之此大學之道也懷來也安也記曰蛾子時術之其此之謂乎蛾蚍蜉也蚍蜉之子微蟲耳時術蚍蜉之所爲其功乃復成大垤疏正義曰此一節明國家立庠序上下之殊并明入學年歲之差古之敎者謂上代也家有塾者此明學之所在周禮百里之内二十五家爲閭同共一巷巷首有門門邊有塾謂民在家之時朝夕出入恒受敎於塾故云家有塾白虎通云古之敎民百里皆有師里中之老有道德者爲里右師其次爲左師敎里中之子弟以道藝孝悌仁義也黨有庠者黨謂周禮五百家也庠學名也於黨中立學敎閭中所升者也術有序者術遂也周禮萬二千五百家爲遂遂有序亦學名於遂中立學敎黨學所升者也國有學者國謂天子所都及諸侯國中也周禮天子立四代學以敎世子羣后之子及鄉中俊選所升之士也而尊魯亦立四代學餘諸侯於國但立時王之學故云國有學也比年入學者比年謂每年也謂年年恒入學也中年考校者中猶閒也謂每閒一歲鄉遂大夫考校其藝也一年視離經辨志者謂學者初入學一年鄉遂大夫於年終之時考視其業離經謂離析經理使章句斷絶也辨志謂辨其志意趣鄉習學何經矣三年視敬業樂羣者謂學者入學三年考校之時視此學者敬業謂藝業長者敬而親之樂羣謂羣居朋友善者願而樂之五年視博習親師者言五年考校之時視此學者博習謂廣博學習也親師謂親愛其師七年視論學取友者言七年考校之時視此

禮記義四十六　四

足利本第四十六卷第五葉

學者論學謂學問嚮成論說學之是非取友謂選擇好人
取之爲友 謂之小成者比六年之前其業稍成比九年
之學其業小故曰小成 九年知類通達強立而不反者
謂九年考校之時視此學者言知義理事類通達無疑強
立謂專強獨立不有疑滯而不反謂不違失師教之道謂
之大成 此大學之道也者言如此所論是大學賢聖之
道理非小學技藝耳 記曰蛾子時術之者謂舊人之記
先有此語記禮者引舊記之言故云蛾子時術之蟻子小
蟲蚍蜉之子時時術學銜土之事而成大垤猶如學者時
時學問而成大道矣[illegible]之所云其此學問之謂乎 注術
當至之外 正義曰[illegible]術周禮作遂者此記與黨連文
故知術當爲遂以聲[illegible]而錯誤也云古者仕焉而已者
歸教於閭里朝夕坐於門者已猶退也謂仕年老而退歸
者案書傳說云大夫七十而致仕而退老歸其鄉里大夫
爲[illegible]師士爲少師新穀已入餘子皆入學距冬至四十五
[illegible]始出學上老平明坐於右塾庶老坐於左塾餘子畢出

記義四十六 五 徐遇

然[illegible]歸夕亦如之云門側之堂謂之塾者爾雅釋宮文
引周禮者證黨遂之異案周禮六鄉之内五家爲比五比
爲閭四閭爲族五族爲黨五黨爲州五州爲鄉六遂之内
五家爲鄰五鄰爲里四里爲酇五酇爲鄙五鄙爲縣五縣
爲遂今此經六鄉[illegible]遂舉序則餘閭里以上皆有學
可知故此注云歸教[illegible]閭里其比與鄰近止五家而已不
必皆有學云遂在遠[illegible]之外者案周禮遂人掌野之官百
里之外故知遂在遠郊之外鄭注州長職云序州黨之學
則黨學曰序此云黨有庠者鄉學曰庠故鄉飲酒之義云
主人拜迎賓于庠門之外注云庠鄉學也州黨曰序此云
黨有庠者是鄉之所居黨爲鄉學之庠不別立序凡六鄉
之内州學以下皆爲庠[illegible]遂之内縣學以下皆爲序也皇
氏云遂學曰庠與此文違其義非也庾氏云黨有庠謂夏
殷禮非周法義或然也 注中猶至考焉 正義曰閒年
謂下一年三年五年七年之類是也云鄉遂大夫閒歲則
考學者計學者入學多少之閒歲非是鄉遂大夫閒歲三

潘本第四十六卷第五葉

學者論學謂學問嚮成論說學之是非取友謂選擇好人
取之爲友 謂之小成者比六年之前其業稍成比九年
之學其業小故曰小成 九年知類通達強立而不反者
謂九年考校之時視此學者言知義理事類通達無疑強
立謂專強獨立不有疑滯而不反謂不違失師教之道謂
之大成 此大學之道也者言如此所論是大學賢聖之
道理非小學技藝耳 記曰蛾子時術之者謂舊人之記
先有此語記禮者引舊記之言故云蛾子時術之蟻子小
蟲蚍蜉之子時時術學銜土之事而成大垤猶如學者時
時學問而成大道矣記之所云其此學問之謂乎 注術
當至之外 正義曰此云術周禮作遂者此記與黨連文
故知術當爲遂以聲相近而錯誤也云古者仕焉而已者
歸教於閭里朝夕坐於門者已猶退也謂仕年老而退歸
者案書傳說云大夫七十而致仕而退老歸其鄉里大夫
爲父師士爲少師新穀已入餘子皆入學距冬至四十五
日始出學上老平明坐於右塾庶老坐於左塾餘子畢出

禮記義四十六 五 徐遇

然後皆歸夕亦如之云門側之堂謂之塾者爾雅釋宮文
引周禮者證黨遂之異案周禮六鄉之内五家爲比五比
爲閭四閭爲族五族爲黨五黨爲州五州爲鄉六遂之内
五家爲鄰五鄰爲里四里爲酇五酇爲鄙五鄙爲縣五縣
爲遂今此經六鄉舉黨六遂舉序則餘閭里以上皆有學
可知故此注云歸教於閭里其比與鄰近止五家而已不
必皆有學云遂在遠郊之外者案周禮遂人掌野之官百
里之外故知遂在遠郊之外鄭注州長職云序州黨之學
則黨學曰序此云黨有庠者鄉學曰庠故鄉飲酒之義云
主人拜迎賓于庠門之外注云庠鄉學也州黨曰序此云
黨有庠者是鄉之所居黨爲鄉學之庠不別立序凡六鄉
之内州學以下皆爲庠六遂之内縣學以下皆爲序也皇
氏云遂學曰庠與此文違其義非也庾氏云黨有庠謂夏
殷禮非周法義或然也 注中猶至考焉 正義曰閒年
謂下一年三年五年七年之類是也云鄉遂大夫閒歲則
考學者計學者入學多少之閒歲非是鄉遂大夫閒歲三

年入學也云周禮三歲大比乃考焉者鄭引周禮三年大比考校則此中年考校非周禮也故周禮鄉大夫職云三年大比而興賢者能者皇氏云此中年考校亦周法非也皇氏又以此中年考校明鄉遂學也下文云一年視離經辨志以下皆謂國學也但應入大學者自國家考校之耳其未入大學者鄉大夫考校也　注蛾蚍蜉也蚍蜉之子　案釋蟲云蚍蜉大螘小者螘是蟻爲蚍蜉大者又云蟻子故云蚍蜉之子也

大學始教皮弁祭菜示敬道也皮弁天子之朝朝服也祭菜禮先聖先師菜謂芹藻之屬宵雅肄三始也宵之言小也肄習也習小雅之三謂鹿鳴四牡皇皇者華也此皆君臣宴樂相勞苦之詩爲始學者習之所以勸之以官且取上下相和厚入學鼓篋其業也鼓篋擊鼓警衆乃發篋出所治經業也孫猶恭順也夏楚二物收威也夏榎也楚荆也二者所以扑撻犯禮者收謂收斂整齊之威威儀也未卜禘不視學游其志也禘大祭也天子諸侯既祭乃視學考校以游暇學者之志時觀而弗其心也使之悱悱憤憤然後啓發也幼者聽而弗問學不躐等也學教也教之長稺此七者教之大倫也倫理也自大學始教至此其義七也記曰凡學官先事士先其此之謂乎官居官者也士學士也

疏正義曰此一節明子諸侯教學大理凡有七種各依文解之　大學始教者大學謂天子諸侯使學者入大學習先王之道矣熊氏云始教謂始立學教　皮弁祭菜者謂天子使有司服皮弁祭先聖先師以蘋藻之菜

禮記義四十六　六　李忠

足利本第四十六卷第六葉

年入學也云周禮三歲大比乃考焉者鄭引周禮三年大比考校則此中年考校非周禮也故周禮鄉大夫職云三年大比而興賢者能者皇氏云此中年考校亦周法非也皇氏又以此中年考校謂鄉遂學也下文云一年視離經辨志以下皆謂國學亦非也但應入大學者自國家考校之耳其未入大學者鄉遂大夫考校也　注蛾蚍蜉也蚍蜉之子　案釋蟲云蚍蜉大螘小者螘是蟻爲蚍蜉大者又云蟻子故云蚍蜉之子也

大學始教皮弁祭菜示敬道也皮弁天子之朝朝服也祭菜禮先聖先師菜謂芹藻之屬宵雅肄三官其始也宵之言小也肄習也習小雅之三謂鹿鳴四牡皇皇者華也此皆君臣宴樂相勞苦之詩爲始學者習之所以勸之以官且取上下相和厚入學鼓篋孫其業也鼓篋擊鼓警衆乃發篋出所治經業也孫猶恭順也夏楚二物收其威也夏榎也楚荆也二者所以扑撻犯禮者收謂收斂整齊之威威儀也未卜禘不視學游其志也禘大祭也天子諸侯既祭乃視學考校以游暇學者之志時觀而弗語存其心也使之悱悱憤憤然後啓發也幼者聽而弗問學不躐等也學教也教之長稺此七者教之大倫也倫理也自大學始教至此其義七也記曰凡學官先事士先志其此之謂乎官居官者也士學士也

疏正義曰此一節明天子諸侯教學大理凡有七種各依文解之　大學始教者大學謂天子諸侯使學者入大學習先王之道矣熊氏云始教謂始立學教　皮弁祭菜者謂天子使有司服皮弁祭先聖先師以蘋藻之菜

禮記義四十六　六　李忠

潘本第四十六卷第六葉

足利本第四十六卷第七葉

也　示苟道也者崔氏云著皮弁祭菜蔬並是質素示學
者以謙敬之道矣 注 祭菜禮先聖先師　正義曰熊氏
云以注禮先聖先師之義解經始教謂始立學也若學士
春始入學唯得祭先師故文王世子云春官釋奠于其先
師秋冬唯祭先師而[illegible]不祭先聖故大胥春釋菜合舞鄭
云釋菜禮先師是春始[illegible]學不祭先聖也皇氏云以爲始
教謂春時學士始入學[illegible]其義恐非　宵雅肄三官其始
也宵小也肄習也當祭[illegible]之時使歌小雅習其三篇鹿鳴
四牡皇皇者華取其上下之官勸其始學之人使上下順
序也故云官其始[illegible]謂以官勸其始也 注 宵之至和
厚　正義曰宵音[illegible]讀從小案鄉飲酒禮燕禮皆歌
鹿鳴四牡皇皇者[illegible]四年穆叔如晉歌小雅三篇故
知鹿鳴四牡皇皇者華也云爲始學者習之所以勸之以
官者小雅三篇皆君臣燕樂及相勞苦今爲學者歌之欲
使學者得爲官與君臣相燕樂各自勸勵故云所以勸之
以[illegible]此云始者謂學者始來入學故云始入學習之也

禮記義四十六　七　朱周

[illegible]孫其業也　入學謂學士入學之時大胥之
官[illegible]擊鼓以召之學者既至發其筐篋以出其書故云鼓
篋也所以然者欲使學者孫其業謂恭順其所持經業
注 鼓篋至業也　正義曰鼓謂擊鼓故大胥云用樂者以
鼓徵學士文王世[illegible]明鼓徵所以警衆也文王世子
云謂天子視學之[illegible]警衆也若是凡常入學用樂及
爲祭祀用樂者以[illegible]學士是也　夏楚二物收其威也
學者不勤其業師則以夏楚二物以笞撻之所以然者
欲令學者畏之收斂其[illegible]儀也 注 夏楚至禮者　正義
曰爾雅釋木云槄山榎[illegible]景純云今之山楸盧氏云扑作
教刑是扑撻犯禮者　[illegible]卜禘不視學游其志也　皇氏
云禘大祭在於夏天[illegible]諸侯視學之時必在禘祭之後未
卜禘謂未爲禘也禘[illegible]大祭必先卜故連言之是未爲禘
祭不視學所以然者[illegible]游其學者之志謂優游縱暇學者
之志不欲急切之故[illegible]祭之後乃視學考校優劣焉
禘大至考校　正義[illegible]禘大祭爾雅釋天文云天子諸侯 注

潘本第四十六卷第七葉

也　示敬道也者崔氏云著皮弁祭菜蔬並是質素示學
者以謙敬之道矣 注 祭菜禮先聖先師　正義曰熊氏
云以注禮先聖先師之義解經始教謂始立學也若學士
春始入學唯得祭先師故文王世子云春官釋奠于其先
師秋冬唯祭先師而已不祭先聖故大胥春釋菜合舞鄭
云釋菜禮先師是春始入學不祭先聖也皇氏云以爲始
教謂春時學士始入學也其義恐非　宵雅肄三官其始
也宵小也肄習也當祭菜之時使歌小雅習其三篇鹿鳴
四牡皇皇者華取其上下之官勸其始學之人使上下順
序也故云官其始也亦謂以官勸其始也 注 宵之至和
厚　正義曰宵音近小故讀從小案鄉飲酒禮燕禮皆歌
鹿鳴四牡皇皇者華又襄四年穆叔如晉歌小雅三篇故
知鹿鳴四牡皇皇者華也云爲始學者習之所以勸之以
官者小雅三篇皆君臣燕樂及相勞苦今爲學者歌之欲
使學者得爲官與君臣相燕樂各自勸勵故云所以勸之
以官也此云始者謂學者始來入學故云始入學習之也

禮記義四十六　七　朱周

入學鼓篋孫其業也　入學謂學士入學之時大胥之
官先擊鼓以召之學者既至發其筐篋以出其書故云鼓
篋也所以然者欲使學者孫其業謂恭順其所持經業
注 鼓篋至業也　正義曰鼓謂擊鼓故大胥云用樂者以
鼓徵學士文王世子云大明鼓徵所以警衆也文王世子
云謂天子視學之時擊鼓警衆也若是凡常入學用樂及
爲祭祀用樂者以鼓徵學士是也　夏楚二物收其威也
學者不勤其業師則以夏楚二物以笞撻之所以然者
欲令學者畏之收斂其威儀也 注 夏楚至禮者　正義
曰爾雅釋木云槄山榎郭景純云今之山楸盧氏云扑作
教刑是扑撻犯禮者　未卜禘不視學游其志也　皇氏
云禘大祭在於夏天子諸侯視學之時必在禘祭之後未
卜禘謂未爲禘也禘是大祭必先卜故連言之是未爲禘
祭不視學所以然者欲游其學者之志謂優游縱暇學者
之志不欲急切之故禘祭之後乃視學考校優劣焉
禘大至考校　正義曰禘大祭爾雅釋天文云天子諸侯 注

足利本第四十六卷第八葉

既祭乃視學者謂於[illegible]祭之時既爲禘祭之後乃視學考校當祭之年故云未卜禘不視學若不當禘祭之年亦待時祭之後乃視學也此視學謂考試學者經業或君親往或使有司爲之非天子[illegible]禮視學也若大禮視學在仲春仲秋及季春故文王世[illegible]云凡大合樂必遂養老注云大合樂謂春入學舍菜合[illegible]秋須學合聲於是時也天子則視學焉月令季春大合[illegible]天子率三公九卿而視學焉與此別也視學既在夏祭之[illegible]後則天子春秋視學亦應在春秋時祭之後此舉未卜禘不視學則餘可知也熊氏云此禘謂夏正郊天視學[illegible]仲春視學若郊天則不視學若如熊氏義禮不王不禘[illegible]何得云天子諸侯既祭乃視學既連諸侯言之則此[illegible]天熊説非也　時觀而弗語存其心也　時觀謂教者時時觀之而不丁寧告語所以然者欲使學者存其心也既不告語學者則心憤憤口悱悱[illegible]後啓之學者則存其心也　幼者聽而弗問　教學之[illegible]疑滞未曉必須問師則幼者但聽長者解説不

記義四十六　八　宋琳

得[illegible]長者諮問幼者但聽之耳　學不躐等也者學教也躐踰越也言教此學者令其謙退不敢踰越等差若其幼者輒問不推長者則與長者抗行意有驕矜今唯使聽而不問故云學不躐等也　此七者教之大倫也　倫理也言前七等之事[illegible]大理也　記曰至謂乎引舊記結上七事凡學謂[illegible]官學爲士者官先事士先志者若學爲官則先教以[illegible]官之事若學爲士則先喻教以學上之志故先七事皆是教學居官及學士者　其此之謂[illegible]者記者所云其此在上七事之謂乎

大[illegible]之教也時教必有正業退息必有[illegible]　[illegible]居有[illegible]居也　學不學操縵不能安弦　操縵雜弄　不學[illegible]依不能安詩　博依廣譬喻也依或爲衣　不學雜服不能安禮　雜服冕服皮弁之屬雜或爲雅　不興其

潘本第四十六卷第八葉

既祭乃視學者謂於夏祭之時既爲禘祭之後乃視學考校當祭之年故云未卜禘不視學若不當禘祭之年亦待時祭之後乃視學也此視學謂考試學者經業或君親往或使有司爲之非天子大禮視學也若大禮視學在仲春仲秋及季春故文王世子云凡大合樂必遂養老注云大合樂謂春入學舍菜合舞秋須學合聲於是時也天子則視學焉月令季春大合樂天子率三公九卿而視學焉與此別也視學既在夏祭之後則天子春秋視學亦應在春秋時祭之後此舉未卜禘不視學則餘可知也熊氏云此禘謂夏正郊天視學謂仲春視學若郊天則不視學若如熊氏義禮不王不禘鄭注何得云天子諸侯既祭乃視學既連諸侯言之則此禘非祭天熊説非也　時觀而弗語存其心也　時觀謂教者時時觀之而不丁寧告語所以然者欲使學者存其心也既不告語學者則心憤憤口悱悱然後啓之學者則存其心也　幼者聽而弗問　教學之法若有疑滞未曉必須問師則幼者但聽長者解説不

禮記義四十六　八　宋琳

得輒問推長者諮問幼者但聽之耳　學不躐等也者學教也躐踰越也言教此學者令其謙退不敢踰越等差若其幼者輒問不推長者則與長者抗行意有驕矜今唯使聽而不問故云學不躐等也　此七者教之大倫也　倫理也言前七等之事是教學大理也　記曰至謂乎引舊記結上七事凡學謂學爲官學爲士者官先事士先志者若學爲官則先教以居官之事若學爲士則先喻教以學士之志故先七事皆是教學居官及學士者　其此之謂乎者記者所云其此在上七事之謂乎

大學之教也時教必有正業退息必有居　有居有常居也　學不學操縵不能安弦　操縵雜弄　不學博依不能安詩　博依廣譬喻也依或爲衣　不學雜服不能安禮　雜服冕服皮弁之屬雜或爲雅　不興其

藝不能樂學興之言喜也歆也藝謂禮樂射御書數故君子之於學也藏焉脩焉息焉遊焉藏謂懷抱之脩習也息謂作勞佚止於之息遊謂閒暇無事於之遊夫然故安其學而親其師樂其友而信其道是以雖離師輔而不反也兌命曰敬孫務時敏厥脩乃來其此之謂乎敬孫敬道孫業也敏疾也厥其也學者務及時而疾其所脩之業乃來【疏】正義曰此一節論教學之道必當優柔寬緩不假急速遊息孫順其學乃成　大學之教也時者言教學之道當以時習之教必有正業者正業謂先王正典非諸子百家是教必用正典教之也　退息必有居者退息謂學者疲倦而暫休

記義四十六　九　宋琳

息有居謂學者退息必有常居之處各與其友同居得相諮決不可雜濫也　學不學操縵不能安弦者此以下並正業積漸之事也此教樂也樂主和故在前然後須以積漸故操縵爲前也操縵者雜弄也弦琴瑟之屬學之須漸言人將學琴瑟若不先學調弦雜弄則手指不便手指不便則不能安正其弦先學雜弄然後音曲乃成也　不學博依不能安詩者此教詩法者詩是樂歌故次樂也博廣也依謂依倚也謂依倚譬喻也若欲學詩先依倚廣博譬喻若不學廣博譬喻則不能安善其詩以詩譬喻故也　不學雜服不能安禮者此教禮法也前詩後禮亦其次也　雜服自衮而下至皮弁朝服玄端之屬禮謂禮經也禮緫正體在於服章以表貴賤今若欲學禮而不能明雜衣服則心不能安善於禮也　不興其藝不能樂學者此揔結上三事並先從小起義也興謂歆喜也故爾雅云歆喜興也藝謂操縵博依六藝之等若欲學詩書正典意不歆喜其雜藝則不能耽翫樂於所學之正道　故君子之於

足利本第四十六卷第九葉

潘本第四十六卷第九葉

藝不能樂學興之言喜也歆也藝謂禮樂射御書數故君子之於學也藏焉脩焉息焉遊焉藏謂懷抱之脩習也息謂作勞休止於之息遊謂閒暇無事於之遊夫然故安其學而親其師樂其友而信其道是以雖離師輔而不反也兌命曰敬孫務時敏厥脩乃來其此之謂乎敬孫敬道孫業也敏疾也厥其也學者務及時而疾其所脩之業乃來【疏】正義曰此一節論教學之道必當優柔寬緩不假急速遊息孫順其學乃成　大學之教也時者言教學之道當以時習之教必有正業者正業謂先王正典非諸子百家是教必用正典教之也　退息必有居者退息謂學者疲倦而暫休

禮記義四十六　九　宋琳

息有居謂學者退息必有常居之處各與其友同居得相諮決不可雜濫也　學不學操縵不能安弦者此以下並正業積漸之事也此教樂也樂主和故在前然後須以積漸故操縵爲前也操縵者雜弄也弦琴瑟之屬學之須漸言人將學琴瑟若不先學調弦雜弄則手指不便手指不便則不能安正其弦先學雜弄然後音曲乃成也　不學博依不能安詩者此教詩法者詩是樂歌故次樂也博廣也依謂依倚也謂依倚譬喻也若欲學詩先依倚廣博譬喻若不學廣博譬喻則不能安善其詩以詩譬喻故也　不學雜服不能安禮者此教禮法也前詩後禮亦其次也　雜服自衮而下至皮弁朝服玄端之屬禮謂禮經也禮緫正體在於服章以表貴賤今若欲學禮而不能明雜衣服則心不能安善於禮也　不興其藝不能樂學者此揔結上三事並先從小起義也興謂歆喜也故爾雅云歆喜興也藝謂操縵博依六藝之等若欲學詩書正典意不歆喜其雜藝則不能耽翫樂於所學之正道　故君子之於

足利本第四十六卷第十葉

學也藏焉脩焉息焉焉者故謂因上起下之辭學雖
漸故君子之人爲學之法恒使業不離身藏謂心常懷抱
學業也脩謂脩習不廢也息謂作事倦息之時而亦存學
也遊謂閒暇無事遊行之時亦在於學言君子於學無時
暫替也　夫然故安其而親其師者此明親師愛友也
然如此也若能藏脩息無時暫替能如此者乃能安其
所學業言安學業既深知此深由本師故至於親愛師
也　樂其友者師既獲親同志之友亦被於樂重然前三
年樂羣五年親師親師在樂羣之後而此前親師後樂友
者羣即友也爲義然前明始學故樂友在前此明學業
已成故親師爲首矣　信其道者其道已道也既親師
樂友已道深明心自不復虛妄一云信師友之道前
安學故乃親師樂友後乃信道也　是以雖離師輔而不
反也者輔即友也友主切磋是輔己之道深遠也離猶違
也己道深明不復虛妄心自信之若假令違離師友獨在
一處講説不違反於師友昔日之意言此則強立不反

記義四十六　十　宋壽

也　兌命曰者引尚書合結之　敬孫務時敏者此句結
積習也當能敬重其道孫順學業而務習其時疾速行之
故云敬孫務時敏敏猶疾速也　厥脩乃來者此句結親
師敬道也厥其也若敬孫以時疾行不廢則其所脩之業
乃來謂所學得成也所以尊師樂友其
此之謂乎者兌命所云其此經之謂乎
今之教者呻
其佔畢多其訊　呻吟也佔視也簡謂之畢訊猶問也言今之師自不曉經之義但吟
誦其所視簡之文多其難問也呻或爲慕訊或爲訾　言及于數　其發言出説不首其義動云有
所法象而已　進而不顧其安　務其所誦多不惟其未曉　使人不由
其誠　由用也使學者誦之而爲之説不用其誠　教人不盡其材　材道
也謂師有所隱也易曰兼三材而兩之謂天地人之道　其施之也悖其求之

潘本第四十六卷第十葉

學也藏焉脩焉息焉遊焉者故謂因上起下之辭學雖積
漸故君子之人爲學之法恒使業不離身藏謂心常懷抱
學業也脩謂脩習不廢也息謂作事倦息之時而亦存學
也遊謂閒暇無事遊行之時亦在於學言君子於學無時
暫替也　夫然故安其學而親其師者此明親師愛友也
然如此也若能藏脩息遊無時暫替能如此者乃能安其
所學業言安學業既深必知此深由本師故至於親愛師
也　樂其友者師既獲親而同志之友亦被於樂重然前三
年樂羣五年親師親師在樂羣之後而此前親師後樂友
者羣即友也爲義然也前明始學故樂友在前此明學業
已成故親師爲首矣　而信其道者其道已道也既親師
樂友已道深明心自説信不復虛妄一云信師友之道前
安學故乃親師樂友後乃信道也　是以雖離師輔而不
反也者輔即友也友主切磋是輔己之道深遠也離猶違
也己道深明不復虛妄心自信之若假令違離師友獨在
一處而講説不違反於師友昔日之意言此則強立不反

禮記義四十六　十　宋壽

也　兌命曰者引尚書合結之　敬孫務時敏者此句結
積習也當能敬重其道孫順學業而務習其時疾速行之
故云敬孫務時敏敏猶疾速也　厥脩乃來者此句結親
師敬道也厥其也若敬孫以時疾行不廢則其所脩之業
乃來謂所學得成也所以尊師樂友其
此之謂乎者兌命所云其此經之謂乎
今之教者呻
其佔畢多其訊　呻吟也佔視也簡謂之畢訊猶問也言今之師自不曉經之義但吟
誦其所視簡之文多其難問也呻或爲慕訊或爲訾　言及于數　其發言出説不首其義動云有
所法象而已　進而不顧其安　務其所誦多不惟其未曉　使人不由
其誠　由用也使學者誦之而爲之説不用其誠　教人不盡其材　材道
也謂師有所隱也易曰兼三材而兩之謂天地人之道　其施之也悖其求之

也佛教者言非訓學者失問夫然故隱其學而疾其師苦其難而不知其益也隱不稱揚也不知其益若無益然雖終其業其去之必速速疾也學不心解則忘之易教之不刑其此之由乎刑猶成也疏正義曰此一節論教者違法學者所以不成是令師之失故云今之教者呻其佔畢者此明師惡也呻吟也佔視也畢簡也故釋器云簡謂之畢言今之師不曉經義但詐呻吟長詠以視篇簡而已多其訊者訊問難也既自不曉義理而外不肯默然故假作問難詐了多疑言若已有解之然也言及于數者數謂法象既不解義理若有所言而輒詐稱有法象也進而不顧其安者務欲前進誦習使多而不曾反顧其義理之安不謂義理危辟而不自知也使人不由其誠者人謂學者也由用也誠忠誠使學者誦文

禮記正義四十六　十一

而已爲之說義心皆不曉而猛浪是不用已之忠誠也教人不盡其材者材道也謂已既不曉其義而縱有所悟者又不能多恒恐人勝之故凡有所知又爲所隱惜不盡其道也其施之也悖者謂教者有上五者之短故施教於人違背其理也其求之也佛者佛戾也教者既悖違其理其學者求之則又違戾受學者心既不解求問於師師又不曉違戾義意也夫然故隱其學而疾其師者由師教既悖而受者又違故受學者弟子不荷師教之德乃隱沒其師之學而憎疾其師也苦其難而不知其益也者師說既不曉了故弟子受之苦其難既難不解故不自知其有益雖終其業其去之必速者學者勉力自強雖得終竟其業爲心不曉解其忘去之必速疾矣教之不刑其此之由乎者刑猶成也言師教弟子不成由此在上諸事故云其此之由乎其此之由在上謂此經文也以例推之前文云其此之謂乎則是他書所云其此經之謂乎注其發至而已正義曰其發言出說不首其義者首

也佛教者言非訓學者失問夫然故隱其學而疾其師苦其難而不知其益也隱不稱揚也不知其益若無益然雖終其業其去之必速速疾也學不心解則忘之易教之不刑其此之由乎刑猶成也疏正義曰此一節論教者違法學者所以不成是令師之失故云今之教者呻其佔畢者此明師惡也呻吟也佔視也畢簡也故釋器云簡謂之畢言今之師不曉經義但詐呻吟長詠以視篇簡而已多其訊者訊問難也既自不曉義理而外不肯默然故假作問難詐了多疑言若已有解之然也言及于數者數謂法象既不解義理若有所言而輒詐稱有法象也進而不顧其安者務欲前進誦習使多而不曾反顧其義理之安不謂義理危辟而不自知也使人不由其誠者人謂學者也由用也誠忠誠使學者誦文

禮記正義四十六　十一

而已爲之說義心皆不曉而猛浪是不用已之忠誠也教人不盡其材者材道也謂已既不曉其義而縱有所悟者又不能多恒恐人勝之故凡有所知又爲所隱惜不盡其道也其施之也悖者謂教者有上五者之短故施教於人違背其理也其求之也佛者佛戾也教者既悖違其理其學者求之則又違戾受學者心既不解求問於師師又不曉違戾義意也夫然故隱其學而疾其師者由師教既悖而受者又違故受學者弟子不荷師教之德乃隱沒其師之學而憎疾其師也苦其難而不知其益也者師說既不曉了故弟子受之苦其難既難不解故不自知其有益雖終其業其去之必速者學者勉力自強雖得終竟其業爲心不曉解其忘去之必速疾矣教之不刑其此之由乎者刑猶成也言師教弟子不成由此在上諸事故云其此之由乎其此之由在上謂此經文也以例推之前文云其此之謂乎則是他書所云其此經之謂乎注其發至而已正義曰其發言出說不首其義者首

足利本第四十六卷第十二葉

猶本也孝者爲弟子[illegible]言出說不本其義理謂不解此[illegible]之言也云動云有所[illegible]象而已者既不解義理舉動所[illegible]則言此義有所法象[illegible]若一則稱配大一二則稱配二儀但本義不然浪爲配當 注務其至未曉 正義曰務其所誦多者謂師務欲[illegible]所誦使多釋經進也云不惟其未曉者惟思也不思其[illegible]未曉解者釋經不顧其安也 注使學至其誠 正義曰[illegible]學者解經使人也而爲之說解經不用其誠也言師爲[illegible]者而說不用其忠誠實之心以心不解誨惑學者 注材道至之道 正義曰鄭恐材是材藝故以材爲道[illegible]道理言教人道理引易曰者易說卦文也但伏犧書[illegible]下法地中法人謂之三材說卦云立天之道曰陰[illegible]地之道曰柔與剛立人之道曰仁與義三材各有其兩故云兼三材而兩之而有六爻也鄭引之證材爲道也 注教者至失問 正義曰教者言非是其施之也悖學者[illegible]其求之也佛

大學之法禁於未發之謂[illegible]未發情欲未生謂年十五時當其可之謂時可謂年二十成人時不陵節而施之謂孫不陵節謂不教長者才者以小教幼者鈍者以大也施猶教也孫順也相觀[illegible]之謂摩不並問則教者思專也摩相切磋也此四者教之所由興也興起也

疏 正義曰此一節論教之得理則教興也 禁於未發之謂豫者發謂情欲發也豫逆也十五以前[illegible]欲未發則用意專一學業易入爲教之道當逆防未[illegible]前而教之故云禁於未發之謂豫 當其可之謂時[illegible]謂年二十之時言人年至二十德業已成言受教之[illegible]時最可也 不陵節而施之謂孫者陵猶越也節謂[illegible]才所堪施猶教也孫順也謂教人之法當隨其年才若[illegible]長而聰明者則教以大事而多與之若年幼又頑鈍者[illegible]教以小事又與之少是不越其節

禮記義四十六 十二 宋琳

潘本第四十六卷第十二葉

猶本也教者爲弟子發言出說不本其義理謂不解此義之言也云動云有所法象而已者既不解義理舉動所云則言此義有所法象猶若一則稱配大一二則稱配二儀但本義不然浪爲配當 注務其至未曉 正義曰務其所誦多者謂師務欲得所誦使多釋經進也云不惟其未曉者惟思也不思其誦得未曉解者釋經不顧其安也 注使學至其誠 正義曰使學者解經使人也而爲之說解經不用其誠也言師爲學者而說不用其忠誠實之心以心不解誨惑學者 注材道至之道 正義曰鄭恐材是材藝故以材爲道道謂道理言教人道理引易曰者易說卦文也但伏犧書上法天下法地中法人謂之三材說卦云立天之道曰陰與陽立地之道曰柔與剛立人之道曰仁與義三材各有其兩故云兼三材而兩之而有六爻也鄭引之證材爲道也 注教者至失問 正義曰教者言非是其施之也悖學者失問是其求之也佛

大學之法禁於未發之謂豫未發情欲未生謂年十五時當其可之謂時可謂年二十成人時不陵節而施之謂孫不陵節謂不教長者才者以小教幼者鈍者以大也施猶教也孫順也相觀而善之謂摩不並問則教者思專也摩相切磋也此四者教之所由興也興起也

疏 正義曰此一節論教之得理則教興也 禁於未發之謂豫者發謂情欲發也豫逆也十五以前情欲未發則用意專一學業易入爲教之道當逆防未發之前而教之故云禁於未發之謂豫 當其可之謂時者可謂年二十之時言人年至二十德業已成言受教之端是時最可也 不陵節而施之謂孫者陵猶越也節謂年才所堪施猶教也孫順也謂教人之法當隨其年才若年長而聰明者則教以大事而多與之若年幼又頑鈍者當教以小事又與之少是不越其節

禮記義四十六 十二 宋琳

分而教之所謂孫順[illegible]從其人而設教也　相觀而善之
謂摩者善猶解也受[illegible]之法若人人競問則師思不專故
令弟子共推長者能[illegible]一人諮問餘小不能者但觀聽長
者之問荅而各得知解此朋友琢摩之益故謂之摩也
此四者教之所由興[illegible]結上四者
興起也四事並是教成[illegible]所起也
發然後禁則扞
格而不勝
教不能勝[illegible]情欲格讀如凍
洛之洛扞[illegible]不可入之貌
時過然後學
則勤苦而難成
時過則
思放也
雜施而不孫則壞
亂而不脩
小者[illegible]大者難
識與[illegible]心也
獨學而無友則孤
陋而寡聞
不相
觀也
燕朋逆其師
燕猶褻也
褻其朋友
燕辟廢
其[illegible]子褻師之
辟喻
此六者教之所由廢也
廢
滅
疏　正義

禮記義四十六　十三　徐通

曰[illegible]一節論學不依理教之廢棄　發然後禁則扞格而
不勝者發謂情欲既生也扞謂拒扞也格謂堅強若情欲
既發而後乃禁教則扞格於教教之不復入也是教弱而
欲強爲教不勝矣　時過然後學則勤苦而難成者時過
謂學時已過則心[illegible]雖復追悔欲學精明已散徒勤
苦四體而終難成也　施而不孫則壞亂而不脩者雜
施謂教雜亂無次越[illegible]則大才輕其小業小才苦其大業
並是壞亂之法不可復脩治也　獨學而無友則孤陋而
寡聞者獨學謂獨自學[illegible]而無朋友言有所疑無可諮問
則學識孤褊鄙陋寡有[illegible]聞也　燕朋逆其師者以前四
條皆反上教之所興比[illegible]朋燕辟特加二條不與上相對
燕朋謂燕褻朋友不[illegible]敬則違逆師之教道也　燕辟
廢其學者辟謂辟喻也[illegible]義理鈎深或直言難曉時須假設
辟喻然後可解而[illegible]之徒好褻慢笑師之辟喻是廢學
之道也　此六者教[illegible]所由廢也者結上六事是廢學之
由前與有四後廢有者便云不褻朋友及師之辟喻自

足利本第四十六卷第十三葉

潘本第四十六卷第十三葉原缺

足利本第四十六卷第十四葉

是學者之常理若不 燕朋燕辟則亦不足以致與言若
作此燕朋燕辟則學廢替矣 注 格讀如凍洛之洛 正
義曰言洛是堅彊辟如地之凍則堅彊難入 君子旣知
故云如凍洛之洛但今 謂地堅爲洛也
教之所由興又 之所由廢然後可以爲
人師也故君子之 喻也道而弗牽強而
弗抑開而弗達 道示之以道塗也抑猶
推也開爲發頭角 道而弗
牽則和強而 則易開而弗達則思
和易以思可謂善喻矣 思而得之則深 疏 正義曰此一節
明 子教人方便善誘之事 故君子之教喻也道而弗
牽 猶 也道猶示也牽謂牽偪師教旣識學之廢興
禮記義四十六 十四
故 有節使人曉解之法但廣開道示語學理而已若
人若不曉知亦不偪急牽令速曉也強而弗抑者抑推也
謂師微勸學者使神識堅強師當隨才而與之使學者不
甚推抑其義而教之 開而弗達者開謂開發事端但爲
學者開發大義頭 不事事使之通達也 道而
弗牽則和者此下三 上三事之所由也若人苟不曉
而牽偪之則彼心必 忿恚師與弟子不復和親今若但
示正道寬柔教之則彼心和而意乃覺悟也 強而弗抑
則易者賀氏以爲師但 強其神識而不抑之令曉則受
者和易和易亦易成也 開而弗達則思者但開發義理
而不爲通達使學者用 心思念思得必深故云則思也
和易以思可謂善喻 者結上三事之功若師能教弟子
如此三事則可
謂善教喻矣 學 有四失教者必知之人之
學也或失則多 或失則寡或失則易或失

潘本第四十六卷第十四葉

是學者之常理若不爲燕朋燕辟則亦不足以致與言若
作此燕朋燕辟則學廢替矣 注 格讀如凍洛之洛 正
義曰言洛是堅彊辟如地之凍則堅彊難入 君子旣知
故云如凍洛之洛但今人謂地堅爲洛也
教之所由興又知教之所由廢然後可以爲
人師也故君子之教喻也道而弗牽強而
弗抑開而弗達 道示之以道塗也抑猶
推也開爲發頭角 道而弗
牽則和強而弗抑則易開而弗達則思
和易以思可謂善喻矣 思而得之則深 疏 正義曰此一節
明君子教人方便善誘之事 故君子之教喻也道而弗
牽者喻猶曉也道猶示也牽謂牽偪師教旣識學之廢興
禮記義四十六 十四
故教喻有節使人曉解之法但廣開道示語學理而已若
人苟不曉知亦不偪急牽令速曉也強而弗抑者抑推也
謂師微勸學者使神識堅強師當隨才而與之使學者不
甚推抑其義而教之 開而弗達者開謂開發事端但爲
學者開發大義頭角而已亦不事事使之通達也 道而
弗牽則和者此下三句釋上三事之所由也若人苟不曉
而牽偪之則彼心必生忿恚師與弟子不復和親今若但
示正道寬柔教之則彼心和而意乃覺悟也 強而弗抑
則易者賀氏以爲師但勸強其神識而不抑之令曉則受
者和易和易亦易成也 開而弗達則思者但開發義理
而不爲通達使學者用意思念思得必深故云則思也
和易以思可謂善喻矣者結上三事之功若師能教弟子
如此三事則可
謂善教喻矣 學者有四失教者必知之人之
學也或失則多或失則寡或失則易或失

足利本第四十六卷第十五葉

則止此四者心之莫同也失於多謂才少者失於寡謂才多者失於易謂好問不識者失於止謂好思不問者知其心然後能救其失也救其失者多與易則抑之寡與止則進之[illegible]者長善而救其失者也

疏正義曰此一節明教者識學者之心而救其失也故云學者有四失教者必先知之　人之學也或失則多者一失也假或有人才識淺小而所學貪多則終無所成是失於多也　或失則[illegible]者二失也或有人才識深大而所學務少徒有器調而[illegible]狹局是失於寡少也　或失則易者三失也至道[illegible]凡淺所識而人不知思求唯好汎濫外問是失在輕易於妙道故云或失則易此是學而不思則罔　或失則止者四失也人心未曉知而不肯諮問[illegible]但止住而自思之終不能達其實理此失在於自止也[illegible]是思而不學則殆　此四者心之莫同也者結前四

禮記義四十六　十五　徐通

失[illegible]人心之異故也　知其心然後能救其失也者結救失四事師既前識其四心之不同故後乃能隨失而救之也　教也者長善而救其失者也者使學者和易以思是長善使學者無此四者之失是救失唯善教者能爲之

善歌者使人繼[illegible]聲善教者使人繼其志言爲之善者則後人樂放傚其言也約而達微而臧罕辟而喻可謂繼[illegible]志矣師說之明則弟子好述之其言少而解藏善也

疏正義曰此一節論教者若善則能使學者繼其志於其師也言學者繼[illegible]之志記者以善歌而比喻之故云善歌者使人繼其聲善歌謂音聲和美感動於人心令使聽者繼續其聲也　善教者使人繼其志者設辟旣畢故述其事而言善教者必能使後人繼其志如善歌之人能以樂繼其聲如今人傳繼周孔是也　其言也約而達

潘本第四十六卷第十五葉

則止此四者心之莫同也失於多謂才少者失於寡謂才多者失於易謂好問不識者失於止謂好思不問者知其心然後能救其失也救其失者多與易則抑之寡與止則進之教也者長善而救其失者也

疏正義曰此一節明教者識學者之心而救其失也故云學者有四失教者必先知之　人之學也或失則多者一失也假或有人才識淺小而所學貪多則終無所成是失於多也　或失則寡者二失也或有人才識深大而所學務少徒有器調而終成狹局是失於寡少也　或失則易者三失也至道深遠非凡淺所識而人不知思求唯好汎濫外問是失在輕易於妙道故云或失則易此是學而不思則罔　或失則止者四失也人心未曉知而不肯諮問唯但止住而自思之終不能達其實理此失在於自止也此是思而不學則殆　此四者心之莫同也者結前四

禮記義四十六　十五　徐通

失是由人心之異故也　知其心然後能救其失也者結救失四事師既前識其四心之不同故後乃能隨失而救之也　教也者長善而救其失者也者使學者和易以思是長善使學者無此四者之失是救失唯善教者能爲之

善歌者使人繼其聲善教者使人繼其志言爲之善者則後人樂放傚其言也約而達微而臧罕辟而喻可謂繼志矣師說之明則弟子好述之其言少而解藏善也

疏正義曰此一節論教者若善則能使學者繼其志於其師也言學者繼師之志記者以善歌而比喻之故云善歌者使人繼其聲善歌謂音聲和美感動於人心令使聽者繼續其聲也　善教者使人繼其志者設辟旣畢故述其事而言善教者必能使後人繼其志如善歌之人能以樂繼其聲如今人傳繼周孔是也　其言也約而達

足利本第四十六卷第十六葉

者此釋所以可繼之事言善為教者出言寡約而義理顯
達易解之　微而臧者微謂幽微臧善也謂義理微妙而
說之精善也　罕譬而喻者罕少也喻曉也其譬詐罕少而
聽者皆曉　可謂繼志矣者能為教如上則可使後人繼
其志意不繼聲而繼
本為志設故不繼聲也　君子知至學之難易而
知其美惡然後能博喻能博喻然後能
為師能為師然後能為長能為長然後
能為君美惡說之是非也長達官之長　故師也者所以學為
君也弟子學於師學為君　是故擇師不可不慎也師善
則善　曰三王四代唯其師此之謂乎四代虞夏
禮記正義四十六　十六　王溪
郼周　疏　正義曰此一節明為師法君子謂師也教人至極
之美可以為君長之事　君子知至學之難易者
三王四代所以敬師隨器與之是至學之易隨失而救之
是至學之難　而知其美惡者罕譬而諭言約而達是為
美反此則為惡也然後能博喻者博喻廣曉也若知四事
為主觸類長之後乃得為廣有曉解也　能博喻然後能
為師者前能廣解後乃可為人作師也　能為師然後能
為長者為師是學優學優宜仕故能為一官之長也　能
為長然後能為君者既能治一官之長有功能為一國之
君也故師也者所以學為君也胥雅肆三官其始也師既
有君德則弟子就師可學為君之德故前云君子如欲化
民成俗其必由學乎即是學能為君也　是故擇師不可
不慎也者師善則能教弟子弟子則能為君故弟子必宜
慎擇其師不可取惡師也　記曰三王四代唯其師者引
舊記結此擇師之重也三王謂夏殷周四代則加虞也言
三王四代雖皆聖人而無不擇師為慎故云唯其師庚
云言引宜

潘本第四十六卷第十六葉

者此釋所以可繼之事言善為教者出言寡約而義理顯
達易解之　微而臧者微謂幽微臧善也謂義理微妙而
說之精善也　罕譬而喻者罕少也喻曉也其譬詐罕少而
聽者皆曉　可謂繼志矣者能為教如上則可使後人繼
其志意不繼聲而繼志者
本為志設故不繼聲也　君子知至學之難易而
知其美惡然後能博喻能博喻然後能
為師能為師然後能為長能為長然後
能為君美惡說之是非也長達官之長　故師也者所以學為
君也弟子學於師學為君　是故擇師不可不慎也師善
則善　記曰三王四代唯其師此之謂乎四代虞夏
禮記正義四十六　十六　王溪
殷周　疏　正義曰此一節明為師法君子謂師也教人至極
之美可以為君長之事　君子知至學之難易者
三王四代所以敬師隨器與之是至學之易隨失而救之
是至學之難　而知其美惡者罕譬而諭言約而達是為
美反此則為惡也然後能博喻者博喻廣曉也若知四事
為主觸類長之後乃得為廣有曉解也　能博喻然後能
為師者前能廣解後乃可為人作師也　能為師然後能
為長者為師是學優學優宜仕故能為一官之長也　能
為長然後能為君者既能治一官之長有功能為一國之
君也故師也者所以學為君也胥雅肆三官其始也師既
有君德則弟子就師可學為君之德故前云君子如欲化
民成俗其必由學乎即是學能為君也　是故擇師不可
不慎也者師善則能教弟子弟子則能為君故弟子必宜
慎擇其師不可取惡師也　記曰三王四代唯其師者引
舊記結此擇師之重也三王謂夏殷周四代則加虞也言
三王四代雖皆聖人而無不擇師為慎故云唯其師庚云

足利本第四十六卷第十七葉

舉四代以兼包三王[illegible]以重言者以成其辭耳言人之從師自古而然師善則[illegible]善其此之謂乎者記者證前云擇師不可不慎即此唯其師之謂也

凡學之道嚴師爲難嚴尊敬也師嚴然後道尊道[illegible]然後民知敬學是故君之所不臣於其臣者二當其爲尸則弗臣也當其爲師則弗臣也尸主也爲祭主也大學之禮雖詔[illegible]子無北面所以尊師也尊師重道焉不使處臣位也武王踐阼召師尚父而問焉曰昔黃帝顓頊之道存乎意亦忽不可得見與師尚父曰在丹書王欲聞之則齊矣王齊三日端冕師尚父亦端冕奉書而入負屏而立王下堂南面而立師尚父曰先王[illegible]不北面王行西折而南東面而立師尚父西面道書之言

禮記義四十六　十七

疏正義曰此一節論師德既善雖天子以下必須尊師　是故君之所不臣於其臣者二者二謂當其爲尸及師則不臣也此文義在於師并言尸者欲見尊師與尸同　當其[illegible]弗臣也者若不當其時則臣之案鉤命決云暫所[illegible]五謂師也三老也五更也祭尸也大將軍也此五[illegible]天子諸侯同之此唯云尸與師者此經本意據尊師爲重與尸相似故特言之所以唯舉此二者餘不言也又案鉤[illegible]決云天子常所不臣者三唯二王之後妻之父母夷狄[illegible]君不臣二王之後者爲觀其法度故尊其子孫也不臣[illegible]之父母者親與其妻共事先祖欲其歡心不臣夷狄之[illegible]者此政教所不加謙不臣也諸侯無此禮　大學之禮[illegible]詔於天子無北面所以尊師也者此證尊師之義也此人既重故更言大學也詔告也雖天子至尊當告授之時天子不使師北面所以尊師故也

注尊師至之言[illegible]義曰武王踐阼以下皆大戴禮武

潘本第四十六卷第十七葉

舉四代以兼包三王所以重言者以成其辭耳言人之從師自古而然師善則己善其此之謂乎者記者證前云擇師不可不慎即此唯其師之謂也

凡學之道嚴師爲難嚴尊敬也師嚴然後道尊道尊然後民知敬學是故君之所不臣於其臣者二當其爲尸則弗臣也當其爲師則弗臣也尸主也爲祭主也大學之禮雖詔於天子無北面所以尊師也尊師重道焉不使處臣位也武王踐阼召師尚父而問焉曰昔黃帝顓頊之道存乎意亦忽不可得見與師尚父曰在丹書王欲聞之則齊矣王齊三日端冕師尚父亦端冕奉書而入負屏而立王下堂南面而立師尚父曰先王之道不北面王行西折而南東面而立師尚父西面道書之言

禮記義四十六　十七

疏正義曰此一節論師德既善雖天子以下必須尊師　是故君之所不臣於其臣者二者二謂當其爲尸及師則不臣也此文義在於師并言尸者欲見尊師與尸同　當其爲尸則弗臣也者若不當其時則臣之案鉤命決云暫所不臣者五謂師也三老也五更也祭尸也大將軍也此五者天子諸侯同之此唯云尸與師者此經本意據尊師爲重與尸相似故特言之所以唯舉此二者餘不言也又案鉤命決云天子常所不臣者三唯二王之後妻之父母夷狄之君不臣二王之後者爲觀其法度故尊其子孫也不臣妻之父母者親與其妻共事先祖欲其歡心不臣夷狄之君者此政教所不加謙不臣也諸侯無此禮　大學之禮雖詔於天子無北面所以尊師也者此證尊師之義也此人既重故更言大學也詔告也雖天子至尊當告授之時天子不使師北面所以尊師故也

注尊師至之言　正義曰武王踐阼以下皆大戴禮武

足利本第四十六卷第十八葉

[illegible]踐阼篇也云黃帝顓頊之道存乎意亦忽不可得見[illegible]
者武王言黃帝顓頊[illegible]道恒在於意言意恒念之但其道
超忽已遠亦恍惚不[illegible]得見與與語辭令撿大戴禮唯云
帝顓頊之道無黃字[illegible]鄭見古本不與今同或後人足黃
字耳云丹書者師說[illegible]雀所銜丹書也云端冕者謂
袞冕也其衣正幅與玄[illegible]同故云端冕故皇氏云武王端
冕謂袞冕也樂記魏文[illegible]端冕謂玄冕也云師尚父亦端
冕者案大戴禮無此文[illegible]所加也云西折而南東面者案
大戴禮唯云折而東面此西折而南南字亦鄭所加云師
尚父西面道書之言[illegible]皇氏云王在賓位師尚父主位故
西面王庭之位若尋[illegible]徒之教則師東面弟子西面與
此異也其丹書之[illegible]戴禮云其書之言曰敬勝怠者
強怠勝敬者亡瑞書云敬勝怠者吉怠勝敬者滅義勝欲
者從欲勝義者凶與瑞書同矣凡事不強則枉不敬則不
正王者滅廢敬者萬世以仁得之以仁守之其量百世以
仁[illegible]之以不仁守之其量十世以不仁得之以不仁守之

禮記義四十六　十八　李忠

必[illegible]世王聞書之言惕然若懼退而爲戒書於席之四
端爲銘及几鑑盂盤楹杖帶屨劒矛爲銘銘皆各有語在
大戴禮也 善學者師逸而功倍又從而庸之不
善學者師[illegible]半又從而怨之 從隨也庸
功也功之受其道有功於己 善問者如攻堅木先其易者
後其節目及其[illegible]也相說以解不善問
者反此 言先易後難以漸入 [illegible]待問者如撞鐘叩之以
小者則小鳴叩[illegible]以大者則大鳴待其從
容然後盡其聲 不善荅問者反此 從讀如富父春

潘本第四十六卷第十八葉

王踐阼篇也云黃帝顓頊之道存乎意亦忽不可得見與
者武王言黃帝顓頊之道恒在於意言意恒念之但其道
超忽已遠亦恍惚不可得見與與語辭令撿大戴禮唯云
帝顓頊之道無黃字或鄭見古本不與今同或後人足黃
字耳云丹書者師說云赤雀所銜丹書也云端冕者謂
袞冕也其衣正幅與玄端同故云端冕故皇氏云武王端
冕謂袞冕也樂記魏文侯端冕謂玄冕也云師尚父亦端
冕者案大戴禮無此文鄭所加也云西折而南東面者案
大戴禮唯云折而東面此西折而南南字亦鄭所加云師
尚父西面道書之言者皇氏云王在賓位師尚父主位故
西面王庭之位若尋常師徒之教則師東面弟子西面與
此異也其丹書之言案大戴禮云其書之言曰敬勝怠者
強怠勝敬者亡瑞書云敬勝怠者吉怠勝敬者滅義勝欲
者從欲勝義者凶與瑞書同矣凡事不強則枉不敬則不
正枉者滅廢敬者萬世以仁得之以仁守之其量百世以
仁得之以不仁守之其量十世以不仁得之以不仁守之

禮記義四十六　十八　李忠

必傾其世王聞書之言惕然若懼退而爲戒書於席之四
端爲銘及几鑑盂盤楹杖帶屨劒矛爲銘銘皆各有語在
大戴禮也 善學者師逸而功倍又從而庸之不
善學者師勤而功半又從而怨之 從隨也庸
功也功之受其道有功於己 善問者如攻堅木先其易者
後其節目及其久也相說以解不善問
者反此 言先易後難以漸入 善待問者如撞鐘叩之以
小者則小鳴叩之以大者則大鳴待其從
容然後盡其聲不善荅問者反此 從讀如富父春

足利本第四十六卷第十九葉

戈之舂舂容謂重撞[illegible]也始者一聲而已學者既開其
端意進而復問乃極[illegible]之如撞鐘之成聲矣從或爲松
皆進學之道[illegible] 此皆善問善荅也 疏 正義曰此一節明善學及善問并善
荅不善荅之事 善[illegible]師逸而功倍者受者聰明易入
是爲學之善故師體[illegible]而弟子所解又倍於他人也
又從而庸之者庸亦功[illegible]所得既倍於他人故恒言我師
特加功於我也是從而[illegible]之也 不善學者師勤而功半
者此明劣者也已既闇鈍故師體勤苦而功裁半於他人
也 又從而怨之者[illegible]既闇鈍而不自責已不明乃反怨
於師獨不盡意於我[illegible]問者如攻堅木先其易者後
其節目者此明能[illegible]論難也攻治也言善問之人
如匠善攻治堅木先斫治其濡易之處然後斫其節目其
所問師之時亦先問其易後問其難也 及其久也相說
以解者言問者順理荅者分明故及其經久師徒共相愛
說[illegible]義理 不善問者反此者若闇劣不解問之人則

禮記義四十六　十九　李忠

與[illegible]者意反也謂先問其難心且不解則問荅之人不
相喜說義又不通也故云反此矣 善待問者如撞鐘叩
之以小者則小鳴叩之以大者則大鳴者嚮明問此明荅
也亦爲設喻辟善能荅問難者如鐘之應撞撞小則小鳴
應之撞大則大鳴[illegible]問者亦隨彼所問事之大小
而荅之 待其從容[illegible]盡其[illegible]者又以鐘爲喻也 不
善荅問者反此者謂[illegible]荅他所問則反此上來之事或
問小而荅大或問大而荅小或暫問而說盡此皆無益於
所問故云不善荅問者[illegible]此此皆進學之道也者言上善
問善荅此皆進益學者[illegible]道也 注 從讀如富父舂戈之
舂 正義曰舂謂擊[illegible]爲聲之形容言鐘之爲體必待
其擊每一舂而爲一[illegible]後盡其聲言善荅者亦待其一
問然後一荅乃後盡[illegible]義理也案左傳文十一年冬叔孫
得臣敗狄於鹹獲長[illegible]僑如富父終甥以戈椿長狄喉而
殺之是也 記問之學[illegible]足以爲人師 記問謂豫誦雜難雜說至講時爲學

潘本第四十六卷第十九葉

戈之舂舂容謂重撞擊也始者一聲而已學者既開其
端意進而復問乃極說之如撞鐘之成聲矣從或爲松此
皆進學之道也 此皆善問善荅也 疏 正義曰此一節明善學及善問并善
荅不善荅之事 善學者師逸而功倍者受者聰明易入
是爲學之善故師體逸豫而弟子所解又倍於他人也
又從而庸之者庸亦功也所得既倍於他人故恒言我師
特加功於我也是從而功之也 不善學者師勤而功半
者此明劣者也已既闇鈍故師體勤苦而功裁半於他人
也 又從而怨之者已既闇鈍而不自責已不明乃反怨
於師獨不盡意於我也 善問者如攻堅木先其易者後
其節目者此明能問者問謂論難也攻治也言善問之人
如匠善攻治堅木先斫治其濡易之處然後斫其節目其
所問師之時亦先問其易後問其難也 及其久也相說
以解者言問者順理荅者分明故及其經久師徒共相愛
說以解義理 不善問者反此者若闇劣不解問之人則

禮記義四十六　十九　李忠

與能問者意反也謂先問其難心且不解則問荅之人不
相喜說義又不通也故云反此矣 善待問者如撞鐘叩
之以小者則小鳴叩之以大者則大鳴者嚮明問此明荅
也亦爲設喻辟善能荅問難者如鐘之應撞撞小則小鳴
應之撞大則大鳴應之能荅問者亦隨彼所問事之大小
而荅之 待其從容然後盡其聲者又以鐘爲喻也 不
善荅問者反此者謂不善荅他所問則反此上來之事或
問小而荅大或問大而荅小或暫問而說盡此皆無益於
所問故云不善荅問者反此此皆進學之道也者言上善
問善荅此皆進益學者之道也 注 從讀如富父舂戈之
舂 正義曰舂謂擊也以爲聲之形容言鐘之爲體必待
其擊每一舂而爲一容然後盡其聲言善荅者亦待其一
問然後一荅乃後盡說義理也案左傳文十一年冬叔孫
得臣敗狄於鹹獲長狄僑如富父終甥以戈椿長狄喉而
殺之是也 記問之學不足以爲人師 記問謂豫誦雜難雜說至講時爲學

者論之此或時師[illegible]
解或學者所未能問必也其聽語乎必待其問乃說之
力不能問然後[illegible]之語之而不知雖舍之
可也舍之須後疏正[illegible]此一節論教者不可爲記問之
學又[illegible]人之時不善教學者謂心未解
其義而但逆記他人雜[illegible]而謂之解至臨時爲人解說則
先述其所記而示人以[illegible]不解無益學者故云不足以爲
人師必也其聽語乎者聽語謂聽其問者之語既不可
記問遂說教人之時[illegible]待學者之問聽受其所問之語然
後依問爲說之也[illegible]能問[illegible]之者若受業者才
力苟不能見問待[illegible]悱之閒[illegible]然後乃示語之矣
語之而不知雖舍之可也者弟子既不能問因而良冶
語之語之不能知且舍住待後別更語之可也
之[illegible]必學爲裘仍見其家錮補穿鑿之器也補
器者其金柔乃合有似於爲裘良
禮記義四十六　二十
弓之子必學爲箕仍見其家撓角幹也撓角幹
者其材宜調調乃三體相勝
有似於爲始駕馬者反之車在馬前以言仍見
楊柳之箕則貫即事
易君子察於[illegible]志於學矣仍
也讀
先王之道則疏正[illegible]曰此一節論學者數見數習其學
爲來事不惑則善故三辟之此爲第一辟良善也冶
謂鑄冶也裘謂衣裘也[illegible]積世善冶之家其子弟見其父
兄世業陶鑄金鐵使[illegible]合以補治破器皆令全好故此
子弟仍能學爲袍裘[illegible]獸皮片片相合以至完全也
良弓之子必學[illegible]此第二辟亦世業者箕柳箕也言
善爲弓之家使幹角[illegible]屈調和成其弓故其子弟亦覩其
父兄世業仍學取柳[illegible]軟撓之成箕也　始駕馬者反之
車在馬前者此第三[illegible]明新習者也始駕者謂馬子始學
駕車之寺反之者駕[illegible]之法大馬本駕在車前今將馬子

足利本第四十六卷第二十葉

者論之此或時師不心
解或學者所未能問必也其聽語乎必待其問乃說之
力不能問然後語之語之而不知雖舍之
可也舍之須後疏正義曰此一節論教者不可爲記問之
學又教人之時不善教學者謂心未解
其義而但逆記他人雜問而謂之解至臨時爲人解說則
先述其所記而示人以其不解無益學者故云不足以爲
人師必也其聽語乎者聽語謂聽其問者之語既不可
記問遂說教人之時必待學者之問聽受其所問之語然
後依問爲說之也力不能問然後語之者若受業者才
力苟不能見問待憤悱之閒則師然後乃示語之矣
語之而不知雖舍之可也者弟子既不能問因而良冶
語之語之不能知且舍住待後別更語之可也
之子必學爲裘仍見其家錮補穿鑿之器也補
器者其金柔乃合有似於爲裘良
禮記義四十六　二十
弓之子必學爲箕仍見其家撓角幹也撓角幹
者其材宜調調乃三體相勝
有似於爲始駕馬者反之車在馬前以言仍見
楊柳之箕則貫即事
易君子察於此三者可以有志於學矣仍
也讀
先王之道則疏正義曰此一節論學者數見數習其學
爲來事不惑則善故三辟之此爲第一辟良善也冶
謂鑄冶也裘謂衣裘也言積世善冶之家其子弟見其父
兄世業陶鑄金鐵使之柔合以補治破器皆令全好故此
子弟仍能學爲袍裘補續獸皮片片相合以至完全也
良弓之子必學爲箕者此第二辟亦世業者箕柳箕也言
善爲弓之家使幹角橈屈調和成其弓故其子弟亦覩其
父兄世業仍學取柳和軟撓之成箕也　始駕馬者反之
車在馬前者此第三辟明新習者也始駕者謂馬子始學
駕車之時反之者駕馬之法大馬本駕在車前今將馬子

潘本第四十六卷第二十葉

足利本第四十六卷第二十一葉

繫隨車後而行故云[illegible]之車在馬前所以然者此駒既未曾駕車若忽駕之必當驚奔今以大馬牽車於前而繫駒於後使此駒日日見車之行其駒慣習而後駕之不復驚也言學者亦須先教小事操縵之屬然後乃示其業則道乃易成也 君子[illegible]三者可以有志於學矣者結上三事三事皆須積習非[illegible]日所成君子察此三事之由則可有志於學也

古之學者[illegible]物醜類 以事相況而為之醜猶比也醜或為計

鼓無當於五聲五聲弗得不和水無當於五色五[illegible]得[illegible]學無當於五官五官弗得不治師無當於五服五服弗得不親 當猶主也五服斬衰至緦麻之親

禮記義四十六　二十

疏 正義曰此一節論弟子當親[illegible]事各依文解之比物醜類者既明學者仍見舊事又須以時事相比方也物事也言古之學者比方其事以醜類謂以同類之事相比方則事學乃易成既云古學如斯則今學豈不然 鼓無當於五聲五聲弗得不和者此經論師道之要以餘[illegible]此[illegible]皆上比物醜類也鼓革也當主也五[illegible]角徵[illegible]之為聲不宮不商故言無當於五聲[illegible]宮商等之五聲不得鼓則無諧和之節故云弗得不和也所以五聲必鼓者為俱是聲類也若奏五聲必求鼓以和之而已即是比類也 水無當於五色五色弗得不章者[illegible]謂清水也五色青赤黃白黑章明也言清水無色不在[illegible]色之限無主青黃而五色畫繢者不得水則不分[illegible]弗得不章也五色是其水之出也故五色須水亦其類[illegible]也 學無當於五官五官弗得不治者本學先王之道也五官金木水火土之官也夫學為官之理本求博聞強識非主於一官而五官不得學則不能治故云弗得不治[illegible]故化民成俗必由學乎能為師然

潘本第四十六卷第二十一葉

繫隨車後而行故云反之車在馬前所以然者此駒既未曾駕車若忽駕之必當驚奔今以大馬牽車於前而繫駒於後使此駒日日見車之行其駒慣習而後駕之不復驚也言學者亦須先教小事操縵之屬然後乃示其業則道乃易成也 君子察於此三者可以有志於學矣者結上三事三事皆須積習非一日所成君子察此三事之由則可有志於學也

古之學者比物醜類 以事相況而為之醜猶比也醜或為計

鼓無當於五聲五聲弗得不和水無當於五色五色弗得不章學無當於五官五官弗得不治師無當於五服五服弗得不親 當猶主也五服斬衰至緦麻之親

禮記義四十六　二十

疏 正義曰此一節論弟子當親師之事各依文解之比物醜類者既明學者仍見舊事又須以時事相比方也物事也言古之學者比方其事以醜類謂以同類之事相比方則事學乃易成既云古學如斯則今學豈不然 鼓無當於五聲五聲弗得不和者此經論師道之要以餘事譬之此以下四事皆上比物醜類也鼓革也當主也五聲宮商角徵羽言鼓之為聲不宮不商故言無當於五聲而宮商等之五聲不得鼓則無諧和之節故云弗得不和也所以五聲必鼓者為俱是聲類也若奏五聲必求鼓以和之而已即是比類也 水無當於五色五色弗得不章者水謂清水也五色青赤黃白黑章明也言清水無色不在五色之限無主青黃而五色畫繢者不得水則不分明故云弗得不章也五色是其水之出也故五色須水亦其類也 學無當於五官五官弗得不治者本學先王之道也五官金木水火土之官也夫學為官之理本求博聞強識非主於一官而五官不得學則不能治故云弗得不治也故化民成俗必由學乎能為師然

足利本第四十六卷第二十二葉

後能爲君長故官[illegible]之類也　師無當於五服五服弗得不親者師教之師[illegible]五服斬衰也齊衰也大功也小功也緦麻也師於弟子[illegible]當五服之一也而弟子之家若無師教誨則五服之情[illegible]相和親也故云弗得不親是師情有在三年之義故亦與親爲類　君[illegible]曰大德不官　謂君也　大道不器　謂聖人之道不如器施於一物　大[illegible]不約　謂若胥命于蒲無盟約　大時不齊　或時以生或時以死　察於此四者可以有志於本矣　本立而道生言[illegible]爲大[illegible]德於民無不[illegible]無不[illegible]　[illegible]之祭川也皆先河而後海或源也或委也此之謂務本　源泉所出也委流所聚[illegible]始出一勺卒成不測　疏　正義曰此一節論學爲衆事之本　君子曰者記者引君子之言故云君子曰也　大德不官者大德謂聖人之德也官謂分職在位聖人在上垂拱無爲不治一官故云大德不官也不官而爲諸官之本　大道不器者大道亦謂聖人之道也器謂物[illegible]用者夫器各施其用而聖人之道弘[illegible]不施[illegible]不器不器而爲諸器之本也論語云君子[illegible]又[illegible]子而無所成名是也　大信不約者大[illegible]謂聖人之信也約謂期要也大信不言而信孔子曰予欲無言天何言哉四時行焉不言而信是大信也大信本不[illegible]細言約誓故云不約也不約而爲諸約之本也　大時[illegible]齊者大時謂天時也齊謂一時同也天生殺不共在一[illegible]猶春夏華卉自生薺麥自死秋冬草木自死而薺[illegible]故云不齊也不齊爲諸齊之本也　察於此四者可以[illegible]志於本矣者結之也若能察此在上四者之事則人當志學爲本也庾云四者謂不官爲羣官之本不器爲羣[illegible]之本不約爲羣約之本不齊爲羣齊之本言四者莫不[illegible]本人亦以學爲本也　三王之祭

禮記義四十六　二十二

潘本第四十六卷第二十二葉

後能爲君長故官是學之類也　師無當於五服五服弗得不親者師教之師也五服斬衰也齊衰也大功也小功也緦麻也師於弟子不當五服之一也而弟子之家若無師教誨則五服之情不相和親也故云弗得不親是師情有在三年之義故亦與親爲類　君子曰大德不官　謂君也　大道不器　謂聖人之道不如器施於一物　大信不約　謂若胥命于蒲無盟約　大時不齊　或時以生或時以死　察於此四者可以有志於本矣　本立而道生言以學爲本則其德於民無不化於俗無不成　三王之祭川也皆先河而後海或源也或委也此之謂務本　源泉所出也委流所聚也始出一勺卒成不測　疏　正義曰此一節論學爲衆事之本　君子曰者記者引君子之言故云君子曰也　大德不官者大德謂聖人之德也官謂分職在位聖人在上垂拱無爲不治一官故云大德不官也不官而爲諸官之本　大道不器者大道亦謂聖人之道也器謂物堪用者夫器各施其用而聖人之道弘大無所不施故云不器不器而爲諸器之本也論語云君子不器又云孔子博學而無所成名是也　大信不約者大信謂聖人之信也約謂期要也大信不言而信孔子曰予欲無言天何言哉四時行焉不言而信是大信也大信本不爲細言約誓故云不約也不約而爲諸約之本也　大時不齊者大時謂天時也齊謂一時同也天生殺不共在一時猶春夏華卉自生薺麥自死秋冬草木自死而薺麥自生故云不齊也不齊爲諸齊之本也　察於此四者可以有志於本矣者結之也若能察此在上四者之事則人當志學爲本也庾云四者謂不官爲羣官之本不器爲羣器之本不約爲羣約之本不齊爲羣齊之本言四者莫不有本人亦以學爲本也　三王之祭

禮記正義四十六　二十二

足利本第四十六卷第二十三葉

川也皆先河而後海或源也或委也者言三王祭百川之時皆先祭河而後祭[illegible]也或先祭其源或後祭其委河爲海本源爲委本皆曰川也故摠云三王之祭川源委謂河海之外諸大川也[illegible]之謂務本者先祭本是務重其本也本小而後至[illegible]大本先學然後至聖是學爲聖本也 注謂若胥命于[illegible]無盟約 正義曰案桓公三年夏齊侯衛侯胥命于蒲[illegible]氏云不盟也杜云不歃血也案彼直以言語相告命非[illegible]信之事引之者取其不盟之一邊而與此不約相當故引證 注源泉至不測 正義曰皇氏以爲河海之外[illegible]之與委也今[illegible]焉或解云源則河也委則海也申明[illegible]而後[illegible]矣云始出一勺卒成不測者中庸[illegible]不測鮫龍生焉是其始一勺也後至不測也猶言學初爲積漸後成賢聖也

安房守藤原憲實寄進

禮記正義卷第四十六

禮記疏四十六　二十三

潘本第四十六卷第二十三葉

川也皆先河而後海或源也或委也者言三王祭百川之時皆先祭河而後祭海也或先祭其源或後祭其委河爲海本源爲委本皆曰川也故摠云三王之祭川源委謂河海之外諸大川也此之謂務本者先祭本是務重其本也本小而後至大是小爲大本先學然後至聖是學爲聖本也 注謂若胥命于蒲無盟約 正義曰案桓公三年夏齊侯衛侯胥命于蒲左氏云不盟也杜云不歃血也案彼直以言語相告命非大信之事引之者取其不盟之一邊而與此不約相當故引證 注源泉至不測 正義曰皇氏以爲河海之外源之與委也今依用焉或解云源則河也委則海也申明先河而後海義亦通矣云始出一勺卒成不測者中庸篇云水一勺之多及其不測鮫龍生焉是其始一勺也後至不測也猶言學初爲積漸後成賢聖也

禮記正義卷第四十六

禮記疏四十六　二十三

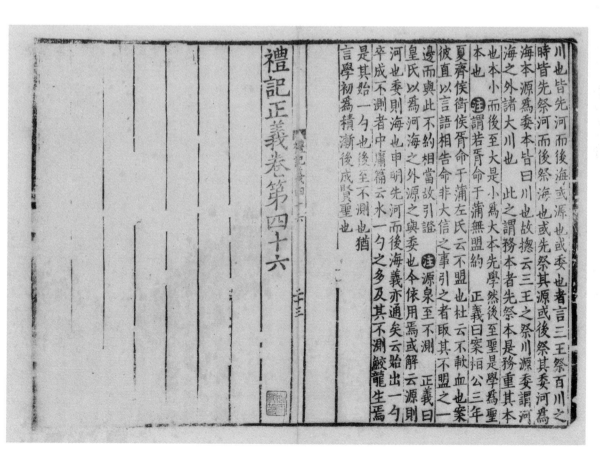

足利本第四十七卷第一葉

禮記正義卷第四十七

國子祭酒上護軍曲阜縣開國子臣孔穎達等奉勑撰

樂記第十九

正義曰案鄭目録云名曰樂記者以其記樂之義此於別録屬樂記蓋十一篇合爲一篇謂有樂本有樂論有樂施有樂言有樂禮有樂情有樂化有樂象有賓牟賈有師乙有魏文侯今雖合此略有分焉案藝文志云黄帝以下至三代各有當代之樂名孔子曰移風易俗莫善於樂也周衰禮壞其樂尤微以音律爲節又爲鄭衛所亂故無遺法矣漢興制氏以雅樂聲律世爲樂官頗能記其鏗鎗鼓舞而已不能言其義理武帝時河間獻王好博古與諸生等共采周官及諸子云樂事者以作樂記事也其内史丞王度傳之以授常山王禹成帝時爲謁者數言其義獻二十四卷樂記劉向校書得樂記二十三篇與禹不同其道浸以益微故劉向所校二十三篇著於別録今樂記所斷取十一篇餘有十二篇其名猶在二十四卷記無所録也其十二篇之名案別録十一篇下次奏樂第十二樂器第十三樂作第十四意始第十五樂穆第十六說律第十七季札第十八樂道第十九樂義第二十招本第二十一昭頌第二十二竇公第二十三是也案別録禮記四十九篇樂記第十九則樂記十一篇入禮記也在劉向前矣至劉向爲別録時更載所入樂記十一篇又載餘十二篇揔爲二十三篇也其二十三篇之目今揔存焉

凡音之起由人心生也人心之動物使之

禮記義四十七　一　翁卿

潘本第四十七卷第一葉

禮記正義卷第四十七

國子祭酒上護軍曲阜縣開國子臣孔穎達等奉勑撰

樂記第十九

正義曰案鄭目録云名曰樂記者以其記樂之義此於別録屬樂記蓋十一篇合爲一篇謂有樂本有樂論有樂施有樂言有樂禮有樂情有樂化有樂象有賓牟賈有師乙有魏文侯今雖合此略有分焉案藝文志云黄帝以下至三代各有當代之樂名孔子曰移風易俗莫善於樂也周衰禮壞其樂尤微以音律爲節又爲鄭衛所亂故無遺法矣漢興制氏以雅樂聲律世爲樂官頗能記其鏗鎗鼓舞而已不能言其義理武帝時河間獻王好博古與諸生等共采周官及諸子云樂事者以作樂記事也其内史丞王度傳之以授常山王禹成帝時爲謁者數言其義獻二十四卷樂記劉向校書得樂記二十三篇與禹不同其道浸以益微故劉向所校二十三篇著於別録今樂記所斷取十一篇餘有十二篇其名猶在二十四卷記無所録也其十二篇之名案別録十一篇下次奏樂第十二樂器第十三樂作第十四意始第十五樂穆第十六說律第十七季札第十八樂道第十九樂義第二十招本第二十一昭頌第二十二竇公第二十三是也案別録禮記四十九篇樂記第十九則樂記十一篇入禮記也在劉向前矣至劉向爲別録時更載所入樂記十一篇又載餘十二篇揔爲二十三篇也其二十三篇之目今揔存焉

凡音之起由人心生也人心之動物使之

禮記義四十七　一　翁卿

足利本第四十七卷第二葉

然也感於物而動故形於聲 宮商角徵羽雜比曰音單出曰聲形猶見也 聲相應故生變 樂之器彈其宮則衆宮應然不足樂是以變之使雜也易曰同聲相應同氣相求春秋傳曰若以水濟水誰能食之若琴瑟之專一誰能聽之 變成方謂之音 方猶文章也 比音而樂之及干戚羽旄謂之樂 干盾也戚斧也武舞所執也羽翟羽也旄旄牛尾也文舞所執周禮舞師樂師掌教舞有兵舞有干舞有羽舞有旄舞詩曰左手執籥右手秉翟 樂者音之所由生也其本在人心之感於物也是故其哀心感者其聲噍以殺其樂心感者其聲嘽以緩其

禮記義四十七　二　吳宝

喜心感者其聲發以散其怒心感者其聲粗以厲其敬心感者其聲直以廉其愛心感者其聲和以柔六者非性也感於物而后動 言人聲在所見非有常也噍踧也嘽寬綽貌發猶揚也粗麤也 是故先王慎所以感之者故禮以道其志樂以和其聲政以一其行刑以防其姦禮樂刑政其極一也 極至也 所以同民心而出治道也 此其所謂至也 凡音者生人心者也情動於中故形於聲聲

潘本第四十七卷第二葉

然也感於物而動故形於聲 宮商角徵羽雜比曰音單出曰聲形猶見也 聲相應故生變 樂之器彈其宮則衆宮應然不足樂是以變之使雜也易曰同聲相應同氣相求春秋傳曰若以水濟水誰能食之若琴瑟之專一誰能聽之 變成方謂之音 方猶文章也 比音而樂之及干戚羽旄謂之樂 干盾也戚斧也武舞所執也羽翟羽也旄旄牛尾也文舞所執周禮舞師樂師掌教舞有兵舞有干舞有羽舞有旄舞詩曰左手執籥右手秉翟 樂者音之所由生也其本在人心之感於物也是故其哀心感者其聲噍以殺其樂心感者其聲嘽以緩其

禮記義四十七　二　吳宝

喜心感者其聲發以散其怒心感者其聲粗以厲其敬心感者其聲直以廉其愛心感者其聲和以柔六者非性也感於物而后動 言人聲在所見非有常也噍踧也嘽寬綽貌發猶揚也粗麤也 是故先王慎所以感之者故禮以道其志樂以和其聲政以一其行刑以防其姦禮樂刑政其極一也 極至也 所以同民心而出治道也 此其所謂至也 凡音者生人心者也情動於中故形於聲聲

足利本第四十七卷第三葉

成文謂之音是故治世之音安以樂其政和亂世之音怨以怒其政乖亡國之音哀以思其民困聲音之道與政通矣言八音和否隨政也玉藻曰御瞽幾聲之上下宮爲君商爲臣角爲民徵爲事羽爲物五者不亂則無怗滯之音矣五者君臣民事物也凡聲濁者尊清者卑怗滯敝敗不和貌宮亂則荒其君驕商亂則陂其官壞角亂則憂其民怨徵亂則哀其事勤羽亂則危其財匱五者皆亂迭相陵謂之

禮記義四十七　三　濮宣

慢如此則國之滅亡無日矣君臣民事物其道亂則其音應而亂荒猶散也陂傾也書曰王耄荒易曰無平不陂鄭衛之音亂世之音也比於慢矣比猶同也桑間濮上之音亡國之音也其政散其民流誣上行私而不可止也濮水之上地有桑間者亡國之音於此之水出也昔殷紂使師延作靡靡之樂已而自沈於濮水後師涓過焉夜聞而寫之爲晉平公鼓之是之謂也桑間在濮陽南誣罔也凡音者生於人心者也樂者通倫理者也倫猶類也理分也是故知聲而不知音者禽獸是也知音而不知

潘本第四十七卷第三葉

成文謂之音是故治世之音安以樂其政和亂世之音怨以怒其政乖亡國之音哀以思其民困聲音之道與政通矣言八音和否隨政也玉藻曰御瞽幾聲之上下宮爲君商爲臣角爲民徵爲事羽爲物五者不亂則無怗滯之音矣五者君臣民事物也凡聲濁者尊清者卑怗滯敝敗不和貌宮亂則荒其君驕商亂則陂其官壞角亂則憂其民怨徵亂則哀其事勤羽亂則危其財匱五者皆亂迭相陵謂之

禮記義四十七　三　濮宣

慢如此則國之滅亡無日矣君臣民事物其道亂則其音應而亂荒猶散也陂傾也書曰王耄荒易曰無平不陂鄭衛之音亂世之音也比於慢矣比猶同也桑間濮上之音亡國之音也其政散其民流誣上行私而不可止也濮水之上地有桑間者亡國之音於此之水出也昔殷紂使師延作靡靡之樂已而自沈於濮水後師涓過焉夜聞而寫之爲晉平公鼓之是之謂也桑間在濮陽南誣罔也凡音者生於人心者也樂者通倫理者也倫猶類也理分也是故知聲而不知音者禽獸是也知音而不知

足利本第四十七卷第四葉

樂者衆庶是也唯君子爲能知樂禽獸知此
爲聲耳不知其宮商之變也八音並作克諧曰樂是故審聲以知音審
音以知樂審樂以知政而治道備矣是
故不知聲者不可與言音不知音者不可
與言樂知樂則幾於禮矣禮樂皆得謂
之有德德者得也幾近也聽樂而知政之得失則能正君臣民事物之禮也
是故樂之隆非極音也食饗之禮非致
味也隆猶盛也極窮也清廟之瑟朱弦而疏越壹
禮記義叶七　四
倡而三歎有遺音者矣大饗之禮尚玄酒
而俎腥魚大羹不和有遺味者矣清廟謂作樂歌
清廟也朱弦練朱弦練則聲濁越瑟底孔也畫疏之使聲遲也倡發歌句也三歎三人從歎之耳大饗祫祭先王以
腥魚爲俎實不臑孰之大羹肉湆不調以鹽菜遺猶餘也是故先王之制禮樂
也非以極口腹耳目之欲也將以教民平
好惡而反人道之正也教之使知好惡也人生而靜
天之性也感於物而動性之欲也言性不見物則無欲
物至知知然後好惡形焉至來也知知每物來則又有知也言

潘本第四十七卷第四葉

樂者衆庶是也唯君子爲能知樂禽獸知此
爲聲耳不知其宮商之變也八音並作克諧曰樂是故審聲以知音審
音以知樂審樂以知政而治道備矣是
故不知聲者不可與言音不知音者不可
與言樂知樂則幾於禮矣禮樂皆得謂
之有德德者得也幾近也聽樂而知政之得失則能正君臣民事物之禮也
是故樂之隆非極音也食饗之禮非致
味也隆猶盛也極窮也清廟之瑟朱弦而疏越壹
禮記義叶七　四
倡而三歎有遺音者矣大饗之禮尚玄酒
而俎腥魚大羹不和有遺味者矣清廟謂作樂歌
清廟也朱弦練朱弦練則聲濁越瑟底孔也畫疏之使聲遲也倡發歌句也三歎三人從歎之耳大饗祫祭先王以
腥魚爲俎實不臑孰之大羹肉湆不調以鹽菜遺猶餘也是故先王之制禮樂
也非以極口腹耳目之欲也將以教民平
好惡而反人道之正也教之使知好惡也人生而靜
天之性也感於物而動性之欲也言性不見物則無欲
物至知知然後好惡形焉至來也知知每物來則又有知也言

足利本第四十七卷第五葉

見物多則欲益衆形已見也好惡無節於内知誘於外不能反躬天理滅矣節法度也知猶欲也誘猶道也引也躬猶已也理猶性也夫物之感人無窮而人之好惡無節則是物至而人化物也人化物也者滅天理而窮人欲者也窮人欲言無所不爲於是有悖逆詐僞之心有淫泆作亂之事是故強者脅弱衆者暴寡知者詐愚勇者苦怯疾病不養老幼孤獨不得其所此大亂之道也

禮記正義四十七　五

是故先王之制禮樂人爲之節言爲作法度以遏其欲衰麻哭泣所以節喪紀也鐘鼓干戚所以和安樂也昬姻冠笄所以別男女也射鄉食饗所以正交接也男二十而冠女許嫁而笄成人之禮射鄉大射鄉飲酒也禮節民心樂和民聲政以行之刑以防之禮樂刑政四達而不悖則王道備矣

疏正義曰此一節論樂本之事章句既多各隨文解之名爲樂本者樂以音聲爲本音聲由人心而生此章備論音聲起於人心故名樂本此樂本之中論人心感於物而有聲聲相應而生變變成方而爲之音比音而爲樂展轉相因

潘本第四十七卷第五葉

見物多則欲益衆形已見也好惡無節於内知誘於外不能反躬天理滅矣節法度也知猶欲也誘猶道也引也躬猶已也理猶性也夫物之感人無窮而人之好惡無節則是物至而人化物也人化物也者滅天理而窮人欲者也窮人欲言無所不爲於是有悖逆詐僞之心有淫泆作亂之事是故強者脅弱衆者暴寡知者詐愚勇者苦怯疾病不養老幼孤獨不得其所此大亂之道也

禮記正義四十七　五

是故先王之制禮樂人爲之節言爲作法度以遏其欲衰麻哭泣所以節喪紀也鐘鼓干戚所以和安樂也昬姻冠笄所以別男女也射鄉食饗所以正交接也男二十而冠女許嫁而笄成人之禮射鄉大射鄉飲酒也禮節民心樂和民聲政以行之刑以防之禮樂刑政四達而不悖則王道備矣

疏正義曰此一節論樂本之事章句既多各隨文解之名爲樂本者樂以音聲爲本音聲由人心而生此章備論音聲起於人心故名樂本此樂本之中論人心感於物而有聲聲相應而生變變成方而爲之音比音而爲樂展轉相因

足利本第四十七卷第六葉

之勢　凡音之起由人心生也者言凡樂之音曲所起本
由人心而生也　人心之動物使之然也者言音之所以
起於人心者由人心動則音起人心所以動者外物使之
然也　感於物而動故形於聲者人心既感外物而動口
以宣心其心形見於聲心若感死喪之物而興動於口則
形見於悲戚之聲心若感福慶而興動於口則形見於歡
樂之聲也聲相應故生變者既有哀樂之聲自然一高一
下或清或濁而相應不同故云生變變謂不恒一聲變動
清濁也　變成方謂之音者方謂文章聲既變轉和合次
序成就文章謂之音也音則今之歌曲也　比音而樂之
及干戚羽旄謂之樂者言以樂器次比音之歌曲而樂器
播之并及干戚羽旄鼓而舞之乃謂之樂也是樂之所起
由人心而生也　注宮商至曰聲　正義曰言聲者是宮
商角徵羽也極濁者爲宮極清者爲羽五聲以清濁相次
云雜比曰音者謂宮商角徵羽清濁相雜和比謂之音云
單出曰聲者五聲之内唯單有一聲無餘聲相雜是單出

禮記義四十七　六　馬森

曰聲也然則初發口單者謂之聲衆聲和合成章謂之音
金石干戚羽旄謂之樂則聲爲初音爲中樂爲末也所以
唯舉音者舉中見上下矣　注樂之至聽之　正義曰彈
其宮則衆宮應然不足樂者明直唯一聲不足可爲樂故
須變之使雜也引易曰同聲相應同氣相求者易文言文
證同聲相應之義也同聲雖相應不得爲樂必有異聲相
應乃得爲樂耳引春秋傳以下者證同聲不得爲樂也案
春秋昭二十年左傳齊景公曰唯據與我和夫晏子對曰
據亦同也焉得爲和同者若以水濟水誰能食之琴瑟之
專一誰能聽之言琴瑟專一唯有一聲不得成樂故也
注方猶文章也　正義曰凡畫者青黃相雜分布得成文
章言音清濁上下分布次序得成音曲也似畫者文章故
云方猶文章也　注干盾至秉翟　正義曰干盾也戚斧
也武舞所執也者武舞之樂執此盾與斧也云羽翟羽也
旄旄牛尾也文舞所執者言文舞執此羽旄也引舞師樂
師者證有干戚羽旄舞等案樂師有帗舞有羽舞有皇舞

潘本第四十七卷第六葉

之勢　凡音之起由人心生也者言凡樂之音曲所起本
由人心而生也　人心之動物使之然也者言音之所以
起於人心者由人心動則音起人心所以動者外物使之
然也　感於物而動故形於聲者人心既感外物而動口
以宣心其心形見於聲心若感死喪之物而興動於口則
形見於悲戚之聲心若感福慶而興動於口則形見於歡
樂之聲也聲相應故生變者既有哀樂之聲自然一高一
下或清或濁而相應不同故云生變變謂不恒一聲變動
清濁也　變成方謂之音者方謂文章聲既變轉和合次
序成就文章謂之音也音則今之歌曲也　比音而樂之
及干戚羽旄謂之樂者言以樂器次比音之歌曲而樂器
播之并及干戚羽旄鼓而舞之乃謂之樂也是樂之所起
由人心而生也　注宮商至曰聲　正義曰言聲者是宮
商角徵羽也極濁者爲宮極清者爲羽五聲以清濁相次
云雜比曰音者謂宮商角徵羽清濁相雜和比謂之音云
單出曰聲者五聲之内唯單有一聲無餘聲相雜是單出

禮記義四十七　六　馬森

曰聲也然則初發口單者謂之聲衆聲和合成章謂之音
金石干戚羽旄謂之樂則聲爲初音爲中樂爲末也所以
唯舉音者舉中見上下矣　注樂之至聽之　正義曰彈
其宮則衆宮應然不足樂者明直唯一聲不足可爲樂故
須變之使雜也引易曰同聲相應同氣相求者易文言文
證同聲相應之義也同聲雖相應不得爲樂必有異聲相
應乃得爲樂耳引春秋傳以下者證同聲不得爲樂也案
春秋昭二十年左傳齊景公曰唯據與我和夫晏子對曰
據亦同也焉得爲和同者若以水濟水誰能食之琴瑟之
專一誰能聽之言琴瑟專一唯有一聲不得成樂故也
注方猶文章也　正義曰凡畫者青黃相雜分布得成文
章言音清濁上下分布次序得成音曲也似畫者文章故
云方猶文章也　注干盾至秉翟　正義曰干盾也戚斧
也武舞所執也者武舞之樂執此盾與斧也云羽翟羽也
旄旄牛尾也文舞所執者言文舞執此羽旄也引舞師樂
師者證有干戚羽旄舞等案樂師有帗舞有羽舞有皇舞

有旄舞有干舞有人舞也無兵舞但有干舞鄭司農彼注云干舞者兵舞又舞師云掌教兵舞帥而舞山川之祭祀無干舞但有兵舞鄭司農彼注干舞兵舞也此引樂師旣謂干舞引謂兵舞者兵舞非樂師之文但經云干戚用戚則是大武大武兵舞此引樂師益以兵舞解經之干戚也但此經干戚羽旄包含文武之大武鄭引樂師小舞明羽舞也引詩者證羽舞是翟舞也此詩邶風刺衛君不用賢衛之賢者仕於伶官但左手執籥右手秉翟而已　樂者至道也　正義曰此一節覆明上文感物而動之意結樂聲生起所由也合音乃成樂是樂由此音而生故云音之所由生也　其本在人心之感於物也者欲將明樂隨人心見故更陳此句也本循初也物外境也言樂初所起在於人心之感外境也　是故其哀心感者其聲噍以殺者心旣由於外境而變故有此下六事之不同也噍踧急也若外境痛苦則其心哀哀感在心故其聲必踧急而速殺也　其樂心感者其聲嘽以緩者嘽寬也若外境所善心必歡樂歡樂在心故聲必隨而寬緩也　其喜心感者其聲發以散者若外境會合其心心必喜悅喜悅在心故聲必隨而發揚放散無輒礙也但樂是長久之歡喜是一時之悅遇有善事而心喜也昭二十五年左傳云喜生於好是喜與樂別也　其怒心感者其聲粗以厲者怒謂忽遇惡事而心恚怒恚怒在心則其聲粗以猛厲也　其敬心感者其聲直以廉者直謂不邪也廉廉隅也若外境見其尊高心中嚴敬嚴敬在心則其聲正直而有廉隅不邪曲也　其愛心感者其聲和以柔者和調也柔軟也若外境親屬死亡心起愛情愛情在心則聲和柔也六者非性也感於物而后動者結外感物也人生而靜天之性也性本靜寂無此六事六事之生由應感外物而動故云非性也所以知非性者今設取一人以此六事觸之言此人必隨觸而動故知非本性也庾云隨其所感而應之是知非性也此聲皆據人心感於物而口爲聲知是人聲也故鄭注云言人聲在所見皇氏云樂聲失之矣　是故先王愼所以

有旄舞有干舞有人舞也無兵舞但有干舞鄭司農彼注云干舞者兵舞又舞師云掌教兵舞帥而舞山川之祭祀無干舞但有兵舞鄭司農彼注干舞兵舞也此引樂師旣謂干舞引謂兵舞者兵舞非樂師之文但經云干戚用戚則是大武大武兵舞此引樂師益以兵舞解經之干戚也但此經干戚羽旄包含文武之大武鄭引樂師小舞明羽舞也引詩者證羽舞是翟舞也此詩邶風刺衛君不用賢衛之賢者仕於伶官但左手執籥右手秉翟而已　樂者至道也　正義曰此一節覆明上文感物而動之意結樂聲生起所由也合音乃成樂是樂由此音而生故云音之所由生也　其本在人心之感於物也者欲將明樂隨人心見故更陳此句也本循初也物外境也言樂初所起在於人心之感外境也　是故其哀心感者其聲噍以殺者心旣由於外境而變故有此下六事之不同也噍踧急也若外境痛苦則其心哀哀感在心故其聲必踧急而速殺也　其樂心感者其聲嘽以緩者嘽寬也若外境所善心必歡樂歡樂在心故聲必隨而寬緩也　其喜心感者其聲發以散者若外境會合其心心必喜悅喜悅在心故聲必隨而發揚放散無輒礙也但樂是長久之歡喜是一時之悅遇有善事而心喜也昭二十五年左傳云喜生於好是喜與樂別也　其怒心感者其聲粗以厲者怒謂忽遇惡事而心恚怒恚怒在心則其聲粗以猛厲也　其敬心感者其聲直以廉者直謂不邪也廉廉隅也若外境見其尊高心中嚴敬嚴敬在心則其聲正直而有廉隅不邪曲也　其愛心感者其聲和以柔者和調也柔軟也若外境親屬死亡心起愛情愛情在心則聲和柔也六者非性也感於物而后動者結外感物也人生而靜天之性也性本靜寂無此六事六事之生由應感外物而動故云非性也所以知非性者今設取一人以此六事觸之言此人必隨觸而動故知非本性也庾云隨其所感而應之是知非性也此聲皆據人心感於物而口爲聲知是人聲也故鄭注云言人聲在所見皇氏云樂聲失之矣　是故先王愼所以

足利本第四十七卷第八葉

感之者既六事隨見而動非關其本性故先代聖人在上
制於正禮正樂以防之不欲以外境惡事感之故云先王
慎所以感之者也　故禮以道其志樂以和其聲政以一
其行刑以防其姦者此四事是防慎所感之具矣政法律
也既防慎其感故用其正禮敎道其志用正樂諧和其聲
用法律齊一其行用刑辟防其凶姧則民不復流僻也禮
樂刑政其極一也者極至也用其四事齊之使同其一致
不爲非也賀云雖有禮樂刑政之殊及其撿情歸正同至
理極其道一也　所以同民心而出治道也者結四事之
功也言民心所觸有前六事不同故聖人用後四者制之
使俱得其所也　凡音至通矣　正義曰上文云音從人
心生乃成爲樂此一節明君上之樂隨人情而動若人情
歡樂樂音亦歡樂若人情哀怨樂音亦哀怨　凡音者生
人心者也者言君上樂音生於下民心者也　情動於中
故形於聲者言在下人心情感君政敎善惡動於心中則
上文感於物而后動是也既感物動故形見於口口出其

禮記義四十七　八　應俊

聲則上文云故形於聲者是也　聲成文謂之音者謂聲
之清濁雜比成文謂之音則上文云變成方謂之音是也
上云比音而樂之及干戚羽旄謂之樂此云音不云樂者
以下云治世之音亂世之音故云音而不言樂也必云音
者樂以音爲本變動由於音也所以特言音也　是故治
世之音安以樂者是故謂情動於中而有音聲之異故言
治平之世其樂音安靜而歡樂也治世之音民既安靜以
樂而感其心故樂音亦安以樂由其政和美故也君政和
美使人心安樂人心安樂故樂聲亦安以樂也　亂世之
音怨以怒其政乖者亂世謂禍亂之世樂音怨恨而恚怒
亂世之時其民怨怒故樂聲亦怨怒流亡由其政乖僻故
也　亡國之音哀以思其民困者亡國謂將欲滅亡之國
樂音悲哀而愁思言亡國之時民心哀思故樂音亦哀思
由其人困苦故也前治世亂世皆云世亡國不云世者以
國將亡無復繼世也其治世亂世皆云政亡國不云政者
言國將滅亡無復有政故云其民困也聲音之道與政通

潘本第四十七卷第八葉

感之者既六事隨見而動非關其本性故先代聖人在上
制於正禮正樂以防之不欲以外境惡事感之故云先王
慎所以感之者也　故禮以道其志樂以和其聲政以一
其行刑以防其姦者此四事是防慎所感之具矣政法律
也既防慎其感故用其正禮敎道其志用正樂諧和其聲
用法律齊一其行用刑辟防其凶姧則民不復流僻也禮
樂刑政其極一也者極至也用其四事齊之使同其一致
不爲非也賀云雖有禮樂刑政之殊及其撿情歸正同至
理極其道一也　所以同民心而出治道也者結四事之
功也言民心所觸有前六事不同故聖人用後四者制之
使俱得其所也　凡音至通矣　正義曰上文云音從人
心生乃成爲樂此一節明君上之樂隨人情而動若人情
歡樂樂音亦歡樂若人情哀怨樂音亦哀怨　凡音者生
人心者也者言君上樂音生於下民心者也　情動於中
故形於聲者言在下人心情感君政敎善惡動於心中則
上文感於物而后動是也既感物動故形見於口口出其

禮記義四十七　八　應俊

聲則上文云故形於聲者是也　聲成文謂之音者謂聲
之清濁雜比成文謂之音則上文云變成方謂之音是也
上云比音而樂之及干戚羽旄謂之樂此云音不云樂者
以下云治世之音亂世之音故云音而不言樂也必云音
者樂以音爲本變動由於音也所以特言音也　是故治
世之音安以樂者是故謂情動於中而有音聲之異故言
治平之世其樂音安靜而歡樂也治世之音民既安靜以
樂而感其心故樂音亦安以樂由其政和美故也君政和
美使人心安樂人心安樂故樂聲亦安以樂也　亂世之
音怨以怒其政乖者亂世謂禍亂之世樂音怨恨而恚怒
亂世之時其民怨怒故樂聲亦怨怒流亡由其政乖僻故
也　亡國之音哀以思其民困者亡國謂將欲滅亡之國
樂音悲哀而愁思言亡國之時民心哀思故樂音亦哀思
由其人困苦故也前治世亂世皆云世亡國不云世者以
國將亡無復繼世也其治世亂世皆云政亡國不云政者
言國將滅亡無復有政故云其民困也聲音之道與政通

矣者若政和則聲音安樂若政乖則聲音怨怒是聲音之
道與政通矣 宮爲至日矣 正義曰此一節論五聲宮
商角徵羽之殊所主之事上下不一得則樂聲和調失則
國將滅亡也 宮爲君者宮則主君所以然者鄭注月令
云宮屬土土居中央總四方君之象也又土爰稼穡猶君
能滋生萬民也又五音以絲多聲重者爲尊宮絃最大用
八十一絲故宮爲君崔氏云五音之次以宮最濁自宮以
下則稍清矣君臣民事物亦有尊卑故以次配之 商爲
臣者商所以爲臣者何以鄭注月令云商屬金以其濁次
宮臣之象也解者云宮八十一絲商七十二絲次宮如臣
之得次君之貴重也崔氏云商是金金以決斷爲臣事君
亦以義斷爲賢矣角爲民所以爲民者鄭注月令云角屬
木以其清濁中民之象也解者云宮濁而羽清角六十四
絲聲居宮羽之中半清半濁故云以其清濁中也民比君
臣爲劣比事物爲優故云角清濁中民之象矣崔氏云角
屬春春時物生衆皆有區別亦象萬民衆多而有區別也

禮記義四十七 九

徵爲事所以爲事者鄭注月令云徵屬火以其徵清事
之象也解者云羽最清徵次之故用五十四絲是徵清徵
清所以爲事之象也夫事是造爲造爲由民故先事後乃
有物也是事勝於物而劣於民故次民居物之前所以徵
爲事之象也崔氏云徵屬夏夏時生長萬物皆成形體事
亦有體故以徵配事也 羽爲物羽所以爲物者鄭注月
令云羽屬水者以其最清物之象也解者云羽者最清用
四十八絲而爲物劣於事故最處末所以羽爲物也崔氏
云羽屬冬冬物聚則成財用冬則物皆藏聚與財相類也
五者不亂則無怗懘之音矣者怗敝也懘敗也敝敗謂
不和之貌也若君臣民事物五者各得其所用不相壞亂
則五音之響無敝敗矣 宮亂則荒其君驕者前明音聲
與政通若五事皆正則音不敝敗是聲與政通故此以下
明聲與政通也若五音之敝敗則政亂各有所由也荒猶
散也若宮音之亂則其聲放散是知由其君驕溢故也崔
氏云宮聲所以散者由君驕也若君驕則萬物荒散也

足利本第四十七卷第九葉

矣者若政和則聲音安樂若政乖則聲音怨怒是聲音之
道與政通矣 宮爲至日矣 正義曰此一節論五聲宮
商角徵羽之殊所主之事上下不一得則樂聲和調失則
國將滅亡也 宮爲君者宮則主君所以然者鄭注月令
云宮屬土土居中央總四方君之象也又土爰稼穡猶君
能滋生萬民也又五音以絲多聲重者爲尊宮絃最大用
八十一絲故宮爲君崔氏云五音之次以宮最濁自宮以
下則稍清矣君臣民事物亦有尊卑故以次配之 商爲
臣者商所以爲臣者何以鄭注月令云商屬金以其濁次
宮臣之象也解者云宮八十一絲商七十二絲次宮如臣
之得次君之貴重也崔氏云商是金金以決斷爲臣事君
亦以義斷爲賢矣角爲民所以爲民者鄭注月令云角屬
木以其清濁中民之象也解者云宮濁而羽清角六十四
絲聲居宮羽之中半清半濁故云以其清濁中也民比君
臣爲劣比事物爲優故云角清濁中民之象矣崔氏云角
屬春春時物生衆皆有區別亦象萬民衆多而有區別也

禮記義四十七 九

徵爲事所以爲事者鄭注月令云徵屬火以其徵清事
之象也解者云羽最清徵次之故用五十四絲是徵清徵
清所以爲事之象也夫事是造爲造爲由民故先事後乃
有物也是事勝於物而劣於民故次民居物之前所以徵
爲事之象也崔氏云徵屬夏夏時生長萬物皆成形體事
亦有體故以徵配事也 羽爲物羽所以爲物者鄭注月
令云羽屬水者以其最清物之象也解者云羽者最清用
四十八絲而爲物劣於事故最處末所以羽爲物也崔氏
云羽屬冬冬物聚則成財用冬則物皆藏聚與財相類也
五者不亂則無怗懘之音矣者怗敝也懘敗也敝敗謂
不和之貌也若君臣民事物五者各得其所用不相壞亂
則五音之響無敝敗矣 宮亂則荒其君驕者前明音聲
與政通若五事皆正則音不敝敗是聲與政通故此以下
明聲與政通也若五音之敝敗則政亂各有所由也荒猶
散也若宮音之亂則其聲放散是知由其君驕溢故也崔
氏云宮聲所以散者由君驕也若君驕則萬物荒散也

潘本第四十七卷第九葉

商亂則陂其官壞者陂不平正也若商音之亂則其聲欹邪而不正也是知由其臣不治於官官壞故也崔氏云商聲所以傾邪者由臣官壞也官若壞則物皆傾邪也　角亂則憂其民怨者若角音之亂則其聲憂愁是知由政虐其民怨故也崔氏云角聲所以亂者由民不安業有憂愁之心也民無自怨皆君上失政故下民生怨也　徵亂則哀其事勤者若徵音之亂則其聲哀苦是知由繇役不休其民事勤勞故也崔氏云徵所以亂者由民勤於事悲哀之所生　羽亂則危其財匱者匱乏也若羽音之亂則其聲傾危是知由君賦重其民貧乏故也崔氏云危者謂聲不安也羽聲所以不安者由君亂於上物散於下故知財乏不能得安故有匱乏也　五者皆亂迭相陵謂之慢者迭互也陵越也若五聲並和則君臣上下不失若五聲不和則君臣上下互相陵越所以爲慢也崔氏云前是偏據一亂以爲義未足以爲滅亡今此以五者皆亂故滅亡無日矣滅者絕也亡叛也無日言無復一日也若君臣互相陵慢如

禮記義四十七　十　張暉

此則國必叛滅旦夕可俟無復一日也　注書曰至不陂　正義曰所引之者尚書呂刑之文也王耄荒者謂穆王享國百年耄荒也引之者證經之荒字矣云易曰無平不陂者易泰卦九三爻辭引之者證經之陂字矣案樂緯動聲儀云宮爲君君者當寬大容衆故聲弘以舒其和情以柔動脾也商爲臣臣者當以發明君之號令其聲散以明其和溫以斷動肺也角爲民民者當約儉不奢僭差故其聲防以約其和清以靜動肝也徵爲事事者君子之功既當急就之其事當久流亡故其聲貶以疾其和平以功動心也羽爲物物者不有委聚故其聲散以虛其和斷以散動腎也動聲儀又云若宮唱而商和是謂善大平之樂注云君臣相和又云角從宮是謂哀衰國之樂注云象人有怨訴又云羽從宮往而不反是謂悲亡國之樂也注云悲傷於財竭又云音相生者和注云彈羽角應彈宮徵應是其和樂以此言之相生應即爲和不以相生應則爲亂也　鄭衞至止也　正義曰前經明五者皆亂驕慢滅亡此一

商亂則陂其官壞者陂不平正也若商音之亂則其聲欹邪而不正也是知由其臣不治於官官壞故也崔氏云商聲所以傾邪者由臣官壞也官若壞則物皆傾邪也　角亂則憂其民怨者若角音之亂則其聲憂愁是知由政虐其民怨故也崔氏云角聲所以亂者由民不安業有憂愁之心也民無自怨皆君上失政故下民生怨也　徵亂則哀其事勤者若徵音之亂則其聲哀苦是知由繇役不休其民事勤勞故也崔氏云徵所以亂者由民勤於事悲哀之所生　羽亂則危其財匱者匱乏也若羽音之亂則其聲傾危是知由君賦重其民貧乏故也崔氏云危者謂聲不安也羽聲所以不安者由君亂於上物散於下故知財乏不能得安故有匱乏也　五者皆亂迭相陵謂之慢者迭互也陵越也若五聲並和則君臣上下不失若五聲不和則君臣上下互相陵越所以爲慢也崔氏云前是偏據一亂以爲義未足以爲滅亡今此以五者皆亂故滅亡無日矣滅者絕也亡叛也無日言無復一日也若君臣互相陵慢如

禮記義四十七　十　張暉

此則國必叛滅旦夕可俟無復一日也　注書曰至不陂　正義曰所引之者尚書呂刑之文也王耄荒者謂穆王享國百年耄荒也引之者證經之荒字矣云易曰無平不陂者易泰卦九三爻辭引之者證經之陂字矣案樂緯動聲儀云宮爲君君者當寬大容衆故聲弘以舒其和情以柔動脾也商爲臣臣者當以發明君之號令其聲散以明其和溫以斷動肺也角爲民民者當約儉不奢僭差故其聲防以約其和清以靜動肝也徵爲事事者君子之功既當急就之其事當久流亡故其聲貶以疾其和平以功動心也羽爲物物者不有委聚故其聲散以虛其和斷以散動腎也動聲儀又云若宮唱而商和是謂善大平之樂注云君臣相和又云角從宮是謂哀衰國之樂注云象人有怨訴又云羽從宮往而不反是謂悲亡國之樂也注云悲傷於財竭又云音相生者和注云彈羽角應彈宮徵應是其和樂以此言之相生應即爲和不以相生應則爲亂也　鄭衞至止也　正義曰前經明五者皆亂驕慢滅亡此一

足利本第四十七卷第十一葉

節論亂世滅亡之樂比猶同也鄭國之音好濫淫志衛國之樂促速煩志並是亂世之音也雖亂而未滅亡故云比於慢即同前謂之慢也　桑間濮上之音亡國之音也者於濮水之上桑林之間所得之樂是亡國之音矣故云亡國之音　其政散者謂君之政教荒散也　其民流者流謂流亡君既荒散民自流亡也　誣上行私而不可止也者君既失政在下則誣罔於上行其私意違背公道不可禁止也　注濮水至罔也　正義曰濮水之上地有桑間者言濮水與桑間一處也云昔殷紂使師延作靡靡之樂以下皆史記樂書之文也言衛靈公之時將之晉至於濮水之上舍夜半之時聞鼓琴之聲問左右皆對曰不聞乃召師涓聽而寫之明日即去乃至晉國見平公平公享之靈公曰今者來聞新聲請奏之平公曰可即命師涓坐師曠之旁援琴鼓之未終而師曠撫而止之曰此亡國之聲也不可遂平公曰何師曠曰昔師延所作也與紂爲靡靡之樂武王伐紂師延東走自投濮水之中故聞此聲必

禮記義四十七　十一　張樞

於濮水之上而聞之是其事案異義云今論說鄭國之爲俗有溱洧之水男女聚會謳歌相感故云鄭聲淫左傳說煩手淫聲謂之鄭聲者言煩手躑躅之聲使淫過矣許君謹案鄭詩二十一篇說婦人者十九矣故鄭聲淫也今案鄭詩說婦人者唯九篇異義云十九者誤也無十字矣　凡音至正也　正義曰此一節明音樂之異音易識而樂難知知樂則近於禮又明禮樂隆極之旨先王所以禮樂教人之意　凡音者生於人心者也言音從聲生聲從心生故云生於人心者也　樂者通於倫理者也倫類也理分也比音爲樂有金石絲竹干戚羽旄樂得則陰陽和樂失則羣物亂是樂能經通倫理也陰陽萬物各有倫類分理者也　是故知聲而不知音者禽獸是也者言禽獸知其聲不知五音之和變是聲易識而音難知矣　知音而不知樂者衆庶是也者言衆庶知歌曲之音而不知樂之大理是音猶易而樂極難也　唯君子爲能知樂者君子謂大德聖人能知極樂之理故云爲能知樂　是故審聲

潘本第四十七卷第十一葉

節論亂世滅亡之樂比猶同也鄭國之音好濫淫志衛國之樂促速煩志並是亂世之音也雖亂而未滅亡故云比於慢即同前謂之慢也　桑間濮上之音亡國之音也者於濮水之上桑林之間所得之樂是亡國之音矣故云亡國之音　其政散者謂君之政教荒散也　其民流者流謂流亡君既荒散民自流亡也　誣上行私而不可止也者君既失政在下則誣罔於上行其私意違背公道不可禁止也　注濮水至罔也　正義曰濮水之上地有桑間者言濮水與桑間一處也云昔殷紂使師延作靡靡之樂以下皆史記樂書之文也言衛靈公之時將之晉至於濮水之上舍夜半之時聞鼓琴之聲問左右皆對曰不聞乃召師涓聽而寫之明日即去乃至晉國見平公平公享之靈公曰今者來聞新聲請奏之平公曰可即命師涓坐師曠之旁援琴鼓之未終而師曠撫而止之曰此亡國之聲也不可遂平公曰何師曠曰昔師延所作也與紂爲靡靡之樂武王伐紂師延東走自投濮水之中故聞此聲必

禮記義四十七　十一　張樞

於濮水之上而聞之是其事案異義云今論說鄭國之爲俗有溱洧之水男女聚會謳歌相感故云鄭聲淫左傳說煩手淫聲謂之鄭聲者言煩手躑躅之聲使淫過矣許君謹案鄭詩二十一篇說婦人者十九矣故鄭聲淫也今案鄭詩說婦人者唯九篇異義云十九者誤也無十字矣　凡音至正也　正義曰此一節明音樂之異音易識而樂難知知樂則近於禮又明禮樂隆極之旨先王所以禮樂教人之意　凡音者生於人心者也言音從聲生聲從心生故云生於人心者也　樂者通於倫理者也倫類也理分也比音爲樂有金石絲竹干戚羽旄樂得則陰陽和樂失則羣物亂是樂能經通倫理也陰陽萬物各有倫類分理者也　是故知聲而不知音者禽獸是也者言禽獸知其聲不知五音之和變是聲易識而音難知矣　知音而不知樂者衆庶是也者言衆庶知歌曲之音而不知樂之大理是音猶易而樂極難也　唯君子爲能知樂者君子謂大德聖人能知極樂之理故云爲能知樂　是故審聲

以知音審音以知樂審樂以知政而治道備矣者音由聲生先審識其聲然後可以知音樂由音先生審識其音然後知樂政由樂生先審識其樂可以知政所以審樂知政者樂由音聲而生聲感善惡而起若能審樂則知善惡之理行善不行惡習是不習非知爲政化民　而治道備矣者政善樂和音聲皆善人事無邪僻則治道備具矣知樂則幾於禮矣者幾近也知樂則知政之得失知政之得失則能正君臣民事物故云近於禮矣但禮包萬事萬事備具始是禮極今知樂但知正君臣民事物而已於禮未極故云近於禮矣　禮樂皆得謂之有德德者得也者言王者能使禮樂皆得其所謂之有德之君所以名爲德者得禮樂之稱也　是故樂之隆非極音也者隆謂隆盛言樂之隆盛本在移風易俗非崇重於鐘鼓之音故云非極音也案論語云樂云樂云鐘鼓云乎哉是也食饗之禮非致味也者食饗謂宗廟祫祭此禮之隆重在於孝敬也非在於致其美味而已禮云食饗之禮則樂應云祭祀之樂互可

禮記義四十　十二　宋瑜

知也清廟之瑟朱弦而疏越壹倡而三歎者覆上樂之隆非極音也清廟之瑟謂歌清廟之詩所彈之瑟朱弦謂練朱絲爲弦練則聲濁也越謂瑟底孔也疏通之使聲遲故云疏越弦聲既濁瑟音又遲是質素之聲非要妙之響以其質素初發首一倡之時而唯有三人歎之是人不愛樂雖然有遺餘之音言以其貴在於德所以有遺餘之音念之不忘也　大饗之禮尚玄酒而俎腥魚大羹不和有遺味者矣者此覆上食饗之禮非致味也大饗謂祫祭尚玄酒在五齊之上而俎腥魚腥生也俎雖有三牲而兼載腥魚也大羹謂肉湆也不和謂不以鹽菜和之此皆質素之食而大饗設之人所不欲也雖然有遺餘之味矣以其有德質素其味可重人愛之不忘故云有遺味者矣　是故先王之制禮樂也非以極口腹耳目之欲也者以玄酒腥魚大羹是非極口腹也以朱弦疏越是非極耳目也　將以教民平好惡而反人道之正也者言先王制禮樂不爲口腹耳目而將以教民均平好惡使好者行之惡者避之

足利本第四十七卷第十二葉

潘本第四十七卷第十二葉

以知音審音以知樂審樂以知政而治道備矣者音由聲生先審識其聲然後可以知音樂由音先生審識其音然後知樂政由樂生先審識其樂可以知政所以審樂知政者樂由音聲而生聲感善惡而起若能審樂則知善惡之理行善不行惡習是不習非知爲政化民　而治道備矣者政善樂和音聲皆善人事無邪僻則治道備具矣知樂則幾於禮矣者幾近也知樂則知政之得失知政之得失則能正君臣民事物故云近於禮矣但禮包萬事萬事備具始是禮極今知樂但知正君臣民事物而已於禮未極故云近於禮矣　禮樂皆得謂之有德德者得也者言王者能使禮樂皆得其所謂之有德之君所以名爲德者得禮樂之稱也　是故樂之隆非極音也者隆謂隆盛言樂之隆盛本在移風易俗非崇重於鐘鼓之音故云非極音也案論語云樂云樂云鐘鼓云乎哉是也食饗之禮非致味也者食饗謂宗廟祫祭此禮之隆重在於孝敬也非在於致其美味而已禮云食饗之禮則樂應云祭祀之樂互可

禮記義四十　十二　宋瑜

知也清廟之瑟朱弦而疏越壹倡而三歎者覆上樂之隆非極音也清廟之瑟謂歌清廟之詩所彈之瑟朱弦謂練朱絲爲弦練則聲濁也越謂瑟底孔也疏通之使聲遲故云疏越弦聲既濁瑟音又遲是質素之聲非要妙之響以其質素初發首一倡之時而唯有三人歎之是人不愛樂雖然有遺餘之音言以其貴在於德所以有遺餘之音念之不忘也　大饗之禮尚玄酒而俎腥魚大羹不和有遺味者矣者此覆上食饗之禮非致味也大饗謂祫祭尚玄酒在五齊之上而俎腥魚腥生也俎雖有三牲而兼載腥魚也大羹謂肉湆也不和謂不以鹽菜和之此皆質素之食而大饗設之人所不欲也雖然有遺餘之味矣以其有德質素其味可重人愛之不忘故云有遺味者矣　是故先王之制禮樂也非以極口腹耳目之欲也者以玄酒腥魚大羹是非極口腹也以朱弦疏越是非極耳目也　將以教民平好惡而反人道之正也者言先王制禮樂不爲口腹耳目而將以教民均平好惡使好者行之惡者避之

足利本第四十七卷第十三葉

而反歸人道之正也注能正君臣民事物之禮正義
曰以宮爲君商爲臣角爲民徵爲事羽爲物既能知樂則
能正此五事五事之外則餘禮未能弘通故經云近於禮
未盡禮之用也注朱弦至餘也正義曰朱弦練朱弦
者案虞書傳云古者帝王升歌清廟之樂大琴練弦此云
朱弦者明練之可知也云練則聲濁者不練則體勁而聲
清練則絲孰而弦濁云越瑟底孔也者案鄉飲酒禮二人
皆左何瑟後首挎越是越瑟底孔也故燕禮注云越瑟下
孔也云畫疏之使聲遲也者熊氏云瑟兩頭有孔畫疏之
疏通也使兩頭孔相連而通孔小則聲急孔大則聲遲故
云使聲遲也云三歎三人從歎之耳者三歎謂孽瑟賛歎
美者但有三人歎之耳言歎者少也云大饗祫祭先王者
案郊特牲云郊血大饗腥此云腥魚故爲宗廟祫祭也云
以腥魚爲俎實者謂薦血腥之時以俎薦腥魚熊氏云其
牛羊之俎至薦孰之時皆亨之而孰薦腥魚則始末不亨
故云而俎腥魚也云大羹肉湇者特牲云大羹湇此云不

禮記義四十七　十三　徐宥

和故知不調以鹽菜鉶羹則和之云遺猶餘也者樂聲雖
質人貴之不忘矣食味雖惡人念之不息矣是有遺音遺
味矣熊氏云聲有五聲但有三人歎之餘兩聲未歎是有
遺音非其辭也　人生至道也　正義曰此一節論人感
物而動物有好惡所感不同若其感惡則天理滅爲大亂
之道故下文明先王所以制禮樂而齊之　人生而靜天
之性也　正義曰言人初生未有情欲是其靜稟於自然
是天性也　感於物而動性之欲也者其心本雖靜感於
外物而心遂動是性之所貪欲也自然謂之性貪欲謂之
情是情性別矣　物至知知然後好惡形焉者至猶來也
言外物既來知謂每一物來則心知之爲每一物皆知是
物至知知也物至既衆會意者則愛好之不會意者則嫌
惡之是好惡形焉　好惡無節於內知誘於外者所好惡
恣己之情是無節於內知謂欲也所欲之事道誘於外外
見所欲心則從之是知誘於外也　不能反躬天理滅矣
者躬己也恣己情欲不能自反禁止理性也是天之所生

潘本第四十七卷第十三葉

而反歸人道之正也注能正君臣民事物之禮正義
曰以宮爲君商爲臣角爲民徵爲事羽爲物既能知樂則
能正此五事五事之外則餘禮未能弘通故經云近於禮
未盡禮之用也注朱弦至餘也正義曰朱弦練朱弦
者案虞書傳云古者帝王升歌清廟之樂大琴練弦此云
朱弦者明練之可知也云練則聲濁者不練則體勁而聲
清練則絲孰而弦濁云越瑟底孔也者案鄉飲酒禮二人
皆左何瑟後首挎越是越瑟底孔也故燕禮注云越瑟下
孔也云畫疏之使聲遲也者熊氏云瑟兩頭有孔畫疏之
疏通也使兩頭孔相連而通孔小則聲急孔大則聲遲故
云使聲遲也云三歎三人從歎之耳者三歎謂孽瑟賛歎
美者但有三人歎之耳言歎者少也云大饗祫祭先王者
案郊特牲云郊血大饗腥此云腥魚故爲宗廟祫祭也云
以腥魚爲俎實者謂薦血腥之時以俎薦腥魚熊氏云其
牛羊之俎至薦孰之時皆亨之而孰薦腥魚則始末不亨
故云而俎腥魚也云大羹肉湇者特牲云大羹湇此云不

禮記義四十七　十三　徐宥

和故知不調以鹽菜鉶羹則和之云遺猶餘也者樂聲雖
質人貴之不忘矣食味雖惡人念之不息矣是有遺音遺
味矣熊氏云聲有五聲但有三人歎之餘兩聲未歎是有
遺音非其辭也　人生至道也　正義曰此一節論人感
物而動物有好惡所感不同若其感惡則天理滅爲大亂
之道故下文明先王所以制禮樂而齊之　人生而靜天
之性也　正義曰言人初生未有情欲是其靜稟於自然
是天性也　感於物而動性之欲也者其心本雖靜感於
外物而心遂動是性之所貪欲也自然謂之性貪欲謂之
情是情性別矣　物至知知然後好惡形焉者至猶來也
言外物既來知謂每一物來則心知之爲每一物皆知是
物至知知也物至既衆會意者則愛好之不會意者則嫌
惡之是好惡形焉　好惡無節於內知誘於外者所好惡
恣己之情是無節於內知謂欲也所欲之事道誘於外外
見所欲心則從之是知誘於外也　不能反躬天理滅矣
者躬己也恣己情欲不能自反禁止理性也是天之所生

樂記第十九

足利本第四十七卷第十四葉

本性滅絶矣　夫物之感人無窮者物既衆多來感於人
無有窮已也　而人之好惡無節者見物之來所好所惡
無有法節也則是物至而人化物也者則是外物來至而
人化逐於物物善則人善物惡則人惡是人化物也　人
化物也者滅天理而窮人欲者也者人既化物逐而遷之
恣其情欲故滅其天生清靜之性而窮極人所貪嗜慾也
知者詐愚謂欺詐愚人也　勇者苦怯謂困苦怯者
疾病不養謂心所嫌惡不收養也　老幼孤獨不得其所
者此並是人之嫌惡無所哀矜故老幼孤獨不得其所也
是故至備矣　正義曰此一節以下至樂云廣明禮樂
相須之事　是故先王之制禮樂人爲之節者庾云人爲
猶爲人也言爲人作法節也　射鄉食饗所以正交接也
者射大射也鄉鄉飲酒也食饗饗食賓客也凡此皆是正
交接之節不使相陵越也　禮節民心者前經云禮樂人
爲之節故此經明其所節之事禮有尊卑上下故裁節民
心謂無不敬也　樂和民聲者樂有宮商角徵羽及律呂

禮記義四十七　十四　蔣伸

所以調和民聲也　政以行之者政謂禁令用禁令以行
禮樂也　刑以防之者若不行禮樂則以刑罰防止之
禮樂刑政四達而不悖則王道備矣者若此四事通達流行而不悖逆則王道具備矣
樂者爲同禮者爲異同則相親異則相敬同謂協好惡也異謂別貴賤
樂勝則流禮勝則離流謂合行不敬也離謂析居不和也
合情飾貌者禮樂之事也欲其並行斌斌然
禮義立則貴賤等矣樂文同則上下和矣好惡著
則賢不肖別矣刑禁暴爵舉賢則政均
矣仁以愛之義以正之如此則民治行矣

潘本第四十七卷第十四葉

本性滅絶矣　夫物之感人無窮者物既衆多來感於人
無有窮已也　而人之好惡無節者見物之來所好所惡
無有法節也則是物至而人化物也者則是外物來至而
人化逐於物物善則人善物惡則人惡是人化物也　人
化物也者滅天理而窮人欲者也者人既化物逐而遷之
恣其情欲故滅其天生清靜之性而窮極人所貪嗜慾也
知者詐愚謂欺詐愚人也　勇者苦怯謂困苦怯者
疾病不養謂心所嫌惡不收養也　老幼孤獨不得其所
者此並是人之嫌惡無所哀矜故老幼孤獨不得其所也
是故至備矣　正義曰此一節以下至樂云廣明禮樂
相須之事　是故先王之制禮樂人爲之節者庾云人爲
猶爲人也言爲人作法節也　射鄉食饗所以正交接也
者射大射也鄉鄉飲酒也食饗饗食賓客也凡此皆是正
交接之節不使相陵越也　禮節民心者前經云禮樂人
爲之節故此經明其所節之事禮有尊卑上下故裁節民
心謂無不敬也　樂和民聲者樂有宮商角徵羽及律呂

禮記義四十七　十四　蔣伸

所以調和民聲也　政以行之者政謂禁令用禁令以行
禮樂也　刑以防之者若不行禮樂則以刑罰防止之
禮樂刑政四達而不悖則王道備矣者若此四事通達流行而不悖逆則王道具備矣
樂者爲同禮者爲異同則相親異則相敬同謂協好惡也異謂別貴賤
樂勝則流禮勝則離流謂合行不敬也離謂析居不和也
合情飾貌者禮樂之事也欲其並行斌斌然
禮義立則貴賤等矣樂文同則上下和矣好惡著
則賢不肖別矣刑禁暴爵舉賢則政均
矣仁以愛之義以正之如此則民治行矣

等階級也[疏]正義曰皇氏云從王道備矣以上爲樂本從此以下爲樂論今依用焉此十一篇之說事不分明鄭目録十一篇略有分別子細不可委知熊氏云十篇鄭可具詳依別録十一篇所有賓牟賈有師乙有魏文侯今此樂記有魏文侯乃次賓牟賈師乙爲末則是今之樂記十一篇之次與別録不同推此而言其樂本以下亦雜亂故鄭略有分別案熊氏此說不與皇氏同 樂者爲同者此言樂論之事謂上下同聽莫不和說也禮者爲異者謂尊卑各別恭敬不等也此章凡有四段自此至民治行矣爲第一段論樂與禮同異將欲廣論先論其同異也自樂由中出至天子如此則禮行矣爲第二段論樂與禮之功論同異既辨故次宜有功也自大樂與天地同和至述作之謂也爲第三段論樂與禮唯聖人能識既有其功故宜究識也自樂者天地之和至則此所與民同也爲第四段論樂與禮使上下和合是爲同也禮使父子殊別是爲異也 同則相親無所間別故相親也異則相敬有所殊

禮記義四十七　十五　陳顯

別故相敬也 樂勝則流禮勝則離者此明雖有同異而又有相須也勝猶過也若樂過和同而無禮則流慢無復尊卑之敬若禮過殊隔而無和樂則親屬離析無復骨肉之愛唯須禮樂兼有所以爲美故論語云禮之用和爲貴是也 合情飾貌者禮樂之事也者合情謂樂也樂和其內是合情也飾貌謂禮也禮以檢跡於外是飾貌也貌與心半二者無偏則是禮樂之事也 禮義立則貴賤等矣者義宜也等階級也若行禮得其宜則貴賤各有階級矣 樂文同則上下和矣者文謂聲成文也若行樂文采諧同則上下各自和好也 好惡著則賢不肖別矣者謂所好得其善所惡得其惡是好惡著則賢與不肖自然分別矣 刑禁暴者謂用刑罰禁止暴慢也 爵舉賢者謂用爵以舉賢良也 則政均矣者刑罰得所政教均平矣刑者則慎罰爵者則明德 仁以愛之者謂王者用仁以愛民也 義以正之者謂王者用義以正惡矣 如此則民治行矣者言用仁用義則民治行也此經凡有五事各以

等階級也[疏]正義曰皇氏云從王道備矣以上爲樂本從此以下爲樂論今依用焉此十一篇之說事不分明鄭目録十一篇略有分別子細不可委知熊氏云十篇鄭可具詳依別録十一篇所有賓牟賈有師乙有魏文侯今此樂記有魏文侯乃次賓牟賈師乙爲末則是今之樂記十一篇之次與別録不同推此而言其樂本以下亦雜亂故鄭略有分別案熊氏此說不與皇氏同 樂者爲同者此言樂論之事謂上下同聽莫不和說也禮者爲異者謂尊卑各別恭敬不等也此章凡有四段自此至民治行矣爲第一段論樂與禮同異將欲廣論先論其同異也自樂由中出至天子如此則禮行矣爲第二段論樂與禮之功論同異既辨故次宜有功也自大樂與天地同和至述作之謂也爲第三段論樂與禮唯聖人能識既有其功故宜究識也自樂者天地之和至則此所與民同也爲第四段論樂與禮使上下和合是爲同也禮使父子殊別是爲異也 同則相親無所間別故相親也異則相敬有所殊

禮記義四十七　十五

別故相敬也 樂勝則流禮勝則離者此明雖有同異而又有相須也勝猶過也若樂過和同而無禮則流慢無復尊卑之敬若禮過殊隔而無和樂則親屬離析無復骨肉之愛唯須禮樂兼有所以爲美故論語云禮之用和爲貴是也 合情飾貌者禮樂之事也者合情謂樂也樂和其內是合情也飾貌謂禮也禮以檢跡於外是飾貌也貌與心半二者無偏則是禮樂之事也 禮義立則貴賤等矣者義宜也等階級也若行禮得其宜則貴賤各有階級矣 樂文同則上下和矣者文謂聲成文也若行樂文采諧同則上下各自和好也 好惡著則賢不肖別矣者謂所好得其善所惡得其惡是好惡著則賢與不肖自然分別矣 刑禁暴者謂用刑罰禁止暴慢也 爵舉賢者謂用爵以舉賢良也 則政均矣者刑罰得所政教均平矣刑者則慎罰爵者則明德 仁以愛之者謂王者用仁以愛民也 義以正之者謂王者用義以正惡矣 如此則民治行矣者言用仁用義則民治行也此經凡有五事各以

足利本第四十七卷第十六葉

矣結之從禮義立則貴賤等矣是其一也樂文同則上下和矣是其二也好惡著則賢不肖別矣是其三也刑禁暴爵舉賢則政均矣是其四也仁以愛之義以正之如此則民治行矣是其五也　樂由中出　和在心也　禮自外作　敬在貌也　樂由中出故靜禮自外作故文　文猶動也　大樂必易大禮必簡　易簡若於清廟大饗然　樂至則無怨禮至則不爭揖讓而治天下者禮樂之謂也　至猶達也行也　暴民不作諸侯賓服兵革不試五刑不用百姓無患天子不怒如此則樂達矣合父子之親明長

禮記義四十七　十六　馮昇

幼之序以敬四海之內天子如此則禮行矣　賓協也試用也

［疏］正義曰此一經明禮樂自內自外或易或簡天子行之得所則樂達禮行　樂由中出者謂樂從心起也　禮自外作者謂禮敬在外貌也樂由中出故靜者行之在心故靜也　禮自外作故文者禮肅人貌貌在外故云動也庾云樂成在中是和合反自然之靜禮節在貌之前動合文理文猶動也　大樂必易者朱弦而疏越是也　大禮必簡者玄酒腥魚是也　樂至則無怨者至謂達也行也樂行於人由於和故無怨矣　禮至則不爭者禮行於民由於謙敬謙敬則不爭也　揖讓而治天下者禮樂之謂也者民無怨爭則君上無爲但揖讓垂拱而天下自治其功由於禮樂故云禮樂之謂也　暴民不作此下至樂達矣偏舉樂之功前云樂達則無怨故致此以下之功也暴民謂凶暴之民不作謂不動作也如此則樂達矣者由樂和故至天子不怒以致前

潘本第四十七卷第十六葉

矣結之從禮義立則貴賤等矣是其一也樂文同則上下和矣是其二也好惡著則賢不肖別矣是其三也刑禁暴爵舉賢則政均矣是其四也仁以愛之義以正之如此則民治行矣是其五也　樂由中出　和在心也　禮自外作　敬在貌也　樂由中出故靜禮自外作故文　文猶動也　大樂必易大禮必簡　易簡若於清廟大饗然　樂至則無怨禮至則不爭揖讓而治天下者禮樂之謂也　至猶達也行也　暴民不作諸侯賓服兵革不試五刑不用百姓無患天子不怒如此則樂達矣合父子之親明長

禮記義四十七　十六

幼之序以敬四海之內天子如此則禮行矣　賓協也試用也

［疏］正義曰此一經明禮樂自內自外或易或簡天子行之得所則樂達禮行　樂由中出者謂樂從心起也　禮自外作者謂禮敬在外貌也樂由中出故靜者行之在心故靜也　禮自外作故文者禮肅人貌貌在外故云動也庾云樂成在中是和合反自然之靜禮節在貌之前動合文理文猶動也　大樂必易者朱弦而疏越是也　大禮必簡者玄酒腥魚是也　樂至則無怨者至謂達也行也樂行於人由於和故無怨矣　禮至則不爭者禮行於民由於謙敬謙敬則不爭也　揖讓而治天下者禮樂之謂也者民無怨爭則君上無爲但揖讓垂拱而天下自治其功由於禮樂故云禮樂之謂也　暴民不作此下至樂達矣偏舉樂之功前云樂達則無怨故致此以下之功也暴民謂凶暴之民不作謂不動作也如此則樂達矣者由樂和故至天子不怒以致前

足利本第四十七卷第十七葉原缺抄補經注

大樂與天地同和大禮與天地同節言順天地之氣與其數也和故百物不失不失其性節故祀天祀地成物有功報焉明則有禮樂教人者幽則有鬼神助天地成物者也易曰是故知鬼神之情狀與天地相似五帝德説黄帝德曰死而民畏其神者百年春秋傳曰若敖氏之鬼然則聖人之精氣謂之神賢知之精氣謂之鬼如此則四海之內合敬同愛矣禮者殊事合敬者也樂者異文合愛者也禮樂之情同故明王以相沿也沿猶因也述也孔子曰殷因於夏禮所損益可知也周因於殷禮所損益可知也沿或作緣也故事與時竝舉事在其時也禮器曰堯授舜舜授禹湯放桀武王伐紂時也名與功偕為名在其功也偕猶俱也堯作大章舜作大韶禹作大夏湯作大濩武王作大武各因其得天下之功也

潘本第四十七卷第十七葉

事見樂道達矣天子如此則禮行矣者天子若能使海內如此則是禮道興行矣樂云達禮云行者互文也禮云天子如此則樂不云天子者樂既云天子不怒故略其文不復云天子也大樂與天地同和大禮與天地同節言順天地之氣與其數和故百物不失不失其性節故祀天祭地成物有功報焉明則有禮樂教人者幽則有鬼神助天地成物者也易曰是故知鬼神之情狀與天地相似五帝德説黄帝德曰死而民畏其神者百年春秋傳曰若敖氏之鬼然則聖人之精氣謂之神賢知之精氣謂之鬼如此則四海之內合敬同愛矣禮者殊事合敬者也樂者異文合愛者也禮樂之情同故明王以相沿也沿猶因也述也孔子曰殷因於夏禮所損益可知也周因於殷禮所損益可知也沿或作緣故事與時竝舉事在其時也禮器曰堯授舜舜授禹湯放桀武王伐紂時也名與功偕為名在其功也偕猶俱也堯作大章舜作大韶禹作大夏湯作大濩武王作大武各因其得天下之功

疏正義曰此一節明禮樂與天地合德明王用之相因不改功名顯著　大樂與天地同和者天地氣和而生萬物大樂之體順陰陽律呂生養萬物是大樂與天地同和也　大禮與天地同節者天地之形各有高下大小為限節大禮辨尊卑貴賤與天地相似是大禮與天地同節也　和故百物不失者以大樂與天地同和能生成百物故不失其性也　節故祀天祭地者以大禮與天地同節有尊卑上下報生成之功故祀天祭地　明則有禮樂者聖王既能使禮樂與天地同和節又於顯明之處尊崇

禮記義卌七　十七

禮樂以敬人幽則有鬼神者幽冥之處尊敬鬼神以成物也 如此則四海之内合敬同愛矣者聖人若能如此上事行禮樂得所以治天下故四海之内會其敬愛以行禮得所故四海會合其敬行樂得所故四海之内齊同其愛矣 禮者殊事合敬者也者尊卑有別是殊事俱行於禮是合[redacted]也 樂者異文合愛者也者宫商别調是異文無不歡愛是合愛也 禮樂之情同故明王以相沿也者禮樂之狀質文雖異樂情主和禮情主敬致治是同以其致治情同故明王所以相因述也言前代後代同禮樂之情因時質文或有損益故云以相沿也沿謂因而增改也 故事與時並者事謂聖人所謂之事與所當時而並行若堯舜揖讓之事與淳和之時而並行湯武干戈之事與澆薄之時而並行此一句明禮也 名與功偕者名謂樂名偕俱也言聖王制樂之名與所建之功而俱作也若堯之大章舜之大韶堯章明之功舜紹堯之德及禹湯等樂名皆與功俱立也此一句明樂聖王雖同禮樂之情因而脩

禮記四十七　十八

述但時與功不等故禮與樂亦殊 注言順至其數 正義曰天地與陰陽生養爲氣樂有六律六吕調和生養是順天地之氣解經同和也云與其數謂天有日月星辰地有山川高下其數不同故云與其數解經同節也 注成物有功報焉 正義曰言天地春夏生物秋冬成物獨云物者對則生成有異揔而言之生亦成也故云成物有功下注云助天地成物是也 注易曰至之鬼 正義曰引易曰是故知鬼神之情狀與天地相似者易上繫[redacted]云情氣爲物遊魂爲變是故知鬼神之情狀與天地相似注云精氣謂七八遊魂謂九六遊魂謂之鬼物終所歸精氣謂之神物生所信也言木火之神生物東南金水之鬼終物西北二者之情其狀與春夏生物秋冬終物相似云五帝德説黄帝德曰死而民畏其神者百年案大戴禮五帝德篇云宰我問孔子曰黄帝三百年請問黄帝人也抑非人也何以至三百年乎孔子曰生而民利其德百年死而民畏其神百年亡而人用其教百年云春秋傳曰若敖氏之

禮樂以敬人幽則有鬼神者幽冥之處尊敬鬼神以成物也 如此則四海之内合敬同愛矣者聖人若能如此上事行禮樂得所以治天下故四海之内會其敬愛以行禮得所故四海會合其敬行樂得所故四海之内齊同其愛矣 禮者殊事合敬者也者尊卑有別是殊事俱行於禮是合敬也 樂者異文合愛者也者宫商别調是異文無不歡愛是合愛也 禮樂之情同故明王以相沿也者禮樂之狀質文雖異樂情主和禮情主敬致治是同以其致治情同故明王所以相因述也言前代後代同禮樂之情因時質文或有損益故云以相沿也沿謂因而增改也 故事與時並者事謂聖人所爲之事與所當時而並行若堯舜揖讓之事與淳和之時而並行湯武干戈之事與澆薄之時而並行此一句明禮也 名與功偕者名謂樂名偕俱也言聖王制樂之名與所建之功而俱作也若堯之大章舜之大韶堯章明之功舜紹堯之德及禹湯等樂名皆與功俱立也此一句明樂聖王雖同禮樂之情因而脩

禮記四十七　十八

述但時與功不等故禮與樂亦殊 注言順至其數 正義曰天地與陰陽生養爲氣樂有六律六吕調和生養是順天地之氣解經同和也云與其數謂天有日月星辰地有山川高下其數不同故云與其數解經同節也 注成物有功報焉 正義曰言天地春夏生物秋冬成物獨云物者對則生成有異揔而言之生亦成也故云成物有功下注云助天地成物是也 注易曰至之鬼 正義曰引易曰是故知鬼神之情狀與天地相似者易上繫辭云精氣爲物遊魂爲變是故知鬼神之情狀與天地相似注云精氣謂七八遊魂謂九六遊魂謂之鬼物終所歸精氣謂之神物生所信也言木火之神生物東南金水之鬼終物西北二者之情其狀與春夏生物秋冬終物相似云五帝德説黄帝德曰死而民畏其神者百年案大戴禮五帝德篇云宰我問孔子曰黄帝三百年請問黄帝人也抑非人也何以至三百年乎孔子曰生而民利其德百年死而民畏其神百年亡而人用其教百年云春秋傳曰若敖氏之

鬼引春秋者宣四年左傳楚司馬子良生子越椒初生令尹子文請殺之其父子良不可子文以爲大慼曰鬼猶求食若敖氏之鬼不其餒而云聖人之精氣謂之神者則黄帝是也言聖人氣強能引生萬物故謂之神云賢知之精氣謂之鬼者則若敖氏是也氣劣於聖但歸終而已故謂之鬼熊氏云繫辭鬼神者謂七八九六自然之鬼神又聖人賢人鬼神與自然鬼神俱能助天地而成物故鄭揔引之也又鄭注祭法七祀謂鬼神司察小過引此幽則有鬼神然則有天地自然之鬼神有聖人賢人之鬼神有七祀之鬼神崔氏云明人君及臣生則以禮樂化民死則爲鬼神以成物此唯據聖人賢人之鬼神也與鄭引易繫辭不合其義非也 注 沿猶至知也 正義曰五帝三王同用禮樂是因也就而損益是述也故引論語損益之事 故以解之損益者則下文事與時並名與功偕是也

鍾鼓管磬羽籥干戚樂之器也屈伸俯仰綴兆舒疾樂之文也簠簋俎豆制度文章禮之器也升降上下周還裼襲禮之文也綴謂酇舞者之位也兆其外營域也故知禮樂之情者能作識禮樂之文者能述述謂訓其義也作者之謂聖述者之謂明明聖者述作之謂也 疏 正義曰此一節申明禮樂器之與文并述作之體綴兆舒疾者綴謂舞者行位相連綴也兆謂位外之營兆也 周還裼襲者周謂行禮周曲廻旋也裼謂袒上衣而露裼也襲謂掩上衣也禮盛者尚質故襲不盛者尚文故裼 故知禮樂之情者能作者下文云窮本知變樂之情若能窮盡其本識其變通是知樂之情也下文云著誠去僞禮之經也若能顯著誠信棄去浮僞是

鬼引春秋者宣四年左傳楚司馬子良生子越椒初生令尹子文請殺之其父子良不可子文以爲大慼曰鬼猶求食若敖氏之鬼不其餒而云聖人之精氣謂之神者則黄帝是也言聖人氣強能引生萬物故謂之神云賢知之精氣謂之鬼者則若敖氏是也氣劣於聖但歸終而已故謂之鬼熊氏云繫辭鬼神者謂七八九六自然之鬼神又聖人賢人鬼神與自然鬼神俱能助天地而成物故鄭揔引之也又鄭注祭法七祀謂鬼神司察小過引此幽則有鬼神然則有天地自然之鬼神有聖人賢人之鬼神有七祀之鬼神崔氏云明人君及臣生則以禮樂化民死則爲鬼神以成物此唯據聖人賢人之鬼神也與鄭引易繫辭不合其義非也 注 沿猶至知也 正義曰五帝三王同用禮樂是因也就而損益是述也故引論語損益之事 故以解之損益者則下文事與時並名與功偕是也

鍾鼓管磬羽籥干戚樂之器也屈伸俯仰綴兆舒疾樂之文也簠簋俎豆制度文章禮之器也升降上下周還裼襲禮之文也綴謂酇舞者之位也兆其外營域也故知禮樂之情者能作識禮樂之文者能述述謂訓其義也作者之謂聖述者之謂明明聖者述作之謂也 疏 正義曰此一節申明禮樂器之與文并述作之體綴兆舒疾者綴謂舞者行位相連綴也兆謂位外之營兆也 周還裼襲者周謂行禮周曲廻旋也裼謂袒上衣而露裼也襲謂掩上衣也禮盛者尚質故襲不盛者尚文故裼 故知禮樂之情者能作者下文云窮本知變樂之情若能窮盡其本識其變通是知樂之情也下文云著誠去僞禮之經也若能顯著誠信棄去浮僞是

知禮之情也凡制作者量事制宜既能窮本知變又能著誠去僞所以能制作也識禮樂之文者能述者文謂上經去屈伸俯仰升降上下是也述謂訓說義理既知文章升降辨定是非故能訓說禮樂義理不能制作禮樂也 作者之謂聖聖者通達物理故作者之謂聖則堯舜禹湯是也 述者之謂明明者辨說是非故脩述者之謂明則子游子夏之屬是也 樂者天地之和也禮者天地之序也和故百物皆化序故羣物皆別 化猶生也別謂形體異也 樂由天作禮以地制 言法天地也 過制則亂過作則暴 過猶誤也暴失文武之意 明於天地然後能興禮樂也 疏 正義曰此一節申明禮樂從天地而來王者必明於天地然後能興禮樂樂者調暢陰陽

禮記義四十七　二十　馬昇

是天地之和也 禮者天地之序也禮明貴賤是天地之序也 樂由天作者樂主於陽是法天而作也 禮以地制者禮主於陰是法地而制言法天地也 過制則亂者過謂誤也唯聖人識合天地者則制作禮樂不誤若非聖識則必誤誤制禮則尊卑混亂也猶地體誤則亂於高下也 過作則暴者謂違暴失所若過誤作樂則樂體違暴失文武之意謂文樂武樂雜亂也 論倫無患樂之情也欣喜歡愛樂之官也 倫猶類也患害也官猶事也 中正無邪禮之質也莊敬恭順禮之制也 質猶本也 若夫禮樂之施於金石越於聲音用於宗廟社稷事乎山川鬼神則此所與民同也 言情官質制先王所專也 疏 正義

知禮之情也凡制作者量事制宜既能窮本知變又能著誠去僞所以能制作也識禮樂之文者能述者文謂上經去屈伸俯仰升降上下是也述謂訓說義理既知文章升降辨定是非故能訓說禮樂義理不能制作禮樂也 作者之謂聖聖者通達物理故作者之謂聖則堯舜禹湯是也 述者之謂明明者辨說是非故脩述者之謂明則子游子夏之屬是也 樂者天地之和也禮者天地之序也和故百物皆化序故羣物皆別 化猶生也別謂形體異也 樂由天作禮以地制 言法天地也 過制則亂過作則暴 過猶誤也暴失文武之意 明於天地然後能興禮樂也 疏 正義曰此一節申明禮樂從天地而來王者必明於天地然後能興禮樂樂者調暢陰陽

禮記義四十七　二十　馬昇

是天地之和也 禮者天地之序也禮明貴賤是天地之序也 樂由天作者樂主於陽是法天而作也 禮以地制者禮主於陰是法地而制言法天地也 過制則亂者過謂誤也唯聖人識合天地者則制作禮樂不誤若非聖識則必誤誤制禮則尊卑混亂也猶地體誤則亂於高下也 過作則暴者謂違暴失所若過誤作樂則樂體違暴失文武之意謂文樂武樂雜亂也 論倫無患樂之情也欣喜歡愛樂之官也 倫猶類也患害也官猶事也 中正無邪禮之質也莊敬恭順禮之制也 質猶本也 若夫禮樂之施於金石越於聲音用於宗廟社稷事乎山川鬼神則此所與民同也 言情官質制先王所專也 疏 正義

足利本第四十七卷第二十一葉

曰此一節明禮樂文質不同事爲有異論倫無患者樂主和同論說等倫無相毀害是樂之情也言樂之本情欲使倫等和同無相損害也○欣喜歡愛樂之官也者官猶事也賀瑒云八音無諧使物歡欣此樂之事迹也在心則倫類無害故爲樂情在貌則欣喜歡愛故爲樂事也中正無邪禮之質也者謂內心中正無有邪僻是禮之本質也莊敬恭順禮之制也者外貌莊敬謙恭謹愼是禮之節制也若夫禮樂之施於金石越於聲音者此明樂也用於宗廟社稷事乎山川鬼神者此明禮也若通而言之則禮樂相將矣　則此所與民同也者言施於金石越於聲音用於宗廟社稷事乎山川鬼神此等與民共同有也前經論樂之情樂之官禮之質禮之制是先王所專有也言先王獨能專此四事

王者功成作樂治定制禮功成治定同時耳功主於王業治主於教民明堂位說周公曰治天下六年朝諸侯於明堂制禮作樂其功大者其樂備其治辯者其禮具辯徧也干戚之舞非備樂也樂以文德爲備若咸池者孔子曰韶盡美矣又盡善也謂武盡美矣未盡善也孰亨而祀非達禮也達具也郊特牲曰郊血大饗腥三獻爓一獻孰至敬不饗味而貴氣臭也五帝殊時不相沿樂三王異世不相襲禮言其有損益也樂極則憂禮粗則偏矣樂人之所好也害在淫佚禮人之所勤也害在倦略及夫敦樂而無憂禮備而不偏者其唯大聖乎敦厚也

疏　正義曰此章是樂記第三章名曰樂禮章也章中明王者爲治必制禮作樂故名樂禮章也案鄭目錄云第三是樂施第四是樂言第五是樂禮今記者以樂禮第三言鄭曰

潘本第四十七卷第二十一葉

曰此一節明禮樂文質不同事爲有異論倫無患者樂主和同論說等倫無相毀害是樂之情也言樂之本情欲使倫等和同無相損害也　欣喜歡愛樂之官也者官猶事也賀瑒云八音無諧使物歡欣此樂之事迹也在心則倫類無害故爲樂情在貌則欣喜歡愛故爲樂事也中正無邪禮之質也者謂內心中正無有邪僻是禮之本質也莊敬恭順禮之制也者外貌莊敬謙恭謹愼是禮之節制也若夫禮樂之施於金石越於聲音者此明樂也用於宗廟社稷事乎山川鬼神者此明禮也若通而言之則禮樂相將矣　則此所與民同也者言施於金石越於聲音用於宗廟社稷事乎山川鬼神此等與民共同有也前經論樂之情樂之官禮之質禮之制是先王所專有也言先王獨能專此四事

王者功成作樂治定制禮功成治定同時耳功主於王業治主於教民明堂位說周公曰治天下六年朝諸侯於明堂制禮作樂其功大者其樂備其治辯者其禮具辯徧也干戚之舞非備樂也樂以文德爲備若咸池者孔子曰韶盡美矣又盡善也謂武盡美矣未盡善也孰亨而祀非達禮也達具也郊特牲曰郊血大饗腥三獻爓一獻孰至敬不饗味而貴氣臭也五帝殊時不相沿樂三王異世不相襲禮言其有損益也樂極則憂禮粗則偏矣樂人之所好也害在淫佚禮人之所勤也害在倦略及夫敦樂而無憂禮備而不偏者其唯大聖乎敦厚也

疏　正義曰此章是樂記第三章名曰樂禮章也章中明王者爲治必制禮作樂故名樂禮章也案鄭目錄云第三是樂施第四是樂言第五是樂禮今記者以樂禮第三言鄭目

禮記正義卷四十七　二十一　周彥

足利本第四十七卷第二十二葉

録當是舊次未合之時此今所列或記家別起意意趣不同故也　王者功成作樂治定制禮者功成謂天子功業既成治定謂民得王教尊卑位定也然功成治定俱是一時但所斷義各有異也故分言耳功成作樂者王者先王之功由民所樂故功成命而作樂以應民所樂之心猶如民樂周有干戈而業成故周王成功制干戈之樂也治定制禮者禮以體別爲義今治人得體故制禮應之如周王大平乃制禮也樂云作禮云制者作是動用制是裁斷禮是形化故言制樂是氣化故言作亦相互也白虎通云樂者陽也動作倡始故言作也禮者陰也繫制於陽故云制也治定謂教民從化若用質教民治定者則制禮省略也若用文教民而治定者則制禮繁多也其法雖殊若大判而論則五帝以上尚樂三王之世貴禮故樂興五帝禮盛三王所以爾者五帝之時尚德故義取於和同三王之代尚體故義取於儀別是以樂隨王者之功禮隨治世之教也　其功大者其樂備其治辯者其禮具者辯偏也夫禮

禮記義四十七　二十二　徐宥

樂必由其功治功治有大小故禮樂亦應以廣狹也若以一代而言則武王功治尚小故禮樂未得備徧至周公功成治大故禮樂應之而備也若異代言之則堯舜功大治辯樂備禮具若湯武比於堯舜則功小治狹樂不備禮不具也樂備謂文德備具不備謂干戚之舞矣禮具則血腥而祭不具謂孰亨而祀言禮樂之體皆以德爲備具也　干戚之舞非備樂也者言周樂干戚之舞非如舜時文德之備樂也　孰亨而祀非達禮也者言後世孰亨牲體而祭祀非如五帝之時血腥之達禮也　五帝殊時不相沿樂者沿因也五帝既先後殊時不相共同用一樂也　三王異世不相襲禮者三王前後異世不相共襲因一禮也若論禮樂之情則聖王同用也故前文云禮樂之情同故明王以相沿是也此論禮樂之迹損益有殊隨時而改故云不相襲也　樂極則憂者樂人之所好害在淫佚若極而不止則必至憂感也　禮粗則偏矣者偏謂倦略禮者人之所勤言人不能勤行於禮好生懈倦則致粗略偏謂

潘本第四十七卷第二十二葉

録當是舊次未合之時此今所列或記家別起意意趣不同故也　王者功成作樂治定制禮者功成謂天子功業既成治定謂民得王教尊卑位定也然功成治定俱是一時但所斷義各有異也故分言耳功成作樂者王者先王之功由民所樂故功成命而作樂以應民所樂之心猶如民樂周有干戈而業成故周王成功制干戈之樂也治定制禮者禮以體別爲義今治人得體故制禮應之如周王大平乃制禮也樂云作禮云制者作是動用制是裁斷禮是形化故言制樂是氣化故言作亦相互也白虎通云樂者陽也動作倡始故言作也禮者陰也繫制於陽故云制也治定謂教民從化若用質教民治定者則制禮省略也若用文教民而治定者則制禮繁多也其法雖殊若大判而論則五帝以上尚樂三王之世貴禮故樂興五帝禮盛三王所以爾者五帝之時尚德故義取於和同三王之代尚體故義取於儀別是以樂隨王者之功禮隨治世之教也　其功大者其樂備其治辯者其禮具者辯偏也夫禮

禮記義四十七　二十二　徐宥

樂必由其功治功治有大小故禮樂亦應以廣狹也若以一代而言則武王功治尚小故禮樂未得備徧至周公功成治大故禮樂應之而備也若異代言之則堯舜功大治辯樂備禮具若湯武比於堯舜則功小治狹樂不備禮不具也樂備謂文德備具不備謂干戚之舞矣禮具則血腥而祭不具謂孰亨而祀言禮樂之體皆以德爲備具也　干戚之舞非備樂也者言周樂干戚之舞非如舜時文德之備樂也　孰亨而祀非達禮也者言後世孰亨牲體而祭祀非如五帝之時血腥之達禮也　五帝殊時不相沿樂者沿因也五帝既先後殊時不相共同用一樂也　三王異世不相襲禮者三王前後異世不相共襲因一禮也若論禮樂之情則聖王同用也故前文云禮樂之情同故明王以相沿是也此論禮樂之迹損益有殊隨時而改故云不相襲也　樂極則憂者樂人之所好害在淫佚若極而不止則必至憂感也　禮粗則偏矣者偏謂倦略禮者人之所勤言人不能勤行於禮好生懈倦則致粗略偏謂

不同備也　及夫敦樂而無憂若敦厚也厚重於樂知足則止而無至於憂也　禮備而不偏者行禮安靜委曲備具不至勤苦倦略能如此者其唯大聖乎言大聖之人能行禮樂如此也　注功成至作樂　正義曰功成治定同時耳者謂一時之事若周公攝政六年是也云功主於王業者功謂王業之功樂者聖人所樂發揚己之功德故云功成作樂云治主於敎民者治定謂治人安定使上下有序禮者主於施下明下之從順故治定制禮也　注樂以至善也　正義曰鄭之此注據異代此經云干戚非備樂明以文德爲備故云若咸池者下文云咸池備矣是也引論語舜以文德爲備故云韶盡美矣謂樂音美也又盡善也謂文德具也虞舜之時雜舞干羽於兩階而文多於武也謂武盡美矣者大武之樂其體美矣下文說大武之樂是也未盡善者文德猶少未致太平　注達具至臭也　正義曰案禮運云薦其血毛謂上古也腥其俎孰其殽謂中古也退而合亨謂三王也是上代質用血腥次代文用

禮記義四十七　二十三　陳顯

亨孰故引郊特牲郊血大饗腥二獻爓一獻孰以結之是卑者爓孰尊者血腥尊者禮具卑者不具然三王之世禮文煩多五帝之時禮文簡略今以上世爲具禮下世爲不具禮者禮之所具在於德上代禮文雖略德備具也下代禮文雖煩德不具也故前文云大禮　天地同節故下篇云無體之禮是其具也　注樂人至倦略　正義曰樂人之所好也害在淫侉若樂聲之作人聽而不厭是人之所好好而不止放蕩奢佚故害在淫侉若朋淫於家俾晝作夜物極則反樂去憂來又煩手淫聲慆堙心耳則哀痛生也云禮人之所勤也者一獻之禮賓主百拜是所勤也勞而不堪有司跛倚是害在倦略也　天高地下萬物散殊而禮制行矣禮爲異也　流而不息合同而化而樂興焉樂爲同也　春作夏長仁也秋斂冬藏義也仁近

不同備也　及夫敦樂而無憂若敦厚也厚重於樂知足則止而無至於憂也　禮備而不偏者行禮安靜委曲備具不至勤苦倦略能如此者其唯大聖乎言大聖之人能行禮樂如此也　注功成至作樂　正義曰功成治定同時耳者謂一時之事若周公攝政六年是也云功主於王業者功謂王業之功樂者聖人所樂發揚己之功德故云功成作樂云治主於敎民者治定謂治人安定使上下有序禮者主於施下明下之從順故治定制禮也　注樂以至善也　正義曰鄭之此注據異代此經云干戚非備樂明以文德爲備故云若咸池者下文云咸池備矣是也引論語舜以文德爲備故云韶盡美矣謂樂音美也又盡善也謂文德具也虞舜之時雜舞干羽於兩階而文多於武也謂武盡美矣者大武之樂其體美矣下文說大武之樂是也未盡善者文德猶少未致太平　注達具至臭也　正義曰案禮運云薦其血毛謂上古也腥其俎孰其殽謂中古也退而合亨謂三王也是上代質用血腥次代文用

禮記義四十七　二十三　陳顯

亨孰故引郊特牲郊血大饗腥二獻爓一獻孰以結之是卑者爓孰尊者血腥尊者禮具卑者不具然三王之世禮文煩多五帝之時禮文簡略今以上世爲具禮下世爲不具禮者禮之所具在於德上代禮文雖略德備具也下代禮文雖煩德不具也故前文云大禮　天地同節故下篇云無體之禮是其具也　注樂人至倦略　正義曰樂人之所好也害在淫侉若樂聲之作人聽而不厭是人之所好好而不止放蕩奢佚故害在淫侉若朋淫於家俾晝作夜物極則反樂去憂來又煩手淫聲慆堙心耳則哀痛生也云禮人之所勤也者一獻之禮賓主百拜是所勤也勞而不堪有司跛倚是害在倦略也　天高地下萬物散殊而禮制行矣禮爲異也　流而不息合同而化而樂興焉樂爲同也　春作夏長仁也秋斂冬藏義也仁近

於樂義近於禮言樂法陽而生禮法陰而成樂者敦和率神
而從天禮者別宜居鬼而從地敦和樂貴同也率循也從
順也別宜禮尚異也居鬼謂居其所爲亦言循之也鬼神謂先聖先賢也故聖人作樂以
應天制禮以配地禮樂明備天地官矣官猶
事也各得其事疏正義曰此一節申明禮樂配於天地若禮樂備具則天地之事各得其宜　天高地下萬
物散殊而禮制行矣者以天高地下不同故人倫尊卑有
異其間萬物各散殊塗禮者別尊卑定萬物是禮之法制
行矣　流而不息合同而化而樂興焉者言天地萬物流
動不息合會齊同而變化者也樂者調和氣性合德化育
是樂興也樂主和同故云樂興禮主異故云行此樂興禮
行相對樂云興禮加制字而云禮制行者禮以裁制爲義

禮記正義四十七　二十四　金昇

故特加制樂以興作爲本故不云制也　仁近於樂義近
於禮者仁主仁愛樂主和同故仁近於樂也義主斷割禮
爲節限故義近於禮也　樂者敦和率神而從天者率循
也言樂之爲體敦重和同因循聖人之神氣而從於天也
禮者別宜居鬼而從地者居謂居處也言禮之爲體殊別
萬物所宜居處鬼之所爲而順地也樂所以率神者聖人
之魂爲神樂者調和其氣故云率神禮所以居鬼者賢人
之魄爲鬼禮者裁制形體故云居鬼居者亦率循之義變
文爾　禮樂明備天地官矣者官猶事也言聖人能使禮
樂顯明備具則天地之事各得其利矣注敦和至賢也
正義曰敦和樂貴同也者謂敦重於和由其貴同故知
敦則貴也和則同也敦和與別宜相對者別宜謂分別其
所宜明敦和是敦重其所和也云別宜禮尚異也者樂言
敦和樂貴同也禮言別宜是禮尚異也云居鬼謂居其所
爲亦言循之也者居鬼謂居處之所爲居處則依循之義
也故云亦言循之也與率神不異故言亦云鬼神謂先聖

於樂義近於禮言樂法陽而生禮法陰而成樂者敦和率神
而從天禮者別宜居鬼而從地敦和樂貴同也率循也從
順也別宜禮尚異也居鬼謂居其所爲亦言循之也鬼神謂先聖先賢也故聖人作樂以
應天制禮以配地禮樂明備天地官矣官猶
事也各得其事疏正義曰此一節申明禮樂配於天地若禮樂備具則天地之事各得其宜　天高地下萬
物散殊而禮制行矣者以天高地下不同故人倫尊卑有
異其間萬物各散殊塗禮者別尊卑定萬物是禮之法制
行矣　流而不息合同而化而樂興焉者言天地萬物流
動不息合會齊同而變化者也樂者調和氣性合德化育
是樂興也樂主和同故云樂興禮主異故云行此樂興禮
行相對樂云興禮加制字而云禮制行者禮以裁制爲義
禮記正義四十七　二十四　金昇
故特加制樂以興作爲本故不云制也　仁近於樂義近
於禮者仁主仁愛樂主和同故仁近於樂也義主斷割禮
爲節限故義近於禮也　樂者敦和率神而從天者率循
也言樂之爲體敦重和同因循聖人之神氣而從於天也
禮者別宜居鬼而從地者居謂居處也言禮之爲體殊別
萬物所宜居處鬼之所爲而順地也樂所以率神者聖人
之魂爲神樂者調和其氣故云率神禮所以居鬼者賢人
之魄爲鬼禮者裁制形體故云居鬼居者亦率循之義變
文爾　禮樂明備天地官矣者官猶事也言聖人能使禮
樂顯明備具則天地之事各得其利矣注敦和至賢也
正義曰敦和樂貴同也者謂敦重於和由其貴同故知
敦則貴也和則同也敦和與別宜相對者別宜謂分別其
所宜明敦和是敦重其所和也云別宜禮尚異也者樂言
敦和樂貴同也禮言別宜是禮尚異也云居鬼謂居其所
爲亦言循之也者居鬼謂居處之所爲居處則依循之義
也故云亦言循之也與率神不異故言亦云鬼神謂先聖

足利本第四十七卷第二十五葉

先賢也者鬼則先賢神即先聖聖人魂強能神通變化樂
者清虛無體亦能變化故云率神也賢人魂弱但歸處居
住有形上下之禮亦有體依循鬼之尊卑故云居鬼也賀
云以爲居鬼者居其所爲謂若五祀之神各主其所造而
受祭不得越其分是不變化也五祀之神造門
故祭於門造竈故祭於竈故云居義亦通也

天尊地卑君臣定矣卑高已陳貴賤位矣動靜有常小大殊矣方以類聚物以羣分則性命不同矣在天成象在地成形如此則禮者天地之別也

卑高謂山澤也位矣尊卑之位象山澤也動靜陰陽用事小大萬物也大者常存小者隨陽出入方謂行蟲也物謂殖生者也性之言生也命生之長短也象光耀也

禮記義四十七　二十五　李俊

形體貌也 【疏】正義曰自此以下至禮樂云廣明禮樂之功包天地之德各隨文解之此天尊地卑一經明禮爲天地之別也 卑高已陳貴賤位矣者卑謂澤也高謂山也山澤列在天地之中故云已陳也貴賤即公卿以下象山川而有貴賤之位也所以鄭云位矣尊卑之位象山澤故鄭注周易云君臣尊卑之貴賤如山澤之有高卑也 動靜有常小大殊矣者動靜謂雷風也動散有常故云常也小大謂萬物也小謂草木春生秋殺及昆蟲夏生冬伏者大謂常存不隨四時變化變化不等故云殊也鄭注易云動靜雷風也而鄭此云陰陽用事者亦得會通也 方以類聚者方謂走蟲禽獸之屬各以類聚不相雜也 物以羣分者物謂殖生若草木之屬各有區分自殊於藪澤者也鄭注易云類聚羣分謂水火也而此注云方謂行蟲物謂殖生者言二注不同各有以也類聚稱方者行蟲有性識道理故稱方也羣分稱物者謂殖生無心靈但一物而已故云物也 則性命不同矣者性生也各有嗜好謂

潘本第四十七卷第二十五葉

先賢也者鬼則先賢神即先聖聖人魂強能神通變化樂
者清虛無體亦能變化故云率神也賢人魂弱但歸處居
住有形上下之禮亦有體依循鬼之尊卑故云居鬼也賀
云以爲居鬼者居其所爲謂若五祀之神各主其所造而
受祭不得越其分是不變化也五祀之神造門
故祭於門造竈故祭於竈故云居義亦通也

天尊地卑君臣定矣卑高已陳貴賤位矣動靜有常小大殊矣方以類聚物以羣分則性命不同矣在天成象在地成形如此則禮者天地之別也

卑高謂山澤也位矣尊卑之位象山澤也動靜陰陽用事小大萬物也大者常存小者隨陽出入方謂行蟲也物謂殖生者也性之言生也命生之長短也象光耀也

禮記義四十七　二十五　李俊

形體貌也 【疏】正義曰自此以下至禮樂云廣明禮樂之功包天地之德各隨文解之此天尊地卑一經明禮爲天地之別也 卑高已陳貴賤位矣者卑謂澤也高謂山也山澤列在天地之中故云已陳也貴賤即公卿以下象山川而有貴賤之位也所以鄭云位矣尊卑之位象山澤故鄭注周易云君臣尊卑之貴賤如山澤之有高卑也 動靜有常小大殊矣者動靜謂雷風也動散有常故云常也小大謂萬物也小謂草木春生秋殺及昆蟲夏生冬伏者大謂常存不隨四時變化變化不等故云殊也鄭注易云動靜雷風也而鄭此云陰陽用事者亦得會通也 方以類聚者方謂走蟲禽獸之屬各以類聚不相雜也 物以羣分者物謂殖生若草木之屬各有區分自殊於藪澤者也鄭注易云類聚羣分謂水火也而此注云方謂行蟲物謂殖生者言二注不同各有以也類聚稱方者行蟲有性識道理故稱方也羣分稱物者謂殖生無心靈但一物而已故云物也 則性命不同矣者性生也各有嗜好謂

足利本第四十七卷第二十六葉

之爲性也命者長短夭壽也行殖之物既稟大小之殊故性命夭壽不同萬物各有羣類區分性命之別聖人因此制禮類族緣物各隨性命也易注云易並云象者日月星鄭注易云成象日月星辰也注此云象光耀也　在地成形者馬融注易云植物動物也王肅注易云山川羣物也鄭注易云謂草木鳥獸也注此云形體貌也案此三者所注雖異其意皆同　如此則禮者天地之別也者合結禮也天地有別聖人制禮有殊別是從天地之分別也

地氣上齊天氣下降陰陽相摩天地相蕩鼓之以雷霆奮之以風雨動之以四時煖之以日月而百化興焉如此則樂者天地之和也

齊讀爲躋躋升也摩猶迫也蕩猶動也奮迅也百化百物化生也

禮記義四十七　二十六　陳文

疏

地氣上齊者齊升也謂地氣上升天天氣下降者謂降下與地氣交合積氣從下升在樂象氣故先從地始形以上爲尊故先禮象形從天爲初　陰陽相摩者摩謂切迫陰陽二氣相切迫　天地相蕩者蕩動也言天地之氣相感動　鼓之以雷霆者雖以氣生而物未發故用雷霆以鼓動之　奮之以風雨者萬物得風雨奮迅而出也　動之以四時者言萬物生長隨四時而動也　煖之以日月者萬物之生必須日月煖煦之自鼓之以雷霆至煖之以日月皆以天地相蕩之事細別言之耳　而百化興焉者百化百物也興生也百物化生由天地齊降以下諸事如此則樂者天地之和也者此結樂也言作樂者法象天地之和氣若作樂和則天地亦和前經云禮者天地之別言制禮者法象之也若制禮得所亦能使天地別異此經樂者樂之和則是法天地之和氣故云樂者天地之和也

化不時則不生男女無辨則亂升天地之

潘本第四十七卷第二十六葉

之爲性也命者長短夭壽也行殖之物既稟大小之殊故性命夭壽不同萬物各有羣類區分性命之別聖人因此制禮類族緣物各隨性命也易注云易並云象者日月星鄭注易云成象日月星辰也注此云象光耀也　在地成形者馬融注易云植物動物也王肅注易云山川羣物也鄭注易云謂草木鳥獸也注此云形體貌也案此三者所注雖異其意皆同　如此則禮者天地之別也者合結禮也天地有別聖人制禮有殊別是從天地之分別也

地氣上齊天氣下降陰陽相摩天地相蕩鼓之以雷霆奮之以風雨動之以四時煖之以日月而百化興焉如此則樂者天地之和也

齊讀爲躋躋升也摩猶迫也蕩猶動也奮迅也百化百物化生也

禮記義四十七　二十六　陳文

疏

地氣上齊者齊升也謂地氣上升天天氣下降者謂降下與地氣交合積氣從下升在樂象氣故先從地始形以上爲尊故先禮象形從天爲初　陰陽相摩者摩謂切迫陰陽二氣相切迫　天地相蕩者蕩動也言天地之氣相感動　鼓之以雷霆者雖以氣生而物未發故用雷霆以鼓動之　奮之以風雨者萬物得風雨奮迅而出也　動之以四時者言萬物生長隨四時而動也　煖之以日月者萬物之生必須日月煖煦之自鼓之以雷霆至煖之以日月皆以天地相蕩之事細別言之耳　而百化興焉者百化百物也興生也百物化生由天地齊降以下諸事如此則樂者天地之和也者此結樂也言作樂者法象天地之和氣若作樂和則天地亦和前經云禮者天地之別言制禮者法象之也若制禮得所亦能使天地別異此經樂者樂之和則是法天地之和氣故云樂者天地之和也

化不時則不生男女無辨則亂升天地之

足利本第四十七卷第二十七葉

情也辨別也升成也樂失則害物禮失則亂人疏此一經明天地不時由禮樂失所化不時者謂天地化養不得其時則不生物也此明樂所以調和變化故也 男女無辨則亂升者升成也辨別也若男女雜亂無別則亂成也此明禮之所以別男女故也 天地之情也者樂以法天化得其時則物生不得其時則物不生是天之情也禮以法地男女有別則治興男女無別則亂成是地之情也皇氏云天地無情以人心而謂之耳 及夫禮樂之極乎天而蟠乎地行乎陰陽而通乎鬼神窮高極遠而測深厚極至也蟠猶委也高遠三辰也深厚山川也言禮樂之道上至於天下委於地則其間無所不之 樂著大始而禮居成物著之言處也大始百物之始生也 著不息者天也著不動者地也著猶明白也息猶休止也易曰天行健君子以自強不息 一動一靜者天地之間也間謂百物也 故聖人曰禮樂云言禮樂之法天地也樂靜而禮動其並用事則亦天地之間耳疏正義曰此一節盛說禮樂之大 極乎天者極至也言禮樂上至乎天 而蟠乎地者蟠委也言禮樂下委於地禮法天地高下是禮至委於天地樂法地氣上升天氣下降是樂至委於天地天高故言至地下故言委 行乎陰陽者禮法動靜有常樂法陰陽相摩是禮樂行乎陰陽陰陽和四時玉燭應於禮樂是禮樂行乎陰陽 而通乎鬼神者禮樂用之以祭鬼神是通乎鬼神也 窮高極遠者窮盡也高遠謂天之三光三光應禮樂而明是禮樂盡三光之道也 而測深厚者測知也深厚謂地之山川山川應禮樂而出瑞應是測深厚此經盛論禮樂之大厚雖取象於天地功德又能徧滿於天地之間禮運

禮記義四十七　二十七　陳文

潘本第四十七卷第二十七葉

情也辨別也升成也樂失則害物禮失則亂人疏此一經明天地不時由禮樂失所化不時者謂天地化養不得其時則不生物也此明樂所以調和變化故也 男女無辨則亂升者升成也辨別也若男女雜亂無別則亂成也此明禮之所以別男女故也 天地之情也者樂以法天化得其時則物生不得其時則物不生是天之情也禮以法地男女有別則治興男女無別則亂成是地之情也皇氏云天地無情以人心而謂之耳 及夫禮樂之極乎天而蟠乎地行乎陰陽而通乎鬼神窮高極遠而測深厚極至也蟠猶委也高遠三辰也深厚山川也言禮樂之道上至於天下委於地則其間無所不之 樂著大始而禮居成物著之言處也大始百物之始生也 著不息者天也著不動者地也著猶明白也息猶休止也易曰天行健君子以自強不息 一動一靜者天地之間也間謂百物也 故聖人曰禮樂云言禮樂之法天地也樂靜而禮動其並用事則亦天地之間耳疏正義曰此一節盛說禮樂之大 極乎天者極至也言禮樂上至乎天 而蟠乎地者蟠委也言禮樂下委於地禮法天地高下是禮至委於天地樂法地氣上升天氣下降是樂至委於天地天高故言至地下故言委 行乎陰陽者禮法動靜有常樂法陰陽相摩是禮樂行乎陰陽陰陽和四時玉燭應於禮樂是禮樂行乎陰陽 而通乎鬼神者禮樂用之以祭鬼神是通乎鬼神也 窮高極遠者窮盡也高遠謂天之三光三光應禮樂而明是禮樂盡三光之道也 而測深厚者測知也深厚謂地之山川山川應禮樂而出瑞應是測深厚此經盛論禮樂之大厚雖取象於天地功德又能徧滿於天地之間禮運

禮記義四十七　二十七　陳文

足利本第四十七卷第二十八葉

云天降膏露是極乎天也地出醴泉是蟠乎地也日月歲時無易百穀用成是行乎陰陽也作樂一變以至六變百神俱至是通乎鬼神也孝經緯云景星出是窮高極遠也禮運云山出器車魚鮪不淰是測深厚也言禮樂無所不至　樂著大始而禮居成物者言樂象於天天爲生物之始著猶處也是樂處大始禮法於地言禮以稟天氣以成於物故云禮居成物著與居相對故注以著爲處也著不息者天也著不動者地也者著謂顯著言顯著明白運生不息者是天也案易乾象云天行健君子以自強不息也顯著養物不移動者地也故坤卦彖云安貞吉言樂法於天動而不息禮象於地靜而不動　一動一靜天地之間也者動者或一物飛走蠢動感天之陽氣也靜者或一物安伏而止靜感地之陰氣也天地之間也者言此一動一靜在天地之間所有百物也動則周禮動物及雷風日月之屬是也靜則植物山陵之屬是也　故聖人曰禮樂云者云言也謂禮樂所言法天地也記者引聖人語證此

禮記義四十七　二十八　王宗

一章也言聖人云此一章是禮樂法天地故言聖人曰禮樂云　注樂靜至間耳　正義曰言禮樂之法天地也樂靜而禮動其並用事則亦天地之間耳釋禮樂所以亦是天地之間物義也若離而言之則樂靜禮動若禮樂合用事則同有動靜故如天地之間物有動靜也

禮記正義卷第四十七

潘本第四十七卷第二十八葉

云天降膏露是極乎天也地出醴泉是蟠乎地也日月歲時無易百穀用成是行乎陰陽也作樂一變以至六變百神俱至是通乎鬼神也孝經緯云景星出是窮高極遠也禮運云山出器車魚鮪不淰是測深厚也言禮樂無所不至　樂著大始而禮居成物者言樂象於天天爲生物之始著猶處也是樂處大始禮法於地言禮以稟天氣以成於物故云禮居成物著與居相對故注以著爲處也著不息者天也著不動者地也者著謂顯著言顯著明白運生不息者是天也案易乾象云天行健君子以自強不息也顯著養物不移動者地也故坤卦彖云安貞吉言樂法於天動而不息禮象於地靜而不動　一動一靜天地之間也者動者或一物飛走蠢動感天之陽氣也靜者或一物安伏而止靜感地之陰氣也天地之間也者言此一動一靜在天地之間所有百物也動則周禮動物及雷風日月之屬是也靜則植物山陵之屬是也　故聖人曰禮樂云者云言也謂禮樂所言法天地也記者引聖人語證此

禮記義四十七　二十八　王宗

一章也言聖人云此一章是禮樂法天地故言聖人曰禮樂云　注樂靜至間耳　正義曰言禮樂之法天地也樂靜而禮動其並用事則亦天地之間耳釋禮樂所以亦是天地之間物義也若離而言之則樂靜禮動若禮樂合用事則同有動靜故如天地之間物有動靜也

禮記正義卷第四十七

足利本第四十八卷第一葉

禮記正義卷第四十八

國子祭酒上護軍曲阜縣開國子臣孔穎達等奉

勑撰

昔者舜作五弦之琴以歌南風夔始制樂以賞諸侯夔欲舜與天下之君共此樂也南風長養之風也以言父母之長養己其辭未聞也夔舜時典樂者也書曰夔命女典樂

疏 正義曰此一節論樂記第四章名爲樂施施者用於天下此章中明樂施被之事也本是第三前旣推禮章爲第三此爲第四亦明禮樂旣備後乃施布天下也目此至知其行也此一節特明聖人制樂以賞諸侯其功大者其樂備昔者舜作五弦之琴以歌南風者五弦謂無文武二弦唯宮商等之五弦也南風詩名是孝子之詩南風長養萬物而孝子歌之言己得父母生長如萬物得南風生也舜有孝行故以此五弦之琴歌南風之詩而教天下之孝也此詩今無故鄭注云其辭未聞也案世本云神農作琴今云舜作者非謂舜始造也正用此琴特歌南風始自舜耳或五弦始舜也○夔始制樂以賞諸侯者夔是舜典樂之官名夔欲天下同行舜道故歌此南風以賞諸侯使海內同孝也然樂之始亦不正在夔也正是夔始以此詩與諸侯 注夔欲至典樂 正義曰夔欲舜與天下之之君共此樂者舜旣獨歌南風夔爲典樂之官欲令舜與天下諸侯共歌此南風之樂故制此南風之樂以賞諸侯云其辭未聞也者此南風歌辭未得聞也如鄭此言則非詩凱風之篇也熊氏以爲凱風非矣案聖證論引尸子及家語難鄭云昔者舜彈五弦之琴其辭曰南風之薰兮可以解吾民之慍兮南風之時兮可以阜吾民之財兮鄭云其辭未聞失其義也今案馬昭云家語王肅所增加非鄭所見又尸子雜說不

禮記義四十八　一　陳顒

潘本第四十八卷第一葉

禮記正義卷第四十八

國子祭酒上護軍曲阜縣開國子臣孔穎達等奉

勑撰

昔者舜作五弦之琴以歌南風夔始制樂以賞諸侯夔欲舜與天下之君共此樂也南風長養之風也以言父母之長養己其辭未聞也夔舜時典樂者也書曰夔命女典樂

疏 正義曰此一節論樂記第四章名爲樂施施者用於天下此章中明樂施被之事也本是第三前旣推禮章爲第三此爲第四亦明禮樂旣備後乃施布天下也目此至知其行也此一節特明聖人制樂以賞諸侯其功大者其樂備昔者舜作五弦之琴以歌南風者五弦謂無文武二弦唯宮商等之五弦也南風詩名是孝子之詩南風長養萬物而孝子歌之言己得父母生長如萬物得南風生也舜有孝行故以此五弦之琴歌南風之詩而教天下之孝也此詩今無故鄭注云其辭未聞也案世本云神農作琴今云舜作者非謂舜始造也正用此琴特歌南風始自舜耳或五弦始舜也○夔始制樂以賞諸侯者夔是舜典樂之官名夔欲天下同行舜道故歌此南風以賞諸侯使海內同孝也然樂之始亦不正在夔也正是夔始以此詩與諸侯 注夔欲至典樂 正義曰夔欲舜與天下之之君共此樂者舜旣獨歌南風夔爲典樂之官欲令舜與天下諸侯共歌此南風之樂故制此南風之樂以賞諸侯云其辭未聞也者此南風歌辭未得聞也如鄭此言則非詩凱風之篇也熊氏以爲凱風非矣案聖證論引尸子及家語難鄭云昔者舜彈五弦之琴其辭曰南風之薰兮可以解吾民之慍兮南風之時兮可以阜吾民之財兮鄭云其辭未聞失其義也今案馬昭云家語王肅所增加非鄭所見又尸子雜說不

禮記義四十八　一　陳顒

可取證正經故言未聞也故天子之爲樂也以賞諸侯之有德者也德盛而教尊五穀時孰然後賞之以樂故其治民勞者其舞行綴遠其治民逸者其舞行綴短民勞則德薄酇相去遠舞人少也民逸則德盛酇相去近舞人多也〔疏〕正義曰此一經明諸侯德尊樂備舞具各隨文解之　故其治民勞者其舞行綴遠者綴謂酇也遠是舞者外營域行列之處若諸侯治理於民使民勞苦者由君德薄賞之以樂舞人既少故其舞人相去行綴遠謂由人少舞處寬也　其治民逸者其舞行綴短者此諸侯治理於民使逸樂由其君德盛故賞之以樂舞人多故去行綴短也謂由人多舞處狹也舞處之綴一種但人多則去之近人少則去之遠也〔注〕民勞至多也　正義曰酇謂酇聚舞人行位之處立表酇以識之故觀其舞知其德聞其謚知其行也謚者行之迹也〔疏〕此覆結上文觀其舞之遠近則知其德之薄厚由舞所以表德也　聞其謚知其行也者此一句以謚比擬其舞也聞謚之善否知其行之所好惡由謚所以迹行也大章章之也堯樂名也言堯德章明也周禮闕之或作大卷咸池備矣黃帝所作樂名也堯增脩而用之咸皆也池之言施也言德之無不施也周禮曰大咸韶繼也舜樂名也韶之言紹也言舜能繼紹堯之德周禮曰大韶夏大也禹樂名也言禹能大堯舜之德周禮曰大夏殷周之樂盡矣言盡人事也周禮曰大濩大武〔疏〕正義曰此一節論六代之樂也大章章之也者章明也堯樂謂之大章者言堯之德章明於天下也　咸池備矣者咸皆也池施也咸池黃帝之樂

禮記義四八　二　陳顯

足利本第四十八卷第二葉

潘本第四十八卷第二葉

可取證正經故言未聞也故天子之爲樂也以賞諸侯之有德者也德盛而教尊五穀時孰然後賞之以樂故其治民勞者其舞行綴遠其治民逸者其舞行綴短民勞則德薄酇相去遠舞人少也民逸則德盛酇相去近舞人多也〔疏〕正義曰此一經明諸侯德尊樂備舞具各隨文解之　故其治民勞者其舞行綴遠者綴謂酇也遠是舞者外營域行列之處若諸侯治理於民使民勞苦者由君德薄賞之以樂舞人既少故其舞人相去行綴遠謂由人少舞處寬也　其治民逸者其舞行綴短者此諸侯治理於民使逸樂由其君德盛故賞之以樂舞人多故去行綴短也謂由人多舞處狹也舞處之綴一種但人多則去之近人少則去之遠也〔注〕民勞至多也　正義曰酇謂酇聚舞人行位之處立表酇以識之故觀其舞知其德聞其謚知其行也謚者行之迹也〔疏〕此覆結上文觀其舞之遠近則知其德之薄厚由舞所以表德也　聞其謚知其行也者此一句以謚比擬其舞也聞謚之善否知其行之所好惡由謚所以迹行也大章章之也堯樂名也言堯德章明也周禮闕之或作大卷咸池備矣黃帝所作樂名也堯增脩而用之咸皆也池之言施也言德之無不施也周禮曰大咸韶繼也舜樂名也韶之言紹也言舜能繼紹堯之德周禮曰大韶夏大也禹樂名也言禹能大堯舜之德周禮曰大夏殷周之樂盡矣言盡人事也周禮曰大濩大武〔疏〕正義曰此一節論六代之樂也大章章之也者章明也堯樂謂之大章者言堯之德章明於天下也　咸池備矣者咸皆也池施也咸池黃帝之樂

禮記義四八　二　陳顯

足利本第四十八卷第三葉

名言黃帝之德皆施被於天下無不周徧是爲備具矣 韶繼也者韶舜樂名言舜之道德能繼紹於堯也 夏大也者夏禹樂名言禹能光大堯舜之德 殷周之樂盡矣者殷樂謂湯之大濩也周樂謂周之大武也言於人事盡極矣但自夏以前皆以文德王有天下殷周二代唯以武功爲民除殘伐暴民得以生人事道理盡極矣

注堯樂至大卷 正義曰知大章堯樂者案樂緯及禮樂志云黃帝曰咸池堯作大章故知大章堯樂名也云周禮闕者言周禮無大章故云闕也此本云大章周禮曰大卷言此大章當周禮大卷也

注黃帝至大咸 正義曰今知咸池是黃帝所作樂名者案樂緯及禮樂志云黃帝曰咸池故知咸池是黃帝樂名云堯增脩而用之者此黃帝所作咸池之樂至堯之時更增改脩治而用之周禮大司樂謂之大咸咸池雖黃帝之樂若堯既增脩而用之者則世本名咸池是也故此文次在大章之下矣又周禮云咸池以祭地黃帝之樂堯不增脩者則別立其名則此大章是也其咸池雖黃帝之樂堯增脩者至周謂之大咸其黃帝之樂堯

八 禮記義四十八 三 陳顯

不增脩大章者至周謂之大卷於周之世其黃帝樂堯不增脩謂之大卷者更加以雲門之號是雲門大卷一也熊氏云知大卷當大章者案周禮云雲門大卷大卷在大咸之上此大章在咸池之上故知大卷當大章知周別爲黃帝樂名雲門者以此樂記唯云咸池大章無雲門之名周禮雲門在六代樂之首故知別爲黃帝立雲門之名也知於大卷之上加雲門者以黃帝之樂堯增脩者既謂之咸池不增脩者別名大卷明周爲黃帝於不增脩之樂別更立名故知於大卷之上別加雲門是雲門大卷一也故周禮雲門大卷鄭注云黃帝曰雲門大卷言黃帝之德如雲之出民得以有族類知黃帝之樂堯增脩曰咸池者以禮樂志云黃帝曰咸池今周禮大咸在雲門之下大韶之上當堯之代故知堯增脩曰咸池增脩者以五帝殊時不相沿樂故知堯增脩也知樂有增脩者禮樂志漢之文始舞者韶舞高帝六年更云改名文始也漢之五行舞者本周舞始皇二十六年更立五行舞是知有增脩之法熊氏又云案五

潘本第四十八卷第三葉

名言黃帝之德皆施被於天下無不周徧是爲備具矣 韶繼也者韶舜樂名言舜之道德能繼紹於堯也 夏大也者夏禹樂名言禹能光大堯舜之德 殷周之樂盡矣者殷樂謂湯之大濩也周樂謂周之大武也言於人事盡極矣但自夏以前皆以文德王有天下殷周二代唯以武功爲民除殘伐暴民得以生人事道理盡極矣

注堯樂至大卷 正義曰知大章堯樂者案樂緯及禮樂志云黃帝曰咸池堯作大章故知大章堯樂名也云周禮闕者言周禮無大章故云闕也此本云大章周禮曰大卷言此大章當周禮大卷也

注黃帝至大咸 正義曰今知咸池是黃帝所作樂名者案樂緯及禮樂志云黃帝曰咸池故知咸池是黃帝樂名云堯增脩而用之者此黃帝所作咸池之樂至堯之時更增改脩治而用之周禮大司樂謂之大咸咸池雖黃帝之樂若堯既增脩而用之者則世本名咸池是也故此文次在大章之下矣又周禮云咸池以祭地黃帝之樂堯不增脩者則別立其名則此大章是也其咸池雖黃帝之樂堯增脩者至周謂之大咸其黃帝之樂堯

八 禮記義四十八 三 陳顯

不增脩大章者至周謂之大卷於周之世其黃帝樂堯不增脩謂之大卷者更加以雲門之號是雲門大卷一也熊氏云知大卷當大章者案周禮云雲門大卷大卷在大咸之上此大章在咸池之上故知大卷當大章知周別爲黃帝樂名雲門者以此樂記唯云咸池大章無雲門之名周禮雲門在六代樂之首故知別爲黃帝立雲門之名也知於大卷之上加雲門者以黃帝之樂堯增脩者既謂之咸池不增脩者別名大卷明周爲黃帝於不增脩之樂別更立名故知於大卷之上別加雲門是雲門大卷一也故周禮雲門大卷鄭注云黃帝曰雲門大卷言黃帝之德如雲之出民得以有族類知黃帝之樂堯增脩曰咸池者以禮樂志云黃帝曰咸池今周禮大咸在雲門之下大韶之上當堯之代故知堯增脩曰咸池增脩者以五帝殊時不相沿樂故知堯增脩也知樂有增脩者禮樂志漢之文始舞者韶舞高帝六年更云改名文始也漢之五行舞者本周舞始皇二十六年更立五行舞是知有增脩之法熊氏又云案五

行鈎命决云伏犧樂爲立基神農樂爲下謀祝融樂爲祝續案樂緯云黄帝曰咸池帝嚳曰六英顓頊曰五莖堯作大章舜曰簫韶禹曰大夏商曰大濩周曰大武象禮樂志云顓頊作六莖帝嚳作五英與樂緯不同其餘無異名曰六英者宋均注云爲六合之英華五龍爲五莖者能爲五行之道立根莖也　注韶之言紹也　正義曰案元命包云舜之時民樂紹堯業故云韶之言紹也　注言禹能大堯舜之德　正義曰案司樂注云禹德能大中國此云大堯舜之德者以廣大中國則是大堯舜德其義然也　注周禮曰大濩大武　正義曰案司樂注云湯德能使天下得其所是其德也元命包曰湯之時民樂其救之於患害故曰濩救世由救之故民得所義亦通也大武武王樂也以武取定天下周公制焉

天地之道寒暑不時則疾風雨不節則饑教者民之寒暑也教不時則傷世事者民之風雨也事不節則無功 教謂樂也 然則先王之爲樂也以法治也善則行象德矣 以法治以樂爲治之法行象德民之行順君之德也

疏　正義曰此一節明樂之爲善樂得其所則事有功也　然則先王之爲樂也以法治也者言先王作樂以爲治爲法若樂善則治得其善若樂不善則治乖於法則前文教不時則傷世事不節則無功是也　善則行象德矣者言人君爲治得其所教化美善則下民之行法象君之德也

夫豢豕爲酒非以爲禍也而獄訟益繁則酒之流生禍也 以穀食犬豕曰豢爲作也言豢豕作酒本以饗祀養賢而小人飲之善酗以致獄訟 是故先王因爲

禮記義四十八　四　王祐

行鈎命决云伏犧樂爲立基神農樂爲下謀祝融樂爲祝續案樂緯云黄帝曰咸池帝嚳曰六英顓頊曰五莖堯作大章舜曰簫韶禹曰大夏商曰大濩周曰大武象禮樂志云顓頊作六莖帝嚳作五英與樂緯不同其餘無異名曰六英者宋均注云爲六合之英華五龍爲五莖者能爲五行之道立根莖也　注韶之言紹也　正義曰案元命包云舜之時民樂紹堯業故云韶之言紹也　注言禹能大堯舜之德　正義曰案司樂注云禹德能大中國此云大堯舜之德者以廣大中國則是大堯舜德其義然也　注周禮曰大濩大武　正義曰案司樂注云湯德能使天下得其所是其德也元命包曰湯之時民樂其救之於患害故曰濩救世由救之故民得所義亦通也大武武王樂也以武取定天下周公制焉

天地之道寒暑不時則疾風雨不節則饑教者民之寒暑也教不時則傷世事者民之風雨也事不節則無功 教謂樂也 然則先王之爲樂也以法治也善則行象德矣 以法治以樂爲治之法行象德民之行順君之德也

疏　正義曰此一節明樂之爲善樂得其所則事有功也　然則先王之爲樂也以法治也者言先王作樂以爲治爲法若樂善則治得其善若樂不善則治乖於法則前文教不時則傷世事不節則無功是也　善則行象德矣者言人君爲治得其所教化美善則下民之行法象君之德也

夫豢豕爲酒非以爲禍也而獄訟益繁則酒之流生禍也 以穀食犬豕曰豢爲作也言豢豕作酒本以饗祀養賢而小人飲之善酗以致獄訟 是故先王因爲

禮記義四十八　四　王祐

酒禮壹獻之禮賓主百拜終日飲酒而不得醉焉此先王之所以備酒禍也壹獻士飲酒之禮百拜以喻多故酒食者所以合歡也樂者所以象德也禮者所以綴淫也綴猶止也是故先王有大事必有禮以哀之有大福必有禮以樂之哀樂之分皆以禮終大事謂死喪也樂也者聖人之所樂也而可以善民心其感人深其移風易俗故先王著其教焉著猶立也謂立司樂以下使教國子

疏正義曰此一節明言禮樂之設不得其所則禍亂興故先王節其禮樂以防淫亂也。夫豢豕爲酒非以爲禍也者豢養也言養豕作酒本爲行禮非以爲禍亂而爲也 而獄訟益繁則酒之流生禍也者言由酒至酗鬬爭殺傷而刑獄增益繁多則是酒之流害所以生此獄訟之禍也 是故先王因爲酒禮者由其生禍故先王因此爲飲酒之禮也 壹獻之禮賓主百拜者謂士之饗禮唯有壹獻言所獻酒少也從初至末賓主相答而有百拜言拜數多也是意在於敬不在酒也 終日飲酒而不得醉焉者謂饗禮也以其恭敬示飲而已故不得醉也樂者所以象德也者謂君作樂以訓民使民法象其德也禮者所以綴淫也者綴止也言人君制禮以教天下所以綴止淫邪也 樂也者聖人之所樂也者言樂體者聖人心所愛樂也聖人貪愛此樂以樂身化民 而可以善民心者言用樂化民調善民心 其感人深者言樂本從民心而來乃成於樂故感動人深也其移風易俗者風謂水土

酒禮壹獻之禮賓主百拜終日飲酒而不得醉焉此先王之所以備酒禍也壹獻士飲酒之禮百拜以喻多故酒食者所以合歡也樂者所以象德也禮者所以綴淫也綴猶止也是故先王有大事必有禮以哀之有大福必有禮以樂之哀樂之分皆以禮終大事謂死喪也樂也者聖人之所樂也而可以善民心其感人深其移風易俗故先王著其教焉著猶立也謂立司樂以下使教國子

禮記義四十八 五 童志

疏正義曰此一節明言禮樂之設不得其所則禍亂興故先王節其禮樂以防淫亂也。夫豢豕爲酒非以爲禍也者豢養也言養豕作酒本爲行禮非以爲禍亂而爲也 而獄訟益繁則酒之流生禍也者言由酒至酗鬬爭殺傷而刑獄增益繁多則是酒之流害所以生此獄訟之禍也 是故先王因爲酒禮者由其生禍故先王因此爲飲酒之禮也 壹獻之禮賓主百拜者謂士之饗禮唯有壹獻言所獻酒少也從初至末賓主相答而有百拜言拜數多也是意在於敬不在酒也 終日飲酒而不得醉焉者謂饗禮也以其恭敬示飲而已故不得醉也樂者所以象德也者謂君作樂以訓民使民法象其德也禮者所以綴淫也者綴止也言人君制禮以教天下所以綴止淫邪也 樂也者聖人之所樂也者言樂體者聖人心所愛樂也聖人貪愛此樂以樂身化民 而可以善民心者言用樂化民調善民心 其感人深者言樂本從民心而來乃成於樂故感動人深也其移風易俗者風謂水土

足利本第四十八卷第六葉

之風氣謂舒疾剛柔俗謂君上之情欲謂好惡趣捨用樂化之故使惡風移改弊俗變易　故先王著其教焉者著立也以其樂功如此故先王立樂官以樂教化焉 注壹獻至喻多　正義曰凡饗禮案大行人云上公九獻侯伯七獻子男五獻並依命數其臣介則孤同子男卿大夫略爲一節俱三獻則天子諸侯之士同壹獻故昭六年季孫宿如晉晉侯享之有加籩武子退使行人告曰得貺不過三獻是其事也但春秋亂世之法或有大夫五獻者故昭元年鄭伯享趙孟具五獻之籩豆於幕下是亂世之法也或者鄭以公孤之禮享趙孟故五獻也言百拜喻多者案今鄉飲酒之禮是壹獻也無百拜今云百拜故喻多也

夫民有血氣心知之性而無哀樂喜怒之常應感起物而動然後心術形焉 言在所以感之也術所由也形猶見也

是故志微噍殺之音作而民思憂嘽諧慢易繁文簡節之音作而民康樂粗厲猛起奮末廣賁之音作而民剛毅廉直勁正莊誠之音作而民肅敬寬裕肉好順成和動之音作而民慈愛流辟邪散狄成滌濫之音作而民淫亂 志微意細也吴公子札聽鄭風而曰其細已甚民弗堪也簡節少易也奮末動使四支也賁讀爲憤憤怒氣充實也春秋傳曰血氣狡憤肉肥也狄滌往來疾貌也濫僭差也此皆民心無常之傚也肉或爲潤

是故先王本之情性稽之度數制之禮義合

禮記義四十八　六

潘本第四十八卷第六葉

之風氣謂舒疾剛柔俗謂君上之情欲謂好惡趣捨用樂化之故使惡風移改弊俗變易　故先王著其教焉者著立也以其樂功如此故先王立樂官以樂教化焉 注壹獻至喻多　正義曰凡饗禮案大行人云上公九獻侯伯七獻子男五獻並依命數其臣介則孤同子男卿大夫略爲一節俱三獻則天子諸侯之士同壹獻故昭六年季孫宿如晉晉侯享之有加籩武子退使行人告曰得貺不過三獻是其事也但春秋亂世之法或有大夫五獻者故昭元年鄭伯享趙孟具五獻之籩豆於幕下是亂世之法也或者鄭以公孤之禮享趙孟故五獻也言百拜喻多者案今鄉飲酒之禮是壹獻也無百拜今云百拜故喻多也

夫民有血氣心知之性而無哀樂喜怒之常應感起物而動然後心術形焉 言在所以感之也術所由也形猶見也

是故志微噍殺之音作而民思憂嘽諧慢易繁文簡節之音作而民康樂粗厲猛起奮末廣賁之音作而民剛毅廉直勁正莊誠之音作而民肅敬寬裕肉好順成和動之音作而民慈愛流辟邪散狄成滌濫之音作而民淫亂 志微意細也吴公子札聽鄭風而曰其細已甚民弗堪也簡節少易也奮末動使四支也賁讀爲憤憤怒氣充實也春秋傳曰血氣狡憤肉肥也狄滌往來疾貌也濫僭差也此皆民心無常之傚也肉或爲潤

是故先王本之情性稽之度數制之禮義合

禮記義四十八　六

足利本第四十八卷第七葉

生氣之和道五常之行使之陽而不散陰而不密剛氣不怒柔氣不懾四暢交於中而發作於外皆安其位而不相奪也生氣陰陽氣也五常五行也密之言閉也懾猶恐懼也然後立之學等廣其節奏省其文采以繩德厚等差也各用其才之差學之廣謂增習之省猶審也文采謂節奏合也繩猶度也周禮大司樂以樂語教國子興道諷誦言語以樂舞教國子舞雲門大卷大咸大韶大夏大濩大武律小大之稱比終始之序以象事行律六律也周禮典同以六律六同辨天地四方陰陽之聲以為樂器小大謂高聲正聲之類也終始謂始於宮終於羽宗廟黃鍾為宮大呂為角大蔟為徵應鍾為羽以象事行宮為君商為臣使親疏貴賤長幼男女之理皆形見於樂故曰樂觀其深矣謂同聽之莫不和敬莫不和順莫不和親

禮記義四十八　七　童志

疏 正義曰上經既明樂之感人故此節明先王節人情性使之和其律呂親疏有序男女不亂乃成為樂也 本之情性者言自然所感謂之性因物念慮謂之情言先王制樂本人情性稽之度數者稽之言考也既得人情考之使合度數 制之禮義者謂裁制人情以禮義合生氣之和道五常之行者言聖人裁制人情使合生氣之和道達人情以五常之行謂依金木水火土之性也 使之陽而不散者陽主發動失在流散先王教之感陽氣者不使放散也 陰而不密者密閉也陰主幽靜失在閉塞先王節民情感陰氣者不有閉塞也 剛氣不怒柔氣不懾者言

潘本第四十八卷第七葉

生氣之和道五常之行使之陽而不散陰而不密剛氣不怒柔氣不懾四暢交於中而發作於外皆安其位而不相奪也生氣陰陽氣也五常五行也密之言閉也懾猶恐懼也然後立之學等廣其節奏省其文采以繩德厚等差也各用其才之差學之廣謂增習之省猶審也文采謂節奏合也繩猶度也周禮大司樂以樂語教國子興道諷誦言語以樂舞教國子舞雲門大卷大咸大韶大夏大濩大武律小大之稱比終始之序以象事行律六律也周禮典同以六律六同辨天地四方陰陽之聲以為樂器小大謂高聲正聲之類也終始謂始於宮終於羽宗廟黃鍾為宮大呂為角大蔟為徵應鍾為羽以象事行宮為君商為臣使親疏貴賤長幼男女之理皆形見於樂故曰樂觀其深矣謂同聽之莫不和敬莫不和順莫不和親

禮記義四十八　七　童志

疏 正義曰上經既明樂之感人故此節明先王節人情性使之和其律呂親疏有序男女不亂乃成為樂也 本之情性者言自然所感謂之性因物念慮謂之情言先王制樂本人情性稽之度數者稽之言考也既得人情考之使合度數 制之禮義者謂裁制人情以禮義合生氣之和道五常之行者言聖人裁制人情使合生氣之和道達人情以五常之行謂依金木水火土之性也 使之陽而不散者陽主發動失在流散先王教之感陽氣者不使放散也 陰而不密者密閉也陰主幽靜失在閉塞先王節民情感陰氣者不有閉塞也 剛氣不怒柔氣不懾者言

先王節之使剛氣者不至暴怒感柔氣者不至恐懼也四暢交於中而發作於外者四暢謂陰陽剛柔也四者通暢交在身中而發見動作於身外也　皆安其位而不相奪也者言陰陽剛柔各得其所是安其位也不相侵犯是不相奪也　然後立之學等者先王欲稽之度數制之禮義非教不可故立之學等使依其才藝等級而教學之廣其節奏者廣謂增習寬廣其樂之節奏也　省其文采者省謂省審也文采謂樂之宮商相應若五色文采省其音曲文采也　以繩德厚者繩度也謂準度以道德仁厚也　律小大之稱者律謂六律小之與大以爲樂器使音聲相稱也比終始之序者五聲始於宮終於羽比五聲終始使有次序也以象事行者謂使人法象五聲是事行也若宮象君商象臣角象民徵象事羽象物是以象事行也皆形見於樂者以先王制樂如此以化於民由樂聲調和故親疏之理見於樂聲也樂聲有清濁高下故貴賤長幼見於樂也以樂聲有陰陽律呂故男女之理見於樂也

故曰樂觀其深矣者皇氏云古語云樂觀其深言樂爲道人觀之益人深古語有此故記者引古語以結之 注 生氣至行也　正義曰云生氣陰陽氣也者下云陽而不散陰而不密故爲陰陽云五常五行也者此經有陰陽剛柔皆據天地之氣故以五常爲五行非父義母慈之德謂五常之行者若木性仁金性義火性禮水性知土性信五常之行也 注 等差至國子　正義曰經云立之學等是學有等差隨才高下而爲等云廣謂增習之者學習音樂使其廣大也云文采謂節奏合也者文謂宮商相應若畫采成文即上文聲成文是也云繩猶度也繩是量度之物經云以繩德厚謂度量之以道德仁厚故鄭引周禮大司樂以樂語教國子與道諷誦言語以樂舞教國子之等是律 注 律六至爲臣　正義曰引周禮典同者證樂器用六律六呂也案典同云辨天地四方陰陽之聲鄭注云六律六呂布於四方陽聲屬天陰聲屬地故云天地四方陰陽之聲陰聲謂六呂陽聲謂六律云以爲樂器小大者若黃

先王節之使剛氣者不至暴怒感柔氣者不至恐懼也四暢交於中而發作於外者四暢謂陰陽剛柔也四者通暢交在身中而發見動作於身外也　皆安其位而不相奪也者言陰陽剛柔各得其所是安其位也不相侵犯是不相奪也　然後立之學等者先王欲稽之度數制之禮義非教不可故立之學等使依其才藝等級而教學之廣其節奏者廣謂增習寬廣其樂之節奏也　省其文采者省謂省審也文采謂樂之宮商相應若五色文采省其音曲文采也　以繩德厚者繩度也謂準度以道德仁厚也　律小大之稱者律謂六律小之與大以爲樂器使音聲相稱也比終始之序者五聲始於宮終於羽比五聲終始使有次序也以象事行者謂使人法象五聲是事行也若宮象君商象臣角象民徵象事羽象物是以象事行也皆形見於樂者以先王制樂如此以化於民由樂聲調和故親疏之理見於樂聲也樂聲有清濁高下故貴賤長幼見於樂也以樂聲有陰陽律呂故男女之理見於樂也

禮記義四十八　八　王祐

故曰樂觀其深矣者皇氏云古語云樂觀其深言樂爲道人觀之益人深古語有此故記者引古語以結之 注 生氣至行也　正義曰云生氣陰陽氣也者下云陽而不散陰而不密故爲陰陽云五常五行也者此經有陰陽剛柔皆據天地之氣故以五常爲五行非父義母慈之德謂五常之行者若木性仁金性義火性禮水性知土性信五常之行也 注 等差至國子　正義曰經云立之學等是學有等差隨才高下而爲等云廣謂增習之者學習音樂使其廣大也云文采謂節奏合也者文謂宮商相應若畫采成文即上文聲成文是也云繩猶度也繩是量度之物經云以繩德厚謂度量之以道德仁厚故鄭引周禮大司樂以樂語教國子與道諷誦言語以樂舞教國子之等是律 注 律六至爲臣　正義曰引周禮典同者證樂器用六律六呂也案典同云辨天地四方陰陽之聲鄭注云六律六呂布於四方陽聲屬天陰聲屬地故云天地四方陰陽之聲陰聲謂六呂陽聲謂六律云以爲樂器小大者若黃

鐘之律長九寸應鐘之律長四寸半強各自倍半爲鐘是其小大也云謂高聲正聲之類也者案周禮典同云高聲硍鄭注云玄謂高鐘形大上上大也高則聲上藏衮然正聲緩鄭云正謂上下直正則聲緩無所動下聲肆鄭云下謂鐘形大下下大也下則聲出去放肆陂聲散鄭云陂謂偏侈陂則聲離散也險聲斂鄭云險謂偏弇也險則聲斂不越也達聲贏鄭云達謂其形微大也達則聲有餘微聲韽鄭云微謂其形微小韽聲小不成也回聲衍鄭云回謂形微圜也回則其聲淫衍無鴻殺也侈聲筰鄭云侈謂中央約也侈則聲迫筰出去疾也弇聲鬱鄭云弇謂中央寬也弇則聲鬱勃不出也薄聲甄鄭云甄猶掉也鐘微薄則聲掉厚聲石鄭云大厚則如石叩之無聲此等之聲皆鐘形不得其所此引之證大小稱者以作鐘之法須小大稱宜今鐘不得其所明其不稱也云宗廟黃鐘爲宮大吕爲角大蔟爲徵應鐘爲羽者大司樂文祫祭降神之樂也案大司樂祭天祭地皆有降神獨引宗廟降神者以經云終

始之序宗廟降神黃鐘爲宮是律之最長者應鐘爲羽是律之最短者故特引之證經之終始

土敝則草木不長水煩則魚鼈不大氣衰則生物不遂世亂則禮慝而樂淫是故其聲哀而不莊樂而不安慢易以犯節流湎以忘本廣則容姦狹則思欲感條暢之氣而滅平和之德是以君子賤之也遂猶成也慝穢也廣謂聲緩也狹謂聲急也感動也動人條暢之善氣使失其所

疏 正義曰此經論聖王作樂不得其所則滅和平之德故君子賤之　土敝則草木不長者土之勞敝故草木不長　水煩則魚鼈不大者水之煩擾故魚鼈不大　氣衰則生物不遂者陰陽之氣衰亂故生物不得遂成　世亂則禮慝而樂淫者慝惡也淫過也世道衰亂上下無序故禮慝男女無節故樂淫以上三事皆喻禮慝樂淫也

鐘之律長九寸應鐘之律長四寸半強各自倍半爲鐘是其小大也云謂高聲正聲之類也者案周禮典同云高聲硍鄭注云玄謂高鐘形大上上大也高則聲上藏衮然正聲緩鄭云正謂上下直正則聲緩無所動下聲肆鄭云下謂鐘形大下下大也下則聲出去放肆陂聲散鄭云陂謂偏侈陂則聲離散也險聲斂鄭云險謂偏弇也險則聲斂不越也達聲贏鄭云達謂其形微大也達則聲有餘微聲韽鄭云微謂其形微小韽聲小不成也回聲衍鄭云回謂形微圜也回則其聲淫衍無鴻殺也侈聲筰鄭云侈謂中央約也侈則聲迫筰出去疾也弇聲鬱鄭云弇謂中央寬也弇則聲鬱勃不出也薄聲甄鄭云甄猶掉也鐘微薄則聲掉厚聲石鄭云大厚則如石叩之無聲此等之聲皆鐘形不得其所此引之證大小稱者以作鐘之法須小大稱宜今鐘不得其所明其不稱也云宗廟黃鐘爲宮大吕爲角大蔟爲徵應鐘爲羽者大司樂文祫祭降神之樂也案大司樂祭天祭地皆有降神獨引宗廟降神者以經云終

禮記疏四十八　九　李仁

始之序宗廟降神黃鐘爲宮是律之最長者應鐘爲羽是律之最短者故特引之證經之終始

土敝則草木不長水煩則魚鼈不大氣衰則生物不遂世亂則禮慝而樂淫是故其聲哀而不莊樂而不安慢易以犯節流湎以忘本廣則容姦狹則思欲感條暢之氣而滅平和之德是以君子賤之也遂猶成也慝穢也廣謂聲緩也狹謂聲急也感動也動人條暢之善氣使失其所

疏 正義曰此經論聖王作樂不得其所則滅和平之德故君子賤之　土敝則草木不長者土之勞敝故草木不長　水煩則魚鼈不大者水之煩擾故魚鼈不大　氣衰則生物不遂者陰陽之氣衰亂故生物不得遂成　世亂則禮慝而樂淫者慝惡也淫過也世道衰亂上下無序故禮慝男女無節故樂淫以上三事皆喻禮慝樂淫也

是故其聲哀而不莊樂而不安者謂男女相愛涕泗滂沲是其哀也男女相說歌舞於市井是不莊也俾晝作夜是其樂也終至滅亡是不安也　慢易以犯節流湎以忘本者朋淫於家是慢易以犯禮節也淫酗肆虐是流湎以忘根本也　廣則容姦者廣謂節間疏緩言音聲寬緩多有姦淫之聲也　狹則思欲者狹謂聲急節間迫促樂聲急則動發人心思其情欲而切急　感條暢之氣而滅平和之德者感謂感動也條達也暢舒也言淫聲感動於人損長遠舒暢之善氣而毀滅平和之善德矣是以君子賤之也者賤謂棄而不用也若師曠聞桑間濮上之聲撫而止之是也

凡姦聲感人而逆氣應之逆氣成象而淫樂興焉正聲感人而順氣應之順氣成象而和樂興焉倡和有應回邪曲直各歸其分而萬物之理各以類相動也成象者謂人樂習焉是故君

禮記正義卌八　十

子反情以和其志比類以成其行姦聲亂色不留聰明淫樂慝禮不接心術惰慢邪辟之氣不設於身體使耳目鼻口心知百體皆由順正以行其義反猶本也術猶道也然後發以聲音而文以琴瑟動以干戚飾以羽旄從以簫管奮至德之光動四氣之和以著萬物之理奮猶動也動至德之光謂降天神出地祇假祖考著猶成也是故清明象天廣大象地終始象四時周還象風雨五色成文而不亂八風從律而不姦百度得數而

是故其聲哀而不莊樂而不安者謂男女相愛涕泗滂沲是其哀也男女相說歌舞於市井是不莊也俾晝作夜是其樂也終至滅亡是不安也　慢易以犯節流湎以忘本者朋淫於家是慢易以犯禮節也淫酗肆虐是流湎以忘根本也　廣則容姦者廣謂節間疏緩言音聲寬緩多有姦淫之聲也　狹則思欲者狹謂聲急節間迫促樂聲急則動發人心思其情欲而切急　感條暢之氣而滅平和之德者感謂感動也條達也暢舒也言淫聲感動於人損長遠舒暢之善氣而毀滅平和之善德矣是以君子賤之也者賤謂棄而不用也若師曠聞桑間濮上之聲撫而止之是也

凡姦聲感人而逆氣應之逆氣成象而淫樂興焉正聲感人而順氣應之順氣成象而和樂興焉倡和有應回邪曲直各歸其分而萬物之理各以類相動也成象者謂人樂習焉是故君

禮記正義卌八　十

子反情以和其志比類以成其行姦聲亂色不留聰明淫樂慝禮不接心術惰慢邪辟之氣不設於身體使耳目鼻口心知百體皆由順正以行其義反猶本也術猶道也然後發以聲音而文以琴瑟動以干戚飾以羽旄從以簫管奮至德之光動四氣之和以著萬物之理奮猶動也動至德之光謂降天神出地祇假祖考著猶成也是故清明象天廣大象地終始象四時周還象風雨五色成文而不亂八風從律而不姦百度得數而

足利本第四十八卷第十一葉

有常小大相成終始相生倡和清濁迭相為經清明謂人聲也廣大謂鐘鼓也周還謂舞者五色五行也八風從律應節至也百度百刻也言日月晝夜不失正也清謂蕤賓至應鐘也濁謂黃鐘至中呂故樂行而倫清耳目聰明血氣和平移風易俗天下皆寧言樂用則正人理和陰陽也倫謂人道也故曰樂者樂也君子樂得其道小人樂得其欲以道制欲則樂而不亂以欲忘道則惑而不樂道謂仁義也欲謂邪淫也是故君子反情以和其志廣樂以成其教樂行而民鄉方可以觀德矣方猶道也德者性之端也樂者德之華也金石絲竹樂之器也詩言其志也歌詠其聲也舞動其容也三者本於心然後樂氣從之是故情深而文明氣盛而化神和順積中而英華發外唯樂不可以為偽三者本志也聲也容也言無此本於內則不能為樂也樂者心之動也聲者樂之象也文采節奏聲之飾也君子動其本樂其象然後治其飾是故先鼓以警戒三步以見方再始以著往復亂以飭歸奮疾而不拔極幽而不隱獨樂其志不厭其道備舉其道不私其欲是故情見而義立樂終而德尊

潘本第四十八卷第十一葉

有常小大相成終始相生倡和清濁迭相為經清明謂人聲也廣大謂鐘鼓也周還謂舞者五色五行也八風從律應節至也百度百刻也言日月晝夜不失正也清謂蕤賓至應鐘也濁謂黃鐘至中呂故樂行而倫清耳目聰明血氣和平移風易俗天下皆寧言樂用則正人理和陰陽也倫謂人道也故曰樂者樂也君子樂得其道小人樂得其欲以道制欲則樂而不亂以欲忘道則惑而不樂道謂仁義也欲謂邪淫也是故君子反情以和其志廣樂以成其教樂行而民鄉方可以觀德矣方猶道也德者性之端也樂者德之華也金石絲竹樂之器也詩言其志也歌詠其聲也舞動其容也三者本於心然後樂氣從之是故情深而文明氣盛而化神和順積中而英華發外唯樂不可以為偽三者本志也聲也容也言無此本於內則不能為樂也樂者心之動也聲者樂之象也文采節奏聲之飾也君子動其本樂其象然後治其飾是故先鼓以警戒三步以見方再始以著往復亂以飭歸奮疾而不拔極幽而不隱獨樂其志不厭其道備舉其道不私其欲是故情見而義立樂終而德尊

足利本第四十八卷第十二葉

君子以好善小人以聽過故曰生民之道樂爲大焉文采樂之威儀也先鼓將奏樂先擊鼓以警戒衆也三步謂將舞必先三舉足以見其舞之漸也再始以著往武王除喪至盟津之上紂未可伐還歸二年乃遂伐之武舞再更始以明伐時再往也復亂以飭歸謂鳴鐃而退明以整歸也奮疾謂舞者也極幽謂歌者也

樂也者施也禮也者報也言樂出而不反而禮有往來也樂樂其所自生而禮反其所自始樂章德禮報情反始也自由也

所謂大輅者天子之車也龍旂九旒天子之旌也青黑緣者天子之寶龜也從之以牛羊之羣則所以贈諸侯也贈諸侯謂來朝將去送之以禮

禮記義四十八　十二　王茂

【疏】正義曰皇氏云自此以下至贈諸侯也爲樂象之科各隨文解之從此至以行其義明樂有姦聲正聲以類相感君子當去淫聲用正聲也凡姦聲感人而逆氣應之者姦聲謂姦邪之聲感動於人逆氣謂違逆之氣即姦邪之氣也人既感姦邪之聲則有姦邪之氣來應也　逆氣成象而淫樂興焉者既感姦邪之聲心又感姦邪之氣二者相合而成象淫樂遂興若人耳初聽姦邪之聲其姦邪未甚心又感姦邪之氣其亂乃成不可救止紂作靡靡之樂是也　正聲感人而順氣應之順氣成象而和樂興焉者正聲感動於人而順氣來應既聞順聲又感順氣二者相合而成象則和樂興若周室太平頌聲作也　倡和有應者初有姦聲正聲感人是倡也後有逆氣順氣是和也善倡則善和惡倡則惡和是倡和有應　回邪曲直各歸其分者回謂乖違邪謂邪辟言乖違邪辟及曲之與直各歸其善惡之分限也言善歸善分惡歸惡分　而萬物之理各以類相動也者既善惡各歸其分是萬物之情理各

潘本第四十八卷第十二葉

君子以好善小人以聽過故曰生民之道樂爲大焉文采樂之威儀也先鼓將奏樂先擊鼓以警戒衆也三步謂將舞必先三舉足以見其舞之漸也再始以著往武王除喪至盟津之上紂未可伐還歸二年乃遂伐之武舞再更始以明伐時再往也復亂以飭歸謂鳴鐃而退明以整歸也奮疾謂舞者也極幽謂歌者也

樂也者施也禮也者報也言樂出而不反而禮有往來也樂樂其所自生而禮反其所自始樂章德禮報情反始也自由也

所謂大輅者天子之車也龍旂九旒天子之旌也青黑緣者天子之寶龜也從之以牛羊之羣則所以贈諸侯也贈諸侯謂來朝將去送之以禮

禮記義四十八　十二　王茂

【疏】正義曰皇氏云自此以下至贈諸侯也爲樂象之科各隨文解之從此至以行其義明樂有姦聲正聲以類相感君子當去淫聲用正聲也凡姦聲感人而逆氣應之者姦聲謂姦邪之聲感動於人逆氣謂違逆之氣即姦邪之氣也人既感姦邪之聲則有姦邪之氣來應也　逆氣成象而淫樂興焉者既感姦邪之聲心又感姦邪之氣二者相合而成象淫樂遂興若人耳初聽姦邪之聲其姦邪未甚心又感姦邪之氣其亂乃成不可救止紂作靡靡之樂是也　正聲感人而順氣應之順氣成象而和樂興焉者正聲感動於人而順氣來應既聞順聲又感順氣二者相合而成象則和樂興若周室太平頌聲作也　倡和有應者初有姦聲正聲感人是倡也後有逆氣順氣是和也善倡則善和惡倡則惡和是倡和有應　回邪曲直各歸其分者回謂乖違邪謂邪辟言乖違邪辟及曲之與直各歸其善惡之分限也言善歸善分惡歸惡分　而萬物之理各以類相動也者既善惡各歸其分是萬物之情理各

以類自相感動也是故君子反情以和其志者反情謂反去淫溺之情理以調和其善志也　比類以成其行者比謂比擬善類以成己身之美行　姦聲亂色不留聰明者謂不使姦聲亂色留停於耳目令耳目不聰明也　淫樂慝禮不接心術者謂不使淫樂慝禮而連接於心術謂心不存念也　惰慢邪辟之氣不設於身體者以耳目心術所爲皆善則怠惰邪辟之氣無由來入也故邪辟之氣不施設於身體　使耳目鼻口心知百體皆由順正以行其義者既邪辟不在於身耳目鼻口心想知慮百事之體皆由順正由從也皆從和順以行其正直義理也　然後至皆寧　正義曰前經明君子去姦聲行正聲故此一節明正聲之道論大樂之德可以移風易俗安天下也　發以聲音者謂其動發心志以聲音也　而文以琴瑟者謂文飾聲音以琴瑟也　動以干戚者謂其振動形體以干戚飾以羽旄者其裝飾樂具以羽旄也　從以簫管者謂其隨從諸樂以簫管　奮至德之光者謂用上諸樂奮動天

禮記義四十八　十三　鄭復

地至極之德光明謂神明來降也　動四氣之和者謂感動四時之氣序之和平使陰陽順序也　以著萬物之理者樂既和平故能著成萬物之道理謂風雨順寒暑時見神降其福萬物得其所也　是故清明象天者由樂體如此故人之歌曲清絜顯明以象於天也　廣大象地者謂鐘鼓鏗鏘寬廣壯大以象於地也　終始象四時者終於羽始於宮象四時之變化終而復始也周還象風雨者言舞者周帀迴還象風雨之迴復也　五色成文而不亂者五色五行之色也既有所象故應達天地五行之色各依其行色成就文章而不錯亂崔氏云五色者五行之音謂宮商角徵羽之聲和合成文不亂也而云五色因五行之色别廣以明義也　八風從律而不姦者八風八方之風也律謂十二月之律也樂音象八風其樂得其度故八風十二月律應八節而至不爲姦慝也八風者白虎通云距冬至四十五日條風至條者生也四十五日明庶風至明庶者迎衆也四十五日清明風至清明者芒也四十五日

以類自相感動也是故君子反情以和其志者反情謂反去淫溺之情理以調和其善志也　比類以成其行者比謂比擬善類以成己身之美行　姦聲亂色不留聰明者謂不使姦聲亂色留停於耳目令耳目不聰明也　淫樂慝禮不接心術者謂不使淫樂慝禮而連接於心術謂心不存念也　惰慢邪辟之氣不設於身體者以耳目心術所爲皆善則怠惰邪辟之氣無由來入也故邪辟之氣不施設於身體　使耳目鼻口心知百體皆由順正以行其義者既邪辟不在於身耳目鼻口心想知慮百事之體皆由順正由從也皆從和順以行其正直義理也　然後至皆寧　正義曰前經明君子去姦聲行正聲故此一節明正聲之道論大樂之德可以移風易俗安天下也　發以聲音者謂其動發心志以聲音也　而文以琴瑟者謂文飾聲音以琴瑟也　動以干戚者謂其振動形體以干戚飾以羽旄者其裝飾樂具以羽旄也　從以簫管者謂其隨從諸樂以簫管　奮至德之光者謂用上諸樂奮動天

禮記義四十八　十三　鄭復

地至極之德光明謂神明來降也　動四氣之和者謂感動四時之氣序之和平使陰陽順序也　以著萬物之理者樂既和平故能著成萬物之道理謂風雨順寒暑時見神降其福萬物得其所也　是故清明象天者由樂體如此故人之歌曲清絜顯明以象於天也　廣大象地者謂鐘鼓鏗鏘寬廣壯大以象於地也　終始象四時者終於羽始於宮象四時之變化終而復始也周還象風雨者言舞者周帀迴還象風雨之迴復也　五色成文而不亂者五色五行之色也既有所象故應達天地五行之色各依其行色成就文章而不錯亂崔氏云五色者五行之音謂宮商角徵羽之聲和合成文不亂也而云五色因五行之色别廣以明義也　八風從律而不姦者八風八方之風也律謂十二月之律也樂音象八風其樂得其度故八風十二月律應八節而至不爲姦慝也八風者白虎通云距冬至四十五日條風至條者生也四十五日明庶風至明庶者迎衆也四十五日清明風至清明者芒也四十五日

景風至景者大也言陽氣長養也四十五日涼風至涼寒也陰氣行也四十五日閶闔風至閶闔者咸收藏也四十五日不周風至不周者不交也言陰陽未合化矣四十五日廣莫風至廣莫者大莫也開陽氣也八節者立春春分立夏夏至立秋秋分立冬冬至　百度得數而有常者度謂晝夜百刻昏明晝夜不失其正故度數有常也　小大相成者賀瑒云十二月律互爲宮羽而相成者　終始相生者賀瑒云五行宮商迭相用爲終始　倡和清濁者謂十二月律先發聲者爲倡後應聲者爲和黃鐘至仲呂爲濁長者濁也㽔賓至應鐘爲清短者清也　迭相爲經者十二月之律更相爲常即還爲宮是樂之常也　故樂行而倫清者倫類也以其正樂如上所爲故其樂施行而倫類清美矣人聽之則耳目清明血氣和平也樂法既善變移敝惡之風改革昏亂之俗人無惡事故天下皆寧矣

注清明至行也　正義曰八音氣濁唯人聲清明故知清明謂人聲也云廣大謂鐘鼓也者下云鐘聲鏗又云鼓鼙之聲讙鏗之與讙皆廣大之意云五色五行也者五行之聲宮商角徵羽相應成文如青黃相雜故云五色也

故曰至不樂　正義曰前經明正樂感人情此經明君子小人各有所樂故云樂者樂也故者因上起下所以言故曰諸例皆然矣　樂者樂也者謂所名樂者是人之所歡樂也　君子樂得其道小人樂得其欲者道謂仁義欲謂邪淫君子所歡樂在於得仁義之道得其道則歡樂也小人所歡樂在於邪淫得邪淫則歡樂也若君子在上以仁義之道制邪淫之欲則意得歡樂而不有昏亂也若小人在上以邪淫之欲忘仁義之道則志意迷惑而不得歡樂也

是故至爲僞　正義曰前文明君子小人歡樂不同此乃君子彰行善樂也反情以和其志者反已淫欲之情以諧和德義之志也　廣樂以成其教者謂寬廣樂之義理以成就其政教之事也　樂行而民鄉方者君既如此正樂興行方猶道也而民歸鄉仁義之道也　可以觀德矣者人君既如此是樂可以觀其德行矣　德者性之端也

禮記義四十八　十四　鄭復

足利本第四十八卷第十四葉

景風至景者大也言陽氣長養也四十五日涼風至涼寒也陰氣行也四十五日閶闔風至閶闔者咸收藏也四十五日不周風至不周者不交也言陰陽未合化矣四十五日廣莫風至廣莫者大莫也開陽氣也八節者立春春分立夏夏至立秋秋分立冬冬至　百度得數而有常者度謂晝夜百刻昏明晝夜不失其正故度數有常也　小大相成者賀瑒云十二月律互爲宮羽而相成者　終始相生者賀瑒云五行宮商迭相用爲終始　倡和清濁者謂十二月律先發聲者爲倡後應聲者爲和黃鐘至仲呂爲濁長者濁也㽔賓至應鐘爲清短者清也　迭相爲經者十二月之律更相爲常即還爲宮是樂之常也　故樂行而倫清者倫類也以其正樂如上所爲故其樂施行而倫類清美矣人聽之則耳目清明血氣和平也樂法既善變移敝惡之風改革昏亂之俗人無惡事故天下皆寧矣

注清明至行也　正義曰八音氣濁唯人聲清明故知清明謂人聲也云廣大謂鐘鼓也者下云鐘聲鏗又云鼓鼙之聲讙鏗之與讙皆廣大之意云五色五行也者五行之聲宮商角徵羽相應成文如青黃相雜故云五色也

故曰至不樂　正義曰前經明正樂感人情此經明君子小人各有所樂故云樂者樂也故者因上起下所以言故曰諸例皆然矣　樂者樂也者謂所名樂者是人之所歡樂也　君子樂得其道小人樂得其欲者道謂仁義欲謂邪淫君子所歡樂在於得仁義之道得其道則歡樂也小人所歡樂在於邪淫得邪淫則歡樂也若君子在上以仁義之道制邪淫之欲則意得歡樂而不有昏亂也若小人在上以邪淫之欲忘仁義之道則志意迷惑而不得歡樂也

是故至爲僞　正義曰前文明君子小人歡樂不同此乃君子彰行善樂也反情以和其志者反已淫欲之情以諧和德義之志也　廣樂以成其教者謂寬廣樂之義理以成就其政教之事也　樂行而民鄉方者君既如此正樂興行方猶道也而民歸鄉仁義之道也　可以觀德矣者人君既如此是樂可以觀其德行矣　德者性之端也

禮記義四十八　十四　鄭復

潘本第四十八卷第十四葉

者言德行者是性之端正也　樂者德之華也者德在於內樂在於外樂所以發揚其德故樂爲德之光華也　金石絲竹樂之器也者樂爲德華非器無以成樂故金石絲竹爲樂之器也　詩言其志也者欲見樂之爲體有此三事詩謂言辭也志在於內以言辭言說其志也　歌咏其聲也者歌謂音曲所以歌咏其言辭之聲也　舞動其容也者哀樂在內必形見於外故以其舞振動其容也此云詩言其志則詩序云詩者志之所之也歌咏其聲則詩序云言之不足故嗟歎之嗟歎之不足故永歌之是也舞動其容則詩序云永歌之不足則不知手之舞之足之蹈之是也　三者本於心然後樂氣從之者三者謂志也聲也容也容從聲生聲從志起志從心發三者相因元本從心而來故云本於心先心而後志先志而後聲先聲而後舞聲須合於宮商舞須應於節奏乃成於樂是故然後樂氣從之也　是故情深而文明者志起於內思慮深遠是情深也言之於外情由言顯是文明也　氣盛而化神者志

十五　禮記義四十八　鄭復

意蘊積在中故氣盛內志既盛則外感動於物故變化神通也氣盛謂不知手之舞之足之蹈之是也而化神者謂動天地感鬼神經夫婦成孝敬是也　和順積中而英華發外者謂思念善事日久是和順積在心中言辭聲音發見在外是英華發於身外此據正樂也若其姦聲則悖逆積中淫聲發外也唯樂不可以爲僞者僞謂虛僞若善事積於中則善聲見於外若惡事積於中則惡聲見於外若心惡而望聲之善不可得也故云唯樂不可以爲僞也

樂者至始也　正義曰前經論志也聲也容也三者相將故此經廣明舞之義理與聲音相應之事　樂者心之動也者心動而見聲聲成而爲樂樂由心動而成故云者心之動也　聲者樂之象也者樂本無體由聲而見是聲爲樂之形象也　文采節奏聲之飾也者聲無曲折則大質素故以文采節奏而飾之使美故云文采節奏聲之飾也

君子動其本者則亦心之動也　樂其象者則亦樂之象也　然後治其飾者則亦聲之飾也以此三者結上三

者言德行者是性之端正也　樂者德之華也者德在於內樂在於外樂所以發揚其德故樂爲德之光華也　金石絲竹樂之器也者樂爲德華非器無以成樂故金石絲竹爲樂之器也　詩言其志也者欲見樂之爲體有此三事詩謂言辭也志在於內以言辭言說其志也　歌咏其聲也者歌謂音曲所以歌咏其言辭之聲也　舞動其容也者哀樂在內必形見於外故以其舞振動其容也此云詩言其志則詩序云詩者志之所之也歌咏其聲則詩序云言之不足故嗟歎之嗟歎之不足故永歌之是也舞動其容則詩序云永歌之不足則不知手之舞之足之蹈之是也　三者本於心然後樂氣從之者三者謂志也聲也容也容從聲生聲從志起志從心發三者相因元本從心而來故云本於心先心而後志先志而後聲先聲而後舞聲須合於宮商舞須應於節奏乃成於樂是故然後樂氣從之也　是故情深而文明者志起於內思慮深遠是情深也言之於外情由言顯是文明也　氣盛而化神者志

十五　禮記義四十八　鄭復

意蘊積在中故氣盛內志既盛則外感動於物故變化神通也氣盛謂不知手之舞之足之蹈之是也而化神者謂動天地感鬼神經夫婦成孝敬是也　和順積中而英華發外者謂思念善事日久是和順積在心中言辭聲音發見在外是英華發於身外此據正樂也若其姦聲則悖逆積中淫聲發外也唯樂不可以爲僞者僞謂虛僞若善事積於中則善聲見於外若惡事積於中則惡聲見於外若心惡而望聲之善不可得也故云唯樂不可以爲僞也

樂者至始也　正義曰前經論志也聲也容也三者相將故此經廣明舞之義理與聲音相應之事　樂者心之動也者心動而見聲聲成而爲樂樂由心動而成故云者心之動也　聲者樂之象也者樂本無體由聲而見是聲爲樂之形象也　文采節奏聲之飾也者聲無曲折則大質素故以文采節奏而飾之使美故云文采節奏聲之飾也

君子動其本者則亦心之動也　樂其象者則亦樂之象也　然後治其飾者則亦聲之飾也以此三者結上三

事自此以下記者引周之大武之樂以明此三者之義
是故先鼓以警戒者謂作武王伐紂大武之樂欲奏之時
先擊打其鼓聲以警戒於衆也　三步以見方者謂欲舞
之時必先行二步以見方謂方將欲舞積漸之意也　再
始以著往者謂作大武之樂每曲一終而更發始爲之凡
再更發始以著　明往伐紂之時初發始爲曲象十一年往
觀兵於盟津也再度發始爲曲象十三年往伐紂也　復
亂以飭歸者亂治也復謂舞曲終舞者復其行位而整治
象武王伐紂既畢整飭師旅而還歸也奮疾而不拔者拔
疾也謂舞者奮迅疾速而不至大疾也故庾云舞者雖貴
於疾亦不失節謂不大疾也　極幽而不隱者謂歌者坐
歌不動是極幽靜而聲發起是不隱也　獨樂其志不厭
其道者樂其志者多違道理言武王今獨能樂其志意不
違厭其仁義之道理也恒以道自將　備舉其道不私其
欲者武王既不違厭其道理能備具舉行仁義之道以利
天下不私自恣己之情欲也　是故情見而義立者情見

禮記正義四十八　十六　嚴信

謂武王伐紂之情見於樂也義立謂伐紂之義而興立
樂終而德尊者謂觀武王伐紂樂終而知武王道德尊盛
也　君子以好善者謂在位尊者既觀武王之樂德類如
此故庶幾好行善道也　小人以聽過者小人謂士庶之
等既觀武王樂音以聽伏己之愆過也　故曰生民之道
樂爲大焉者記者既引大武之樂利益如此是生養民人
之道樂最爲大此特引武王樂者以武王之樂利益爲深
餘樂莫能及故也但前文舞與聲心相應故引武王樂明
心見於舞也　注文采至者也　正義曰上文云省其文
采謂節奏今此文采謂樂威儀者以經云聲之飾故此以
文采爲威儀也云武王除喪至盟津之上紂未可伐還歸
二年乃遂伐之者並出今文泰誓鄭據而用之非正文也
云復亂以飭歸謂鳴鐃而退明以整歸也者經云復亂鄭
云整歸則亂爲治也謂反復整治而還鳴鐃而退出大司
馬職文也云奮疾謂舞者也者以奮迅速疾故爲舞者謂
武舞者云極幽謂歌者也者以極幽與奮疾相對歌與舞

事自此以下記者引周之大武之樂以明此三者之義
是故先鼓以警戒者謂作武王伐紂大武之樂欲奏之時
先擊打其鼓聲以警戒於衆也　三步以見方者謂欲舞
之時必先行三步以見方謂方將欲舞積漸之意也　再
始以著往者謂作大武之樂每曲一終而更發始爲之凡
再更發始以著　明往伐紂之時初發始爲曲象十一年往
觀兵於盟津也再度發始爲曲象十三年往伐紂也　復
亂以飭歸者亂治也復謂舞曲終舞者復其行位而整治
象武王伐紂既畢整飭師旅而還歸也奮疾而不拔者拔
疾也謂舞者奮迅疾速而不至大疾也故庾云舞者雖貴
於疾亦不失節謂不大疾也　極幽而不隱者謂歌者坐
歌不動是極幽靜而聲發起是不隱也　獨樂其志不厭
其道者樂其志者多違道理言武王今獨能樂其志意不
違厭其仁義之道理也恒以道自將　備舉其道不私其
欲者武王既不違厭其道理能備具舉行仁義之道以利
天下不私自恣己之情欲也　是故情見而義立者情見

禮記正義四十八　十六　嚴信

謂武王伐紂之情見於樂也義立謂伐紂之義而興立
樂終而德尊者謂觀武王伐紂樂終而知武王道德尊盛
也　君子以好善者謂在位尊者既觀武王之樂德類如
此故庶幾好行善道也　小人以聽過者小人謂士庶之
等既觀武王樂音以聽伏己之愆過也　故曰生民之道
樂爲大焉者記者既引大武之樂利益如此是生養民人
之道樂最爲大此特引武王樂者以武王之樂利益爲深
餘樂莫能及故也但前文舞與聲心相應故引武王樂明
心見於舞也　注文采至者也　正義曰上文云省其文
采謂節奏今此文采謂樂威儀者以經云聲之飾故此以
文采爲威儀也云武王除喪至盟津之上紂未可伐還歸
二年乃遂伐之者並出今文泰誓鄭據而用之非正文也
云復亂以飭歸謂鳴鐃而退明以整歸也者經云復亂鄭
云整歸則亂爲治也謂反復整治而還鳴鐃而退出大司
馬職文也云奮疾謂舞者也者以奮迅速疾故爲舞者謂
武舞者云極幽謂歌者也者以極幽與奮疾相對歌與舞

足利本第四十八卷第十七葉

相交以歌者不動經稱極幽故知是歌者也　樂也至報也　正義曰此明禮樂之別報施不同　樂也者施也者言作樂之時衆庶皆聽之而無反報之意但有恩施而已故云樂也者施也　禮也者報也者禮尚往來受人禮事必當報之也故曲禮云往而不來非禮故云禮也者報也　樂樂其所自生者此廣明上樂者施也自由也言王者正樂歡樂其已之所由生似若武王民樂其武德武王由武功而生王業即以武爲樂名以受施處立名無報反之義也　而禮反其所自始者言王者制禮必追反其所由始祖若周由后稷爲始祖即追祭后稷報其王業之由是禮有報也　樂章德者覆說樂者施也言樂但施恩而已不望其報是樂章明其盛德也　禮報情反始也者此覆說上禮者報也言行禮者他人有恩於已已則報其情但先祖既爲始於子孫子孫則反報其初始以人意言之則謂之報情以父祖子孫言之則謂之反始其實一也　所謂至侯也　正義曰前經明樂者爲施禮者爲報此明禮

禮記義四十八　十七　嚴信

報之事諸侯守土奉其土地所有來朝天子故天子以此等之物報之是禮報之事也不覆明樂施者以樂施之恩其事易知記者略而不言也　大輅者天子之車也者大輅謂金輅也據上公及同姓侯伯故下云龍旂九旒亦上公也若異姓則象輅若四衛則革輅蕃國則木輅受於天子揔謂之大輅也　龍旂九旒天子之旌也者據上公言之侯伯則七旒子男則五旒　青黑緣者天子之寶龜也者寶龜之中並以青黑爲之緣　從之以牛羊之羣者天子既與之大輅龍旂及寶龜占兆又隨從以牛羊非一故稱羣將此以與諸侯故云則所以贈諸侯也　樂也者情之不可變者也禮也者理之不可易者也 理猶事也 樂統同禮辨異 統同同和合也辨異異尊卑也 禮樂之說管乎人情矣 管猶包也 窮本知變樂之

潘本第四十八卷第十七葉

相交以歌者不動經稱極幽故知是歌者也　樂也至報也　正義曰此明禮樂之別報施不同　樂也者施也者言作樂之時衆庶皆聽之而無反報之意但有恩施而已故云樂也者施也　禮也者報也者禮尚往來受人禮事必當報之也故曲禮云往而不來非禮故云禮也者報也　樂樂其所自生者此廣明上樂者施也自由也言王者正樂歡樂其已之所由生似若武王民樂其武德武王由武功而生王業即以武爲樂名以受施處立名無報反之義也　而禮反其所自始者言王者制禮必追反其所由始祖若周由后稷爲始祖即追祭后稷報其王業之由是禮有報也　樂章德者覆說樂者施也言樂但施恩而已不望其報是樂章明其盛德也　禮報情反始也者此覆說上禮者報也言行禮者他人有恩於已已則報其情但先祖既爲始於子孫子孫則反報其初始以人意言之則謂之報情以父祖子孫言之則謂之反始其實一也　所謂至侯也　正義曰前經明樂者爲施禮者爲報此明禮

禮記義四十八　十七　嚴信

報之事諸侯守土奉其土地所有來朝天子故天子以此等之物報之是禮報之事也不覆明樂施者以樂施之恩其事易知記者略而不言也　大輅者天子之車也者大輅謂金輅也據上公及同姓侯伯故下云龍旂九旒亦上公也若異姓則象輅若四衛則革輅蕃國則木輅受於天子揔謂之大輅也　龍旂九旒天子之旌也者據上公言之侯伯則七旒子男則五旒　青黑緣者天子之寶龜也者寶龜之中並以青黑爲之緣　從之以牛羊之羣者天子既與之大輅龍旂及寶龜占兆又隨從以牛羊非一故稱羣將此以與諸侯故云則所以贈諸侯也　樂也者情之不可變者也禮也者理之不可易者也 理猶事也 樂統同禮辨異 統同同和合也辨異異尊卑也 禮樂之說管乎人情矣 管猶包也 窮本知變樂之

足利本第四十八卷第十八葉

情也著誠去僞禮之經也禮樂偩天地之情達神明之德降興上下之神而凝是精粗之體領父子君臣之節〔偩猶依象也降下也興猶出也凝成也精粗謂萬物大小也領猶理治也〕是故大人舉禮樂則天地將爲昭焉〔言天地將爲之昭然明也〕天地訢合陰陽相得煦嫗覆育萬物然後草木茂區萌達羽翼奮角觡生蟄蟲昭蘇羽者嫗伏毛者孕鬻胎生者不殰而卵生者不殈則樂之道歸

禮記義四十八　十八　翁祐

焉耳〔訢讀爲熹熹猶烝也氣曰煦體曰嫗屈生曰區無鰓曰觡昭曉也蟄蟲以發出爲曉更息曰蘇孕任也鬻生也内敗曰殰殈裂也今齊人語有殈者〕樂者非謂黃鐘大呂弦歌干揚也樂之末節也故童者舞之鋪筵席陳尊俎列籩豆以升降爲禮者禮之末節也故有司掌之〔言禮樂之本由人君也禮本著誠去僞樂本窮本知變〕樂師辨乎聲詩故北面而弦宗祝辨乎宗廟之禮故後尸商祝辨乎喪禮故後主人〔辨猶別也正也弦謂鼓琴瑟也後尸居後贊禮儀此言知本者尊知末者卑〕是故德成而上藝

潘本第四十八卷第十八葉

情也著誠去僞禮之經也禮樂偩天地之情達神明之德降興上下之神而凝是精粗之體領父子君臣之節〔偩猶依象也降下也興猶出也凝成也精粗謂萬物大小也領猶理治也〕是故大人舉禮樂則天地將爲昭焉〔言天地將爲之昭然明也〕天地訢合陰陽相得煦嫗覆育萬物然後草木茂區萌達羽翼奮角觡生蟄蟲昭蘇羽者嫗伏毛者孕鬻胎生者不殰而卵生者不殈則樂之道歸

禮記義四十八　十八　翁祐

焉耳〔訢讀爲熹熹猶烝也氣曰煦體曰嫗屈生曰區無鰓曰觡昭曉也蟄蟲以發出爲曉更息曰蘇孕任也鬻生也内敗曰殰殈裂也今齊人語有殈者〕樂者非謂黃鐘大呂弦歌干揚也樂之末節也故童者舞之鋪筵席陳尊俎列籩豆以升降爲禮者禮之末節也故有司掌之〔言禮樂之本由人君也禮本著誠去僞樂本窮本知變〕樂師辨乎聲詩故北面而弦宗祝辨乎宗廟之禮故後尸商祝辨乎喪禮故後主人〔辨猶別也正也弦謂鼓琴瑟也後尸居後贊禮儀此言知本者尊知末者卑〕是故德成而上藝

成而下行成而先事成而後德三德也行三行也藝才技也先謂位在上也後謂位在下也是故先王有上有下有先有後然後可以有制於天下也言尊卑備乃可制作以爲治法疏正義曰皇氏云自此以下名爲樂情各隨文解之樂也者情之不可變者也樂出於心聽之則歡悅是情之不可變也禮也者理之不可易者也禮見於貌行之則恭敬理事也言事之不可改易也樂出於心故云情禮在於貌故云理也變易換文也　樂統同者統領也言樂主相親是主領其同　禮辨異者辨別也禮殊別貴賤是分別其異也禮樂之說管乎人情矣者言禮樂所說義理包管於人情樂主和同則遠近皆合禮主恭敬則貴賤有序人情所懷不過於此是管人情也　窮本至之節　正義曰此一節更廣明禮樂之義言父子君臣之節　窮本知變樂之情

禮記義四十八　十九　馬祐

也者以樂本出於人心心哀則哀心樂則樂是可以原窮極本也若心惡不可變惡爲善是知變也則上文云唯樂不可以爲僞是也此言窮人根本知内外改變唯樂能然故云樂之情也著誠去僞禮之經也者誠謂誠信也僞謂虛詐也經常也言顯著誠信退去詐僞是禮之常也若人内心虛詐則外貌拔很唯禮知之故云禮之經也　禮樂偩天地之情者偩猶依象也禮出於地尊卑有序是偩依地之情也樂出於天遠近和合是偩依天之情也　達神明之德者禮樂出在人心與神明和會故云達神明之德　降興上下之神者興猶出也禮樂既與天地相合用之以祭故能降出上下之神謂降上而出下也　而凝是精粗之體者凝猶成也是謂正也精粗謂萬物大小也言禮樂之能成就正其萬物大小之形體也　領父子君臣之節者領猶理治也言禮樂理治父子君臣之限節而樂主於和聽之則上下相親又宮爲君商爲臣是樂能領父子君臣也禮定貴賤長幼是禮能領父子君臣也　是故至

足利本第四十八卷第十九葉

潘本第四十八卷第十九葉

成而下行成而先事成而後德三德也行三行也藝才技也先謂位在上也後謂位在下也是故先王有上有下有先有後然後可以有制於天下也言尊卑備乃可制作以爲治法疏正義曰皇氏云自此以下名爲樂情各隨文解之樂也者情之不可變者也樂出於心聽之則歡悅是情之不可變也禮也者理之不可易者也禮見於貌行之則恭敬理事也言事之不可改易也樂出於心故云情禮在於貌故云理也變易換文也　樂統同者統領也言樂主相親是主領其同　禮辨異者辨別也禮殊別貴賤是分別其異也禮樂之說管乎人情矣者言禮樂所說義理包管於人情樂主和同則遠近皆合禮主恭敬則貴賤有序人情所懷不過於此是管人情也　窮本至之節　正義曰此一節更廣明禮樂之義言父子君臣之節　窮本知變樂之情

禮記義四十八　十九　馬祐

也者以樂本出於人心心哀則哀心樂則樂是可以原窮極本也若心惡不可變惡爲善是知變也則上文云唯樂不可以爲僞是也此言窮人根本知内外改變唯樂能然故云樂之情也著誠去僞禮之經也者誠謂誠信也僞謂虛詐也經常也言顯著誠信退去詐僞是禮之常也若人内心虛詐則外貌拔很唯禮知之故云禮之經也　禮樂偩天地之情者偩猶依象也禮出於地尊卑有序是偩依地之情也樂出於天遠近和合是偩依天之情也　達神明之德者禮樂出在人心與神明和會故云達神明之德　降興上下之神者興猶出也禮樂既與天地相合用之以祭故能降出上下之神謂降上而出下也　而凝是精粗之體者凝猶成也是謂正也精粗謂萬物大小也言禮樂之能成就正其萬物大小之形體也　領父子君臣之節者領猶理治也言禮樂理治父子君臣之限節而樂主於和聽之則上下相親又宮爲君商爲臣是樂能領父子君臣也禮定貴賤長幼是禮能領父子君臣也　是故至

足利本第四十八卷第二十葉

焉耳　正義曰此一節論大人舉用禮樂則天地協和而生養萬物爲之昭著之事則下文天地訢合以下是也但此經禮樂並論其天地訢合唯論樂之所感不論禮之功用者記者主在於樂故特美樂功樂功既爾禮亦同也　天地訢合者訢猶熹也熹謂烝動言樂感動天地之氣是使二氣烝動則天氣下降地氣上騰　陰陽相得者言體謂之天地言氣謂之陰陽天地動作則是陰陽相得也　煦嫗覆育萬物者天以氣煦之地以形嫗之是天煦覆而地嫗育故言煦嫗覆育萬物也　然後草木茂者草木據其成體故云茂　區萌達者據其新生故云達也　羽翼奮者謂飛鳥之屬皆得奮動也　角觡生者謂走獸之屬悉皆生養也　蟄蟲昭蘇者昭曉也蘇息也言蟄伏之蟲皆得昭曉蘇息也　羽者嫗伏者謂飛鳥之屬皆得體伏而生子也　毛者孕鬻者言走獸之屬以氣孕鬻而繁息也　胎生者不殰者謂不有殰敗也　卵生者不殈者言不有殈裂也　則樂之道歸焉耳者言所以致此在上諸物

禮記義四十八　二十　馬祚

各順其性由此樂道使然故云樂之道歸焉耳謂歸功於樂也樂道所以然者樂之根本由人心而生人心調和則樂音純善協律呂之體調陰陽之氣二氣既調故萬物得所也　注訢讀至裂也　正義曰訢熹聲相近故讀爲熹熹天地氣故云熹猶烝也言天地氣之烝動猶若人之喜也云氣曰煦者謂天體無形而降其氣以養物故云氣曰煦也云體曰嫗者言地體有形故云體曰嫗也此對文爾其實地氣矣云屈生曰區者謂鉤曲而生出菽豆是也云無鰓曰觡者鰓謂角外皮滑澤者鹿角之屬是也云蟄蟲以發出爲曉更息曰蘇者言蟄蟲之類皆埋藏其體近於死今復得活似闇而遇曉死而更息也云內敗曰殰者以經云胎生懷胎在內故云內敗曰殰也云殈裂也者卵體多裂又齊語稱裂爲殈故以殈爲裂也　樂者至下也　正義曰此一節明禮樂各有根本本貴而末賤君子能辯其本末可以有制於天下黃鐘大呂弦歌干揚也樂之末節也者此等之物唯是樂器播揚樂聲非樂之本故云樂

潘本第四十八卷第二十葉

焉耳　正義曰此一節論大人舉用禮樂則天地協和而生養萬物爲之昭著之事則下文天地訢合以下是也但此經禮樂並論其天地訢合唯論樂之所感不論禮之功用者記者主在於樂故特美樂功樂功既爾禮亦同也　天地訢合者訢猶熹也熹謂烝動言樂感動天地之氣是使二氣烝動則天氣下降地氣上騰　陰陽相得者言體謂之天地言氣謂之陰陽天地動作則是陰陽相得也　煦嫗覆育萬物者天以氣煦之地以形嫗之是天煦覆而地嫗育故言煦嫗覆育萬物也　然後草木茂者草木據其成體故云茂　區萌達者據其新生故云達也　羽翼奮者謂飛鳥之屬皆得奮動也　角觡生者謂走獸之屬悉皆生養也　蟄蟲昭蘇者昭曉也蘇息也言蟄伏之蟲皆得昭曉蘇息也　羽者嫗伏者謂飛鳥之屬皆得體伏而生子也　毛者孕鬻者言走獸之屬以氣孕鬻而繁息也　胎生者不殰者謂不有殰敗也　卵生者不殈者言不有殈裂也　則樂之道歸焉耳者言所以致此在上諸物

禮記義四十八　二十　馬祚

各順其性由此樂道使然故云樂之道歸焉耳謂歸功於樂也樂道所以然者樂之根本由人心而生人心調和則樂音純善協律呂之體調陰陽之氣二氣既調故萬物得所也　注訢讀至裂也　正義曰訢熹聲相近故讀爲熹熹天地氣故云熹猶烝也言天地氣之烝動猶若人之喜也云氣曰煦者謂天體無形而降其氣以養物故云氣曰煦也云體曰嫗者言地體有形故云體曰嫗也此對文爾其實地氣矣云屈生曰區者謂鉤曲而生出菽豆是也云無鰓曰觡者鰓謂角外皮滑澤者鹿角之屬是也云蟄蟲以發出爲曉更息曰蘇者言蟄蟲之類皆埋藏其體近於死今復得活似闇而遇曉死而更息也云內敗曰殰者以經云胎生懷胎在內故云內敗曰殰也云殈裂也者卵體多裂又齊語稱裂爲殈故以殈爲裂也　樂者至下也　正義曰此一節明禮樂各有根本本貴而末賤君子能辯其本末可以有制於天下黃鐘大呂弦歌干揚也樂之末節也者此等之物唯是樂器播揚樂聲非樂之本故云樂

之末節其本在於人君之德窮本知變是也故云樂之末
節也故童者舞之皇氏云揚舉也干揚舉干以舞也　鋪
筵席陳尊俎列籩豆以升降爲禮者禮之末節也者此等
物所以飾禮故云禮之末節其本在於人君著誠去僞恭
敬節儉以末節非貴故有司掌之　樂師辨乎聲詩故北
面而弦者此明知禮樂末者其位處卑即樂師以辨曉聲
詩但知樂之末節故北面而鼓弦言其位處卑也　宗祝
辨乎宗廟之禮故後尸者宗謂宗人祝謂大祝但辨曉於
宗廟詔相之禮故在尸後也　商祝辨乎喪禮故後主人
者商祝謂習商禮而爲祝者但辨曉死喪擯相之禮故後
主人謂在主人之後言此宗祝商祝但知禮之末節故在
尸與主人後言其位處卑賤也是故德成而上者則人君
及主人之屬是也以道德成就故在上也　藝成而下者
言樂師商祝之等藝術成就而在下也　行成而先者行
成則德成矣言德在内而行在外也　事成而後者事成
則藝成矣在身謂之藝所爲謂之事　是故至天下也者

禮記義四十八　二三　馬祚

人有多少品類故先王因其先後使尊卑得分然後乃可
制禮作樂爲法以班天下如周公六年乃制禮樂也

魏文侯問於子夏曰吾端冕而聽古樂則
唯恐臥聽鄭衛之音則不知倦敢問古樂
之如彼何也新樂之如此何也　魏文侯晉大夫畢萬之後
僭諸侯者也端玄衣也　疏 正義曰自此以下至有所合
古樂先王之正樂也　之也明魏文侯問古樂今樂
之異幷子夏之荅辨明古樂今樂之殊各隨文解之　吾
端冕而聽古樂則唯恐臥者文侯言身著端冕明在心恭
敬而聽古樂唯恐臥聽鄭衛之音則心所愛樂不知休倦
也　敢問古樂之如彼何也者言古樂何以朴素之如彼
使人不貪至於臥也　新樂之如此何也者新樂何以婉
美使人嗜愛志樂不知其倦也　注 魏文至衣也　正義

之末節其本在於人君之德窮本知變是也故云樂之末
節也故童者舞之皇氏云揚舉也干揚舉干以舞也　鋪
筵席陳尊俎列籩豆以升降爲禮者禮之末節也者此等
物所以飾禮故云禮之末節其本在於人君著誠去僞恭
敬節儉以末節非貴故有司掌之　樂師辨乎聲詩故北
面而弦者此明知禮樂末者其位處卑即樂師以辨曉聲
詩但知樂之末節故北面而鼓弦言其位處卑也　宗祝
辨乎宗廟之禮故後尸者宗謂宗人祝謂大祝但辨曉於
宗廟詔相之禮故在尸後也　商祝辨乎喪禮故後主人
者商祝謂習商禮而爲祝者但辨曉死喪擯相之禮故後
主人謂在主人之後言此宗祝商祝但知禮之末節故在
尸與主人後言其位處卑賤也是故德成而上者則人君
及主人之屬是也以道德成就故在上也　藝成而下者
言樂師商祝之等藝術成就而在下也　行成而先者行
成則德成矣言德在内而行在外也　事成而後者事成
則藝成矣在身謂之藝所爲謂之事　是故至天下也者

禮記義四十八　二三　馬祚

人有多少品類故先王因其先後使尊卑得分然後乃可
制禮作樂爲法以班天下如周公六年乃制禮樂也

魏文侯問於子夏曰吾端冕而聽古樂則
唯恐臥聽鄭衛之音則不知倦敢問古樂
之如彼何也新樂之如此何也　魏文侯晉大夫畢萬之後
僭諸侯者也端玄衣也　疏 正義曰自此以下至有所合
古樂先王之正樂也　之也明魏文侯問古樂今樂
之異幷子夏之荅辨明古樂今樂之殊各隨文解之　吾
端冕而聽古樂則唯恐臥者文侯言身著端冕明在心恭
敬而聽古樂唯恐臥聽鄭衛之音則心所愛樂不知休倦
也　敢問古樂之如彼何也者言古樂何以朴素之如彼
使人不貪至於臥也　新樂之如此何也者新樂何以婉
美使人嗜愛志樂不知其倦也　注 魏文至衣也　正義

足利本第四十八卷第二十二葉

曰云魏文侯畢萬之後僭諸侯者也者案春秋閔元年晉
獻公滅魏以魏賜畢萬案世本云萬生芒芒生季季生武
仲州州生莊子降降生獻子荼荼生簡子取取生襄子多
多生桓子駒駒生文侯斯是畢萬之後也云端玄衣也者
謂玄冕也凡冕服皆其制正幅袂
二尺二寸袪尺二寸故稱端也　子夏對曰今夫
古樂進旅退旅和正以廣弦匏笙簧會守
拊鼓始奏以文復亂以武治亂以相訊疾以
雅君子於是語於是道古脩身及家平均
天下此古樂之發也　旅猶俱也俱進俱退言其齊
一也和正以廣無姦聲也會
猶合也皆也言衆皆待擊鼓乃作周禮大師職曰大祭祀
帥瞽登歌合奏擊拊下管播樂器合奏鼓朄文謂鼓也武

禮記正義卷卅八　二十二　嚴信

謂金也相即拊也亦以節樂拊者以韋爲表裝之以糠糠
一名相因以名焉今齊人或謂糠爲相雅亦樂器名也狀
如漆筩【疏】正義曰此一經明子夏對文侯古樂之體也
中有椎　古樂謂古者先王正樂也　進旅退旅者旅
謂俱齊言古樂進則俱齊退亦俱齊進退如一不參差也
和正以廣者樂音相和正以寬廣無姦聲也　弦匏笙
簧會守拊鼓者言弦也匏也笙也簧也其器雖多必會合
保守待擊拊鼓然後作也故曰會守拊鼓　始奏以文者
文謂鼓也言始奏樂之時先擊鼓前文云先鼓以警戒是
也　復亂以武者武謂金鐃也言舞畢反復亂理欲退之
時擊金鐃而退故云復亂以武也　治亂以相者相即拊
也所以輔相於樂故謂拊爲相也亂理也言治理奏樂之
時先擊相故云治亂以相　訊疾以雅者雅謂樂器名舞
者訊疾奏此雅器以節之故云訊疾以雅　君子於是語
者謂君子於此之時語說樂之義理也　於是道古者言
君子作樂之時亦謂說古樂之道理也　脩身及家平均

潘本第四十八卷第二十二葉

曰云魏文侯畢萬之後僭諸侯者也者案春秋閔元年晉
獻公滅魏以魏賜畢萬案世本云萬生芒芒生季季生武
仲州州生莊子降降生獻子荼荼生簡子取取生襄子多
多生桓子駒駒生文侯斯是畢萬之後也云端玄衣也者
謂玄冕也凡冕服皆其制正幅袂
二尺二寸袪尺二寸故稱端也　子夏對曰今夫
古樂進旅退旅和正以廣弦匏笙簧會守
拊鼓始奏以文復亂以武治亂以相訊疾以
雅君子於是語於是道古脩身及家平均
天下此古樂之發也　旅猶俱也俱進俱退言其齊
一也和正以廣無姦聲也會
猶合也皆也言衆皆待擊鼓乃作周禮大師職曰大祭祀
帥瞽登歌合奏擊拊下管播樂器合奏鼓朄文謂鼓也武

禮記正義卷卅八　二十二　嚴信

謂金也相即拊也亦以節樂拊者以韋爲表裝之以糠糠
一名相因以名焉今齊人或謂糠爲相雅亦樂器名也狀
如漆筩【疏】正義曰此一經明子夏對文侯古樂之體也
中有椎　古樂謂古者先王正樂也　進旅退旅者旅
謂俱齊言古樂進則俱齊退亦俱齊進退如一不參差也
和正以廣者樂音相和正以寬廣無姦聲也　弦匏笙
簧會守拊鼓者言弦也匏也笙也簧也其器雖多必會合
保守待擊拊鼓然後作也故曰會守拊鼓　始奏以文者
文謂鼓也言始奏樂之時先擊鼓前文云先鼓以警戒是
也　復亂以武者武謂金鐃也言舞畢反復亂理欲退之
時擊金鐃而退故云復亂以武也　治亂以相者相即拊
也所以輔相於樂故謂拊爲相也亂理也言治理奏樂之
時先擊相故云治亂以相　訊疾以雅者雅謂樂器名舞
者訊疾奏此雅器以節之故云訊疾以雅　君子於是語
者謂君子於此之時語說樂之義理也　於是道古者言
君子作樂之時亦謂說古樂之道理也　脩身及家平均

天下者言君子旣聞古樂近脩其身次及其家然後平均天下也　此古樂之發也者言此上來諸事古樂之發動也 注 旅猶至有椎　正義曰云旅猶俱也者旅衆也經云進旅退旅是衆俱進退故云俱也云和正以廣無姦聲也者謂邪淫要妙煩手淫聲曲折切急今經云和正以廣故云無姦聲也云言衆皆待擊鼓乃作者衆謂弦匏笙簧衆器皆待擊鼓乃始動作解經會守拊鼓言會守謂器之聲也以待拊鼓也經有拊及鼓鄭直云擊鼓乃作者拊即鼓之類言擊鼓必擊拊也引周禮大師職者證擊拊也故大師職云大祭祀帥瞽登歌謂大師領人登堂而唱歌也云合奏擊拊者謂大師合奏樂之時則先擊拊而合奏之也云下管播樂器合奏鼓朄者謂大祭祀堂下詩人吹管播揚樂器之聲大師合奏之時先擊朄而合奏言朄謂小鼓在大鼓之下引是大師登歌合奏之時親擊拊而以合下管合奏時親擊朄以奏之云文謂鼓也武謂金也者金屬西方可以爲兵刃故金爲武鼓主發動象春無兵器之

用故鼓爲文也云相即拊也者前文旣云拊故知相即拊鄭必知相爲拊者案書傳云以韋爲鼓謂之搏拊白虎通引尚書大傳拊革著以糠鄭以此知也今書傳無著糠之文謂齊人以糠爲相故知糠爲相即拊也云雅亦器名也狀如漆筩中有椎者案周禮笙師職云掌舂牘應雅鄭司農云雅狀如漆筩而弇口大二圍長五尺六寸以羊韋鞔之有兩紐疏畫並以漢時制度而知也

今夫新樂進俯退俯姦聲以濫溺而不止及優侏儒獶雜子女不知父子樂終不可以語不可以道古此新樂之發也　俯猶曲也言不齊一也濫濫竊也溺而不止聲淫亂無以治之優獼猴也言舞者如獼猴戲也亂男女之尊卑獶或爲優 疏 正義曰此經明子夏對文侯新樂之禮新樂者謂今世所作淫樂也進俯退俯者謂

天下者言君子旣聞古樂近脩其身次及其家然後平均天下也　此古樂之發也者言此上來諸事古樂之發動也 注 旅猶至有椎　正義曰云旅猶俱也者旅衆也經云進旅退旅是衆俱進退故云俱也云和正以廣無姦聲也者謂邪淫要妙煩手淫聲曲折切急今經云和正以廣故云無姦聲也云言衆皆待擊鼓乃作者衆謂弦匏笙簧衆器皆待擊鼓乃始動作解經會守拊鼓言會守謂器之聲也以待拊鼓也經有拊及鼓鄭直云擊鼓乃作者拊即鼓之類言擊鼓必擊拊也引周禮大師職者證擊拊也故大師職云大祭祀帥瞽登歌謂大師領人登堂而唱歌也云合奏擊拊者謂大師合奏樂之時則先擊拊而合奏之也云下管播樂器合奏鼓朄者謂大祭祀堂下詩人吹管播揚樂器之聲大師合奏之時先擊朄而合奏言朄謂小鼓在大鼓之下引是大師登歌合奏之時親擊拊而以合下管合奏時親擊朄以奏之云文謂鼓也武謂金也者金屬西方可以爲兵刃故金爲武鼓主發動象春無兵器之

禮記義卌八　二十三　王佑

用故鼓爲文也云相即拊也者前文旣云拊故知相即拊鄭必知相爲拊者案書傳云以韋爲鼓謂之搏拊白虎通引尚書大傳拊革著以糠鄭以此知也今書傳無著糠之文謂齊人以糠爲相故知糠爲相即拊也云雅亦器名也狀如漆筩中有椎者案周禮笙師職云掌舂牘應雅鄭司農云雅狀如漆筩而弇口大二圍長五尺六寸以羊韋鞔之有兩紐疏畫並以漢時制度而知也

今夫新樂進俯退俯姦聲以濫溺而不止及優侏儒獶雜子女不知父子樂終不可以語不可以道古此新樂之發也　俯猶曲也言不齊一也濫濫竊也溺而不止聲淫亂無以治之優獼猴也言舞者如獼猴戲也亂男女之尊卑獶或爲優 疏 正義曰此經明子夏對文侯新樂之禮新樂者謂今世所作淫樂也進俯退俯者謂

足利本第四十八卷第二十四葉

俯僂曲折不能進退齊一俱屈曲進退而已行伍雜亂也姦聲以濫者謂濫竊不正言姦邪之聲濫竊不正不能和正以廣也溺而不止者聲既淫妙人所貪溺不可禁止也不能始奏以文復亂以武也及優侏儒獶雜子女者言作樂之時及有徘優雜戲侏儒短小之人獶雜謂獼猴也言舞戲之時狀如獼猴間雜男子婦人言似獼猴男女無別也不知父子者言樂之混雜不復知有父子尊卑之禮也樂終不可以語者言作樂雖復終畢盡皆邪辟不可以語既與古樂乖違故不可語道於古也此皆新樂之爲故云此新樂之發也注優獼猴也正義曰案詩小雅云毋敎猱升木毛傳云猱猨屬也是獶獼猴也漢書檀長卿爲獼猴舞是狀如獼猴今君之所問者樂也所好者音也夫樂者與音相近而不同言文侯好音而不知樂也鏗鏘之類皆爲音應律乃爲樂疏正義曰前

禮記義四十八　二十四　王桔

兩經子夏既答文侯論古樂新樂之異事畢此經答文侯所好古樂今樂之不同也文侯之意今樂古樂並皆爲樂子夏之意以古樂德正聲和乃爲樂今樂但淫聲音曲而已不得爲樂也故云今君之所問者樂也謂今古皆名樂所好者音也子夏之意君之所愛者謂音聲也夫樂者與音相近而不同者古樂有音聲律呂今樂亦有音聲律呂是樂與音相近也樂則德正聲和音則心邪聲亂是不同也文侯曰敢問何如欲知音樂異意疏文侯曰敢問何如者文侯既見子夏論樂音不同不曉不同之狀故云敢問何如子夏對曰夫古者天地順而四時當民有德而五穀昌疾疢不作而無妖祥此之謂大當然後聖人作爲父子君臣以爲紀綱紀

潘本第四十八卷第二十四葉

俯僂曲折不能進退齊一俱屈曲進退而已行伍雜亂也姦聲以濫者謂濫竊不正言姦邪之聲濫竊不正不能和正以廣也溺而不止者聲既淫妙人所貪溺不可禁止也不能始奏以文復亂以武也及優侏儒獶雜子女者言作樂之時及有徘優雜戲侏儒短小之人獶雜謂獼猴也言舞戲之時狀如獼猴間雜男子婦人言似獼猴男女無別也不知父子者言樂之混雜不復知有父子尊卑之禮也樂終不可以語者言作樂雖復終畢盡皆邪辟不可以語既與古樂乖違故不可語道於古也此皆新樂之爲故云此新樂之發也注優獼猴也正義曰案詩小雅云毋敎猱升木毛傳云猱猨屬也是獶獼猴也漢書檀長卿爲獼猴舞是狀如獼猴今君之所問者樂也所好者音也夫樂者與音相近而不同言文侯好音而不知樂也鏗鏘之類皆爲音應律乃爲樂疏正義曰前

禮記義四十八　二十四　王桔

兩經子夏既答文侯論古樂新樂之異事畢此經答文侯所好古樂今樂之不同也文侯之意今樂古樂並皆爲樂子夏之意以古樂德正聲和乃爲樂今樂但淫聲音曲而已不得爲樂也故云今君之所問者樂也謂今古皆名樂所好者音也子夏之意君之所愛者謂音聲也夫樂者與音相近而不同者古樂有音聲律呂今樂亦有音聲律呂是樂與音相近也樂則德正聲和音則心邪聲亂是不同也文侯曰敢問何如欲知音樂異意疏文侯曰敢問何如者文侯既見子夏論樂音不同不曉不同之狀故云敢問何如子夏對曰夫古者天地順而四時當民有德而五穀昌疾疢不作而無妖祥此之謂大當然後聖人作爲父子君臣以爲紀綱紀

綱既正天下大定天下大定然後正六律和五聲弦歌詩頌此之謂德音德音之謂樂（當謂樂不失其所）詩云莫其德音其德克明克明克類克長克君王此大邦克順克俾俾于文王其德靡悔既受帝祉施于孫子此之謂也（此有德之音所謂樂也德正應和曰莫照臨四方曰明勤施無私曰類教誨不倦曰長慶賞刑威曰君慈和徧服曰順俾當爲比聲之誤也擇善從之曰比施延也言文王之德皆能如此故受天福延於後世也）

疏 正義曰此一節明子夏與文侯明古樂之正引詩以結之此之謂大當者當謂不失其所如上所謂是大得其所當也　作爲父子君臣以爲紀綱者案禮緯含文嘉云三綱謂君爲臣綱父爲子綱夫爲妻綱矣六紀謂諸父有善諸舅有義族人有叙昆弟有親師長有尊朋友有舊是六紀也　弦歌詩頌者謂以琴瑟之弦歌此詩頌也　詩云莫其德音此大雅皇矣之篇美王季之德云維此王季帝度其心莫然而靖定其道德之音以道德既正天下應和所以莫然而靖也　其德克明者以其莫然而靖故其德能照臨天下之明也　克明克類者類謂勤施無私施惠勤勞不私於己外及等類以明能然故云克明克類也　克長克君者克長謂教誨不倦能爲人師長克君謂慶賞刑威能與人作君教化故云克長克君也　王此大邦克順克俾者俾當爲比謂比方善事擇善而從之既能慈和徧服又能擇善從之故云克順克俾　俾于文王其德靡悔者詩美王季之德比擬文王其王季之德無可恥悔言堪比文王也左傳引此詩唯此文王皆以爲文王之德言比於文王其德靡悔者謂比校文王之德事事皆美無可

禮記正義四十八　二十五

足利本第四十八卷第二十五葉

綱既正天下大定天下大定然後正六律和五聲弦歌詩頌此之謂德音德音之謂樂（當謂樂不失其所）詩云莫其德音其德克明克明克類克長克君王此大邦克順克俾俾于文王其德靡悔既受帝祉施于孫子此之謂也（此有德之音所謂樂也德正應和曰莫照臨四方曰明勤施無私曰類教誨不倦曰長慶賞刑威曰君慈和徧服曰順俾當爲比聲之誤也擇善從之曰比施延也言文王之德皆能如此故受天福延於後世也）

疏 正義曰此一節明子夏與文侯明古樂之正引詩以結之此之謂大當者當謂不失其所如上所謂是大得其所當也　作爲父子君臣以爲紀綱者案禮緯含文嘉云三綱謂君爲臣綱父爲子綱夫爲妻綱矣六紀謂諸父有善諸舅有義族人有叙昆弟有親師長有尊朋友有舊是六紀也　弦歌詩頌者謂以琴瑟之弦歌此詩頌也　詩云莫其德音此大雅皇矣之篇美王季之德云維此王季帝度其心莫然而靖定其道德之音以道德既正天下應和所以莫然而靖也　其德克明者以其莫然而靖故其德能照臨天下之明也　克明克類者類謂勤施無私施惠勤勞不私於己外及等類以明能然故云克明克類也　克長克君者克長謂教誨不倦能爲人師長克君謂慶賞刑威能與人作君教化故云克長克君也　王此大邦克順克俾者俾當爲比謂比方善事擇善而從之既能慈和徧服又能擇善從之故云克順克俾　俾于文王其德靡悔者詩美王季之德比擬文王其王季之德無可恥悔言堪比文王也左傳引此詩唯此文王皆以爲文王之德言比於文王其德靡悔者謂比校文王之德事事皆美無可

禮記正義四十八　二十五

潘本第四十八卷第二十五葉

足利本第四十八卷第二十六葉

悔恨也是左傳與詩文互意別也既受帝祉施於孫子者
詩云王季既受天福祉以遺子孫子孫有天下也左傳云
文王既受帝祉以遺後世子孫　此之謂也者言詩云德
音則此經之所謂也　注德正應和曰莫　正義曰以下
皆昭二十八年左傳文也　今君之所好者其溺音乎　言無文王之德
則所好非樂也　文侯曰敢問溺音何從出也　玩習之久不知所由出也
疏　正義曰上既云君之所好音有善惡故上云治世之音亂世之音今君之所好者非正音是淫溺之音乎
不敢指斥故言乎而疑之也　文侯曰敢問溺音何從出也者文侯既聞子夏之言善遂問溺音所出之由　子
夏對曰鄭音好濫淫志宋音燕女溺志衞
音趣數煩志齊音敖辟喬志此四者皆淫

禮記義四十八　二十六　王枯

於色而害於德是以祭祀弗用也　言四國皆出此溺音濫濫
竊姦聲也燕安也春秋傳曰懷與安實敗名趣數讀爲促速聲之誤也煩勞也祭祀者不用淫樂　疏　正義曰此
一節子夏爲文侯明溺音所出也　鄭音好濫淫志者濫竊也謂男女相偷竊言鄭國樂音好此相偷竊是淫邪之
志也　宋音燕女溺志者燕安也溺沒也言宋音所安唯女子所以使人意志沒矣即前溺而不止是也　衞音趣
數煩志者言衞音既促且速所以使人意志煩勞也　齊音敖辟喬志者言齊音既敖很辟越所以使人意志驕逸
也　此四者皆淫於色而害於德是以祭祀弗用也者既淫色害德故不用祭祀也　注言四至敗名　正義曰經
云鄭音好濫宋音燕女其事是一而爲別音者濫竊非已儔匹別相淫竊燕女謂己之妻妾燕安而已所以別好濫
也上云鄭衞之音則鄭衞亦淫聲也又此云四者皆淫於色是衞與齊皆有淫聲也而經唯云衞音趣數煩志齊音

潘本第四十八卷第二十六葉

悔恨也是左傳與詩文互意別也既受帝祉施於孫子者
詩云王季既受天福祉以遺子孫子孫有天下也左傳云
文王既受帝祉以遺後世子孫　此之謂也者言詩云德
音則此經之所謂也　注德正應和曰莫　正義曰以下
皆昭二十八年左傳文也　今君之所好者其溺音乎　言無文王之德
則所好非樂也　文侯曰敢問溺音何從出也　玩習之久不知所由出也
疏　正義曰上既云君之所好音有善惡故上云治世之音亂世之音今君之所好者非正音是淫溺之音乎
不敢指斥故言乎而疑之也　文侯曰敢問溺音何從出也者文侯既聞子夏之言善遂問溺音所出之由　子
夏對曰鄭音好濫淫志宋音燕女溺志衞
音趣數煩志齊音敖辟喬志此四者皆淫

禮記義四十八　二十六　王枯

於色而害於德是以祭祀弗用也　言四國皆出此溺音濫濫
竊姦聲也燕安也春秋傳曰懷與安實敗名趣數讀爲促速聲之誤也煩勞也祭祀者不用淫樂　疏　正義曰此
一節子夏爲文侯明溺音所出也　鄭音好濫淫志者濫竊也謂男女相偷竊言鄭國樂音好此相偷竊是淫邪之
志也　宋音燕女溺志者燕安也溺沒也言宋音所安唯女子所以使人意志沒矣即前溺而不止是也　衞音趣
數煩志者言衞音既促且速所以使人意志煩勞也　齊音敖辟喬志者言齊音既敖很辟越所以使人意志驕逸
也　此四者皆淫於色而害於德是以祭祀弗用也者既淫色害德故不用祭祀也　注言四至敗名　正義曰經
云鄭音好濫宋音燕女其事是一而爲別音者濫竊非已儔匹別相淫竊燕女謂己之妻妾燕安而已所以別好濫
也上云鄭衞之音則鄭衞亦淫聲也又此云四者皆淫於色是衞與齊皆有淫聲也而經唯云衞音趣數煩志齊音

敖辟喬志都不云女色者案詩有桑中淇上是淫佚可知則淫佚之外更有促速敖辟推此而言齊詩有哀公荒淫怠慢襄公淫於妹亦女色之外加以敖辟驕志也故摠謂之溺音也注春秋傳曰懷與安實敗名者僖二十三年左氏之文齊女姜氏勸重耳出奔也

詩云肅雍和鳴先祖是聽夫肅肅敬也雍雍和也夫敬以和何事不行言古樂敬且和故無事而不用溺音無所施疏正義曰此一節子夏重爲文侯明正樂敬和之事所以勸勵文侯用古樂也此詩周頌有瞽之篇肅敬也雍和也言樂音敬和而鳴先祖之神聽而從之若能敬和施設於政教何事不行也

爲人君者謹其所好惡而已矣君好之則臣爲之上行之則民從之詩云誘民孔易此之謂也誘進也孔甚也言民從君所好惡進之於善無難疏正義曰此經明子夏既勸文侯所好古樂又謹慎行之以此化民無不從也引詩云誘民孔易者此厲王大雅板之篇也誘進也孔甚也言在上教道於民甚易也但已行於上則民化之於下詩之所云則此之謂也注誘進也孔甚也正義曰誘進也釋詁文孔甚也釋言文也

禮記義四十八　二十　應俊

禮記正義卷第四十八

上杉安房守藤原憲實寄進

潘本第四十八卷第二十七葉

敖辟喬志都不云女色者案詩有桑中淇上是淫佚可知則淫佚之外更有促速敖辟推此而言齊詩有哀公荒淫怠慢襄公淫於妹亦女色之外加以敖辟驕志也故摠謂之溺音也注春秋傳曰懷與安實敗名者僖二十三年左氏之文齊女姜氏勸重耳出奔也

詩云肅雍和鳴先祖是聽夫肅肅敬也雍雍和也夫敬以和何事不行言古樂敬且和故無事而不用溺音無所施疏正義曰此一節子夏重爲文侯明正樂敬和之事所以勸勵文侯用古樂也此詩周頌有瞽之篇肅敬也雍和也言樂音敬和而鳴先祖之神聽而從之若能敬和施設於政教何事不行也

爲人君者謹其所好惡而已矣君好之則臣爲之上行之則民從之詩云誘民孔易此之謂也誘進也孔甚也言民從君所好惡進之於善無難疏正義曰此經明子夏既勸文侯所好古樂又謹慎行之以此化民無不從也引詩云誘民孔易者此厲王大雅板之篇也誘進也孔甚也言在上教道於民甚易也但已行於上則民化之於下詩之所云則此之謂也注誘進也孔甚也正義曰誘進也釋詁文孔甚也釋言文也

禮記義四十八　二十　應俊

禮記正義卷第四十八

足利本第四十九卷第一葉

禮記正義卷第四十九

國子祭酒上護軍曲阜縣開國子臣孔穎達等奉
勑撰

然後聖人作爲鞉鼓椌楬壎箎此六者德音之音也六者爲本以其聲質也椌楬謂柷敔也壎箎或爲簨虡 然後鐘磬竽瑟以和之干戚旄狄以舞之此所以祭先王之廟也所以獻酬酳酢也所以官序貴賤各得其宜也所以示後世有尊卑長幼之序也官序貴賤謂尊卑樂器列數有差次

疏 正義曰上經言人君謹愼所好惡以誘人故此一節論聖人作爲樂器道德之音以示後世也 此六者德音之音也者言此鞉鼓椌楬壎箎其聲質素是道德之音以尚質故也 然後鐘磬竽瑟以和之干戚旄狄以舞之者既用質素爲本然後用此鐘聲竽瑟華美之音以贊和之使文質相雜干楯也戚斧也狄羽也聲既文質備足又用干戚旄羽以舞動之 此所以祭先王之廟也者以前云鄭宋齊衛四者爲祭祀之所不用故此云六器爲道德之音四器之和文武之舞並可用於宗廟之中奏之若樂九變而鬼神格也 所以獻酬酳酢也者又用於宗廟中接納賓客也賓入而奏肆夏及卒爵而樂闋孔子屢歎之是也 所以官序貴賤各得其宜也者又用樂體別尊卑於朝廷使各得其宜也天子八佾諸侯六佾是也 所以示後世有尊卑長幼之序也者聞樂知德及施于子孫是示後世又宗族長幼同聽之莫不和順閨門之

潘本第四十九卷第一葉

禮記正義卷第四十九

國子祭酒上護軍曲阜縣開國子臣孔穎達等奉
勑撰

然後聖人作爲鞉鼓椌楬壎箎此六者德音之音也六者爲本以其聲質也椌楬謂柷敔也壎箎或爲簨虡 然後鐘磬竽瑟以和之干戚旄狄以舞之此所以祭先王之廟也所以獻酬酳酢也所以官序貴賤各得其宜也所以示後世有尊卑長幼之序也官序貴賤謂尊卑樂器列數有差次

疏 正義曰上經言人君謹愼所好惡以誘人故此一節論聖人作爲樂器道德之音以示後世也 此六者德音之音也者言此鞉鼓椌楬壎箎其聲質素是道德之音以尚質故也 然後鐘磬竽瑟以和之干戚旄狄以舞之者既用質素爲本然後用此鐘聲竽瑟華美之音以贊和之使文質相雜干楯也戚斧也狄羽也聲既文質備足又用干戚旄羽以舞動之 此所以祭先王之廟也者以前云鄭宋齊衛四者爲祭祀之所不用故此云六器爲道德之音四器之和文武之舞並可用於宗廟之中奏之若樂九變而鬼神格也 所以獻酬酳酢也者又用於宗廟中接納賓客也賓入而奏肆夏及卒爵而樂闋孔子屢歎之是也 所以官序貴賤各得其宜也者又用樂體別尊卑於朝廷使各得其宜也天子八佾諸侯六佾是也 所以示後世有尊卑長幼之序也者聞樂知德及施于子孫是示後世又宗族長幼同聽之莫不和順閨門之

內父子兄弟同聽之莫不和親是長幼之序也　注椌楬至簨簴　正義曰案鄭注詩有瞽篇云柷形如漆筩中有椎敔狀如伏虎背上有二十四鉏鋙又鄭司農注笙師云篪七空塤六孔鄭云塤燒土爲之大如鴈卵鼗如鼓而小持其柄搖之旁耳自擊鼓革也椌楬木也其聲質素故周語單穆公云草木一聲注云一聲無宮商清濁是也　鐘聲鏗鏗以立號號以立橫橫以立武君子聽鐘聲則思武臣　號號令所以警衆也橫充也謂氣作充滿也　疏　正義曰此一節論樂器之聲各别君子之聽思其所用之臣各隨文解之　鐘聲鏗者言金鐘之聲鏗鏗然矣　鏗以立號者言鏗是堅剛故可以興立號令也　號以立橫者謂橫氣充滿也若號令威嚴則軍士勇敢而壯氣充滿崔氏云若嚴正立號則其號必充徧於萬物矣　橫以立武者言壯氣充滿所以武事可立也崔氏云若教令充徧則武

矣　君子聽鐘聲則思武臣者君子謂識樂之情者所以聞聲達事鐘既含號令立武故聽之而思武臣也　石聲磬磬以立辨辨以致死君子聽磬聲則思死封疆之臣　石聲磬磬當爲罄字之誤也辨謂分明於節義　疏　正義曰此一經明石聲磬者石磬也磬是樂器故讀聲音罄然矣其聲能和故次鐘也言磬輕清響矣叩其磬則其聲之罄罄然也罄以立辨者辨别也崔云能清别於衆物則分明辨别也　辨以致死者既各有部分不可侵濫故能使守節者致死矣若諸侯死社稷大夫死衆士死制之屬也崔云若能明别於節義則不變其死也　君子聽磬聲則思死封疆之臣者言守分不移即固封疆之義矣磬含守分故聽其聲而思此六事也　注石聲至誤也　正義曰讀磬爲罄者其字下著石樂器之磬其下著缶是罄然之聲今經云石聲磬恐是樂器故讀爲罄取聲音罄罄然　絲聲

內父子兄弟同聽之莫不和親是長幼之序也　注椌楬至簨簴　正義曰案鄭注詩有瞽篇云柷形如漆筩中有椎敔狀如伏虎背上有二十四鉏鋙又鄭司農注笙師云篪七空塤六孔鄭云塤燒土爲之大如鴈卵鼗如鼓而小持其柄搖之旁耳自擊鼓革也椌楬木也其聲質素故周語單穆公云草木一聲注云一聲無宮商清濁是也　鐘聲鏗鏗以立號號以立橫橫以立武君子聽鐘聲則思武臣　號號令所以警衆也橫充也謂氣作充滿也　疏　正義曰此一節論樂器之聲各别君子之聽思其所用之臣各隨文解之　鐘聲鏗者言金鐘之聲鏗鏗然矣　鏗以立號者言鏗是堅剛故可以興立號令也　號以立橫者謂橫氣充滿也若號令威嚴則軍士勇敢而壯氣充滿崔氏云若嚴正立號則其號必充徧於萬物矣　橫以立武者言壯氣充滿所以武事可立也崔氏云若教令充徧則武

禮記義四十九　二　王榛

矣　君子聽鐘聲則思武臣者君子謂識樂之情者所以聞聲達事鐘既含號令立武故聽之而思武臣也　石聲磬磬以立辨辨以致死君子聽磬聲則思死封疆之臣　石聲磬磬當爲罄字之誤也辨謂分明於節義　疏　正義曰此一經明石聲磬者石磬也磬是樂器故讀聲音罄然矣其聲能和故次鐘也言磬輕清響矣叩其磬則其聲之罄罄然也罄以立辨者辨别也崔云能清别於衆物則分明辨别也　辨以致死者既各有部分不可侵濫故能使守節者致死矣若諸侯死社稷大夫死衆士死制之屬也崔云若能明别於節義則不變其死也　君子聽磬聲則思死封疆之臣者言守分不移即固封疆之義矣磬含守分故聽其聲而思此六事也　注石聲至誤也　正義曰讀磬爲罄者其字下著石樂器之磬其下著缶是罄然之聲今經云石聲磬恐是樂器故讀爲罄取聲音罄罄然　絲聲

足利本第四十九卷第三葉

哀哀以立廉廉以立志君子聽琴瑟之聲則思志義之臣廉廉隅也〔疏〕正義曰此一經明絲聲哀者哀謂哀怨也謂聲音之體婉妙故哀怨矣　哀以立廉者廉謂廉隅以哀怨之故能立廉隅不越其分也　廉以立志者既不越分故能自立其志　君子聽琴瑟之聲則思志義之臣者言絲聲含志不可犯故聞絲聲而思其事也　竹聲濫濫以立會會以聚衆君子聽竽笙簫管之聲則思畜聚之臣濫之意猶擥聚也會猶聚也聚或爲最〔疏〕正義曰此一經明竹聲濫者濫猶擥也言竹聲擥然有積聚之意也　濫以立會者以竹聲既擥聚故能立會矣　會以聚衆者以合會而能聚其衆也　君子聽竽笙簫管之聲則思畜聚之臣者亦聞其音而思其事也笙以匏爲之而在竹聲之中者但笙以匏爲體挿竹於匏匏竹兼有故笙文在竹也　鼓鼙之聲讙讙以立動動以進衆君子聽鼓鼙之聲則思將帥之臣聞讙囂則人意動作讙或爲歡動或爲勳〔疏〕正義曰此一經明鼓鼙之聲讙者讙謂讙囂也其聲讙雜矣　讙以立動者以其聲讙故使人意動作也　動以進衆者以動作故能進發其衆也　君子聽鼓鼙之聲則思將帥之臣者將帥衆聚也言鼓能進衆故聞其聲而思其事也不云鼙而云鞞者廣其類也〔注〕聞讙囂則人意動作　正義曰是聲能感動於人也如鄭此言則五者之器皆據其聲聲各不同立事有異事隨聲起是聲能立事也皇氏用崔氏之說云鐘聲爲兌石聲爲乾絲聲爲离竹聲爲震鼓鞞爲坎妄取五方之義棄其五器之聲皆經違注曲爲雜說言及於數非關義理又無明文今並略而不用也　君子之聽

潘本第四十九卷第三葉

哀哀以立廉廉以立志君子聽琴瑟之聲則思志義之臣廉廉隅也〔疏〕正義曰此一經明絲聲哀者哀謂哀怨也謂聲音之體婉妙故哀怨矣　哀以立廉者廉謂廉隅以哀怨之故能立廉隅不越其分也　廉以立志者既不越分故能自立其志　君子聽琴瑟之聲則思志義之臣者言絲聲含志不可犯故聞絲聲而思其事也　竹聲濫濫以立會會以聚衆君子聽竽笙簫管之聲則思畜聚之臣濫之意猶擥聚也會猶聚也聚或爲最〔疏〕正義曰此一經明竹聲濫者濫猶擥也言竹聲擥然有積聚之意也　濫以立會者以竹聲既擥聚故能立會矣　會以聚衆者以合會而能聚其衆也　君子聽竽笙簫管之聲則思畜聚之臣者亦聞其音而思其事也笙以匏爲之而在竹聲之中者但笙以匏爲體挿竹於匏匏竹兼有故笙文在竹也　鼓鼙之聲讙讙以立動動以進衆君子聽鼓鼙之聲則思將帥之臣聞讙囂則人意動作讙或爲歡動或爲勳〔疏〕正義曰此一經明鼓鼙之聲讙者讙謂讙囂也其聲讙雜矣　讙以立動者以其聲讙故使人意動作也　動以進衆者以動作故能進發其衆也　君子聽鼓鼙之聲則思將帥之臣者將帥衆聚也言鼓能進衆故聞其聲而思其事也不云鼙而云鞞者廣其類也〔注〕聞讙囂則人意動作　正義曰是聲能感動於人也如鄭此言則五者之器皆據其聲聲各不同立事有異事隨聲起是聲能立事也皇氏用崔氏之說云鐘聲爲兌石聲爲乾絲聲爲离竹聲爲震鼓鞞爲坎妄取五方之義棄其五器之聲皆經違注曲爲雜說言及於數非關義理又無明文今並略而不用也　君子之聽

足利本第四十九卷第四葉

音非聽其鏗鏘而已也彼亦有所合之也以聲合成已之志

疏 正義曰此一經摠結上文五者言君子之聽音聲非徒聽其音聲鏗鏘而已彼謂樂聲亦有合成已之志意也崔氏云但釋五音八卦屬四方四維之音所感皆應與四方同所以應同者四維與四方之間四方皆五行相生水生木匏同竹音木生火木音同絲火生土土不當於方土生金土與金火之間土音屬金金生水石不可屬於水故不同於革而不同者以乾爲君父君父之音不可屬於人故不同於革而聲別有所感乾爲天坤爲地天既不屬人坤所以不別出者爲坤卑故也今案崔氏此說浮虛體例不等上下混雜記人之意不應如此鄭注無文不可附會今略存崔氏之義賢者擇焉今謂八音唯論五者以鐘與武臣相會石與死封疆相將絲與志義是同竹與畜聚相類鼓鼙與將帥同等故五器而有五事其匏與土木不同無此五器之象故記者不言也

賓牟賈侍坐於孔子孔子與之言及樂曰夫武之備戒之已久何也對曰病不得其衆也武謂周舞也備戒擊鼓警衆病猶憂也以不得衆心爲憂憂其難也咏歎之淫液之何也對曰恐不逮事也咏歎淫液歌遲之也逮及也事伐事也發揚蹈厲之已蚤何也對曰及時事也時至武事當施也武坐致右憲左何也對曰非武坐也言武之事無坐也致謂膝至地也憲讀爲軒聲之誤聲淫及商何也對曰非武音也言武歌在正其軍不貪商也時人或說其義爲貪商也子曰若非

潘本第四十九卷第四葉

音非聽其鏗鏘而已也彼亦有所合之也以聲合成已之志

疏 正義曰此一經摠結上文五者言君子之聽音聲非徒聽其音聲鏗鏘而已彼謂樂聲亦有合成已之志意也崔氏云但釋五音八卦屬四方四維之音所感皆應與四方同所以應同者四維與四方之間四方皆五行相生水生木匏同竹音木生火木音同絲火生土土不當於方土生金土與金火之間土音屬金金生水石不可屬於水故不同於革而不同者以乾爲君父君父之音不可屬於人故不同於革而聲別有所感乾爲天坤爲地天既不屬人坤所以不別出者爲坤卑故也今案崔氏此說浮虛體例不等上下混雜記人之意不應如此鄭注無文不可附會今略存崔氏之義賢者擇焉今謂八音唯論五者以鐘與武臣相會石與死封疆相將絲與志義是同竹與畜聚相類鼓鼙與將帥同等故五器而有五事其匏與土木不同無此五器之象故記者不言也

賓牟賈侍坐於孔子孔子與之言及樂曰夫武之備戒之已久何也對曰病不得其衆也武謂周舞也備戒擊鼓警衆病猶憂也以不得衆心爲憂憂其難也咏歎之淫液之何也對曰恐不逮事也咏歎淫液歌遲之也逮及也事伐事也發揚蹈厲之已蚤何也對曰及時事也時至武事當施也武坐致右憲左何也對曰非武坐也言武之事無坐也致謂膝至地也憲讀爲軒聲之誤聲淫及商何也對曰非武音也言武歌在正其軍不貪商也時人或說其義爲貪商也子曰若非

武音則何音也對曰有司失其傳也若非有司失其傳則武王之志荒矣有司典樂者也傳猶說也荒老耄也言典樂者失其說也而時人妄說也書曰王耄荒子曰唯丘之聞諸萇弘亦若吾子之言是也萇弘周大夫賓牟賈起免席而請曰夫武之備戒之已久則既聞命矣敢問遲之遲而又久何也遲之遲謂久立於綴子曰居吾語女夫樂者象成者也揔干而山立武王之事也發揚蹈厲大

禮記義四十九　王　五

公之志也武亂皆坐周召之治也居猶安坐也成謂已成之事也揔干持盾也山立猶正立也象武王持盾正立待諸侯也發揚蹈厲所以象威武時也武舞象戰鬬也亂謂失行列也失行列則皆坐象周公召公以文止武也

疏

正義曰此一經別録是賓牟賈問章自此以下至不亦宜乎揔是賓牟賈與夫子相問荅之事今令各依文解之　賓牟賈侍坐於孔子者姓賓牟名賈侍坐於孔子　孔子與之言及樂者孔子與賓牟賈言說初論他事次及於樂　曰夫武之備戒之已久何也者此是孔子之問凡有五夫是發語之端武謂周之武樂欲作武樂之前先擊鼓備戒其衆備戒之後久始作舞故孔子問之云武樂先擊鼓備戒已久乃始作舞何．對曰病不得其衆也者此賓牟賈所荅亦有五但三荅是二荅非今此荅是也病謂憂也言武王伐紂之時憂病不得士衆之心故先鳴鼓以戒士衆久乃出戰今武樂故令舞者久而不

足利本第四十九卷第五葉

武音則何音也對曰有司失其傳也若非有司失其傳則武王之志荒矣有司典樂者也傳猶說也荒老耄也言典樂者失其說也而時人妄說也書曰王耄荒子曰唯丘之聞諸萇弘亦若吾子之言是也萇弘周大夫賓牟賈起免席而請曰夫武之備戒之已久則既聞命矣敢問遲之遲而又久何也遲之遲謂久立於綴子曰居吾語女夫樂者象成者也揔干而山立武王之事也發揚蹈厲大

禮記義四十九　王　五

公之志也武亂皆坐周召之治也居猶安坐也成謂已成之事也揔干持盾也山立猶正立也象武王持盾正立待諸侯也發揚蹈厲所以象威武時也武舞象戰鬬也亂謂失行列也失行列則皆坐象周公召公以文止武也

疏

正義曰此一經別録是賓牟賈問章自此以下至不亦宜乎揔是賓牟賈與夫子相問荅之事今令各依文解之　賓牟賈侍坐於孔子者姓賓牟名賈侍坐於孔子　孔子與之言及樂者孔子與賓牟賈言說初論他事次及於樂　曰夫武之備戒之已久何也者此是孔子之問凡有五夫是發語之端武謂周之武樂欲作武樂之前先擊鼓備戒其衆備戒之後久始作舞故孔子問之云武樂先擊鼓備戒已久乃始作舞何　對曰病不得其衆也者此賓牟賈所荅亦有五但三荅是二荅非今此荅是也病謂憂也言武王伐紂之時憂病不得士衆之心故先鳴鼓以戒士衆久乃出戰今武樂故令舞者久而不

潘本第四十九卷第五葉

足利本第四十九卷第六葉

即出是象武王憂不得衆心故也[注]武謂至難也　正義曰此以下王事故知周舞也憂其難者憂其不得士衆之難故擊鼓久而不舞　咏歎之淫液之何也者此孔子之問欲舞之前其歌聲吟咏之長嘆之其聲淫液是貪羨之貌言欲舞之前其歌聲何意吟咏長歎歆羨也　對曰恐不逮事也此是賓牟賈荅孔子之辭所以舞前有此咏歎淫液之歌者象武王伐紂恐諸侯不至不逮及戰事故歌聲吟咏而歆羨此荅是也[注]咏歎淫液歌遲之也　正義曰咏歎者謂長聲而歎矣淫液謂音連延而流液不絶之意歌遲之謂作此歌吟思之欲待衆之至也發揚蹈厲之已蚤何也者此又明是孔子之問初舞之時手足發揚蹈地而猛厲言舞初則然故云已蚤何也意謂舞時發揚蹈厲即大蚤　對曰及時事也者此亦賓牟賈對辭所以舞時蚤爲發揚蹈厲象武王及時伐紂戰事也故發揚象戰此荅非也知非者下云發揚蹈厲是大公之志故知此荅非也　武坐致右憲左何也者此亦孔子問辭坐跪

禮記義四十九　六　揚昌

也致至也軒起也問武人何忽有時而跪以右膝至地而左足仰起何故也　對曰非武坐也此是賓牟賈荅云致右軒左非是武人之坐言以武法無坐也此荅亦非知者下云武亂皆坐周召之治也是武法有坐故知此荅非也　聲淫及商何也者此亦孔子問辭淫貪也問奏樂之聲何意有貪商之聲也王氏云聲韻歆羨淫液貪商也　對曰非武音也者此賓牟賈之荅非武音謂非是武樂之意賓牟賈言武王應天從人不得已而伐之何容有貪商之聲故言非武音此荅是[注]言武至商也　正義曰言武歌在正其軍不貪商者解經非武音言武歌象武王正其軍事不得有貪商之歌故知貪商者非武樂之音也去時人或說其義爲貪商也者解經中聲淫及商之義言當時人不曉武音謂此歌聲爲貪商故去或說其義爲貪商孔子以時人之意而問賓牟賈然時人之說非也孔子大聖應知其非而問之者孔子雖知其非而問賓牟賈是知非而故問矣　子曰若非武音則何音也者賓牟賈既荅貪

潘本第四十九卷第六葉

即出是象武王憂不得衆心故也[注]武謂至難也　正義曰此以下王事故知周舞也憂其難者憂其不得士衆之難故擊鼓久而不舞　咏歎之淫液之何也者此孔子之問欲舞之前其歌聲吟咏之長嘆之其聲淫液是貪羨之貌言欲舞之前其歌聲何意吟咏長歎歆羨也　對曰恐不逮事也此是賓牟賈荅孔子之辭所以舞前有此咏歎淫液之歌者象武王伐紂恐諸侯不至不逮及戰事故歌聲吟咏而歆羨此荅是也[注]咏歎淫液歌遲之也　正義曰咏歎者謂長聲而歎矣淫液謂音連延而流液不絶之意歌遲之謂作此歌吟思之欲待衆之至也發揚蹈厲之已蚤何也者此又明是孔子之問初舞之時手足發揚蹈地而猛厲言舞初則然故云已蚤何也意謂舞時發揚蹈厲即大蚤　對曰及時事也者此亦賓牟賈對辭所以舞時蚤爲發揚蹈厲象武王及時伐紂戰事也故發揚象戰此荅非也知非者下云發揚蹈厲是大公之志故知此荅非也　武坐致右憲左何也者此亦孔子問辭坐跪

禮記義四十九　六　揚昌

也致至也軒起也問武人何忽有時而跪以右膝至地而左足仰起何故也　對曰非武坐也此是賓牟賈荅云致右軒左非是武人之坐言以武法無坐也此荅亦非知者下云武亂皆坐周召之治也是武法有坐故知此荅非也　聲淫及商何也者此亦孔子問辭淫貪也問奏樂之聲何意有貪商之聲也王氏云聲韻歆羨淫液貪商也　對曰非武音也者此賓牟賈之荅非武音謂非是武樂之意賓牟賈言武王應天從人不得已而伐之何容有貪商之聲故言非武音此荅是[注]言武至商也　正義曰言武歌在正其軍不貪商者解經非武音言武歌象武王正其軍事不得有貪商之歌故知貪商者非武樂之音也去時人或說其義爲貪商也者解經中聲淫及商之義言當時人不曉武音謂此歌聲爲貪商故去或說其義爲貪商孔子以時人之意而問賓牟賈然時人之說非也孔子大聖應知其非而問之者孔子雖知其非而問賓牟賈是知非而故問矣　子曰若非武音則何音也者賓牟賈既荅貪

足利本第四十九卷第七葉

商非是武音孔子因而問之 貪商之歌若非武樂之音則何音也 對曰有司失其傳也者此賓牟賈荅云有司謂典樂者失傳說也言武樂之歌有貪商之意者是典樂有司失其傳說謂爲貪商故時人感之 若非有司失其傳則武王之志荒矣者賓牟賈又云若非是有司失其傳說將言武王實爲貪商則是武王之志荒耄矣言武王荒耄遂有貪商也然武王大聖伐暴除殘何有貪商之意故知有司妄說爲貪商使時人致感 注荒老至耄荒 正義曰案大戴禮云文王年十五而生武王發又文王世子篇云文王九十七而終則武王九十三而終矣文王受命七年而崩十三年伐紂是文王崩後六年伐紂時武王八十九矣年雖老而大聖不荒耄也書曰王耄荒呂刑文也言穆王享國百年而耄荒證荒爲老耄也 子曰唯丘之聞諸萇弘者孔子既得賓牟賈之荅故云聞諸萇弘諸於也聞於萇弘之說 亦若吾子之言是也者謂賓牟賈爲吾子者儀禮注云子男之美稱言吾子相親之辭 賓牟

八 禮記義四十九 七 張暉

至何也 自此以前孔子問賓牟賈自此以後是賓牟賈問孔子此一經是賓牟賈問辭也 免席而請曰者免席謂避席也言賓牟賈前荅孔子雖被孔子所許於前荅之事猶有不曉而反請問孔子故曰免席而請也 夫武之備戒之已久則既聞命矣者前經是夫子之問賓牟賈荅前荅其已久之意被孔子所許不得爲非是既聞命矣 敢問遲之遲而又久何也者此賓牟賈問孔子之辭遲之遲者賀氏云備戒已久是遲久立於綴亦是遲而又久何意如此 子曰至治也 自此以下孔子爲賓牟賈說武樂之意并廣明克殷以後之事此一經爲賓牟賈說其將舞之事 夫樂者象成者也言作樂者放象其成功者也揔干而山立者言將舞之時舞人揔持干盾以正立似山不動搖象武王持盾以待諸侯之至也 發揚蹈厲大公之志也者言武樂之舞發揚蹈厲象大公威武鷹揚之志也 武亂皆坐周召之治也者亂謂失行列作此武舞迴移轉動亂失行列皆坐所以坐者象周公召公以文德治之

潘本第四十九卷第七葉

商非是武音孔子因而問之 貪商之歌若非武樂之音則何音也 對曰有司失其傳也者此賓牟賈荅云有司謂典樂者失傳說也言武樂之歌有貪商之意者是典樂有司失其傳說謂爲貪商故時人感之 若非有司失其傳則武王之志荒矣者賓牟賈又云若非是有司失其傳說將言武王實爲貪商則是武王之志荒耄矣言武王荒耄遂有貪商也然武王大聖伐暴除殘何有貪商之意故知有司妄說爲貪商使時人致感 注荒老至耄荒 正義曰案大戴禮云文王年十五而生武王發又文王世子篇云文王九十七而終則武王九十三而終矣文王受命七年而崩十三年伐紂是文王崩後六年伐紂時武王八十九矣年雖老而大聖不荒耄也書曰王耄荒呂刑文也言穆王享國百年而耄荒證荒爲老耄也 子曰唯丘之聞諸萇弘者孔子既得賓牟賈之荅故云聞諸萇弘諸於也聞於萇弘之說 亦若吾子之言是也者謂賓牟賈爲吾子者儀禮注云子男之美稱言吾子相親之辭 賓牟

八 禮記義四十九 七 張暉

至何也 自此以前孔子問賓牟賈自此以後是賓牟賈問孔子此一經是賓牟賈問辭也 免席而請曰者免席謂避席也言賓牟賈前荅孔子雖被孔子所許於前荅之事猶有不曉而反請問孔子故曰免席而請也 夫武之備戒之已久則既聞命矣者前經是夫子之問賓牟賈荅前荅其已久之意被孔子所許不得爲非是既聞命矣 敢問遲之遲而又久何也者此賓牟賈問孔子之辭遲之遲者賀氏云備戒已久是遲久立於綴亦是遲而又久何意如此 子曰至治也 自此以下孔子爲賓牟賈說武樂之意并廣明克殷以後之事此一經爲賓牟賈說其將舞之事 夫樂者象成者也言作樂者放象其成功者也揔干而山立者言將舞之時舞人揔持干盾以正立似山不動搖象武王持盾以待諸侯之至也 發揚蹈厲大公之志也者言武樂之舞發揚蹈厲象大公威武鷹揚之志也 武亂皆坐周召之治也者亂謂失行列作此武舞迴移轉動亂失行列皆坐所以坐者象周公召公以文德治之

以文止武象周召之治也 且夫武始而北出再成而滅商三成而南四成而南國是疆五成而分周公左召公右六成復綴以崇 成猶奏也每奏武曲一終爲一成始奏象觀兵盟津時也再奏象克殷時也三奏象克殷有餘力而反也四奏象南方荆蠻之國侵畔者服也五奏象周公召公分職而治也六奏象兵還振旅也復綴反位止也崇充也凡六奏以充武樂也 疏 正義曰此一經孔子爲賓牟賈說武樂六成之意上說三者之事已訖更別廣說武樂故云且夫武始而北出者謂初舞位最在於南頭從第一位而北出者次及第二位稍北出者熊氏云則前云三步以見方是一成也作樂一成而舞象武王北出觀兵也 再成而滅商者謂作樂再成舞者從第二位至第三位象武王滅商則與前文再始以著往爲一也 三成而南者謂舞者從第三位至第四位極北而南反象武王克紂而南還也 四成而南國是疆者謂武曲四成舞者從北頭第一位却至第二位象武王伐紂之後南方之國於是疆理也 五成而分周公左召公右者從第二位至第三位分爲左右象周公居左召公居右也 六成復綴以崇者綴謂南頭初位舞者從第三位南至本位故言復綴以崇崇充也謂六奏充其武樂象武王之德充滿天下此並熊氏之說也而皇氏不云次位舞者本在舞位之中但到六成而已今舞亦然義亦通也 注成猶至樂也 正義曰成謂曲之終成每一曲終成而更奏故云成猶奏也云復綴反位止也者謂最在南第一位初舞之時從此位入北至六成還反復此位如鄭所注熊氏得之云凡六奏以充武樂也者充謂充備言六奏其曲武樂充備故云六奏以充武樂言武樂充備是功成太平周德充滿於天下也 天子夾振之而駟(四)伐盛威於中國也 夾振之者王與大將夾舞者振

禮記正義四九 八

以文止武象周召之治也 且夫武始而北出再成而滅商三成而南四成而南國是疆五成而分周公左召公右六成復綴以崇 成猶奏也每奏武曲一終爲一成始奏象觀兵盟津時也再奏象克殷時也三奏象克殷有餘力而反也四奏象南方荆蠻之國侵畔者服也五奏象周公召公分職而治也六奏象兵還振旅也復綴反位止也崇充也凡六奏以充武樂也 疏 正義曰此一經孔子爲賓牟賈說武樂六成之意上說三者之事已訖更別廣說武樂故云且夫武始而北出者謂初舞位最在於南頭從第一位而北出者次及第二位稍北出者熊氏云則前云三步以見方是一成也作樂一成而舞象武王北出觀兵也 再成而滅商者謂作樂再成舞者從第二位至第三位象武王滅商則與前文再始以著往爲一也 三成而南者謂舞者從第三位至第四位極北而南反象武王克紂而南還也 四成而南國是疆者謂武曲四成舞者從北頭第一位却至第二位象武王伐紂之後南方之國於是疆理也 五成而分周公左召公右者從第二位至第三位分爲左右象周公居左召公居右也 六成復綴以崇者綴謂南頭初位舞者從第三位南至本位故言復綴以崇崇充也謂六奏充其武樂象武王之德充滿天下此並熊氏之說也而皇氏不云次位舞者本在舞位之中但到六成而已今舞亦然義亦通也 注成猶至樂也 正義曰成謂曲之終成每一曲終成而更奏故云成猶奏也云復綴反位止也者謂最在南第一位初舞之時從此位入北至六成還反復此位如鄭所注熊氏得之云凡六奏以充武樂也者充謂充備言六奏其曲武樂充備故云六奏以充武樂言武樂充備是功成太平周德充滿於天下也 天子夾振之而駟(四)伐盛威於中國也 夾振之者王與大將夾舞者振

禮記正義四九 八

樂記第十九

足利本第四十九卷第九葉

鐸以爲節也駟當爲四聲之誤也武舞戰象也每奏四伐一擊一刺爲一伐牧誓曰今日之事不過四伐五伐分
夾而進事蚤濟也分猶部曲也事猶爲也濟成也舞者各有部曲之列又夾振之者象用兵務於早成也
久立於綴以待諸侯之至也象武王伐紂待諸侯也
且女獨未聞牧野之語乎欲語以作武樂之意武
王克殷反商未及下車而封黃帝之後於
薊封帝堯之後於祝封帝舜之後於陳下
車而封夏后氏之後於杞投殷之後於宋
封王子比干之墓釋箕子之囚使之行

禮記正義四十九　九　王茂

商容而復其位庶民弛政庶士倍祿濟
河而西馬散之華山之陽而弗復乘牛
散之桃林之野而弗復服車甲衅而藏
之府庫而弗復用倒載干戈包之以虎
皮將帥之士使爲諸侯名之曰建櫜然
後天下知武王之不復用兵也反當爲及字之誤也及商謂至
紂都也牧誓曰至于商郊牧野封謂故無土地者也投舉徙之辭也時武王封紂子武庚於殷墟所徙者微子也後
周公更封而大之積土爲封封比干墓崇賢也行猶視也使箕子視商禮樂之官賢者所處皆令反其居也弛政去

潘本第四十九卷第九葉

鐸以爲節也駟當爲四聲之誤也武舞戰象也每奏四伐一擊一刺爲一伐牧誓曰今日之事不過四伐五伐分
夾而進事蚤濟也分猶部曲也事猶爲也濟成也舞者各有部曲之列又夾振之者象用兵務於早成也
久立於綴以待諸侯之至也象武王伐紂待諸侯也
且女獨未聞牧野之語乎欲語以作武樂之意武
王克殷反商未及下車而封黃帝之後於
薊封帝堯之後於祝封帝舜之後於陳下
車而封夏后氏之後於杞投殷之後於宋
封王子比干之墓釋箕子之囚使之行

禮記正義四十九　九　王茂

商容而復其位庶民弛政庶士倍祿濟
河而西馬散之華山之陽而弗復乘牛
散之桃林之野而弗復服車甲衅而藏
之府庫而弗復用倒載干戈包之以虎
皮將帥之士使爲諸侯名之曰建櫜然
後天下知武王之不復用兵也反當爲及字之誤也及商謂至
紂都也牧誓曰至于商郊牧野封謂故無土地者也投舉徙之辭也時武王封紂子武庚於殷墟所徙者微子也後
周公更封而大之積土爲封封比干墓崇賢也行猶視也使箕子視商禮樂之官賢者所處皆令反其居也弛政去

足利本第四十九卷第十葉

其紂時苛政也倍禄復其紂時薄者也散猶放也桃林在華
山旁甲鎧也衅釁字也包干戈以虎皮明能以武服兵也
建讀爲鍵字之誤也兵甲之衣曰櫜鍵櫜言閉藏兵甲也
詩曰載櫜弓矢春秋傳曰垂櫜而入周禮曰櫜之欲其約
也薊或爲續　疏　正義曰天子夾振之者謂武樂之作言
祝或爲鑄　天子與大將夾舞者振鐸以節之　而
駟伐者駟當爲四四伐謂擊刺作武樂之時每一奏之中
而四度擊刺象武王伐紂四伐也　盛威於中國也者象
武王之德盛大威武於中國　注　夾振至五伐　正義曰
王與大將夾舞者振鐸以爲節也者經云天子夾振是兩
邊相夾天子與大將相對明是尊者故知王與大將也經
云振之鐸是所振之物故知振鐸以爲舞者之節也武樂
在庭天子尊極所以得親夾舞人爲振鐸者熊氏案祭統
云君執干戚就舞位冕而摠干率其羣臣以樂皇尸又下
云食三老五更於大學冕而摠干尚得親舞何以不得親
執鐸乎此執鐸爲祭天時也皇氏云武王伐紂之時王與

禮記義四十九　十　楊昌

大將親自執鐸以夾軍衆今作武樂之時令二人振鐸夾
舞者象武王與大將伐紂之時矣皇氏此說稍近人情理
通勝於熊氏但注云王與大將夾舞者則似天子親夾舞
人則皇氏說不便未知孰是故備存焉王肅讀天子上屬
謂作樂六成尊崇天子之德矣案聖證論王肅引家語而
難鄭云六成而復綴以崇其爲天子此家語之文也馬昭
申鄭意云凡樂之作皆所以昭天子之德豈特六成之末
而崇之乎孔晁又難馬昭云天子夾振用舞之法在於經
典今謂天子夾振此經之正文又親舞摠干具如熊氏之
說此則經典之證也云駟當爲四聲之誤也者以牧誓有
四伐之文故讀爲四也云每奏四伐者武樂六奏每一奏
之中舞者以戈矛四度擊刺象伐紂時也引牧誓曰今日
之事不過四伐五伐者此武王戒誓士衆云今日戰事前
進不得過四伐五伐乃止齊焉今武樂唯用四伐不用五
伐者尚其少也　分夾而進事蚤濟也者分謂部分夾謂
振鐸夾之言舞者各有部分振鐸夾之而進也事爲也象

潘本第四十九卷第十葉

其紂時苛政也倍禄復其紂時薄者也散猶放也桃林在華
山旁甲鎧也衅釁字也包干戈以虎皮明能以武服兵也
建讀爲鍵字之誤也兵甲之衣曰櫜鍵櫜言閉藏兵甲也
詩曰載櫜弓矢春秋傳曰垂櫜而入周禮曰櫜之欲其約
也薊或爲續　疏　正義曰天子夾振之者謂武樂之作言
祝或爲鑄　天子與大將夾舞者振鐸以節之　而
駟伐者駟當爲四四伐謂擊刺作武樂之時每一奏之中
而四度擊刺象武王伐紂四伐也　盛威於中國也者象
武王之德盛大威武於中國　注　夾振至五伐　正義曰
王與大將夾舞者振鐸以爲節也者經云天子夾振是兩
邊相夾天子與大將相對明是尊者故知王與大將也經
云振之鐸是所振之物故知振鐸以爲舞者之節也武樂
在庭天子尊極所以得親夾舞人爲振鐸者熊氏案祭統
云君執干戚就舞位冕而摠干率其羣臣以樂皇尸又下
云食三老五更於大學冕而摠干尚得親舞何以不得親
執鐸乎此執鐸爲祭天時也皇氏云武王伐紂之時王與

禮記義四十九　十　楊昌

大將親自執鐸以夾軍衆今作武樂之時令二人振鐸夾
舞者象武王與大將伐紂之時矣皇氏此說稍近人情理
通勝於熊氏但注云王與大將夾舞者則似天子親夾舞
人則皇氏說不便未知孰是故備存焉王肅讀天子上屬
謂作樂六成尊崇天子之德矣案聖證論王肅引家語而
難鄭云六成而復綴以崇其爲天子此家語之文也馬昭
申鄭意云凡樂之作皆所以昭天子之德豈特六成之末
而崇之乎孔晁又難馬昭云天子夾振用舞之法在於經
典今謂天子夾振此經之正文又親舞摠干具如熊氏之
說此則經典之證也云駟當爲四聲之誤也者以牧誓有
四伐之文故讀爲四也云每奏四伐者武樂六奏每一奏
之中舞者以戈矛四度擊刺象伐紂時也引牧誓曰今日
之事不過四伐五伐者此武王戒誓士衆云今日戰事前
進不得過四伐五伐乃止齊焉今武樂唯用四伐不用五
伐者尚其少也　分夾而進事蚤濟也者分謂部分夾謂
振鐸夾之言舞者各有部分振鐸夾之而進也事爲也象

足利本第四十九卷第十一葉

武王伐紂爲蚤濟成也象爲事之蚤成故前進也　久立
於綴以待諸侯之至也者言未舞之前舞者久立於酇綴
象武王待諸侯之至　且女獨未聞牧野之語乎孔子旣
爲賔牟賈說武樂之體也又欲爲賔牟賈廣論牧野作武
樂之意故云且女獨未聞牧野之語乎將欲語以牧野之
事畢周道四達之意也　武王克殷反商此孔子爲賔牟
賈說牧野克殷後事反商者反當爲及言武王牧野克殷
已畢及至商紂之都也　未及下車者言速封諸侯未遑
暇及下車即封黃帝堯舜之後也下車而封夏殷之後者
以二王之後以其禮大故待下車而封之案周本紀云武
王以與戰伐紂兵皆崩畔武王入至紂死之所周公把大
鉞畢公把小鉞以夾武王武王旣入立社南召公奭貢兵
師尚父牽牲尹逸祝曰殷之末孫季紂殄廢先王明德又
云乃封紂子祿父使其弟管叔蔡叔相祿父命召公釋箕
子之囚命畢公釋百姓之囚表商容之閭命南宮适散鹿
臺之財發鉅橋之粟命閎夭封比干之墓武王追思先聖

禮記義四十九　二　李仁

乃襃封神農之後於焦及封黃帝之後於薊封帝堯之後
於祝封帝舜之後於陳大禹與此同然如武王追思先聖
乃封之與此未及下車義反當以禮記爲正此不云封神
農者舉三恪二代也　釋箕子之囚使之行商容而復其
位者旣釋箕子使之行商容者行視也容謂禮樂之官使
箕子檢視殷家禮樂之官若有賢者所褒皆令復居其故
位也　庶民弛政者弛去也庶民被紂虐政者而放去之
也　庶士倍祿者謂庶士紂時祿薄者而倍益之車甲衅
而藏之府庫者言車甲不復更用故以血衅而藏之　倒載
干戈者倒載而還鎬京也所以倒之者熊氏云凡載兵之
法皆刃向外今倒載者刃向國不與常同故云倒載也
包之以虎皮者虎皮武猛之物也用此虎皮包裹兵器示
武王威猛能包制服天下兵戈也或以虎皮有文欲以見
文止武也　將帥之士使爲諸侯名之曰建櫜者封爲諸
侯者以報勞賞其功也即牧誓云千夫長是也名之曰建
櫜者鍵籥牡也櫜兵鎧之櫜也言鎧及兵戈悉櫜韜之置

潘本第四十九卷第十一葉

武王伐紂爲蚤濟成也象爲事之蚤成故前進也　久立
於綴以待諸侯之至也者言未舞之前舞者久立於酇綴
象武王待諸侯之至　且女獨未聞牧野之語乎孔子旣
爲賔牟賈說武樂之體也又欲爲賔牟賈廣論牧野作武
樂之意故云且女獨未聞牧野之語乎將欲語以牧野之
事畢周道四達之意也　武王克殷反商此孔子爲賔牟
賈說牧野克殷後事反商者反當爲及言武王牧野克殷
已畢及至商紂之都也　未及下車者言速封諸侯未遑
暇及下車即封黃帝堯舜之後也下車而封夏殷之後者
以二王之後以其禮大故待下車而封之案周本紀云武
王以與戰伐紂兵皆崩畔武王入至紂死之所周公把大
鉞畢公把小鉞以夾武王武王旣入立社南召公奭貢兵
師尚父牽牲尹逸祝曰殷之末孫季紂殄廢先王明德又
云乃封紂子祿父使其弟管叔蔡叔相祿父命召公釋箕
子之囚命畢公釋百姓之囚表商容之閭命南宮适散鹿
臺之財發鉅橋之粟命閎夭封比干之墓武王追思先聖

禮記義四十九　十一　李仁

乃襃封神農之後於焦及封黃帝之後於薊封帝堯之後
於祝封帝舜之後於陳大禹與此同然如武王追思先聖
乃封之與此未及下車義反當以禮記爲正此不云封神
農者舉三恪二代也　釋箕子之囚使之行商容而復其
位者旣釋箕子使之行商容者行視也容謂禮樂之官使
箕子檢視殷家禮樂之官若有賢者所褒皆令復居其故
位也　庶民弛政者弛去也庶民被紂虐政者而放去之
也　庶士倍祿者謂庶士紂時祿薄者而倍益之車甲衅
而藏之府庫者言車甲不復更用故以血衅而藏之　倒載
干戈者倒載而還鎬京也所以倒之者熊氏云凡載兵之
法皆刃向外今倒載者刃向國不與常同故云倒載也
包之以虎皮者虎皮武猛之物也用此虎皮包裹兵器示
武王威猛能包制服天下兵戈也或以虎皮有文欲以見
文止武也　將帥之士使爲諸侯名之曰建櫜者封爲諸
侯者以報勞賞其功也即牧誓云千夫長是也名之曰建
櫜者鍵籥牡也櫜兵鎧之櫜也言鎧及兵戈悉櫜韜之置

於府庫而鍵閉之故云名之曰建櫜也然後天下知武王之不復用兵也者見其放牛藏器故知之 注 反當至約也　正義曰反當爲及者以下文云濟河而西明知此反當是及至商也云投舉徒之辭也者以武王之時封紂子武庚於殷墟初克紂微子復其故位左傳云武王親釋其縛使復其所是也而覆時復所武王即從而居宋也故云所從者微子也云後周公更封而大之者以武庚于周公居攝之時作亂被滅周公因封微子先在於宋更封而大之者案書序云成王既黜殷命命微子啓作微子之命是封而大之其實封爲五百里在制禮之後故發墨守云六年制禮作樂封殷之後稱公於宋是也云使箕子視商禮樂之官者容爲禮樂故云視商禮樂之官知容爲禮樂者漢書儒林傳云孝文時徐生善爲容是善禮樂者謂之容也而武成篇云式商容閭則商容人名鄭不見古文故爲禮樂也云衅釁字也者以禮傳所云以血塗物皆爲釁故從釁也云建讀爲鍵者鍵是管籥閉藏之名故讀爲鍵或以管籥或以櫜衣閉藏兵革故云鍵櫜也引詩曰載櫜弓矢者詩頌時邁篇也論武王伐紂畢載櫜弓矢也引春秋傳垂櫜而入者昭元年左傳文時楚公子圍聘于鄭公孫段云請垂櫜而入示無弓但垂櫜而已引周禮櫜之欲其約也者考工記文言以皮爲甲櫜中盛之欲其約所引此諸文者證櫜是韜盛之物也

散軍而郊射左射貍首右射騶虞而貫革之射息也裨冕搢笏而虎賁之士說劍也祀乎明堂而民知孝朝覲然後諸侯知所以臣耕籍然後諸侯知所以敬五者天下之大教也

郊射爲射宮於郊也左東學也右西學也貍首騶虞所以歌爲節也貫革射穿甲革也裨冕衣裨衣而冠冕也裨衣衮之

禮記義四十九　十二

於府庫而鍵閉之故云名之曰建櫜也然後天下知武王之不復用兵也者見其放牛藏器故知之 注 反當至約也　正義曰反當爲及者以下文云濟河而西明知此反當是及至商也云投舉徒之辭也者以武王之時封紂子武庚於殷墟初克紂微子復其故位左傳云武王親釋其縛使復其所是也而覆時復所武王即從而居宋也故云所從者微子也云後周公更封而大之者以武庚于周公居攝之時作亂被滅周公因封微子先在於宋更封而大之者案書序云成王既黜殷命命微子啓作微子之命是封而大之其實封爲五百里在制禮之後故發墨守云六年制禮作樂封殷之後稱公於宋是也云使箕子視商禮樂之官者容爲禮樂故云視商禮樂之官知容爲禮樂者漢書儒林傳云孝文時徐生善爲容是善禮樂者謂之容也而武成篇云式商容閭則商容人名鄭不見古文故爲禮樂也云衅釁字也者以禮傳所云以血塗物皆爲釁故從釁也云建讀爲鍵者鍵是管籥閉藏之名故讀爲鍵或以管籥或以櫜衣閉藏兵革故云鍵櫜也引詩曰載櫜弓矢者詩頌時邁篇也論武王伐紂畢載櫜弓矢也引春秋傳垂櫜而入者昭元年左傳文時楚公子圍聘于鄭公孫段云請垂櫜而入示無弓但垂櫜而已引周禮櫜之欲其約也者考工記文言以皮爲甲櫜中盛之欲其約所引此諸文者證櫜是韜盛之物也

散軍而郊射左射貍首右射騶虞而貫革之射息也裨冕搢笏而虎賁之士說劍也祀乎明堂而民知孝朝覲然後諸侯知所以臣耕籍然後諸侯知所以敬五者天下之大教也

郊射爲射宮於郊也左東學也右西學也貍首騶虞所以歌爲節也貫革射穿甲革也裨冕衣裨衣而冠冕也裨衣衮之

禮記義四十九　十二

屬也搢猶插也賁憤怒也文王之廟爲明堂制耕藉藉田也　食三老五更於大學天子袒而割牲執醬而饋執爵而酳冕而揔干所以教諸侯之弟也　三老五更互言之耳皆老人更知三德五事者也冕而揔干親在舞位也周名大學曰東膠　若此則周道四達禮樂交通則夫武之遲久不亦宜乎　言武遲久爲重禮樂

【疏】正義曰此一經論克商之後脩文教也　散軍而郊射者還鎬京止武而習文也郊射射於射宮在郊學之中也天子於郊學而射所以擇士簡德也左射貍首者左東學也亦在於東郊貍首諸侯之所射詩也周立虞庠之學於西郊故知使諸侯習射於東學歌貍首詩也所以歌貍首者皇氏以爲舊解云貍之取物則伏

下其頭然後必得言射亦必中如貍之取物矣鄭注大射云貍首逸詩貍之言不來也其詩有射諸侯首不朝者之言因以名篇不取於貍之伏物而皇氏所說違鄭注其義非也　右射騶虞者右是西學在西郊也騶虞天子於西學中習射也騶虞白虎黑文義應之獸也故知唯天子射歌之詩其騶虞篇云彼茁者葭壹發五豝鄭注射義云壹發五豝喻得賢者多也　而貫革之射息也者貫穿也革甲鎧也所謂軍射也言軍中不習於容儀又無別物但取甲鎧張之而射唯穿多重爲善謂爲貫革也春秋養由基射七札是也此既習禮射於學故貫革之射止息也　裨冕搢笏而虎賁之士說劒也者裨冕入廟之服也搢笏插笏也虎賁言奔走有力如虎之在軍說劒者既並習文故皆說劒也　祀乎明堂而民知孝者罷武而教民之行孝於明堂明堂是文王之廟也於時未有明堂而云明堂者文王廟如明堂之制故云明堂也天子於中祀其父也故教民知孝之道矣然不於后稷廟而於文王廟者既是述

屬也搢猶插也賁憤怒也文王之廟爲明堂制耕藉藉田也　食三老五更於大學天子袒而割牲執醬而饋執爵而酳冕而揔干所以教諸侯之弟也　三老五更互言之耳皆老人更知三德五事者也冕而揔干親在舞位也周名大學曰東膠　若此則周道四達禮樂交通則夫武之遲久不亦宜乎　言武遲久爲重禮樂

【疏】正義曰此一經論克商之後脩文教也　散軍而郊射者還鎬京止武而習文也郊射射於射宮在郊學之中也天子於郊學而射所以擇士簡德也左射貍首者左東學也亦在於東郊貍首諸侯之所射詩也周立虞庠之學於西郊故知使諸侯習射於東學歌貍首詩也所以歌貍首者皇氏以爲舊解云貍之取物則伏

禮記義四十九　十三　陳文

下其頭然後必得言射亦必中如貍之取物矣鄭注大射云貍首逸詩貍之言不來也其詩有射諸侯首不朝者之言因以名篇不取於貍之伏物而皇氏所說違鄭注其義非也　右射騶虞者右是西學在西郊也騶虞天子於西學中習射也騶虞白虎黑文義應之獸也故知唯天子射歌之詩其騶虞篇云彼茁者葭壹發五豝鄭注射義云壹發五豝喻得賢者多也　而貫革之射息也者貫穿也革甲鎧也所謂軍射也言軍中不習於容儀又無別物但取甲鎧張之而射唯穿多重爲善謂爲貫革也春秋養由基射七札是也此既習禮射於學故貫革之射止息也　裨冕搢笏而虎賁之士說劒也者裨冕入廟之服也搢笏插笏也虎賁言奔走有力如虎之在軍說劒者既並習文故皆說劒也　祀乎明堂而民知孝者罷武而教民之行孝於明堂明堂是文王之廟也於時未有明堂而云明堂者文王廟如明堂之制故云明堂也天子於中祀其父也故教民知孝之道矣然不於后稷廟而於文王廟者既是述

足利本第四十九卷第十四葉

父之志故初於中祀也　朝覲然後諸侯知所以臣者六服更朝故諸侯知爲臣之道還國而教也　耕籍然後諸侯知所以敬者王自耕籍田以供粢盛故諸侯見而知其敬亦還國而教也　五者天下之大教也者郊射一禪冕二祀乎明堂三朝覲四耕籍五此五者大益於天下並使諸侯還其本國而爲教故云大教也　注郊射至田也　正義曰郊射爲射宮於郊也者皇氏云於東郊熊氏云王制篇云殷禮小學在公宮南之左大學在郊武王伐紂之後猶用殷制故小學射貍首大學射騶虞也言爲射宮於郊者據大學也云禪冕衣禪衣而冠冕也者覲禮云侯氏禪冕鄭云禪之爲言埤也天子六服大裘爲上其餘爲禪故此云禪衣衮之屬也衮謂從衮冕之衣以下皆是也言身著衣而首冠冕故云禪冕衣禪衣而冠冕也云文王之廟爲明堂制者以周公攝政六年始朝諸侯於明堂當武王伐紂之時未有明堂今云祀乎明堂故知是文王之廟制耳非正明堂也天子袒而割牲者謂天子養三老五更

禮記義四十九　十四　陳顯

之時親袒衣而割牲也　執醬而饋者謂天子親執醬而饋之　執爵而酳者謂食訖天子親執爵而酳口也　冕而揔干者謂天子親自著冕手持干盾而親舞也此冕當鷩冕享先公以饗射養老之類　所以教諸侯之弟也者天子親自養老則諸侯亦然不言教以孝者與上互文　注三老至東膠　正義曰三老五更互言之耳者三老亦五更五更亦三老故云皆老人更知三德五事者也三德謂正直剛柔五事謂貌言視聽思也文王世子注云象三辰五星者義相包矣云周名大學曰東膠者案王制云周人養國老於東膠以養國老故知大學也此經云食三老五更於大學亦謂殷禮周則右射騶虞之處矣　若此至宜乎若如也言周德如此之後則是周之道德四方通達禮樂交通無所不備也則夫武之遲久不亦宜乎凡功小者易就其時速也功大者難成其時久也周之禮樂功大故作此大武之樂遲停而久不亦宜乎言其宜合當然也以其功德盛大故須遲久重慎之也　君子曰

潘本第四十九卷第十四葉

父之志故初於中祀也　朝覲然後諸侯知所以臣者六服更朝故諸侯知爲臣之道還國而教也　耕籍然後諸侯知所以敬者王自耕籍田以供粢盛故諸侯見而知其敬亦還國而教也　五者天下之大教也者郊射一禪冕二祀乎明堂三朝覲四耕籍五此五者大益於天下並使諸侯還其本國而爲教故云大教也　注郊射至田也　正義曰郊射爲射宮於郊也者皇氏云於東郊熊氏云王制篇云殷禮小學在公宮南之左大學在郊武王伐紂之後猶用殷制故小學射貍首大學射騶虞也言爲射宮於郊者據大學也云禪冕衣禪衣而冠冕也者覲禮云侯氏禪冕鄭云禪之爲言埤也天子六服大裘爲上其餘爲禪故此云禪衣衮之屬也衮謂從衮冕之衣以下皆是也言身著衣而首冠冕故云禪冕衣禪衣而冠冕也云文王之廟爲明堂制者以周公攝政六年始朝諸侯於明堂當武王伐紂之時未有明堂今云祀乎明堂故知是文王之廟制耳非正明堂也天子袒而割牲者謂天子養三老五更

禮記義四十九　十四　陳顯

之時親袒衣而割牲也　執醬而饋者謂天子親執醬而饋之　執爵而酳者謂食訖天子親執爵而酳口也　冕而揔干者謂天子親自著冕手持干盾而親舞也此冕當鷩冕享先公以饗射養老之類　所以教諸侯之弟也者天子親自養老則諸侯亦然不言教以孝者與上互文　注三老至東膠　正義曰三老五更互言之耳者三老亦五更五更亦三老故云皆老人更知三德五事者也三德謂正直剛柔五事謂貌言視聽思也文王世子注云象三辰五星者義相包矣云周名大學曰東膠者案王制云周人養國老於東膠以養國老故知大學也此經云食三老五更於大學亦謂殷禮周則右射騶虞之處矣　若此至宜乎若如也言周德如此之後則是周之道德四方通達禮樂交通無所不備也則夫武之遲久不亦宜乎凡功小者易就其時速也功大者難成其時久也周之禮樂功大故作此大武之樂遲停而久不亦宜乎言其宜合當然也以其功德盛大故須遲久重慎之也　君子曰

足利本第四十九卷第十五葉

禮樂不可斯須去身致樂以治心則易直子諒之心油然生矣易直子諒之心生則樂樂則安安則久久則天天則神天則不言而信神則不怒而威致樂以治心者也致猶深審也子讀如不子之子油然新生好貌也善心生則寡於利欲寡於利欲則樂矣志明行成不言而見信如天也不怒而見畏如神也樂由中出故治心致禮以治躬則莊敬莊敬則嚴威躬身也禮自外作故治身心中斯須不和不樂而鄙詐之心入之矣鄙詐入之謂利欲生外貌斯須不莊不

禮記正義卷四十九　十五　姜仲

敬而易慢之心入之矣易輕易也

疏正義曰自此以下至可謂盛矣名爲樂化言樂能化人始至於善故名樂化各隨文解之○此一經明樂以治心記者引君子之言故云君子曰禮樂不可斯須去身者言禮樂是治身之具不可斯須去離於身也○致樂以治心則易直子諒之心油然生矣者致謂深致詳審易謂和易直謂正直子謂子愛諒謂誠信言能深遠詳審此樂以治正其心則和易正直子愛誠信之心油油然從內而生矣言樂能感人使善心生也易直子諒之心生則樂者四善之心生則令人和樂樂則安者心樂故體安而不躁也○安則久者既身不躁故性命長久也久則天者志明行成久而不改則人信之如天○天則神者既爲人所信如天故又爲人所畏如神也天則不言而信者謂四時不失○神則不怒而威者言宗廟社稷之中而民自敬是不怒而威也言聖王既能用樂和心故不言而信似天也不怒而威似神也致樂以治心者

潘本第四十九卷第十五葉

禮樂不可斯須去身致樂以治心則易直子諒之心油然生矣易直子諒之心生則樂樂則安安則久久則天天則神天則不言而信神則不怒而威致樂以治心者也致猶深審也子讀如不子之子油然新生好貌也善心生則寡於利欲寡於利欲則樂矣志明行成不言而見信如天也不怒而見畏如神也樂由中出故治心致禮以治躬則莊敬莊敬則嚴威躬身也禮自外作故治身心中斯須不和不樂而鄙詐之心入之矣鄙詐入之謂利欲生外貌斯須不莊不

禮記正義卷四十九　十五　姜仲

敬而易慢之心入之矣易輕易也

疏正義曰自此以下至可謂盛矣名爲樂化言樂能化人始至於善故名樂化各隨文解之○此一經明樂以治心記者引君子之言故云君子曰禮樂不可斯須去身者言禮樂是治身之具不可斯須去離於身也○致樂以治心則易直子諒之心油然生矣者致謂深致詳審易謂和易直謂正直子謂子愛諒謂誠信言能深遠詳審此樂以治正其心則和易正直子愛誠信之心油油然從內而生矣言樂能感人使善心生也易直子諒之心生則樂者四善之心生則令人和樂樂則安者心樂故體安而不躁也○安則久者既身不躁故性命長久也久則天者志明行成久而不改則人信之如天○天則神者既爲人所信如天故又爲人所畏如神也天則不言而信者謂四時不失○神則不怒而威者言宗廟社稷之中而民自敬是不怒而威也言聖王既能用樂和心故不言而信似天也不怒而威似神也致樂以治心者

也言聖王所以能如此者正由詳審於樂以和治民心遂能如此 注 致猶至治心 正義曰致猶深審也者言深遠詳審樂之道理能致如此故云致猶深審也云子讀如不子之子者案尚書云啓呱呱而泣予弗子是子愛之義而此經子亦是慈愛故讀如不子之子云油然新生好貌也書傳箕子歌云禾黍之油油潤澤好之貌然善心內生其貌美好油然也云善心生則寡於利欲者凡利欲之發由貪鄙而來心若思利欲則神勞形苦今善心既生則利欲寡少利欲既少則情性和樂云志明行成者不貪於利用是志意清明神和性樂是善行得成矣云不言而見信如天也不怒而見畏如神也者以其志明行成之後故人皆信其德行敬其威重不須言見信之如天不須怒而見畏如神也但天之與神其事是一俱不言而信不怒而威天則有形事似稍近神則無體理如幽深故經先云久則天後云天則神也但天有四時不失故云不言而信神是人所畏敬故云不怒而威其實一也所從之異耳云樂由

禮記義四十九　十六　丁拱

中出故治心者解樂以治心之意也 致禮以治躬則莊敬莊敬則嚴威者前經云致樂此經云致禮而聖王詳審禮意以治躬外貌則莊嚴而恭敬若能莊嚴而恭敬則嚴肅威重也言內心莊嚴恭敬則人懼之嚴肅威重 心中斯須不和不樂而鄙詐之心入之矣者前經明致樂治心得則善心生此經明樂治心失則怨心起言不能致樂治心心中斯須不能調和則不能喜樂而有鄙愫詐僞之心於內矣由貪欲多故鄙詐起也 外貌斯須不莊不敬而易慢之心入之矣者前經致禮以治躬得則莊敬起此經明致禮以治躬失則易慢生故云外貌斯須不莊不敬不能致禮治躬故輕易怠慢之心從外而入內矣 故樂也者動於內者也禮也者動於外者也樂極和禮極順內和而外順則民瞻其顏色而弗與爭也望其容貌

也言聖王所以能如此者正由詳審於樂以和治民心遂能如此 注 致猶至治心 正義曰致猶深審也者言深遠詳審樂之道理能致如此故云致猶深審也云子讀如不子之子者案尚書云啓呱呱而泣予弗子是子愛之義而此經子亦是慈愛故讀如不子之子云油然新生好貌也書傳箕子歌云禾黍之油油潤澤好之貌然善心內生其貌美好油然也云善心生則寡於利欲者凡利欲之發由貪鄙而來心若思利欲則神勞形苦今善心既生則利欲寡少利欲既少則情性和樂云志明行成者不貪於利用是志意清明神和性樂是善行得成矣云不言而見信如天也不怒而見畏如神也者以其志明行成之後故人皆信其德行敬其威重不須言見信之如天不須怒而見畏如神也但天之與神其事是一俱不言而信不怒而威天則有形事似稍近神則無體理如幽深故經先云久則天後云天則神也但天有四時不失故云不言而信神是人所畏敬故云不怒而威其實一也所從之異耳云樂由

禮記義四十九　十六　丁拱

中出故治心者解樂以治心之意也 致禮以治躬則莊敬莊敬則嚴威者前經云致樂此經云致禮而聖王詳審禮意以治躬外貌則莊嚴而恭敬若能莊嚴而恭敬則嚴肅威重也言內心莊嚴恭敬則人懼之嚴肅威重 心中斯須不和不樂而鄙詐之心入之矣者前經明致樂治心得則善心生此經明樂治心失則怨心起言不能致樂治心心中斯須不能調和則不能喜樂而有鄙愫詐僞之心於內矣由貪欲多故鄙詐起也 外貌斯須不莊不敬而易慢之心入之矣者前經致禮以治躬得則莊敬起此經明致禮以治躬失則易慢生故云外貌斯須不莊不敬不能致禮治躬故輕易怠慢之心從外而入內矣 故樂也者動於內者也禮也者動於外者也樂極和禮極順內和而外順則民瞻其顏色而弗與爭也望其容貌

足利本第四十九卷第十七葉

而民不生易慢焉故德煇動於内而民莫不承聽理發諸外而民莫不承順德煇顏色潤澤也理容貌之進止也〔疏〕正義曰此一經言聖人用禮樂以治身内外兼備使德煇動於内而民順於外 故樂也者動於内者也者但樂從心起故感動於内 禮也者動於外者也禮從外生故發動於外也 樂極和者樂能感人心故極盡於和也 禮極順者禮以檢貌故極盡於順也 内和而外順則民瞻其顏色而弗與爭也者由心内和色見於外順之故望其顏色而不與爭内和色見於外故不爭矣此覆結上内和也 望其容貌而民不生易慢焉者外貌和順故民不生易慢此覆結外順也 故德煇動於内而民莫不承聽者由樂以和心故德煇美發動於内而民莫不承奉聽從也 理發諸外而民莫不承順者由禮以治貌故理發見於外而民莫不承奉

禮記義四十九　十七　李子仁

敬順也〔注〕德煇至止也 正義曰德煇顏色潤澤也由内心和順故和順之德煇然發見於顏色是德煇由動於内而來也云理容貌之進止也者以經云理發諸外凡道理從内心而生今云理發諸外非道理之理止謂容貌進止之理鄭恐有道理之嫌故云容貌之進止也 故曰致禮樂之道舉而錯之天下無難矣〔疏〕正義曰此一經摠結致備禮樂之道也言聖王若能詳審極致禮樂之道舉而錯置於天下悉皆敬從無復有難爲之事也 樂也者動於内者也禮也者動於外者也故禮主其減樂主其盈禮主其減人所倦也樂主其盈人所歡也禮減而進以進爲文樂盈而反以反爲文進謂自勉強也反謂自抑止也文猶美也善也

潘本第四十九卷第十七葉

而民不生易慢焉故德煇動於内而民莫不承聽理發諸外而民莫不承順德煇顏色潤澤也理容貌之進止也〔疏〕正義曰此一經言聖人用禮樂以治身内外兼備使德煇動於内而民順於外 故樂也者動於内者也者但樂從心起故感動於内 禮也者動於外者也禮從外生故發動於外也 樂極和者樂能感人心故極盡於和也 禮極順者禮以檢貌故極盡於順也 内和而外順則民瞻其顏色而弗與爭也者由心内和色見於外順之故望其顏色而不與爭内和色見於外故不爭矣此覆結上内和也 望其容貌而民不生易慢焉者外貌和順故民不生易慢此覆結外順也 故德煇動於内而民莫不承聽者由樂以和心故德煇美發動於内而民莫不承奉聽從也 理發諸外而民莫不承順者由禮以治貌故理發見於外而民莫不承奉

禮記義四十九　十七　李子仁

敬順也〔注〕德煇至止也 正義曰德煇顏色潤澤也由内心和順故和順之德煇然發見於顏色是德煇由動於内而來也云理容貌之進止也者以經云理發諸外凡道理從内心而生今云理發諸外非道理之理止謂容貌進止之理鄭恐有道理之嫌故云容貌之進止也 故曰致禮樂之道舉而錯之天下無難矣〔疏〕正義曰此一經摠結致備禮樂之道也言聖王若能詳審極致禮樂之道舉而錯置於天下悉皆敬從無復有難爲之事也 樂也者動於内者也禮也者動於外者也故禮主其減樂主其盈禮主其減人所倦也樂主其盈人所歡也禮減而進以進爲文樂盈而反以反爲文進謂自勉強也反謂自抑止也文猶美也善也

禮減而不進則銷樂盈而不反則放故禮有報而樂有反放淫於聲樂不能止也報讀爲襃襃猶進也禮得其報則樂樂得其反則安得謂曉其義知其吉凶之歸禮之報樂之反其義一也俱趨立於中不銷不放也夫樂者樂也人情之所不能免也樂必發於聲音形於動靜人之道也聲音動靜性術之變盡於此矣免猶自止也人道人之所爲也性術言此出於性也盡於此不可過故人不耐無樂樂不耐無形形而不爲道不耐無亂形聲音動靜也耐古書能字也後世變之此獨存焉古以能爲三台字

疏正義曰此一節論禮之體或減或盈其事各異王者當各依其事而和節之也故禮主其減者行禮在於困匱主在減損謂人不能行也樂主其盈者作樂人所歡樂言樂主於盈滿人皆欲得聞也 禮減而進以進爲文者禮既減損當須勉勵於前進文謂美善之名若能前進則爲美善也 樂盈而反以反爲文者樂主其盈當須抑退而自反則爲美善也 禮減而不進則銷者覆明前經禮須進之意禮既減損若不勉強自進則禮道銷衰也 樂盈而不反則放者言樂主盈滿若不反自抑損則樂道流放也 故禮有報而樂有反者報讀爲襃襃猶進也以其病害如此故行禮之道須有自進作樂之道須有自退反也 禮得其報則樂者言禮能曉其義理而自進則和樂不至困苦故和樂也 樂得其反則安者言樂能知吉凶之歸而得其反則安靜而不流放也 禮之報樂之反其義一也者言禮能自進樂

禮減而不進則銷樂盈而不反則放故禮有報而樂有反放淫於聲樂不能止也報讀爲襃襃猶進也禮得其報則樂樂得其反則安得謂曉其義知其吉凶之歸禮之報樂之反其義一也俱趨立於中不銷不放也夫樂者樂也人情之所不能免也樂必發於聲音形於動靜人之道也聲音動靜性術之變盡於此矣免猶自止也人道人之所爲也性術言此出於性也盡於此不可過故人不耐無樂樂不耐無形形而不爲道不耐無亂形聲音動靜也耐古書能字也後世變之此獨存焉古以能爲三台字

疏正義曰此一節論禮之體或減或盈其事各異王者當各依其事而和節之也故禮主其減者行禮在於困匱主在減損謂人不能行也樂主其盈者作樂人所歡樂言樂主於盈滿人皆欲得聞也 禮減而進以進爲文者禮既減損當須勉勵於前進文謂美善之名若能前進則爲美善也 樂盈而反以反爲文者樂主其盈當須抑退而自反則爲美善也 禮減而不進則銷者覆明前經禮須進之意禮既減損若不勉強自進則禮道銷衰也 樂盈而不反則放者言樂主盈滿若不反自抑損則樂道流放也 故禮有報而樂有反者報讀爲襃襃猶進也以其病害如此故行禮之道須有自進作樂之道須有自退反也 禮得其報則樂者言禮能曉其義理而自進則和樂不至困苦故和樂也 樂得其反則安者言樂能知吉凶之歸而得其反則安靜而不流放也 禮之報樂之反其義一也者言禮能自進樂

足利本第四十九卷第十九葉

能自反其義於中和之義一也言俱得其中故云一也　注得謂至之歸　正義曰得曉其義者言禮樂俱有義理云知其吉凶之歸者謂禮之與樂俱有吉凶行禮得所爲吉失禮則凶爲樂美善則吉爲樂惡則凶今案注意分明兼解禮樂故鄭唯言得謂曉其義是兼解禮得樂得之字則自然吉凶之言解禮樂皇氏之意乃謂曉其義者解禮知其吉凶所歸解樂其義非也夫樂至此矣從此以下至章末揔明樂之德也　夫樂者樂也者言樂之爲體是人情所歡樂也人情之所不能免也者免猶止退也言喜樂動心是人情之所不能自抑退也　樂必發於聲音者言人歡樂之事發見於聲音言內心歡樂聲音發見則嗟歎之咏歌之是也形於動靜者形見也內心歡樂發見於外貌動靜則不知手之舞之足之蹈之是也　人之道也者謂內心歡樂發見聲音動靜是人道自然之常　聲音動靜性術之變盡於此矣者術謂道路變謂變動言口爲聲音貌爲動靜是人性道路之變轉竭盡於此矣而不可過也

禮記義四十九　十九　陳顒

內心善則變轉出音聲善外貌變轉爲動靜此自然情性爲變改不過於此度此外不復更有餘事故云盡於此矣　故人至無亂此一節明人稟自然之性而有喜樂　故人不耐無樂者言人感五常之性自然之常若見好事內心不能無喜樂也　樂不耐無形者內既歡樂不能無形見於外謂聲音動靜而見於外也　形而不爲道不耐無亂者歡樂既形於外而不依道理或歌舞不節俾晝作夜是不依道理既不爲道不能無淫亂之事以至於亡國喪家也　注耐古至台字　正義曰言經之耐字是古書能字之義言古之能字皆作耐字云後世變之者言後世以來變耐爲能不作耐字也云此獨存焉者言此樂記獨存耐字以爲能也云古以能爲三台字者言古時以今之能字爲三台之字是古者以耐字爲今之能字能字爲三台之字後世以來廢古耐字以三台之能替耐字之變而爲能也又更作三台之字是今古變也　先王恥其亂故制雅頌之聲

潘本第四十九卷第十九葉

能自反其義於中和之義一也言俱得其中故云一也　注得謂至之歸　正義曰得曉其義者言禮樂俱有義理云知其吉凶之歸者謂禮之與樂俱有吉凶行禮得所爲吉失禮則凶爲樂美善則吉爲樂惡則凶今案注意分明兼解禮樂故鄭唯言得謂曉其義是兼解禮得樂得之字則自然吉凶之言解禮樂皇氏之意乃謂曉其義者解禮知其吉凶所歸解樂其義非也夫樂至此矣從此以下至章末揔明樂之德也　夫樂者樂也者言樂之爲體是人情所歡樂也人情之所不能免也者免猶止退也言喜樂動心是人情之所不能自抑退也　樂必發於聲音者言人歡樂之事發見於聲音言內心歡樂聲音發見則嗟歎之咏歌之是也形於動靜者形見也內心歡樂發見於外貌動靜則不知手之舞之足之蹈之是也　人之道也者謂內心歡樂發見聲音動靜是人道自然之常　聲音動靜性術之變盡於此矣者術謂道路變謂變動言口爲聲音貌爲動靜是人性道路之變轉竭盡於此矣而不可過也

禮記義四十九　十九　陳顒

內心善則變轉出音聲善外貌變轉爲動靜此自然情性爲變改不過於此度此外不復更有餘事故云盡於此矣　故人至無亂此一節明人稟自然之性而有喜樂　故人不耐無樂者言人感五常之性自然之常若見好事內心不能無喜樂也　樂不耐無形者內既歡樂不能無形見於外謂聲音動靜而見於外也　形而不爲道不耐無亂者歡樂既形於外而不依道理或歌舞不節俾晝作夜是不依道理既不爲道不能無淫亂之事以至於亡國喪家也　注耐古至台字　正義曰言經之耐字是古書能字之義言古之能字皆作耐字云後世變之者言後世以來變耐爲能不作耐字也云此獨存焉者言此樂記獨存耐字以爲能也云古以能爲三台字者言古時以今之能字爲三台之字是古者以耐字爲今之能字能字爲三台之字後世以來廢古耐字以三台之能替耐字之變而爲能也又更作三台之字是今古變也　先王恥其亂故制雅頌之聲

以道之使其聲足樂而不流使其文足
論而不息使其曲直繁瘠廉肉節奏足
以感動人之善心而已矣不使放心邪氣
得接焉是先王立樂之方也流猶淫放也文篇
辭也息猶銷也曲
直歌之曲折也繁瘠廉肉聲之鴻殺
也節奏闋作進止所應也方道也
【疏】正義曰此一節論
先王恥惡其亂故
立正樂以節之使其聲足樂而不流者言先王制其雅頌
之聲作之有節使人愛樂不至流逸放蕩也　使其文足
論而不息者文謂樂之篇章足可談論義理而不息止也
使其曲直繁瘠廉肉節奏以感動人之善心而已矣者
曲謂聲音迴曲直謂聲音放直繁謂繁多瘠謂省約廉謂
廉稜肉謂肥滿節奏謂或作或止作則奏之止則節之言

禮記義四十九　二十　陳顒

聲音之内或曲或直或繁或瘠或廉或肉或節或奏隨分
而作以會其宜但使會其宜足以感動人之善心如此而
已　不使放心邪氣得接焉者放心謂放恣之心邪氣謂
淫邪之氣既節之以雅頌又調之以律呂皃得其敬心得
其和故放心邪氣不得接於情性矣　是先王立樂之方
也者方猶道也言此上來之事是先王立樂之道也【注】
流猶至道也　正義曰流猶淫放也者謂樂聲流動淫邪
放逸聲既如此感動人心人若聽之心亦流移淫放也云
息猶銷也言樂德深遠論量義理而不可銷盡故云論而
不息云曲直歌之曲折也言爲歌之體其聲須有曲時有
折時故云歌之曲折也云繁瘠廉肉聲之鴻殺也者鴻謂麤
大殺謂細小言樂聲須弘大而多則肉與繁聲是也殺謂
聲音細小則瘠與廉聲是也言聲音之宜或須繁多肉滿
者或須瘠少廉瘦者凡樂器大而弦麤者其聲鴻器小而
弦細者其聲殺矣云節奏闋作進止所應也闋謂樂
息作謂樂動進則作也止則闋也故云進止所應也　是

足利本第四十九卷第二十葉

以道之使其聲足樂而不流使其文足
論而不息使其曲直繁瘠廉肉節奏足
以感動人之善心而已矣不使放心邪氣
得接焉是先王立樂之方也流猶淫放也文篇
辭也息猶銷也曲
直歌之曲折也繁瘠廉肉聲之鴻殺
也節奏闋作進止所應也方道也
【疏】正義曰此一節論
先王恥惡其亂故
立正樂以節之使其聲足樂而不流者言先王制其雅頌
之聲作之有節使人愛樂不至流逸放蕩也　使其文足
論而不息者文謂樂之篇章足可談論義理而不息止也
使其曲直繁瘠廉肉節奏以感動人之善心而已矣者
曲謂聲音迴曲直謂聲音放直繁謂繁多瘠謂省約廉謂
廉稜肉謂肥滿節奏謂或作或止作則奏之止則節之言

禮記義四十九　二十　陳顒

聲音之内或曲或直或繁或瘠或廉或肉或節或奏隨分
而作以會其宜但使會其宜足以感動人之善心如此而
已　不使放心邪氣得接焉者放心謂放恣之心邪氣謂
淫邪之氣既節之以雅頌又調之以律呂皃得其敬心得
其和故放心邪氣不得接於情性矣　是先王立樂之方
也者方猶道也言此上來之事是先王立樂之道也【注】
流猶至道也　正義曰流猶淫放也者謂樂聲流動淫邪
放逸聲既如此感動人心人若聽之心亦流移淫放也云
息猶銷也言樂德深遠論量義理而不可銷盡故云論而
不息云曲直歌之曲折也言爲歌之體其聲須有曲時有
折時故云歌之曲折也云繁瘠廉肉聲之鴻殺也者鴻謂麤
大殺謂細小言樂聲須弘大而多則肉與繁聲是也殺謂
聲音細小則瘠與廉聲是也言聲音之宜或須繁多肉滿
者或須瘠少廉瘦者凡樂器大而弦麤者其聲鴻器小而
弦細者其聲殺矣云節奏闋作進止所應也闋謂樂
息作謂樂動進則作也止則闋也故云進止所應也　是

潘本第四十九卷第二十葉

故樂在宗廟之中君臣上下同聽之則莫不和敬在族長鄉里之中長幼同聽之則莫不和順在閨門之內父子兄弟同聽之則莫不和親故樂者審一以定和比物以飾節節奏合以成文所以合和父子君臣附親萬民也是先王立樂之方也審一審其人聲也比物謂雜金革土匏之屬也以成文五聲八音克諧相應和

疏 正義曰此一經覆說聖王立樂之事使君臣上下同聽之則莫不和敬者以君臣主敬故君臣上下同聽之則莫不和敬也鄉里主順故云莫不和順父子主親故云莫不和親也 故樂者審一以定和者一謂人聲言作樂者詳審人聲以定調和之音但人聲雖一其感有殊或有哀樂之感或有喜怒之感當須詳審其聲以定調和之曲矣 比物以飾節者物謂金石匏土之屬言須比八音之物以飾音曲之節也 節奏合以成文者謂奏作其樂或節止其樂使音聲和合成其五聲之文也 所以合和父子君臣者則上文君臣同聽莫不和敬父子同聽莫不和親是也 附親萬民也者則上文族長鄉里之中長幼同聽莫不和順之屬言親以及疏言近以至遠是親附萬民也

故聽其雅頌之聲志意得廣焉執其干戚習其俯仰詘伸容貌得莊焉行其綴兆要其節奏行列得正焉進退得齊焉故樂者天地

禮記正義四十九　廿一　陳文

故樂在宗廟之中君臣上下同聽之則莫不和敬在族長鄉里之中長幼同聽之則莫不和順在閨門之內父子兄弟同聽之則莫不和親故樂者審一以定和比物以飾節節奏合以成文所以合和父子君臣附親萬民也是先王立樂之方也審一審其人聲也比物謂雜金革土匏之屬也以成文五聲八音克諧相應和

疏 正義曰此一經覆說聖王立樂之事使君臣上下同聽之則莫不和敬者以君臣主敬故君臣上下同聽之則莫不和敬也鄉里主順故云莫不和順父子主親故云莫不和親也 故樂者審一以定和者一謂人聲言作樂者詳審人聲以定調和之音但人聲雖一其感有殊或有哀樂之感或有喜怒之感當須詳審其聲以定調和之曲矣 比物以飾節者物謂金石匏土之屬言須比八音之物以飾音曲之節也 節奏合以成文者謂奏作其樂或節止其樂使音聲和合成其五聲之文也 所以合和父子君臣者則上文君臣同聽莫不和敬父子同聽莫不和親是也 附親萬民也者則上文族長鄉里之中長幼同聽莫不和順之屬言親以及疏言近以至遠是親附萬民也

故聽其雅頌之聲志意得廣焉執其干戚習其俯仰詘伸容貌得莊焉行其綴兆要其節奏行列得正焉進退得齊焉故樂者天地

禮記正義四十九　廿一　陳文

之命中和之紀人情之所不能免也綴表也所以表行列也詩云荷戈與綴兆域也舞者進退所至也要猶會也命教也紀總要之名也

疏正義曰此一經論先王制樂得天地之和則感動人心使之和善故聽其雅頌之聲志意得廣焉者雅以施正道頌以贊成功若聽其聲則淫邪不入故志意得廣焉執其干戚習其俯仰詘伸容貌得莊焉者干戚是威儀之容俯仰詘伸以禮進退動止必以禮故容貌得莊敬焉行其綴兆要其節奏行列得正焉進退得齊焉者綴表也兆域也言舞者綴表兆域方正得其所矣節謂曲節奏謂動作言作樂或節或奏是依其綴兆故行列得正由隨其節奏故進退得齊焉故樂者天地之命者命教也言樂者感天地之氣是天地之教命也中和之紀者紀謂綱紀總要之所言樂和律呂之聲是中和紀[illegible]綱總要之所言也人情之所不能免也者人感天地[illegible]生又感陰陽之氣樂既合天地之命協中和之紀感動於人是人情不能自免退言人感樂聲自然敬愛也

注綴表至名也正義曰引詩云荷戈與綴者證綴為表也今案詩荷戈與祋不同者蓋鄭所見齊魯韓詩本不同也云紀總要之名也者紀是細繩束物之名與衆物為總要言樂者與中和之聲為總要也

夫樂者先王之所以飾喜也軍旅鈇鉞者先王之所以飾怒也故先王之喜怒皆得其儕焉儕猶輩類喜則天下和之怒則暴亂者畏之先王之道禮樂可謂盛矣天子之於天下喜節之以禮樂則兆民和從而畏敬之禮樂王者所常興則盛也

疏正義曰此一經覆說樂道之盛故先王之喜怒皆得其儕焉

二十二

之命中和之紀人情之所不能免也綴表也所以表行列也詩云荷戈與綴兆域也舞者進退所至也要猶會也命教也紀總要之名也

疏正義曰此一經論先王制樂得天地之和則感動人心使之和善故聽其雅頌之聲志意得廣焉者雅以施正道頌以贊成功若聽其聲則淫邪不入故志意得廣焉執其干戚習其俯仰詘伸容貌得莊焉者干戚是威儀之容俯仰詘伸以禮進退動止必以禮故容貌得莊敬焉行其綴兆要其節奏行列得正焉進退得齊焉者綴表也兆域也言舞者綴表兆域方正得其所矣節謂曲節奏謂動作言作樂或節或奏是依其綴兆故行列得正由隨其節奏故進退得齊焉故樂者天地之命者命教也言樂者感天地之氣是天地之教命也中和之紀者紀謂綱紀總要之所言樂和律呂之聲是中和紀[illegible]綱總要之所言也人情之所不能免也者人感天地[illegible]生又感陰陽之氣樂既合天地之命協中和之紀感動於人是人情不能自免退言人感樂聲自然敬愛也

注綴表至名也正義曰引詩云荷戈與綴者證綴為表也今案詩荷戈與祋不同者蓋鄭所見齊魯韓詩本不同也云紀總要之名也者紀是細繩束物之名與衆物為總要言樂者與中和之聲為總要也

夫樂者先王之所以飾喜也軍旅鈇鉞者先王之所以飾怒也故先王之喜怒皆得其儕焉儕猶輩類喜則天下和之怒則暴亂者畏之先王之道禮樂可謂盛矣天子之於天下喜節之以禮樂則兆民和從而畏敬之禮樂王者所常興則盛也

疏正義曰此一經覆說樂道之盛故先王之喜怒皆得其儕焉

二十二

足利本第四十九卷第二十三葉

者言樂以飾喜非喜不樂是喜得其儕類焉鈇鉞飾怒非
怒不可橫施鈇鉞是怒得其儕類焉樂非合喜不喜鈇鉞
非合怒不怒也　喜則天下和之者以心内而喜故天下
和也　怒則暴亂者畏之者非惡不怒故暴亂者畏之
先王之道禮樂可謂盛矣者上經以來但論樂此兼云
禮者以此一章揔兼禮樂故於章末揔以禮樂結之　子
贛見師乙而問焉曰賜聞聲歌各有宜
也如賜者宜何歌也子貢孔子弟子師樂官也乙名聲歌各有宜氣順性也
師乙曰乙賤工也何足以問所宜請誦其
所聞而吾子自執焉樂人稱工執猶處也寬而靜柔
而正者宜歌頌廣大而靜疏達而信者

禮記正義四十九　廿三

宜歌大雅恭儉而好禮者宜歌小雅正
直而靜廉而謙者宜歌風肆直而慈愛
者宜歌商溫良而能斷者宜歌齊夫歌
者直己而陳德也動己而天地應焉四
時和焉星辰理焉萬物育焉故商者
五帝之遺聲也商人識之故謂之商齊
者三代之遺聲也齊人識之故謂之齊明
乎商之音者臨事而屢斷明乎齊之音

潘本第四十九卷第二十三葉

者言樂以飾喜非喜不樂是喜得其儕類焉鈇鉞飾怒非
怒不可橫施鈇鉞是怒得其儕類焉樂非合喜不喜鈇鉞
非合怒不怒也　喜則天下和之者以心内而喜故天下
和也　怒則暴亂者畏之者非惡不怒故暴亂者畏之
先王之道禮樂可謂盛矣者上經以來但論樂此兼云
禮者以此一章揔兼禮樂故於章末揔以禮樂結之　子
贛見師乙而問焉曰賜聞聲歌各有宜
也如賜者宜何歌也子貢孔子弟子師樂官也乙名聲歌各有宜氣順性也
師乙曰乙賤工也何足以問所宜請誦其
所聞而吾子自執焉樂人稱工執猶處也寬而靜柔
而正者宜歌頌廣大而靜疏達而信者

禮記正義四十九　廿三

宜歌大雅恭儉而好禮者宜歌小雅正
直而靜廉而謙者宜歌風肆直而慈愛
者宜歌商溫良而能斷者宜歌齊夫歌
者直己而陳德也動己而天地應焉四
時和焉星辰理焉萬物育焉故商者
五帝之遺聲也商人識之故謂之商齊
者三代之遺聲也齊人識之故謂之齊明
乎商之音者臨事而屢斷明乎齊之音

者見利而讓屢數也數斷事以其肆直也見利而讓以其溫良能斷也斷猶決也臨事而屢斷勇也見利而讓義也有勇有義非歌孰能保此保猶安也知也故歌者上如抗下如隊曲如折止如槁木倨中矩句中鉤纍纍乎端如貫珠言歌聲之著動人心之審如有此事故歌之爲言也長言之也說之故言之言之不足故長言之長言之不足故嗟歎之嗟歎之不足故不知手之舞之足之蹈之也長言之引其聲也嗟歎和續之也不知手之舞之足之蹈之歎之至也

子貢問樂上下目美之也

疏正義曰子贛見師乙依別錄是師乙之章 聞聲歌各有宜也者子贛問師乙言凡聲歌各逐人性所宜者也如賜同者宜何歌也者賜同之氣性宜作何歌是欲令師乙觀己氣性宜聽何歌也 請誦其所聞而吾子自執焉者此師乙恭子贛請爲論述不敢定其所宜故請誦其所聞之詩令子贛自量己性執處所宜之歌但此經倒錯上下失敘今依鄭之所注次而解之所次依史記樂書也 寬而靜柔而正者宜歌頌者寬謂德量寬大靜謂安靜柔謂和柔正謂正直頌成功德澤弘厚若性寬柔靜正者乃能包含故宜歌頌也 廣大而靜疏達而信者宜歌大雅者廣大謂志意宏大而安靜疏達謂疏朗通達而誠信大雅者歌其大正故性廣大疏達宜歌大雅但廣大而不寬疏達而不柔包容未盡故不能歌頌 恭儉而好禮者宜歌小雅者恭謂以禮自持儉謂以約自處若好禮而動不越法

者見利而讓屢數也數斷事以其肆直也見利而讓以其溫良能斷也斷猶決也臨事而屢斷勇也見利而讓義也有勇有義非歌孰能保此保猶安也知也故歌者上如抗下如隊曲如折止如槁木倨中矩句中鉤纍纍乎端如貫珠言歌聲之著動人心之審如有此事故歌之爲言也長言之也說之故言之言之不足故長言之長言之不足故嗟歎之嗟歎之不足故不知手之舞之足之蹈之也長言之引其聲也嗟歎和續之也不知手之舞之足之蹈之歎之至也

禮記義卌九 十四 美御

子貢問樂上下目美之也

疏正義曰子贛見師乙依別錄是師乙之章 聞聲歌各有宜也者子贛問師乙言凡聲歌各逐人性所宜者也如賜同者宜何歌也者賜同之氣性宜作何歌是欲令師乙觀己氣性宜聽何歌也 請誦其所聞而吾子自執焉者此師乙恭子贛請爲論述不敢定其所宜故請誦其所聞之詩令子贛自量己性執處所宜之歌但此經倒錯上下失敘今依鄭之所注次而解之所次依史記樂書也 寬而靜柔而正者宜歌頌者寬謂德量寬大靜謂安靜柔謂和柔正謂正直頌成功德澤弘厚若性寬柔靜正者乃能包含故宜歌頌也 廣大而靜疏達而信者宜歌大雅者廣大謂志意宏大而安靜疏達謂疏朗通達而誠信大雅者歌其大正故性廣大疏達宜歌大雅但廣大而不寬疏達而不柔包容未盡故不能歌頌 恭儉而好禮者宜歌小雅者恭謂以禮自持儉謂以約自處若好禮而動不越法

也小雅者王者小正性既恭儉好禮而守分不能廣大疏通故宜歌小雅者也　正直而靜廉而謙者宜歌風者正直而不能包容靜退即不知機變廉約自守謙恭卑退不能好禮自處其德狹劣故宜歌諸侯之風未能聽天子之雅矣　肆直而慈愛者宜歌商者謂情性四放質直慈愛養者宜歌商商者五帝之遺聲言五帝道大故肆直慈愛者宜歌之以慈愛故也　溫良而能斷者歌齊者齊三代之遺聲三代干戚所起斷是非故溫良能斷者宜歌齊也　夫歌者直己而陳德也者言夫歌者當直己身而陳論其德謂己有此德而宜此歌亦是正直己身而敷陳其德故云直己而陳德也　動己而天地應焉者言直己陳德故有四事而來應之言歌者運動己德而天地應焉　四時和焉者謂陰陽順也　星辰理焉者謂不悖逆也、萬物育焉者謂羣生得所也　故商者五帝之遺聲也者言五帝德既顯盛遺聲在於後代矣其肆直而慈愛者宜聽之耳未能行五常之德也　商之至之齊商之遺聲也

禮記義四十九　二十五　鄭復

者此五字鄭云衍字者上已有商者五帝遺聲故此云商人識之故云謂之商矣　齊者三代之遺聲者前經云溫良而能斷者宜歌齊故此云齊者三代之遺聲也　齊人識之既識其音曲故謂之齊矣言三王德備五帝道盛但遺聲於後代故溫良而能斷者宜歌之言宜聽歌聲非謂能行三代之德也　明乎商之音者以其肆直而慈愛故臨事屢斷也　明乎齊之音者見利而讓者以其溫良能斷故見利而讓不私於己也　臨事而屢斷勇也者臨危疑之事數能斷割是勇也　見利而讓義也者言見利能讓是有義也　有勇有義非歌孰能保此者保猶安也知也故有勇有義之人不是歌聲辨之誰能知其有勇有義言觀其所宜之歌宜歌商者知其有勇宜歌齊者知其有義　故歌至貫珠此一經論感動人心形狀如此諸事上如抗者言歌聲上響感動人意使之如似抗舉也下如隊者言音聲下響感動人音如似隊落之下也　曲如折者言音聲迴曲感動人心如似方折也　止如槀木

也小雅者王者小正性既恭儉好禮而守分不能廣大疏通故宜歌小雅者也　正直而靜廉而謙者宜歌風者正直而不能包容靜退即不知機變廉約自守謙恭卑退不能好禮自處其德狹劣故宜歌諸侯之風未能聽天子之雅矣　肆直而慈愛者宜歌商者謂情性四放質直慈愛養者宜歌商商者五帝之遺聲言五帝道大故肆直慈愛者宜歌之以慈愛故也　溫良而能斷者歌齊者齊三代之遺聲三代干戚所起斷是非故溫良能斷者宜歌齊也　夫歌者直己而陳德也者言夫歌者當直己身而陳論其德謂己有此德而宜此歌亦是正直己身而敷陳其德故云直己而陳德也　動己而天地應焉者言直己陳德故有四事而來應之言歌者運動己德而天地應焉　四時和焉者謂陰陽順也　星辰理焉者謂不悖逆也萬物育焉者謂羣生得所也　故商者五帝之遺聲也者言五帝德既顯盛遺聲在於後代矣其肆直而慈愛者宜聽之耳未能行五常之德也　商之至之齊商之遺聲也

禮記義四十九　二十五　鄭復

者此五字鄭云衍字者上已有商者五帝遺聲故此云商人識之故云謂之商矣　齊者三代之遺聲者前經云溫良而能斷者宜歌齊故此云齊者三代之遺聲也　齊人識之既識其音曲故謂之齊矣言三王德備五帝道盛但遺聲於後代故溫良而能斷者宜歌之言宜聽歌聲非謂能行三代之德也　明乎商之音者以其肆直而慈愛故臨事屢斷也　明乎齊之音者見利而讓者以其溫良能斷故見利而讓不私於己也　臨事而屢斷勇也者臨危疑之事數能斷割是勇也　見利而讓義也者言見利能讓是有義也　有勇有義非歌孰能保此者保猶安也知也故有勇有義之人不是歌聲辨之誰能知其有勇有義言觀其所宜之歌宜歌商者知其有勇宜歌齊者知其有義　故歌至貫珠此一經論感動人心形狀如此諸事上如抗者言歌聲上響感動人意使之如似抗舉也下如隊者言音聲下響感動人音如似隊落之下也　曲如折者言音聲迴曲感動人心如似方折也　止如槀木

足利本第四十九卷第二十六葉

者言音聲止靜感動人心如似枯槀之木止而不動也 句
倨中矩者言其音聲雅曲感動人心如中當於矩也
中鉤者謂大屈也言音聲大屈曲感動人心如中當於鉤
也 纍纍乎端如貫珠者言聲之狀纍纍乎感動人心端
正其狀如貫於珠言音聲感動於人令人心想形狀如此
故歌至之也上論歌之形狀此論歌之始終相生至於
舞蹈 故歌之爲言也長言之也者言歌之爲言引液其
聲長遠而言之 說之故言之者此更覆說歌意前境有
可說之事來感己情則言之 言之不足故長言之者直
言之不足更宣暢己意故引液長言之也 長言之不足
故嗟歎之者以長言永歌之意猶不足故嗟歎之美而和
續之 嗟歎之不足故不知手之舞之足之蹈之也者言
雖復嗟歎情猶未滿故不覺揚手舞之舉足蹈之而手舞
其體足蹈其地也之是助句亂也案詩云先嗟歎後云永
歌之此先云長言之後云嗟歎之文先後不同者何也但
詩序是屬文之體又略言之故彼云言之不足故嗟歎之

禮記義四十九　二十六　鄭復

嗟歎之不足故永歌之此經委曲說歌之狀其言備具故
言之言之不足故長言之長言之不足故後始云嗟歎之
矣 注商宋詩也 正義曰以下文商人識之齊人識之
皆據其代也故知此商謂宋人所歌之詩宋是商後也
注云商至處也 正義曰此經中商之遺聲也五字言無
此五字以上經云商者五帝之遺聲故此經不得更有商
之遺聲也故知衍字云商者五帝之遺聲也當居此衍
字處也者前云商者五帝之遺聲當居此商之處也

禮記正義卷第四十九

潘本第四十九卷第二十六葉

者言音聲止靜感動人心如似枯槀之木止而不動也 句
倨中矩者言其音聲雅曲感動人心如中當於矩也
中鉤者謂大屈也言音聲大屈曲感動人心如中當於鉤
也 纍纍乎端如貫珠者言聲之狀纍纍乎感動人心端
正其狀如貫於珠言音聲感動於人令人心想形狀如此
故歌至之也上論歌之形狀此論歌之始終相生至於
舞蹈 故歌之爲言也長言之也者言歌之爲言引液其
聲長遠而言之 說之故言之者此更覆說歌意前境有
可說之事來感己情則言之 言之不足故長言之者直
言之不足更宣暢己意故引液長言之也 長言之不足
故嗟歎之者以長言永歌之意猶不足故嗟歎之美而和
續之 嗟歎之不足故不知手之舞之足之蹈之也者言
雖復嗟歎情猶未滿故不覺揚手舞之舉足蹈之而手舞
其體足蹈其地也之是助句亂也案詩云先嗟歎後云永
歌之此先云長言之後云嗟歎之文先後不同者何也但
詩序是屬文之體又略言之故彼云言之不足故嗟歎之

禮記義四十九　二十六　鄭復

嗟歎之不足故永歌之此經委曲說歌之狀其言備具故
言之言之不足故長言之長言之不足故後始云嗟歎之
矣 注商宋詩也 正義曰以下文商人識之齊人識之
皆據其代也故知此商謂宋人所歌之詩宋是商後也
注云商至處也 正義曰此經中商之遺聲也五字言無
此五字以上經云商者五帝之遺聲故此經不得更有商
之遺聲也故知衍字云商者五帝之遺聲也當居此衍
字處也者前云商者五帝之遺聲當居此商之處也

禮記正義卷第四十九

足利本第五十卷第一葉

禮記正義卷第五十

國子祭酒上護軍曲阜縣開國子臣孔穎達等奉

勑撰

雜記上第二十

正義曰案鄭目録云名曰雜記者以其雜記諸侯以下至士之喪事此於別録屬喪服分爲上下義與曲禮檀弓分別不殊也

諸侯行而死於館則其復如於其國如於道則升其乘車之左轂以其綏復 館主國所致舍復招魂復魄也如於其國主國館賓與使有之得升屋招用褒衣也如於道道上廬宿也升車左轂象升屋東榮綏當爲緌讀如蕤賓之蕤字之誤也緌謂旌旗之旄也去其旒而用之異於生也

疏 正義曰自此以下至蒲席以爲裳帷摠明諸侯及大夫士在路而死招魂復魄并明飾棺貴賤之等此一經下至廟門外論諸侯之制今各依文解之 ○諸侯行而死於棺者謂五等諸侯朝覲天子及自相朝會之屬而死者謂諸侯於時或在主國死於棺者謂主國有司所授館舍也 ○則其復如於其國者其復謂招魂復魄也雖在他國所授之舍若復魄之禮則與在己本國同故云如於其國也 ○如於道則升其乘車之左轂者如若也道路也謂若諸侯在道路死則復魄與本國異也乘車其所自乘之車也其復魄則俱升其所乘車左邊轂上而復魄也此車以南面爲正則左在東也升車左轂象在家升屋東榮也其五等之復人數各如其命數今轂上狹則不知以幾人崔氏云一人而已 ○以其綏復者綏旌旗

潘本第五十卷第一葉

禮記正義卷第五十

國子祭酒上護軍曲阜縣開國子臣孔穎達等奉

勑撰

雜記上第二十

正義曰案鄭目録云名曰雜記者以其雜記諸侯以下至士之喪事此於別録屬喪服分爲上下義與曲禮檀弓分別不殊也

諸侯行而死於館則其復如於其國如於道則升其乘車之左轂以其綏復 館主國所致舍復招魂復魄也如於其國主國館賓與使有之得升屋招用褒衣也如於道道上廬宿也升車左轂象升屋東榮綏當爲緌讀如蕤賓之蕤字之誤也緌謂旌旗之旄也去其旒而用之異於生也

四六三　禮記正義五十　一　觀承

疏 正義曰自此以下至蒲席以爲裳帷摠明諸侯及大夫士在路而死招魂復魄并明飾棺貴賤之等此一經下至廟門外論諸侯之制今各依文解之 ○諸侯行而死於館者謂五等諸侯朝覲天子及自相朝會之屬而死者謂諸侯於時或在主國死於館者謂主國有司所授館舍也 ○則其復如於其國者其復謂招魂復魄也雖在他國所授之舍若復魄之禮則與在己本國同故云如於其國也 ○如於道則升其乘車之左轂者如若也道路也謂若諸侯在道路死則復魄與本國異也乘車其所自乘之車也其復魄則俱升其所乘車左邊轂上而復魄也此車以南面爲正則左在東也升車左轂象在家升屋東榮也其五等之復人數各如其命數今轂上狹則不知以幾人崔氏云一人而已 ○以其綏復者綏旌旗

綏也若在國中招魂則衣各用其上服今在路死則招用
旌旗之綏是在路則異於在國故云於道用之亦異魂魄
望見識之而還也若王喪於國而復於四郊亦建綏而復
周禮夏采云以乘車建綏復于四郊是也 注館主至生
也 正義曰館主國所致舍者案曾子問云公館復公之
所爲曰公館是主國館賓之舍也云與使有之者謂主國
與賓此舍使賓專自有之故得升屋招魂復用褒衣也褒
衣者天子褒賜之衣即下文復用褒衣是也云如於道道
上廬宿也者案遺人云凡國野之道十里有廬三十里有
宿五十里有市故云道上廬宿也云升車左轂象升屋東
榮者車轅嚮南左轂在東故象東榮不於廬宿之舍復者
廬宿供待衆賓非死者所專有故復於乘車左轂云綏當
爲緌讀如蕤賓之蕤者但經中綏字絲旁著妥其音雖訓
爲安此復之所用者是緌也緌絲旁著委故云綏當爲緌讀
此綏字爲蕤賓之蕤者音與蕤賓字聲同也以經作綏故
云字之誤也云緌謂旌旗之旄也者案夏采云乘車建綏

禮記義五十 二 王浩

復于四郊乘車玉路當建大常今乃建緌無大常也明堂
位云有虞氏之綏夏后氏之旂後王文飾故知有虞氏之
綏但有旄也云去其旒而用之異於生也者諸侯 其輤
建交龍之旂今以其綏復是去其旒異於生也
有裧緇布裳帷素錦以爲屋而行 輤載柩將殯之車飾
也輤取名於櫬與蒨讀如蒨旆之蒨櫬棺也蒨染赤色者
也將葬載柩之車飾曰柳裧謂鼈甲邊緣緇布裳帷圍棺
者也裳帷用緇則輤用赤矣輤象宮室屋其中小 正
帳櫬覆棺者若未大斂其載尸而歸車飾皆如之 疏 義
曰此一經明諸侯車飾輤謂載柩之車有裧者謂輤之四
旁有物裧垂象鼈甲邊緣 緇布裳帷者輤下棺外用緇
色之布以爲裳帷以圍繞棺也 素錦以爲屋者於此裳
帷之中又用素錦以爲屋小帳以覆棺而行者於死處既
設此飾而後行 注輤載至如之 正義曰輤載柩將殯
之車飾也者以下經云遂入適所殯是將殯車飾也云輤

足利本第五十卷第二葉

綏也若在國中招魂則衣各用其上服今在路死則招用
旌旗之綏是在路則異於在國故云於道用之亦異魂魄
望見識之而還也若王喪於國而復於四郊亦建綏而復
周禮夏采云以乘車建綏復于四郊是也 注館主至生
也 正義曰館主國所致舍者案曾子問云公館復公之
所爲曰公館是主國館賓之舍也云與使有之者謂主國
與賓此舍使賓專自有之故得升屋招魂復用褒衣也褒
衣者天子褒賜之衣即下文復用褒衣是也云如於道道
上廬宿也者案遺人云凡國野之道十里有廬三十里有
宿五十里有市故云道上廬宿也云升車左轂象升屋東
榮者車轅嚮南左轂在東故象東榮不於廬宿之舍復者
廬宿供待衆賓非死者所專有故復於乘車左轂云綏當
爲緌讀如蕤賓之蕤者但經中綏字絲旁著妥其音雖訓
爲安此復之所用者是緌也緌絲旁著委故云綏當爲緌讀
此綏字爲蕤賓之蕤者音與蕤賓字聲同也以經作綏故
云字之誤也云緌謂旌旗之旄也者案夏采云乘車建綏

禮記義五十 二 王浩

復于四郊乘車玉路當建大常今乃建緌無大常也明堂
位云有虞氏之綏夏后氏之旂後王文飾故知有虞氏之
綏但有旄也云去其旒而用之異於生也者諸侯 其輤
建交龍之旂今以其綏復是去其旒異於生也
有裧緇布裳帷素錦以爲屋而行 輤載柩將殯之車飾
也輤取名於櫬與蒨讀如蒨旆之蒨櫬棺也蒨染赤色者
也將葬載柩之車飾曰柳裧謂鼈甲邊緣緇布裳帷圍棺
者也裳帷用緇則輤用赤矣輤象宮室屋其中小 正
帳櫬覆棺者若未大斂其載尸而歸車飾皆如之 疏 義
曰此一經明諸侯車飾輤謂載柩之車有裧者謂輤之四
旁有物裧垂象鼈甲邊緣 緇布裳帷者輤下棺外用緇
色之布以爲裳帷以圍繞棺也 素錦以爲屋者於此裳
帷之中又用素錦以爲屋小帳以覆棺而行者於死處既
設此飾而後行 注輤載至如之 正義曰輤載柩將殯
之車飾也者以下經云遂入適所殯是將殯車飾也云輤

潘本第五十卷第二葉

足利本第五十卷第三葉

取名於櫬與蒨者言此車所以名輤凡有二義一者取名於櫬櫬近尸也二取名於蒨蒨草也故云取名於櫬與蒨云讀如蒨旆之蒨者言經中輤字讀如蒨旆之蒨案左傳定四年祝佗云封康叔以綪茂謂以蒨草染旆爲赤色故讀此輤與彼同是亦蒨草以染布也云櫬棺也者覆說取名於櫬義也云蒨染赤色者也者說取名於蒨草之義也云將葬載柩之車飾曰柳者證此經中輤非將葬車也云椄謂鼈甲邊緣者覆說輤象鼈甲覆於棺上中央隆高四面漸下椄象邊緣垂於輤之四邊與輤連體則亦赤也若葬車之飾則上用荒不用輤也云裳帷用緇則輤用赤矣者前雖讀輤爲蒨草其色未明今因裳帷用緇故知定輤爲赤色以玄纁相對之物故以赤色對緇也但玄纁天地之色取象不同或上或下非一例也要玄纁是相對之色云若未大斂其載尸而歸車飾皆如之者此經所論謂大斂後也故下云適所殯若未大斂則曾子問云尸入門升自阼階不得云適所殯也知未大斂之前車飾亦然者以

禮記義五十　三　張摇

載尸柩車飾經唯有此一文故知其飾同也　至於廟門不毀牆遂入適所殯唯輤爲說於廟門外廟所殯宮牆裳帷也適所殯謂兩楹之間去輤乃入廟門以其入自有宮室也毀或爲徹凡柩自外來者正棺於兩楹之間尸亦侇之於此皆因殯焉異者柩入自闕升自西階尸入自門升自阼階其殯必於兩楹之間者以其死不於室而自外來留之於中不忍遠也

疏正義曰此一經明諸侯禮載柩入制也　至於廟門者謂殯宮門也　不毀牆者牆謂裳帷但毀去上輤不毀去裳帷　遂入適所殯者遂入殯宮正柩於兩楹之間而遂殯焉　唯輤爲說於廟門外者言餘物不說唯輤一物說於殯宮門外　注廟所至遠也　正義曰廟所殯宮者以殯之所在故謂爲廟云牆裳帷也者鄭恐是宮牆之嫌故云牆裳帷也以飾棺之物稱牆門是入自門也云適所殯在兩楹之間者以死在外來故殯於兩楹間云去

潘本第五十卷第三葉

取名於櫬與蒨者言此車所以名輤凡有二義一者取名於櫬櫬近尸也二取名於蒨蒨草也故云取名於櫬與蒨云讀如蒨旆之蒨者言經中輤字讀如蒨旆之蒨案左傳定四年祝佗云封康叔以綪茂謂以蒨草染旆爲赤色故讀此輤與彼同是亦蒨草以染布也云櫬棺也者覆說取名於櫬義也云蒨染赤色者也者說取名於蒨草之義也云將葬載柩之車飾曰柳者證此經中輤非將葬車也云椄謂鼈甲邊緣者覆說輤象鼈甲覆於棺上中央隆高四面漸下椄象邊緣垂於輤之四邊與輤連體則亦赤也若葬車之飾則上用荒不用輤也云裳帷用緇則輤用赤矣者前雖讀輤爲蒨草其色未明今因裳帷用緇故知定輤爲赤色以玄纁相對之物故以赤色對緇也但玄纁天地之色取象不同或上或下非一例也要玄纁是相對之色云若未大斂其載尸而歸車飾皆如之者此經所論謂大斂後也故下云適所殯若未大斂則曾子問云尸入門升自阼階不得云適所殯也知未大斂之前車飾亦然者以

禮記義五十　三　張摇

載尸柩車飾經唯有此一文故知其飾同也　至於廟門不毀牆遂入適所殯唯輤爲說於廟門外廟所殯宮牆裳帷也適所殯謂兩楹之間去輤乃入廟門以其入自有宮室也毀或爲徹凡柩自外來者正棺於兩楹之間尸亦侇之於此皆因殯焉異者柩入自闕升自西階尸入自門升自阼階其殯必於兩楹之間者以其死不於室而自外來留之於中不忍遠也

疏正義曰此一經明諸侯禮載柩入制也　至於廟門者謂殯宮門也　不毀牆者牆謂裳帷但毀去上輤不毀去裳帷　遂入適所殯者遂入殯宮正柩於兩楹之間而遂殯焉　唯輤爲說於廟門外者言餘物不說唯輤一物說於殯宮門外　注廟所至遠也　正義曰廟所殯宮者以殯之所在故謂爲廟云牆裳帷也者鄭恐是宮牆之嫌故云牆裳帷也以飾棺之物稱牆門是入自門也云適所殯在兩楹之間者以死在外來故殯於兩楹間云去

輴乃入廟門以其入自有宮室也者解經所以去輴乃入之意輴乃覆棺上象宮室今入之有宮室故云輴也不去裳帷者以裳帷郭棺未可去也云凡柩自外來者正棺於兩楹之間者案公羊定元年癸亥公之喪至自乾侯正棺於兩楹之間然後即位鄭以是推之則知尸自外來者亦停於兩楹之間故尸亦侇之於此皆因殯焉云異者柩入自闕升自西階尸入自門升自阼階者皆曾子問文云留之於中不忍遠也者以周人殯於客位今殯於兩楹之間是不忍遠之也

大夫士死於道則升其乘車之左轂以其綏復如於館死則其復如於家綏亦緌也大夫復於家以玄冕士以爵弁服**大夫以布爲輤而行至於家而說輤載以輲車入自門至於阼階下而說**

車舉自阼階升適所殯大夫輤言用布白布不染也言輤者達名也不言裳帷俱用布無所別也至門亦說輤乃入言載以輲車入自門明車不易也輲讀爲輇或作槫許氏說文解字曰有輻曰輪無輻曰輇周禮又有蜃車天子以載柩蜃輇聲相近其制同乎輇崇蓋半乘車之輪諸侯言不毀牆大夫士言不易車至相明也不易者不易以輴也廟中有載柩以輴之禮此不耳

疏 正義曰此一經明大夫車飾也　大夫以布爲輤者以白布爲輤不以蒼草染之亦言輤者適名耳是有輤櫬近之義也　載以輲車者大夫初死及至家皆以輲車今至家說輤唯輲車在故云載以輲車　入自門至於阼階下而說車者謂說去其車矣　舉自阼階升適所殯者謂舉自阼階下而升適兩楹之間所殯之處此云升適阼階謂尸矣若柩則升自西階　注 大夫至不耳　正義曰云白布不染也者以經云用布故知白布不染下經士輤葦席以爲屋蒲席以爲裳帷以諸

足利本第五十卷第四葉

潘本第五十卷第四葉

輴乃入廟門以其入自有宮室也者解經所以去輴乃入之意輴乃覆棺上象宮室今入之有宮室故云輴也不去裳帷者以裳帷郭棺未可去也云凡柩自外來者正棺於兩楹之間者案公羊定元年癸亥公之喪至自乾侯正棺於兩楹之間然後即位鄭以是推之則知尸自外來者亦停於兩楹之間故尸亦侇之於此皆因殯焉云異者柩入自闕升自西階尸入自門升自阼階者皆曾子問文云留之於中不忍遠也者以周人殯於客位今殯於兩楹之間是不忍遠之也

大夫士死於道則升其乘車之左轂以其綏復如於館死則其復如於家綏亦緌也大夫復於家以玄冕士以爵弁服**大夫以布爲輤而行至於家而說輤載以輲車入自門至於阼階下而說**

禮記義五十　四　姜仲

車舉自阼階升適所殯大夫輤言用布白布不染也言輤者達名也不言裳帷俱用布無所別也至門亦說輤乃入言載以輲車入自門明車不易也輲讀爲輇或作槫許氏說文解字曰有輻曰輪無輻曰輇周禮又有蜃車天子以載柩蜃輇聲相近其制同乎輇崇蓋半乘車之輪諸侯言不毀牆大夫士言不易車至相明也不易者不易以輴也廟中有載柩以輴之禮此不耳

疏 正義曰此一經明大夫車飾也　大夫以布爲輤者以白布爲輤不以蒼草染之亦言輤者適名耳是有輤櫬近之義也　載以輲車者大夫初死及至家皆以輲車今至家說輤唯輲車在故云載以輲車　入自門至於阼階下而說車者謂說去其車矣　舉自阼階升適所殯者謂舉自阼階下而升適兩楹之間所殯之處此云升適阼階謂尸矣若柩則升自西階　注 大夫至不耳　正義曰云白布不染也者以經云用布故知白布不染下經士輤葦席以爲屋蒲席以爲裳帷以諸

足利本第五十卷第五葉

侯爲裳帷則知大夫亦有裳帷俱用布耳云言輤者達名
也者既不用蒨草染之而言輤者輤是襯近之義通達於
下是大夫與士皆有襯近之名也云至門亦說輤乃入言
載以輲車入自門明車不易也者鄭以經云至於家而說
輤載以輲車恐至家乃載以輴車故云明車不易上云不
毀牆遂入不云車不易此云載以輲車明車亦不易云輲
讀爲輇或作槫者言經之輲字當讀爲車旁之全或禮記
諸本此用輲車作本旁專字者云許氏說文解字曰有輻
曰輪無輻曰輇者有輻謂別施木爲輻無輻謂合大木爲
之不施輻曰輇云周禮又有蜃車天子以載柩者案周禮
遂師職共蜃車之役是天子以載柩也云蜃輇聲相近其
制同乎者言天子蜃車與此大夫輇車聲既相近其制宜
同故云其制同乎云輇崇蓋半乘車之輪者此無文證以
其蜃類蓋迫地而行其輪宜卑故疑半乘車之輪蓋疑辭
矣周禮考工記乘車之輪六尺有六寸今云半之得三尺
三寸也云諸侯言不毀牆大夫士言不易車互相明也者

七。丹四　禮記義五十　五　許忠

諸侯言不毀牆則大夫亦不毀牆大夫士言不易車明諸
侯亦不易車云不易者不易以輴也者謂大夫士在路載
以輲車至家說載亦載以輲車是不易以輴也若天子諸
侯載柩以蜃車至門亦以蜃車其殯時則易之以輴也云
廟中有載柩以輴車之禮此不耳者謂天子諸侯殯時用
輴又天子諸侯及大夫朝廟之時有用輴車載柩之禮此
喪從外來大夫士不合用輴故云此不耳凡在路載柩天
子以下至士皆用蜃車與輲車同故周禮遂師共蜃車之
役是天子也既夕云遂匠納車于階間注云車載柩車周
禮謂之蜃車雜記謂之團是士用蜃車也雜記云大夫載
以輲車輲車則蜃車也是大夫用蜃車則諸侯不言亦可
知其蜃車之形鄭注既夕禮云其車之轝狀如牀中央有
轅前後出設輅轝輅轝上有四周下則前後有軸以輇爲
輪許叔重說不輻曰輪無輻曰輲鄭又注周禮遂師云四
輪迫地而行有似於蜃因取名焉此是蜃之制也上下通
用在路載柩也輲車之制亦與蜃車同但不用輻爲輪天

潘本第五十卷第五葉

侯爲裳帷則知大夫亦有裳帷俱用布耳云言輤者達名
也者既不用蒨草染之而言輤者輤是襯近之義通達於
下是大夫與士皆有襯近之名也云至門亦說輤乃入言
載以輲車入自門明車不易也者鄭以經云至於家而說
輤載以輲車恐至家乃載以輴車故云明車不易上云不
毀牆遂入不云車不易此云載以輲車明車亦不易云輲
讀爲輇或作槫者言經之輲字當讀爲車旁之全或禮記
諸本此用輲車作本旁專字者云許氏說文解字曰有輻
曰輪無輻曰輇者有輻謂別施木爲輻無輻謂合大木爲
之不施輻曰輇云周禮又有蜃車天子以載柩者案周禮
遂師職共蜃車之役是天子以載柩也云蜃輇聲相近其
制同乎者言天子蜃車與此大夫輇車聲既相近其制宜
同故云其制同乎云輇崇蓋半乘車之輪者此無文證以
其蜃類蓋迫地而行其輪宜卑故疑半乘車之輪蓋疑辭
矣周禮考工記乘車之輪六尺有六寸今云半之得三尺
三寸也云諸侯言不毀牆大夫士言不易車互相明也者

七。丹四　禮記義五十　五　許忠

諸侯言不毀牆則大夫亦不毀牆大夫士言不易車明諸
侯亦不易車云不易者不易以輴也者謂大夫士在路載
以輲車至家說載亦載以輲車是不易以輴也若天子諸
侯載柩以蜃車至門亦以蜃車其殯時則易之以輴也云
廟中有載柩以輴車之禮此不耳者謂天子諸侯殯時用
輴又天子諸侯及大夫朝廟之時有用輴車載柩之禮此
喪從外來大夫士不合用輴故云此不耳凡在路載柩天
子以下至士皆用蜃車與輲車同故周禮遂師共蜃車之
役是天子也既夕禮云遂匠納車于階間注云車載柩車周
禮謂之蜃車雜記謂之團是士用蜃車也雜記云大夫載
以輲車輲車則蜃車也是大夫用蜃車則諸侯不言亦可
知其蜃車之形鄭注既夕禮云其車之轝狀如牀中央有
轅前後出設輅轝輅轝上有四周下則前後有軸以輇爲
輪許叔重說有輻曰輪無輻曰輲鄭又注周禮遂師云四
輪迫地而行有似於蜃因取名焉此是蜃之制也上下通
用在路載柩也輲車之制亦與蜃車同但不用輻爲輪天

足利本第五十卷第六葉

子諸侯殯皆用之故檀弓云天子菆塗龍輴謂畫轅爲龍諸侯殯亦用輴車不畫轅爲龍故喪大記云君殯用輴注云君諸侯也輴不畫龍大夫殯不用輴故鄭注喪大記大夫之殯廢輴是大夫不用輴士掘肂見衽是亦廢輴也其朝廟大夫以上皆用輴士朝廟用輁軸故既夕禮云遷於祖用軸鄭注云大夫諸侯以上有四周謂之輴天子畫之以龍是也輴與輁軸所以異者輴有四周輁軸則無故鄭注既夕禮云軸狀如轉轔刻兩頭爲軹輁狀如長牀穿桯前後著金而關軸焉是也

士輤葦席以爲屋蒲席以爲裳帷 言以葦席爲屋則無素錦爲帳 疏 正義曰此一經明士輤也葦席以爲屋者謂用葦席屈之以爲輤棺之屋蒲席以爲裳帷者又以蒲席以爲裳帷圍繞於屋旁也 注言以至爲帳 正義曰言以士云葦席以爲屋屋當帷帳之處故云無素錦爲帳矣然大夫無以他物爲屋之文則是用素錦爲帳矣與諸侯同案諸侯與大

五五三 禮記義五十 六 顧永

夫上有輤旁有裳帷內有素錦屋今士唯云葦席以爲屋蒲席以爲裳帷不云屋上所有之物據文言之葦席爲屋則當覆上輤處將蒲席爲裳帷接屋之四邊以郭棺或可大夫既有素錦爲帳帳外上有布輤旁有布裳帷則士之葦席屋之外旁有蒲席裳帷則屋上當以蒲席爲輤覆於上但文不備也未知孰是故兩存焉

凡訃於其君曰君之臣某死 訃或皆作赴赴至也臣死其子使人至君所告之 父母妻長子曰君之臣某之某死 此臣於其家喪所主者 君訃於他國之君曰寡君不祿敢告於執事夫人曰寡小君不祿大子之喪曰寡君之適子某死 君夫人不稱薨告他國君謙也 疏 正義曰此一節摠明遭喪訃告於君及敵者并訃於

潘本第五十卷第六葉

子諸侯殯皆用之故檀弓云天子菆塗龍輴謂畫轅爲龍諸侯殯亦用輴車不畫轅爲龍故喪大記云君殯用輴注云君諸侯也輴不畫龍大夫殯不用輴故鄭注喪大記大夫之殯廢輴是大夫不用輴士掘肂見衽是亦廢輴也其朝廟大夫以上皆用輴士朝廟用輁軸故既夕禮云遷於祖用軸鄭注云大夫諸侯以上有四周謂之輴天子畫之以龍是也輴與輁軸所以異者輴有四周輁軸則無故鄭注既夕禮云軸狀如轉轔刻兩頭爲軹輁狀如長牀穿桯前後著金而關軸焉是也

士輤葦席以爲屋蒲席以爲裳帷 言以葦席爲屋則無素錦爲帳 疏 正義曰此一經明士輤也葦席以爲屋者謂用葦席屈之以爲輤棺之屋蒲席以爲裳帷者又以蒲席以爲裳帷圍繞於屋旁也 注言以至爲帳 正義曰言以士云葦席以爲屋屋當帷帳之處故云無素錦爲帳矣然大夫無以他物爲屋之文則是用素錦爲帳矣與諸侯同案諸侯與大

五六三 禮記義五十 六 顧永

夫上有輤旁有裳帷內有素錦屋今士唯云葦席以爲屋蒲席以爲裳帷不云屋上所有之物據文言之葦席爲屋則當覆上輤處將蒲席爲裳帷接屋之四邊以郭棺或可大夫既有素錦爲帳帳外上有布輤旁有布裳帷則士之葦席屋之外旁有蒲席裳帷則屋上當以蒲席爲輤覆於上但文不備也未知孰是故兩存焉

凡訃於其君曰君之臣某死 訃或皆作赴赴至也臣死其子使人至君所告之 父母妻長子曰君之臣某之某死 此臣於其家喪所主者 君訃於他國之君曰寡君不祿敢告於執事夫人曰寡小君不祿大子之喪曰寡君之適子某死 君夫人不稱薨告他國君謙也 疏 正義曰此一節摠明遭喪訃告於君及敵者并訃於

鄭國稱謂之差各隨文解之　父母妻長子曰君之臣某
之某死者上某是生者臣名下某是臣之親屬死者云君
之臣姓某甲之父死也　曰寡君不祿敢告於執事者以
謙故稱寡君若云寡德之君雖復壽考仍以短折言之故
云不祿不敢指斥鄰國君身故云敢告於執事也　夫人
曰寡小君不祿大子之喪曰寡君之適子某死者皆當云
告於執事不言者略之故也　注君夫至謙也　正義曰
案下曲禮云諸侯曰薨夫人尊與君同也今夫人與君同
不稱薨者以告他國之君及夫人自謙退是不敢從君及
夫人之禮也案下曲禮篇云士曰不祿今雖謙退而同士稱
者案異義今春秋公羊說諸侯曰薨赴於鄰國亦當稱薨
經書諸侯言卒者春秋之文王魯故稱卒以下魯古春秋
左氏說諸侯薨赴於鄰國稱名則書名稱卒卒者終也取
其終身又以尊不出其國訃君謹案士虞禮云尸服卒者
之上服不分別尊卑皆同年卒者卒終也是終沒之辭也
鄭駮之云案雜記上云君薨訃於他國之君曰寡君不祿

禮記義五十　七　黃祖信

曲禮下曰壽考曰卒短折曰不祿今君薨而云不祿者言
臣子於君父雖有考終眉壽猶若其短折然若君薨而訃
者曰卒卒是壽終矣斯無哀惜之心非臣子之辭鄰國來
赴書以卒者言無所差幼皆終成人之志所以相尊敬如
異義所論是君稱不祿之意若杜元凱注左氏傳則與此
異案隱三年聲子卒傳云不赴故不曰薨杜云鄰國之赴
魯史書卒者臣子惡其薨名改赴書也如鄭此云不祿謂
赴者口辭矣春秋所云薨謂赴書之策所以不同者言壽
考曰卒短折曰不祿杜以爲禮記後人所作不正與春秋同杜所不用　大夫訃於同國
適者曰某不祿訃於士亦曰某不祿訃於
他國之君曰君之外臣寡大夫某死訃於
適者曰吾子之外私寡大夫某不祿使某

鄭國稱謂之差各隨文解之　父母妻長子曰君之臣某
之某死者上某是生者臣名下某是臣之親屬死者云君
之臣姓某甲之父死也　曰寡君不祿敢告於執事者以
謙故稱寡君若云寡德之君雖復壽考仍以短折言之故
云不祿不敢指斥鄰國君身故云敢告於執事也　夫人
曰寡小君不祿大子之喪曰寡君之適子某死者皆當云
告於執事不言者略之故也　注君夫至謙也　正義曰
案下曲禮云諸侯曰薨夫人尊與君同也今夫人與君同
不稱薨者以告他國之君及夫人自謙退是不敢從君及
夫人之禮也案下曲禮篇云士曰不祿今雖謙退而同士稱
者案異義今春秋公羊說諸侯曰薨赴於鄰國亦當稱薨
經書諸侯言卒者春秋之文王魯故稱卒以下魯古春秋
左氏說諸侯薨赴於鄰國稱名則書名稱卒卒者終也取
其終身又以尊不出其國訃君謹案士虞禮云尸服卒者
之上服不分別尊卑皆同年卒者卒終也是終沒之辭也
鄭駮之云案雜記上云君薨訃於他國之君曰寡君不祿

禮記義五十　七　黃祖信

曲禮下曰壽考曰卒短折曰不祿今君薨而云不祿者言
臣子於君父雖有考終眉壽猶若其短折然若君薨而訃
者曰卒卒是壽終矣斯無哀惜之心非臣子之辭鄰國來
赴書以卒者言無所差幼皆終成人之志所以相尊敬如
異義所論是君稱不祿之意若杜元凱注左氏傳則與此
異案隱三年聲子卒傳云不赴故不曰薨杜云鄰國之赴
魯史書卒者臣子惡其薨名改赴書也如鄭此云不祿謂
赴者口辭矣春秋所云薨謂赴書之策所以不同者言壽
考曰卒短折曰不祿杜以爲禮記後人所作不正與春秋同杜所不用　大夫訃於同國
適者曰某不祿訃於士亦曰某不祿訃於
他國之君曰君之外臣寡大夫某死訃於
適者曰吾子之外私寡大夫某不祿使某

足利本第五十卷第八葉

實訃於士亦曰吾子之外私寡大夫某不祿使某實［適讀爲匹敵之敵謂爵同者也實當爲至此讀周秦之人聲之誤也］〔疏〕［大夫至某實此一經明大夫之卒相訃告之禮也　適者曰某不祿者謂同國大夫位相敵者曰某不祿　訃於士亦曰某不祿者大夫既尊於士士處亦得稱不祿稱某者或死者之名或死者官號而赴者得稱之　訃於他國之君曰君之外臣寡大夫某死言外臣者大夫不屬他國故云外臣自謙退無德故云寡大夫某矣尊敬他君不敢申辭故曰某死　訃於適者曰吾子之外私寡大夫某不祿使某實者訃於適者謂大夫死訃於他國大夫相敵體者謂訃告大夫以是別國私有恩好故曰外私以赴大夫其辭得申故云某不祿以身赴告故云使某實　訃於士亦曰吾子之外私寡大夫某不祿使某實者謂大夫之喪訃他國之士其辭與訃大夫同此所云大夫者上下皆同曰大夫無以爲異也］

士訃於同國大夫曰某死訃於士亦曰某死訃於他國之君曰君之外臣某死訃於大夫曰吾子之外私某死訃於士亦曰吾子之外私某死〔疏〕［士訃至某死此一經論士喪相訃告之稱云某死者以其士賤赴大夫及士皆云某死若訃他國之君及大夫士等皆云某死但於他君稱外臣於大夫士言外私耳］

大夫次於公館以終喪士練而歸士次於公館［公館公宮之舍也練而歸之士謂邑宰也練而猶處公館朝廷之士也唯大夫三年無歸也］大夫居廬士居堊室［謂未練時也士居堊室亦謂邑宰也朝廷之士亦居廬］〔疏〕［正義曰此

潘本第五十卷第八葉

實訃於士亦曰吾子之外私寡大夫某不祿使某實［適讀爲匹敵之敵謂爵同者也實當爲至此讀周秦之人聲之誤也］〔疏〕［大夫至某實此一經明大夫之卒相訃告之禮也　適者曰某不祿者謂同國大夫位相敵者曰某不祿　訃於士亦曰某不祿者大夫既尊於士士處亦得稱不祿稱某者或死者之名或死者官號而赴者得稱之　訃於他國之君曰君之外臣寡大夫某死言外臣者大夫不屬他國故云外臣自謙退無德故云寡大夫某矣尊敬他君不敢申辭故曰某死　訃於適者曰吾子之外私寡大夫某不祿使某實者訃於適者謂大夫死訃於他國大夫相敵體者謂訃告大夫以是別國私有恩好故曰外私以赴大夫其辭得申故云某不祿以身赴告故云使某實　訃於士亦曰吾子之外私寡大夫某不祿使某實者謂大夫之喪訃他國之士其辭與訃大夫同此所云大夫者上下皆同曰大夫無以爲異也］

禮記義五十　八　陸訓

士訃於同國大夫曰某死訃於士亦曰某死訃於他國之君曰君之外臣某死訃於大夫曰吾子之外私某死訃於士亦曰吾子之外私某死〔疏〕［士訃至某死此一經論士喪相訃告之稱云某死者以其士賤赴大夫及士皆云某死若訃他國之君及大夫士等皆云某死但於他君稱外臣於大夫士言外私耳］

大夫次於公館以終喪士練而歸士次於公館［公館公宮之舍也練而歸之士謂邑宰也練而猶處公館朝廷之士也唯大夫三年無歸也］大夫居廬士居堊室［謂未練時也士居堊室亦謂邑宰也朝廷之士亦居廬］〔疏〕［正義曰此

足利本第五十卷第九葉

一節明大夫士遭君喪次舍居處及歸還之節公館君之舍也大夫恩深祿重故爲君喪居廬終喪畢乃還家也士練而歸者謂邑宰之士也士卑恩輕故至小祥而反其所治邑也　士次於公館者此謂朝廷之士也雖輕而無邑事故亦留次公館三年也　大夫居廬者以位尊恩重故居廬　士居堊室者士位卑恩輕故居堊室注公館至歸也　正義曰云練而歸之士謂邑宰也者以下文云士次於公館今云練而歸明是邑宰以爲君治邑若久而不歸即廢其職事也若身爲大夫雖位得采地亦終喪乃歸也　注謂未至居廬　正義曰知此是未練時者案間傳云斬衰之喪居倚廬既練居堊室此經若練後則大夫居堊室今云大夫居廬明未練時也云士居堊室亦謂邑宰也者士若非邑宰未練之前當與大夫同居廬今云居堊室故知是邑宰也必知邑宰者以上文云大夫終喪士練而歸言邑宰之士降於大夫此云士居堊室亦降於大夫故知是邑宰之士也云朝廷之士亦居廬者以臣爲君喪

禮記義五十　九　李仁

俱服斬衰故知未練之前士亦居廬也然周禮宮正注云親者貴者居廬疏者賤者居堊室引此雜記云大夫居廬士居堊室則是大夫以上定居廬士以下定居堊室此云朝廷之士亦居廬與彼不同者尋鄭之文意若與王親者雖云士賤亦居廬則此云朝廷之士亦居廬是也若與王無親身又是士則居堊室則此經士居堊室是也故鄭於宮正之注引此士居堊室證賤者居堊室也若與王親雖疏但是貴者則亦居廬也庾氏熊氏並爲此說熊氏或說云若天子則大夫居廬士居堊室則雜記言是也若諸侯則朝廷大夫士皆居廬也邑宰之士居堊室宮正之注是也此義得兩通故並存焉　大夫爲其父母兄弟之未爲大夫者之喪服如士服士爲其父母兄弟之爲大夫者之喪服如士服　大夫雖尊不以其服服父母兄弟嫌若踰之也

潘本第五十卷第九葉

一節明大夫士遭君喪次舍居處及歸還之節公館君之舍也大夫恩深祿重故爲君喪居廬終喪畢乃還家也士練而歸者謂邑宰之士也士卑恩輕故至小祥而反其所治邑也　士次於公館者此謂朝廷之士也雖輕而無邑事故亦留次公館三年也　大夫居廬者以位尊恩重故居廬　士居堊室者士位卑恩輕故居堊室注公館至歸也　正義曰云練而歸之士謂邑宰也者以下文云士次於公館今云練而歸明是邑宰以爲君治邑若久而不歸即廢其職事也若身爲大夫雖位得采地亦終喪乃歸也　注謂未至居廬　正義曰知此是未練時者案間傳云斬衰之喪居倚廬既練居堊室此經若練後則大夫居堊室今云大夫居廬明未練時也云士居堊室亦謂邑宰也者士若非邑宰未練之前當與大夫同居廬今云居堊室故知是邑宰也必知邑宰者以上文云大夫終喪士練而歸言邑宰之士降於大夫此云士居堊室亦降於大夫故知是邑宰之士也云朝廷之士亦居廬者以臣爲君喪

禮記義五十　九　李仁

俱服斬衰故知未練之前士亦居廬也然周禮宮正注云親者貴者居廬疏者賤者居堊室引此雜記云大夫居廬士居堊室則是大夫以上定居廬士以下定居堊室此云朝廷之士亦居廬與彼不同者尋鄭之文意若與王親者雖云士賤亦居廬則此云朝廷之士亦居廬是也若與王無親身又是士則居堊室則此經士居堊室是也故鄭於宮正之注引此士居堊室證賤者居堊室也若與王親雖疏但是貴者則亦居廬也庾氏熊氏並爲此說熊氏或說云若天子則大夫居廬士居堊室則雜記言是也若諸侯則朝廷大夫士皆居廬也邑宰之士居堊室宮正之注是也此義得兩通故並存焉　大夫爲其父母兄弟之未爲大夫者之喪服如士服士爲其父母兄弟之爲大夫者之喪服如士服　大夫雖尊不以其服服父母兄弟嫌若踰之也

足利本第五十卷第十葉

士謂大夫庶子爲士者也已卑又不敢服尊者之服今
大夫喪禮逸與士異者未得而備聞也春秋傳曰齊晏
桓子卒晏嬰麤衰斬苴絰帶杖菅屨食粥居倚廬寢苫
枕草其老曰非大夫之禮也曰唯卿爲大夫此平仲之
謙也言己非大夫故爲父服士服耳麤衰斬者其縷在
齊斬之間謂縷如三升半而三升不緝也斬衰以三升
爲正微細焉則屬於麤也然則士與大夫爲父服異者
有麤衰斬枕草矣其爲母五升縷而四升爲兄弟六升
縷而五升乎唯大夫以上乃能備儀盡飾士以下則以
臣服君之斬衰爲其父以臣從君而服之齊衰爲其母
與兄弟亦以勉人爲高行
也大功以下大夫士服同
疏正義曰此篇雜記喪事
也經次上下無義例科
段今各依文解之此一經明大夫士爲其父母昆弟之
服也注大夫至服同　正義曰嫌若踰之也者大夫
之父母兄弟或作士或無官今大夫爲之若著大夫之
服是自尊踰越父母兄弟今不以大夫之服服父母兄

禮記正義五十　十　馬祐

弟是嫌畏踰之也云士謂大夫庶子爲士者也者此士
解經中下文士爲之文知此士是大夫庶子爲士者
若大夫適子雖未爲士猶服大夫之服即下文是也
若其適子爲士則服大夫服可知故知此士爲父母
之爲大夫者但服士服是庶子也所以不服大夫服
者已卑不敢服尊者之服云今大夫喪禮逸與士異
者未得而備聞也者欲見大夫與士喪禮殊異未甚
分明引春秋傳者欲證大夫與士之喪服不同所引
傳者襄十七年左傳文云齊晏桓子卒至唯卿爲大
夫皆左傳辭也齊晏桓子卒者是晏嬰之父晏弱謚
曰桓子也云晏嬰麤衰斬者桓子之子晏嬰身服麤
衰而斬云苴絰帶杖者以苴麻爲首絰要帶以苴色
之竹爲杖云菅屨者以菅草爲屨云食粥居倚廬
寢苫者是喪禮之常枕草者非喪禮之文云其老曰
非大夫之禮也者老謂晏嬰家臣見晏嬰服士服故
其老言所服云非大夫之喪禮也云曰唯卿爲大

潘本第五十卷第十葉

士謂大夫庶子爲士者也已卑又不敢服尊者之服今
大夫喪禮逸與士異者未得而備聞也春秋傳曰齊晏
桓子卒晏嬰麤衰斬苴絰帶杖菅屨食粥居倚廬寢苫
枕草其老曰非大夫之禮也曰唯卿爲大夫此平仲之
謙也言己非大夫故爲父服士服耳麤衰斬者其縷在
齊斬之間謂縷如三升半而三升不緝也斬衰以三升
爲正微細焉則屬於麤也然則士與大夫爲父服異者
有麤衰斬枕草矣其爲母五升縷而四升爲兄弟六升
縷而五升乎唯大夫以上乃能備儀盡飾士以下則以
臣服君之斬衰爲其父以臣從君而服之齊衰爲其母
與兄弟亦以勉人爲高行
也大功以下大夫士服同
疏正義曰此篇雜記喪事
也經次上下無義例科
段今各依文解之此一經明大夫士爲其父母昆弟之
服也注大夫至服同　正義曰嫌若踰之也者大夫
之父母兄弟或作士或無官今大夫爲之若著大夫之
服是自尊踰越父母兄弟今不以大夫之服服父母兄

禮記正義五十　十　馬祐

弟是嫌畏踰之也云士謂大夫庶子爲士者也者此士
解經中下文士爲之文知此士是大夫庶子爲士者
若大夫適子雖未爲士猶服大夫之服即下文是也
若其適子爲士則服大夫服可知故知此士爲父母
之爲大夫者但服士服是庶子也所以不服大夫服
者已卑不敢服尊者之服云今大夫喪禮逸與士異
者未得而備聞也者欲見大夫與士喪禮殊異未甚
分明引春秋傳者欲證大夫與士之喪服不同所引
傳者襄十七年左傳文云齊晏桓子卒至唯卿爲大
夫皆左傳辭也齊晏桓子卒者是晏嬰之父晏弱謚
曰桓子也云晏嬰麤衰斬者桓子之子晏嬰身服麤
衰而斬云苴絰帶杖者以苴麻爲首絰要帶以苴色
之竹爲杖云菅屨者以菅草爲屨云食粥居倚廬
寢苫者是喪禮之常枕草者非喪禮之文云其老曰
非大夫之禮也者老謂晏嬰家臣見晏嬰服士服故
其老言所服云非大夫之喪禮也云曰唯卿爲大

足利本第五十卷第十一葉

夫者此晏嬰對家老之言若身爲卿得著大夫之服若身
爲大夫唯得服士服云此平仲之謙也者言平仲之言非
禮也謙退之辭云言己非大夫故爲父服士服耳者若是
卿則得爲父服大夫服故云非從此以下皆鄭君解釋之
辭云麤衰斬者其縷在齊斬之間者案喪服初章斬衰次
章疏衰疏即麤也今言麤衰斬者是下響麤上響兼斬有
麤故云麤衰斬者其縷在齊斬之間齊即麤也言其布縷
在齊斬之間斬衰三升麤衰四升其布在三升四升之間
故云縷如三升半言麤如三升半而計縷唯三升故云縷
如三升半而三升不緝也但縷如三升半是麤衰不緝是
斬而成布三升爲父之服也云斬衰以三升爲正微細焉
則屬於麤也者解晏子實斬衰而兼言麤也云然則士與
大夫爲父服異者有麤衰斬枕草矣者鄭既約左傳晏嬰
之事始明大夫與士不同故云然則士與大夫爲父異麤
衰枕草矣則大夫以上斬衰枕由士則疏衰枕草案既夕
禮士禮而云枕塊者記者廣說非辭也云其爲母五升縷

禮記義五十　十七　壹志

而四升爲兄弟六升縷而五升平者鄭既約士之父服縷
細降一等經文有母及兄弟故此約母與兄弟之服也喪
服爲母四升此云爲母五升縷謂麤細似五升之縷成布
四升喪服爲兄弟五升此云爲兄弟六升縷謂麤細如六
升之縷成布五升皆謂縷細成布升數少也云唯大夫以
上乃能備儀盡飾者大夫以上則兼天子諸侯德高能備
儀服無降殺是盡飾云士以下則以臣服君之斬衰爲其
父以臣從君而服之齊衰爲其母與兄弟者以喪服義服
皆降正服一等今爲父母兄弟降從義服是卑屈也云以
臣從君而服之齊衰爲其母與兄弟者案喪服臣從君義
服齊衰六升今士爲兄弟縷如六升成布五升得與臣爲
君義服齊衰同其士爲母父卒縷如五升成布四升與臣
爲君義服齊衰全異而云爲其母與臣爲君義服齊衰同
者前注所云因麤衰降斬衰一等即連言父卒爲母云縷
如五升成布四升據父卒爲母言之也此注以士爲兄弟
與臣爲君義服齊衰同則父在爲母與兄弟服亦同縷如

潘本第五十卷第十一葉

夫者此晏嬰對家老之言若身爲卿得著大夫之服若身
爲大夫唯得服士服云此平仲之謙也者言平仲之言非
禮也謙退之辭云言己非大夫故爲父服士服耳者若是
卿則得爲父服大夫服故云非從此以下皆鄭君解釋之
辭云麤衰斬者其縷在齊斬之間者案喪服初章斬衰次
章疏衰疏即麤也今言麤衰斬者是下響麤上響兼斬有
麤故云麤衰斬者其縷在齊斬之間齊即麤也言其布縷
在齊斬之間斬衰三升麤衰四升其布在三升四升之間
故云縷如三升半言麤如三升半而計縷唯三升故云縷
如三升半而三升不緝也但縷如三升半是麤衰不緝是
斬而成布三升爲父之服也云斬衰以三升爲正微細焉
則屬於麤也者解晏子實斬衰而兼言麤也云然則士與
大夫爲父服異者有麤衰斬枕草矣者鄭既約左傳晏嬰
之事始明大夫與士不同故云然則士與大夫爲父異麤
衰枕草矣則大夫以上斬衰枕由士則疏衰枕草案既夕
禮士禮而云枕塊者記者廣說非辭也云其爲母五升縷

禮記義五十　十七　壹志

而四升爲兄弟六升縷而五升平者鄭既約士之父服縷
細降一等經文有母及兄弟故此約母與兄弟之服也喪
服爲母四升此云爲母五升縷謂麤細似五升之縷成布
四升喪服爲兄弟五升此云爲兄弟六升縷謂麤細如六
升之縷成布五升皆謂縷細成布升數少也云唯大夫以
上乃能備儀盡飾者大夫以上則兼天子諸侯德高能備
儀服無降殺是盡飾云士以下則以臣服君之斬衰爲其
父以臣從君而服之齊衰爲其母與兄弟者以喪服義服
皆降正服一等今爲父母兄弟降從義服是卑屈也云以
臣從君而服之齊衰爲其母與兄弟者案喪服臣從君義
服齊衰六升今士爲兄弟縷如六升成布五升得與臣爲
君義服齊衰同其士爲母父卒縷如五升成布四升與臣
爲君義服齊衰全異而云爲其母與臣爲君義服齊衰同
者前注所云因麤衰降斬衰一等即連言父卒爲母云縷
如五升成布四升據父卒爲母言之也此注以士爲兄弟
與臣爲君義服齊衰同則父在爲母與兄弟服亦同縷如

足利本第五十卷第十二葉

六升而成布五升㯲父在爲母言之爲此前後注異云亦
以勉人爲高行也者居喪之禮以服重爲申以服輕爲屈
今大夫爲父母兄弟之未爲大夫者服士服是勉勵其父
母兄弟使爲高行作大夫之禮士爲其父母兄弟之爲大
夫者服士服亦是勉勵士身使爲高行作大夫也云大功
以下大夫士服同者以經唯云父母兄弟士與大夫之異
不云大功以下有殊是大功以下與大夫士同所以然者
以重服情深故使士有抑屈使之勉勵大功以下輕服情
殺故上下俱申也案聖證論王肅云喪禮自天子以下無
等故曾子云哭泣之哀齊斬之情饘粥之食自天子達且
大國之卿與天子上士俱三命故曰一也晉士起大國上
卿當天子之士也平仲之言唯卿爲大夫謂諸侯之卿當
天子之大夫非謙辭也春秋之時尊者尚輕簡喪服禮制
遂壞羣卿專政晏子惡之故服麤衰枕草於當時爲重是
以平仲云唯卿爲大夫遜辭以辟害也又孟子云諸侯之
禮三年之喪齊疏之服飦粥之食自天子達於庶人三代

禮記義五十　十二　王茂

共之又此記云端衰喪車皆無等又家語云孔子曰平仲
可爲能遠於害矣不以己之是駮人之非遜辭以辟咎也
王肅謂大夫與士異者大夫以上在喪斂時弁絰士冠素
委貌馬昭荅王肅同雜記云大夫爲其父母兄弟之未爲
大夫者之喪服如士服是大夫與士喪服不同者而肅云
無等則是背經說也鄭與言禮張融評云士與大夫異者
皆是亂世尚輕涼非王者之達禮小功輕重不達於禮鄭
言謙者不異於遠害融意以王肅與鄭其義略同如融之
說是周公制禮之時則上下同當喪制無等至後世以來
士與大夫有異故記者載之鄭因而解之禮是鄭學今申
鄭義云端衰喪車無等者端正也正爲衰之制度上下無
等其服精麤卿與大夫有異也又曾子云齊斬之情㯲其
情爲一等無妨服有殊異耳若王肅之意大夫以上弁絰
士唯素冠此亦得施於父母此經云爲昆弟豈亦弁經素
冠之異乎此是肅之不通也杜元凱注左傳說與王肅同
服虔注左傳與端衰喪車無等其老之問晏子之荅皆爲

潘本第五十卷第十二葉

六升而成布五升㯲父在爲母言之爲此前後注異云亦
以勉人爲高行也者居喪之禮以服重爲申以服輕爲屈
今大夫爲父母兄弟之未爲大夫者服士服是勉勵其父
母兄弟使爲高行作大夫之禮士爲其父母兄弟之爲大
夫者服士服亦是勉勵士身使爲高行作大夫也云大功
以下大夫士服同者以經唯云父母兄弟士與大夫之異
不云大功以下有殊是大功以下與大夫士同所以然者
以重服情深故使士有抑屈使之勉勵大功以下輕服情
殺故上下俱申也案聖證論王肅云喪禮自天子以下無
等故曾子云哭泣之哀齊斬之情饘粥之食自天子達且
大國之卿與天子上士俱三命故曰一也晉士起大國上
卿當天子之士也平仲之言唯卿爲大夫謂諸侯之卿當
天子之大夫非謙辭也春秋之時尊者尚輕簡喪服禮制
遂壞羣卿專政晏子惡之故服麤衰枕草於當時爲重是
以平仲云唯卿爲大夫遜辭以辟害也又孟子云諸侯之
禮三年之喪齊疏之服飦粥之食自天子達於庶人三代

禮記義五十　十二　王茂

共之又此記云端衰喪車皆無等又家語云孔子曰平仲
可爲能遠於害矣不以己之是駮人之非遜辭以辟咎也
王肅謂大夫與士異者大夫以上在喪斂時弁絰士冠素
委貌馬昭荅王肅同雜記云大夫爲其父母兄弟之未爲
大夫者之喪服如士服是大夫與士喪服不同者而肅云
無等則是背經說也鄭與言禮張融評云士與大夫異者
皆是亂世尚輕涼非王者之達禮小功輕重不達於禮鄭
言謙者不異於遠害融意以王肅與鄭其義略同如融之
說是周公制禮之時則上下同當喪制無等至後世以來
士與大夫有異故記者載之鄭因而解之禮是鄭學今申
鄭義云端衰喪車無等者端正也正爲衰之制度上下無
等其服精麤卿與大夫有異也又曾子云齊斬之情㯲其
情爲一等無妨服有殊異耳若王肅之意大夫以上弁絰
士唯素冠此亦得施於父母此經云爲昆弟豈亦弁經素
冠之異乎此是肅之不通也杜元凱注左傳說與王肅同
服虔注左傳與端衰喪車無等其老之問晏子之荅皆爲

非禮並與鄭違今所不用也大夫之適子服大夫之服仕至大夫賢著而德
成適子得服其服亦尊其適象賢疏正義曰云仕至大夫賢著而德成適子得服其服者以經云大夫之適子
服大夫之服所以然者以其父在仕官身至大夫賢行既著
遺德又成故其適子雖未仕官得服大夫之服也云亦尊其
適象賢者非但尊此大夫之身亦當尊其適子使服大夫之
服能象似其父之賢者皇氏云大夫適子若爲士爲其父唯
服士服注云仕至大夫謂此子若仕官至大夫始得服大夫
服以其賢德著成如皇氏之意解此仕至大夫爲大夫之子
案前經注云士謂大夫庶子爲士者明大夫適子未仕官及
爲士皆得服大夫之服皇氏之言違文背注不解鄭意其說
非也大夫之庶子爲大夫則爲其父母服大夫服
其位與未爲大夫者齒雖庶子得服其服尚德也使齒於士不可不宗適疏

禮記義五十　十三　嚴信

正義曰此一節明大夫庶子爲大夫則得爲父母服大夫之
服其位與未爲大夫者齒大夫庶子雖爲大夫得服大夫之
服其行位之處與適子未爲大夫者相齒列注雖庶至宗
適　正義曰云尚德也者言此大夫之子身雖是庶所以得
服者以其仕至大夫由身有德行故云尚德也云使齒於士
不可不宗適者此庶子雖爲大夫猶齒列於適子之下其年
雖長於適子猶在適子之下使適子爲主若年少於適子則固在適子之下是不可不宗適也士之子爲
大夫則其父母弗能主也使其子主之無子
則爲之置後大夫之子得用大夫之禮而士不得也置猶立也疏正義曰其父母弗能主也
者士子身爲大夫若死則父母不能爲喪主也以身是士故不
可爲大夫喪主　使其子主之者謂使此死者之子爲主以其
子是大夫適子故得爲大夫之主以其服大夫服故也　無
子則爲之置後者若死者無子則爲死者別置其後所置之

非禮並與鄭違今所不用也大夫之適子服大夫之服仕至大夫賢著而德
成適子得服其服亦尊其適象賢疏正義曰云仕至大夫賢著而德成適子得服其服者以經云大夫之適子
服大夫之服所以然者以其父在仕官身至大夫賢行既著
遺德又成故其適子雖未仕官得服大夫之服也云亦尊其
適象賢者非但尊此大夫之身亦當尊其適子使服大夫之
服能象似其父之賢者皇氏云大夫適子若爲士爲其父唯
服士服注云仕至大夫謂此子若仕官至大夫始得服大夫
服以其賢德著成如皇氏之意解此仕至大夫爲大夫之子
案前經注云士謂大夫庶子爲士者明大夫適子未仕官及
爲士皆得服大夫之服皇氏之言違文背注不解鄭意其說
非也大夫之庶子爲大夫則爲其父母服大夫服
其位與未爲大夫者齒雖庶子得服其服尚德也使齒於士不可不宗適疏

禮記義五十　十三　嚴信

正義曰此一節明大夫庶子爲大夫則得爲父母服大夫之
服其位與未爲大夫者齒大夫庶子雖爲大夫得服大夫之
服其行位之處與適子未爲大夫者相齒列注雖庶至宗
適　正義曰云尚德也者言此大夫之子身雖是庶所以得
服者以其仕至大夫由身有德行故云尚德也云使齒於士
不可不宗適者此庶子雖爲大夫猶齒列於適子之下其年
雖長於適子猶在適子之下使適子爲主若年少於適子則固在適子之下是不可不宗適也士之子爲
大夫則其父母弗能主也使其子主之無子
則爲之置後大夫之子得用大夫之禮而士不得也置猶立也疏正義曰其父母弗能主也
者士子身爲大夫若死則父母不能爲喪主也以身是士故不
可爲大夫喪主　使其子主之者謂使此死者之子爲主以其
子是大夫適子故得爲大夫之主以其服大夫服故也　無
子則爲之置後者若死者無子則爲死者別置其後所置之

後即大夫適子同得行大夫之禮此所置之後謂暫爲喪主假用大夫之禮若其大宗子則直爲之立後自然用大夫之禮者則前云大夫之適子服大夫之服是也解經使夫禮也 注 大夫至得也　正義曰云大夫之子得用大其子主之文其子爲適子若無適子則以庶子當適處若無庶子則以族人之子當適子之處皆得用大夫之禮故云大夫之子得用大夫之禮揔結此文云而士不得也者其父是士不得主大夫喪故云而士不得也所以然者父貴可以及子故大夫之子得用大夫之禮子貴不可以及父故其父不得用大夫之禮

大夫卜宅與葬日有司麻衣布衰布帶因喪屨緇布冠不蕤占者皮弁

有司卜人也麻衣白布深衣而著衰焉及布帶緇布冠此服非純吉亦非純凶也皮弁則純吉之尤者也占者尊於有司卜求吉其服彌吉大夫士朔服皮弁

疏 正義曰大夫卜宅與葬日者宅謂葬地大夫尊故得卜宅并葬日　有司麻衣布衰布帶因喪屨者有司謂卜人麻衣謂白布深衣布衰謂麤衰也皇氏云以三升半布爲衰長六寸廣四寸綴於■衣前當胷上後又有負版長一尺六寸廣四寸布帶以布爲帶因喪屨謂因喪之繩屨　緇布冠不蕤者以緇布爲冠不加緌　占者皮弁者謂卜龜之人尊於卜之有司故皮弁純吉也 注 有司至皮弁　正義曰云麻衣白布深衣者謂吉服十五升之布與緇布冠皮弁相類故知吉布也云而著衰焉者熊氏云謂以吉布爲衰綴於深衣云及布帶緇布冠此服非純吉亦非純凶也者謂麻衣白布深衣十五升是吉布衰是凶布帶亦凶緇布冠是吉不蕤亦凶故云非純吉亦非純凶然緇布冠古法不蕤今特云緇布冠不蕤者以後代緇布冠有蕤此以凶事故不蕤云皮弁則純吉之尤者也者以上麻衣緇布冠雜有吉禮此皮弁是純吉尤甚者云卜求吉其服彌吉者解用皮弁之意云大夫士朔服皮弁者於諸侯是視朔之服

禮記義五十　十四　揚昌

後即大夫適子同得行大夫之禮此所置之後謂暫爲喪主假用大夫之禮若其大宗子則直爲之立後自然用大夫之禮者則前云大夫之適子服大夫之服是也解經使夫禮也 注 大夫至得也　正義曰云大夫之子得用大其子主之文其子爲適子若無適子則以庶子當適處若無庶子則以族人之子當適子之處皆得用大夫之禮故云大夫之子得用大夫之禮揔結此文云而士不得也者其父是士不得主大夫喪故云而士不得也所以然者父貴可以及子故大夫之子得用大夫之禮子貴不可以及父故其父不得用大夫之禮

大夫卜宅與葬日有司麻衣布衰布帶因喪屨緇布冠不蕤占者皮弁

有司卜人也麻衣白布深衣而著衰焉及布帶緇布冠此服非純吉亦非純凶也皮弁則純吉之尤者也占者尊於有司卜求吉其服彌吉大夫士朔服皮弁

疏 正義曰大夫卜宅與葬日者宅謂葬地大夫尊故得卜宅并葬日　有司麻衣布衰布帶因喪屨者有司謂卜人麻衣謂白布深衣布衰謂麤衰也皇氏云以三升半布爲衰長六寸廣四寸綴於■衣前當胷上後又有負版長一尺六寸廣四寸布帶以布爲帶因喪屨謂因喪之繩屨　緇布冠不蕤者以緇布爲冠不加緌　占者皮弁者謂卜龜之人尊於卜之有司故皮弁純吉也 注 有司至皮弁　正義曰云麻衣白布深衣者謂吉服十五升之布與緇布冠皮弁相類故知吉布也云而著衰焉者熊氏云謂以吉布爲衰綴於深衣云及布帶緇布冠此服非純吉亦非純凶也者謂麻衣白布深衣十五升是吉布衰是凶布帶亦凶緇布冠是吉不蕤亦凶故云非純吉亦非純凶然緇布冠古法不蕤今特云緇布冠不蕤者以後代緇布冠有蕤此以凶事故不蕤云皮弁則純吉之尤者也者以上麻衣緇布冠雜有吉禮此皮弁是純吉尤甚者云卜求吉其服彌吉者解用皮弁之意云大夫士朔服皮弁者於諸侯是視朔之服

禮記義五十　十四　揚昌

足利本第五十卷第十五葉

於天子是視朝之服也如筮則史練冠長衣以筮占者朝服筮者筮宅也謂下大夫若士也筮史筮人也長衣深衣之純以素也長衣練冠純凶服也朝服純吉服也大夫士日朝服以朝也疏正義曰如筮者謂下大夫及士不合用卜故知用筮也　則史練冠長衣者此謂無地大夫筮葬禮也唯筮宅卜日耳卜時緇布冠麻衣布衰雜以吉凶之服如筮則練冠長衣以筮輕故用純凶服也　占者朝服者卜重故占者皮弁筮輕故占者朝服　注筮者至朝也　正義曰筮者筮宅也謂下大夫若士也者以士喪禮云筮宅卜日故知此筮謂筮宅也云長衣深衣之純以素也者長衣深衣其制同耳言此經長衣是深衣之純以素者凶時深衣純以布上經麻衣深衣亦純以布此經長衣純以素故云長衣深衣之純以素者也云長衣練冠純凶服也者以長衣則布衣純之以素也故聘禮云主人長衣練冠以受鄭注彼云長衣素純布衣是也練冠是小祥以後以練爲冠都無吉象故云純凶服云大夫士日朝服以朝也者謂緇衣素裳諸侯之朝服每日視朝之服案士喪禮云族長涖卜及宗人吉服鄭注云吉服服玄端也此占者朝服者彼謂士之卜禮故占者著玄端此據筮禮故占者朝服案士虞禮注云士之屬吏爲其長弔服如麻此史練冠長衣者此經文含大夫其臣爲大夫以布帶繩屨故史練冠長衣若士之卜史當從弔服不得練冠長衣也大夫之喪既薦馬薦馬者哭踊出乃包奠而讀書嫌與士異記之也既夕禮曰包牲取下體又曰主人之史請讀賵疏正義曰此明大夫將葬啓柩朝廟之後欲出之時　既薦馬薦馬者案士喪禮下篇云薦馬之節凡有三時一者柩初出至祖廟設奠遷祖之奠訖乃薦馬是其一也至日側祖奠之時又薦馬是其二也明日將行設遣奠之時又薦馬是其二也此云既薦馬謂第三薦馬之時也以

潘本第五十卷第十五葉

於天子是視朝之服也如筮則史練冠長衣以筮占者朝服筮者筮宅也謂下大夫若士也筮史筮人也長衣深衣之純以素也長衣練冠純凶服也朝服純吉服也大夫士日朝服以朝也疏正義曰如筮者謂下大夫及士不合用卜故知用筮也　則史練冠長衣者此謂無地大夫筮葬禮也唯筮宅卜日耳卜時緇布冠麻衣布衰雜以吉凶之服如筮則練冠長衣以筮輕故用純凶服也　占者朝服者卜重故占者皮弁筮輕故占者朝服　注筮者至朝也　正義曰筮者筮宅也謂下大夫若士也者以士喪禮云筮宅卜日故知此筮謂筮宅也云長衣深衣之純以素也者長衣深衣其制同耳言此經長衣是深衣之純以素者凶時深衣純以布上經麻衣深衣亦純以布此經長衣純以素故云長衣深衣之純以素者也云長衣練冠純凶服也者以長衣則布衣純之以素也故聘禮云主人長衣練冠以受鄭注彼云長衣素純布衣是也練冠是小祥以後以練爲冠都無吉象故云純凶服云大夫士日朝服以朝也者謂緇衣素裳諸侯之朝服每日視朝之服案士喪禮云族長涖卜及宗人吉服鄭注云吉服服玄端也此占者朝服者彼謂士之卜禮故占者著玄端此據筮禮故占者朝服案士虞禮注云士之屬吏爲其長弔服如麻此史練冠長衣者此經文含大夫其臣爲大夫以布帶繩屨故史練冠長衣若士之卜史當從弔服不得練冠長衣也大夫之喪既薦馬薦馬者哭踊出乃包奠而讀書嫌與士異記之也既夕禮曰包牲取下體又曰主人之史請讀賵疏正義曰此明大夫將葬啓柩朝廟之後欲出之時　既薦馬薦馬者案士喪禮下篇云薦馬之節凡有三時一者柩初出至祖廟設奠遷祖之奠訖乃薦馬是其一也至日側祖奠之時又薦馬是其二也明日將行設遣奠之時又薦馬是其三也此云既薦馬謂第三薦馬之時也以

下則云包奠而讀書於既夕禮當第三薦馬之節　薦馬者哭踊者謂主人見薦馬薦進也進馬至乃哭踊　出乃包奠者出謂馬出乃包奠者取遣奠牲下體包裹之以遣送行也然馬出在包奠之前而必云出乃包奠者明出即包奠包奠爲出之節故言出也　而讀書者書謂凡送亡者賵入搏之物書也讀之者省録之也　注嫌與至讀賵　正義曰嫌與士異者案既夕禮薦馬馬出之後云苞牲取下體也又云主人之史請讀賵今此大夫亦薦馬出後包奠讀書與士同記者嫌畏大夫之尊與士有異故特記之明與士同也故引既夕禮以下者證包牲讀賵之節謂主人見薦馬送行物而哭踊故云薦馬者哭踊也所以馬進而主人哭踊者馬是牽車爲行之物今見進馬是行期已至故孝子感之而哭踊云既夕禮曰包牲取下體者士則羊豕也鄭注苞者象既饗而歸賓俎者也前脛折取臂臑後脛折取骼也臂謂臑上膊下也臑謂肘後取骼謂取髀下股骨也羊豕各三个必取下體者下體能行亦示將行

也有遣車者亦先包之也云又曰主人之史請讀賵者賵猶送者人名也

大夫之喪大宗人相小宗人命龜卜人作龜

卜葬及日也相相主人禮也命龜告以所問事也作龜謂揚火灼之以出兆

疏　正義曰大夫謂卿也明卿喪用人及卜之法也　大宗謂大宗伯也相佐威儀　小宗人命龜者小宗謂小宗伯也命龜謂告龜道所卜之辭也卜人亦有司作謂用揚火灼之也並皆有司也皇氏云大小二宗並是其君之職來爲喪事如司徒旅歸四布是也故宗伯肆師云凡御大夫之喪相其禮　注卜葬及日也　正義曰知卜葬及日者以文承上大夫卜宅與葬日之下故知此經是上大夫之卜葬宅及日也

內子以鞠衣褒衣素沙下大夫以襢衣其餘如士

此復所用衣也當在夫人狄稅素沙下爛脫失處在此上耳內子卿之適妻也春秋傳曰

下則云包奠而讀書於既夕禮當第三薦馬之節　薦馬者哭踊者謂主人見薦馬薦進也進馬至乃哭踊　出乃包奠者出謂馬出乃包奠者取遣奠牲下體包裹之以遣送行也然馬出在包奠之前而必云出乃包奠者明出即包奠包奠爲出之節故言出也　而讀書者書謂凡送亡者賵入搏之物書也讀之者省録之也　注嫌與至讀賵　正義曰嫌與士異者案既夕禮薦馬馬出之後云苞牲取下體也又云主人之史請讀賵今此大夫亦薦馬出後包奠讀書與士同記者嫌畏大夫之尊與士有異故特記之明與士同也故引既夕禮以下者證包牲讀賵之節謂主人見薦馬送行物而哭踊故云薦馬者哭踊也所以馬進而主人哭踊者馬是牽車爲行之物今見進馬是行期已至故孝子感之而哭踊云既夕禮曰包牲取下體者士則羊豕也鄭注苞者象既饗而歸賓俎者也前脛折取臂臑後脛折取骼也臂謂臑上膊下也臑謂肘後取骼謂取髀下股骨也羊豕各三个必取下體者下體能行亦示將行

禮記義五十　十六　陳文

也有遣車者亦先包之也云又曰主人之史請讀賵者賵猶送者人名也

大夫之喪大宗人相小宗人命龜卜人作龜

卜葬及日也相相主人禮也命龜告以所問事也作龜謂揚火灼之以出兆

疏　正義曰大夫謂卿也明卿喪用人及卜之法也　大宗謂大宗伯也相佐威儀　小宗人命龜者小宗謂小宗伯也命龜謂告龜道所卜之辭也卜人亦有司作謂用揚火灼之也並皆有司也皇氏云大小二宗並是其君之職來爲喪事如司徒旅歸四布是也故宗伯肆師云凡御大夫之喪相其禮　注卜葬及日也　正義曰知卜葬及日者以文承上大夫卜宅與葬日之下故知此經是上大夫之卜葬宅及日也

內子以鞠衣褒衣素沙下大夫以襢衣其餘如士

此復所用衣也當在夫人狄稅素沙下爛脫失處在此上耳內子卿之適妻也春秋傳曰

足利本第五十卷第十七葉

晉趙姬請逆叔隗於狄趙衰以爲內子而已下之是也下大夫謂下大夫之妻禮周禮作展王后之服六唯上公夫人亦有褘衣侯伯夫人自揄狄而下子男夫人自闕狄而下卿妻自鞠衣而下大夫妻自展衣而下士妻稅衣而已素沙若今紗縠之帛也六服皆袍制不襌以素紗裏之如今袿袍襈重繒矣褒衣者始爲命婦見加賜之衣也其餘如士之妻則亦用稅衣

【疏】正義曰此一節明卿大夫以下之妻所復之衣　內子以鞠衣褒衣者內子謂卿妻復以鞠衣褒衣者始命爲內子尚所褒賜之衣復時亦用此衣故云鞠衣褒衣褒衣則鞠衣也但上命時褒賜故曰褒衣矣　素沙者言此鞠衣褒衣亦以素沙爲裏　下大夫以禮衣者是下大夫之妻所復禮衣也對卿妻爲下故復用禮周禮作展王后之服六唯上公夫人亦有褘衣侯伯夫人自揄狄而下子男夫人自闕而下卿妻自鞠衣而下大夫妻自展衣而下士妻稅衣而已六服皆袍制不襌以素紗裏之袍制謂通衣裳有裏似袍故云皆

禮記義五十　二十　施俊

袍制不襌漢時有袿袍其袍下之襈以重繒爲之古之服皆以素紗爲裏似此袿袍襈之裏繒故注云如今之袿袍襈重繒也　其餘如士者謂內子鞠衣褒衣已見於經大夫以禮衣亦見於經唯有褖衣未見故云其餘如士謂鞠衣禮衣之外其餘褖衣如士之妻士妻既用褖衣而復則內子下大夫妻等亦用褖衣也

【注】此復至稅衣　正義曰此復所用衣也者以下復諸侯以褒衣故知此亦復衣也云當在夫人狄稅素沙下者以記者作記當依尊卑順序此內子宜承夫人之下故云當在夫人狄稅素沙下也引春秋傳曰以下者僖二十四年左傳文也初晉文公在狄狄人以季隗妻文公以叔隗妻趙衰後文公反國以趙姬妻趙衰趙姬請趙衰逆叔隗於狄既逆還趙姬又請趙衰將叔隗爲內子趙姬之身卑下之故云而已下之引之者證卿妻爲內子之文也其王后以下之服已具於王藻故此略而不言云六服皆袍制不襌以素紗裏之如今袿袍襈重繒矣者皆袍制謂連衣裳有表裏以袍故云皆袍

潘本第五十卷第十七葉

晉趙姬請逆叔隗於狄趙衰以爲內子而已下之是也下大夫謂下大夫之妻禮周禮作展王后之服六唯上公夫人亦有褘衣侯伯夫人自揄狄而下子男夫人自闕狄而下卿妻自鞠衣而下大夫妻自展衣而下士妻稅衣而已素沙若今紗縠之帛也六服皆袍制不襌以素紗裏之如今袿袍襈重繒矣褒衣者始爲命婦見加賜之衣也其餘如士之妻則亦用稅衣

【疏】正義曰此一節明卿大夫以下之妻所復之衣　內子以鞠衣褒衣者內子謂卿妻復以鞠衣褒衣者始命爲內子尚所褒賜之衣復時亦用此衣故云鞠衣褒衣褒衣則鞠衣也但上命時褒賜故曰褒衣矣　素沙者言此鞠衣褒衣亦以素沙爲裏　下大夫以禮衣者是下大夫之妻所復禮衣也對卿妻爲下故復用禮周禮作展王后之服六唯上公夫人亦有褘衣侯伯夫人自揄狄而下子男夫人自闕而下卿妻自鞠衣而下大夫妻自展衣而下士妻稅衣而已六服皆袍制不襌以素紗裏之袍制謂通衣裳有裏似袍故云皆

禮記義五十　十七　施俊

袍制不襌漢時有袿袍其袍下之襈以重繒爲之古之服皆以素紗爲裏似此袿袍襈之裏繒故注云如今之袿袍襈重繒也　其餘如士者謂內子鞠衣褒衣已見於經大夫以禮衣亦見於經唯有褖衣未見故云其餘如士謂鞠衣禮衣之外其餘褖衣如士之妻士妻既用褖衣而復則內子下大夫妻等亦用褖衣也

【注】此復至稅衣　正義曰此復所用衣也者以下復諸侯以褒衣故知此亦復衣也云當在夫人狄稅素沙下者以記者作記當依尊卑順序此內子宜承夫人之下故云當在夫人狄稅素沙下也引春秋傳曰以下者僖二十四年左傳文也初晉文公在狄狄人以季隗妻文公以叔隗妻趙衰後文公反國以趙姬妻趙衰趙姬請趙衰逆叔隗於狄既逆還趙姬又請趙衰將叔隗爲內子趙姬之身卑下之故云而已下之引之者證卿妻爲內子之文也其王后以下之服已具於王藻故此略而不言云六服皆袍制不襌以素紗裏之如今袿袍襈重繒矣者皆袍制謂連衣裳有表裏以袍故云皆袍

制不禪漢時有袿袍其袍下之襈以重繒爲之故云六服以素紗爲裏似此袿袍襈重繒矣云褒衣者始爲命婦見加賜之衣也者謂内子初嫁始爲卿妻加賜之以衣以褒崇之故云褒衣　復諸侯以褒衣冕服爵弁服　復招魂復魄也冕服者上公五侯伯四子男三褒衣亦始命爲諸侯及朝覲見加賜之衣也褒猶進也　疏　正義曰自此以下至復西上揔明諸侯以下及夫人命婦招魂所用之衣但此經爛脱上下顛倒如鄭所次以此諸侯褒衣一經爲首次以夫人稅衣揄狄之經然後次内子以鞠衣之經令依鄭次各隨文解之　復諸侯以褒衣者謂復時以始命褒賜之衣　冕服爵弁服者諸侯既用褒衣又以冕服爵弁服而復也注冕服至進也　正義曰冕服者上公自衮冕而下故爲五侯伯自鷩冕而下故爲四子男自毳冕而下故爲三也凡服各依其命數則上公五冕之外更加爵弁服以下皮弁冠弁之等而蕃九侯伯冕服之外亦加爵弁以下而蕃七子男冕服之外加爵弁皮弁而蕃五其褒衣君特所褒賜則宜在命數之外也故王制云三公一命衮若有加則賜是褒衣故不入命數也此褒衣或是冕之最上者　夫人稅衣揄狄狄稅素沙　言其招魂用稅衣上至揄狄也狄稅素沙言皆以白紗縠爲裏　疏　正義曰此明婦人復衣也婦人衣有六也　夫人稅衣揄狄者諸侯夫人復用稅衣上至揄狄謂諸侯伯夫人也　狄稅素沙者言從揄狄以下至於稅衣皆用素沙白縠爲裏　復西上　北面而西上陽長左也復者多少各如其命之數　疏　正義曰凡招魂皆北面而招以西頭爲上　注北面至之數　正義曰云北面而西上陽長左也者以招魂魄生氣之來生氣爲陽又北面言之南方是陽左在西方故言陽長左云復者多少各如其命之數者案士喪禮復者一人以爵弁服言諸侯之士一命而用一人明復者各依命數其復處不同故檀弓云君復於小寢大寢庫門

禮記疏五十　十八　吳空

足利本第五十卷第十八葉

制不禪漢時有袿袍其袍下之襈以重繒爲之故云六服以素紗爲裏似此袿袍襈重繒矣云褒衣者始爲命婦見加賜之衣也者謂内子初嫁始爲卿妻加賜之以衣以褒崇之故云褒衣　復諸侯以褒衣冕服爵弁服　復招魂復魄也冕服者上公五侯伯四子男三褒衣亦始命爲諸侯及朝覲見加賜之衣也褒猶進也　疏　正義曰自此以下至復西上揔明諸侯以下及夫人命婦招魂所用之衣但此經爛脱上下顛倒如鄭所次以此諸侯褒衣一經爲首次以夫人稅衣揄狄之經然後次内子以鞠衣之經令依鄭次各隨文解之　復諸侯以褒衣者謂復時以始命褒賜之衣　冕服爵弁服者諸侯既用褒衣又以冕服爵弁服而復也注冕服至進也　正義曰冕服者上公自衮冕而下故爲五侯伯自鷩冕而下故爲四子男自毳冕而下故爲三也凡服各依其命數則上公五冕之外更加爵弁服以下皮弁冠弁之等而蕃九侯伯冕服之外亦加爵弁以下而蕃七子男冕服之外加爵弁皮弁而蕃五其褒衣君特所褒賜則宜在命數之外也故王制云三公一命衮若有加則賜是褒衣故不入命數也此褒衣或是冕之最上者　夫人稅衣揄狄狄稅素沙　言其招魂用稅衣上至揄狄也狄稅素沙言皆以白紗縠爲裏　疏　正義曰此明婦人復衣也婦人衣有六也　夫人稅衣揄狄者諸侯夫人復用稅衣上至揄狄謂諸侯伯夫人也　狄稅素沙者言從揄狄以下至於稅衣皆用素沙白縠爲裏　復西上　北面而西上陽長左也復者多少各如其命之數　疏　正義曰凡招魂皆北面而招以西頭爲上　注北面至之數　正義曰云北面而西上陽長左也者以招魂魄生氣之來生氣爲陽又北面言之南方是陽左在西方故言陽長左云復者多少各如其命之數者案士喪禮復者一人以爵弁服言諸侯之士一命而用一人明復者各依命數其復處不同故檀弓云君復於小寢大寢庫門

禮記疏五十　十八　吳空

潘本第五十卷第十八葉

足利本第五十卷第十九葉

四郊而云復西上者但有兩人以上一處復者則西上也**大夫不揄絞屬於池下**謂池飾也揄揄翟也采青黃之間曰絞屬猶繫也人君之柳其池繫絞繒於下而畫翟雉焉名曰振容又有銅魚在其間大夫去振容士去魚此無人君及士亦爛脫【疏】正義曰此一經明大夫葬時車飾若諸侯以上則畫揄翟於絞屬於池下若大夫降下人君不得畫以揄絞屬於池下其池上則畫於揄得有揄絞也故喪大記士亦有揄絞與大夫同但不得屬於池下【注】人君至爛脫 正義曰案喪大記云君三池振容是人君之柳有振容振容者其池繫揄繒於下而畫翟雉焉名曰振容云又有銅魚在其間者上有池下有振容池與振容之間而有魚故云在其間云大夫去振容士去魚者以喪大記大夫不振容士不云魚躍拂池故也大夫不振容者謂不以揄絞屬於池下爲振容云此無人君及士亦爛脫者以前經云復尊卑俱顯明也此直云大夫故云亦如前文爛脫

禮記義五十　十九　金孝

君與士也**大夫附於士士不附於大夫附於大夫之昆弟無昆弟則從其昭穆雖王父母在亦然**附讀皆爲祔大夫祔於士不敢以已尊自殊於其祖也士不祔於大夫自卑別於尊者也大夫之昆弟謂爲士者也從其昭穆中一以上祖又祖而已祔者祔於先死者【疏】正義曰自此以下至附於公子廣明祔祭之義各依文解之 大夫附於士者謂祖爲士孫爲大夫若死可以祔祭於祖之爲士者也 士不附於大夫者謂先祖爲大夫孫爲士不可祔祭於大夫唯得祔於大夫之兄弟爲士者 無昆弟則從其昭穆者謂祖爲大夫無昆弟爲士則從其昭穆謂祔於高祖爲士者若高祖爲大夫則祔於高祖昆弟爲士者 雖王父母在亦然者謂孫死之後應合祔於王父王父見在無可祔然猶如是也亦如是祔於高祖也【注】附讀至而已 正義曰祔者祔祭於

潘本第五十卷第十九葉

四郊而云復西上者但有兩人以上一處復者則西上也**大夫不揄絞屬於池下**謂池飾也揄揄翟也采青黃之間曰絞屬猶繫也人君之柳其池繫絞繒於下而畫翟雉焉名曰振容又有銅魚在其間大夫去振容士去魚此無人君及士亦爛脫【疏】正義曰此一經明大夫葬時車飾若諸侯以上則畫揄翟於絞屬於池下若大夫降下人君不得畫以揄絞屬於池下其池上則畫於揄得有揄絞也故喪大記士亦有揄絞與大夫同但不得屬於池下【注】人君至爛脫 正義曰案喪大記云君三池振容是人君之柳有振容振容者其池繫揄繒於下而畫翟雉焉名曰振容云又有銅魚在其間者上有池下有振容池與振容之間而有魚故云在其間云大夫去振容士去魚者以喪大記大夫不振容士不云魚躍拂池故也大夫不振容者謂不以揄絞屬於池下爲振容云此無人君及士亦爛脫者以前經云復尊卑俱顯明也此直云大夫故云亦如前文爛脫

禮記義五十　十九　金孝

君與士也**大夫附於士士不附於大夫附於大夫之昆弟無昆弟則從其昭穆雖王父母在亦然**附讀皆爲祔大夫祔於士不敢以已尊自殊於其祖也士不祔於大夫自卑別於尊者也大夫之昆弟謂爲士者也從其昭穆中一以上祖又祖而已祔者祔於先死者【疏】正義曰自此以下至附於公子廣明祔祭之義各依文解之 大夫附於士者謂祖爲士孫爲大夫若死可以祔祭於祖之爲士者也 士不附於大夫者謂先祖爲大夫孫爲士不可祔祭於大夫唯得祔於大夫之兄弟爲士者 無昆弟則從其昭穆者謂祖爲大夫無昆弟爲士則從其昭穆謂祔於高祖爲士者若高祖爲大夫則祔於高祖昆弟爲士者 雖王父母在亦然者謂孫死之後應合祔於王父王父見在無可祔然猶如是也亦如是祔於高祖也【注】附讀至而已 正義曰祔者祔祭於

神當從示旁爲之云大夫之昆弟謂爲士者也者鄭恐經云祔於大夫之昆弟恐大夫之昆弟身作大夫士亦得祔之故云大夫昆弟爲士者若大夫昆弟全無　者其孫雖士亦得祔之故前文云大夫祔於士是孫之尊可以祔祖之卑也云從其昭穆中一以上祖又祖而巳者謂父爲昭子爲穆中猶間也謂自祖以上間一世谷當昭穆而祖祔之若不得祔祖則間去曾祖一世祔於高祖若高祖無可祔則間高祖之父一世祔高祖之祖故云祖又祖而巳是中一以上喪服小記文也

婦附於其夫之所附之妃無妃則亦從其昭穆之妃妾附於妾祖姑無妾祖姑則亦從其昭穆之妾

夫所祔之妃於婦則祖姑

疏　正義曰此一經論婦之所祔義與夫同　無妃則亦從其昭穆之妃者其孫婦祔祖姑祖無妃謂無祖姑則亦從其昭穆之妃謂亦間一

以上祔於高祖之妃高祖無妃則亦祔於高祖之祖妃若其祖有昆弟之妃班爵同者則亦祔之

男子附於王父則配女子附於王母則不配

配謂并祭王母不配則不祭王父也有事於尊者可以及卑有事於卑者不敢援尊配與不配祭饌如一祝辭異不言以某妃配某氏耳女子謂未嫁者也嫁未三月而死猶歸葬於女氏之黨

疏　正義曰男子附於王父則配者謂祭王父并祭所配王母　女子附於王母則不配者謂在室之女及巳嫁未三月而死祔祭於王母則不祭所配之王父

注　配謂至之黨　正義曰云配謂并祭王母不配則不祭王父也者王父母相配之人祭王父及王母是其配祭王母不祭王父是不配云配與不配祭饌如一祝辭異不言以某妃配某氏耳者案特牲禮不云配少牢禮云以某妃配但士用特牲大夫用少牢其餘皆同是祭饌如一案少牢云以某妃配某氏鄭注云某妃某妻也某氏若言姜氏

神當從示旁爲之云大夫之昆弟謂爲士者也者鄭恐經云祔於大夫之昆弟恐大夫之昆弟身作大夫士亦得祔之故云大夫昆弟爲士者若大夫昆弟全無　者其孫雖士亦得祔之故前文云大夫祔於士是孫之尊可以祔祖之卑也云從其昭穆中一以上祖又祖而巳者謂父爲昭子爲穆中猶間也謂自祖以上間一世各當昭穆而祖祔之若不得祔祖則間去曾祖一世祔於高祖若高祖無可祔則間高祖之父一世祔高祖之祖故云祖又祖而巳是中一以上喪服小記文也

婦附於其夫之所附之妃無妃則亦從其昭穆之妃妾附於妾祖姑無妾祖姑則亦從其昭穆之妾

夫所祔之妃於婦則祖姑

疏　正義曰此一經論婦之所祔義與夫同　無妃則亦從其昭穆之妃者其孫婦祔祖姑祖無妃謂無祖姑則亦從其昭穆之妃謂亦間一

以上祔於高祖之妃高祖無妃則亦祔於高祖之祖妃若其祖有昆弟之妃班爵同者則亦祔之

男子附於王父則配女子附於王母則不配

配謂并祭王母不配則不祭王父也有事於尊者可以及卑有事於卑者不敢援尊配與不配祭饌如一祝辭異不言以某妃配某氏耳女子謂未嫁者也嫁未三月而死猶歸葬於女氏之黨

疏　正義曰男子附於王父則配者謂祭王父并祭所配王母　女子附於王母則不配者謂在室之女及巳嫁未三月而死祔祭於王母則不祭所配之王父

注　配謂至之黨　正義曰云配謂并祭王母不配則不祭王父也者王父母相配之人祭王父及王母是其配祭王母不祭王父是不配云配與不配祭饌如一祝辭異不言以某妃配某氏耳者案特牲禮不云配少牢禮云以某妃配但士用特牲大夫用少牢其餘皆同是祭饌如一案少牢云以某妃配某氏鄭注云某妃某妻也某氏若言姜氏

足利本第五十卷第二十一葉

子氏也此是言配也不言配者若特牲云用薦歲事于皇
祖某子不云以某妃配特牲雖是常祭容是禫月吉祭故
不舉配云嫁未三月而死猶歸葬於女氏之黨者曾子問文也 **公子附於公子** 不敢戚君
疏 正義曰公子者若公子之祖為君公子不敢祔之祔於祖之兄弟為公子者不敢戚君故也 **君**

薨大子號稱子待猶君也 謂未踰年也雖稱子與諸侯朝會如君矣
春秋魯僖公九年夏葵丘之會宋襄公稱子而與諸侯序待或為侍 疏 正義曰君薨謂先君薨也大子號稱
子者其本大子君存稱世子今君既薨故稱子不言世子
待猶君也者謂與諸侯並列共待之禮猶如正君 注謂
未至侯序 正義曰知未踰年者若踰年則稱君此云稱
子故知未踰年也引春秋者證未踰年稱子及待猶君之
義案僖九年二月宋公御說卒夏公會宰周公齊侯宋子
以下于葵丘是宋襄公稱子序在齊侯之下與尋常宋公

禮記義五十　二十一　宋瑜

同是與諸侯序案公羊傳云君存稱世子君薨稱子某既
葬稱子踰年稱公今宋襄公未葬君當稱子某而稱子者
鄭用左氏之義未葬以前則稱子既葬以後踰年則稱公
故僖九年傳云凡在喪王曰小童公侯曰子是未葬為在
喪之稱也若杜元凱之意未葬以前皆稱子若既葬雖未
踰年亦稱公若未葬雖踰年猶稱子其義具在下曲禮疏
其與諸侯序列宋襄公在喪稱子自在本班定四年陳懷
公稱子進在鄭上僖二十八年陳共公稱子降在鄭下衛
侯弟叔武稱子亦序在鄭下此皆春秋之時霸者所次不與此記同也 **有三年之練冠**

則以大功之麻易之唯杖屨不易 謂既練而遭大功之喪者
也練除首經要經葛又不如大功之麻重也言練冠易麻
互言之也唯杖屨不易言其餘皆易也屨不易者練與大
功俱用繩耳 疏 正義曰此一經明先有三年練冠之節今遭大功之麻易之先師解此凡有三義案聖證

潘本第五十卷第二十一葉

子氏也此是言配也不言配者若特牲云用薦歲事于皇
祖某子不云以某妃配特牲雖是常祭容是禫月吉祭故
不舉配云嫁未三月而死猶歸葬於女氏之黨者曾子問文也 **公子附於公子** 不敢戚君
疏 正義曰公子者若公子之祖為君公子不敢祔之祔於祖之兄弟為公子者不敢戚君故也 **君**

薨大子號稱子待猶君也 謂未踰年也雖稱子與諸侯朝會如君矣
春秋魯僖公九年夏葵丘之會宋襄公稱子而與諸侯序待或為侍 疏 正義曰君薨謂先君薨也大子號稱
子者其本大子君存稱世子今君既薨故稱子不言世子
待猶君也者謂與諸侯並列共待之禮猶如正君 注謂
未至侯序 正義曰知未踰年者若踰年則稱君此云稱
子故知未踰年也引春秋者證未踰年稱子及待猶君之
義案僖九年二月宋公御說卒夏公會宰周公齊侯宋子
以下于葵丘是宋襄公稱子序在齊侯之下與尋常宋公

禮記義五十　二十一　宋瑜

同是與諸侯序案公羊傳云君存稱世子君薨稱子某既
葬稱子踰年稱公今宋襄公未葬君當稱子某而稱子者
鄭用左氏之義未葬以前則稱子既葬以後踰年則稱公
故僖九年傳云凡在喪王曰小童公侯曰子是未葬為在
喪之稱也若杜元凱之意未葬以前皆稱子若既葬雖未
踰年亦稱公若未葬雖踰年猶稱子其義具在下曲禮疏
其與諸侯序列宋襄公在喪稱子自在本班定四年陳懷
公稱子進在鄭上僖二十八年陳共公稱子降在鄭下衛
侯弟叔武稱子亦序在鄭下此皆春秋之時霸者所次不與此記同也 **有三年之練冠**

則以大功之麻易之唯杖屨不易 謂既練而遭大功之喪者
也練除首經要經葛又不如大功之麻重也言練冠易麻
互言之也唯杖屨不易言其餘皆易也屨不易者練與大
功俱用繩耳 疏 正義曰此一經明先有三年練冠之節今遭大功之麻易之先師解此凡有三義案聖證

論云范宣子之意以母喪既練遭降服大功則易衰以母之既練衰八升降服大功衰七升故得易之其餘則否賀瑒之意以三等大功皆得易三年練衰其三等大功衰雖七升八升九升之布有細於三年之練衰以其新喪之重故皆易之皇氏云或不易庾氏之說唯謂降服大功衰得易三年之練其餘七升八升九升之大功則不得易三年之練今依庾說此大功者特據降服大功也故下文云而祔兄弟之殤雖論小功之兄弟而云降服則知此大功之麻易據殤也 有三年之喪冠者謂遭三年之喪至練時之冠以首絰巳除故特云冠 則以大功之麻易之者初死者是降服大功則以此大功之麻易三年之練 唯杖屨不易者言大功無杖無可改易三年練與大功初喪同是繩屨故杖屨不易 注謂既至緝耳 正義曰云練除首絰者間傳文首絰既除故著大功麻絰云要絰葛又不如大功之麻重也者斬衰既練要絰與大功初死要絰麤細同斬衰是葛大功是麻故云要絰葛又不如大功之麻

禮記義五十 二十二 張樞

重也云言練冠易麻互言之也者麻謂絰帶大功言絰帶明三年練亦有絰帶三年練云冠明大功亦有冠是大功冠與絰帶易三年冠及絰帶故云互言之云唯杖屨不易言其餘皆易也者絰既言冠言麻以明換易又云杖屨不易則知衰亦在易中故言其餘皆易謂冠也要帶也衰也言悉易也然練之首絰除矣無可易也又大功無杖亦無可易也而云易與不易者因其餘有易者連言之

有父母之喪尚功衰而附兄弟之殤則練冠附於殤稱陽童某甫不名神也

此兄弟之殤謂大功親以下之殤也斬衰齊衰之喪練皆受以大功之衰此謂之功衰以是時而祔大功親以下之殤輕不易服冠而兄爲殤謂同年者也兄十九而死已明年因喪而冠陽童謂庶殤也宗子則曰陰童童未成人之稱也某甫且字也尊神不名爲之造字 疏正義曰此一經明巳

論云范宣子之意以母喪既練遭降服大功則易衰以母之既練衰八升降服大功衰七升故得易之其餘則否賀瑒之意以三等大功皆得易三年練衰其三等大功衰雖七升八升九升之布有細於三年之練衰以其新喪之重故皆易之皇氏云或不易庾氏之說唯謂降服大功衰得易三年之練其餘七升八升九升之大功則不得易三年之練今依庾說此大功者特據降服大功也故下文云而祔兄弟之殤雖論小功之兄弟而云降服則知此大功之麻易據殤也 有三年之喪冠者謂遭三年之喪至練時之冠以首絰巳除故特云冠 則以大功之麻易之者初死者是降服大功則以此大功之麻易三年之練 唯杖屨不易者言大功無杖無可改易三年練與大功初喪同是繩屨故杖屨不易 注謂既至緝耳 正義曰云練除首絰者間傳文首絰既除故著大功麻絰云要絰葛又不如大功之麻重也者斬衰既練要絰與大功初死要絰麤細同斬衰是葛大功是麻故云要絰葛又不如大功之麻

禮記義五十 二十二 張樞

重也云言練冠易麻互言之也者麻謂絰帶大功言絰帶明三年練亦有絰帶三年練云冠明大功亦有冠是大功冠與絰帶易三年冠及絰帶故云互言之云唯杖屨不易言其餘皆易也者絰既言冠言麻以明換易又云杖屨不易則知衰亦在易中故言其餘皆易謂冠也要帶也衰也言悉易也然練之首絰除矣無可易也又大功無杖亦無可易也而云易與不易者因其餘有易者連言之

有父母之喪尚功衰而附兄弟之殤則練冠附於殤稱陽童某甫不名神也

此兄弟之殤謂大功親以下之殤也斬衰齊衰之喪練皆受以大功之衰此謂之功衰以是時而祔大功親以下之殤輕不易服冠而兄爲殤謂同年者也兄十九而死已明年因喪而冠陽童謂庶殤也宗子則曰陰童童未成人之稱也某甫且字也尊神不名爲之造字 疏正義曰此一經明巳

足利本第五十卷第二十三葉

有父母之喪既練之後得附兄弟小功之殤　尚功衰者
衰謂三年練後之衰升數與大功同故云功衰今已有父
母之喪猶尚身著功衰今兄弟有殤在小功者當須祔祭
故云而附兄弟之殤則練冠附於殤者小功以下既輕不
合改練時之服則身著練冠附祭於殤　稱陽童某甫不
名神也者當附祭此殤之時其祝辭稱此殤曰陽童又稱
此殤曰某甫所以不呼其名者尊神之也故爲之造字稱
曰某甫且字也　注此兄至造字　正義曰知大功親以
下之殤也者若大功正服則變三年之練此著練冠故知
大功親以下之殤若成人合服之大功其若長殤小功若
成人小功親其長殤則緦麻皆得著此三年練冠爲之祔
祭故云大功親以下之殤言以下兼小功也已是祖之適
孫若祔大功兄弟長殤得在祖廟若祔小功兄弟長殤則
是祖之兄弟之後所以得祔者已是曾祖之適共小功兄
弟同曾祖今小功兄弟當祔於從祖之廟其小功兄弟身
及父是庶人不合立祖廟則曾祖適孫爲之立壇祔小功

禮記義五十　二十三　張樞

兄弟之長殤於從祖立神而祭也皇氏云小功兄弟爲士
從祖爲大夫士不可祔於大夫當祔於大功親以下從祖
爲士故祔小功兄弟長殤於已祖廟義亦得通云大功親
以下之殤輕不易服者案服問大功殤長中變三年之葛
得易首絰要帶不得易服故此祔祭著練冠也此注諸本
或誤云大功親之下殤故諸儒等難鄭云既是下殤何得
有弟冠范宣子庾蔚等云下殤者傳寫之誤非鄭謬也云
冠而兄爲殤謂同年者也者此鄭自難云弟冠而兄得爲
殤者謂弟與兄同年十九也云兄十九而死已明年因喪
而冠者此新死之兄既是小功之服不合變三年之練而
得有因喪冠者謂已明年之初用父母喪之練節而加冠
以後始祔兄弟也云陽童謂庶殤也宗子則曰陰童童未
成人之稱也者曾子問庶子之殤祭於室白故曰陽童宗
子殤死祭於室奧則曰陰童云某甫且字也者檀弓云五
十以伯仲是正字二十之時曰某甫是且字言且爲之立
字云尊神不名爲之造字者以字者冠時所有此兄去年

潘本第五十卷第二十三葉

有父母之喪既練之後得附兄弟小功之殤　尚功衰者
衰謂三年練後之衰升數與大功同故云功衰今已有父
母之喪猶尚身著功衰今兄弟有殤在小功者當須祔祭
故云而附兄弟之殤則練冠附於殤者小功以下既輕不
合改練時之服則身著練冠附祭於殤　稱陽童某甫不
名神也者當附祭此殤之時其祝辭稱此殤曰陽童又稱
此殤曰某甫所以不呼其名者尊神之也故爲之造字稱
曰某甫且字也　注此兄至造字　正義曰知大功親以
下之殤也者若大功正服則變三年之練此著練冠故知
大功親以下之殤若成人合服之大功其若長殤小功若
成人小功親其長殤則緦麻皆得著此三年練冠爲之祔
祭故云大功親以下之殤言以下兼小功也已是祖之適
孫若祔大功兄弟長殤得在祖廟若祔小功兄弟長殤則
是祖之兄弟之後所以得祔者已是曾祖之適共小功兄
弟同曾祖今小功兄弟當祔於從祖之廟其小功兄弟身
及父是庶人不合立祖廟則曾祖適孫爲之立壇祔小功

禮記義五十　二十三　張樞

兄弟之長殤於從祖立神而祭也皇氏云小功兄弟爲士
從祖爲大夫士不可祔於大夫當祔於大功親以下從祖
爲士故祔小功兄弟長殤於已祖廟義亦得通云大功親
以下之殤輕不易服者案服問大功殤長中變三年之葛
得易首絰要帶不得易服故此祔祭著練冠也此注諸本
或誤云大功親之下殤故諸儒等難鄭云既是下殤何得
有弟冠范宣子庾蔚等云下殤者傳寫之誤非鄭謬也云
冠而兄爲殤謂同年者也者此鄭自難云弟冠而兄得爲
殤者謂弟與兄同年十九也云兄十九而死已明年因喪
而冠者此新死之兄既是小功之服不合變三年之練而
得有因喪冠者謂已明年之初用父母喪之練節而加冠
以後始祔兄弟也云陽童謂庶殤也宗子則曰陰童童未
成人之稱也者曾子問庶子之殤祭於室白故曰陽童宗
子殤死祭於室奧則曰陰童云某甫且字也者檀弓云五
十以伯仲是正字二十之時曰某甫是且字言且爲之立
字云尊神不名爲之造字者以字者冠時所有此兄去年

已死未得有字雖云某甫是死後祔時爲之凡異居始
造字必造字者以神道事之不可觸名故也
聞兄弟之喪唯以哭對可也惻怛之痛不以辭言爲禮也其始
麻散帶經與居家同也凡喪小斂而麻未服麻而奔喪及主
人之未成經也疏者與主人皆成之親者終其
麻帶經之日數疏者謂小功以下也親者大功以上也疏者及主人之節則用之其不及
亦自用其日數 疏 正義曰此一節明異居聞兄弟喪哭及奔赴之禮　凡異居者言凡非一之辭異居別所
而始聞兄弟之喪　唯以哭對可也者初聞其喪惻怛情
重不暇問其餘事唯哭對使者赴於禮可也　其始麻散
帶經者此謂大功以上兄弟其初聞喪始服麻之時散垂
要之帶經若小功以下服麻則糾垂不散也　未服麻而
奔喪者謂聞喪未及服麻而即奔喪　及主人之未成經也
者謂道路既近聞喪即來至在主人小斂之前故云及主
人未成經也　疏者與主人皆成之者疏謂小功以下值
主人成服之節則與主人皆成就之　親者終其麻帶經
之日數者親謂大功以上初來奔至雖值主人成服未即
成之必終竟其麻帶經滿依禮日數而後成服也 注 與
居至而麻　正義曰案士喪禮小斂襲經于序東是凡士
喪小斂而麻也又士喪禮三日絞垂此云始麻散帶經是
與居家同 注 疏者至日數　正義曰知疏者謂小功以
下者喪服傳云大功以上同居爲同財故知疏者謂小功
以下云其不及亦自用其日數者謂疏者若其及主人之
節則與主人同成服若其不及主人之節亦自用其依禮
之日數奔喪之後至三日而成服也此未葬喪而散帶經
案奔喪禮聞喪即襲經絞帶不散者彼謂有事故未得即
奔喪故不散帶此謂即欲奔喪故散麻也此經奔喪來至
猶散麻案奔喪禮聞喪則襲經至即絞帶不散麻者此經

禮記義五十　二十四　王祐

足利本第五十卷第二十四葉

已死未得有字雖云某甫是死後祔時爲之凡異居始
造字必造字者以神道事之不可觸名故也
聞兄弟之喪唯以哭對可也惻怛之痛不以辭言爲禮也其始
麻散帶經與居家同也凡喪小斂而麻未服麻而奔喪及主
人之未成經也疏者與主人皆成之親者終其
麻帶經之日數疏者謂小功以下也親者大功以上也疏者及主人之節則用之其不及
亦自用其日數 疏 正義曰此一節明異居聞兄弟喪哭及奔赴之禮　凡異居者言凡非一之辭異居別所
而始聞兄弟之喪　唯以哭對可也者初聞其喪惻怛情
重不暇問其餘事唯哭對使者赴於禮可也　其始麻散
帶經者此謂大功以上兄弟其初聞喪始服麻之時散垂
要之帶經若小功以下服麻則糾垂不散也　未服麻而
奔喪者謂聞喪未及服麻而即奔喪　及主人之未成經也
者謂道路既近聞喪即來至在主人小斂之前故云及主
人未成經也　疏者與主人皆成之者疏謂小功以下值
主人成服之節則與主人皆成就之　親者終其麻帶經
之日數者親謂大功以上初來奔至雖值主人成服未即
成之必終竟其麻帶經滿依禮日數而後成服也 注 與
居至而麻　正義曰案士喪禮小斂襲經于序東是凡士
喪小斂而麻也又士喪禮三日絞垂此云始麻散帶經是
與居家同 注 疏者至日數　正義曰知疏者謂小功以
下者喪服傳云大功以上同居爲同財故知疏者謂小功
以下云其不及亦自用其日數者謂疏者若其及主人之
節則與主人同成服若其不及主人之節亦自用其依禮
之日數奔喪之後至三日而成服也此未葬喪而散帶經
案奔喪禮聞喪即襲經絞帶不散者彼謂有事故未得即
奔喪故不散帶此謂即欲奔喪故散麻也此經奔喪來至
猶散麻案奔喪禮聞喪則襲經至即絞帶不散麻者此經

禮記義五十　二十四　王祐

潘本第五十卷第二十四葉

即來奔者故散麻以見尸柩故也彼謂奔喪來遲故注云不見尸柩不散帶　主妾之喪則自附至於練祥皆使其子主之其殯祭不於正室祔自爲之者其祭於祖廟以君不撫僕妾略於賤也疏正義曰妾既卑賤得主之者崔氏云謂女君死攝女君也　則自附者以其祔祭於祖姑尊祖故自祔也以其祔廟也妾合祔於妾祖姑若無妾祖姑則祔於女君可也　其殯祭不於正室者雖攝女君猶下正適故殯之與祭不得在正室庾蔚云妾祖姑無廟爲壇祭之鄭云於廟者崔氏云於廟中爲壇祭之此謂攝女君若不攝女君之妾則不得爲主則別爲壇不在祖廟中而子自主之也　女君死則妾爲女君之黨服攝女君則不爲先女君之黨服妾於女君之親若其親然

禮記義五十　二十五　王椿

疏正義曰女君死則妾爲女君之黨服者賀瑒云雖是徒從而抑妾故爲女君黨服防覬覦也　攝女君則不爲先女君之黨服者以攝女君差尊故不爲先女君之黨服也

上杉安房守藤原憲實寄進

禮記正義卷第五十

足利本第五十卷第二十五葉

即來奔者故散麻以見尸柩故也彼謂奔喪來遲故注云不見尸柩不散帶　主妾之喪則自附至於練祥皆使其子主之其殯祭不於正室祔自爲之者其祭於祖廟以君不撫僕妾略於賤也疏正義曰妾既卑賤得主之者崔氏云謂女君死攝女君也　則自附者以其祔祭於祖姑尊祖故自祔也以其祔廟也妾合祔於妾祖姑若無妾祖姑則祔於女君可也　其殯祭不於正室者雖攝女君猶下正適故殯之與祭不得在正室庾蔚云妾祖姑無廟爲壇祭之鄭云於廟者崔氏云於廟中爲壇祭之此謂攝女君若不攝女君之妾則不得爲主則別爲壇不在祖廟中而子自主之也　女君死則妾爲女君之黨服攝女君則不爲先女君之黨服妾於女君之親若其親然

禮記義五十　二十五　王椿

疏正義曰女君死則妾爲女君之黨服者賀瑒云雖是徒從而抑妾故爲女君黨服防覬覦也　攝女君則不爲先女君之黨服者以攝女君差尊故不爲先女君之黨服也

禮記正義卷第五十

潘本第五十卷第二十五葉

足利本第五十一卷第一葉

禮記正義卷第五十一

國子祭酒上護軍曲阜縣開國子臣孔穎達等奉

勑撰

雜記上第二十

聞兄弟之喪大功以上見喪者之鄉而哭奔喪節也適兄弟之送葬者弗及遇主人於道則遂之於墓言骨肉之親不待主人也凡主兄弟之喪雖疏亦虞之喪事虞祔乃畢

疏 正義曰此一節明奔兄弟喪之法見喪者之鄉而哭者謂此親兄弟同氣及同堂兄弟也奔喪禮云齊衰望鄉而哭大功望門而哭此云大功以上見喪者之鄉而哭者盧云謂降服大功者也鄭無別解當同盧也若如此則兄弟之名通輕重也 適兄弟之送葬者此兄弟通緦小功也適往也謂往送五服之親葬而不及者謂往送不及喪柩在家 遇主人於道者主人是亡者之子謂孝子葬竟已還而此往送葬之人與孝子於路相逢值也 則送之於墓者雖孝子已還而此送葬之人不及者不得隨孝子而歸仍自獨往於墓也 凡主兄弟之喪雖疏亦虞之者此疏謂小功緦麻喪事虞祔乃畢雖服緦小功之疏彼既無主故疏緦小功者亦爲之主虞祔之祭案小記云大功者主人之喪有三年者則必爲之再祭鄭注云小功緦麻爲之練祭可也與此不同者彼承大功有三年者此則緦小功有三年者故至小祥同於三年故主虞祔也今此言疏者亦虞但虞者謂無服者朋友相爲亦虞祔也故熊氏云主喪者於死者無服謂袒免以外之兄弟 注 喪事虞祔乃畢 正義曰經云

潘本第五十一卷第一葉

禮記正義卷第五十一

國子祭酒上護軍曲阜縣開國子臣孔穎達等奉

勑撰

雜記上第二十

聞兄弟之喪大功以上見喪者之鄉而哭奔喪節也適兄弟之送葬者弗及遇主人於道則遂之於墓言骨肉之親不待主人也凡主兄弟之喪雖疏亦虞之喪事虞祔乃畢

疏 正義曰此一節明奔兄弟喪之法見喪者之鄉而哭者謂此親兄弟同氣及同堂兄弟也奔喪禮云齊衰望鄉而哭大功望門而哭此云大功以上見喪者之鄉而哭者盧云謂降服大功者也鄭無別解當同盧也若如此則兄弟之名通輕重也 適兄弟之送葬者此兄弟通緦小功也適往也謂往送五服之親葬而不及者謂往送不及喪柩在家 遇主人於道者主人是亡者之子謂孝子葬竟已還而此往送葬之人與孝子於路相逢值也 則送之於墓者雖孝子已還而此送葬之人不及者不得隨孝子而歸仍自獨往於墓也 凡主兄弟之喪雖疏亦虞之者此疏謂小功緦麻喪事虞祔乃畢雖服緦小功之疏彼既無主故疏緦小功者亦爲之主虞祔之祭案小記云大功者主人之喪有三年者則必爲之再祭鄭注云小功緦麻爲之練祭可也與此不同者彼承大功有三年者此則緦小功有三年者故至小祥同於三年故主虞祔也今此言疏者亦虞但虞者謂無服者朋友相爲亦虞祔也故熊氏云主喪者於死者無服謂袒免以外之兄弟 注 喪事虞祔乃畢 正義曰經云

足利本第五十一卷第二葉

虞而注連言祔者以祔與虞相近故連言之　凡喪服未畢有弔者則爲位而哭拜踊　客始來主人不可以殺禮待之　疏　正義曰凡喪服未畢者是喪服將終但未畢了猶有餘日未滿其禮已殺若有人始來弔當爲位哭踊不以殺禮而待新弔之賓也言凡者五服悉然　大夫之哭大夫弁絰大夫與殯亦弁絰　弁絰者大夫錫衰相弔之服也如爵弁而素加環絰曰弁絰　疏　正義曰大夫之哭大夫弁絰者此謂成服以後大夫往弔哭大夫身著錫衰首加弁絰　大夫與殯亦弁絰者此謂未成服之前故與殯之時首亦加弁絰其餘則異身著當時所服之服故士喪禮注云主人成服之後往則錫衰主人未成服君亦不錫衰則著皮弁服也若此大夫主人未成服之前身亦皮弁服而弁絰也若主人未小斂之前則吉服而往不弁絰也　注　弁絰至服也　正義曰

禮記義五十一　二　周左

案禮主人未成服之前小斂之後大夫著弁絰而衣皮弁服此云弁絰大夫錫衰相弔者如鄭此意則經云大夫之哭大夫弁絰經據主人成服之後故云大夫錫衰相弔之服但文在大夫與殯之上故南北諸儒皆以此大夫之哭大夫弁絰是二斂之間怪其鄭注云錫衰所以各爲異說今謂大夫之哭大夫廣解成服之後於義無妨但既成服之後又郤明與殯之前理亦既殯　大夫有私喪之葛則於其兄弟之輕喪則弁絰　私喪妻子之喪也輕喪緦麻也大夫降焉弔服而往不以私喪之末臨兄弟　疏　正義曰私喪之葛者謂妻子之喪至卒哭以葛代麻之後是私喪之葛　則於其兄弟之輕喪則弁絰者於此之時遭兄弟之輕喪緦麻亦著弔服弁絰而往不以私喪之末臨兄弟也若成服之後則錫衰未成服之前身著素裳而首服弁絰也　注　私喪至兄弟　正義曰既言私喪故知謂妻子之喪也葛謂卒哭後也

潘本第五十一卷第二葉

虞而注連言祔者以祔與虞相近故連言之　凡喪服未畢有弔者則爲位而哭拜踊　客始來主人不可以殺禮待之　疏　正義曰凡喪服未畢者是喪服將終但未畢了猶有餘日未滿其禮已殺若有人始來弔當爲位哭踊不以殺禮而待新弔之賓也言凡者五服悉然　大夫之哭大夫弁絰大夫與殯亦弁絰　弁絰者大夫錫衰相弔之服也如爵弁而素加環絰曰弁絰　疏　正義曰大夫之哭大夫弁絰者此謂成服以後大夫往弔哭大夫身著錫衰首加弁絰　大夫與殯亦弁絰者此謂未成服之前故與殯之時首亦加弁絰其餘則異身著當時所服之服故士喪禮注云主人成服之後往則錫衰主人未成服君亦不錫衰則著皮弁服也若此大夫主人未成服之前身亦皮弁服而弁絰也若主人未小斂之前則吉服而往不弁絰也　注　弁絰至服也　正義曰

禮記義五十一　二　周左

案禮主人未成服之前小斂之後大夫著弁絰而衣皮弁服此云弁絰大夫錫衰相弔者如鄭此意則經云大夫之哭大夫弁絰經據主人成服之後故云大夫錫衰相弔之服但文在大夫與殯之上故南北諸儒皆以此大夫之哭大夫弁絰是二斂之間怪其鄭注云錫衰所以各爲異說今謂大夫之哭大夫廣解成服之後於義無妨但既成服之後又郤明與殯之前理亦既殯　大夫有私喪之葛則於其兄弟之輕喪則弁絰　私喪妻子之喪也輕喪緦麻也大夫降焉弔服而往不以私喪之末臨兄弟　疏　正義曰私喪之葛者謂妻子之喪至卒哭以葛代麻之後是私喪之葛　則於其兄弟之輕喪則弁絰者於此之時遭兄弟之輕喪緦麻亦著弔服弁絰而往不以私喪之末臨兄弟也若成服之後則錫衰未成服之前身著素裳而首服弁絰也　注　私喪至兄弟　正義曰既言私喪故知謂妻子之喪也葛謂卒哭後也

足利本第五十一卷第三葉

兄弟輕喪謂緦麻也大夫降一等雖不服以骨肉之親不可以妻子之末服而往哭之故服弁絰也　爲長子杖則其子不以杖即位　辟尊者　疏　正義曰父爲長子杖則其子不以杖即位者其子長子之子祖在不厭孫其孫得杖但與祖同處不得以杖即位辟尊者　爲妻父母在不杖不稽顙　尊者在不敢盡禮於私喪也　疏　正義曰此謂適子爲妻父母見存不敢爲妻杖又不可爲妻稽顙故云不杖不稽顙案喪服云大夫爲適婦爲喪主父爲已婦之主故父在不敢爲婦杖若父沒母在不爲適婦之主所以母在不杖者以父母尊同因父而連言母父沒母存爲妻雖得杖而不得稽顙以杖與稽顙文連不杖屬於父在不稽顙文屬母在故云父母在不杖不稽顙而禮論范宣子申云有二義一者生存爲在二者旁側爲在此云母在謂在母之側爲妻不杖故問喪云則父在不敢杖矣尊者在故也鄭云父在不杖謂爲母案爲母則削杖而云父在不杖謂爲母也是父在謂在側之在若論語云君在踧踖如也此范氏之釋其義可通但父母在之文相連爲一而父爲存在之在母爲在側之在又小記云父在庶子爲妻以杖即位然庶子豈得父見在則庶子爲妻得以杖即位乎是范義未安也今見具載之　母在不稽顙稽顙者其贈也拜　言獨母在於贈拜得稽顙則父在贈拜不得稽顙　疏　正義曰前明父母俱在故不杖不稽顙此明父沒母在爲妻得有稽顙不稽顙二義母在不稽顙者謂母在爲妻子尋常拜賓之法也　稽顙者其贈也拜者但父沒母在稍降殺於父故爲妻得有稽顙稽顙之時其稽顙者有他人以物來贈已其恩既重其謝此贈之人時爲拜得稽顙故云其贈也拜於此拜時而得稽顙　違諸侯之大夫不反服違大夫之諸侯不反服

禮記義五十一　三　周差

潘本第五十一卷第三葉

兄弟輕喪謂緦麻也大夫降一等雖不服以骨肉之親不可以妻子之末服而往哭之故服弁絰也　爲長子杖則其子不以杖即位　辟尊者　疏　正義曰父爲長子杖則其子不以杖即位者其子長子之子祖在不厭孫其孫得杖但與祖同處不得以杖即位辟尊者　爲妻父母在不杖不稽顙　尊者在不敢盡禮於私喪也　疏　正義曰此謂適子爲妻父母見存不敢爲妻杖又不可爲妻稽顙故云不杖不稽顙案喪服云大夫爲適婦爲喪主父爲已婦之主故父在不敢爲婦杖若父沒母在不爲適婦之主所以母在不杖者以父母尊同因父而連言母父沒母存爲妻雖得杖而不得稽顙以杖與稽顙文連不杖屬於父在不稽顙文屬母在故云父母在不杖不稽顙而禮論范宣子申云有二義一者生存爲在二者旁側爲在此云母在謂在母之側爲妻不杖故問喪云則父在不敢杖矣尊者在故也鄭云父在不杖謂爲母案爲母則削杖而云父在不杖謂爲母也是父在謂在側之在若論語云君在踧踖如也此范氏之釋其義可通但父母在之文相連爲一而父爲存在之在母爲在側之在又小記云父在庶子爲妻以杖即位然庶子豈得父見在則庶子爲妻得以杖即位乎是范義未安也今見具載之　母在不稽顙稽顙者其贈也拜　言獨母在於贈拜得稽顙則父在贈拜不得稽顙　疏　正義曰前明父母俱在故不杖不稽顙此明父沒母在爲妻得有稽顙不稽顙二義母在不稽顙者謂母在爲妻子尋常拜賓之法也　稽顙者其贈也拜者但父沒母在稍降殺於父故爲妻得有稽顙稽顙之時其稽顙者有他人以物來贈已其恩既重其謝此贈之人時爲拜得稽顙故云其贈也拜於此拜時而得稽顙　違諸侯之大夫不反服違大夫之諸侯不反服

禮記義五十一　三　周差

其君尊卑異也違猶去也去諸侯仕
諸侯去大夫仕大夫乃得爲舊君服
疏 正義曰違去也
去諸侯謂不便
其居及辟仇也之往也已若本是諸侯臣如去往仕大夫
此是自尊適卑若舊君死則此臣不反服也言不反者謂
今仕卑臣不可反服於前之尊君也 違大夫之諸侯不
反服者此謂本是大夫臣今去仕諸侯此是自卑適尊若
猶服卑君則爲新君之恥也故亦不反服舊君也 注其
君至君服 正義曰鄭以經尊卑不敵不反服若所仕敵
則反服舊君
服齊衰三月

喪冠條屬以別吉凶三年之練冠亦條屬右縫

別吉凶者吉冠不條屬也條屬者
通屈一條繩若布爲武垂下爲纓
屬之冠象大古喪事略也吉冠則
纓武異材焉右縫者右辟而縫之

小功以下左

左辟
象吉
輕
也

緦冠繰纓

繰當爲澡麻帶經之澡聲之
誤也謂有事其布以爲纓
疏 正義
曰此

一節明喪冠輕重之制各隨文解之此言吉冠則纓與武
各別喪冠則纓與武共材也 條屬者屬猶著也謂取一
條繩屈之爲武垂下爲纓以著冠故云條屬也吉凶既異
故云別吉凶也 三年之練冠亦條屬右縫者三年練冠
小祥之冠也雖微入吉亦猶條屬與凶冠不異也吉冠則
襵上辟縫嚮左左爲陽陽吉也而凶冠縫嚮右右爲陰陰
喪所尚也過小祥猶條屬故縫猶嚮右也 注別吉至縫
之 正義曰云吉冠不條屬也條屬者通屈一條繩若布
爲武垂下爲纓屬之冠象大古喪事略也者釋喪冠條屬
之意云吉冠則纓武異材焉者王藻云縞冠玄武之屬是
異材也材謂材具 小功以下左小功以下輕故縫同吉
嚮左也 緦冠繰纓緦衰冠治縷不治布冠又用澡治緦
布爲纓以輕故也 注澡當至爲纓 正義曰經之繰字
絲旁爲之非澡治之義故讀從喪服小記下殤澡麻帶經
之澡云謂有事其布以爲纓者緦麻既有事其縷就上
澡之是又治其布故云有事其布以爲纓謂縷布俱治 大

其君尊卑異也違猶去也去諸侯仕
諸侯去大夫仕大夫乃得爲舊君服
疏 正義曰違去也
去諸侯謂不便
其居及辟仇也之往也已若本是諸侯臣如去往仕大夫
此是自尊適卑若舊君死則此臣不反服也言不反者謂
今仕卑臣不可反服於前之尊君也 違大夫之諸侯不
反服者此謂本是大夫臣今去仕諸侯此是自卑適尊若
猶服卑君則爲新君之恥也故亦不反服舊君也 注其
君至君服 正義曰鄭以經尊卑不敵不反服若所仕敵
則反服舊君
服齊衰三月
喪冠條屬以別吉凶三年之練冠亦條屬右縫
別吉凶者吉冠不條屬也條屬者
通屈一條繩若布爲武垂下爲纓
屬之冠象大古喪事略也吉冠則
纓武異材焉右縫者右辟而縫之
小功以下左
左辟
象吉
輕
也
緦冠繰纓
繰當爲澡麻帶經之澡聲之
誤也謂有事其布以爲纓
疏 正義
曰此
禮記義五十一 四 陳顯
一節明喪冠輕重之制各隨文解之此言吉冠則纓與武
各別喪冠則纓與武共材也 條屬者屬猶著也謂取一
條繩屈之爲武垂下爲纓以著冠故云條屬也吉凶既異
故云別吉凶也 三年之練冠亦條屬右縫者三年練冠
小祥之冠也雖微入吉亦猶條屬與凶冠不異也吉冠則
襵上辟縫嚮左左爲陽陽吉也而凶冠縫嚮右右爲陰陰
喪所尚也過小祥猶條屬故縫猶嚮右也 注別吉至縫
之 正義曰云吉冠不條屬也條屬者通屈一條繩若布
爲武垂下爲纓屬之冠象大古喪事略也者釋喪冠條屬
之意云吉冠則纓武異材焉者王藻云縞冠玄武之屬是
異材也材謂材具 小功以下左小功以下輕故縫同吉
嚮左也 緦冠繰纓緦衰冠治縷不治布冠又用澡治緦
布爲纓以輕故也 注澡當至爲纓 正義曰經之繰字
絲旁爲之非澡治之義故讀從喪服小記下殤澡麻帶經
之澡云謂有事其布以爲纓者緦麻既有事其縷就上
澡之是又治其布故云有事其布以爲纓謂縷布俱治 大

足利本第五十一卷第五葉

功以上散帶小功緦輕初而絞之【疏】正義曰小斂之後主人拜賓襲絰於序東小功以下皆絞之大功以上散此帶垂不忍即成之至成服乃絞

朝服十五升去其半而緦加灰錫也緦精麤與朝服同去其半則六百縷而疏也又無事其布不灰焉【疏】正義曰朝服精細全用十五升布爲之　去其半而緦者緦麻於朝服十五升布之內抽去其半以七升半用緦麻服之衰服也鄭注喪服云去其半而緦如絲是也　加灰錫也者取緦以爲布又加灰治之則曰錫言錫然滑易也　【注】又無事其布不灰焉　正義曰經云去其半而緦始云加灰錫明此緦衰不加灰不治布故也

諸侯相襚以後路與冕服先路與褒衣不以襚不以己之正者施於人以彼不以爲正也後路貳車貳車行在後也【疏】正義曰諸侯相襚者襚謂以物送死用也　以後路與冕服者後路爲上路之後次路也冕服謂上冕之後次冕也　先路與褒衣不以襚者是己之車服之上不可以施遺於人以彼不以爲正服所用也

遣車視牢具言車多少各如所包遣奠牲體之數也然則遣車載所包遣奠而藏之者與遣奠天子大牢包九个諸侯亦大牢包七个大夫亦大牢包五个士少牢包三个大夫以上乃有遣車【疏】正義曰遣車送葬載牲體之車也牢具遣奠所包牲牢之體貴賤各有數也一个爲一具取一車載之也故云視牢具　【注】言車至遣車　正義曰言車多少各如所包遣奠牲體之數也者以言視牢具故如其數云然則遣車載所包遣奠而藏之者與以遣車所用無文因此視牢具故云載所包遣奠而藏之者與與疑辭也云天子大牢包九个以下者以既夕禮遣奠用少牢以上約之明大夫以上皆大牢包九个者以檀弓云國君七个遣車七乘則天子九个遣車九乘以下差降義已具於下檀弓疏云大

禮記義五十一　五　周差

潘本第五十一卷第五葉

功以上散帶小功緦輕初而絞之【疏】正義曰小斂之後主人拜賓襲絰於序東小功以下皆絞之大功以上散此帶垂不忍即成之至成服乃絞

朝服十五升去其半而緦加灰錫也緦精麤與朝服同去其半則六百縷而疏也又無事其布不灰焉【疏】正義曰朝服精細全用十五升布爲之　去其半而緦者緦麻於朝服十五升布之內抽去其半以七升半用緦麻服之衰服也鄭注喪服云去其半而緦如絲是也　加灰錫也者取緦以爲布又加灰治之則曰錫言錫然滑易也　【注】又無事其布不灰焉　正義曰經云去其半而緦始云加灰錫明此緦衰不加灰不治布故也

諸侯相襚以後路與冕服先路與褒衣不以襚不以己之正者施於人以彼不以爲正也後路貳車貳車行在後也【疏】正義曰諸侯相襚者襚謂以物送死用也　以後路與冕服者後路爲上路之後次路也冕服謂上冕之後次冕也　先路與褒衣不以襚者是己之車服之上不可以施遺於人以彼不以爲正服所用也

遣車視牢具言車多少各如所包遣奠牲體之數也然則遣車載所包遣奠而藏之者與遣奠天子大牢包九个諸侯亦大牢包七个大夫亦大牢包五个士少牢包三个大夫以上乃有遣車【疏】正義曰遣車送葬載牲體之車也牢具遣奠所包牲牢之體貴賤各有數也一个爲一具取一車載之也故云視牢具　【注】言車至遣車　正義曰言車多少各如所包遣奠牲體之數也者以言視牢具故如其數云然則遣車載所包遣奠而藏之者與以遣車所用無文因此視牢具故云載所包遣奠而藏之者與與疑辭也云天子大牢包九个以下者以既夕禮遣奠用少牢以上約之明大夫以上皆大牢包九个者以檀弓云國君七个遣車七乘則天子九个遣車九乘以下差降義已具於下檀弓疏云大

禮記義五十一　五　周差

夫以上乃有遣車者諸侯大夫位尊雖無三命則有車馬之賜及天子上士三命皆得有遣車諸侯士以下賤故無遣車也

疏布輤四面有章置于四隅 輤其蓋也四面皆有章蔽以隱翳牢肉四隅輤中之四隅 疏 正義曰此經明載牢肉之時因以物章蔽疏布輤者輤蓋也以麤布為上蓋而四面有物章之入壙置於輤之四隅

載粻有子曰非禮也 粻米糧也

喪奠脯醢而已 言死者不食糧也遣奠本無黍稷 疏 正義曰粻米糧也用遣車載粻遣之人也而有子譏其為失也然既夕士禮有黍稷麥者但遣奠之饌無黍稷故遣車所載遣車之奠不合載粻既夕藏筲者謂遣奠之外別有黍稷麥　喪奠脯醢而已者此亦有子之言也言死者不食糧故遣奠不用黍稷而牲體是脯醢之義也

祭稱孝子孝孫喪稱哀子哀孫 各以其義稱 疏 正義曰祭吉祭也謂自卒哭以後之祭也吉則申孝子心故祝辭云孝也或子或孫隨其人也　喪稱哀子哀孫者凶祭謂自虞以前祭也喪則痛慕未申故稱哀也故士虞禮稱哀子而卒哭乃稱孝子也

端衰喪車皆無等 喪車惡車也喪者衣衰及所乘之車貴賤同孝子於親一也衣衰言端者玄端吉時常服喪之衣衰當如之 疏 正義曰端衰謂喪服上衣以其綴六寸之衰於心前故衣亦曰衰端正也吉時玄端服身與袂同以二尺二寸為正而喪衣亦如之而今用衰綴心前故曰端衰也　喪車者孝子所乘惡車也惡車喪車也等等差也言喪之衣衰及惡車天子至士制度同無貴賤等差之別也以孝子於其親情如一也 注 喪車至如之　正義曰言喪車惡車也者既夕禮云主人乘惡車鄭云王喪之木車也案鄭注巾車喪車凡五等巾車云木車蒲蔽注云木車不漆者以蒲為蔽始遭喪所乘也素車棼蔽注云素車以白土堊車蘋

夫以上乃有遣車者諸侯大夫位尊雖無三命則有車馬之賜及天子上士三命皆得有遣車諸侯士以下賤故無遣車也

疏布輤四面有章置于四隅 輤其蓋也四面皆有章蔽以隱翳牢肉四隅輤中之四隅 疏 正義曰此經明載牢肉之時因以物章蔽疏布輤者輤蓋也以麤布為上蓋而四面有物章之入壙置於輤之四隅

載粻有子曰非禮也 粻米糧也

喪奠脯醢而已 言死者不食糧也遣奠本無黍稷 疏 正義曰粻米糧也用遣車載粻遣之人也而有子譏其為失也然既夕士禮有黍稷麥者但遣奠之饌無黍稷故遣車所載遣車之奠不合載粻既夕藏筲者謂遣奠之外別有黍稷麥　喪奠脯醢而已者此亦有子之言也言死者不食糧故遣奠不用黍稷而牲體是脯醢之義也

禮記義五十一　六

祭稱孝子孝孫喪稱哀子哀孫 各以其義稱 疏 正義曰祭吉祭也謂自卒哭以後之祭也吉則申孝子心故祝辭云孝也或子或孫隨其人也　喪稱哀子哀孫者凶祭謂自虞以前祭也喪則痛慕未申故稱哀也故士虞禮稱哀子而卒哭乃稱孝子也

端衰喪車皆無等 喪車惡車也喪者衣衰及所乘之車貴賤同孝子於親一也衣衰言端者玄端吉時常服喪之衣衰當如之 疏 正義曰端衰謂喪服上衣以其綴六寸之衰於心前故衣亦曰衰端正也吉時玄端服身與袂同以二尺二寸為正而喪衣亦如之而今用衰綴心前故曰端衰也　喪車者孝子所乘惡車也惡車喪車也等等差也言喪之衣衰及惡車天子至士制度同無貴賤等差之別也以孝子於其親情如一也 注 喪車至如之　正義曰言喪車惡車也者既夕禮云主人乘惡車鄭云王喪之木車也案鄭注巾車喪車凡五等巾車云木車蒲蔽注云木車不漆者以蒲為蔽始遭喪所乘也素車棼蔽注云素車以白土堊車蘋

麻以爲蔽卒哭所乘藻車藻蔽注云以蒼土堊車以蒼繒爲蔽也既練所乘駹車雚蔽注云駹車邊側有漆飾也以細葦席爲蔽大祥所乘漆車藩蔽注云漆車黑車漆席以爲蔽禫所乘云衣裳言端者玄端吉時常服喪之衣裳當如之者案喪服記袂二尺二寸袪尺二寸其制正幅故云端此云端衰則與玄端同

大白冠緇布之冠皆不蕤委武玄縞而后蕤

不蕤質無飾也大白冠大古之布冠也春秋傳曰衛文公大布之衣大白之冠委武冠卷也秦人曰委齊東曰武玄玄冠也縞縞冠也

疏 正義曰大白者古之白布冠也緇布冠黑布冠也二冠無飾故皆不蕤此緇布冠謂大夫士之冠故不蕤其諸侯緇布冠則蕤故玉藻云緇布冠繢緌諸侯之冠是也 委武玄縞而后蕤者委武皆冠卷也秦人呼卷爲委齊人呼卷爲武也玄玄冠也縞縞冠也玄縞二冠既先有別卷後乃可蕤故云而后蕤也而大祥縞冠亦有蕤何以知之前既云練冠亦條屬右縫則知縞不條屬既別安卷灼然有蕤也 注 不蕤至冠也 正義曰引春秋左傳曰衛文公大布之衣大白之冠者證大白冠是布也閔公二年冬狄入衛衛懿公爲狄人所滅僖二年齊桓公救而封之衛文公以國未道故不充其服自貶損所以大白冠大布衣也

禮記正義五十一 二 陳顯

大夫冕而祭於公弁而祭於己士弁而祭於公冠而祭於己

弁爵弁也冠玄冠也祭於公助君祭也大夫爵弁而祭於己唯孤爾

士弁而親迎然則士弁而祭於己可也

緣類欲許之也親迎雖亦己之事攝盛服爾非常也

疏 正義曰此一節明大夫士公私祭服 大夫冕而祭於公者大夫謂孤也冕絺冕也祭於公謂助君祭也 弁而祭於己者弁爵弁也祭於己自祭廟也助祭爲尊故服絺冕自祭爲卑故服爵弁崔云孤不悉絺冕若王者之後及魯之孤

足利本第五十一卷第七葉

麻以爲蔽卒哭所乘藻車藻蔽注云以蒼土堊車以蒼繒爲蔽也既練所乘駹車雚蔽注云駹車邊側有漆飾也以細葦席爲蔽大祥所乘漆車藩蔽注云漆車黑車漆席以爲蔽禫所乘云衣裳言端者玄端吉時常服喪之衣裳當如之者案喪服記袂二尺二寸袪尺二寸其制正幅故云端此云端衰則與玄端同

大白冠緇布之冠皆不蕤委武玄縞而后蕤

不蕤質無飾也大白冠大古之布冠也春秋傳曰衛文公大布之衣大白之冠委武冠卷也秦人曰委齊東曰武玄玄冠也縞縞冠也

疏 正義曰大白者古之白布冠也緇布冠黑布冠也二冠無飾故皆不蕤此緇布冠謂大夫士之冠故不蕤其諸侯緇布冠則蕤故玉藻云緇布冠繢緌諸侯之冠是也 委武玄縞而后蕤者委武皆冠卷也秦人呼卷爲委齊人呼卷爲武也玄玄冠也縞縞冠也玄縞二冠既先有別卷後乃可蕤故云而后蕤也而大祥縞冠亦有蕤何以知之前既云練冠亦條屬右縫則知縞不條屬既別安卷灼然有蕤也 注 不蕤至冠也 正義曰引春秋左傳曰衛文公大布之衣大白之冠者證大白冠是布也閔公二年冬狄入衛衛懿公爲狄人所滅僖二年齊桓公救而封之衛文公以國未道故不充其服自貶損所以大白冠大布衣也

禮記正義五十一 十 陳顯

大夫冕而祭於公弁而祭於己士弁而祭於公冠而祭於己

弁爵弁也冠玄冠也祭於公助君祭也大夫爵弁而祭於己唯孤爾

士弁而親迎然則士弁而祭於己可也

緣類欲許之也親迎雖亦己之事攝盛服爾非常也

疏 正義曰此一節明大夫士公私祭服 大夫冕而祭於公者大夫謂孤也冕絺冕也祭於公謂助君祭也 弁而祭於己者弁爵弁也祭於己自祭廟也助祭爲尊故服絺冕自祭爲卑故服爵弁崔云孤不悉絺冕若王者之後及魯之孤

潘本第五十一卷第七葉

足利本第五十一卷第八葉

則助祭用絺若方伯之孤助祭則玄冕以其君玄冕自祭不可踰之也　士弁而祭於公冠而祭於己者弁謂爵弁也士以爵弁爲上故用助祭也冠玄冠爲卑也自祭不敢同助君之服故用玄冠也士弁而親迎然則士弁而祭於己可也者作記之人雖云士冠而祭於己以己既爵弁親迎親迎輕於祭尚用爵弁則士亦當用爵弁自祭於己廟可也言於禮可用也爵弁是記者緣事類欲許之著爵弁 注 士弁弁爵至孤爾　正義曰知弁爵弁也者與士弁連文士弁祭於公爵弁故知大夫弁者亦爵弁也云大夫爵弁而祭於己唯孤爾者以儀禮少牢上大夫自祭用玄冠此亦云弁而祭於己者與少牢異故知是孤知非卿者以少牢禮有卿賓尸下大夫不賓尸明卿亦玄冠不爵弁 注 緣類至常也　正義曰以祭親迎事類相似親迎既弁故自祭欲許其著弁其理不可故鄭云親迎雖亦己之事攝盛服爾非常著之服所以親迎攝盛服者以親迎配偶一時之極故許其攝盛服祭祀常所供養故須依其班序

禮記義五十一　八　楊昌

暢曰以椈杵以梧所以擣鬱也椈柏也枇以桑長三尺或曰五尺枇所以載牲體者此謂喪祭也吉祭枇用棘畢用桑長三尺刊其柄與末畢所以助主人載者刊猶削也 疏 正義曰此一節明吉凶暢及枇畢之義各隨文解之　暢者謂鬱鬯也　曰以椈杵以梧者謂擣鬯所用也椈柏也梧桐也謂以柏爲臼以桐爲杵擣鬱鬯用柏臼桐杵爲柏香桐絜白於神爲宜 注 椈柏也　正義曰椈柏爾雅釋木文　枇以桑長三尺或曰五尺　枇者所以載牲體從鑊以枇升入於鼎從鼎以枇載之於俎 注 此謂至用棘　正義曰知謂喪祭也者以其用桑故知喪祭也云吉祭枇用棘者特牲記云枇用棘心是也　畢用桑長三尺刊其柄與末主人舉肉之時則以畢助主人舉肉用桑者亦喪祭故也刊其柄與末謂畢末頭亦刊削之畢既如此枇亦當然若吉時亦用棘

潘本第五十一卷第八葉

則助祭用絺若方伯之孤助祭則玄冕以其君玄冕自祭不可踰之也　士弁而祭於公冠而祭於己者弁謂爵弁也士以爵弁爲上故用助祭也冠玄冠爲卑也自祭不敢同助君之服故用玄冠也士弁而親迎然則士弁而祭於己可也者作記之人雖云士冠而祭於己以己既爵弁親迎親迎輕於祭尚用爵弁則士亦當用爵弁自祭於己廟可也言於禮可用也爵弁是記者緣事類欲許之著爵弁 注 士弁弁爵至孤爾　正義曰知弁爵弁也者與士弁連文士弁祭於公爵弁故知大夫弁者亦爵弁也云大夫爵弁而祭於己唯孤爾者以儀禮少牢上大夫自祭用玄冠此亦云弁而祭於己者與少牢異故知是孤知非卿者以少牢禮有卿賓尸下大夫不賓尸明卿亦玄冠不爵弁 注 緣類至常也　正義曰以祭親迎事類相似親迎既弁故自祭欲許其著弁其理不可故鄭云親迎雖亦己之事攝盛服爾非常著之服所以親迎攝盛服者以親迎配偶一時之極故許其攝盛服祭祀常所供養故須依其班序

禮記義五十一　八　楊昌

暢曰以椈杵以梧所以擣鬱也椈柏也枇以桑長三尺或曰五尺枇所以載牲體者此謂喪祭也吉祭枇用棘畢用桑長三尺刊其柄與末畢所以助主人載者刊猶削也 疏 正義曰此一節明吉凶暢及枇畢之義各隨文解之　暢者謂鬱鬯也　曰以椈杵以梧者謂擣鬯所用也椈柏也梧桐也謂以柏爲臼以桐爲杵擣鬱鬯用柏臼桐杵爲柏香桐絜白於神爲宜 注 椈柏也　正義曰椈柏爾雅釋木文　枇以桑長三尺或曰五尺　枇者所以載牲體從鑊以枇升入於鼎從鼎以枇載之於俎 注 此謂至用棘　正義曰知謂喪祭也者以其用桑故知喪祭也云吉祭枇用棘者特牲記云枇用棘心是也　畢用桑長三尺刊其柄與末主人舉肉之時則以畢助主人舉肉用桑者亦喪祭故也刊其柄與末謂畢末頭亦刊削之畢既如此枇亦當然若吉時亦用棘

率帶諸侯大夫皆五采士二采此謂襲尸之大帶率繂也繂之不加箴功大夫以上更飾以五采士以朱綠襲事成於帶變之所以異於生

【疏】正義曰此謂尸襲竟而著此帶也率謂為帶也但攝帛邊而熨殺之不加箴功異於生也以五采飾之亦異於生也大夫與諸侯同而士二采並異於生而尊者可同也然此士天子之士也諸侯之士則緇帶故士喪禮緇帶

【注】此謂至於生　正義曰知襲尸之大帶者以吉時大帶唯有朱綠玄華無五采此上連拙畢用桑之不則知此亦喪之大帶小斂大斂衣數既多有絞不可加帶故知襲尸之大帶也以其稱率與大帶同故知是大帶也云襲事成於帶變之所以異於生者鄭以襲衣與生同唯帶與生異凡襲事著衣畢加帶乃成故云襲事成於帶變之異於生也

醴者稻醴也甕甒筲衡實見間而后折入此謂葬時藏物也衡當為桁所以庪甕甒之屬聲之誤也

【疏】正義曰此一經是送葬所藏之物　醴者稻醴也者言此醴是稻米所為　甕者盛醯醢甒者盛醴酒筲者盛黍稷　衡者以大木為桁置於地所以庪舉於甕甒之屬　實見間見謂棺外之飾言實此甕甒筲等於見外椁內二者之間故云實見間　而后折入者折謂椁上承席實物椁內既畢然後以此承席加於椁上

【注】此謂至席也　正義曰知葬時藏物也者言此甕甒筲衡等葬時所藏之物皇氏云甕甒筲明器也故實此醴與醯醢之屬云實見間藏於見外椁內也者案既夕禮乃窆藏器於旁加見注云器用器役器也見棺飾也先言藏器乃云加見者器在見內也既夕禮又云藏苞筲於旁注云於旁者在見外也不言甕甒饌相次可知知是藏於見外椁內者則見內是用器役器見外是明器也此是士禮略實明器耳大夫以上則兼有人器明器也人器實明器虛云折承席也者案既夕禮注云折猶庪也方鑿連

禮記正義五十一　九　金秀

率帶諸侯大夫皆五采士二采此謂襲尸之大帶率繂也繂之不加箴功大夫以上更飾以五采士以朱綠襲事成於帶變之所以異於生

【疏】正義曰此謂尸襲竟而著此帶也率謂為帶也但攝帛邊而熨殺之不加箴功異於生也以五采飾之亦異於生也大夫與諸侯同而士二采並異於生而尊者可同也然此士天子之士也諸侯之士則緇帶故士喪禮緇帶

【注】此謂至於生　正義曰知襲尸之大帶者以吉時大帶唯有朱綠玄華無五采此上連拙畢用桑之不則知此亦喪之大帶小斂大斂衣數既多有絞不可加帶故知襲尸之大帶也以其稱率與大帶同故知是大帶也云襲事成於帶變之所以異於生者鄭以襲衣與生同唯帶與生異凡襲事著衣畢加帶乃成故云襲事成於帶變之異於生也

醴者稻醴也甕甒筲衡實見間而后折入此謂葬時藏物也衡當為桁所以庪甕甒之屬聲之誤也

【疏】正義曰此一經是送葬所藏之物　醴者稻醴也者言此醴是稻米所為　甕者盛醯醢甒者盛醴酒筲者盛黍稷　衡者以大木為桁置於地所以庪舉於甕甒之屬　實見間見謂棺外之飾言實此甕甒筲等於見外椁內二者之間故云實見間　而后折入者折謂椁上承席實物椁內既畢然後以此承席加於椁上

【注】此謂至席也　正義曰知葬時藏物也者言此甕甒筲衡等葬時所藏之物皇氏云甕甒筲明器也故實此醴與醯醢之屬云實見間藏於見外椁內也者案既夕禮乃窆藏器於旁加見注云器用器役器也見棺飾也先言藏器乃云加見者器在見內也既夕禮又云藏苞筲於旁注云於旁者在見外也不言甕甒饌相次可知知是藏於見外椁內者則見內是用器役器見外是明器也此是士禮略實明器耳大夫以上則兼有人器明器也人器實明器虛云折承席也者案既夕禮注云折猶庪也方鑿連

禮記義五十一　九　金秀

足利本第五十一卷第十葉

木爲之蓋如牀而縮者三橫者五無簣空事畢加之壙上以承抗席是也重既虞而埋
之就所倚處埋之凡婦人從其夫之爵位婦人無專制生禮死事以夫爲
尊卑疏正義曰案既夕禮初喪朝禰廟重止于門外之西不入重不入者謂將響祖廟若過之然故不入明
日自禰廟隨至祖廟庭厥明將出之時重出自道道左倚之鄭注云道左主人位此注就所倚之處埋之謂於祖廟
門外之東也小斂大斂啓皆辯拜嫌當事來者終不拜故明之也此既事皆
拜疏正義曰禮凡當大斂小斂及啓欑之時唯有君來則止事而出拜之若他賓客至則不止事竟乃
即堂下之位悉徧拜故云皆辯拜也注嫌當至皆拜正義曰嫌當三事終竟不拜故明事竟即拜也云此既事
皆拜者皆拜即此云辯拜三事也然若士當事而大夫至則士亦爲大夫出也故雜記下云當袒大夫至雖當踊絕

禮記正義五十一　十

踊而拜之反改成踊乃襲是也朝夕哭不帷緣孝子心欲見殯肂也既出則施其屋鬼神尚
幽闇也疏正義曰孝子心欲見殯故當朝夕進入廟門內哭位之時除去殯宮帷也哭竟則帷之注既
出則施其屋正義曰案士喪禮君使人弔徹帷鄭云徹帷屋之事畢則下之鄭此注會儀禮注也則屋是褰舉之
名初哭則褰舉事畢則施下之無柩者不帷謂既葬也棺柩已去鬼神在室堂無事焉遂去
帷疏正義曰無柩謂葬後也神主祔廟還在室則在堂無事故不復用帷也君若載
而后弔之則主人東面而拜門右北面而踊
出待反而后奠主人拜踊於賓位不敢迫君也君即位車東出待不必君留也君反之
使奠疏正義曰謂君來弔臣之葬臣喪朝廟柩已下堂載在柩車而君弔之故云君若載而后弔之則主

潘本第五十一卷第十葉

木爲之蓋如牀而縮者三橫者五無簣空事畢加之壙上以承抗席是也重既虞而埋
之就所倚處埋之凡婦人從其夫之爵位婦人無專制生禮死事以夫爲
尊卑疏正義曰案既夕禮初喪朝禰廟重止于門外之西不入重不入者謂將響祖廟若過之然故不入明
日自禰廟隨至祖廟庭厥明將出之時重出自道道左倚之鄭注云道左主人位此注就所倚之處埋之謂於祖廟
門外之東也小斂大斂啓皆辯拜嫌當事來者終不拜故明之也此既事皆
拜疏正義曰禮凡當大斂小斂及啓欑之時唯有君來則止事而出拜之若他賓客至則不止事竟乃
即堂下之位悉徧拜故云皆辯拜也注嫌當至皆拜正義曰嫌當三事終竟不拜故明事竟即拜也云此既事
皆拜者皆拜即此云辯拜三事也然若士當事而大夫至則士亦爲大夫出也故雜記下云當袒大夫至雖當踊絕

禮記正義五十一　十

踊而拜之反改成踊乃襲是也朝夕哭不帷緣孝子心欲見殯肂也既出則施其屋鬼神尚
幽闇也疏正義曰孝子心欲見殯故當朝夕進入廟門內哭位之時除去殯宮帷也哭竟則帷之注既
出則施其屋正義曰案士喪禮君使人弔徹帷鄭云徹帷屋之事畢則下之鄭此注會儀禮注也則屋是褰舉之
名初哭則褰舉事畢則施下之無柩者不帷謂既葬也棺柩已去鬼神在室堂無事焉遂去
帷疏正義曰無柩謂葬後也神主祔廟還在室則在堂無事故不復用帷也君若載
而后弔之則主人東面而拜門右北面而踊
出待反而后奠主人拜踊於賓位不敢迫君也君即位車東出待不必君留也君反之
使奠疏正義曰謂君來弔臣之葬臣喪朝廟柩已下堂載在柩車而君弔之故云君若載而后弔之則主

人東面而拜者君既弔位於車東故主人在車西東面而
拜　門右北面而踊者門謂祖廟門也右西邊也若門外
來則右在東若門內出右在西此據車出家故右在西孝
子拜君竟從位立近門內西邊北面而哭踊爲禮也　出
待者孝子哭踊畢而先出門待君者君來則出門拜迎君
去則出門拜送也今君入臨弔事竟便應去不敢必君之
久留故孝子先出待君出　反而后奠者反謂君來未去
使人命孝子反還喪所也而后奠者凡君來必設奠告柩
知之也或云此謂在廟載柩車時也奠謂反設祖奠也

子羔之襲也繭衣裳與稅衣纁袡爲一素端一皮弁一爵弁一玄冕一曾子曰不襲婦服　繭衣裳者若今大纊也纊爲繭縕爲袍表之以稅衣乃爲一稱爾稅衣若玄端而連衣裳者也大夫而以纁爲之緣非也唯婦人纁袡禮以冠名服此襲其服非襲

禮記義五十一　十一　厲億

其冠曾子譏襲婦服而已玄冕又大夫服未聞子羔曷爲襲之玄冕或爲玄冠或爲玄端

爲君使而死公館復私館不復公館者公宮與公所爲也私館者自卿大夫以下之家也　公所爲君所作離宮館也

疏　正義曰此明大夫死者襲衣稱數也　繭衣裳者纊爲繭謂衣裳相連而緜纊著之也
與稅衣者稅謂黑衣也若玄端而連衣裳也玄端多種今
衣裳連是玄端玄端玄裳也纁袡爲一者纁絳也袡裳下緣襈
也以絳爲緣故云稅衣纁袡也繭衣既褻故用稅衣表之合爲
一稱故云繭衣裳與稅衣纁袡爲一也素端一者此第二稱也
以服既不褻並無復別衣表之也盧云布上素下皮弁服
賀瑒云以素爲衣裳也　皮弁一者第三稱也十五升白
布爲衣積素爲裳也　爵弁一者第四稱也玄衣纁裳也
玄冕一者第五稱也大夫之上服也　曾子曰不襲婦

足利本第五十一卷第十一葉

潘本第五十一卷第十一葉

人東面而拜者君既弔位於車東故主人在車西東面而
拜　門右北面而踊者門謂祖廟門也右西邊也若門外
來則右在東若門內出右在西此據車出家故右在西孝
子拜君竟從位立近門內西邊北面而哭踊爲禮也　出
待者孝子哭踊畢而先出門待君者君來則出門拜迎君
去則出門拜送也今君入臨弔事竟便應去不敢必君之
久留故孝子先出待君出　反而后奠者反謂君來未去
使人命孝子反還喪所也而后奠者凡君來必設奠告柩
知之也或云此謂在廟載柩車時也奠謂反設祖奠也

子羔之襲也繭衣裳與稅衣纁袡爲一素端一皮弁一爵弁一玄冕一曾子曰不襲婦服　繭衣裳者若今大纊也纊爲繭縕爲袍表之以稅衣乃爲一稱爾稅衣若玄端而連衣裳者也大夫而以纁爲之緣非也唯婦人纁袡禮以冠名服此襲其服非襲

禮記義五十一　十一　厲億

其冠曾子譏襲婦服而已玄冕又大夫服未聞子羔曷爲襲之玄冕或爲玄冠或爲玄端

爲君使而死公館復私館不復公館者公宮與公所爲也私館者自卿大夫以下之家也　公所爲君所作離宮館也

疏　正義曰此明大夫死者襲衣稱數也　繭衣裳者纊爲繭謂衣裳相連而緜纊著之也
與稅衣者稅謂黑衣也若玄端而連衣裳也玄端多種今
衣裳連是玄端玄端玄裳也纁袡爲一者纁絳也袡裳下緣襈
也以絳爲緣故云稅衣纁袡也繭衣既褻故用稅衣表之合爲
一稱故云繭衣裳與稅衣纁袡爲一也素端一者此第二稱也
以服既不褻並無復別衣表之也盧云布上素下皮弁服
賀瑒云以素爲衣裳也　皮弁一者第三稱也十五升白
布爲衣積素爲裳也　爵弁一者第四稱也玄衣纁裳也
玄冕一者第五稱也大夫之上服也　曾子曰不襲婦

足利本第五十一卷第十二葉

服者曾子非之纁袡是婦人之服而子羔襲用之故曾子譏之依禮不合襲婦人之服 注 繭衣至襲之 正義曰禮以冠名服此襲其服非襲其冠者鄭恐經云皮弁爵弁但云冠不云服恐襲其冠不襲其服故云以冠名服此襲其服非襲其冠云曾子譏襲婦服而已者鄭意以曾子但譏婦服而已不譏其著玄冕之服是子羔合著玄冕子羔爲大夫無文故注云未聞子羔曷爲襲之

公七踊大夫五踊婦人居間士三踊婦人皆居間 公君也始死及小斂大斂而踊君大夫士一也則皆三踊矣君五日而殯大夫三日而殯士二日而殯士小斂之朝不踊君大夫大斂之朝乃不踊婦人居間者踊必拾主人踊婦人踊賓乃踊 疏 正義曰此一經明諸侯至士初死在室殯踊節及明貴賤踊數也公諸侯去死日五日而殯則合死日六日也 七踊者始死一踊明日襲之時又一踊襲明日朝又明日小斂朝一踊爲四也其日晚小斂時又一踊是小斂日再踊就於前三日爲五也小斂明日朝又踊爲六也至明日大斂之朝不踊當大斂時乃踊凡爲七踊也 大夫五者大夫三日殯合死日爲四日始死一明日襲朝一又明日小斂日再小斂明日大斂凡五也士三者士二日殯合死日數也始死一小斂朝不踊至小斂時一又明日大斂一是凡三也婦人皆居間者謂婦人與丈夫更踊也男子先踊踊畢而婦人踊踊畢賓乃踊婦人居賓主之中間也又云皆居間者言皆於貴賤婦人悉居賓主間也然親始死及動尸舉柩哭踊無數今云七五三者謂爲禮有節之踊每踊輒三者三爲九而謂爲一也

公襲卷衣一玄端一朝服一素積一纁裳一爵弁二玄冕一褒衣一朱綠帶申加大帶於上 朱綠帶者襲衣之帶飾之雜以朱綠異於生也此帶亦以素爲之申重也重於革帶也革帶以佩韍必言重加大帶

禮記義五十一　十二

潘本第五十一卷第十二葉

服者曾子非之纁袡是婦人之服而子羔襲用之故曾子譏之依禮不合襲婦人之服 注 繭衣至襲之 正義曰禮以冠名服此襲其服非襲其冠者鄭恐經云皮弁爵弁但云冠不云服恐襲其冠不襲其服故云以冠名服此襲其服非襲其冠云曾子譏襲婦服而已者鄭意以曾子但譏婦服而已不譏其著玄冕之服是子羔合著玄冕子羔爲大夫無文故注云未聞子羔曷爲襲之

公七踊大夫五踊婦人居間士三踊婦人皆居間 公君也始死及小斂大斂而踊君大夫士一也則皆三踊矣君五日而殯大夫三日而殯士二日而殯士小斂之朝不踊君大夫大斂之朝乃不踊婦人居間者踊必拾主人踊婦人踊賓乃踊 疏 正義曰此一經明諸侯至士初死在室殯踊節及明貴賤踊數也公諸侯去死日五日而殯則合死日六日也 七踊者始死一踊明日襲之時又一踊襲明日朝又明日小斂朝一踊爲四也其日晚小斂時又一踊是小斂日再踊就於前三日爲五也小斂明日朝又踊爲六也至明日大斂之朝不踊當大斂時乃踊凡爲七踊也 大夫五者大夫三日殯合死日爲四日始死一明日襲朝一又明日小斂日再小斂明日大斂凡五也士三者士二日殯合死日數也始死一小斂朝不踊至小斂時一又明日大斂一是凡三也婦人皆居間者謂婦人與丈夫更踊也男子先踊踊畢而婦人踊踊畢賓乃踊婦人居賓主之中間也又云皆居間者言皆於貴賤婦人悉居賓主間也然親始死及動尸舉柩哭踊無數今云七五三者謂爲禮有節之踊每踊輒三者三爲九而謂爲一也

公襲卷衣一玄端一朝服一素積一纁裳一爵弁二玄冕一褒衣一朱綠帶申加大帶於上 朱綠帶者襲衣之帶飾之雜以朱綠異於生也此帶亦以素爲之申重也重於革帶也革帶以佩韍必言重加大帶

禮記義五十一　十二

足利本第五十一卷第十三葉

者明雖有變必備此二帶也士襲三稱子羔襲五稱今公
襲九稱則尊卑襲數不同矣諸侯七稱天子十二稱與
疏 正義曰此一經明襲用衣稱卷冕之也公襲以上服
最在内者公身貴故以上服親身欲尊顯加賜故褒
衣最外而細服居中也子羔賤故卑服親身也 玄端一
者賀云燕居之服玄端朱裳也 朝服一者緇衣素裳公
日視朝之服也 素積一者皮弁之服公視朔之服也
纁裳一者賀云冕服之裳也亦可鷩毳任取中間一服也
爵弁二者玄衣纁裳二通也此是始命之服示之重本
故二通也招魂君亦用爵弁服也玄冕之下又取一也褒
衣一者所加賜之衣最上華君賜也自卷衣至此合爵弁
二通合九稱朱綠帶者諸侯襲尸除五采之大帶外又别
有此帶以素爲之而朱綠飾之亦異於生時也 申加大
帶於上者申重也謂已用此朱綠小帶結束之今重加大
帶於華帶之上者象生時大帶也用素爲之士則二采大
夫諸侯皆五采飾之故前云率帶諸侯大夫皆五采士二采

禮記義五十一 十三 李仁

鄭云此謂襲尸之大帶也鄭既謂前爲襲尸之大帶此重
言加大帶是用襲尸如一故知前所言即此大帶也 注
朱綠至稱與 正義曰云朱綠帶者襲衣之帶飾之雜以
朱綠異於生也者此帶既非革帶又非大帶祇是衣之小
帶衣之小帶用素故云亦以素爲之云申重也者釋詁文
云重於革帶也者謂於革帶之上重加此大帶知非對小
朱綠帶爲重者以朱綠小帶散在於衣非是揔束其身若
揔束其身唯有革帶大帶故知對革帶爲重者云必言重
加大帶者明雖有變必備此二帶也者解經文申加之字
既無革帶又加大帶云申者何以革帶必見革帶與大帶
者明雖有變必備此二帶云士襲三稱以下者鄭欲歷明
天子諸侯以下襲之數士喪禮襲三稱前文子羔襲五稱
此文公襲九稱是尊卑襲數不同唯天子諸侯無文 小
故約之云諸侯七稱天子十二稱與與者疑辭也
歛環經公大夫士一也 環經者一股所謂纏經也
士素委貌大夫以上素爵

潘本第五十一卷第十三葉

者明雖有變必備此二帶也士襲三稱子羔襲五稱今公
襲九稱則尊卑襲數不同矣諸侯七稱天子十二稱與
疏 正義曰此一經明襲用衣稱卷冕之也公襲以上服
最在内者公身貴故以上服親身欲尊顯加賜故褒
衣最外而細服居中也子羔賤故卑服親身也 玄端一
者賀云燕居之服玄端朱裳也 朝服一者緇衣素裳公
日視朝之服也 素積一者皮弁之服公視朔之服也
纁裳一者賀云冕服之裳也亦可鷩毳任取中間一服也
爵弁二者玄衣纁裳二通也此是始命之服示之重本
故二通也招魂君亦用爵弁服也玄冕之下又取一也褒
衣一者所加賜之衣最上華君賜也自卷衣至此合爵弁
二通合九稱朱綠帶者諸侯襲尸除五采之大帶外又别
有此帶以素爲之而朱綠飾之亦異於生時也 申加大
帶於上者申重也謂已用此朱綠小帶結束之今重加大
帶於華帶之上者象生時大帶也用素爲之士則二采大
夫諸侯皆五采飾之故前云率帶諸侯大夫皆五采士二采

禮記義五十一 十三 李仁

鄭云此謂襲尸之大帶也鄭既謂前爲襲尸之大帶此重
言加大帶是用襲尸如一故知前所言即此大帶也 注
朱綠至稱與 正義曰云朱綠帶者襲衣之帶飾之雜以
朱綠異於生也者此帶既非革帶又非大帶祇是衣之小
帶衣之小帶用素故云亦以素爲之云申重也者釋詁文
云重於革帶也者謂於革帶之上重加此大帶知非對小
朱綠帶爲重者以朱綠小帶散在於衣非是揔束其身若
揔束其身唯有革帶大帶故知對革帶爲重者云必言重
加大帶者明雖有變必備此二帶也者解經文申加之字
既無革帶又加大帶云申者何以革帶必見革帶與大帶
者明雖有變必備此二帶云士襲三稱以下者鄭欲歷明
天子諸侯以下襲之數士喪禮襲三稱前文子羔襲五稱
此文公襲九稱是尊卑襲數不同唯天子諸侯無文 小
故約之云諸侯七稱天子十二稱與與者疑辭也
歛環經公大夫士一也 環經者一股所謂纏經也
士素委貌大夫以上素爵

足利本第五十一卷第十四葉

弁而加此經焉散帶　疏　正義曰環經一股而纏也親始死孝子去冠至小斂不可無飾士素委貌大夫以上素弁而貴賤悉得加於環經故云公大夫士一也　注環經至散帶　正義曰知以一股所謂纏經者若是兩股相交則謂之絞今云環經是周迴纏繞之名故知是一股纏經也又鄭注弁師云環經者大如緦之麻經纏而不糾今此所謂彼經注也知士素委貌者武叔投冠括髮諸侯之大夫當天子之士也云大夫以上素爵弁者雜記云大夫與殯亦弁經以大夫與他殯尚弁經則其子弁經明矣諸侯以上尊固宜弁經

公視大斂公升商祝鋪席乃斂　喪大記曰大夫之喪將大斂既鋪絞紟衾君至此君升乃鋪席則君至爲之改始新之也　疏　正義曰公君也明君臨臣喪大斂禮也　公升商祝鋪席乃斂者公升謂君來升堂時商祝主斂事者也此臣喪大斂君來至之前主人雖已鋪席布絞紟衾聞君將來至則主人徹去之此君至升堂而商祝更鋪席待君至乃斂也所以然者重榮君來爲新之也亦示若事由君也

禮記疏五十一　一四　高異

魯人之贈也三玄二纁廣尺長終幅　言失之也士喪禮下篇曰贈用制幣玄纁束　疏　正義曰記魯失也贈謂以物送亡人於椁中也贈別用玄纁束帛三玄二纁故既夕禮曰贈用制幣玄纁束今魯人雖三玄二纁而用廣尺長終幅不復丈八尺則失禮也

弔者即位于門西東面其介在其東南北面西上西於門　賓立門外不當門

主孤西面　立於阼階下

相者受命曰孤某使某請事客曰寡君使某如何不淑　受命受主人命以出也不言擯者喪無接賓也淑善也如何不善言君痛之甚使某弔

相者入告出曰孤某須

潘本第五十一卷第十四葉

弁而加此經焉散帶　疏　正義曰環經一股而纏也親始死孝子去冠至小斂不可無飾士素委貌大夫以上素弁而貴賤悉得加於環經故云公大夫士一也　注環經至散帶　正義曰知以一股所謂纏經者若是兩股相交則謂之絞今云環經是周迴纏繞之名故知是一股纏經也又鄭注弁師云環經者大如緦之麻經纏而不糾今此所謂彼經注也知士素委貌者武叔投冠括髮諸侯之大夫當天子之士也云大夫以上素爵弁者雜記云大夫與殯亦弁經以大夫與他殯尚弁經則其子弁經明矣諸侯以上尊固宜弁經

公視大斂公升商祝鋪席乃斂　喪大記曰大夫之喪將大斂既鋪絞紟衾君至此君升乃鋪席則君至爲之改始新之也　疏　正義曰公君也明君臨臣喪大斂禮也　公升商祝鋪席乃斂者公升謂君來升堂時商祝主斂事者也此臣喪大斂君來至之前主人雖已鋪席布絞紟衾聞君將來至則主人徹去之此君至升堂而商祝更鋪席待君至乃斂也所以然者重榮君來爲新之也亦示若事由君也

禮記疏五十一　十四　高異

魯人之贈也三玄二纁廣尺長終幅　言失之也士喪禮下篇曰贈用制幣玄纁束　疏　正義曰記魯失也贈謂以物送亡人於椁中也贈別用玄纁束帛三玄二纁故既夕禮曰贈用制幣玄纁束今魯人雖三玄二纁而用廣尺長終幅不復丈八尺則失禮也

弔者即位于門西東面其介在其東南北面西上西於門　賓立門外不當門

主孤西面　立於阼階下

相者受命曰孤某使某請事客曰寡君使某如何不淑　受命受主人命以出也不言擯者喪無接賓也淑善也如何不善言君痛之甚使某弔

相者入告出曰孤某須

矣稱其君名者君薨稱子某使人知適嗣也須矣不出迎也弔者入主人升堂西面弔者升自西階東面致命曰寡君聞君之喪寡君使某如何不淑子拜稽顙弔者降反位子孤子也降反位者出反門外位無出字脱

疏正義曰自此以下終於篇末明諸侯相弔含贈賵之禮今各隨文解之從此至反位明弔禮 弔者即位于門西者謂主國大門之西 其介在其東南北面西上者以其凶事異於吉故介在東南北面西上以使在門西故也 相者受命者相者相主人傳命者也不稱擯而言相者鄭云喪無接賓故不言擯此對例耳若通而言之吉事亦云相故司儀云每門止一相又大宗伯云朝覲會同則爲上相凶事亦稱擯故喪大記云君弔擯者進又案士喪禮賓有襚擯者出請入告是也 出曰孤某須矣者孤謂嗣子也某爲嗣子之名必稱嗣子名者欲使使者知適嗣之名故鄭引公羊傳云君薨稱子某但公羊對殯之辭稱子某此對賓之辭故稱孤某云須矣者異於吉禮不出迎故云須矣 主人升堂西面者謂從阼階升也知者以弔者升由西階故也又下文孤降自阼階拜之明升亦阼階也曲禮云升降不由阼階者或大夫士也或平常無賓時也 子拜稽顙者不云孤某而稱子者客既有事於殯故稱子以對殯之辭也以下皆然若對賓之辭則稱孤某

禮記義五十一　十五

含者執璧將命曰寡君使某含相者入告出曰孤某須矣含玉爲璧制其分寸大小未聞含者入升堂致命子拜稽顙含者坐委于殯東南有葦席既葬蒲席降出反位言降出反位則是介也春秋有既葬歸含

矣稱其君名者君薨稱子某使人知適嗣也須矣不出迎也弔者入主人升堂西面弔者升自西階東面致命曰寡君聞君之喪寡君使某如何不淑子拜稽顙弔者降反位子孤子也降反位者出反門外位無出字脱

疏正義曰自此以下終於篇末明諸侯相弔含贈賵之禮今各隨文解之從此至反位明弔禮 弔者即位于門西者謂主國大門之西 其介在其東南北面西上者以其凶事異於吉故介在東南北面西上以使在門西故也 相者受命者相者相主人傳命者也不稱擯而言相者鄭云喪無接賓故不言擯此對例耳若通而言之吉事亦云相故司儀云每門止一相又大宗伯云朝覲會同則爲上相凶事亦稱擯故喪大記云君弔擯者進又案士喪禮賓有襚擯者出請入告是也 出曰孤某須矣者孤謂嗣子也某爲嗣子之名必稱嗣子名者欲使使者知適嗣之名故鄭引公羊傳云君薨稱子某但公羊對殯之辭稱子某此對賓之辭故稱孤某云須矣者異於吉禮不出迎故云須矣 主人升堂西面者謂從阼階升也知者以弔者升由西階故也又下文孤降自阼階拜之明升亦阼階也曲禮云升降不由阼階者或大夫士也或平常無賓時也 子拜稽顙者不云孤某而稱子者客既有事於殯故稱子以對殯之辭也以下皆然若對賓之辭則稱孤某

禮記義五十一　十五

含者執璧將命曰寡君使某含相者入告出曰孤某須矣含玉爲璧制其分寸大小未聞含者入升堂致命子拜稽顙含者坐委于殯東南有葦席既葬蒲席降出反位言降出反位則是介也春秋有既葬歸含

雜記上第二十

足利本第五十一卷第十六葉

賵襚無譏焉皆受之於殯宮　宰夫朝服即喪屨升自西階
西面坐取璧降自西階以東　朝服告鄰國之禮也即就也以東藏
於內也　疏　正義曰此一經明含禮　執璧者含王爲璧制　鄭云分寸大小未聞含之所用已具檀弓疏
含者坐委于殯東南有葦席既葬蒲席者謂含者坐委所
含之璧于殯之東南席上未葬之前有葦席承之既葬以
後則以蒲席承之　注　言降至殯宮　正義曰言降出反
位則是介也者以此經直云降出反位不知何人反位前
文云弔者降反位則此謂含者降反位即弔者既爲上賔
故下文云上客臨注云上客弔者既爲上客明含者是介
也云春秋有既葬歸含賵襚無譏焉皆受之於殯宮者案
左傳隱元年天王使宰咺來歸惠公仲子之賵歸惠公賵
緩也公羊亦云其言來何不及事也是左氏公羊皆譏其
緩云無譏者取穀梁之義故文五年穀梁云王使榮叔歸
含且賵不言來不周事之用也明宰咺言來得周事也是
宰咺歸賵穀梁不譏是既葬歸含且賵無譏也穀梁所以
不譏宰咺者釋廢疾云平王新有幽王之亂遷于成周欲
崇禮於諸侯原情免之若無事而晚者去來以譏之榮叔
是也文九年秦人來歸僖公成風之襚最晚不譏者釋廢
疾云以其殽敗兵無休時君子原情不責晚也　宰夫朝
服即喪屨者宰謂上卿也言夫衍字朝服者吉服也必用
吉服者以鄰國執玉而來執玉不麻故著朝服以仍在喪
不可純吉故即喪屨也此遭喪已久故嗣子親受禮宰著
朝服若新始遭喪則主人不親受使大夫受於殯宮故聘
禮云聘遭喪入竟則遂也鄭云遭喪主國君薨也聘禮又
云不筵几鄭云致命不於廟就尸柩於殯宮聘禮又云遭
喪將命于大夫主人長衣練冠以受　注　朝服告鄰國之
禮　正義曰鄰國來弔不敢純凶待之而著朝服是以吉
待鄰國之禮所以必用吉服以待鄰國者以己國遭喪他
國是吉不可以喪禮待於他國故以吉禮待之此弔者既

禮記義五十一　十六　應俊

潘本第五十一卷第十六葉

賵襚無譏焉皆受之於殯宮　宰夫朝服即喪屨升自西階
西面坐取璧降自西階以東　朝服告鄰國之禮也即就也以東藏
於內也　疏　正義曰此一經明含禮　執璧者含王爲璧制　鄭云分寸大小未聞含之所用已具檀弓疏
含者坐委于殯東南有葦席既葬蒲席者謂含者坐委所
含之璧于殯之東南席上未葬之前有葦席承之既葬以
後則以蒲席承之　注　言降至殯宮　正義曰言降出反
位則是介也者以此經直云降出反位不知何人反位前
文云弔者降反位則此謂含者降反位即弔者既爲上賔
故下文云上客臨注云上客弔者既爲上客明含者是介
也云春秋有既葬歸含賵襚無譏焉皆受之於殯宮者案
左傳隱元年天王使宰咺來歸惠公仲子之賵歸惠公賵
緩也公羊亦云其言來何不及事也是左氏公羊皆譏其
緩云無譏者取穀梁之義故文五年穀梁云王使榮叔歸
含且賵不言來不周事之用也明宰咺言來得周事也是
宰咺歸賵穀梁不譏是既葬歸含且賵無譏也穀梁所以
不譏宰咺者釋廢疾云平王新有幽王之亂遷于成周欲
崇禮於諸侯原情免之若無事而晚者去來以譏之榮叔
是也文九年秦人來歸僖公成風之襚最晚不譏者釋廢
疾云以其殽敗兵無休時君子原情不責晚也　宰夫朝
服即喪屨者宰謂上卿也言夫衍字朝服者吉服也必用
吉服者以鄰國執玉而來執玉不麻故著朝服以仍在喪
不可純吉故即喪屨也此遭喪已久故嗣子親受禮宰著
朝服若新始遭喪則主人不親受使大夫受於殯宮故聘
禮云聘遭喪入竟則遂也鄭云遭喪主國君薨也聘禮又
云不筵几鄭云致命不於廟就尸柩於殯宮聘禮又云遭
喪將命于大夫主人長衣練冠以受　注　朝服告鄰國之
禮　正義曰鄰國來弔不敢純凶待之而著朝服是以吉
待鄰國之禮所以必用吉服以待鄰國者以己國遭喪他
國是吉不可以喪禮待於他國故以吉禮待之此弔者既

禮記義五十一　十六　應俊

爲上客又賵者是上介則此含者襚者當是副介末介但含襚於死者爲切故在先陳之襚者曰寡君使某襚相者入告出曰孤某須矣襚者執冕服左執領右執要入升堂致命曰寡君使某襚子拜稽顙委衣于殯東亦於席上所委璧之北順其上下襚者降受爵弁服於門内霤將命子拜稽顙如初受皮弁服於中庭自西階受朝服自堂受玄端將命子拜稽顙皆如初襚者降出反位授襚者以服者賈人宰夫五人舉以東降自西階其舉亦西面亦西面者亦襚者委衣時

疏正義曰此一節明襚禮案上文含者稱執璧下文賵者稱執圭則此襚者當稱執衣不云者文不備也以下文云襚者執冕服故於此略之　注亦於至上下　正義曰以璧委於席上今衣而委於璧北故云亦於席上所委璧之北以經文先含而後襚則含重而襚輕所委殯東西面南頭爲上故云順其上下謂上者在前下者在後　注授襚者以服者賈人　正義曰案聘禮有賈人故知授襚者之服是賈人也　注亦西至衣時　正義曰上云委衣于殯東又云受爵弁受皮弁玄端皆云如初是皆在殯東西面而嚮殯今云舉者亦西面是亦如襚者西面也其服重者使執而入爵弁受於内霤皮弁受於中庭朝服受於西階玄端受於堂既受處不同則陳於璧北亦重者在南凡諸侯相襚衣數無文據此其服有五又先路褒衣不以襚以外無文上介賵執圭將命

禮記義五十一　十七　蔣信

潘本第五十一卷第十七葉

爲上客又賵者是上介則此含者襚者當是副介末介但含襚於死者爲切故在先陳之襚者曰寡君使某襚相者入告出曰孤某須矣襚者執冕服左執領右執要入升堂致命曰寡君使某襚子拜稽顙委衣于殯東亦於席上所委璧之北順其上下襚者降受爵弁服於門内霤將命子拜稽顙如初受皮弁服於中庭自西階受朝服自堂受玄端將命子拜稽顙皆如初襚者降出反位授襚者以服者賈人宰夫五人舉以東降自西階其舉亦西面亦西面者亦襚者委衣時

疏正義曰此一節明襚禮案上文含者稱執璧下文賵者稱執圭則此襚者當稱執衣不云者文不備也以下文云襚者執冕服故於此略之　注亦於至上下　正義曰以璧委於席上今衣而委於璧北故云亦於席上所委璧之北以經文先含而後襚則含重而襚輕所委殯東西面南頭爲上故云順其上下謂上者在前下者在後　注授襚者以服者賈人　正義曰案聘禮有賈人故知授襚者之服是賈人也　注亦西至衣時　正義曰上云委衣于殯東又云受爵弁受皮弁玄端皆云如初是皆在殯東西面而嚮殯今云舉者亦西面是亦如襚者西面也其服重者使執而入爵弁受於内霤皮弁受於中庭朝服受於西階玄端受於堂既受處不同則陳於璧北亦重者在南凡諸侯相襚衣數無文據此其服有五又先路褒衣不以襚以外無文上介賵執圭將命

禮記義五十一　十七　蔣信

足利本第五十一卷第十八葉

曰寡君使某賵相者入告反命曰孤某須矣陳乘黄大路於中庭北輈執圭將命客使自下由路西子拜稽顙坐委于殯東南隅宰舉以東輈轅也自率也下謂馬也馬在路之下覲禮曰路下四亞之客給使者入設乘黄於大路之西客入則致命矣使或爲史凡將命鄉殯將命子拜稽顙西面而坐委之宰舉璧與圭宰夫舉襚升自西階西面坐取之降自西階凡者說不見者也鄉殯將命則將命時立於殯之西南宰夫宰之佐也此言宰舉璧與圭則上宰夫朝服衍夫字賵者出反

位于門外乃著言門外明禮畢將更有事疏正義曰此一節明賵禮陳乘黄大路於中庭北輈者乘黄謂馬也大路謂車也陳四黄之馬於大路之西於殯宮中庭北輈者謂大路輈轅北嚮也客使自下由路西者客使謂使客之從者也爲客所使故曰客使也自率也下猶馬也由在也路即大路也陳路北轅既言賵客執圭升堂致命而客之從者率馬設在車之西也馬云客使設之則大路亦使設之也注輈轅至命矣正義曰自率也者案爾雅釋詁文率自也展轉相訓是自得爲率云下謂馬也者凡陳車馬馬在車下故云下謂馬也引覲禮曰路下四亞之者諸馬爲下也四亞之謂馬四匹亞次路車也云客給使者入設乘黄於大路之西者解經中客使自下由路西也但喪禮車馬以屬主人故路在東統於主人也若尋常吉禮車馬爲賓而設則路在馬西故覲禮路下四亞之注云亞之次車而東是車在西統於賓也案既夕禮車以西爲上者彼謂死人而設於鬼神之位凡

潘本第五十一卷第十八葉

曰寡君使某賵相者入告反命曰孤某須矣陳乘黄大路於中庭北輈執圭將命客使自下由路西子拜稽顙坐委于殯東南隅宰舉以東輈轅也自率也下謂馬也馬在路之下覲禮曰路下四亞之客給使者入設乘黄於大路之西客入則致命矣使或爲史凡將命鄉殯將命子拜稽顙西面而坐委之宰舉璧與圭宰夫舉襚升自西階西面坐取之降自西階凡者說不見者也鄉殯將命則將命時立於殯之西南宰夫宰之佐也此言宰舉璧與圭則上宰夫朝服衍夫字賵者出反

禮記義五十一　十八　施俊

位于門外乃著言門外明禮畢將更有事疏正義曰此一節明賵禮陳乘黄大路於中庭北輈者乘黄謂馬也大路謂車也陳四黄之馬於大路之西於殯宮中庭北輈者謂大路輈轅北嚮也客使自下由路西者客使謂使客之從者也爲客所使故曰客使也自率也下猶馬也由在也路即大路也陳路北轅既言賵客執圭升堂致命而客之從者率馬設在車之西也馬云客使設之則大路亦使設之也注輈轅至命矣正義曰自率也者案爾雅釋詁文率自也展轉相訓是自得爲率云下謂馬也者凡陳車馬馬在車下故云下謂馬也引覲禮曰路下四亞之者諸馬爲下也四亞之謂馬四匹亞次路車也云客給使者入設乘黄於大路之西者解經中客使自下由路西也但喪禮車馬以屬主人故路在東統於主人也若尋常吉禮車馬爲賓而設則路在馬西故覲禮路下四亞之注云亞之次車而東是車在西統於賓也案既夕禮車以西爲上者彼謂死人而設於鬼神之位凡

足利本第五十一卷第十九葉

賵隱元年公羊傳云賵者蓋以馬以乘馬束帛車馬曰賵
貨財曰賻衣被曰禭穀梁云乘馬曰賵衣衾曰禭貝玉曰
含錢財曰賻案既夕禮云賵馬兩無車者士卑不合有車
何休云周制謂士無車非也此禮記陳乘黃大路則周制
有車穀梁直云乘馬曰賵無車者文不備也散而言之車
馬亦曰禭故前文云諸侯相禭以後路是也此無賻時是
加厚非常故也故宰夫注云其間加恩厚則有賻焉雖有
貨亦有馬故少儀云賻馬不入廟門是也既夕有贈者贈
施於死必及葬節此未必一當葬時賵既夕有奠此無奠
者以奠主於親者故既夕禮云兄弟賵奠所知則賵而不
奠此諸侯相於既踈故無奠案釋廢疾云天子於諸侯含
之賵之諸侯於卿大夫如天子於諸侯諸侯於士如天子於諸
侯臣禭之賵之天子於二王之後含爲先禭則次之賵爲
後諸侯相於如天子於二王後鄭知天子於二王後含禭
賵者爲約此雜記兩諸侯相敵明天子於二王後亦相敵
也知諸侯亦然者約雜記文鄭知天子於諸侯含賵者約

禮記義五十一　十九　楊昌

文五年榮叔歸含且賵三傳但譏兼禮不譏其數是也鄭
知天子於諸侯臣禭之賵之者約士喪禮諸侯於士有禭
有賵明天子於諸侯臣亦然鄭知諸侯於卿大夫如天子
於諸侯者更無所尊明尊此卿大夫含之賵之也凡此於
其妻亦如其夫知者約宰咺來歸惠公仲子之賵又約曾
夫人成風之喪王使榮叔歸含且賵以外推此可知　凡
將至西階　正義曰此一經廣明從上以來弔含禭及賵
文不見者於此揔明之　凡將命鄉殯者在殯之西南東
北面鄉殯　西面而坐委之者謂將命既畢子拜稽顙之
後將命者來就殯東西面而坐委之　宰舉璧與圭者主
人上卿坐舉含者之璧與賵者之圭　宰夫舉禭者謂宰
之屬官舉此禭者之衣　升自西階西面坐取之者謂宰
與宰夫欲舉時升自西階不敢當主孤之位來鄉殯東席
之東西鄉坐取之降自西階也　注凡者至夫字　正義
曰此一經將命言凡是揔說上文前文所不見者則上宰
夫朝服衍夫字者以此經既云宰舉璧與圭宰夫舉禭案

潘本第五十一卷第十九葉

賵隱元年公羊傳云賵者蓋以馬以乘馬束帛車馬曰賵
貨財曰賻衣被曰禭穀梁云乘馬曰賵衣衾曰禭貝玉曰
含錢財曰賻案既夕禮云賵馬兩無車者士卑不合有車
何休云周制謂士無車非也此禮記陳乘黃大路則周制
有車穀梁直云乘馬曰賵無車者文不備也散而言之車
馬亦曰禭故前文云諸侯相禭以後路是也此無賻時是
加厚非常故也故宰夫注云其間加恩厚則有賻焉雖有
貨亦有馬故少儀云賻馬不入廟門是也既夕有贈者贈
施於死必及葬節此未必一當葬時賵既夕有奠此無奠
者以奠主於親者故既夕禮云兄弟賵奠所知則賵而不
奠此諸侯相於既踈故無奠案釋廢疾云天子於諸侯含
之賵之諸侯於卿大夫如天子於諸侯諸侯於士如天子於諸
侯臣禭之賵之天子於二王之後含爲先禭則次之賵爲
後諸侯相於如天子於二王後鄭知天子於二王後含禭
賵者爲約此雜記兩諸侯相敵明天子於二王後亦相敵
也知諸侯亦然者約雜記文鄭知天子於諸侯含賵者約

禮記義五十一　十九　楊昌

文五年榮叔歸含且賵三傳但譏兼禮不譏其數是也鄭
知天子於諸侯臣禭之賵之者約士喪禮諸侯於士有禭
有賵明天子於諸侯臣亦然鄭知諸侯於卿大夫如天子
於諸侯者更無所尊明尊此卿大夫含之賵之也凡此於
其妻亦如其夫知者約宰咺來歸惠公仲子之賵又約曾
夫人成風之喪王使榮叔歸含且賵以外推此可知　凡
將至西階　正義曰此一經廣明從上以來弔含禭及賵
文不見者於此揔明之　凡將命鄉殯者在殯之西南東
北面鄉殯　西面而坐委之者謂將命既畢子拜稽顙之
後將命者來就殯東西面而坐委之　宰舉璧與圭者主
人上卿坐舉含者之璧與賵者之圭　宰夫舉禭者謂宰
之屬官舉此禭者之衣　升自西階西面坐取之者謂宰
與宰夫欲舉時升自西階不敢當主孤之位來鄉殯東席
之東西鄉坐取之降自西階也　注凡者至夫字　正義
曰此一經將命言凡是揔說上文前文所不見者則上宰
夫朝服衍夫字者以此經既云宰舉璧與圭宰夫舉禭案

足利本第五十一卷第二十葉

上宰夫朝服取璧既云取璧明是宰也非宰夫故知夫爲衍字上客臨曰寡君有宗廟之事不得承事使一介老某相執綍上客弔者也臨視也言欲入視喪所不足而給助之謙也其實爲哭耳相者反命曰孤某須矣臨者入門右介者皆從之立于其左東上入門右不自同於賓客宗人納賓升受命于君降曰孤敢辭吾子之辱請吾子之復位客對曰寡君命某毋敢視賓客敢辭宗人反命曰孤敢固辭吾子之辱請吾子之復位客對曰

禮記義五十一　二　施俊

寡君命某毋敢視賓客敢固辭宗人反命曰孤敢固辭吾子之辱請吾子之復位客對曰寡君命使臣某毋敢視賓客是以敢固辭固辭不獲命敢不敬從賓三辭而稱使臣爲恭也爲恭者將從其命客立于門西介立于其左東上孤降自阼階拜之升哭與客拾踊三拜客謝其厚意客出送于門外拜稽顙不迎而送喪無接賓之禮

疏正義曰此一節明弔舍襚賵既畢上客行臨哭之禮　使一介老某相執綍者某者上客名也相助也謙言使一介老臣某助主人執其葬綍其實爲哭而來

潘本第五十一卷第二十葉

上宰夫朝服取璧既云取璧明是宰也非宰夫故知夫爲衍字上客臨曰寡君有宗廟之事不得承事使一介老某相執綍上客弔者也臨視也言欲入視喪所不足而給助之謙也其實爲哭耳相者反命曰孤某須矣臨者入門右介者皆從之立于其左東上入門右不自同於賓客宗人納賓升受命于君降曰孤敢辭吾子之辱請吾子之復位客對曰寡君命某毋敢視賓客敢辭宗人反命曰孤敢固辭吾子之辱請吾子之復位客對曰

禮記義五十一　二十　施俊

寡君命某毋敢視賓客敢固辭宗人反命曰孤敢固辭吾子之辱請吾子之復位客對曰寡君命使臣某毋敢視賓客是以敢固辭固辭不獲命敢不敬從賓三辭而稱使臣爲恭也爲恭者將從其命客立于門西介立于其左東上孤降自阼階拜之升哭與客拾踊三拜客謝其厚意客出送于門外拜稽顙不迎而送喪無接賓之禮

疏正義曰此一節明弔舍襚賵既畢上客行臨哭之禮　使一介老某相執綍者某者上客名也相助也謙言使一介老臣某助主人執其葬綍其實爲哭而來

謙言助執紼耳一介者言已使來唯有一人爲介謙辭耳其賓介數各下其君二等　臨者入門右介者皆從之立于其左東上者不敢自同賓故入門右從臣位　宗人納賓升受命于君者謂主國宗人掌禮欲納此弔賓先受納賓之命於主國嗣君　降曰孤敢辭吾子之辱請吾子之復位者此宗人受嗣君之命後下階請客之辭也復位者欲令在門西客位也　宗人反命者謂反此客之辭命於嗣君　曰孤敢固辭者是宗人受嗣君之命以告客云孤敢固辭前文云孤某須矣此直云孤不云某者以親對客辭客是使臣故不復稱名也案左傳昭三十年云君之喪士弔大夫會葬文襄之霸君喪大夫弔卿會葬此上客者若於古禮士也若於文襄則大夫也云一介老某者則若曲禮云七十使於四方稱老夫之類前四禮客皆在門西此臨在門東者前者四禮皆是奉君命而行如聘禮聘之與享也此臨是私禮若聘禮私覿故在門東　注不迎至之禮　正義曰上云孤某須矣是不出迎所以不迎者以

禮記義五十一　二十一　陳文

主人在喪身既悲慼無暇接賓之禮去拜送者謝其勞辱來也　其國有君喪不敢受弔　辟其痛傷己之親如君　疏　正義曰此謂國有君喪而臣又有親喪則不敢受他國賓來弔也以義斷恩哀痛主於君不私於親也　外宗房中南面小臣鋪席商祝鋪絞紟衾士盥于盤北舉遷尸于斂上卒斂宰告子馮之踊夫人東面坐馮之興踊　北喪大記脫字重著於是　疏　正義曰此一經是喪大記君喪之節於此重記之但大記云夫人東面亦如之此云夫人東面坐馮興踊唯此四字別義皆同也　士喪有與天子同者三其終夜燎及乘人專道而行　乘人謂使人執引也專道人辟

謙言助執紼耳一介者言已使來唯有一人爲介謙辭耳其賓介數各下其君二等　臨者入門右介者皆從之立于其左東上者不敢自同賓故入門右從臣位　宗人納賓升受命于君者謂主國宗人掌禮欲納此弔賓先受納賓之命於主國嗣君　降曰孤敢辭吾子之辱請吾子之復位者此宗人受嗣君之命後下階請客之辭也復位者欲令在門西客位也　宗人反命者謂反此客之辭命於嗣君　曰孤敢固辭者是宗人受嗣君之命以告客云孤敢固辭前文云孤某須矣此直云孤不云某者以親對客辭客是使臣故不復稱名也案左傳昭三十年云君之喪士弔大夫會葬文襄之霸君喪大夫弔卿會葬此上客者若於古禮士也若於文襄則大夫也云一介老某者則若曲禮云七十使於四方稱老夫之類前四禮客皆在門西此臨在門東者前者四禮皆是奉君命而行如聘禮聘之與享也此臨是私禮若聘禮私覿故在門東　注不迎至之禮　正義曰上云孤某須矣是不出迎所以不迎者以

禮記義五十一　二十一　陳文

主人在喪身既悲慼無暇接賓之禮去拜送者謝其勞辱來也　其國有君喪不敢受弔　辟其痛傷己之親如君　疏　正義曰此謂國有君喪而臣又有親喪則不敢受他國賓來弔也以義斷恩哀痛主於君不私於親也　外宗房中南面小臣鋪席商祝鋪絞紟衾士盥于盤北舉遷尸于斂上卒斂宰告子馮之踊夫人東面坐馮之興踊　北喪大記脫字重著於是　疏　正義曰此一經是喪大記君喪之節於此重記之但大記云夫人東面亦如之此云夫人東面坐馮興踊唯此四字別義皆同也　士喪有與天子同者三其終夜燎及乘人專道而行　乘人謂使人執引也專道人辟

足利本第五十一卷第二十二葉

之跡正義曰言士喪與天子三事同也其終夜燎一也及乘人
二也專道而行三也終夜燎謂柩遷之夜須光明故竟夜
燎也乘人謂人引車不用馬也既夕禮云屬引鄭引古者人引
柩專道行謂喪在路不辟人也三事爲重故云與天子同也

雜記下第二十一

有父之喪如未沒喪而母死其除父之喪也服其除服卒事反喪服沒猶竟也除服謂祥祭之服也卒事既祭反喪服服後死者之服雖諸父昆弟之喪如當父母之喪其除諸父昆弟之喪也皆服其除喪之服卒事反喪服雖有親之大喪猶爲輕服者除骨肉之恩也唯君之喪不除私服言當者期大功之喪或終始皆在三年之中小功緦麻則不除殤長中乃除如三年之喪則既潁其練祥皆行言今之喪既服潁乃爲前三年者變除而練祥祭也此主謂先有父母之服今又喪長子者其先有長子之服今又喪父母其禮亦然然則言未沒喪者已練祥矣潁草名無葛之鄉去麻則用潁王父死未練祥而孫又死猶是附於王父也未練祥嫌未祫祭序於昭穆爾王父既附則孫可祔焉猶當爲由由用也附皆當作祔

跡正義曰此一節明前後兩服之中有變除喪之節今各隨文解之此一經明先有父喪而後遭母死爲父變除之節如未沒喪者謂父喪小祥後在大祥之前未竟之時也于時又遭母喪故云而母死也　其除父之喪也服其除服者謂母死既葬後值父應大祥除服以行祥事故云服其除服也　卒事反喪服者卒事謂父祥竟更還服母服也故云卒事反喪服若母喪未葬而值父二祥則不得服其祥服也所以爾者二祥之祭爲吉未葬爲凶故未忍凶時行吉

禮記義五十一　二十二　陳又

潘本第五十一卷第二十二葉

之跡正義曰言士喪與天子三事同也其終夜燎一也及乘人
二也專道而行三也終夜燎謂柩遷之夜須光明故竟夜
燎也乘人謂人引車不用馬也既夕禮云屬引鄭引古者人引
柩專道行謂喪在路不辟人也三事爲重故云與天子同也

雜記下第二十一

有父之喪如未沒喪而母死其除父之喪也服其除服卒事反喪服沒猶竟也除服謂祥祭之服也卒事既祭反喪服服後死者之服雖諸父昆弟之喪如當父母之喪其除諸父昆弟之喪也皆服其除喪之服卒事反喪服雖有親之大喪猶爲輕服者除骨肉之恩也唯君之喪不除私服言當者期大功之喪或終始皆在三年之中小功緦麻則不除殤長中乃除如三年之喪則既潁其練祥皆行言今之喪既服潁乃爲前三年者變除而練祥祭也此主謂先有父母之服今又喪長子者其先有長子之服今又喪父母其禮亦然然則言未沒喪者已練祥矣潁草名無葛之鄉去麻則用潁王父死未練祥而孫又死猶是附於王父也未練祥嫌未祫祭序於昭穆爾王父既附則孫可祔焉猶當爲由由用也附皆當作祔

跡正義曰此一節明前後兩服之中有變除喪之節今各隨文解之此一經明先有父喪而後遭母死爲父變除之節如未沒喪者謂父喪小祥後在大祥之前未竟之時也于時又遭母喪故云而母死也　其除父之喪也服其除服者謂母死既葬後值父應大祥除服以行祥事故云服其除服也　卒事反喪服者卒事謂父祥竟更還服母服也故云卒事反喪服若母喪未葬而值父二祥則不得服其祥服也所以爾者二祥之祭爲吉未葬爲凶故未忍凶時行吉

禮記義五十一　二十二　陳又

禮也　雖諸至喪服此一經明諸父兄弟之喪當父母服
内變除之節　如當者言此諸親自始死至除服皆在父
母服内故云如當也其除諸父昆弟之喪也皆服其除喪
之服卒事反喪服者亦爲服除服而除竟亦反先服也此
亦謂重喪葬後之時也何以知然既始末在重喪中則其
除自然知在重喪之葬後也上文爲父祥尚待母葬後乃
除則輕親可知也然但舉此輕足明前之重而在前文云
言母喪得爲父變除者庾氏云蓋以變除事大故也〔注〕
雖有至乃除　正義曰雖有親之大喪猶爲輕服者除骨
肉之恩也者鄭釋所以輕服在大喪之中得爲輕服除者
乃輕服是骨肉恩親故得除之若君之大喪不得自除私
服故曾子問曰大夫士有私喪可以除之矣而有君服焉
其除之也如之何孔子曰有君喪服於身不敢私服又何
除焉是有君服不得除已私服其私謂父母以下及諸父
昆弟皆不得除也云小功緦麻則不除者案服問云緦之
麻不變小功之葛小功之麻不變大功之葛據此言之是

尋常小功緦麻不得易大功以上之服故知有大功以上
之服不得爲小功緦麻除服也云殤長中乃除者以服問
云殤長中變三年之葛既變三年之葛明在大功以上服
中爲殤長中著服而又爲之除也　如三年之喪則既穎
其練祥皆行此明前後俱遭三年之喪後喪既受葛之後
得爲前喪練祥既穎者謂後喪既虞卒哭合以變麻爲葛
無葛之鄉則用穎也後喪既穎之後其前喪須練祭祥祭
皆舉行之〔注〕言今至用穎　正義曰云此主謂先有父
母之服今又喪長子者以前文皆據先有父喪後有母喪
此又先有父母之喪後有諸父昆弟死者皆以重喪在前
輕喪在後此亦類上文故云先有父母之服今又喪長子
云其先有長子之服今又喪父母其禮亦然者以經不云
長子之喪而云三年之喪既穎明三年之文互包父母故知
先有長子之喪既穎也依禮父在不爲長子三年今云先
有長子之服今又喪父母者庾氏及熊氏並云有父者誤
也當應云今又喪母不得并稱父也庾氏又云後喪既穎

禮也　雖諸至喪服此一經明諸父兄弟之喪當父母服
内變除之節　如當者言此諸親自始死至除服皆在父
母服内故云如當也其除諸父昆弟之喪也皆服其除喪
之服卒事反喪服者亦爲服除服而除竟亦反先服也此
亦謂重喪葬後之時也何以知然既始末在重喪中則其
除自然知在重喪之葬後也上文爲父祥尚待母葬後乃
除則輕親可知也然但舉此輕足明前之重而在前文云
言母喪得爲父變除者庾氏云蓋以變除事大故也〔注〕
雖有至乃除　正義曰雖有親之大喪猶爲輕服者除骨
肉之恩也者鄭釋所以輕服在大喪之中得爲輕服除者
乃輕服是骨肉恩親故得除之若君之大喪不得自除私
服故曾子問曰大夫士有私喪可以除之矣而有君服焉
其除之也如之何孔子曰有君喪服於身不敢私服又何
除焉是有君服不得除已私服其私謂父母以下及諸父
昆弟皆不得除也云小功緦麻則不除者案服問云緦之
麻不變小功之葛小功之麻不變大功之葛據此言之是

禮記義五十一　二十三

尋常小功緦麻不得易大功以上之服故知有大功以上
之服不得爲小功緦麻除服也云殤長中乃除者以服問
云殤長中變三年之葛既變三年之葛明在大功以上服
中爲殤長中著服而又爲之除也　如三年之喪則既穎
其練祥皆行此明前後俱遭三年之喪後喪既受葛之後
得爲前喪練祥既穎者謂後喪既虞卒哭合以變麻爲葛
無葛之鄉則用穎也後喪既穎之後其前喪須練祭祥祭
皆舉行之〔注〕言今至用穎　正義曰云此主謂先有父
母之服今又喪長子者以前文皆據先有父喪後有母喪
此又先有父母之喪後有諸父昆弟死者皆以重喪在前
輕喪在後此亦類上文故云先有父母之服今又喪長子
云其先有長子之服今又喪父母其禮亦然者以經不云
長子之喪而云三年之喪既穎明三年之文互包父母故知
先有長子之喪既穎也依禮父在不爲長子三年今云先
有長子之服今又喪父母者庾氏及熊氏並云有父者誤
也當應云今又喪母不得并稱父也庾氏又云後喪既穎

又前喪練祥皆行若後喪既殯得爲前喪虞祔未知然否且依録之云未没喪者已練祥矣者以此經云三年之喪既穎不云未没喪則知既穎與未没喪者有別也既穎是既虞受服之時明未没喪是既練之後稱言未没是將没之文故知練後也若先有父喪而後母死練祥亦然以前文父死爲母三年也故喪服齊衰三年章云父卒則爲母是也若先有母喪而後父卒母喪雖有期父喪既穎母之練祥亦皆行也王父死未練祥而孫又死猶是附於王父也猶爲由由用也禮孫死祔祖今此明若祖喪雖未二祥而孫死則孫亦得用是祔禮祔於祖也 注 未練至祔焉 正義曰禮祔在練前若祔後未練之前則得祔直云未練足矣兼言祥者案文二年穀梁傳云作主壞廟有時日於練焉壞廟壞廟之道易檐可也改塗可也注云親過高祖則毀其廟以次而遷將納新神故示有所加以此言之則練時壞祖與高祖之廟改塗易檐示有壞意其以先祖入於大祖之廟其祖傳入高祖廟其新死者入祖廟是練時

遷廟也入三年喪畢祫於大祖廟是祥後祫也故云未練祥嫌未祫祭序於昭穆爾兼言祥者恐未祫故也故練祥兼言但祖祔祭之後即得祔新死之孫故云王父既祔則孫可祔焉然王父雖祔未練無廟孫得祔於祖其孫就王父所祔祖廟之中而祔祭王父焉

有殯聞外喪哭之他室 明所哭者異也哭之爲位

入奠卒奠出改服即位如始即位之禮 謂後日之哭朝入奠於其殯既乃更即位就他室如始哭之時

疏 正義曰有殯謂父母喪未葬喪柩在殯宮者也外喪謂兄弟喪在遠者也他室別室也若聞外喪猶哭於殯宮然則嫌是哭殯則於別室哭之明所哭者爲新喪也入奠者謂明日之朝著已重喪之服入奠殯宮及下室卒奠出者謂卒終已奠而出 改服即位者謂改已重喪服著新死未成服之服即位謂即昨日他室之位 如始即位之禮者謂今日即哭位之時如昨日始聞喪即位

又前喪練祥皆行若後喪既殯得爲前喪虞祔未知然否且依録之云未没喪者已練祥矣者以此經云三年之喪既穎不云未没喪則知既穎與未没喪者有別也既穎是既虞受服之時明未没喪是既練之後稱言未没是將没之文故知練後也若先有父喪而後母死練祥亦然以前文父死爲母三年也故喪服齊衰三年章云父卒則爲母是也若先有母喪而後父卒母喪雖有期父喪既穎母之練祥亦皆行也王父死未練祥而孫又死猶是附於王父也猶爲由由用也禮孫死祔祖今此明若祖喪雖未二祥而孫死則孫亦得用是祔禮祔於祖也 注 未練至祔焉 正義曰禮祔在練前若祔後未練之前則得祔直云未練足矣兼言祥者案文二年穀梁傳云作主壞廟有時日於練焉壞廟壞廟之道易檐可也改塗可也注云親過高祖則毀其廟以次而遷將納新神故示有所加以此言之則練時壞祖與高祖之廟改塗易檐示有壞意其以先祖入於大祖之廟其祖傳入高祖廟其新死者入祖廟是練時

禮記疏五十一 十四 陳顯

遷廟也入三年喪畢祫於大祖廟是祥後祫也故云未練祥嫌未祫祭序於昭穆爾兼言祥者恐未祫故也故練祥兼言但祖祔祭之後即得祔新死之孫故云王父既祔則孫可祔焉然王父雖祔未練無廟孫得祔於祖其孫就王父所祔祖廟之中而祔祭王父焉

有殯聞外喪哭之他室 明所哭者異也哭之爲位

入奠卒奠出改服即位如始即位之禮 謂後日之哭朝入奠於其殯既乃更即位就他室如始哭之時

疏 正義曰有殯謂父母喪未葬喪柩在殯宮者也外喪謂兄弟喪在遠者也他室別室也若聞外喪猶哭於殯宮然則嫌是哭殯則於別室哭之明所哭者爲新喪也入奠者謂明日之朝著已重喪之服入奠殯宮及下室卒奠出者謂卒終已奠而出 改服即位者謂改已重喪服著新死未成服之服即位謂即昨日他室之位 如始即位之禮者謂今日即哭位之時如昨日始聞喪即位

足利本第五十一卷第二十五葉

之時大夫士將與祭於公既視濯而父母死則猶是與祭也次於異宮既祭釋服出公門外哭而歸其它如奔喪之禮如未視濯則使人告告者反而后哭（猶亦當爲由次於異宮不可以吉與凶同處也使者反而后哭不敢專己於君命也）如諸父昆弟姑姊妹之喪則既宿則與祭卒事出公門釋服而后歸其它如奔喪之禮如同宮則次于異宮（宿則與祭出門乃解祭服皆爲差緩也）曾子問曰卿大夫將爲尸於公受宿矣而有

禮記疏五十一　二十五　王英

齊衰內喪則如之何孔子曰出舍乎公宮以待事禮也（尸重受宿則不得哭內喪同宮也）孔子曰尸弁冕而出卿大夫士皆下之尸必式必有前驅（冕兼言弁者君之尸或服士大夫之服也諸臣見尸而下車敬也尸式以禮）

【疏】正義曰此一節明大夫士與祭於公而有私喪之禮　則猶是與祭也者既與祭於公祭日前既視濯之後而遭父母之喪則猶是吉禮而與於祭也　次於異宮者其時止次異宮不可以吉與凶同處也　如未視濯則使人告者謂未視濯之前遭父母之喪則使人告君　告者反而后哭者必待告君者反而後哭父母也　既宿則與祭者宿謂祭前三日將致齊之時既受宿戒雖有期喪則與公家之祭　如同宮則次於異宮者若諸父昆弟姑姊妹等先是同宮而死則既宿之後出次異宮

潘本第五十一卷第二十五葉

之時大夫士將與祭於公既視濯而父母死則猶是與祭也次於異宮既祭釋服出公門外哭而歸其它如奔喪之禮如未視濯則使人告告者反而后哭（猶亦當爲由次於異宮不可以吉與凶同處也使者反而后哭不敢專己於君命也）如諸父昆弟姑姊妹之喪則既宿則與祭卒事出公門釋服而后歸其它如奔喪之禮如同宮則次于異宮（宿則與祭出門乃解祭服皆爲差緩也）曾子問曰卿大夫將爲尸於公受宿矣而有

禮記疏五十一　二十五　王英

齊衰內喪則如之何孔子曰出舍乎公宮以待事禮也（尸重受宿則不得哭內喪同宮也）孔子曰尸弁冕而出卿大夫士皆下之尸必式必有前驅（冕兼言弁者君之尸或服士大夫之服也諸臣見尸而下車敬也尸式以禮）

【疏】正義曰此一節明大夫士與祭於公而有私喪之禮　則猶是與祭也者既與祭於公祭日前既視濯之後而遭父母之喪則猶是吉禮而與於祭也　次於異宮者其時止次異宮不可以吉與凶同處也　如未視濯則使人告者謂未視濯之前遭父母之喪則使人告君　告者反而后哭者必待告君者反而後哭父母也　既宿則與祭者宿謂祭前三日將致齊之時既受宿戒雖有期喪則與公家之祭　如同宮則次於異宮者若諸父昆弟姑姊妹等先是同宮而死則既宿之後出次異宮

足利本第五十一卷第二十六葉

不可以吉凶雜處故也　注宿則至緩也　正義曰案前
遭父母之喪既視濯而與祭此遭期喪宿則與祭又前遭
父母之喪既祭釋祭服乃出公門此者期喪出門乃解祭
服以其期喪差緩於父母故云皆爲差緩　注內喪同宮
也　正義曰案上文不爲尸之時未視濯之前受宿之後
父母喪使人告告者反而后哭今此齊衰內喪亦謂諸父
昆弟姑姊妹也與前與後祭同但尸尊故出舍
公之宮館以待君之祭事不在己之異宮耳　父母之
喪將祭而昆弟死既殯而祭如同宮則雖
臣妾葬而后祭祭主人之升降散等執事
者亦散等雖虞附亦然　將祭謂練祥也言若同
宮則是昆弟異宮也古
者昆弟異居同財有東宮有西宮有南宮有北宮有父母
之喪當在殯宮而在異宮者疾病或歸者主人適子散等

禮記義五十一　二十六

栗階爲新　疏　正義曰將祭謂將行大小祥祭也　而昆
喪略威儀　弟死既殯而祭者若將祭而有兄弟死則
待殯後乃祭也今不待葬後者兄弟輕故始殯後便可行
吉事也　如同宮則雖臣妾葬而后祭者兄弟既殯後而
行父母之祭謂異宮者耳若同宮雖臣妾之輕卑死猶待
葬後乃行父母祭也所以爾者吉凶不相干故喪服傳云
有死於宮中者則爲之三月不舉祭庾氏云小祥之祭已
涉於吉尸柩至凶故不可以相干其虞祔則得爲之矣若
喪柩即去者則亦祭不待於三月可知矣　祭主人之升
降散等者祭猶謂二祥祭散栗也等階也吉祭則涉級聚
足喪祭則栗階故云散等也如此祥祭宜涉級於時爲有
兄弟喪故少威儀作散等也執事者亦散等者助執祭者
亦栗階也　雖虞附亦然者謂主人至昆弟虞附而行父
母二祥祭而執事者亦散等　注將祭至威儀　正義曰
知將祭謂練祥也者以經云昆弟死既殯而祭故知非吉
祭也前經云三年之喪既頴其練祥皆行故知此祭謂練

潘本第五十一卷第二十六葉

不可以吉凶雜處故也　注宿則至緩也　正義曰案前
遭父母之喪既視濯而與祭此遭期喪宿則與祭又前遭
父母之喪既祭釋祭服乃出公門此者期喪出門乃解祭
服以其期喪差緩於父母故云皆爲差緩　注內喪同宮
也　正義曰案上文不爲尸之時未視濯之前受宿之後
父母喪使人告告者反而后哭今此齊衰內喪亦謂諸父
昆弟姑姊妹也與前與後祭同但尸尊故出舍
公之宮館以待君之祭事不在己之異宮耳　父母之
喪將祭而昆弟死既殯而祭如同宮則雖
臣妾葬而后祭祭主人之升降散等執事
者亦散等雖虞附亦然　將祭謂練祥也言若同
宮則是昆弟異宮也古
者昆弟異居同財有東宮有西宮有南宮有北宮有父母
之喪當在殯宮而在異宮者疾病或歸者主人適子散等

禮記義五十一　二十六

栗階爲新　疏　正義曰將祭謂將行大小祥祭也　而昆
喪略威儀　弟死既殯而祭者若將祭而有兄弟死則
待殯後乃祭也今不待葬後者兄弟輕故始殯後便可行
吉事也　如同宮則雖臣妾葬而后祭者兄弟既殯後而
行父母之祭謂異宮者耳若同宮雖臣妾之輕卑死猶待
葬後乃行父母祭也所以爾者吉凶不相干故喪服傳云
有死於宮中者則爲之三月不舉祭庾氏云小祥之祭已
涉於吉尸柩至凶故不可以相干其虞祔則得爲之矣若
喪柩即去者則亦祭不待於三月可知矣　祭主人之升
降散等者祭猶謂二祥祭散栗也等階也吉祭則涉級聚
足喪祭則栗階故云散等也如此祥祭宜涉級於時爲有
兄弟喪故少威儀作散等也執事者亦散等者助執祭者
亦栗階也　雖虞附亦然者謂主人至昆弟虞附而行父
母二祥祭而執事者亦散等　注將祭至威儀　正義曰
知將祭謂練祥也者以經云昆弟死既殯而祭故知非吉
祭也前經云三年之喪既頴其練祥皆行故知此祭謂練

祥也但前文王論變除故委曲言練祥以前文既具故此經略言祭也云言若同宮則是昆弟異宮也者以經云如同宮則葬而后祭明上昆弟既殯而祭者是異宮也云有父母之喪兄弟悉應同在殯宮不得有在異宮而死之所以在異宮死者以其疾病或有歸者故得異宮而死云散等栗階者謂升一等而後升不連步也故燕禮記云栗階不過二等注云其始升猶聚足連步越二等左右足各一發而升堂以此知散等栗階是一也

自諸侯達諸士小祥之祭主人之酢也嚌之衆賓兄弟則皆啐之大祥主人啐之衆賓兄弟皆飲之可也 嚌啐皆嘗也嚌至齒啐入口 疏 正義曰此一經明喪祭飲酒之儀 主人之酢也嚌之者謂正祭之後主人獻賓長賓長酢主人主人受賓長酢則嚌之也衆賓兄弟則皆啐之者亦謂衆賓及兄弟祭未受獻之時啐之也以其差輕故也 大祥主人啐之者謂主人受賓酢之時主人啐之 衆賓兄弟皆飲之可也者必知此主人之酢非受尸酢者以士虞禮主人主婦獻尸受酢之時皆卒爵虞祭比小祥爲重尚卒爵今大祥祭主人受尸之酢何得唯嚌之而已故知受賓酢也受尸酢神恵爲重雖在喪亦卒爵賓禮爲輕受賓之酢但嚌之知喪祭有受賓酢者鄭注曾子問云虞不致爵小祥不旅酬大祥無無筭爵故知小祥之祭旅酬之前皆爲之也皇氏云主人之酢謂受尸之酢與士虞禮文違其義非也

禮記義五十一　二十七　張榮

凡侍祭喪者告賓祭薦而不食 薦脯醢也吉祭告賓祭薦賓既祭而食之喪祭賓不食 疏 正義曰侍祭喪謂相於喪祭禮者薦謂脯醢也吉時祭相者則告賓祭薦賓祭竟而食之喪禮既不主飲食故相者告賓但祭其薦而已遂不食之也此亦謂喪之正祭之後主人獻賓之時賓受獻主人設薦賓祭而不食謂練祥祭也其虞附不獻賓也 **子**

祥也但前文王論變除故委曲言練祥以前文既具故此經略言祭也云言若同宮則是昆弟異宮也者以經云如同宮則葬而后祭明上昆弟既殯而祭者是異宮也云有父母之喪兄弟悉應同在殯宮不得有在異宮而死之所以在異宮死者以其疾病或有歸者故得異宮而死云散等栗階者謂升一等而後升不連步也故燕禮記云栗階不過二等注云其始升猶聚足連步越二等左右足各一發而升堂以此知散等栗階是一也

自諸侯達諸士小祥之祭主人之酢也嚌之衆賓兄弟則皆啐之大祥主人啐之衆賓兄弟皆飲之可也 嚌啐皆嘗也嚌至齒啐入口 疏 正義曰此一經明喪祭飲酒之儀 主人之酢也嚌之者謂正祭之後主人獻賓長賓長酢主人主人受賓長酢則嚌之也衆賓兄弟則皆啐之者亦謂衆賓及兄弟祭未受獻之時啐之也以其差輕故也 大祥主人啐之者謂主人受賓酢之時主人啐之 衆賓兄弟皆飲之可也者必知此主人之酢非受尸酢者以士虞禮主人主婦獻尸受酢之時皆卒爵虞祭比小祥爲重尚卒爵今大祥祭主人受尸之酢何得唯嚌之而已故知受賓酢也受尸酢神恵爲重雖在喪亦卒爵賓禮爲輕受賓之酢但嚌之知喪祭有受賓酢者鄭注曾子問云虞不致爵小祥不旅酬大祥無無筭爵故知小祥之祭旅酬之前皆爲之也皇氏云主人之酢謂受尸之酢與士虞禮文違其義非也

禮記義五十一　二十七　張榮

凡侍祭喪者告賓祭薦而不食 薦脯醢也吉祭告賓祭薦賓既祭而食之喪祭賓不食 疏 正義曰侍祭喪謂相於喪祭禮者薦謂脯醢也吉時祭相者則告賓祭薦賓祭竟而食之喪禮既不主飲食故相者告賓但祭其薦而已遂不食之也此亦謂喪之正祭之後主人獻賓之時賓受獻主人設薦賓祭而不食謂練祥祭也其虞附不獻賓也 **子**

足利本第五十一卷第二十八葉

貢問喪子曰敬爲上哀次之瘠爲下顔色
稱其情戚容稱其服問喪問居父母之喪也喪尚哀言敬爲上者疾時尚不能敬也容威儀也孝經曰容止可觀請問兄弟之喪子曰兄弟之
喪則存乎書策矣言踈者如禮行之未有加也齊斬之喪哀容之體經不能載矣君子不奪人之喪重喪禮也亦不可奪喪也不可以輕之於己也

疏正義曰此一節明居父母兄弟喪禮　君子不奪人之喪者謂不奪他人居喪之禮謂他人居喪任其行禮不可抑奪亦不可奪喪也者不可自奪己喪謂己之居喪當須依禮不可自奪其喪使不如法不奪人喪恕也不奪己喪孝也　注言踈至載矣　正義曰言踈者如禮行之末有加也者　以踈者禮文具載故云存其書策其齊斬之喪謂父母喪也父母至親哀容體狀不可名言故經不能載上文云顔色稱其情當須毁瘠也戚容稱其服當須憔悴也

禮記義五十一　二十八

孔子曰少連大連善居喪三日不怠三月不解期悲哀三年憂東夷之子也言其生於夷狄而知禮也怠情也解倦也

疏正義曰此明居喪得禮之事三日不怠者親之初喪三日之內禮不怠謂水漿不入口之屬　三月不解者以其未葬之前朝奠夕奠及哀至則哭之屬　期悲哀者謂練以來常悲哀朝哭夕哭之屬　三年憂者以服未除憔悴憂戚

三年之喪言而不語對而不問廬堊室之中不與人坐焉在堊室之中非時見乎母也不入門言言己事也爲人說爲語在堊室之中以時事見乎

潘本第五十一卷第二十八葉

貢問喪子曰敬爲上哀次之瘠爲下顔色
稱其情戚容稱其服問喪問居父母之喪也喪尚哀言敬爲上者疾時尚不能敬也容威儀也孝經曰容止可觀請問兄弟之喪子曰兄弟之
喪則存乎書策矣言踈者如禮行之未有加也齊斬之喪哀容之體經不能載矣君子不奪人之喪重喪禮也亦不可奪喪也不可以輕之於己也

疏正義曰此一節明居父母兄弟喪禮　君子不奪人之喪者謂不奪他人居喪之禮謂他人居喪任其行禮不可抑奪亦不可奪喪也者不可自奪己喪謂己之居喪當須依禮不可自奪其喪使不如法不奪人喪恕也不奪己喪孝也　注言踈至載矣　正義曰言踈者如禮行之末有加也者　以踈者禮文具載故云存其書策其齊斬之喪謂父母喪也父母至親哀容體狀不可名言故經不能載上文云顔色稱其情當須毁瘠也戚容稱其服當須憔悴也

禮記義五十一　二十八

孔子曰少連大連善居喪三日不怠三月不解期悲哀三年憂東夷之子也言其生於夷狄而知禮也怠情也解倦也

疏正義曰此明居喪得禮之事三日不怠者親之初喪三日之內禮不怠謂水漿不入口之屬　三月不解者以其未葬之前朝奠夕奠及哀至則哭之屬　期悲哀者謂練以來常悲哀朝哭夕哭之屬　三年憂者以服未除憔悴憂戚

三年之喪言而不語對而不問廬堊室之中不與人坐焉在堊室之中非時見乎母也不入門言言己事也爲人說爲語在堊室之中以時事見乎

足利本第五十一卷第二十九葉

母乃後入門則居廬時不入門

疏衰皆居堊室不廬廬嚴者也

言廬哀敬之處非有其實則不居

疏 正義曰皇氏云上云少連大連及此經三年之喪并下疏衰之等皆是摠結上文敬爲上哀次之及顏色稱其情戚容稱其服今案别稱孔子是時之語不連子貢之問此三年之喪以下自是記者之言非孔子之語前文顏色稱其情謂據父母之喪此下文疏衰謂期親以下何得將此結上顏色稱其情皇說非也　三年之喪言而不語者謂大夫士言而後事行者故得言己事不得爲人語說也　對而不問者謂有問者得對而不得自問於人此謂與有服之親者行事之時若與賓客疏遠者言則問傳云斬衰唯而不對齊衰對而不言是也　廬堊室之中不與人坐者案喪大記云練居堊室不與人居居即坐也與此同

妻視叔父母姑姊妹視兄弟長中下殤視成人

視猶比也所比者哀容居處也

疏 正義曰此一經明此等之親服雖有異其哀戚輕重各視所正之親妻居廬而杖抑之視叔父母姑姊妹出適服輕進之視兄弟長中下殤服輕上從本親視其成人也

親喪外除

日月已竟而哀未忘

兄弟之喪内除

日月未竟而哀已殺

疏 正義曰親喪外除者謂父母之喪外謂服也服猶外隨日月漸除而深心哀未忘　兄弟之喪内除者兄弟謂期服以下及小功緦也内心也服制未釋而心哀先殺由輕故也

視君之母與妻比之兄弟發諸顏色者亦不飲食也

言小君服輕亦内除也發於顏色謂醲美酒食使人醉飽

疏 正義曰視君之母與妻者視比也謂比視君之母與君之妻輕重之宜比於己之兄弟　發諸顏色者亦不飲食也者若其酒食不發見於免顏色者則得飲食之若發見於顏色者亦不得飲食也

禮記義五十一　二十九　金昇

潘本第五十一卷第二十九葉

母乃後入門則居廬時不入門

疏衰皆居堊室不廬廬嚴者也

言廬哀敬之處非有其實則不居

疏 正義曰皇氏云上云少連大連及此經三年之喪并下疏衰之等皆是摠結上文敬爲上哀次之及顏色稱其情戚容稱其服今案别稱孔子是時之語不連子貢之問此三年之喪以下自是記者之言非孔子之語前文顏色稱其情謂據父母之喪此下文疏衰謂期親以下何得將此結上顏色稱其情皇說非也　三年之喪言而不語者謂大夫士言而後事行者故得言己事不得爲人語說也　對而不問者謂有問者得對而不得自問於人此謂與有服之親者行事之時若與賓客疏遠者言則問傳云斬衰唯而不對齊衰對而不言是也　廬堊室之中不與人坐者案喪大記云練居堊室不與人居居即坐也與此同

妻視叔父母姑姊妹視兄弟長中下殤視成人

視猶比也所比者哀容居處也

疏 正義曰此一經明此等之親服雖有異其哀戚輕重各視所正之親妻居廬而杖抑之視叔父母姑姊妹出適服輕進之視兄弟長中下殤服輕上從本親視其成人也

親喪外除

日月已竟而哀未忘

兄弟之喪内除

日月未竟而哀已殺

疏 正義曰親喪外除者謂父母之喪外謂服也服猶外隨日月漸除而深心哀未忘　兄弟之喪内除者兄弟謂期服以下及小功緦也内心也服制未釋而心哀先殺由輕故也

視君之母與妻比之兄弟發諸顏色者亦不飲食也

言小君服輕亦内除也發於顏色謂醲美酒食使人醉飽

疏 正義曰視君之母與妻者視比也謂比視君之母與君之妻輕重之宜比於己之兄弟　發諸顏色者亦不飲食也者若其酒食不發見於免顏色者則得飲食之若發見於顏色者亦不得飲食也

禮記義五十一　二十九　金昇

喪之外行於道路見似目瞿聞名心瞿弔死而問疾顏色戚容必有以異於人也如此而后可以服三年之喪其餘則直道而行之是也惻隱之心能如是則其餘齊衰以下直道而行盡自得也似謂容貌似其父母也名與親同

疏正義曰見似目瞿者謂既除喪之後若見他人形狀似於其親則目瞿然　聞名心瞿者聞他人所稱名與父名同則心中瞿瞿然上云目瞿此應云耳瞿而云心瞿者但耳狀難明因心至重惻隱之慘本瞿於心故直云心瞿　必有以異於人也者謂免喪之後弔死問疾其顏色戚容必有殊異於無喪之人餘行皆應如此獨云弔死問疾者以弔死問疾是哀痛之甚身又除喪戚容應甚故舉弔死問疾言也其餘則直道而行之是也者其餘謂期

親以下也則直依喪之道理而行之於義是也父在爲母雖期年亦從上三年之內也

祥主人之除也於夕爲期朝服祥因其故服爲期爲祭期也朝服以期至明日而祥祭亦朝服始即吉正祭服也喪服小記曰除成喪者其祭也朝服縞冠是也祭猶縞冠未純吉也既祭乃服大祥素縞麻衣釋禫之禮云玄衣黃裳則是禫祭玄冠矣黃裳者未大吉也既祭乃服禫服朝服綅冠踰月吉祭乃玄冠朝服既祭玄端而居復平常也

疏正義曰祥主人之除也者言祥謂祥祭之時主人除服之節　於夕爲期者謂於祥祭前夕豫告明日祥祭之期朝服者於此爲期之時主人著朝服謂緇衣素裳其冠則縞冠也　祥因其故服者謂明旦祥之時主人因著其前夕故朝服也　注爲期至常也　正義曰始即吉正祭服也者以其往前居喪今將除服故云始即吉於練祭之時不著祭服於此祥時正著祭服故云正祭服此朝服謂之

喪之外行於道路見似目瞿聞名心瞿弔死而問疾顏色戚容必有以異於人也如此而后可以服三年之喪其餘則直道而行之是也惻隱之心能如是則其餘齊衰以下直道而行盡自得也似謂容貌似其父母也名與親同

疏正義曰見似目瞿者謂既除喪之後若見他人形狀似於其親則目瞿然　聞名心瞿者聞他人所稱名與父名同則心中瞿瞿然上云目瞿此應云耳瞿而云心瞿者但耳狀難明因心至重惻隱之慘本瞿於心故直云心瞿　必有以異於人也者謂免喪之後弔死問疾其顏色戚容必有殊異於無喪之人餘行皆應如此獨云弔死問疾者以弔死問疾是哀痛之甚身又除喪戚容應甚故舉弔死問疾言也其餘則直道而行之是也者其餘謂期

禮記義五十一　三十　馬身

親以下也則直依喪之道理而行之於義是也父在爲母雖期年亦從上三年之內也

祥主人之除也於夕爲期朝服祥因其故服爲期爲祭期也朝服以期至明日而祥祭亦朝服始即吉正祭服也喪服小記曰除成喪者其祭也朝服縞冠是也祭猶縞冠未純吉也既祭乃服大祥素縞麻衣釋禫之禮云玄衣黃裳則是禫祭玄冠矣黃裳者未大吉也既祭乃服禫服朝服綅冠踰月吉祭乃玄冠朝服既祭玄端而居復平常也

疏正義曰祥主人之除也者言祥謂祥祭之時主人除服之節　於夕爲期者謂於祥祭前夕豫告明日祥祭之期朝服者於此爲期之時主人著朝服謂緇衣素裳其冠則縞冠也　祥因其故服者謂明旦祥之時主人因著其前夕故朝服也　注爲期至常也　正義曰始即吉正祭服也者以其往前居喪今將除服故云始即吉於練祭之時不著祭服於此祥時正著祭服故云正祭服此朝服謂之

足利本第五十一卷第三十一葉

正祭服者以諸侯卿大夫朝服而祭故少牢禮云主人朝服是也案上雜記端衰喪車皆無等則祥後并禮服尊卑上下無別皆服此縞衣素裳也此據諸侯卿大夫言之故云正祭服引喪服小記者證此經中朝服是除成喪之服云祭猶縞冠未純吉也者以純吉朝服玄冠今著縞冠故云未純吉云既祭乃服大祥素縞麻衣者間傳文以祥祭奪情故朝服縞冠祥祭雖訖哀情未忘其服稍重加著縞冠素紕麻衣引釋禫之禮者是變除禮也其禮云玄衣黃裳既著玄衣應著玄冠故云則是禫祭玄冠矣云黃裳者未大吉也者以大吉當玄衣素裳今用黃裳故云未大吉云既祭乃服禫服朝服綅冠者亦變除禮文以祥祭之後乃著大祥素縞麻衣故知禫祭之後亦著禫服朝服綅冠也云踰月吉祭乃玄冠朝服者以少牢吉祭朝服故也若天子諸侯以下各依本官吉祭之服也云既祭玄端而居復平常也者謂既祭之後同平常無事之時故也從祥至吉凡服有六祥祭朝服縞冠一也祥訖素縞麻衣二也禫

禮記義三十一　三十　刘昭

祭玄冠黃裳三也禫訖朝服綅冠四也踰月吉祭玄冠朝服五也既祭玄端而居六也

子游曰既祥雖不當縞者必縞然後反服 謂有以喪事贈賵來者雖不及時猶變服服祥祭之服以受之重其禮也其於此時始弔者則衛將軍文子之爲之是矣反服反素縞麻衣也

疏 正義曰既祥謂大祥之後有人以喪事來弔者雖不當縞者謂來弔者既晚不正當祥祭縞冠之時必縞然後反服者主人必須反著此祥服縞冠受來弔者之禮然後反服大祥素縞麻衣之服 注謂有至麻衣 正義曰知此以喪事贈賵來者若其由未來今始弔者雖禫祭除喪之後猶練冠而受弔則衛將軍文子之子是也練重於此禫祭之前主人尚吉而受禮明此來者是於前先已來今重至故主人著縞冠輕於練冠也云其於此時始弔者則衛將軍文子之爲之者鄭云此者證其來雖在後其實事不同衛將軍文子之子是除喪服之後始來弔此據於先已來

潘本第五十一卷第三十一葉

正祭服者以諸侯卿大夫朝服而祭故少牢禮云主人朝服是也案上雜記端衰喪車皆無等則祥後并禮服尊卑上下無別皆服此縞衣素裳也此據諸侯卿大夫言之故云正祭服引喪服小記者證此經中朝服是除成喪之服云祭猶縞冠未純吉也者以純吉朝服玄冠今著縞冠故云未純吉云既祭乃服大祥素縞麻衣者間傳文以祥祭奪情故朝服縞冠祥祭雖訖哀情未忘其服稍重加著縞冠素紕麻衣引釋禫之禮者是變除禮也其禮云玄衣黃裳既著玄衣應著玄冠故云則是禫祭玄冠矣云黃裳者未大吉也者以大吉當玄衣素裳今用黃裳故云未大吉云既祭乃服禫服朝服綅冠者亦變除禮文以祥祭之後乃著大祥素縞麻衣故知禫祭之後亦著禫服朝服綅冠也云踰月吉祭乃玄冠朝服者以少牢吉祭朝服故也若天子諸侯以下各依本官吉祭之服也云既祭玄端而居復平常也者謂既祭之後同平常無事之時故也從祥至吉凡服有六祥祭朝服縞冠一也祥訖素縞麻衣二也禫

禮記義五十一　三十一　刘昭

祭玄冠黃裳三也禫訖朝服綅冠四也踰月吉祭玄冠朝服五也既祭玄端而居六也

子游曰既祥雖不當縞者必縞然後反服 謂有以喪事贈賵來者雖不及時猶變服服祥祭之服以受之重其禮也其於此時始弔者則衛將軍文子之爲之是矣反服反素縞麻衣也

疏 正義曰既祥謂大祥之後有人以喪事來弔者雖不當縞者謂來弔者既晚不正當祥祭縞冠之時必縞然後反服者主人必須反著此祥服縞冠受來弔者之禮然後反服大祥素縞麻衣之服 注謂有至麻衣 正義曰知此以喪事贈賵來者若其由未來今始弔者雖禫祭除喪之後猶練冠而受弔則衛將軍文子之子是也練重於此禫祭之前主人尚吉而受禮明此來者是於前先已來今重至故主人著縞冠輕於練冠也云其於此時始弔者則衛將軍文子之爲之者鄭云此者證其來雖在後其實事不同衛將軍文子之子是除喪服之後始來弔此據於先已來

足利本第五十一卷第三十二葉

弔之後始來贈賵也云反服反素縞麻衣者鄭恐反服

夕吉服之服此謂禫祭之前故知反服素縞麻衣也

禮記正義卷第五十一

禮記義五十一　三十二

潘本第五十一卷第三十二葉

弔之後始來贈賵也云反服反素縞麻衣者鄭恐反服

夕吉服之服此謂禫祭之前故知反服素縞麻衣也

禮記正義卷第五十一

禮記義五十一　三十二

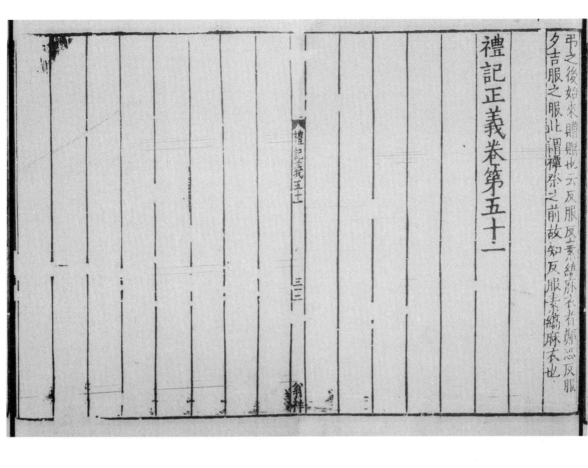

足利本第五十二卷第一葉

禮記正義卷第五十二

國子祭酒上護軍曲阜縣開國子臣孔穎達等奉

勑撰

當袒大夫至雖當踊絶踊而拜之反改成踊乃襲尊大夫來至則拜之不待事已也更成踊者新其事也於士既事成踊襲而后拜之不改成踊於士士至也事謂大小斂之屬

疏正義曰此一節明士有喪大夫及士來弔之禮 當袒大夫至者謂士有喪當袒之時而大夫來弔也崔云謂斂竟時也 雖當踊者假令大夫至當主人踊時也 絶踊而拜之者主人則絶止踊而拜此大夫也 反改成踊者反還也改更也拜大夫竟而反還先位更爲踊而始成踊尊大夫之來欲新其事也故云反改成踊案檀弓云大夫弔當事而至則辭焉是當大夫絶踊則士大小斂時主人不出故辭大夫也今此云絶踊而拜之故知是斂已竟當其袒踊時出之也 乃襲者謂更成踊竟乃襲初袒之衣也此云乃襲則知鄉者止踊拜大夫時未襲也 於士既事成踊者既猶畢也若當主人有大小斂諸事而士來弔則主人畢事竟而成踊不即出拜也然士言既事則大夫亦然大夫言絶踊則士固不絶踊也 襲而后拜之者成踊畢而襲襲畢乃拜之也 不改成踊者拜之而止不更爲成踊

上大夫之虞也少牢卒哭成事附皆大牢下大夫之虞也犆牲卒哭成事附皆少牢卒哭成事附言皆則卒哭成事附與虞異矣下大夫虞以犆牲與士虞禮同與

疏正義曰上大夫平常吉祭其禮

潘本第五十二卷第一葉

禮記正義卷第五十二

國子祭酒上護軍曲阜縣開國子臣孔穎達等奉

勑撰

當袒大夫至雖當踊絶踊而拜之反改成踊乃襲尊大夫來至則拜之不待事已也更成踊者新其事也於士既事成踊襲而后拜之不改成踊於士士至也事謂大小斂之屬

疏正義曰此一節明士有喪大夫及士來弔之禮 當袒大夫至者謂士有喪當袒之時而大夫來弔也崔云謂斂竟時也 雖當踊者假令大夫至當主人踊時也 絶踊而拜之者主人則絶止踊而拜此大夫也 反改成踊者反還也改更也拜大夫竟而反還先位更爲踊而始成踊尊大夫之來欲新其事也故云反改成踊案檀弓云大夫弔當事而至則辭焉是當大夫絶踊則士大小斂時主人不出故辭大夫也今此云絶踊而拜之故知是斂巳竟當其袒踊時出之也 乃襲者謂更成踊竟乃襲初袒之衣也此云乃襲則知鄉者止踊拜大夫時未襲也 於士既事成踊者既猶畢也若當主人有大小斂諸事而士來弔則主人畢事竟而成踊不即出拜也然士言既事則大夫亦然大夫言絶踊則士固不絶踊也 襲而后拜之者成踊畢而襲襲畢乃拜之也 不改成踊者拜之而止不更爲成踊

上大夫之虞也少牢卒哭成事附皆大牢下大夫之虞也犆牲卒哭成事附皆少牢卒哭成事附言皆則卒哭成事附與虞異矣下大夫虞以犆牲與士虞禮同與

疏正義曰上大夫平常吉祭其禮

足利本第五十二卷第二葉

少牢虞依平常禮故用少牢也　卒哭成事附皆大牢者卒哭謂之成事成事成吉事也故云卒哭成事附附廟也此二祭皆大並加一等故皆大牢也　下大夫之虞也犆牲者下大夫吉祭用少牢今虞祭降一等用犆牲　卒哭成事附皆少牢者依平常吉祭禮也不云遣奠加者略可知也　注卒哭至異矣　正義曰鄭以士虞禮云三虞卒哭他用剛日先儒以此三虞卒哭同是一事鄭因此經云上大夫虞用少牢卒哭用大牢其牢既别明卒哭與虞不同鄭引此文破先儒之義故云卒哭成事與虞異矣

祝稱卜葬虞子孫曰哀夫曰乃兄弟曰某卜葬其兄弟曰伯子某

祝稱卜葬虞者卜葬卜虞祝稱主人之辭也孫謂爲祖後者稱曰哀孫某卜葬其祖某甫夫曰乃某卜葬其妻某氏兄弟相爲卜稱名而已

疏　正義曰謂卜葬擇日而卜人祝龜所稱主人之辭也而云葬虞者虞用葬日故并言葬虞也子孫曰哀者若子卜葬父則祝辭稱云哀子某卜葬其父某甫若孫卜葬祖則祝辭稱云哀孫某卜葬其祖某甫　夫曰乃者若夫卜葬其妻則祝辭云乃某卜葬其妻某氏乃者言之助也妻卑故假助句以明夫之尊也　兄弟曰某卜葬其兄弟曰伯子某者若兄弟相爲其弟爲兄則祝辭云某卜葬兄伯子某若兄爲弟則云某卜葬其弟某兄弟稱名則子孫與夫皆稱名故鄭注於子孫通稱名可知也

古者貴賤皆杖叔孫武叔朝見輪人以其杖關轂而輠輪者於是有爵而后杖也

記庶人失禮所由始也叔孫武叔魯大夫叔孫州仇也輪人作車輪之官

疏　正義曰此一節記庶人失禮所由以其杖關轂而輠輪者關穿也輠迴也謂作輪之人以扶病之杖關穿車轂中而迴轉其輪　於是有爵而后杖也者以其爵位既尊其杖不鄙褻而許用也

鑿巾以飯

潘本第五十二卷第二葉

少牢虞依平常禮故用少牢也　卒哭成事附皆大牢者卒哭謂之成事成事成吉事也故云卒哭成事附附廟也此二祭皆大並加一等故皆大牢也　下大夫之虞也犆牲者下大夫吉祭用少牢今虞祭降一等用犆牲　卒哭成事附皆少牢者依平常吉祭禮也不云遣奠加者略可知也　注卒哭至異矣　正義曰鄭以士虞禮云三虞卒哭他用剛日先儒以此三虞卒哭同是一事鄭因此經云上大夫虞用少牢卒哭用大牢其牢既别明卒哭與虞不同鄭引此文破先儒之義故云卒哭成事與虞異矣

祝稱卜葬虞子孫曰哀夫曰乃兄弟曰某卜葬其兄弟曰伯子某

祝稱卜葬虞者卜葬卜虞祝稱主人之辭也孫謂爲祖後者稱曰哀孫某卜葬其祖某甫夫曰乃某卜葬其妻某氏兄弟相爲卜稱名而已

疏　正義曰謂卜葬擇日而卜人祝龜所稱主人之辭也而云葬虞者虞用葬日故并言葬虞也子孫曰哀者若子卜葬父則祝辭稱云哀子某卜葬其父某甫若孫卜葬祖則祝辭稱云哀孫某卜葬其祖某甫　夫曰乃者若夫卜葬其妻則祝辭云乃某卜葬其妻某氏乃者言之助也妻卑故假助句以明夫之尊也　兄弟曰某卜葬其兄弟曰伯子某者若兄弟相爲其弟爲兄則祝辭云某卜葬兄伯子某若兄爲弟則云某卜葬其弟某兄弟稱名則子孫與夫皆稱名故鄭注於子孫通稱名可知也

古者貴賤皆杖叔孫武叔朝見輪人以其杖關轂而輠輪者於是有爵而后杖也

記庶人失禮所由始也叔孫武叔魯大夫叔孫州仇也輪人作車輪之官

疏　正義曰此一節記庶人失禮所由以其杖關轂而輠輪者關穿也輠迴也謂作輪之人以扶病之杖關穿車轂中而迴轉其輪　於是有爵而后杖也者以其爵位既尊其杖不鄙褻而許用也

鑿巾以飯

禮記疏五十二　二　金彦

足利本第五十二卷第三葉

公羊賈爲之也記士失禮所由始也士親飯必發其巾大夫以上賔爲飯焉則有鑿巾疏正義曰亦記士失禮所由也飯含也大夫以上貴故使賔爲其親含恐尸爲賔所憎穢故設巾覆尸面而當口鑿穿之令含得入口也而士賤不得使賔則子自含其親不得憎穢之故不得鑿巾但露面而含耳於時公羊賈是士自含其親而用鑿巾則是自憎穢其親故爲失禮也

冒者何也所以揜形也自襲以至小斂不設冒則形是以襲而后設冒也言設冒者爲其形人將惡之也襲而設冒言后衍字耳疏正義曰此一經論設冒之事 冒者何也者記人自問何以須冒 所以揜形也者記者自荅言冒所以揜蓋尸形 自襲以至小斂不設冒則形者若未襲之前始死事須沐浴自既襲以後以至小斂之前雖已著衣若不設冒則尸象形見爲人所惡是以襲而后設冒也言后者衍字也襲則設冒至小斂之前則以衣揜覆於冒上皇氏云大斂脫冒未之聞也

禮記義五十二　三　陳又

或問於曾子曰夫既遣而包其餘猶既食而裹其餘與君子既食則裹其餘乎言遣既奠而又包之是與食於人已而裹其餘將去何異與君子寧爲是乎言傷廉也 曾子曰吾子不見大饗乎夫大饗既饗卷三牲之俎歸于賔館父母而賔客之所以爲哀也子不見大饗乎既饗歸賔俎所以厚之也言父母家之主今賔客之是孝子哀親之去也疏正義曰此一節明或人問曾子喪之遣奠之事 夫既遣而包其餘猶既食而裹其餘與者或人問曾子云喪禮既設遣奠事畢而

潘本第五十二卷第三葉

公羊賈爲之也記士失禮所由始也士親飯必發其巾大夫以上賔爲飯焉則有鑿巾疏正義曰亦記士失禮所由也飯含也大夫以上貴故使賔爲其親含恐尸爲賔所憎穢故設巾覆尸面而當口鑿穿之令含得入口也而士賤不得使賔則子自含其親不得憎穢之故不得鑿巾但露面而含耳於時公羊賈是士自含其親而用鑿巾則是自憎穢其親故爲失禮也

冒者何也所以揜形也自襲以至小斂不設冒則形是以襲而后設冒也言設冒者爲其形人將惡之也襲而設冒言后衍字耳疏正義曰此一經論設冒之事 冒者何也者記人自問何以須冒 所以揜形也者記者自荅言冒所以揜蓋尸形 自襲以至小斂不設冒則形者若未襲之前始死事須沐浴自既襲以後以至小斂之前雖已著衣若不設冒則尸象形見爲人所惡是以襲而后設冒也言后者衍字也襲則設冒至小斂之前則以衣揜覆於冒上皇氏云大斂脫冒未之聞也

禮記義五十二　三　陳又

或問於曾子曰夫既遣而包其餘猶既食而裹其餘與君子既食則裹其餘乎言遣既奠而又包之是與食於人已而裹其餘將去何異與君子寧爲是乎言傷廉也 曾子曰吾子不見大饗乎夫大饗既饗卷三牲之俎歸于賔館父母而賔客之所以爲哀也子不見大饗乎既饗歸賔俎所以厚之也言父母家之主今賔客之是孝子哀親之去也疏正義曰此一節明或人問曾子喪之遣奠之事 夫既遣而包其餘猶既食而裹其餘與者或人問曾子云喪禮既設遣奠事畢而

包裹遺奠之餘載之而去猶如生人於他家既食訖而裹
其餘相似乎故云與　君子既食則裹其餘乎者或人云
君子於他家既食之後則更裹其餘食去乎寧有是也不
應如此既設遺奠亦不應包餘而去　曾子曰吾子不見
大饗乎者曾子荅或人之問吾我也子男子美稱儀禮注
云言我子相親之辭也謂或人爲吾子豈不見大饗賓客
之禮乎　夫大饗既饗卷三牲之俎歸於賓館者謂大饗
賓客既畢主人卷斂三牲俎上之肉歸於賓館　父母而
賓客之所以爲哀也者已家父母今日既去遂同賓客之
䟽是孝子所以悲哀也爲此之故包遺奠而去　子不見
大饗乎者重結前文以語或人也　**非爲人喪問與賜與**　此上滅脫未聞其首
云何是言非爲人喪而問之與人喪而賜之與問遺也久無事曰問　**䟽**　正義曰鄭云此上滅脫未聞其首云
何此語接上之辭與語助也豈非爲人有喪而問遺之與
人之有喪而賜與之與乎敵則問卑下則賜故云問與賜
與

禮記義五十二　四　陳顯

三年之喪以其喪拜非三年之喪以吉拜　謂受問受賜者也稽顙而後拜曰喪拜拜而后稽顙曰吉拜

三年之喪如或遺之酒肉則受之必三辭主人衰絰而受之　受之必正服明不苟於滋味

如君命則不敢辭受而薦之　薦於廟貴君之禮

喪者不遺人人遺之雖酒肉受也從父昆弟以下既卒哭遺人可也　言至齊斬之喪重志不在施惠於人

䟽　正義曰從上問與賜與以下至遺人可也皆明在喪受問遺之事此一經論身有喪拜謝之禮　三年之喪以其喪拜者謂父母長子也其實杖期以上皆爲喪拜非三年之喪以吉拜者謂不杖期以下此義已備在檀弓䟽　三年至受之如或遺之酒

足利本第五十二卷第四葉

包裹遺奠之餘載之而去猶如生人於他家既食訖而裹
其餘相似乎故云與　君子既食則裹其餘乎者或人云
君子於他家既食之後則更裹其餘食去乎寧有是也不
應如此既設遺奠亦不應包餘而去　曾子曰吾子不見
大饗乎者曾子荅或人之問吾我也子男子美稱儀禮注
云言我子相親之辭也謂或人爲吾子豈不見大饗賓客
之禮乎　夫大饗既饗卷三牲之俎歸於賓館者謂大饗
賓客既畢主人卷斂三牲俎上之肉歸於賓館　父母而
賓客之所以爲哀也者已家父母今日既去遂同賓客之
䟽是孝子所以悲哀也爲此之故包遺奠而去　子不見
大饗乎者重結前文以語或人也　**非爲人喪問與賜與**　此上滅脫未聞其首
云何是言非爲人喪而問之與人喪而賜之與問遺也久無事曰問　**䟽**　正義曰鄭云此上滅脫未聞其首云
何此語接上之辭與語助也豈非爲人有喪而問遺之與
人之有喪而賜與之與乎敵則問卑下則賜故云問與賜
與

禮記義五十二　四　陳顯

三年之喪以其喪拜非三年之喪以吉拜　謂受問受賜者也稽顙而後拜曰喪拜拜而后稽顙曰吉拜

三年之喪如或遺之酒肉則受之必三辭主人衰絰而受之　受之必正服明不苟於滋味

如君命則不敢辭受而薦之　薦於廟貴君之禮

喪者不遺人人遺之雖酒肉受也從父昆弟以下既卒哭遺人可也　言至齊斬之喪重志不在施惠於人

䟽　正義曰從上問與賜與以下至遺人可也皆明在喪受問遺之事此一經論身有喪拜謝之禮　三年之喪以其喪拜者謂父母長子也其實杖期以上皆爲喪拜非三年之喪以吉拜者謂不杖期以下此義已備在檀弓䟽　三年至受之如或遺之酒

潘本第五十二卷第四葉

足利本第五十二卷第五葉

肉至主人衰絰而受之者雖受之猶不得食也尊者食之乃得食肉猶不得飲酒故喪大記云既葬若君食之則食之大夫父之友食之則食之矣不辟粱肉若有酒醴則辭是也

縣子曰三年之喪如斬期之喪如剡言其痛之惻怛有淺深也期之喪十一月而練十三月而祥十五月而禫此謂父在為母也當在練則弔上爛脫在此三年之喪雖功衰不弔自諸侯達諸士如有服而將往哭之則服其服而往功衰既練之服也諸侯服新死者之服而往哭謂所不臣也練則弔父在為母功衰可以弔人者以父在故輕於出也然則凡齊衰十一月皆可以出矣既葬大功弔哭而退不聽事焉聽猶待也事謂襲斂執紼之屬期之喪未葬弔於鄉人哭而退不聽事焉功衰弔待事不執事謂為姑姊妹無主殯不在己族者小功緦執事不與於禮禮饋奠也相趨也出宮而退相揖也哀次而退相問也既封而退相見也反哭而退朋友虞附而退此弔者恩薄厚去遲速之節也相趨謂相聞姓名來會喪事也相揖嘗會於他也相問嘗相惠遺也相見嘗執摯相見也附皆當為祔

正義曰從此以下至待盈坎明弔喪之節各隨文解之三年之喪雖功衰不弔者謂重喪小祥後衰與大功同故曰功衰衰雖外輕而痛猶內重故不得弔人也自諸侯達諸士者貴賤同然故云自諸侯達諸士也如有服而

禮記義五十二　五　施俊

潘本第五十二卷第五葉

肉至主人衰絰而受之者雖受之猶不得食也尊者食之乃得食肉猶不得飲酒故喪大記云既葬若君食之則食之大夫父之友食之則食之矣不辟粱肉若有酒醴則辭是也

縣子曰三年之喪如斬期之喪如剡言其痛之惻怛有淺深也期之喪十一月而練十三月而祥十五月而禫此謂父在為母也當在練則弔上爛脫在此三年之喪雖功衰不弔自諸侯達諸士如有服而將往哭之則服其服而往功衰既練之服也諸侯服新死者之服而往哭謂所不臣也練則弔父在為母功衰可以弔人者以父在故輕於出也然則凡齊衰十一月皆可以出矣既葬大功弔哭而退不聽事焉聽猶待也事謂襲斂執紼之屬期之喪未葬弔於鄉人哭而退不聽事焉功衰弔待事不執事謂為姑姊妹無主殯不在己族者小功緦執事不與於禮禮饋奠也相趨也出宮而退相揖也哀次而退相問也既封而退相見也反哭而退朋友虞附而退此弔者恩薄厚去遲速之節也相趨謂相聞姓名來會喪事也相揖嘗會於他也相問嘗相惠遺也相見嘗執摯相見也附皆當為祔

正義曰從此以下至待盈坎明弔喪之節各隨文解之三年之喪雖功衰不弔者謂重喪小祥後衰與大功同故曰功衰衰雖外輕而痛猶內重故不得弔人也自諸侯達諸士者貴賤同然故云自諸侯達諸士也如有服而

禮記義五十二　五　施俊

足利本第五十二卷第六葉

將往哭之則服其服而往者亦貴賤同也如有服謂有五服之親喪功衰雖不弔人若自有五服之親喪則往哭之將往哭則不著己功衰而依彼親之節以服之申於骨肉之情故也故云則服其服而往也但著彼服不著己功衰也賀瑒云若新死者服輕則不爲之制服雖不爲重變而爲之制服往奔喪哭之則變服所制之服往彼哭之事畢反服故服也庾氏云將往哭之乃服其服者謂小功以下之親輕也始聞喪不能爲之制服至於往哭弔乃服其服注要記通之巳祥皇氏云此文雖在功衰之下而實通初喪也假令初喪而有五屬之親死則亦變服五服之服而往彼哭也上云自諸侯達諸士然諸侯絶期不應有諸親始死服今云服其服而往當是敵體及所不臣者謂始封君不臣諸父昆弟也故鄭明之也　期之喪十一月而練十三月而祥十五月而禫者此禫杖期王謂父在爲母亦備二祥節也文本應在服而往下爛脱故在此　練則弔者謂至十一月小祥後而可出弔人也　注父在至出矣

禮記義五十二　六　李仁

正義曰此練則弔又承十一月練之下故知是父在爲母以經云練故云功衰也大祥始除衰杖而練得弔人者以父在爲母故輕於出言得出也以母喪至練父在而得出則其餘喪雖無父亦得出也母既可矣諸父灼然　既葬大功者謂身有大功之喪既葬之後往弔他喪　弔哭而退不聽事焉者謂弔哭既畢而則退去不待主人襲斂之事期喪練弔則亦然也　期之喪未葬弔於鄉人哭而退不聽事焉者謂姑姊妹無主爲之服期喪未至於葬往弔於鄉人之喪哭畢則退不聽待主人襲斂之事焉　功衰弔待事不執事者謂此姑姊妹等期喪至既葬受以大功衰謂之功衰至此之後若弔於鄉人其情稍輕於未葬之前得待主人襲斂之事但不親自執事此云功衰他本或云大功衰今案鄭注在此文下云謂爲姑姊妹無主則此功衰還是姑姊妹無主之功衰不得别云大功也皇氏云有大字者誤也　注謂爲姑姊妹無主殯不在己族者

正義曰經直云期喪鄭知是姑姊妹無主者以前云大

潘本第五十二卷第六葉

將往哭之則服其服而往者亦貴賤同也如有服謂有五服之親喪功衰雖不弔人若自有五服之親喪則往哭之將往哭則不著己功衰而依彼親之節以服之申於骨肉之情故也故云則服其服而往也但著彼服不著己功衰也賀瑒云若新死者服輕則不爲之制服雖不爲重變而爲之制服往奔喪哭之則變服所制之服往彼哭之事畢反服故服也庾氏云將往哭之乃服其服者謂小功以下之親輕也始聞喪不能爲之制服至於往哭弔乃服其服注要記通之巳祥皇氏云此文雖在功衰之下而實通初喪也假令初喪而有五屬之親死則亦變服五服之服而往彼哭也上云自諸侯達諸士然諸侯絶期不應有諸親始死服今云服其服而往當是敵體及所不臣者謂始封君不臣諸父昆弟也故鄭明之也　期之喪十一月而練十三月而祥十五月而禫者此祥杖期主謂父在爲母亦備二祥節也文本應在服而往下爛脱故在此　練則弔者謂至十一月小祥後而可出弔人也　注父在至出矣

禮記義五十二　六　李仁

正義曰此練則弔又承十一月練之下故知是父在爲母以經云練故云功衰也大祥始除衰杖而練得弔人者以父在爲母故輕於出言得出也以母喪至練父在而得出則其餘喪雖無父亦得出也母既可矣諸父灼然　既葬大功者謂身有大功之喪既葬之後往弔他喪　弔哭而退不聽事焉者謂弔哭既畢而則退去不待主人襲斂之事期喪練弔則亦然也　期之喪未葬弔於鄉人哭而退不聽事焉者謂姑姊妹無主爲之服期喪未至於葬往弔於鄉人之喪哭畢則退不聽待主人襲斂之事焉　功衰弔待事不執事者謂此姑姊妹等期喪至既葬受以大功衰謂之功衰至此之後若弔於鄉人其情稍輕於未葬之前得待主人襲斂之事但不親自執事此云功衰他本或云大功衰今案鄭注在此文下云謂爲姑姊妹無主則此功衰還是姑姊妹無主之功衰不得别云大功也皇氏云有大字者誤也　注謂爲姑姊妹無主殯不在己族者

正義曰經直云期喪鄭知是姑姊妹無主者以前云大

足利本第五十二卷第七葉

功既葬始得弔人今此經期喪未葬已得弔人明知此期服輕故知是姑姊妹無主殯不在已族者女未廟見反葬女氏之黨此姑姊妹已於他族成婦日久但夫既蚤死故殯在夫族　小功緦執事不與於禮者執事擯相也禮饋奠也緦小功服輕故未葬便可弔人今不論鄉人之同異也亦爲彼擯相但不得助彼饋奠耳案曾子問云廢喪服可以與於饋奠之事乎孔子曰說衰與奠非禮也以擯相可也是擯相輕而饋奠重也　相趨至而退此以下明凡弔者恩之厚薄去留遲速之節也　相趨也出宮而退者相趨謂與孝子本不相識但相聞姓名而來會趨喪也情既輕故柩出廟之宮門而退去　相揖也哀次而退者相揖謂經會他處已相揖者也恩微深故待柩出至大門外之哀次而退去也　相問也既封而退者相問謂曾相餉遺恩轉深故至窆竟而退也　相見也反哭而退者相見謂身經自執摯相詣往來恩轉厚故至葬竟孝子反哭還至家時而退也　朋友虞附而退者朋友疇昔情重生

死同契故至主人虞附而退也然與死者相識其禮亦當有弔禮知生者弔知死者傷今注云弔則知是弔生人也

弔非從主人也四十者執綍言弔者必助主人之事從猶隨也成人二十以上至四十丁壯時　鄉人五十者從反哭四十者待盈坎非鄉人則長少皆反優遠也坎或爲壙　喪食雖惡必充飢飢而廢事非禮也飽而忘哀亦非禮也視不明聽不聰行不正不知哀君子病之故有疾飲酒食肉五十不致毀六十不毀七十飲酒食肉皆爲疑死病猶憂也疑猶恐也　有服人召之

潘本第五十二卷第七葉

功既葬始得弔人今此經期喪未葬已得弔人明知此期服輕故知是姑姊妹無主殯不在已族者女未廟見反葬女氏之黨此姑姊妹已於他族成婦日久但夫既蚤死故殯在夫族　小功緦執事不與於禮者執事擯相也禮饋奠也緦小功服輕故未葬便可弔人今不論鄉人之同異也亦爲彼擯相但不得助彼饋奠耳案曾子問云廢喪服可以與於饋奠之事乎孔子曰說衰與奠非禮也以擯相可也是擯相輕而饋奠重也　相趨至而退此以下明凡弔者恩之厚薄去留遲速之節也　相趨也出宮而退者相趨謂與孝子本不相識但相聞姓名而來會趨喪也情既輕故柩出廟之宮門而退去　相揖也哀次而退者相揖謂經會他處已相揖者也恩微深故待柩出至大門外之哀次而退去也　相問也既封而退者相問謂曾相餉遺恩轉深故至窆竟而退也　相見也反哭而退者相見謂身經自執摯相詣往來恩轉厚故至葬竟孝子反哭還至家時而退也　朋友虞附而退者朋友疇昔情重生

禮記義五十二　七

死同契故至主人虞附而退也然與死者相識其禮亦當有弔禮知生者弔知死者傷今注云弔則知是弔生人也

弔非從主人也四十者執綍言弔者必助主人之事從猶隨也成人二十以上至四十丁壯時　鄉人五十者從反哭四十者待盈坎非鄉人則長少皆反優遠也坎或爲壙　喪食雖惡必充飢飢而廢事非禮也飽而忘哀亦非禮也視不明聽不聰行不正不知哀君子病之故有疾飲酒食肉五十不致毀六十不毀七十飲酒食肉皆爲疑死病猶憂也疑猶恐也　有服人召之

食不往大功以下既葬適人人食之其黨也食之非其黨弗食也往而見食則可食也為食而往則不可黨猶親也非親而食則是食於人無數也功衰食菜果飲水漿無鹽酪不能食食鹽酪可也功衰齊斬之末也酪酢胾孔子曰身有瘍則浴首有創則沐病則飲酒食肉毀瘠為病君子弗為也毀而死君子謂之無子毀而死是不重親

疏 此一節論助葬及執事反哭之節言弔喪者本是來助事非為空隨從主人而巳故云非從主人也　四十者執紼者既助主人故使年二十以上至四十強壯者皆執紼也　鄉人五十者從反

哭者鄉人同鄉之人也五十始衰故待主人窆竟而孝子反哭故鄉人助葬老者亦從孝子反也　四十者待盈坎者謂窆竟以土盈滿其坎四十強壯不得即反故待土滿坎而反也若非鄉人則無問長少皆從主人歸優饒遠者

注 非親而食則是食於人無數也　正義曰解所以非親不食義也夫親族不多食則其食有限若非類而輒食則無復限數

非從柩與反哭無免於堩言喪服出入非必志哀也此二事皆冠也免所以代冠人於道路不可以無飾堩道路

疏 正義曰從柩謂孝子送葬從柩去時也與反哭謂葬竟孝子還時也堩道路也道路不可無飾故孝子唯送葬從柩去時及葬竟還反哭時於道得免而行自非此二條則不得免於道路也此謂葬近而反哭者若葬遠反哭在路則著冠至郊則乃反著免故小記云遠葬者比反哭者皆冠及郊而后免是也

凡喪小功以上非虞附練祥無

食不往大功以下既葬適人人食之其黨也食之非其黨弗食也往而見食則可食也為食而往則不可黨猶親也非親而食則是食於人無數也功衰食菜果飲水漿無鹽酪不能食食鹽酪可也功衰齊斬之末也酪酢胾孔子曰身有瘍則浴首有創則沐病則飲酒食肉毀瘠為病君子弗為也毀而死君子謂之無子毀而死是不重親

疏 此一節論助葬及執事反哭之節言弔喪者本是來助事非為空隨從主人而巳故云非從主人也　四十者執紼者既助主人故使年二十以上至四十強壯者皆執紼也　鄉人五十者從反

禮記疏五十二　八　徐宥

哭者鄉人同鄉之人也五十始衰故待主人窆竟而孝子反哭故鄉人助葬老者亦從孝子反也　四十者待盈坎者謂窆竟以土盈滿其坎四十強壯不得即反故待土滿坎而反也若非鄉人則無問長少皆從主人歸優饒遠者

注 非親而食則是食於人無數也　正義曰解所以非親不食義也夫親族不多食則其食有限若非類而輒食則無復限數

非從柩與反哭無免於堩言喪服出入非必志哀也此二事皆冠也免所以代冠人於道路不可以無飾堩道路

疏 正義曰從柩謂孝子送葬從柩去時也與反哭謂葬竟孝子還時也堩道路也道路不可無飾故孝子唯送葬從柩去時及葬竟還反哭時於道得免而行自非此二條則不得免於道路也此謂葬近而反哭者若葬遠反哭在路則著冠至郊則乃反著免故小記云遠葬者比反哭者皆冠及郊而后免是也

凡喪小功以上非虞附練祥無

足利本第五十二卷第九葉

沐浴（言不有飾事則不沐浴）疏正義曰凡居喪之禮自小功以上恩重哀深自宜去飾以沐浴是自飾故不有此數條祭事則不自飾言小功以上則至斬同然各在其服限如此耳練祥不主大功小功也若三年之喪虞祭之時但沐浴不櫛故士虞禮云沐浴不櫛鄭注云唯三年之喪不櫛期以下櫛可也又士虞禮云明日以其班祔沐浴櫛注云彌自飾此雖士禮明大夫以上亦然

疏衰之喪既葬人請見之則見不請見人小功請見人可也大功不以執摯唯父母之喪不辟涕泣而見人（言至喪不行求見人爾人來求見已亦可以見之矣不辟涕泣言至哀無飾也）三年之喪祥而從政期之喪卒哭而從政九月之喪既葬而從政小功緦之喪既殯而從政（以王制言之此謂庶人也從政從爲政者教令謂給繇役）曾申問於曾子曰哭父母有常聲乎曰中路嬰兒失其母焉何常聲之有（嬰猶鷖彌也言其若小兒亡母啼號安得常聲乎所謂哭不偯）疏正義曰此一節明在喪與人相見之義 小功請見人可也者輕可請見於人然言小功可則大功不可也此小功文承疏衰既葬之下則此小功亦謂既葬也凡言見人者謂與人尋常相見不論執摯之事故云父母之喪不辟涕泣而見人是尋常相見也而皇氏以爲見人謂執摯相見若然父母之喪豈謂執摯見人乎皇氏則非也 注以王至繇役 正義曰案王制云父母之喪三年不從政齊衰大功三月不從政此云期之喪卒哭而從政九月之喪既葬而從政與王制不同者

禮記正義五十二　九　雅信

潘本第五十二卷第九葉

沐浴（言不有飾事則不沐浴）疏正義曰凡居喪之禮自小功以上恩重哀深自宜去飾以沐浴是自飾故不有此數條祭事則不自飾言小功以上則至斬同然各在其服限如此耳練祥不主大功小功也若三年之喪虞祭之時但沐浴不櫛故士虞禮云沐浴不櫛鄭注云唯三年之喪不櫛期以下櫛可也又士虞禮云明日以其班祔沐浴櫛注云彌自飾此雖士禮明大夫以上亦然

疏衰之喪既葬人請見之則見不請見人小功請見人可也大功不以執摯唯父母之喪不辟涕泣而見人（言至喪不行求見人爾人來求見已亦可以見之矣不辟涕泣言至哀無飾也）三年之喪祥而從政期之喪卒哭而從政九月之喪既葬而從政小功緦之喪既殯而從政（以王制言之此謂庶人也從政從爲政者教令謂給繇役）曾申問於曾子曰哭父母有常聲乎曰中路嬰兒失其母焉何常聲之有（嬰猶鷖彌也言其若小兒亡母啼號安得常聲乎所謂哭不偯）疏正義曰此一節明在喪與人相見之義 小功請見人可也者輕可請見於人然言小功可則大功不可也此小功文承疏衰既葬之下則此小功亦謂既葬也凡言見人者謂與人尋常相見不論執摯之事故云父母之喪不辟涕泣而見人是尋常相見也而皇氏以爲見人謂執摯相見若然父母之喪豈謂執摯見人乎皇氏則非也 注以王至繇役 正義曰案王制云父母之喪三年不從政齊衰大功三月不從政此云期之喪卒哭而從政九月之喪既葬而從政與王制不同者

禮記正義五十二　九　雅信

足利本第五十二卷第十葉

此庶人依士禮卒哭與既葬同三月故王制省文揔云三月也若大夫士三年之喪期不從政是正禮也卒哭金革之事無辟是權禮也**卒哭而諱**自此而鬼神事之尊而諱其名**王父母兄弟世父叔父姑姊妹子與父同諱**父爲其親諱則子不敢不從諱也謂王父母以下之親諱是謂士也天子諸侯諱羣祖**母之諱宮中諱妻之諱不舉諸其側與從祖昆弟同名則諱**母之所爲其親諱子孫於宮中不言妻之所爲其親諱夫於其側亦不言也孝子聞名心瞿凡不言人諱者亦爲其祖感動也子與父同諱則子可盡曾祖之親也從祖昆弟在其中於父輕不爲諱與母妻之親同名重則諱之疏正義曰此一節論親戚死亡諱辟名之事各隨文解之卒哭而諱者謂卒哭之前猶以生禮事之卒哭之後去生漸遠以鬼道事之故諱其名 王父母者謂父之王父母於己爲曾祖父母正服小功不合諱也以父爲之諱故子亦同於父而諱之 兄弟者是父之兄弟於己爲伯叔正服期父亦爲之期是子與父同有諱也世父叔父者是父之世父叔父於己是從祖也正服小功不合諱以父爲之諱故己從父而諱 姑者謂父之姑也於己從祖姑在家正服小功出嫁緦麻不合諱以父爲之諱故己從父而諱 姊妹者謂父之姊妹於己爲姑在家正服期出嫁大功九月是己與父同爲之諱也 子與父同諱者言此等之親子之與父同爲之諱 注父爲至羣祖 正義曰云父爲其親諱則子不敢不從諱也者謂父之王父母世父叔父及姑等於己小功以下不合諱但父爲之諱故子不敢不從諱其父之兄弟及姊妹己爲合諱不假從父而諱鄭此注者據己不合諱者而言之也云謂王父母以下之親諱是謂士也者此士者謂父身也以父身是士故諱王父若是庶人子不逮事父母則不諱王父母也直云王父母

禮記義五十二

潘本第五十二卷第十葉

此庶人依士禮卒哭與既葬同三月故王制省文揔云三月也若大夫士三年之喪期不從政是正禮也卒哭金革之事無辟是權禮也**卒哭而諱**自此而鬼神事之尊而諱其名**王父母兄弟世父叔父姑姊妹子與父同諱**父爲其親諱則子不敢不從諱也謂王父母以下之親諱是謂士也天子諸侯諱羣祖**母之諱宮中諱妻之諱不舉諸其側與從祖昆弟同名則諱**母之所爲其親諱子孫於宮中不言妻之所爲其親諱夫於其側亦不言也孝子聞名心瞿凡不言人諱者亦爲其祖感動也子與父同諱則子可盡曾祖之親也從祖昆弟在其中於父輕不爲諱與母妻之親同名重則諱之疏正義曰此一節論親戚死亡諱辟名之事各隨文解之卒哭而諱者謂卒哭之前猶以生禮事之卒哭之後去生漸遠以鬼道事之故諱其名 王父母者謂父之王父母於己爲曾祖父母正服小功不合諱也以父爲之諱故子亦同於父而諱之 兄弟者是父之兄弟於己爲伯叔正服期父亦爲之期是子與父同有諱也世父叔父者是父之世父叔父於己是從祖也正服小功不合諱以父爲之諱故己從父而諱 姑者謂父之姑也於己從祖姑在家正服小功出嫁緦麻不合諱以父爲之諱故己從父而諱 姊妹者謂父之姊妹於己爲姑在家正服期出嫁大功九月是己與父同爲之諱也 子與父同諱者言此等之親子之與父同爲之諱 注父爲至羣祖 正義曰云父爲其親諱則子不敢不從諱也者謂父之王父母世父叔父及姑等於己小功以下不合諱但父爲之諱故子不敢不從諱其父之兄弟及姊妹己爲合諱不假從父而諱鄭此注者據己不合諱者而言之也云謂王父母以下之親諱是謂士也者此士者謂父身也以父身是士故諱王父若是庶人子不逮事父母則不諱王父母也直云王父母

禮記義五十二

足利本第五十二卷第十一葉

以下足矣復云之親諱者父之世父叔父與姑等皆是王父所生今爲之諱故云王父母以下之親諱也云天子諸侯諱羣祖者以其天子七廟諸侯五廟故知諱羣祖 母之諱宮中諱者謂母所爲其親諱其子於一宮之中爲諱而不言也 妻之諱不舉諸其側者謂妻諸親之諱其夫不得稱舉其辭於其妻之側但不得在側言之則於宮中遠處得言之也與從祖昆弟同名則諱者謂母與妻二者之諱 與己從祖昆弟名同則爲之諱不但宮中旁側其在餘處皆諱之 注子與至諱之 正義曰云子與父同諱則子可盡曾祖之親也者父爲王父諱於子則爲曾祖父之伯叔及姑則是子曾祖之親故云子與父同諱則子可盡曾祖之親也前經所云者是也云從祖昆弟在其中者從祖昆弟共同曾祖之親故云在其中云於父輕不爲諱者從祖昆弟於父言之是父之同堂兄弟子也父服小功不爲之諱已又不得從父而諱若與母妻之親同名重則諱之重謂重累謂母妻諱與從祖昆弟名相重累則諱之

禮記義五十二　十二　楊昌

不但爲母妻而諱若從祖昆弟身死亦爲諱故云於父輕不爲之諱與母妻之親同名重則諱之觀檢注意是爲從祖昆弟諱而生文也

以喪冠者雖三年之喪可也既冠於次入哭踊三者三乃出

言雖者明齊衰以下皆可以喪冠也始遭喪以其冠月則喪服因冠矣非其冠月待變除卒哭而冠次廬也雖或爲唯 疏 正義曰自此以下明遭喪冠取之節今各隨文解之 以喪冠者雖三年之喪可也者謂將欲加冠而值其喪則當成服之時因喪服加冠非但輕服得冠雖有三年重喪亦可爲因喪服而冠故云可也 既冠於次者此謂加冠於廬次之中若齊衰以下加冠於次舍之處 入哭踊三者三乃出者謂既冠之後入於喪所哭而跳踊謂每哭一節而三踊如此者三凡爲九踊乃出就次所 注言雖至廬也 正義曰經云雖二年之喪可也故知三年以下皆得因喪而冠也云始遭喪以

潘本第五十二卷第十一葉

以下足矣復云之親諱者父之世父叔父與姑等皆是王父所生今爲之諱故云王父母以下之親諱也云天子諸侯諱羣祖者以其天子七廟諸侯五廟故知諱羣祖 母之諱宮中諱者謂母所爲其親諱其子於一宮之中爲諱而不言也 妻之諱不舉諸其側者謂妻諸親之諱其夫不得稱舉其辭於其妻之側但不得在側言之則於宮中遠處得言之也與從祖昆弟同名則諱者謂母與妻二者之諱 與己從祖昆弟名同則爲之諱不但宮中旁側其在餘處皆諱之 注子與至諱之 正義曰云子與父同諱則子可盡曾祖之親也者父爲王父諱於子則爲曾祖父之伯叔及姑則是子曾祖之親故云子與父同諱則子可盡曾祖之親也前經所云者是也云從祖昆弟在其中者從祖昆弟共同曾祖之親故云在其中云於父輕不爲諱者從祖昆弟於父言之是父之同堂兄弟子也父服小功不爲之諱已又不得從父而諱若與母妻之親同名重則諱之重謂重累謂母妻諱與從祖昆弟名相重累則諱之

禮記義五十二　十二　楊昌

不但爲母妻而諱若從祖昆弟身死亦爲諱故云於父輕不爲之諱與母妻之親同名重則諱之觀檢注意是爲從祖昆弟諱而生文也

以喪冠者雖三年之喪可也既冠於次入哭踊三者三乃出

言雖者明齊衰以下皆可以喪冠也始遭喪以其冠月則喪服因冠矣非其冠月待變除卒哭而冠次廬也雖或爲唯 疏 正義曰自此以下明遭喪冠取之節今各隨文解之 以喪冠者雖三年之喪可也者謂將欲加冠而值其喪則當成服之時因喪服加冠非但輕服得冠雖有三年重喪亦可爲因喪服而冠故云可也 既冠於次者此謂加冠於廬次之中若齊衰以下加冠於次舍之處 入哭踊三者三乃出者謂既冠之後入於喪所哭而跳踊謂每哭一節而三踊如此者三凡爲九踊乃出就次所 注言雖至廬也 正義曰經云雖三年之喪可也故知三年以下皆得因喪而冠也云始遭喪以

其冠月則喪服因冠矣者知當冠月則喪服因冠者以曾子問云將冠子未及期日而有齊衰大功小功之喪則因喪服而冠言未及期日明及月可知但未及冠之日耳以此言之知冠月則可冠也云非其冠月待變除卒哭而冠者案夏小正二月綏多士女是冠用二月假令正月遭喪則二月不得因喪而冠必待變除受服之節乃可冠矣云次廬也者據重服而言也

大功之末可以冠子可以嫁子父小功之末可以冠子可以嫁子可以取婦己雖小功既卒哭可以冠取妻下殤之小功則不可

此皆謂可用吉禮之時父大功卒哭而可以冠子嫁子小功卒哭而可以取婦己大功卒哭而可以冠子小功卒哭而可以取妻必偕祭乃行也下殤小功齊衰之親除喪而後可爲昏禮凡冠者其時當冠則因喪而冠之

禮記義五十二　十二　蔣師

【疏】正義曰大功之末可以冠子可以嫁子者末謂卒哭之後謂已有大功之喪既卒哭可以冠子嫁子也 父小功之末可以冠子可以嫁子可以取婦者謂父有小功喪末可以冠子可以嫁子可以取婦大功之末云身不云父小功之末云父不云身互而相通是嫁及冠於身大功之末可以冠子嫁子小功之末非但得冠子嫁子復可取婦所以取婦必在小功之末者以取婦有酒食之會集鄉黨僚友涉近歡樂故小功之末乃可得爲也 己雖小功既卒哭可以冠取妻者以前文云父小功之末可以取婦恐己有小功於情爲重不得冠取故云己身雖同有小功既卒哭之後可以冠取此文云既卒哭明上云末者並卒哭後也 下殤之小功則不可者謂其餘小功可以冠取若本服齊衰下殤降在小功者則不可不可者不可冠嫁也以本服是齊衰重故也若其長殤中殤之大功者庾氏注要記云卒哭之後則得與尋常大功同於大功之末可以身自冠嫁所以然者雖本期年

足利本第五十二卷第十二葉

其冠月則喪服因冠矣者知當冠月則喪服因冠者以曾子問云將冠子未及期日而有齊衰大功小功之喪則因喪服而冠言未及期日明及月可知但未及冠之日耳以此言之知冠月則可冠也云非其冠月待變除卒哭而冠者案夏小正二月綏多士女是冠用二月假令正月遭喪則二月不得因喪而冠必待變除受服之節乃可冠矣云次廬也者據重服而言也

大功之末可以冠子可以嫁子父小功之末可以冠子可以嫁子可以取婦己雖小功既卒哭可以冠取妻下殤之小功則不可

此皆謂可用吉禮之時父大功卒哭而可以冠子嫁子小功卒哭而可以取婦己大功卒哭而可以冠子小功卒哭而可以取妻必偕祭乃行也下殤小功齊衰之親除喪而後可爲昏禮凡冠者其時當冠則因喪而冠之

禮記義五十二　十二

【疏】正義曰大功之末可以冠子可以嫁子者末謂卒哭之後謂已有大功之喪既卒哭可以冠子嫁子也 父小功之末可以冠子可以嫁子可以取婦者謂父有小功喪末可以冠子可以嫁子可以取婦大功之末云身不云父小功之末云父不云身互而相通是嫁及冠於身大功之末可以冠子嫁子小功之末非但得冠子嫁子復可取婦所以取婦必在小功之末者以取婦有酒食之會集鄉黨僚友涉近歡樂故小功之末乃可得爲也 己雖小功既卒哭可以冠取妻者以前文云父小功之末可以取婦恐己有小功於情爲重不得冠取故云己身雖同有小功既卒哭之後可以冠取此文云既卒哭明上云末者並卒哭後也 下殤之小功則不可者謂其餘小功可以冠取若本服齊衰下殤降在小功者則不可不可者不可冠嫁也以本服是齊衰重故也若其長殤中殤之大功者庾氏注要記云卒哭之後則得與尋常大功同於大功之末可以身自冠嫁所以然者雖本期年

潘本第五十二卷第十二葉

但降在大功其服稍伸故得冠嫁也賀氏云小功殤本是期親以其重故不得冠取推此而言之降在大功理不得冠嫁矣今謂齊衰下殤尚不可冠取而況齊衰長殤中殤降在大功何可冠嫁庾記非也今從賀義【注】父大至冠之　正義曰父大功卒哭而可以冠子嫁子小功卒哭而可以取婦者以經文大功據已身小功據其父今鄭同之謂父及已身俱有大功之末小功之末故又注云已大功卒哭而可以冠子小功卒哭而可以取妻是父子同也云必偕祭乃行也者偕俱也父是大功之末已亦是大功之末乃得行此冠子嫁子父小功之末已亦小功之末可以嫁取必父子俱然乃得行事故云必偕祭乃行知父子俱大功小功者若姑及姊妹出適父子俱爲大功若從祖兄弟父爲之小功已亦爲之小功是父子其服同也若父有齊衰子有大功則不可若父有大功子有小功可以冠嫁未可以取婦必父子俱有小功之末可以取婦若父是小功已在緦麻灼然合取可知又案正

禮記義五十二　十三　李仁

本云必偕祭乃行者言爲諸吉禮必待祭訖乃行也云下殤小功齊衰之親除喪而後可爲昬禮者言除訖可爲昬禮則未除喪不可爲昬禮經云小功則不可者唯謂昬也其冠嫁則可也云凡冠者其時當冠則因喪而冠之者鄭以經云大功小功之末可以吉冠則大功小功之初當冠之時則因喪服而冠矣前經云以喪冠者雖三年之喪可也者特據重服喪中可冠恐輕服大功小功者在喪不合冠故鄭於注特明之

凡弁絰其衰侈袂　侈猶大也弁絰服者弔服也其衰錫也緦也疑也袂之小者二尺二寸大者半而益之則侈袂三尺三寸【疏】正義曰弁絰者謂弔服也其首著弁絰身著錫衰緦衰疑衰侈大也其此等三衰大作其袂凡常之袂二尺二寸此等三衰其袂半而益一袂大三尺三寸也若士則其衰不侈也故周禮司服有玄端素端注云變素服言素端者明異制大夫已上侈之明士不侈故稱端

父有服宮中子不與

但降在大功其服稍伸故得冠嫁也賀氏云小功殤本是期親以其重故不得冠取推此而言之降在大功理不得冠嫁矣今謂齊衰下殤尚不可冠取而況齊衰長殤中殤降在大功何可冠嫁庾記非也今從賀義【注】父大至冠之　正義曰父大功卒哭而可以冠子嫁子小功卒哭而可以取婦者以經文大功據已身小功據其父今鄭同之謂父及已身俱有大功之末小功之末故又注云已大功卒哭而可以冠子小功卒哭而可以取妻是父子同也云必偕祭乃行也者偕俱也父是大功之末已亦是大功之末乃得行此冠子嫁子父小功之末已亦小功之末可以嫁取必父子俱然乃得行事故云必偕祭乃行知父子俱大功小功者若姑及姊妹出適父子俱爲大功若從祖兄弟父爲之小功已亦爲之小功是父子其服同也若父有齊衰子有大功則不可若父有大功子有小功可以冠嫁未可以取婦必父子俱有小功之末可以取婦若父是小功已在緦麻灼然合取可知又案正

禮記義五十二　十三　李仁

本云必偕祭乃行者言爲諸吉禮必待祭訖乃行也云下殤小功齊衰之親除喪而後可爲昬禮者言除訖可爲昬禮則未除喪不可爲昬禮經云小功則不可者唯謂昬也其冠嫁則可也云凡冠者其時當冠則因喪而冠之者鄭以經云大功小功之末可以吉冠則大功小功之初當冠之時則因喪服而冠矣前經云以喪冠者雖三年之喪可也者特據重服喪中可冠恐輕服大功小功者在喪不合冠故鄭於注特明之

凡弁絰其衰侈袂　侈猶大也弁絰服者弔服也其衰錫也緦也疑也袂之小者二尺二寸大者半而益之則侈袂三尺三寸【疏】正義曰弁絰者謂弔服也其首著弁絰身著錫衰緦衰疑衰侈大也其此等三衰大作其袂凡常之袂二尺二寸此等三衰其袂半而益一袂大三尺三寸也若士則其衰不侈也故周禮司服有玄端素端注云變素服言素端者明異制大夫已上侈之明士不侈故稱端

父有服宮中子不與

足利本第五十二卷第十四葉

於樂母有服聲聞焉不舉樂妻有服不舉樂於其側宮中子與父同宮者也禮由命士以上父子異宮不與於樂謂出行見之不得觀也大功將至辟琴瑟亦所以助哀也至來也小功至不絕樂疏正義曰父有服在於宮中則不與於樂者謂出行見之不得觀也此謂命士以下之服也若若異宮則得與樂崔云父有服齊衰以下與父同宮者重服則期後猶有子姓之冠自當不得與於樂

姑姊妹其夫死而夫黨無兄弟使夫之族人主喪妻之黨雖親弗主此謂姑姊妹無子寡而死也夫黨無兄弟無緦之親也其主喪不使妻之親而使夫之族人婦人外成主必宜得夫之姓類夫若無族矣則

禮記義五十二　十四　應俊

前後家東西家無有則里尹主之喪無無主也里尹閭胥里宰之屬王度記曰百户爲里里一尹其祿如庶人在官者里或爲士諸侯弔於異國之臣則其君爲主里尹主之亦斯義也或曰主之而附於夫之黨妻之黨自主之非也夫之黨其祖姑也疏正義曰此一節明姑姊妹在夫家而死無後使外人爲主之事夫既先死而夫之黨又無兄弟今既身死使夫之族人主其喪也妻之黨雖親弗主者妻黨雖親不得與之爲主明婦人外成於夫不合郤歸本族也或曰主之者或人之說云妻黨主之而附祭之時在於夫之黨主之其義非也注喪無至義也正義曰云喪無無主也者言死喪之禮無得無人爲之主必須有人爲主也云里尹閭胥里宰之屬者案周禮六鄉之内二十五家爲里里置一宰下士也引王度記者更證里尹之事案別録王度記云似齊宣王時淳于髡等所說也其記

潘本第五十二卷第十四葉

於樂母有服聲聞焉不舉樂妻有服不舉樂於其側宮中子與父同宮者也禮由命士以上父子異宮不與於樂謂出行見之不得觀也大功將至辟琴瑟亦所以助哀也至來也小功至不絕樂疏正義曰父有服在於宮中則不與於樂者謂出行見之不得觀也此謂命士以下之服也若若異宮則得與樂崔云父有服齊衰以下與父同宮者重服則期後猶有子姓之冠自當不得與於樂

姑姊妹其夫死而夫黨無兄弟使夫之族人主喪妻之黨雖親弗主此謂姑姊妹無子寡而死也夫黨無兄弟無緦之親也其主喪不使妻之親而使夫之族人婦人外成主必宜得夫之姓類夫若無族矣則

禮記義五十二　十四　應俊

前後家東西家無有則里尹主之喪無無主也里尹閭胥里宰之屬王度記曰百户爲里里一尹其祿如庶人在官者里或爲士諸侯弔於異國之臣則其君爲主里尹主之亦斯義也或曰主之而附於夫之黨妻之黨自主之非也夫之黨其祖姑也疏正義曰此一節明姑姊妹在夫家而死無後使外人爲主之事夫既先死而夫之黨又無兄弟今既身死使夫之族人主其喪也妻之黨雖親弗主者妻黨雖親不得與之爲主明婦人外成於夫不合郤歸本族也或曰主之者或人之說云妻黨主之而附祭之時在於夫之黨主之其義非也注喪無至義也正義曰云喪無無主也者言死喪之禮無得無人爲之主必須有人爲主也云里尹閭胥里宰之屬者案周禮六鄉之内二十五家爲里里置一宰下士也引王度記者更證里尹之事案別録王度記云似齊宣王時淳于髡等所說也其記

足利本第五十二卷第十五葉

云百戶爲里里一尹其禄如庶人在官者則里尹之禄也案撰考云古者七十二家爲里洛誥傳云古者八家爲鄰三鄰爲朋三朋爲里鄭云蓋虞夏時制也其百戶爲里未知可代或云殷制云諸侯弔於異國之臣則其君爲主里君主之亦斯義也者以巳國臣在國而死他國君來弔則君爲主死者雖有至親不得爲主今此婦人死於此里正得里尹主之妻家之䙡不得爲主故云亦斯義也斯此也亦是此國君爲主之義

麻者不紳

執玉不麻麻不加於采 吉凶不相干也麻謂絰也紳大帶也喪以要絰代大帶也麻不加於采衣采者不麻謂弁絰者必服弔服是也采玄纁之衣

疏 正義曰麻者不紳麻謂絰紳謂大帶言著要絰者而不得復著大帶也故在喪以絰代紳 執玉不麻者謂平常手執玉行禮不得服衰麻也案聘禮巳國君薨至於主國衰而出注云於是可以凶服將事似行聘享之事執玉得服衰絰者彼謂受主君小禮得以凶服若行聘享大事則吉服故鄭云其聘享之事自若吉也謂得著吉服 麻不加於采者謂弁絰之麻不得加於玄衣纁裳之采也

禮記正義五十二　十五　顧澄

國禁哭則止朝夕之奠即位自因也 禁哭謂大祭祀時雖不哭猶朝夕奠自因自用故事

童子哭不偯不踊不杖不菲不廬 未成人者不能備禮也當室則杖

孔子曰伯母叔母踈衰踊不絕地姑姊妹之大功踊絕於地如知此者由文矣哉由文矣哉 由用也言知此踊絕地不絕地之情者能用禮文哉能用禮文哉美之也伯母叔母義也姑姊妹骨肉也

疏 正義曰國禁哭則止者謂有大祭祀禁哭之時則止而不哭 朝夕之奠即位自因也者謂孝子於殯宮朝夕兩奠之時即阼階下位自因其故事

潘本第五十二卷第十五葉

云百戶爲里里一尹其禄如庶人在官者則里尹之禄也案撰考云古者七十二家爲里洛誥傳云古者八家爲鄰三鄰爲朋三朋爲里鄭云蓋虞夏時制也其百戶爲里未知可代或云殷制云諸侯弔於異國之臣則其君爲主里尹主之亦斯義也者以巳國臣在國而死他國君來弔則君爲主死者雖有至親不得爲主今此婦人死於此里正得里尹主之妻家之䙡不得爲主故云亦斯義也斯此也亦是此國君爲主之義

麻者不紳

執玉不麻麻不加於采 吉凶不相干也麻謂絰也紳大帶也喪以要絰代大帶也麻不加於采衣采者不麻謂弁絰者必服弔服是也采玄纁之衣

疏 正義曰麻者不紳麻謂絰紳謂大帶言著要絰者而不得復著大帶也故在喪以絰代紳 執玉不麻者謂平常手執玉行禮不得服衰麻也案聘禮巳國君薨至於主國衰而出注云於是可以凶服將事似行聘享之事執玉得服衰絰者彼謂受主君小禮得以凶服若行聘享大事則吉服故鄭云其聘享之事自若吉也謂得著吉服 麻不加於采者謂弁絰之麻不得加於玄衣纁裳之采也

禮記正義五十二　十五　顧澄

國禁哭則止朝夕之奠即位自因也 禁哭謂大祭祀時雖不哭猶朝夕奠自因自用故事

童子哭不偯不踊不杖不菲不廬 未成人者不能備禮也當室則杖

孔子曰伯母叔母踈衰踊不絕地姑姊妹之大功踊絕於地如知此者由文矣哉由文矣哉 由用也言知此踊絕地不絕地之情者能用禮文哉能用禮文哉美之也伯母叔母義也姑姊妹骨肉也

疏 正義曰國禁哭則止者謂有大祭祀禁哭之時則止而不哭 朝夕之奠即位自因也者謂孝子於殯宮朝夕兩奠之時即阼階下位自因其故事

足利本第五十二卷第十六葉

而設奠也 注當室則杖 正義曰案問喪云童子當室則免而杖矣戴德云童子當室謂十五以上若世子生則杖故曾子問云子衰杖成子禮是也皇氏云童子當室則備此經中五事特云杖者舉重言也

泄柳之母死相者由左泄柳死其徒由右相由右相泄柳之徒爲之也 亦記失禮所由始也泄柳魯穆公時賢人也相相主人之禮

天子飯九貝諸侯七大夫五士三 此蓋夏時禮也周禮天子飯含用玉

士三月而葬是月也卒哭大夫三月而葬五月而卒哭諸侯五月而葬七月而卒哭士三虞大夫五諸侯七 尊卑恩之差也天子至士葬即反虞

諸侯使人弔其次含襚賵臨皆同日而畢事者也其次如此也 言五者相次同時

疏 正義曰此明相主人之喪禮有失之事 注亦記至之禮 正義曰相主人之禮法相者由左世柳死其徒黨相禮由右故云記失禮所由始也案孟子云魯穆公時公儀子爲政子柳子思爲臣魯之削也滋甚若是乎賢者之無益於國也彼子柳即此世柳也故云魯穆公時賢人 注此蓋夏時禮也周禮天子飯含用玉 正義曰以非周法故疑夏禮故云蓋也典瑞云大喪共飯玉含玉是周禮天子飯含用玉案禮戴說天子飯以珠含以玉諸侯飯以珠大夫士飯以珠含以貝此等皆非周禮並夏殷之法左傳成十七年子叔聲伯夢食瓊瑰哀十一年齊陳子行命其徒具含玉此等皆是大夫而以珠玉爲含者以珠玉是所含之物故言之非謂當時實含用珠玉也 注尊卑恩之差也天子至士葬即反虞 正義曰大

潘本第五十二卷第十六葉

而設奠也 注當室則杖 正義曰案問喪云童子當室則免而杖矣戴德云童子當室謂十五以上若世子生則杖故曾子問云子衰杖成子禮是也皇氏云童子當室則備此經中五事特云杖者舉重言也

泄柳之母死相者由左泄柳死其徒由右相由右相泄柳之徒爲之也 亦記失禮所由始也泄柳魯穆公時賢人也相相主人之禮

天子飯九貝諸侯七大夫五士三 此蓋夏時禮也周禮天子飯含用玉

士三月而葬是月也卒哭大夫三月而葬五月而卒哭諸侯五月而葬七月而卒哭士三虞大夫五諸侯七 尊卑恩之差也天子至士葬即反虞

禮記義五十二 十六 宗

諸侯使人弔其次含襚賵臨皆同日而畢事者也其次如此也 言五者相次同時

疏 正義曰此明相主人之喪禮有失之事 注亦記至之禮 正義曰相主人之禮法相者由左世柳死其徒黨相禮由右故云記失禮所由始也案孟子云魯穆公時公儀子爲政子柳子思爲臣魯之削也滋甚若是乎賢者之無益於國也彼子柳即此世柳也故云魯穆公時賢人 注此蓋夏時禮也周禮天子飯含用玉 正義曰以非周法故疑夏禮故云蓋也典瑞云大喪共飯玉含玉是周禮天子飯含用玉案禮戴說天子飯以珠含以玉諸侯飯以珠大夫士飯以珠含以貝此等皆非周禮並夏殷之法左傳成十七年子叔聲伯夢食瓊瑰哀十一年齊陳子行命其徒具含玉此等皆是大夫而以珠玉爲含者以珠玉是所含之物故言之非謂當時實含用珠玉也 注尊卑恩之差也天子至士葬即反虞 正義曰大

夫以上葬與卒哭異月者以其位尊念親哀情於時長遠士職卑位下禮數未申故三月而葬葬罷即卒哭知天子至士葬即反虞者以其不忍一日未有所歸尊卑皆然故知葬即反虞下檀弓云葬日虞弗忍一日離也不顯尊卑是貴賤同然也　諸侯使人弔其次含襚賵臨皆同日而畢事者也　正義曰謂諸侯使人弔鄰國先行弔禮急宣君命人以飲食爲急故含次之食後須衣故襚次之有衣即須車馬故賵次之君事既畢則臣私行己禮故臨禮在後其事雖多而同一日取畢也

卿大夫疾君問之無筭士壹問之君於卿大夫比葬不食肉比卒哭不舉樂爲士比殯不舉樂　疏　正義曰案喪大記君於大夫疾三問之此云無筭謂有師保恩舊之親故問之無筭或可喪大記云三問者謂君自行此云無筭謂遣使也

升正柩諸侯執綍五百人四綍皆銜枚司馬執鐸左八人右八人匠人執羽葆御柩大夫之喪其升正柩也執引者三百人執鐸者左右各四人御柩以茅　升正柩者謂將葬朝于祖正棺於廟也五百人謂一黨之民諸侯之大夫邑有三百戶之制綍引同耳廟中曰綍在塗曰引互言之御柩者居前道正之大夫士皆二綍　疏　正義曰此一經明諸侯大夫送葬正柩之禮執鐸之差　升正柩者謂將葬朝於祖廟柩升廟之西階於兩楹之間其時柩北首故既夕禮云遷于祖用軸升自西階正柩于兩楹間是也　四綍皆銜枚者謂執綍之人口皆銜枚止諠囂也　司馬執鐸左八人右八人者司馬夏官主武故執金鐸率衆左右各八人夾柩以號令於衆也　匠人執羽葆御柩者匠人工人也

足利本第五十二卷第十七葉

夫以上葬與卒哭異月者以其位尊念親哀情於時長遠士職卑位下禮數未申故三月而葬葬罷即卒哭知天子至士葬即反虞者以其不忍一日未有所歸尊卑皆然故知葬即反虞下檀弓云葬日虞弗忍一日離也不顯尊卑是貴賤同然也　諸侯使人弔其次含襚賵臨皆同日而畢事者也　正義曰謂諸侯使人弔鄰國先行弔禮急宣君命人以飲食爲急故含次之食後須衣故襚次之有衣即須車馬故賵次之君事既畢則臣私行己禮故臨禮在後其事雖多而同一日取畢也

卿大夫疾君問之無筭士壹問之君於卿大夫比葬不食肉比卒哭不舉樂爲士比殯不舉樂　疏　正義曰案喪大記君於大夫疾三問之此云無筭謂有師保恩舊之親故問之無筭或可喪大記云三問者謂君自行此云無筭謂遣使也

升正柩諸侯執綍五百人四綍皆銜枚司馬執鐸左八人右八人匠人執羽葆御柩大夫之喪其升正柩也執引者三百人執鐸者左右各四人御柩以茅　升正柩者謂將葬朝于祖正棺於廟也五百人謂一黨之民諸侯之大夫邑有三百戶之制綍引同耳廟中曰綍在塗曰引互言之御柩者居前道正之大夫士皆二綍　疏　正義曰此一經明諸侯大夫送葬正柩之禮執鐸之差　升正柩者謂將葬朝於祖廟柩升廟之西階於兩楹之間其時柩北首故既夕禮云遷于祖用軸升自西階正柩于兩楹間是也　四綍皆銜枚者謂執綍之人口皆銜枚止諠囂也　司馬執鐸左八人右八人者司馬夏官主武故執金鐸率衆左右各八人夾柩以號令於衆也　匠人執羽葆御柩者匠人工人也

潘本第五十二卷第十七葉

羽葆者以鳥羽注於柄頭如蓋謂之羽葆謂蓋也匠人主宮室故執蓋物御柩謂執羽葆居柩前御行於道示指揮柩於路爲進止之節也然周禮喪祝御柩此云匠人者周禮王禮此諸侯禮也　注五百至二綍　正義曰案周禮注六鄉主六引六遂主六綍經云執綍則應舉六遂而言黨者此是非辨鄉遂之殊正取五百人是一黨之人數耳或是略舉鄉中之黨則遂之鄙亦可知云諸侯之大夫邑有三百户之制者謂小國中下大夫也故鄭注易訟卦云小國之下大夫采地方一成其定稅三百家故三百户也其實大國下大夫亦三百户故論語云管仲奪伯氏駢邑三百注云伯氏齊大夫是齊爲大國下大夫亦三百家也其天子公卿大夫案小司徒職注云百里之國凡四都五十里之國凡四縣二十五里之國凡四甸然則大都公之采地方百里小都卿之采地方五十里家邑大夫采地方二十五里熊氏云以此推之公之大都采地方百里侯伯大都采地方五十里子男大都采地方二十五里以畿外

八禮記義五十二　十八　姜仲

地闕故公之大都與天子大都同也其中都采地無文其小都則下大夫三百家一成之地也一成所以三百家者一成九百夫宮室塗巷山澤三分去一餘有六百夫地又不易再易通率一家而受二夫之地是定稅三百家也云綍引同耳者其義具在檀弓疏

孔子曰管仲鏤簋而朱紘旅樹而反坫山節而藻梲賢大夫也而難爲上也言其僭天子諸侯鏤簋刻爲蟲獸也冠有笄者爲紘紘在纓處兩端上屬下不結旅樹門屏也反坫反爵之坫也山節薄櫨刻之爲山梲侏儒柱畫之爲藻文　晏平仲祀其先人豚肩不揜豆賢大夫也而難爲下也言其偪士庶人也豚俎實豆徑尺言幷豚兩肩不能覆豆喻小也　君子上不僭上下不偪

羽葆者以鳥羽注於柄頭如蓋謂之羽葆謂蓋也匠人主宮室故執蓋物御柩謂執羽葆居柩前御行於道示指揮柩於路爲進止之節也然周禮喪祝御柩此云匠人者周禮王禮此諸侯禮也　注五百至二綍　正義曰案周禮注六鄉主六引六遂主六綍經云執綍則應舉六遂而言黨者此是非辨鄉遂之殊正取五百人是一黨之人數耳或是略舉鄉中之黨則遂之鄙亦可知云諸侯之大夫邑有三百户之制者謂小國中下大夫也故鄭注易訟卦云小國之下大夫采地方一成其定稅三百家故三百户也其實大國下大夫亦三百户故論語云管仲奪伯氏駢邑三百注云伯氏齊大夫是齊爲大國下大夫亦三百家也其天子公卿大夫案小司徒職注云百里之國凡四都五十里之國凡四縣二十五里之國凡四甸然則大都公之采地方百里小都卿之采地方五十里家邑大夫采地方二十五里熊氏云以此推之公之大都采地方百里侯伯大都采地方五十里子男大都采地方二十五里以畿外

八禮記義五十二　十八　姜仲

地闕故公之大都與天子大都同也其中都采地無文其小都則下大夫三百家一成之地也一成所以三百家者一成九百夫宮室塗巷山澤三分去一餘有六百夫地又不易再易通率一家而受二夫之地是定稅三百家也云綍引同耳者其義具在檀弓疏

孔子曰管仲鏤簋而朱紘旅樹而反坫山節而藻梲賢大夫也而難爲上也言其僭天子諸侯鏤簋刻爲蟲獸也冠有笄者爲紘紘在纓處兩端上屬下不結旅樹門屏也反坫反爵之坫也山節薄櫨刻之爲山梲侏儒柱畫之爲藻文　晏平仲祀其先人豚肩不揜豆賢大夫也而難爲下也言其偪士庶人也豚俎實豆徑尺言幷豚兩肩不能覆豆喻小也　君子上不僭上下不偪

下 疏 正義曰此一節明奢儉失禮之事賢大夫也而難爲上也者當時謂管仲是大夫之賢者鏤簋者天子諸侯之制而管仲鏤之朱紘者亦天子之紘而管仲朱之故祭義云天子冕而朱紘諸侯冕而青紘管仲大夫當緇組紘而與士同今僭天子朱紘旅樹而反坫者是諸侯之禮論語云邦君樹塞門邦君爲兩君之好有反坫今管仲爲之山節而藻梲者天子之廟飾而管仲亦爲之是皆僭也故云賢大夫是賢者尚爲此僭上之事是難可爲上者也言他人在管仲之上者皆被僭之故云難爲上禮器云君子以爲濫濫謂盜竊亦僭上之事也 注言其至藻文 正義曰言其僭天子諸侯者朱紘山節藻梲鏤簋是僭天子旅樹反坫是僭諸侯云鏤簋刻爲蟲獸也者案梓人云小蟲之屬以爲雕琢是刻蟲獸也禮器注云簋天子飾以玉此不云者文不具也其旅樹山節之屬已具於禮器及郊特牲疏故於此不復釋也 晏平至爲下也 豚肩不揜豆者依禮豚在於俎今云不揜豆者以豆形既

禮記義五十二　十九　應俊

小尚不揜豆明豚小之甚不謂豚在豆也 而難爲下也者平仲賢大夫猶尚偪下是在平仲之下者恒被平仲而偪也是難可爲下

婦人非三年之喪不踰封而弔 踰封越竟也或爲越疆 如三年之喪則君夫人歸 奔父母喪也 夫人其歸也以諸侯之弔禮其待之也若待諸侯然 謂夫人行道車服主國致禮 夫人至入自闈門升自側階君在阼其他如奔喪禮然 女子子不自同於女賓也宮中之門曰闈門爲相通者也側階亦旁階也他謂哭踊髽麻闈門或爲帷門 嫂不撫叔叔不撫嫂 遠別也

疏 正義曰此一節明諸侯夫人奔父母喪節也 如三年之喪者如若也若遭父母三年之喪則雖曰君之夫人歸往

下 疏 正義曰此一節明奢儉失禮之事賢大夫也而難爲上也者當時謂管仲是大夫之賢者鏤簋者天子諸侯之制而管仲鏤之朱紘者亦天子之紘而管仲朱之故祭義云天子冕而朱紘諸侯冕而青紘管仲大夫當緇組紘而與士同今僭天子朱紘旅樹而反坫者是諸侯之禮論語云邦君樹塞門邦君爲兩君之好有反坫今管仲爲之山節而藻梲者天子之廟飾而管仲亦爲之是皆僭也故云賢大夫是賢者尚爲此僭上之事是難可爲上者也言他人在管仲之上者皆被僭之故云難爲上禮器云君子以爲濫濫謂盜竊亦僭上之事也 注言其至藻文 正義曰言其僭天子諸侯者朱紘山節藻梲鏤簋是僭天子旅樹反坫是僭諸侯云鏤簋刻爲蟲獸也者案梓人云小蟲之屬以爲雕琢是刻蟲獸也禮器注云簋天子飾以玉此不云者文不具也其旅樹山節之屬已具於禮器及郊特牲疏故於此不復釋也 晏平至爲下也 豚肩不揜豆者依禮豚在於俎今云不揜豆者以豆形既

禮記義五十二　十九　應俊

小尚不揜豆明豚小之甚不謂豚在豆也 而難爲下也者平仲賢大夫猶尚偪下是在平仲之下者恒被平仲而偪也是難可爲下

婦人非三年之喪不踰封而弔 踰封越竟也或爲越疆 如三年之喪則君夫人歸 奔父母喪也 夫人其歸也以諸侯之弔禮其待之也若待諸侯然 謂夫人行道車服主國致禮 夫人至入自闈門升自側階君在阼其他如奔喪禮然 女子子不自同於女賓也宮中之門曰闈門爲相通者也側階亦旁階也他謂哭踊髽麻闈門或爲帷門 嫂不撫叔叔不撫嫂 遠別也

疏 正義曰此一節明諸侯夫人奔父母喪節也 如三年之喪者如若也若遭父母三年之喪則雖曰君之夫人歸往

奔喪也若非三年之喪則不歸也女子出適爲父母期而云三年者以本親言也　夫人至入自闈門者謂夫人至於父母之國入自旁側闈門不由正門異於女賓也　升自側階者謂夫人升自旁側之階不升正階亦異於女賓也　君在阼者謂主國之君待之在阼階之上不降階而迎也　其他如奔喪禮然者他謂哭踊髽麻之屬如似奔喪之禮然嫌諸侯夫人位尊恐與卿大夫之妻奔喪禮異故明之也　注女子至階也　正義曰云不自同於女賓也者案喪大記夫人弔於大夫士主人出迎于門外夫人入升堂即位是女賓入自大門升自正階今此不然是不自同於女賓以女子子是父母之親不可同於女賓之踈也云宮中之門曰闈門者釋宮文也云側階亦旁階也者闈門是旁側之門故云側階亦旁階此謂東旁之旁階故奔喪禮婦人升自東階故知側階謂東面階也

君子有三患未之聞患弗得聞也既聞之患弗得學也既學之患弗能行也君子有五恥居其位無其言君子恥之有其言無其行君子恥之既得之而又失之君子恥之地有餘而民不足君子恥之衆寡均而倍焉君子恥之

恥民不足者古者居民量地以制邑度地以居民地邑民居必參相得也衆寡均謂俱有役事人數等也倍焉彼功倍已也

疏　正義曰此一節明君子有三患五恥之事此君子謂在位之君子　未之聞患弗得聞也者言人須多聞多識若未聞知古事恒憂患不得聞也　地有餘而民不足君子恥之者以地邑民居必參相得今不能撫養使民逃散是土地有餘而民不足故君子恥之　衆寡均而倍焉君子恥之者言役用民衆彼之與已民衆寡均等而他人功績倍多於已

禮記義五十二　二十　楊昌

奔喪也若非三年之喪則不歸也女子出適爲父母期而云三年者以本親言也　夫人至入自闈門者謂夫人至於父母之國入自旁側闈門不由正門異於女賓也　升自側階者謂夫人升自旁側之階不升正階亦異於女賓也　君在阼者謂主國之君待之在阼階之上不降階而迎也　其他如奔喪禮然者他謂哭踊髽麻之屬如似奔喪之禮然嫌諸侯夫人位尊恐與卿大夫之妻奔喪禮異故明之也　注女子至階也　正義曰云不自同於女賓也者案喪大記夫人弔於大夫士主人出迎于門外夫人入升堂即位是女賓入自大門升自正階今此不然是不自同於女賓以女子子是父母之親不可同於女賓之踈也云宮中之門曰闈門者釋宮文也云側階亦旁階也者闈門是旁側之門故云側階亦旁階此謂東旁之旁階故奔喪禮婦人升自東階故知側階謂東面階也

君子有三患未之聞患弗得聞也既聞之患弗得學也既學之患弗能行也君子有五恥居其位無其言君子恥之有其言無其行君子恥之既得之而又失之君子恥之地有餘而民不足君子恥之衆寡均而倍焉君子恥之

恥民不足者古者居民量地以制邑度地以居民地邑民居必參相得也衆寡均謂俱有役事人數等也倍焉彼功倍已也

疏　正義曰此一節明君子有三患五恥之事此君子謂在位之君子　未之聞患弗得聞也者言人須多聞多識若未聞知古事恒憂患不得聞也　地有餘而民不足君子恥之者以地邑民居必參相得今不能撫養使民逃散是土地有餘而民不足故君子恥之　衆寡均而倍焉君子恥之者言役用民衆彼之與已民衆寡均等而他人功績倍多於已

禮記義五十二　二十　楊昌

足利本第五十二卷第二十一葉

由不能勸課督率故君子恥之 孔子曰凶年則乘駑馬祀以下牲 自貶損亦取易共也駑馬六種最下者下牲少牢若特豕特豚也 恤由之喪哀公使孺悲之孔子學士喪禮士喪禮於是乎書 時人轉而僭上士之喪禮已廢矣孔子以教孺悲國人乃復書而存之 疏 正義曰此一節明凶荒之年君自貶損也 乘駑馬者駑馬六種之最下者也馬有六種一曰種馬天子玉路所乘二曰戎馬兵車所乘三曰齊馬金路所乘四曰道馬象路所乘五曰田馬木路所乘六曰駑馬負重載遠所乘若年歲凶荒則人君自貶故乘駑馬也 祀以下牲者諸侯常祭大牢若凶荒則用少牢大夫士各降一等並用下牲也 注自貶至豚也 正義曰云自貶損者言乘駑馬降牲牢是貶損也云駑馬六種最下者案校人云種馬一物戎馬一物齊

禮記義五十二　二十二　全彥

馬一物道馬一物田馬一物駑馬一物是六種馬中最下也云下牲少牢若特豕特豚也者天子諸侯及天子大夫常祭用大牢若凶年降用少牢諸侯之卿大夫常祭用少牢降用特豕士常祭用特豕降用特豚如此之屬皆為下牲也 子貢觀於蜡孔子曰賜也樂乎對曰一國之人皆若狂賜未知其樂也 蜡也者索也歲十二月合聚萬物而索饗之祭也國索鬼神而祭祀則黨正以禮屬民而飲酒于序以正齒位於是時民無不醉者如狂矣曰未知其樂怪之 子曰百日之蜡一日之澤非爾所知也 蜡之祭主先嗇也大飲烝勞農以休息之言民皆勤稼穡有百日之勞喻久也今一日使之飲酒燕樂是君之恩澤非女所知言其義大 張而不弛文武弗能也弛而不張文

潘本第五十二卷第二十一葉

由不能勸課督率故君子恥之 孔子曰凶年則乘駑馬祀以下牲 自貶損亦取易共也駑馬六種最下者下牲少牢若特豕特豚也 恤由之喪哀公使孺悲之孔子學士喪禮士喪禮於是乎書 時人轉而僭上士之喪禮已廢矣孔子以教孺悲國人乃復書而存之 疏 正義曰此一節明凶荒之年君自貶損也 乘駑馬者駑馬六種之最下者也馬有六種一曰種馬天子玉路所乘二曰戎馬兵車所乘三曰齊馬金路所乘四曰道馬象路所乘五曰田馬木路所乘六曰駑馬負重載遠所乘若年歲凶荒則人君自貶故乘駑馬也 祀以下牲者諸侯常祭大牢若凶荒則用少牢大夫士各降一等並用下牲也 注自貶至豚也 正義曰云自貶損者言乘駑馬降牲牢是貶損也云駑馬六種最下者案校人云種馬一物戎馬一物齊

禮記義五十二　二十二　全彥

馬一物道馬一物田馬一物駑馬一物是六種馬中最下也云下牲少牢若特豕特豚也者天子諸侯及天子大夫常祭用大牢若凶年降用少牢諸侯之卿大夫常祭用少牢降用特豕士常祭用特豕降用特豚如此之屬皆為下牲也 子貢觀於蜡孔子曰賜也樂乎對曰一國之人皆若狂賜未知其樂也 蜡也者索也歲十二月合聚萬物而索饗之祭也國索鬼神而祭祀則黨正以禮屬民而飲酒于序以正齒位於是時民無不醉者如狂矣曰未知其樂怪之 子曰百日之蜡一日之澤非爾所知也 蜡之祭主先嗇也大飲烝勞農以休息之言民皆勤稼穡有百日之勞喻久也今一日使之飲酒燕樂是君之恩澤非女所知言其義大 張而不弛文武弗能也弛而不張文

武弗爲也一張一弛文武之道也張弛以弓弩喻人也弓弩久張
之則絶其力久弛之則失其體 疏 正義曰此一節明蜡月鄉飲酒之樂各依文解之 蜡謂王者各於建亥之月
報萬物息老休農又各燕會飲酒於黨學中故子貢往觀
之也 孔子曰賜也樂乎者呼子貢名而問之云汝觀蜡
飲燕見此之事是歡樂否乎 對曰一國之人皆若狂賜
未知其樂也者子貢以謂禮儀有序乃可是樂今此蜡人
恣性酣飲載號載呶大小悉爾故云一國之人皆若狂也
既皆如狂則非歡樂故云未知其樂也 注 蜡也至怪之
正義曰云蜡也者索也至而索饗之皆郊特牲文言經
之蜡者是索饗之祭也云歲十二月者周正建亥之月云
國索鬼神而祭祀則黨正以禮屬民而飲酒于序者謂州
黨之學云以正齒位者以歳終事畢黨正屬民以正齒位
若鄉飲酒義云六十者坐五十者立壹命齒于鄉里之屬
云於是時民無不醉者如狂矣者以飲初之時正齒位及

禮記義五十二　二十二　張拯

飲末而醉無不如狂者也 子曰百日之蜡一日之澤非
爾所知也者孔子解蜡是樂之義也言此蜡而飲是報民
一年勞苦故云百日之蜡也言百日者舉其全數喻久矣
實一年之勞苦也今一日歡休故恣其醉如狂此是由於
君之恩澤故云一日之澤也其理深遠故曰非爾所知也
注 蜡之至義大 正義曰云蜡之祭主先嗇也者謂以
先嗇神農爲主云大飲烝勞農以休息之者謂於時天子
諸侯與群臣大飲於學烝升也謂升牲體於俎於此之時
慰勞農人使令休息云言民皆勤稼穡有百日之勞喻久
也者解經百日之蜡言百日勞苦而有此蜡其實一年而
云百日舉其成數以喻其久也云令一日使之飲酒燕樂
是君之恩澤者解經一日之澤言一日之中由人君之恩
澤 張而至道也此孔子以弓喻於民也張謂張弦弛謂
落弦若弓久張而不落弦則絶其弓力喻民久勞而不息
則亦損民之力也 文武弗能也者言若使民如此縱令
文武之治不能使人之得所以言其苦故稱其不能 弛

足利本第五十二卷第二十二葉

潘本第五十二卷第二十二葉

武弗爲也一張一弛文武之道也張弛以弓弩喻人也弓弩久張
之則絶其力久弛之則失其體 疏 正義曰此一節明蜡月鄉飲酒之樂各依文解之 蜡謂王者各於建亥之月
報萬物息老休農又各燕會飲酒於黨學中故子貢往觀
之也 孔子曰賜也樂乎者呼子貢名而問之云汝觀蜡
飲燕見此之事是歡樂否乎 對曰一國之人皆若狂賜
未知其樂也者子貢以謂禮儀有序乃可是樂今此蜡人
恣性酣飲載號載呶大小悉爾故云一國之人皆若狂也
既皆如狂則非歡樂故云未知其樂也 注 蜡也至怪之
正義曰云蜡也者索也至而索饗之皆郊特牲文言經
之蜡者是索饗之祭也云歲十二月者周正建亥之月云
國索鬼神而祭祀則黨正以禮屬民而飲酒于序者謂州
黨之學云以正齒位者以歳終事畢黨正屬民以正齒位
若鄉飲酒義云六十者坐五十者立壹命齒于鄉里之屬
云於是時民無不醉者如狂矣者以飲初之時正齒位及

禮記義五十二　二十二　張拯

飲末而醉無不如狂者也 子曰百日之蜡一日之澤非
爾所知也者孔子解蜡是樂之義也言此蜡而飲是報民
一年勞苦故云百日之蜡也言百日者舉其全數喻久矣
實一年之勞苦也今一日歡休故恣其醉如狂此是由於
君之恩澤故云一日之澤也其理深遠故曰非爾所知也
注 蜡之至義大 正義曰云蜡之祭主先嗇也者謂以
先嗇神農爲主云大飲烝勞農以休息之者謂於時天子
諸侯與群臣大飲於學烝升也謂升牲體於俎於此之時
慰勞農人使令休息云言民皆勤稼穡有百日之勞喻久
也者解經百日之蜡言百日勞苦而有此蜡其實一年而
云百日舉其成數以喻其久也云令一日使之飲酒燕樂
是君之恩澤者解經一日之澤言一日之中由人君之恩
澤 張而至道也此孔子以弓喻於民也張謂張弦弛謂
落弦若弓久張而不落弦則絶其弓力喻民久勞而不息
則亦損民之力也 文武弗能也者言若使民如此縱令
文武之治不能使人之得所以言其苦故稱其不能 弛

足利本第五十二卷第二十三葉

而不張文武弗爲也者言弓久落弦而不張設則失其弓之往來之體喻民久休息而不勞苦則民有驕逸之志民若如此文武不能爲治也而事之逸樂故稱不爲也　一張一弛文武之道也者言弓一時須張一時須弛喻民之一時須勞一時須逸勞逸相參若調之以道化之以理張弛以時勞逸以意則文武得其中道也使可以治文武爲政之道治民如此故云文武之道也

孟獻子曰正月日至可以有事於上帝七月日至可以有事於祖七月而禘獻子爲之也

記魯失禮所由也孟獻子魯大夫仲孫蔑也魯以周公之故得以正月日至之後郊天亦以始祖后稷配之獻子欲尊其祖以郊天之月對月禘之非也魯之宗廟猶以夏時之孟月爾明堂位曰季夏六月以禘禮祀周公於大廟　疏　正義曰此一節明魯之郊禘之事獻子魯大夫仲孫蔑謚曰獻子正月周正月建子之月也日至冬至日也有事謂南郊祭所出之帝也

禮記義五十二　二十三　張振

上帝靈威仰也而周以十一月爲正其月日至主云若天子則圜丘魯以周公之故得郊天所以於此月得郊所出之帝靈威仰而已故云正月日至可以有事於上帝也此言是也　七月日至可以有事於祖者七月周七月建午之月也日至夏至日也有事謂禘祭於祖廟故云有事於祖獻子言十一月建子冬至既祭上帝故建午夏至亦可禘祖以兩月日至相對故欲祭祖廟與天相對也故云七月日至可以有事於祖也此言非也所以爲非者魯之祭祀宗廟亦猶用夏家之法凡大祭宜用首時應禘於孟月孟月於夏家是四月於周爲六月故明堂位云季夏六月以禘禮祀周公於大廟是夏之孟月也獻子捨此義欲以此二至相當以天對祖乖失禮意　七月而禘獻子爲之也者獻子有此之失故記其失所由也　注　記魯至大廟　正義曰云記魯失禮所由者言七月而禘是魯之失禮時暫爲之非是恒行故春秋獻子之後無七月禘廟之事又此不云自獻子始是不恒行也云孟獻子魯大夫仲孫

潘本第五十二卷第二十三葉

而不張文武弗爲也者言弓久落弦而不張設則失其弓之往來之體喻民久休息而不勞苦則民有驕逸之志民若如此文武不能爲治也而事之逸樂故稱不爲也　一張一弛文武之道也者言弓一時須張一時須弛喻民之一時須勞一時須逸勞逸相參若調之以道化之以理張弛以時勞逸以意則文武得其中道也使可以治文武爲政之道治民如此故云文武之道也

孟獻子曰正月日至可以有事於上帝七月日至可以有事於祖七月而禘獻子爲之也

記魯失禮所由也孟獻子魯大夫仲孫蔑也魯以周公之故得以正月日至之後郊天亦以始祖后稷配之獻子欲尊其祖以郊天之月對月禘之非也魯之宗廟猶以夏時之孟月爾明堂位曰季夏六月以禘禮祀周公於大廟　疏　正義曰此一節明魯之郊禘之事獻子魯大夫仲孫蔑謚曰獻子正月周正月建子之月也日至冬至日也有事謂南郊祭所出之帝也

禮記義五十二　二十三　張振

上帝靈威仰也而周以十一月爲正其月日至主云若天子則圜丘魯以周公之故得郊天所以於此月得郊所出之帝靈威仰而已故云正月日至可以有事於上帝也此言是也　七月日至可以有事於祖者七月周七月建午之月也日至夏至日也有事謂禘祭於祖廟故云有事於祖獻子言十一月建子冬至既祭上帝故建午夏至亦可禘祖以兩月日至相對故欲祭祖廟與天相對也故云七月日至可以有事於祖也此言非也所以爲非者魯之祭祀宗廟亦猶用夏家之法凡大祭宜用首時應禘於孟月孟月於夏家是四月於周爲六月故明堂位云季夏六月以禘禮祀周公於大廟是夏之孟月也獻子捨此義欲以此二至相當以天對祖乖失禮意　七月而禘獻子爲之也者獻子有此之失故記其失所由也　注　記魯至大廟　正義曰云記魯失禮所由者言七月而禘是魯之失禮時暫爲之非是恒行故春秋獻子之後無七月禘廟之事又此不云自獻子始是不恒行也云孟獻子魯大夫仲孫

足利本第五十二卷第二十四葉

蔑也者以左傳稱孟獻子經書仲孫蔑也云魯以周公之故得以正月日至之後郊天亦以始祖后稷配之者此是明堂位文故明堂云魯君孟春乘大路祀帝于郊配以后稷是后稷配之也亦者天子正月郊祭以始祖配天魯以十一月郊祭亦以后稷配天故云亦也云魯之宗廟猶以夏時之孟月爾者以明堂位稱季夏六月以禘禮祀周公於大廟周之季夏即夏之孟月建巳之月又春秋宣八年六月辛巳有事于大廟謂禘祭也是用建巳之月案春秋宣九年獻子始見經案僖八年於時未有獻子而七月禘者鄭荅趙商云以僖八年正月公會王人于洮六月應禘以在會未還故至十月乃禘君子原情免之理不合譏而書之者為致天人故書七月禘也獻子既七月而禘非時失禮春秋之例非時祭者皆書於經以示譏獻子以後之禘而用七月不書於經而不譏者鄭釋廢疾云宣八年六月有事于大廟禘而云有事者雖為卿佐卒張本而書有事其實當時有用七月而禘因宣公六月而禘得禮故變

禮記義五十二　二十四　金昇

文言有事春秋因事變文見其得正也如鄭此言則獻子之時禘皆非正因宣公六月禘為得正故變文云有事以明餘禘之不正也故餘禘不載於經唯譏於宣公得正之禘也鄭又一解云禮記之言不可合於春秋之例故鄭荅趙商云禮記之云何必皆在春秋之例是禮記不與春秋合也

夫人之不命於天子自魯昭公始也亦記魯失禮所由也周之制同姓百世昏姻不通吳大伯之後魯同姓昭公取於吳謂之吳孟子不告於天子自此後取者遂不告於天子天子亦不命之

疏 正義曰諸侯夫人亦天子所命或是王后無織外之事故天子命織外諸侯夫人此文是也若畿内諸侯及卿大夫之妻則玉藻注云天子諸侯命其臣后夫人亦命其妻是也

外宗為君夫人猶内宗也皆謂嫁於國中者為君服斬夫人齊衰不敢以其親服服至尊也外宗謂姑姉妹之女舅之女從母皆是也内

潘本第五十二卷第二十四葉

蔑也者以左傳稱孟獻子經書仲孫蔑也云魯以周公之故得以正月日至之後郊天亦以始祖后稷配之者此是明堂位文故明堂云魯君孟春乘大路祀帝于郊配以后稷是后稷配之也亦者天子正月郊祭以始祖配天魯以十一月郊祭亦以后稷配天故云亦也云魯之宗廟猶以夏時之孟月爾者以明堂位稱季夏六月以禘禮祀周公於大廟周之季夏即夏之孟月建巳之月又春秋宣八年六月辛巳有事于大廟謂禘祭也是用建巳之月案春秋宣九年獻子始見經案僖八年於時未有獻子而七月禘者鄭荅趙商云以僖八年正月公會王人于洮六月應禘以在會未還故至十月乃禘君子原情免之理不合譏而書之者為致天人故書七月禘也獻子既七月而禘非時失禮春秋之例非時祭者皆書於經以示譏獻子以後之禘而用七月不書於經而不譏者鄭釋廢疾云宣八年六月有事于大廟禘而云有事者雖為卿佐卒張本而書有事其實當時有用七月而禘因宣公六月而禘得禮故變

禮記義五十二　二十四　金昇

文言有事春秋因事變文見其得正也如鄭此言則獻子之時禘皆非正因宣公六月禘為得正故變文云有事以明餘禘之不正也故餘禘不載於經唯譏於宣公得正之禘也鄭又一解云禮記之言不可合於春秋之例故鄭荅趙商云禮記之云何必皆在春秋之例是禮記不與春秋合也

夫人之不命於天子自魯昭公始也亦記魯失禮所由也周之制同姓百世昏姻不通吳大伯之後魯同姓昭公取於吳謂之吳孟子不告於天子自此後取者遂不告於天子天子亦不命之

疏 正義曰諸侯夫人亦天子所命或是王后無織外之事故天子命織外諸侯夫人此文是也若畿内諸侯及卿大夫之妻則玉藻注云天子諸侯命其臣后夫人亦命其妻是也

外宗為君夫人猶内宗也皆謂嫁於國中者為君服斬夫人齊衰不敢以其親服服至尊也外宗謂姑姉妹之女舅之女從母皆是也内

宗五屬之女也其無服而嫁於諸臣者從爲夫之君嫁於庶人從爲國君 疏 正義曰外宗者謂宗之姑姊妹之女及舅之女及從母皆是也內宗謂君五屬內之女君內宗爲君悉服斬衰爲夫人齊衰則君之外宗之女爲君及夫人與內宗同故云猶內宗也亦即是與諸侯爲兄弟者服斬之例也 注 皆謂至國君 正義曰知皆謂嫁於國中者以經云爲君夫人則君夫人者是國人所稱號故知嫁於國中國外當云諸侯云爲君服斬夫人齊衰不敢以其親服服至尊也者案禮族人不敢以其戚戚君則異族者亦不可以戚戚君故不得以其親服服至尊也云外宗謂姑姊妹之女舅之女及從母皆是也者古者大夫不外取故君之姑姊妹嫁於國內大夫爲妻是其正也舅之女及從母皆是者謂君之舅女及君之從母在國中者非正也所以非正者以諸侯不內取故舅女及從母不得在國中諸侯雖曰外取舅及從母元在他國而舅之女及從母不得來嫁與己國卿大夫爲妻以卿大夫不外取知內

禮記義五十二　二十五　金井

宗五屬之女者以其稱內故知五屬之女也凡外宗內宗皆據有爵者云其無服而嫁於諸臣者從爲夫之君者揔謂外宗內宗之女皆然也云嫁於庶人從爲國君者亦內外宗之女並言之則服齊衰三月此等內宗外宗熊氏云雖嫁在他國皆爲本國諸侯服斬也今依用之若賀循譙周之等云在己國則得爲君服斬夫人齊衰若在他國則不得也今並存焉任賢者擇之此外宗與喪服外宗爲君別也故鄭注彼云外宗是君之外親之婦此外宗唯據君之宗崔氏云兼據夫人外宗其義非也又周禮外宗內宗謂外內之女而崔氏云鄭注特牲云女者女有出適嫌有降理故舉女不言男其義亦非也

廐焚孔子拜鄉人爲火來者拜謝之 拜之士壹大夫再亦相弔之道也言拜之者爲其來弔己宗伯職曰以弔禮哀禍災 疏 正義曰廐焚孔子馬廐被火焚也 孔子拜鄉人爲火來者謂

潘本第五十二卷第二十五葉

宗五屬之女也其無服而嫁於諸臣者從爲夫之君嫁於庶人從爲國君 疏 正義曰外宗者謂宗之姑姊妹之女及舅之女及從母皆是也內宗謂君五屬內之女君內宗爲君悉服斬衰爲夫人齊衰則君之外宗之女爲君及夫人與內宗同故云猶內宗也亦即是與諸侯爲兄弟者服斬之例也 注 皆謂至國君 正義曰知皆謂嫁於國中者以經云爲君夫人則君夫人者是國人所稱號故知嫁於國中國外當云諸侯云爲君服斬夫人齊衰不敢以其親服服至尊也者案禮族人不敢以其戚戚君則異族者亦不可以戚戚君故不得以其親服服至尊也云外宗謂姑姊妹之女舅之女及從母皆是也者古者大夫不外取故君之姑姊妹嫁於國內大夫爲妻是其正也舅之女及從母皆是者謂君之舅女及君之從母在國中者非正也所以非正者以諸侯不內取故舅女及從母不得在國中諸侯雖曰外取舅及從母元在他國而舅之女及從母不得來嫁與己國卿大夫爲妻以卿大夫不外取知內

禮記義五十二　二十五　金井

宗五屬之女者以其稱內故知五屬之女也凡外宗內宗皆據有爵者云其無服而嫁於諸臣者從爲夫之君者揔謂外宗內宗之女皆然也云嫁於庶人從爲國君者亦內外宗之女並言之則服齊衰三月此等內宗外宗熊氏云雖嫁在他國皆爲本國諸侯服斬也今依用之若賀循譙周之等云在己國則得爲君服斬夫人齊衰若在他國則不得也今並存焉任賢者擇之此外宗與喪服外宗爲君別也故鄭注彼云外宗是君之外親之婦此外宗唯據君之宗崔氏云兼據夫人外宗其義非也又周禮外宗內宗謂外內之女而崔氏云鄭注特牲云女者女有出適嫌有降理故舉女不言男其義亦非也

廐焚孔子拜鄉人爲火來者拜謝之 拜之士壹大夫再亦相弔之道也言拜之者爲其來弔己宗伯職曰以弔禮哀禍災 疏 正義曰廐焚孔子馬廐被火焚也 孔子拜鄉人爲火來者謂

足利本第五十二卷第二十六葉

孔子拜謝鄉人爲火而來慰問孔子者　拜之士壹大夫
再者言拜此鄉人之時若士則壹拜之大夫則再拜之
亦相弔之道者此言雖非大
禍災亦是相哀弔之道也　孔子曰管仲遇盜取
二人焉上以爲公臣曰其所與遊辟也可
人也　言此人可也但居惡
人之中使之犯法　管仲死桓公使爲之
服官於大夫者之爲之服也自管仲始也
有君命焉爾也　亦記失禮所由也善桓公不忘賢
者之舉官猶仕也此仕於大夫更
升於公與違大夫之　疏　正義曰此一節明大夫之臣雖
諸侯同爾禮不反服　仕於公反服大夫之服孔子論
說管仲之事故云孔子曰管仲遇盜取二人焉者謂管仲
逢遇羣盜於此盜中簡取二人焉　上以爲公臣者謂管
禮記義五十二　二十六　吳宗
仲薦上此二人以爲桓公之臣　曰其所與遊辟也可人
也者此管仲薦此盜人之辭言此盜人所與交遊是邪辟
之人故犯法爲盜可人也者謂其人性行是堪可之人也
可任用之　管仲死桓公使爲之服者謂管仲之死桓公
使此二人著服也　官於大夫者之爲之服也自管仲始
也者言依禮仕官於大夫升爲公臣不合爲大夫著服今
此二人是仕官於大夫升爲公臣者之爲大夫而著服也
從管仲爲始言自此以後升爲公臣皆服官於大夫之服
也　有君命焉爾也者言此二人所以爲管仲著服者有
桓公之命使之焉爾作記之者亦記失禮所由又記桓公
不忘賢者　過而舉君之諱則起　舉猶言也起立
之舉也　者失言而變自
新　與君之諱同則稱字　謂諸臣
之名也　疏　正義曰此
一節明辟
君之諱也過謂過誤也舉猶言也若
過誤言君之諱則起而改變自新　內亂不與焉外

潘本第五十二卷第二十六葉

孔子拜謝鄉人爲火而來慰問孔子者　拜之士壹大夫
再者言拜此鄉人之時若士則壹拜之大夫則再拜之
亦相弔之道者此言雖非大
禍災亦是相哀弔之道也　孔子曰管仲遇盜取
二人焉上以爲公臣曰其所與遊辟也可
人也　言此人可也但居惡
人之中使之犯法　管仲死桓公使爲之
服官於大夫者之爲之服也自管仲始也
有君命焉爾也　亦記失禮所由也善桓公不忘賢
者之舉官猶仕也此仕於大夫更
升於公與違大夫之　疏　正義曰此一節明大夫之臣雖
諸侯同爾禮不反服　仕於公反服大夫之服孔子論
說管仲之事故云孔子曰管仲遇盜取二人焉者謂管仲
逢遇羣盜於此盜中簡取二人焉　上以爲公臣者謂管
禮記義五十二　二十六　吳宗
仲薦上此二人以爲桓公之臣　曰其所與遊辟也可人
也者此管仲薦此盜人之辭言此盜人所與交遊是邪辟
之人故犯法爲盜可人也者謂其人性行是堪可之人也
可任用之　管仲死桓公使爲之服者謂管仲之死桓公
使此二人著服也　官於大夫者之爲之服也自管仲始
也者言依禮仕官於大夫升爲公臣不合爲大夫著服今
此二人是仕官於大夫升爲公臣者之爲大夫而著服也
從管仲爲始言自此以後升爲公臣皆服官於大夫之服
也　有君命焉爾也者言此二人所以爲管仲著服者有
桓公之命使之焉爾作記之者亦記失禮所由又記桓公
不忘賢者　過而舉君之諱則起　舉猶言也起立
之舉也　者失言而變自
新　與君之諱同則稱字　謂諸臣
之名也　疏　正義曰此
一節明辟
君之諱也過謂過誤也舉猶言也若
過誤言君之諱則起而改變自新　內亂不與焉外

足利本第五十二卷第二十七葉

患弗辟也謂卿大夫也同僚將爲亂己力不能討不
與而已至於鄰國爲寇則當死之也春秋
魯公子友如陳葬原仲傳曰 疏 正義曰此一經明卿大
君子辟內難而不辟外難 夫之禮有內亂力不能
討可辟之事 內亂不與焉者謂國內有同僚爲亂則身
自畏辟不干與焉以其力弱不能討也雖不與而已若力
能討則當討之 外患弗辟也者外謂在外鄰國爲其寇
患雖力不能討不得辟之當盡死於難也 注春秋至外
難 正義曰引春秋者莊二十七年公羊傳文案彼云公
子友如陳葬原仲大夫不書葬此何以書通乎季子之私
行也又云君子辟內難而不辟外難內難者何公子慶父
公子牙通乎夫人以脅公季子起而治之則不得與于國
政坐而視之則親親何休云不忍見其如此故請至于陳
而葬原仲時季友不討慶父爲不與國政力不能討至莊
三十二年季子與國政故逐慶父而酖叔牙也此注云力
不能討亦謂不與國政若與國政力能討之而不討則責

禮記義五十二　二十七　翁祐

之故宣二年晉史董狐書趙盾 贊大行曰圭公九
以弑君云子亡不越竟是也
寸侯伯七寸子男五寸博三寸厚半寸剡
上左右各寸半玉也藻三采六等 贊大行者 書說大行
人之禮者名也藻薦玉者也三采六等以朱白
蒼畫之再行也子男執璧作此贊者失之矣 哀公問
子羔曰子之食奚當 問其先人始仕 食祿以何君時 對曰文公
之下執事也 疏 正義曰此明五等諸侯所執圭玉 之制 贊大行曰者贊明也大行
謂周禮有大行人篇掌諸侯五等之禮舊作記之前有人
說書贊明大行人之事謂之贊大行今亦作記者引此舊
書故云贊大行曰曰發語端也 博三寸者謂圭博三寸
也 厚半寸者謂圭與璧各厚半寸 剡上左右各寸半

潘本第五十二卷第二十七葉

患弗辟也謂卿大夫也同僚將爲亂己力不能討不
與而已至於鄰國爲寇則當死之也春秋
魯公子友如陳葬原仲傳曰 疏 正義曰此一經明卿大
君子辟內難而不辟外難 夫之禮有內亂力不能
討可辟之事 內亂不與焉者謂國內有同僚爲亂則身
自畏辟不干與焉以其力弱不能討也雖不與而已若力
能討則當討之 外患弗辟也者外謂在外鄰國爲其寇
患雖力不能討不得辟之當盡死於難也 注春秋至外
難 正義曰引春秋者莊二十七年公羊傳文案彼云公
子友如陳葬原仲大夫不書葬此何以書通乎季子之私
行也又云君子辟內難而不辟外難內難者何公子慶父
公子牙通乎夫人以脅公季子起而治之則不得與于國
政坐而視之則親親何休云不忍見其如此故請至于陳
而葬原仲時季友不討慶父爲不與國政力不能討至莊
三十二年季子與國政故逐慶父而酖叔牙也此注云力
不能討亦謂不與國政若與國政力能討之而不討則責

禮記義五十二　二十七　翁祐

之故宣二年晉史董狐書趙盾 贊大行曰圭公九
以弑君云子亡不越竟是也
寸侯伯七寸子男五寸博三寸厚半寸剡
上左右各寸半玉也藻三采六等 贊大行者 書說大行
人之禮者名也藻薦玉者也三采六等以朱白
蒼畫之再行也子男執璧作此贊者失之矣 哀公問
子羔曰子之食奚當 問其先人始仕 食祿以何君時 對曰文公
之下執事也 疏 正義曰此明五等諸侯所執圭玉 之制 贊大行曰者贊明也大行
謂周禮有大行人篇掌諸侯五等之禮舊作記之前有人
說書贊明大行人之事謂之贊大行今亦作記者引此舊
書故云贊大行曰曰發語端也 博三寸者謂圭博三寸
也 厚半寸者謂圭與璧各厚半寸 剡上左右各寸半

者謂圭與璧剡殺也殺上左右角各寸半也玉也者言五等諸侯圭璧長短雖異而俱以玉爲之故云玉也藻三采六等者藻謂以韋衣板以藉玉者三采朱白蒼也六等六行也謂畫上三色每色爲二行是三采六等注贄大至之矣　正義曰云書說大行人之禮者名也者謂作此記之前別有書論說大行人之禮其篇名謂之贄大行云三采六等以朱白蒼畫之再行也者案聘禮記云朝天子圭與繅皆九寸繅三采六等朱白蒼朱白蒼是也既重云朱白蒼是一采爲二等相間而爲六等也若五等諸侯皆一采爲一就典瑞云公侯伯皆三采三就謂一采爲一就故三采三就其實采別二就三采則六等也典瑞又云子男皆二采再就二采謂朱綠也二采故二就其實采別二就二采則四等也典瑞又云瑑圭璋璧琮繅皆二采一就以規聘此謂卿大夫每采唯一等是二采共一就也與諸侯不同其天子則典瑞云繅五采五就亦一采爲一就五采故五就其實采別二就五采則十等也云子男執璧

禮記義五十二　二十八　金彥

作此贄者失之矣者以此經列公侯伯子男摠云博三寸剡上左右各寸半此謂圭也今揔包子男則子男亦執圭故云作此贄者失之矣

成廟則釁之其禮祝宗人宰夫雍人皆爵弁純衣廟新成必釁之尊而神之也宗人先請於君曰請命以釁某廟君諾之乃行雍人拭羊宗人視之宰夫北面于碑南東上居上者宰夫也宰夫攝主也拭靜也雍人舉羊升屋自中中屋南面刲羊血流于前乃降門夾室皆用雞先門而後夾室其衈皆於屋下割雞門當門夾室中室自由也衈謂將刲割牲以釁先滅耳旁毛薦之耳聽聲者告神

者謂圭與璧剡殺也殺上左右角各寸半也玉也者言五等諸侯圭璧長短雖異而俱以玉爲之故云玉也藻三采六等者藻謂以韋衣板以藉玉者三采朱白蒼也六等六行也謂畫上三色每色爲二行是三采六等注贄大至之矣　正義曰云書說大行人之禮者名也者謂作此記之前別有書論說大行人之禮其篇名謂之贄大行云三采六等以朱白蒼畫之再行也者案聘禮記云朝天子圭與繅皆九寸繅三采六等朱白蒼朱白蒼是也既重云朱白蒼是一采爲二等相間而爲六等也若五等諸侯皆一采爲一就典瑞云公侯伯皆三采三就謂一采爲一就故三采三就其實采別二就三采則六等也典瑞又云子男皆二采再就二采謂朱綠也二采故二就其實采別二就二采則四等也典瑞又云瑑圭璋璧琮繅皆二采一就以規聘此謂卿大夫每采唯一等是二采共一就也與諸侯不同其天子則典瑞云繅五采五就亦一采爲一就五采故五就其實采別二就五采則十等也云子男執璧

禮記義五十二　二十八　金彥

作此贄者失之矣者以此經列公侯伯子男摠云博三寸剡上左右各寸半此謂圭也今揔包子男則子男亦執圭故云作此贄者失之矣

成廟則釁之其禮祝宗人宰夫雍人皆爵弁純衣廟新成必釁之尊而神之也宗人先請於君曰請命以釁某廟君諾之乃行雍人拭羊宗人視之宰夫北面于碑南東上居上者宰夫也宰夫攝主也拭靜也雍人舉羊升屋自中中屋南面刲羊血流于前乃降門夾室皆用雞先門而後夾室其衈皆於屋下割雞門當門夾室中室自由也衈謂將刲割牲以釁先滅耳旁毛薦之耳聽聲者告神

欲其聽之周禮有刉衈 有司皆鄉室而立門則有司當
門北面有司宰夫祝宗人既事宗人告事畢乃皆退
告者告宰夫反命于君曰釁某廟事畢反命于寢
君南鄉于門内朝服既反命乃退君朝服者不至廟也
路寢成則考之而不釁釁屋者交神明之
道也言路寢者生人所居不釁者不神之也考之者設盛食以落之爾檀弓曰晉獻文子成室諸大夫發焉是也 凡宗廟之器其名者成則釁之以豭
豚宗廟名器謂尊彝之屬 疏 正義曰此一節論釁廟及考路寢之事 成廟則釁之者謂宗廟初

禮記義五十二　二十九　馬昇

成則殺羊取血以釁之尊而神之也 其禮祝宗人宰夫
雍人皆爵弁純衣者其禮謂釁廟之禮欲釁之時宗人先
請於君曰請命以釁某廟君諾之乃行事爵弁者士服也
純衣者謂絲衣則玄衣纁裳也 雍人拭羊者雍人是厨
宰之官拭羊謂拭静其羊拭於廟門外案大戴禮釁廟篇
云成廟則釁以羊君玄服立於寢門内南鄉祝宗人宰夫
雍人皆玄服宗人曰請命以釁某廟君曰諾遂入雍人拭
羊乃行入廟門碑南北面雍人舉羊升屋自中中屋南面
刲羊血流于前乃降此皆大戴禮文既云拭羊乃行入廟
門是拭羊在廟門之外但初受命於寢門内之時君與祝
宗人宰夫雍人等皆著玄服謂朝服緇衣素裳等其祝宗
人宰夫雍人等皆入廟之時則爵弁純衣 雍人舉羊升
屋者熊氏云謂抗舉其羊升於屋上自中者自由也謂升
屋之時由屋東西之中謂兩階之間而升也中屋南面者
謂當屋棟之上亦東西之中而南面刲割其羊使血流于
前雍人乃降皇氏云舉羊謂縣羊升屋謂掛羊於屋自中

足利本第五十二卷第二十九葉

欲其聽之周禮有刉衈 有司皆鄉室而立門則有司當
門北面有司宰夫祝宗人既事宗人告事畢乃皆退
告者告宰夫反命于君曰釁某廟事畢反命于寢
君南鄉于門内朝服既反命乃退君朝服者不至廟也
路寢成則考之而不釁釁屋者交神明之
道也言路寢者生人所居不釁者不神之也考之者設盛食以落之爾檀弓曰晉獻文子成室諸大夫發焉是也 凡宗廟之器其名者成則釁之以豭
豚宗廟名器謂尊彝之屬 疏 正義曰此一節論釁廟及考路寢之事 成廟則釁之者謂宗廟初

禮記義五十二　二十九　馬昇

成則殺羊取血以釁之尊而神之也 其禮祝宗人宰夫
雍人皆爵弁純衣者其禮謂釁廟之禮欲釁之時宗人先
請於君曰請命以釁某廟君諾之乃行事爵弁者士服也
純衣者謂絲衣則玄衣纁裳也 雍人拭羊者雍人是厨
宰之官拭羊謂拭静其羊拭於廟門外案大戴禮釁廟篇
云成廟則釁以羊君玄服立於寢門内南鄉祝宗人宰夫
雍人皆玄服宗人曰請命以釁某廟君曰諾遂入雍人拭
羊乃行入廟門碑南北面雍人舉羊升屋自中中屋南面
刲羊血流于前乃降此皆大戴禮文既云拭羊乃行入廟
門是拭羊在廟門之外但初受命於寢門内之時君與祝
宗人宰夫雍人等皆著玄服謂朝服緇衣素裳等其祝宗
人宰夫雍人等皆入廟之時則爵弁純衣 雍人舉羊升
屋者熊氏云謂抗舉其羊升於屋上自中者自由也謂升
屋之時由屋東西之中謂兩階之間而升也中屋南面者
謂當屋棟之上亦東西之中而南面刲割其羊使血流于
前雍人乃降皇氏云舉羊謂縣羊升屋謂掛羊於屋自中

潘本第五十二卷第二十九葉

足利本第五十二卷第三十葉

謂在屋之中中屋謂羊在屋棟之下縣之上下處中今謂屋者謂室之在上之覆也前云升屋下云乃降與喪大記復者升屋其文正同何得以升爲縣又中屋爲屋棟去地上下爲中此正得云屋中不得云中屋若室裏縣羊血則當羊而下何得云血流于前又下文其衈皆於屋下明知其釁則在屋上撿勘上下皇氏之説非也　門夾室皆用雞者門廟門也夾室東西廂也其滅於廟室故釁不用羊也門與夾室各一雞凡用三雞故云皆也謂釁門夾室用雞之時如上用羊之法亦升屋而割之　先門而後夾室者謂先釁門後釁夾室又卑於門也　其衈皆於屋下者謂未刲割羊與雞之時先滅耳旁毛以薦神廟則在廟之屋下門與夾室則在門夾室之屋下故云其衈皆於屋下衈訖然後升屋而釁也　門當門夾室中室者謂衈訖爲釁之時門則當門屋之上中夾室則當夾室上之中以割雞使血流故云門當門夾室中室此釁廟以羊門夾室以雞揔云其衈則毛牲羽牲皆謂之衈而鄭注周禮云毛牲

禮記義五十二　三十　陳文

曰刏羽牲曰衈者以此經有羊有雞無別刏文故揔以衈包之周禮刏衈相對故以毛牲曰刏羽牲曰衈　有司皆鄉室而立者謂釁夾室之時宰夫祝宗人皆當於夾室而立門則有司當門北面而立　旣事宗人告事畢乃皆退者謂釁事旣畢宗人告攝主宰夫以事畢宰夫及祝宗人等乃退　反命于寢者謂釁旣畢反報君命於路寢　君南鄉于門内朝服者謂君受命之時南鄉于路寢門内南面而立身著朝服即大戴禮云玄衣以不入廟故朝服路寢成則考之而不釁者路寢是生人所居不用神之故不釁也考之者謂設盛饌以落之如檀弓晉獻文子成室是也庾蔚云落謂與賓客燕會以酒食澆落之即歡樂之義也　釁屋者交神明之道也者釋所以不釁路寢之義言此屋與神明相交故釁之也　凡宗廟之器其名者成則釁之以豭豚者器之名者尊彝之屬也若作名者成則釁之若細者成則不釁名器則殺豭豚血塗之也不及廟故不用羊也　諸侯出夫人夫

潘本第五十二卷第三十葉

謂在屋之中中屋謂羊在屋棟之下縣之上下處中今謂屋者謂室之在上之覆也前云升屋下云乃降與喪大記復者升屋其文正同何得以升爲縣又中屋爲屋棟去地上下爲中此正得云屋中不得云中屋若室裏縣羊血則當羊而下何得云血流于前又下文其衈皆於屋下明知其釁則在屋上撿勘上下皇氏之説非也　門夾室皆用雞者門廟門也夾室東西廂也其滅於廟室故釁不用羊也門與夾室各一雞凡用三雞故云皆也謂釁門夾室用雞之時如上用羊之法亦升屋而割之　先門而後夾室者謂先釁門後釁夾室又卑於門也　其衈皆於屋下者謂未刲割羊與雞之時先滅耳旁毛以薦神廟則在廟之屋下門與夾室則在門夾室之屋下故云其衈皆於屋下衈訖然後升屋而釁也　門當門夾室中室者謂衈訖爲釁之時門則當門屋之上中夾室則當夾室上之中以割雞使血流故云門當門夾室中室此釁廟以羊門夾室以雞揔云其衈則毛牲羽牲皆謂之衈而鄭注周禮云毛牲

禮記義五十二　三十　陳文

曰刏羽牲曰衈者以此經有羊有雞無別刏文故揔以衈包之周禮刏衈相對故以毛牲曰刏羽牲曰衈　有司皆鄉室而立者謂釁夾室之時宰夫祝宗人皆當於夾室而立門則有司當門北面而立　旣事宗人告事畢乃皆退者謂釁事旣畢宗人告攝主宰夫以事畢宰夫及祝宗人等乃退　反命于寢者謂釁旣畢反報君命於路寢　君南鄉于門内朝服者謂君受命之時南鄉于路寢門内南面而立身著朝服即大戴禮云玄衣以不入廟故朝服路寢成則考之而不釁者路寢是生人所居不用神之故不釁也考之者謂設盛饌以落之如檀弓晉獻文子成室是也庾蔚云落謂與賓客燕會以酒食澆落之即歡樂之義也　釁屋者交神明之道也者釋所以不釁路寢之義言此屋與神明相交故釁之也　凡宗廟之器其名者成則釁之以豭豚者器之名者尊彝之屬也若作名者成則釁之若細者成則不釁名器則殺豭豚血塗之也不及廟故不用羊也　諸侯出夫人夫

足利本第五十二卷第三十一葉

人比至于其國以夫人之禮行至以夫人入行道以夫人之禮者弃妻致命其家乃義絶不用此爲始使者將命曰寡君不敏不能從而事社稷宗廟使使臣某敢告於執事主人對曰寡君固前辭不教矣寡君敢不敬須以俟命前辭不教謂納采時也此辭賓在門外擯者傳焉賓入致命如初主人卒辭曰敢不聽命有司官陳器皿主人有司亦官受之器皿其本所賫物也律弃妻畀所賫妻出夫使人致之曰某不敏不能從而共粢盛使某也敢

告於侍者主人對曰某之子不肖不敢辟誅敢不敬須以俟命使者退主人拜送之肖似也不似言不如人誅猶罰也如舅在則稱舅舅沒則稱兄無兄則稱夫言弃妻者父兄在則稱之命當由尊者出也唯國君不稱兄主人之辭曰某之子不肖如姑姊妹亦皆稱之姑姊妹見弃亦曰某之姑某之姊若妹不肖

疏正義曰此一節論諸侯出夫人及卿大夫以下出妻之事　諸侯出夫人者謂夫人有罪諸侯出之令歸本國　使者將命者使者謂送夫人歸者將行君命以告夫人之國君寡君不敏不能從而事社稷宗廟者禮尚謙退不能指斥夫人所犯之罪故引過自歸云寡君才知不敏不能隨從夫

潘本第五十二卷第三十一葉

人比至于其國以夫人之禮行至以夫人入行道以夫人之禮者弃妻致命其家乃義絶不用此爲始使者將命曰寡君不敏不能從而事社稷宗廟使使臣某敢告於執事主人對曰寡君固前辭不教矣寡君敢不敬須以俟命前辭不教謂納采時也此辭賓在門外擯者傳焉賓入致命如初主人卒辭曰敢不聽命有司官陳器皿主人有司亦官受之器皿其本所賫物也律弃妻畀所賫妻出夫使人致之曰某不敏不能從而共粢盛使某也敢

禮記義五十二　三十一　陳又

告於侍者主人對曰某之子不肖不敢辟誅敢不敬須以俟命使者退主人拜送之肖似也不似言不如人誅猶罰也如舅在則稱舅舅沒則稱兄無兄則稱夫言弃妻者父兄在則稱之命當由尊者出也唯國君不稱兄主人之辭曰某之子不肖如姑姊妹亦皆稱之姑姊妹見弃亦曰某之姑某之姊若妹不肖

疏正義曰此一節論諸侯出夫人及卿大夫以下出妻之事　諸侯出夫人者謂夫人有罪諸侯出之令歸本國　使者將命者使者謂送夫人歸者將行君命以告夫人之國君寡君不敏不能從而事社稷宗廟者禮尚謙退不能指斥夫人所犯之罪故引過自歸云寡君才知不敏不能隨從夫

足利本第五十二卷第三十二葉

人共事社稷宗廟故君使臣某敢告在下之執事　寡君
敢不敬須以俟命者須待也俟亦待也主人報客云君既
有命寡君豈敢不恭敬須待君命　有司官陳器皿者使
者既得主人荅命故使從己來有司之官陳夫人嫁時所
賫器皿之屬以還主國也　主人有司亦官受之者主國
亦使有司官領受之也竝云官者明付受悉如法也　妻
出者此以下明夫出妻法也　如舅在則稱舅舅没則稱
兄者謂凡遣妻必稱尊者之命舅在稱舅者謂妻之被出
則應稱夫名使某來告若夫之父在則稱父名使某來告
是舅在則稱舅也舅没則稱兄者謂稱夫兄之名使某來
告不云舅没則稱母者婦人之名不合外接於人也若有
死喪則稱母弔即曾子問云母喪稱母是也　無兄則稱
夫者謂夫身無兄則稱夫名使某來告則上文是也夫遣
人致命則得云某不敏不能從而共粢盛若夫之父兄遣
人致命其致命之辭未聞也　主人之辭曰某之子不肖
者前文巳具重更發者爲姑姊妹張本故云如姑姊妹亦

禮記義五十二　三十二

皆稱之鄭云某之姑某之姊若妹不肖是也　孔子曰吾食於少施氏而
飽少施氏食我以禮　言貴其以禮待己而爲之飽也時人倨慢若季氏則不以禮矣少施氏魯惠公子施父之後
吾祭作而辭曰疏食不足祭
也吾飧作而辭曰疏食也不敢以傷吾子
疏　正義曰此一節明少施氏以禮而食孔子　吾祭者謂孔子祭也　作而辭曰疏食不足祭也者作起也
少施氏起而辭謝云疏麤之食不足祭也　吾飧者謂孔子食後而更飧而強飯以荅主人之意　作而辭曰疏食也不敢以傷吾子者少施氏又起而辭謝云疏麤之食不可強飽以致傷害故云不敢以傷吾子　納幣
一束束五兩兩五尋　納幣謂昬禮納徵也十箇爲束貴成數兩兩者合其卷是

潘本第五十二卷第三十二葉

人共事社稷宗廟故君使臣某敢告在下之執事　寡君
敢不敬須以俟命者須待也俟亦待也主人報客云君既
有命寡君豈敢不恭敬須待君命　有司官陳器皿者使
者既得主人荅命故使從己來有司之官陳夫人嫁時所
賫器皿之屬以還主國也　主人有司亦官受之者主國
亦使有司官領受之也竝云官者明付受悉如法也　妻
出者此以下明夫出妻法也　如舅在則稱舅舅没則稱
兄者謂凡遣妻必稱尊者之命舅在稱舅者謂妻之被出
則應稱夫名使某來告若夫之父在則稱父名使某來告
是舅在則稱舅也舅没則稱兄者謂稱夫兄之名使某來
告不云舅没則稱母者婦人之名不合外接於人也若有
死喪則稱母弔即曾子問云母喪稱母是也　無兄則稱
夫者謂夫身無兄則稱夫名使某來告則上文是也夫遣
人致命則得云某不敏不能從而共粢盛若夫之父兄遣
人致命其致命之辭未聞也　主人之辭曰某之子不肖
者前文巳具重更發者爲姑姊妹張本故云如姑姊妹亦

禮記義五十二　三十二

皆稱之鄭云某之姑某之姊若妹不肖是也　孔子曰吾食於少施氏而
飽少施氏食我以禮　言貴其以禮待己而爲之飽也時人倨慢若季氏則不以禮矣少施氏魯惠公子施父之後
吾祭作而辭曰疏食不足祭
也吾飧作而辭曰疏食也不敢以傷吾子
疏　正義曰此一節明少施氏以禮而食孔子　吾祭者謂孔子祭也　作而辭曰疏食不足祭也者作起也
少施氏起而辭謝云疏麤之食不足祭也　吾飧者謂孔子食後而更飧而強飯以荅主人之意　作而辭曰疏食也不敢以傷吾子者少施氏又起而辭謝云疏麤之食不可強飽以致傷害故云不敢以傷吾子　納幣
一束束五兩兩五尋　納幣謂昬禮納徵也十箇爲束貴成數兩兩者合其卷是

謂五兩八尺曰尋五兩五尋則每卷二丈也合之則四十尺今謂之匹猶匹偶之云與婦見舅姑
兄弟姑姊妹皆立于堂下西面北上是見
已婦來爲供養也其見主於尊者兄弟以下在位是爲已見不復特見見諸父各就其
寢旁尊也亦爲見時不來女雖未許嫁年二十而笄禮之
婦人執其禮雖未許嫁年二十亦爲成人矣禮之酌以成之言婦人執其禮明非許嫁之笄
燕則鬈首既笄之後去之猶若女有鬌紒也

疏正義曰此一節論昏禮婦見舅姑及女未許嫁加笄分別之事 納幣一束者謂昏禮納財幣之時其幣一束謂十箇也 束五兩者兩箇合爲一卷取配偶之義是束五兩也 一兩有四十尺八尺曰尋五八四十是兩五尋也今謂之匹由匹偶也 婦見舅姑者謂婦來明日而見舅姑也 兄弟姑姊妹皆立于堂下西面北上者見舅姑之時則夫之兄弟姑姊妹皆立于舅姑之堂下東邊西鄉以北爲上近堂爲尊也 是見已者舅姑在堂上婦自南門而入入則從於夫之兄弟姑姊妹前度以因是即爲相見不復更別詣其室見之故云是見已謂是已見也 見諸父各就其寢者諸父謂夫之伯叔也既是旁尊則婦於明日乃各往其寢而見之不與舅姑同日也 女雖未許嫁年二十而笄禮之者女子十五許嫁而笄若未許嫁至二十而笄以成人禮言之 婦人執其禮者賀瑒云十五許嫁而笄者則主婦及女賓爲笄禮主婦爲之著笄女賓以醴禮之未許嫁而笄者則婦人禮之無主婦女賓不備儀也 燕則鬈首者謂既笄之後尋常在家燕居則去其笄而鬈首謂分髮爲鬌紒也此既未許嫁雖已笄猶爲少者處之

韠長三尺下廣二尺上廣一尺會去上五寸紕以爵韋六

謂五兩八尺曰尋五兩五尋則每卷二丈也合之則四十尺今謂之匹猶匹偶之云與婦見舅姑
兄弟姑姊妹皆立于堂下西面北上是見
已婦來爲供養也其見主於尊者兄弟以下在位是爲已見不復特見見諸父各就其
寢旁尊也亦爲見時不來女雖未許嫁年二十而笄禮之
婦人執其禮雖未許嫁年二十亦爲成人矣禮之酌以成之言婦人執其禮明非許嫁之笄
燕則鬈首既笄之後去之猶若女有鬌紒也

疏正義曰此一節論昏禮婦見舅姑及女未許嫁加笄分別之事 納幣一束者謂昏禮納財幣之時其幣一束謂十箇也 束五兩者兩箇合爲一卷取配偶之義是束五兩也 一兩有四十尺八尺曰尋五八四十是兩五尋也今謂之匹由匹偶也 婦見舅姑者謂婦來明日而見舅姑也 兄弟姑姊妹皆立于堂下西面北上者見舅姑之時則夫之兄弟姑姊妹皆立于舅姑之堂下東邊西鄉以北爲上近堂爲尊也 是見已者舅姑在堂上婦自南門而入入則從於夫之兄弟姑姊妹前度以因是即爲相見不復更別詣其室見之故云是見已謂是已見也 見諸父各就其寢者諸父謂夫之伯叔也既是旁尊則婦於明日乃各往其寢而見之不與舅姑同日也 女雖未許嫁年二十而笄禮之者女子十五許嫁而笄若未許嫁至二十而笄以成人禮言之 婦人執其禮者賀瑒云十五許嫁而笄者則主婦及女賓爲笄禮主婦爲之著笄女賓以醴禮之未許嫁而笄者則婦人禮之無主婦女賓不備儀也 燕則鬈首者謂既笄之後尋常在家燕居則去其笄而鬈首謂分髮爲鬌紒也此既未許嫁雖已笄猶爲少者處之

韠長三尺下廣二尺上廣一尺會去上五寸紕以爵韋六

禮記義五十二　三十三　疏後

足利本第五十二卷第三十四葉

寸不至下五寸純以素紃以五采會謂上領縫也領之所用蓋與紕同在旁曰紕在下曰純素生帛也紕六寸者中執之表裏各三寸也純紕所不至者五寸與會去上同紃施諸縫中若今時絛也

【疏】正義曰韠韍也長三尺與紳齊也下廣上狹象天地數也　會去上五寸者會謂韠之領縫也此縫去韠上畔廣五寸謂會上下廣五寸、紕以爵韋六寸者謂會縫之下韠以兩邊紕以爵韋闊六寸倒攝之兩廂各三寸也　不至下五寸者謂紕韠之兩邊不至韠之下畔闊五寸　純以素者素謂生帛謂紕所不至之處橫純之以生帛此帛上下亦闊五寸也　紃以五采者紃絛也謂五采之絛置於諸縫之中

【注】會謂至上同　正義曰韠旁緣謂之紕上緣謂之會以其在下揔會之處故謂之為會此上緣緣韠之上畔其縫廣狹去上畔五寸也云領之所用蓋與紕同者紕既用爵韋會之所用無文會紕同類故知會之所用與紕同也云純紕所

禮記正義五十二　三十四　姜仲

不至者五寸者純緣也緣之所施是兩旁之紕不至下五寸之處以素緣之云與會去上同者純之上畔去韠下畔五寸會之下畔去韠之上畔五寸以其俱五寸故云與會去上同如諸儒所說云會者是韠之上畔淺緣而已去上五寸謂與兩旁之紕去韠上畔會縫之下有五寸若如此說何得鄭注與會去上同明知會之闊狹五寸也

禮記正義卷第五十二

上杉安房守藤原憲實寄進

潘本第五十二卷第三十四葉

寸不至下五寸純以素紃以五采會謂上領縫也領之所用蓋與紕同在旁曰紕在下曰純素生帛也紕六寸者中執之表裏各三寸也純紕所不至者五寸與會去上同紃施諸縫中若今時絛也

【疏】正義曰韠韍也長三尺與紳齊也下廣上狹象天地數也　會去上五寸者會謂韠之領縫也此縫去韠上畔廣五寸謂會上下廣五寸、紕以爵韋六寸者謂會縫之下韠以兩邊紕以爵韋闊六寸倒攝之兩廂各三寸也　不至下五寸者謂紕韠之兩邊不至韠之下畔闊五寸　純以素者素謂生帛謂紕所不至之處橫純之以生帛此帛上下亦闊五寸也　紃以五采者紃絛也謂五采之絛置於諸縫之中

【注】會謂至上同　正義曰韠旁緣謂之紕上緣謂之會以其在下揔會之處故謂之為會此上緣緣韠之上畔其縫廣狹去上畔五寸也云領之所用蓋與紕同者紕既用爵韋會之所用無文會紕同類故知會之所用與紕同也云純紕所

禮記正義五十二　三十四　姜仲

不至者五寸者純緣也緣之所施是兩旁之紕不至下五寸之處以素緣之云與會去上同者純之上畔去韠下畔五寸會之下畔去韠之上畔五寸以其俱五寸故云與會去上同如諸儒所說云會者是韠之上畔淺緣而已去上五寸謂與兩旁之紕去韠上畔會縫之下有五寸若如此說何得鄭注與會去上同明知會之闊狹五寸也

禮記正義卷第五十二

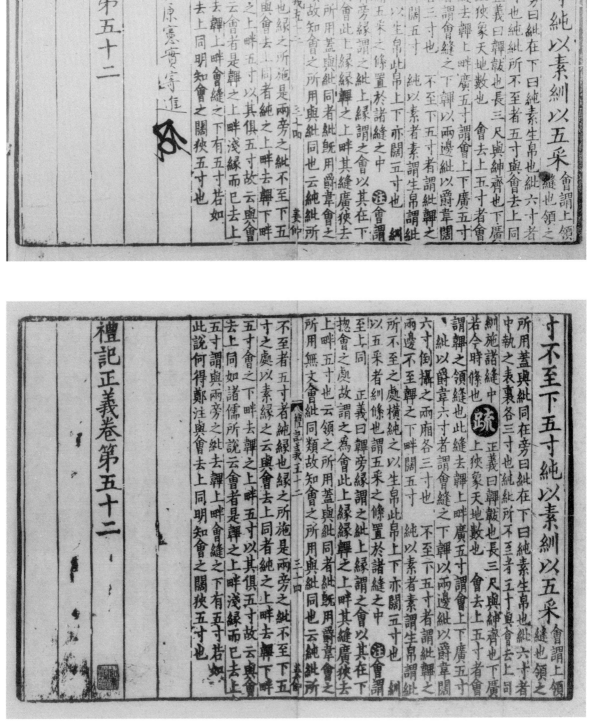